インデックス Index

民家

近代住宅の歴史（日本）

近代住宅の歴史（海外）

現代の独立住宅

現代の集合住宅

寸法・規模

行為・場面・空間／物品

環境

構法・構造

第2版
コンパクト
建築設計資料集成［住居］

日本建築学会＝編

丸善出版

装釘　桂川　潤

序

　建築設計資料集成のコンパクト版シリーズは，親版と通称される大部な本体の簡略・小型化に止まるものではなく，それを補遺することを目的として編集・刊行されてきた．建築設計資料集成委員会の前委員長の内田祥哉先生の元，最初の「コンパクト建築設計資料集成」が昭和61年（1986年）9月に刊行されて以来，建築計画・設計の概説的・基礎的な教科書・教材，さらには実際の設計過程で紐解く事典・ハンドブックとして広く利用され，2005年3月には第3版が刊行されている．

　コンパクト版の次なる別冊は，特定の建築型について親版で掲載できなかった通事的・通文化的な事例を収録することを意図した住居編であり，私が編集委員長を仰せつかり平成3年（1991年）に発刊に漕ぎつけた．同書の企画の背景としては当時，住居の教育・研究・設計に携わる人々の層が拡大し住居に関する関心が高まってきたこと，内外にわたって新しい供給・居住方式の集合住宅が出現し，それに関わる研究が進んだ結果，幅広い情報が蓄積されてきて親版を補遺する必要があったことなどが挙げられる．さらに本書が住居の講義や設計の副読本・事典として使われることを想定し，住宅史上で評価の定まっている内外の事例―定番的住宅―を掲載することにしたのである．この編集方針のゆえに足掛け15年にわたって改訂する必要に迫られることなく多くの方々の座右に置かれてきたことは，編集者として大変名誉であり有意義な仕事であった．

　しかし，近年の居住環境問題，持続可能な住居の認識と展望への手掛かりとなる資料の拡充を図るべく，初見学委員長の元に本改訂が実現した．編集・執筆・制作に携われた方々に敬意を表するとともに，本書が持続的居住環境創成への原典となることを願うものである．

　2005年12月

日本建築学会建築設計資料集成委員会
委員長　高　橋　鷹　志

　建築設計資料集成コンパクト版シリーズは，親版に蓄積された膨大なデータを活用して，建築や住居を学ぶ初学者を主なる対象に，精選された必須の情報を入手しやすい価格で提供することを主眼として企画されました．親版となる「建築設計資料集成」では，2005年末現在までに，「総合編」，建築型別に編集された拡張編8冊，地域・都市編2冊，「人間」「物品」各編1冊を新たに刊行してきました．これらの資料を元に，2005年3月，「第3版コンパクト建築設計資料集成」が刊行されました．

　本「住居」編は，コンパクト版シリーズ改訂の第二弾として企画されたものです．編集方針は初版の考え方を基本的に踏襲しています．すなわち，住まいを歴史的な時間の流れの中で位置づけること，と同時に，地域によって異なる風土や文化や社会的な背景の中で住まいを考える，という方針です．この基本方針のもとに今回の改訂では，これまでの膨大な建築設計資料集成の蓄積を活用しました．親版の「総合編」，「居住」，「人間」，「物品」の他，「第2版コンパクト建築設計資料集成」の中の重要と思われる資料です．また，初版から15年を経ており，上記蓄積以外にも新たに多くの事例を集め掲載しました．

　本書は「事例編」と「基礎編」の二部で構成されています．「事例編」では，世界各地のバナキュラーな住まいを「民家」で紹介した後，第二次大戦前後で時代を大きく二つに分け，戦前については「近代住宅の歴史」として，20世紀以降の独立住宅と集合住宅を国内と海外に分けて整理しました．戦後については，独立住宅と集合住宅に分け，国内・海外を一緒にして，テーマ毎に事例を編集しました．旧版では独立していた「物品編」を，今回は事例を精選して「基礎編」の中にまとめました．これは，人間の行為と深く関わる物品を，「行為・場面・室」との連続で理解してもらうためです．また日本の伝統的な物品は極力掲載するようにしました．「寸法・規模」の中の統計数値や法規関係資料は更新しました．「環境」については，設備関係の専門的な説明は省き，基本的な原理を分かりやすく紹介するように心がけました．「構法・構造」では，住まいの仕組みや細部が分かるように頁数を増やして解説しました．

　少子高齢社会の到来，情報化社会の進展，就業形態や家族形態の多様化，環境問題の深刻化，大量の住宅ストックの活用など，私たちを取り巻く社会は大きく変りつつあり，人々の生活の拠点となる住まいのあり方にも新たな発想が求められています．本書が，これからの住まいを考える上で何らかの参考になれば，関係者一同にとって望外の幸せです．

　2006年1月

第2版コンパクト建築設計資料集成〈住居〉
編集委員長　初　見　　学

第2版　コンパクト建築設計資料集成〈住居〉　編集委員会

委員長　初見　学　　幹事　浅野耕一　岩岡竜夫　篠崎正彦　安武敦子

事　例　編

[民　家]
- 畑　聰一　002-021
- 佐藤和裕*　002-021

[近代住宅の歴史（日本）]
- 横山　正*　022-037
- 村田あが*　022-037
- 初見　学　022-039
- 安武敦子　038-039

[近代住宅の歴史（海外）]
- 富永　譲*　040-049,051-055
- 岸本由香　040-049,051-055
- 初見　学　040-055

[現代の独立住宅]
- 初見　学　056-057
- 岩岡竜夫　058-121
- 渡邉研司　058-121

[現代の集合住宅]
- 篠崎正彦　122-169
- 佐々木誠　130-133,136-141,160-167
- 安武敦子　156-159,167-170

基　礎　編

[寸法・規模]
- 初見　学　172
- 西出和彦*　172-177
- 垣野義典　178-179
- 深尾精一　180-181
- 趙　顯徳　182-187
- 木野修造　182-187

[行為・場面・室]
- 安武敦子　188-203
- 高橋鷹志*　188-203
- 鈴木　毅*　188-203

[物　品]
- 安武敦子　204-261
- 栢木まどか　204-261

[環　境]
- 安藤邦廣**　262-267
- 込山敦司　268
- 浅野耕一　269-270,281-284,286-289
- 須永修通　267,277
- 長谷川兼一　272-280,285
- 菅野秀人　271

[構法・構造]
- 深尾精一　290-299
- 加藤雅久　294-299
- 角田　誠*　290-293
- 菅野秀人　300-301

*　初版　執筆者
**　「第2版コンパクト建築設計資料集成」執筆者

目次 Contents

事例編

[民家]
- 002 日本
- 004 東アジア
- 006 東南アジア
- 007 太平洋地域
- 008 南アジア／インド・ネパール
- 010 西南アジア
- 012 アフリカ大陸
- 014 南欧・マグレブ
- 016 東欧・北欧
- 018 西ヨーロッパ
- 020 北アメリカ大陸
- 021 南アメリカ大陸

[近代住宅の歴史]
- 022 民家と町家
- 024 明治の洋風邸宅
- 026 新しい住まいの模索
- 028 和風と洋風の接点
- 030 昭和初期のコンクリート住宅
- 032 "白"の住宅群
- 034 ビラの系譜
- 036 近代住宅の成熟
- 038 集合住宅の誕生
  - コラム：同潤会アパートメント―039
- 040 海外の独立住宅
- 048 海外の集合住宅
  - コラム：ラドバーン方式―054

[現代の独立住宅]
- 056 概要
- 058 コンパクトな住まい
- 062 自然環境との呼応
- 066 土地の高低差
- 068 都市環境への対処
- 072 内外の連続性
- 076 外部空間の構築
- 080 採光による演出
- 084 住宅の表情
- 088 ワンルーム
- 090 平面構成
- 094 断面構成
- 096 立体的構成
- 100 空間の流動性
- 102 室の集合体
- 104 住宅の工業化・規格化
- 106 素材と構法
- 110 セルフビルド
- 112 環境共生
- 116 増築
- 118 改修・建替え

[現代の集合住宅]
- 122 概要
- 124 住戸平面
  - コラム：高階高―125
- 126 戸建集合・2連戸
  - コラム：コモンのある住宅地
- 128 連続建て
- 130 路地
- 132 セットバック
- 134 積層
  - コラム：ユニットによる積層―135
- 136 階段室
- 138 光庭・吹抜け・隙間
- 140 中庭
- 142 街区型・アーバンインフィル
  - コラム：北国における街区型集合住宅の提案
- 144 立体街路・フライングコリドー
  - コラム：リビングアクセス・住戸の開放性
- 146 片廊下
- 148 ブリッジ
- 150 中廊下
- 152 超高層―基準階平面
- 153 超高層―板状
- 154 超高層―塔状
- 156 複合
- 158 寮
- 160 コレクティブハウジング
  - コラム：ネットワーク居住
- 162 コーポラティブハウス
  - コラム：自由設計―163
- 164 可変性・SI
  - コラム：晴海高層アパートと沢田マンション
- 166 コンバージョン・リノベーション
- 168 持続性
  - コラム：持続性

基礎編

[寸法・規模]
- 172 年齢構成・家族構成／人体寸法
- 173 人体と尺度
- 174 生活姿勢・動作
- 175 動作と空間
- 176 知覚
- 177 行動
- 178 日本の住居水準
- 179 各国の住居水準
- 180 寸法調整
- 182 建築基準法における単体規定
- 185 建築基準法における集団規定

[行為・場面・室]
- 188 空間寸法の考え方
- 189 就寝
- 190 食事
- 192 調理
- 193 育児・学習
- 194 身体の補助・看護
- 196 排泄・整容
- 197 入浴
- 198 洗濯・掃除
- 199 外出・移動
- 200 団らん・接客
- 202 執筆・読書・事務
- 203 創作・余暇活動
  - コラム：スポーツの動作空間

[物品]
- 204 就寝
- 205 更衣
  - コラム：女性の衣類保有数
  - コラム：住宅内収納間仕切ユニット―206
  - コラム：和家具―207
- 208 食事・調理
  - コラム：いろり―210
  - コラム：テーブルセッティングと席次―212
- 214 整容
  - コラム：洗面化粧ユニット類の寸法・名称
- 215 整容・排泄
- 216 入浴
  - コラム：浴槽（JIS A 5532）
- 218 洗濯
- 219 掃除
- 220 外出・移動
  - コラム：折畳み自転車と各交通機関における収納寸法―222
  - コラム：自動車の回転半径・駐車間隔―223
- 224 冠婚葬祭
  - コラム：行事
  - コラム：祭礼―225
- 226 団らん・接客
  - コラム：いすの様式―229
- 231 執筆・読書・事務
  - コラム：事務用机および会議用テーブルの甲板の規格
  - コラム：本の寸法―232
- 235 鑑賞
- 236 育児・学習
- 237 身体の補助・看護
  - コラム：車いす移動のための通路寸法
  - コラム：サニタリー空間の高齢者配慮―239
- 240 たしなみ
  - コラム：茶室の設計要素
- 241 創作
- 242 制作
- 244 演奏
- 246 スポーツ
- 250 園芸
- 251 空調・給電
  - コラム：温度のバリアフリー
- 254 照明
- 256 防災・防犯
  - コラム：侵入防止・防犯対策
  - コラム：非常時持ち出し品・非常用トイレ―257
- 258 作庭・緑化

[環境]
- 262 寒さと住宅
- 263 雪と住宅
- 264 雨と住宅
- 265 暑さと住宅
- 266 光と住宅

Contents 目次

- 267 風と住宅
- 268 色彩
  - コラム：色を伝える・考える（表色系）
- 269 照明
  - コラム：LED照明
- 270 音
  - コラム：音の属性と聴力
- 271 振動
  - コラム：免震レトロフィット
- 272 湿気
  - コラム：涼しくすまう
- 273 断熱・気密・防湿
  - コラム：環境への開放と閉鎖，季節による切替え
- 274 空気質と換気
  - コラム：化学物質過敏症とシックハウス症候群
  - コラム：換気効率の表現―275
- 276 パッシブデザイン
- 278 暖冷房
  - コラム：局部不快感
  - コラム：コージェネレーション―279
- 280 アクティブソーラーシステム
  - コラム：雪冷房
- 281 電気
- 282 給水
  - コラム：給湯方式
- 283 排水
  - コラム：水の汚れの指標
- 284 緑化
  - コラム：直達日射の抑制
- 285 ライフサイクルアセスメント
  - コラム：LACの規格
- 286 風力・太陽光発電
- 287 防犯
- 288 住宅地の減災

[**構法・構造**]

- 290 木造構法
- 291 鉄鋼系工業構法
- 292 木質系・鉄鋼系ALC外壁・コンクリート系・工業構法
- 293 コンクリート系工業化構法・複合構法
- 294 屋根形状・勾配屋根
- 295 陸屋根／天井
- 296 床
- 297 壁
- 298 開口部
- 299 和風造作／階段
- 300 耐震診断と耐震補強
- 301 被災住宅の応急危険度判定

凡例

1 「現代の独立住宅・集合住宅」をはじめ，「民家」や「近代住宅の歴史」で取り上げた各種事例は，空間あるいは建物規模の比較を容易にするため図面の縮尺をページ内あるいは見開きページ内で1:300を原則として統一した．この場合，縮尺とスケールバーをページ上方隅に表示した．なお，図面の縮尺がページ内で異なる場合は，図面ごとに縮尺を示した．

2 単位はSI単位を用いることを原則とした．また，「行為・場面・室」の寸法単位はcm，「物品」はmmを原則とし，異なる場合のみ近傍に単位を表記している．

3 事例の名称および諸元は以下の原則に基づき表記した．
　(1) 事例名称：事例名称はおおむね作品が発表された際の名称に従った．また，設計者の自邸の場合にはその旨括弧内に示した．
　(2) 所在地：所在地が市部の場合は市名まで，郡部の場合は町村名までを原則とした．ただし，東京都区部については区名まで示した．
　(3) 建設年：竣工時を原則とした．
　(4) 海外事例：原則として，現地語のカタカナ読みとし原綴りを併記した．

4 本書を作成するうえで引用または参考とした文献は01，02，…の記号を付し，各ページごと，もしくは見開きページごとに文章欄最下段に列記した．

5 同一事例あるいは関連する内容が他所で詳細もしくは異なる視点で解説されている場合は⇨10のように参照している．

6 用語は原則として1990年に改定された文部省制定「学術用語集　建築学編（増訂版）」および本会編「第2版建築学用語辞典」によった．また建築以外についても各分野の学術用語集によることを原則としたが，一部慣例に従ったものもある．

事例編

002 民家：日本 1　Vernacular House of the World: Japan

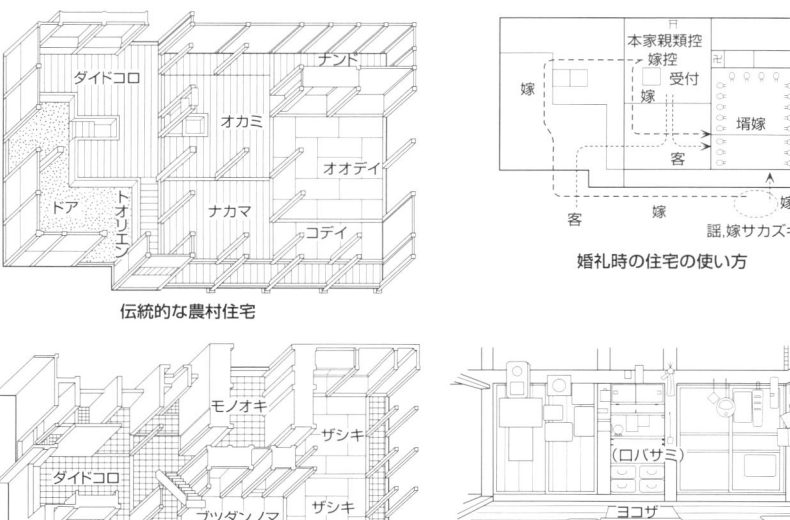

日本の民家

日本の民家は木造・軸組構造が基本であり，土間と床上からなっている．しかし，その空間構成は，地域や時代により，また階層によって多様な展開をみせる．違いを生みだす背景としては，風土（自然条件）や郷土材料，生産様式，社会形態（社会構造），民俗文化，歴史過程などの地域における固有性が反映されたものと考えることができる．

社会が変化するとそれにともなって価値観が変わり，生活も空間も変容する．とりわけ戦後の高度経済成長期を迎えてからは，それまで緩やかに変化しつつ地域に根ざしていた民家のかたちは大きく変動をはじめる．しかも変動の速さや様態は地域によって異なっている．伝統的な民家には，日常の生活よりも，祭りや儀礼の使い方を優先して空間を構成したのではないかと感じさせる部分が少なくない．

伝統的な農村住宅

婚礼時の住宅の使い方

農村住宅の更新事例

伝統的農家のダイドコロ

◀ 東磐井の農家

岩手県東磐井地方に見られる伝統的な農村住宅の事例である．住宅は土間側と床上側に分かれ，その境は「オオジキリ」と呼ばれる．土間側には「ダイドコロ」と呼ばれる板張りの部分があるが，全体として天井や仕切りのない大空間になっている．ダイドコロは農作業が行われると同時に食事などの家族の日常生活の拠点でもあった．近隣との交流にも，もっぱらダイドコロが使われていた．一方，非日常時の儀式・行事などの多人数接客にはデイ（座敷空間）やオカミが使われた．

近年，土間は作業空間としての役割がなくなり，床上空間へと改造されている．新築事例では土間が大幅に縮小，消滅しつつある．

［鈴木成文：現代日本住居論（菊地成朋「農村住宅」），放送大学教育振興会］

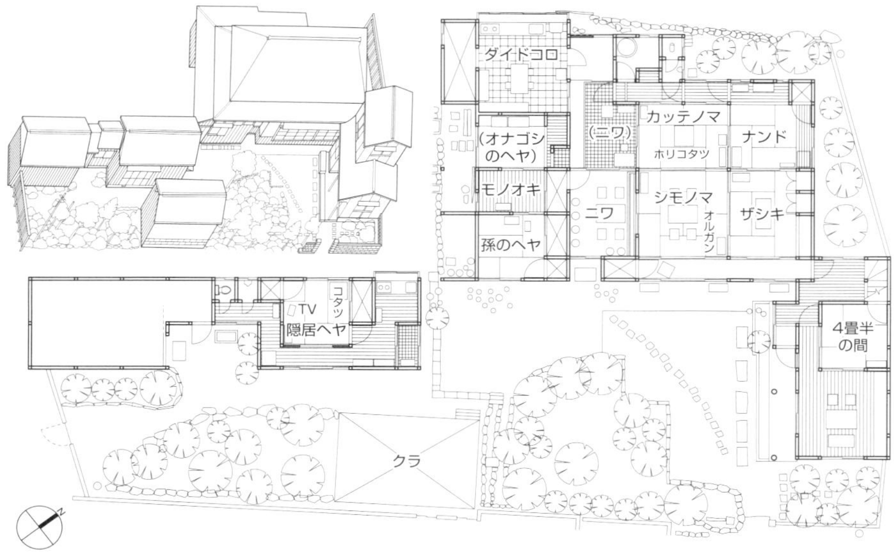

▲ 師楽の農村住宅

岡山県の師楽はかつて瀬戸内海に面する半農半漁の村であった．入植して400年近くを経て一族の70世帯あまりが住む日本にはめずらしい一族の村でもある．事例は一族の総本家の住宅であり，母屋の建設年代は江戸末期に遡る．

屋敷は母屋と2つの別棟，蔵，作業小屋によって庭を囲む構成である．3つの居住棟には三世代がそれぞれ拠点を構えている．母屋に世帯主夫婦，東の別棟に息子夫婦，隠居部屋には世帯主の父親が居住する．

母屋は戦後，増改築が進むが，田の字の床上部分には大きな手は加えられていない．変化は土間部分に生じている．戦前，土間の一部にはオナゴシ（女性）ノ部屋やフィリピンからの出稼ぎ労働者の部屋が設けられていた．

［畑聰一：師楽の集落形態，建築文化 1985.7］

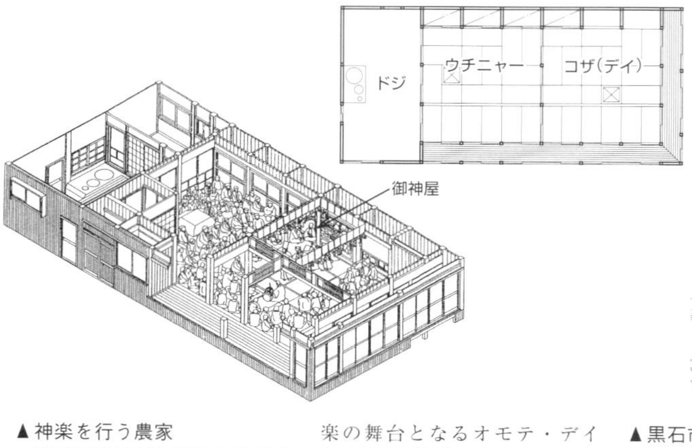

▲ 神楽を行う農家

宮崎県椎葉村に伝わる神楽を行う住宅の事例であり，2002年の仲塔神楽が行われていたときの状態を示す．この地域の平面は，ドジと称する土間と並列型の床上空間によって構成され，床上は2室から4室に分割されるが，事例は二室並列型の形式である．

床上空間は，家族が集まるヘンヤ・ウチニャーと客寄せや神楽の舞台となるオモテ・デイ（ゴザ）で構成されている．ゴザは神楽だけでなく冠婚葬祭が行われるときには儀式場の中心になり，仏壇や神棚を祀る空間でもある．

このような客寄せの行事が行われるときは，通常寝室として使われているシタハラとの間の建具を外し，大空間をつくりだす仕掛けになっている．

［川本重雄：住宅総合研究財団 No. 31］

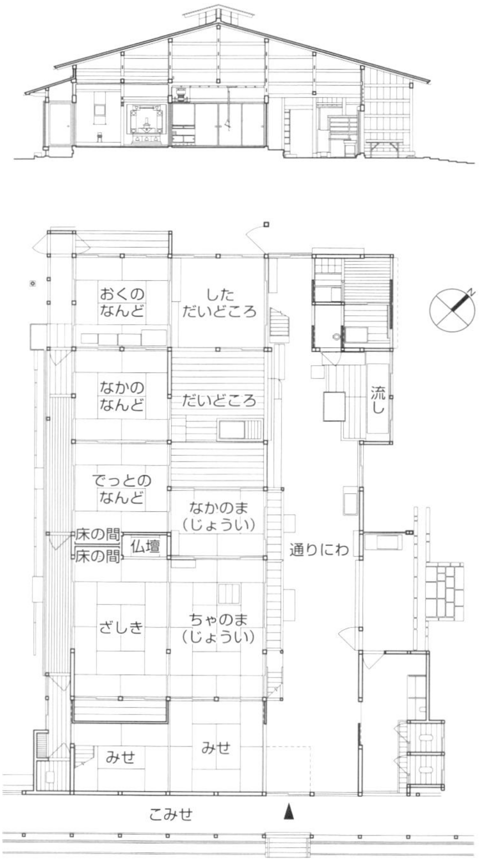

▲ 黒石市の雁木のある町家

青森県黒石市の雁木を備えた町家の事例である．屋敷の間口がゆったりと確保されており，家屋を妻入り型にして隣地との間に屋根に積もる雪を下ろす庭が設けられている．屋敷の前面は，家屋や塀から下屋を突き出すようにして，「こみせ」と称する庇のある私的空間（雁木）が連鎖し，一体感のある景観を生みだしている．

周囲から通風や採光を得られるのが特徴である．「しただいどころ」と「おくのなんど」は増築されたものである．生活空間は，「通りにわ」を介して，不特定の来客が訪れるオモテの「みせ」，日常の接客と儀式や行事の多人数接客に使用する「ざしき」，家族の日常の居場所である「だいどころ」の3つの領域にはっきりと分かれている．

［町家Ⅱ，日本の民家，学研］

Vernacular House of the World: Japan　民家：日本2　003

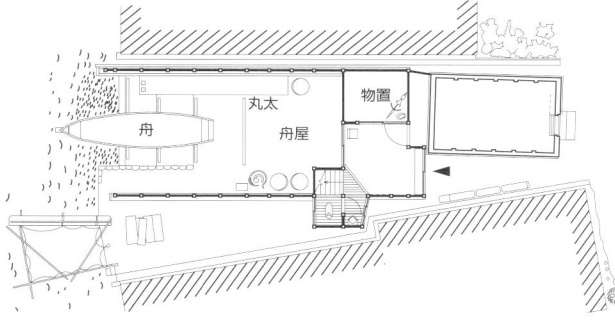

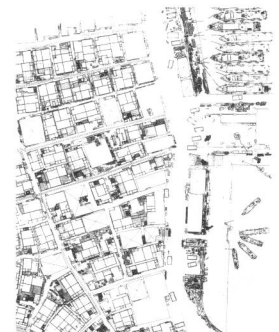

◀菅島の漁家

　三重県伊勢志摩地方の離島集落に見られる伝統的な漁家の事例である．この地域の漁師の住宅は，規模は小さいが，船大工によって建てられ，建具や家具にいたるまで精巧につくられてきた．菅島の住宅のなかには，普段の間取りが儀礼時に客寄せに応じて変化するものがある．
　ザシキは通常6畳間で寝る部屋として使われているが，客寄せを行うときは10畳の広さに拡大する．ザシキとデイの間仕切りを，ニワ（玄関）とデイの間に敷居ごと移し変え，デイの板敷き部分にオクのナンドの3枚の畳を移動する簡単な仕掛けによっている．
　しかも，その際に，各室に置かれていた物品や家具は畳を外したナンドのなかに収納される．
［鈴木成文：現代日本住居論（畑聰一「漁村住宅」），放送大学教育振興会］

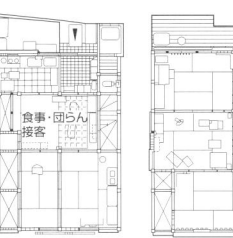

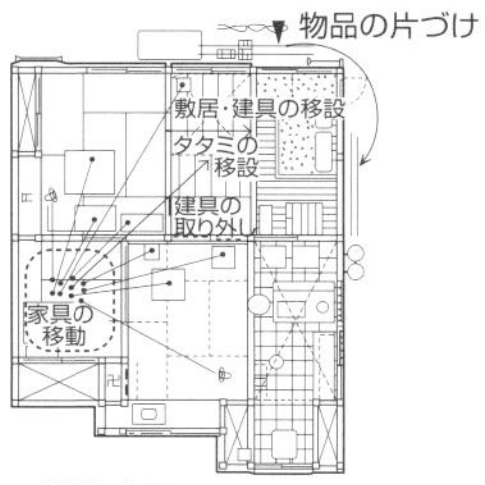

◀答志の漁村住宅と集合の形態

　伊勢志摩地方の離島では狭い低平部に家屋が密集して集落を形成する．答志では，狭い路地を介して庭をもたない2階建てや3階建ての住宅が密集し，集落中心部の容積率が路地を含めて150％近くにも達する．
　住宅は奥行きの深い矩形の敷地いっぱいに建てられ，路地に面してニワナカ（玄関）とカッテ（台所または台所兼食堂）が確保される．その背後の畳の部屋は細かく分割して確保されるのが特徴である．親子二世代の夫婦が1階と2階に分かれて就寝する住まい方が半数を越える．
　住宅の前面には外流しや洗濯機が置かれ，路地が家事空間としても使用される．水道が敷設される前は，屋根の雨水を溜める枡が設置されていた．
［鈴木成文：現代日本住居論（畑聰一「漁村住宅」），放送大学教育振興会］

▲伊根浦の漁村住宅

　京都府丹後半島の伊根浦には，小屋のなかに海水が入り込むようにして潮位を調整する舟屋がある．湾内に入り込んだ鯨やブリなどの大型の魚を船で追い込んで獲る独特の漁法とともに展開したものである．
　水ぎわには舟屋が建ち並び，海に妻面を向けている．母屋は舟屋の背後に少し離れて建ち並び，棟を舟屋と90度ずらして平入りである．かつて，舟屋と母屋の間の空地は，各家によって管理される共用のミチであったが，現在は車道として舗装されている．
　事例では舟屋の背後に蔵が配置され，舟屋の上階には和室が続き間として確保されている．母屋の平面は，方位に関係なくミチ側がオモテであり，続き間座敷が確保される．
［神代研究室：日本のコミュニティ，SD別冊 No. 7，鹿島出版会］

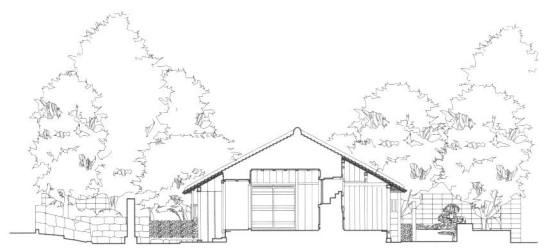

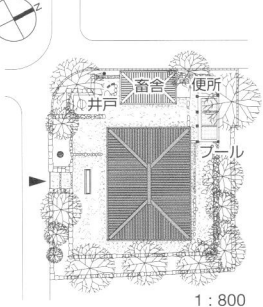
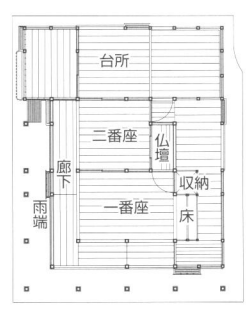

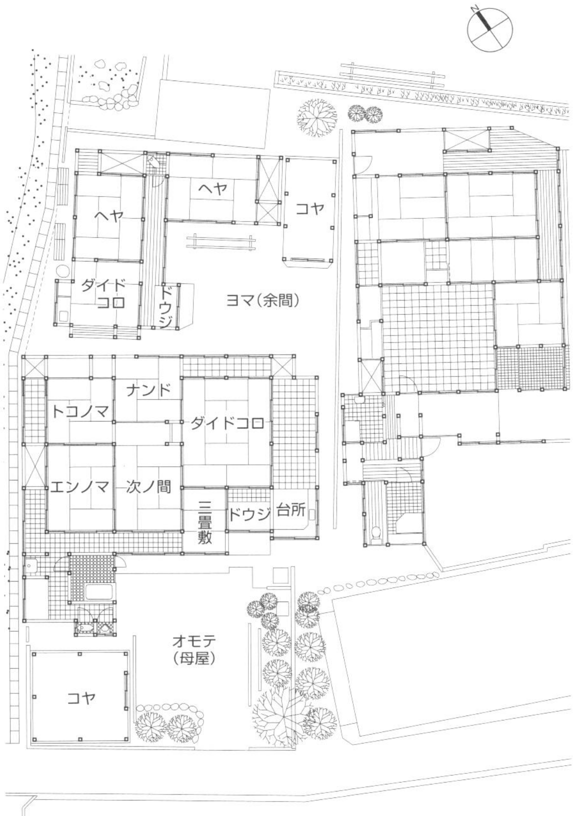

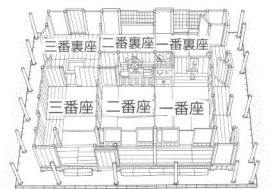

◀対馬鰐浦の住宅

　対馬の北端に位置する鰐浦の民家である．オモテは鰐浦の典型的な平面を示す．ドウジ（玄関）は1ヶ所であるが，ダイドコロを拠点とする日常の生活拠点と，狭いながらも整えられた客寄せや行事に使用する鍵座敷とが分けて確保されている．三畳敷には，祖先を迎える華やかな盆飾りが設置される．
　鰐浦では後継ぎが嫁を迎えるとオモテを若い夫婦に譲り，上の世代がヨマ（隠居屋）に移り住む習慣がある．ヨマは居室だけの離れであったが，近年は台所や浴室を付属させ，住宅としての体裁を備えるものも出現している．また屋敷内に拘らず，村内に分散する傾向にあるが，仏壇はオモテにしか置かず，家の行事はオモテで行っている．
［畑聰一「住宅建築」1993年11月号，建築資料研究社］

◀沖縄県渡名喜島の民家

　沖縄の伝統民家の事例．東南の角には床の間のある一番座が配置される．南面して中央には仏壇の設けられた二番座が隣接し，これら2室のまわりを縁側（廊下）が取り巻き，さらにその外側に深い庇で覆われた雨端が確保されている．
　西側には水まわりや炊事空間が配置される．南西角に年長者の拠点となる三番座が，その背後に台所が位置している．北側の空間は裏座とも呼ばれ，もともとは物置に使われていたが，後に子ども部屋や寝室に使われるようになった．
　日常の家族の居場所は台所や二番座であり，一番座は客寄せや行事を行う場所としての重要な役割を担った．
［(左) 日本の民家，学研，(上) 武者英二，永瀬克巳：沖縄渡名喜島における諸文化の総合的研究，法政大学沖縄文化研究所］

004 民家：東アジア 1 Vernacular House of the World: East Asia

1:300

韓国の民家

　上層住宅の配置をみると家族の生活棟であるアンチェと接客を強く意識した主人(男)の棟サランチェがアンマダン(中庭)を取り囲むように構成されるものが多い．庶民の住宅にはサランチェのないものも多いが，概ねこのような構成を理想として展開された．

　韓国の民家は，オンドル部屋と板床のマルからなり，日本と同じ床坐の形式をとる．その構成は地域により若干異なっている．主人夫婦の寝室，家族や来客の拠点として使用されるアンバンには，台所に相当するプオクと祭祀を行う板間のテーチョンが隣接する．プオクのかまどに火をくべるとその煙がアンバンの床下の煙道(オンドル)を通り，床を温める仕組になっている．

　通常，オンドルバンは，マルやテーチョンを介して庭とつながっている．

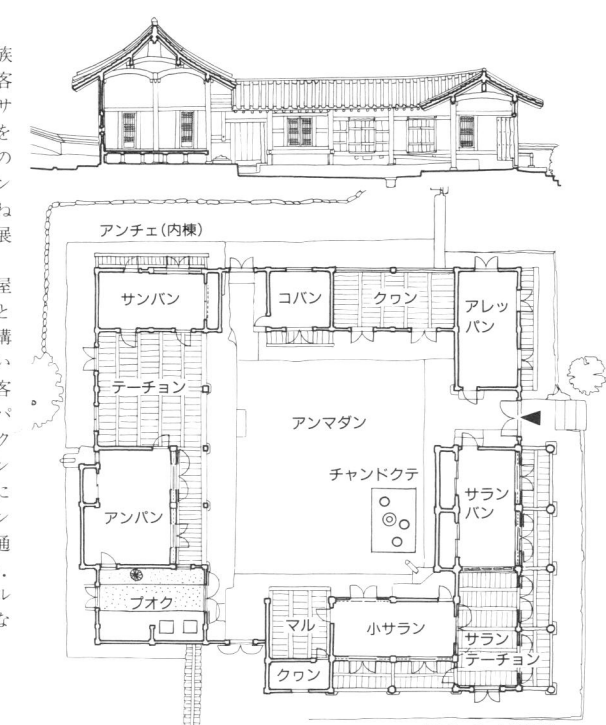

◀ 両班の住居

　韓国，慶尚北道，安東地方の両班の住居．一門の宗家に当たり，広大な屋敷には祠堂，祭庁，亭子，行廊棟などの伝統的な家屋が存続する．

　図の居住部分はアンチェとサランチェがともにL型をなして囲う構成をとる．オンドル部屋相互はマルや通路を挟み，連続することはない．アンチェの空間はこのアンマダンに向かって開放されている．一方，サランチェの空間は中庭に対して閉鎖的で，外側のアプローチの方向に開いている．

　味噌や醬油を保管するチャンドクテがアンマダンに設けられているので，この中庭は台所の延長として作業の場にも使用される．プオクの後庭はサービスヤードの機能を担うが，ここではその一部が中庭にも拡大する．

[安東：祖先を祀る屋敷，「韓国現代住居学」ハウジング・スタディ・グループ，建築知識(1990.4)]

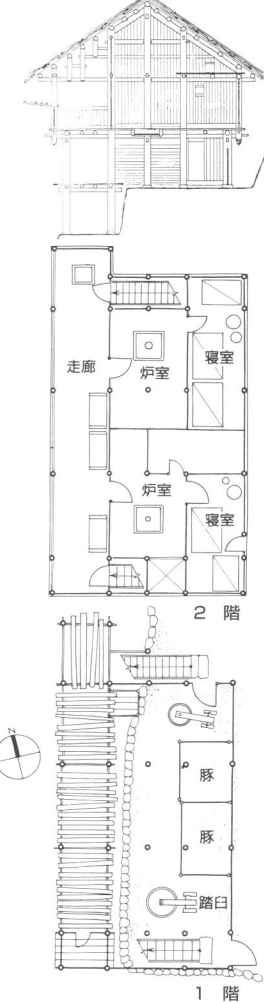

▲ 中国・貴州の高床式住居

　傾斜地に立地するトン族の住居．床下の地上階で家畜を飼う．生活面は高床の部分で，ここに囲炉裏ももち込まれている．

　走廊(通路)は食事や機織りに使われ，複数家族の共有空間．第2列は二世帯に分割され，さらに第3列には寝室が確保されている．

[貴州トン族住居調査委員会：中国・貴州の高床住居と集落，住宅建築(1990.4)]

◀ ヤオトンの住まい

　中国，河南省の黄土地帯に分布する下沈式窰洞住居．院子と称する中庭が掘られ，ここを中心にボールト天井をもつ横穴居室が確保される．地上から地下の中庭への導入路突当りに魔除けとプライバシー確保の意味を兼ねる照壁が設けられる．

[青木・茶谷他：民家集落の建築類型学的研究，住宅建築研究所報No.10 (1983)]

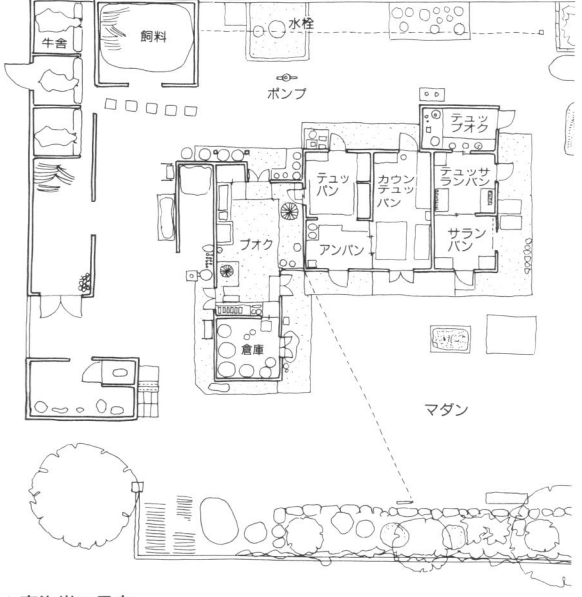

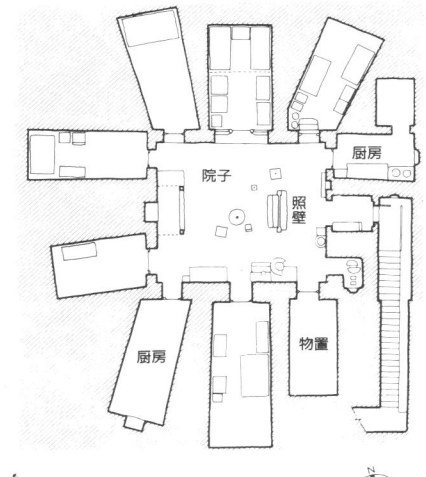

▲ 東海岸の民家

　韓国，江原道江陵市近郊の農家．東海岸に特有の2列平面．倉庫や家畜舎をプオクに接続させ，L型の主棟を形成してマダンを取り囲む構成に特徴がある．前庭に面する居室がオモテに相当し，アンバンなどの主要な室が設けられる．カウンテュッパンとサランバンとの間は壁で仕切られ，はっきりと区別されている．広いプオクも特徴のひとつ．

[ハウジング・スタディ・グループ報告書]

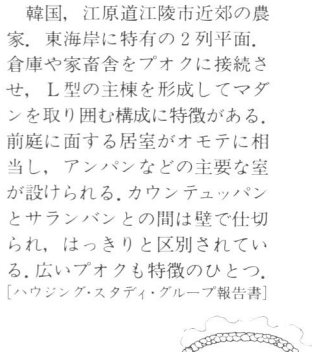

◀ 済州島の民家

　韓国，済州道鳳城里の農家．済州島の住居には本土と異なる特徴がみられる．オルレと称する導入路を介して屋敷が設けられ，正面の位置にアンゴリ(主屋)が配置される．中庭を挟んでその向かい側にバッコリ(副屋)，さらにその脇にモッコリ(脇屋)と称する物置を建てて囲みを形成する．バッコリはアンゴリと同じ空間を形成する分家用の住宅であり，通常長男が結婚すると，長男夫婦は畑もかまども便所も分けてバッコリで自立した．

　間取りには，中央に板間のサンバンを設け，左右のオモテ側にクドル(居室)を，その背後にコバン(倉庫)やチョンジ(土間台所)を配置する特徴がみられる．クドルは冬の，サンバンは夏の生活の場である．

[「韓国現代住居学」ハウジング・スタディ・グループ，建築知識(1990.4)]

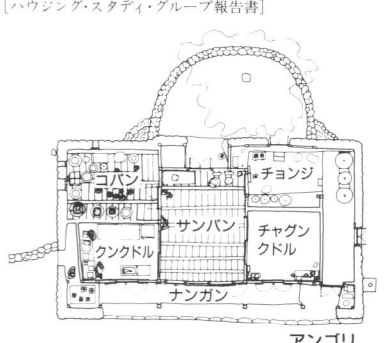

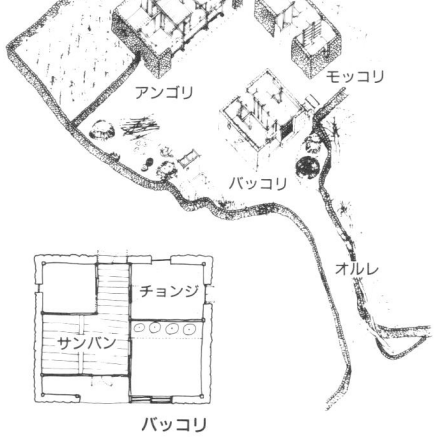

民家：東アジア 2

中国・台湾の民家

一般に中国・台湾の民家といえば、漢民族の住居が大半を占める。ここでは中国の貴州と台湾ヤミ族の住居を除く4例が漢民族の住居である。これらの漢民族の住居は、極めて多様であるが、ともに中庭をもつという特徴がある。中庭は院子、天井、埕などと呼称され、住居内の唯一の庭として重要な役割を担っている。

また、住居平面には、左右対称性が顕著に現れる。中心には正庁や祖堂など神や祖先を祀る空間が配置され、住居全体の使い方に秩序が生み出される。

中国には漢民族を除く少数民族も多く、その居住地域は主に中国の北から西南にかけて広く分布する。それらは生産や宗教を強く反映させ、多様な形態をとる。雲南省や貴州省などでは漢民族と著しく異なる住様式を展開する住居が報告されている。

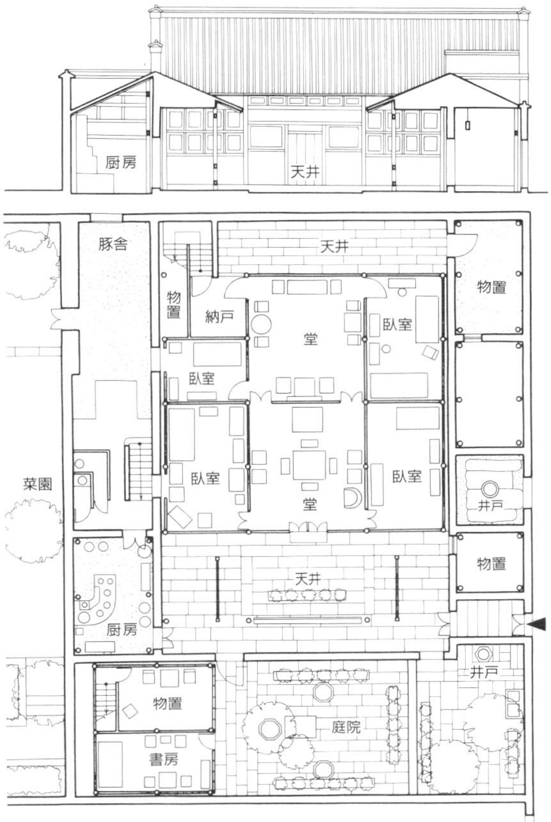

◂ 天井のある住居

中国、安徽省の漢民族の住居。この住居は周囲が厚い壁で囲われ、そのなかに木造架構がはめ込まれている。両脇に臥室（寝室）を配する堂が二重に確保されている。堂と天井は一体化して使用され、特に天井は快適なリビングルームとなる。
［東京芸術大学中国住居研究グループ：中国民居の空間構成を探る，住宅建築(1986.3)］

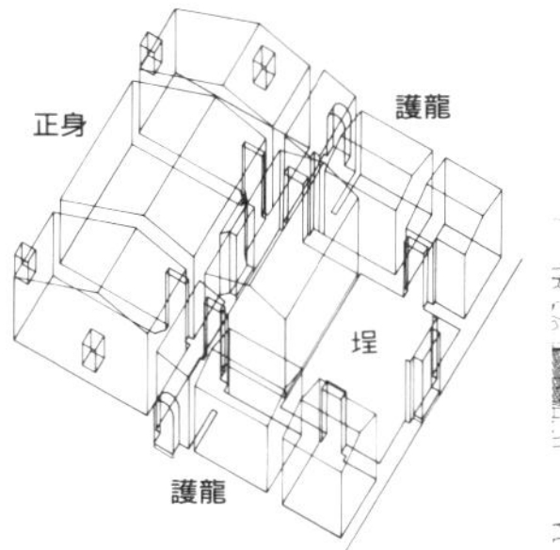

▴ 澎湖島の合院住宅

台湾、澎湖県の漢民族の住居。この地域には中国福建省の人々が、三合院を持ち込んで居住する。壁をサンゴで積み、小屋を木造で架ける。かつては福建省から木材を運んで建設した住宅も多かった。

立体図は三合院の典型的な空間構成を示す。大門から正庁の祭壇へと至る中心軸が意識され、左右対称に造形される。中庭は埕と庇下の庭に分かれ、正庁の中心には神が祀られ、祭祀机の左側には先祖の位牌が置かれる。正庁と中庭は家族生活の場の中心であり、接客の場となる。

家長の寝室は正庁右隣の一房で、左隣の二房に優先する。台所は中庭を囲む二つの棟（護龍）の右側に設けられ、その台所以外は間と称し、居室に使用される。間にも序列性がある。
［芝浦工業大学畑研究室：三合院の世界，建築知識(1990.4)］

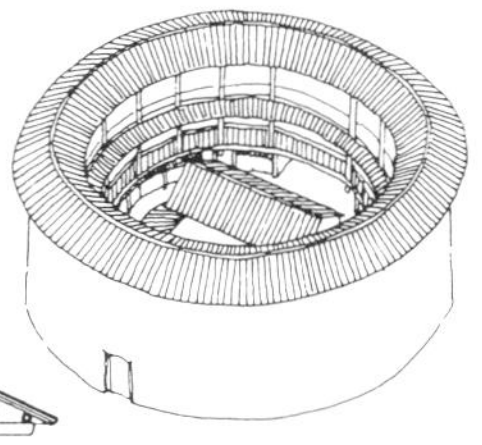

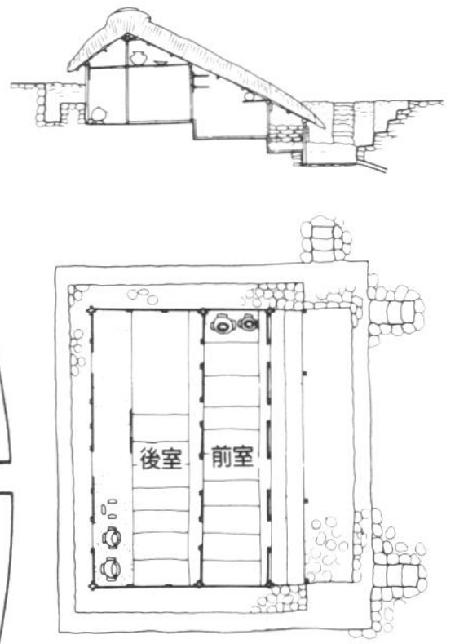

◂ 台湾・ヤミ族の住まい

台湾、蘭嶼島に住むヤミ族の住居。台風の通り道という自然条件を克服するために、緩い斜面を階段状に掘り込んだ特異な形態をもつ。段状の室内は基壇ごとに使い分けられ、天井は低い。この主屋の外に作業室や高床の涼み台が設けられ、季節に対応した住み方を行う。
［乾 尚彦、他：階段の星敷，住宅建築(1983.4)］

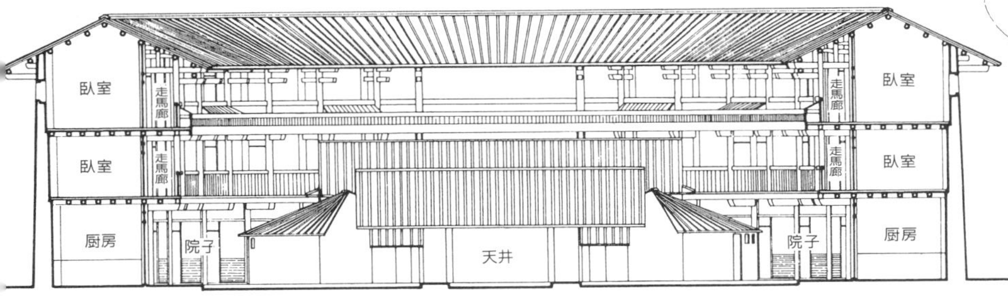

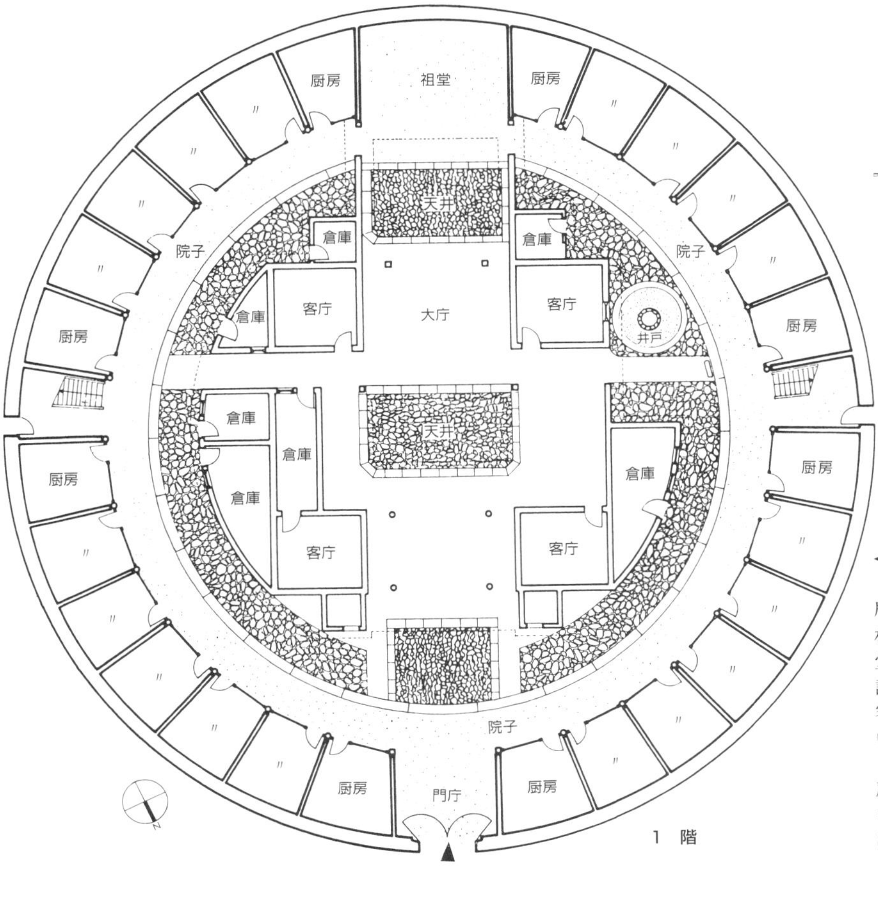

◂ 土楼の住まい

中国、福建省の客家が一族で居住する環形土楼。居住部分に相当する円環状の家屋の中に中堂と呼ばれる氏族共用の施設が設けられ、祖先を祀る祖堂や接客を行う客庁などが配置されている。

環状部分の1階は各家族の厨房に当てられており、これらと中堂の間の不定形な院子（中庭）には井戸が設けられ、家畜が飼われている。厨房は台所と食堂を兼ねており、内部の生活は自然に外側の院子に拡大する。したがって、ここは一族が自然に集まって交流する場となる。

円環の上階は寝室に当てられているが、各室は走馬廊と称する回廊に直結し、家族単位が不明瞭となる構成をとる。
［東京芸術大学中国住居研究グループ：中国民居・客家のすまい，住宅建築(1987.3)］

民家：東南アジア　Vernacular House of the World: South-East Asia

東南アジアの民家

　湿潤な熱帯性気候の東南アジアは水稲耕作に最も適した地域である。河川は常に水に恵まれ，河口はしばしば氾濫を起こす。このような自然環境のなかで，人々が杭上家屋や高床式住居を選択したことは当然のことといえよう。

　しかし稲作文化という共通項をもつとはいえ，多種多様な部族が生活しており，それぞれが固有の文化をつくり上げてきた。そこには，集落が位置する地理的条件や環境，聖地信仰，宗教などから生成された個別の宇宙観が明快な形で存在し，それが規定する聖／邪，善／悪，浄／不浄，男／女などの民族方位を無視して住居や集落の空間をつくることはできないのである。

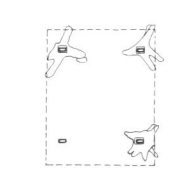
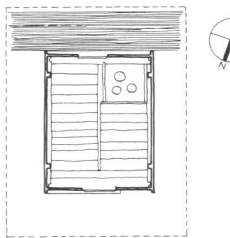

▲ フィリピン山岳地帯の住居

　熱帯雨林に覆われたルソン島北部の山岳地帯に住むイフガオ族は，山地の南斜面に広大な棚田を築いて水稲耕作を行う。
　集落は，水田の近くにつくられるが，散村の形態をとる。"バレ型"と呼ばれる高床式の住居の規模は小さく，家財道具のように認識されて，移築も容易に行われる。
[山下浩一，他：フィリピン北部ルソン山岳民の研究（その２），Ifugao族の住居の建設プロセス，日本建築学会大会学術講演梗概集，昭和57年度]

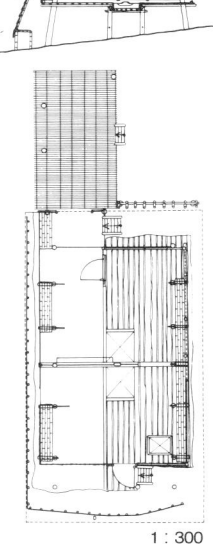

◀ タイ北部アカ族の高床住居

　照葉樹林地帯の南縁にあたるタイ北部山地は，1000〜2000mの起伏の多い地形であるが，ここに焼畑耕作を主生業とする少数民族が生活している。アカ族はその一つであるが，標高1200mを越える尾根に集落を築く。
　住居は尾根を挟んで平行に並び，集落の両端には鳥居と同形の門が設置される。集落には門をはじめ儀礼用ブランコ，水源，埋葬場など司祭者が管理する神聖な施設や場所がある。
　斜面に建つ住居は高床で，入母屋根の頂きに棟飾りをもつ。小屋組，床，壁，戸などに竹材がふんだんに利用されている。
　一住居には10〜20人ほどが住むが，男女の領域は分かれ，どちらにも炉がある。広い露台がある側が男の領域で，接客の場所となる。床下は家畜の飼育場所になっている。
[野外民族博物館リトルワールド復元図]

◀ トラジャ族の舟型住居

　インドネシア・スラウェシ島の山岳地帯に住み，水稲を中心とした農業を営むトラジャ族は大きな舟型屋根をもつ高床式の"トンコナン"（住居）を築く。
　住居と同型の"アラン"（米蔵）を対面に構えることで，一つの「家」が形成される。北を表，南を裏とする宇宙観に沿って配置は決まり，北側にある蔵の下は接客の場となっている。住居と蔵に挟まれた場所は農作業の場であり，炊事は住居の南側とその裏の小屋で行われる。さらに南側に家畜小屋がある。
　住居内部は2〜3室に区切られ，北側から客室，居間，寝室となる。ここに数家族が居住する。炉がある居間と農作業場に面して住居の北側に作られる露台が日常生活の中心の場となる。
[茶谷正洋，他：住居の構法と集落の形態に関する研究，住宅研究所報1980]

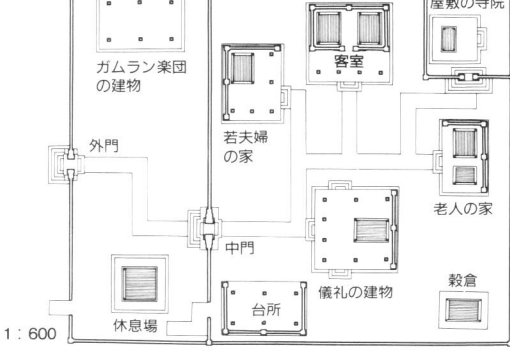

◀ バリ島・貴族の屋敷

　島の最高峰アグン山をヒンズーの至高神シバの住処と信じるバリの人々は山と東を聖，海と西を邪とみなし，これを生活すべての規範にしている。ヒンズー教に基づいた社会階層があるが，貴族階層であっても農業を営む。父系氏族であり，息子は結婚し自分の家ができるまで父の家に住む。
　屋敷内の配置は厳格に決められ，建物の寸法は柱幅を基準にしたモデュールによって決まる。先祖を祀る祖廟は聖なる山の方角，台所や豚囲いはその対角，中央の儀礼の家を挟んで東側に老人の家，西側に若夫婦の家が配置される。貴族の家には前庭があり，休息場とガムラン楽団の建物がある。これらは，邪悪霊の侵入を防ぐために囲いをずらしたり，別の家を障壁にするなどの工夫がなされる。
[野外民族博物館リトルワールド復元図]

▲ ニアス島・南ニアスの住居

　スマトラ島北西に位置するニアス島に住むニアス族は稲作を主なる生業とするが，島の北と南では文化的な差異がある。
　南ニアスの社会は，四つの階層をもち人々はどれかに属する。家族は核家族を単位とするが，夫方居住による拡大家族を形成することで一つの世帯をなす。
　前庭から住居の背後にある豚小屋と菜園までが，一世帯の領域である。一世帯は図の家屋2戸を所有し，2戸の間にある階段を主出入口とする。家屋内部は2室に分かれ，前室は男客と子供たち，後室は女客と夫婦が寝る。
　集落形態は直線を基本とするがT字型も多く，閉鎖性が強い。広場の中央に首長の家，集会所，成人儀礼に必要な跳躍台が設けられる。
[井上勝徳：インドネシア・南ニアスの住居——形態・構法及びその成立過程，東京大学修士論文（1983）]

Vernacular House of the World: Pacific Ocean Area 民家：太平洋地域

太平洋地域の民家

ミクロネシア，メラネシア，ポリネシア，オセアニアに分布する民族の多くは遠洋航海者であり，儀礼上の交流や貿易が互いの文化に多大な影響を及ぼしてきた．海洋性の熱帯気候であるこの地域は，炊事の場を分棟にする住居が多く，沖縄や日本の太平洋沿岸にも同様の特徴がみられる．

一方，ニューギニア高地民のように，マラリアなど下界の悪条件を避けて生活する民族もいる．彼らの生活分布の高限はイモの植生域に整合する．山地民にとって住居とは，夜間の冷え込みから身を護るシェルターである．

イモを主食とする文化圏であるため，イモの貯蔵庫が集落の形態や構造における重要な要素になっている民族も多数ある．

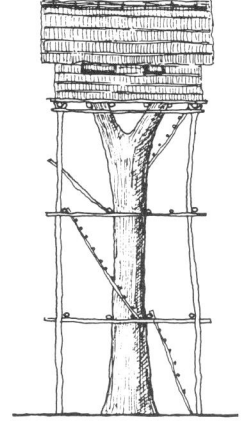
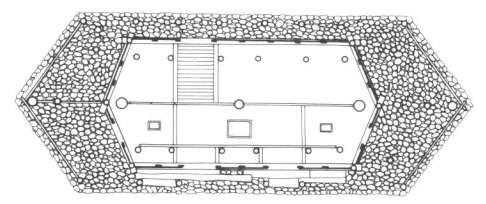

1：150 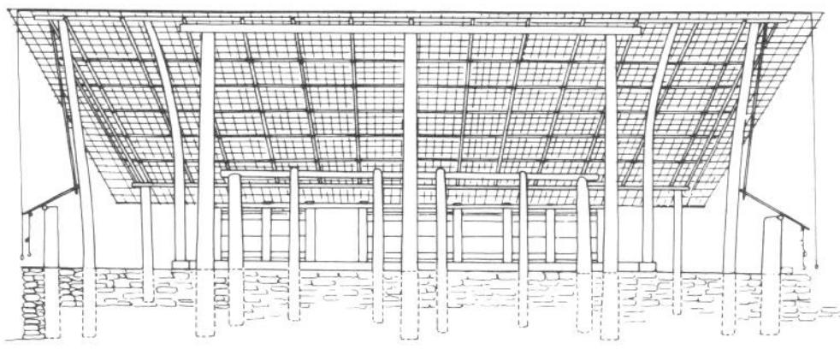　　　　　　　　　　1：300

◀ ミクロネシアの分棟住居

珊瑚礁からなるヤップ島はカロリン諸島西部に位置するが，島民は航海術，工芸などに優れ，諸島全域に影響を及ぼした．

住居は六角形の石の基壇の上に建てられる．柱はすべて基壇に埋め込まれ，棟持ち柱は他より太いものが使用される．屋根はヤシの葉で，各部材はヤシ縄で固定される．

男女の領域区分が明確なヤップ社会は住居内を区分するだけでなく，未婚の娘のための小屋をつくり，男女別に炊事小屋を二つつくる．この他に豚小屋と舟小屋が建てられ，一家族の住まいが完成する．

ヤップ人は石貨を発達させたが，大きい石貨は屋外に置かれ所有者の富裕を象徴する．
[J.S. Kubary：Kenntnis Des Karolinen Archipels (1895)，Verlag von P.W.M. Trap, Leiden]

▲ ソロモン諸島の樹上住居

ニューギニア東方沖合に浮かぶソロモン諸島の人々は，タロイモを主食としており，主屋と炊事屋を分棟にする高床式住居が多い．しかし高床の普及はイギリス政府の保健衛生政策の影響が大きい．

諸島の西洋化が進むなかで，マライタ島西北部ファラウでは樹上に造られた若者宿が使われている．大樹の枝を切り落とし，その頂上に小屋をつくり，小屋を支える支柱に足場や梯子を架ける．小屋は四方に押し上げ式の開口をもち，通風と採光の確保に努めている．サイクロンを考慮して，屋根材に調達が容易なサゴヤシの葉を用いる．

近年は，樹上の若者宿の形態を利用して，2階建や3階建の住居も造られている．
[八木幸二：ソロモン諸島のすまい，季刊「民族学」5号 (1978)]

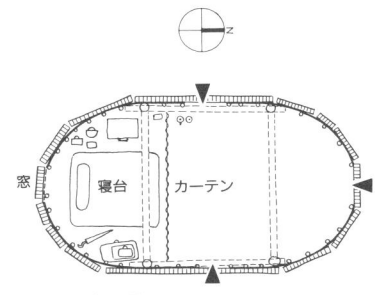

ファレ・モヘ

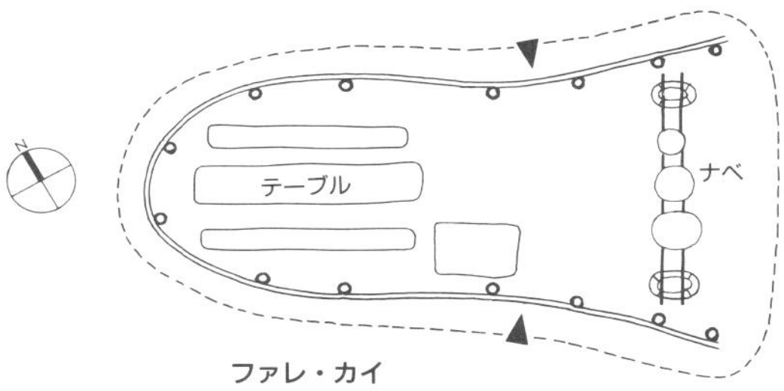

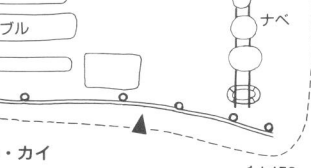

ファレ・カイ
1：150

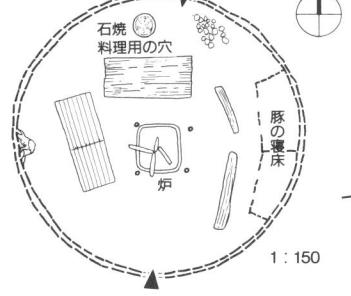

1：150

▲ ニューギニア西部高地の住居

インドネシア領にあたるニューギニア西部の山地民の一つであるダニ族は，円形平面で円錐形の草葺き屋根をもった住居をつくるが，屋内を二層に分ける．矢板状の板が二重壁をなし，間に干草が詰められて隙間風の侵入を防いでいる．

下層は土間で作業場や接客の場，豚の寝所となり，無採光の上層は寝室として使用される．上下層とも平面中央に炉があり，周囲に4本の柱が立てられる．

住居は集村形態をなし広場に面して"男の家"がある．すべての成人男子がここで合宿生活を行う．広場の周囲に"女の家"があり，妻と子供たちが住む．男たちは共同で焼畑開墾などの農作業を行い，夕刻になると妻子のいる"女の家"を訪れる．
[石毛直道：住居空間の人類学，SD選書 (1971)，鹿島出版会]

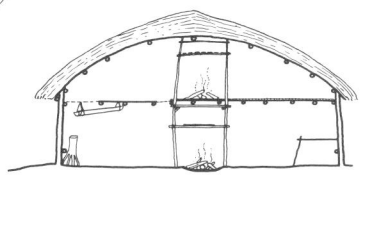
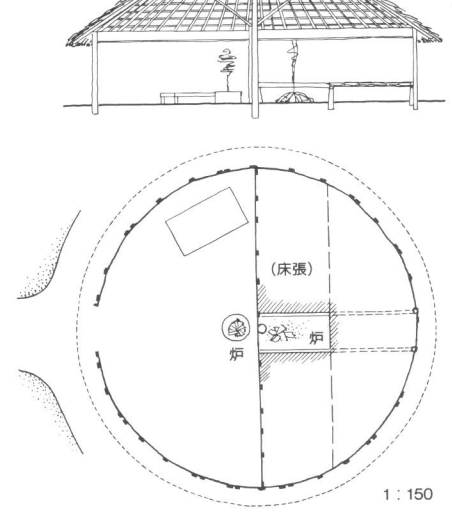
1：150

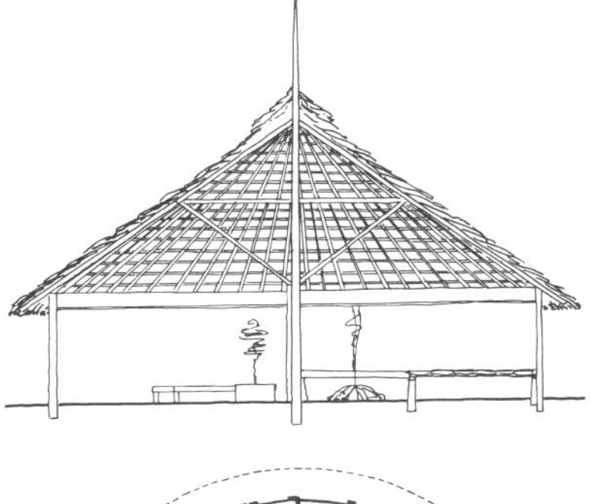

◀ アサロ渓谷の円形住居

パプアニューギニア中央部を東西に走る山岳地帯にあるアサロ渓谷は，標高が高いために夜間は寒さが厳しい．

したがって円形の住居は出入口の他に開口部はなく暗い．屋内の半分はピトゥピトゥ（葦の一種）を編んだすのこ状の床が張られている．人々はここで就寝する．中央に炉があるが，雨の日の炊事と暖房用にのみ使用される．炊事用の炉は屋外につくられ，食事の場など日常生活の中心は屋外にある．

円形平面の中心にある柱と成人の胸ほどの高さの外周壁で草葺きの屋根を支える．間柱状の板にピトゥピトゥを重ね張りした外周壁は，屋根とともに断熱効果が高い．
[八木幸二：湿潤熱帯における住居の研究（その2），パプア・ニューギニアにおける住居形式，昭和54年度日本建築学会関東支部研究報告集]

▲ トンガの伝統的分棟住居

焼畑による根栽農業を行ってきたトンガの伝統的な民家は，"ファレ・モヘ"（居住棟）と"ファレ・カイ"（炊事・食事棟）の分棟形式をとるが，これに便所と水浴場が敷設される．

居住棟は就寝や居間，接客の場である．しかしトンガの社会慣習により兄弟と姉妹の寝所を分ける力が働き，息子たちのための別棟がつくられる．

居住棟の主構造は4本ないし6本の掘立柱とそれに架かる梁で，これが屋根を支える．この柱を囲むヤシの葉を編んだ壁の四方に出入口や窓が設けられ，楕円平面の長軸を東南貿易風の風道に向ける．

炊事・食事棟は小屋がけのみで壁をもたない．入口は2か所あり，大きく開いた側に炊事場を設けている．
[石毛直道：住居空間の人類学，SD選書 (1971)，鹿島出版会]

008　民家：南アジア/インド・ネパール 1　Vernacular House of the World: South Asia; India/Nepal

南アジアの民家

インドは多民族国家である．民族の流入が多かった北部から押し出された先住民族は南部へ移動し，中庭型住居をインド全域に広めた．地中海沿岸の中庭型のように閉鎖性の強い構成であるが，前面にベランダをもつ例が多い．ここは男性の領域で，接客の場となっている．

民族移動は南部の民家に影響を与えたが，方位観念は逆である．北部では北方を好むが，南部では北方を嫌い南方を好む．

インドはカースト社会であるが，階層と種族，宗教観が住居形態を決める要因になっている．

ヒマラヤ山地に住む人々は，肥沃なカトマンズの谷を占めるインド系と山岳地域に住むチベット系に分かれる．前者は都市を形成し大規模な住居を構えるが，後者の住居は山地斜面に制約される．

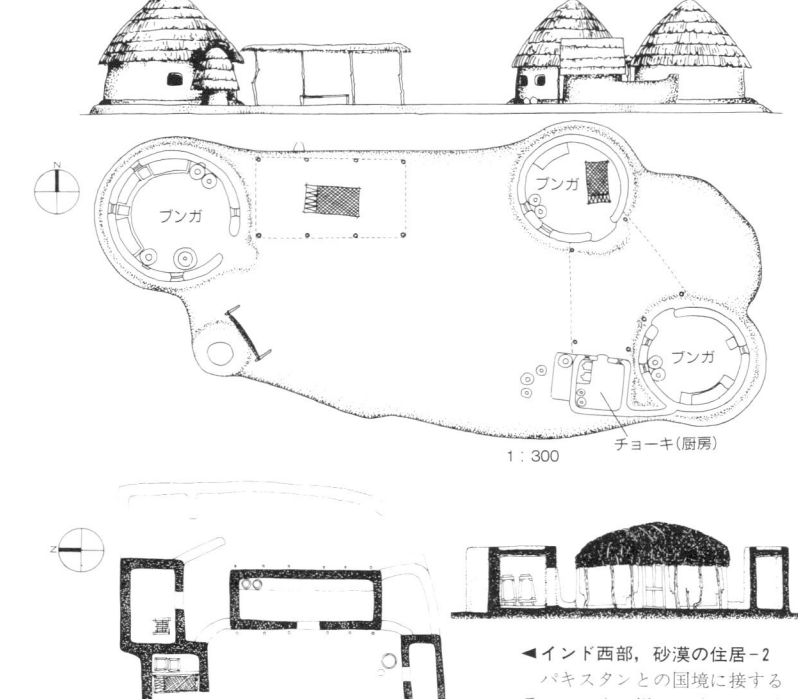

◀ インド西部，砂漠の住居 – 1

グジャラート州クッチの砂漠にあるバンニ地方ルディア村は，雨期になるとしばしば浸水害を受ける．したがって耕作可能地が集落周辺に存在する．

この村には，牧畜業者のクラスターと低いカーストに属する織物などを造る手工芸者のクラスターがある．

図は後者の住居であるが，一つの基壇が住居の単位となる．西側のブンガ（円形の建物）とベランダは男性が使い，二つのブンガとそれに挟まれたベランダ，チョーキ（厨房：方形の建物）は女性と子供が使う．

壁は日干しの粘土ブロックを積み上げ，鏡を埋込み細かな装飾が施される．しかし，浸水害のため，壁ではなく木柱と梁が屋根を支える．
［クルブジャン・ジャイン：形態－環境から生まれるもの，Process Architecture 15 (1980)］

◀ インド西部，砂漠の住居 – 2

パキスタンとの国境に接するラジャスタン州ジャイサメル地方には広大な砂漠が拡がる．

サム村の住居はこの砂漠の環境に対応したものである．塊状の粘土を積み上げて造られる住居は，中庭を囲み分棟を四方に配置しており，分棟の一つに茸屋根を用いている．中庭型が連続し，それらが群集することで集落の形態をなしている．

穀物倉までのアプローチ路や分棟間には壁を立てるが，この地方特有の強い砂嵐を防ぐためである．砂嵐は住居の外周に砂を積もらせるため，すべての開口部は中庭に向けられる．砂が屋根を越えて中庭に堆積を始めると，住人はこの住居を離れる．砂嵐の強い砂漠の中で人々は，何年かに一度住み替えを行う．
［クルブジャン・ジャイン：形態－環境から生まれるもの，Process Architecture 15 (1980)］

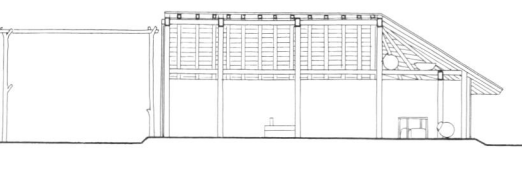

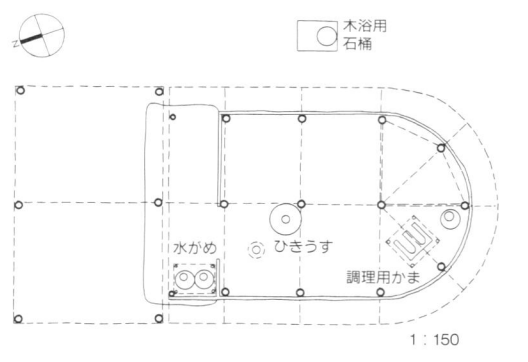

◀ 森林地帯の仮設シェルター

マハラシュトラ州ダング地方は起伏に富む森林地帯で，チーク材と竹が豊富である．ここに住むビール族の人々はかつて半遊牧民であったため，仮設シェルターを造りだした．そのために最小の空間，組立の容易さ，そして後に放棄するので費用が低廉なことが要求される．

ダング地方はモンスーンの季節である夏季になると激雨と南西からの烈風に見舞われる．住居は円形プランの最奥部を南西に向けて烈風に耐えるが，モンスーンの直前に屋根や壁，床の修繕を必要とする．

住居は低い基壇の上に建てられる．エントランスは壁のないベランダであり，さらに前面に屋根付テラスがある．この領域が生活の中心となる．
［ハームト・ナイキ：インドの部族コミュニティ，Process Architecture 15 (1980)］

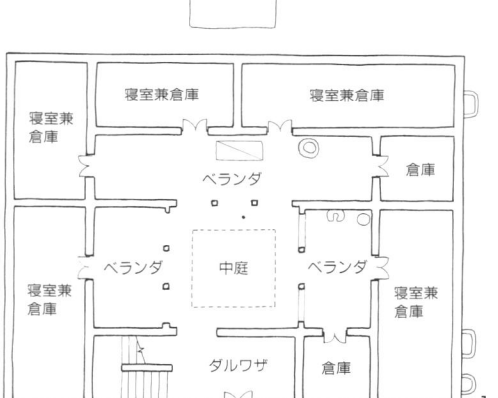

▲ ラスルプールの中庭型住居

ラジャスタン州ラスルプールは，農業と石材の切出しを生業とするヒンドゥー教徒の村である．集落は，藁葺切妻の住居と陸屋根の住居が隣接混在する．

レンガ造の陸屋根住居には図示のごとく中庭をもつものがあり，中庭上部には鉄格子が嵌められる．この住居には親戚関係にある4家族，約40人がいるが，3家族が1階，1家族が2階に住む．エントランスを抜けると男性の領域であるダルワザがある．この奥に中庭があり，半屋外のベランダがその周囲を囲む．ここにかまどが置かれ調理空間が形成されるが，中庭とベランダは作業空間であるとともに男性の就寝場である．男性は他にダルワザを就寝の場とするが，女性は一年を通して部屋のなかで就寝しなければならない．
［東京大学原研究室：住居集合論4 (1978)，SD 別冊 No.10］

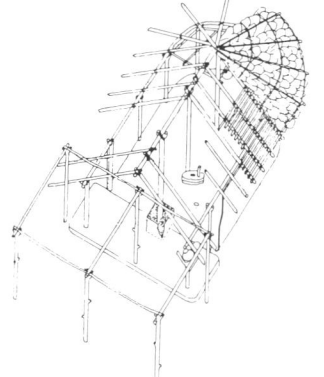

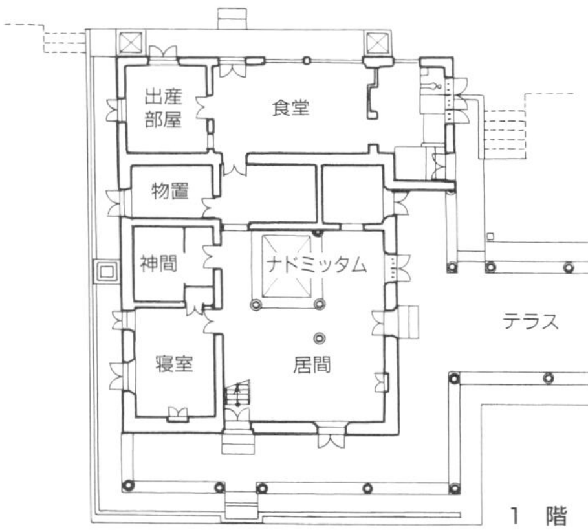

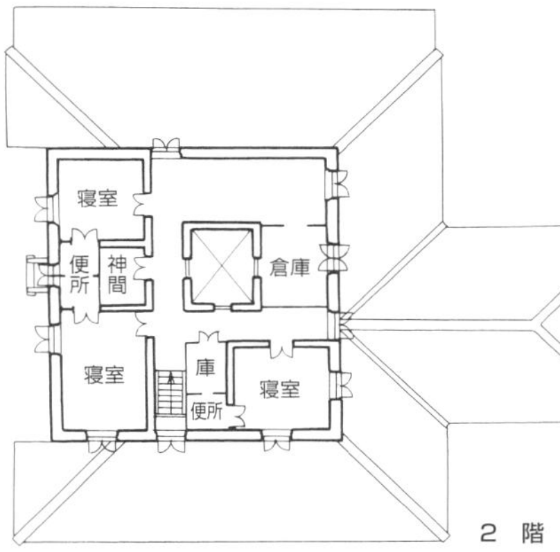

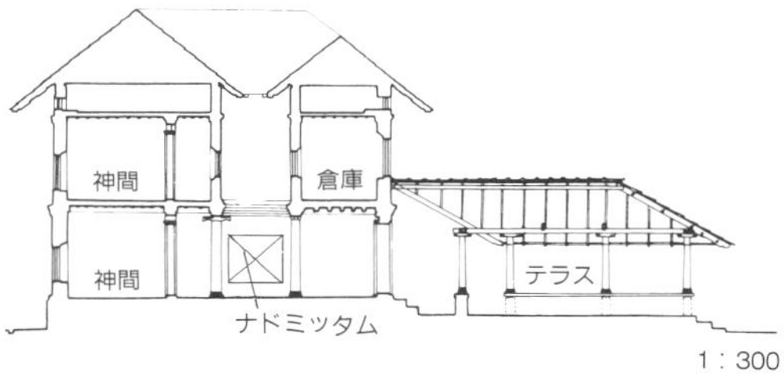

Vernacular House of the World: South Asia; India/Nepal　民家：南アジア／インド・ネパール２　　009

◀ナヤールの邸宅

インド南部のケララ州ウェリネリ村には，狭義のカーストであるジャーティが20ほどある．農業を営むナヤールはヒンドゥー祭司に次ぐ階級である．

ナヤールは母系制の親族組織をもち，女性は結婚後も生家に住む．男性は自分の実家から妻の家に通う．住居には家長夫婦とその娘たち家族が拡大家族を成して住む．

屋敷は生垣に囲まれ，東面する主屋，井戸，外便所で構成される．入口は壁のないテラスで，男性客の接待場であるとともに家の男性の就寝場である．女性は2階に部屋を各々もつ．中央にはナドミッタムと呼ばれる吹抜けがあり，遺体を安置する儀礼場である．また，北東隅から南西隅にかけて悪霊を通過させる小さな穴を貫通させている．
[野外民族博物館リトルワールド復元図]

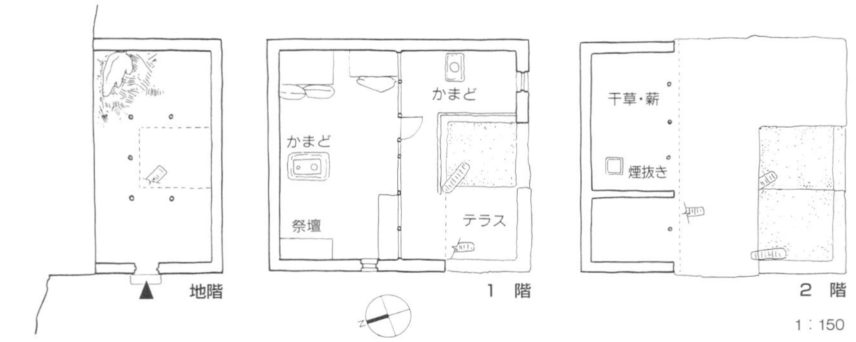

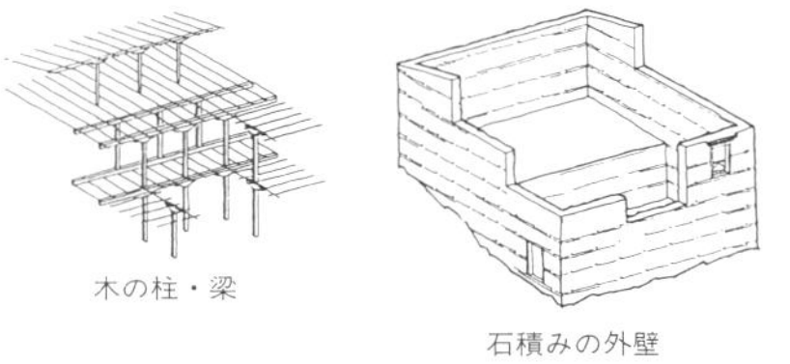

▶ヒマラヤ山岳地帯の住居

ヒマラヤ山脈，アンナプルナ山群の裏側にあたるマナン地域は標高3500mを越える．一年を通して雨はほとんど降らない．荒涼とした傾斜地に耕作と放牧のために区切られた雛壇が造られ，その上方に集落がある．住居は地形をうまく利用して建てられたため，集落内には様々な空隙が生じる．そこにラマ教のチョルテン門やマニ車壁が造られる．僧院は集落のはずれに造られるが，ラマ僧たちは集落から離れて僧院を築き住む．

住居は方形の平面をもち，外壁は組積造で床組と小屋組は木造である．傾斜地に建つ住居は家畜飼育場である地階からアクセスする．1階が居住空間であり，祭壇が祀られる．2階は干草や薪が貯蔵される．
[渡辺 康：ヒマラヤ（チベット），住宅建築(1987.10)]

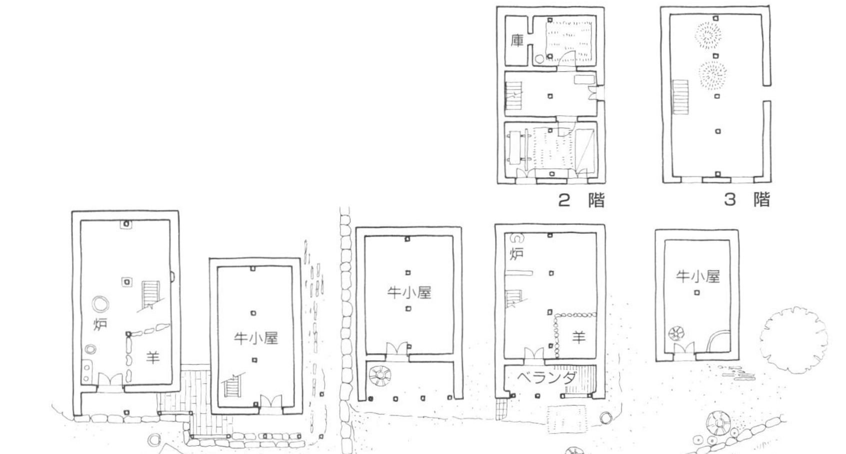

◀ネパール・チベットの住居

カトマンズの谷に近いドゥリケールは，斜面の下方まで段々畑が続く中でわずかな平地に住居を築く散村である．人々は農業と牧畜を営み，ヒンドゥー教を信仰する．

狭い平地には兄弟や親戚関係にある家族の家が数軒並ぶ．住居は三層で寄棟の屋根をもつ．軒の出は大きく，軒を支える斜材は彫刻が施され壁から伸びる．組積造の外壁は泥と牛糞で固められ，赤茶と白に塗られる．床組と小屋組は木造．開口部の木枠に彫刻が施される．

入口の前にはベランダがあり，屋外の作業場や休憩場になっている．1階は牛や羊などの家畜飼育場と台所であり，2階が寝室と穀物庫，3階はトウモロコシなどの食料庫となっている．
[東京大学原研究室：住居集合論4(1978)，SD別冊No.10]

010　民家：西南アジア 1 Vernacular House of the World: Southwest Asia

1:300

乾燥地域の民家

ここではモンゴルやパキスタン，アフガニスタン以西からシリア，トルコに至る乾燥地域の住居を例示する．この地域は概ねイスラム世界である．

乾燥地域といっても様々な極地気候をみることができる．気候や風土が異なれば建築材料や構造が異なってくる．石造，日干しレンガなどの組積造，木や草を使用するものなどがあり，一方で，放牧民の住居として発展した移動に便利な折り畳み式のものもある．

一般に昼夜の温度差が大きく，また空気が乾燥している．したがって，それらを克服して快適な室内気候を獲得するための試みが地域によって特徴的な形態をみせるのである．

男性と女性の空間を分けて設けるなど，イスラムの伝統的な住様式を反映させるものも多い．

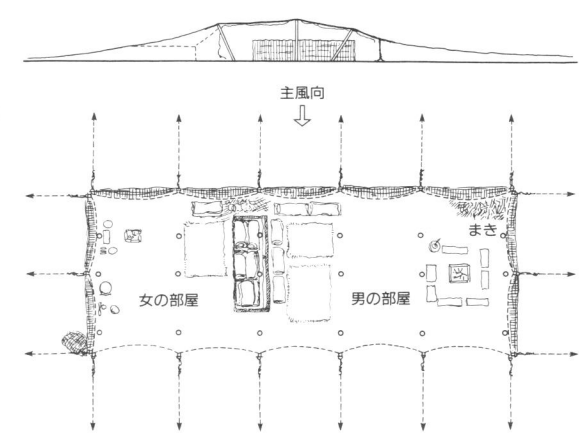

◀ ベドウィンのテント

テント構造の住まいはモンゴル地方からアフリカ大西洋岸に至るまで，遊牧民の間に広くみられる．

図はシリアのベドウィンのテントである．スケールの大きなものは長さ50mにも及ぶ．低く張られたテントは，砂嵐などの厳しい自然に対応する姿を示している．ロープの張り方，結び方に独特の工夫がある．

日中は風下に当るテントの一辺を明け放して，日影をいっぱいに使って生活する．内部は葦のマットを仕切り板に立てて男と女の領域をはっきりと区分する．ともに炉をもつが，一方はコーヒー用，もう一方は料理用である．夜は男女が分かれ，カーペットの上にマットレスを重ねて寝床をつくる．
[八木幸二：シリアの住宅分析, Process Architecture 15 (1980)]

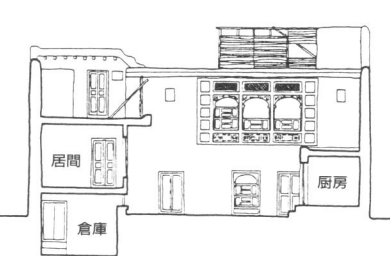

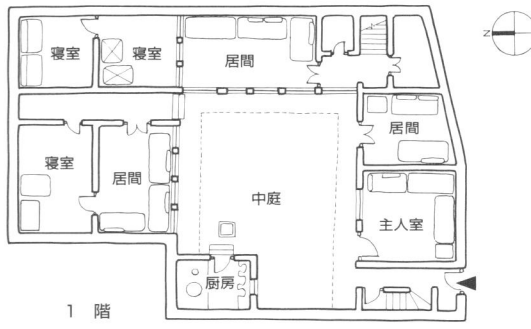

▲ カブルの土の民家

アフガニスタン，カブルの商人の家．入口脇に階段が設けられ，商用の来客は階段から直接通りのみえる2階のゲストルームへ通される．家族のスペースは中庭を隔てた背後にあり，中庭よりも数段高くなって快適なスペースを形成する．
[Stanley Ira Hallet, Rafi Samizay: Traditional Architecture of Afghanistan (1980), Garland STPM Press]

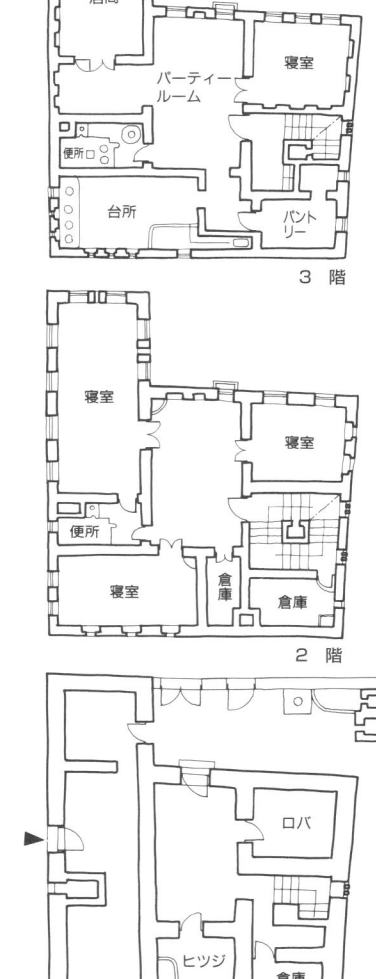

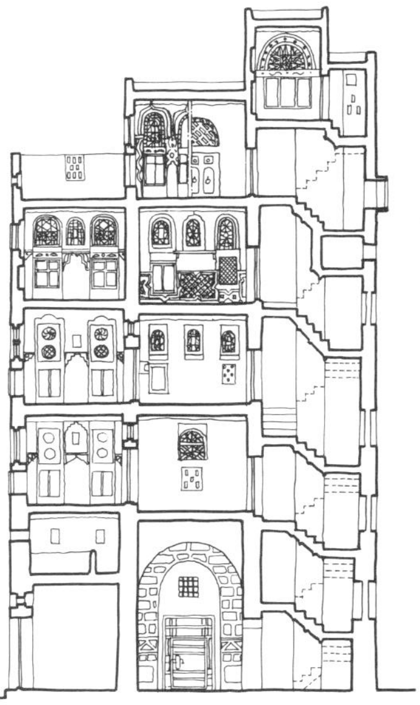

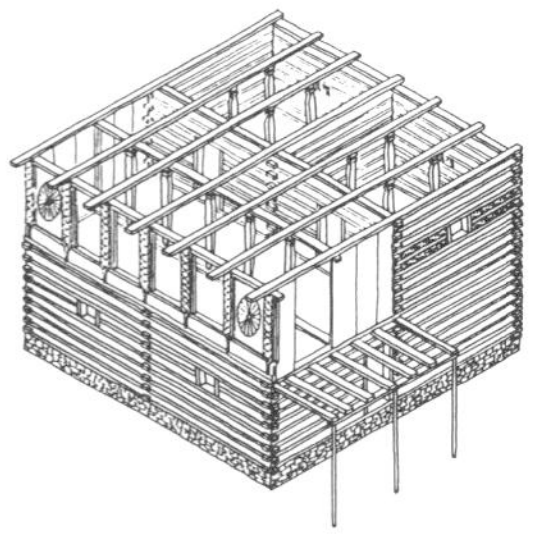

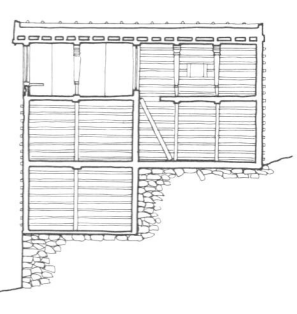

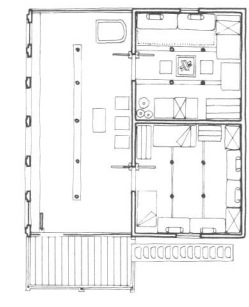

◀ アフガニスタンの木造民家

木材と石材を交錯させたヌリスタニ・ハウスと呼称される構造．下階は家畜用の空間として使用され，最上階は木造の開放的なカバードテラスとその背後のプライベートな居室からなる．居室の一方には囲炉裏がある．テラスは家族用の多目的スペースであり，子供の遊び，調理，食事，接客などに使用する．
[出典は「カブルの土の民家」に同じ]

▲ イエメンの塔状民家

イエメン・アラブ共和国の首都メディナの高層住居である．イエメンには練土，レンガ，石，葦をそれぞれ主要材料とする地域があるが，図は石とレンガの組合せによる組積造の住居である．

都市の高密度地域であるが，農業を営む人たちが居住する．地上階と中2階に果物と穀物の保存庫が設けられており，家畜類は別に飼っている．

複合家族を形成し，女性と子供たちは塔状住居の中心部(2階，3階)に居住する．この中心部には来客用の客間や台所なども併設されており，生活の場の中心にもなっている．

一方，男性は上階に夏用の寝室を構え，しかも年齢，世代ごとに住み分けている．
[Fernando Varanda: Art of Building in YEMEN (1982), The MIT Press]

Vernacular House of the World: Southwest Asia 民家：西南アジア 2　011

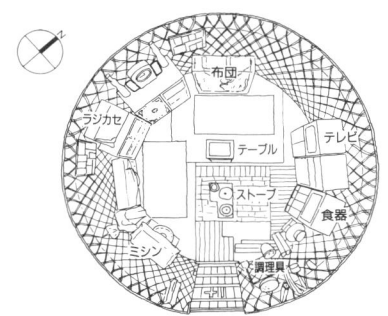
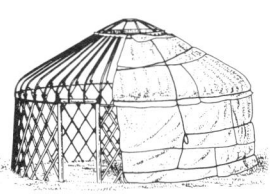

▲モンゴルのゲル
　図の組立住居はモンゴルからトルコにかけ草原に広く分布する住居である．モンゴルではこれをゲルと呼ぶ．ゲルの中央にはストーブ（炉）が置かれ，真上の天窓を突き抜けて排気される．入口を入って右が台所，突き当りが上座で，賓客を招く場合は主人がこの座を譲る．
［乾　尚彦：モンゴル・ゲル，住宅特集（1990.4）］

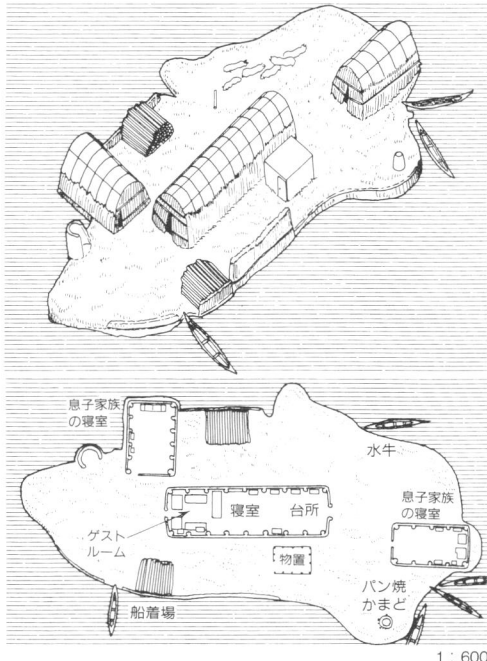

◀アブーソウバットの水上住居
　イラク，メソポタミアの湿原に古くから住まわれてきた草家．葦を敷き固めた人工島を家族単位で築き，住居はその上に同じ葦を使ってかまぼこ状につくられる．船着場に近い妻側の空間は接客を兼ねた男の部屋であり，間仕切家具の向う側が寝室や厨房で家族の空間となっている．
［東京大学原研究室：住居集合論 4（1978），SD 別冊 No.10］

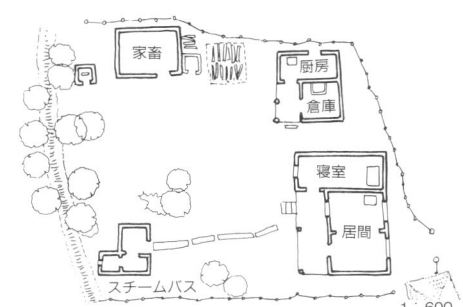

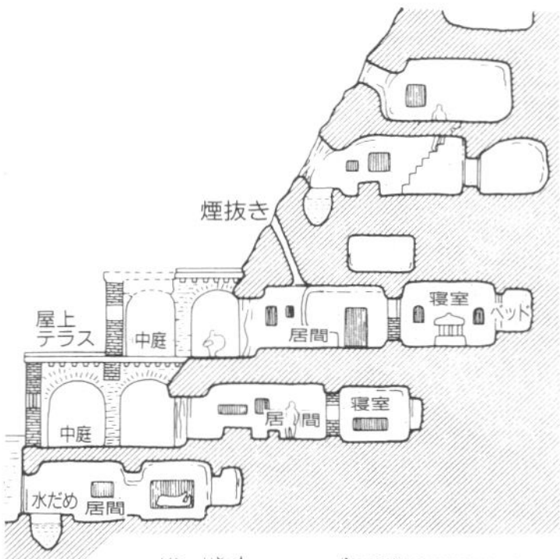

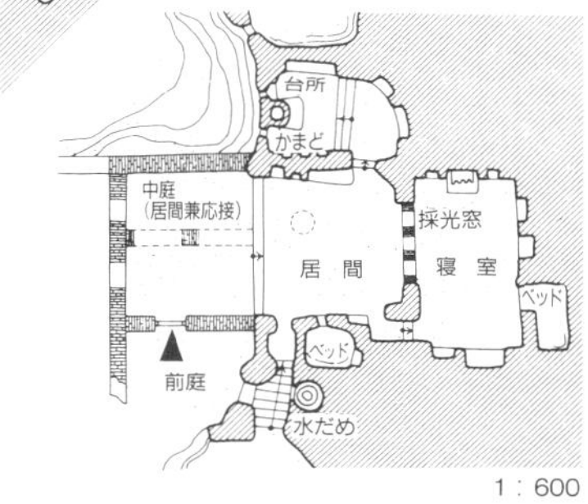

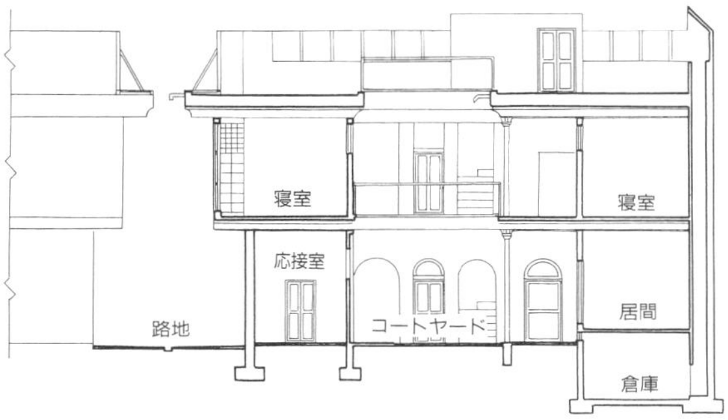

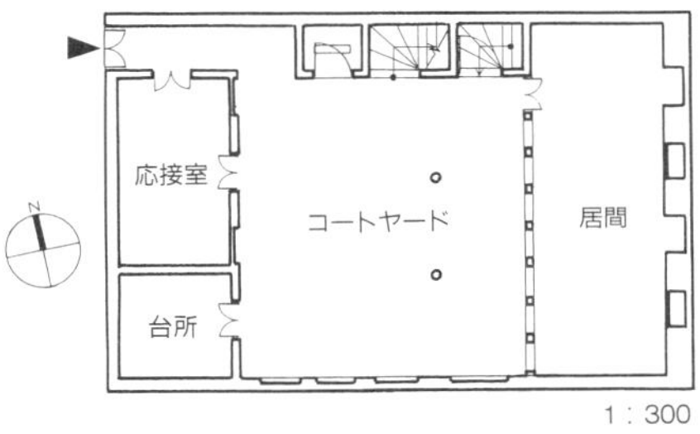

◀バグダッドの補風塔のある住居
　イラク，バグダッドの都市住居．通路は 2 階部分か庇がせり出しているので，光の射し込まない薄暗い空間になっている．すべての室が中庭に面する．入口脇の部屋が来客用の主人の室であり，家族の空間は奥に配置されている．寝室は 2 階にある．
［P.Oliver : Shelter and Society "Subhi Hussein Al-Azzami ; Oriental Houses in IRAQ" (1969), FREDERICKA, PRAEGER］

▲カスピ海近くの分棟の住居
　イラン，カスピ海に近い集落アリアバッドの住居．母家と厨房の平面はL型をなし標準化されている．その他に家畜舎やサウナを配置し，屋敷内に多くの棟を形成する．すべて木造平屋，古い住居は草葺きであり，母家と厨房には屋根付きのテラスが設けられている．
［東京大学原研究室：住居集合論 3（1976），SD 別冊 No.8］

▲カッパドキアの洞窟住居
　トルコ，アナトリア高原中央部の砂岩の崖地を利用してつくった洞窟住居．家具も土を掘ってつくり出している．洞窟の入口部分が居間で，その奥に寝室が確保されている．ベッドは繭のように土の中深くに掘り込まれている．戸外の庇下の空間は居間の延長として使用される．
［熊本大学環地中海建築調査団：続地中海建築（1973），鹿島出版会］

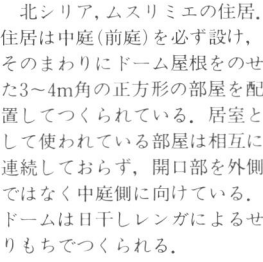
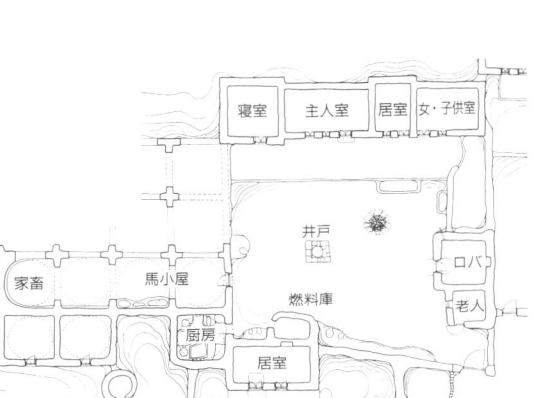

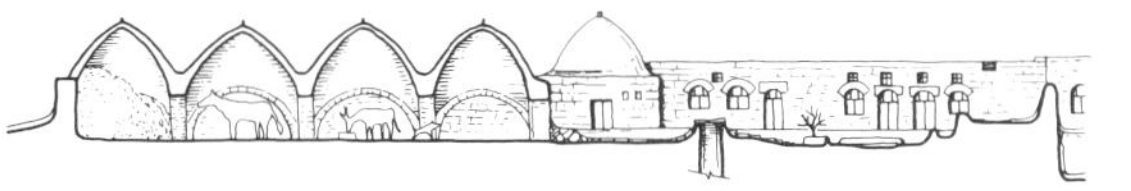

◀シリア，ドーム屋根の民家
　北シリア，ムスリミエの住居．住居は中庭（前庭）を必ず設け，そのまわりにドーム屋根をのせた3〜4m角の正方形の部屋を配置してつくられている．居室として使われている部屋は相互に連続しておらず，開口部を外側ではなく中庭側に向けている．ドームは日干しレンガによるせりもちでつくられる．
　平面図は上下に大小二つの住居を示している．それぞれ中庭の中央には，周囲を石で敷きつめた掘抜き井戸があり，井戸のまわりは炊事，洗面，洗濯の作業場に加えて婦女子の絶好の溜り場となる．
　男子が成長すると母，女子たちとの雑居家屋から出て一つのドームがあてがわれ，結婚すると近くに分家して新しい中庭をつくり，ユニットを加えていく．
［熊本大学環地中海建築調査団：続地中海建築（1973），鹿島出版会］

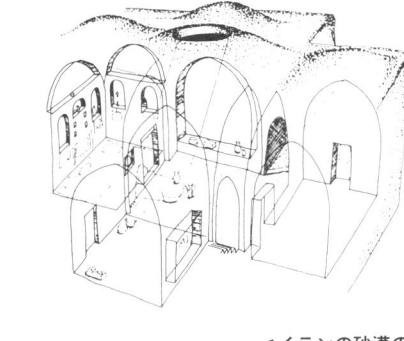
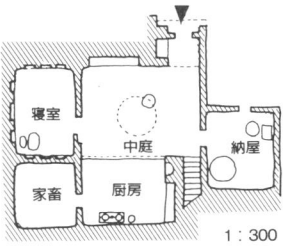

◀イランの砂漠の家
　イラン中央部，ザファルーカンドの住居．住居中心部に頂部が大きく孔のあいた中庭が設けられており，中庭が生活の中心をなす．家畜は中庭の奥で大切に飼われ，居住部分は 2 枚のドアで守られている．中庭を除く居室の天井は日干しレンガでボールト状を呈している．
［東京大学原研究室：住居集合論 3（1976），SD 別冊 No.8］

民家：アフリカ大陸 1 Vernacular House of the World: Africa

アフリカ大陸

ここではマグレブ諸国を除いたサハラ砂漠以南地域を対象にしている．この地域の民家の特徴の一つは，ハット（小屋）を群集させ同族の者が居住するコンパウンドである．石や日干しレンガ，泥などで壁をつくる例が多いが，草葺き屋根の使用は部族の慣習や環境に左右される．

農耕を営む定住型の部族のコンパウンドの多くは，ハットを円環状に配例し中庭を設ける．コンパウンドが多数集まり都市を築いた例が西アフリカにあるが，都市計画には部族がもつ複雑で緻密な宇宙観が端的に表れている．

一方，中央アフリカにみられる放牧や狩猟を生業とする部族は，常に移動を強いられるため解体組立が簡単なシェルターをつくる．

◀アシャンテ族の中庭型住居

アシャンテ族は18世紀に象牙海岸に侵入した欧州諸国との交易で繁栄したが，ガーナ独立を経た現在も生業の基盤は農業であることに変りはない．

図は信仰のための施設であるが，構成は住居と同じで中庭を囲み棟が四方に配置される．中庭に面して壁を建てるのは一棟だけで，住居の場合は主寝室に使われる．他は厨房や倉庫，寝室となる．首長の住居は上記の構成を基本として幾つもの室に繋がり，玄関，調理と食事，聴衆のためなど様々な中庭をもつ．

結婚生活は夫の訪婚で始まり，数年後夫方の家に妻と子供が住む．さらに数年経つと，夫は父以外の家族をつれて母方のオジのもとへ移る．このとき初めて夫は家長として認められる．
[Andrew F. Rutter : Ashanti Vernacular Architecture : Paul Oliver : Shelter in Africa (1971), Praeger]

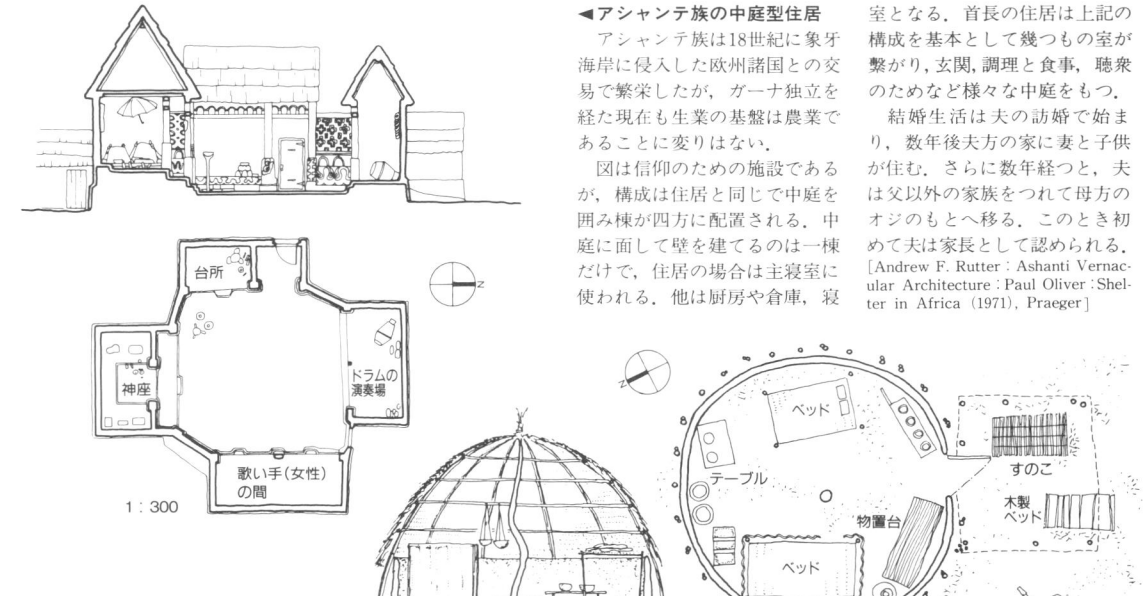

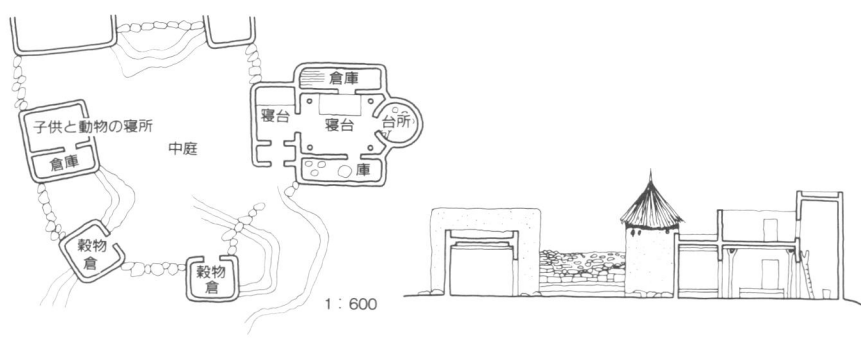

▲ドゴン族の連続住居（マリ）

マリ中部バンディアガラ山地のドゴン族は，痩せた土地で農耕を営む．したがって居住地よりも農耕地の選定が優先される．集落は台地あるいは崖地に築かれ，住居は密集する．

集落には共同穀物倉，月経小屋，土地神を祀る祭壇と社，男たちの集会場があり，集団生活を維持する機能が働いている．

住居は主屋，穀物倉，付属屋などからなり，石壁がこれらを繋ぎ中庭を形成する．建物は藁を混ぜた日干しレンガでつくられ，表面に泥が塗られる．穀物倉は陸屋根の上に円錐形の藁屋根が載せられる．

中庭は生活の中心であり家畜が飼われ，乾期には洞窟や仕事の場となる．乾期になると人々は陸屋根の上で寝る．
[ノーバード・ショウナワー：世界のすまい6000年①(1985)，彰国社]

▲プール族（ニジェール）

サハラ砂漠の南，ブルキナファリとの国境に近いサバンナ地帯で農耕を行うプール族はコンパウンドを形成する．これが幾つか集まり集落を成す．また，男がたむろする場所が道沿いに設けられ，肉を焼く炉がある．

コンパウンド内には2種類の住居と，円錐形で高床の穀倉と鶏小屋がある．住居は，木枝をパラボラ型に組んでむしろで覆ったボンブと，図のスードゥーである．スードゥーは側壁を土でつくり中央の柱と側壁のまわりの柱で屋根を支える．

スードゥーの内部は仕切りがなく，天蓋付きのベッド，卓，壺などが置かれる．入口部分のベランダにもベッドが置かれ，人々が集まる場所を設けている．
[東京大学原研究室：住居集合論5 (1979)，SD別冊 No.12]

◀グルンシ族の集合住居

グルンシ族のテナド村は，サバンナ地帯に多くみられるコンパウンドの一つであるが，規模は大きい．

倉庫に囲まれた入口部分を抜けると穀物倉と豚小屋が乱立する中庭がある．農耕生活を営むグルンシ族は穀物倉に尖り屋根を載せる．

大小の円形室の組合せが棟を構成するが，シェフとその弟，彼らの妻たちの棟に分かれる．棟前の庭は使用者による所有区分が明確で，それぞれに炉がある．

小さな円形室のうち，屋根がないものがある．これは光庭として機能しているが，各室は屋根に底の抜けた壺を据えて光を取り入れている．棟の陸屋根は穀物の干し場であるが，子供の遊び場にもなっている．
[東京大学原研究室：住居集合論5 (1979)，SD別冊 No.12]

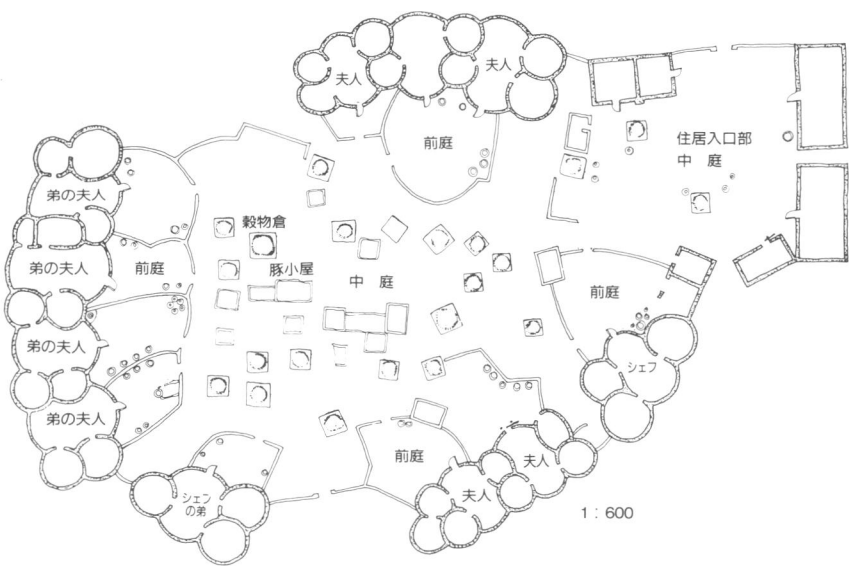

Vernacular House of the World: Africa 民家：アフリカ大陸２　013

◀マタカム族の集合住居

カメルーン北部山岳地域で農耕を営むマタカム族は，一夫多妻制の拡大家族ごとにコンパウンドを形成する．

コンパウンド内の小屋は，石または土が円形に積み上げられる．藁の葺き替えを頻繁に行うので，円錐形の屋根はただ載せられるだけである．

各小屋はそれぞれの用途により容易に連続していくので，マタカム族のコンパウンドは図にあるように，しばしば中庭を形成しない．炊事場は婦人の小屋や穀物庫などと連続し，家長の小屋は家長の貯蔵庫や厩などと連続する．このような領域がコンパウンド内にいくつかつくられるが，息子たちの小屋や家畜小屋などは独立して建つ．
[Douglas Fraser : Village Planning in The Primitive World (1968), George Braziller]

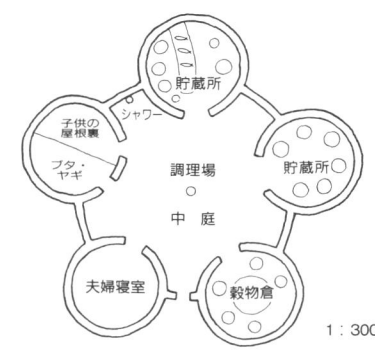

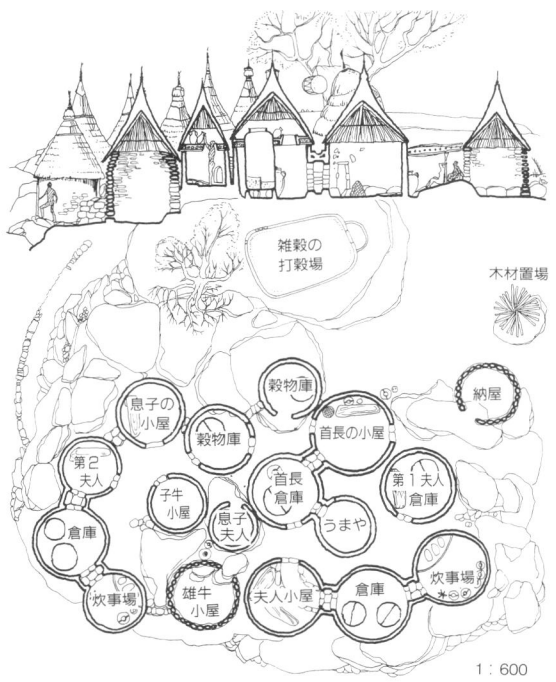

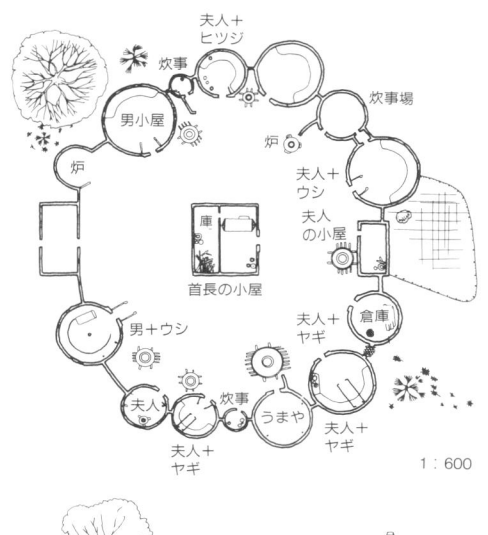

◀ムースグーム族の集合住居

カメルーン北端のチャド湖南部で農耕と牧畜を営むムースグーム族は，拡大家族で一つのコンパウンドを形成する．

首長の住居を中心に円環状に小屋が並び，中庭を形成する．首長の小屋は矩形平面であるが，他のほとんどの小屋は円形の平面である．

円形の小屋は尖りアーチ状のドームを形成し，ドーム表面を覆うV字を逆様にした紋様が丁寧につけられる．藁や石を混ぜた日干しレンガでつくられる小屋のうち，大きいものは寝室，小さいものは貯蔵庫や家畜小屋，最小のものは炊事場である．さらに円環状の小屋とは別に，中庭に小さい穀物倉が幾つかみられるのもムースグーム族の特徴の一つである．
[Douglas Fraser : Village Planning in The Primitive World (1968), George Braziller]

▲ヌーバ族の集合住居

ナイル川上流のスーダンに住むヌーバ族は農業を営むが，雨季の始まる４月に種を蒔き，共同で収穫が行われる１１月まで耕作の手を休めない．

妻の妊娠後に夫が住居をつくるが，農耕の合間の作業であるため完成までに２年を要する．

住居は５～６棟の無窓の円形小屋からなり，中庭を囲んで配置される．円錐形の草屋根が掛けられ，小屋間は日干しレンガで仕切り壁がつくられる．外部からの出入口は中庭に通じ，各小屋は中庭から出入りする．

各小屋の用途は決まっており，主寝室，穀物倉や貯蔵庫，家畜小屋などに使われる．子供たちは，男は家畜小屋の屋根裏に，女は穀物倉に寝る．中庭の中央に調理用の炉があるが，ここが生活の中心になっている．
[ノーバード・ショウナワー：世界のすまい6000年①（1985），彰国社]

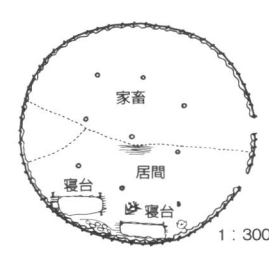

◀ポコト族の円形住居

ケニア，ケランガニー高原北部に住むポコト族は牧羊民族である．直径３～10ｍの円形平面の住居の周囲には，水平に積まれ外壁をなす若木を支えるために対になった柱が巡らされる．厚い土層と草層で覆われた屋根は，この外壁と屋内に立つ二股をもった独立柱に架けられた梁で支えられる．

住居内部は，人間の領域とヤギや子牛など家畜の領域に二分割され，両者はほぼ同じ面積で別々の出入口をもつ．肩ほどの高さの間仕切壁と内壁は牛糞と泥を混ぜたもので塗られる．居住部分には炉とベッドがある程度で家具は少ない．

この住居が幾つか集まり，住居群の周囲がとげのある低木で囲まれ集落をなす．
[ノーバード・ショウナワー：世界のすまい6000年①（1985），彰国社]

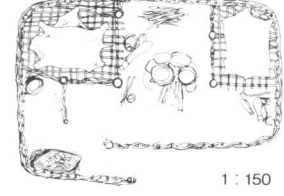

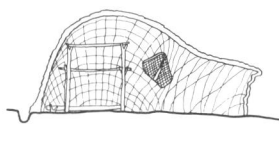

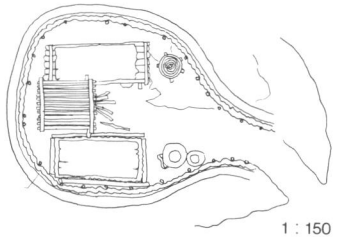

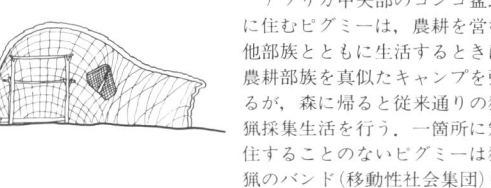

▲マサイ族のハット（小屋）

タンザニアの平原に住むマサイ族は牛の飼育に優れ，雨と牧草地を求めて移動する．

マサイ族は拡大家族を形成し，いばらを環状にめぐらした囲いに沿っていくつもの小屋を建てて住む．この円環の集落をボーマという．家長は複数の妻をもつが，妻の数は財産である飼い牛の数で決まる．

小屋は女によってつくられる．まず周囲に数本の柱が建てられ，若木を曲げて円形の屋根をつくる．小屋の外側は，雌牛の糞と泥を混ぜたものが塗られる．その小屋に誰を入れるかは，製作者である女が決める．

小屋は低く，採光は入口からしか入らない．屋内には年長の子供用と母親用の寝床と炉があり，傍らで家畜の子が飼われる．
[Paul Oliver : Dwellings (1987), Phaidon Oxford]

▶ピグミーのキャンプ

アフリカ中央部のコンゴ盆地に住むピグミーは，農耕を営む他部族とともに生活するときは農耕部族を真似たキャンプを張るが，森に帰ると従来通りの狩猟採集生活を行う．一箇所に定住することのないピグミーは狩猟のバンド（移動性社会集団）を社会単位として移動する．

細木を地面に刺し幅広い葉で覆われた小屋は，すべて女によってつくられる．この小屋が幾つか集まってキャンプが形成されるが，配置に決まったパターンはない．各小屋の入口はキャンプの中央に向けられるが，女たちはつきあい如何で簡単に入口の向きを変える．それが極端になると小屋の位置すら変えてしまうのである．
[Guy Philippart de Foy : Les Pygmees D'Afrique Centrale, Editions Parenthèses (1984)]

民家：南欧・マグレブ 1 Vernacular House of the World: Southern Europe/Maghreb

地中海沿岸の民家

南欧と北アフリカ，マグレブ地方には類似の平面的特徴を備える住居が分布する．古代のペリスタイルやアトリウムは今日の地中海沿岸域の民家形式に少なからぬ影響を与えている．

地中海域の中庭の特徴は，部屋が中庭にのみ出入口や開口部を設け，中庭中心の構成が厳密に守られている点である．しかも中庭をサービスヤードとして使用せず，古代のように贅を尽くして家の象徴空間として位置づける場合が多い．イスラムでは，中庭空間の建築的な仕上げに，南欧では中庭を装飾するしつらえに最大の関心が注がれる．

温和な気候の得られる地中海沿岸には，洞窟住居もまた広く分布する．洞窟住居の形式は地域によって異なるが，ここにも中庭住居の構成原理が反映されている場合が多い．

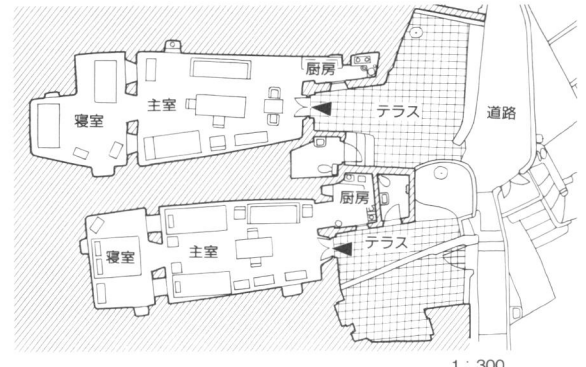

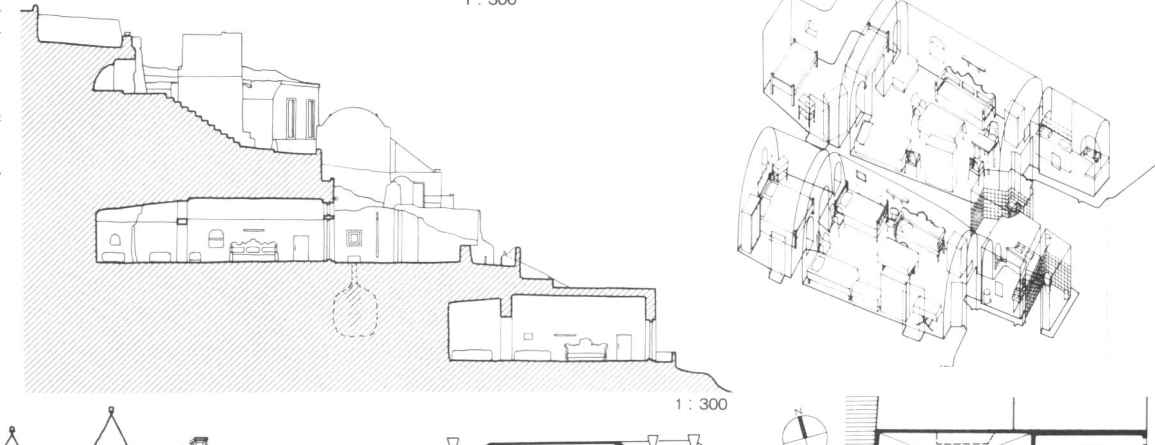

◀ サントリーニの洞窟住居

ギリシア，サントリーニ島イア集落の洞窟住居．帆船商人と乗組員による同業者町イアでは乗組員が海に面する急斜面の頂上近くに洞窟住居を掘って居住した．洞窟は斜面に対し直角に掘り進み，2室ないし3室直列で確保する．掘り進んだ洞窟同士を内部で接続することはない．部屋を増設する場合は，テラスを共有して隣に洞窟を再び掘り始める．

洞窟住居には必ずテラスが付属し，その一部に台所かバスルームが設けられる．

最初の部屋は居間，食堂，客室を兼ねたサロンになっており，就寝に使用されることもある．その奥には寝室が設けられ，3室目が確保される場合は物置となる．

[芝浦工業大学畑研究室：エーゲ海・キクラデスの光と影(1990)，建築資料研究社]

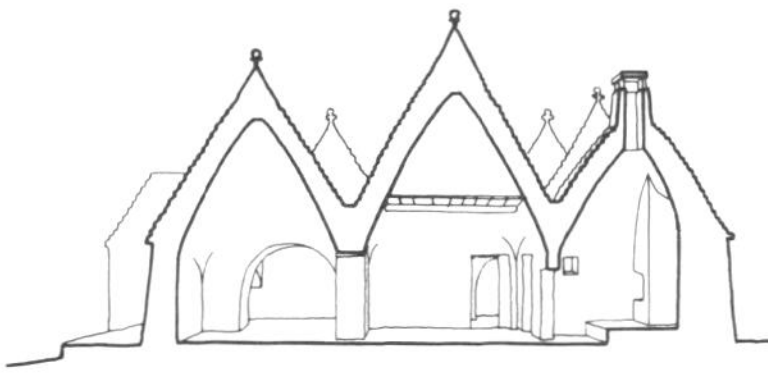

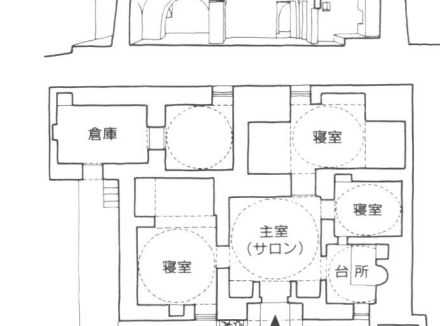

◀ イタリア，アルベロベロの民家

イタリア，テゥルリ地方には屋根を石板のせりもちによって切妻やドームとする住宅が分布する．なかでもアルベロベロ近辺の住居はせりもちドームによる円錐形の屋根が特色を生み出している．

この農家は広い前庭をもち，一部にニワトリ小屋が設置されている．前庭には外流しがしつらえられ，入口の両脇にはベンチが作りつけられている．前庭に突き出した部分はウサギ小屋である．

中央の大きな部屋はサロンであり，生活の中心をなす．サロンに面して寝室が3室設けられている．そのうち，規模の大きな2室はベッドをアルコーブ状にしつらえている．台所から庭へ直接出ることはできない．

[E. Allen: Stone Shelter (1969), The MIT Press]

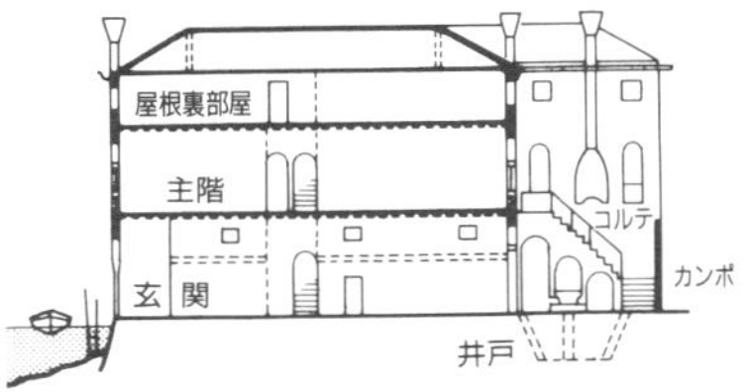

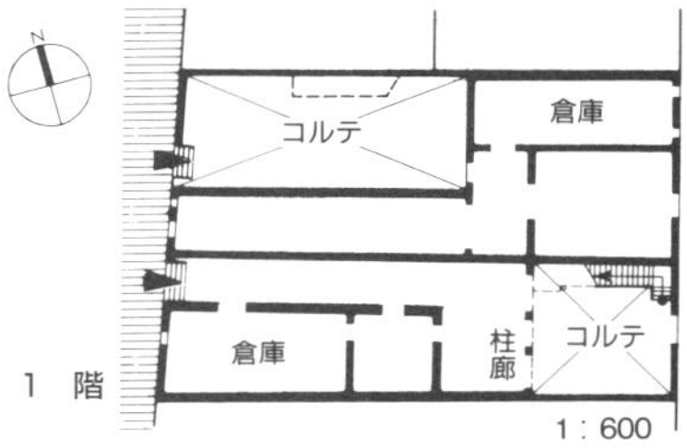

▲ ベネチアの商館

イタリア，ベネチアの運河に面するヴィアリオ家住宅．地上階は湿気や水害を避け，作業用の空間として使用．居住部分には中2階の上の主階を使用．屋根裏は使用人室に使用される場合が一般的であった．コルテと称する中庭が居室条件を良好に保っている．

[陣内秀信：都市のルネッサンス(1978)，中央公論社]

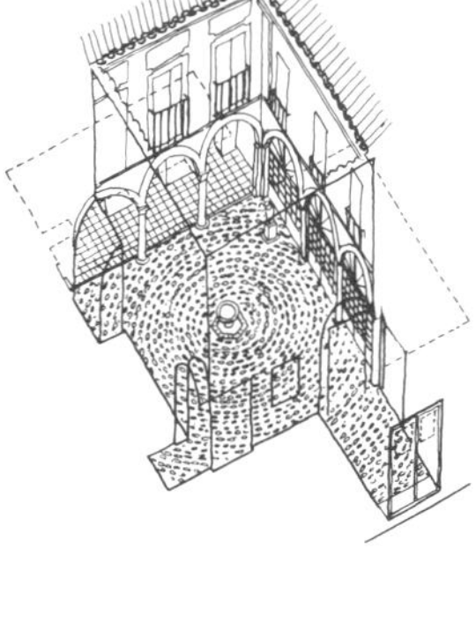

▲ コルドバのパティオ

アンダルシアの中庭型住居．1階は商いの執務室，応接間，居間，食堂，台所など，2階は寝室で構成される．列柱廊をもつパティオには大理石の彫像，なみなみと水をたたえる水盤，植木鉢などを飾って贅を尽くし，通路からその様子がのぞけるようにしている．

[畑 聰一：パティオ寸考，SD(1985.6)，鹿島出版会]

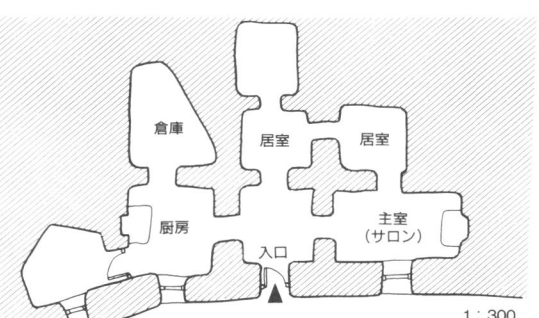

▲ グワディスの洞窟住居

自然地形をそのまま利用したアンダルシアの洞窟住居．入口のある正面と風抜煙突のみが石灰で白く塗られる．外気に面する入口ホールの両脇がサロンと台所になっている．入口，サロンの奥は寝室に，台所の奥は倉庫に使われている．網目状の動線がグワディスの洞窟の特徴．

[イベリア半島の村と街II，ADA, EDITA, Tokyo]

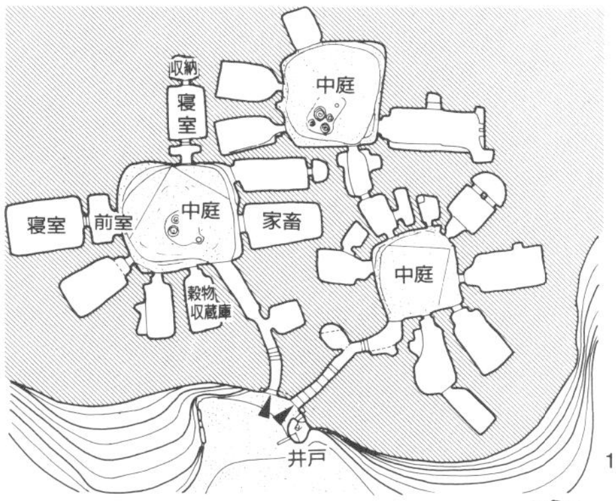

Vernacular House of the World: Southern Europe/Maghreb　民家：南欧・マグレブ2　015

◀マトマタの洞窟住居

チュニジア，マトマタの洞窟住居．上から大きな穴を掘り，これを中庭にして側面に横穴を掘って住居とする．中庭は作業空間であり，居室や家畜舎は中庭に直接面している．中庭は掘り込んだままの素朴な状態であり，トンネルで谷につながる．
[M.Goldfinger : Village in the Sun (1969), Meditevranean Community Architecture]

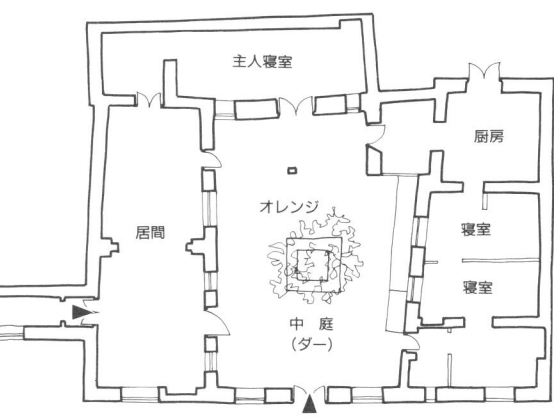

▲シデブサイードの中庭型住居

チュニスに近いシデブサイードの住居．19世紀前半に建てられたもの．図の下方の外壁にめずらしく開口部が設けられているが，縁地で低くなっており，見晴しがよいためである．ダーの中心にオレンジが植わる．
[B. Hakim : Sidi Bou Said=ast=udy in Structure and from ; School of Architecture (1978), Nova Scotia Technical College]

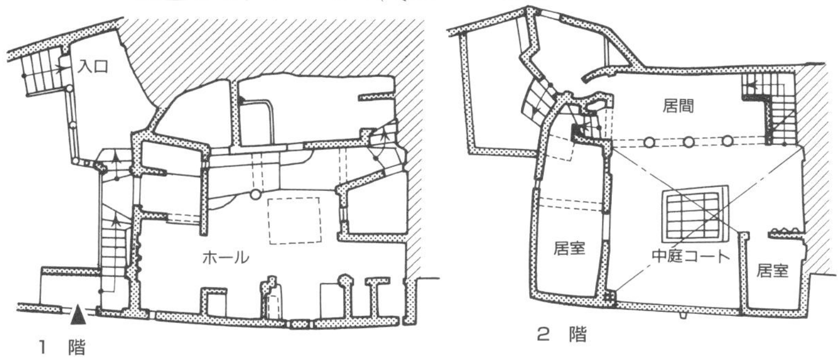

▲オアシスの住居

アルジェリア，ムザップの谷に立地する半地下住居．1階は天窓が設けられたホールであり，台所，便所などの水まわり空間が併設されている．ここは女性の空間でもある．
主要な居住部分は2階に確保されている．また屋上は夏の快適な就寝の場を提供する．
[東京大学原研究室：住居集合論1 (1973), SD別冊 No.4]

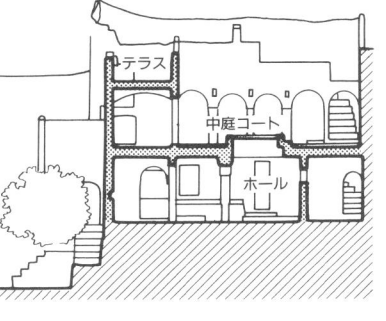

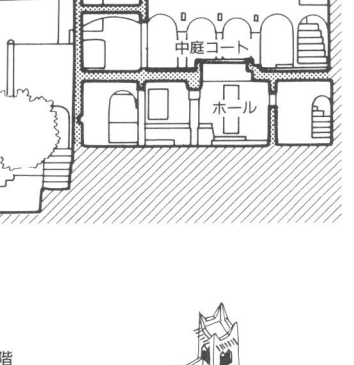

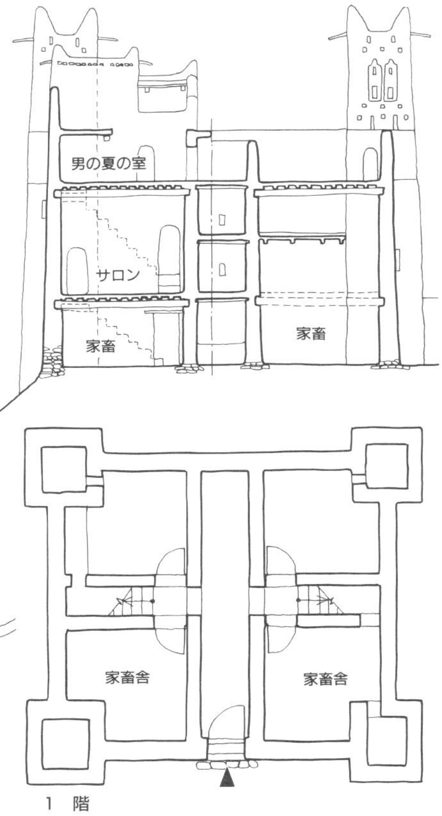

◀モロッコ，ベルベルのカスバ

アトラス山脈とサハラ砂漠の間のオアシス群に立地するベルベル人の要塞住居．このカスバ型住居には図のように骨格が中心を十字型に通り，空間を大きく四つに分割するものと，四周を二重壁として，中央に1，2室を広く確保するものがある．
前者（図）は，外壁に小さな窓を開けて各室の採光を確保するが，外壁からの光が期待できない．後者ではアルジェリア，ムザップの事例のように居室中央部に天窓を設けて採光を確保する．
1階は家畜舎と家畜飼料庫に使用され，居住部分はその上に置かれる．居室は台所・かまどを備えた婦人たちの室，男性の室，主人が主に使用するサロンなどであり，夏には屋上が男性の就寝の場にあてられる．
[H. Wichmann : Architectur der Vergänglichkeit Lehmbanten der Dritten Welt, Birkhäuser]

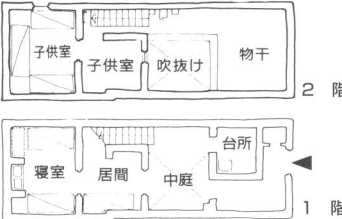

▲ラバトの中庭をもつ町家

モロッコ，ラバト・サーレの住居．中庭は小さく，家族の象徴的な空間ではない．サービス空間としての性格の濃い生活の中心となる空間である．1階の居間と中庭はひと続きの空間として使用される．2階の寝室は男女に分けられ，2室設けられている．
[東京大学原研究室：住居集合論1 (1973), SD別冊 No.4]

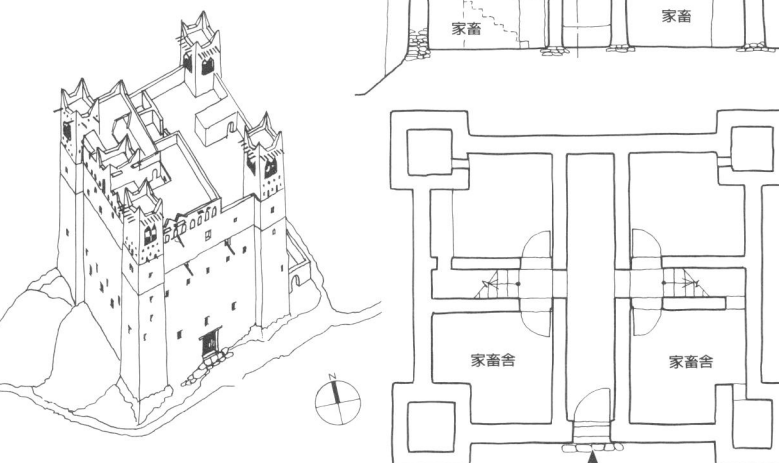

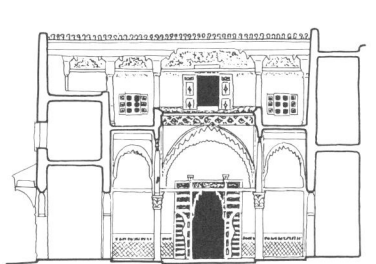

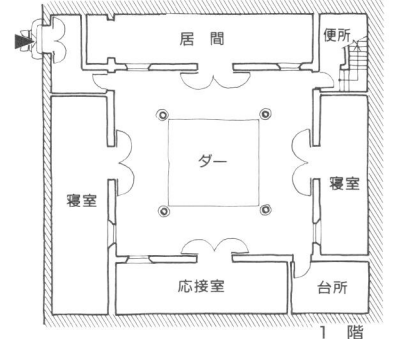

◀フェズの中庭型住居

モロッコ，フェズのメディナ（旧市街）の商家．ダーと呼称する中庭を偏平な矩形の部屋が取り囲む．ダーは二つの軸線を意識し対称形をなしている．
隔部には入口，階段，台所などの非居室が位置する．1階では家族の居間と客間が向き合い，一方で男性の寝室と女性の寝室が向きあっている．2階には主人の寝室とともに書斎，書庫，応接間などが確保されている．
この住居では，客間が入口から遠い位置に設けられている反面，家族の拠点が入口脇に設けられ，特異な構成をとっている．
ダーの列柱廊やアーチ部分は，繊細なアラベスクが施され，腰部や床の仕上げもまた見事な抽象模様のタイルで飾られている．
[A. Paccard : Traditional Islamic Craft in Moroccan Architecture (1980), editions atelier 74]

016　民家：東欧・北欧 1　Vernacular House of the World: Eastern & Northern Europe　1:300

東欧の民家

　東欧の民家には，大きく木造のものと石積みのものがある．また，あえてその両者を混在させたものもある．混在形式には住居の下層部分を石造で，上層部分を木造で構築したもの，平面的に両者を使い分けているものの2通りがある．また，木造の形式についても，木を組積して校倉とするもの，軸組構造とするものの2通りが認められる．しかし，小屋組や床組はほとんどが木造を採用する．

　住居空間は，居住部分と倉庫や家畜舎との関係，その空間的な扱いによって大きく異なってくる．地域によって，分棟にするもの，一体化させるもの，中庭を設けてその周囲に配置するものなど様々である．効率よく部屋の暖房を行うことが構成の条件であり，暖房との関係で生活の場が規定されやすい．

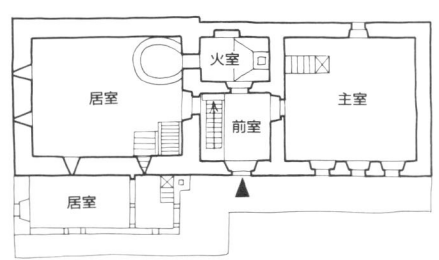
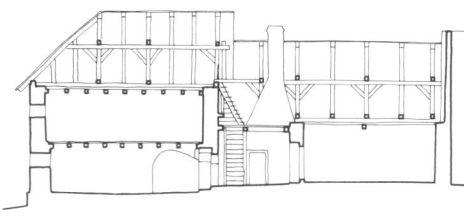

▲火室のある民家

　チェコスロバキア，モラブ川流域の民家．台所を兼ねる前室の奥に火室がある．火室は煙道を兼ねた煮焚きをする場所で，パン焼の窯の焚き口や暖炉の焚き口が設けられている．主室に来客を受け入れ，家族が集まる．
[Chodský a Pošumavský Špýcharový Dům Václavmencl: Lidová avchitekturd v Československu: Academia Nakladatelství Československé (1980), Akademie VĚD]

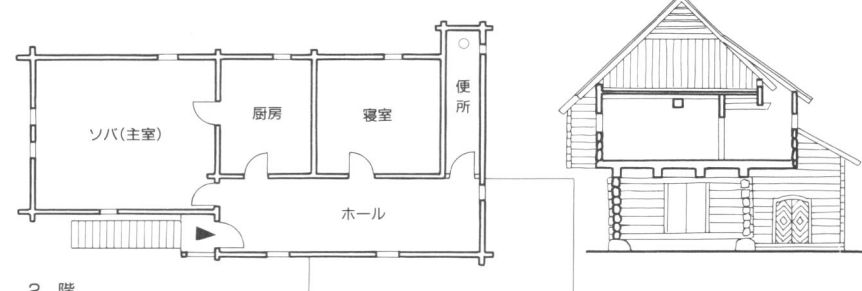

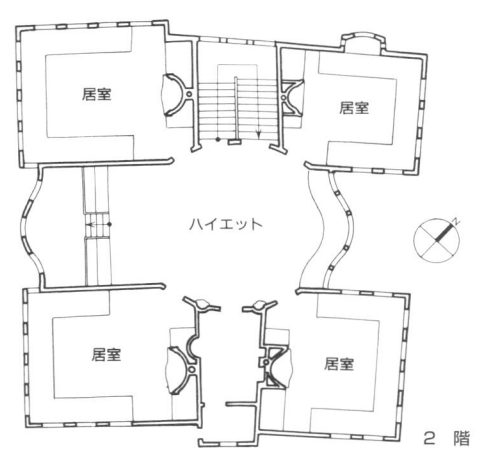

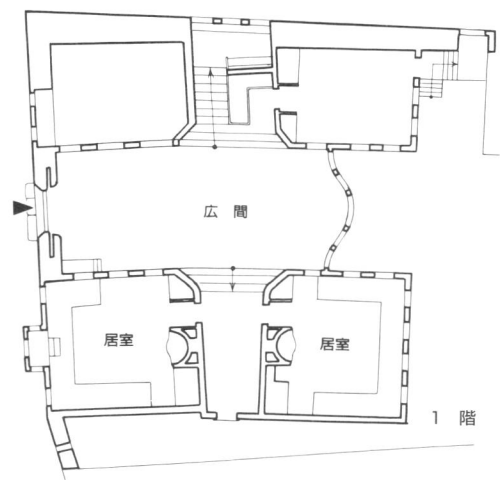

▲サーバ川の漁師の家

　ユーゴスラビア・ザグレブに近いシサックの民家．校倉造の民家で，2階の居住部分が全方位跳ね出して造られるのが特徴．1階の倉庫は中央の作業場を含め3分割され，階段には屋根が付いている．図では1階に物置が増築されている．
[Branko Čačič Davor Salopek: Hrvatska Korablja (1971), Orbis-, Riječka Tiskara]

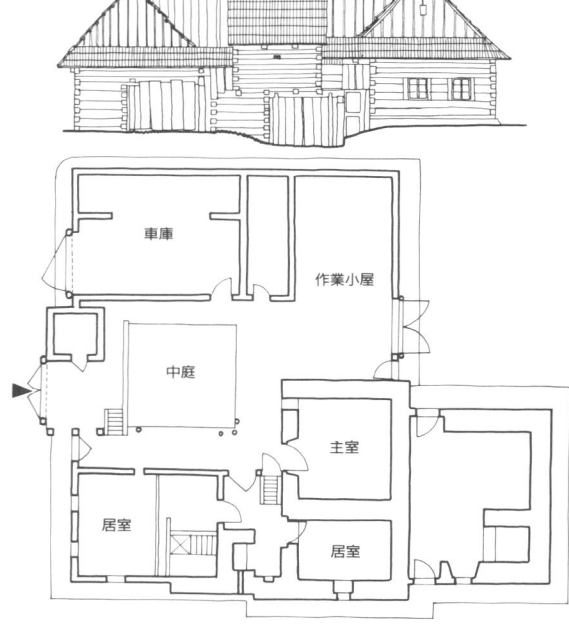

◀プロブディフの商家

　ブルガリア中部の都市，プロブディフのトルコの影響を強く受けている町家．造形だけでなく，上階に至るほど通路に跳ね出して面積の拡大を図り，居室には周囲にソファーを作りつけ，中央にカーペットを敷いて床座の生活をとり込んでいる．

　平面は中心に広間を，周囲に"ソバ"や"ステア"と呼ばれる居室を配置し，石造の1階（半地下）の上部に同じパターンを2，3層に積み重ねる．図の事例はこの石造部分が変則的である．農家では広間が"プルースト"と呼ばれ，織物や生産加工などの作業場を兼ねるが，都市では"ハイエット"と呼ばれて図のように求心性を強め，接客広間に使用される．
[Péev Christo: Alte Haüse in Plovdiv (1967), Florian Kupterberg, Maing；太田邦夫：ヨーロッパの木造建築(1985)，講談社]

▲スロバキアの中庭をもつ民家

　居住棟と家畜舎や農機具庫などの棟とによって閉鎖的な中庭を構成する民家．居住部分の一部の壁は石積みで造られる．また，木造の校倉部分については居住部分とそれ以外とで区別がなされ，居住部分には木の上から石灰が塗布される．正面の中央には門戸が，その右側に通用口，左側に馬車の車庫がある．
[出典は「火室のある民家」に同じ]

Vernacular House of the World: Eastern & Northern Europe 民家：東欧・北欧 2

東欧・北欧の民家と火

東欧から北欧にかけての民家の歴史は火の扱いの歴史でもある．厳しい冬をのり越えるために火の熱や煙を様々な形で利用する形態が発達した．スラブ系民族の住居の型，火室の両側に居室を設ける3室の構成は，概ねこれらの地域の基本形と考えてよい．炉や窯はパンを焼く窯や暖炉へ，さらにそれらの焚き口や排煙を集める火室へと展開する．そして，その過程でサウナや大型化してベッドやベンチまで組み込んだ複合暖炉が生まれた．

居室には天井が張られているが，煙を火室から煙道で直接排気するもの，煙を小屋裏にためて排気するもの，居室と小屋裏の双方にためて徐々に排気するものの3通りがある．いずれも倉庫や食料庫は煙がまわり込まないように仕切られている．

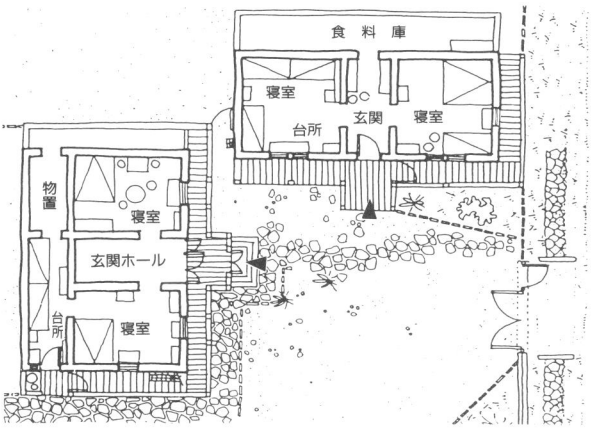
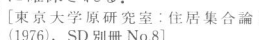

◀ルーマニアの民家

このモルダヴィア地方の農家は，中央に装飾的なポーチをもち，周囲にバルコニーを設け，入口ホールの西脇に規模の等しい居室を，それらの背後の屋根の差し架け部分を利用して倉庫類や部屋を加えた"型"を強く反映させている．台所は付随的に確保される．
[東京大学原研究室：住居集合論3 (1976)，SD 別冊 No.8]

ハンガリー民家の暖炉

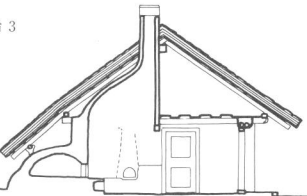

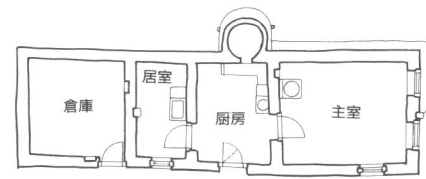

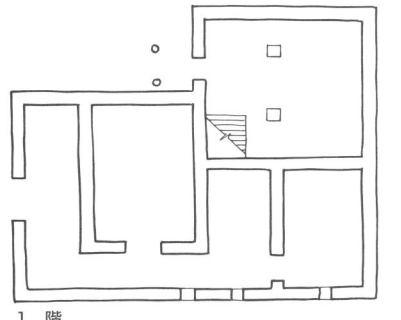

1階

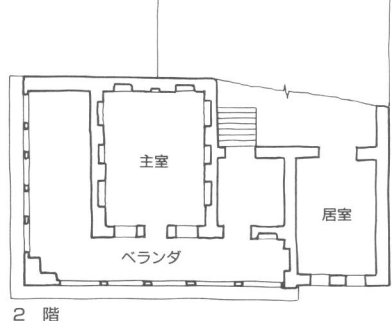

2階

◀コーカサスの民家

壁は石造，横架材と床は木造．雨が少ないので，フラットな木造屋根に土を載せて安定させている．2階居住部分には深い庇のついた広いベランダが主室を囲んでいる．ベランダのなかには隣接するもの同士が連続して歩廊の役割を果たす場合もある．
[Han-Magomedovc, O.: Lezhinskoe narodnoe Zodczestvo (1969), Nauka Moskva]

▲ハンガリーの民家

オーストリアとの国境に近いタップの民家．パン焼の窯が台所を兼ねるホールから外に張り出している構成が特徴．右の主室には大きな織機が設置され，作業の室としても使用された．通常，若夫婦は左の狭い方の室を拠点とした．
[K. Albert, B.M. Iván, K. Péter: Szabadtéri Néprajzi Múzeumok Magyarorszagon (1987), Corvina]

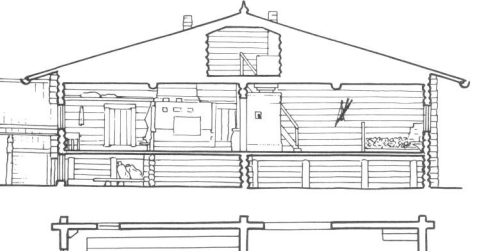

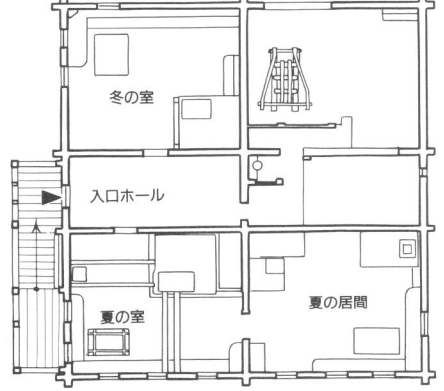

▲北ロシア，トウリア村の農家

夏季には冬の凍土が溶けて湿気を帯びやすく，床は高く持ち上げられている．床下では家畜が飼われる．住居は夏と冬の居場所が分かれており，冬は家族が一室にまとまって生活する．春先と夏の終りに室のあいだを引っ越しする生活である．
[A.B. オボローヴニコフ（坂内徳明訳）：ロシアの木造建築 (1983)，井上書院]

▲ノルウェー・オスロの町家

17世紀に建てられたハーフチンバーの2階建家屋．当時は，製本業であるが，家畜を飼い，耕地をもって自給自足的生活を行っていた．大家族で，個室も個人のベッドもない生活であったが，広いパーティールームは家族の祝い事に使用された．
[ノーバード・ショウナワー（三村浩史監訳）：西洋の都市住居，彰国社]

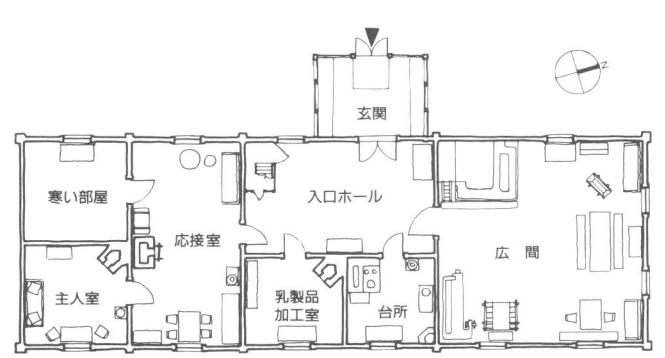

◀フィンランドの民家

ペラポヨーラの校倉の農家．風除室と入口ホールを含む右側の部分がこの地方の伝統的な4室構成の平面を呈する．左の3室は増築されたもの．その広間は応接用であり，生活部分が上下窓側の2か所に分離する．唯一暖房のない左上の部屋は"寒い部屋"と呼ばれる．
[長谷川清之：フィンランドの木造民家 (1987)，井上書院]

018　民家：西ヨーロッパ 1　Vernacular House of the World: Western Europe　1:300

西ヨーロッパの民家

houseの語源は古代ノルウェー語の"火のある家"を意味する言葉からきている．東欧と同様に，西ヨーロッパでも炉が住居空間を分節する大きな役割を果たしてきた．

ドイツでは炉の配された暖房部屋を家族の集まりに供し，暖房のない普通の部屋と区別してきた．

イギリスでは主棟の1階にホールとパーラーを確保する伝統があった．ともに暖炉をもつが，ホールは実用のみを考えた空間であり，家族の団らん・食事のみならず，家内労働や副業の場であり，古くは調理の空間としても使用された．一方，パーラーは家族のフォーマルな生活空間としてホールから発展したものであり，家族の私的な生活に供される贅沢な部屋として位置づけられてきた．

フランスからオーストリアにかけては有畜農家が少なくない．フランスやドイツなど，平野に恵まれた地域では，居住部分と畜舎・倉庫などで中庭を取り囲み，ワインづくりまでを多角的に行う大きな構えの農家が多い．

一方，アルプスの麓のスイスやオーストリアでは，居住部分のなかに畜舎を取り込み，酪農を生業とする農家が多く，その特徴は，住居と畜舎の一体化の方法のなかに見い出される．

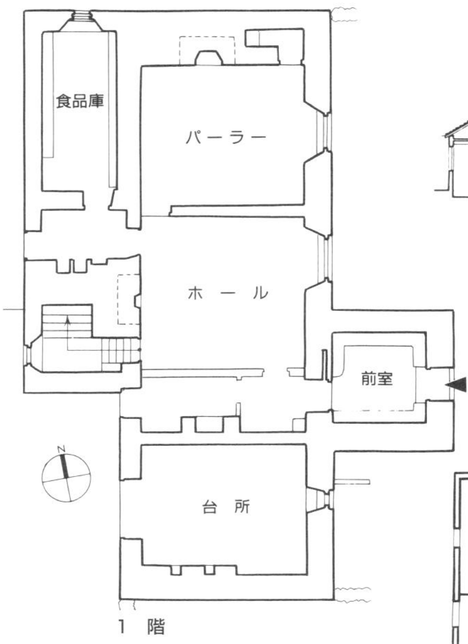

◀ ウェールズの民家

グラモルアン州の古民家．台所が主室（ホール）と接しておらず，一度戸外に出なければならないのが特異．寝室は2階に設けられている．3階にも屋根裏部屋（ロフト）が確保されている．家族の集まり部屋であるホールを中心に動線が延びている．
[Rcahm (Wales): Inventory of Ancient Monuments in Glamorgan IV-2 (1988), HMSO]

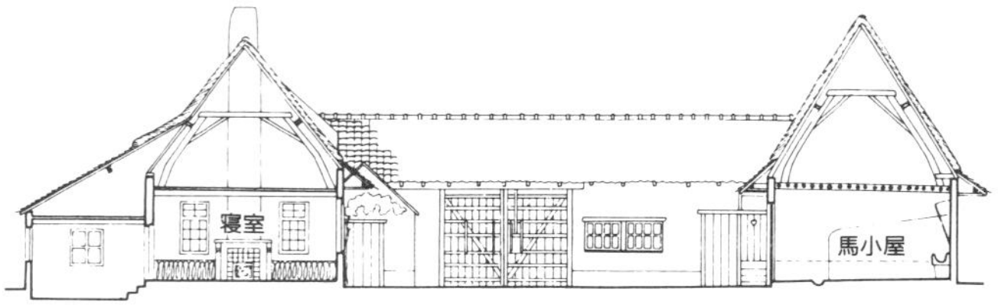

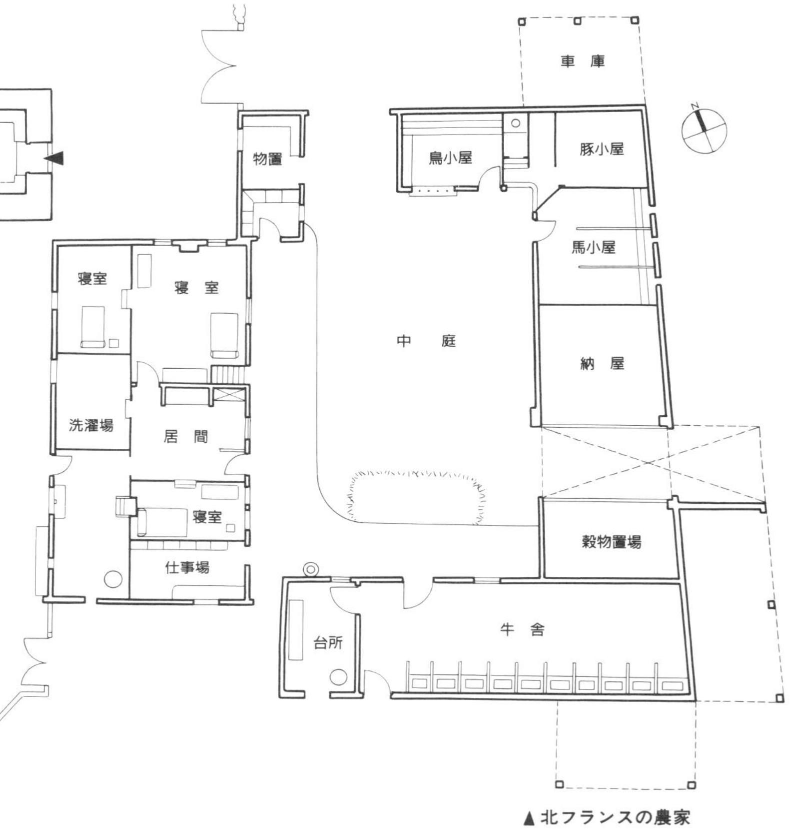

▲ 北フランスの農家

ベルギー国境近くにある，茅葺屋根をもつ平屋建木造農家．居住棟と家畜舎棟などの付属棟によって中庭を形成する．居住部分の一部にバター製造所や作業場をとり込んでおり，典型的な酪農農家である．西側の床レベルが低くなった差し架け部分は増築されたものである．
[J. Cuisenier, et al.: Nord Pasde-calais (L'architecture ruvale francaise) (1988), la manufacture]

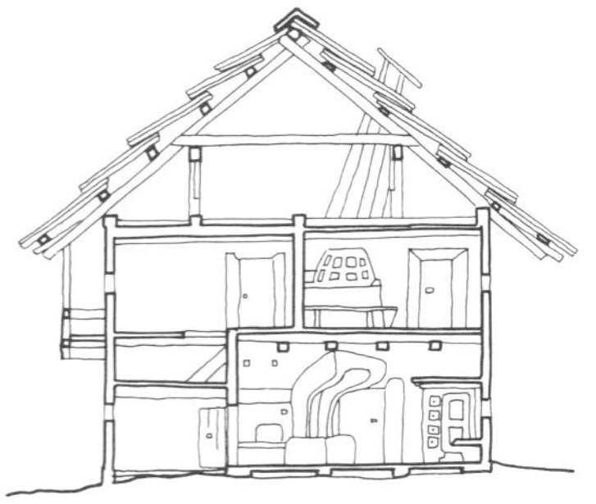

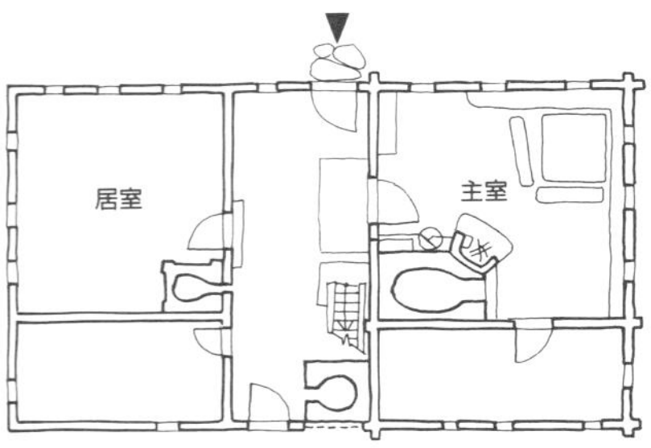

▲ オーストリアの民家

ケルンテン，シルニッツ・ゾンザイテの2階建校倉造の民家．平面は中央に台所や火室を，その両脇に主室を確保するスラブ系の形式を伝える．

オーストリアでも，東のケルンテンに至るとゲルマン系の建築手法と異なり，著しくコンパクトな構成をとるようになる．ドナウ沿いにバルカンの文化的影響も伝えられて，住居は特異なスラブ系の平面形式を備えるに至った．

屋敷構えについても特徴が現れる．居住部分に家畜舎や加工場などを付設せず，それぞれに棟を分け，これらを塀や棚でつなぎ，囲うものが多くなる．
[Moser Oskar: Das Bauemhaus und Seine Landschaftliche und Historische Entwicklung in Kärnten (1974), Landesm, f, Kärnten, Klagenfurt；太田邦夫：ヨーロッパの木造建築 (1985), 講談社]

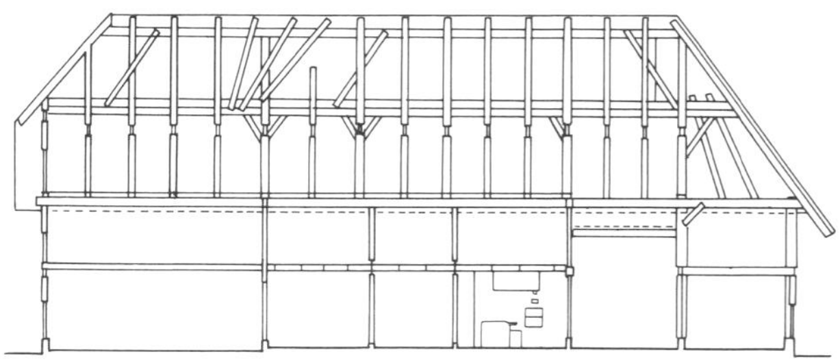

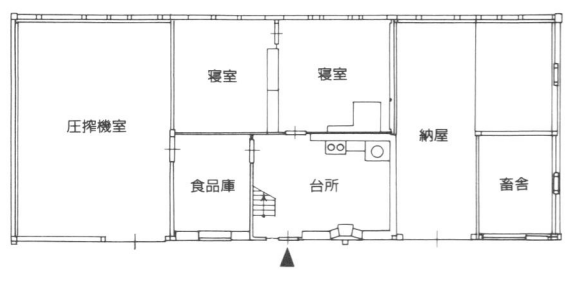

◀ スイス・ユッスリンゲンの民家

栽培した果物を圧搾する部屋を設ける複合型の農家．17世紀に遡る古い形態である．

中央に居住部分を配置して，その一方に畜舎と納屋を，もう一方に圧搾機室を設けたもの．台所の火を使う部分の壁は石積．
[Swiss Open-Air Museum Ballenberg: Ballenberg, Guide to the Swiss Open-Air Museum (1980), Brieng；太田邦夫：ヨーロッパの木造建築 (1985), 講談社]

Vernacular House of the World: Western Europe 民家：西ヨーロッパ２

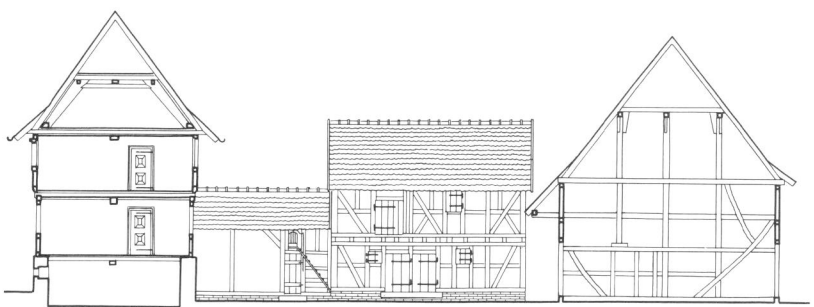

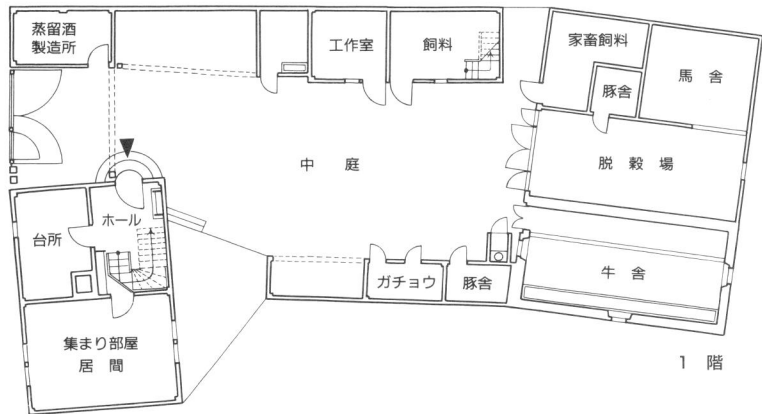

１階

◀ ドイツ中央部の農家

フランクフルトの北西、タウヌス地方の農家．居住棟と家畜舎などの付属棟によって中庭を取り囲む構成．

家畜舎は外に対して閉鎖的で中庭にのみ開いている．牛、馬、豚からガチョウ、ニワトリまでを飼う畜産農家である．材木置場や工作室、それに自家製のブランデーをつくる施設まで設けた自給度の高い農家でもある．

居住棟では、１階に家族の集まり部屋と台所が設けられている．その２階も１階と同じ位置で間仕切られ、ホールから寝室と書斎へ入る．さらに、門戸のある上部には２階が載り、寝室が２室設けられて書斎に通じている．
[Schäfer, Dietrich: Das Bauernhaus in Deutschen Reich und in Seinen Grenzgebieten (1906), Curt R. Vincentz Verlag, Hannover]

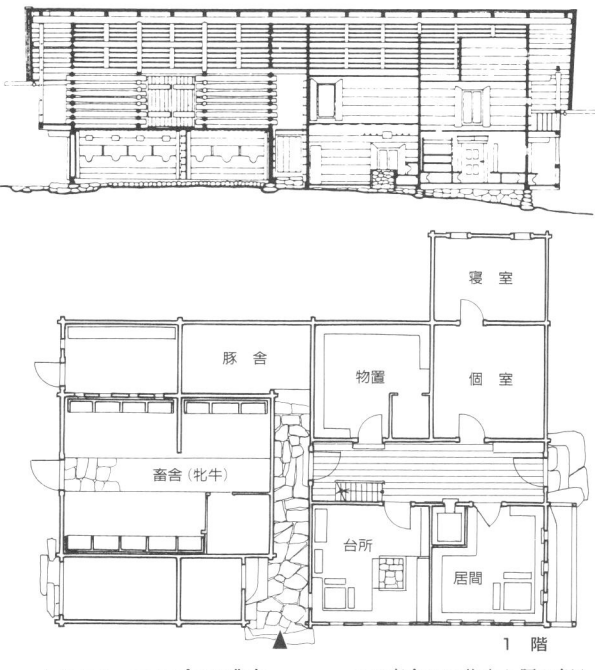

１階

▲ チロル・アルプスの農家

アルプスのオーストリア側の谷、ツィレルタールの民家．

この地域では、平面図右側の居住部分と左側の家畜舎は別棟にするのが普通である．後者を山の斜面に別に建てる場合もある．したがってこの例はツィレルタールの必ずしも一般的な例ではない．図のように奥行の長い校倉一棟形式のものは珍しいといってよい．

この畜舎には牝牛と豚が飼われており、その空間構成は居住部分と合わせ、棟を軸とした左右対称形をとっている．

校倉で組んだ四角い部屋を２室ずつ東西に配置し、その中央に廊下を挟んでここに階段を確保する．この妻入り中廊下型はアルプス東部の基本型である．
[Rauter Otto: Hauser Höfe Handwerkskunst, Bäuerliche Kult Urim Zillertal (1978), Wort und Welt, Innsbruck]

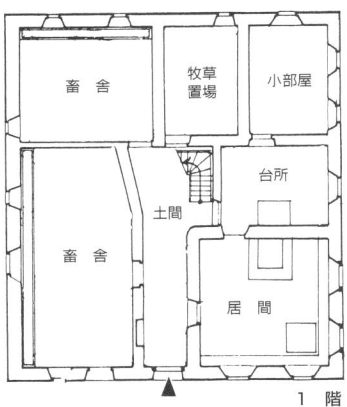

１階

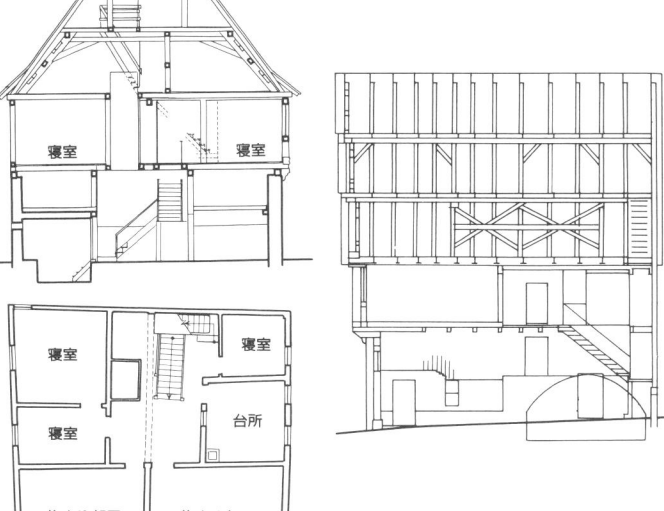

２階

▲ ドイツ西部の民家

オーベルプファルツ、シュヴェントの多層住居．妻側から採光を施して三角形の小屋裏を巧みに居室化した民家．台所と居間のみ１階にあり、居室は２，３階に設けられる．しかも家畜舎と上部の居住部分はボールト天井によって完全に分離する．
[Bergmann, Alois: Fachwerkbauten in der Oberpfalz Bd.2 (1975), Michael Lassleben Kallmünz]

◀ シュバルツバルトの農家

南ドイツのシュバルツバルト（黒い森）に近いショルンドルフの町にある17世紀に建設された妻入り型の民家．通りに向けてファサードが少しずつせり出した五層の構成をとり、正面中央部が大きく開いて、そのまま内部の脱穀場へとつながっている．

組積造になる中２階までは、家畜舎、果物搾りの部屋、地下貯蔵庫、飼料置場などの生業に使用され、居住部分と明確に区分されている．

階段は入口奥に設けられ、２，３階の居住部分につながっている．２階平面は中央で分割され、ほぼ同じ大きさの集まり部屋が２室確保されている．
[Oscar Heinitz: Das Deutsche Bürgerhaus XII (Das Bürgerhaus Zwischen Schwarzwald und Schwäbischer Alb (1979), VERLAG ERNST WASMUTH TÜBINGEN]

020　民家：北アメリカ大陸　Vernacular House of the World: North America

1:300

北アメリカ大陸の民家

先住民であるインディアンは移動と定住を繰り返しながら，各地の環境に適応した住居をつくった．

北極圏に住むイヌイットは氷や動物の骨を利用し，移動生活をした中央平原の人々は天幕を張る．森林に恵まれた地域では，多様な木材の利用法がみられる．北西海岸の部族は巨大な柱を象徴的に用い，東部の人々は若木を曲げドーム状のシェルターをつくる．ロッキー山脈南部の人々は校倉の上に芝土を載せる．また，南部には土で覆われた半地下住居やプエブロと呼ばれる泥や日干しレンガ造の住居がみられる．

中央アメリカの伝統的な民家は屋内に間仕切を設けない．これは，南米や東南アジア，太平洋地域など熱帯地域に多くみられる特徴である．

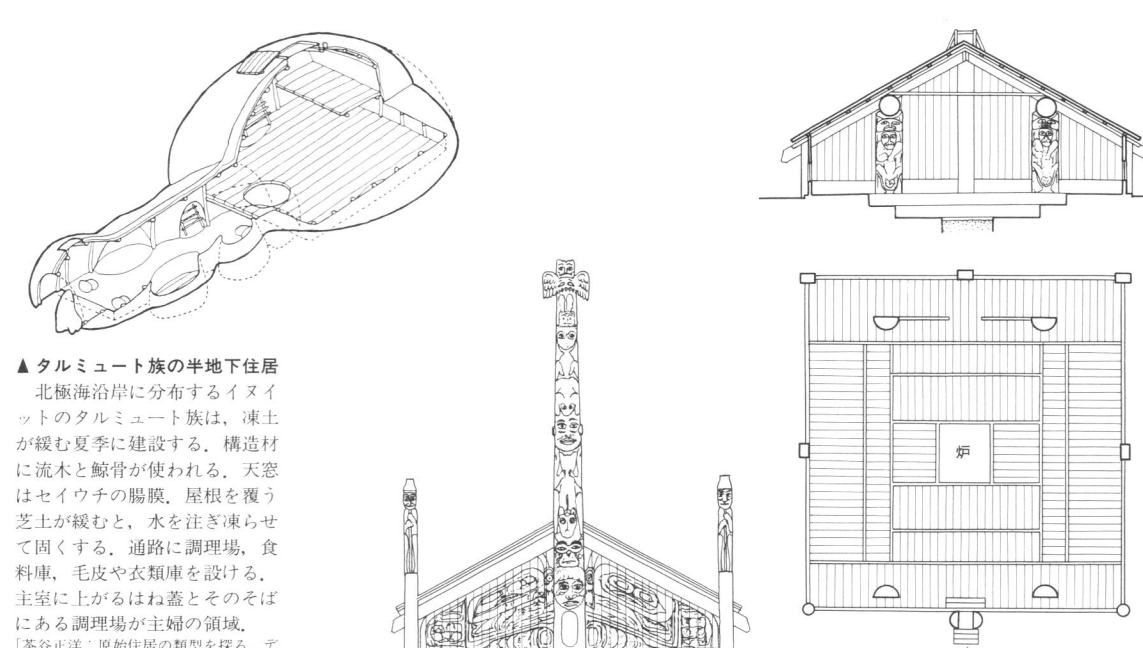

▲タルミュート族の半地下住居

北極海沿岸に分布するイヌイットのタルミュート族は，凍土が緩む夏季に建設する．構造材に流木と鯨骨が使われる．天窓はセイウチの腸膜．屋根を覆う芝土が緩むと，水を注ぎ凍らせて固くする．通路に調理場，食料庫，毛皮や衣類庫を設ける．主室に上がるはね蓋とそのそばにある調理場が主婦の領域．
［茶谷正洋：原始住居の類型を探る，ディテール62］

 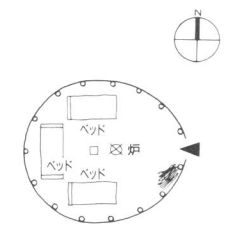

◀中央平原のティピー

中央平原でバイソンを追っていた人々は，組立が容易で移動に適したテントに住んだ．ティピーを支える基本骨組を3本柱としたのはシャイアン族，スー族など22族，4本柱としたのはクロウ族など10族であった．

組立は女性の仕事である．組み上がった3脚または4脚に約20本の丸太材を掛け，約20頭のバイソンの皮で造った幕を覆う．丸太材は松か杉．ティピーはやや後方に傾いており，煙穴をもつ．内張りは，冬場の保温や夏場の通風路になり人影が外幕に映ることも防ぐ．

日の出の最初の光を取り入れるために入口を東に向ける．中央に祭壇と炉が置かれ，ベッドは周囲に丸く並べられる．

運搬が犬ぞりから馬，馬車と変わるごとにティピーの規模が大きくなった．
［茶谷正洋：原始住居の類型を探る，ディテール63；ノーバード・ショウナワー：世界のすまい6000年①(1985)］

▲北西海岸トリンギット族の家

アラスカ東南からカリフォルニア北部までの地域は，険しい山岳地帯をひかえた狭い海岸が居住地であった．夏は漁撈キャンプを張り，冬は村に定着する生活をした．森林資源に恵まれたため，良質の木材で頑丈な住居を建てた．

この地域の北部を生活圏としたトリンギット族の出自集団は各々動物の名前をもつ．住居の柱にはクランの紋章となる動物や起源神話に登場する人物や動物が彫刻される．

入口を海に向ける住居は，奥に衝立が立てられる他は仕切りがない．ここに近い血縁にある数家族が同居した．床が三段に切られ，下段に炉があり調理の場となる．中段と上段は寝所で，その家の主人家族は衝立の奥を寝所とした．
［野外民族博物館リトルワールド復元図］

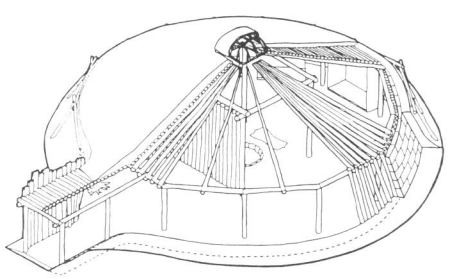

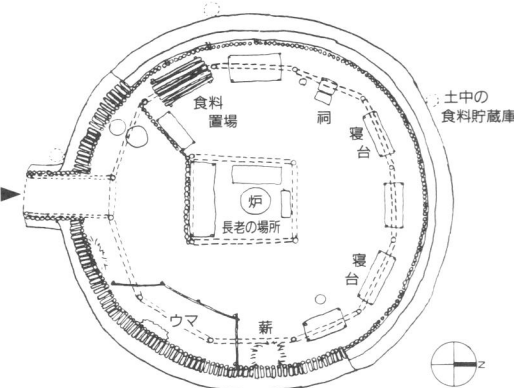

▲ミズリー上流のアースロッジ

ヒダッツァ族は，ミズリー上流のマンダン族居住地に16世紀中頃に移住し，マンダン族から農耕技術を習得した．

ヒダッツァ族は母系制社会であり，住居の位置や規模は女性が決める．建設の監督も女性が行う．中央の4本の掘立て柱と外周の12本の柱が屋根を支える．垂直材と垂木はオークや綿の木で，屋根は芝土で覆う．

一住居には数家族30〜40人が住む．外周の柱間に寝台があるが，他に祭壇，家畜囲い，食料置場などがある．中央は炉が切られ，長老の場となる．住居内に一つ，外に数か所，土中に埋められた冬用の食料貯蔵庫をもつ．入口の両脇に聖なる力をもつ羽飾りが見事な旗を飾る．
［Nabohoy & Eastom：NATIVE AMERICAN ARCHITECTURE, Oxford Univ. Press (1989)；茶谷正洋：原始住居の類型を探る，ディテール63］

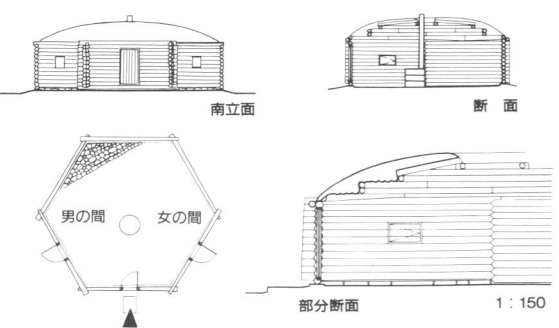

南立面　　断面

男の間　女の間

1:150　部分断面

▲アメリカ大陸の校倉

ロッキー山脈西麓のコロラド高原に住むナバホ族の祖先は，カナダ北西部から移住してきた．彼らは，プエブロ諸族から農耕栽培，織物，砂絵を，スペイン人から牧畜を習得した．

ナバホ族のホーガン（家の意味）は3種類あり，最も古い型が男のホーガンと呼ばれ，図は女のホーガンと呼ばれる．

日の出を生命の源と考えるナバホ族は，入口を東に向ける．壁面の隙間と屋根の上には間隙材を詰め泥を塗り，土で覆う．床は土の叩き仕上げ．白人のベッドが導入される以前は地面に寝ていた．左側が男性の，右側が女性の領域．

母系制で母方居住であり，ホーガンには核家族で住む．結婚した娘とその家族は，娘の生家の近くに新居を築く．
［野外民族博物館リトルワールド復元図］

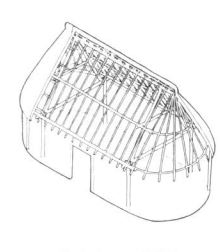

◀ユカタン・マヤの住居

中米ユカタン半島を中心としたのがマヤ族の居住地域である．その大部分が密林かサバンナ．ユカタン半島北部の平坦地はサバンナ気候が支配的な地域であり，焼畑農業が行われる．

マヤ族の農家はスペイン人が侵入した16世紀の頃と本質的には変化していない．楕円形か長方形の平面で，二股の木柱を4本打ち込む．これが小屋組を支

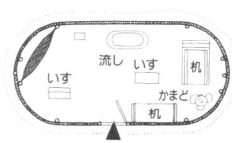

える．屋根はシュロか藁で葺く．壁は細い枝を並べてツルカワで縛り，これに泥を塗る．開口部は入口だけであるが，通風は屋根と壁の隙間から自然に行われる．

内部は，炉が作られるが仕切りはない．ここに一組の夫婦とその家族が住む．就寝はハンモックで行う．
［高山智博：住まいの原形II，SD選書(1973)；茶谷正洋：原始住居の類型を探る，ディテール64］

民家：南アメリカ大陸

南アメリカ大陸の民家

　南米大陸の大半を占める熱帯密林地帯には多くのインディオが居住し個々の文化を形成してきたが、多くの部族に共通するのはハンモックを使用することである。

　密林においては河川が唯一の交通手段であるが、水位変動の大きいアマゾン流域では高床住居や船上住居も少なくない。アマゾン川以南の高原には、儀礼の場を住居が円環状に囲む集落があるが、この構成は部族の社会構造に基づいて形成される。

　南米大陸を南北に縦断するアンデス山脈に住む高地民は、石や日干しレンガで壁を築き、小屋組と屋根に木材を使用する。

　新大陸発見以降に入植した欧州人は各地に自国の様式を導入し、植民地様式を定着させた。そこには中庭型住居の明快な構成がみてとれる。

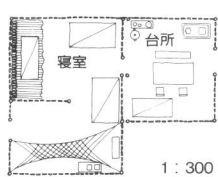

▲ 中米−熱帯雨林の住居

　グァテマラのペテン低地は、海抜200〜250mにあり、熱帯雨林に覆われる。焼畑農耕を営むインディオの集落で、大家族制をとって血縁集団でクラスターを形成する。壁は板材、屋根はシュロで造られる。住居は台所と寝室を分棟にする。図の住居は2室が連続しているが、構造は分離している。
[東京大学原研究室：住居集合論2 (1974)、SD別冊 No.6]

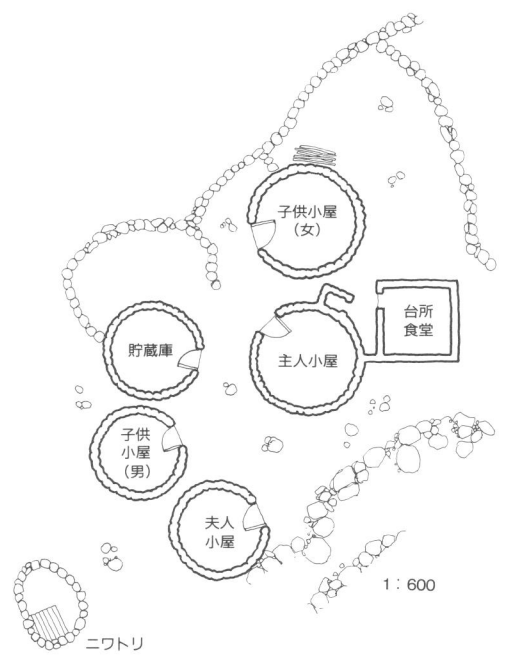

◀ アンデス山地の住居

　海抜3500mを越えるアンデスの山間の集落セロ・ウスロンは、牧畜と農耕を営む。住居は密集せず、散村の形態を成す。

　各室は礎石で円形に造られるが、台所兼食堂はブロックで矩形に造られる。性別による住み分けがされ、台所に隣接する主人の室を取り巻いて家族の室と貯蔵庫が配置される。
[東京大学原研究室：住居集合論2 (1974)、SD別冊 No.6]

◀ ペルー、大農園主の邸宅

　旧スペイン植民地であったペルーでも、スペイン人による大規模農場経営が行われた。その農場を"アシエンダ"という。農地改革(1969年)後は共同農場の施設となっている。

　綿畑の谷を見下ろす小さな丘に建つ建物の壁と塀は、アドベ(日干しレンガ)造で表面に白漆喰を施す。門がある棟は事務室と倉庫からなる。これと主屋の間に大きな前庭がある。主屋の左側には、カソリックの宗教画が描かれた教会がある。主屋の中庭に面した部分は、前庭と共に公的な空間である。

　主屋はコの字型でプライベートな中庭を囲む。この中庭の左側は農場主家族の、そして右側は使用人の領域である。

　前庭の廊下と中庭の回廊の壁面には風景画が描かれている。
[野外民族博物館リトルワールド復元図]

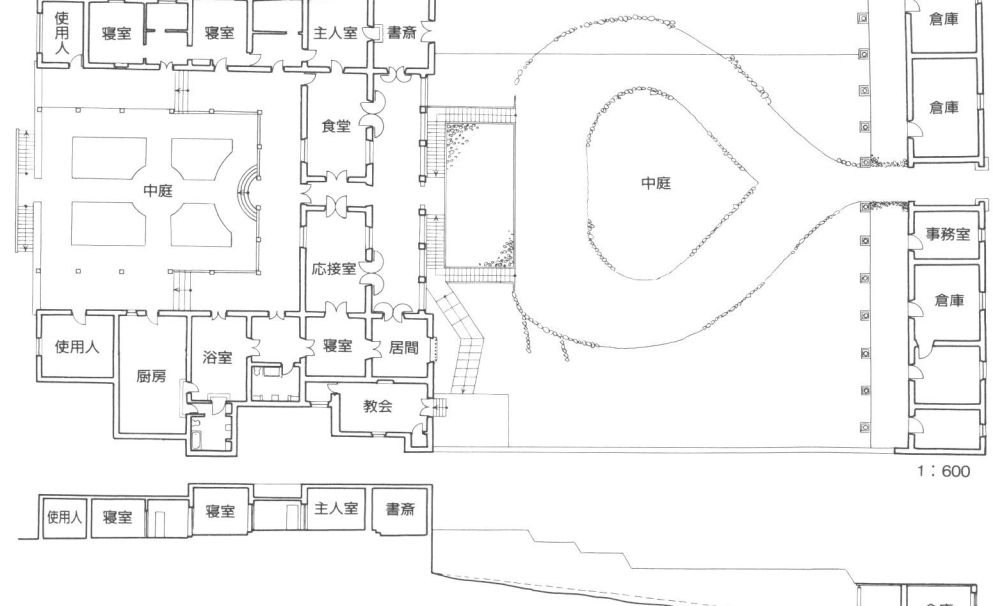

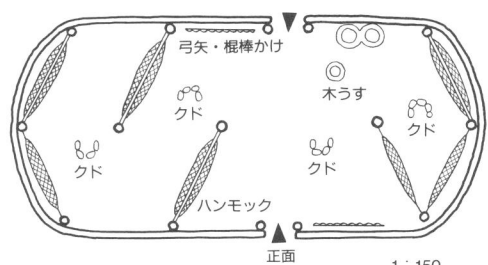

◀ アマゾン熱帯雨林の住居−1

　アマゾン河南部を流れる支流シング─川流域に住むメナック族は、焼畑農業を行い、イモを栽培する。

　住居は楕円形の平面で、内部には仕切りがない。ここに父方か母方の親族が一つの単系的血縁集団をなして住む。屋根を支える柱にハンモックが架けられ、そのハンモックの間に炉が数個設けられる。

　カマボコ型住居の骨組に木の枝が用いられ、屋根と壁は草で葺かれる。壁には二か所に出入口があるだけで、窓はない。夏季には屋根が部分的に外される。屋内は虫除けのために火が焚かれる。

　血縁集団の住居は、直径100mほどの広場を囲む。広場の中央には糸巻き型に木柵を組んだ祈禱場が設けられる。
[泉 靖一編著：住まいの原形 I、SD選書 (1971)]

▲ アマゾン熱帯雨林の住居−2

　アマゾン河北部の支流、赤道付近のワイ・ワイ族は、熱帯雨林で焼畑農業を行う。数年ごとに新しい土地に移動するが、その度に新しい住居を建てる。狩猟も行うが、密林の奥には入らない。主な交通手段は丸太舟。

　円形平面の住居は、外周壁と屋内の円形に配列された柱で円錐形の草葺屋根を支える。普請中、中央に柱を建てるが、完成後に取り除かれる。

　一つの住居には、母系の拡大家族25〜50人が住む。これが一つの村を成す。柱と外周壁で囲まれた場所が各々の家族の場所であるが、住居内に仕切りはない。各々の家族ごとに調理と食事の採暖用の炉がある。煙は屋根の隙間から外に出る。柱間にハンモックを吊るが、夫の寝所の下に妻の寝所がある。
[ノーバード・ショウナワー：世界のすまい6000年①(1985)、彰国社]

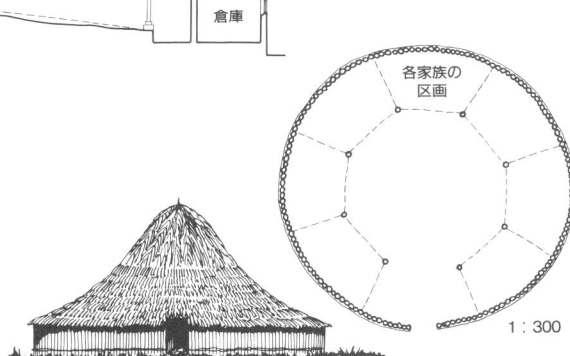

022 近代住宅の歴史（日本）：民家と町家1
History of Detached House before WW II: Traditional Style

民家と町家

ここには伝統的な住宅の中から今日の設計にとっても何らかの示唆をもつようなものを中心に蒐めてある．このうち，吉村家，伊藤家，工藤家は農家に属するもので，農作業と炊事に用いる土間を内部に擁している．豪農の吉村家も，玄関構えの右の部分についてみれば同様の構成になっている．また今西家，尾形光琳屋敷，B邸は町家に属するもの．町家ではこの三例に見るように，道路から裏庭へと通じる細長い土間を設けるものが多く，通り庭と呼んでいる．炊事用の竈なども同じくここに配置される．採光，通風の便を考えてさらに坪庭が配されることもある．光琳屋敷は芸術家の営んだ特殊例．また，K邸は地方の素封家の屋敷で，このように明治に入っても，江戸からの伝統を継いで数多くの民家が建てられている．

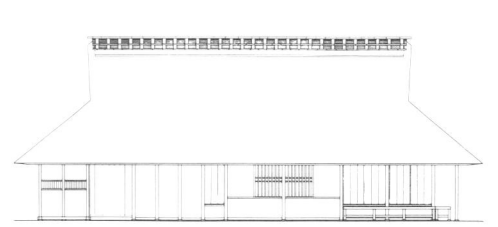

▲ **吉村家住宅／17世紀前半**

大阪府羽曳野市／木造平屋／延床面積：約390 m²

近世初頭から高い家格を維持してきた豪農の吉村家は，屋敷構えもそれにふさわしく壮大で，これが主屋にあたる．外観は大和棟であるが，大和では大和棟の民家は18世紀後半になって現れるので，これは寛政の修理時からと推測されている．「でい」と「居間」の各室の前面に一間ごとに柱がたち，しかも袖壁がつくため南側の開口が半間分しかなくなり，室内は天井が高く小壁も大きいのでずいぶん暗くなる．土間も同様で大戸口の腰高明り障子と「広舗」の格子窓からしか採光ができない．このような状況は江戸時代初期の民家に共通して見られることである．部屋境には差鴨居が入れられ，外側で一間ごとの柱が内部では二間おきになっている．

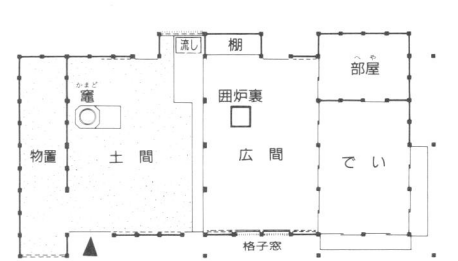

◀ **旧伊藤家住宅／17世紀末**

神奈川県川崎市／木造平屋／延床面積：約124 m²

元は多摩丘陵の名主の家で，典型的な広間三間取りの平面を持つ農家である．現在は川崎市の日本民家園にある．外観は四方下家造りで，土間から「広間」にかけての架構がみごとである．土間への主な出入口を南側にとる平入り形式で，「広間」の南側を格子窓とする古い形を見せている．「でい」の奥行は三間で，「部屋」は奥行一間半であり，半間分背面に突き出している．「広間」の床は竹簀子敷であり囲炉裏まわりなどではその上に筵を敷いて生活していた．板材に代わるものとしてこの地方で身近な竹が利用されるのだろう．囲炉裏の近くには棚や流しがあり，ここから土間の竈の付近にかけてが炊事の場所であったことが分かる．

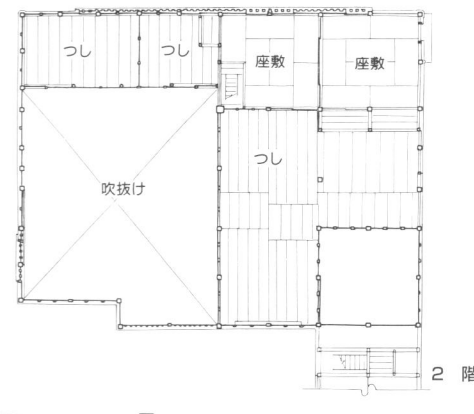

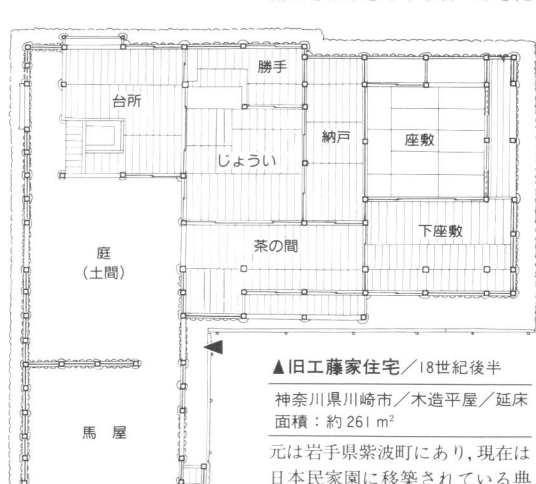

▲ **旧工藤家住宅／18世紀後半**

神奈川県川崎市／木造平屋／延床面積：約261 m²

元は岩手県紫波町にあり，現在は日本民家園に移築されている典型的な「南部の曲り家」．茅葺寄棟造で大戸口は曲り部分につく．曲り部分が主体部に対して小さいのは古い曲り家の特色である．大戸を入って左手が「馬屋」，右手が土間で，奥の「台所」に続く．囲炉裏のあるここと隣の「じょうい」が日常生活の中心の場である．畳は「座敷」だけに敷かれている．「納戸」や「下座敷」は寝室として使われたらしい．天井はどの部屋にも張られず，内法より上は飛貫を通すが小壁はつかないので，各室は建具で仕切られるのみで一続きであり，寒い地方にもかかわらずずいぶん開放的な造りである．梁や小屋組は勇壮で大変美しい．梁は上屋が京呂組，下屋は折置組，小屋は扠首組で束，貫はない．

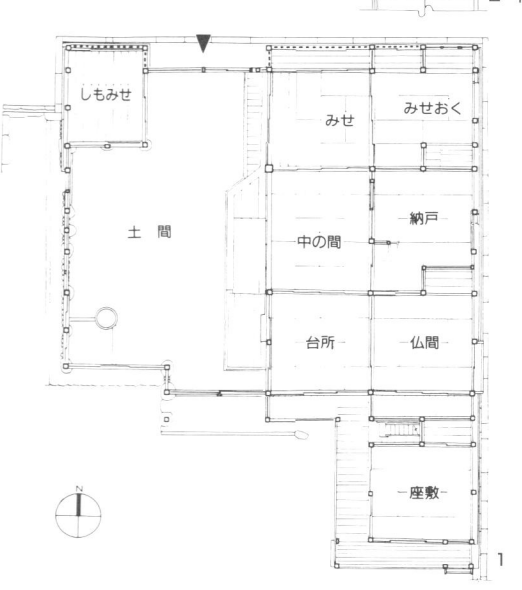

◀ **今西家住宅／1650年**

奈良県橿原市／木造2階建／延床面積：約409 m²

室町時代末期に一向宗門徒が集まって開いた寺内町の今井町に残る町家である．入母屋造の両妻を一段低い付破風で複雑な形とし，棟が幾つもあるように見えるため八棟造の俗称を持つ．外部は庇の軒裏まで白漆喰の塗籠壁としたので，民家というより城郭建築に近い外観を見せ，窓の太い出格子などとともに代官所的な役割を果たした今西家の示威的表現ともなっている．平面は二列各三室の整形六間取りで，下手に土間を持つ．「中の間」が生活の中心で，奥に帳台構えを持つ閉鎖的な「納戸」がある．今西家は小売業を営まないので，通りに面する「みせ」「みせおく」の窓は厳重な格子窓である．通りに面した2階は座敷になっている．

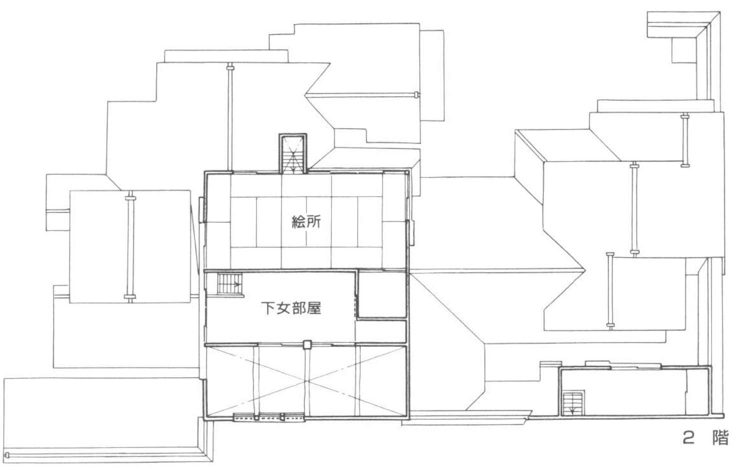

近代住宅の歴史（日本）：民家と町家2

History of Detached House before WW II: Traditional Style

（尾形光琳屋敷）

（撮影：畑 亮夫）

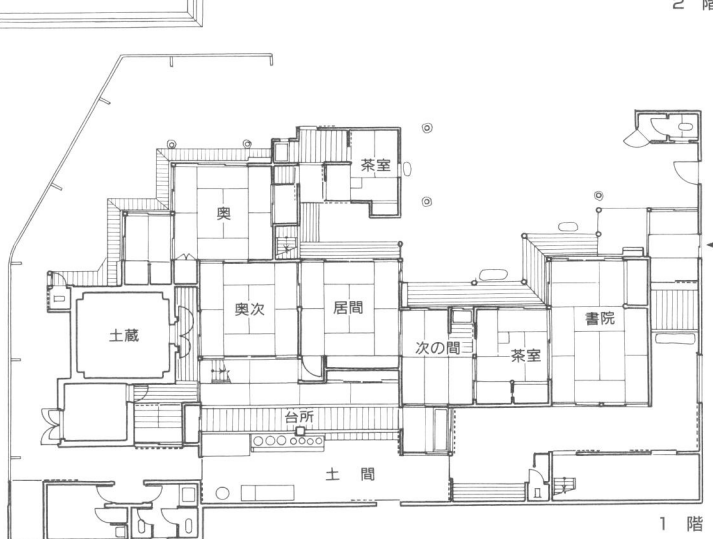

2階／1階

▲尾形光琳屋敷／1711年
設計：尾形光琳／静岡県熱海市／木造2階建／延床面積：約388m²

「燕子花図屏風」「紅白梅図屏風」などの作品で有名な江戸時代の画家であり工芸家であった尾形光琳が京都の新町通り二条下ルに自ら指図して建てた住まいである。光琳の手になる間取図は当初案と実施案の二通り残っており、画室である絵所を2階に移し、三畳台目の茶室を設けるなどの設計変更の跡が窺える。この屋敷は、遺された平面図を基にした早川正夫の推定復元により現在地に建てられている。片側に奥まで続く土間をとり、公的な部屋から私的な部屋へと順に部屋を連ね、露地をとり茶室を配するもので、典型的な京の町家の形をとりながらも、露地とそれぞれの部屋との絶妙な関係や、最も奥まった2階に画室をとるところなどに光琳の工夫が窺える。

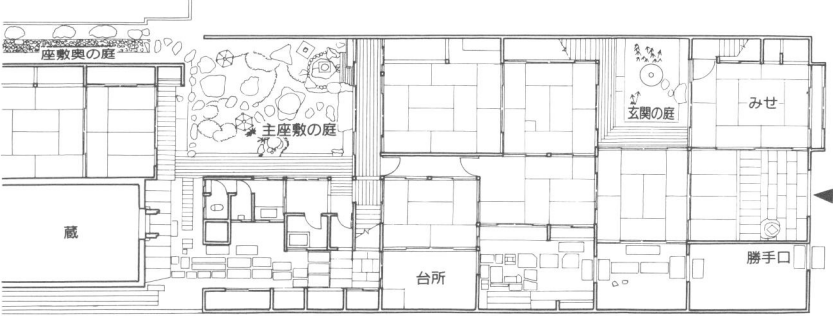

▲B邸／1865年
京都市／木造2階建／延床面積：約317m²

慶応元年に建てられ、昭和に改修された典型的な京の町家であるこの家は、細長い敷地に建つ家屋に坪庭を三つ擁している。鉄灯籠のある象徴的な玄関の庭、平庭形式の格式を重んじた造りの座敷庭、そして最も奥にあり、くつろいだ雰囲気の侘びたしつらえの庭とそれぞれに表情を変え、それが表から奥へ通り土間沿いにみせ、内玄関、座敷、流しや浴室、家族の居室、蔵と続く平面構成に照応している。坪庭は、採光、通風の他に空間を区切るという機能もある。うなぎの寝床型の細長い敷地の並ぶ町家では、坪庭の取り方と意匠にその家の主人の趣味の深さや、普請を頼まれた大工や庭師の力量が現れ、町並の奥に隠れた個性を発揮する場となっている。

▲K邸／1886年
岡山県笠岡市／木造2階建／延床面積：約252m²

この家は江戸中期に笠岡在の本家より分かれ、瀬戸内海に面した山陽道の小邑である金浦に居を構えて素封家となった。代々の当主は趣味が深く、山陽道を行く頼山陽、田能村竹田をはじめとする文人墨客たちはこの家に立ち寄ることを常とした。この2階建の主屋は明治19年に既存の建物に建増しをしたもので、北側の庭に向かった主座敷や書斎などの変化に富んだ床の造りは出色である。工事には玉島の大工があたったという。またこの家は煎茶にもかかわり深く、庭を取り囲むように煎茶席と抹茶席を設けている。地方の素封家ならではの趣味を生かした平面構成であり、座敷群と土蔵にはさまれた裏庭に趣味の空間が展開している。

024　近代住宅の歴史（日本）：明治の洋風邸宅1
History of Detached House before WW II: "Meiji" period

1:300

明治の洋風邸宅

　幕末から洋風建築の導入がはじまり，それに伴って洋風の住宅が建てられ，洋風の生活も導入された．特に床座に代わる椅子座の導入は，以後，日本人の生活形態を大きく変えていく．しかしそれはまず上流の邸宅からのことで，それが中流に拡がるのは大正を待たねばならなかった．最初期のものといえるグラバー邸は，いわゆるコロニアルスタイルをそのまま持ち込んだもの．コンドル設計の古河邸も，2階に和室がとられているとはいうものの，全体は完全に洋風のプランニングである．上流階級にとっては，こうした「洋館」がステイタスシンボルになっていた．岡本の折衷住宅は逆に和風のプランニングに洋風の味付けをしたもの．新島襄の住まいは外国生活経験者が，洋風の生活を日本で営むために工夫した興味深い例である．

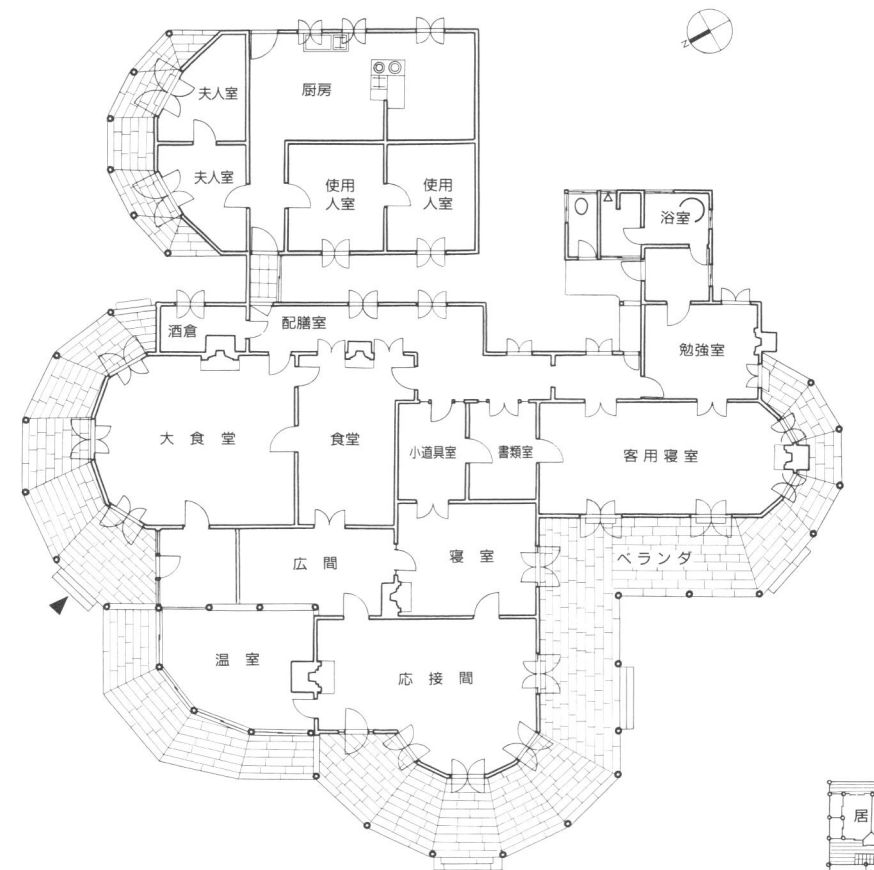

◀旧グラバー邸／1863年
長崎県長崎市／木造平屋／延床面積：約477 m²

　グラバー邸の主人，トーマス・グラバーは安政6年の開国直後に香港を経由して長崎に渡来した英国人政商であり，幕末から明治にかけて長州や薩摩のみならず明治政府にも関与する働きをした．長崎市の南山手の高台にあり長崎港を一望のもとに見渡すこの住宅は1863年の建設で，現存する洋風住宅としても古い方に属する．外観は桟瓦葺の平屋で，各棟の端部を多角形の寄棟とし，各面にアーチ型の菱組透しスパンドレルを持つベランダがめぐる．外壁は白漆喰仕上げとし，腰部を灰褐色に塗り上げている．応接間，温室，大食堂，客用寝室など，ほとんどの部屋がベランダを介して外部とつながる開放的なこの形式は，東南アジア系のコロニアルスタイルに属するといえよう．

（撮影：岡本茂男）

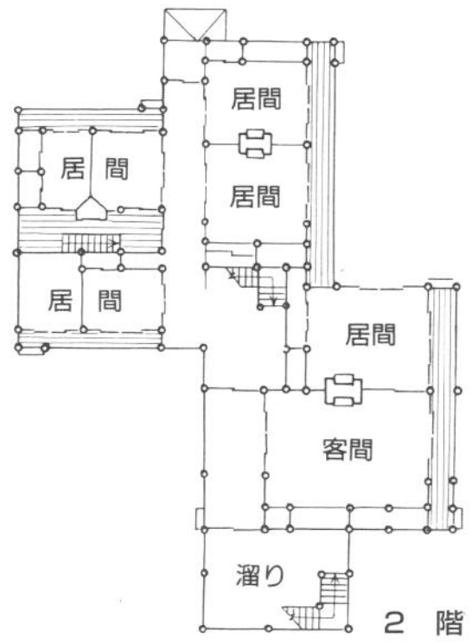

（西山夘三：日本の住まいⅡ，勁草書房より転載）

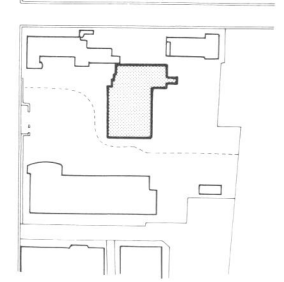

▲新島襄邸／1878年
京都市／木造2階建／延床面積：約248 m²

　同志社の創立者である新島は開国前に禁を犯して上海に脱出，アメリカの神学校に学びクリスチャンとして帰国し明治11年に京都御所近くに家を建てた．外観は1・2階ともに広縁をめぐらし，窓には雨戸の代わりに鎧戸をつけたバンガロー風の様式をとっている．構造は真壁造で，建具の一部を引戸にしたり階段の下に引出しを組み込むなど，伝統的な日本の手法を取り入れている．1階は置暖炉のある応接室や書斎，食堂などすべて椅子座式であり，便所も洋式である．一方，これに対して2階は畳敷の寝室があるなど，洋風と和風が混在している．外国滞在の経験のある新島が大工棟梁とともに造ったこの住宅は，和洋折衷住宅のごく初期の例である．

▲和洋折衷住宅例／発表：1898年
設計：岡本螢太郎／木造2階建／延床面積：約248 m²

　岡本螢太郎は，明治31年に『建築雑誌』に「和洋折衷住家の地絵図について」という一文を載せ，純粋な和風の住まいと洋風の西洋館双方の長所をとって折衷した住まいを建てることを説き，施主の注文通りに建てたという和洋折衷住宅の地絵図（間取図）を示している．暖炉の性能を評価し，積極的に取り入れているが，その手法は和風の座敷である客間や居間に壁付暖炉を設けるという思い切ったもので，畳の部屋に椅子やテーブルがそのまま持ち込まれている．和洋折衷とはいうものの，全体の構成は中庭を境に公私を分け，従来の和風住宅の様式を踏襲したものであり，暖炉以外に洋風あるいは和洋折衷の要素はみられない．

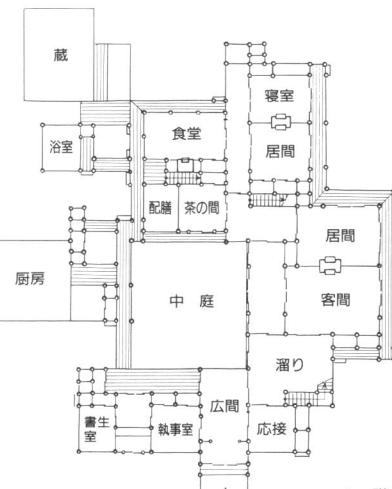

近代住宅の歴史（日本）：明治の洋風邸宅2
History of Detached House before WW II: "Meiji" period

025

1:300

2階

- 居間
- 居間次の間
- 主寝室
- 子供室
- 子供室
- 更衣室
- 客間
- ホール
- 浴室
- 客間次の間
- 寝室
- 仏間
- 蔵

1階

- 応接間
- 食堂
- 小食堂
- 厨房
- 書斎
- ホール
- 喫煙室
- 玉突室
- 玄関
- 蔵
- 車寄

▲旧古河邸／1917年
設計：J.コンドル／東京都北区／
煉瓦造一部木造2階建地下1階／
延床面積：1369㎡

古河鉱業社長の古河虎之助の本邸であるこの住宅は、建築家ジョサイア・コンドルの晩年の作品であり，野面石積みの外観を持つ切妻屋根を組み合わせたピクチュアレスクな構成である．広大な敷地の北側に洋館が建ち，その南側の斜面に洋風と和風の庭園が造り出されている．内部は1階が玉突室，喫煙室などを含む接客空間，2階は家族の寝室などの私的空間で，2階の多くの部屋は和室になっている．階高の高い洋館の中に和室を挿入するために，和室のまわりに廊下を設けて外観と内部のずれを吸収させている．また，和風の味わいを出すボキャブラリーとして仏間の入口を華頭口（かとうぐち）にするといった工夫もみられる．

（撮影：増田彰久）

026 近代住宅の歴史（日本）：新しい住まいの模索1
History of Detached House before WW II: Challenge for New Life-style

新しい住まいの模索

ここには大正期を中心に，昭和初期にいたる時期の日本の新しい住まいの形式を模索する住宅を蒐めてみた．大正期にはモダニズムの風潮に乗って洋風生活の利点が強調されたが，一方で日本人の畳の生活に対する愛着も強く，そこでここに見るいくつかの例のように，住宅の中の一室に洋風の部屋をとり，あとは和風という形の住宅が多く造られた．一方，建築家のプロジェクトには，ここに掲げた三つの例のように，徹底的に洋風を導入した思い切ったプランニングが登場しており，実現はしなかったものの，その新鮮な発想が注目される．大丸舎監の家はふつうの住宅ではないが，和風のデザインを洋風の外観に組み込んだ興味深いもの．T邸は柳宗悦を中心とする民芸運動の中から生まれた異色の住宅である．

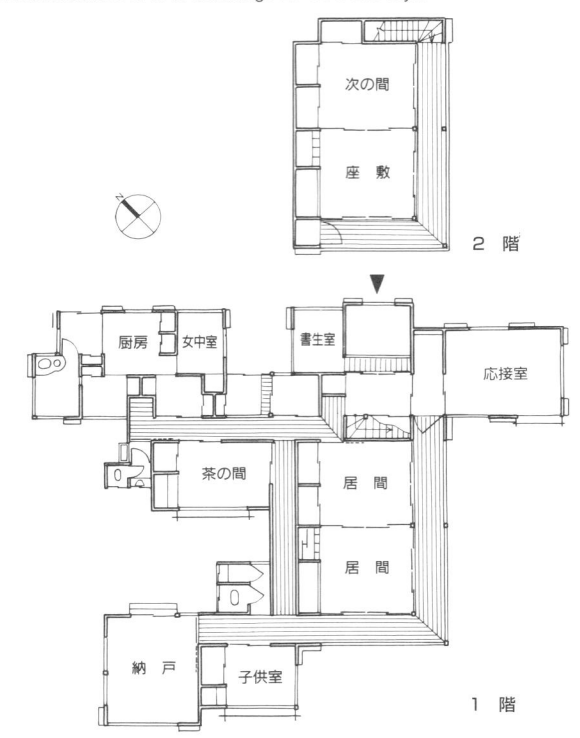

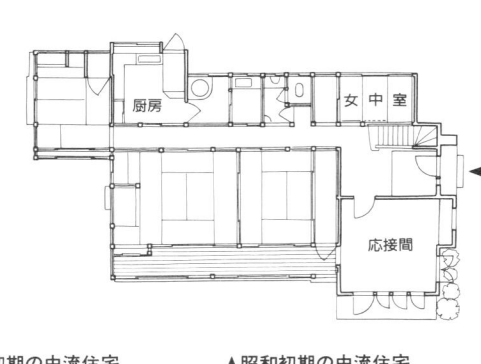

◀ **大正初期の中流住宅**

木造2階建／延床面積：約170 m²

中廊下を介して南側の応接間や居間の北側の茶の間，厨房，浴室便所，使用人のための空間，すなわち「主・従」や「公・私」の空間が明確に分けられている．居間や応接間が他の部屋に比べて大きいのもこの頃の住宅の特徴であり，日常生活よりも接客空間にウエイトを置いた生活が平面構成に現れている．

▲ **昭和初期の中流住宅**

木造2階建一部RC造／建築面積：約128 m²

和風の住宅の玄関脇に暖炉のある洋風の応接間を配するという昭和初期に流行した平面構成．廊下を介した北側に厨房や浴室，便所などの水まわりをまとめ，茶の間的な小部屋と玄関脇の女中室も北側に配置する．南側の和室が日常生活に使われるようになったのが新しい傾向である．

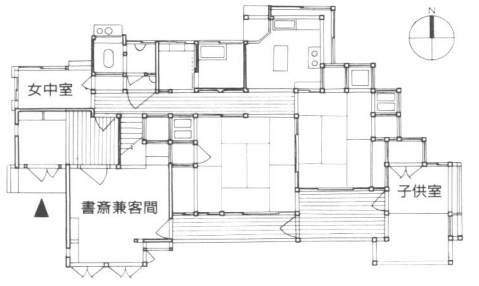

◀ **あめりか屋の住宅**／1920年代

設計：あめりか屋／兵庫県尼崎市／木造2階建／建築面積：133 m²

大正デモクラシーの台頭とともに家庭生活改善運動が起こり，洋式の生活を取り入れる気運が高まった．橋口信助の率いるあめりか屋は，洋風を基調とした外観に洋間を含む家族本位の平面の普及を推進した．

◀ **20坪の住宅：伊藤邸**／1922年

設計：W.ヴォーリズ／兵庫県神戸市／木造2階建／延床面積：約141 m²

明治38年に来日し，近江八幡を拠点にキリスト教の伝導を行うかたわら，旺盛な設計活動を行ったウィリアム・ヴォーリズは，大正・昭和初期に阪神地方にたくさんの洋風住宅を遺している．この住宅は夫婦と4人の子供と使用人の住まいで，腰折屋根にドーマーウインドーの開くコロニアルスタイルの外観を持ち，家の中心に暖炉とピアノのある居間を配置して書斎をこれにつなげている．2階には学習室を備えた子供部屋を南東に置く．洋風の浴室や，オーブンレンジのある動線によく配慮した厨房など，個室の規模を抑えて，設備の充実に向ける合理性が窺われる．

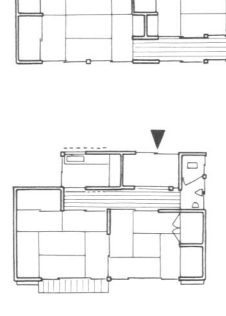

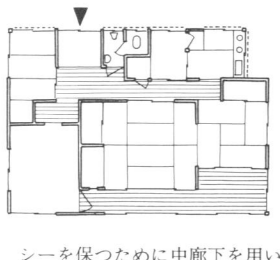

▲ **同潤会中廊下住宅**

設計：同潤会／木造平屋／延床面積：約38〜75 m²

関東大震災の後，大正13年に設立された同潤会は，震災復興のための大量住宅需要に応えるため，主に鉄筋コンクリートのアパートメントハウスを造ったが，その他にもこのような木造平屋建小住宅の建設も行った．この4例では中廊下が取られているが，小住宅ながらプライバシーを保つために中廊下を用いたのは，同居間貸し型の利用があったこともよる．これらの平面では中廊下により「主・従」や「公・私」を分けるというよりは，むしろ間貸し利用に気を配るという傾向がみえる．1930年代後半から1940年代始めという戦争に向けて次第に生活が切り詰められていった時代の小住宅の直面した社会状況が窺われよう．

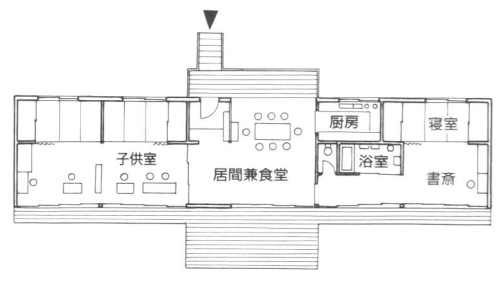

◀ **建築学会国民住宅懸賞競技設計入選案**／発表：1941年

設計：堀田正慶／木造平屋／延床面積：約86 m²

寝室のみを畳敷にしてその他のスペースをすべて洋式にした小住宅の設計であり，すっきりとした近代的なプランニングが印象的である．玄関から直接，居間兼食堂に入り，そこから各個室にアプローチする形をとっている．

近代住宅の歴史（日本）：新しい住まいの模索2

History of Detached House before WW II: Challenge for New Life-style

◀ 創宇社第5回展覧会「住宅」／発表：1928年

設計：広瀬初夫／平屋／延床面積：約123㎡

岡村蚊象（山口文象）らが同人となって逓信省営繕の技師たちが1923年に始めた近代建築運動の団体「創宇社」は、1928年までに7回の展覧会を開いている。この第5回の広瀬の住宅作品は、居間を中心にした明快なプランニングであり、機能によって空間がはっきりと分けとられているとともに、各部屋のつながりかたも十分に考慮されており、コンパクトにまとめられている。また、子供室などは居間との間仕切がルーズになっていて、開放的な印象を与える。外観には、庭に突き出した袖壁やアプローチ部分の直線的な扱い、その上に乗る陸屋根など、構成派風の表現が窺える。

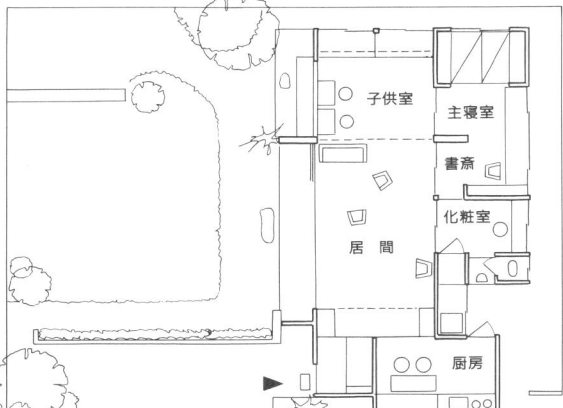

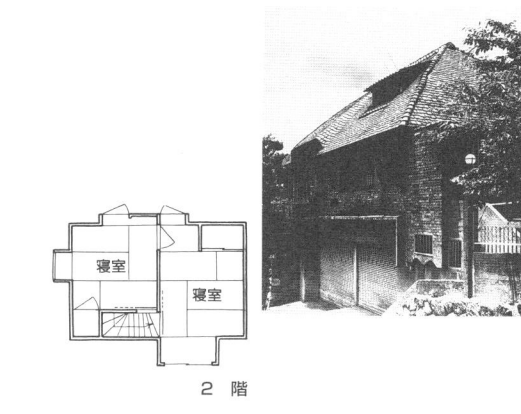

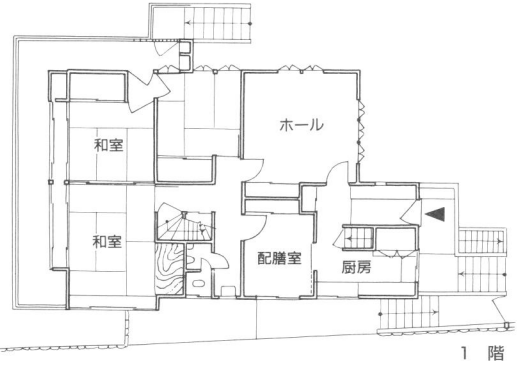

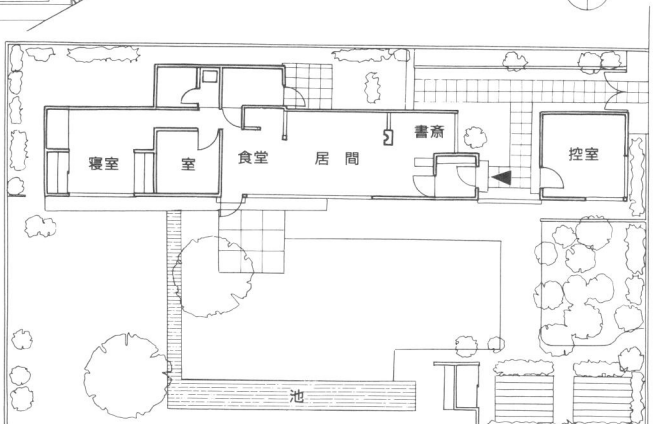

▲ 大丸舎監の家／1931年

設計：村野藤吾／兵庫県神戸市／木造2階建RC造地下1階／延床面積：約179㎡

神戸の大丸百貨店の男子寄宿舎の舎監のために、寄宿舎と同一敷地内に建てられたもの。摩耶山を背に神戸港を望む山の手の傾斜地に建てられた。外観の意匠はアムステルダム派の影響が色濃いが、必ずしも単純な様式の移入ではない。屋根は天然スレート葺き、外壁はタイルの裏貼りで、窓の形状などとともに工夫が凝らされている。地下には浴室とガレージがあり、1階は玄関近くに厨房や配膳室、ホールが配され、個室は1・2階とも3部屋ずつで、舎監の住居と寄宿舎に住む独身男子たちのサロン的な機能とを兼ね備えている。近年取りこわされて現存しない。図面も応急の実測によるもので完全ではない。

▲ 第7回分離派展「コートハウス・プロジェクト」／発表：1928年

設計：森田慶一／平屋／延床面積：約81㎡

大正時代に始まる近代建築運動のひとつである「分離派建築会」は、石本喜久治、堀口捨己、滝沢真弓ら6人によって1920年に始められた。この運動の目標はアカデミズムの様式建築の打倒にあり、1928年までに7回の展覧会を開いてその主張をアピールしている。これは第7会展に寄せられた案だが、戦後住宅の展開の一面が予見されている点が興味深い。東西に一直線に伸びるプランニングで、寝室など個室を壁で囲むほかはオープンな空間を、袖壁や暖炉によって食堂、居間、書斎に分けとっている。敷地を低い壁で囲い、細長い池で庭を区切る明快なプランニングは、陸屋根の外観ともあいまってリジットな印象を与えている。

◀ T 邸／1934年

設計：河井寛次郎／京都市／木造2階建／建築面積：約403㎡

T邸は京の古美術商として知られる主人が、かつての本阿弥光悦らの鷹ヶ峰芸術家村に近い玄琢に営んだ住まいである。彼はここに登り窯を築いて茶器を焼き娯んだ。この設計は河井寛次郎を中心に柳宗悦と主人が加わり、三人で想を練ったと伝えられる。建物は東西に長く、敷地に合わせて軽くくの字型に折れた形になっている。玄関を入って右の座敷は書院造りで、その北の茶室玄庵は主人自らの設計である。これに対して厨房から西に続く諸室は民家の趣きが強くなっており、仏間は元アトリエとして使われたもの、オンドルを設け部屋のしつらえも朝鮮風の意匠にするなど、民芸運動の先達たちの模索のあとが窺われる。

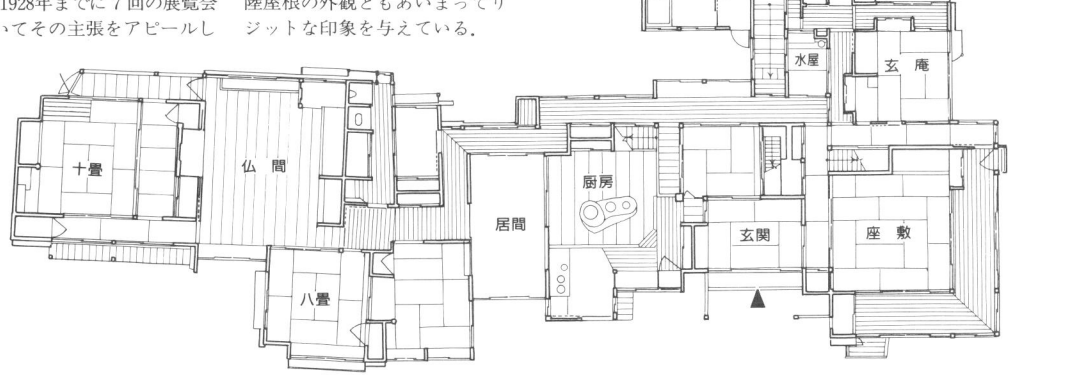

028 近代住宅の歴史（日本）：和風と洋風の接点1

History of Detached House before WW II: Unification of Japanese style and European style

和風と洋風の接点

日本人にとって親しみ深い伝統的な和風住宅の長所と新しく導入され一定の普及を示した洋風の生活の合理的な側面とを調和させようという試みは、昭和の初めになって様々な建築家によって結実を見た。この主題に対して、和風住宅の伝統の中に洋風の構成を導入しようとする立場と、洋風の構成の中に和風住宅のボキャブラリーを生かしていこうとする立場があるが、前者の代表としては藤井厚二が挙げられよう。彼の実験住宅では数寄屋の空間構成が近代的な生活の場として再生されている。また後者の例はレーモンドの住宅で、彼が日本人スタッフとともに開発した洋風の障子や襖、丸太柱といったボキャブラリーは、今日ではごく一般に用いられるものとなっている。遠藤新の仕事にも和風と洋風の自然な調和への試みが見られる。

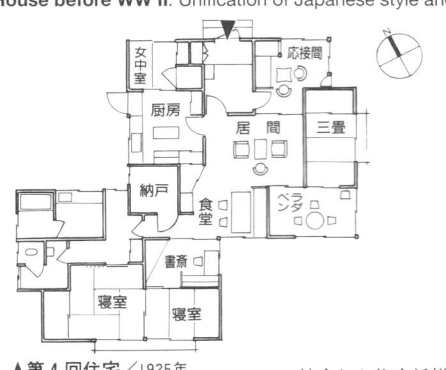

▲第4回住宅／1925年
設計：藤井厚二／京都市／木造平屋／延床面積：約115m²

京都大学で設備講座を担当した藤井は、大山崎の眺望のよい山腹に全部で8棟の住宅や離れを建て、1回ごとに思い切った実験を行った。専門の「家屋気候」や「建築設備」、さらに住宅の平面構成や平面のパターン、メートル法を用いたモデュラーコーディネーション、和式と洋式を統合した住生活様式のパターンなど、いまでこそ住宅設計の常套手段といえるものを、1920年前後に実作を通して初めて切りひらいていったのである。この第4回住宅では彼の方法がかなりまとまった方向を示してきており、部屋を雁行させて一続きの空間をつくるデザインや、畳間のレベルを上げて隣合う洋間との眼の高さを揃える手法などが注目される。

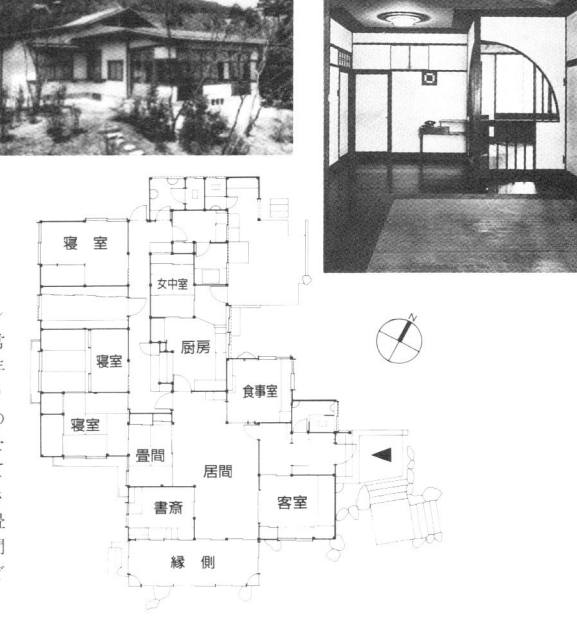

▲聴竹居／1927年
設計：藤井厚二／京都市／木造平屋／延床面積：173m²

同じく藤井の第5回目（最後）の実験住宅であり、彼にとっても会心の作である。切妻屋根の棟中央部は換気窓のため高く突き上げられており、全体の屋根勾配の印象は緩やかでありながらも緊張している。平面は第4回住宅に比べて整理されており、寝室群や浴室、女中室、厨房などがコンパクトにまとまり、居間を中心とした食事室、畳間、書斎のひとつながりの開放的で大きな空間を際立たせている。数寄屋建築が本来持っていた自由な空間や流れるような空間相互のつながりというものを、アーチ型にうがった壁の意匠などとうまく調和させて洋風の生活の中に生かしたところが眼目であろう。なおこの住宅には別棟の茶室が付属している。

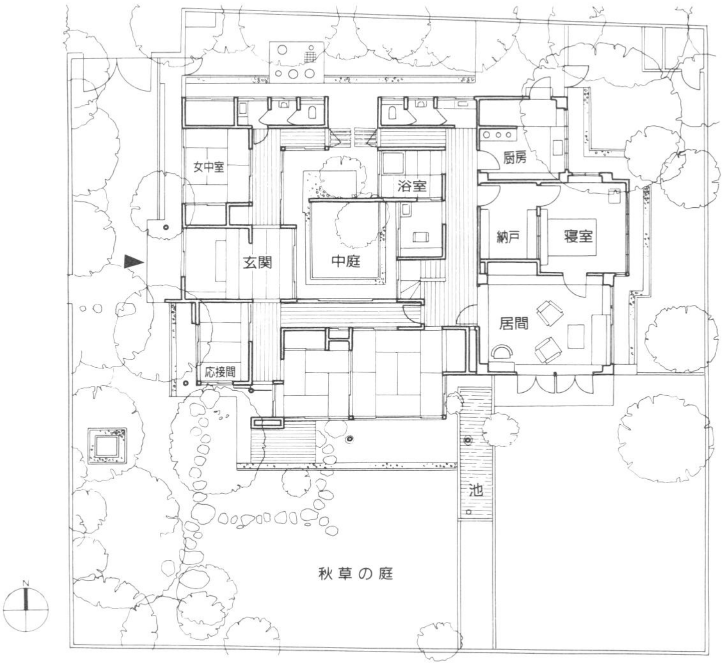

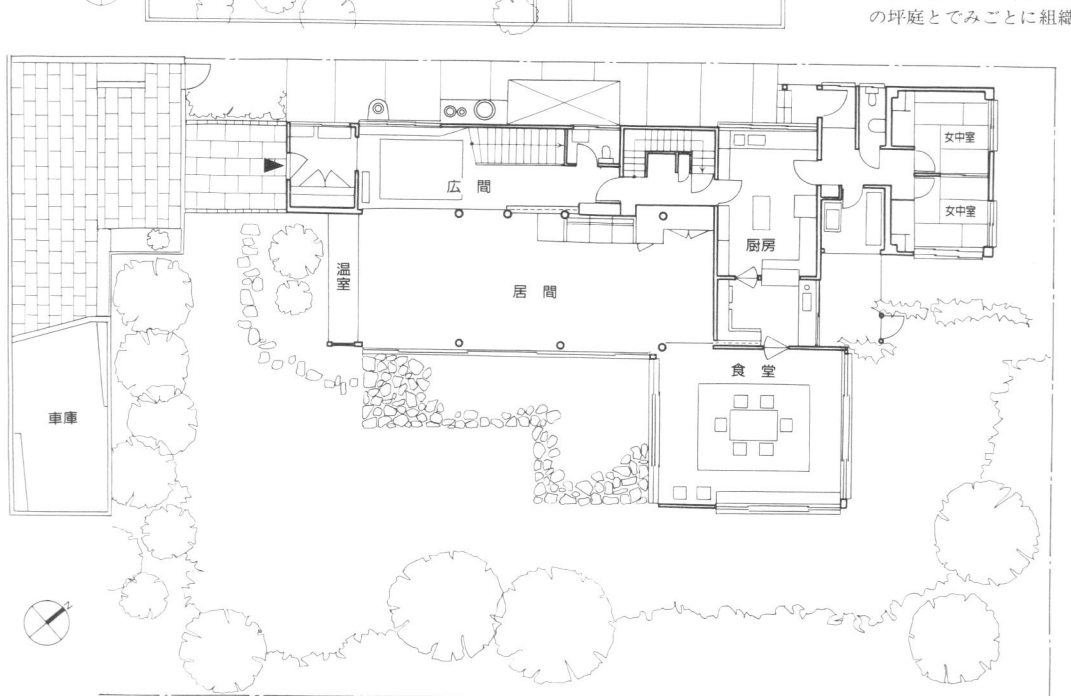

◀岡田邸／1934年
設計：堀口捨己／東京都大田区／RC造および木造2階建／建築面積：約173m²

深川の島藤組の設計施工で竣工目前だった和風住宅を、「モダンにしたい」という施主の希望で堀口が改築し、洋館もつけ足したという経緯のある住宅である。住宅全体の空間は、建物の四周に配された簡素な庭と中央の坪庭とでみごとに組織され、和と洋の様式の併存からおこる違和感を感じさせない。有名な「秋草の庭」はこの家の庭で、四畳半の茶席から突き出された竹の広縁の向こうにコンクリートの白い塀を背景に静かな植込みが拡がり、それが南へと細長く延びる池で転調されて洋館前の芝生につながる。この雅趣ある巧みな構成は、堀口の日本の庭園と茶室に対する深い造詣と、数寄の精神からもたらされている。

◀トレッドソン邸／1931年
設計：A.レーモンド／東京都港区／木造2階建／建築面積：約276m²

帝国ホテルの工事のために1919年に来日し、その後日本にとどまったアントニン・レーモンドは、和風の長所をとり入れた洋風住宅をつくることによって戦前・戦後を通じて日本の建築家に多大な影響を与えた。後にデンマーク大使館として使われたこの住宅では、食堂と居間が日本の伝統的な外部空間への対し方ともいえる雁行によって明快な平面を提示し、垂木や障子、襖などの活用とあいまって日本における洋風住宅のひとつのタイプを確立した。西欧における住まいの概念を日本に定着させた彼の功績は大きく、また前川や吉村といった戦後の建築界で主要な役割を果たす建築家が彼の事務所で活躍したことの意味も極めて大きい。

近代住宅の歴史（日本）：和風と洋風の接点2

History of Detached House before WW II: Unification of Japanese style and European style

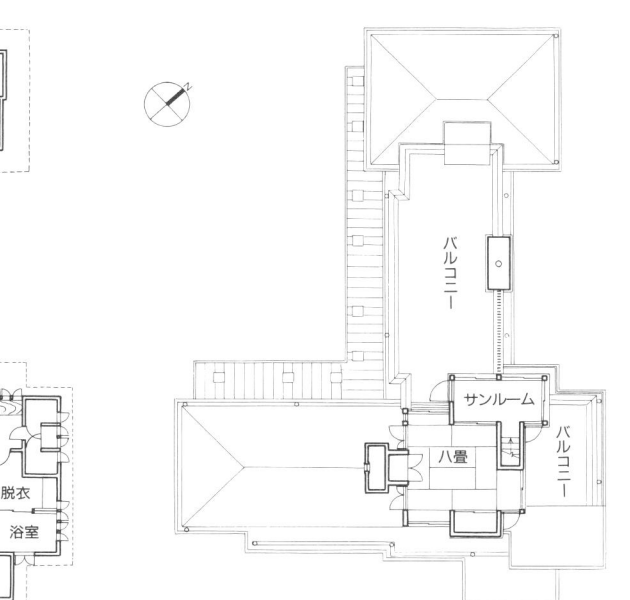

◀旧近藤邸／1925年

設計：遠藤 新／神奈川県藤沢市／木造2階建／延床面積：168 m²

F.L.ライトに師事し、帝国ホテルの仕事を手伝った遠藤の独立後の仕事には、ライトの影響が色濃く現れている。保存運動により取壊しを免れ、辻堂から鵠沼に移されて市民施設となっているこの住宅は、躯体が今でいうツー・バイ・フォーの構法によっており、外観を特徴づける幅広の下見板の水平線や緩勾配で大きく掛かる丈を抑えた屋根などに、ライトゆずりの表現が見える。平面はL字型の角に玄関をとる構成で、玄関近くに水まわりの設備をまとめ、直角に延びる二つのウイングが庭を包み込む。各室ともに窓を大きくとった開放的な空間で、家具もライトの教えを守ってその多くを造り付けとして、デザインの統一をはかっている。

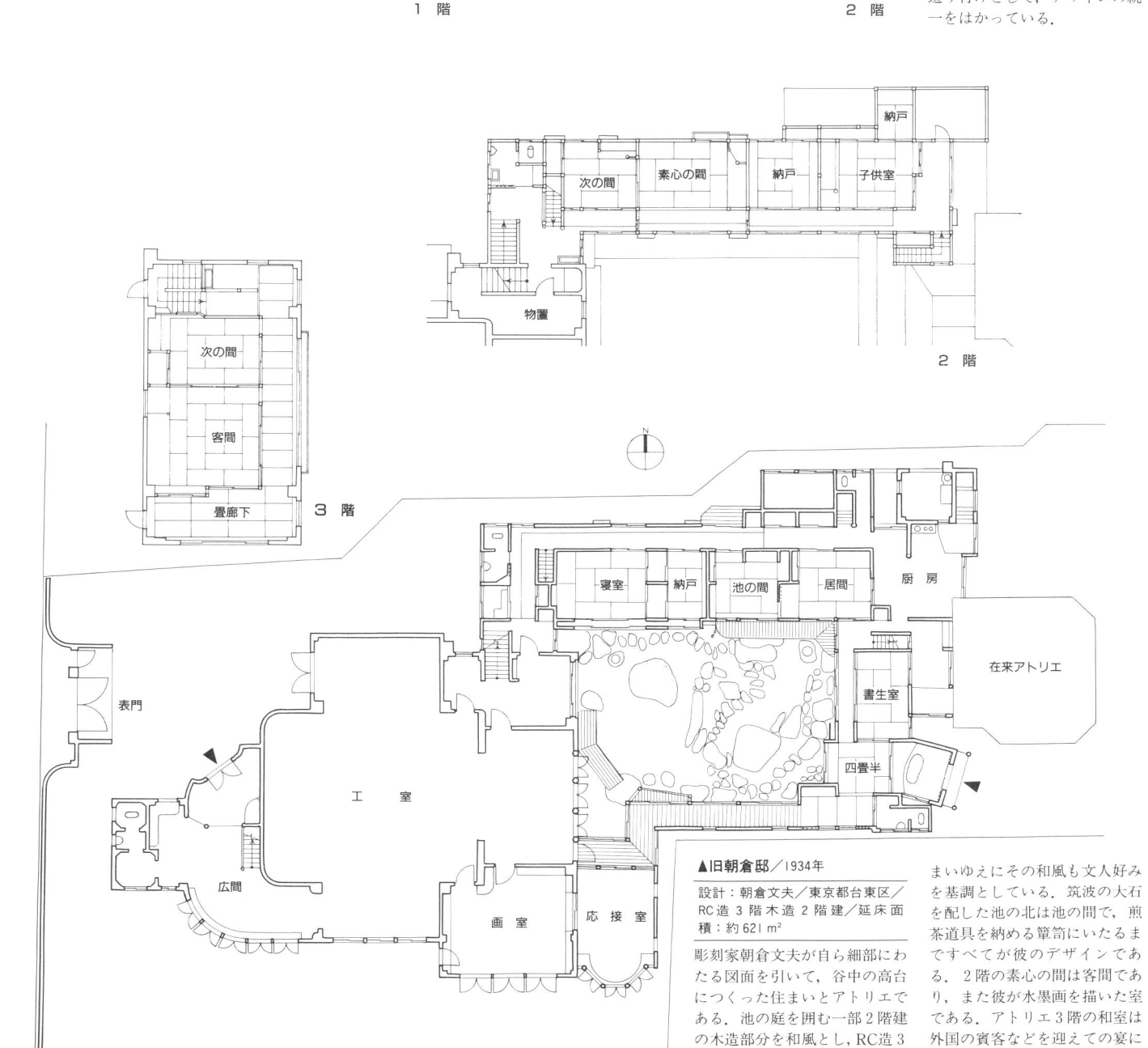

▲旧朝倉邸／1934年

設計：朝倉文夫／東京都台東区／RC造3階木造2階建／延床面積：約621 m²

彫刻家朝倉文夫が自ら細部にわたる図面を引いて、谷中の高台につくった住まいとアトリエである。池の庭を囲む一部2階建の木造部分を和風とし、RC造3階建のアトリエ棟は洋風であるが3階に和風の広間を持つ。煎茶を好み南画に親しんだ人の住まいゆえにその和風も文人好みを基調としている。筑波の大石を配した池の北は池の間で、煎茶道具を納める箪笥にいたるまですべてが彼のデザインである。2階の素心の間は客間であり、また彼が水墨画を描いた室である。アトリエ3階の和室は外国の賓客などを迎えての宴に用いられた大広間で、間口三間の床など、彼の気宇壮大な一面が知れる造りとなっている。

030 近代住宅の歴史（日本）：昭和初期のコンクリート住宅1
History of Detached House before WW II: Concrete House of Early "Syowa" period

昭和初期のコンクリート住宅

コンクリートによる住宅というのも，日本の住宅に導入された新しい課題であった．すでに明治の煉瓦造などの例はあるが，コンクリートという新しい素材は住宅の構成に新しい可能性を与えるものであり，大正末期から昭和初期にかけて，様々な建築家によってその試みが行われ始めた．帝国ホテルを設計したライトの山邑邸と，その弟子であったレーモンドによる自邸の建築は，この新しい構法を生かした近代的な住宅の初期の例であるが，ライトの場合は，彼が従来試みてきたプレイリーハウスのプランニングを踏襲している．これに対してレーモンドのものは，コンクリート造の特性をフルに生かした空間構成を狙ったものとして注目されよう．佐藤と内田によるそれぞれの自邸は，日本のプロフェッサーアーキテクトによる試みである．

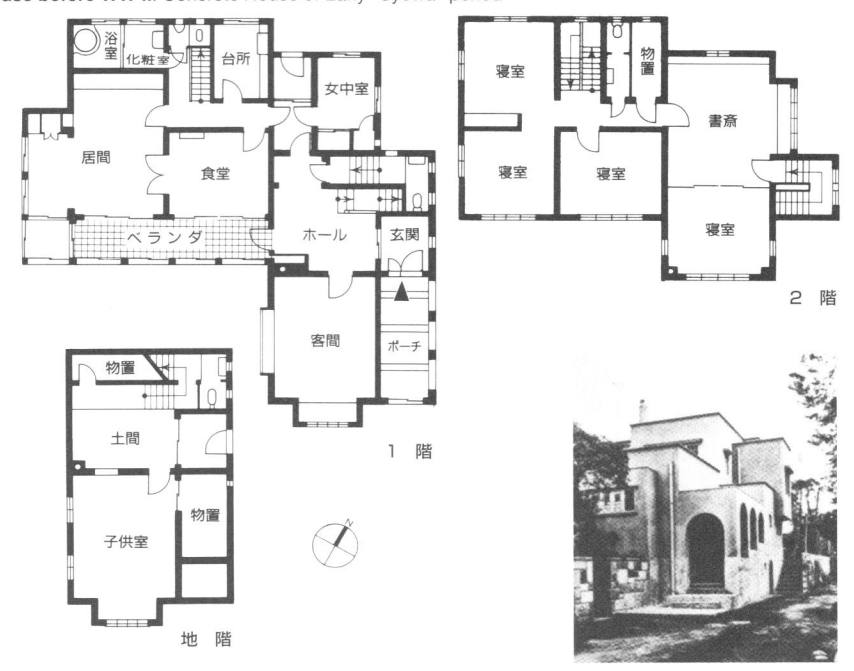

◀佐藤邸／1926年

設計：佐藤功一／東京都文京区／RC造2階建地下1階／延床面積：約396 m²

佐藤は武田五一と同世代の東のプロフェッサーアーキテクトの代表で，早稲田大学で村野や今井，佐藤武夫らを育て，早稲田大学建築学科の伝統を築いた．コンクリートブロック造のこの住宅は，敷地の高低差を利用してアーケードの階段を上って玄関にアプローチするようになっている．マッスの嚙み合いが強調された玄関側の立面には，クラシックな平面からは想像できない構成主義的な味わいがある．内部はすべての部屋が洋風で，椅子式の生活様式をとっている．家全体は南に向かってL字型に構成され，ベランダや裏廊下・裏階段などを巧みに配して，主な部屋に表裏両方からアプローチできるように考えられている．

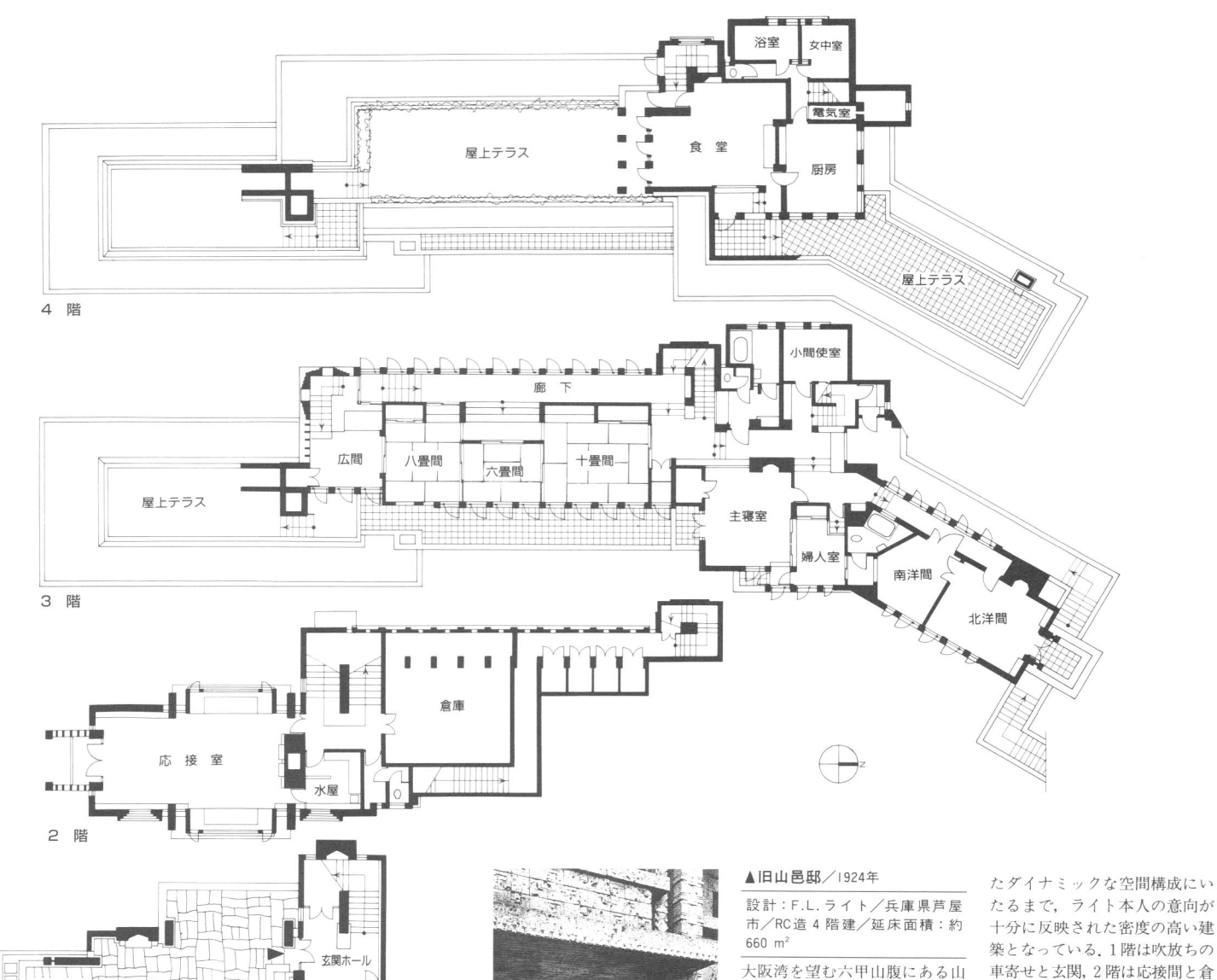

▲旧山邑邸／1924年

設計：F.L.ライト／兵庫県芦屋市／RC造4階建／延床面積：約660 m²

大阪湾を望む六甲山腹にある山邑邸は，帝国ホテルの工事のために来日したフランク・ロイド・ライトが日本に残した住宅である．彼が遺したスケッチを弟子の遠藤新らがまとめて実施設計を行ったが，マヤ風の装飾のディテールから，水平線を強調したダイナミックな空間構成にいたるまで，ライト本人の意向が十分に反映された密度の高い建築となっている．1階は吹放ちの車寄せと玄関，2階は応接間と倉庫，3階はサービス部分となるコアから2方向にウイングが延び，それぞれ寝室と日本間の居室となる．4階中央には食堂があり，眺望絶佳の屋上庭園につながる．まさにライトが主張した，敷地と一体となった建築である．

（撮影：岡本茂男）

近代住宅の歴史（日本）：昭和初期のコンクリート住宅2

History of Detached House before WW II: Concrete House of Early "Syowa" period

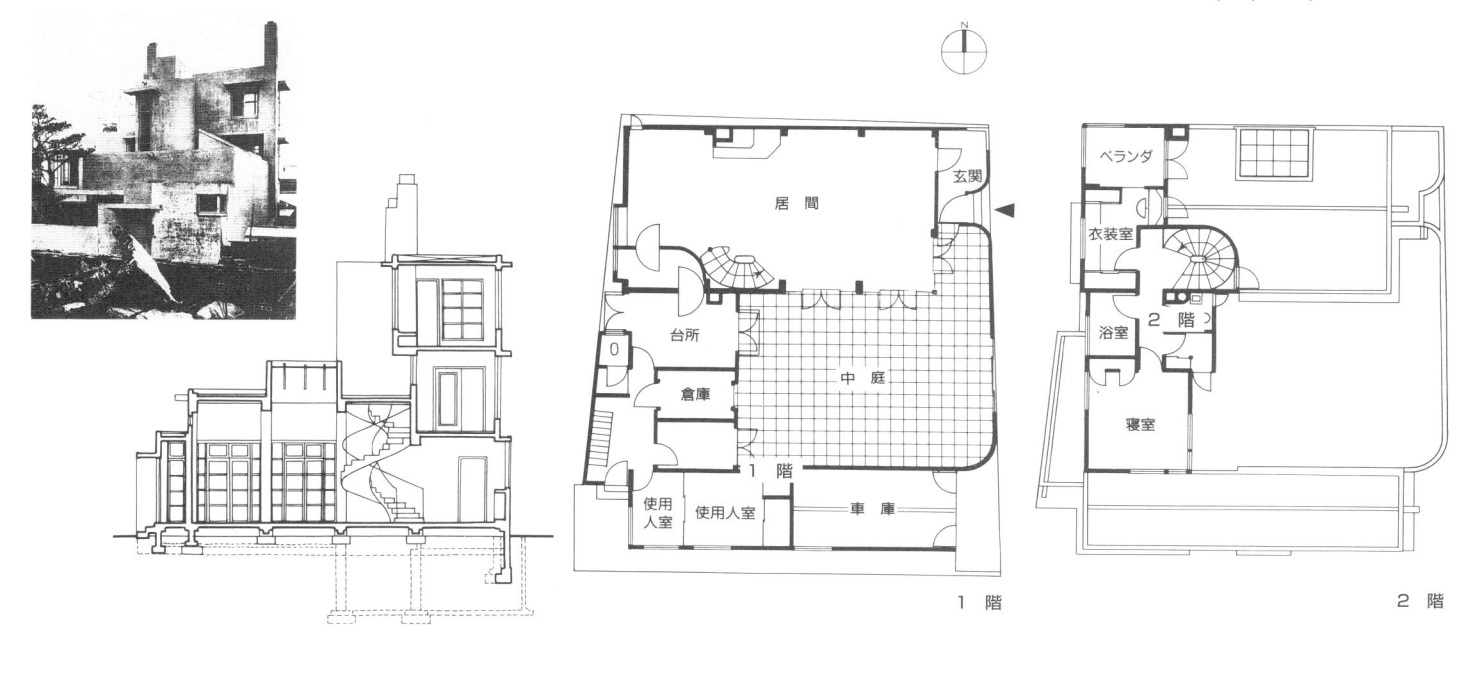

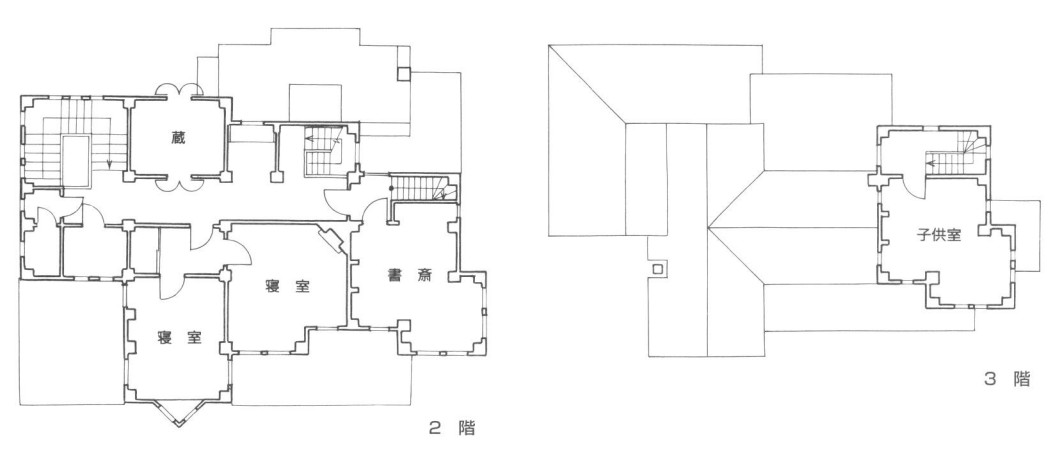

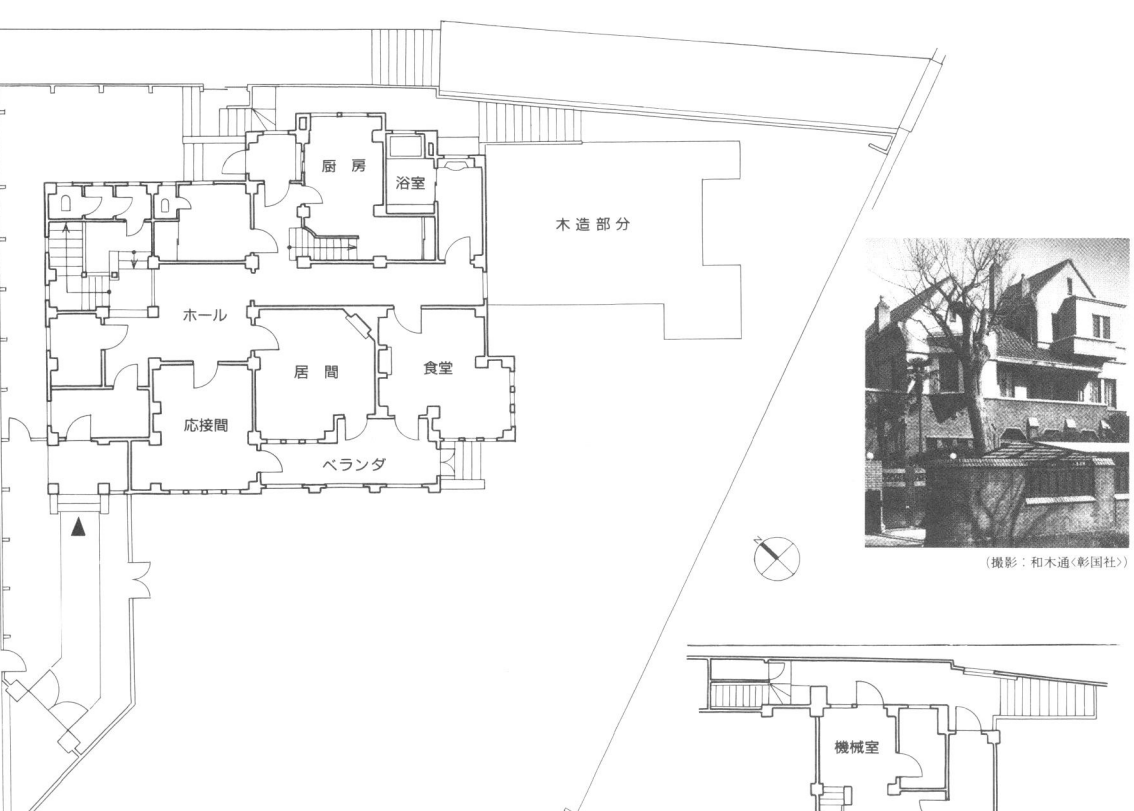

1:300

▲レーモンド邸／1924年

設計：A.レーモンド／東京都港区／RC造3階建／延床面積：－

旺盛な設計活動により，日本の建築家に多大な影響を及ぼしたアントニン・レーモンドは，チェコスロバキア生まれの建築家であり，ライトに師事し帝国ホテルの工事に従事した後に東京で事務所を開設した．その直後につくられたこの自邸は，打放しコンクリートのデ・スティール派にも通じる構成を持ち，完全なワンルームの居間を吹抜けの天井高と大きなスカイライトで特徴づけた斬新な手法をとっている．空間に垂直性を感じさせるらせん階段の使用も珍しく，この住宅は日本における構成主義的な作風を他に先駆けて実践した存在となった．また，壁をめぐらせて庭を囲いとるコートハウス型住宅の最初期の例としても注目される．

◀内田邸／1929年頃

設計：内田祥三／東京都港区／RC造3階建地下1階／延床面積：約496㎡

港区の，当時は麻布笄町と呼ばれた一画の見晴らしの良い坂の上に内田が建てた自邸である．窯変による色違いをそのまま用いるスクラッチタイルを貼った初期のRC造住宅の例である．地階に機械室を設け，1階はホールの南側に応接間，居間，食堂，室内のベランダをとり，北側に重厚な造りの階段室と水まわりを配する．2階は寝室と書斎を南側に置き，北側には蔵を設け，眺めの良い3階を子供室とする．どの部屋も洋風の造りでありながら，造作は壁の出隅入隅にコーナービードの役割と壁仕上げの見切りを兼ねた木材を配し，長押風の水平材で内法を決めるなど，和風を意識した納まりを見せている．金物や欄間の意匠などにも内田の好みが感じられる．

032 近代住宅の歴史（日本）: "白"の住宅群 1
History of Detached House before WW II: "White" Houses

「白」の住宅群

1930年代の日本では，たくさんの「白い」小住宅群が新進の建築家たちによって次々と建てられた．これはもちろんヨーロッパのインターナショナルスタイルの直接の影響下に生れたもので，そのほとんどが完全な洋風の生活によるものであった．ヨーロッパにおけるその手本になった建物はコンクリート造であったが，日本におけるこれらの住宅はほとんど木造であった．外観は「白」とはいうものの，その内部に立体的な空間構成をもつものは少なく，土浦亀城の自邸はこの点で傑出していたといえる．また堀口捨己の若狭邸は珍しくコンクリート造であり，その美しい形姿によってこの種の住宅の代表格と目された．この期の住宅のプランニングは戦後小住宅にもつながるもので，特に山口文象は戦後，RIAを組織してその実践を行った．

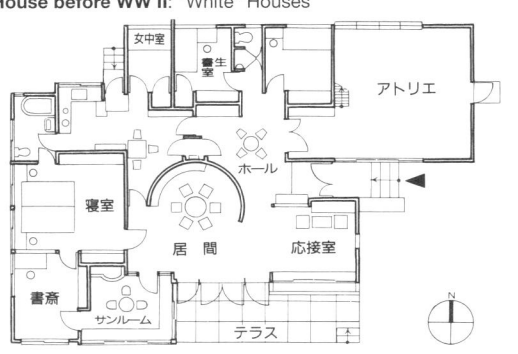

▲東郷邸／1931年
設計：石本喜久治／東京都世田谷区／木造平屋／延床面積：約173 m²

分離派建築会をいちはやく脱退した石本は，1922年に渡欧してヨーロッパの近代建築運動に触れ，帰国後インターナショナルスタイルの「白い」住宅をつくった．これは，画家東郷青児と作家宇野千代夫妻のアトリエ兼住宅である．主屋とアトリエのマッスの嚙み合い方やボーダーによる水平線の強調，白い壁面とガラス面の構成などのボキャブラリーは揃っているものの，平面は少し未整理であり，ミースの住宅にならった居間の彎曲した壁や，ル・コルビュジエのそれに想を得たであろうアトリエの構成などに生硬な模倣の跡がみられる．これはなにも石本ひとりに限らず，当時の多くの建築家にみられた現象であった．

◀土浦邸／1935年
設計：土浦亀城／東京都目黒区／木造2階建地下1階／延床面積：116 m²

目黒駅北方のいわゆる「長者丸コンパウンド」の一角をなす土浦邸は，木造に石綿スレートの乾式構造で白色ネイルクリート吹付けの「白い」住宅である．内部はほとんどワンルームのスタディオハウス式の構成で，玄関から半階上って居間と食堂，さらに半階上ってギャラリーがあり，その半階上が寝室と，地下室を入れて五つのレベルから構成されている．淡いグレーの壁を基調に黒と朱のアクセントを効かせたこの明るい室内は，日本のインターナショナルスタイルの住宅が生んだ最もすぐれた空間構成といえよう．特にその立体的な空間の組立ては，戦前の日本の近代住宅の歴史の中でも際立っている．

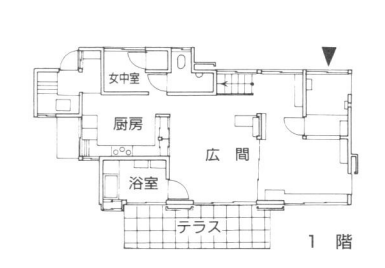

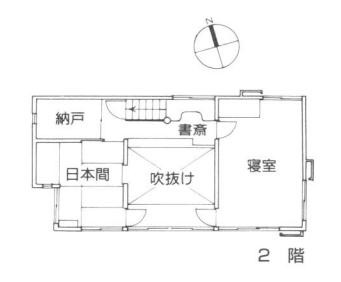

▲谷口邸／1935年
設計：谷口吉郎／東京都目黒区／木造2階建／延床面積：126 m²

シンケルに傾倒していたといわれる谷口は，東京工業大学水力実験室の美しいインターナショナルスタイルの作品で知られている．この自邸では，美しい形態もさることながら住宅の性能面にも着目して様々な工夫をしている．冬の陽ざしを考えて庇を短くしたり，木造とコンクリートの二つの床をつくって，パネルヒーティングの熱効果の比較をしたり，外壁下地に防水紙のほかにさらにブリキ板をめぐらすなどの配慮が見られ，実験住宅としての側面も有している．室内は大きな吹抜けのホールを中心とするスタディオハウスの構成で，開放感のある明快なプランニングになっている．2階は吹抜けを挟んで寝室と日本間があり，ギャラリーには書斎のコーナーがとられている．

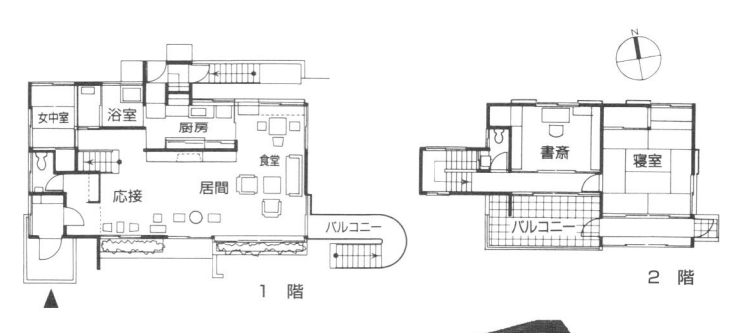

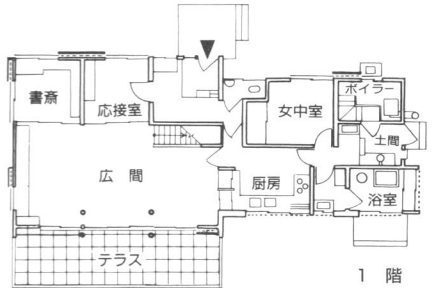

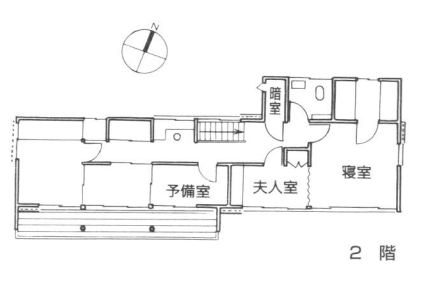

▲K氏の住宅／1936年
設計：谷口吉郎／東京都目黒区／木造2階建／延床面積：165 m²

東西に延びた平面により多くの部屋を南面させている．住宅の中央に床暖房を施した広間をとり，南側のテラスを介して庭へと空間をつなげている．この広間は4間半×2間半で，南側には1間半ごとに丸柱が立つ．この丸柱は窓のすぐ内側とテラスの両方に立ち，内部では空間にリズムを与え，外部では柱列が欄間までガラスにした高めの開口を区切って，立面に正方形のグリッドを印象づけている．1階は玄関，応接間，書斎を広間の北側に均等に納め，東半分は水まわりと女中室としている．2階は南面した個室群が並ぶ．2階の廊下にコーナーを設ける手法は谷口の自邸と同じだが，こちらではミシンを置いて家事のためのスペースとしている．

▲古仁所邸／1936年
設計：蔵田周忠／東京都世田谷区／木造2階建地下1階／延床面積：119 m²

分離派建築会にもかかわった蔵田は，その精力的な文筆活動によって日本にヨーロッパの近代建築と建築運動を紹介した．この住宅は等々力渓谷沿いの風致地区に建てた4棟の住宅のひとつである．アプローチからは2階建にみえるが，谷に面した東側に洗濯室とサンルームを納めた地階がある．外観は木骨乾式構造の上に2分厚石綿スレートの2尺×3尺ものを使い，中空部にモミガラを詰めて断熱している．このスレートの外装目地は一種のモデュールとして外観デザインのモチーフにもなっている．平面は1階に応接，居間，食堂を含む大きなワンルームを持ち，2階に書斎と寝室を置いている．

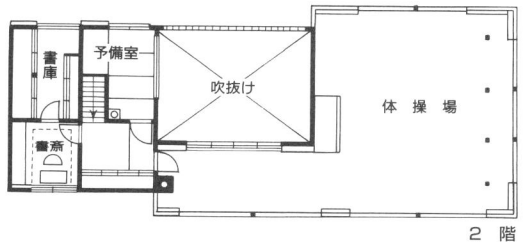

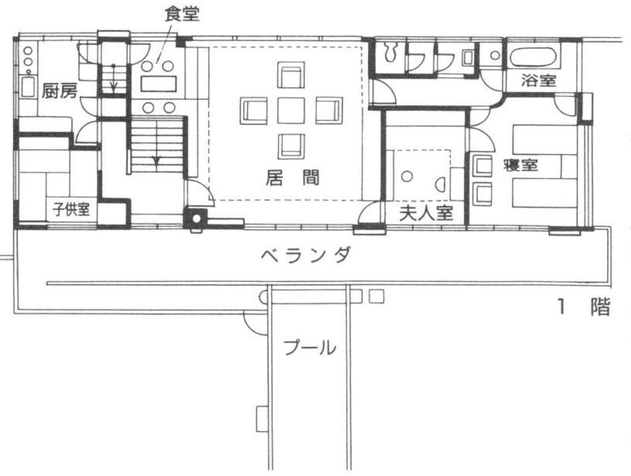

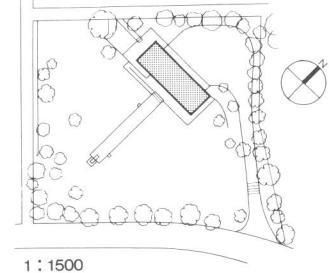

近代住宅の歴史（日本）："白"の住宅群 2

History of Detached House before WW II: "White" Houses

◀ 若狭邸／1939年

設計：堀口捨己／東京都目黒区／RC造一部木造2階建地下1階／延床面積：256 m²

敷地の対角線上に細長くプールを延ばしたこの住宅は、白いモザイクタイルの外壁とスチールサッシの明快な姿を、緑の芝生の庭の拡がりの上に見せている。敷地が道路より3m強高いため、背面からのアプローチを低く切通して地下に車寄せや玄関を配している。構造はRC造で、2階のみ鋼材の制限を受けて木造としている。室内は、北面のガラスブロックからの光があふれる大きなワンルームの居間を中心とした構成である。造形的に完成度の極めて高いこの住宅の個々のボキャブラリーは紛れもなくインターナショナルスタイルのものであるが、全体を貫く美学は、むしろ日本の伝統的な数寄の精神に近い。

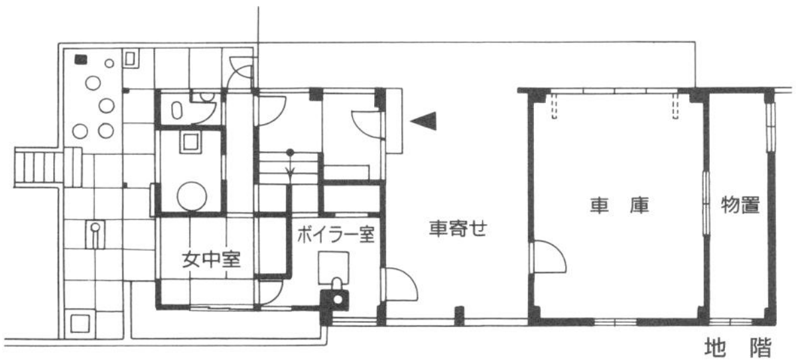

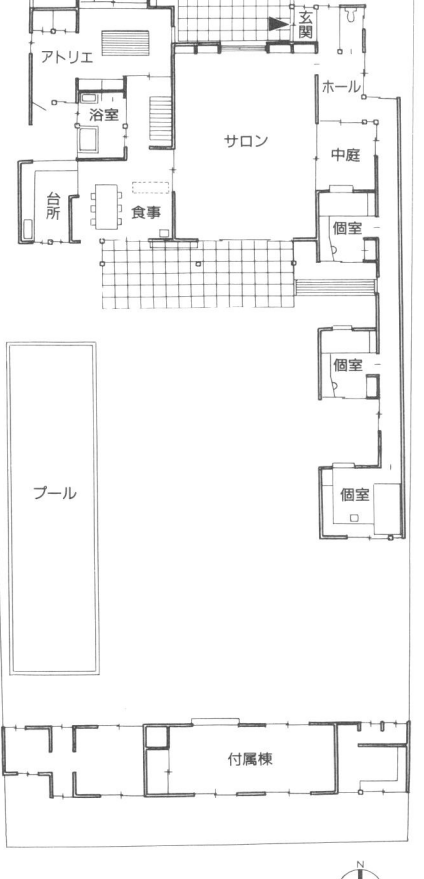

◀ 山口邸／1940年

設計：山口文象／木造2階建／建築面積：約190 m²

山口文象の大田区久が原にある自邸である。庭を囲むように主屋と、一部屋ごとに中庭を挟んで渡り廊下でつないだ個室群や付属棟、タイル貼りの細長いプールが配されている。これらは少しずつ建増しされたものであるが、全体の構成は、各空間単位のユニット化という彼の手法を具現したもので、その明快さには現代にも通じるものを感じさせる。外観は民家のつくりにならっており、木造の骨組をそのまま表現に用い、大屋根を掛けておおらかな空間を造り出している。主屋の室内は、アトリエや食事室の抑えられたボリュームと、中央のサロンの広々とした空間との対比や、坪庭のようなホール脇のスペースに特徴がある。

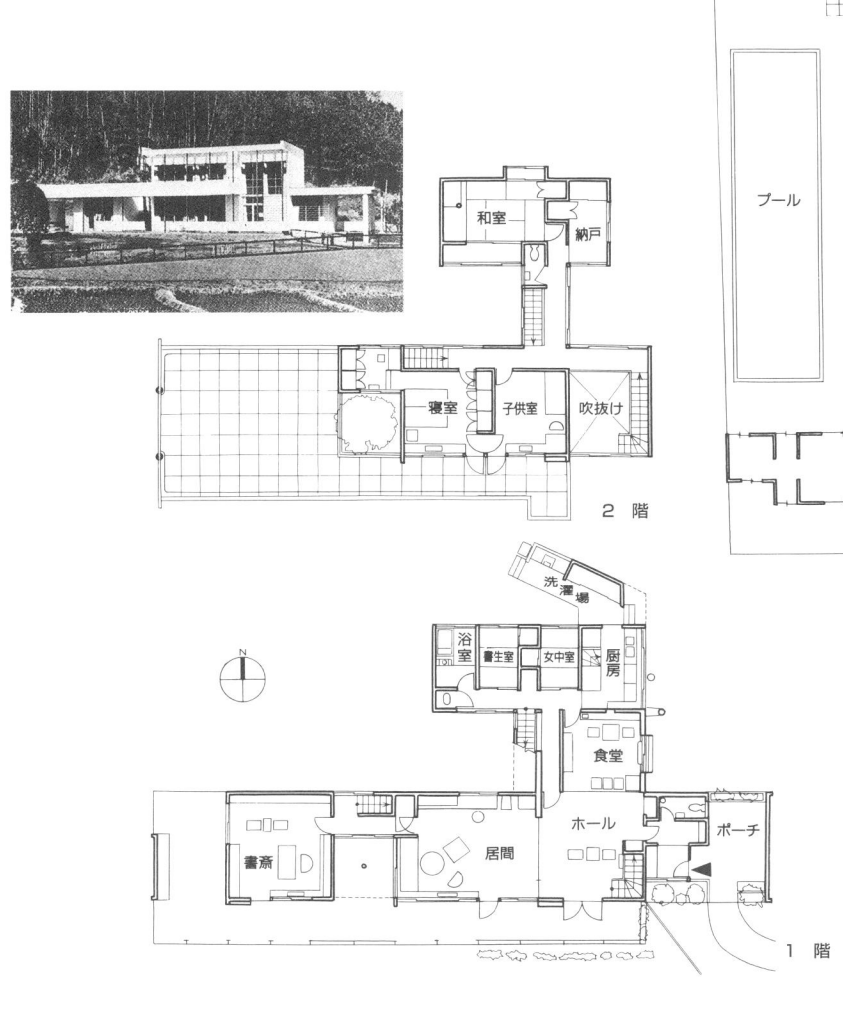

◀ 山田邸／1936年

設計：山口文象／神奈川県鎌倉市／木造2階建／延床面積：209 m²

逓信省営繕の仲間とともに、1923年に創宇社を結成して近代建築運動の担い手のひとりとなった山口は、1928年ドイツに渡ってグロピウスのもとで働き、帰国後自らの事務所を開いた。1930年代の彼の住宅作品は、合理性の追求に基づく平面の処理とすぐれた造形性とによって、インターナショナルスタイルの住宅群の中でもひときわ異彩を放つ存在であった。この住宅では、水平に延びる白いファサードに濃青色の鉄柱が垂直方向のリズムを刻んでいる。平面は、ホール、居間、書斎などの空間単位がそれぞれ明快なユニットとして表現されていて、それがベランダの鉄柱の列が示すグリッドに合わせた整然とした体系にまとめあげられている。

034 近代住宅の歴史(日本):ビラの系譜1
History of Detached House before WW II: Villa

1:300

ビラの系譜

別荘は一般の住宅とは違って、空間をある程度自由に構成できるゆえに、建築家にとって魅力的なテーマであり、そこから新しい空間構成の手法が開発されることも多い。日本でも1930年代、先の「白い」小住宅が都市に建てられる一方で、田園に個性的な別荘が建てられていった。こちらではインターナショナルスタイルとは対照的に一般的にリジョナルなスタイルが求められている。堀口捨己の紫烟荘は近代的な建築思想による田園住宅の嚆矢というべき作品で、草屋根を採用している。日向別邸は来日したタウトが別荘の地下の土留め部分を利用して造ったあそびの空間で、洋風と和風の接点ともいうべき特異な空間が編み出されている。白井晟一と吉田五十八は「白」の流行とは異なる位相に自らの世界を築いた人である。

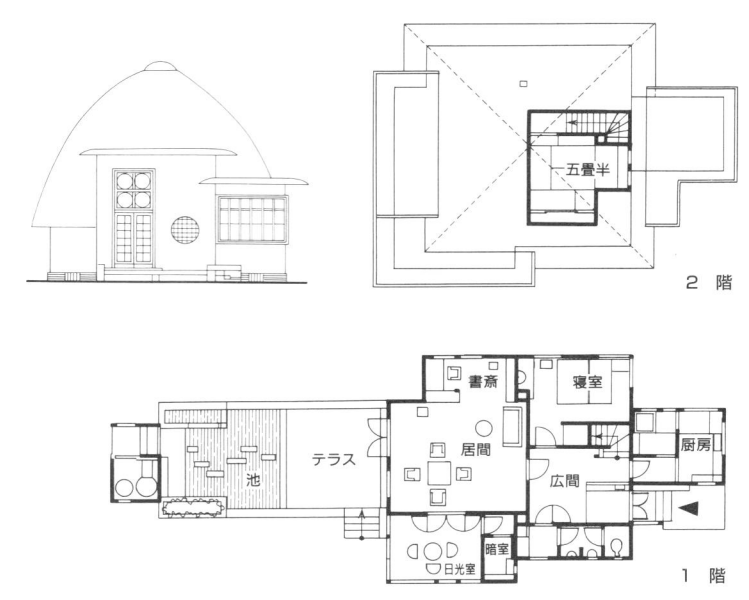

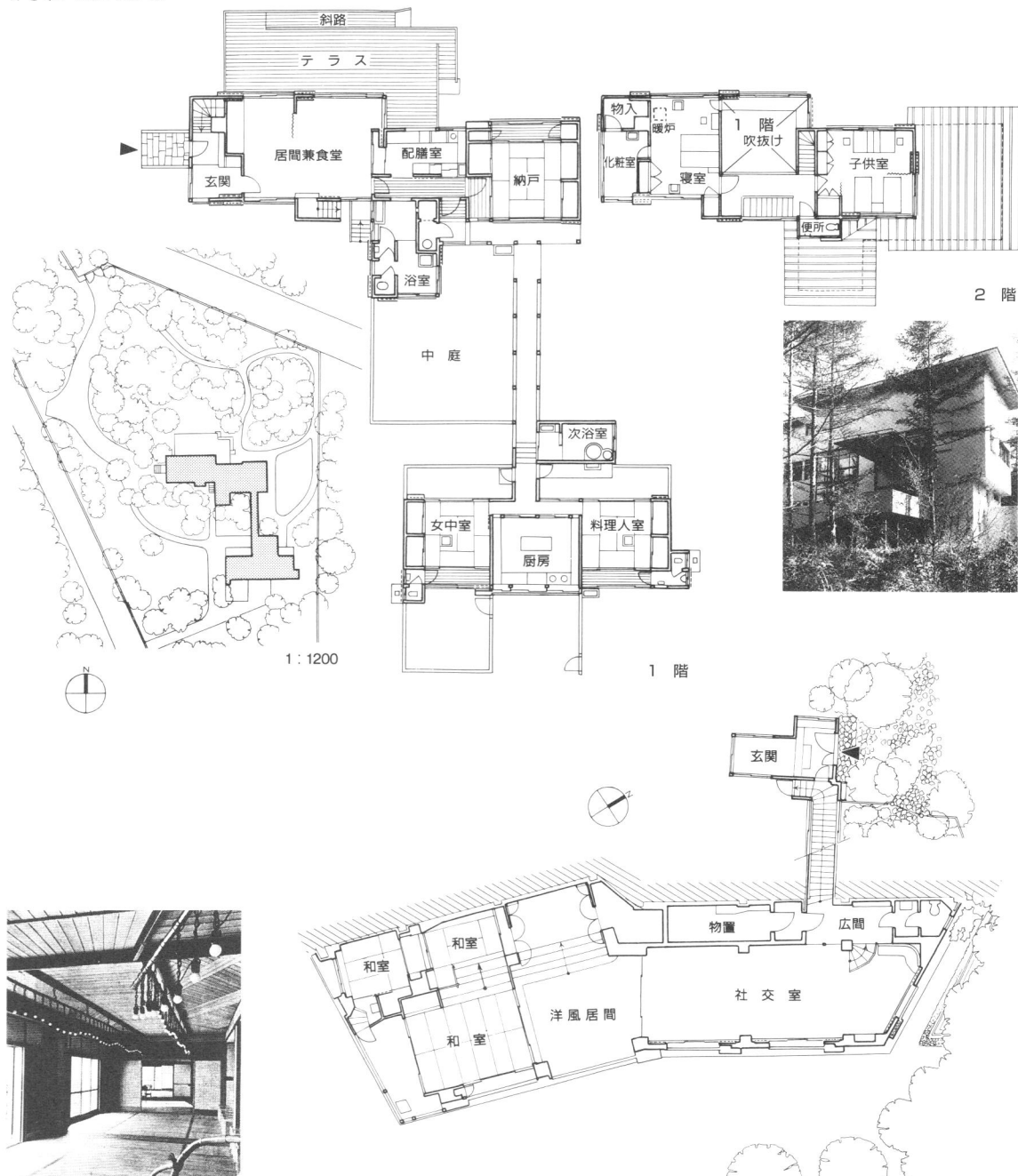

◀紫烟荘/1926年

設計:堀口捨己/埼玉県蕨市/木造2階建/延床面積:107m²

分離派建築会の中心的メンバーであった堀口の最初の住宅作品であり、彼の『現代オランダ建築』を読んだ建主が設計を依頼した週末住宅である。しかしこれは、必ずしもオランダ表現派の住宅の引き写しではなく、その形態にはむしろどこか日本の農家の面影もあり、居間のコーナーの構成、池のまわりのあしらいなどには、茶室建築に学びとったものがある。平面は居間を中心に諸室をまとめたコンパクトなもので、カーペットの図案、家具、照明器具など、すべて堀口のデザインになるものであり、壁にうがたれた丸窓などとともに趣きのある空間をつくっている。彼のスタートが構成主義風の住宅ではなく、こうした草屋根の住宅であったことは注目に値しよう。

◀聴禽寮/1937年

設計:堀口捨己/山梨県山中湖村/木造2階建地下1階/延床面積:約230m²

山中湖畔の傾斜地に建てられた山荘である。富士山と山中湖を望む松林の中に、主屋と、使用人とサービスのための別棟とを中庭を挟んで離して建て、この2棟をブリッジでつなぐという斬新な構成でつくられている。外観では片流れの屋根や広いテラス、テラス前面の斜路などに堀口の新しい木造建築への志向がよく現れている。室内は、居間兼食堂の高い吹抜けが、2層分の高さのある窓とともに開放的な空間を印象づけている。インターナショナルスタイルの担い手でもある堀口の、またひとつ別の面を見ることのできる作品であるが、ここでも彼が建物と外部との関係を主題に据えて全体の構成を決定していることに注目したい。

◀日向別邸/1936年

設計:B.タウト/静岡県熱海市/RC造の擁壁内の地下室/延床面積:約213m²

ドイツの表現主義の作家であるブルーノ・タウトは、1933年に来日し、数寄屋建築に近代建築の理念に通じる美があることを説いて日本のデザイナーたちに影響を与えた。熱海の海に面する崖に造りこまれた日向別邸は、洋風のホールと純和風の座敷を一直線上に並べたつくりの社交の場である。タウトは可能な限り海に面した部分の壁を取り除いて開放的な空間をつくった。主屋との連絡部分から社交室にかけては竹を素材にした装飾を施し、洋間正面をダークレッドの布張りとするなど表現派風の手法も用いている。洋間、和室ともに既存のレベル差を利用して幅広の弁柄色の漆塗りの階段をつくり、面白い味わいのある空間の演出をしている。

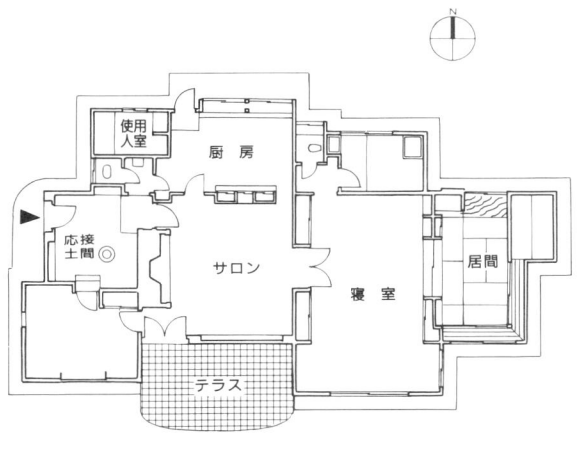

近代住宅の歴史（日本）：ビラの系譜 2

History of Detached House before WW II: Villa

◀河村邸／1935年

設計：白井晟一／東京都東久留米市／木造平屋／延床面積：198 m²

京都高等工芸を卒業後，ドイツに渡りヤスパースやシュプランガーに哲学を学び，ヨーロッパの精神と建築に触れたのち帰国して設計活動に入るという，いっぷう変わった経歴を持つ白井は，民家の持つ素朴で重厚な構成を愛し，これに洋風の意匠を加えた，趣きの深い住宅をつくっている．この河村邸もドイツの農家の造りに範を求めたものであり，荒削りの黒々とした太い架構とスタッコ仕上げの白壁との対比に素朴な味わいがある．白井の作品によく見られるヨーロッパ風の石積み暖炉のあるサロンを中心にコンパクトにまとめられている．家具は歓帰荘（1937年）と同様，ペザント・アートの家具職人，林二郎の作である．

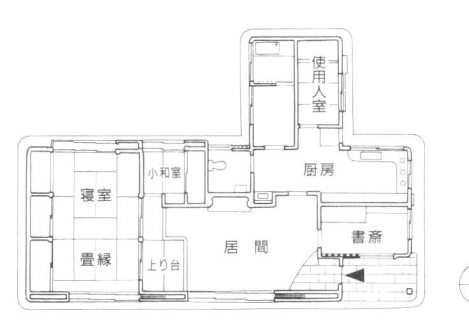

▲夕顔の家／1941年

設計：白井晟一／長野県北佐久郡／木造平屋／延床面積：110 m²

中央公論社の社長であった嶋中雄作の山荘であり，第2次大戦下に軽井沢に建てられた．寄棟の草屋根の下に白い端整な平屋が納まる佳作で，室内は和風の味わいが強い．日本とヨーロッパの民家を重合した表現が，完結した美しいフォルムとなって現れている．

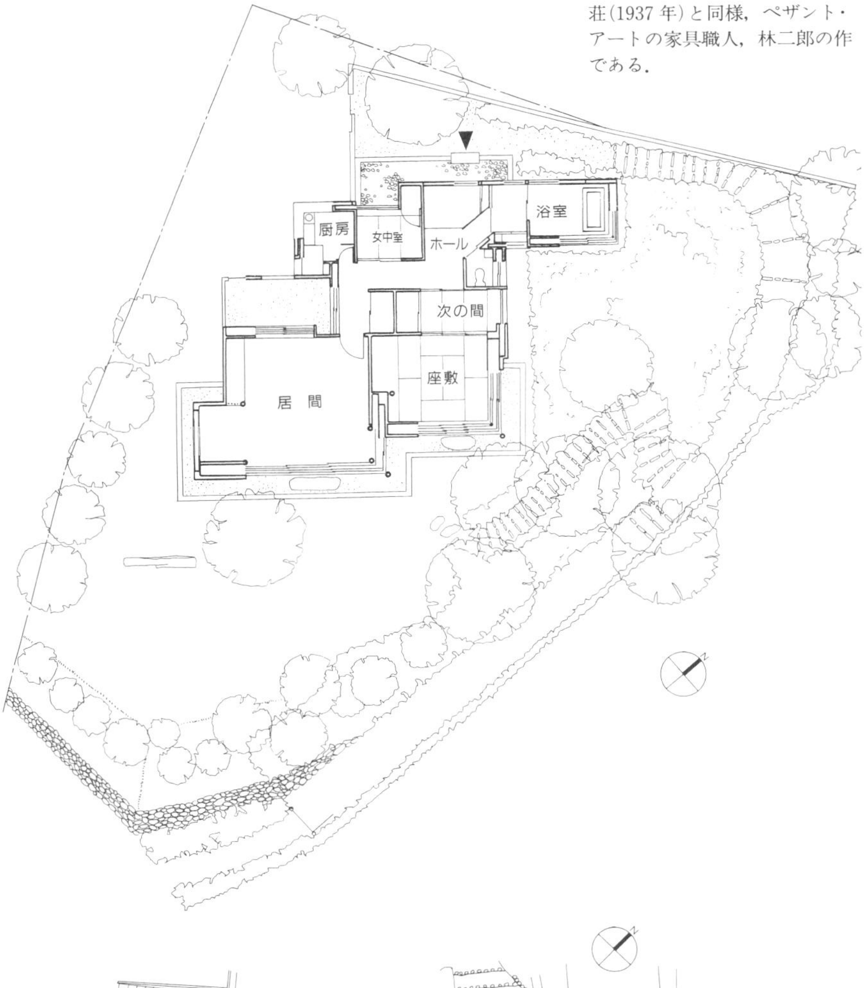

◀惜櫟荘（せきれきそう）／1940年

設計：吉田五十八／静岡県熱海市／木造平屋／延床面積：147 m²

吉田五十八は，東京美術学校を卒業後，1925年にヨーロッパへ赴くが近代建築よりもむしろその古典建築に感銘を受けて帰国する．この体験が彼をそれに対するものとしての日本建築に向かわせ，新しい時代の和風としての数寄屋の革新に着手させた．彼の「新興数寄屋」の創意の最たるものは従来の真壁に代わる大壁造の採用であり，木割からの解放であった．岩波茂雄の別邸，惜櫟荘は小品ながら密度の濃い作品であり，数寄屋の表現で洋風の居間と和風の座敷をともにまとめている．眺望を妨げない建具の仕舞い方や犬走りなどのディテールにも吉田の工夫と意匠がみられる．惜櫟荘の名は，居間の前の1本の櫟を建主の強い希望により残したことに由来している．

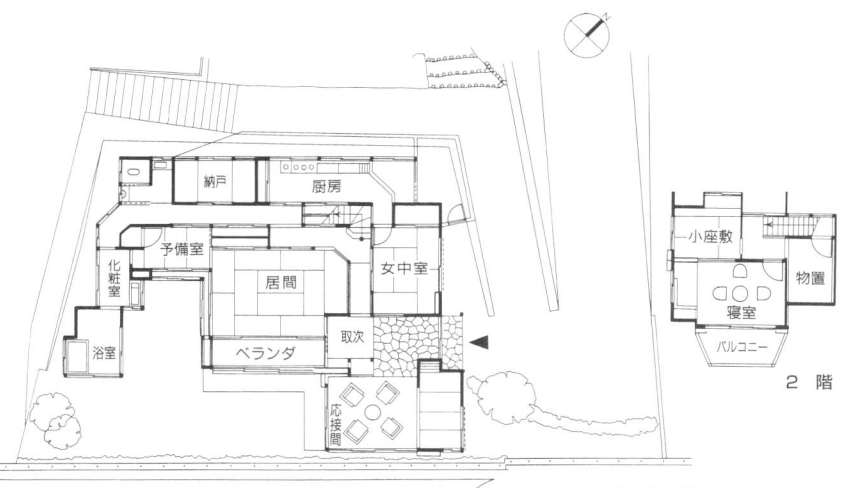

◀杵屋別邸／1936年

設計：吉田五十八／静岡県熱海市／木造2階建／延床面積：156 m²

熱海市の海を見はるかす絶景の高台に建つこの家は，長唄の杵屋六左衛門の別邸である．この家は平面で見る限りはすでに確立した吉田流の構成だが，別荘ということもあって，立面には工夫が凝らされ，吉田が法隆寺近くで見た民家のイメージをもとに，白い額をもつ草屋根に瓦屋根を配した外観であり，また空間にも随所に田舎ぶりのあしらいがある．すなわち吉田の開発した新興数寄屋の手法に田舎家風の構成を加えたところがこの別荘の他に見られない魅力であるといえよう．このあと1930年代の後半にかけて，それぞれ立場は異なりながら，民家に発想の源を求める住宅がさまざまな建築家によって造られるようになる．

036 近代住宅の歴史（日本）：近代住宅の成熟 1
History of Detached House before WW II: Modern Type

1:300

近代住宅の成熟

ここでは1930年代後半から1940年代前半にかけての住宅の諸相を通覧している．1930年代前半の「白」の住宅の流行のあとを受けたこの時期には，日本なりの和風と洋風の暮し方を調和させていく方法の定着——といっても一般庶民レベルまでは達しないのはむろんであるが——の上に組み立てられた住宅が見られるようになってきた．堀口のは都市の町家型の住宅の試みであって，戦後展開される同種のものの原型ともいうべきもの．また加藤邸は都市を離れて建つ大型の住居で，ゆったりとしたプランニングを示している．しかしこの時期の最も大きな収穫は，前川國男による笠間邸と彼の自邸であろう．前項の山口自邸あるいは飯箸邸とともに，いずれも切妻の屋根に近代の生活を盛り込んでいるのも注目される．

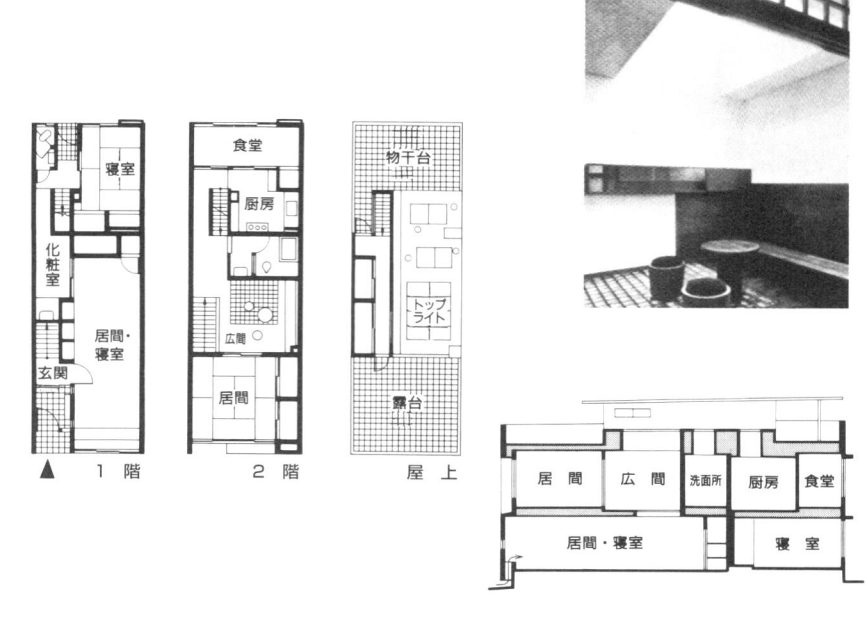

◀銀座の小住宅／1936年
設計：堀口捨己／東京都中央区／木造2階建／延床面積：約120 m²

「市街地の一住宅」として発表されたこの住まいは1960年代になって盛んにつくられる都市住宅の原型を思わせる建築として知られている．間口の狭い都市の市街地に，その敷地いっぱいに住宅を埋め込む必要上，堀口は空間を縦に組織し，住まいの核となる2階の広間の床をガラスブロックにして屋上に大きくとられたトップライトからの自然光を1階の居間兼寝室まで届かせている．この広間の天井は半階分ほど高く，光あふれる開放的な空間となっている．細長い平面の不便を二つの階段をとることで解決し，1階に洋間の居間兼寝室と和室，2階は広間と居間，厨房，食堂，浴室を配している．屋上には物干しのスペースと屋上庭園がある．

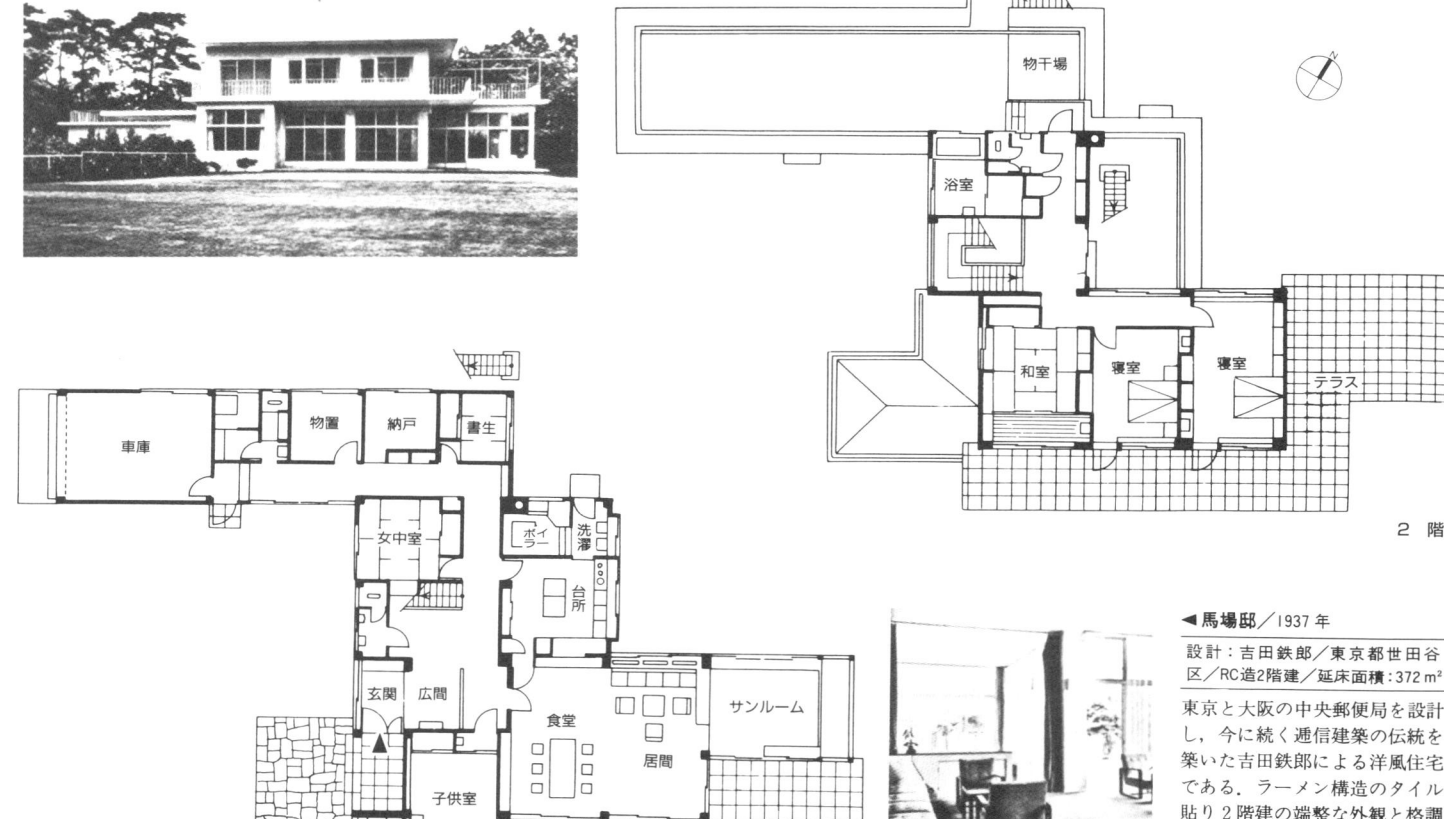

◀馬場邸／1937年
設計：吉田鉄郎／東京都世田谷区／RC造2階建／延床面積：372 m²

東京と大阪の中央郵便局を設計し，今に続く逓信建築の伝統を築いた吉田鉄郎による洋風住宅である．ラーメン構造のタイル貼り2階建の端整な外観と格調高い室内空間に吉田らしい味わいがある．長い廊下で諸室を結び，居間とサンルームを広くとる意匠は簡潔で清楚である．

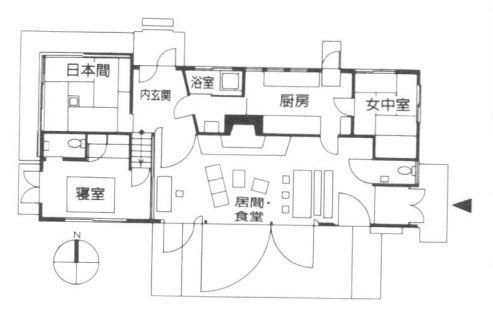

◀飯箸邸／1942年
設計：坂倉準三／東京都世田谷区／木造2階建／延床面積：100 m²

ル・コルビュジエに師事した坂倉は，帰国後東京で設計活動を始める．飯箸邸は，等々力の南北に長い西下がりの敷地につくられた住宅で，この時期の日本が生んだ最も質の高い住宅建築のひとつである．平面は，和室を加えながらも開放感のある居間兼食堂を中心とした洋風のつくりで，明快な構成である．南側の大扉をはじめとして空間を形造るひとつひとつの要素はいずれも大ぶりで悠々としており，新しい時代の民家とも呼べる味わいがある．寝室は，敷地の傾斜を利用して半階ほど上のレベルにとられ，その北側に，傾斜に向かって低く茶席を兼ねる和室がとられている．内玄関から居間へと誘う斜めの軸などにも巧みな構成が窺える．

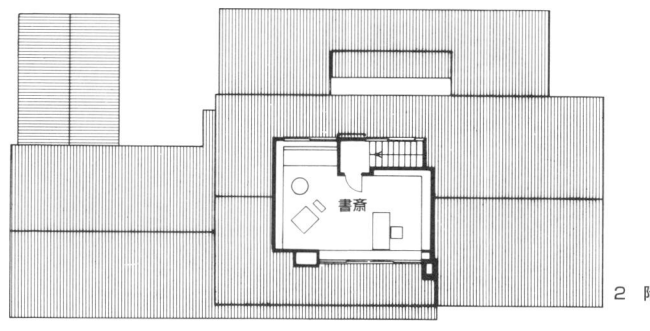

近代住宅の歴史（日本）：近代住宅の成熟2

History of Detached House before WW II: Modern Type

▲笠間邸／1938年

設計：前川國男／東京都目黒区／木造2階建／延床面積：250㎡

ル・コルビュジエに傾倒して彼のアトリエに行き、帰国後レーモンド事務所に勤めた前川は、1935年に独立して自らの事務所を開設している。彼は一貫して骨の太い、しっかりとした表現を持つ建築を造ったが、駒場の住宅地に建つこの笠間邸も極めて質の高いものである。外観は2段の切妻屋根が深々と道路沿いのコンクリートの塀の上にかかり、書斎を納める越屋根とともに水平性を強調した風格のある立面を見せている。道路沿いのドイツ下見の門扉を入ると、2段になった切妻屋根の下段が中途から折り返されて車寄せの庭がつくられている。このポーチから広間、そして居間への空間の流れを、暖炉のマッスで受けとめる構成は絶妙といえる。

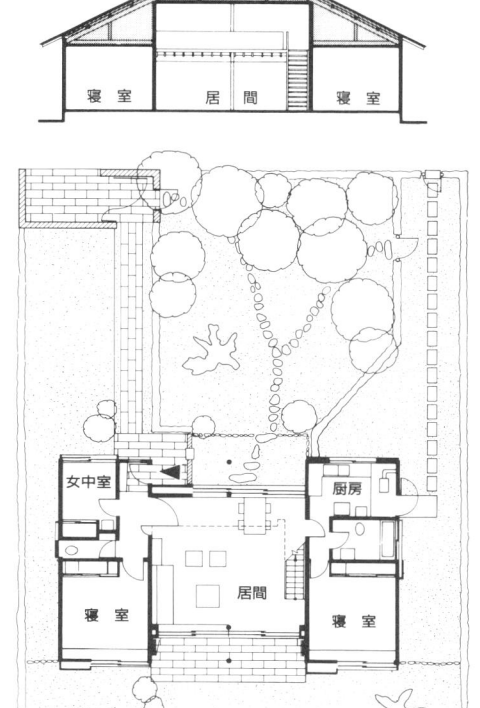

▲前川邸／1941年

設計：前川國男／東京都品川区／木造2階建／延床面積：108㎡

前川の自邸であり、5寸勾配の大きな切妻屋根の下に吹抜けの空間がつくり出されている。両端の屋根の低くなったところに寝室をとり、中央の吹抜けの空間を中2階のギャラリーの存在で居間と食事スペースとに分けとっている。南側を全面ガラスで丈高に開放した空間構成はシンプルで力強く、当時、民家に範をとって素朴な力を表現した住宅が見られた中でも特に秀逸である。この住宅では、大屋根の架構そのものが主題となっており、南側の窓面より外に、屋根を支える柱やブレースなどの架構を見せている。整理された平面構成と明快な構造の表現によって、前川は架構がそのまま内部空間の性格を定める原型的空間をつくり出したといえよう。

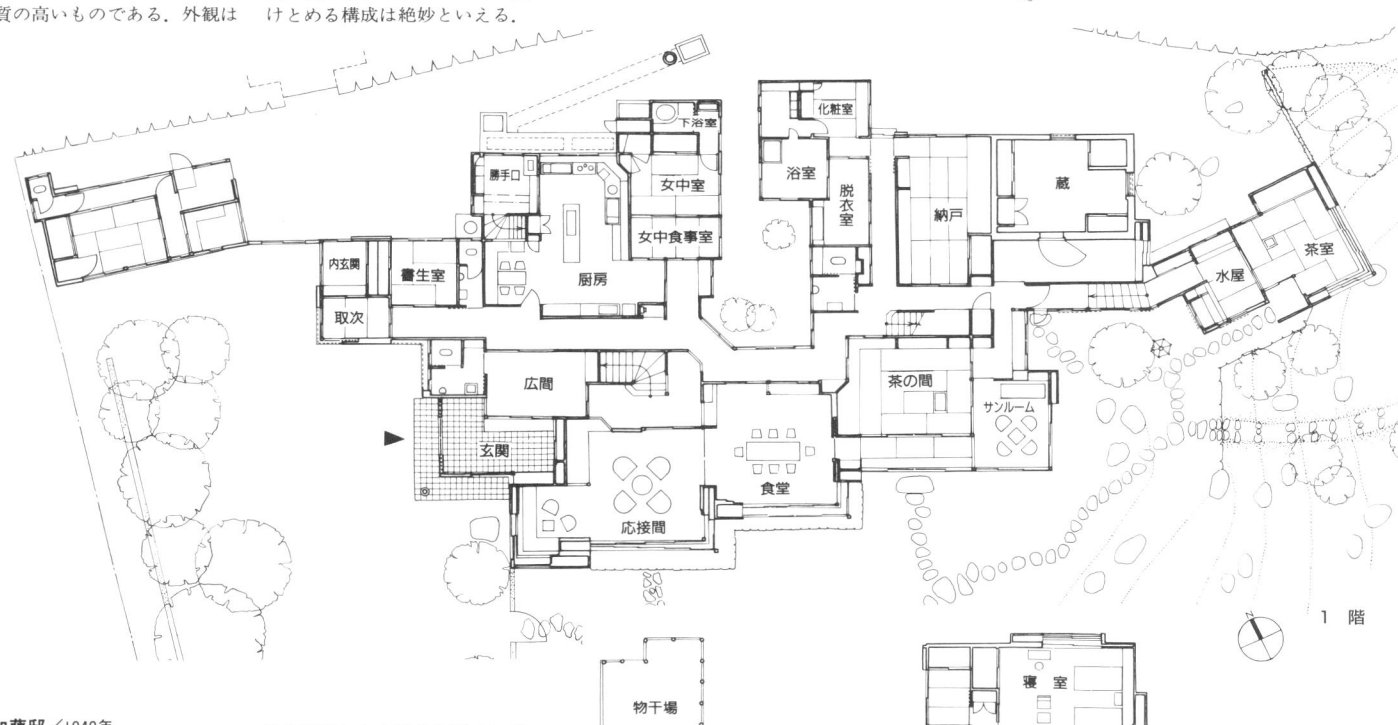

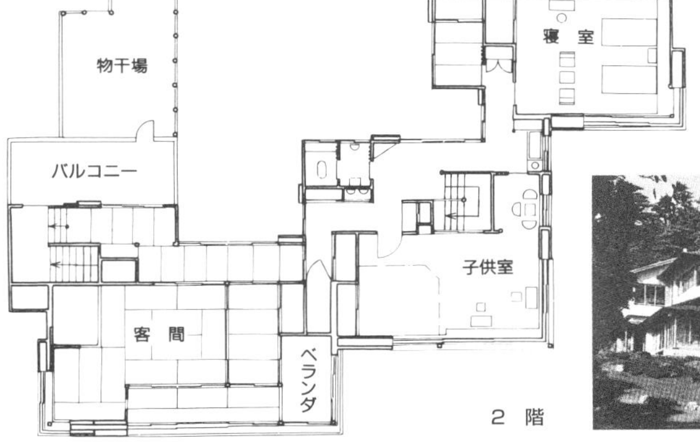

▲加藤邸／1940年

設計：吉田五十八／神奈川県鎌倉市／木造一部RC造2階建地下1階／延床面積：701㎡

1930年代後半にかけて円熟の度合を強めた吉田の「新興数寄屋」の作風を存分に発揮する機会となったこの建物は、鎌倉長谷光則寺近くの眺望絶佳の地に建っている。平面は基本的には雁行型で、玄関から応接間、食堂、茶の間と流れていく空間に水平性を強調したホワイトブロンズの横桟の意匠が美しい。彼の開発した大壁塗りまわしによるデザインは、洋間にも和室にもそのまま連続して適用していける特色を持っている。外観では、緩い勾配にわずかにむくりのついた美しい屋根が幾重にも切重なっている。また、玄関寄付から階段室のあたりや廊下など、通路的な空間に、とりわけ美しいデザインが集約されている。

038　近代住宅の歴史（日本）：集合住宅の誕生 1　History of Multiple Dwelling before WW II: Early Type　1:500

集合住宅の誕生

明治期以降，わが国の近代化の進展に伴い，人々が集まって暮らす新しい住まいの形式が，西欧の影響を受けながら創り出されるようになった．炭鉱で働く労働者を限られた区域内に集めて住まわせる炭鉱住宅は，日本各地に建設された．大正期末には，都市住民の生活改善を目的に，西欧の都市住宅の様式を取り入れたアパートメントハウスが造られたが，庶民には縁遠い存在だった．関東大震災後の復興住宅の供給を担った同潤会が建設した集合住宅は，庶民をも対象としたもので，都市の不燃化，積層による高密居住を志向したものだった．また，都市の不良住宅地の環境改善事業にも集合住宅の形式が採用された．しかし，集合住宅が庶民の住宅として定着・普及するのは第二次大戦以後のこととなる．

日炭山田鉱炭鉱集落図（福岡県山田市，昭和34年の閉山時）1：12000

鉱員住宅（福岡県山田市，昭和8年建設：昭和34年の閉山時実測図）

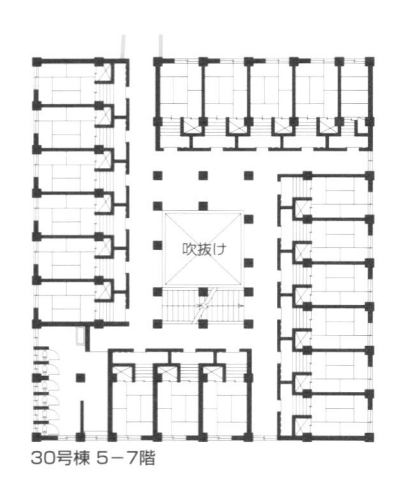

30号棟 5-7階

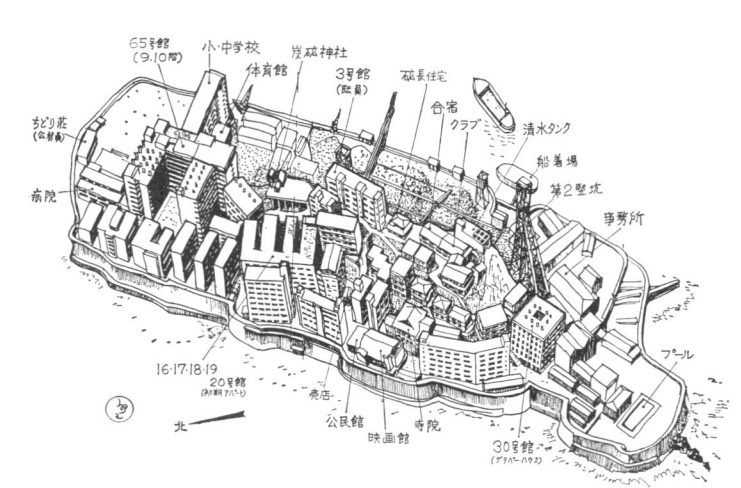

西山卯三による軍艦島の鳥瞰図（「日本のすまい III」より）

2・3階

1階

◀ **炭鉱住宅（日炭山田鉱）／1933年**
設計：不詳／福岡県山田市／木造平屋建／敷地面積：―／延床面積：97㎡

日本における炭鉱の立地は北部九州の農村部，島嶼，そして北海道の原野に分けられる．九州では既存の農村部に配慮し建設された．日炭山田鉱でも農村部に近い居住地は職員住宅で，山間部に鉱員住宅が位置する．

居住地は職員住宅と鉱員住宅，さらにその中でも職階に応じて差別化が図られた．石炭業が産業として本格化すると鉱員の管理は企業自身が行うようになり，企業による鉱員住宅供給も大正時代頃から徐々に増えた．社宅運営における鉱員の評価は出来高や勤続年数が勘案されるが，方法は企業ごとに異なる．日炭山田鉱は図の鉱員住宅と同時期に5.25坪から12坪までの8つのタイプの鉱員住宅を供給しており，出来高に合わせた社宅運営を行っていた．

◀ **グラバーハウス（30号棟）／1916年**
設計：不詳／長崎県長崎市／RC造地上7階建地下1階／敷地面積：6.3ha／延床面積：―

長崎県の西南の洋上，端島（軍艦島：俗称）にあり，わが国初のRC造集合住宅といわれる．端島は鍋島藩によって採掘が開始され，明治23年に三菱鉱業が買収し海底炭鉱として開発を進めた．島内には小中学校に映画館，病院，寺社まである．

グラバーハウスは会社直営で建設され，地上階が居住部分である．基準階は6m角の吹抜けを中心としたロの字型の平面で，6畳一間に土間のある住戸19戸，4畳一間1戸，共用施設として便所が光庭を中心に取り巻き，光庭に沿って階段と洗濯場が対称に配置されている．当初は企業直轄坑内夫の家族向け社宅であった．

◀ **お茶の水文化アパートメント／1925年**
設計：W. M. Vories／東京都／RC造地上5階建地下1階

日本初の本格的アパートメントハウスとして，北大教授森本厚吉が中流階級の生活改善を啓蒙するために設立した文化普及会が母体となって建設された．

住戸は大家族向けの3寝室型（80㎡）から浴室共用の1室型（20㎡）まで各種用意された．住戸内部はすべて洋式で，ベッド，椅子，テーブル，電話，ガス調理台，暖炉が備え付けられた．1階には共用施設として，社交室，カフェ，宴会場などが計画された．掃除や洗濯はメイドに頼む方式で，ホテルに近い生活だった．家賃は相場の6～7倍で，実際には中流より上の階層の人々しか住めなかった．

History of Multiple Dwelling before WW II: Early Type　近代住宅の歴史（日本）：集合住宅の誕生 2

◀ 大塚女子アパート／1930 年

設計：野田俊彦／東京都文京区／RC 造地上 5 階建地下 1 階／敷地面積：―／延床面積：―

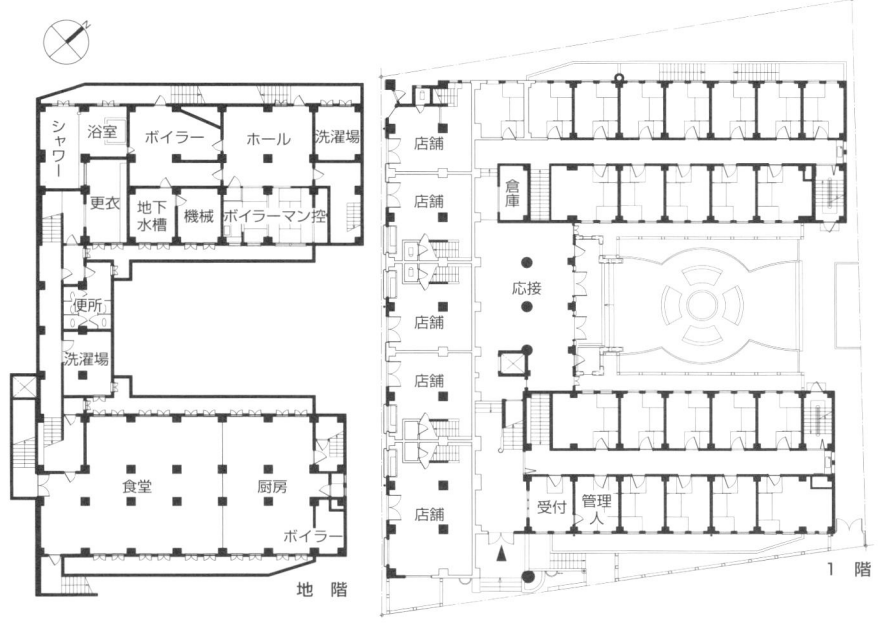

大正 13 年に創設された（財）同潤会のアパートメントハウス事業ひとつで，わが国初の職業婦人専用の集合住宅である．中庭をコの字型に囲んだ街区型住宅で，店舗のアーチ状開口部や玄関の円柱などは表現主義の影響が見て取れる．個室は中廊下式で配置され，畳敷きの和室 61 室と洋室 89 室からなる．個室の他に，地下に食堂と浴室，1 階に応接室，6 戸の店舗併用住戸，最上階に音楽室とパーゴラのある日光室がある．

都内の 14 の同潤会アパートは，住宅営団を経て，都の管理下に置かれ，うち 13 カ所は居住者に分譲された．唯一大塚女子アパートだけが都営アパートとして存続していたが，2005 年に解体・除却された．

外観

最上階日光室，パーゴラ

◀ 南日東町住宅／1933 年

設計：大阪市建築課／大阪市／RC 造 3 階建／260 戸

大都市中心部に位置し，衛生，風紀，保安等に問題があり，都市発展上支障となる地区を対象としたスラムクリアランス型の不良住宅地区改良事業として実施されたわが国初の改良住宅．

敷地中央に南北に貫通する主要道路を配した囲み型の住棟配置．住棟形式は廊下型と階段室型の混合で，共用施設として物置，作業場，物干し場，屋上に共同洗濯室が設けられた．住戸は 6 畳と 3 畳に炊事場の付いた型を基本としながら多様な平面が用意された．ガス，水道，水洗便所が完備され，各階にダストシュートも用意され，当時としてはモダンで最新の設備を誇る市営集合住宅であった．

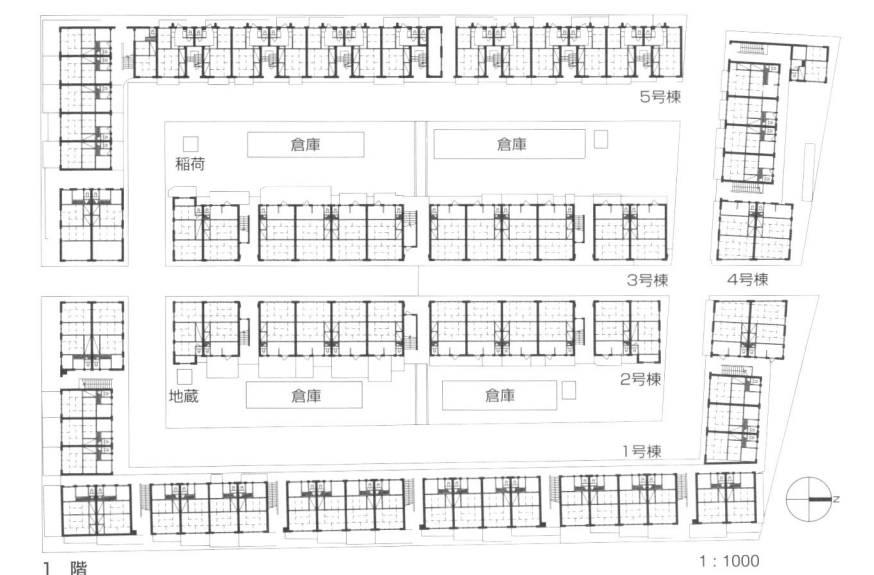

（撮影：斎部 功）

同潤会アパートメント

同潤会は関東大震災を機に設立されたわが国最初の公的住宅供給機関である．事業は住宅事業と授産事業に大別でき，住宅事業は仮住宅事業，アパートメントハウス事業，普通住宅事業に分けられる．

アパートメント事業は当初，建設予定戸数は 1,000 戸で，普通住宅（7,000 戸）が主流となる予定であった．しかし普通住宅の人気があまりなく，事業見直しが行われ，2,000 戸のアパートメント建設を目指し，用地取得が行われた．立地は東京と横浜に限られ，不良住宅地改良事業による猿江裏町アパートメントを含むと，16 カ所となる．

アパートメントの第一号は中之郷で大正 15 年に竣工した．青山，柳島とつづき，昭和 3 年度までに 13 アパートメントが完成する．仕様は初期のものから水洗便所やダストシュートが完備され，居室はコルクの上に薄縁の仕上げであった．家族向け住宅を主流とする事業が一段落した後，独身者専用の虎ノ門，大塚女子が建設された．最後に建設された江戸川は竣工が昭和 9 年であり，他のアパートメント事業とは一線を画すものである．その後は木造住宅のみとなり，昭和 16 年に住宅営団が発足すると，業務を引き継ぎ同潤会は解散した．

アパートメント事業の先進性は，都市と住宅の考え方，生活の想定，意匠など枚挙に暇がない．配置計画における街路性や，住戸計画におけるユニット化を指向しつつ街路や方位に配慮した柔軟な居室レイアウト，建具や断面計画による通風の確保等，我々が戦後見失っている視野と態度を問い直す実例であることは間違いない．

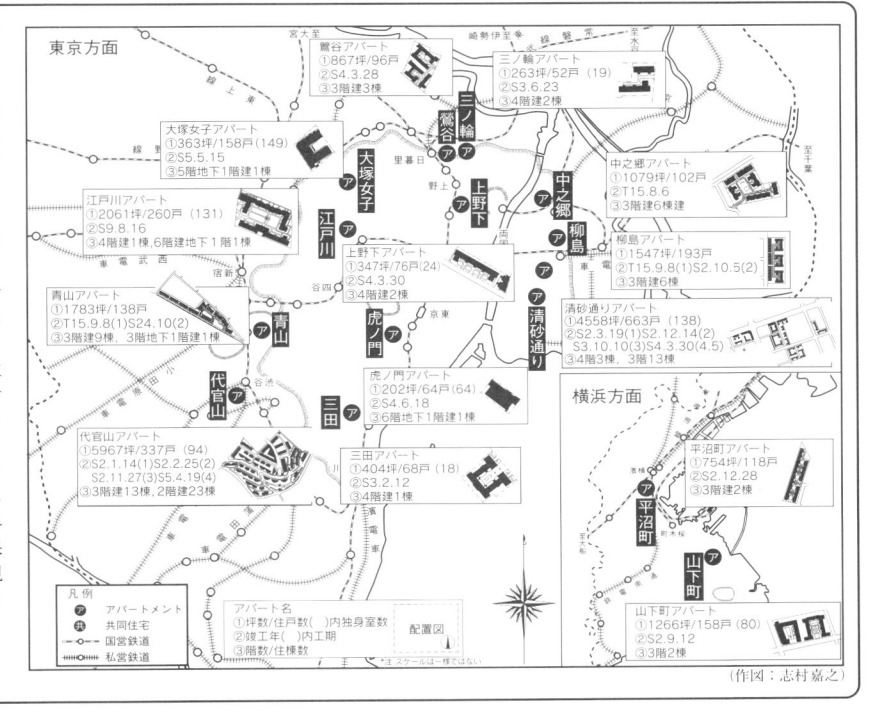

（参考『同潤会十年史』）

（作図：志村嘉之）

040 近代住宅の歴史(海外)：独立住宅
History of Detached House before WW II: Foreign Example 1887-1900

1:300

ここでは第2次世界大戦前の1887-1938年の間に生まれた海外の独立住宅21事例を紹介する．全体として20世紀前半の住宅に相当するが，それらの選択にあたっては，歴史的に見て重要なものというより，現在なお新鮮であり，設計するときのヒントとなり得るような事例という観点を基準にした．

近代化に向かう20世紀前半の住宅の構成のバラエティを語ることに意図があり，つまり部屋が集まってひとつの住宅という姿をとっていく，その豊かな融合が具体的な出来事として，図面の中に感知できる事例が取り上げられている．融合は平面を読みながら，人の動きをそこで想像することによって，これらの住宅の形のうえに起こっている様々な事件の発見の中に理解することができる．人間の移動に沿って住宅が現象し，体験されるという考え方は今世紀の空間の考え方の特質のひとつでもある．

また次のようなことにも注意していただきたい．住宅の内部を人間の行為の場にふさわしく微妙に差異づけていくために使われた手法についてである．ここに集めた事例は近代住宅の多彩な手法が読みとれる事例という観点も含んでいる．床，柱と壁，天井，上下を移行する装置，造作といった建築的な装置を抽象的な形に還元してしまったが，それによってまた分節の多様な可能性を含んだ場を暗示しようとしたことに今世紀の空間の第二の特質はある．

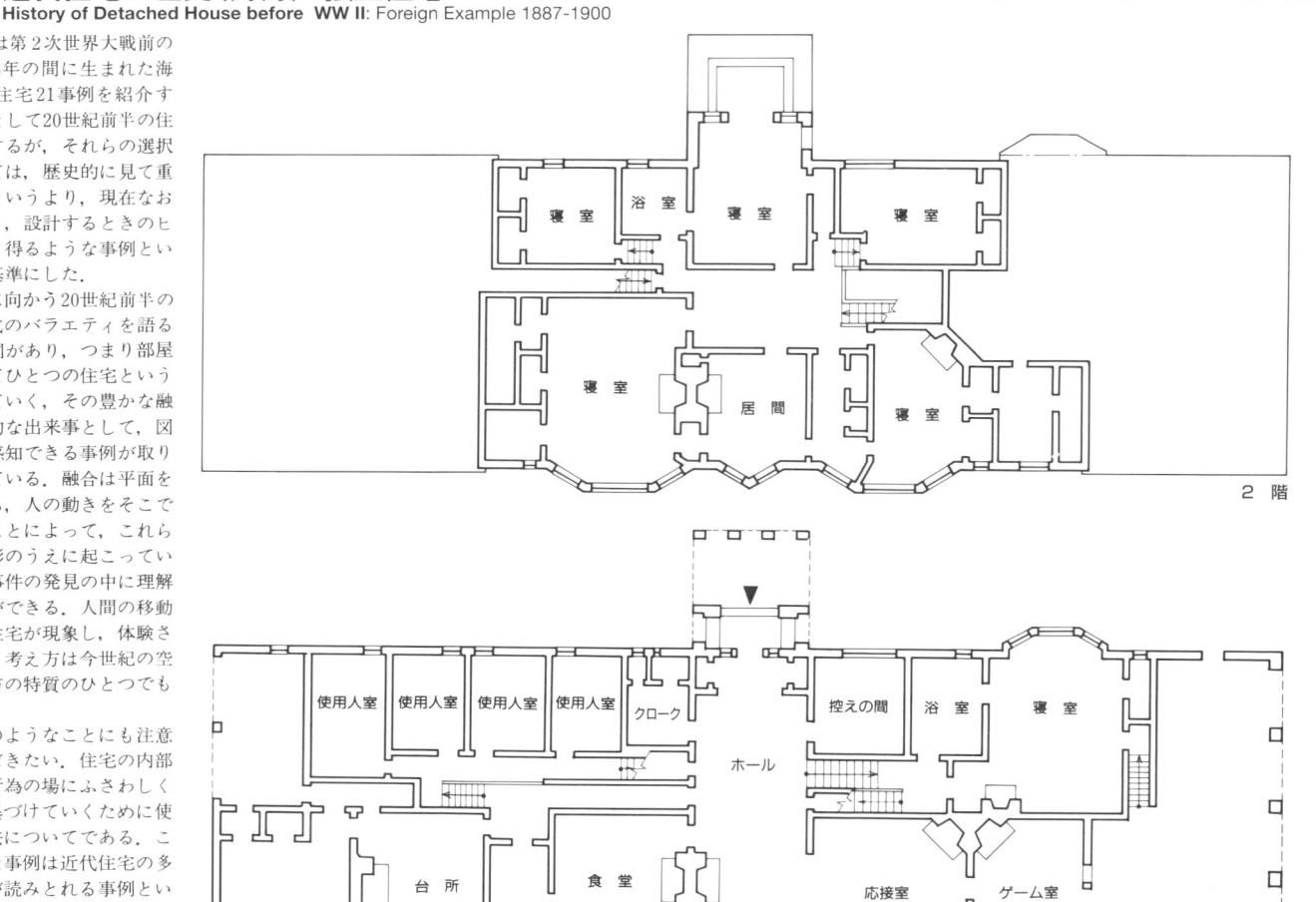

▲ウィリアム・G・ロウ邸／1887年 (William G. Low House)

設計：McKim, Mead & White／Bristol，イギリス

単純で巨大な切妻屋根の輪郭の中に住宅全体は包み込まれている．側面のロッジアの切削と中央部の出窓，暖炉の煙突の突出が切妻の輪郭を破り，内外の空間の交流を呼び起こしている．外郭の単純さと対照的に内部平面では6段階に変化する床面が設定され，単純な外観によって生じる様々な制約に対応するために，ホール両脇の階段を介して，内部の空間の滑らかな流動が惹き起こされている．全体の輪郭は自然の広大なスケールに対応しシンメトリーで構成されているが，ファサードにおける窓の位置は住宅としての内部の要求に対応するかたちで様々に変化している．家のイメージは強く記憶に訴える．

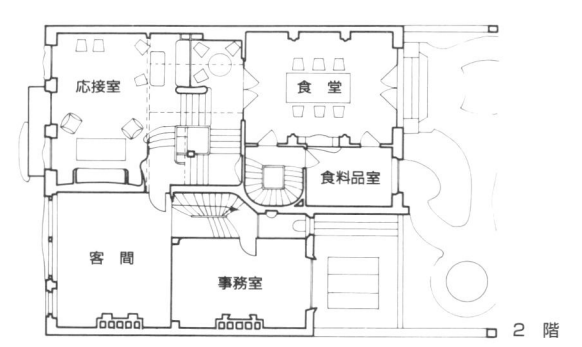

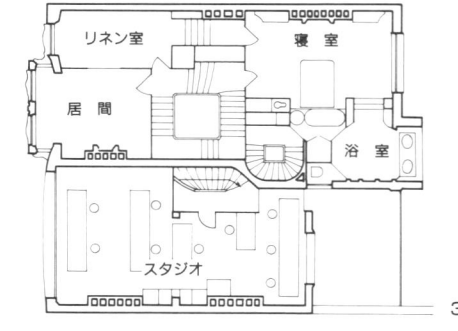

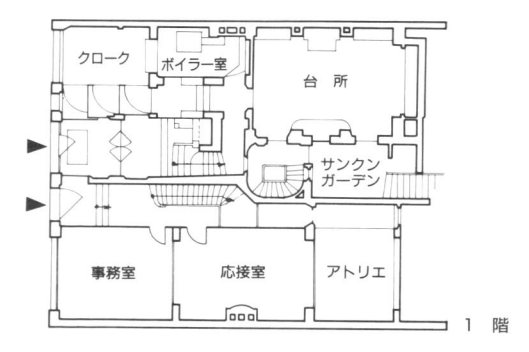

▲オルタ自邸／1900年 (Maison et Atelier Horta)

設計：Victor Horta／Bruxelles，ベルギー／組積造＋鉄骨造，住宅部分4階建・アトリエ部分3階建

建築家の住まいとアトリエをおさめる住宅である．敷地は町割りの2区画を占めるもので間口は12.5m，奥行は40mであり，両者は戸境壁を挟んで上下に並列しているが，2階では住まいの一部が侵入し結び合わされている．壁に挟まれた空間を全体として結合するものとして，住宅の中心に階段がある．光の井戸のまわりをめぐって部屋は結び合わされ，階段の幅は登るに従って狭くなり，光の井戸はその分だけじょうご状に拡がっている．平面は整理されていないが，架構の合理性の中で人の動きに沿って部屋が貼りつけられている．アールヌーボー様式を刻印する代表的な住宅である．

(撮影：二川幸夫)

(撮影：新建築社写真部)

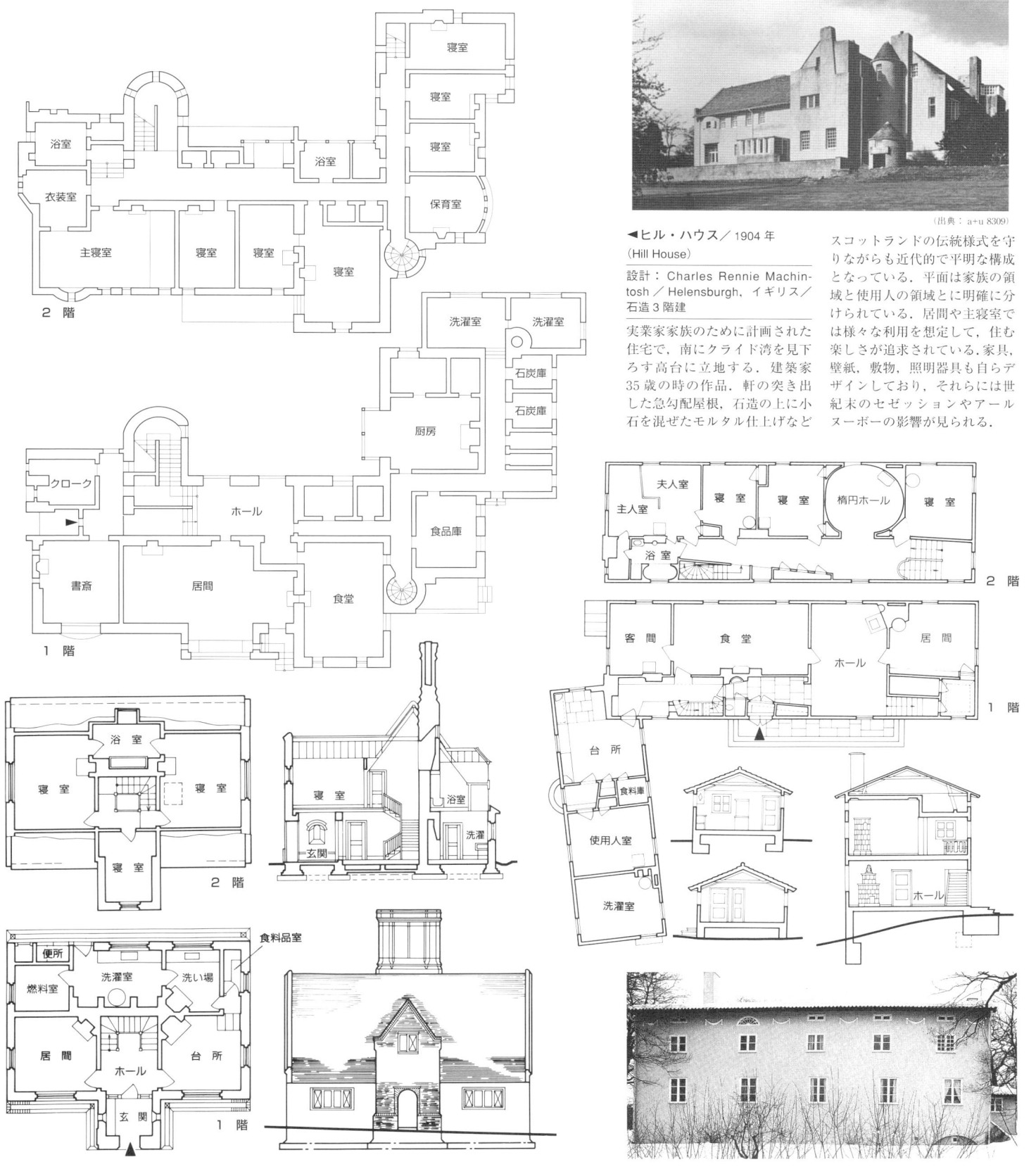

近代住宅の歴史（海外）：独立住宅
History of Detached House before WW II: Foreign Example 1903-1918

◀ヒル・ハウス／1904年
(Hill House)

設計：Charles Rennie Machintosh／Helensburgh, イギリス／石造3階建

実業家家族のために計画された住宅で，南にクライド湾を見下ろす高台に立地する．建築家35歳の時の作品．軒の突き出した急勾配屋根，石造の上に小石を混ぜたモルタル仕上げなどスコットランドの伝統様式を守りながらも近代的で平明な構成となっている．平面は家族の領域と使用人の領域とに明確に分けられている．居間や主寝室では様々な利用を想定して，住む楽しさが追求されている．家具，壁紙，敷物，照明器具も自らデザインしており，それらには世紀末のセゼッションやアールヌーボーの影響が見られる．

（出典：a+u 8309）

▲ノートン・カンタベリ／1912年
(Knowlton Canterbury)

設計：Sir Edwin Lutyens／Kent, イギリス／組積造2階建

約2:3の堅い矩形の平面，安定した切妻の輪郭の立面の中に住宅が営まれている．矩形の長手中央に入口→階段→サニタリーの狭いゾーンが走り，それを中心として両脇に対称的に部屋のゾーンが配されている．極めて原型的な住宅の平面である．各部屋に暖炉が備えつけられ，それらが中央の巨大な煙突に結びつけられ，住宅の中央を垂直に貫通し，シンボリックな姿を示している．部屋は中心軸からシンメトリーに左右に配分されるが，煙突は階段をめぐる垂直方向の人の動きを暗示している．入口の軸を示すようにポーチと2階の寝室が大きな輪郭から引き出され，それがやはり，縮小した切妻をなしている．

▲スネルマン邸／1918年
(Villa Snellman)

設計：Erik Gunnar Asplund／Djursholm, スウェーデン／木造モルタル造2階建

切妻の棟と平屋の寄棟が端部で重ね合わされ，平面が構成されている．住宅の主要な機能を果たすブロックと従属的な機能を果たすブロックが明快に分けて表現され，前庭の空間をつくり出している．部屋を切り出す斜めの内部の仕切壁は，そうした全体のコラージュされた平面構成と呼応し合って生まれている．先すぼまりの廊下や押しつぶされた円形広間は共に住宅の中でその場その場を魅力あるものとするために選択され，矩形の平面の中で独立した要素としての形をとろうとしている．これらの要素の複合が張りつめた建築の外被の内部に，微妙な振動を導き込んでいる．

042 近代住宅の歴史(海外)：独立住宅
History of Detached House before WW II: Foreign Example 1887-1900

1:300

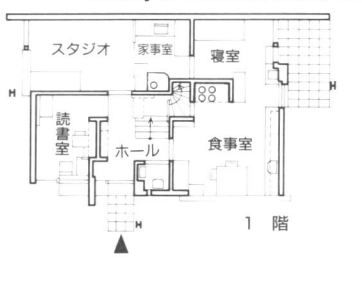

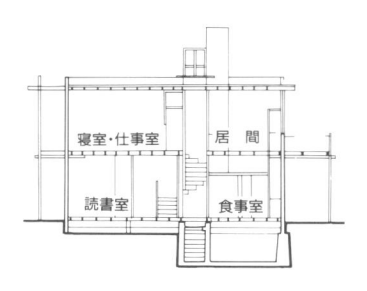

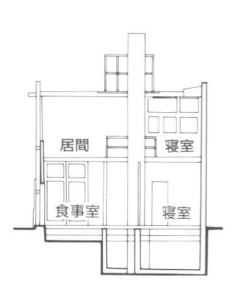

◀シュレーダー邸／1924年
(Schröder House)

設計：Gerrit Thomas Rietveld／Utrecht，オランダ／組積造＋木造＋鉄筋コンクリート造2階建

シュレーダー邸は面的要素と線的要素を構成することによって住宅の空間を生み出そうとする試みである．壁の面，スラブの面が完結した矩形として見え，手摺・窓枠・支柱が線的要素である．それぞれの要素は鮮やかに彩色されており，トランプカードで構成されたかのようである．平面を見ると中央の階段を中心に各要素が螺旋をなして配置され，風車状になっている．2階の平面はフレキシビリティをもち，広い空間として開かれることもあれば，四つの別々の部屋にも分割され得る．住宅の箱型の輪郭を面に分解することによって内外の空間の相互貫入を引き起こし，その閉鎖性を開こうとしている．

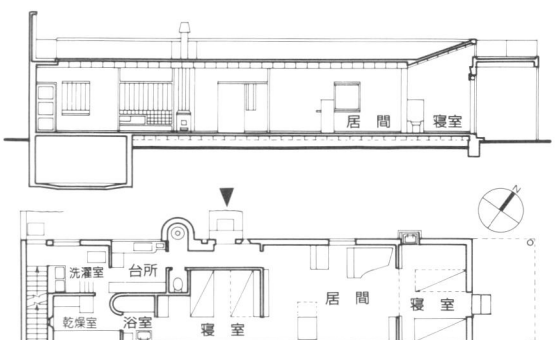

◀母の家／1925年
(Parents' House)

設計：Le Corbusier／Corseaux-Vevey，スイス／鉄筋コンクリート造平屋

スイスのレマン湖畔に建てられたル・コルビュジエの両親2人だけのための住宅．全体は一室空間であり，機能的で緻密な平面が組み立てられている．湖に面して開かれた11mの帯状の水平の窓が全体の空間を統合し，湖への視界を最大限に確保している．細長い室内の空間は小さな面積の住宅を広々と見せ，距離の感覚を生み出すものとして設定されている．60m²の内部は移動間仕切によって寝台を隠し，客を泊めることもできる．北側は低い塀によって道路から守られ，南は湖に開けている．屋上は草が生い茂っている．

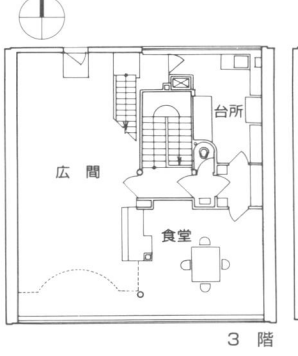

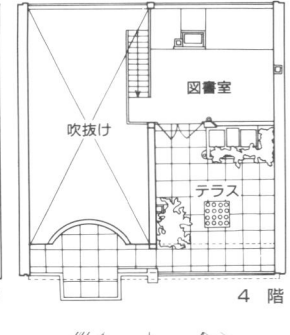

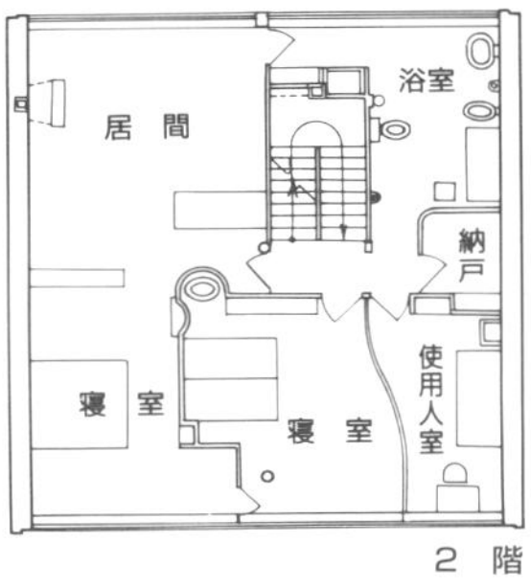

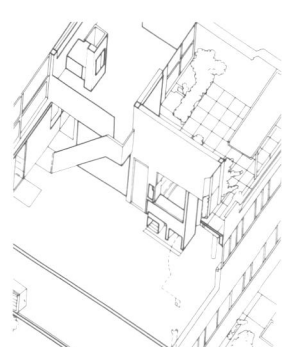

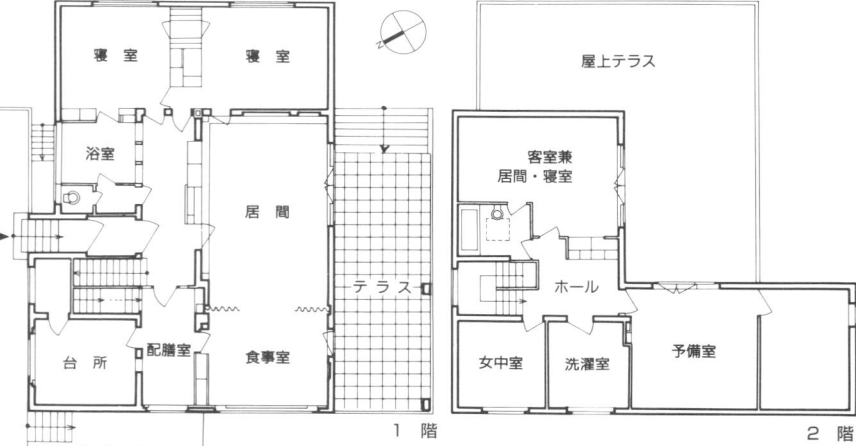

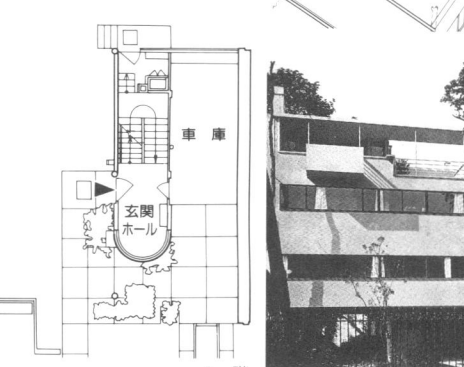

▲クック邸／1926年
(Maison Cook à Paris)

設計：Le Corbusier／Paris，フランス／鉄筋コンクリート造4階建

パリのブローニュの森に面して建てられた白い住宅は＜キューブの家＞と呼ばれた．間口が隣家との境界壁によって制約を受け厳密な立方体とはなっていないが，この10m×11m×11mの箱の中に近代住宅の構成の原則は出揃っている．つまり，①ピロティ，②屋上庭園，③自由なプラン，④横すべりの横長窓，⑤自由なファサードであり，それらの要素は数学的に秩序づけられている．分割は田の字型で構造線は整然としているが，2階では間仕切の自由性が見られる．主要な居室を3・4階に，個室を2階に配することで地上を開放している．ここでは古典的な層状の配置構成が上下逆転されている．

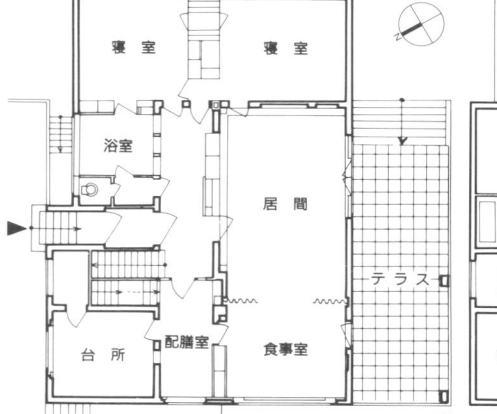

▲バウハウス教授住宅／1926年
(Wohnungen der Meister)

設計：Walter Gropius／Dessau，ドイツ／鉄筋コンクリート造2階建地下1階

バウハウス教授住宅では近代住宅の理念を体現する実験的な試みとして，家具，住宅機器，備品に至るまで一貫した方針で統一され，研ぎ澄まされた感覚でデザインされた．白い立面の壁と開口のバランスは抽象画のようである．平面を見ると箱をただ分割しただけの無機的なものに見えるが，1階が基壇として地上より持ち上げられ，その箱型と直交して2階のL型のボリュームが設定されるだけで空間の運動が引き起こされている．この1階の居間と一体化したテラスの上部に突き出した2階の予備室のボリュームが動きを与えており，内外の空間の相互貫入が実現している．

近代住宅の歴史（海外）：独立住宅
History of Detached House before WW II: Foreign Example 1903-1918

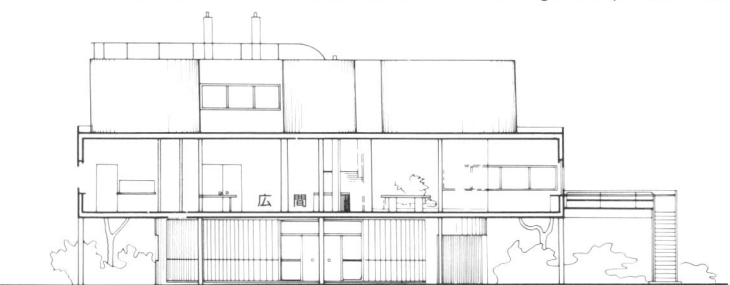

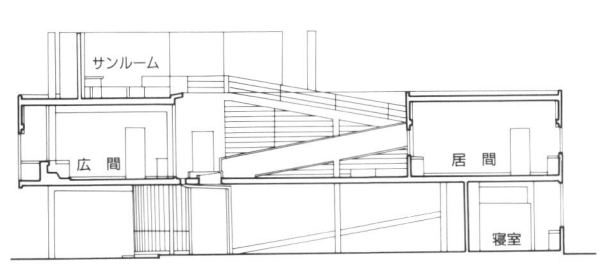

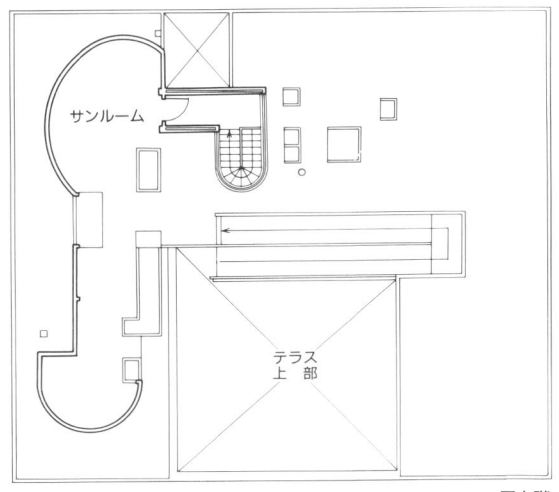

1:300

屋上階

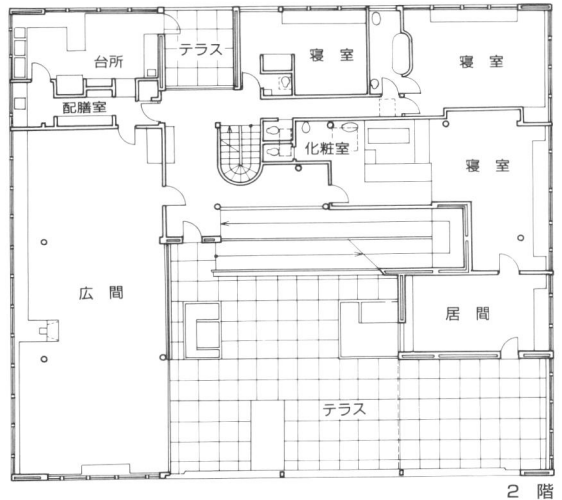

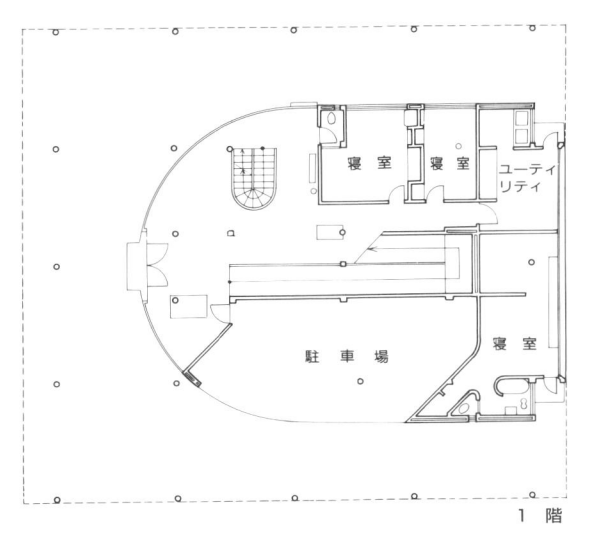

2階

1階

◂サヴォア邸／1929年
(Villa Savoye (Les Heures Claires))

設計：Le Corbusier／Poissy，フランス／鉄筋コンクリート造2階建地下1階

パリに勤めるサヴォア氏夫妻の週末住宅であるこの住宅はパリ郊外の小高い丘に建てられた．眺望は北に開け，太陽の方向とは逆である．広い草原の真中に置かれ，ピロティで差し上げられた空中庭園からは広大な眺めを得ることができる．縦横四つずつ均等に分配された4行4列の正方形の柱間のグリッドの中で平面は展開している．柱から自立する仕切壁という文字通り"自由な平面構成"が実現している．1階は車の回転半径に合わせて玄関ホールのガラスの壁があり，その箱の中央に侵入した斜路が1階の玄関ホールから2階の居間へと上下の床を緩やかにつなげている．2階の矩形の平面はその輪郭を残して切削され，屋上庭園となり，内部と外部の空間の交流がそこでつくり出されている．均一と思われる柱の配列も，外周は規則的であるが，内部では斜路の周辺や駐車場部分で，平面の構成の複雑さに従って乱され変形している．外側の均一な皮膜はそうした住宅内部の出来事を包み隠す仮面のようである．

▲海辺の家／1929年
(Seaside Villa)

設計：Eileen Gray (& Jean Badovici)／Roquebrune，フランス／鉄筋コンクリート造2階建

リゾートハウスとして計画されたこの住宅は南フランスの岬に建っている．1階はピロティとして持ち上げられ主な機能は2階に集められている．南側は海に開け，全面ガラス扉（折りたたみ式）の住人と客との憩いの場である広間がある．その四隅に置かれた家具によって部屋の中心と周辺といった分節が導き込まれ，入口・食事コーナー・仮眠コーナー・シャワー室が配されている．西側に客用のコーナー，東側に寝室があり，それぞれに浴室，テラスが配置されている．全体は流動する一室空間であり，工業用の素材を新たな観点で，機能的に組み合わせた家具や造作によって部屋を切り分け，つなぎ合わせている．

2階

1階

044 近代住宅の歴史（海外）：独立住宅
History of Detached House before WW II: Foreign Example 1929-1930

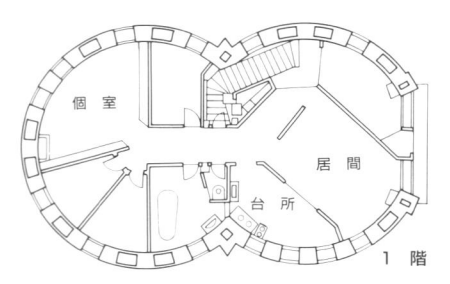

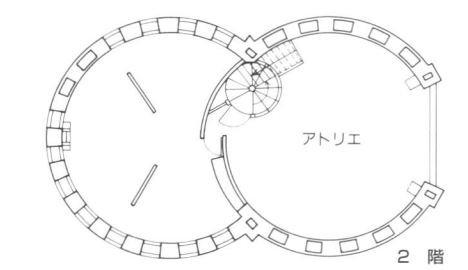

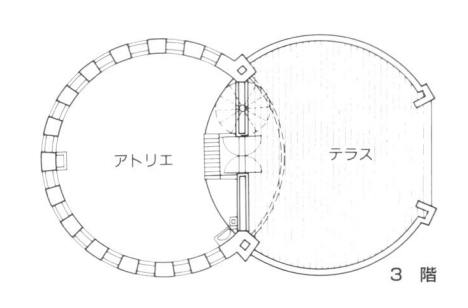

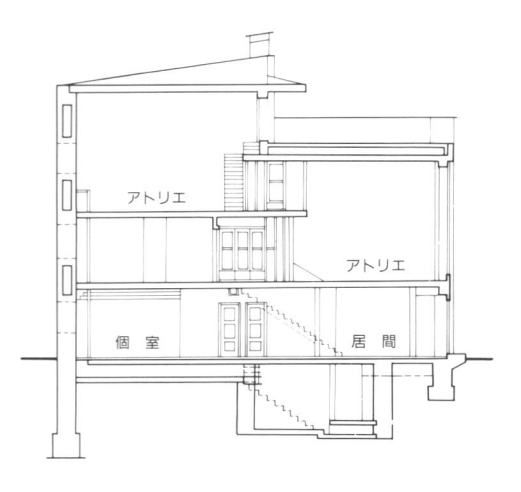

1:300

◀メルニコフ自邸／1929年
(Конотантин Меьльников Архитекор)

設計：Konstantin Melnikov／Moscow, ソ連／組積造3階建地下1階

　この住宅は単純な基本幾何学形（円筒）の組合せによってできている．レンガを積んだ壁構造であり，六角形の窓が蜂の巣のように壁体を穿っている．六角形の開口部はレンガを少しずつつずらしながら積んでつくられ，床は厚板材の格子状構造によって支えられている．二つの円筒が貫入し合うこの小住宅は特異であり，平面は決して整理されているとはいえないが，室内には垂直方向の空間の運動が生じている．厳しい気候条件に応じて断熱，採光を満足し，しかも象徴的で強い印象を与える．

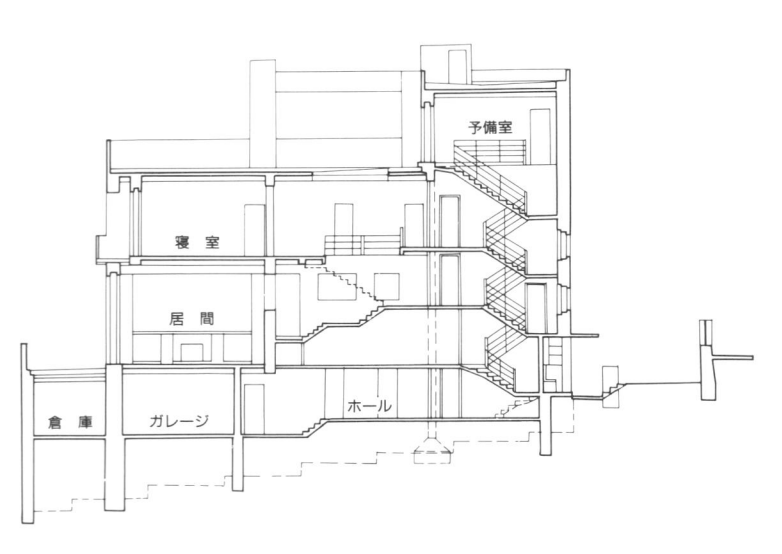

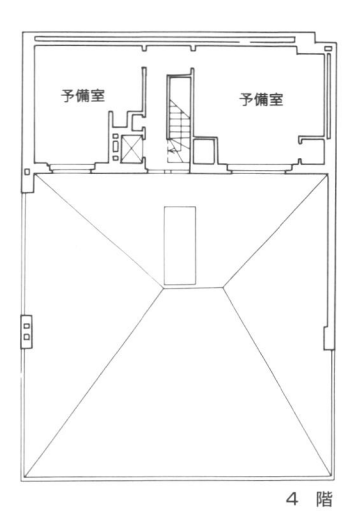

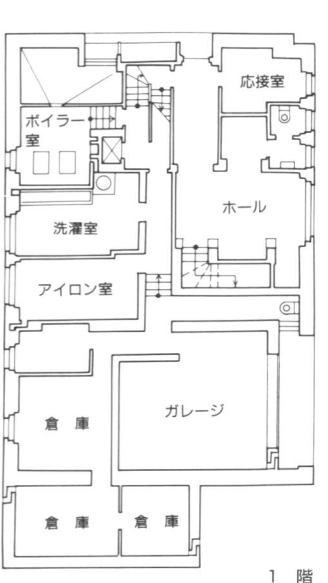

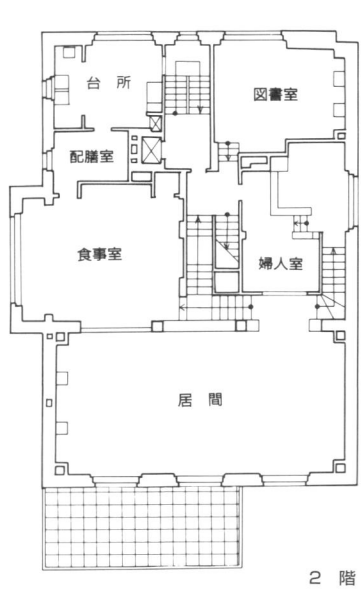

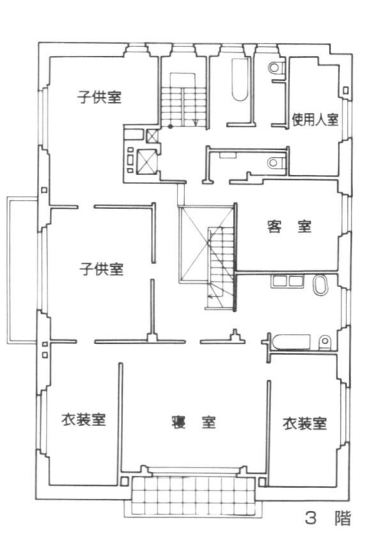

◀ミューラー邸／1930年
(Haus Müller)

設計：Adolf Loos／Praha, チェコスロバキア／鉄筋コンクリート造4階建

　ミューラー邸の平面は玄関脇の全階を貫く階段と，中央部の屈曲しながら回転していく階段に部屋やアルコーブが貼りつくことによって生まれている．外観はキュービックな印象をもつが，内部は強い迷宮性を備えている．多様な床レベル，通路，アルコーブ，一つの空間と先の空間の連続性，それらは光に導かれ，階段を上昇するものに内奥のイメージを生み出す．階段が住宅の中でこれほど大きな役割りを演じている事例も珍しい．住宅の内部を辿る人間の視点の上昇，下降によって展開する場面の連続性が構想されている．複雑な内部を構築し得た近代住宅である．

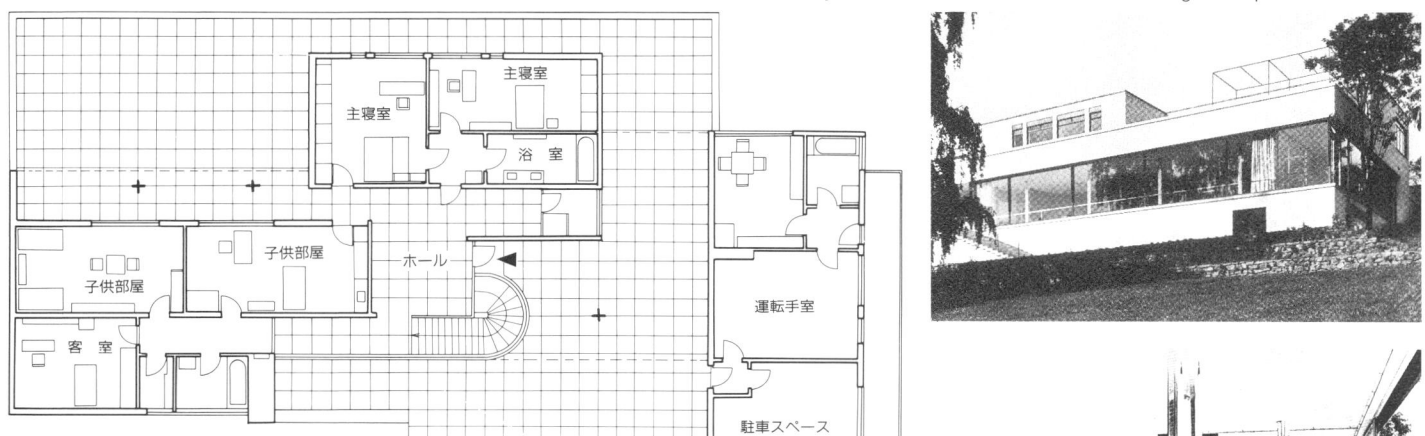

近代住宅の歴史（海外）：独立住宅
History of Detached House before WW II: Foreign Example 1930

1:300

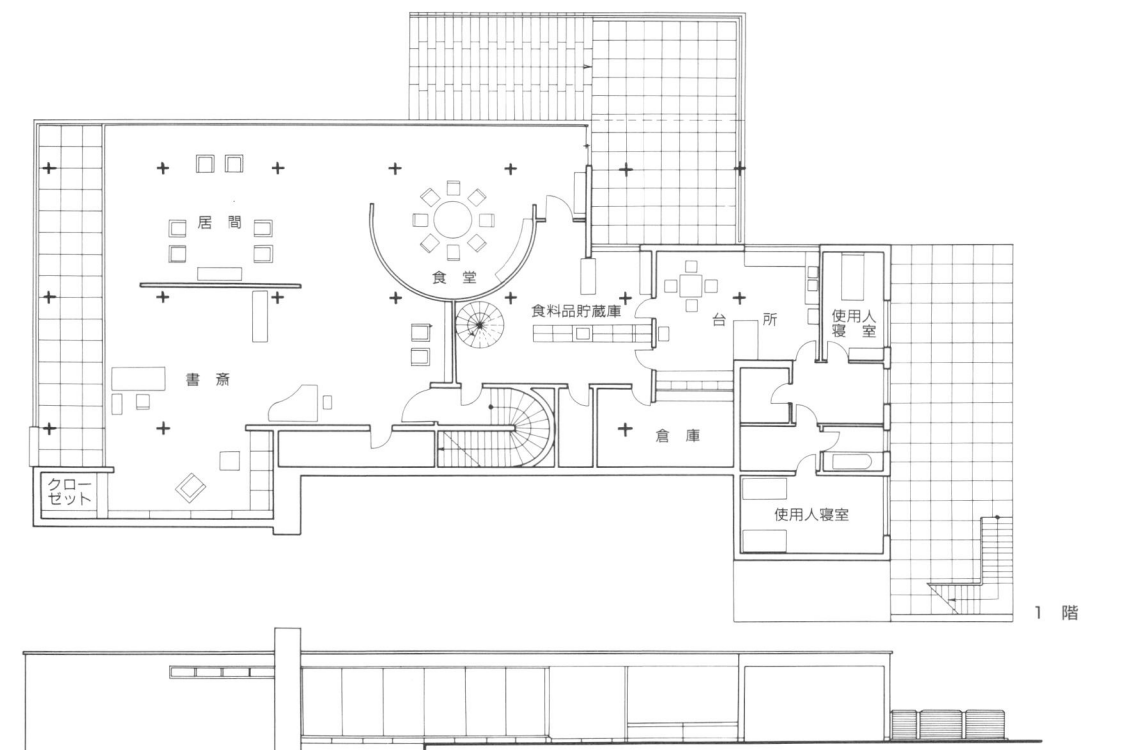

◀テューゲンハット邸／1930年
(Tugendhat House)

設計：Mies van der Rohe／Brno, チェコスロバキア／鉄骨造2階建

ブルノ近郊の険しい傾斜地に建てられている．住宅の異なった二つのレベルは敷地の高低差を調停するものとして生まれている．上階は道路に接し，玄関と個室群が機能的に並び，下階は自然に向かって開け，15m×24mの水平に広がるガラスに囲まれた居間・食堂・書斎の空間がある．2階は閉鎖的空間であるが，それと対照的に1階は流動的な連続する空間が実現されている．クロムメッキされた鉄骨の十字の柱が規則的なリズムを刻む中で，食堂や書斎が自立するオニックスや黒檀の仕切壁によって切り分けられている．庭に面したガラスは電動で床下に引き込まれる．

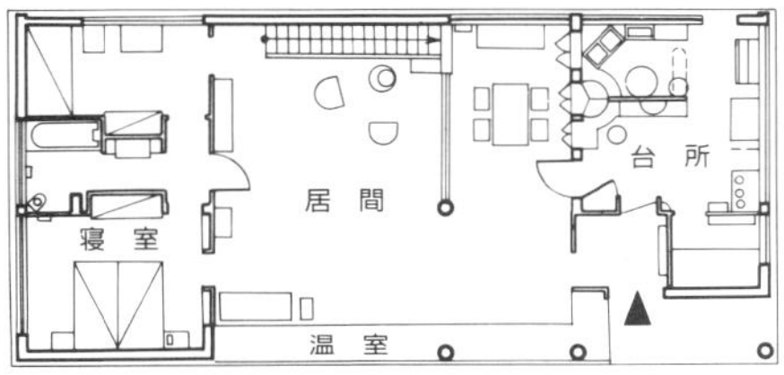

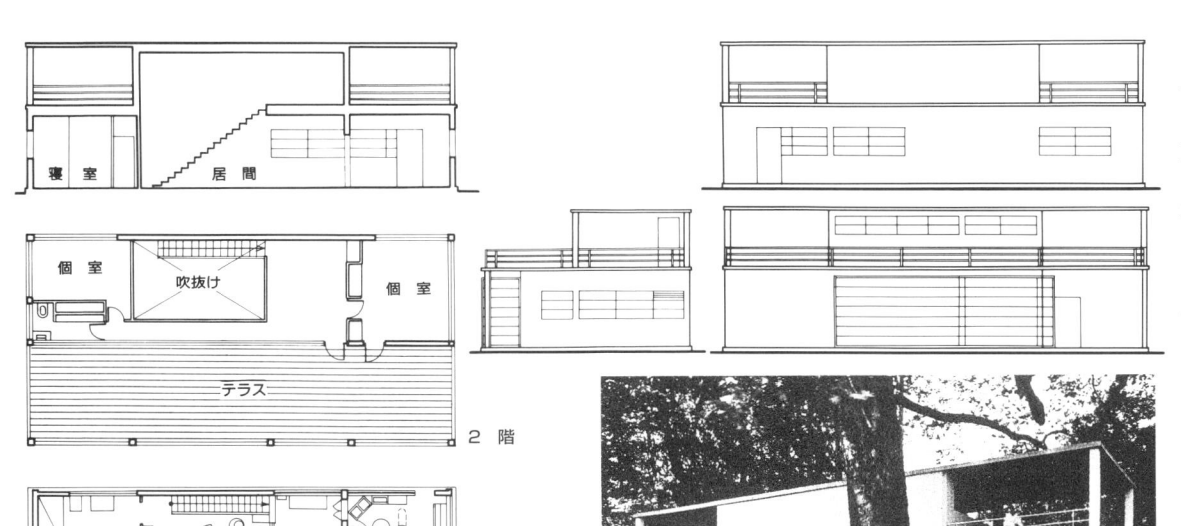

◀電気館／1930年
(La Casa Elettrica)

設計：Figini & Pollini／Monza, イタリア／鉄筋コンクリート造2階建

住む機械として構想された実験的な量産化住宅．人の動きが合理的に考えられた最小限住宅の試み．2階をテラスとして利用するタイプ，多くの個室をもつタイプなどが提案された．近代建築様式のプレファブとして販売が計画されたもので，厨房機器や収納，仕切壁といった細部にも機械時代の新しい意匠が開発され使用されている．広がり方向と高さ方向に寸法のモデュールをもち，一定の比例，特に水平性を強調する比例の秩序がこの住宅全体を支配している．透明感にあふれ，機械時代の叙情が住宅全体に感じられる．玄関脇の厨房に通じる動線のとり方，南のガラス面を二重に扱い，その間を温室にしていることが興味を惹く．

046 近代住宅の歴史(海外):独立住宅
History of Detached House before WW II : Foreign Example 1931-1933

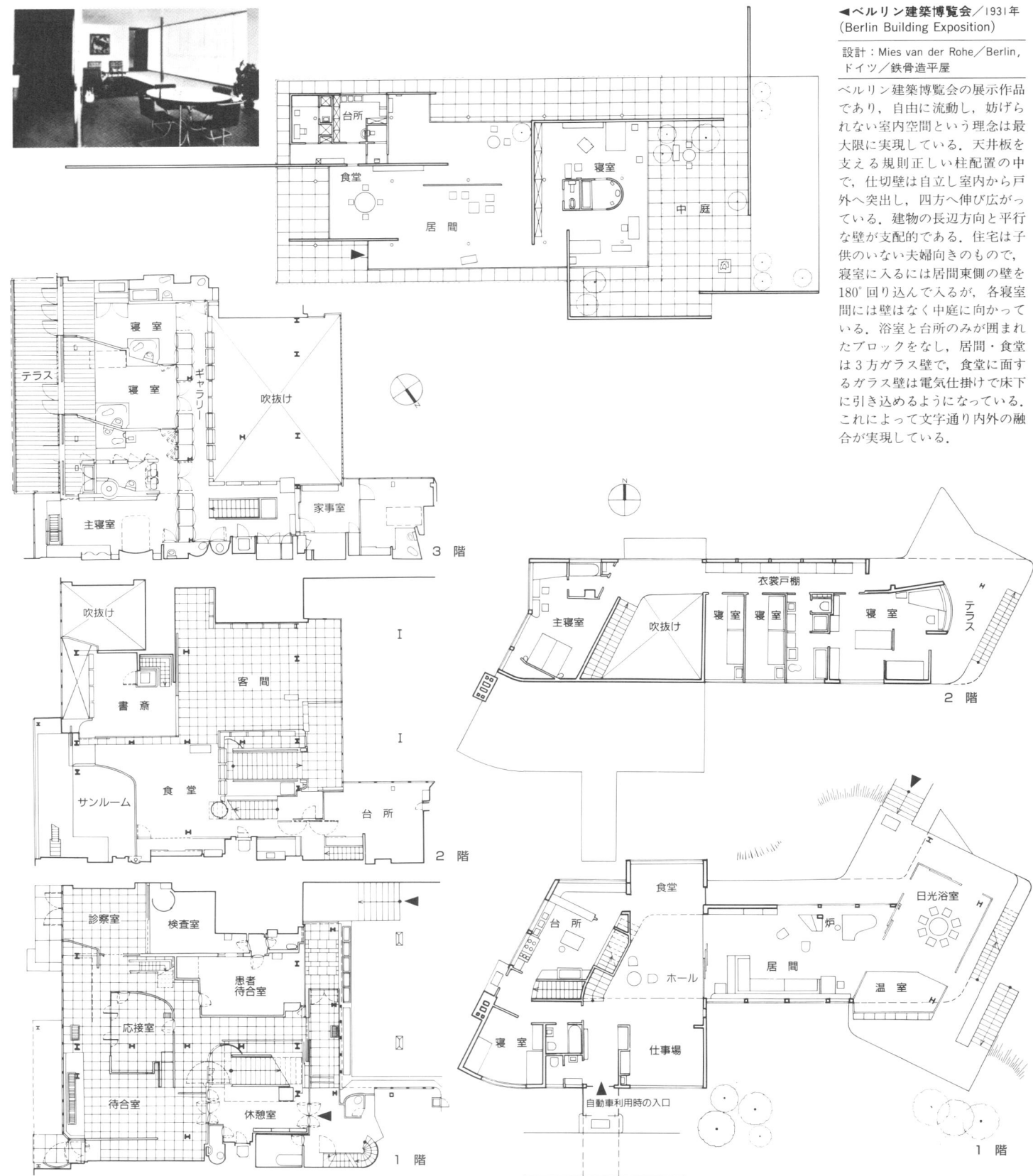

1:300

◀ベルリン建築博覧会／1931年
(Berlin Building Exposition)

設計：Mies van der Rohe／Berlin, ドイツ／鉄骨造平屋

ベルリン建築博覧会の展示作品であり，自由に流動し，妨げられない室内空間という理念は最大限に実現している．天井板を支える規則正しい柱配置の中で，仕切壁は自立し室内から戸外へ突出し，四方へ伸び広がっている．建物の長辺方向と平行な壁が支配的である．住宅は子供のいない夫婦向きのもので，寝室に入るには居間東側の壁を180°回り込んで入るが，各寝室間には壁はなく中庭に向かっている．浴室と台所のみが囲まれたブロックをなし，居間・食堂は3方ガラス壁で，食堂に面するガラス壁は電気仕掛けで床下に引き込めるようになっている．これによって文字通り内外の融合が実現している．

▲ダルザス邸／1932年
(Dalsace House (Maison de Verre))

設計：Pierre Chareau & Bernard Bijvoet／Paris, フランス／鉄骨造3階建

このガラスの家は，18世紀に建てられた中庭を囲んで建つアパートの下2階分を刳り抜き，医院と住宅に改築した鉄骨造の建物として挿入された，3層の鉄とガラスの箱である．半透明のガラスブロックの箱の内部の1階は玄関と診察室，2階はサロンと応接室と食堂に当てられ，2層分の吹抜けとなったサロンを見下す3階は，寝室とサービス部分にあてがわれている．南北の全面にわたるガラスブロックの壁とその拡散光をすみずみまで浸透させるガラスとパンチングメタルの透けた仕切壁により内部を白い光の塊としたうえで，そこに可動のメカニズムや機械時代の洗練されたディテールを満たして住居の空間をつくり出している．

▲シュミンケ邸／1933年
(Hans Schminke)

設計：Hans Scharoun／Löbau, ドイツ／鉄骨造2階建

鉄骨の構造は規則的であるが，端部の視界の開ける方向に向かって突然ねじれている．その部分の1階には天井高のある食堂，2階は主寝室があてがわれている．食堂にも寝室にも大きなテラスがあり，それらは片持梁で宙に浮いたように突き出し，階段がまとわりつき視界の方向へと広がっている．端部の変形に呼応するかのように別の一方の端部の軸は振れている．階段は振れた軸に沿わせられ，規則的な架構の室内に動きを与えている．シャロンは有機的な建築を追求したが，この住宅には鉄骨構造が可能にする自由さ，空間の感触の軽快さが現出しており，そこには一種の気まぐれのようなものさえ感じられる．

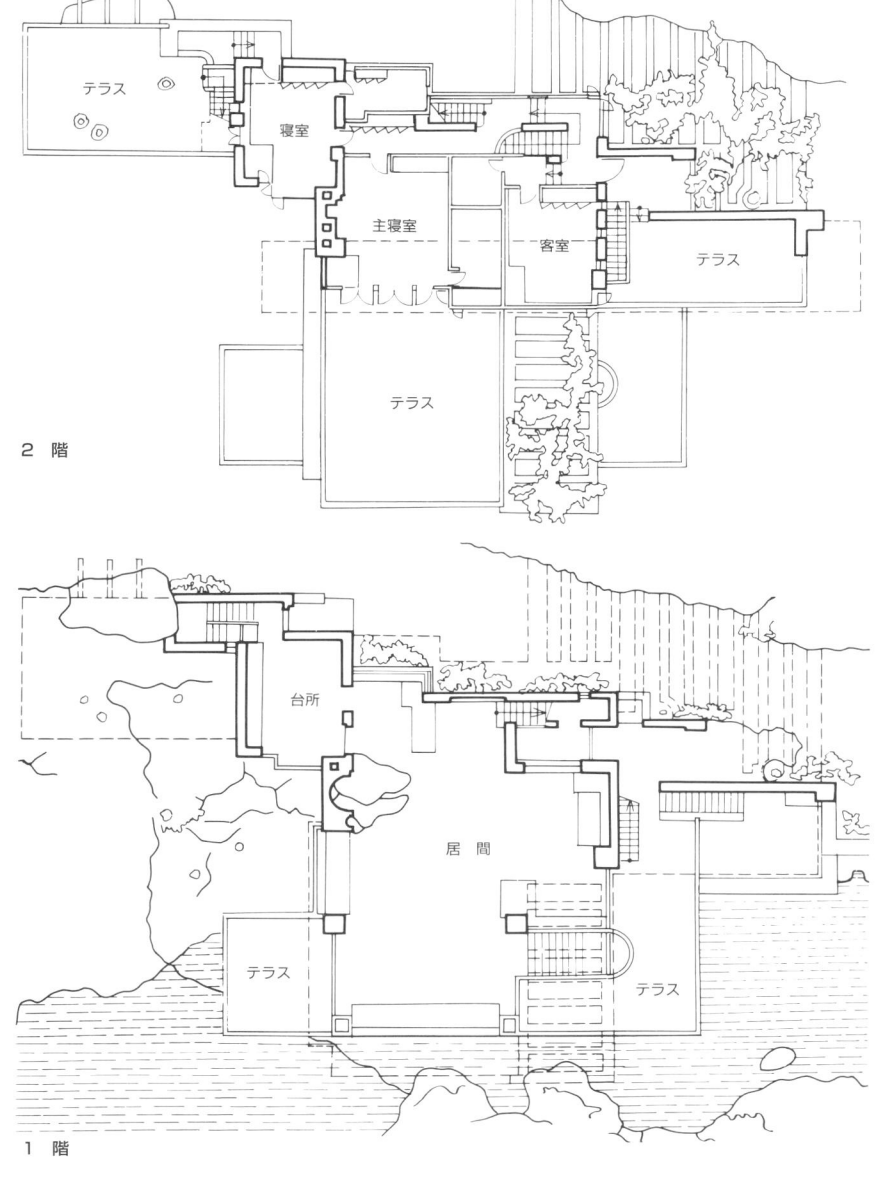

近代住宅の歴史(海外)：独立住宅　047
History of Detached House before WW II: Foreign Example 1936-1938

1:300

2階

1階

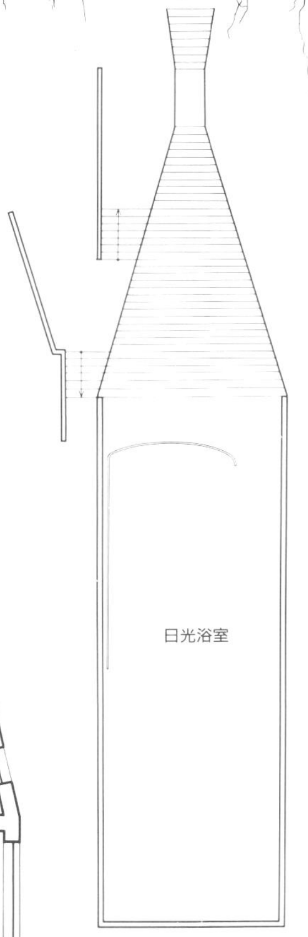

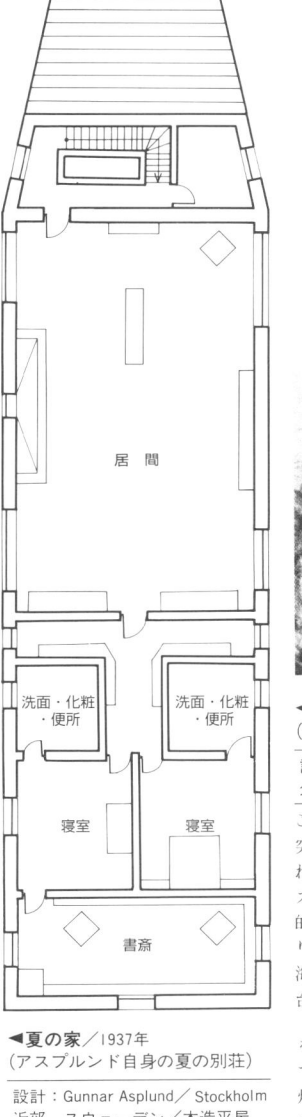

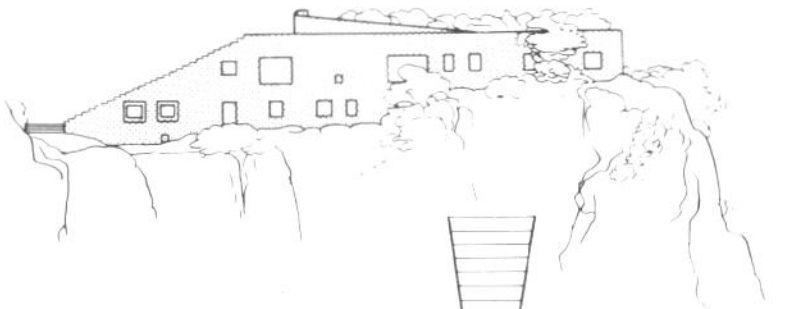

▲落水荘／1936年
(Falling Water)

設計：Frank Lloyd Wright／ベアラン, Pennsylvania, アメリカ／鉄筋コンクリート造3階建

落水荘は小さな滝の上に建ち、自然の岩盤から床板がつき出され、つり合いをとって空中に浮んでいる住居である。鉄筋コンクリートの靱性を最大限に使ったキャンティレバーによって居間は川の流れの上に支えられている。スラブと壁といった面の近代的構成は立地条件と見事に結びついている。居間の眺望を遮るものはなく風景との融和は完全である。自然はこの住宅のいたるところに染みわたっている。川床の巨大な石が室内に露出され、コーナーを形作り、暖炉をつくっている。また雁行する粗石積の壁に守られ、ある種の原始的な洞窟の住まいを思わせる。建物を一巡し暗く狭い入口から居間へ開ける順路は興味深い。

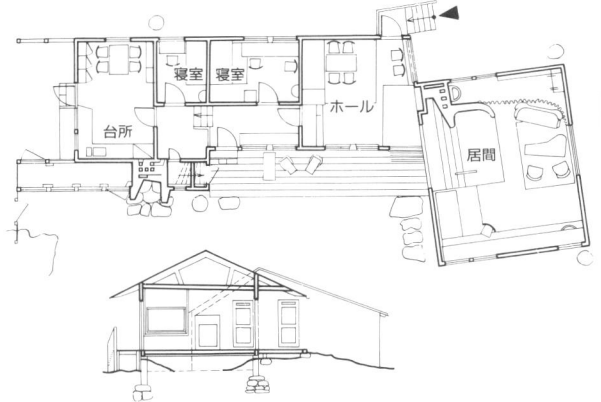

◀夏の家／1937年
(アスプルンド自身の夏の別荘)

設計：Gunnar Asplund／Stockholm近郊, スウェーデン／木造平屋

小さな湾の奥で、水辺に向かって緩やかに傾斜した草原と露出した花崗岩のある敷地に、切妻の2棟が組み合わさった形で建っている。岩の端に小幅板貼りのこの地方に見られる平屋の小屋を置き、それとずれて向きを変えた海を見渡す多目的な居間

1:500

◀マラパルテ邸／1938年
(Villa Malaparte)

設計：Adalberto Libera／Capri, イタリア／鉄筋コンクリート造2階建

この別荘は長く突き出した岬の突端に建っている。四周に開かれたテラスとそこへ至る反パースペクティブな階段の下で実用的な機能は営まれる。暗礁に乗り上げた船のようであり、地中海という広い空間に対峙する舞台がつくられている。を4段下がったところに設定している。居間の内部は大きな暖炉が中心を占め、小さなレンガを敷きつめた階段は暖炉の中に突入し、階段状の炉床を形成している。居間から外部のテラスへ通じる扉、窓に面した多目的に使われる長い机など、設計者自身のこの夏の別荘は何よりもまず、家の内外で営まれる楽しい夏の生活をイメージして考えられている。

048　近代住宅の歴史（海外）：集合住宅　History of Multiple Dwelling before WW II: Foreign Example 1851-1865

集合住宅は20世紀の最大の建築課題であった．ここでは，最初の2事例を除き20世紀前半に計画された17の海外の事例を紹介する．

これらの事例の選択の基準として，集合住宅において住居が集まって全体を形成するときの集合のパターンと構成する住居単位の形態特性の関係に着目した．そしてそれらは建築の全体形としてのバラエティを示している．

集合住宅を扱う水準はいくつかあるが，ここに掲げた事例はいずれも集合住宅を設計するときの発想を刺激するような事例という視点で選ばれている．住居集合の計画では，個の生活を充実させるために集合の利点を積極的に求める．独立住宅とは異なり，何らかの共同的な生活が前提となっている．近隣の街に対する関係がその形の中に読み込まれている．また密度高く集まって住むための工夫も見られるし，日照の確保などもパターンを形成するときの重要な条件である．その上経済的合理性が追求されるから，積層の場合は特に構造部分の共有，設備空間の集積の効果が試みられている．これらの点を各事例より読み取って欲しい．

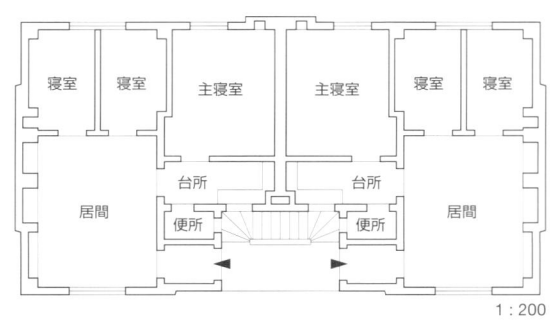

◀**ロンドン万国博覧会のための労働者モデル住宅**／1851年
(Model Houses at the Great Exhibition)

設計：Henry Roberts／London, イギリス／組積造2階建

産業革命以降，都市に流入した労働者の居住環境は劣悪で，その改善を目指した提案や試みが19世紀半ばから始められた．ロバーツは，1850年出版の「労働者階級の住宅」で，人々の社会的・道徳的向上や伝染病の防止を目的に，個々の家族の独立と個人のプライバシーの尊重が労働者住宅の計画原理であると唱え，ロンドンで開催された大博覧会に家族向け住宅のモデルが出品された．中央の階段室を挟んで各階2戸計4戸の集合住宅で，住戸内の通風に配慮し，居間から出入りする二つの子供部屋，主寝室，台所，便所がコンパクトに配置されている．

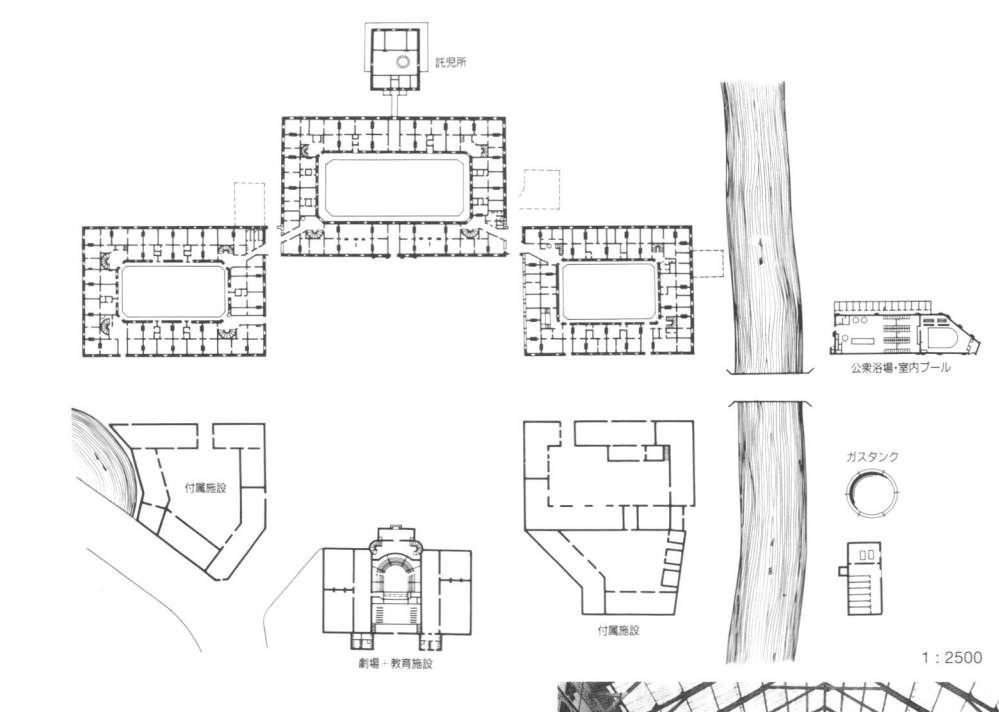

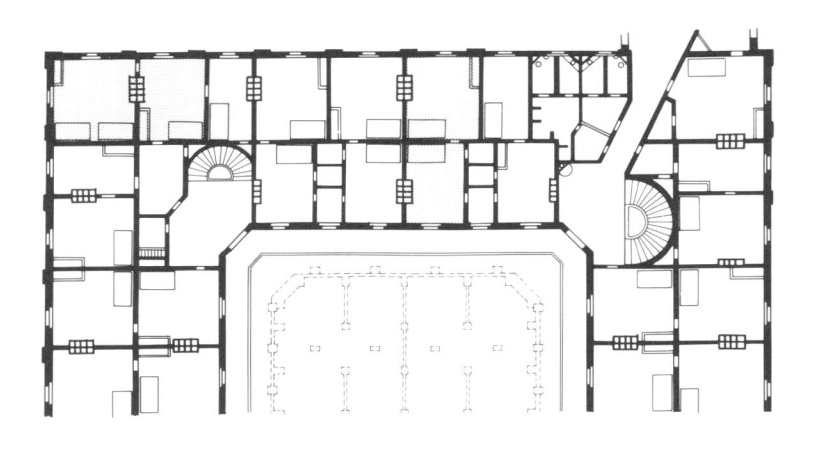

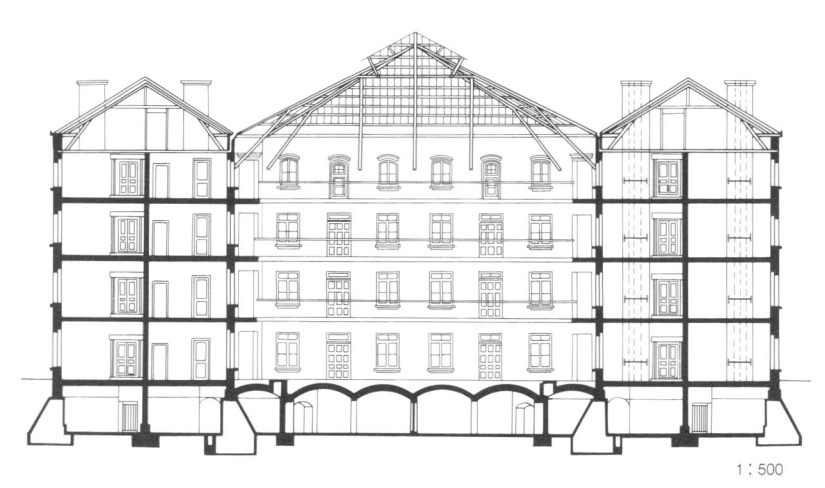

ファミリステール／1859-65年
(Familistere)

設計：J.B.Godin／ギーズ，フランス／組積造4階建

ロバート・オウエンやシャルル・フーリエに考え方の基礎をもつ，産業革命以後の理想的な都市集合住宅のパターンを実現した例のひとつ．これは基本的に自給自足で，そこですべてのつきあいが満たされ，工場で集団的に働くコミュニティのための村である．主要な建築としては4階建の中庭を囲んだ建物が三つある．これらは対称的に配置され，代表的なフランス建築の堂々たる姿を思い起こさせ，各部の軸線上に多くの入口をもっていた．あまり大きくない中庭はガラス屋根で覆われ，屋内にギャラリーが巡っている．部屋は2種類あって，一つは外部に面し，もう一つはギャラリーに開けられた窓から採光する．生活のなかで共同化できる機能（食事，トイレ，浴室，訪問者のための宿泊など）は集約化され，家族にはその二つの部屋が与えられている．公共サービス施設（学校・劇場・食堂・洗濯場・遊戯場・公衆浴場・託児所・作業場）は付属の施設としてそれぞれ別棟として配置されている．全体は川の屈曲部に囲まれた公園の中に位置しており，工場は公道を挟んで隣接していた．1880年以後には工場とファミリステールは労働者の組合によって管理された．人間が共同で生活する合理的な姿を描き出し，家族生活・社会生活のかなりの部分の様相を集合住宅という公共的な建築の形式で規定しようとする試みであり興味深い．これを設計，現実化したコダンはギーズの実業家であった．ル・コルビュジエの一連のユニテ・ダ・ビタシオンの試みは，これを理念的に引き継ぐものであった．

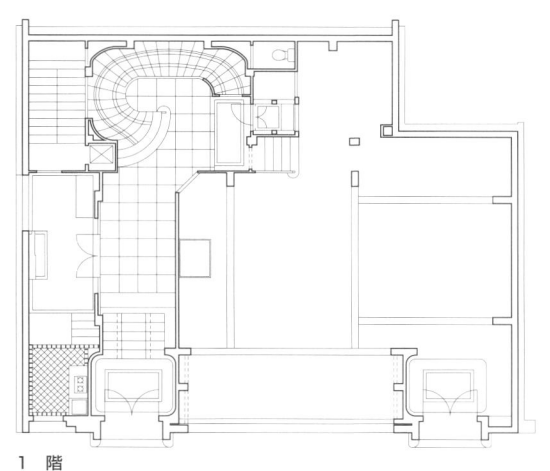

History of Multiple Dwelling before WW II: Foreign Example 1903-1910　近代住宅の歴史（海外）：集合住宅　049

1 階

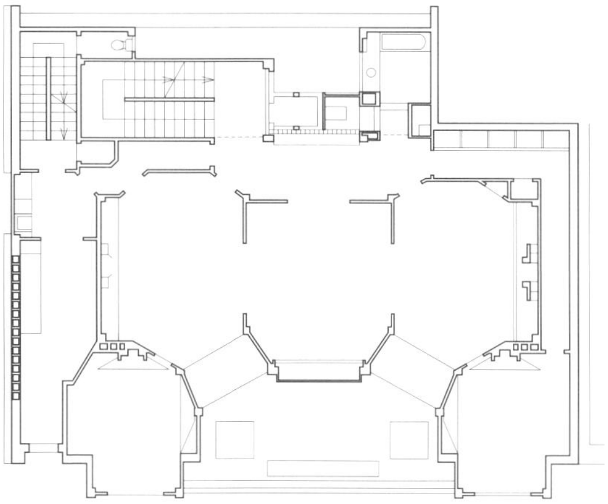

基準階　1：300

▲フランクリン街のアパート／1903 年（Apartment House rue Franklin）

設計：Auguste Perret／Paris，フランス／鉄筋コンクリート造 12 階建

鉄筋コンクリートを現代建築の構造材として登場させた記念碑的な建物．RC の柱と梁で建物の骨格を構成し，壁は構造とは独立して計画されている．この構成は 2 年間ペレの下で働いたル・コルビュジエのオープンプランの提案に引き継がれた．1 階にペレの事務所としても使われたメゾネット形式の店舗，3 階以上が住戸階で，最上階の 3 層はセットバックして各階に屋上テラスをもつ．基準階住戸は，採光・換気面を増やすため，通り側にくぼみを持つ U 字型の平面となっている．動線と水回りを裏側に設けてガラスブロックで採光を確保し，通り側に，食事室，居間，客間，二つの寝室を左右対称に配している．

1：4000

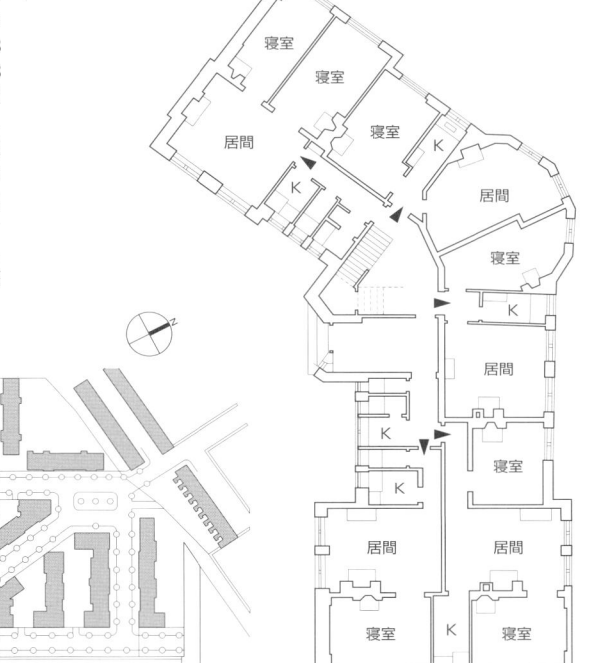

1：300

◀ミルバンク・エステイト／1903 年（Millbank Estate）

設計：London County Council／London，イギリス／組積造 5〜6 階建

1902 年竣工のバウンダリー・ストリート団地に続き，ロンドン市は都市居住者の住宅難解消やスラムクリアランスを目的に公共賃貸集合住宅の供給を始めた．ロンドン市庁内に新設された住宅局には，ウィリアム・モリスのユートピア社会思想やアーツ・アンド・クラフト運動に影響を受けた若い建築家たちが集まり，計画を推進した．この団地では，刑務所の跡地約 4 ha の敷地に，中層住棟 17 棟が一部中庭型の街区を形成するように配置され，計 895 戸のフラットが建設された．デザインには，英国伝統様式とアールヌーボー様式の混合が試みられている．

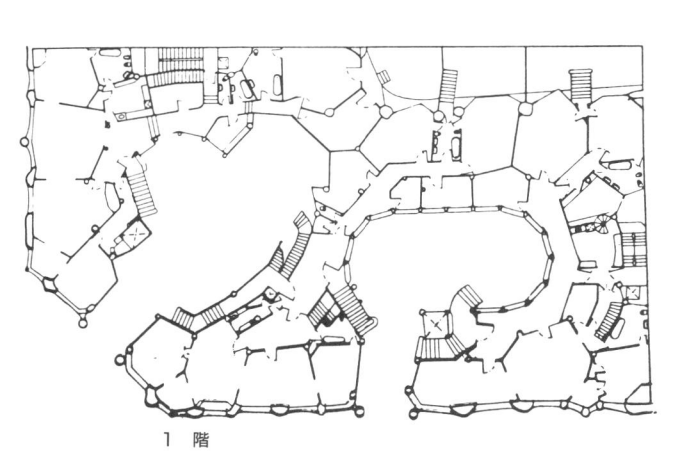

（撮影：新建築写真部）

1 階

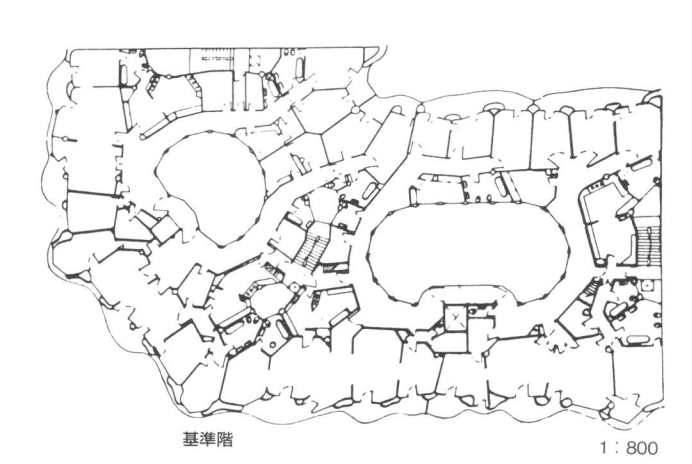

基準階　1：800

▲カサ・ミラ／1905-10 年（Casa Mila）

設計：Antoni Gaudi／Barcelona，スペイン／鉄骨造 8 階建

カサ・ミラは 8 階建の，有機的な形状をした分譲集合住宅である．大通りの四つ角の街区の一つを占め，その隅切りに対応して，街角に向かって，水平のたゆたう波の重なりのような石の壁のファサードを生み出している．波打つ石の山塊としての表情はそれを裏切るように全面的に隠された鉄骨フレームに取り付けられている．二つの中庭をもつ平面であり，街路に開かれた暗い光庭には 2 階の入口ホールへと向かう緩やかな階段と上部へのエレベーターがある．その壁や天井は一体的であり，塗装やモザイク・セラミックが施され，海底から光へと向かって上昇していくかのようである．各住戸の部屋の平面は鉄骨造の架構の中で考えうる限りの自由性を示しているし，それぞれの住居単位も全く異なった構成をしている．そして外部からの波の重なりは，内部の要求から生まれる部屋の境界との間にテラスを生み出すことで解決されている．室内の折りたためる可動間仕切，調節可能な換気ダクトなど，それが有機物をヒントにした機能的な解決であることが分かる．

050 近代住宅の歴史（海外）：集合住宅
History of Multiple Dwelling before WW II: Foreign Example 1921-1926

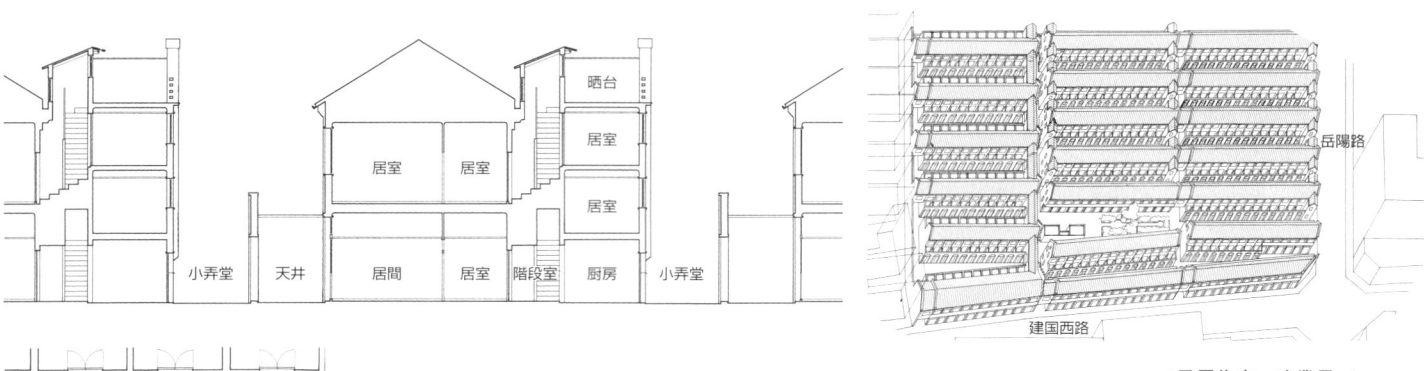

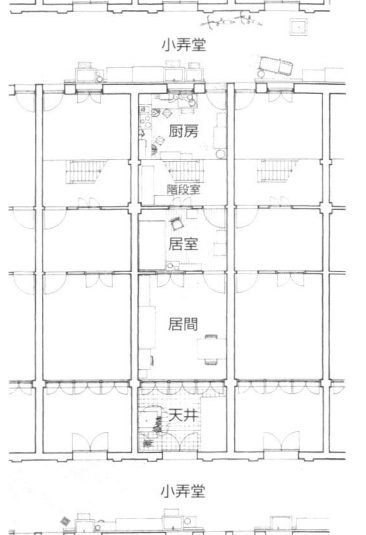

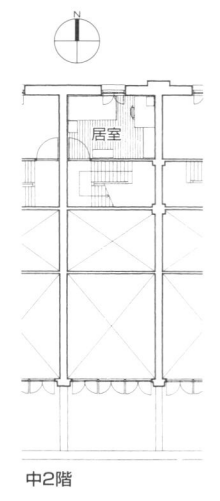

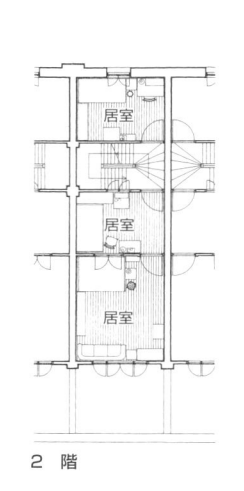

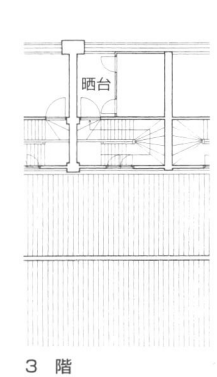

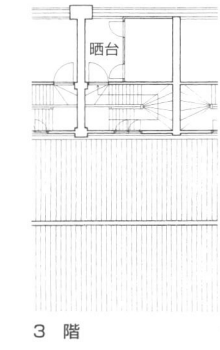

◀ 里弄住宅・建業里／1926〜1930年頃

上海・中国／レンガ造3階建

1842年の南京条約によって生まれた租界に，外国人不動産業者が中国人向けに建設したテラスハウス形式の都市型集合住宅が里弄住宅の始まりとされる．里は5戸を単位とする住戸の集まり，弄は路地を意味する．

里弄住宅地は，東西に連続する住棟を南北方向に平行配置したもので，東西方向の細路地を「小弄堂」，南北方向の路地を「大弄堂」と呼ぶ．小弄堂には水場が設けられ，洗濯や洗い物に使われる．南北に出入口をもつ住戸は，江南の伝統的民居の構成と類似する．南正面門を入り「天井」（中庭）を経て，家の中心「堂」（居間）に至る．上階に家族の私的な空間「廂房」が，北側の路地に面して厨房が設けられる．

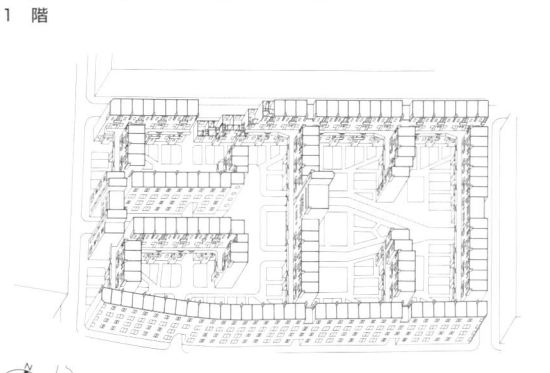

◀ スパンゲン集合住宅／1921年
（Municipal Housing Spangen）

設計：Michiel Brinkman／Rotterdam，オランダ／レンガ造＋RC造4階建

市住宅局により建設された低所得者用集合住宅．街路に沿った住棟で囲まれた中庭は，中庭側に突出する住棟で細分化され，ギャラリー（空中歩廊）が面することで公的な性格が与えられている．2.2mから3m幅のギャラリーは住棟の内側を一周し，ブロック出入口の階段室で地上と結ばれている．ギャラリーにはプランターボックスが設置され，共有のバルコニー，屋外の居間としても使われている．1, 2階のフラット住戸へは中庭から直接，3, 4階のメゾネット住戸にはギャラリーからアクセスする．なお，メゾネット住戸は，1980年代に2戸を1戸にする改修が行われた．

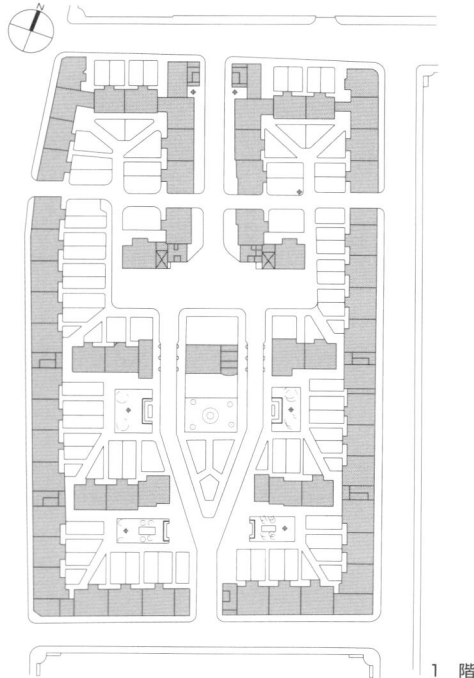

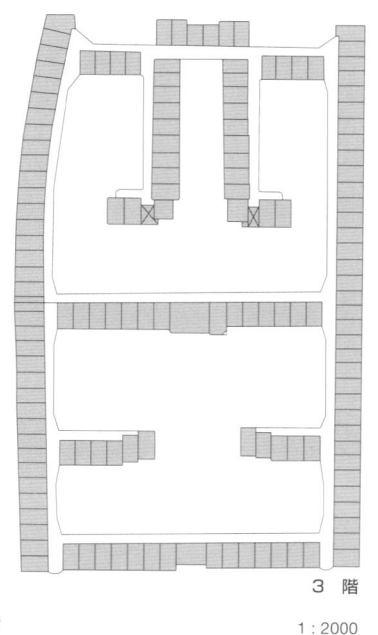

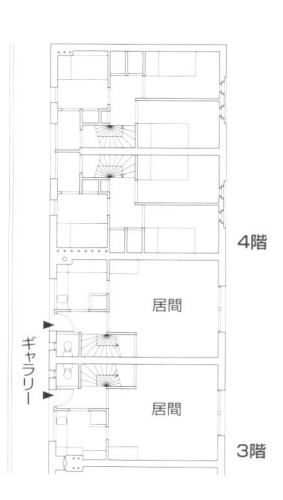

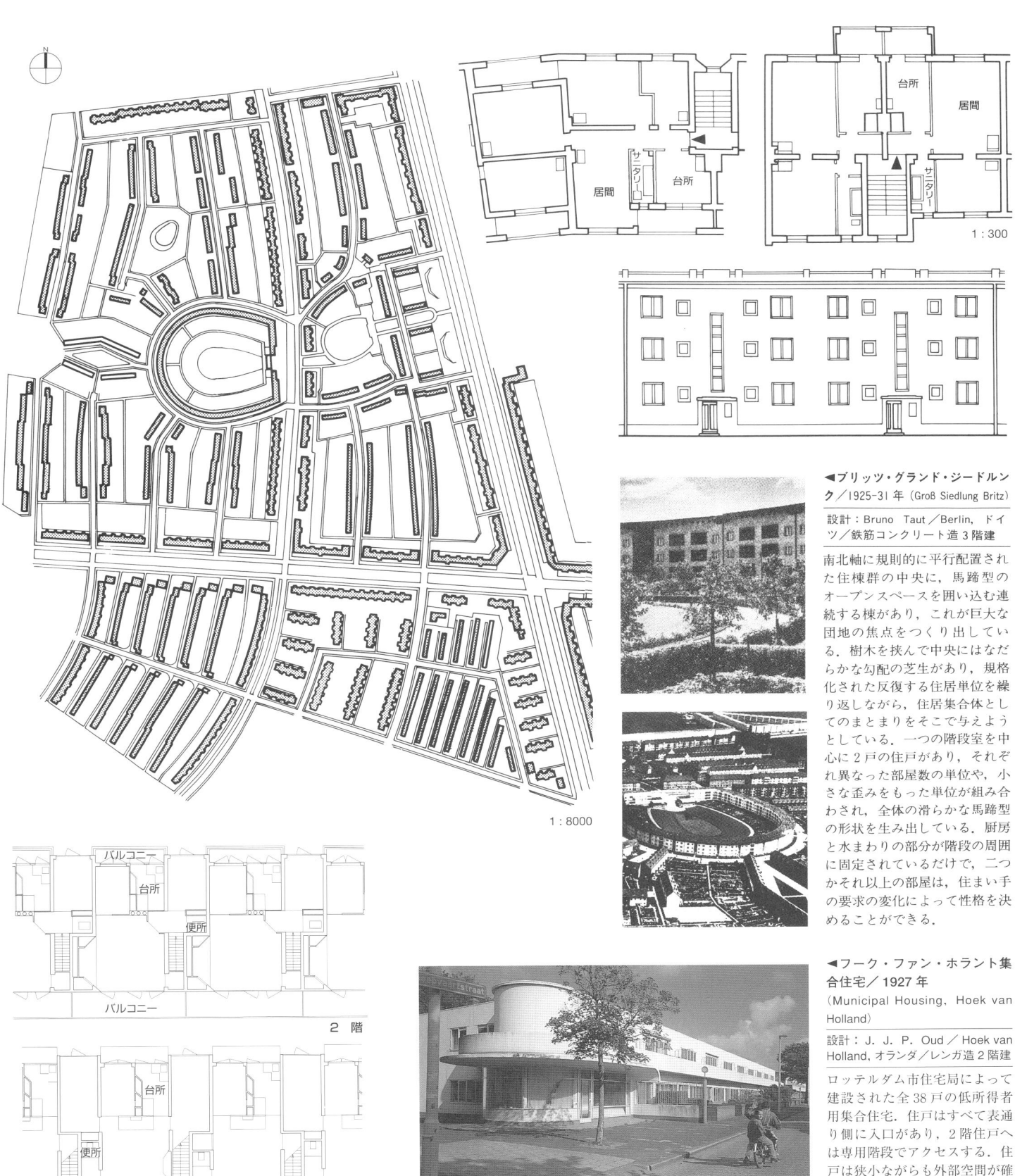

History of Multiple Dwelling before WW II: Foreign Example 1925-1931 近代住宅の歴史（海外）：集合住宅　051

◀ブリッツ・グランド・ジードルンク／1925-31年（Groß Siedlung Britz）

設計：Bruno Taut／Berlin, ドイツ／鉄筋コンクリート造3階建

南北軸に規則的に平行配置された住棟群の中央に，馬蹄型のオープンスペースを囲い込む連続する棟があり，これが巨大な団地の焦点をつくり出している．樹木を挟んで中央にはなだらかな勾配の芝生があり，規格化された反復する住居単位を繰り返しながら，住居集合体としてのまとまりをそこで与えようとしている．一つの階段室を中心に2戸の住戸があり，それぞれ異なった部屋数の単位や，小さな歪みをもった単位が組み合わされ，全体の滑らかな馬蹄型の形状を生み出している．厨房と水まわりの部分が階段の周囲に固定されているだけで，二つかそれ以上の部屋は，住まい手の要求の変化によって性格を決めることができる．

◀フーク・ファン・ホラント集合住宅／1927年
(Municipal Housing, Hoek van Holland)

設計：J. J. P. Oud／Hoek van Holland, オランダ／レンガ造2階建

ロッテルダム市住宅局によって建設された全38戸の低所得者用集合住宅．住戸はすべて表通り側に入口があり，2階住戸へは専用階段でアクセスする．住戸は狭小ながらも外部空間が確保され，1階住戸には通りに面する部分と裏側に専用庭があり，2階住戸には通り側に連続バルコニー，裏側に個別のバルコニーが設けられている．曲線を描く住棟端部は店舗併用住宅となっている．表通り側の連続バルコニーによる水平線は，住戸の個別性よりも一体性が強調されている．一方，公共空地に面する住棟北側には，各戸の専用裏庭と物置小屋が並び，街路側とは異なる佇まいを見せている．

052 近代住宅の歴史(海外)：集合住宅 History of Multiple Dwelling before WW II: Foreign Example 1927

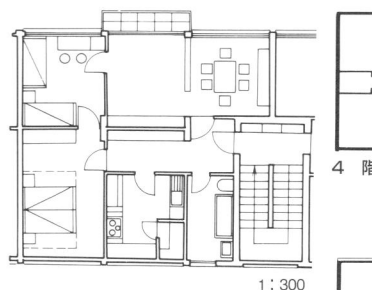

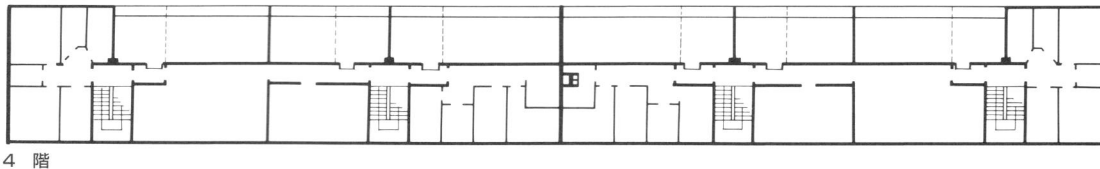

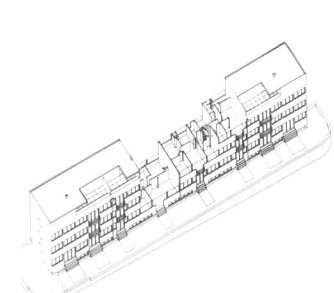

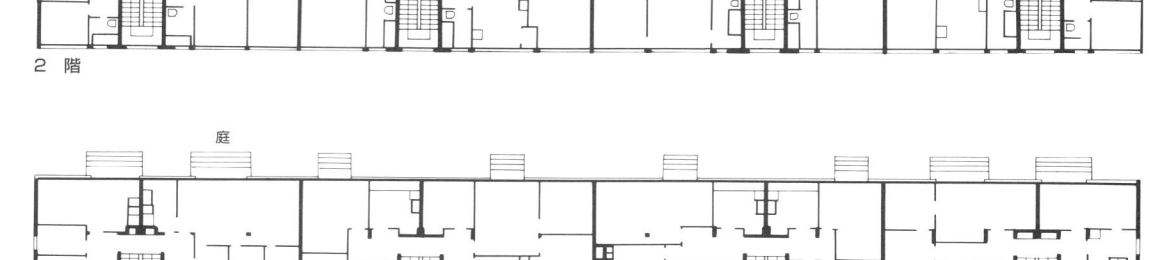

▲ワイゼンホーフ・ジードルンク／1927年（Weissenhof Siedlung）

設計：Mies van der Rohe／Stuttgart, ドイツ／鉄骨造4階建

白壁と陸屋根という"インターナショナルスタイル"を明確に表明することになった実験集合住宅展に出品されたミースの建物．二つの住戸を受持つ内部階段を中心に構成され，最上階の4階が洗濯室とテラスに当てられている．鉄骨の構造体で，厨房と浴室は固定しているが，間仕切は構造体から独立しており，住居平面は1，2，3寝室型が可能である．部屋の大きさ・形・位置などを使用者が決定できるようなフレキシブルな空間という概念が提案された．立面は一つが街路に，一つが庭に開かれており，1階には居間から塀で囲まれた庭に下りる階段がついている．

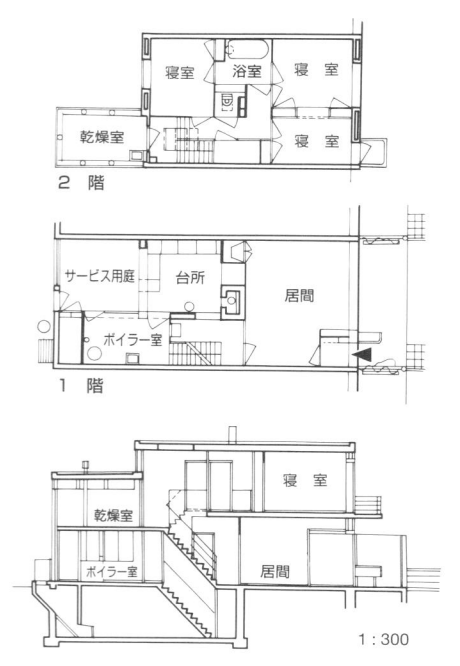

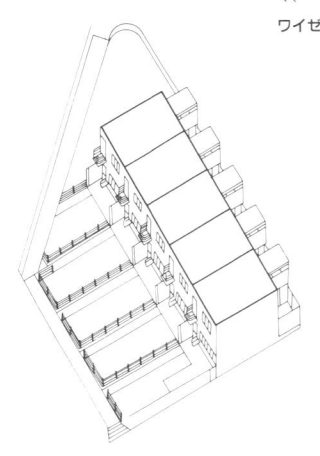

◀ロウハウス／1927年（Row Houses）

設計：J.J.P. Oud／Stuttgart, ドイツ／鉄筋コンクリート造2階建

2層の住居単位を5戸繰り返し並べた連続住居．ワイゼンホーフ・ジードルンクに出品され，上のミースの作品の隣りにある．1階に居間・厨房を，2階に3寝室をもっているが，大きな厨房に付属して突出するユーティリティとサービス用の庭のブロックの縮小されたスケールが箱型の住居に人間的スケールを与えている．それまで無駄なものとして考えられていた空間，例えば階段の踊場が乾燥室とつなげられることによって，最小限に切りつめられた平面はゆとりをもち息を吹きかえしている．白いスタッコ塗りで仕上げられ，街路側に庭と入口をもち，裏側にサービス用庭をもっている．

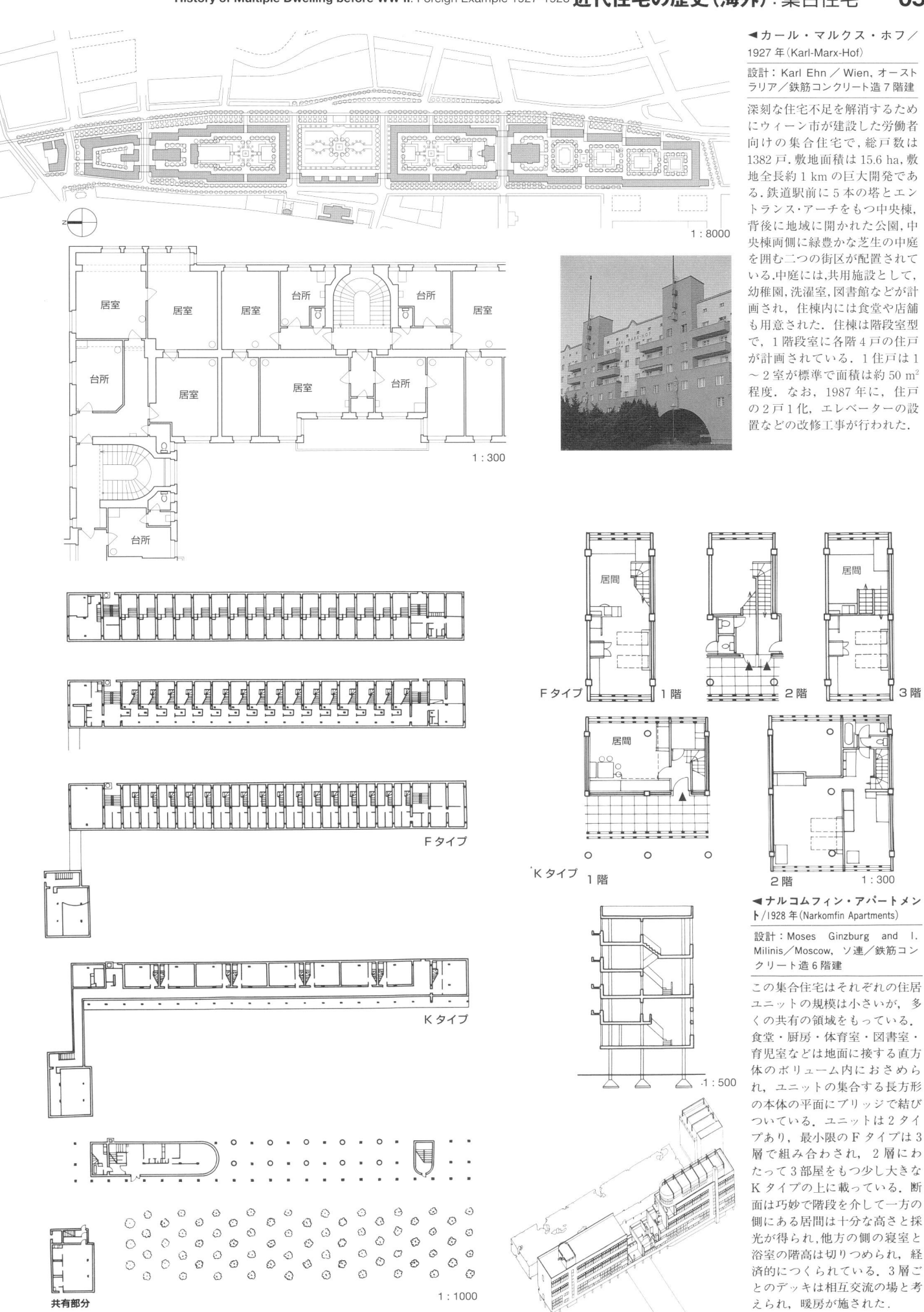

History of Multiple Dwelling before WW II: Foreign Example 1927-1928　**近代住宅の歴史（海外）：集合住宅**　053

◀カール・マルクス・ホフ／1927年（Karl-Marx-Hof）

設計：Karl Ehn／Wien, オーストラリア／鉄筋コンクリート造7階建

深刻な住宅不足を解消するためにウィーン市が建設した労働者向けの集合住宅で、総戸数は1382戸、敷地面積は15.6 ha、敷地全長約1 kmの巨大開発である。鉄道駅前に5本の塔とエントランス・アーチをもつ中央棟、背後に地域に開かれた公園、中央棟両側に緑豊かな芝生の中庭を囲む二つの街区が配置されている。中庭には、共用施設として、幼稚園、洗濯室、図書館などが計画され、住棟内には食堂や店舗も用意された。住棟は階段室型で、1階段室に各階4戸の住戸が計画されている。1住戸は1〜2室が標準で面積は約50 m²程度。なお、1987年に、住戸の2戸1化、エレベーターの設置などの改修工事が行われた。

◀ナルコムフィン・アパートメント／1928年（Narkomfin Apartments）

設計：Moses Ginzburg and I. Milinis／Moscow, ソ連／鉄筋コンクリート造6階建

この集合住宅はそれぞれの住居ユニットの規模は小さいが、多くの共有の領域をもっている。食堂・厨房・体育室・図書室・育児室などは地面に接する直方体のボリューム内におさめられ、ユニットの集合する長方形の本体の平面にブリッジで結びついている。ユニットは2タイプあり、最小限のFタイプは3層で組み合わされ、2層にわたって3部屋をもつ少し大きなKタイプの上に載っている。断面は巧妙に階段を介して一方の側にある居間は十分な高さと採光が得られ、他方の側の寝室と浴室の階高は切りつめられ、経済的につくられている。3層ごとのデッキは相互交流の場と考えられ、暖房が施された。

054 近代住宅の歴史（海外）：集合住宅
History of Multiple Dwelling before WW II: Foreign Example 1930-1932

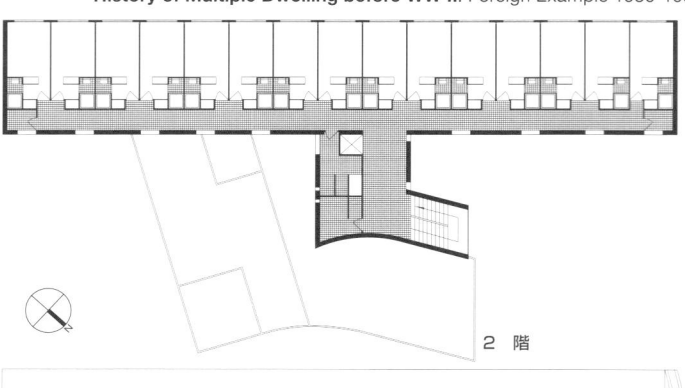

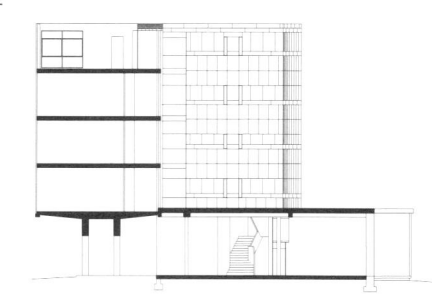

1:500

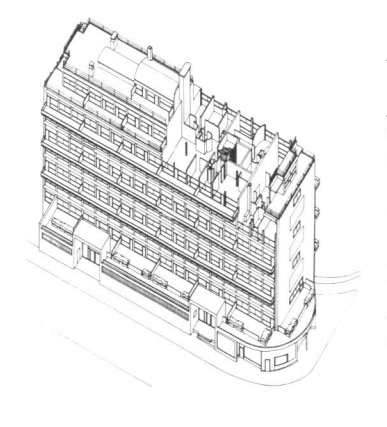

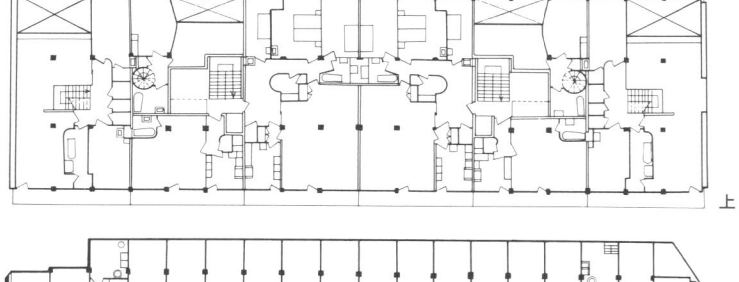

◀スイス学生会館／1930-31年（Swiss Pavilion）

設計：Le Corbusier／Paris, フランス／鉄筋コンクリート造5階建

スイス人学生のための寮であるこの建物は，寮室群を収めた直方体のブロックと，食堂・ホール等を収めた共用の平屋ブロックからなる．寮室群屋上には学生のためのサンルームと使用人室が計画されている．この構成は，ル・コルビュジエが提唱した「近代建築の5原則」（⇨042クック邸参照）を集合住宅に適用したものとして重要である．さらにこの建物は，彼が理想とした「輝ける都市」における集合住宅の原型として位置づけられている．建築の特徴としては，重量感のある彫刻的な柱，ガラスブロック，鉄骨とガラスのカーテンウォール，化粧石と粗石のランダムな組み合わせなどが挙げられる．

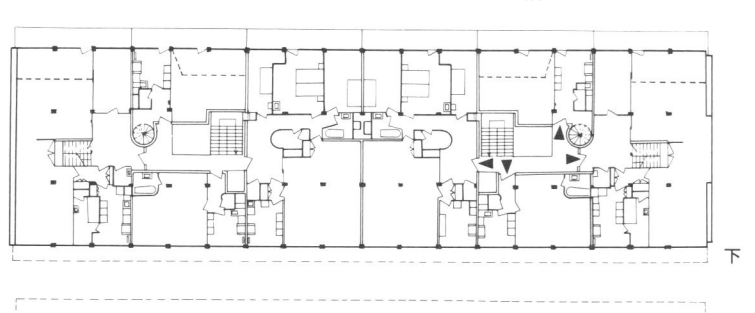

◀インムーブル・クラルテ／1930-32年（Immeuble Clarté）

設計：Le Corbusier／Genève, スイス／鉄骨造9階建／住戸数：45戸

標準化された鉄骨の架構と窓・階段などの規格的な金属部品によってプレファブ化されているが，その制約の中で内部に変化に富んだ住居の空間のタイプが生み出されている．傾斜地に位置しているため1階に店舗・倉庫・管理人室・駐車場からなる基壇を設け，そこから2基のエレベーターと階段を立ち上げ，その周囲に住居単位を配置している．南面に沿って2層分の階高の居間をもつスタジオ型住居が配置され，その反対側にはワンルームの住居が2層配分されている．両端部には大きな書斎と食堂をもつ豊かな空間の住居ユニットがある．階段室の床はデッキガラスであり，光の井戸となっている．

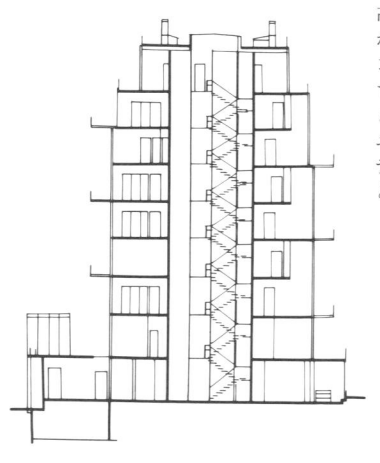

ラドバーン方式

ニューヨーク市の北西約25km，ニュージャージー州ラドバーンの農村地域において1928年に建設が開始された住宅地は，クラレンス・A．ペリーによって提案されて間もない近隣住区理論が住宅地計画に適用された最初の例である．1929年の大恐慌により完成したのはごく一部だが，住区内の街路網は，道路面積が大幅に縮小され，歩行者と自動車が徹底的に分離された良質な環境となっている．この点で，自動車時代の住宅地設計手法，いわゆる「ラドバーン方式」として以降の住宅地計画に影響を与えた．

行き止まりである自動車用の袋路（クルドサック）に面する約20戸の戸建・二戸建住宅がクラスターを成し，それぞれが交流を促す半私的空間を持ち，通過交通を区域内部に通さない平面的な歩車分離となる．

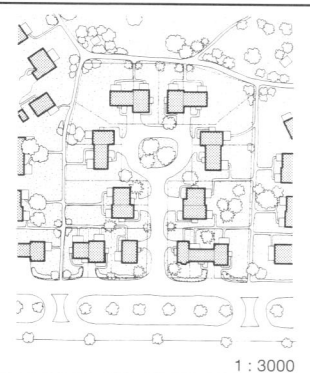

1:3000 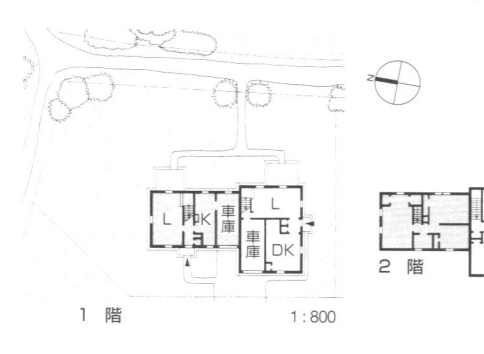　1:800

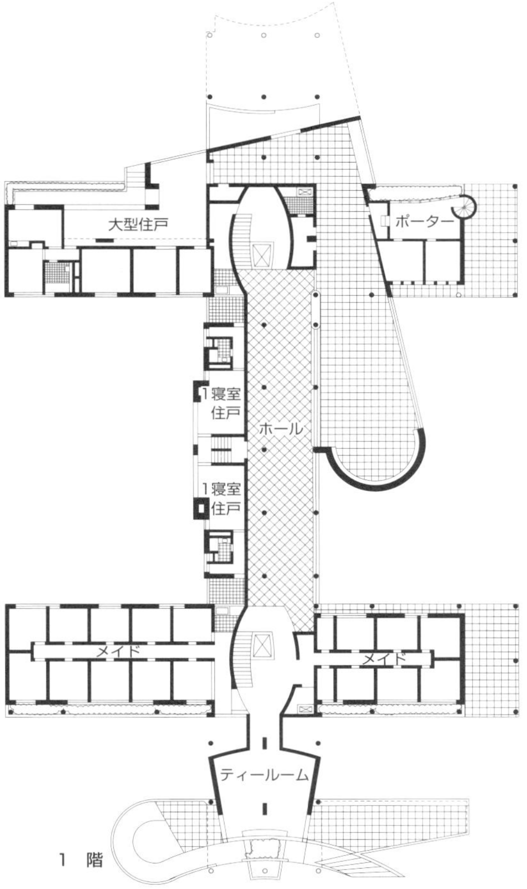

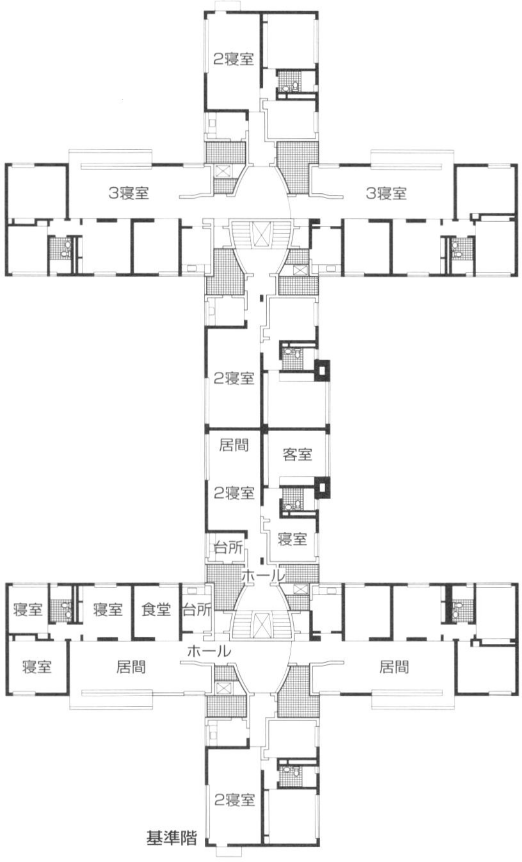

近代住宅の歴史（海外）：集合住宅
History of Multiple Dwelling before WW II: Foreign Example 1935-1939

◀ハイポイント1／1936年（Highpoint 1）

設計：Lubetkin and Tecton／London, イギリス／鉄筋コンクリート造8階建

ロンドン市街の北西ハイゲイト地区に立地．中央に階段室とエレベーター，各翼に一つの住戸を配した十字形平面を二つ連結し，各階8戸，全56戸からなる．連結部を除き，住戸同士は隣接せず，2〜3面が外気に接し，充分な採光や通風が確保されている．1階にはピロティ形式のエントランスと共用施設がある．ル・コルビュジエはこの建物を「垂直のガーデンシティ」と高く評価した．1938年には隣地にメゾネットの住戸を含む板状のハイポイント2が建設され，プール，テニスコート，庭園，喫茶室を共有している．

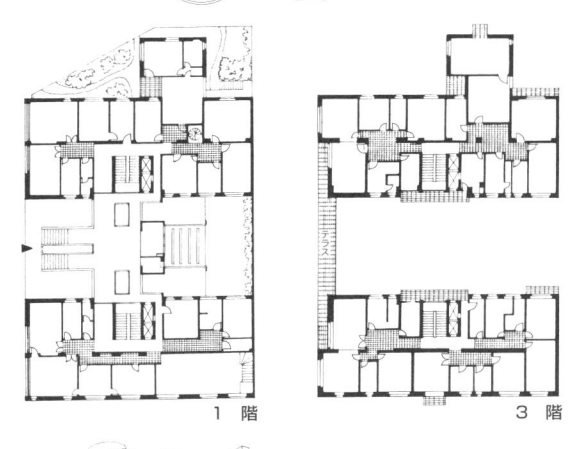

◀カサ・ルスティッツィ／1933-35年（Casa Rustici）

設計：G. Terragni＋P. Lingeri／Milano, イタリア／鉄筋コンクリート造8階建

ミラノの街に建つこの建物は，伝統的なイタリアの都市住居の中庭形式，つまり周囲を埋めているパラッツォ建築を近代的に解釈し直したものである．敷地は奥行が深く，幅が広すぎるので，中庭を挟んで二つの同型のブロックに分解しそれを街路と直角に配置し，街路に沿った側をバルコニーで連結している．最上階は所有者の大きな住宅が両ブロックをつなぐ形であり，一般階は2基の階段とエレベーターのまわりに住居単位が集まっている．1階は事務室，地階に車庫とサービス施設がある．居間につながる街路側の連続バルコニーは街に軽快で透明感のある表情を与えている．

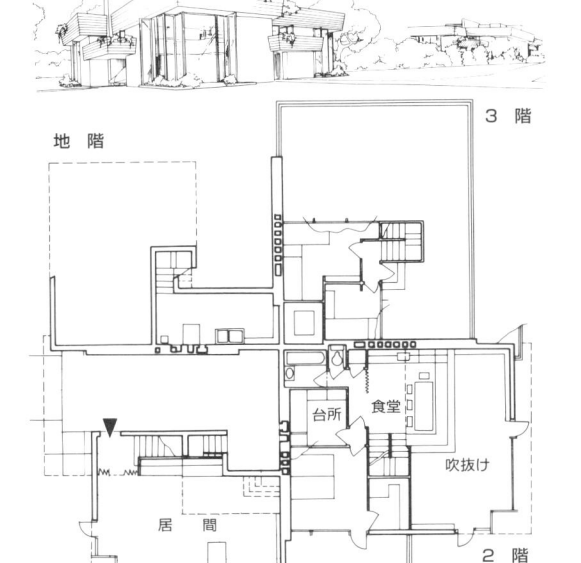

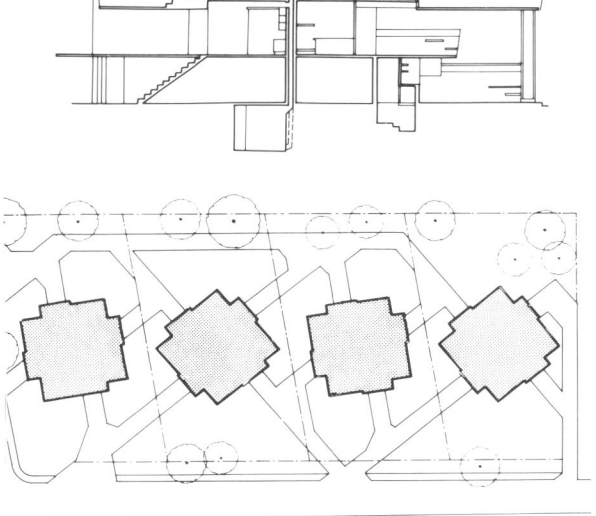

◀サントップ・ホームズ／1939年（Suntop Homes）

設計：F.L.Wright／Ardmore, Pennsylvania, アメリカ／鉄筋コンクリート造3階建

郊外の集合住宅形式であって独立住宅の密度を増そうとする試みである．建物を横切る十字型の高いレンガ造の共有壁を介して四つの住居が風車状に配置されている．各住居単位は3層で，スプリットレベル，2層吹抜けの居間，バルコニー，中庭，高窓などの住居にとって魅力的な要素の巧妙な適用を見ることができる．1階には車庫，中庭，玄関，居間が配され，2階には2層分吹き抜けた居間を見下ろすようなかたちで食堂と厨房があり，さらに二つの寝室がある．主寝室は中庭と外に面するバルコニーが付けられ，3階の寝室や浴室も中庭に開かれている．最上階が屋上テラスであることからサントップと名づけられた．

056　現代の独立住宅：概要　Modern Detached House: Abstract

分類	一般的特徴
都市住宅	○土地に対し密度高く建設される. ○用途・立地・経営・居住者階層などに応じ形態は多様. ○社会状勢・都市状況により変化が激しい.
農山村住宅	○土地に対する密度は低い. ○独立の敷地を有し, 多くは付属舎を伴う. ○農業生産機能を併せもつ. ○伝統性・慣習性が根強い.
漁村住宅	○狭い土地に密度高く建設される. ○漁業労働の共同性を反映する場合がある.
その他	(別荘・炭鉱住宅・鉄道官舎など)

住居の分類(立地別)

分類		例
専用住宅	世帯用住宅	独立個人住宅 建売分譲住宅 木造零細アパート 民間分譲集合住宅 公共賃貸集合住宅
	単身者用住宅	寄宿舎 単身者用アパート
併用住宅	店舗併用住宅 作業場併用住宅 倉庫併用住宅 診療所併用住宅	小売商店など 自動車修理屋など 材木屋など 医院

都市住居の分類(用途別)

◀ **日本の住居の分類と変化**
住居はきわめて多様で, 正確な分類は困難であるが, ここには日本の現状から見た大略の分類とそれらの一般的特徴を示す.
　都市と農山村漁村とは, 住居の性格が著しく異なる. 以前は農業人口が大半を占め農村住宅が主体であったが, 昭和30年代後半から始まった高度経済成長期以降, 都市に人口が集中し, 都市居住が中心になったことにより住居への要求も大きく変化してきている. 特に近年, 少子化, 高齢化といった人口構成の変化や女性の社会進出等により, 家族の構成やそれぞれの家庭内の役割も変容してきている. このような社会的背景を受け, かつては郊外一戸建という住宅に対する要望も, 都心に回帰する傾向, あるいはセカンドハウスにより余暇を楽しむ傾向等, 多様な流れが生まれつつある.

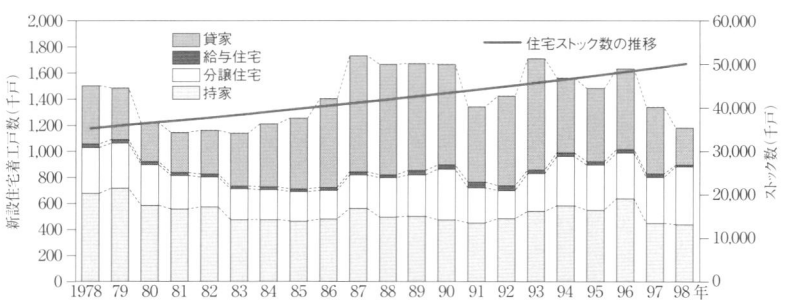

新設住宅着工戸数およびストック数の推移 [出典：住宅着工統計・住宅統計調査]

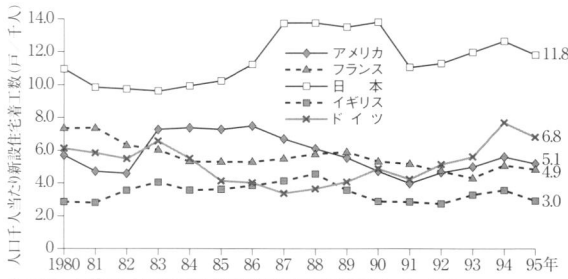

▲ **新設住宅着工数の推移**
日本の新設住宅着工戸数は1978年度以降, 景気に左右されながらも110〜170万戸で推移(1998年度で118万戸)し, バブル経済期末期の1998年度にストック数で5千万戸を超えた. 新設住宅着工戸数は, 人口比で見るとアメリカ, イギリス, フランス, ドイツ等, 欧米先進諸国をはるかにしのいでいる.

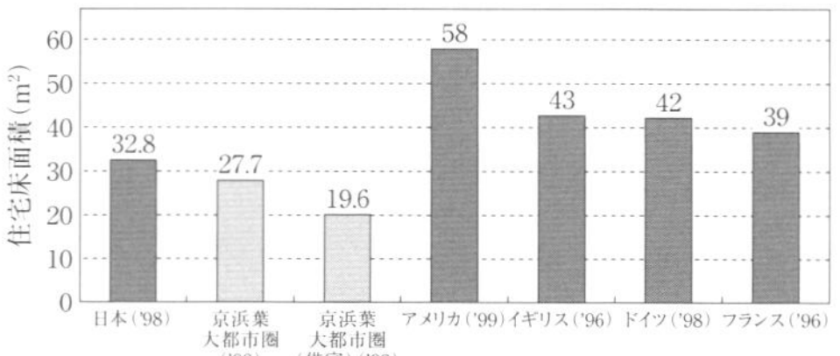

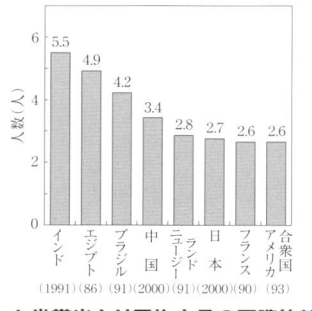

1世帯当たり平均人員の国際比較

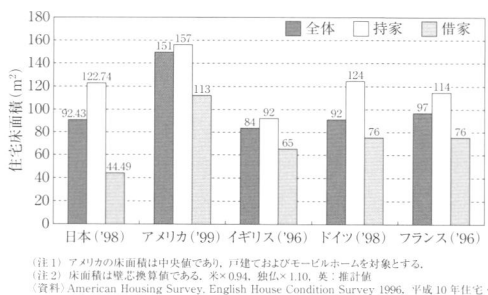

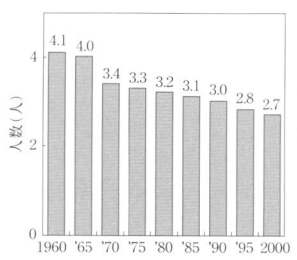

1世帯当たりの平均人員(一般世帯)

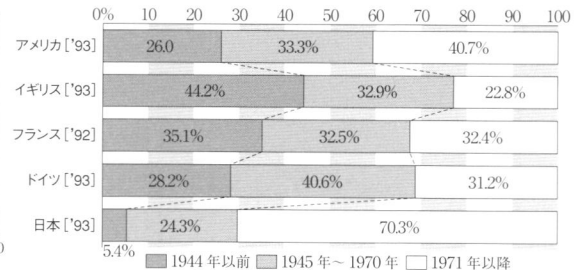

▲ **世帯規模の比較**
日本の1世帯当たり人数の経年変化を見ると, 1960年以降減少し, 2000年には2.67人となっている. 世帯規模縮小化の現象には, 出生率の低下, 核家族化, 単独世帯の増加などが影響している. また, 国別比較では発展途上国ほど世帯規模が大きい.
[総務省統計局監修, 日本統計協会編：統計で見る日本 2003, p.17, 45 (2002)]

1人当たり住宅床面積の国際比較(壁芯換算値)

1戸当たり住宅床面積の国際比較(壁芯換算値)

▲ **建築時期別住宅数と耐用年数**
住宅ストックを先進主要国と建築時期別に比較すると, 日本では1970年以降建設された住宅が全体の70％を占めており, 耐用年数の低さをうかがわせる. 建築材料や地震等自然環境の違いもあるが, 耐用年数は国連統計によると, アメリカ103年, イギリス141年, フランス86年, ドイツ79年に対し, 日本は30年と著しく短い.

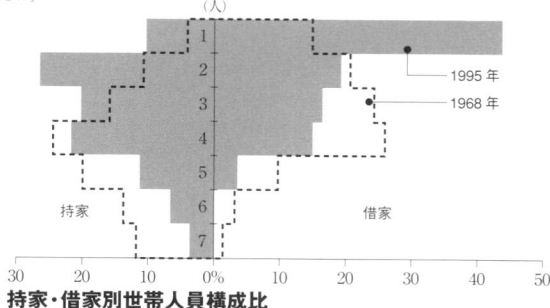

建築時期別住宅数の割合(国際比較)
[出典：住宅金融公庫：海外住宅DETA-NOW]

人口千人当たりの新設住宅着工数の推移(国際比較)
[出典：住宅金融公庫：海外住宅DETA-NOW]

所有関係別1住宅当たり延床面積の推移 (単位：m²)

			借家			
《全国》	総数	持家	公営	公社公団	民営借家	給与住宅
昭和43年	73.86	97.42		37.78	34.13	53.56
48	77.14	103.09		40.01	36.01	53.86
53	80.28	106.16	41.52	43.32	37.02	55.33
58	85.92	111.67	44.90	44.67	39.19	57.28
63	89.29	116.78	47.00	44.84	41.77	56.07
平成5年	91.92	122.08	49.44	46.66	41.99	56.35
10年	92.43	122.74	50.19	46.97	42.03	53.52
《関東臨海》	総数	持家	公営	公社公団	民営借家	給与住宅
昭和43年	55.28	81.62		38.99	25.17	46.82
48	58.53	86.86		41.19	27.55	48.15
53	61.90	89.44	40.04	44.13	29.30	50.32
58	67.03	93.27	41.60	45.05	31.54	51.26
63	69.42	97.19	43.07	44.79	34.61	50.62
平成5年	71.43	101.37	45.34	46.44	36.27	49.40
10年	72.71	101.78	47.67	46.55	36.78	48.52
《東海》	総数	持家	公営	公社公団	民営借家	給与住宅
昭和43年	81.76	104.47		36.70	38.04	53.70
48	85.75	110.64		39.37	35.44	54.22
53	88.37	112.02	42.77	40.94	36.77	55.73
58	94.49	118.28	45.55	42.89	38.60	57.44
63	98.99	124.49	48.09	42.69	40.64	56.10
平成5年	101.45	130.21	50.80	44.74	45.11	55.66
10年	102.01	131.77	50.87	46.82	45.09	52.80
《近畿》	総数	持家	公営	公社公団	民営借家	給与住宅
昭和43年	66.35	95.58		38.80	34.17	55.11
48	70.27	101.29		40.39	35.56	53.98
53	72.34	101.19	41.15	43.48	35.56	55.08
58	78.77	106.03	44.27	44.78	37.70	57.17
63	81.90	109.95	46.27	45.77	39.77	56.36
平成5年	83.69	113.47	47.09	47.37	40.21	57.33
10年	84.26	113.77	47.95	47.58	39.92	51.68

▲ **住宅規模の比較**
1戸当たりの住宅面積を主要先進国と比較すると, 日本は持家では123m²で, アメリカの157m²には及ばないが英独仏のヨーロッパ先進諸国とほぼ同等の水準であるが, 借家では約2〜3程度とかなり狭いことが見て取れる. また, 1人当たりの住宅床面積で比較すると, 他の先進諸国との差はさらに大きい.

また, 国内で見ると1住宅当たりの延床面積は, 年々広くなってきている. 持家に比べると借家は全般的に狭く, 特に民営借家において著しい. 地域別に見ると東海地域が持家・借家とも全般的に広い傾向を示し, 関東臨海地域は持家・借家とも狭いことが読み取れる.
[国土交通省住宅局住宅政策課監修：住宅経済データ集　平成14年度版, p.14, 153, 住宅産業新聞社 (2002)]

持家・借家別世帯人員構成比
[出典：伊豆宏：すまいろん「超長期住宅需要の展望」56号, 住宅総合研究所財団, 2000]

◀ **持家・借家別世帯人員構成比**
1968年と1995年の持家・借家別世帯人員数を比較すると, 夫婦のみの持家と単身の借家が著しく増加していることが分かる. 1980年代以降, 夫婦＋子供の世帯数は変わらないが, 単独世帯や夫婦のみの世帯は, 1980年から15年の間に総数で約840万戸増加している. 急増した夫婦のみの世帯の多くは持家に居住している.

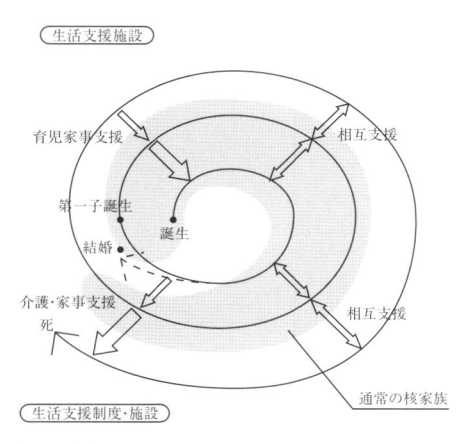

Modern Detached House: Abstract　現代の独立住宅：概要

家族のライフサイクルと家族員のネットワーク

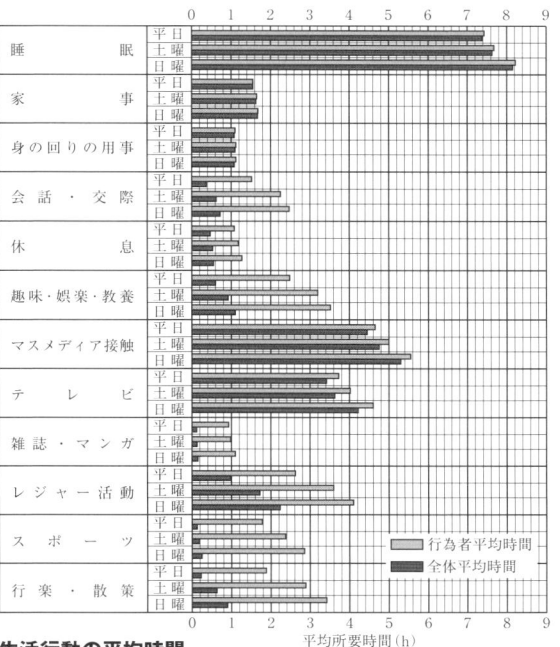

▲近代家族と住宅

戦後、日本の家族は、それまで家を強く意識した構成から夫婦を中心とするシンプルな核家族へと変化してきた．そして，その過程で家族を形成する男女の意識が様々な形の家族を生み出してきた．これは共同性が重視された社会から個人重視の社会へと変わってきたことに呼応する．

今日の近代家族は一組の男女の合意に基づき、夫婦愛・家族愛を拠り所にした安らぎの場として成立する．しかし，グローバルに見ると，家族の形は多様であり，一括りに定義することはできない．いずれも豊かな文化を背景に必然性をもって成立している．住宅は家族を受け入れる器であり，計画に際しては多様な家族のあり方を視野に入れ，ライフスタイルおよびライフサイクルを柔軟に想定することが必要である．

- 多くの家族は夫婦とその親子関係で形成され、結婚・第1子誕生を世代の周期にして生活が展開する．その周期はおおむね30年とみることができる．
- 世代間の住要求は家族周期の各局面で質的に大きく変化し、しかも時代とともに移り変わる．
- 第2世代は、前半に子育てが、後半に老親の介護が必要になりやすく、生活全般に負担がかかりやすい．
- 家族員が支援しあうネットワーク居住を積極的に推進し、また、家族や住宅を取りまく生活支援の制度や施設を積極的に利用することで住生活を豊かにすることが可能である．

◀生活空間と時間

都市部に限らず農村部等においても地域性を一部残しながらも都市型の生活スタイルが浸透してきている．この都市化の現象として、核家族化、働く場所と住む場所の分離、社会活動（サークル、学習、奉仕等）への参加、女性の就労などをあげることができる．これらの結果として、住居で過ごす時間は短くなる傾向にある一方、パソコンをはじめとする情報機器のネットワーク化が進んだことによるSOHOの出現等、住居に対する考え方や要求も多様化している．

一方、住宅の設計に際し、住居内の各室に対する住まい手の要求を知る上からも、住まい手が1日の中で睡眠・家事・交際・休息・余暇的活動といったそれぞれの生活行動に費やす時間や家族が一緒に過ごす時間・時間帯を知ることも大事である．

生活行動の平均時間
[出典：NHK放送文化研究所：2000年国民生活時間調査報告書より作成]

住戸空間						住戸まわり空間		公共生活空間
生理衛生	家事サービス	個人空間	家族空間	接客空間	通路空間	屋外生活空間	近隣生活空間	
便所 浴室 洗面所 脱衣室 化粧室	台所 洗濯室 ユーティリティ 家事室 物置 納戸・押入 機械室	寝室・私室 勉強室 書斎 趣味室	食事室 ダイニングキッチン 居間 娯楽室	応接室 客間	玄関 ホール 廊下 階段 勝手口	テラス 庭 バルコニー サービスヤード 物干場	前庭 門口 カーポート 路地 小広場 プレイロット	道路 公園 各種施設

生活空間の構成

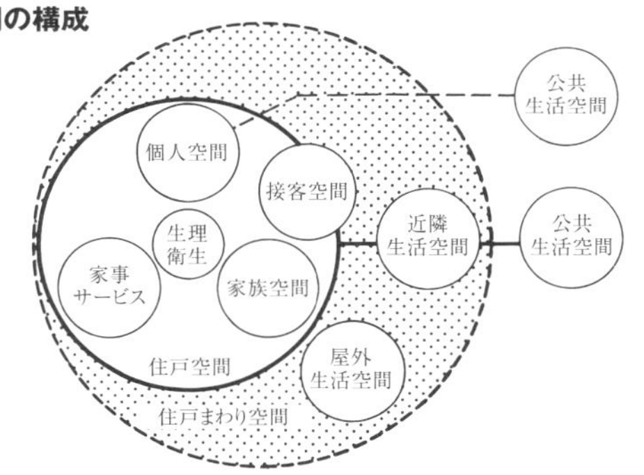

◀生活空間の構成

近代化住居では空間の機能分化が進み、さらに各空間の特異化が進んでいる．個人空間の充実、家族空間や接客空間の拡大、家事サービス空間の高品質化などである．家族の活動範囲の拡大に伴い、近隣生活空間や公共空間も住居、特に各個人空間との関係が密接になる傾向にある．

生活空間の構成モデル

今日の住宅に共通する3つの型

住宅の型	空間の特徴
都市LDK型住宅	●廊下によって他室を通らずに各室に達することができる． ●洋室の居間（L）と食堂（D）がある． ●玄関から近い位置に床の間つきの和室がある． ●2階はドアで閉じられる個室群で、1階のLDK部分と明確に分離される． ●プランの画一化とは対照的に、外観には他の住宅との差別化が図られ、様々な仕様がみられる．
地方続き間型住宅	●1階に南面して二間続きの和室があり、一方は床の間のある座敷である． ●1階にはDKと居間があり、老人の部屋や応接間が設けられることもある． ●廊下、ホールがこれらの諸室を繋ぐ． ●2階は1階と明確に分離され、ほとんどが子供室として使用される． ●外観は総じて和風、入母屋造りの屋根や大きな玄関に地方性が表現される．
集合住宅型住宅	●南側に居間と和室、中央部に台所、便所、浴室などの水まわり部分、北側に分割された個室が配置される． ●高層化の圧力下で開口部が狭められた集合住宅に共通する形式である．

[出典：鈴木成文：住まいを読む—現代日本住居論、建築資料研究社、1999]

住生活の構成要素—生活行為・モノ・居室の関係

空間	生活行為	主な家具・器具・設備	目的・機能	居室の種類	室の配置
家族生活	もてなす	テーブル、ソファ、座卓	接客	応接間・座敷	玄関に近い
	くつろぐ、寝そべる、TVを見る、新聞を読む、音楽を聴く	テーブル、ソファ、いす、TV、AV、新聞、パソコン	家族の団らん	居間	日当りや眺望が良好、庭に出やすい、家族が集まりやすい
	たべる、準備・後片づけ	食卓、いす、食器棚、カウンター、オープンキッチン	食事	食堂	眺望がよい、LやKとの繋がり
家事	調理（洗う・切る・煮る）準備・後片づけ	流し台、調理台、ガス台、冷蔵庫、食器棚	作業能率	台所	西日を避ける、LやDとの繋がり、勝手口
	裁縫、アイロンがけ、家庭事務、洗濯、乾燥、掃除	ミシン、家事机、いす、洗濯機、乾燥機、掃除機	家庭管理	家事室、ユーティリティ	各室との連絡がとりやすい
個人生活	寝る、読書、仕事、更衣、収納	ベッド、ふとん、ソファ、机、いす、書棚、押入	睡眠、個人性、対話	夫婦寝室、書斎	部屋の独立性が保てる位置
	勉強する、遊び、趣味、学習、更衣、収納	テーブル、机、いす、書棚、ステレオ、パソコン	自主性、管理	子供室	落ちついて勉強できる、プライバシーが保てる
	1日の大半を過ごす、睡眠、接客	ふとん、ベッド、タンス、クローゼット	静ひつ性、快適性	老人室	日当りや風通しがよい、眺めがよい、1階
生理衛生	排泄	和式便器、洋式便器	人間の基本的生理機能	便所	室の中を通路にしない、給排水設備をなるべく1か所にまとめる
	入浴、くつろぐ	浴槽、シャワー		浴室	
	脱衣、着衣、洗面、化粧	洗面・化粧台、鏡		洗面・脱衣室	
通路移動	履き物の脱ぎ替え、客応対	下駄箱、クローク、傘立	出入口	玄関	道路や敷地との関連
	上る、下る	照明、スイッチ位置、コンセント	上下階連結	階段・斜路	ドアの位置、開閉方向
	移動する、出入り		平面移動	ホール・廊下	
収納	収納、整理する	ロッカー、戸棚、タンス、引出し、押入	収納、整理整頓	クローゼット、食品庫、納戸	各室にバランスよく配置、屋外にも必要

[出典：図解住居学2「すまいの空間構成」、彰国社、2000]

058　現代の独立住宅：コンパクトな住まい　Detached House: Minimum House　1:300

コンパクトな住まい

　ここでいう「コンパクト」とは，単に建物の規模が小さいことだけでなく，住宅全体が合理的でシンプルかつ緻密にまとめられていることを意味する．日本において，1950年代までの戦後の住宅難の時代には，資材不足を背景とした法規上の規模制限があり，狭い住居の中に家族がいかに住まうかという提案として，最小限住宅のプロトタイプが生まれた．こうした試みは，特に1990年代以降の都市住宅において，狭小敷地の中に家族（あるいは単身者）のための快適な住空間を構築するためのスタディと類似するものがある．一方，都市生活のオルタナティブとしての自然の中のセカンドハウスのような場合には，住まいと外部環境との一体感，あるいは身体と環境との連続感などが，建物のコンパクトさゆえに獲得されることになる．

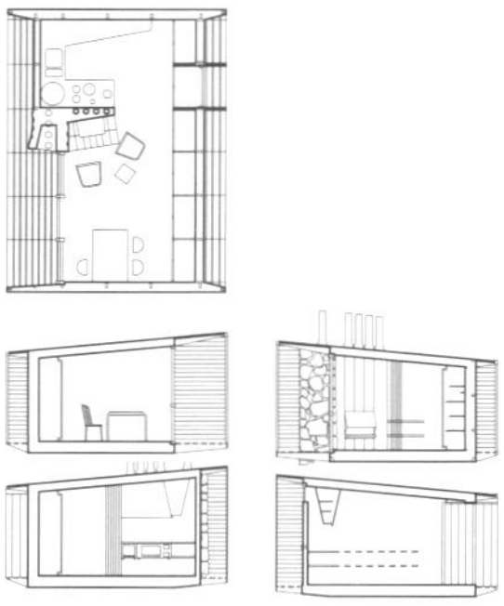

◂The box（旧自邸）／1942年

設計：Ralph Erskine／スウェーデン

木立に囲まれた間口6mの小さな自邸．内部は中央の暖炉によって厨房と居室とに分かれており，北側の収納壁は室内と屋外から利用できるようになっている．水道が引かれていないので屋内にはトイレや風呂がない．ベッドが天井面に収納されている．

（撮影：Ken Ttadashi Oshima）

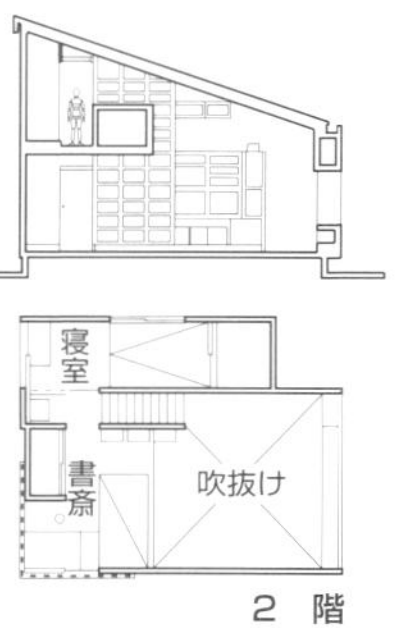

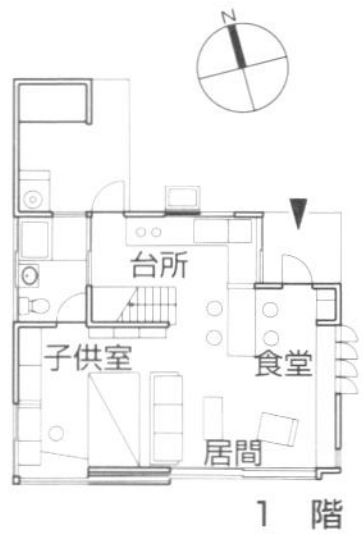

◂立体最小限住居／1950年

設計：池辺 陽／東京都新宿区／木造2階建／延床面積：47m²

戦後，住宅に関する技術・工法に対して合理主義的発想で多くの作品を発表し続けた池辺の出発点．最小限住宅という名前は戦前のCIAMで提案された思想を受け継いでいるが，最小限でありながら，いかに空間的広がりをもつのかという点で工夫がなされている．

（撮影：平山忠治）

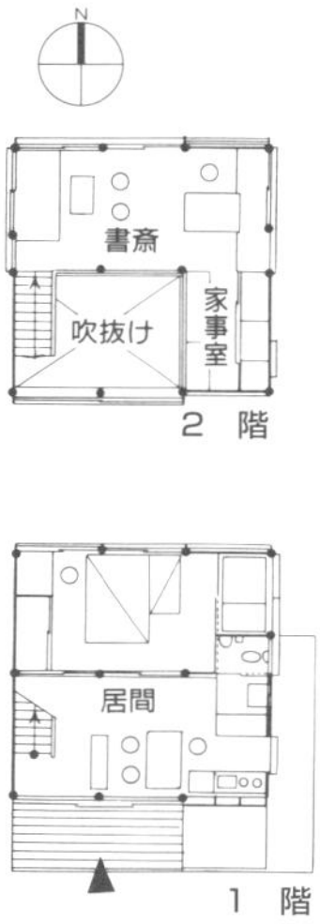

◂最小限住居・増沢邸／1952年

設計：増沢 洵／東京都渋谷区／木造2階建／敷地面積：595m²／延床面積：50m²

レーモンドに心酔した増沢が彼の事務所に所属しながら設計した自邸．戦後の住宅不足を解消せんがために最小限の材料と空間が考えられた住宅だが，そのなかでも吹抜けの壁に障子を使った居間は，日本的な佇まいとなっている．

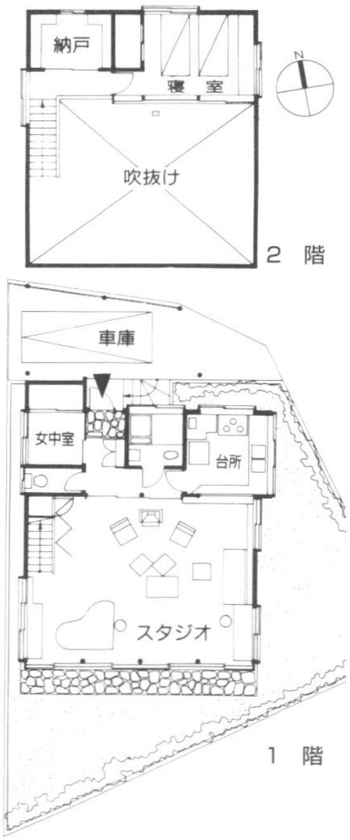

◂カニンガム邸／1953年

設計：A. レーモンド／東京都港区／木造2階建／敷地面積：-m²／延床面積：85m²

東京の都心にある延床面積が80m²ほどの小さな住宅であるが，施主である音楽家の要望により，音楽を聴くバルコニーのある家として建てられた．吹抜け空間を大胆に挿入した，ミニコンサートが開ける親密な音楽空間を持った住宅となっている．

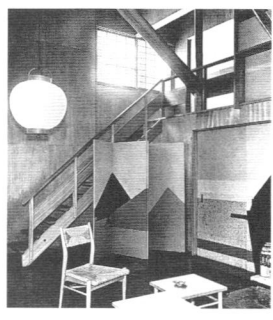

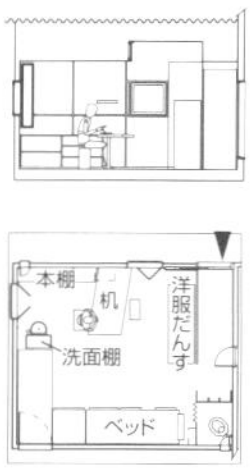

◂カップ・マルタンの休暇小屋／1956年

設計：Le Corbusier／カップマルタン，フランス

ル・コルビュジエが考案した寸法体系モデュロールによってつくられたおよそ8畳分の平面形をもつ極小の住居空間．外壁はベニヤ板に丸太の背板を張り，屋根は波形スレート葺きというようにローコストで質素な仕上げとなっている．

（撮影：中村好文）

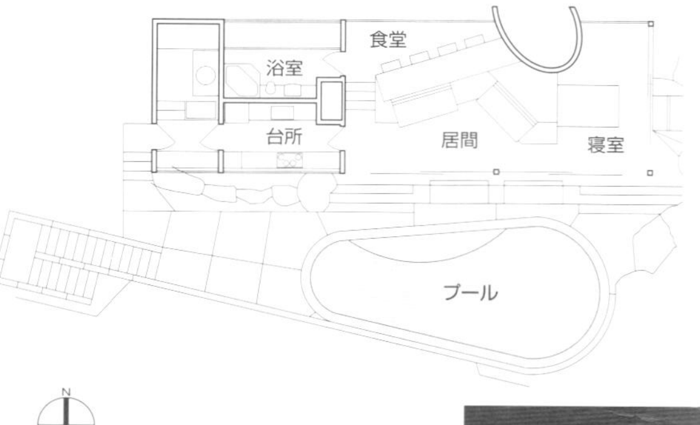

◂フライ邸II／1964年〈FREY HOUSE II〉

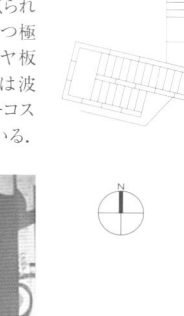

設計：Albert Frey／Palm Springs, California, アメリカ

街全体を望む丘陵地の上に，自然と一体化して佇む自邸．建物の母屋部分は素朴な鉄骨造であるが，片流れのトタン屋根の一部は既存の巨石によって支えられている．その自然石を囲むように，ベッド，ソファ，テーブルなどが南向きに設えられている．

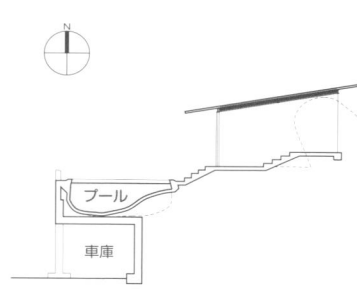

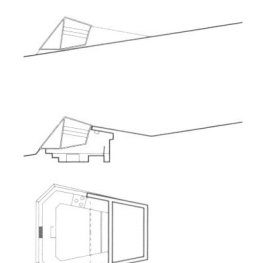

Detached House: Minimum House **現代の独立住宅：コンパクトな住まい** 059

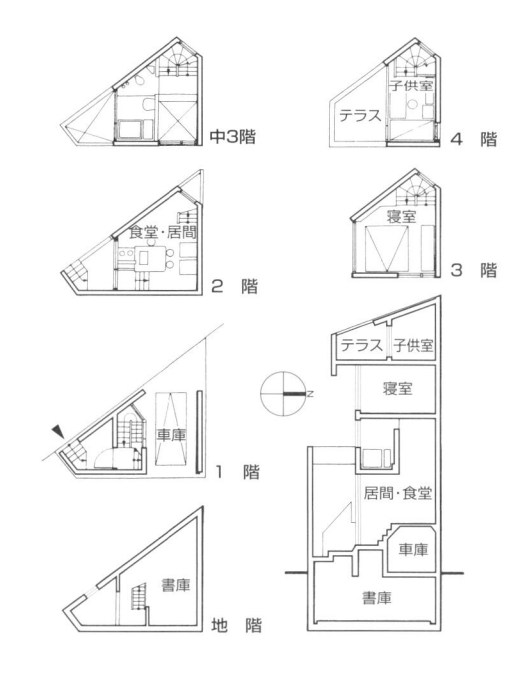

▶塔の家／1967年

設計：東　孝光／東京都渋谷区／RC造5階建／地下1階／敷地面積：21m²／延床面積：65m²

都市の中に住むという建築家の執念ともいうべき思想が凝縮された住宅．コンクリートの荒々しさによって，外部は都市空間に対峙し，内部は究極の狭さながら垂直方向に，広がりを持たせており，家族のきづなを感じさせる．

▲コックピット・ガゼボ／1964年
（Cockpit Gazebo）

設計：Norman Foster／Cornwall, イギリス

名前の通り，コックピット＝操縦席の大きさを持ち，ガゼボ，つまり東屋という，外を眺める機能をもつ空間．コンクリートとガラスで作られた建物だが，半分地下に埋めることで自然に溶け込んでいる．

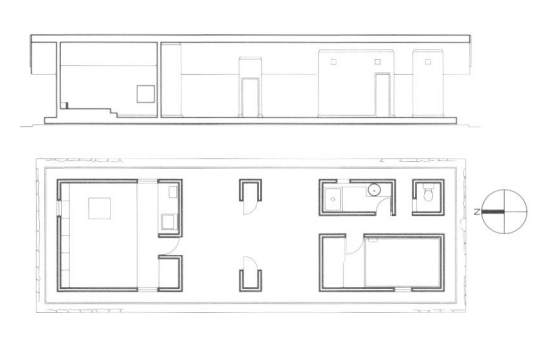

▲山川山荘／1977年

設計：山本理顕設計工場／長野県八ヶ岳山麓／木造平屋建／敷地面積：1050m²／延床面積：68m²

居室，寝室，浴室，便所，収納の諸室が独立して大屋根の下に配置されており，それ以外の床部分は外部となっている．山荘という非日常的な生活をするために作られているが，設計者による居住者への新たな生活の問いかけともいえる．

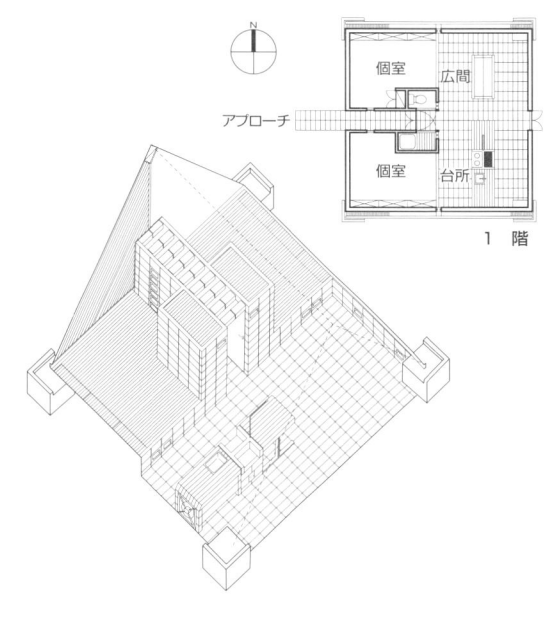

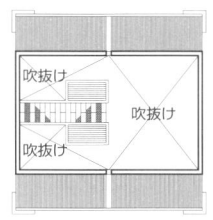

◀300万ハウス／1983年

設計：吉柳　満／名古屋市／S造平屋／敷地面積：166m²／延床面積：55m²

屋根と壁の一体化により実現した究極のローコスト住宅．材料はすべて工業製品で，内外壁は波形スレート，天井内張りはスレート板，仕切りはコンクリートブロックであり，木材はすべて古材が使われ，いわゆるインダストリアル・バナキュラー住宅となっている．

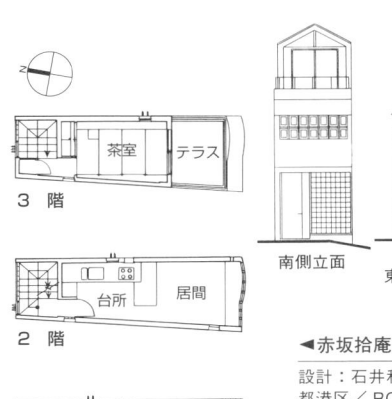

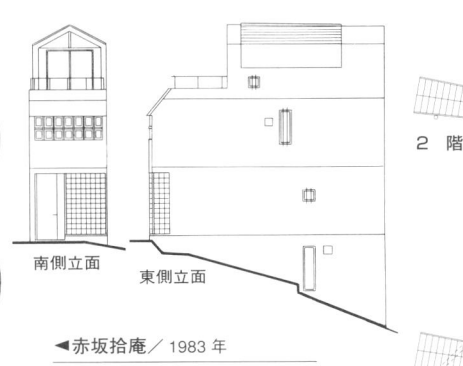

◀赤坂拾庵／1983年

設計：石井和紘建築研究所／東京都港区／RC造3階建地下1階／敷地面積：―／延床面積：54m²

1967年に建てられた東孝光による塔の家に刺激を受け，都心の真ん中の狭い敷地に建てられたRC3階建ての自邸．3階には屋上テラスと名前由来となっている拾庵という茶室があり，設計者自身が点前をこなし粋な遊びの空間となっている．

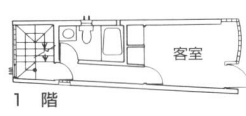

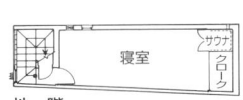

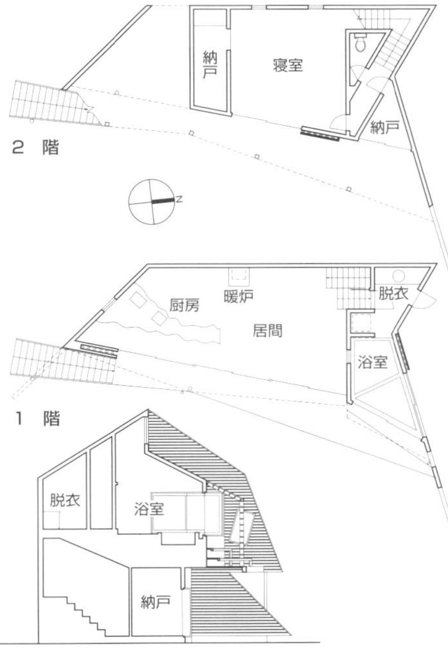

◀伊豆の風呂小屋／1988年

設計：隈　研吾／静岡県／木造2階建／敷地面積：356m²／延床面積：93m²

一見，無計画な増築によって建てられたかのような別荘住宅．アジアの川沿いにあるバラック住宅の，アドホックつまり寄せ集め的なデザインを参考にしてながらも外部への視線がよく考えられており，風呂からの眺めはすばらしい．

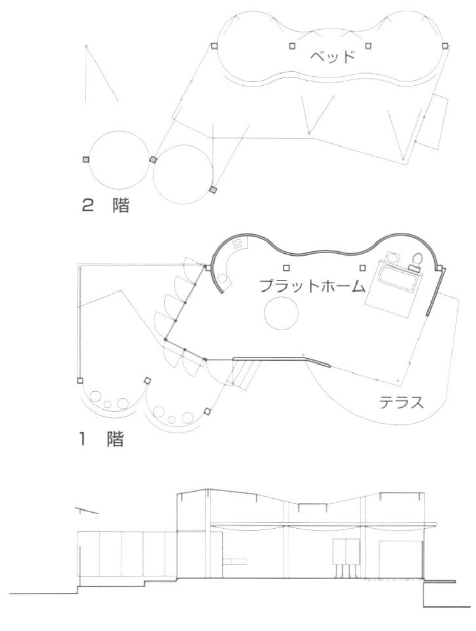

060　現代の独立住宅：コンパクトな住まい　Detached House: Minimum House　1:300

◀ PLATFORM Ⅱ／1990年
設計：妹島和世／山梨県／木造＋鉄骨2階建／敷地面積：661m²／延床面積：67m²

木立の中に建つ小さなアトリエ．建物全体を部屋やスペースという空間単位で組み立てていくのではなく，構造部材・架構材・設備器具・家具などといったモノ＝部品の配置関係から構築していくことで，きわめてエフェメラルな場がつくられている．

（撮影：新建築社写真部）

◀ 箱の家-Ⅰ／1995年
設計：難波和彦／東京都杉並区／木造2階建／延床面積：119m²

最小限のコストと最小限の空間による現代版最小限住宅の試み．吹き抜けのある居間を中心に階段とテラスをもった構成は，普遍性をもった空間形式として今後シリーズ化されていく．都市に開いて光と風を室内に取り込むための構法上の工夫もなされている．

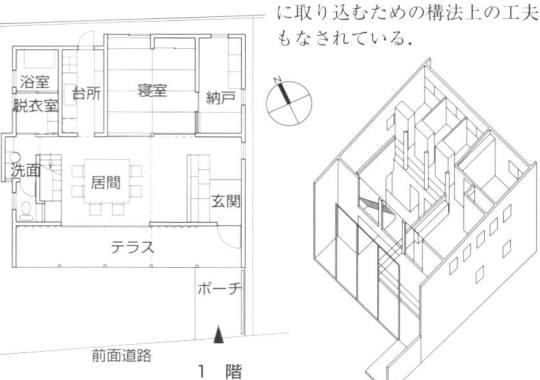

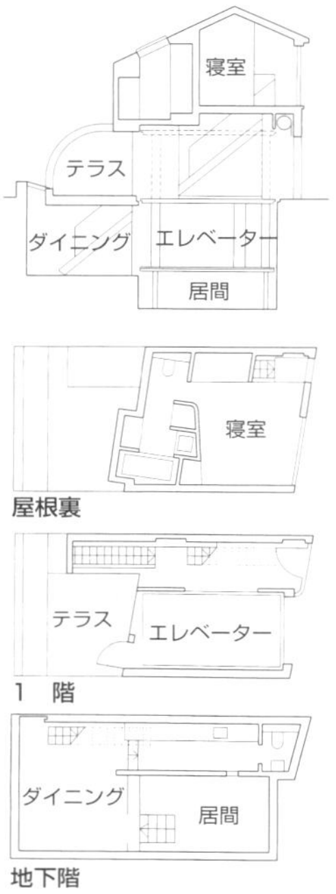

◀ ミューズ・ハウス／1997年（Mews House）
設計：Seth Stein Architects／London，イギリス

電動式の二階建て車庫を内蔵させることで，上下に可動する床面を室内につくることを可能にした住宅．地下のスペースは，リフトが下がっている時には家具や車が点在した状態であるが，リフトが上がっている時には豊かなリビングスペースとなる．

（撮影：Richard Bryant / ARCAID）

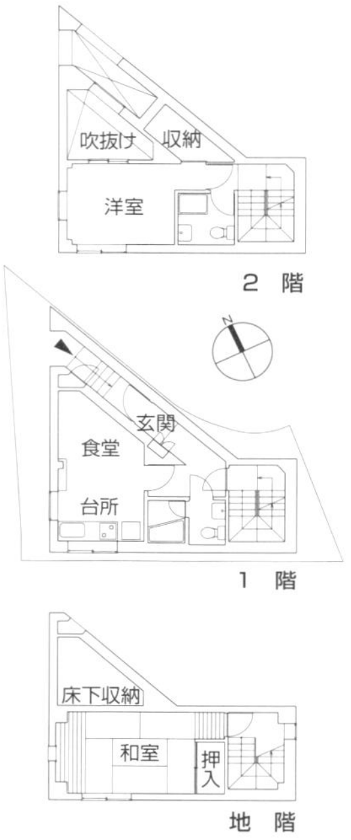

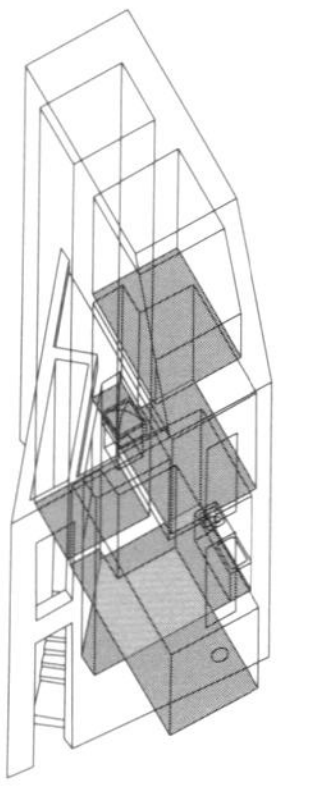

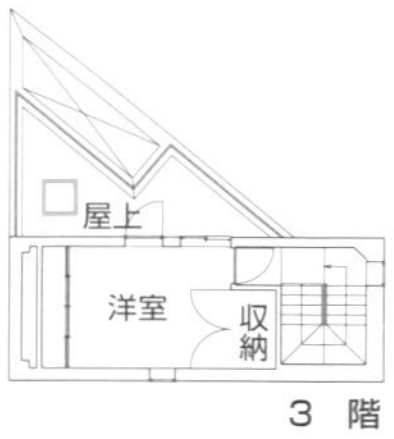

◀ 三角地の家（8坪復興住宅）／1997年
設計：三宅隆史・渡部高広／神戸市／S＋RC造3階建地下1階／敷地面積：50m²／延床面積：93m²

阪神淡路大震災後の狭小の変形敷地に建てられた住宅．地域でボランティア相談に乗っていた設計者の手によって，このような敷地でも住居が成立するということが丹念に検討されている．階段にグレーチングを用いて空気の流れを工夫している．

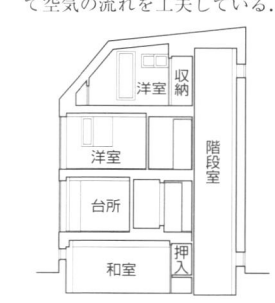

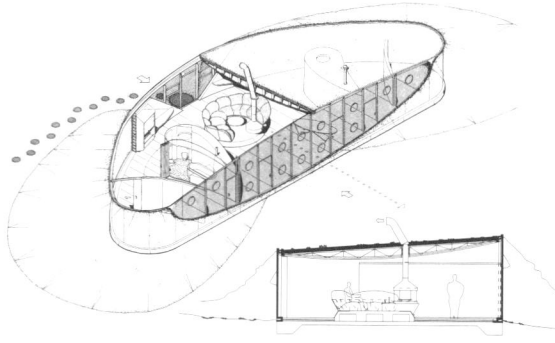

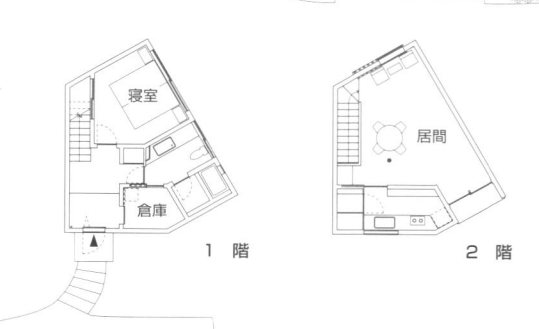

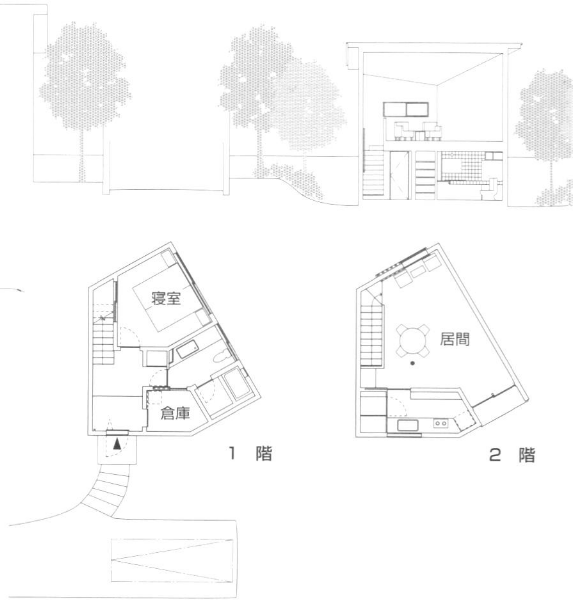

◀ 伊豆高原の家／1998年
設計：堀部安嗣／静岡県伊東市／RC造2階建／敷地面積：440m²／延床面積：65m²

室内から唯一海を望むことができる視線の位置を考慮して建てられた別荘．2階の居間のソファに座ると，水平線，樹林，田の字型窓，漆喰壁といった一連の穏やかな風景が眼前に展開するとともに，背後から柔らかな光が手元に注がれる．

▲ HOUSE IN WALES（プロジェクト222）／1998年
設計：Future Systems Pembrokeshier，イギリス

緩い傾斜面に埋め込まれたワンルームの居住空間．有機的な形態は軽量鉄骨トラスによる一体構造の屋根で覆われている．斜面上方の閉じた面からアクセスし，海側へと視線が開放するよう計画．室内に2つある勾玉型の空間は水回りのコアである．

（撮影：Richard Davies）

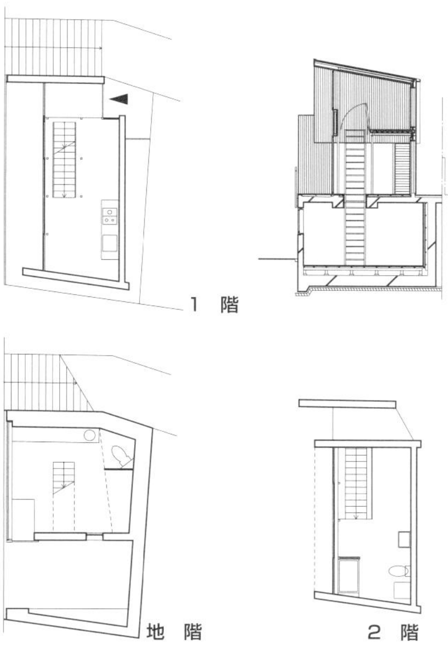

Detached House: Minimum House **現代の独立住宅：コンパクトな住まい** 061

◀ウノキ／2000年

設計：bbr／東京都大田区／RC＋S造2階建地下1階／敷地面積：41m²／延床面積：39m²

コンクリートの基礎擁壁の上に2階建ての軽量鉄骨の小屋を載せた格好の家．各フロアは中央の鉄骨階段によって空間的に連結されている．単身者のための狭小住宅であることから，都市的なライフスタイルを大胆に表現したプランニングとなっている．

(撮影：中川敦玲)

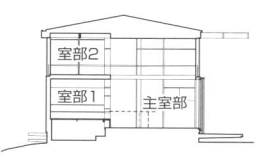

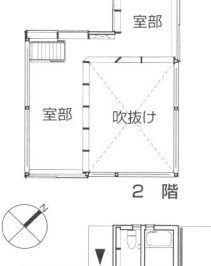

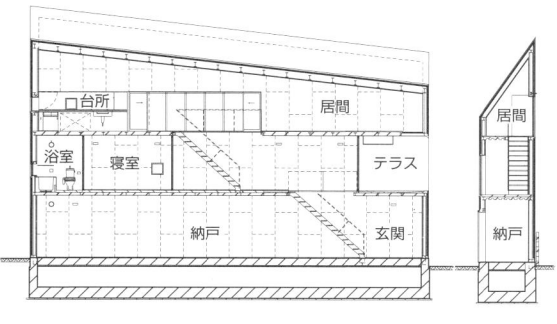

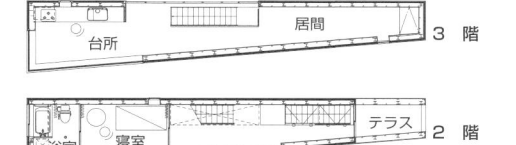

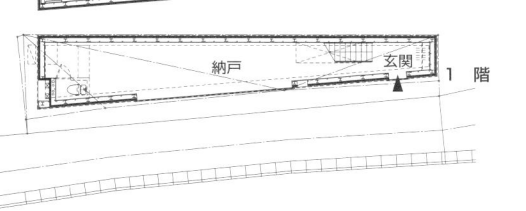

◀SAK／2001年

設計：石田敏明／東京都板橋区／S造3階建／敷地面積：42m²／延床面積：87m²

路地裏的な商店街に面した店舗付き住宅．間口が広く奥行きのない敷地の場合，外壁の扱い方が建物の性格を決定づけるが，ここでは室内側を木毛セメント板，外壁側をステンレス板で覆い，これらの素材によって都市との繋がりをもたせている．

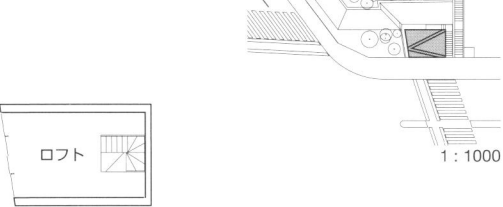

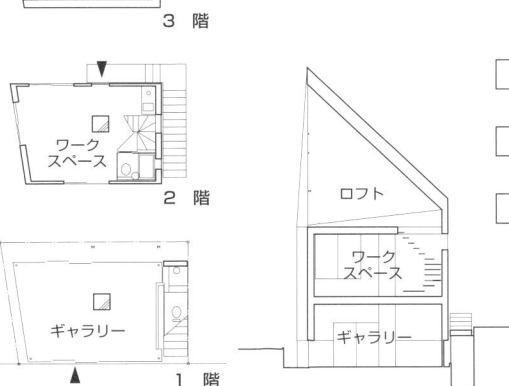

◀隅のトンガリ／2002年

設計：石黒由紀／東京都多摩市／RC＋S造2階建地下1階／敷地面積：35m²／延床面積：60m²

比較的大きな交差点付近に建つ小さいながらも目立つ住宅．建物全体がコンクリートの極太の一本柱によって支えられているため，遠くから見ると上から頭巾を被せたような表情となっており，面ではなく点としての存在感を都市の風景に与えている．

(撮影：平賀 茂)

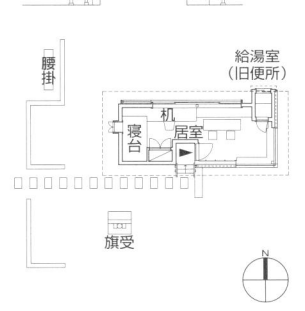

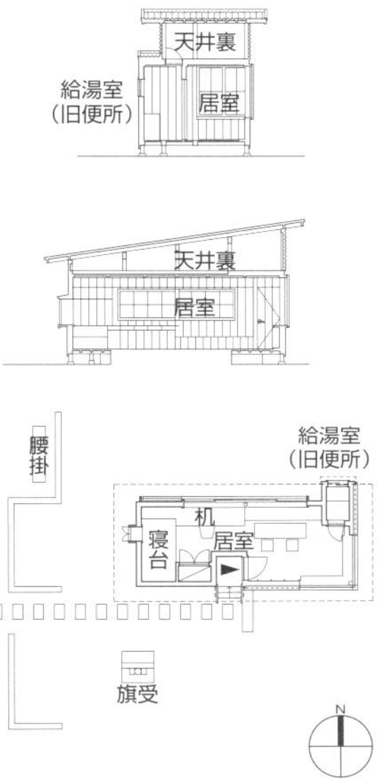

◀Hut T／2001年

設計：坂本一成研究室／山梨県／木造2階建／敷地面積：699m²／延床面積：60m²

約1.7 m, 2 m, 3.7 mの異なる天井高のスペースで構成された小さな別荘．構造の一部を室内の間仕切り壁に負わせることで外壁全体が周囲に対して開放され，さらに扁平木材（ツーバイ材）を用いることでスペース相互に有機的な繋がりをもたせている．

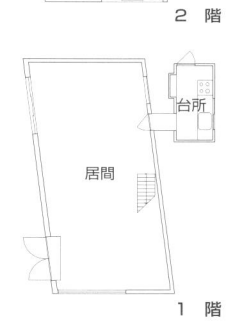

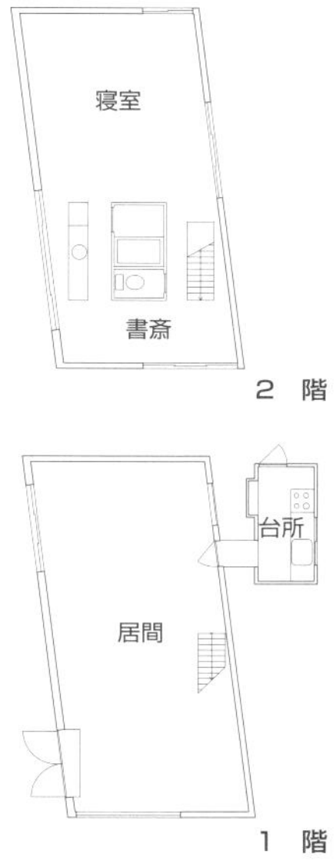

◀鎌倉の住宅／2001年

設計：西沢立衛／神奈川県鎌倉市／RC＋木造2階建地下1階／敷地面積：135m²／延床面積：103m²

一見すると単純な四角い形の住宅であるが，敷地形状や隣家との距離などから，建物の平面形状はわずかに歪んでおり，天井の高さや開口部の大きさなどと相俟って，おおらかで柔らかな内部空間がつくられている．

◀ヒアシンスハウス／2004年

設計：ヒアシンスハウスをつくる会／埼玉県／木造平屋／敷地面積：—／延床面積：14m²

詩人であり建築家であった立原道造のスケッチをもとに，没後65年の時を経て公園内に再建された小住宅．5坪に満たない平屋でありながら，ワンルームの室内はコーナー窓や水平連続窓などによって変化に富んだ心地よいスペースとなっている．

062　現代の独立住宅：自然環境との呼応　Detached House: Environmental Consideration　1:300

自然環境との呼応

現代住宅の特徴の一つとして，それが建つ敷地の地形的な特性やその周囲にある様々な自然的要素を，その住宅の設計に積極的に活用させている点が挙げられる．そのことで，住宅はその場所と密接に結びついた固有な存在となり，同時にそれがデザインの普遍的な根拠となるからである．例えば，外部環境の要素が河川，土，石，樹木といった自然物である場合には，それらを意図的に建物の形態と対応させたり，室内に取り込む工夫などがなされる．特に土地の起伏を利用して建物を半地下化することで居住性を高める方法は，古くて新しい手法といえよう．また，海，山，森といった自然景観に敷地が隣接している場合には，そこからの通風や採光，そしてそれらへの眺望を最大限に演出するための工夫が開口部等のデザインを通じてなされる．

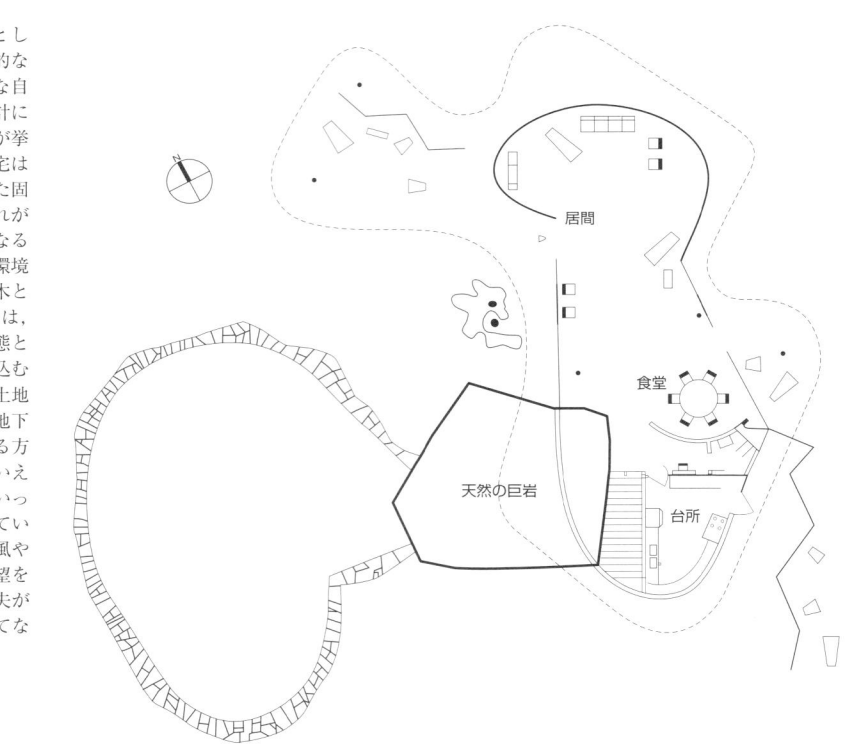

◀カノアス邸／1954年

設計：Oscar Niemeyer／Rio de Janeiro，ブラジル

ニーマイヤーの建築の特徴とされる，南米ブラジルのもつ地理的景観から生まれた自由な曲線によって構成された住宅．内部に自然の石が利用され，アメーバー状の生物が大自然の中にうごめくような姿となっている．

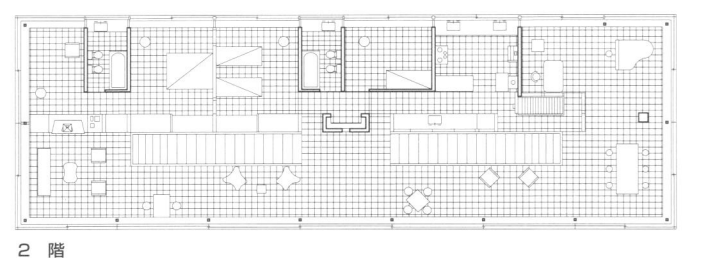

2 階

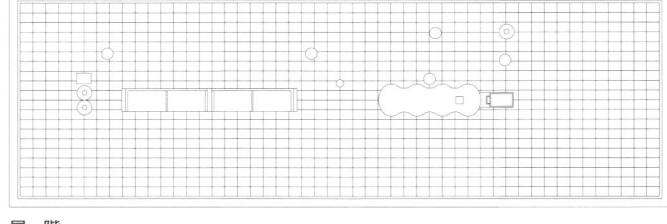

屋 階

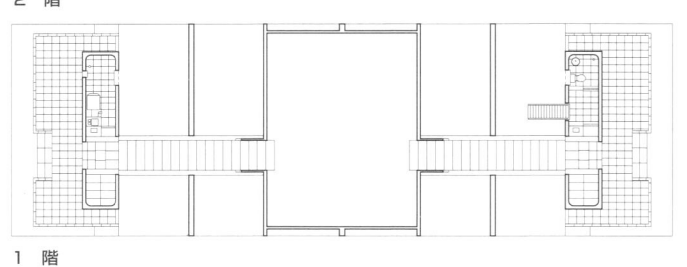

1 階

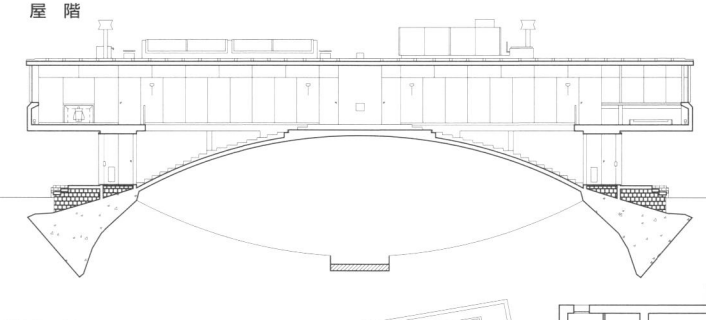

▲小川に架かる家／1945年
(House over the Brook)

設計：Amancio Williams／Mar del Plata，アルゼンチン／RC造2階建

設計者の父親のためにつくられた住宅．敷地内の川をまたぐように架けられたアーチ状のスラブの上にRC構造体が載っている．水平連続窓と屋上庭園によって周辺環境と調和した形が実現している．

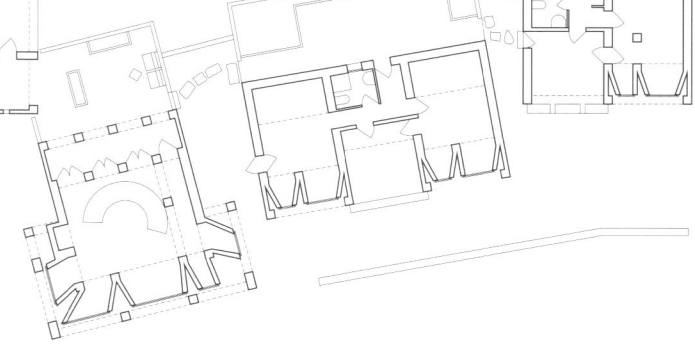

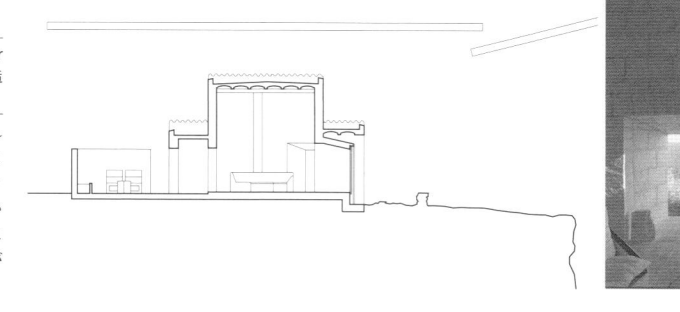

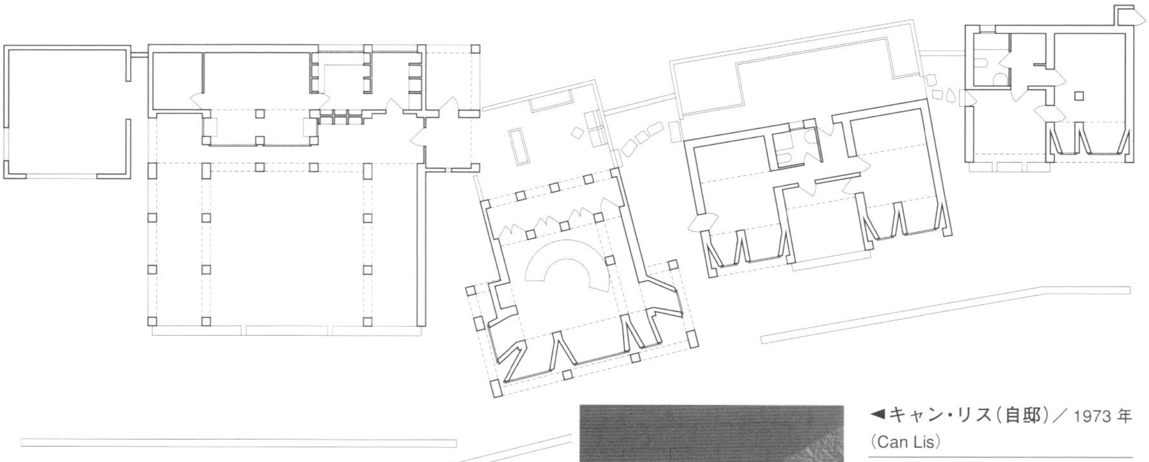

（撮影：新建築社写真部）

◀キャン・リス（自邸）／1973年
(Can Lis)

設計：Jorn Utzon／Majorca，スペイン

設計者が，オペラハウス建設のためシドニーに移住した後に，スペインのマジョルカ島につくられた別荘．地中海の集落とスペインのイスラム建築の平面構成と材質感に影響を受けている．設計者みずから石ブロックを積み上げ楽しみながらつくった住宅．

（撮影：Richard Westson）

1:300　　　　　Detached House: Environmental Consideration　**現代の独立住宅：自然環境との呼応**　063

Villa M./ 1992年
設計：Stephane Beel

既存の煉瓦塀に対して直角に配された長大な住宅．そのチューブ状の外観は，約4m×7mの四角い断面が横方向に展開したもので，地上面からわずかに浮いている．その各所に外部空間を挟み込むことで，内部にメリハリのあるシークエンスをつくっている．

（撮影：Lieve Blancqaert）

（既存煉瓦塀）

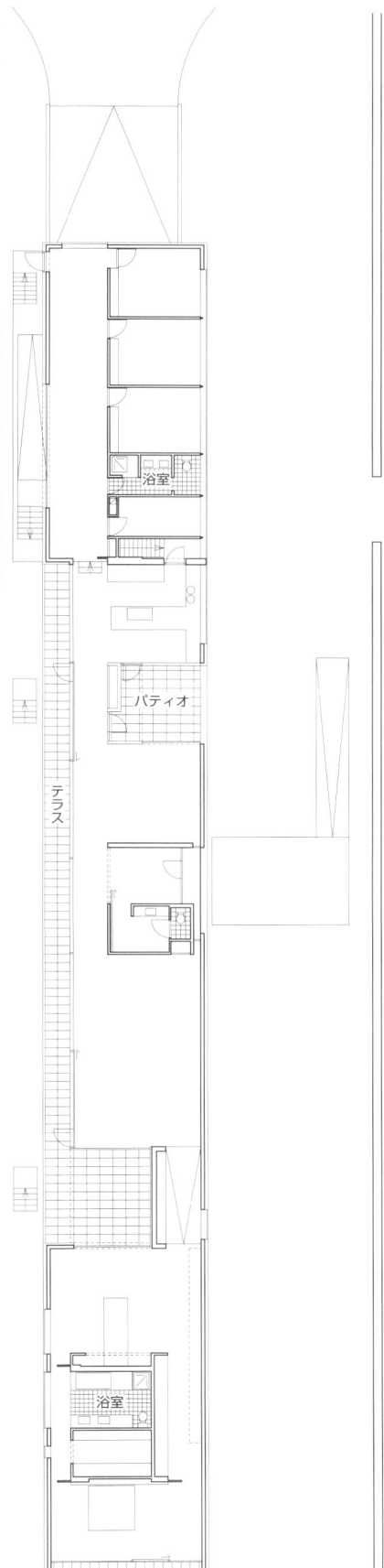

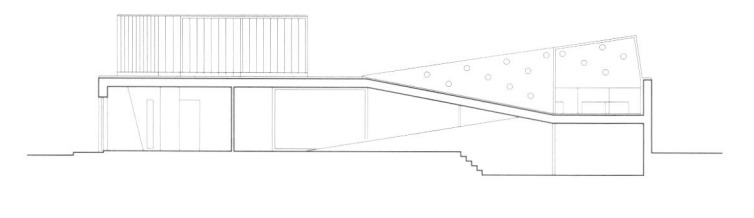

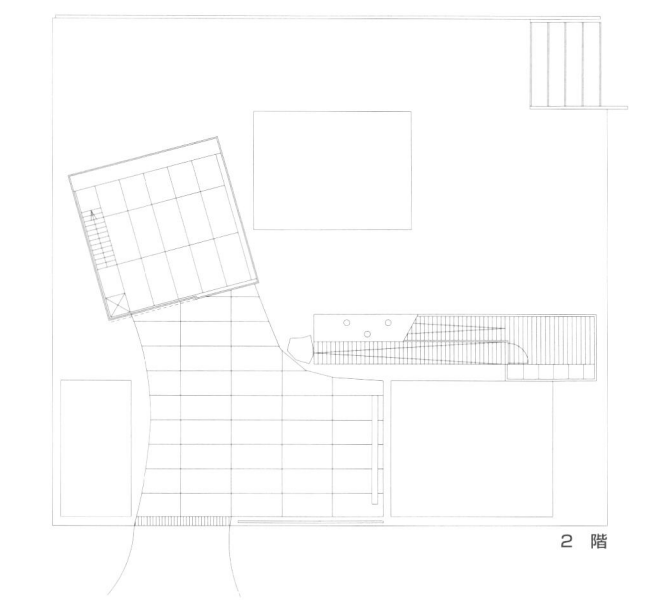

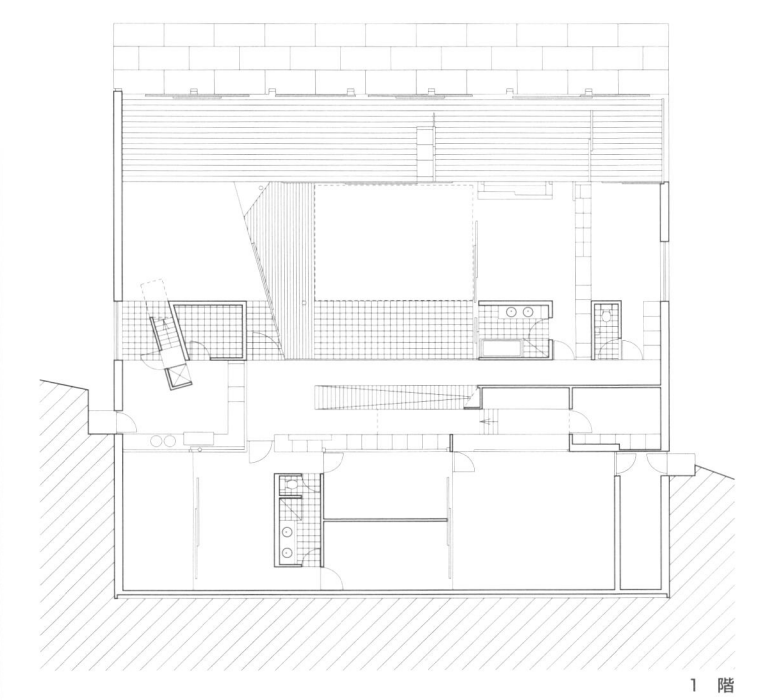

浴室
パティオ
テラス
浴室

2階

1階

▲ブラスカートの家／1993年
〈House in Brasschaat〉
設計：Xaveer de Geyter

ほぼ正方形の平面の中に，複数のパティオと1つのスロープ斜路を内包した平屋の住宅．屋上に駐車用ガレージを置き，その下に居住スペースがある．いわばサヴォア邸の上下反転形でもあり，ミースのコートハウスへのオマージュのようでもある．

（撮影：Hans Werlemann）

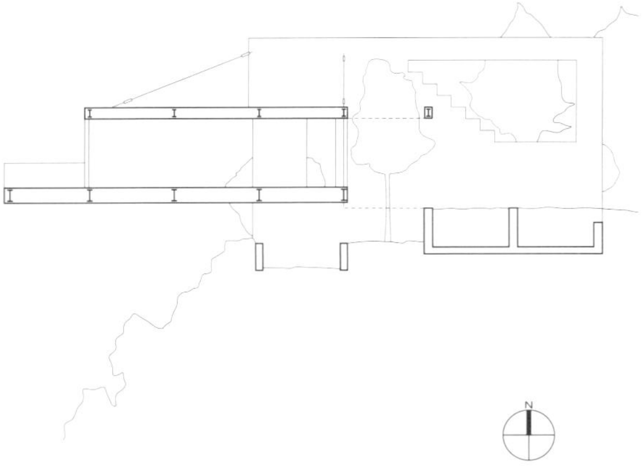

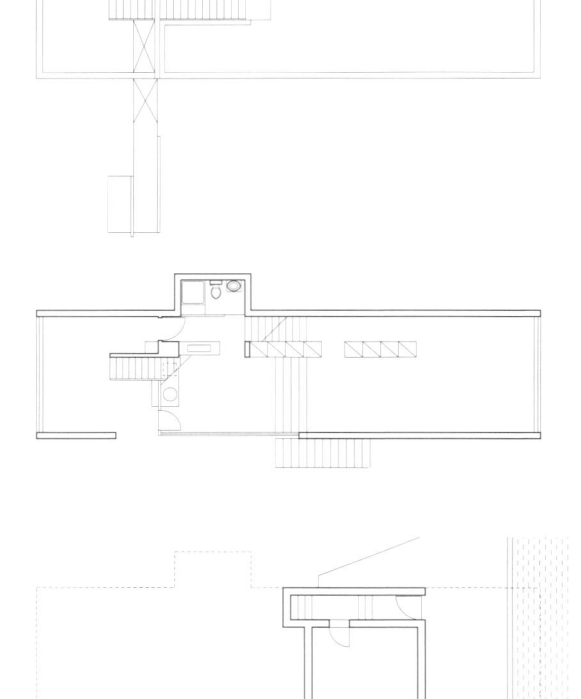

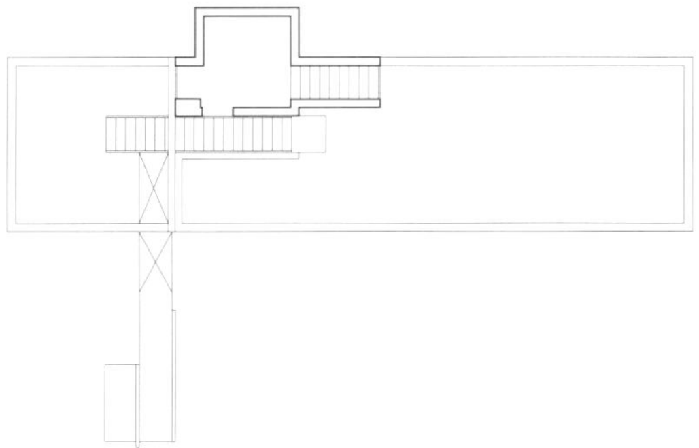

064　現代の独立住宅：自然環境との呼応　Detached House: Environmental Consideration　　1:300

◀ HOUSE HUF ／1993年

設計：Ernst Beneder

敷地の端部と入江を結ぶ直線をそのままアプローチ動線とし，その方向に合わせる形で，湖畔に向かって直方体のヴォリュームが突き出し，それを地階のヴォリュームが支えるという，きわめてシンプルな構成によって環境との呼応を図っている．

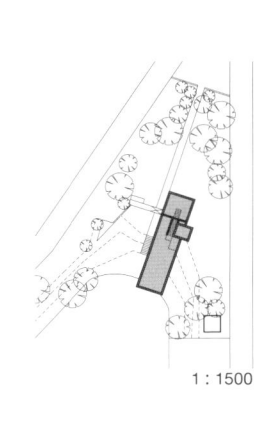

1:1500

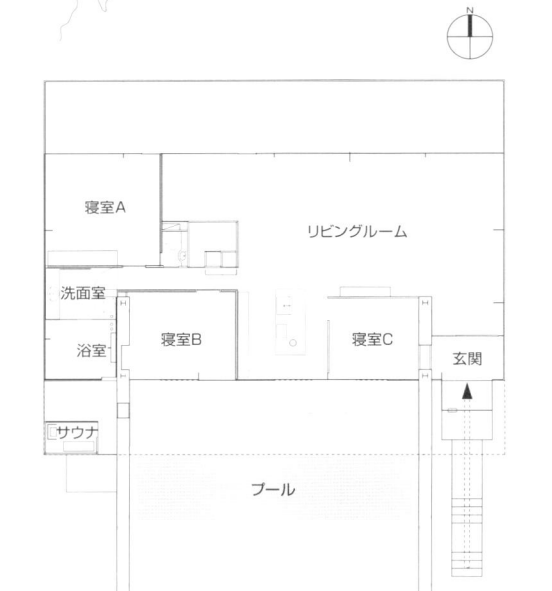

▲ 海と空の間のもう一つのガラスの家／1991年

設計：葉　祥栄／福岡県糸島郡／RC＋S造平屋／敷地面積：2085m²／延床面積：157m²

この建物を構成する上下2枚の水平スラブは，2枚のコンクリート壁に固定された数本のブレース材によって吊られている．こうした構造形式をとることで，外壁ガラス面から柱が全く消え，浮遊感のある室内スペースを作り出している．

（撮影：大橋富夫）

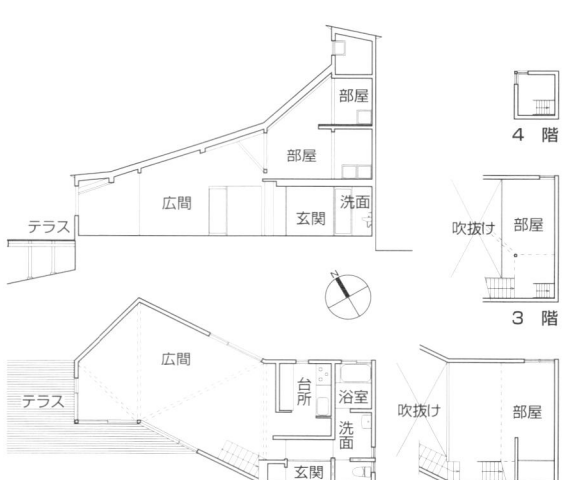

◀ K. Cottage／1994年

設計：泉幸甫／長野県東筑摩郡山形村／在来木造3階建／敷地面積：1153m²／延床面積：86m²

上層へ上るにつれて部屋の床面積が狭まっていく別荘．最上部の4層目は，周囲の樹林の高さを頭一つ越えた高さに位置しており，そこは1坪の瞑想空間となっている．大屋根を架けた大胆な構造は，ローコスト追求の結果である．

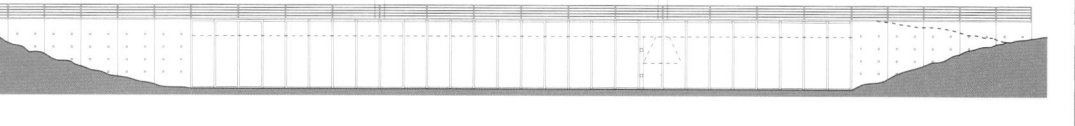

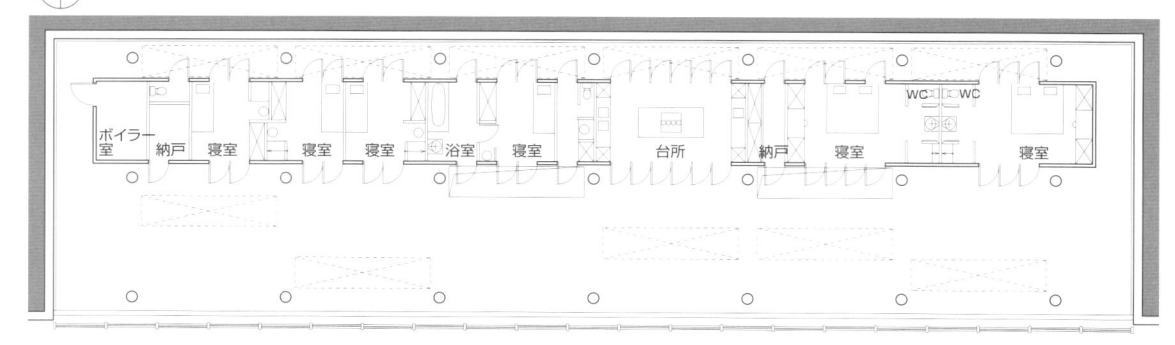

◀ ヴィラ・サン・カスト／1998年
（Villa Saint Cast）

設計：Dominique Perrault／Normandy，フランス

土の中に三方を埋め込んだ住宅．南面を除き地面に埋没しているために，立面が一面しか存在しない．列柱で支えられた大空間の中に，機能と人数を限定する様々な部屋が一列に並べて納められ，残余のスペースで交流するようになっている．

Detached House: Environmental Consideration **現代の独立住宅：自然環境との呼応** 065

◀ VILLA FUJII ／2000 年

設計：宇野求＋フェイズアソシエイツ，上野・藤井建築研究所／長野県／RC 造平屋／敷地面積：1653m²／延床面積：318m²

木立に囲まれ緩やかに傾斜した敷地に建つ別荘．ランドスケープとしてのジグザグ状の散策路と，建築物である建物のヴォリュームが，互いに相貫しあう形でプロットされている．パーティスペースのL型の大開口は，外部の風景を巧みに切り取る．

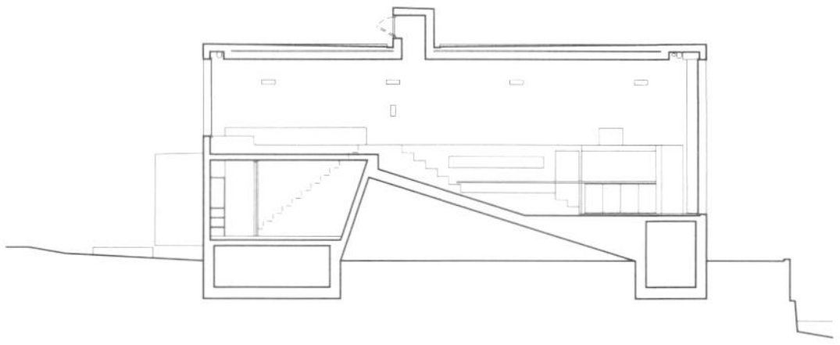

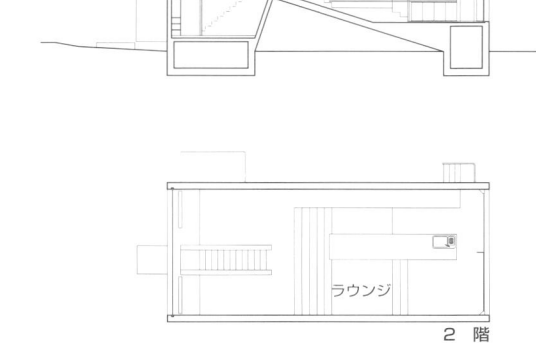

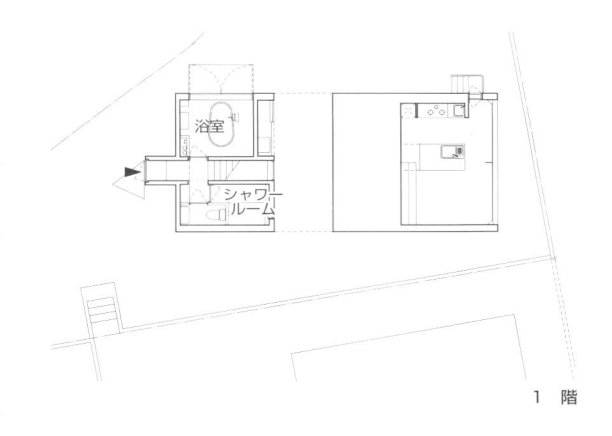

◀ 軽井沢の別荘／ギャラリー／2003 年

設計：山口 誠／長野県軽井沢市／木造平屋／敷地面積：1360m²／延床面積：68m²

芸術家のための別荘兼ギャラリー．斜面に建つこの白い多面体は，下半分がRCのシェル，上半分がFRPで防水処理された木質パネルからなる．その中央部をY字のヴォイドな空間が貫通し，残部のポシェには水回り等が仕組まれている．

▲ 入江のゲストハウス／2001 年

設計：塩塚隆生アトリエ／大分県／RC 造 2 階建／敷地面積：310m²／延床面積：95m²

平地に建つ建物であるが，2階ラウンジの床面を海に向かって階段状に下降させることで，部屋全体は自然林を背にして海と向き合う客席となり，スクリーン上（ガラス面）には視覚以外の感覚が遮断された無声映像としての海の風景が映し出される．

◀ ストーン・ハウス／2005 年

設計：三分一博志建築設計事務所／島根県／木造 2 階建／敷地面積：700m²／延床面積：271m²

現地産の砕石を2階の床レベルまで緩やかな勾配で積み上げることで，建物の1階部分の断熱性と通気性を確保．北向きの大ガラス屋根は，積雪時の対処策にもなっている．まさに地球と共生する形の住宅である．

066　現代の独立住宅：土地の高低差　Detached House: Sloping Site

1:300

土地の高低差

　傾斜地に住宅を建設することは，一見すると特殊な状況への困難な作業を伴うようにみえる．しかしながら，すでに土地に高低差があることによって，建物へのアプローチのレベル差，建物内部の床レベル，建物からの眺望，採光や通風，外観のシンボル性など，空間の居住性や空間演出のための様々な可能性がそこに内在しているといえよう．例えば，自然によってできた崖地や傾斜地の場合には，垂直的なシークエンスやダイナミックな景観を建物内に取り込むことが容易となる．また都市部の斜面造成地の場合には，周囲に高低差があることを積極的に利用して多様な場を建物によってつくることが可能である．

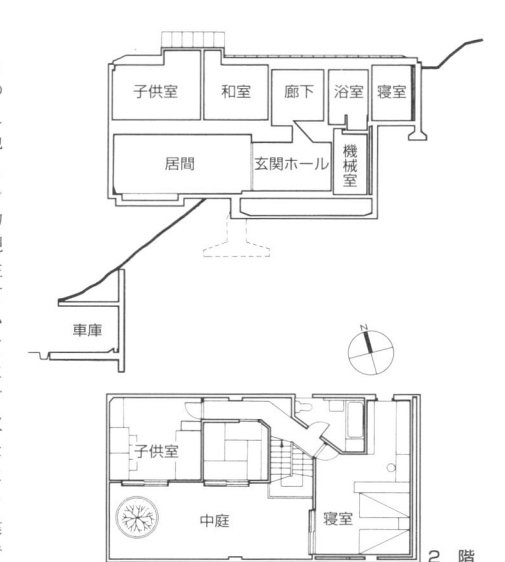

◀ぶるーぼっくす／1971年

設計：宮脇檀／東京都世田谷区／RC＋木造平屋地下1階／敷地面積：158m²／延床面積：150m²

　設計者が呼ぶところのボックス・シリーズの一つ．開口は閉鎖的な箱への切り込みで生じた深い軒下にあって目立たず，斜面下からのアプローチの長さも外部からの隔離性を強めている．2階の木造寝室部分はRCの壁に囲まれた中庭に面している．

（撮影：村井　修）

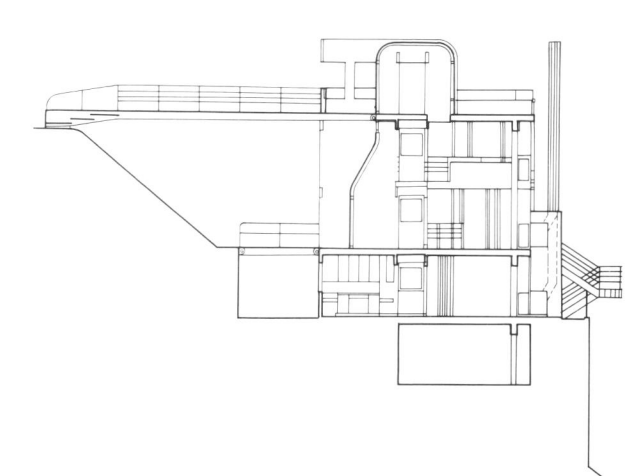

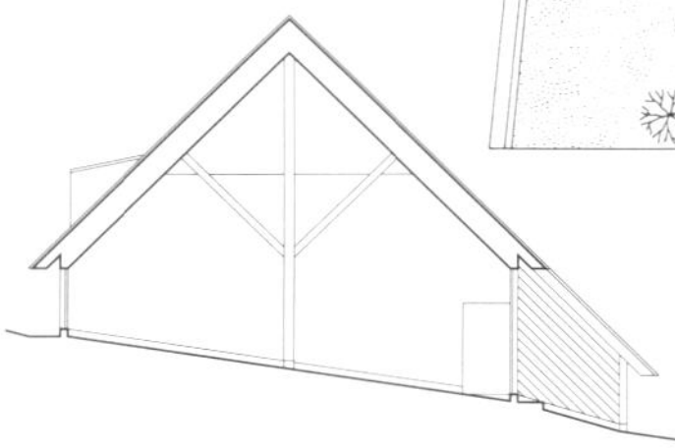

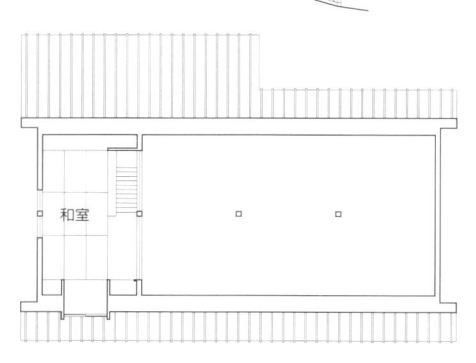

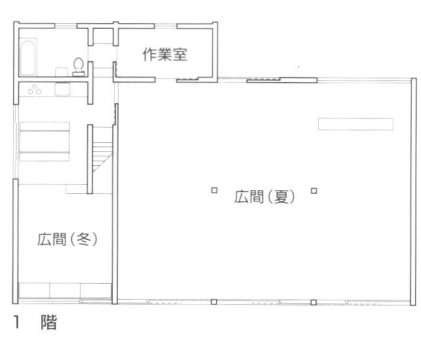

▲谷川さんの住宅／1974年

設計：篠原一男／群馬県長野原町／木造2階建／敷地面積：―／延床面積：185m²

　緩やかな斜面にその表土を見せた形で矩折りの切妻屋根を架けただけの原始的形態をもつ別荘住宅．事物のありのままの姿を見せることで，人に住まうことに対する様々な意味合いを与えている．

（撮影：新建築社写真部）

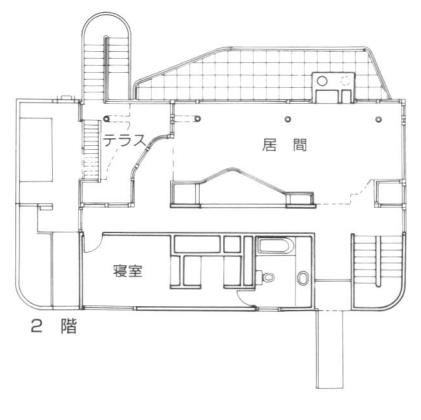

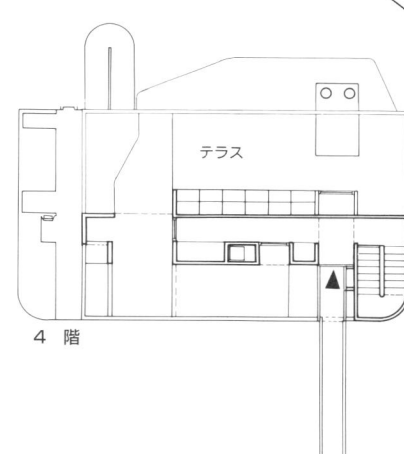

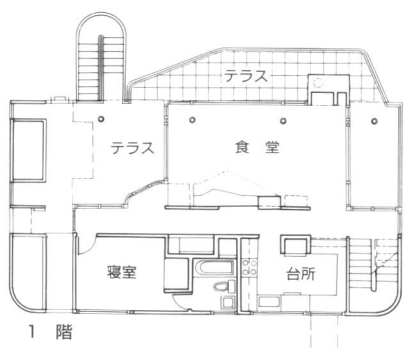

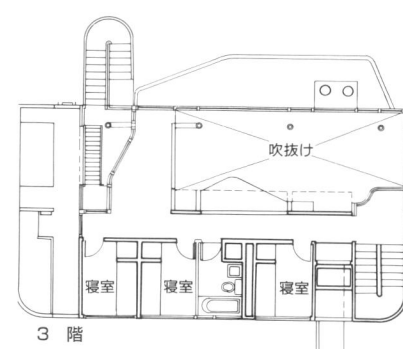

▲ダグラス邸／1974年

設計：Richard Meier／Harbor Springs, Michigan，アメリカ／鉄骨造4階建地下1階

　ミシガン湖を見下ろす斜面を削ってつくられた5層の大規模住宅．周辺に生い茂った針葉樹の中で，マイヤーによる建築の特徴である真っ白の機械的な造形は，自然との対比を見せながら調和を導きだしている．

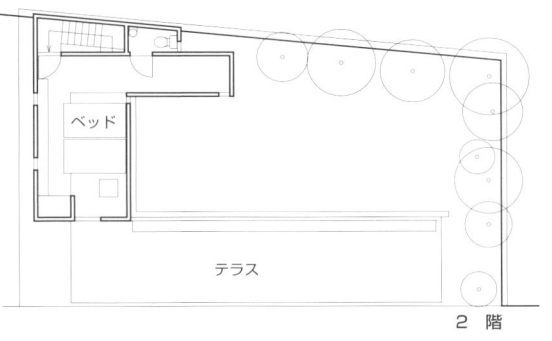

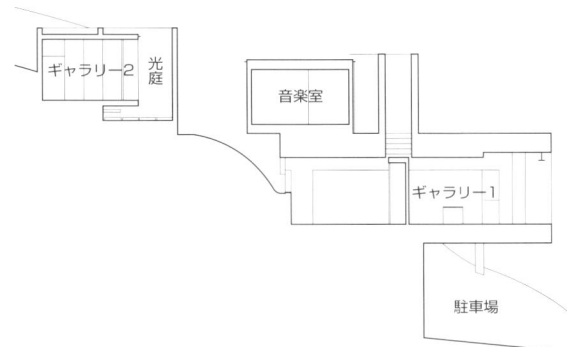

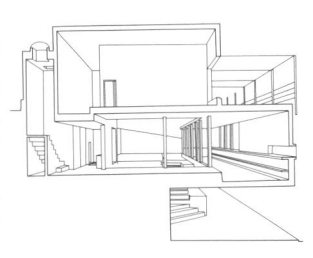

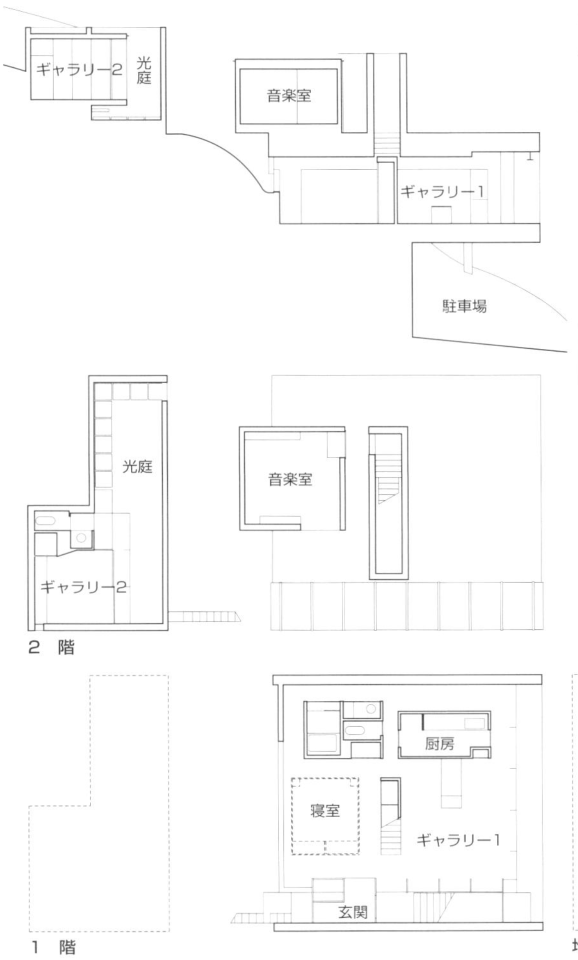

Detached House: Sloping Site **現代の独立住宅：土地の高低差**

◀ **太宰府の住宅／1995年**
設計：有馬裕之＋UrbanFourth／福岡県太宰府市／SRC造2階建／敷地面積：291㎡／延床面積：138㎡

落差10mの東斜面に大小2つの建物が約一層分ずれて置かれることで，多様な外部空間を創出．宙に浮いた下方の箱はピロティと屋上庭園をもち，斜面に半分埋め込まれた上方の箱は光庭をもつ．さらにスリット状の屋外階段が両者を繋ぐ．

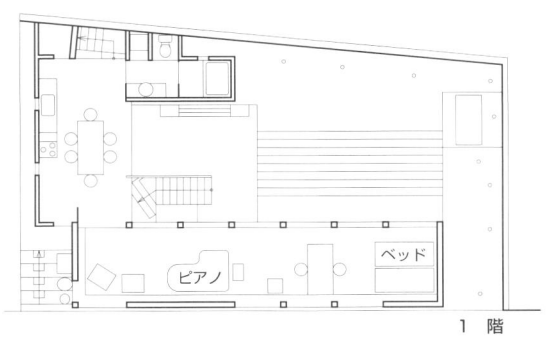

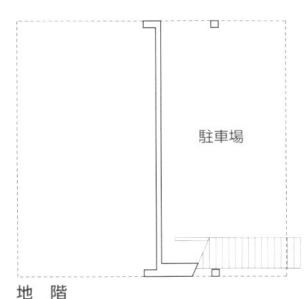

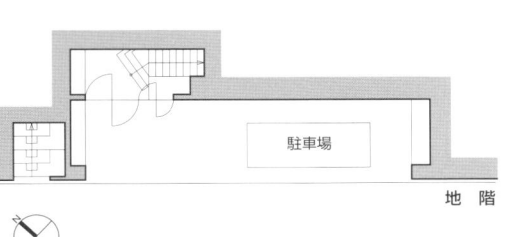

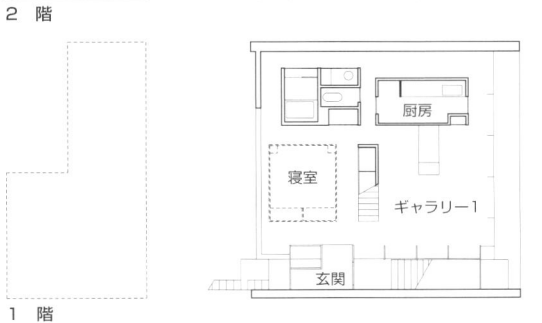

▲ **森野ハウス／1994年**
設計：渡辺康／東京都町田市／RC＋木造2階建地下1階／敷地面積：185㎡／延床面積：97㎡

西斜面を雛壇状に開発した新興住宅地の，決して条件がよいといえない敷地特性を逆手に取り，隣地境界をなす擁壁を巧みに利用して大きな中庭を確保した事例である．敷地全体を建築化することで，室内のどの場所にも光や風を取り入れている．

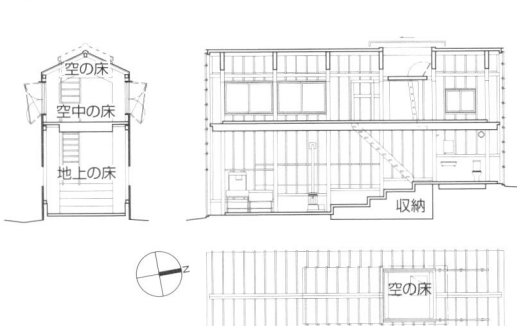

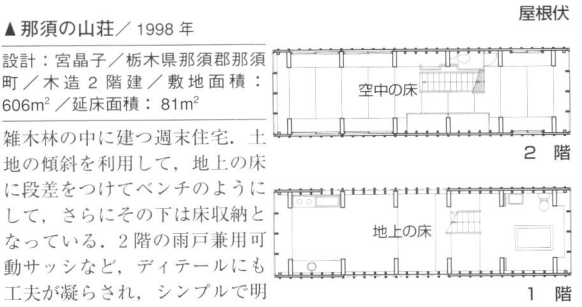

▲ **那須の山荘／1998年**
設計：宮晶子／栃木県那須郡那須町／木造2階建／敷地面積：606㎡／延床面積：81㎡

雑木林の中に建つ週末住宅．土地の傾斜を利用して，地上の床に段差をつけてベンチのようにして，さらにその下は床収納となっている．2階の雨戸兼用可動サッシなど，ディテールにも工夫が凝らされ，シンプルで明快な空間を形づくっている．

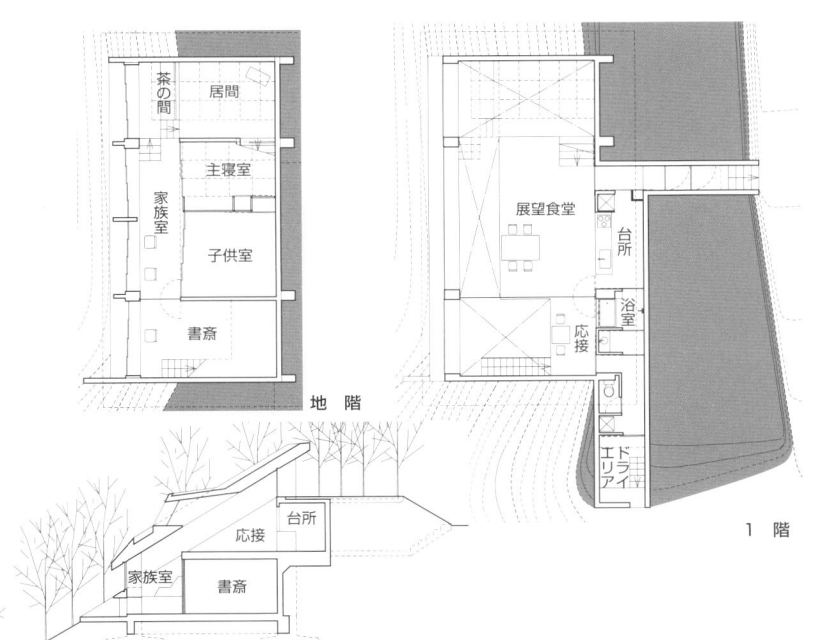

▲ **北向傾斜住宅／2003年**
設計：三分一博志／山口県／RC造地下2階建／敷地面積：889㎡／延床面積：136㎡

住宅地としては不具合である北斜面を逆手にとり，断面を周到にデザインすることで快適性を確保した例．斜めの人工地盤を空中に浮かせることで，冬には日照が室内に一日中取り込まれ，反対に夏には日照が遮断され冷気が入る仕組みになっている．

068 現代の独立住宅：都市環境への対処 Detached House: Urban Dwelling

1:300

都市環境への対処

　建物や人工物が高密度に隣接し合う場所を「都市環境」と呼ぶならば，こうした都市環境の中に人間の住まいを設計する際にまず問題となることは，住宅の外からの視覚的・音響的な弊害に対する，室内環境を快適なものとして維持するための工夫が挙げられる．都市環境における外部に対する住居の開放／閉鎖のしかたは，主に外壁や開口部の形状や性能などによって大きく影響されるが，それと同時に，街路に対する建物の構え方や，敷地内における建物の配置なども大きなポイントである．また，都市環境と住宅をどのように動線的に繋ぐかという観点からみると，玄関の位置とそこへのアプローチ経路や，駐車スペースの配置なども，都市住宅としての居住性を高めるための重要な要素である．

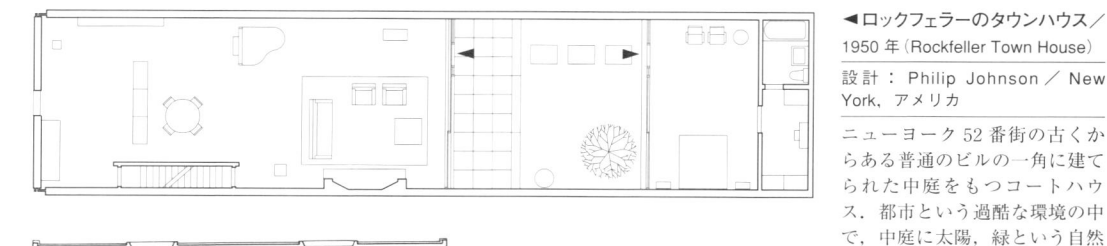

◀ロックフェラーのタウンハウス／1950年（Rockefeller Town House）
設計：Philip Johnson／New York，アメリカ

ニューヨーク52番街の古くからある普通のビルの一角に建てられた中庭をもつコートハウス．都市という過酷な環境の中で，中庭に太陽，緑という自然を取り入れることによってアテネ憲章の思想を具現化している．

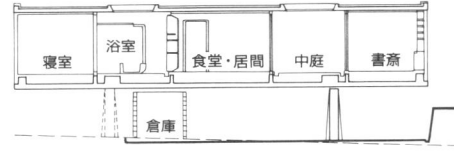

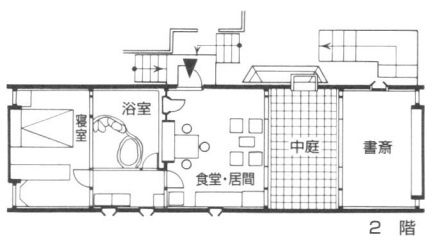

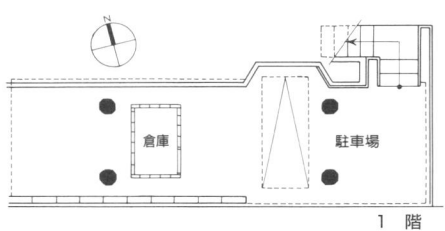

◀壁の家／1965年
設計：RIA建築綜合研究所／東京都目黒区／RC造2階建／地基地面積：106m²／延床面積：59m²

道路と両親の家に挟まれた敷地に建つ若夫婦のための住宅．1階をピロティとして2階に生活空間と中庭を一列に並べ，都市環境に対して閉じた構成となっている．

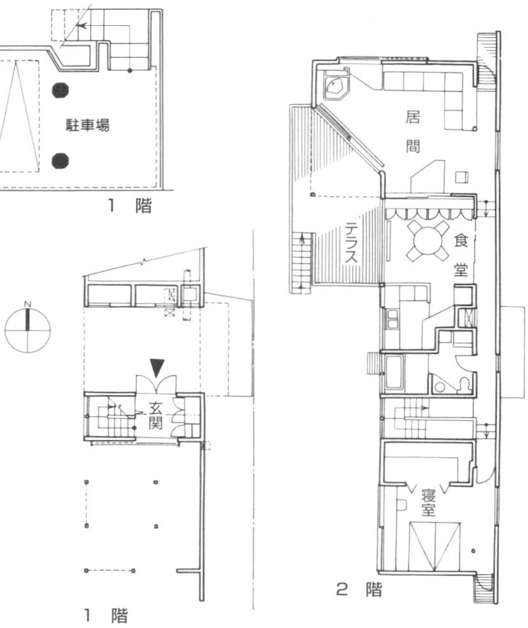

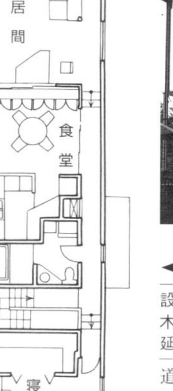

◀MEFUの家／1981年
設計：横河　健／兵庫県宝塚市／木造2階建／敷地面積：431m²／延床面積：115m²

道路面に沿って高さ6.6m，長さ24mの壁を立て，その背後に居住部分を貼り付けた構成となっている．大きな壁によって，騒音等の遮断に役立っているが，都市に対する西欧的な防御性の象徴という意味合いのほうが強く感じられる．

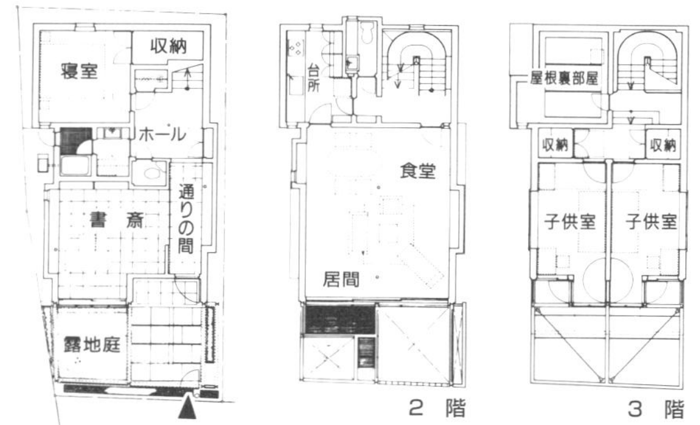

◀TH-1／1993年
設計：朝倉則幸／東京都豊島区／RC造2階建地下1階／敷地面積：82m²／延床面積：114m²

過密化する都市環境のなかで唯一開かれた方向を天空と定め，屋根材を透過性の高い膜構造としている．小屋裏には植物が配され，刻々と変化する光の下で印象的な内部空間を形づくっている．間仕切り壁も随所で可動にしている．

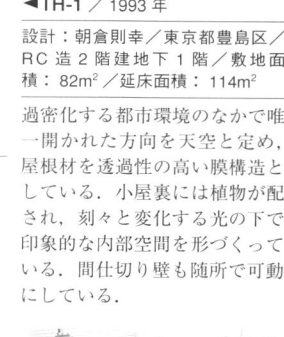

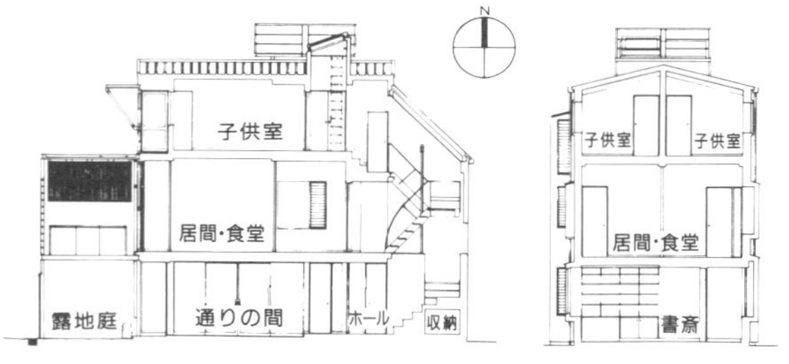

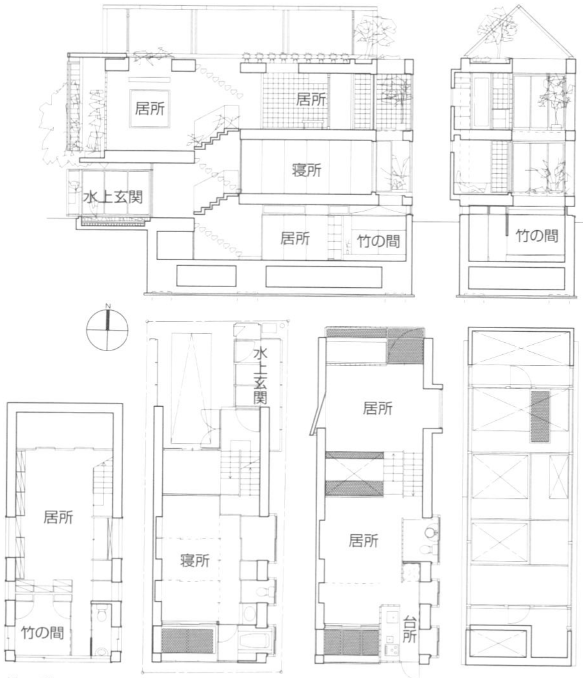

▲千駄木の町屋（自邸）／1986年
設計：香山壽夫／東京都文京区／RC造3階建／敷地面積：79m²／延床面積：123m²

道路側に露地庭を設けて居住部分との干渉的な役割を持たせている．光庭的な要素とともに鉄骨フレームやガラスブロックで囲むことで多様な素材の重なりと透明性が生まれ，外観に重層的な表情を与えている．

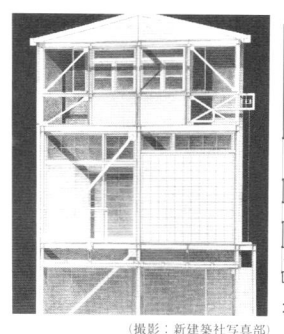

Detached House: Urban Dwelling　現代の独立住宅：都市環境への対処　069

◀日本橋の家／1992年

設計：岸　和郎／大阪市／S造4階建／敷地面積：43m²／延床面積：113m²

間口2m半，奥行13mという細長く狭小な敷地に建てられた住居．階段を2つ設置して動線的な抜けをつくり，さらに最上階のみ階高を高くして吹き抜けと屋上庭園をつくることで，狭いながらも開放性を感じさせる作りとなっている．

▲目神山の家 No.8／1983年

設計：石井　修／兵庫県西宮市／RC造平屋地下1階／敷地面積：341m²／延床面積：203m²

非常に細長い変形敷地に対して，ほぼ敷地いっぱいに建てられたRC造の住宅．長い玄関部分がギャラリーとなって人を向かえ，途中ホールから1階には寝室，地下1階には居間，食堂などの諸室に別れている．

◀大井町の家／1993年

設計：室伏次郎／東京都品川区／RC造2階建地下1階／敷地面積：69m²／延床面積：94m²

建物の中心に正方形の空間を置き，それを取り囲むように数枚の壁を配していくことで，緩やかなプライバシーを構築している．住居としての諸機能を周辺部に収め，家の中心部はあくまでヴォイドな場所となっている．

（撮影：藤塚光政）

◀S／1996年

設計：青木淳・都留理子／神奈川県小田原市／S＋木造3階建／敷地面積：446m²／延床面積：197m²

海沿いの高速道路脇に建つ住宅．道路に対しては住居を閉じたいが，海に対して開きたいという矛盾した条件に対して，個室を（2階テラスを飛び越えて）3階まで持ち上げることで解決している．内外二重の螺旋階段が上下階を連結している．

（撮影：彰国社写真部）

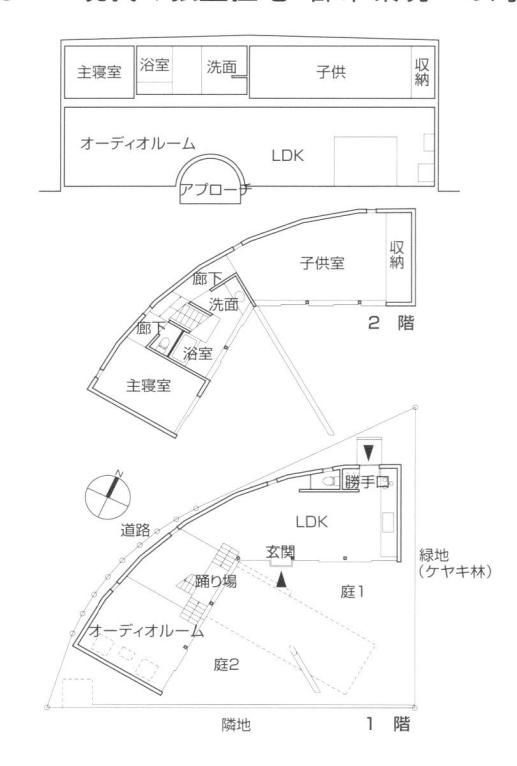

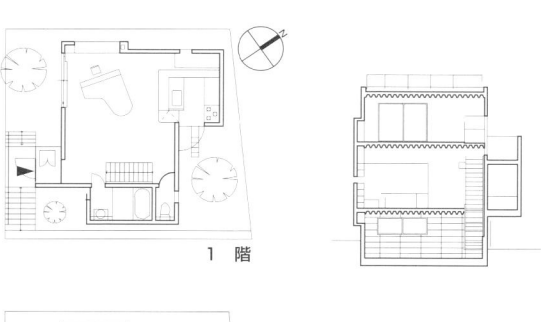

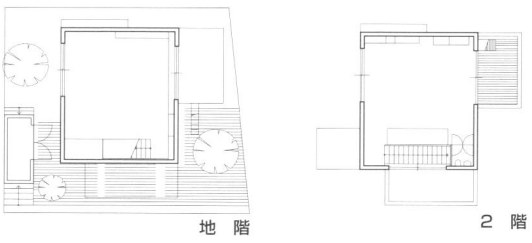

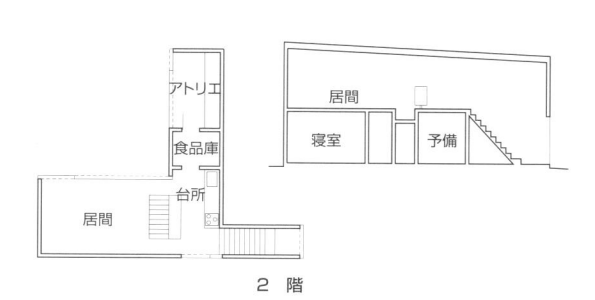

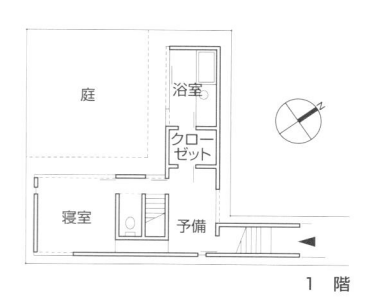

070　現代の独立住宅：都市環境への対処　Detached House: Urban Dwelling　1:300

◀立川のハウス／1996年

設計：西沢大良建築設計事務所／東京都立川市／木造2階建／敷地面積：121m²／延床面積：96m²

三叉路に面する扇形の敷地に建つ住宅．街路に沿ってバタフライ型の薄いヴォリュームを立て，南東側にまとまった外部スペースを確保している．1階の天井を意識的に高くすることで，室内にトンネル状の駐車動線を貫通させている．

◀ミニ・ハウス／1998年

設計：塚本由晴・貝島桃代／東京都練馬区／RC＋S造2階建地下1階／敷地面積：77m²／延床面積：90m²

半地階を含む3層のメインヴォリュームに，玄関，台所，浴室などの諸機能をもつ小さなヴォリュームが風車状に取り付いている．こうした配置をとることで，敷地と建物の間に複数の新しい関係をつくり出している．

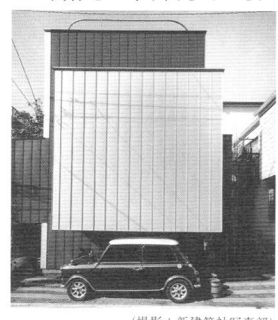

◀C／2000年

設計：青木淳建築計画事務所／東京都東久留米市／木造2階建／敷地面積：110m²／延床面積：73m²

都心部の旗竿状の敷地の不整形な土地の中に，四角い大きな中庭を切り取るような形で建物の配置が決定されている．クローゼットや階段を通り抜けの部屋とすることで，狭小な平面でありながら奥行き感と回遊性のある空間を実現している．

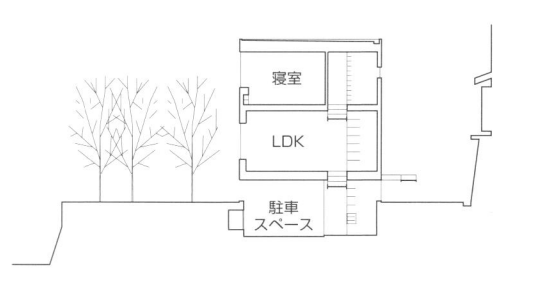

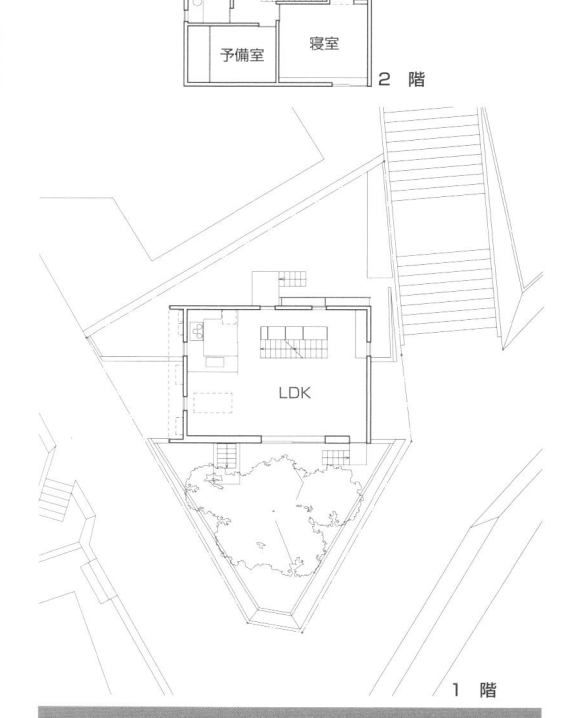

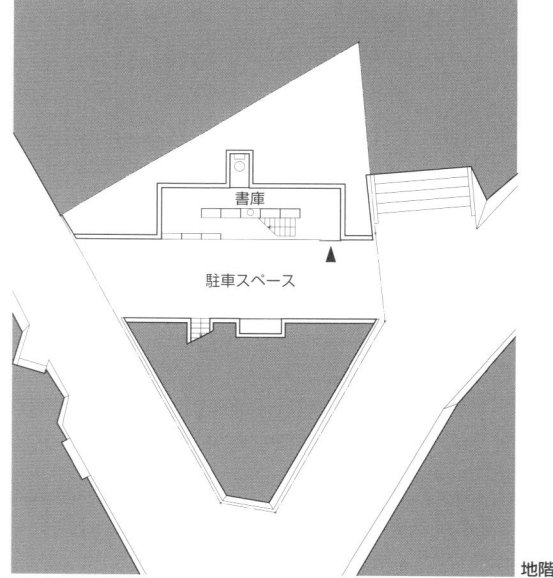

▲保土ヶ谷の住宅2／2001年

設計：佐藤光彦／横浜市／RC＋S＋木造2階建地下1階／敷地面積：142m²／延床面積：96m²

道路面より半層分上がって平らに整地された敷地の上に，さらに半層浮かせて建物をセットすることで，敷地の中央を貫通する車道を建物下につくっている．切り取られた三角形の造成地は，地面から外れて大きなプラントボックスのようになる．

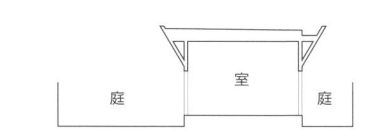

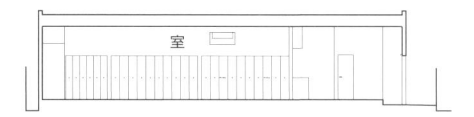

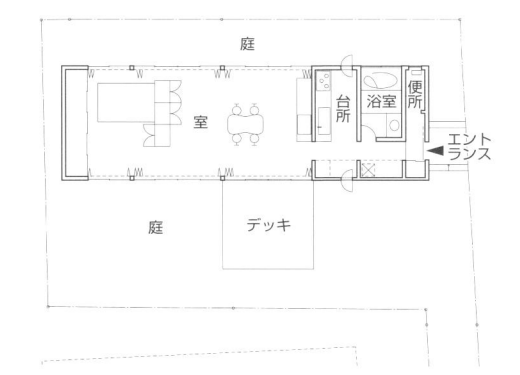

現代の独立住宅：場所と配置―都市環境への対処

1:300

◀ OH／2001年

設計：長尾亜子／千葉県市川市／木造平屋建／敷地面積：290m²／延床面積：65m²

長大な竿部分をもつ旗竿敷地の旗の中央部に，御堂のようにポツンと置かれた平屋の住宅．開口部の上に設置された逆三角形の庇部分は，設備機器を収納するためのスペースであるとともに，ヴォイドである庭の断面的なアウトラインを形成している．

（撮影：淺川 敏）

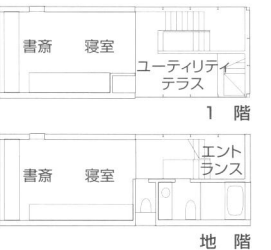

◀ TOKYO／2002年

設計：吉松秀樹／東京都世田谷区／RC造2階建地下1階／敷地面積：61m²／延床面積：97m²

ほぼ2階建ての住宅密集地の家並みの中に，頭一つ分抜け出すようにガラス張りの箱が置かれ，その場所をテラスのようなリビングルームとしている．天井高を約4mとすることで，日常的な風景に囲まれた非日常的な場を演出している．

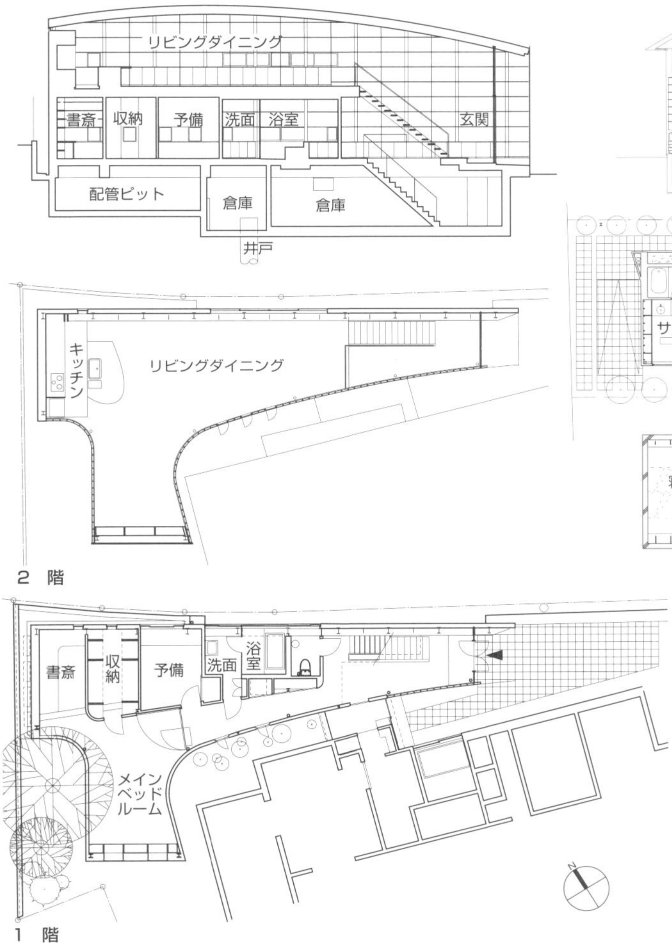

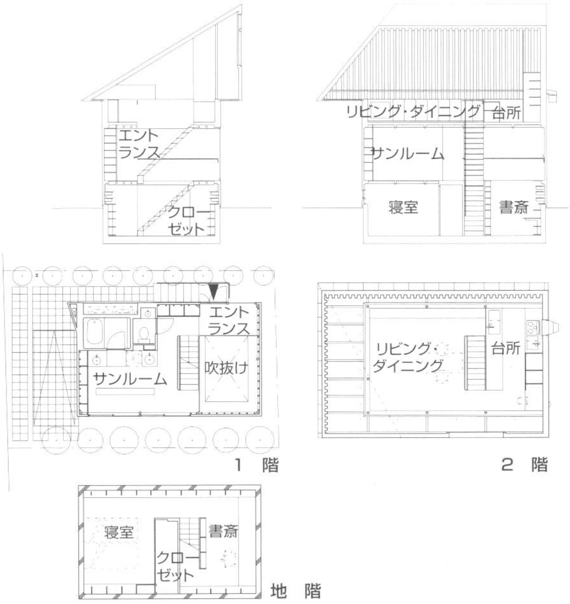

◀ ガエハウス／2003年

設計：アトリエ・ワン／東京都世田谷区／RC造2階建地下1階／敷地面積：74m²／延床面積：88m²

斜線や建蔽率といった敷地の法的制限をもとにデザインされた，幅1mの軒先をもつ2階建て住宅．軒裏にセットされた水平の連続窓から入る自然光により，天井面のデッキプレート面が照らされ，室内全体が柔らかな間接光で満たされる．

▲ メガタ／2003年

設計：小泉雅生／C＋A／東京近郊／RC＋S造2階建地下1階／延床面積：198m²

既存の母屋の外壁面と敷地境界線との不整形なスペースに，若夫婦のための住居を増築した例．雄型としての母屋や樹木から一定の距離を置き，その残余部分＝雌型をそのまま建物の外形としてなぞることで，有機的なプランが生まれている．

◀ HP／2004年

設計：アーキテクトン／東京都目黒区／木造3階建／敷地面積：50m²／延床面積：61m²

狭い敷地の中に駐車スペースを確保するために，外壁の一面を斜めにカットした住宅．建物の上端部を矩形の平面外形とし，地面に接する下端部を台形にすぼめることで，HP曲面の壁を形成し，その壁は内部においてトップライトの光を拡散する．

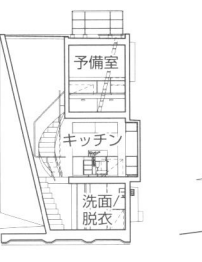

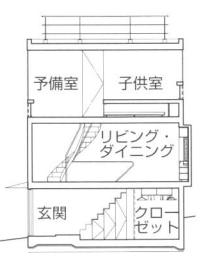

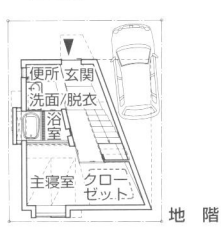

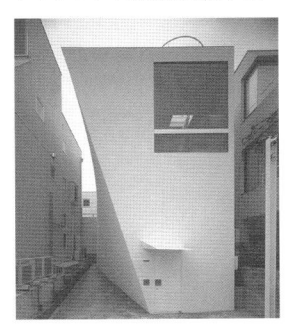

072　現代の独立住宅：内外の連続性　Detached House: Connecting Inside to Outside

1:300

内外の連続性

建物とは，屋根や外壁といった外皮部材によって屋外の領域から屋内の領域を区切るものである．独立住宅において，内部と外部の関係をどのように築くかは，室内の居住性能や外界に対する社会性などにかかわる主要なテーマである．1960年頃までの住宅には，日本の伝統的家屋のスタイルを受け継ぐ形で，軒先を深くし内と外を可動建具などで仕切ることで，通風を確保しつつ空間の水平的な広がりを求めるものが多くみられるが，これらは内部を開放してもプライバシーが確保できる恵まれた敷地条件において成立する形式である．一方，1990年代以降の都市住宅においては，通り庭，路地，坪庭といった，建物のヴォリュームによって囲われた外部空間に対して室内を開放することで，内部と外部の連続性が図られるものがみられる．

▲ 吉田五十八自邸／1944年

設計：吉田五十八／神奈川県中郡二宮町／木造平屋／敷地面積：―／延床面積：101m²

吉田が疎開するために建てた自邸で，建築や資材統制の影響で当初15坪という狭い計画だったが，白川砂利の流れを配した庭との関連をもちながら増築されていった．とくに戦後の新数寄屋を構想したといわれる書斎からの庭の眺めが特筆される．

(撮影：新建築社写真部)

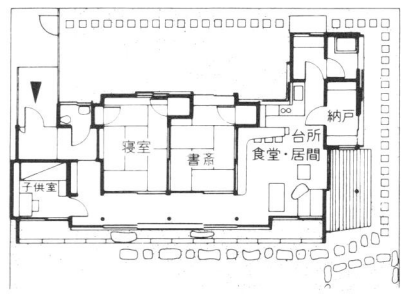

◀ 森博士の家／1951年

設計：清家　清／東京都文京区／木造平屋／敷地面積：―／延床面積：67m²

戦後日本の近代住宅の潮流に影響を及ぼした清家清による「斉藤邸」「私の家」と並ぶ初期の代表作．畳や明かり障子を使い空間のフレキシビリティと連続性を実現し，モダンな住宅をつくり出した．

(撮影：平山忠治)

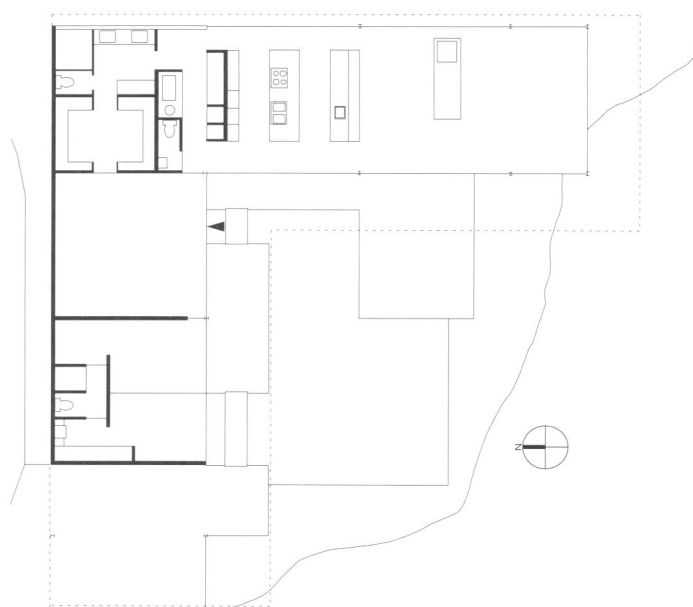

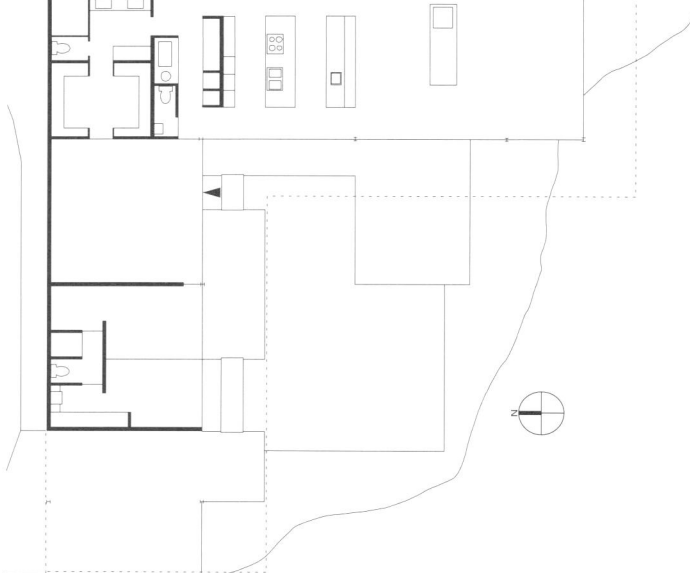

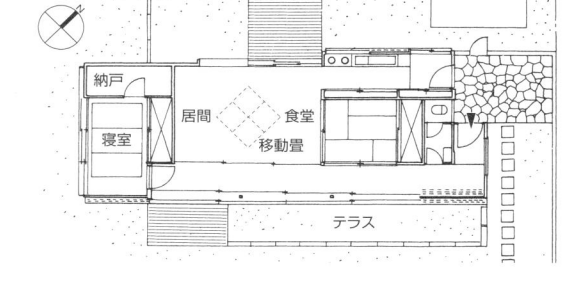

▲ 斉藤助教授の家／1952年

設計：清家　清／東京都大田区／木造平屋／敷地面積：795m²／延床面積：63m²

戦後住宅復興の中，金融公庫の貸付条件の上限である18坪ぎりぎりで建っている住宅．同時期に建てられた「森博士の家」と同様，私室部分を圧縮し，居間を広くとることで，開放的な空間となっている．

(撮影：平山忠治)

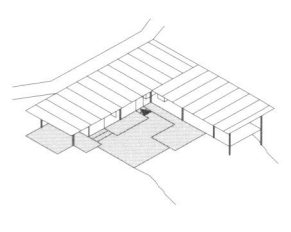

▲ ケース・スタディ・ハウス #22／1950年（シュタール邸）

設計：Pierre Koenig／Los Angels, California，アメリカ／S造平屋

崖地に突き出すように建つ鉄とガラスでできた透明感のある住宅．1945年から66年にかけてアーツ＆アーキテクチャ誌に掲載された実験住宅の一つ．街に向かって開かれた景色は，アメリカン・モダン・ライフの典型的な風景となっている．

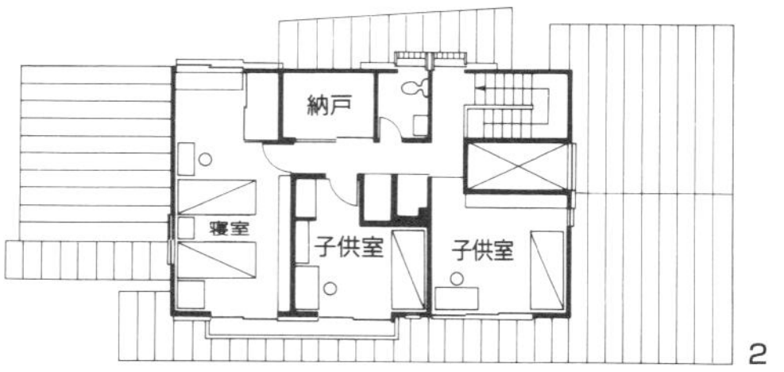

(撮影：新建築社写真部)

◀ 南台町の家（自邸）／1957年

設計：吉村順三／東京都中野区／木造2階建／敷地面積：592m²／延床面積：171m²

広い居間と音楽家の夫人のためにある音楽室を中心に，食堂，台所，ユーティリティの諸室が増築を重ねながら有機的につながっている．暖かな円居をつくりだす暖炉の火や水，緑といった設計者ならではの居住空間となっている．

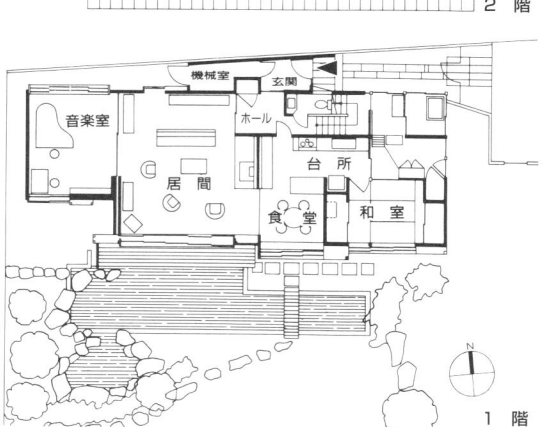

(撮影：石井　彰)

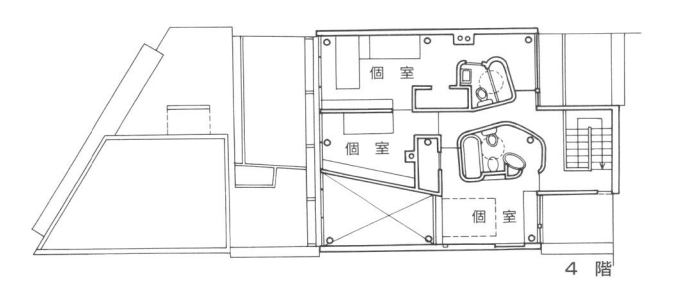

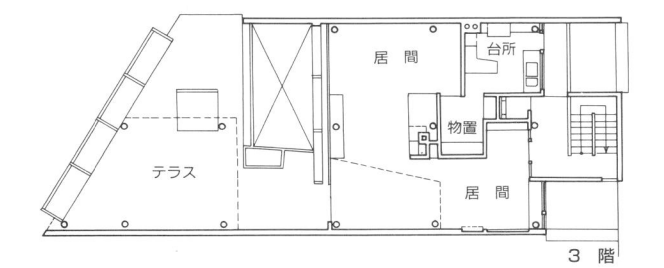

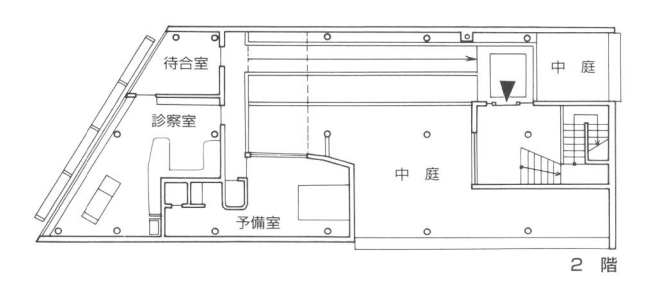

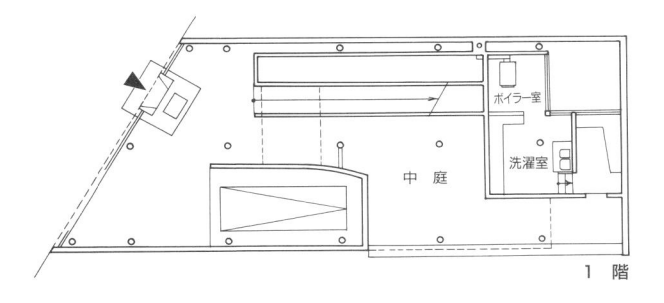

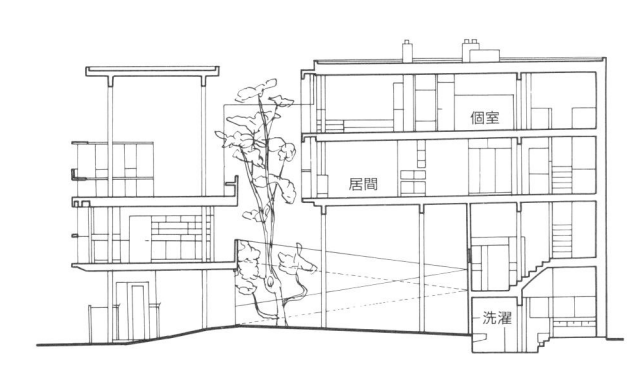

1:300 Detached House: Connecting Inside to Outside **現代の独立住宅：内外の連続性** 073

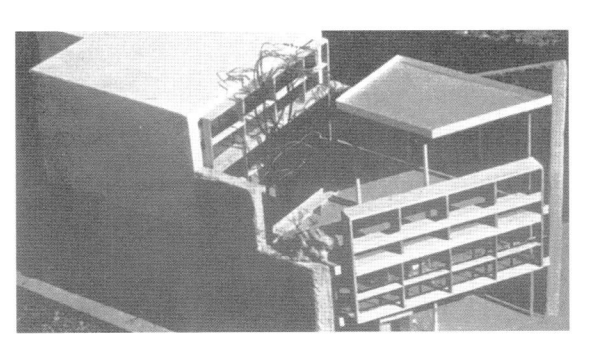

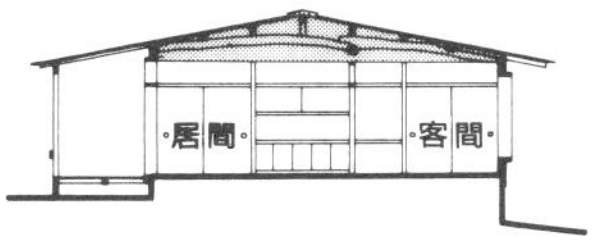

▶内田邸（自邸）／1961年

設計：内田祥哉／東京都杉並区／木造平屋／敷地面積：―／延床面積：114m²

清家清らによって建てられた50年代の居間中心の住宅とは異なり，中廊下形式を取り入れることで，自らの生活に合わせながらも融通性のある使い方ができる住まいが意図された．

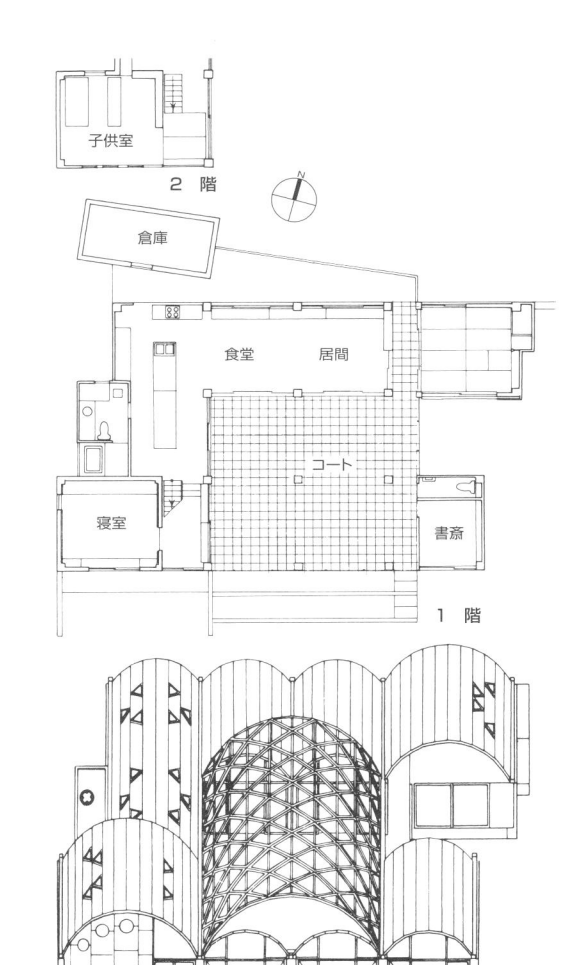

▲クルチェット邸／1949年
(Dr. Currutchet's House)

設計：Le Corbusier／La Plata, Buenos Aires，アルゼンチン／鉄筋コンクリート造4階建

前面道路に対して斜めの不整形敷地に歯科医院，中庭，住居が収められている．医院部分は道路に合わせて台形であるが，住居部分は8m角の正方形であり，この二つのブロックは中庭のスロープによって繋がれている．

▲シルバーハット（自邸）／1984年

設計：伊東豊雄／東京都中野区／RC造一部鉄骨造2階建／敷地面積：403m²／延床面積：138m²

1976年に建てられた閉鎖性の強い住宅の隣地に建てられたこの住宅は，オープンで軽さに満ちた住まいとなっている．中庭は，布製の着脱可能な屋根を持った外部の居間であり，パンチングメタルを使うことで一層軽やかな皮膜となっている．

（撮影：大橋富夫）

074 現代の独立住宅：内外の連続性 Detached House: Connecting Inside to Outside

1:300

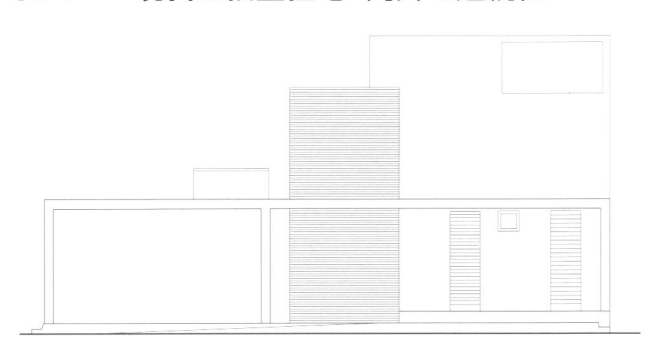

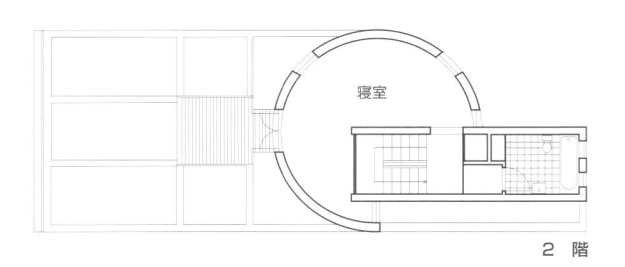

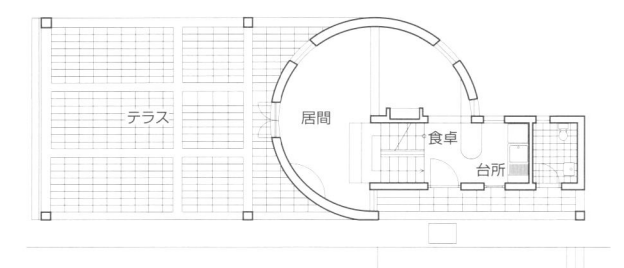

▲ サマーハウス／1985年

設計：Sevki Pekin／Bodrum／トルコ／組石造＋RC造2階建／延床面積：64m²

4分の3円の躯体の1階に居間と台所，2階に寝室を配したシンプルな構成の住宅．居間の前面には大きなテラスが広がり，ここは外部の居間としても機能する．矩形のコンクリート構造部分はコアであり，階段や浴室等水回りが収められている．

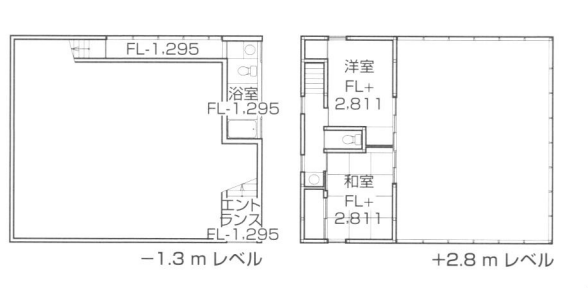

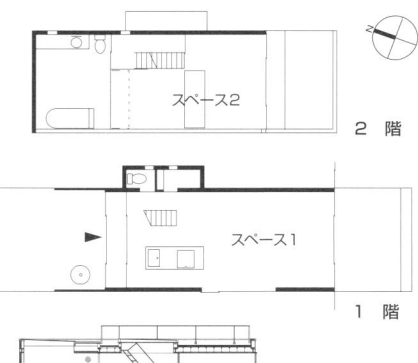

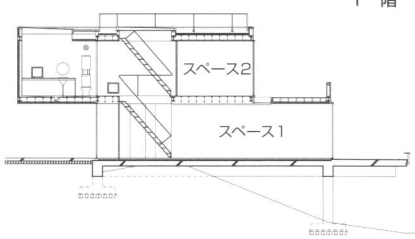

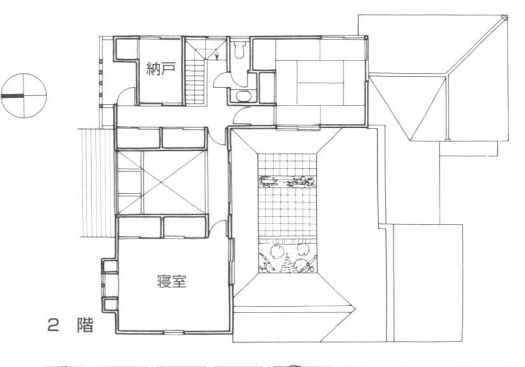

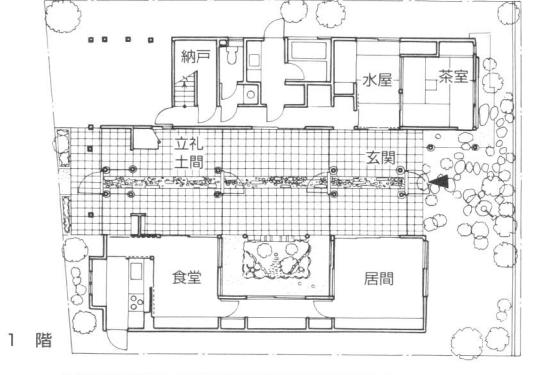

◀ 富士裾野の山荘／1991年

設計：石田敏明建築設計事務所／静岡県裾野市／S＋木造2階建／敷地面積：554m²／延床面積：75m²

道路から連続するコンクリートの人工地盤の上に，細長い2つの箱がややずれて積層する即物的な構成の住宅．1階の森に面する妻面を全面的にオープンにすると，内外が完全に一体化した開放的なスペースとなる．

◀ 中露路の家／1989年

設計：船木澄子／長野県小県郡／木造2階建／敷地面積：284m²／延床面積：193m²

茶の湯のための空間と通常の生活空間とを広い土間（中露地）でつなげた住宅．中露地が茶室への導入空間となるとともに，内部と外部との境界を繰り返すことで奥行きを演出している．

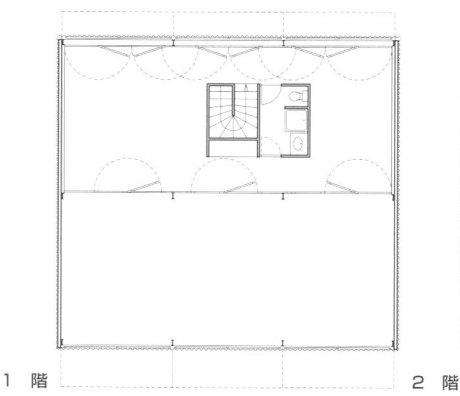

◀ 十里木の別荘／1999年

設計：八木敦司／静岡県裾野市／RC＋S＋木造在来工法／敷地面積：494m²／延床面積：124m²

巨大な蚊帳のようなメッシュで覆われた，輪郭のある屋外空間をもつ週末住宅．透過性の高いメッシュで覆われたこの開放的な空間は，狭い玄関をくぐった先に立ち現れ，周辺環境の状況に合わせて，内部と外部を緩やかに分節している．

▲ MAISON LATAPIE／1993年

設計：Anne Lacaton, Jean Philippe Vassel／Bordeaux，フランス／延床面積：92m²

石綿スレートの波板とポリカーボネートの波板といったヴァナキュラーな素材を使って，建物全体をスッポリと覆った住宅．スレート板の外壁の一部は可動式で，居室の窓や扉となっており，透明ポリカで囲われた部分は半屋外の温室となっている．

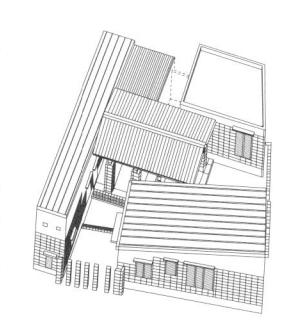

1:300 0 5 10   Detached House: Connecting Inside to Outside **現代の独立住宅：内外の連続性**　075

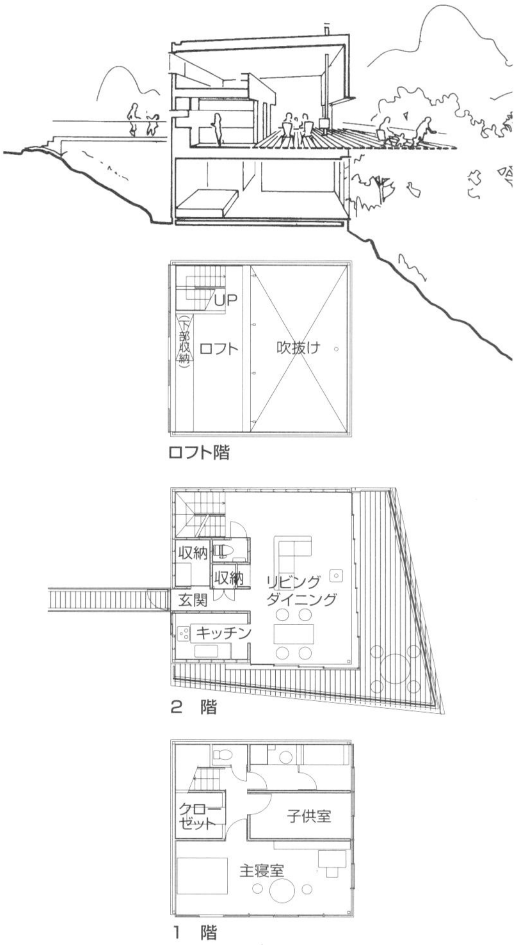

◀鎌倉山の家／1999年

設計：手塚貴晴・手塚由比／神奈川県鎌倉市／鉄骨造3階建／敷地面積：269m²／延床面積：128m²

豊かな樹海を望むために，ウッドデッキを建物本体からキャンティレバー状に張り出させている．景観と向き合い空気を取り込むための〈窓〉に対する綿密なシミュレーション設計段階で行うことで，精度の高いデザインが成立している．

（撮影：和木　通）

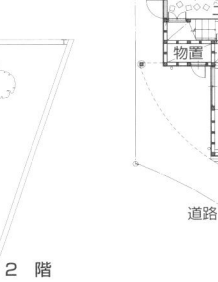

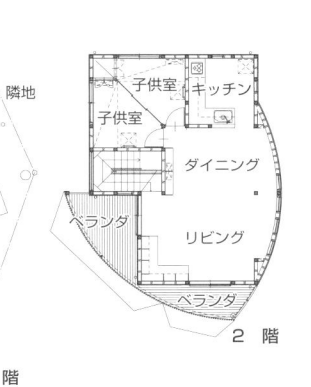

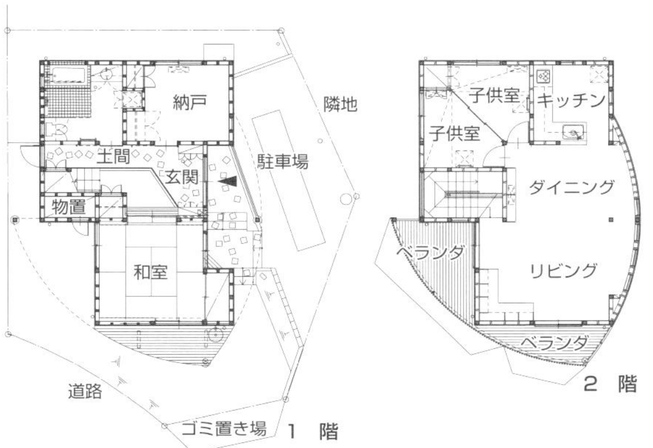

▲東風平の家／1994年

設計：横山芳春／沖縄県島尻郡東風平町／補強コンクリートブロック造平屋／敷地面積：231m²／延床面積：121m²

沖縄県で自給可能な建材であるコンクリートブロックを主構造かつ主材料にして建てられた住宅．真ん中の吹きさらしの部屋が生活の中心的な場である．主動線を屋外に設けることで生活全体を開放的に構え，温暖な風土に住居を適合させている．

▲すっぴんの家／2001年

設計：連健夫／神奈川県／木造2階建／敷地面積：139m²／延床面積：108m²

住み手によるコラージュを発想の手がかりに設計された住宅．日本の伝統的なコミュニティの場としての住宅が意識され，引き戸，平土間やさまざまな集まりに使われる和室などが現代化されている．

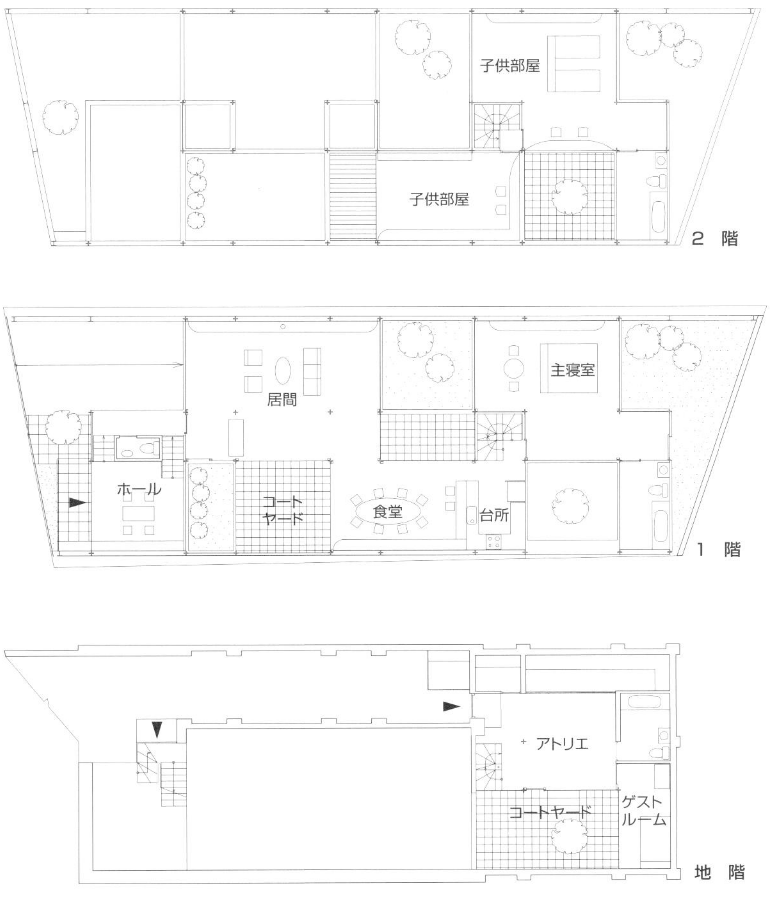

◀写真家のシャッター・ハウス／2003年

設計：坂　茂／東京都港区／RC＋S造2階建地下2階／敷地面積：291m²／延床面積：462m²

3つの中庭をもつ町家タイプの住宅．コートヤードとインテリアを仕切る壁として，4m幅のスタッキング式のガラスシャッターを使用しているため，内外を完全に連続・一体化させることが可能となっている．

076　現代の独立住宅：外部空間の構築 Detached House: Exterior Space

外部空間の構築

外気にさらされた場所であるが，床や壁（あるいは天井）によってあたかも室内のように限定された屋外を「外部空間」と呼ぶならば，近代以降の住宅作品において，こうした外部空間が内部空間以上の役割と意味をもつ事例は数多い．ピロティや屋上庭園などはまさに近代建築登場の時代のシンボルであり，そうした空間の構築は現代住宅においても別の形式で受け継がれている．一方，建物の外壁によって外部環境から遮断されたプライベートな庭をもつ住宅，すなわちコートハウスは，時代や地域を超えて存在する住居形式の一原型であるといえるが，気候風土，立地条件，敷地形状，平面計画，家族構成などの諸要因によって，コートのサイズや断面形状，位置や数などは多種多様である．

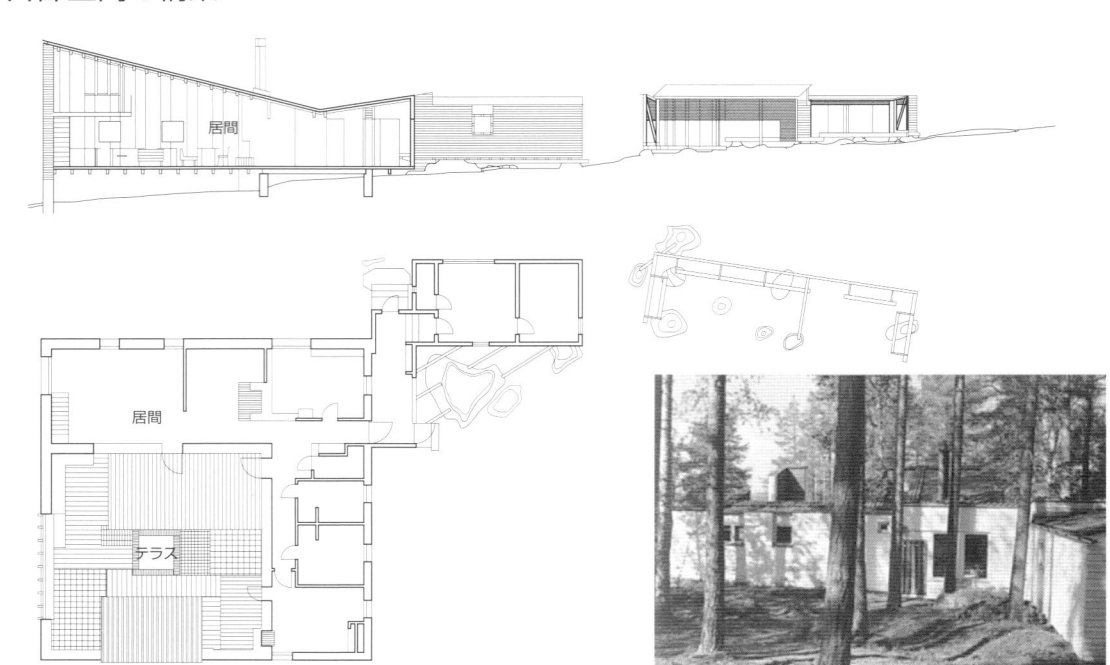

▲ムーラッツァロの実験住宅／1952-54年（Experimental House）

設計：Alvar Aalto／Muuratsalo，フィンランド

湖のほとり，ゆるやかな斜面に立つ夏の別荘．正方形のオープンテラスを囲むようL字型に居間，私室が配されている．テラスは四周をレンガの自立壁で覆われており，さまざまなレンガの積み方が試されている．

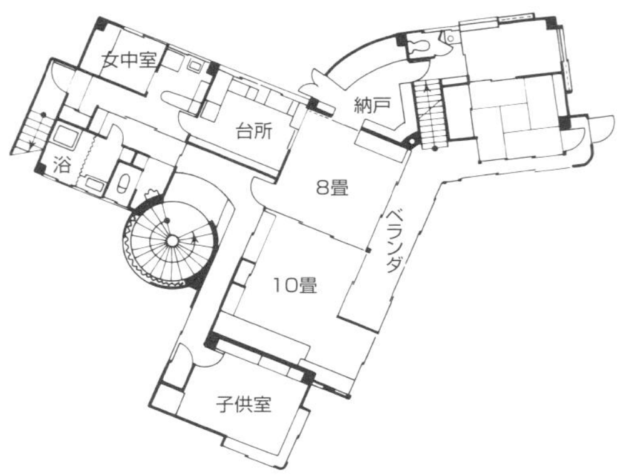

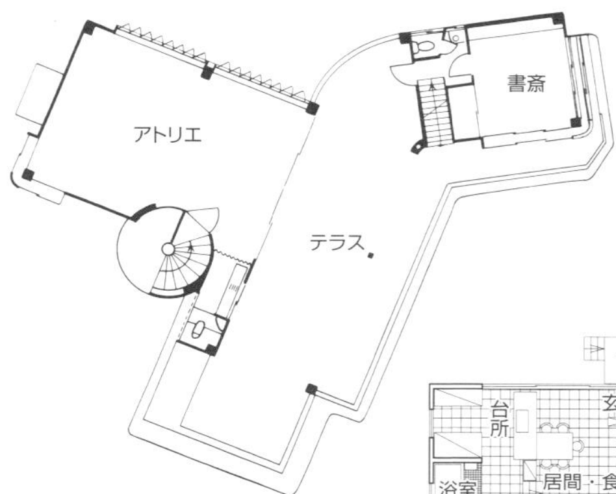

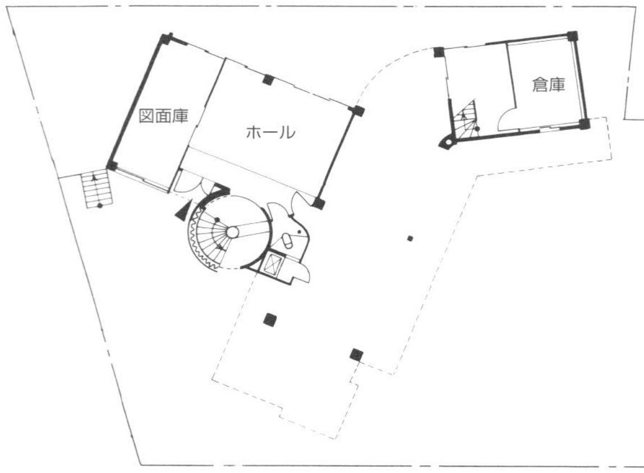

▲石津邸／1957年

設計：池辺 陽／東京都新宿区／RC造2階建／敷地面積：108m²／延床面積：67m²

設計者池辺による実験住宅の一つ．アメリカ，カルフォルニアを中心に建てられたケース・スタディ・ハウスの日本版として作られた．中庭をもつ配置形態は，連続した街並みの形成を考えたテラスハウス形式として見ることができる．

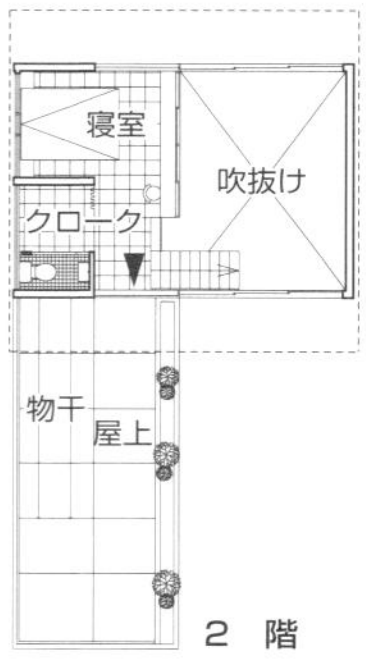

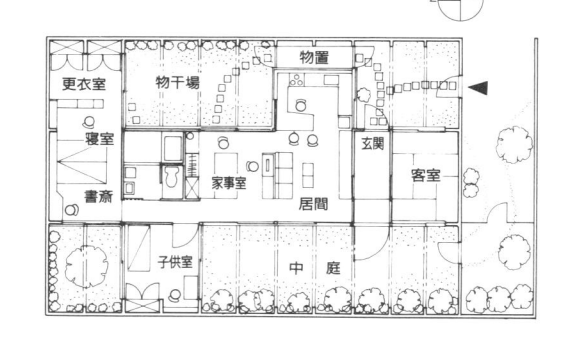

▲山田守邸／1959年

設計：山田守建築事務所／東京都港区／RC造3階建

東京都内に建つ設計者の自邸．RC造3階建てで，柱梁構造でありながら，床スラブが表出した表現となっている．コーナー部分や丸柱の扱いなどは他の大規模建築で見られる山田のデザイン的特徴を示している．

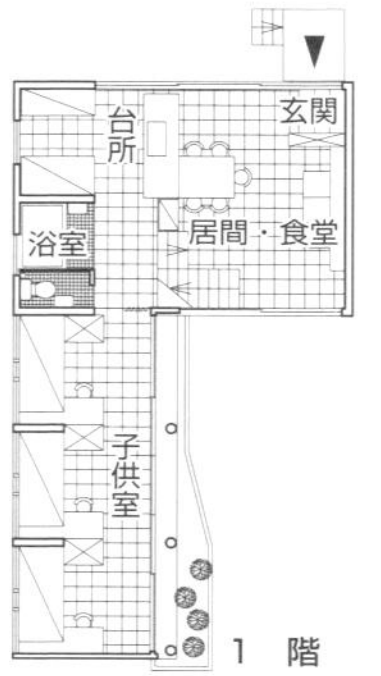

▲正面のない家-N／1960年

設計：坂倉建築研究所／兵庫県西宮市／RC＋木造平屋／敷地面積：176m²／延床面積：80m²

坂倉事務所にいた西沢文隆によるコートハウス第一号．建物の一部となった塀により敷地全体を内部化しようとする意図でつくられ，外部に対する閉鎖性が強調されている．四つに分かれた庭から各室に採光と広がりを与えている．

（撮影：新建築社写真部）

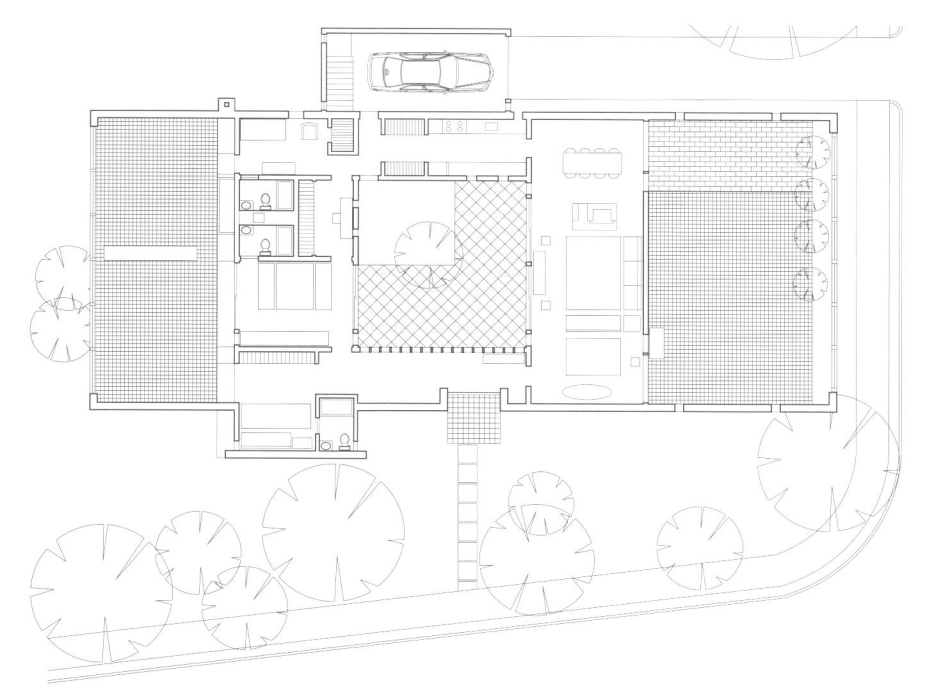

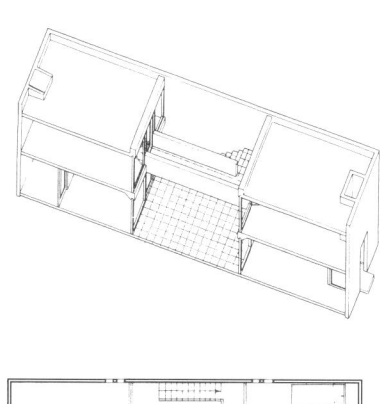

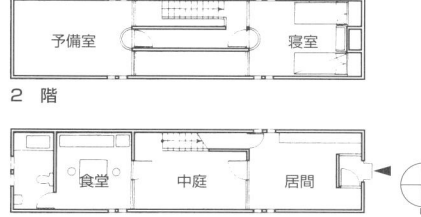

Detached House: Exterior Space **現代の独立住宅：外部空間の構築** 077

▲ セルト邸／1958年
（Sert House）

設計：Josep Lluis Sert／Cambridge, Massachusetts、アメリカ

戦後、スペインからアメリカへ移住し、ハーバード大学での建築教育と、戦後CIMAの中心メンバーとして活躍したセルトによるボストン近郊の自邸。地中海的な中庭をもつコートハウスで、各機能を明確に分離し、諸室から中庭が見られるような構成としている。モダニズムのもつ合理主義思想によってつくられている。

▲ 住吉の長屋／1976年

設計：安藤忠雄／大阪市住吉区／RC造2階建／敷地面積：57m²／延床面積：65m²

安藤忠雄の実質的デビュー作であり日本建築学会賞を受賞した住宅．大阪の町家の中、外に対してはRC造の閉じた表現をもちながら、内部に中庭をもち住み手がいやが上でも自然を感じるような構成となっている．

◀ 住宅〈GEH〉／1976年

設計：鈴木 恂／北海道江別市／木造平屋／敷地面積：306m²／延床面積：122m²

中庭がある住宅としては敷地が広大な北海道の平野の中にあることから、都市環境に対して閉鎖性を意図してつくられた住宅ではなく、中庭を中心として諸室を区切る壁をできるだけなくし、広がりを持たせた試みが行われている．

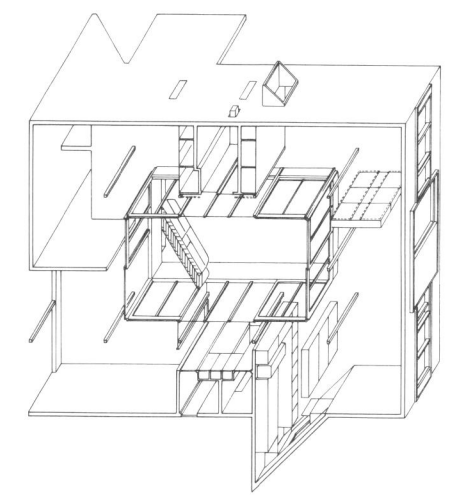

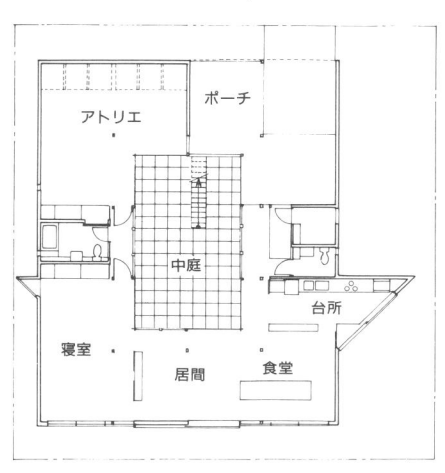

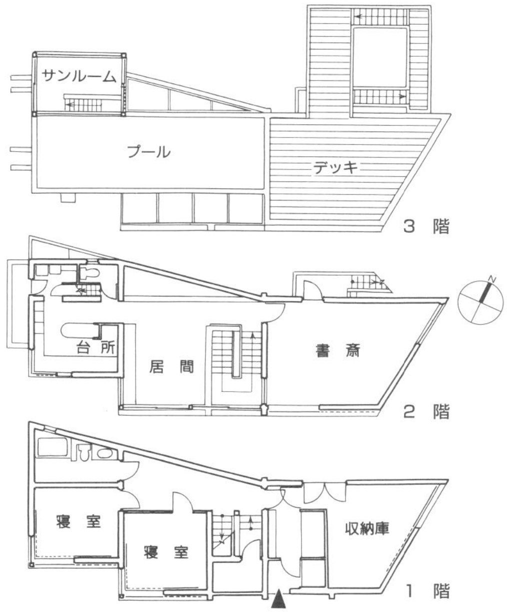

（撮影：鈴木 悠）

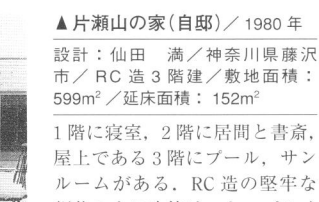

▲ 片瀬山の家（自邸）／1980年

設計：仙田 満／神奈川県藤沢市／RC造3階建／敷地面積：599m²／延床面積：152m²

1階に寝室、2階に居間と書斎、屋上である3階にプール、サンルームがある．RC造の堅牢な躯体の中に吹抜け、トップライトを取り入れ空間に広がりをつくり出している．屋上のプールとサンデッキは設計者ならではの遊びの場所となっている．

（撮影：藤塚光政）

078 現代の独立住宅：外部空間の構築 Detached House: Exterior Space

1:300

3階

2階

1階

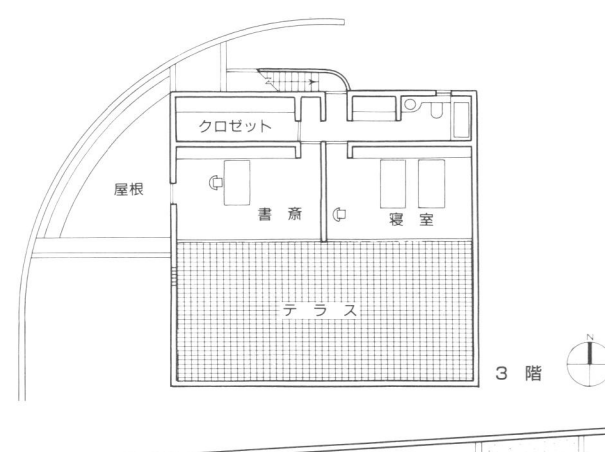

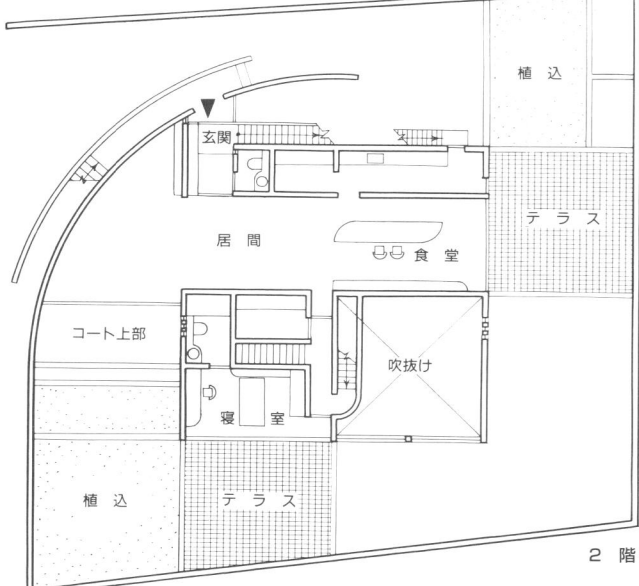

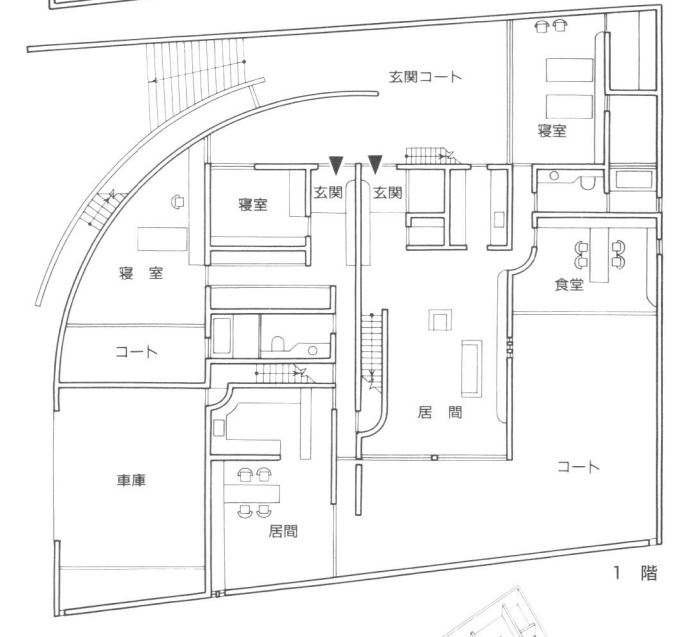

クロゼット / 屋根 / 書斎 / 寝室 / テラス

植込 / 玄関 / テラス / 居間 / 食堂 / コート上部 / 吹抜け / 寝室 / 植込 / テラス

玄関コート / 寝室 / 玄関 / 寝室 / 食堂 / コート / 寝室 / 居間 / 車庫 / 居間 / コート

▲K邸／1986年

設計：安藤忠雄／東京都世田谷区／RC造3階建／敷地面積：611m²／延床面積：555m²

1階に夫婦双方の両親，2階，3階を夫婦という三世帯が住む住宅．ゆったりとした玄関アプローチでそれぞれの住戸への動線を分け，内部の中心にある吹抜けによって家族を繋ぐ立体的なコートハウスとなっている．

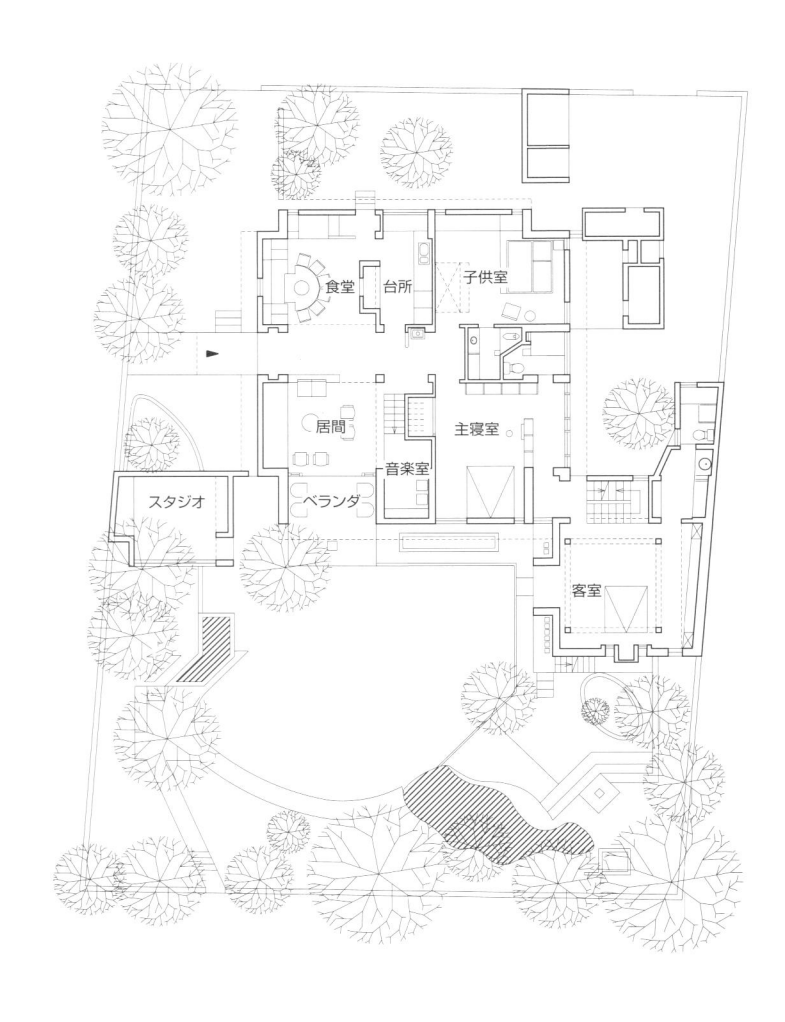

食堂 / 台所 / 子供室 / 居間 / 主寝室 / スタジオ / 音楽室 / ベランダ / 客室

▲ドーシ邸／1987年
（Doshi House）

設計：Balkrishna Doshi／Ahmedabad，インド／敷地面積：875m²／延床面積：275m²

フランスとインドでル・コルビュジエとともに働いた建築家による自邸．打放しコンクリートとレンガブロックの素材感を活かしながら，平面構成や空間の連続性はインドの寺院に影響を受けている．

2階 / 1階

子供室 / 寝室 / 居間 / スロープ / スロープ / 玄関 / 台所 / 和室

◀阿品の家／1990年

設計：村上　徹／RC＋S造2階建／敷地面積：232m²／延床面積：178m²

ほぼコンクリートとガラスだけでつくられた中庭型住宅．3.6mスパンで配された250φの自立柱が，薄いヴォールト状の屋根を支えており，さらに中庭に面する壁をすべてガラスにすることで，コンクリートという素材に浮遊感をもたせている．

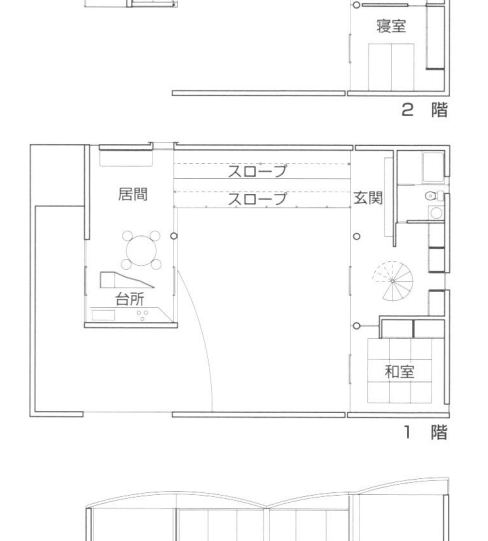

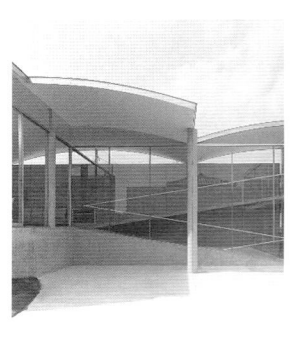

現代の独立住宅：内部と外部―外部空間の構築

◀週末住宅「暗箱と鳥籠」／1991年

設計：中尾寛・井上昌彦・芹澤浩子／大阪府／木造2階建／敷地面積：235m²／延床面積：116m²

内壁，外壁ともに黒に塗られ，開口部を持たない閉じた住宅．3m×3mという余裕のあるグリッドによって構成された室内は，閉塞感を感じさせず，ひとつの完結した空間をつくり出している．居間の中心部は2層分の天井高を有し，デッキをもつ．

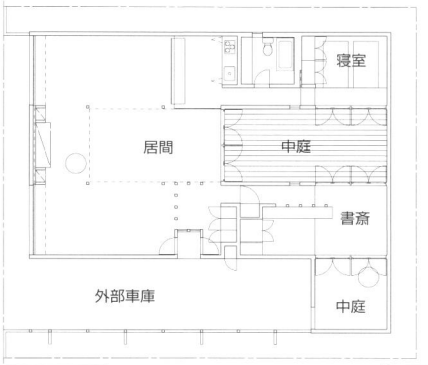

（撮影：Nacása & Partners）

◀ガスパール邸／1991年

設計：アルベルト・カンポ・バエザ／スペイン

4mの塀で囲まれた正方形のスペースの中を3つのエリアに分け，2つをパティオ，真ん中の1つを屋内の居住スペースとして当てている．シンメトリーや比例を用いた平面の幾何学性や，白＋水＋緑のコンビネーションによる詩的な抽象性が強調されている．

（撮影：Hisao Suzuki）

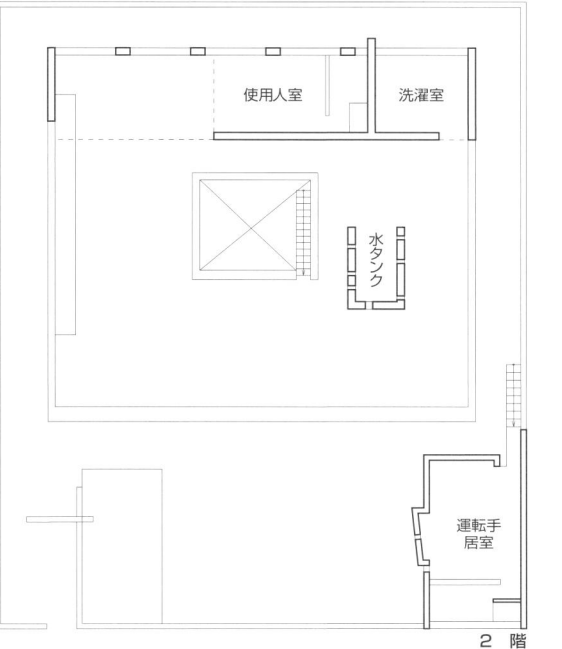

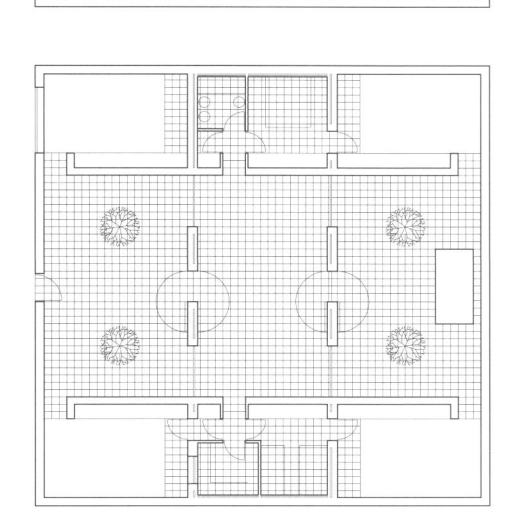

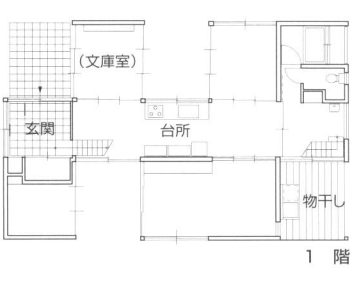

▲ヴィラ・アンバー／1993年 (Villa Anbar)

設計：Peter Barber／Dammam，サウジアラビア／RC造2階建

中東地域における豪邸であるが，西欧やアジアには見られない独特のスケールとモダンな要素を両立させている．閉鎖的な外壁および内庭，低い床レベルと高い天井高などは，中東から北アフリカのイスラム教地域一帯で見られる建築手法である．

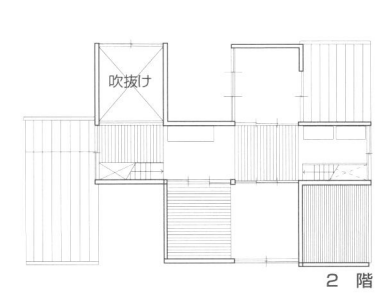

◀屋根の家／2001年

設計：手塚貴晴＋手塚由比／神奈川県秦野市／木造平屋／敷地面積：298m²／延床面積：96m²

約42坪の広さの緩勾配の屋根は，木製の格子梁を構造用合板で覆ったものである．屋根の上で食事をしたいという施主の希望から，屋根面は屋外の居間として設えられ，1階の各部屋の天井に付いたハッチ窓から上り下りできるようになっている．

▲熊取の家／1999年

設計：吉井歳晴／大阪府泉南郡熊取町／木造2階建／敷地面積：1825m²／延床面積：135m²

ヴォリュームの組み合わせと開口部の大きさのコントロールによって，正面をつくらずに周辺環境と緩やかに繋がることを目指した住宅．室内は半透明の建具を自在に開閉することによって，部屋の大きさや使われ方がフレキシブルになっている．

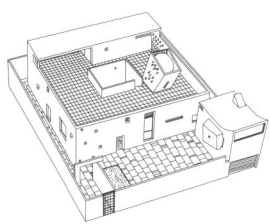

（撮影：新建築社写真部）

080　現代の独立住宅：採光による演出　Detached House: Producing Daylight

採光による演出

　1970年代の日本の住宅には，都市部における住環境の悪化とプライバシーに対する意識によって，私的領域である内部と周辺環境である外部との関係を完全に断ち切るような閉鎖的なタイプのものが多くみられる．そこでは，各個室に対する外部環境のオルタナティブとして，中庭や吹き抜けのリビングルームなどが設けられている．こうした閉じた住居形式がもたらすものとして，外部から室内への採光に対する多様な手法が挙げられる．それらは，自然光の取り入れ方を工夫することによって内部空間に独特の質感をもたせるもので，開口部そのものの形状や透過性素材の種類，あるいは室内側の壁面形状や仕上げ材の種類などによって様々な演出がなされ，そのことで自然光の変化による時間の存在を住まい手に気づかせることになる．

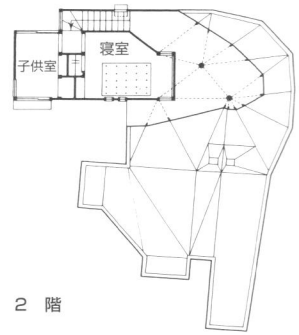

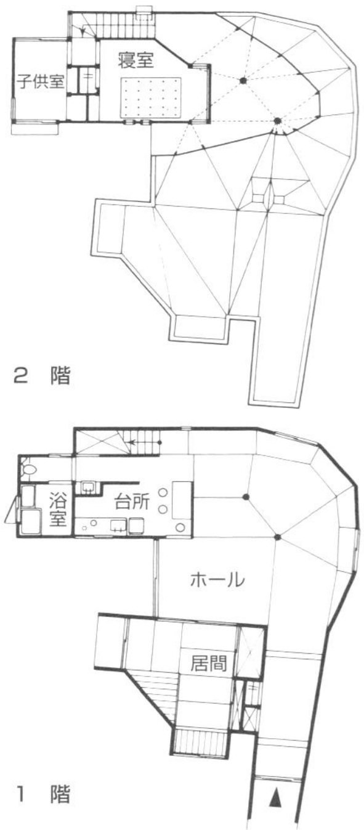

◀ 伊藤邸／1967年
設計：原 広司／東京都三鷹市／木造2階建／敷地面積：―／延床面積：90m²

設計者が当時主張した有孔体の原理を実現した住宅の初期事例．生物体のような平面形はその1階の玄関から2階の子供室までがつながり，一つの器官として膨らんでいるかのような空間となっている．

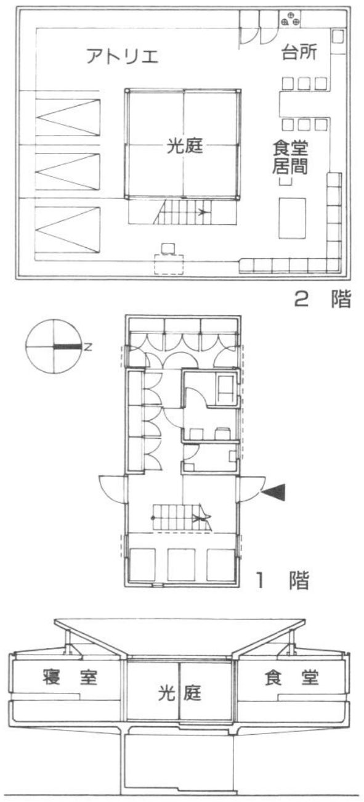

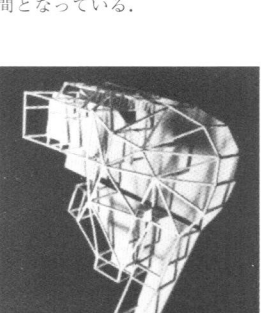

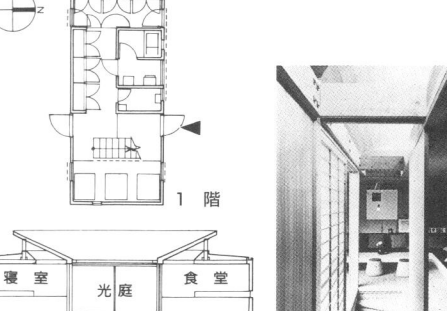

◀ 金子邸／1968年
設計：高須賀晋／東京都品川区／RC造2階建／敷地面積：185m²／延床面積：119m²

光庭を中心とした矩形をした平面形で，土台的な1階に水周りなど設備的諸室を配置し，2階をハングオーバーさせることで中庭の回りに連続した空間構成となっている．

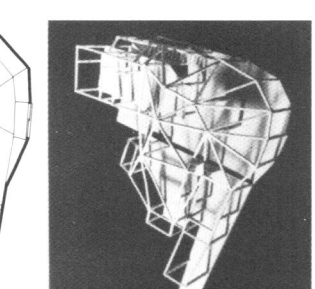

（撮影：鈴木 悠）

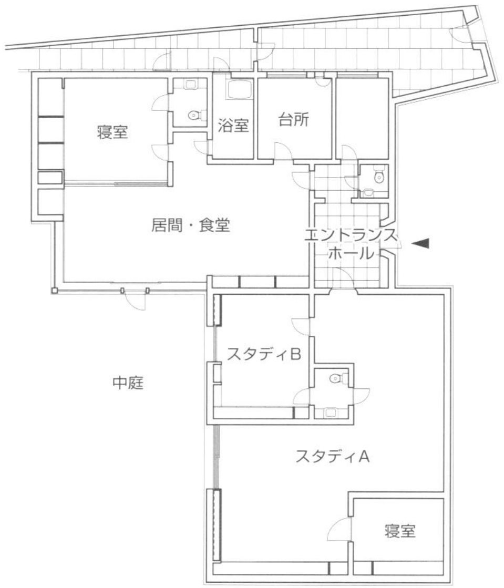

◀ 虚白庵（自邸）／1970年
設計：白井晟一／東京都品川区／RC造平屋／敷地面積：501m²／延床面積：240m²

都内幹線道路に面するという劣悪な環境の中，高い塀をめぐらすことで，外部から閉じた居住空間となっている．書斎は極端に開口部が少なく，薄暗い空間の中に置かれた照明によって壁，古家具，金物の素材感を浮かび上がらせている．対照的に居間からは白洲の庭が古代ローマの柱頭とともに輝いている．

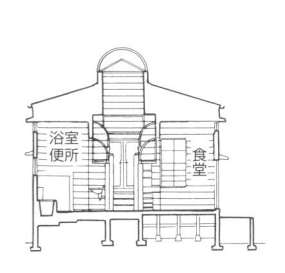

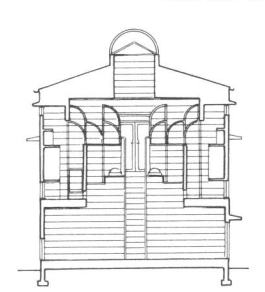

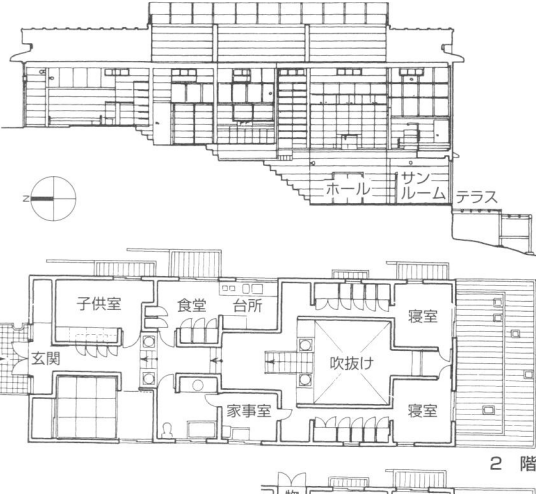

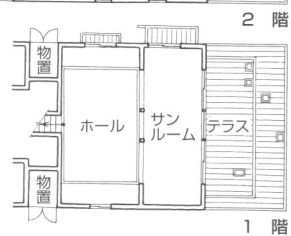

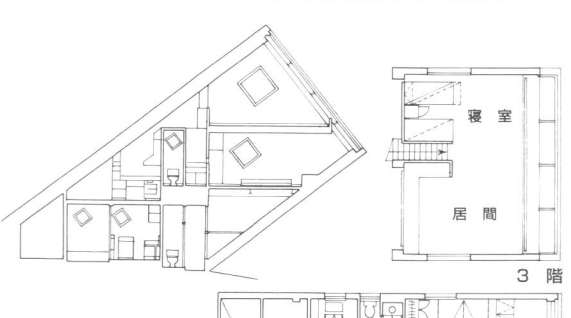

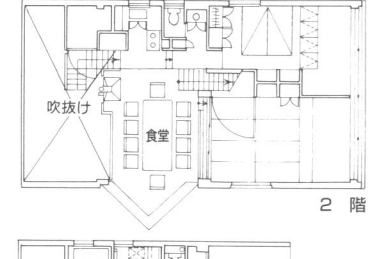

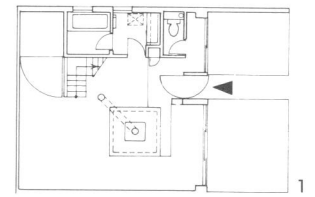

◀ ばあちゃんち／1972年
設計：倉本たつひこ／北海道ニセコ町／鉄骨造3階建／敷地面積：約8000m²／延床面積：144m²

北海道の大地に直方体を斜めに突き刺した特異な形態をした住宅．斜め上空を向いた開口部から光を取り入れ，3層に分かれた内部は吹抜けを介して垂直方向に連続し，光と熱が諸室に行きわたっている．

▲ 原 邸／1974年
設計：原広司＋アトリエファイ／東京都町田市／木造2階建／敷地面積：640m²／延床面積：138m²

住宅の中に住宅があるという入れ子構造となっている設計者の自邸．傾斜地を利用して空間に変化と広がりをもたせ，各個室の中央廊下側にトップライトを設け，そこから採光を行うことで，柔らかな光が室内空間を満たしている．

（撮影：宮本隆司）

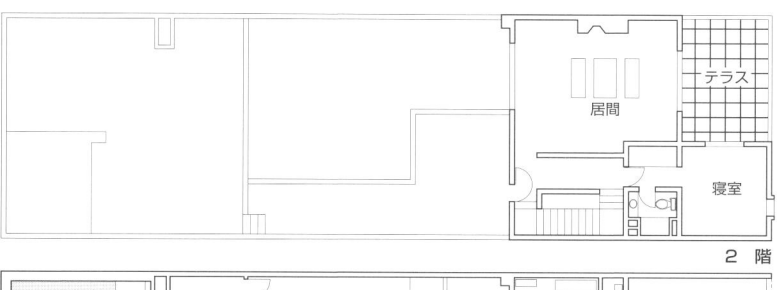

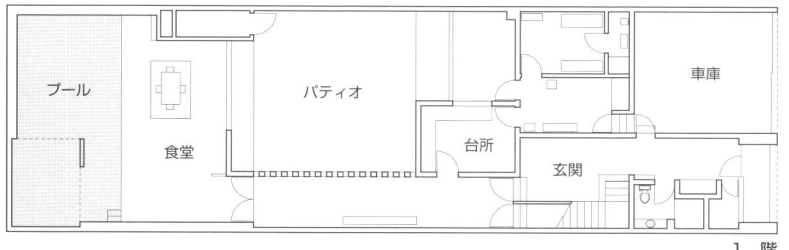

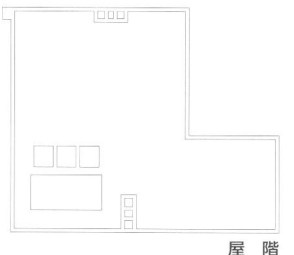

Detached House: Producing Daylight 現代の独立住宅：採光による演出

◀ ギラルディ邸／1976年
〈Gilardi House〉
設計：Luis Barragan／Tacubaya, Mexico City，メキシコ

ショッキングピンクの外観で，開口部も最小限に抑えられている．玄関を入ると白を基調とした吹抜けの階段ホール，それに続く黄色の廊下があり，壁のスリットを通して光が入る．これから先は，室内のプール，中庭など光と色の競演が始まる．

（撮影：Armando Salas Portugal）

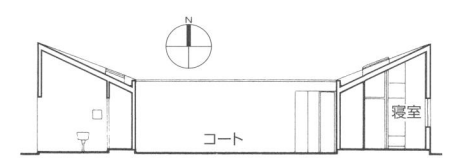

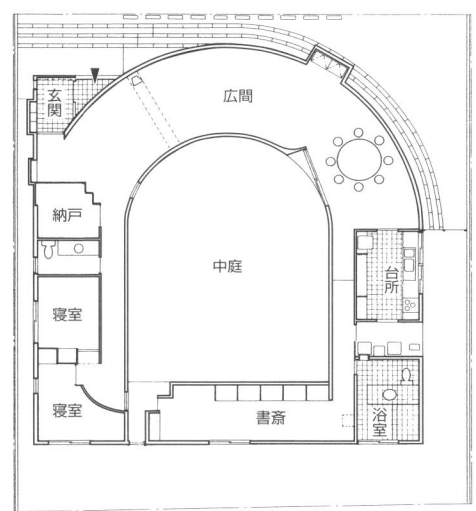

◀ 中野本町の家／1976年

設計：伊東豊雄／東京都中野区／RC造平屋／敷地面積：368m²／延床面積：148m²

都市に対して閉じた空間を作り出す世代の建築家による代表作．ほぼ床面積の半分を占めるチューブ状の広間は，中庭に対しても閉じているが，光の取り入れ方を計算し，幻想的な空間を作り出している．

（撮影：大橋富夫）

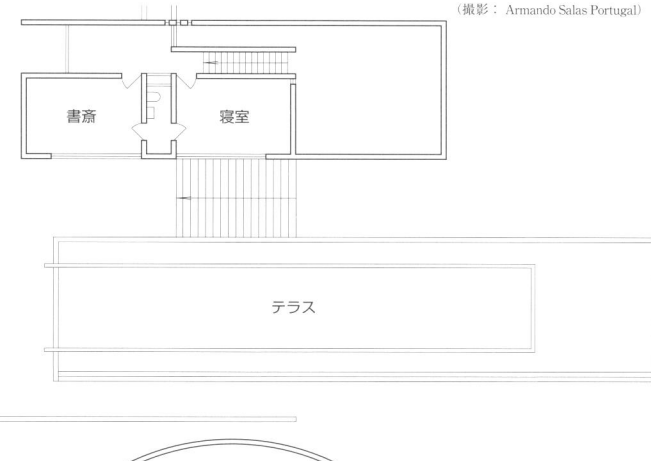

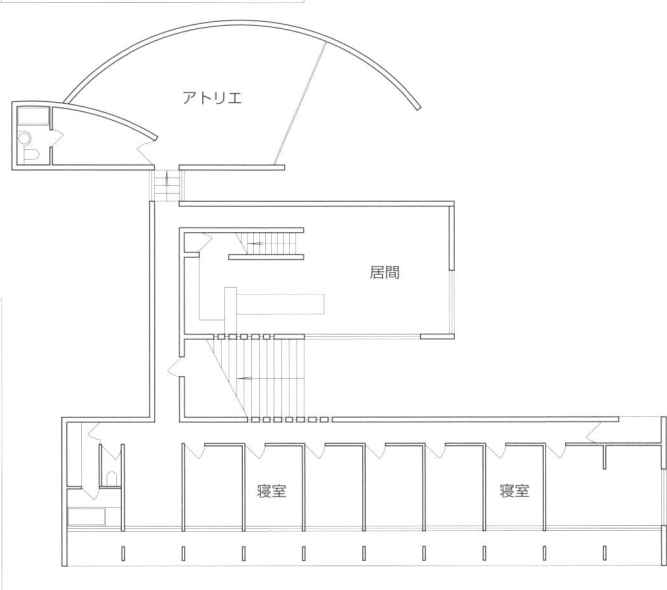

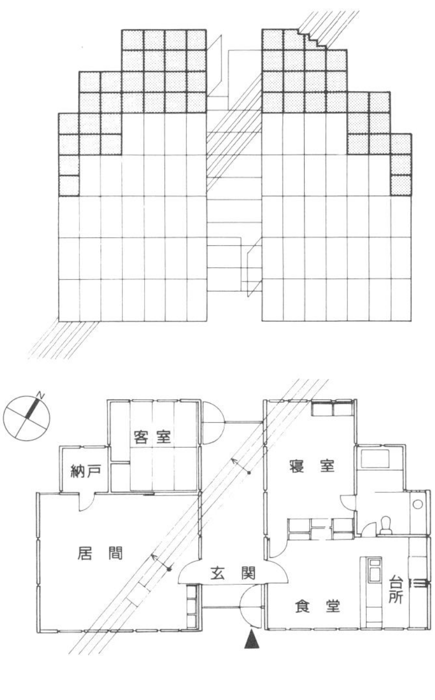

◀ 光格子の家／1980年

設計：葉 祥栄／長崎市／鉄骨造平屋／敷地面積：321m²／延床面積：125m²

居間部分と寝室部分を大きく二つに分け，それらをガラス屋根の光庭によってつなげている．全体壁面を断熱パネルと格子状スリットで覆い，さらに敷地の高低差を利用した段差を室内空間に貫通させることで一体性を与えている．

▲ 小篠邸／1981年

設計：安藤忠雄／兵庫県芦屋市／RC造2階建／敷地面積：1141m²／延床面積：231m²

荒々しさとは異なり，むしろ繊細な材料としてコンクリートの存在感を高めた住宅．敷地の段差を巧みに処理した光と陰影が織り成す空間は和を感じさせる一方，居間と個室を明確に分け，リニアに個室を並べることで機能的な構成となっている．

（撮影：新建築社写真部）
（撮影：Mitsuo Matsuoka）

082 現代の独立住宅：採光による演出　Detached House: Producing Daylight　1:300

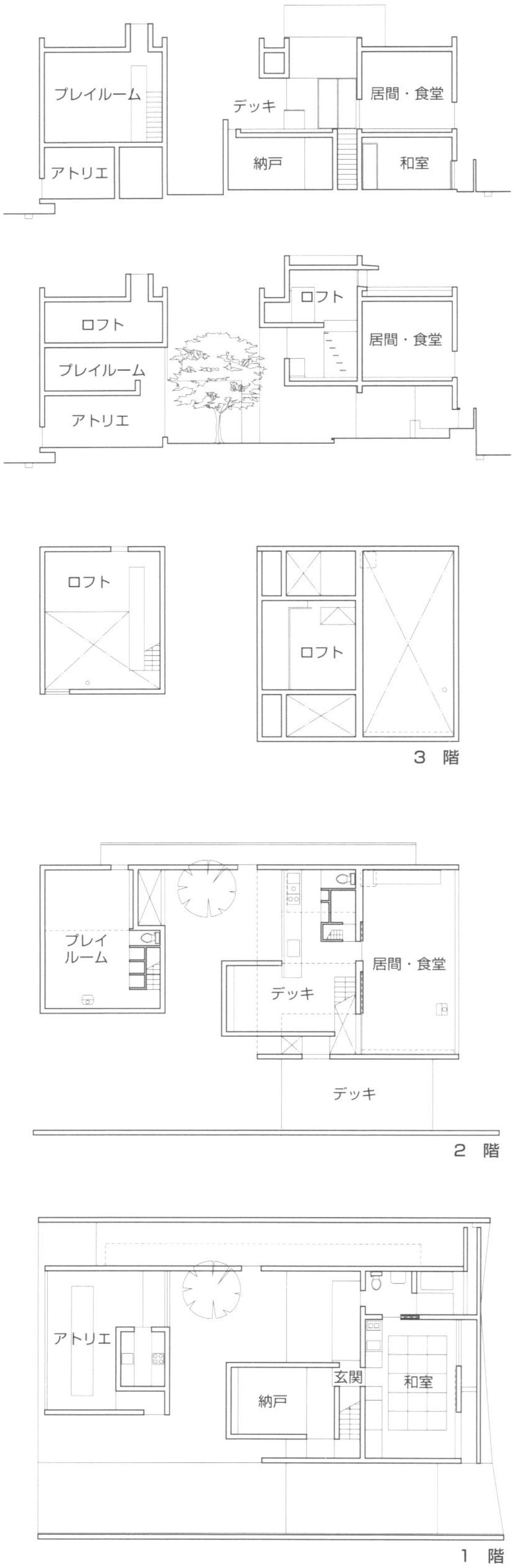

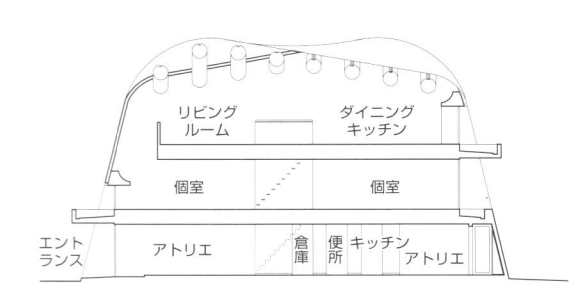

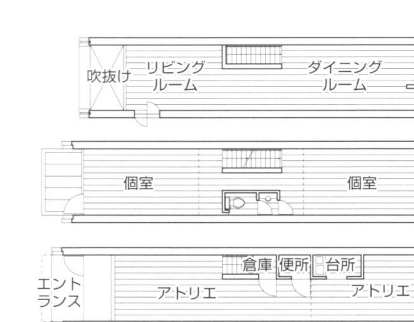

◀AURA／1996年

設計：梅林克＋松本正／東京都港区／RC造3階建／敷地面積：77m²／延床面積：122m²

高密に建て込んだ環境の中で快適な居住空間を確保するために，建物の妻面および屋根面に，光を透過しつつ視線を遮る素材であるガラス繊維膜を使用している．シリンダー状の梁の上部には照明が埋め込まれ，住宅が都市の中の発光体となる．

（撮影：和木通）

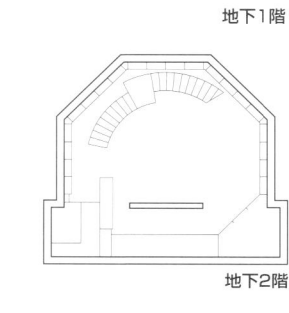

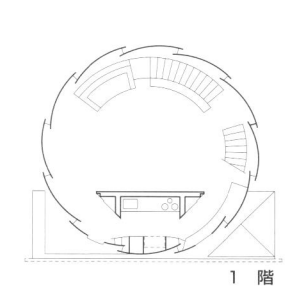

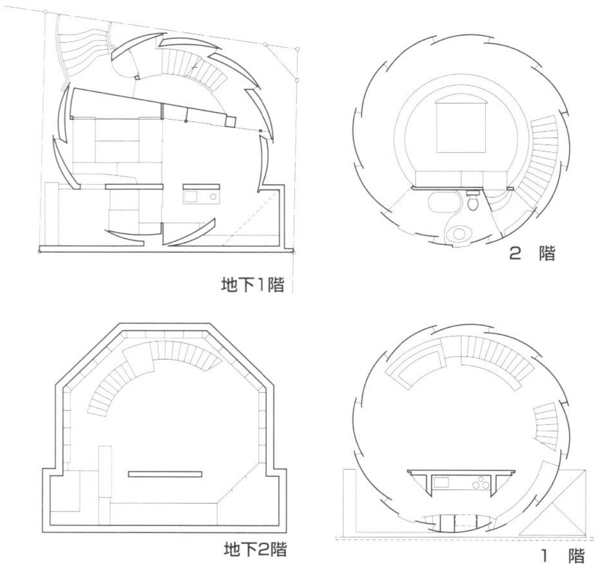

◀葬居／1997年

設計：齋藤裕／東京都新宿区／RC＋S造2階建地下2階／敷地面積：88m²／延床面積：205m²

12枚の花びらをもった直径9mのアサガオの蕾のような形をした住宅．実際には16ミリ厚の鉄板パネルをテンションフープにより一体化してドーム状にしている．外壁のスリットから入る光によって，桐材の張られた内壁の表情は刻々と変化する．

（撮影：新建築社写真部）

▲白鷺の家／1996年

設計：坂本昭／大阪府箕面市／RC造2階建／敷地面積：251m²／延床面積：178m²

1枚の壁と大小3つの直方体によって構成された中庭型住宅．3つの直方体は相互に外部動線によって繋がれている．白色で統一されながらも，開口の取り方を入念にコントロールすることで，それぞれの部屋には個性ある光の演出がなされている．

（撮影：松村芳治）

◀今里の家／1999年

設計：岸上克彦／香川県高松市／S造2階建／敷地面積：132m²／延床面積：132m²

中庭に接する外壁部をポリカーボネートの波板，それ以外の外壁を同サイズのガルバリウム波板で覆っている．中庭をL字に囲む半透明の壁は，日中には居間から見ると光の壁となり，夜間においては灯籠のような表情を外観に与える．

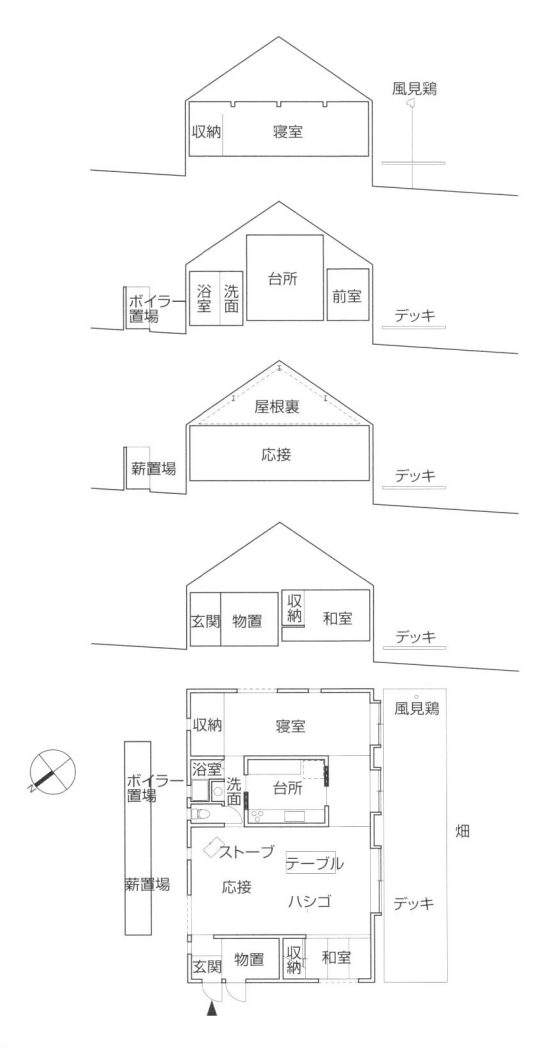

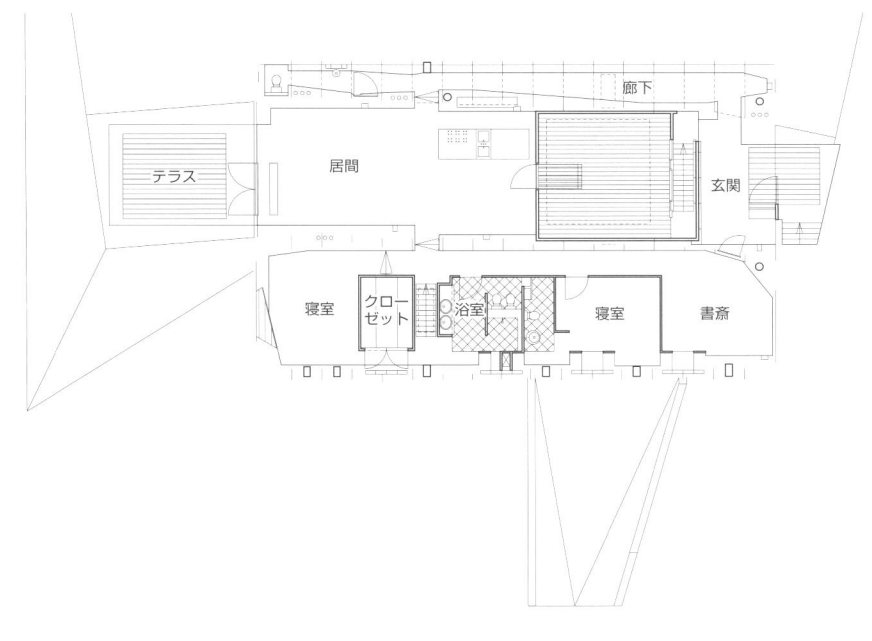

1:300　Detached House: Producing Daylight　**現代の独立住宅：採光による演出**　083

◀ 諏訪のハウス／1999年

設計：西沢大良建築設計事務所／長野県諏訪郡富士見町／在来木造平屋／敷地面積：1009m²／延床面積：119m²

恵まれた周辺環境の中に建ちながら、外部の風景や自然光は、特徴的な開口部を通して制御された形で内部に届く。屋根面と天井面によるダブルウインドーには、光を鈍く拡散するFRP板が使用され、時の流れが繊細に室内にもたらされる。

▲ ラミネートガラスの住宅／2001年

設計：クルネンベルク・ファン・エルヴェ・アーキテクテン／オランダ

廊下の両側、および居間と寝室を仕切る分厚い壁は、ガラス板を横方向に積層（＝ラミネート）させて接着してつくられている。一般に平面素材として使用されるものを重層させて3次元的に扱うことで、新たな性能と意匠をもった材料が生まれる。

（撮影：Christian Richters）

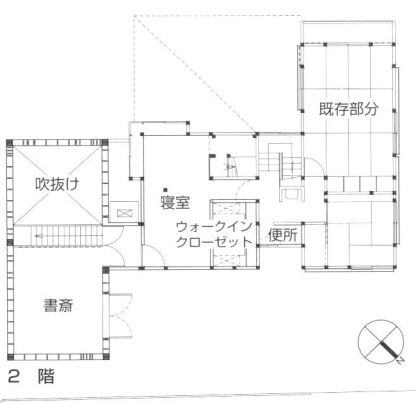

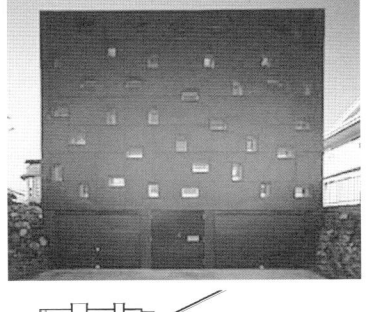

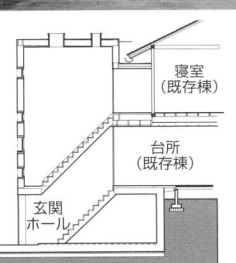

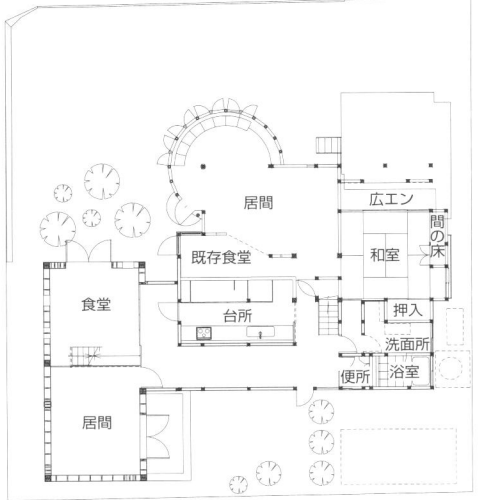

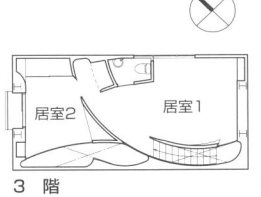

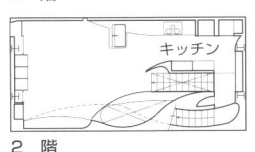

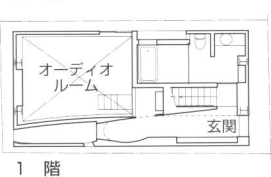

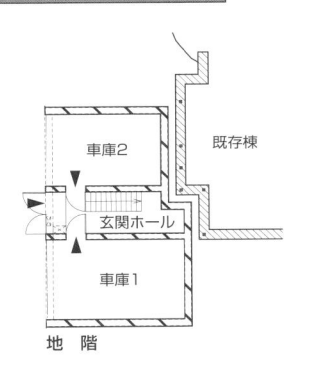

◀ 多孔質／解放／2001年

設計：八重樫直人／宮城県多賀城市／RC＋木造2階建地下1階／敷地面積：362m²／延床面積：106m²

日常から解放される空間としてつくられた増築部分は、壁と天井に小さな窓が散在する室内となっている。この小さな窓群から入る直接光によって、ランダムな開口パタンとシンクロする光のパタンが室内の壁に映し出される。

▲ HOUSE FOR THE F.F／2004年

設計：丸山洋志＋池田昌弘／東京都品川区／S造3階建／敷地面積：57m²／延床面積：114m²

四角いファサードに穿たれた不思議な形の窓を暗示するように、内部には有機的な空間が複雑かつ立体的に展開している。階段室や吹抜け部にデザインされた彫塑的なうねる壁面は、外部からの光を拡散させ、内部空間の自立性を強調している。

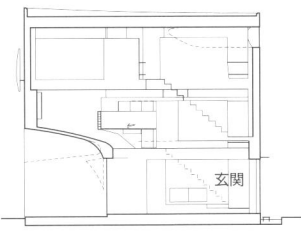

（撮影：新建築社写真部　山森　誠）

084 現代の独立住宅：住宅の表情 Detached House: Symbolic Design

1:300

住宅の表情

1970年代に入って，建築の社会的機能としてのシンボリズムを建築家らが意識し始めた頃から，日本の住宅においても外観デザインが表現のドミナントとなるものが多くなる．すなわちそこでは，建物の外側からみた形象が，素直に内部空間の要請から形成されるとしても，それが社会にもたらす意味にも留意すべきことを提唱している．そのデザインは，過去の建築様式をトレースするもの，幾何学的構成のもの，ミニマルな表現のもの，家のイメージの記憶を重ねるもの，その他アナロジカルなものなど多岐にわたる．こうした多様性は，住宅というオブジェが背負っている社会制度の中での意味（記号）の表れであるといえる．それらはまた，街並み形成やモニュメントといった都市景観の要素としての住宅の役割にも通じる．

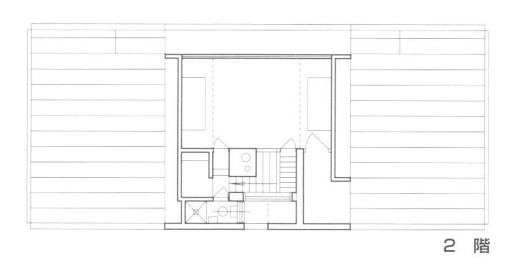

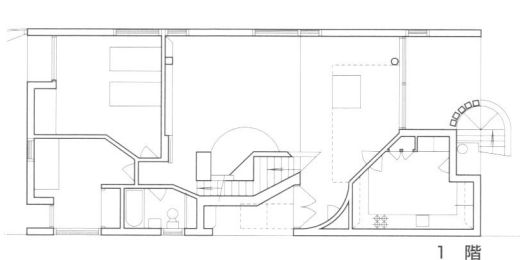

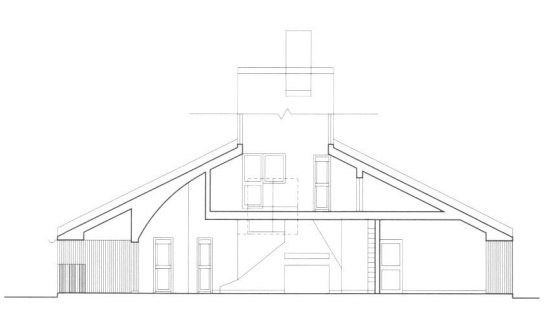

（撮影：B. Bryant）

▲ ヴァンナ・ヴェンチューリ邸／1961年（Vannna Venturi House）

設計：Venturi and Rauch／Chestnut Hill, Pennsylvania, アメリカ／木造2階建

ポスト・モダンの旗手である設計者による母親のための住宅．内部と外部との固定的で単純な関係を有するモダニズム思想に対して，平面形への知的な操作と外観への家型という住宅らしさを付加することで，モダニズム建築で失われた意味性を回復させている．

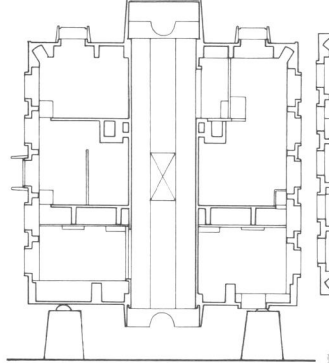

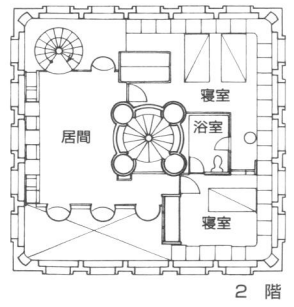

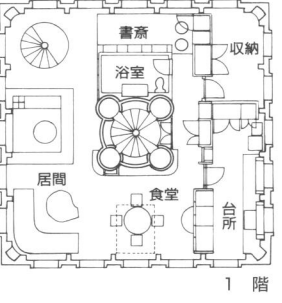

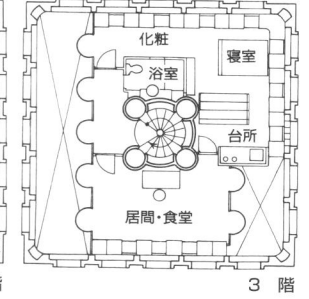

▲ 起爆空間／1966年

設計：林泰義，富田玲子／東京都世田谷区／RC造3階建／敷地面積：2122m²／延床面積：389m²

正六面体である立方体という純粋形態に，各面25個の円形窓を配置し，居住という保守的意味合いに表現上の前衛性をつくっている．内部と外部との関係をあらためて問うという試みがなされている．

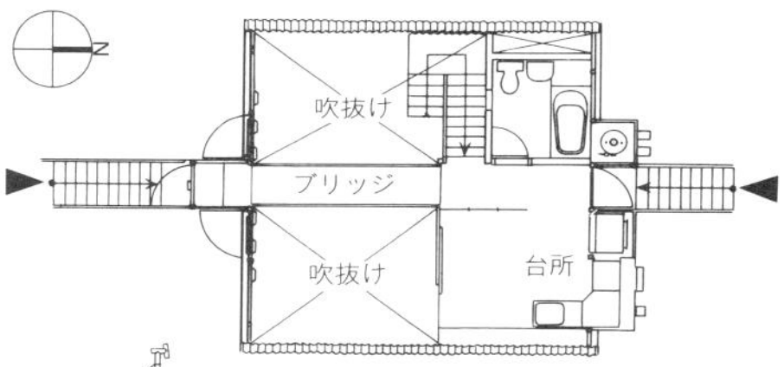

（撮影：彰国社写真部）

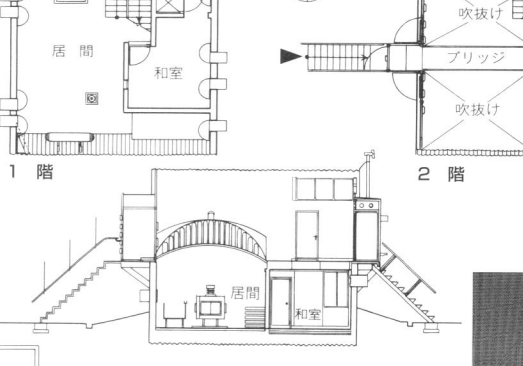

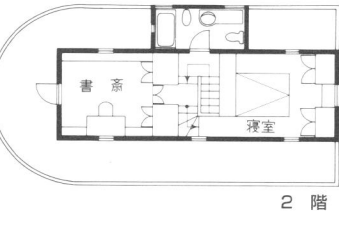

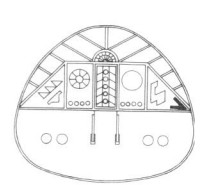

（撮影：新建築社写真部）

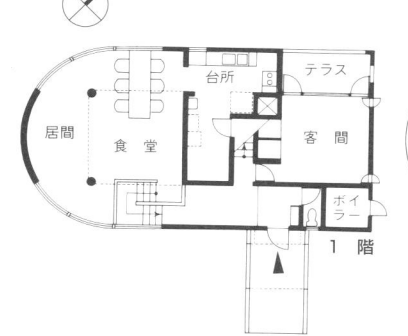

◀ 矢野邸／1975年

設計：磯崎 新／神奈川県川崎市／RC造2階建／敷地面積：―／延床面積：140m²

東京の郊外の自然が豊かな斜面に建つ小規模ながらヴォールト屋根が象徴的な住宅．フランス革命期の建築家の作品にその形態は影響されているが，ヴォールト下の内部空間は柔らかな光に包まれている．

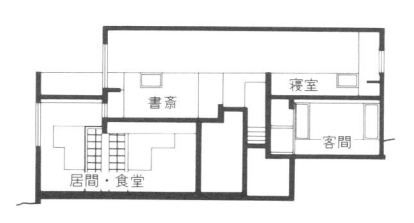

（撮影：Yasuhiro Ishimoto）

▲ 幻庵／1975年

設計：石山修武／愛知県大海／ねじ式シリンダー造／敷地面積：―／延床面積：60m²

設備設計者川合健二に影響され，さまざまな工業製品による組み立ての概念によって作られた住宅．全体を亜鉛メッキされたコルゲートのシート63枚によって覆われた内部空間は，名前の通り幻想的な雰囲気を作り出している．

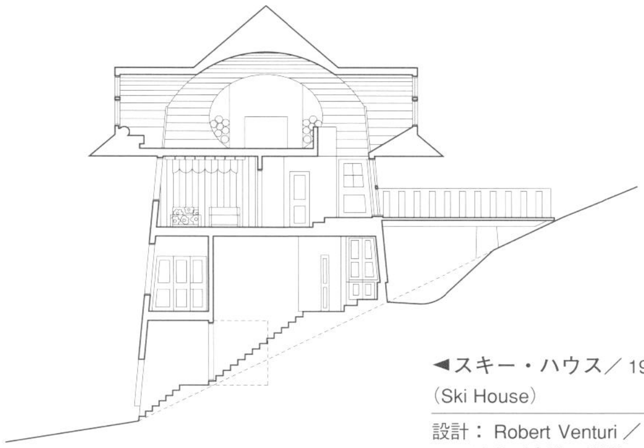

Detached House: Symbolic Design 現代の独立住宅：住宅の表情　085

◀スキー・ハウス／1977年
〈Ski House〉

設計：Robert Venturi／Colorado，アメリカ／木造4階建

コロラド州ヴェイルの町の郊外，北向きの急斜面に建つスキー用冬の別荘．4階建てで塔のような外観だが，周りの潅木の中に違和感なく溶け込んでいる．4階部分に屋根が架かっており，大きなドーマ窓が印象的だが，その窓の形が内部のヴォールト天井の部屋を表現している．

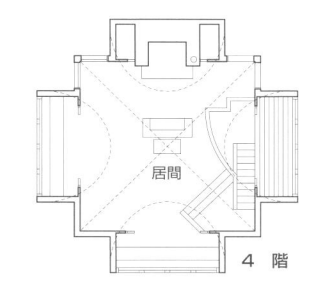

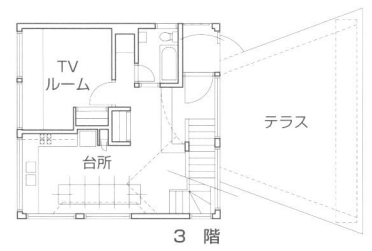

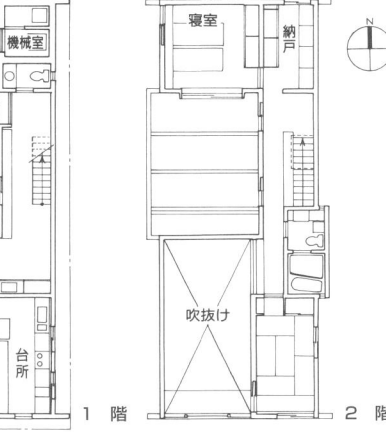

◀代田の町家／1976年

設計：坂本一成／東京都世田谷区／木造2階建／敷地面積：77m²／延床面積：128m²

設計者自身が〈家型〉と呼ぶ，どこにでもありそうでどこにもない家の形のファサードをもつ住宅．全体としては閉鎖的な建物だが，パティオと名づけられた中庭を中心に，さまざまの仕掛けで豊かな空間となっている．

（撮影：新建築社写真部）

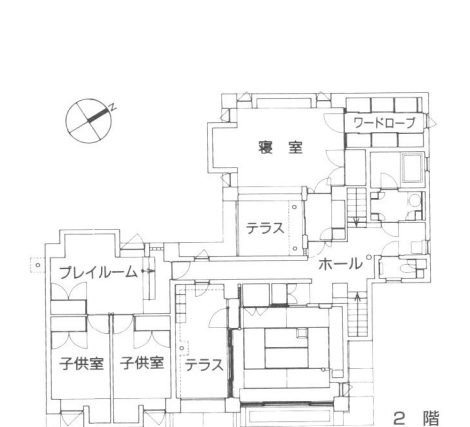

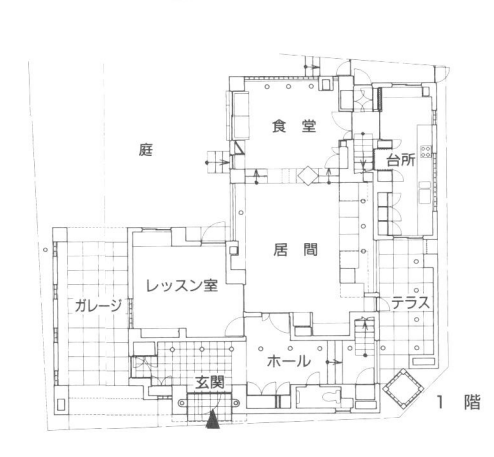

◀上原通りの住宅／1977年

設計：篠原一男／東京都渋谷区／RC＋S造2階建／敷地面積：137m²／延床面積：157m²

直交二方向に張り出した方杖をもつ6本の柱で無梁版のヴォールト屋根を支えた構造が，内部，外部に表出した住宅．駐車スペースの上に居間部分が跳ねだす一方，斜線規制をクリアしながらヴォールト屋根によって天井高さを確保するなど，家族構成に対応している．

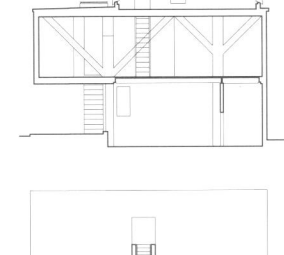

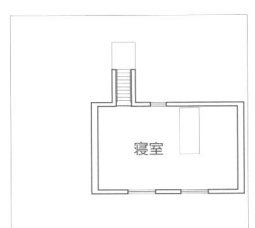

▲積木の家Ⅲ／1981年

設計：相田武文／東京都中野区／RC造2階建／敷地面積：257m²／延床面積：243m²

名前が示すように積木でつくったかのような家で，その連作のうちの一つ．住宅としての規模は大きく，1階に居間，食堂，などの共用スペース，2階を寝室などの個室に分けているが，平面構成は家相によって決められている．

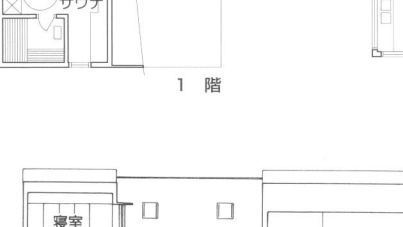

（撮影：新建築社写真部）

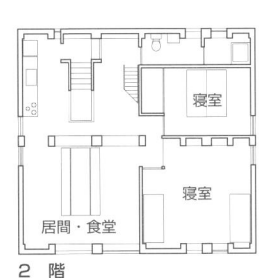

086　現代の独立住宅：住宅の表情　Detached House: Symbolic Design

1:300

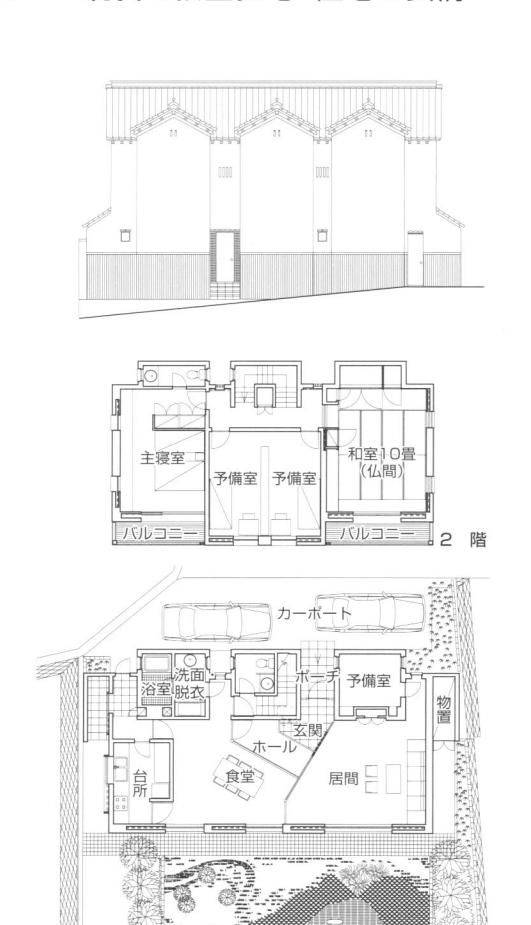

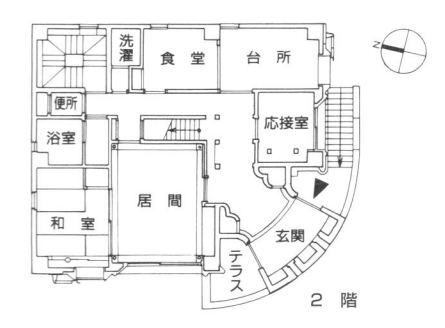

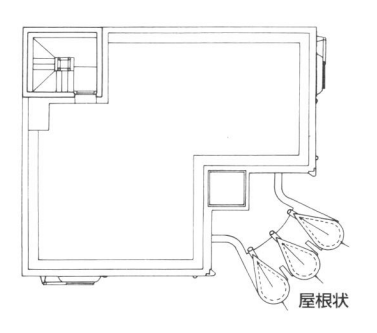

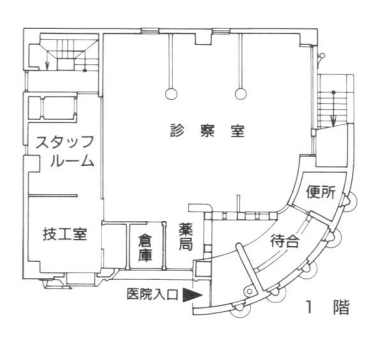

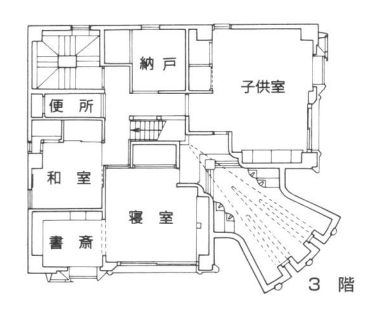

▲ PHARAOH／1984年

設計：高松　伸／京都府京都市／RC造3階建／敷地面積：164m²／延床面積：308m²

1階が歯科医院，2，3階を住居スペースとしている．角地の特性を活かし，道路側外観は，3本の塔状トップライトと円形の開口部を使い，住宅らしさをなくし，機械のイメージを強調している．

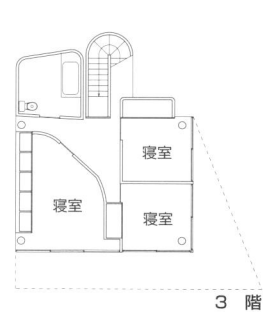

▲ 逆瀬台の家／1982年

設計：出江　寛／兵庫県宝塚市／RC造2階建／敷地面積：249m²／延床面積：169m²

新興住宅地の無性格な住区に対して歯止めをかけるかのように家の原形としての相似形をした蔵のような切妻が立面を構成している．微妙に配列をずらすことで，背後に住まいがあることを暗示している．

（撮影：村井　修）

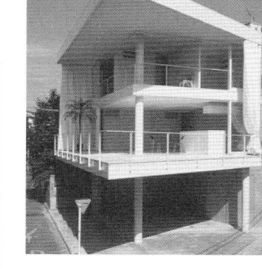

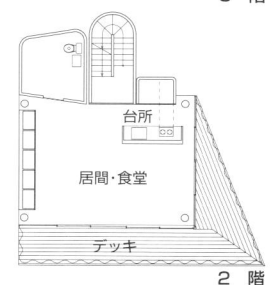

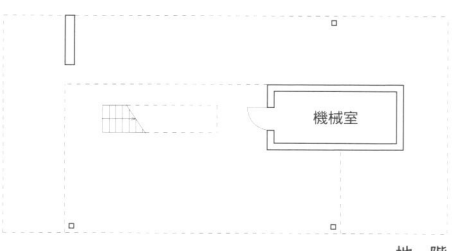

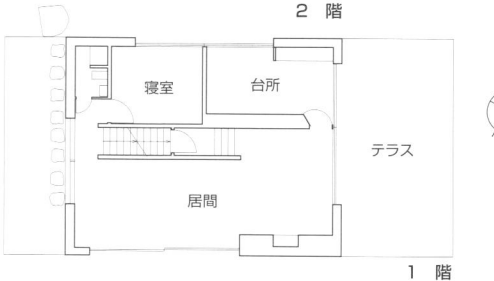

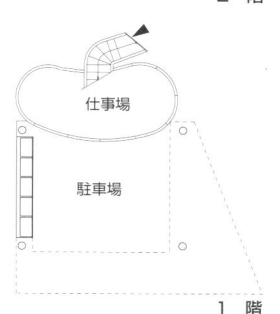

▲ ルーディン邸／1997年
（Rudin House）

設計：Herzog & de Meuron／Leyman，フランス／RC＋S造2階建／敷地面積：160m²／延床面積：260m²

急勾配の屋根や煙突や窓など，イメージの中の家の形象をそのまま具現化したような印象を受けるが，家の中に入るための玄関が立面上にないこと，すなわちその家が立地する地面自体が外周から完全に浮いている点が特徴的である．

▲ カーテンウォールの家／2000年

設計：坂茂／東京都板橋区／S造3階建／建築面積：76m²／延床面積：180m²

柱で持ち上げられた2階より上のレベルを，作品名通り開閉できるカーテンのファサードで覆った住宅．カーテンを開けることにより2階レベルに開放的なデッキとデッキに向けて開放された居室群が出現する．この鋭角に突き出したデッキとカーテンがこの住宅に独特の表情を与えている．

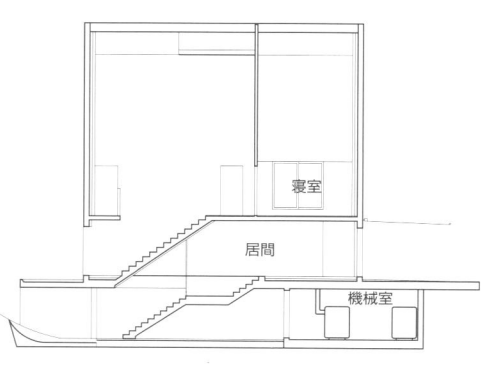

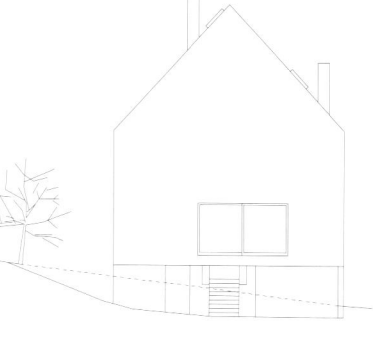

Detached House: Symbolic Design **現代の独立住宅：住宅の表情** 087

◀八丁堀のローハウス／2001年

設計：岩岡竜夫／東京都中央区／S造2階建／敷地面積：51m²／延床面積：69m²

高層化する周囲の建物群に挟まれた長屋タイプの低層住宅．パブリックな街路に直面するファサードを最小限の面積に抑えることで，建物自体を一つの大きな窓のように見せている．2階中央部のコートからは，自然光と通風が各室にもたらされる．

◀石神井公園の住宅／1994年

設計：奥山信一＋若松均，DESK5設計／東京都練馬区／木造2階建／敷地面積：131m²／延床面積：132m²

南ファサード面にシルバーの木製ルーバー壁を，外壁から約1.5m離して取り付けている．この塀のようなファサードは，近隣からの視線を遮蔽するとともに，住宅と街との新たなインターフェイスとなっている．

◀マンボウ1997／1997年

設計：岡田哲史＆富山理佐／静岡県熱海市／S＋木造2階建／敷地面積：249m²／延床面積：152m²

銅板で葺かれた楕円球と角柱のセットが急斜面に浮かんだ形の住宅．集成材の骨組による球体の内部は，3層に分かれつつも吹抜けを介して一体化しており，気積に対して開口部の大きさを抑制することで包み込むような場を演出している．

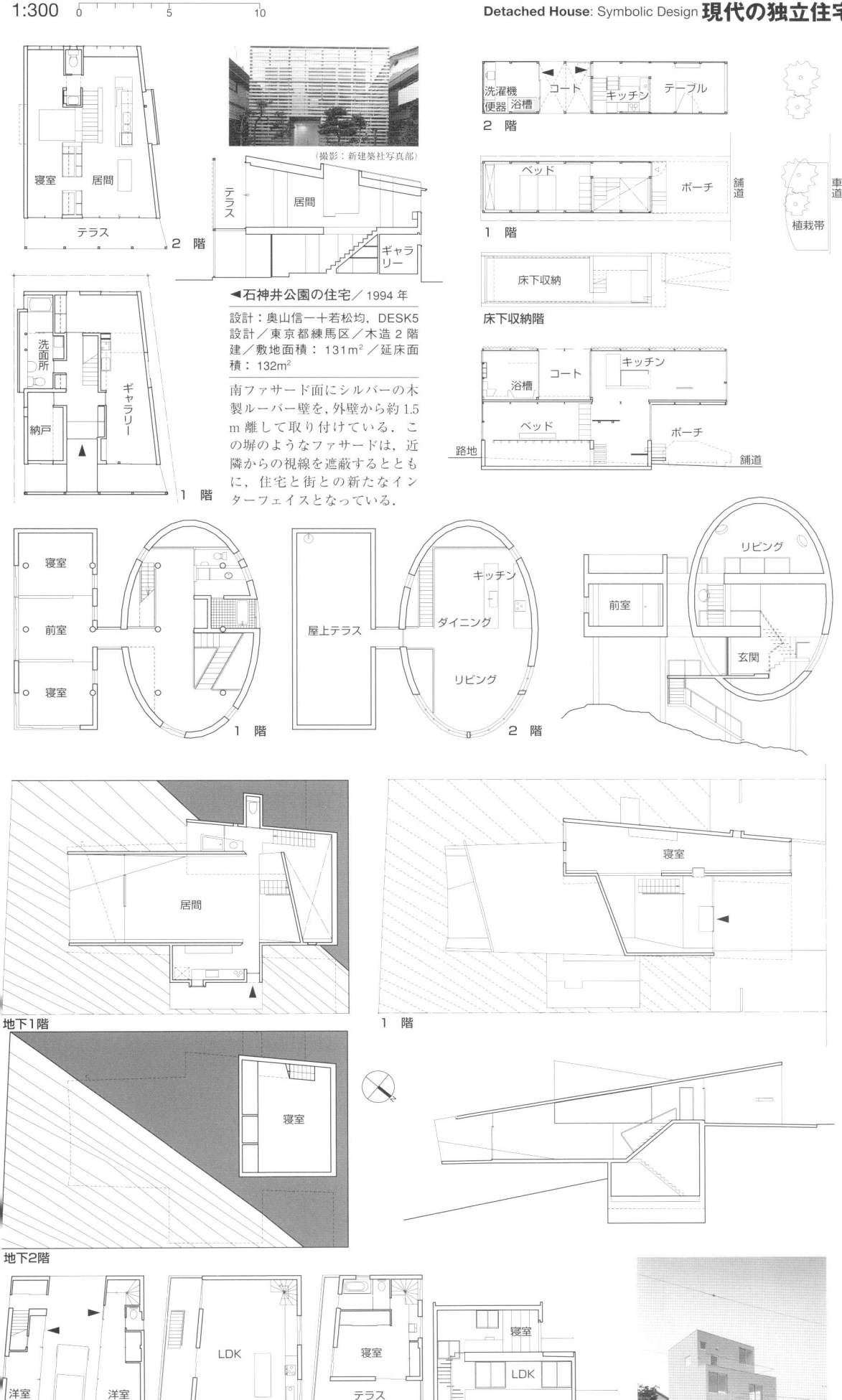

◀Y house／2003年

設計：入江経一＋池田昌弘／愛知県知多市／RC造平屋地下2階／敷地面積：324m²／延床面積：111m²

斜面状の大地に手をつけずに，周囲の環境から切り離された空間を得るために，建物の南半分がオーバーハングして張り出している．この厚さ15センチのコンクリートの半筒形テラスは，雨音や鳥声を室内に反響させる楽器のような機能をもつ．

◀あざみ野の一戸建／2003年

設計：石黒由紀／神奈川県横浜市／S造3階建／敷地面積：300m²／延床面積：151m²

新興住宅地の最端部の高台に位置する，小さなお城のような住宅．既存の造成された擁壁形状に倣って，建物のヴォリュームを2段階かつ2方向にセットバックさせることで，適度な広さの部屋と豊かなテラスが各フロアにもたらされている．

088　現代の独立住宅：ワンルーム　Detached House: One-room　1:300

ワンルーム

　住宅のワンルーム化には，住宅内での様々な行為（調理・食事・くつろぎ・就寝・排泄など）を一つの場に重ねることで成立するものと，行為に応じた場を相互にゆるやかに繋ぐことで成立するものとがある．前者の例では，同じ場を時間帯によってフレキシブルに使い分けるために，家具の移動や収納などによって，異なる行為を同一の場に成立させるものなどが挙げられる．後者の例では，限定された行為や場面に対応する領域を複数想定し，それらの領域間の仕切る境界を曖昧にすることで，多様な場面が同時に存在する一体的空間などが挙げられる．こうしたワンルーム形式の住宅では，建物内での生活行為が空間の寸法や規模に大きく依存して展開され，特に建物の架構形式がそうした空間造形に大きく関与しているものが多い．

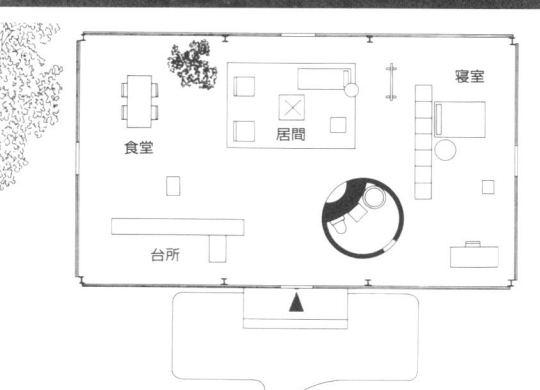

◀ ガラスの家／1949年
(Glass House；ジョンソン自邸)

設計：Philip Johnson／ニューキャナン，Connecticut，アメリカ／鉄骨造平屋

ニューヨーク郊外の広大な起伏のある草原の中の週末住居．ガラスと鉄骨で囲まれた矩形の空間は，円筒状の水周りを収めたコア部分を除いて，透明な一室空間となっている．自立した家具によって食事室，寝室が区分けされている．

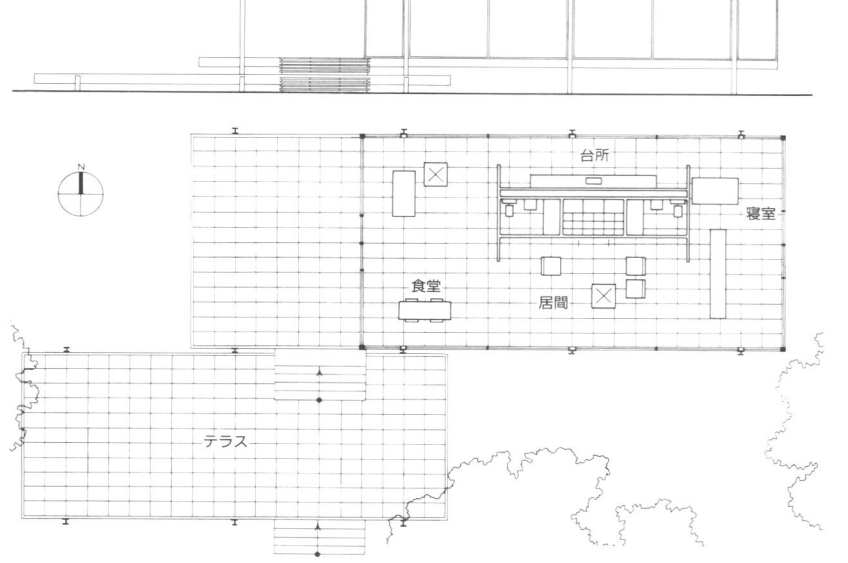

◀ ファンズワース邸／1945-50年
(Farnsworth House)

設計：Mies van der Rohe／Plano, Illinois，アメリカ／鉄骨造平屋

高い木立に囲まれた環境の中，平坦な敷地にある週末住居．地面から縁を切ったかたちでフラットなスラブが重なり，8本の外付けされたH鋼柱に支えられた居住空間は，戦後日本の住宅に影響を及ぼしたコアシステムの構成となっている．

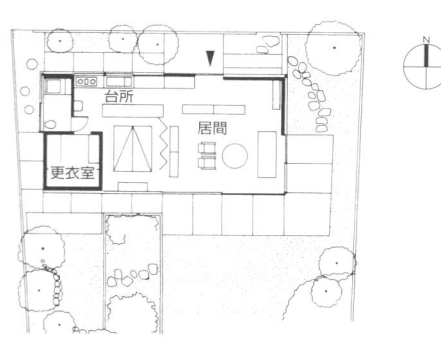

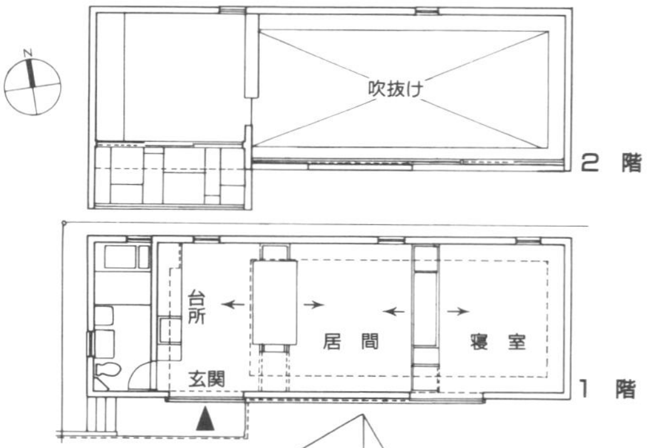

◀ 川辺邸／1970年

設計：東　孝光／神奈川県高座郡／RC造2階建／敷地面積：134m²／延床面積：51m²

狭い空間を可動間仕切り家具によって分割する試みが行われた．その片方はテーブルと食器棚，さらに上階への梯子がつき，もう片方はたんすと棚になって自由に動く．

▲ SH-1／1953年

設計：広瀬鎌二／神奈川県鎌倉市／鉄骨造平屋／敷地面積：190m²／延床面積：47m²

SHとはスチールハウスを意味しており，この住宅は設計者の自邸として最初のものである．軽量鉄骨，筋交い，ガラス，レンガといった工業製品をたくみに組み合わせることで，明るく軽快なワンルーム空間となっている．

（撮影：平山忠治）
（撮影：鈴木　悠）

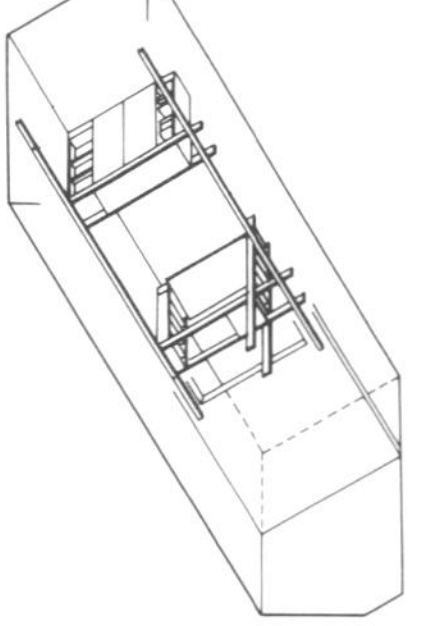

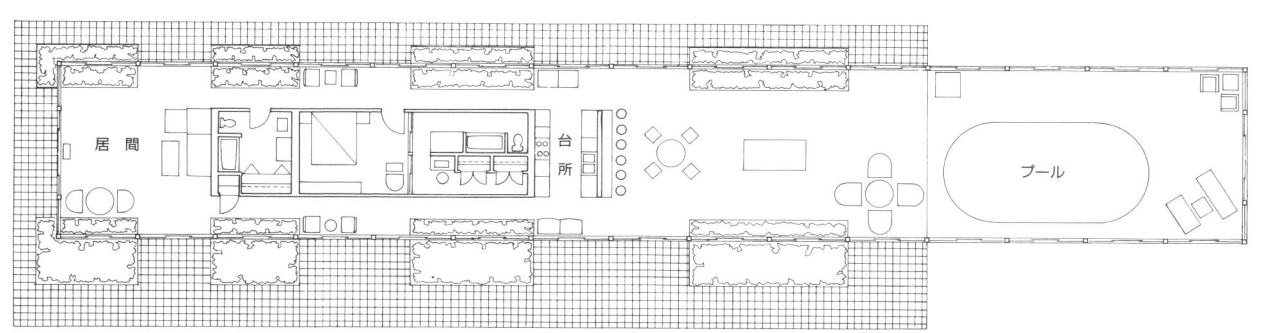

1:300   0 5 10   Detached House: One-room **現代の独立住宅：ワンルーム**   **089**

▲グリーンハウス岡本（自邸）／1974年

設計：岡本信也／千葉県流山市／鉄骨造平屋／敷地面積：6667m²／延床面積：343m²

寝室，浴室，台所を三つに分けたコアを中心に巨大なガラス屋根とガラス壁が覆っている温室のような住居．居住スペース以外にプールも室内に取り入れていることから自邸ならではの実験性が高い住居となっている．

（撮影：秋山　実）

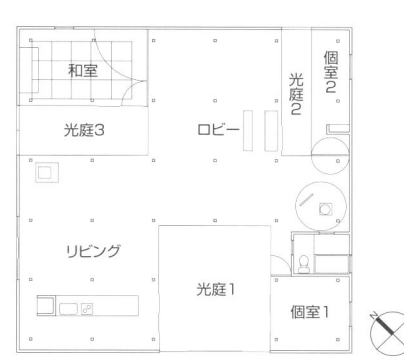

◀ウィークエンドハウス／1998年

設計：西沢立衛／群馬県碓氷郡／木パネル構造平屋／敷地面積：130m²／延床面積：130m²

外側に対しては閉じているが，ガラスと天井面の反射によって室内には十分な自然光が取り込まれている．2.4m四方の架構ユニットの連続により建物全体は光庭を含めてほぼワンルーム形式に見えるが，庭を介して独立性が付与されている個室もある．

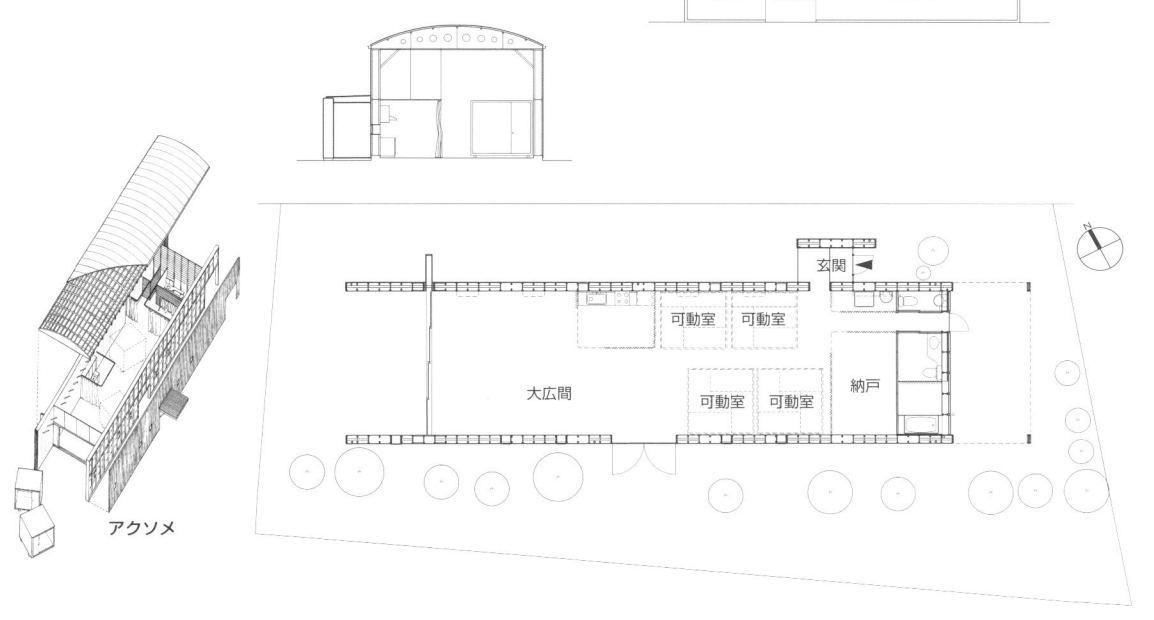

アクソメ

◀はだかの家／2000年

設計：坂　茂／埼玉県川越市／木造平屋／敷地面積：516m²／延床面積：138m²

大きな一つの箱の中に小さな可動式の箱をいくつか置くことで，居室のレイアウトのフレキシビリティを実現させている．外壁は木質I型構造材をFRP波板とナイロンテント地でサンドイッチさせたもので，半透明の断熱材を透過した柔らかい光が室内に充満する．

（撮影：平井広行）

◀矩形の森／2001年

設計：五十嵐淳／北海道常呂郡佐呂間町／木造平屋／敷地面積：166m²／延床面積：79m²

ポリカーボネートに包まれた天井高2.2mの一室空間．一間＝1.8mピッチのグリッド上のすべてに均等に配された木造柱によって，ワンルーム全体が柔らかく分節され，それらに沿うかたちで，個々の行為や家具配置などが設定されている．

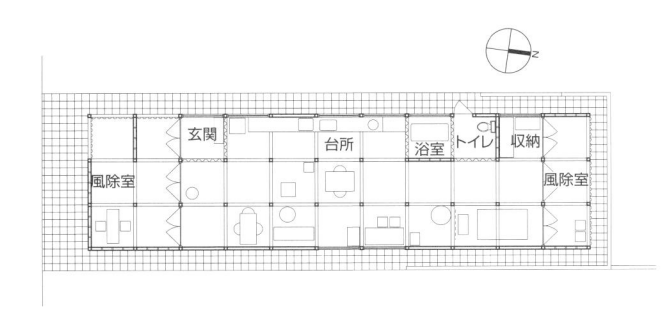

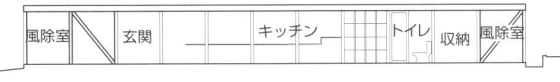

090 現代の独立住宅：平面構成 Detached House: Composition Two-dimensional　1:300

平面構成

建物の全体計画の基本をなすものの一つが平面計画であり，その建物の機能や構成をもっとも如実に表す図が平面図であるといえる．住宅平面の中に示される空間の構成形式には大きく，建物外形そのものの平面上の幾何学的構成によるものと，主に内部空間における室相互の分節／統合によるものとがあり，いずれも建物の形態や場の関係に一定の秩序を与えることで，住宅という機能に内在する構造的な部分を浮かび上がらせようとするものであるといえる．例えば，住宅内部における諸室の配置方法や動線のつくり方による具体例として，水回り・階段・収納などの従空間（サーヴァント・スペース）と，居室と呼ばれる居間・食堂・寝室などの主空間（サーヴド・スペース）とに分け，それら両スペースの位置関係によってできる様々な平面形式がある．

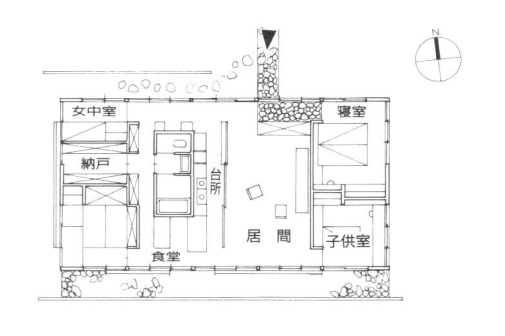

▲ コアのあるH氏邸／1953年

設計：増沢 洵／東京都世田谷区／木造平屋／敷地面積：379m²／延床面積：99m²

1950年代に建築計画上多く採用されたコア・システムを使った木造の小住宅．中央部分にコンクリートブロックで囲まれた浴室と便所を配したサービスコアと引き違い戸によって居間と食堂が一体の空間となる．

（撮影：平山忠治）

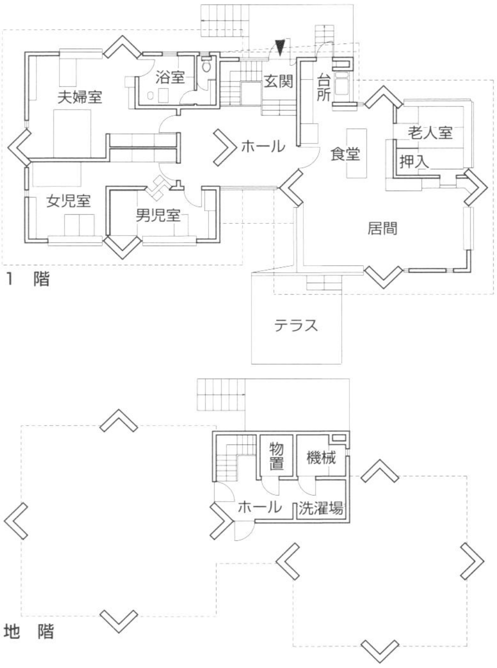

▲ 浦邸／1955年

設計：吉阪隆正／兵庫県西宮市／RC造2階建／敷地面積：―／延床面積：143m²

RCの柱によって持ち上げられた矩形の二つのボリュームが，平面的に斜めに重なるように配され，それぞれのボリュームの中に居間と食堂などの家族スペースと寝室や子供室などの個室スペースが収められている．

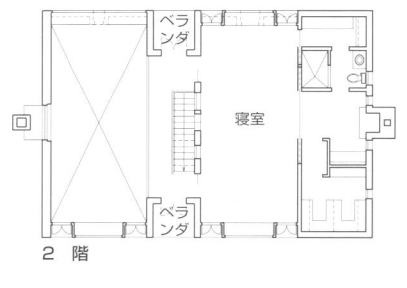

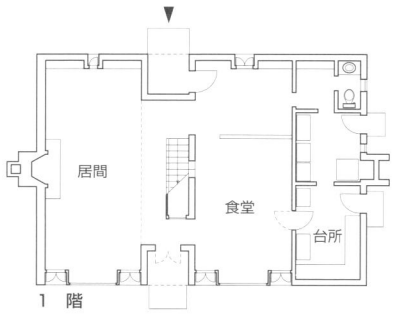

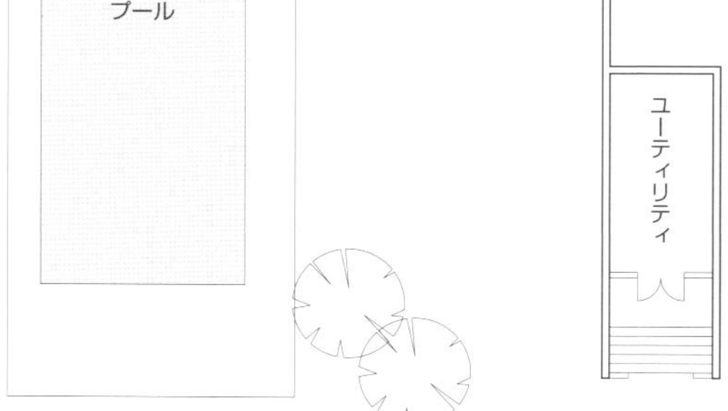

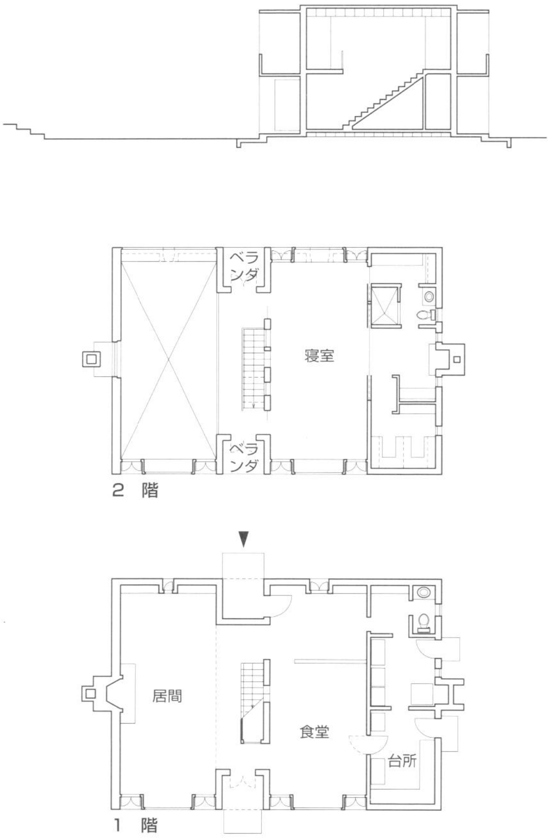

◀ カウフマン・デザート・ハウス／1946年（Kaufmann Desert House）

設計：Richard Nertra／Parm Springs，California，アメリカ

砂漠と周りの山並みを最大限に楽しむためにつくられた別荘．風車のように放射状に広がった諸室から外が見れる構成になっている．周囲の環境と建物の機能性を調和させるために，水平線が強調されている．

▲ エシェリック邸／1961年（Esherick House）

設計：Louis I. Kahn／Chestnut, Philadelphia，アメリカ

カーンの設計思想である空間の分節が明快に示されている．二つの生活空間は，吹抜けをもつ居間部分と1階に食堂2階にベッドルームをもつ部分とに分かれている．生活の中の空間の質の違いが開口部の表現にも現れている．

（撮影：Yutaka Saito）

（撮影：新建築社写真部）

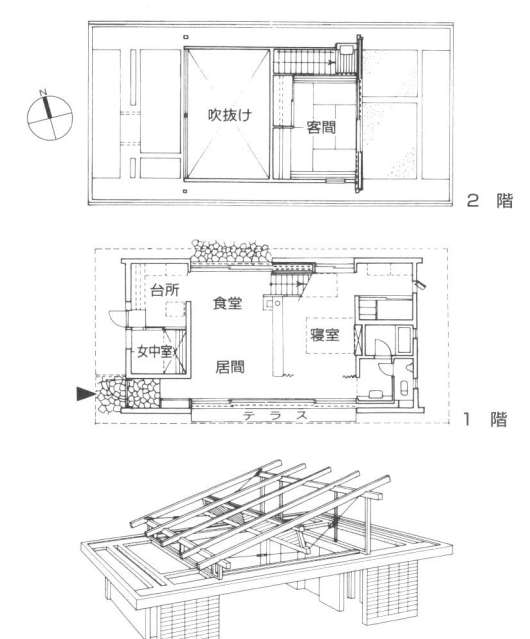

Detached House: Composition Two-dimensional **現代の独立住宅：平面構成**　091

▲ 混構造のある家／1961年

設計：林　雅子／長野県長野市／RC＋ブロック＋木造2階建／敷地面積：586m²／延床面積：92m²

台所と浴室が建物の両側に配されて，設備および構造的なコアとなっている．このため水周りが二分されるが，一方で昼と夜の生活領域が明快に分離することができる．

（撮影：村井 修）

▲ 軽井沢の新スタジオ／1962年

設計：A.レーモンド／長野県北佐久郡軽井沢町

煙突を兼ねたRC造の親柱を中心とした12角形のスタジオ空間と両サイドに寝室棟と台所，浴室があるサービス棟がつながった構成．南面には全面開放できる障子と縁側が設けられている．

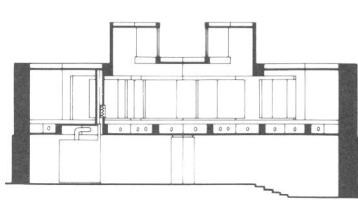

◀ 学園前の家／1962年

設計：坂倉建築研究所／奈良市／RC造平屋／敷地面積：737m²／延床面積：121m²

斜面の敷地形状を利用して，階段を有する廊下を軸に，居間，食堂などの公的な部屋と私室がクラスター状に配されている．壁構造のユニットを使ったモデルハウスとしてつくられた．

◀ フィッシャー邸／1960-69年
（Fisher House）

設計：Louis I. Karn／Hatboro, Pennsylvania，アメリカ／木造2階建

二つの立方体が45°の角度をもちそれらの端部で接合された平面形をもつ．一方は2層の寝室スペース，もう一方は吹抜けをもつ居間となっている．傾斜地にあり，高低差を利用し居間の下部は収蔵庫となっている．

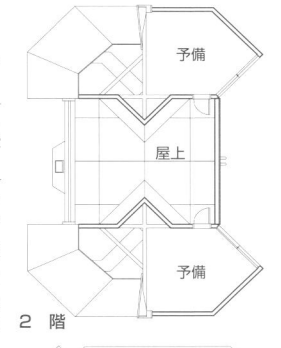

▲ 中山邸／1964年

設計：磯崎　新／大分市／RC造2階建／敷地面積：―／延床面積：180m²

1階をピロティとして，四隅に構造壁を配している．2階の中央のリビングの上部に架構体とは無関係なトップライトがあり，それらと各室の配列とのずれによって全体が統合されるという手法が使われている．

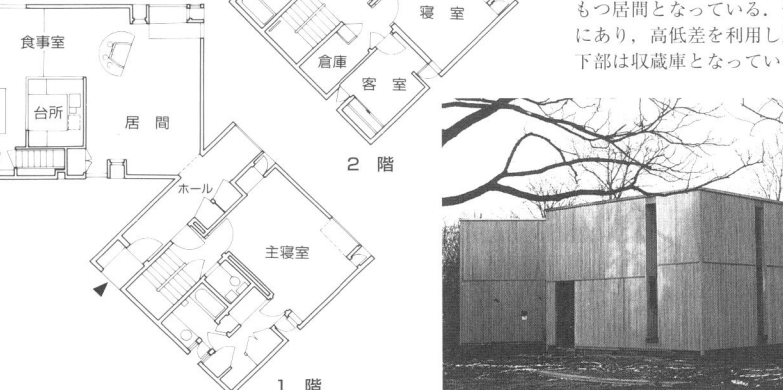

◀ アルミの家／1971年

設計：伊東豊雄／神奈川県藤沢市／木造3階建／敷地面積：379m²／延床面積：110m²

菊竹事務所から独立した伊東の最初の作品．アルミ板に覆われたスカイライトである二本の筒が特徴的だが，当初の設備コア的なアイデアとは異なり，その下は二つのヴォイドな空間となっている．

092 現代の独立住宅：平面構成 Detached House: Composition Two-dimensional

1:300

▲ チキンハウス／1975年

設計：吉田研介／神奈川県川崎市／木造一部鉄骨造3階建／敷地面積：149m²／延床面積：115m²

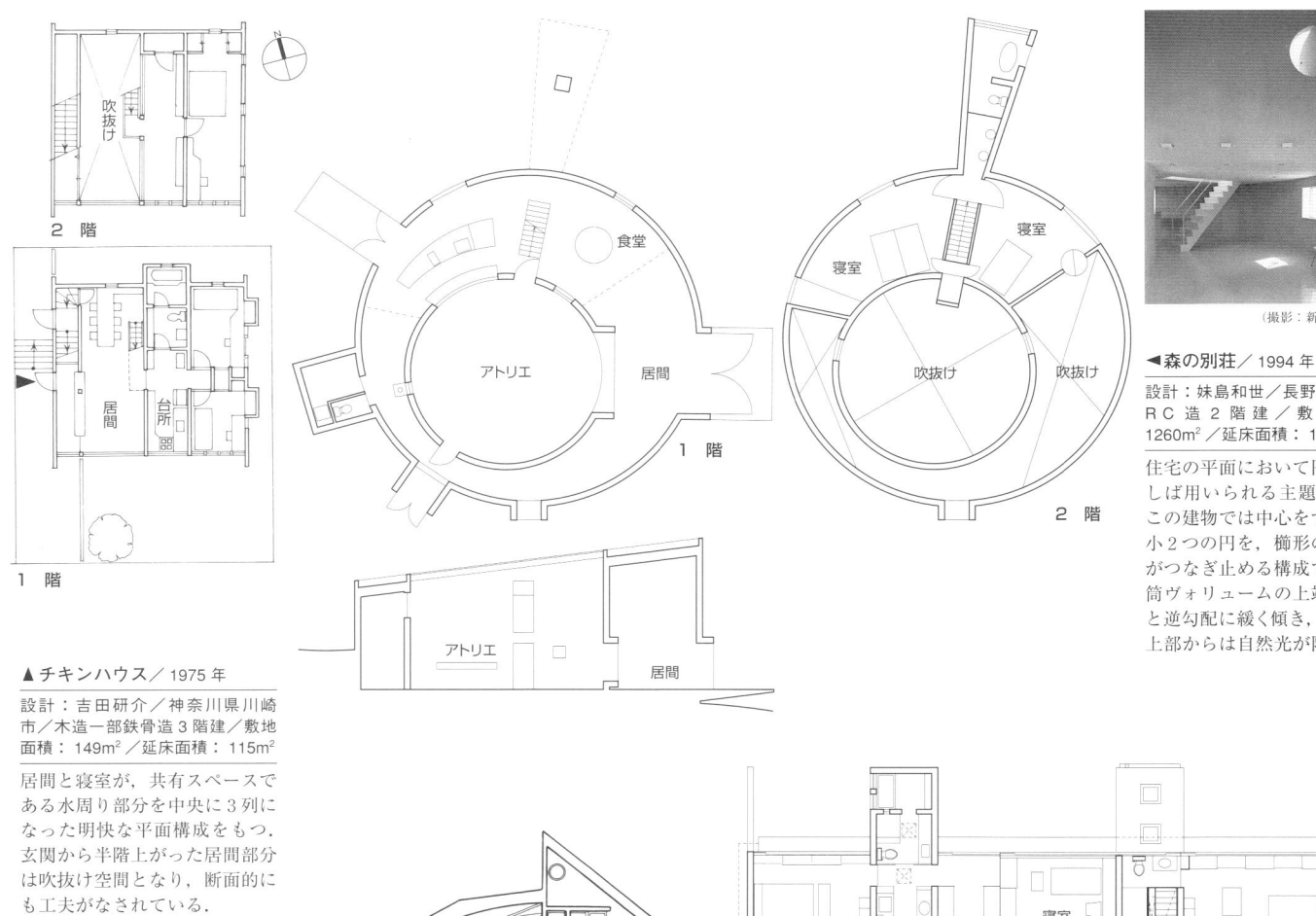

居間と寝室が，共有スペースである水周り部分を中央に3列になった明快な平面構成をもつ．玄関から半階上がった居間部分は吹抜け空間となり，断面的にも工夫がなされている．

◀ 森の別荘／1994年

設計：妹島和世／長野県茅野市／RC造2階建／敷地面積：1260m²／延床面積：199m²

住宅の平面において円形はしばしば用いられる主題であるが，この建物では中心をずらした大小2つの円を，櫛形のユニットがつなぎ止める構成である．円筒ヴォリュームの上端部は斜面と逆勾配に緩く傾き，アトリエの上部からは自然光が降り注ぐ．

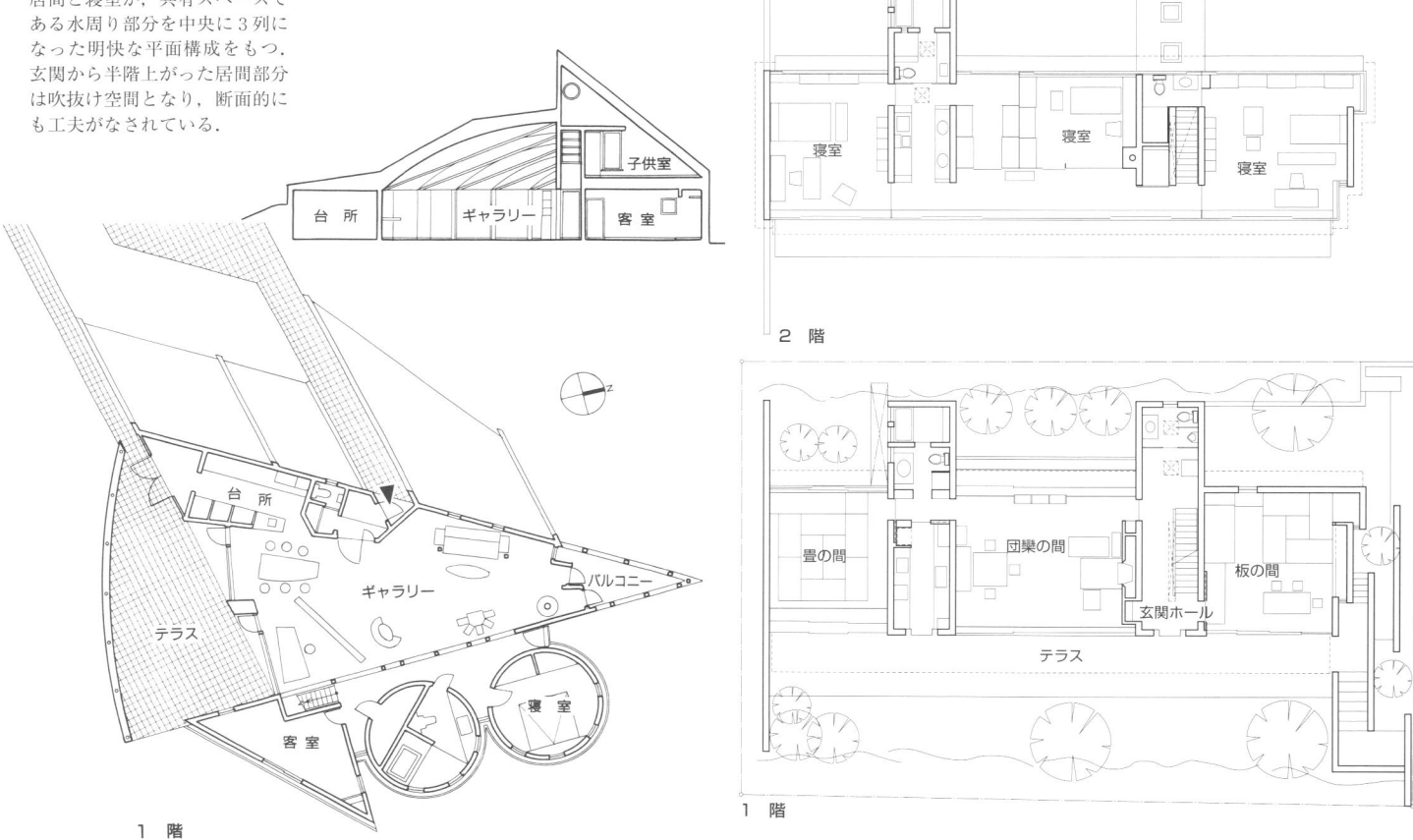

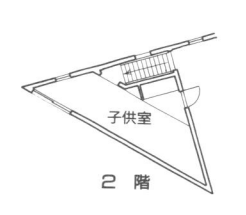

▲ INSCRIPTON／1987年

設計：松永安光／茨城県つくば市／木造2階建／敷地面積：1403m²／延床面積：176m²

広々とした台地状の敷地に住宅と土地が一つの風景としてつながることが意図されて建てられた住宅．1階の居間には，一体空間のギャラリーとしてデザインされた家具が置かれている．個室も円形や三角形など個性的な形となっている．

▲ 成城の住宅1996／1996年

設計：渡辺　明／東京都世田谷区／RC造2階建／敷地面積：493m²／延床面積：435m²

すべての部屋が南面（かつ北面）するように，建物は敷地の幅一杯を使った横長のヴォリュームとし，さらに2つのコア空間によって各フロアがほぼ均等に3分割されている．中央部の団欒の間（1階）と寝室（2階）が，コア相互を繋ぐ動線となっている．

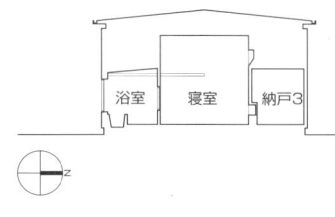

Detached House: Composition Two-dimensional　現代の独立住宅：平面構成　093

◀トウフ／1997年

設計：玉置順／京都市／S造平屋／敷地面積：202m²／延床面積：112m²

老夫婦のためのバリアフリー住宅．平面は事実上のワンルームであるが，独特の形態操作が施された開口部の巧みな配置により，変化に富んだ内部空間をつくり出している．住宅のコア部分をポシェ（外壁面の中）に埋め込んだ形の住宅ともいえる．

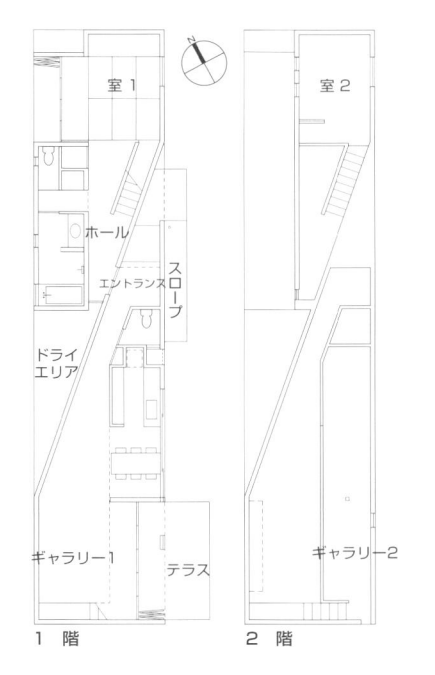

◀slash（富士北麓の家）／2000年

設計：岡田哲史／山梨県南都留郡鳴沢村／木造2階建／敷地面積：794m²／延床面積：131m²

細長い矩形の空間の中に斜めの壁を挿入させ，プライベイトとパブリックのスペースを明快に対称分割している．一方外部においては，木立の連続する環境の間に立て掛けられた一枚の真っ黒な塀のように，外壁が自然の一部を切り取っている．

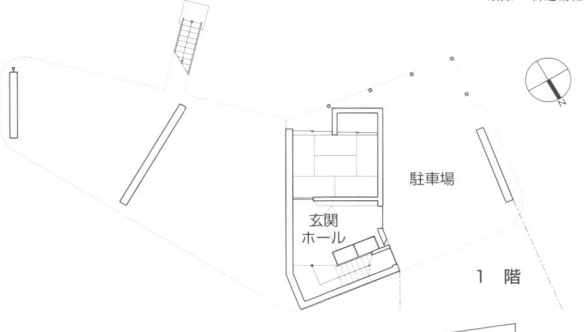

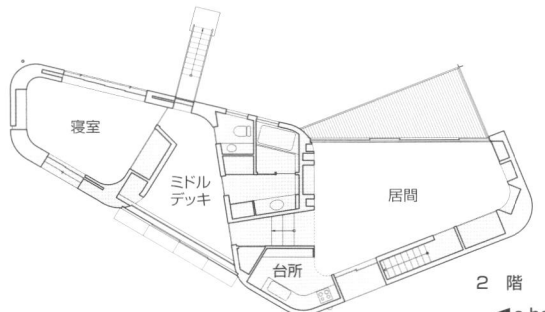

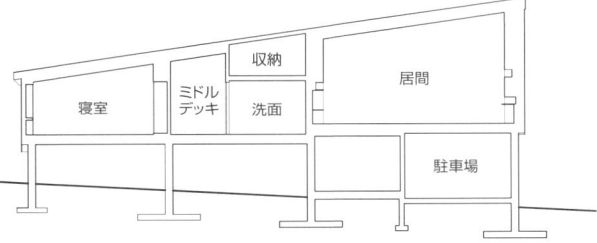

◀s house／2001年

設計：ライフアンドシェルター社，池田昌弘／東京都品川区／RC＋木造2階建／敷地面積：1036m²／延床面積：151m²

厚みが変化する壁の内部＝ポシェに，住居に必要なサービス機能（収納，水回り，動線など）を入れ込み，その壁を平面的にS字状になめらかにうねらせることで，それが構造的なコアとなるとともに，外部空間と連続する3つの居住スペースを設けている．

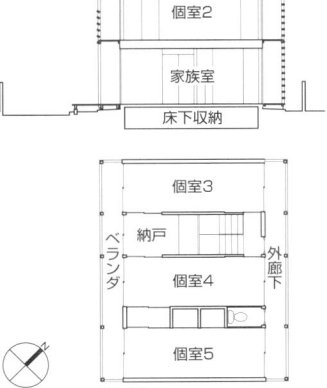

◀l-house／2001年

設計：岩下泰三／東京都調布市／木造2階建／敷地面積：120m²／延床面積：96m²

各階を2つのコアによって3分割した単純な構成であるが，諸室相互の連絡動線をみると，コア内の水回りおよび収納を活用した室内経路や，南側ベランダや北側外廊下といった屋外経路などがあり，室相互に輻輳するネットワークが存在している．

◀田の字のハコ／2004年

設計：architecture WORKSHOP／埼玉県／RC＋木造3階建／敷地面積：115m²／延床面積：125m²

2階〜4階のフロアは正方形平面を4分割した「田の字型」プランとなっているがマスを均等に分割している壁面と床面を部分的に抜け落とすことで，田の字でありながら立体的に連続性のある室内となっている．

094 現代の独立住宅：断面構成 Detached House: Sectional Composition

1:300

断面構成

縦方向に展開される垂直的な空間構成は，主に建物の断面形状によって示される．断面図を通じて，建物の地上面との高さの取り合いや屋根の立体的な形状，さらに内部においては諸室の床レベルや天井高などの関係，さらに諸室を結ぶ垂直動線の形状や上下方向の視線の抜け方などを読みとることができる．各階平面図を重ねた結果としての断面ではなく，いわゆる平面から自立した断面形状をもつような住宅では，そこに展開される空間の質はより身体性を帯びることになる．住宅に展開されるこうした垂直性は，単に周辺環境や敷地状況といった外的要因によって必然的に生じた結果を示すばかりでなく，大地と天空を繋ぐものとしての家の象徴性，あるいは世界の中心としての部屋の意味を，時代を超えて表すものでもある．

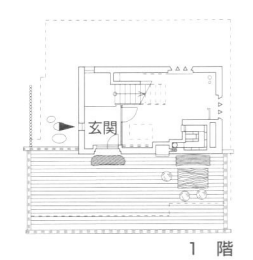

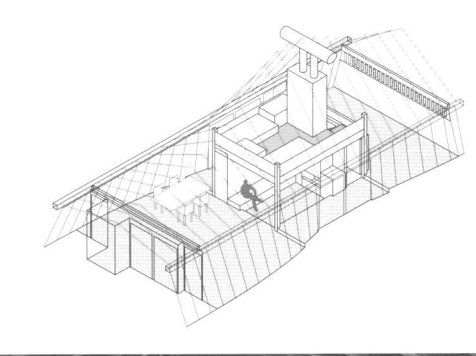

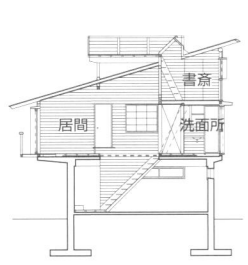

▲ 軽井沢の山荘／1963年

設計：吉村順三／長野県北佐久郡／RC＋木造2階建／敷地面積：323m²／延床面積：80m²

1階はRC造の土台を兼ねた倉庫，機械室部分で，2階はその上にハングオーバーするかたちで片流れ屋根をもつ木造となっている．1階からの冷気を水平引き戸で閉じたり，2階上部書斎から屋上テラスにいけるような細やかな工夫がなされている．

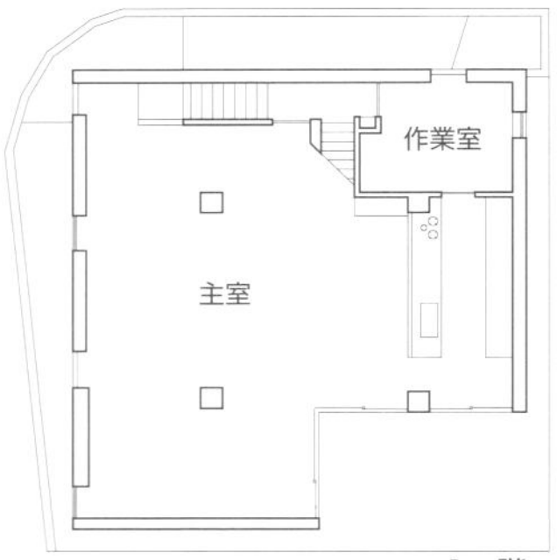

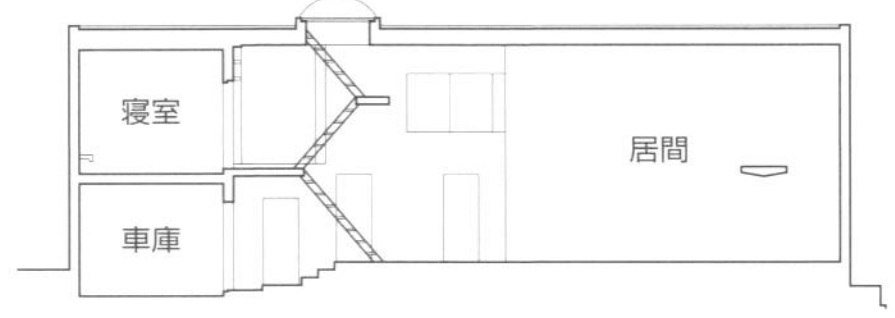

（撮影：新建築社写真部）

◀ 雲野流山の家／1973年

設計：坂本一成研究室／千葉県流山市／RC造2階建／敷地面積：157m²／延床面積：96m²

現代の空間は閉じた世界だという設計者の直感から生まれた，無機的で即物的なドライな閉じた箱としての住宅．ペイントのみがなされたRC壁面と屋根スラブに囲まれた正方形断面をもつ空間の中に小さな箱が入った構成となっている．

▲ もうびぃでぃっく（石津邸）／1966年

設計：宮脇 檀／山梨県山中湖

一連のボックス・シリーズとは異なる別荘のための住宅．木の連続フレームによって遠くに見る富士山の裾野のラインと呼応した屋根をもつ．居間・食堂，台所，サロンの各部分は家具によって緩やかに分節され，その上部を集成材による曲線の屋根が覆っている．

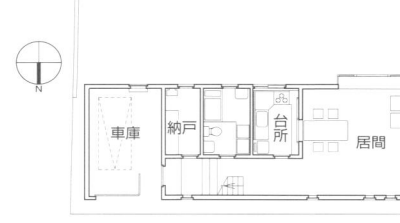

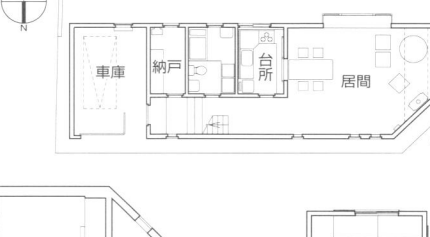

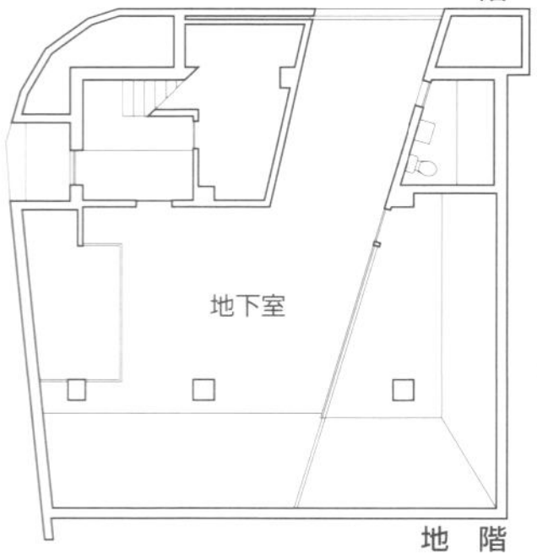

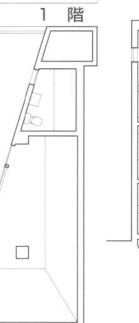

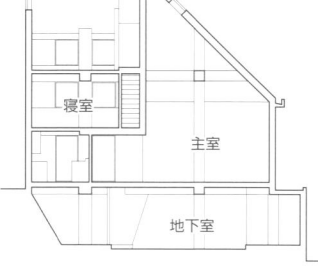

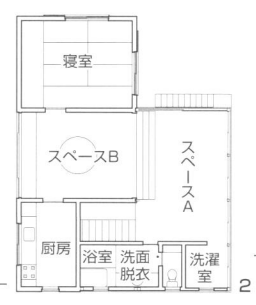

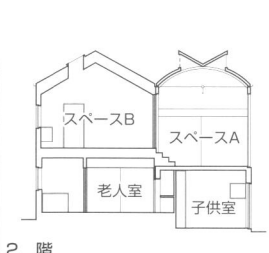

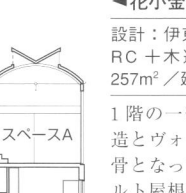

◀ 花小金井の家／1983年

設計：伊東豊雄／東京都小平市／RC＋木造2階建／敷地面積：257m²／延床面積：152m²

1階の一部がRC造で，他は木造とヴォールトの屋根部分が鉄骨となっている．外観はヴォールト屋根と切妻屋根が組み合わされた構成だが，設計者の関心はヴォールト部分のオープンな空間にあった．

▲ 上原曲り道の住宅／1978年

設計：篠原一男／東京都渋谷区／RC造3階建地下1階／敷地面積：146m²／延床面積：215m²

地下1階，地上3階建てのコンクリートの殻を内側から井桁に組んだ柱梁が支えている構造をもった住宅．1階と2階の広間にその構造体が露出している．地下では水平方向に，地上では垂直方向への空間の広がりが意識された．

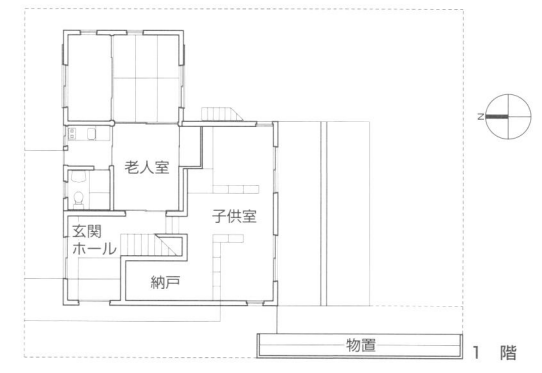

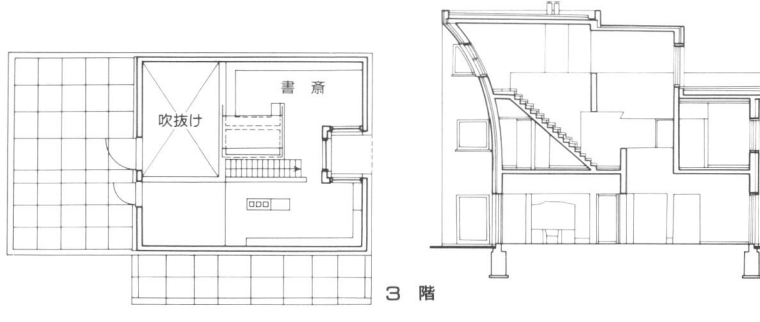

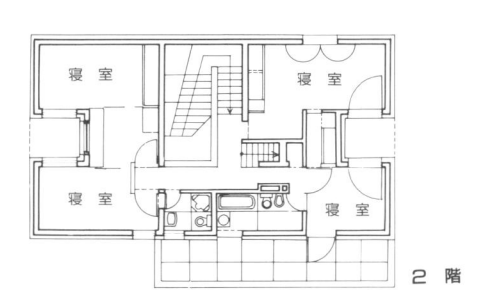

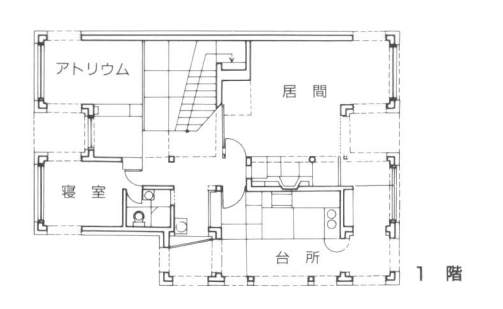

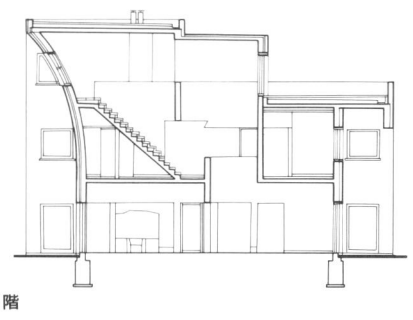

Detached House: Sectional Composition　**現代の独立住宅：断面構成**　095

◀ アヴェリーノ・ドゥアルテ邸／1985年（Avelino Duarte House）

設計：Alvano Siza／オヴァル，ポルトガル／鉄筋コンクリート造3階建

小さな町の郊外に建つ3階建ての住宅．並木通りに接した外観は矩形でシンプルだが，階段と吹抜けによって動線と視線に変化をもたらせている．階段を中心にすることで諸室の関係性が強調されている．

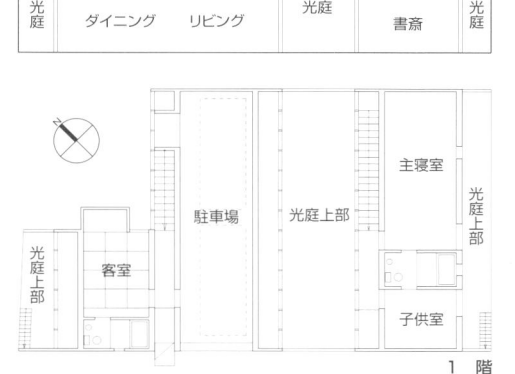

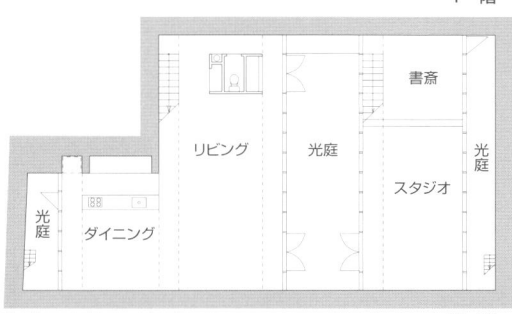

◀ 大田のハウス／1998年

設計：西沢大良／東京都大田区／S＋在来木造／敷地面積：107m²／延床面積：88m²

各階の天井高を4.2mとして，通常の2階建（あるいは4階建て）とは異なるスケールでつくられた住宅．中央の階段室内に最小スケールでできた機能諸室が収められている．4つの居室はほぼ同規模の面積に揃えられ，開口部は壁面上部に設けられている．

▲ M-HOUSE／1997年

設計：妹島和世・西沢立衛／東京都渋谷区／RC＋S造平屋地下1階／敷地面積：207m²／延床面積：122m²

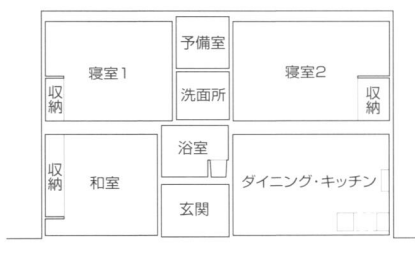

敷地に対して建物の引きを取りにくい環境の中で，外部空間を取り込みつつプライバシーを確保するために，地階に光庭を設けている．敷地全体を掘り込み，諸室を浮かせるように配置することで，地下でありながらも開放的な空間を獲得している．

（撮影：新建築社写真部）

◀ 用賀の家／2002年

設計：鹿嶌信哉＋佐藤文，K＋Sアーキテクツ／東京都世田谷区／RC造3階建／敷地面積：60m²／延床面積：95m²

両隣の建売住宅にはさまれるという都市的な敷地に建てられた4階建てのRC造の住宅．1階にはガレージと寝室，浴室が配され，その上はうまく平面をずらしながら垂直的な広がりを持たせた空間となっている．

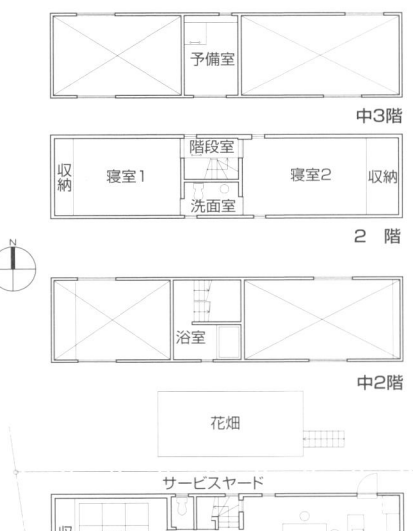

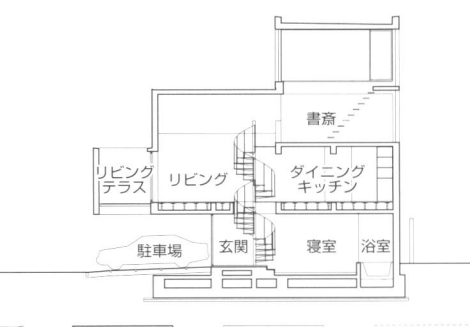

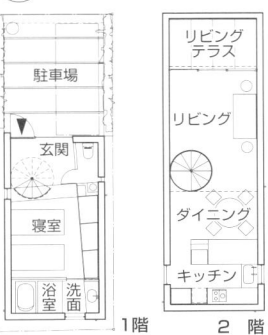

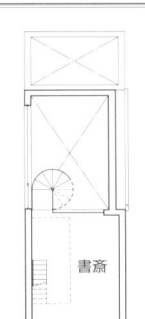

（撮影：上田　宏）

096　現代の独立住宅：立体的構成　Detached House: Composition Three-dimensional　1:300

立体的構成

空間というものが3次元的な広がりをもつ場であり単位であるとすれば，こうした空間を立体的に組み合わせることで建物を構築することが可能である．例えば，住宅の平面（水平方向）と断面（垂直方向）にほぼ同質な形式を与えることにより，住宅は床・壁・天井・開口部などの組み合わせによって成立する住まいの慣習的なイメージを超えて，抽象的で幾何学的な構成空間として浮かび上がる．1970〜80年代の住宅作品の中には，こうした空間の抽象化によって，立体フレームや入れ子構造など，外観デザインや内部構成に独創性をもたせる住宅が多く見受けられた．一方，1990年代以降では，こうした立体的構成の手法による住宅は，特に内部空間においてやや過剰ともいえる複雑さを伴うことで，多彩で多面的な場のシークエンスを一つの住宅内に含み込ませるものが主流となる．

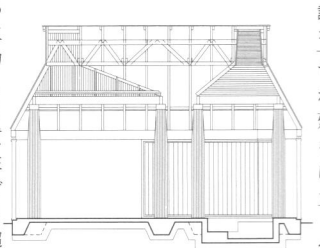

◀ ムーア自邸／1962年（Moore House）

設計：Charles Moore／Orinda, オランダ

サンフランシスコ郊外に立てられた設計者の自邸．モダニズム建築に対してユーモアのセンスをもって対抗した．平面の中心に4本のトスカナ様式の円柱が立っており，その上のピラミッド上のトップライトからの光が空間を満たしている．

（出典：都市住宅8511）

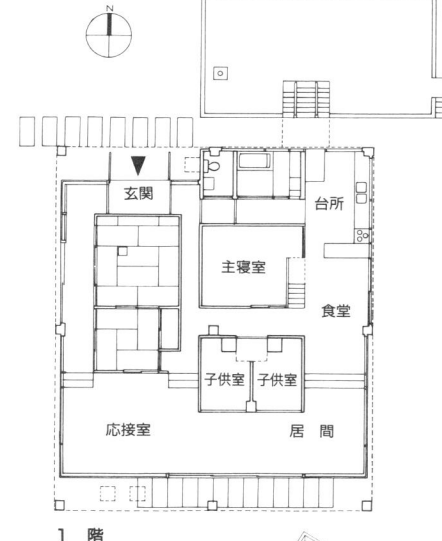

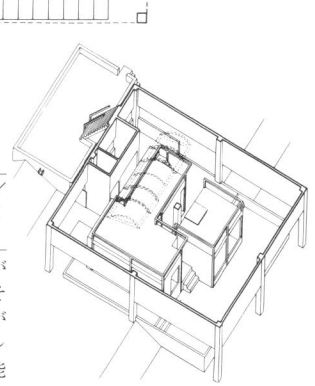

▲ 住宅〈YAH〉／1969年

設計：鈴木恂／兵庫県姫路市／RC造2階建／敷地面積：248m²／延床面積／239m²

大きな空間の中に3つの個室がコアとして配置されている．その回りを応接室，居間，食堂が取り囲んでおり，それらがフレキシブルな共同空間として機能している．

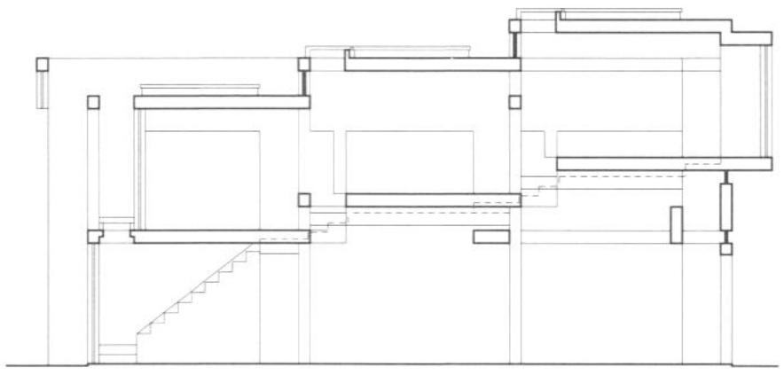

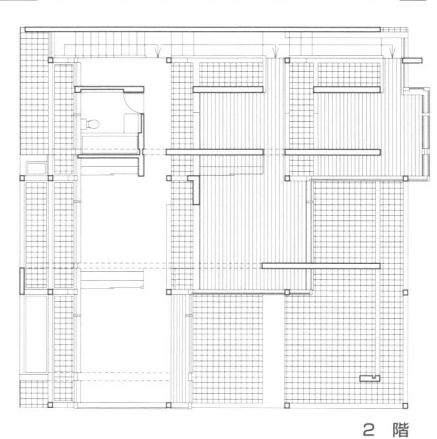

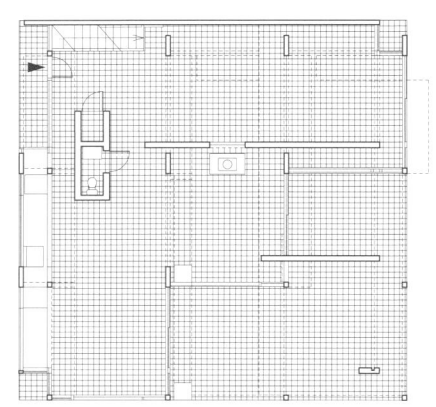

◀ HOUSE Ⅱ／1970年

設計：Peter Eisenman

建築理論に依拠する設計者が，近代建築がなおざりにしてきた形態の体系を確立することを目的として建てた住宅．住宅にまつわる社会的・文化的慣習を一切取り払い，形態を言語のような関係として捉えることで，建築に対して新たな意味を見出した．

（出典：都市住宅8511）

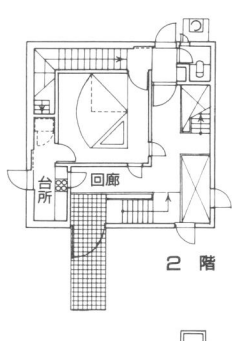

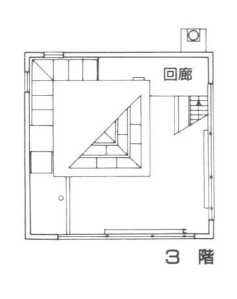

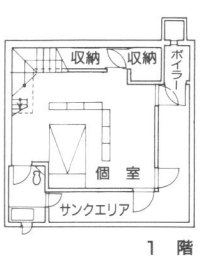

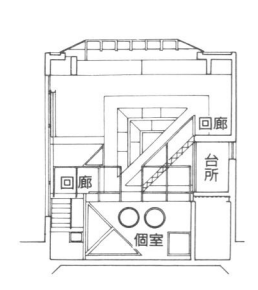

◀ 反住器／1972年

設計：毛綱モン太／北海道釧路市／RCブロック＋鉄骨＋木造3階建／敷地面積：96m²／延床面積：105m²

釧路の両親のために建てた住居．外枠の立方体の中に相似形の立方体が二重に入っている．回廊と名づけられた廊下の余剰空間が生活する上で必要だという強い主張がこの家にはある．

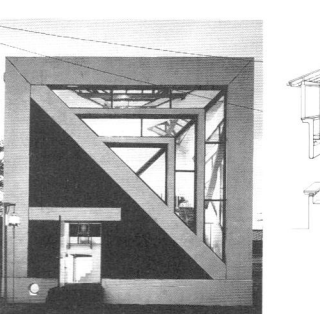

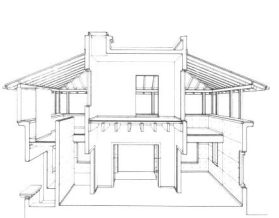

▲ 阿部邸（自邸）／1974年

設計：阿部勤／埼玉県所沢市

一辺3.6mと7.8mの二重の正方形のコンクリート壁でプランニングされた住宅．コンクリートの壁は，外側では2階腰壁まで，内側では屋根面まで達し，それ以外はすべて木造である．2階の床レベルをずらすことで，入れ子の内と外の関係を意識的に切断している．

（撮影：彰国社写真部）

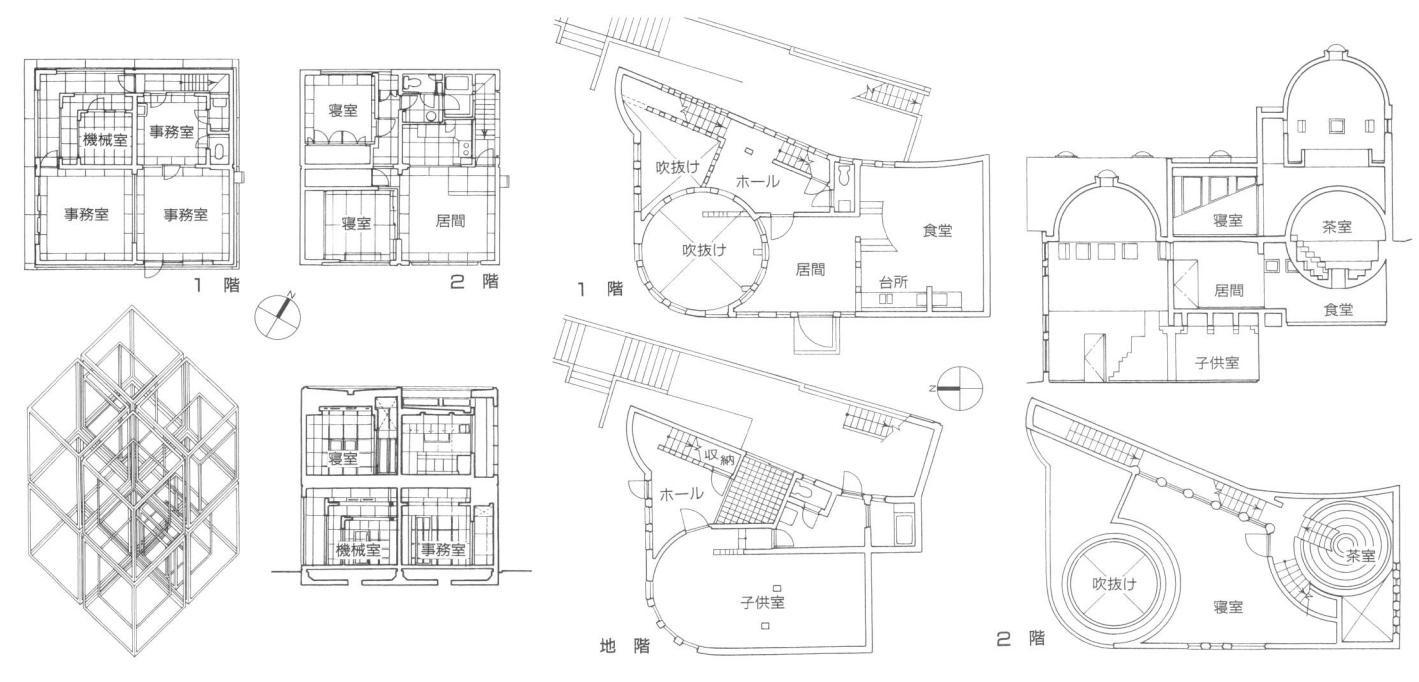

Detached House: Composition Three-dimensional　現代の独立住宅：立体的構成　097

▲等々力邸／1975年
設計：藤井博巳／千葉県市川市／RC造2階建／敷地面積：270m²／延床面積：122m²

比例と相似形を第一の原理とし，3種類の立方体と開口部，格子，目地などで構成されており，すべての要素を幾何学的法則によって関係付けている．平面形は大きく4分割されながら，入れ子構造として内部に変化を持たせている．

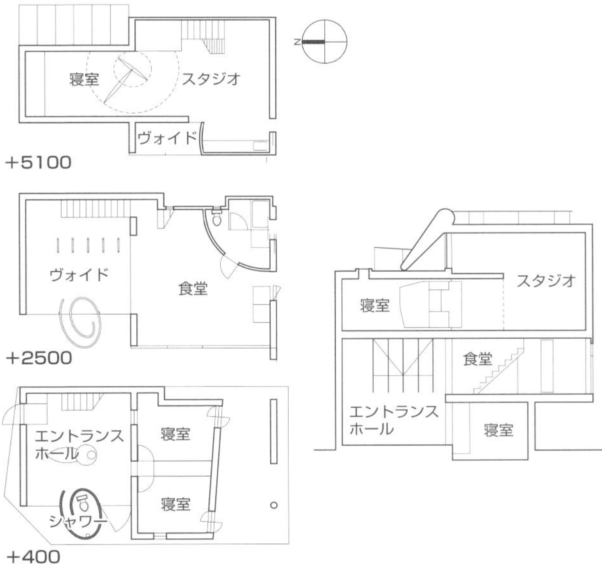

▲W house／1996年
設計：入江経一＋Power Unit Studio，八木敦司／東京都江戸川区／RC造3階建／敷地面積：68m²／延床面積：107m²

渦巻型シャワーブース，花弁型テーブル，ササラ階段，T型回転扉など，個々にその形を主張しあう家具や建具類が，透明かつ硬質なコンクリートのボックスの中に点在している．建物の輪郭が消え失せる夜景では，宙に浮いたオブジェの存在だけがファサードに映る．

（撮影：新建築社写真部）

▲神殿住居 地球庵／1987年
設計：渡辺豊和／兵庫県西宮市／RC造2.5階建地下1階／敷地面積：500m²／延床面積：173m²

建築において独特の世界観を作り出している設計者による住宅で，外観に二つのドームを有しており，内部には茶室として球体が浮かんでいるように存在する．建築が元来もっていた神秘性に光を当てている．

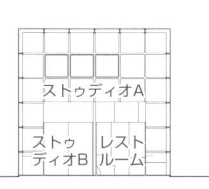

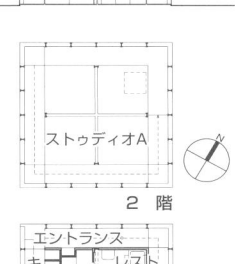

◀キュビストの家／1991年
設計：小川晋一／山口県／S造2階建／敷地面積：102m²／延床面積：71m²

1mグリッドの架構による6m立方のガラスキューブの箱の中に，2m立方の箱が4つ並置された抽象的で幾何学的な構成の住宅．クライアントは工業デザイナーであり，小さな箱の中を居住スペース，その箱の上部をワークスペースとしている．

◀F-HOUSE II／1997年
設計：古見演良／東京都世田谷区／木造2階建／敷地面積：166m²／延床面積：103m²

大きく2つの中庭をもった2階建のコートハウスであるが，その構成を縫うように，ストリートと呼ばれるガラス張りの動線空間が合計6つ空中に並置されている．居間や食堂ではなく，これらのストリートを媒介として，お互いの気配が伺えるようになっている．

（撮影：新建築社写真部）

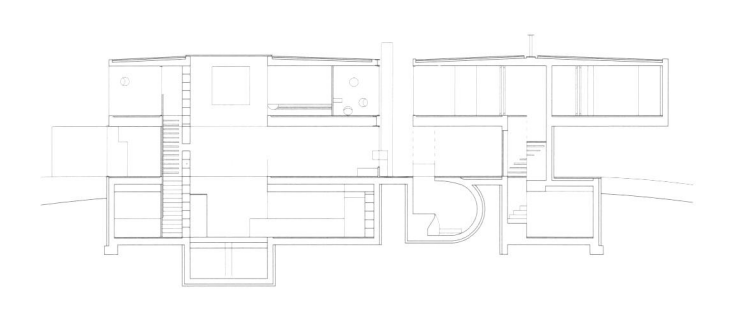

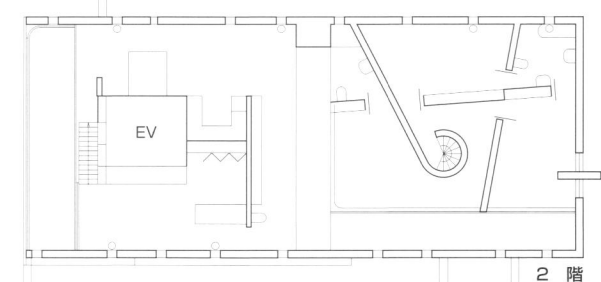

098 現代の独立住宅：立体的構成 Detached House: Composition Three-dimensional

▲ ボルドーの住宅／1998年
(Maison a Bordeaux)

設計：Rem Koolhaas／Bordeaux, フランス／RC＋S造2階建地下1階／敷地面積：―／延床面積：500m²

住宅の母屋部分は性格のまったく異なる3つの層で構成されており，それらを連絡するいくつかの動線の一つに，約10m²の床をもつリフトが設置されている．家具や本棚といった室内風景や，芝や樹木といった屋外景観が，視点を変えつつ見え隠れする．

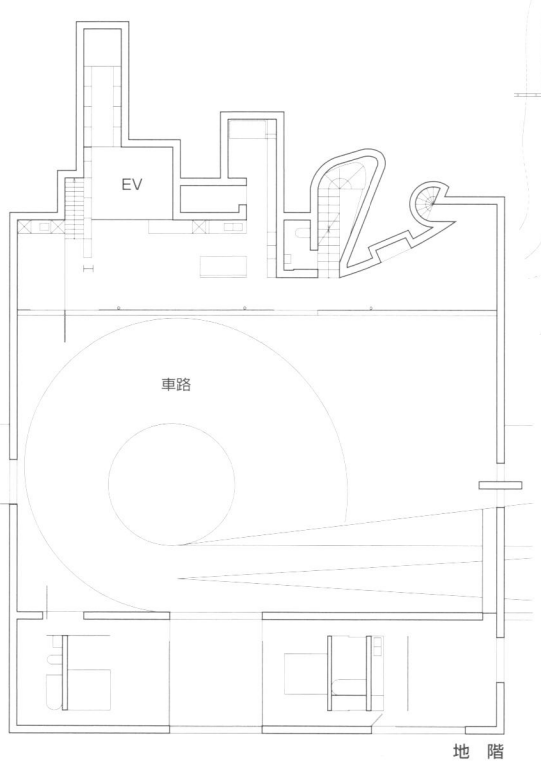

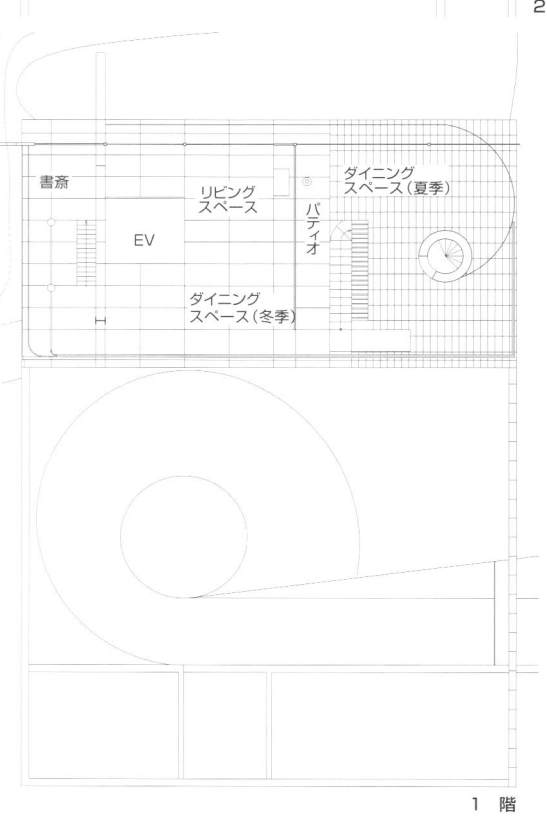

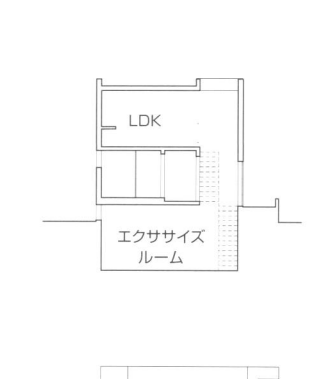

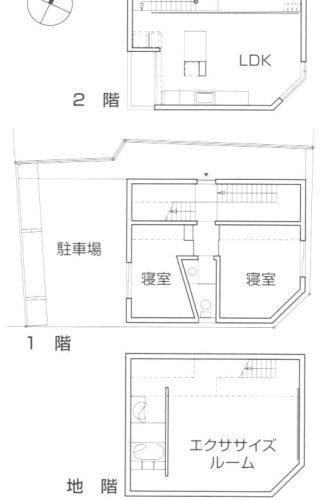

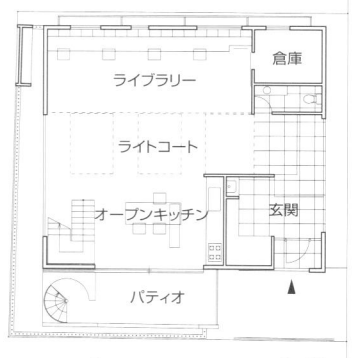

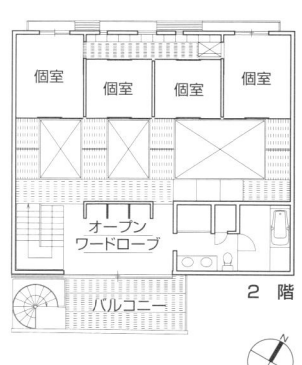

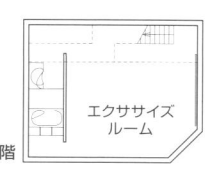

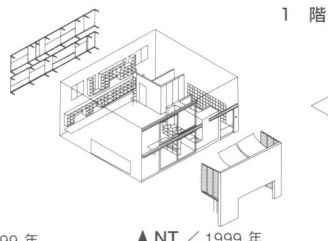

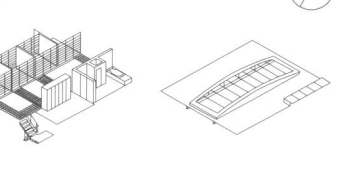

▲ 仙川の住宅／1999年

設計：佐藤光彦建築設計事務所／東京都三鷹市／RC＋木造2階建地下1階／敷地面積：85m²／延床面積：97m²

3層分の高さをもつコンクリートの大きな箱の中に，一層分の小さな木造の箱を浮かせて固定しただけのミニマムな構成．メッシュでつくられた階段のある吹抜け部を通して，2階と地階が相互に連絡しあっている．

▲ NT／1999年

設計：渡辺真理・木下庸子／千葉市／RC＋S造2階建／敷地面積：177m²／延床面積：190m²

互いに仕事を持つ夫婦とその子供たちのために，コモンスペースのあり方をパーソナルという視点から再編成している．ほぼワンルームのコンクリートの躯体の中に，鉄骨で組まれた個室を吊すことで1階に無柱のスペースをつくり出している．

(撮影：藤塚光政)

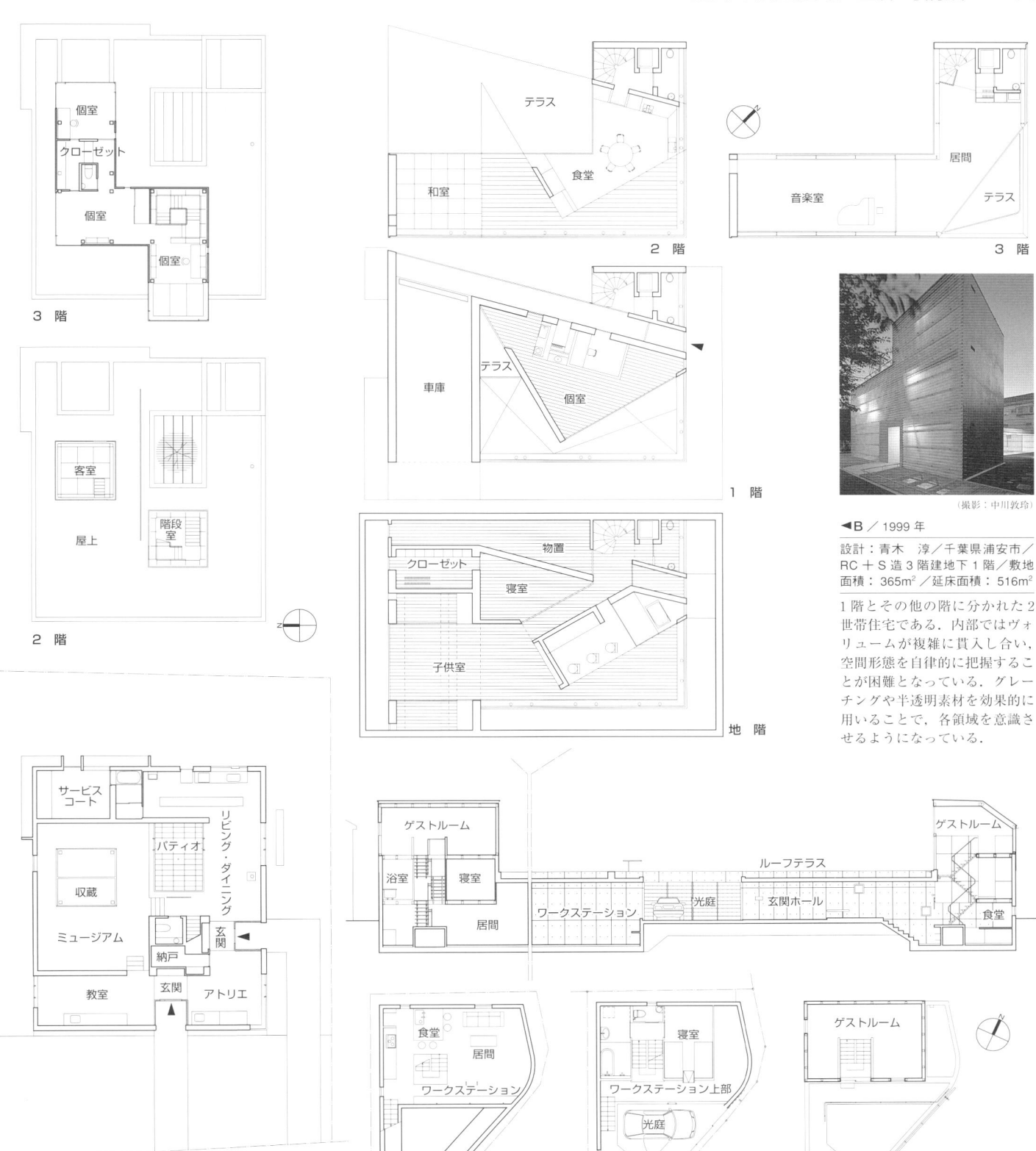

1:300

Detached House: Composition Three-dimensional 現代の独立住宅：立体的構成　099

◀ B／1999年
設計：青木 淳／千葉県浦安市／RC＋S造3階建地下1階／敷地面積：365m²／延床面積：516m²

1階とその他の階に分かれた2世帯住宅である．内部ではヴォリュームが複雑に貫入し合い，空間形態を自律的に把握することが困難となっている．グレーチングや半透明素材を効果的に用いることで，各領域を意識させるようになっている．

◀ 太田ハウスミュージアム／2004年
設計：小嶋一浩／C＋A／群馬県太田市／RC＋S造3階建／敷地面積：490m²／延床面積：219m²

住宅と個人美術館のコンプレックス．コンクリート造の一層分のベース上に鉄骨造のスペースブロックを浮かせて固定している．コアとなる2つの脚部は，一方が収納壁付き階段室で，他方はガラス張りの離れ（和室）である．

▲ BARREL／2004年
設計：ステューディオ2／横浜市港区／RC＋S＋木造2階建／敷地面積：92m²／延床面積：105m²

変形した三角形の敷地一杯に，コンクリート製の樽を半階分だけ埋め込み，その上部のフタに木製の箱を突き刺したような構成のハイブリッド住宅．半地下にある居間スペースは，様々な方向からの視線と光線が錯綜する豊かな空間となっている．

100　現代の独立住宅：空間の流動性　Detached House: Transition

1:300

空間の流動性

一つの空間（場）が水平方向あるいは垂直方向に繋がっていくと、そこには視覚的かつ動線的に一種の方向性がもたらされ、流動的な空間が形成される。こうした構成をもつ住宅は、いわばワンルーム形式が立体的に折り畳まれた住宅、あるいは建物全体が一続きのスパイラル状の階段のような住宅といえるだろう。そこでは、緩やかな階段やスロープなどによって上下階を繋ぐことで、敷地のサイズ以上の動線距離が室内に獲得され、それにより同一の床面の上に、例えばプライバシーを必要とするような場を互いに距離をとって配置させることができる。また、こうした流動的な室内空間をそのまま外部の形態に露出させることで、屋外空間においても流動性が形成されることになる。

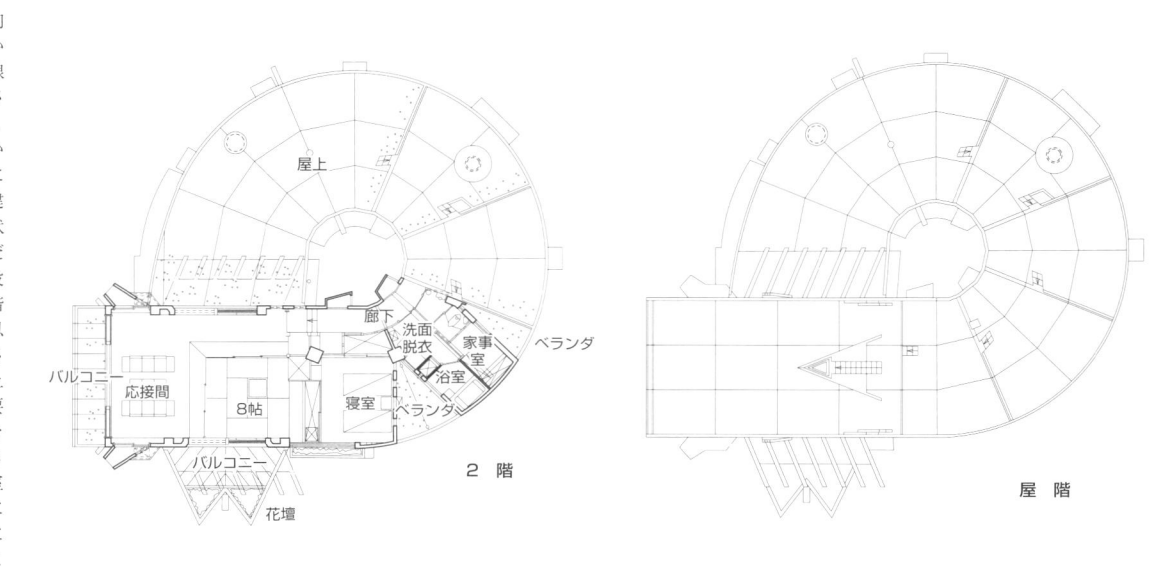

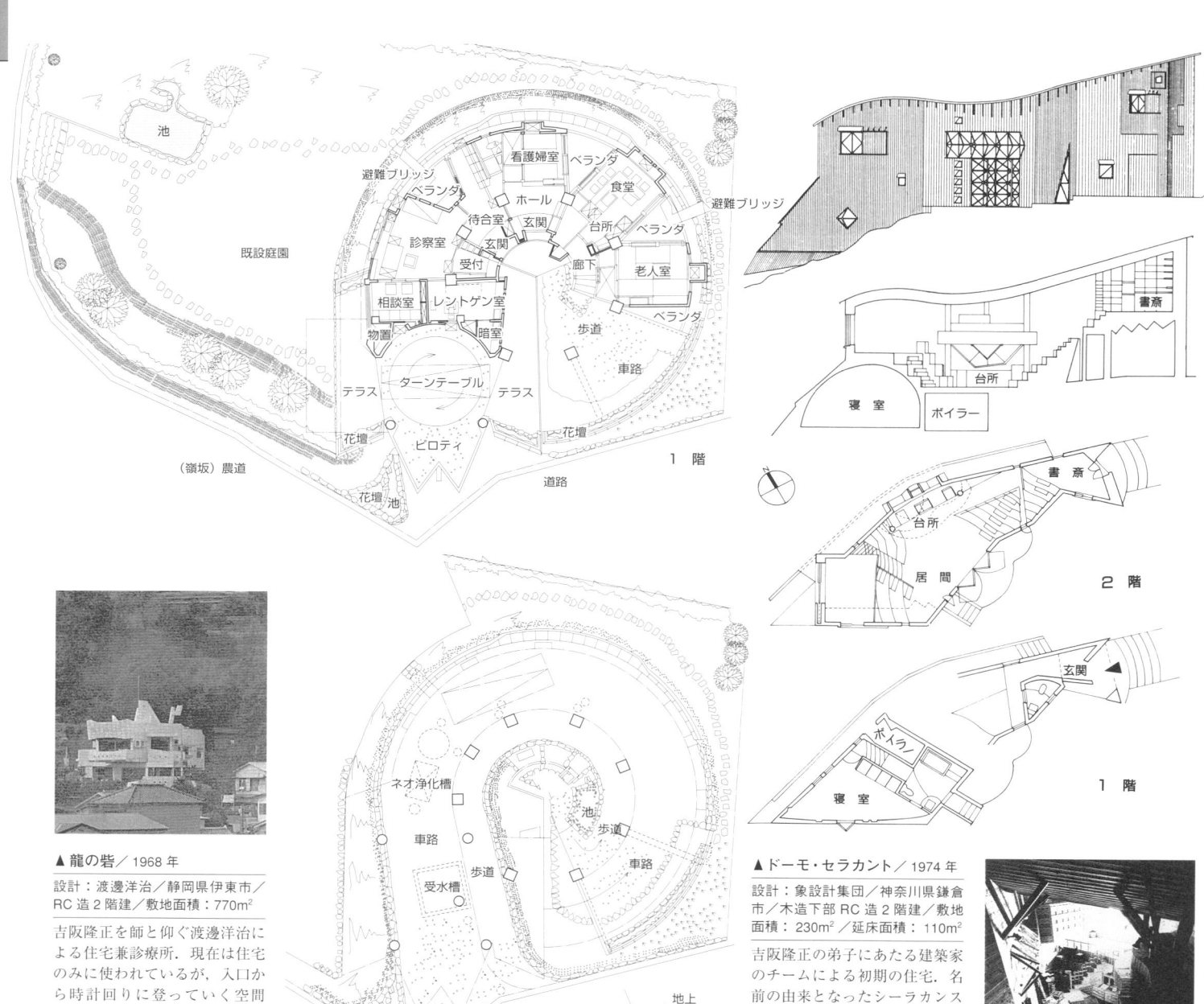

▲ 龍の砦／1968 年
設計：渡邊洋治／静岡県伊東市／RC 造 2 階建／敷地面積：770m²

吉阪隆正を師と仰ぐ渡邊洋治による住宅兼診療所．現在は住宅のみに使われているが、入口から時計回りに登っていく空間は、外部の打放しコンクリートの荒々しい表現とともに、設計者の造形への情熱を感じる．

▲ ドーモ・セラカント／1974 年
設計：象設計集団／神奈川県鎌倉市／木造下部 RC 造 2 階建／敷地面積：230m²／延床面積：110m²

吉阪隆正の弟子にあたる建築家のチームによる初期の住宅．名前の由来となったシーラカンスが陸の斜面を這い上がっている外観をもつ．内部空間も光や空気の流れを反映するよう流動的空間となっている．

（撮影：山田修司）

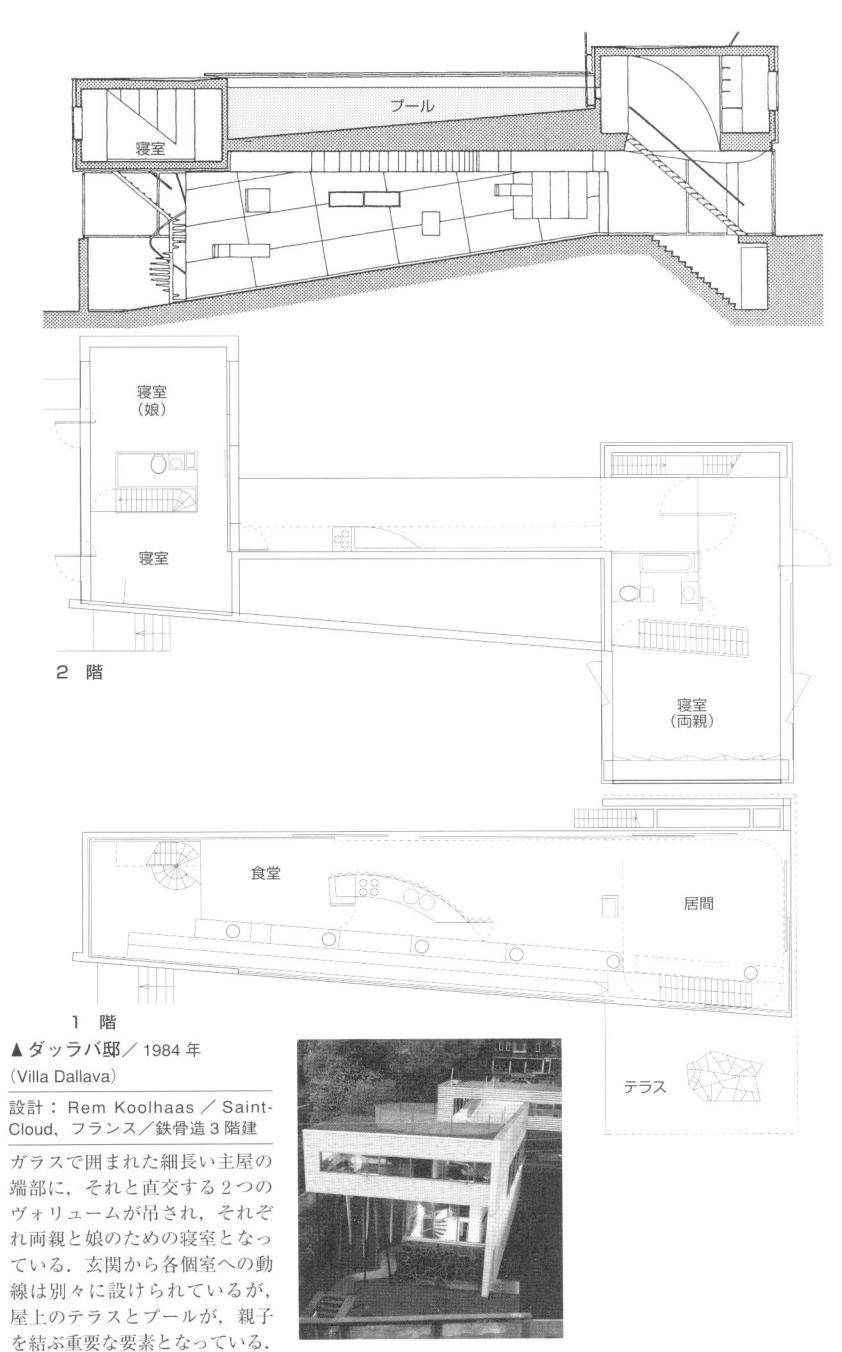

Detached House: Transition **現代の独立住宅：空間の流動性**　101

▲ダッラバ邸／1984年
（Villa Dallava）

設計：Rem Koolhaas／Saint-Cloud，フランス／鉄骨造3階建

ガラスで囲まれた細長い主屋の端部に，それと直交する2つのヴォリュームが吊され，それぞれ両親と娘のための寝室となっている．玄関から各個室への動線は別々に設けられているが，屋上のテラスとプールが，親子を結ぶ重要な要素となっている．

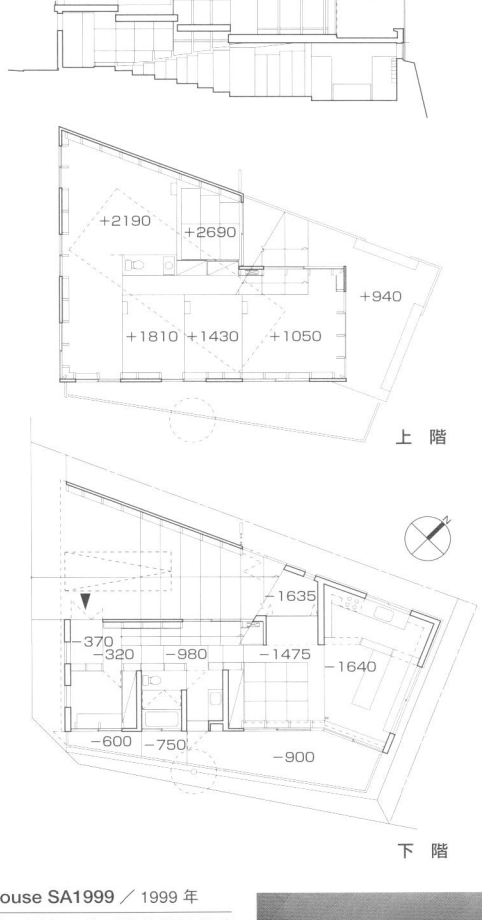

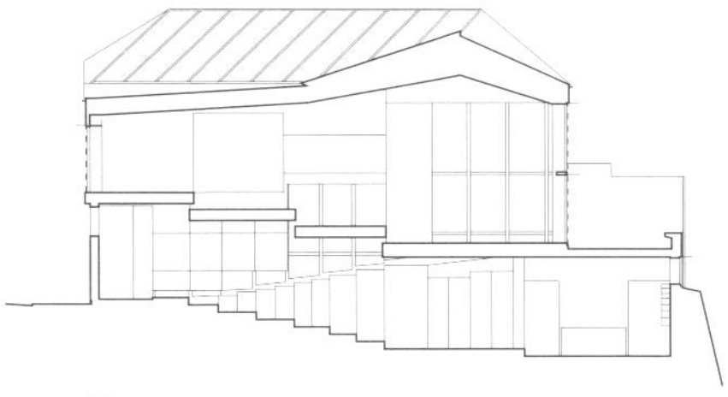

▲House SA1999／1999年

設計：坂本一成／神奈川県川崎市／木造＋RC造2階建地下1階／敷地面積：179m²／延床面積：186m²

このスパイラル状の空間構成は，限定された敷地面積の中で，無限定の平屋をつくるために考案された．階段状の床面と天井の形状が内部空間にメリハリをつけている．大きな気積の室内環境をコントロールするために，OMソーラーシステムを採用．

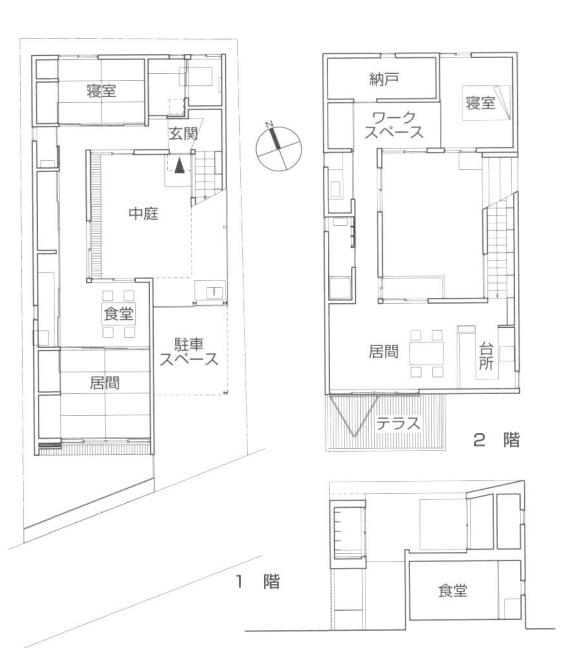

◀相模原の家／1997年

設計：みかんぐみ／神奈川県相模原市／木造2階建／敷地面積：164m²／延床面積：152m²

中庭を囲んで螺旋状に展開する空間ヴォリュームをもつ2世帯住宅．1階は老夫婦の居室，2階は若夫婦の居室となっており，両スペースは中庭に面した玄関脇の緩やかな階段で連結され，さらに中庭のスケールを介して視線的な繋がりをもつ．

（提供：みかんぐみ）

◀藤源治の家／2003年

設計：菊池宏／神奈川県鎌倉市／木造2階建／敷地面積：185m²／延床面積：106m²

一見すると中央に階段のある単純な2階建て住宅のようであるが，その階段を縦に二分する壁を家の中心に立てることで，立体的にループする動線となり，共に1階にある玄関ホールと寝室との間の微妙な距離関係をつくることに成功している．

102　現代の独立住宅：室の集合体 Detached House: Room-group

室の集合体

　一般に独立住宅は，住まい手の人数や用途に応じる形で複数の部屋の集合によって成立している．食／寝の領域分離や，プライベート／コモンの動線分離により，いわゆるnLDKと呼ばれる平面スタイルが一般に広く定着していくことに対して，現代住宅はそれをどう解体し再構成できるかに挑戦するものであった．その一つがワンルーム化であり，もう一方が室の集合化である．室の集合化とは，建物という3次元の箱の中を意図的に区切っていくことで複数の部屋をつくり，さらに各部屋に自立的な性格を与えることで，部屋という単位の集合体としての意味を独立住宅にもたらそうとするものである．このように，全体の広さの割に部屋数の比較的多い住宅は，かつてのnLDKスタイルとは明らかに異なる豊かさを住宅にもたらすものであるといえよう．

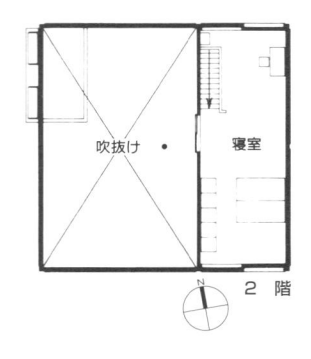

▲白の家／1966年

設計：篠原一男／東京都杉並区／木造2階建／敷地面積：—／延床面積：141m²

形態および材料に対する単純化を進めた住宅．外部も内部も白を基調にして，外部に対しては屋根面に瓦を使い，内部を木の床にすることで空間の完結性が目指された．中心に立つ心柱の頂点から四隅に対して斜材を流し中間点で梁を支えた構造となっている．

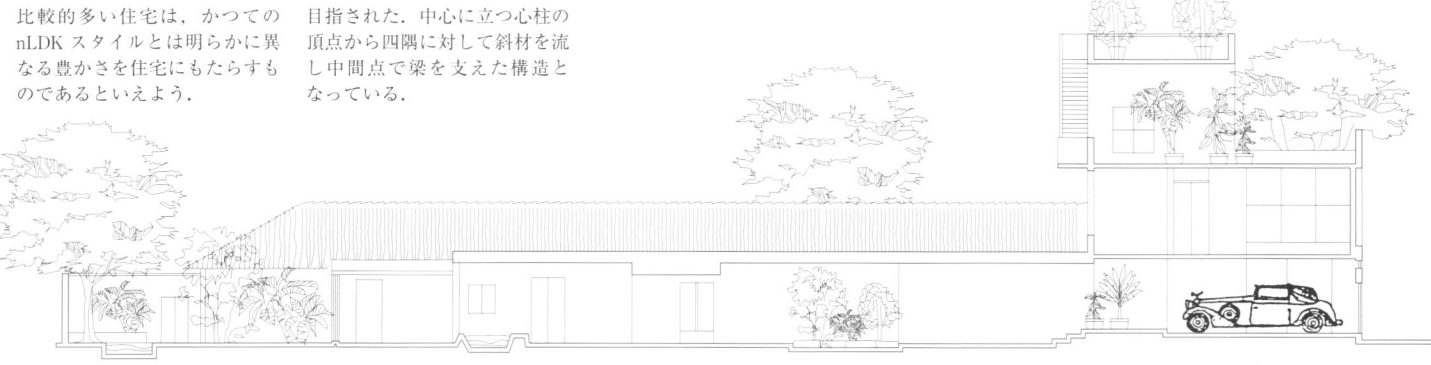

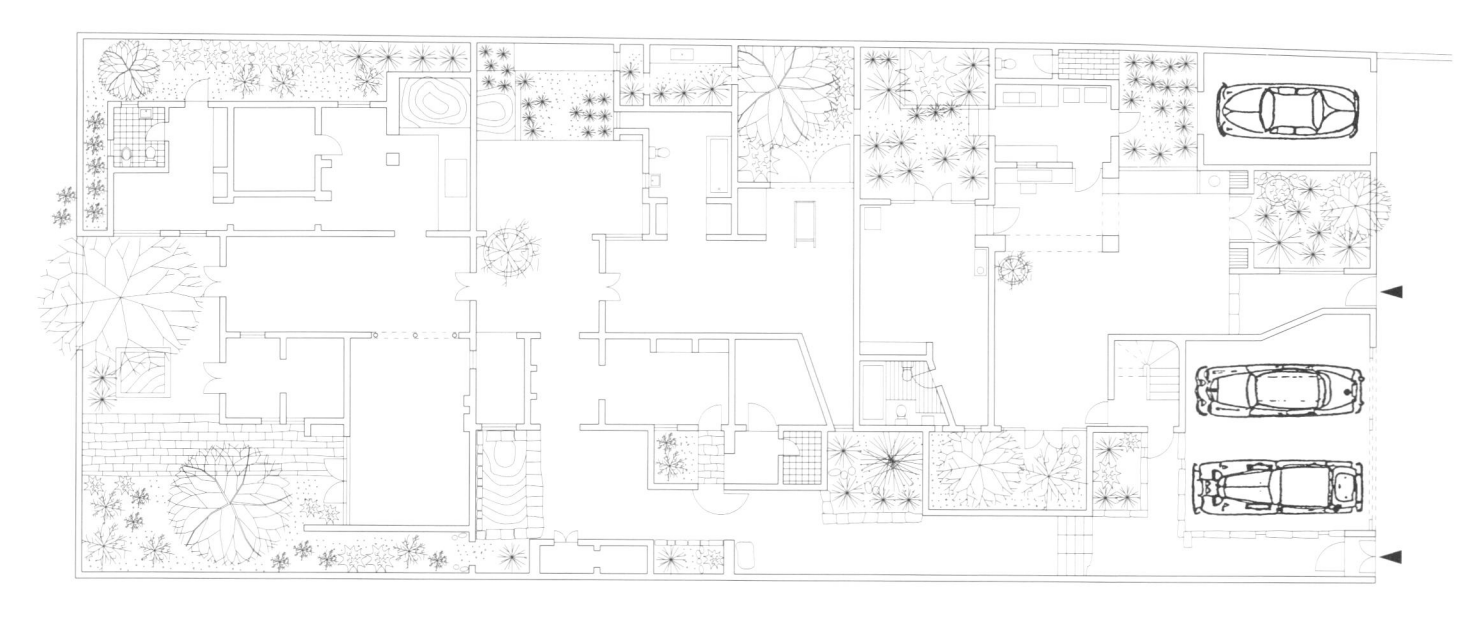

▲バワ邸／1968年

設計：Geoffrey Bawa／スリランカ／補強RCブロック造一部3階建

スリランカにある建築家の自邸．中央には，古代スリランカの寺院に見られる柱廊や，アルファンブラ宮殿，ローマの荘園にある池が配されており，内と外がうまくバランスをとり融合されている．

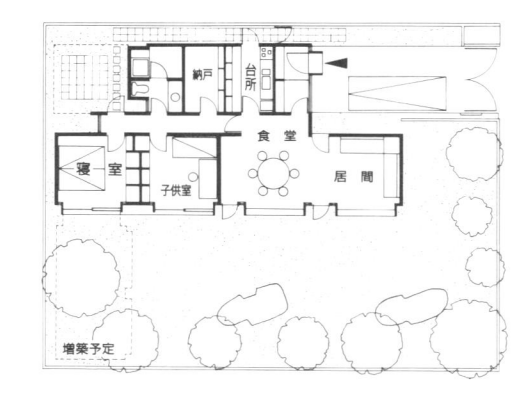

◀穂積邸（自邸）／1968年

設計：穂積信夫／東京都新宿区／木造2階建／敷地面積：252m²／延床面積：66m²

中廊下型と個室ユニット型を組み合わせた実験的住宅．構造的に独立したユニットで構成された各部屋を廊下と収納部分を媒介にして連結させることで，将来の増築に対する対応を考慮している．

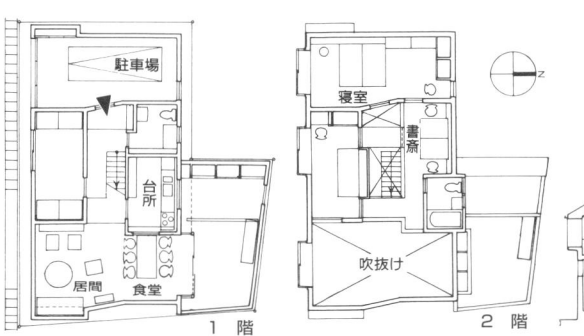

Detached House: Room-group **現代の独立住宅：室の集合体** 103

◀水無瀬の町家／1970年

設計：坂本一成／東京都八王子市／RC＋木造2階建／敷地面積：107㎡／延床面積：102㎡

師である篠原一男から独立していく最初の住宅．篠原流の何もない空間の中に仕掛けをつくっていくことに坂本の真骨頂がある．その仕掛けとは階段であり，そこを中心に空間が閉じあるいは開放される．

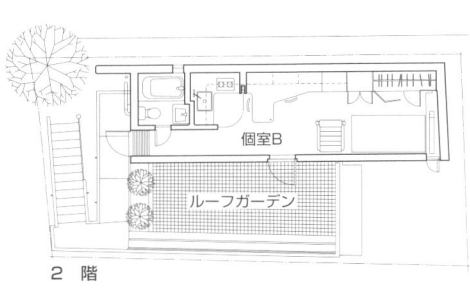

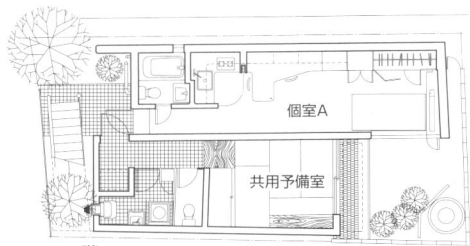

（撮影：新建築社写真部）

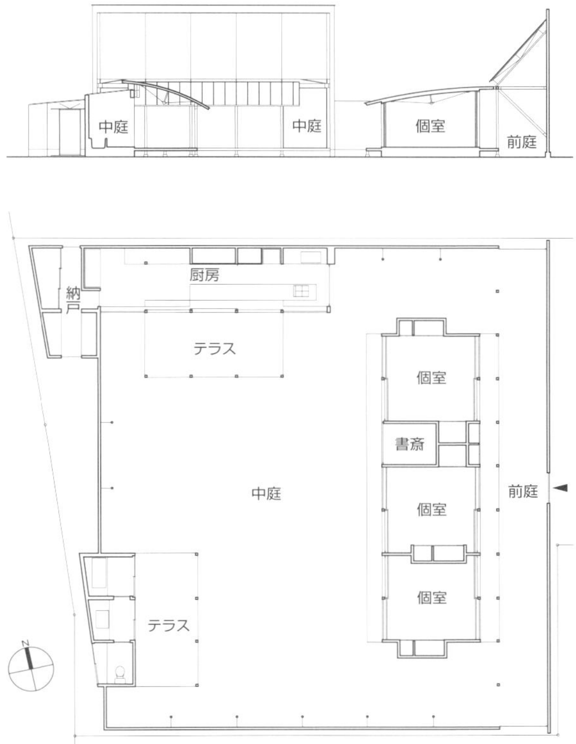

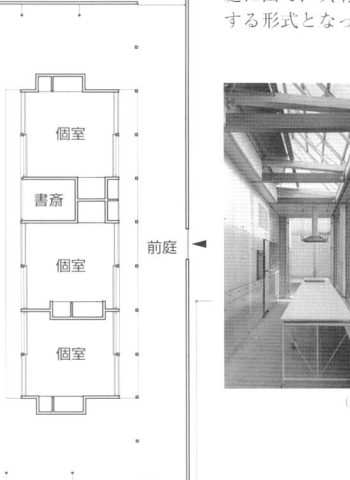

◀岡山の住宅／1992年

設計：山本理顕／岡山市／木造一部S造平屋建／敷地面積：507㎡／延床面積：166㎡

壁で囲われた広い敷地の中に，個室と厨房と浴室がそれぞれ別棟で配置されている．居住者は，前庭と呼ばれる中間領域を通過してそれぞれの個室に入り，そのあとに反対側の開口部から中庭に出て，共有スペースを利用する形式となっている．

（撮影：新建築社写真部）

▲個人用居住単位／1975年

設計：黒沢　隆

設計者が近代住宅について考察したどりついたモデルがこの個室群住居であった．水回りを備えた20㎡に満たない個室が2段積みとなり，並置された共用施設とルーフガーデンで構成されている．

（撮影：田中宏明）

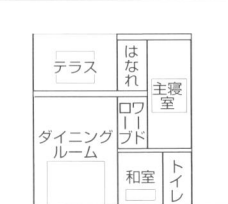

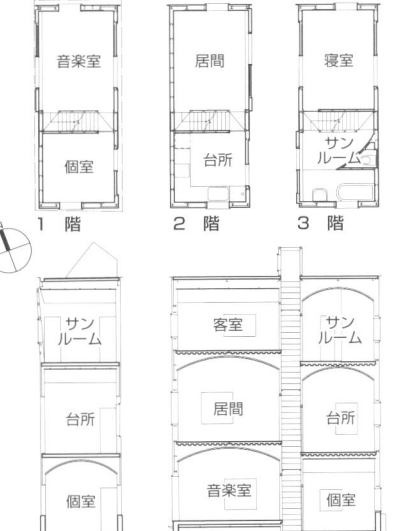

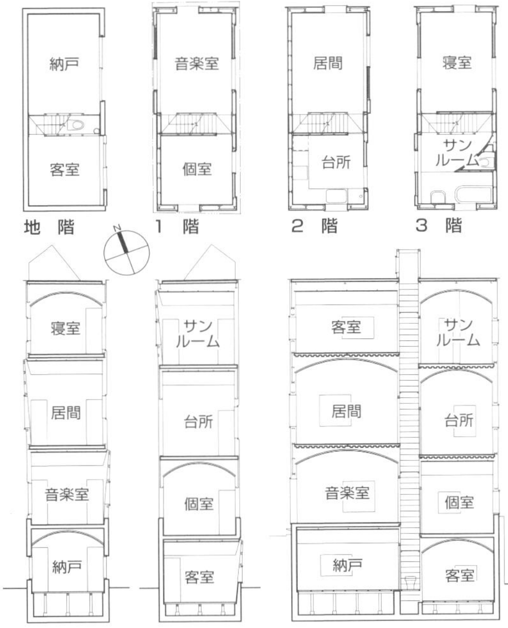

◀淡路町の家／2002年

設計：小野弘人・森昌樹・西尾玲子／東京都千代田区／S造4階建

小さな敷地に建つ小さな家でありながら，ほぼ同サイズの8つの部屋をもつ．最小幅の階段室で仕切り，出窓壁の隙間から採光し，天井をヴォールト状にするなど，独特のアイデアによって，自立する部屋の集合体としての独立住宅を実現している．

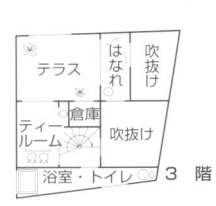

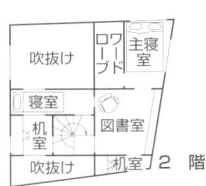

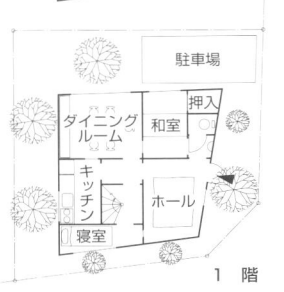

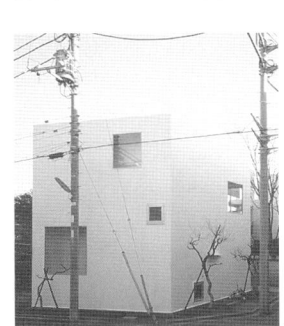

（撮影：新建築社写真部）

◀梅林の家／2003年

設計：妹島和世／東京都／S造3階建／敷地面積：92㎡／延床面積：77㎡

部屋の四方に窓があり，その窓から部屋の外が見えるといった，ごくありふれた室内風景の形式を繰り返し積み重ねることによって，詩的な空間を実現している．厚さ16ミリの鉄板の間仕切り壁は，そのまま構造体としての役割をもつ．

104　現代の独立住宅：住宅の工業化・規格化　Detached House: Industrial Product

1:300

住宅の工業化・規格化

住宅の機能の第一は人間によって住まわれることであり，したがって住宅の中にどのようなライフスタイルが描かれているかが，その住宅の空間としての性格を決定づけているといえる．一方で，こうした住まいの器が実際に何を使ってどのように組み立てられ，またどのように維持され修繕されていくか，さらにその様子や仕組みがどのようにデザインに反映されているかといった，いわば時間を含む視点から住宅を把握することも重要なポイントである．例えば，戦中の兵舎建設や戦後の住宅再建に対して生産されたプレファブと呼ばれる工場生産住宅には，住宅を早く安く大量に生産・構築できる仕組みがそのデザインに投影されている．現代では，住宅部品の工業化や工法の合理化などによって居住性能を向上させる質の高い住宅が様々なかたちで試作されている．

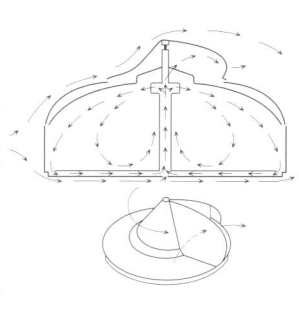

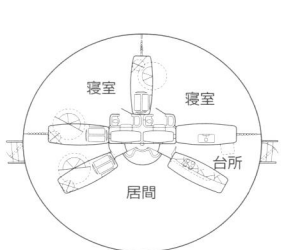

◀ウィチタ・ハウス／1946年
（Wichita House）
設計：Buckminster Fuller

戦前のダイマキシオンハウスのアイデアを基に，アルミニウムでできた大量生産かつ移動可能な戸建て住宅．床下にエアパックがあり，浄化槽と燃料タンクの入った基礎に固定されている．外壁は透明なプラスチック板で，アルミ製のカーテン状のシートが付き，扉は太陽光電池で作動するようになっている．

◀SH-60／1962年
設計：広瀬鎌二／東京都中野区／S造2階建

住宅地にある崖地に窓のない鉄の箱が突き出すようにその存在感を示している．広瀬鎌二による一連の鉄骨住宅の一つで，画家のために建てられた．シンプルな生活をという施主の希望を受け入れ，家の半分はパティオと呼ぶ中庭となっている．

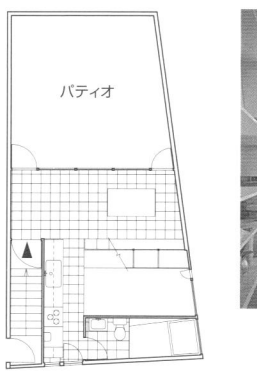

（撮影：大塚リネ）

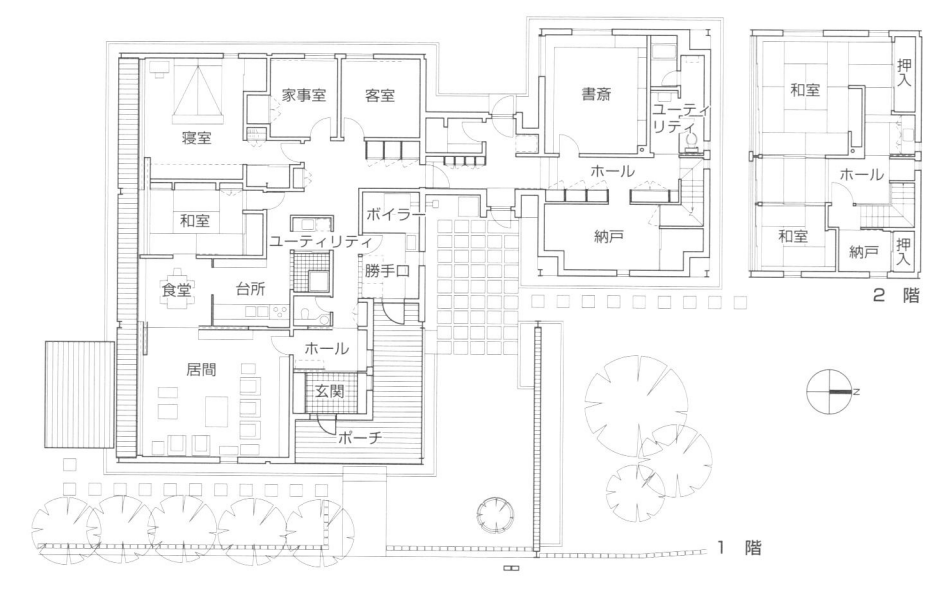

▲札幌の家―自邸―／1968年
設計：上遠野徹／北海道札幌市／S造2階建／敷地面積：1388m²／延床面積：141m²

北海道の気候にあった快適な生活ができるよう設計された建築家による実験住居．コールテン鋼と鉄骨フレームと素焼きレンガによるミース風の外観は，そのディテールに裏打ちされることで，北海道の厳しい気候に適応している．

（提供：上遠野建築事務所）

▲イームズ自邸／1949年
（Eames House）
設計：Charles & Ray Eames／California，アメリカ／S造2階建

ケース・スタディ・ハウスの8軒目として建てられた建築家の自邸．組み立てキットで再生可能という思想のもと，H型鋼やスチールサッシという工業製品はすべてカタログから選ばれ，現場で組み立てられた．

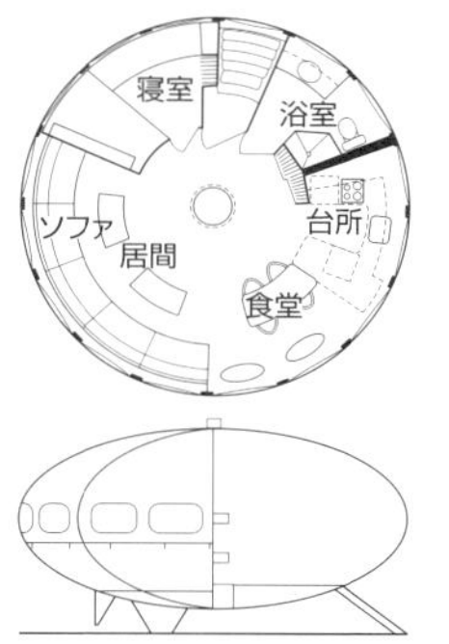

Detached House: Industrial Product **現代の独立住宅：住宅の工業化・規格化** 105

▲ **フトゥロ・ハウス**／1968年

設計：マッティ・スローネン／プレハブ式グラスファイバー製

休日を過ごす理想の別荘として設計された住宅．グラスファイバーを使ったプレファブ工法でつくられ，ヘリコプターを使いどこへでも運べることが意図された．大量生産には価格が高すぎたが，約600台が生産された．

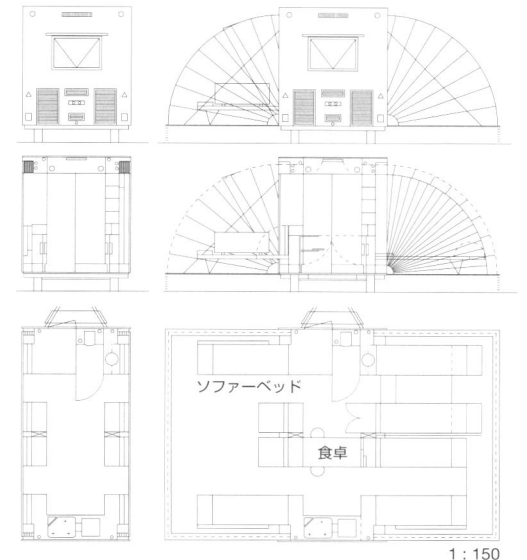

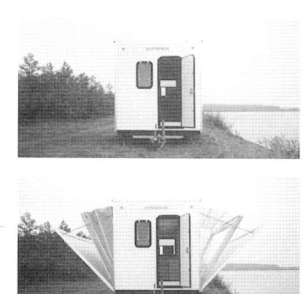

1:150

◀ **マーキーズ**／1986年

設計：Eduard Böhtlingk

移動可能なトレーラー式の週末住居．コンテナ型の空間は可倒式の壁が拡張部分の床になり，蛇腹式の天蓋が同時に展開する．極小空間であるが3つにゾーニングされ，中心部が水回りとなり，両翼はリビングと寝室になる．天蓋は半透明と不透明のものが用意され天候によって使い分ける．

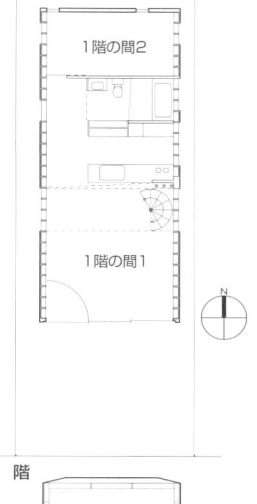

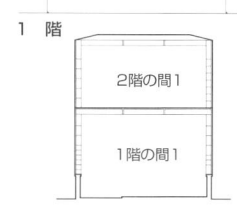

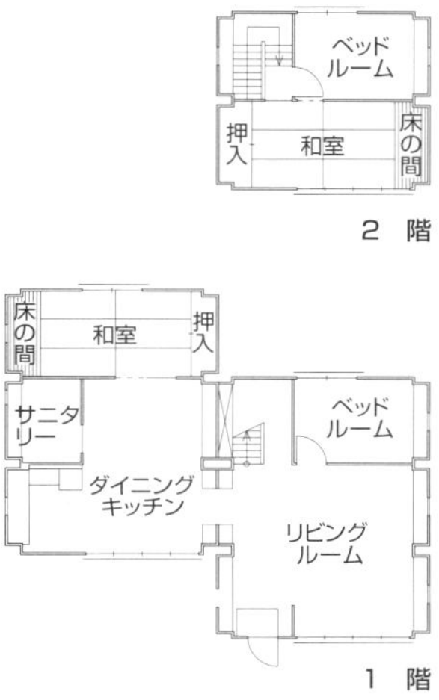

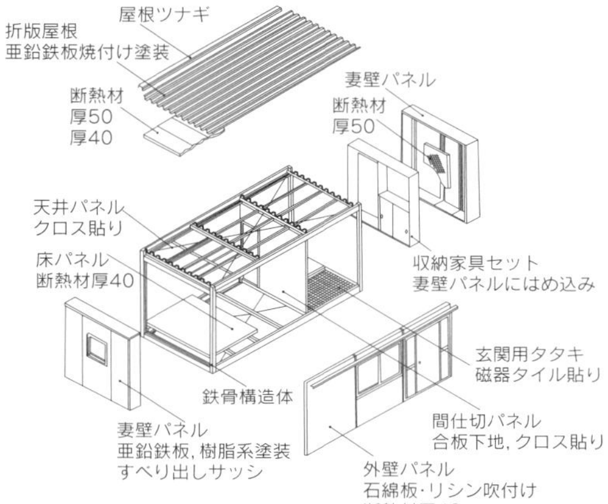

（撮影：Eduard Böhtlingk）

◀ **セキスイハイム M-1**／1971年

設計：大野勝彦／Sユニット構造2階建

高度成長期の住宅ブームのなか，鉄骨系プレファブ戸建て住宅として建築家大野勝彦の協力により開発された．軽量鉄骨ボックスラーメンによるユニット工法を採用し，原理的には取り外し，家ごと引越しができるシステムとなっている．

▲ **木箱 210**／1996年

設計：葛西 潔／東京都練馬区／木造2階建／敷地面積：144m²／延床面積：139m²

設計者によるシリーズ化された構法形式である2×10材を用いた枠組み壁構法の躯体の中に，レベル差をもった4つの床がつくられている．南北方向には簡単な間仕切りを除いて壁をつくらず，全体は中心にある吹抜けを介したほぼ一室の空間となっている．

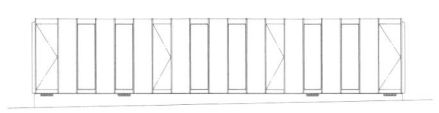

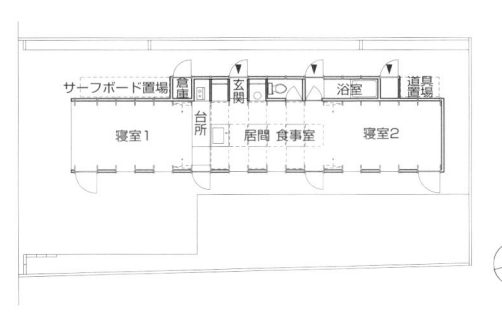

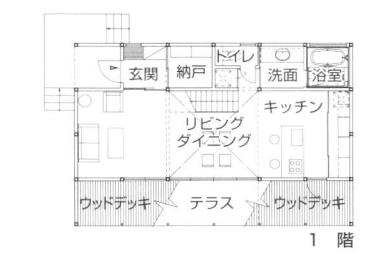

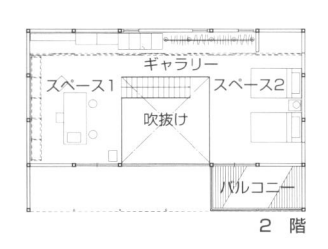

（撮影：中村 保）

▲ **プライウッド・キット・ハウス**／2001年

設計：八木敦司／神奈川県鎌倉市／木造平屋／敷地面積：166m²／延床面積：50m²

布基礎の上に土台を回し，その上に合板によるロの字型フレームを750ミリピッチで並べ，このフレームと外壁屋根材である合板パネルとを金物でジョイントしたコンテナ型の住宅．水回りはフレームの外側にある．

▲ **MUJI＋INFILL　世田谷**／2005年

システム設計：難波和彦・界工作舎／実施設計：ムジ・ネット／東京都世田谷区／木造2階建／延床面積：132m²

日用品のメーカーが開発した住宅で，いくつかのヴァリエーションがある．室内は，メーカーが市販している家具や物品に対して適合するようにデザインされている．

106　現代の独立住宅：素材と構法　Detached House: Material and Construction　1:300

素材と構法

建物が何によってできているか、そしてどのように組み立てられているかを思考することは、人間が住居を求めるようになった時代からの最も根源的なテーマであり、それは科学技術が日々刷新される現代においてもなお創造の起点となっている。素材＝マテリアルとは、自然の一部あるいはそれらを人工的に加工したものであり、建物を材料という視点からみた場合の最小の構成単位でもある。木材、鋼材、石材、土、さらにそれらを調合加工したコンクリート、ガラス、プラスチックなどが一般的であるが、それぞれの素材の性格（強度、重量、触感や臭いなど）を十分考慮することで、それぞれの素材の使い方や組合せ方などが決定され、それによって住宅全体を組み立てる手順や方法も決定される。現代ではこうした構築性（テクトニック）をデザインの主調として表現する住宅が多くみられる。

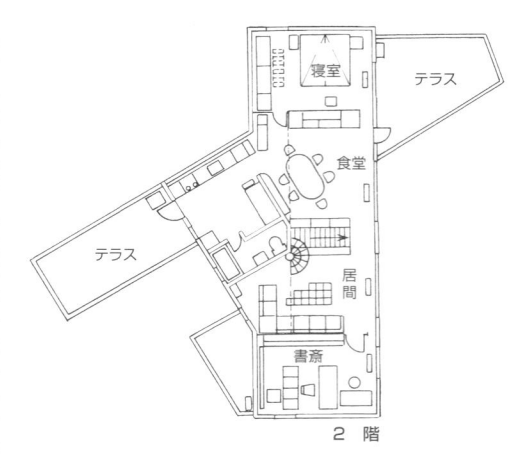

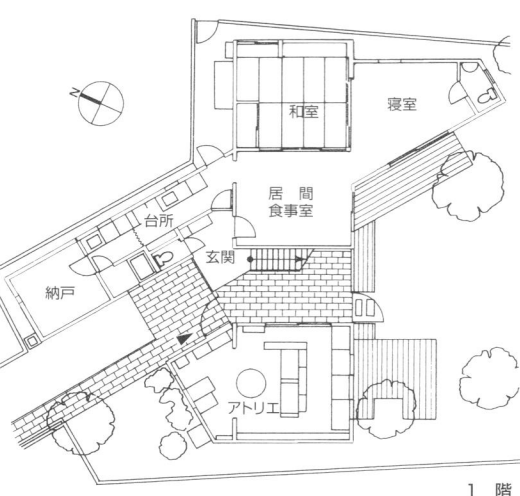

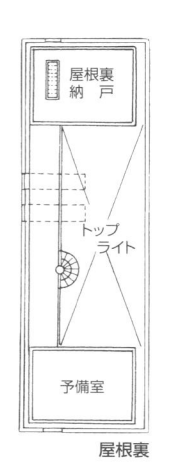

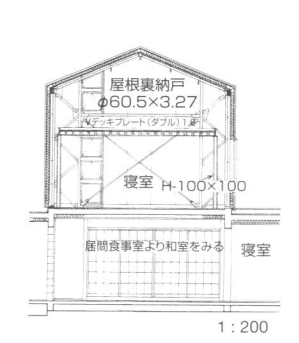

◀管の家／1983 年

設計：高橋公子／東京都世田谷区／ブロック＋鉄骨造 2 階建／敷地面積：466m²／延床面積：197m²

H 型をした平面構成をもつ二世帯住宅。生活機能は完全に分離しているが、両棟をつなぐ共通の書庫と北側の菜園、南側の庭園によって、視覚的・心理的な交流が保たれている。

（撮影：大橋富夫）

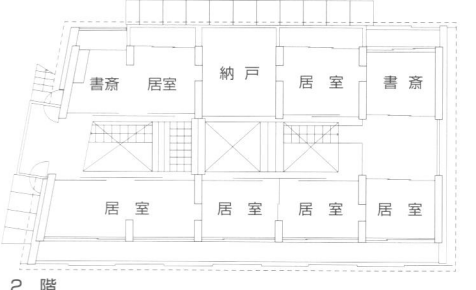

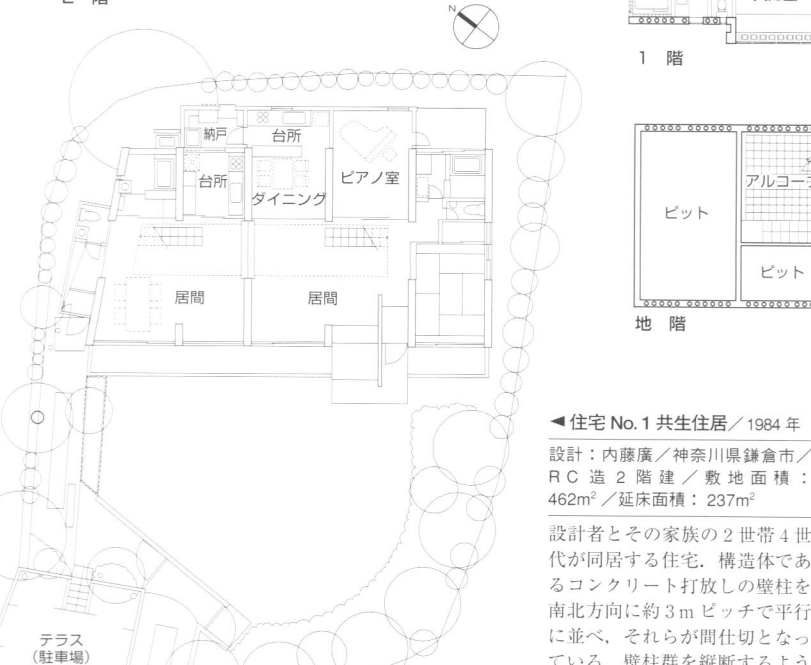

1:200

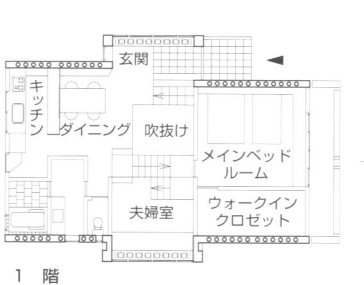

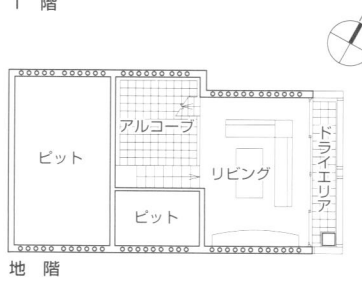

◀住宅 No.1 共生住居／1984 年

設計：内藤廣／神奈川県鎌倉市／RC 造 2 階建／敷地面積：462m²／延床面積：237m²

設計者とその家族の 2 世帯 4 世代が同居する住宅。構造体であるコンクリート打放しの壁柱を南北方向に約 3m ピッチで平行に並べ、それらが間仕切となっている。壁柱群を縦断するように、建物中央にトップライトを設けた吹抜け空間がある。

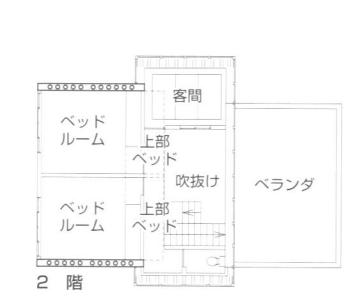

▲ Mint House／1991 年

設計：今川憲英／東京都稲城市／2 階建地下 1 階／敷地面積：216m²／延床面積：167m²

構造デザイナー自らが新たな構法に挑んだ住宅。NT ユニットと呼ばれる工場製作された鉄筋による立体トラスパネルを現場で直に連結して仮設工事を省略し、さらにコンパネの代わりにリブラス型枠を用い内外壁に有機的な表情を与えている。

（提供：今川憲英）

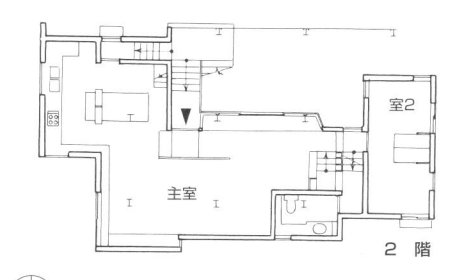

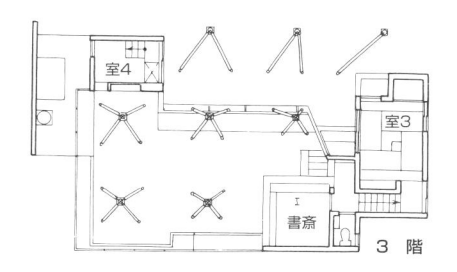

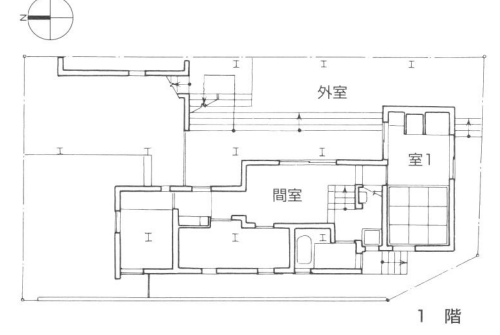

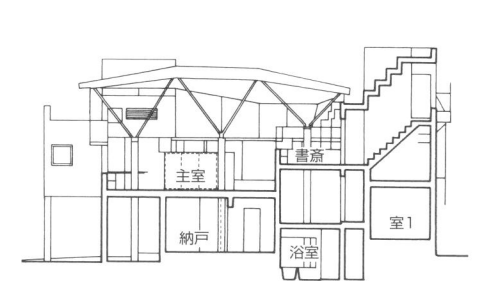

1:300

Detached House: Material and Construction　現代の独立住宅：素材と構法　107

◀House・F／1988年

設計：坂本一成研究室／東京都品川区／RC＋鉄骨造3階建／敷地面積：179m²／延床面積：172m²

RCの壁体から切り離され，家の中にある樹木ような鉄パイプの支柱によって屋根が支えられている．この屋根が全体を軽く覆っていることにより，レベル差をもつ各室に一体感と連続性を与えている．

（撮影：大橋富夫）

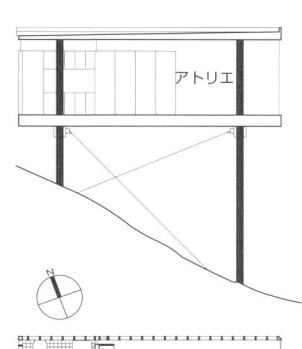

◀PC Pile House／1992年

設計：坂　茂／静岡県裾野市／PCパイル＋木造／敷地面積：516m²／延床面積：112m²

急斜面上に独立基礎をセットし，そこに杭としてつくられた直径300ミリのPCパイルを6本差し込み，それがそのまま建物の柱となり，木造の床と屋根をしっかりと支えている．繊細でフラットなデザインと土木的な合理性とがかみ合った住宅．

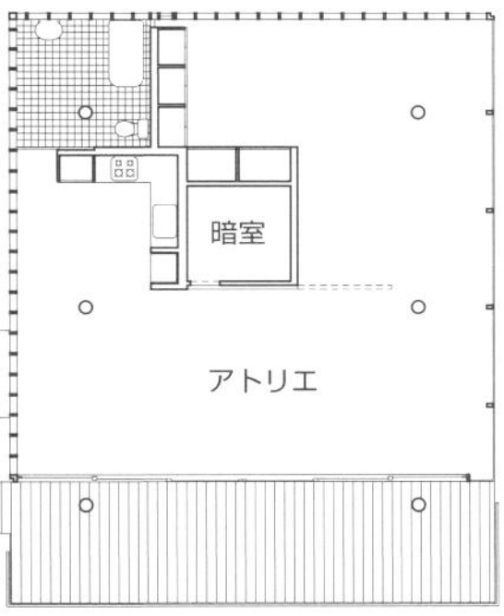

（撮影：平井広行）

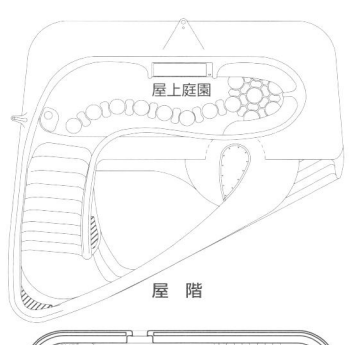

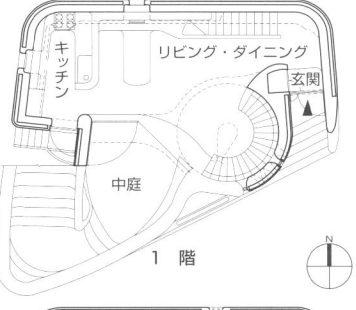

◀家具の家／1995年

設計：坂　茂／山梨県南都留郡山中湖村／家具構造平屋／敷地面積：562m²／延床面積：103m²

正方形平面の中に，工場生産された家具パーツ（クローゼット，本棚，キッチン等）が，部屋の間仕切壁かつ建物の構造壁として固定されている．それぞれの家具ユニットは，高さ2 400ミリ，幅900ミリにモジュール化されている．

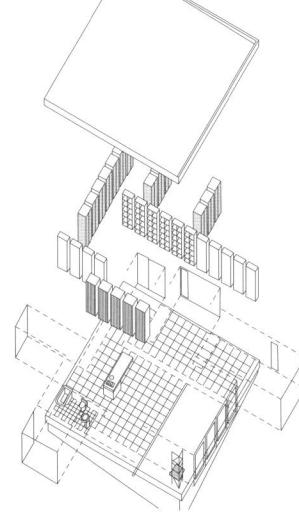

▲トラス・ウォール・ハウス／1993年

設計：牛田英作・Kathryn Findlay／東京都町田市／RC造／敷地面積：95m²／延床面積：69m²

曲面コンクリートを打設するための特殊工法を用いた実験住宅．2階のリビングから中庭を通って屋上庭園へと3次元的に展開するトポロジカルな空間は，部屋，内外といった慣習的な分節形式から開放されている．

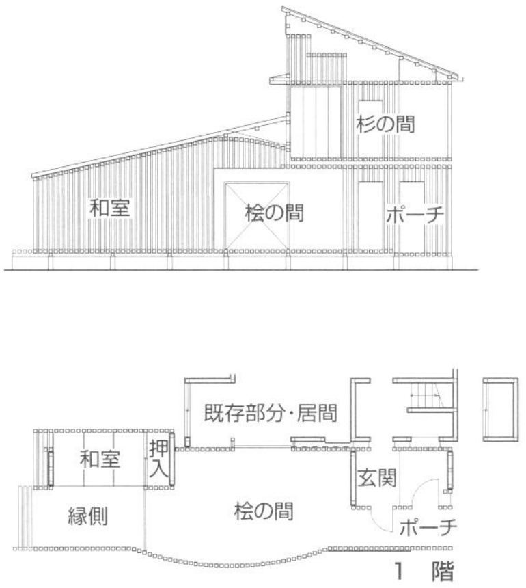

▲繁柱の家／1999年

設計：深尾精一／東京都杉並区／木造2階建／敷地面積：227m²／延床面積：65m²

4寸角の製材品によってトンネル状の空間をつくり出している．5寸のピッチで整列する材はそのまま壁となり，直角に曲がって梁と接続されている．スリットから射し込む光が緩やかなカーブを強調している．

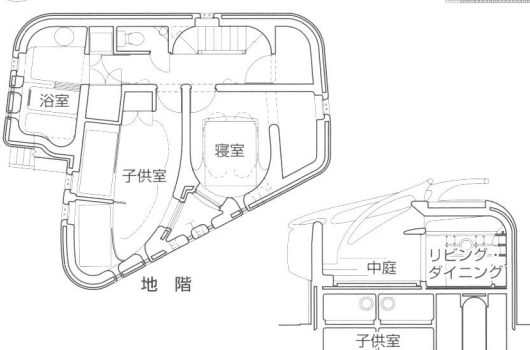

（撮影：深尾精一）

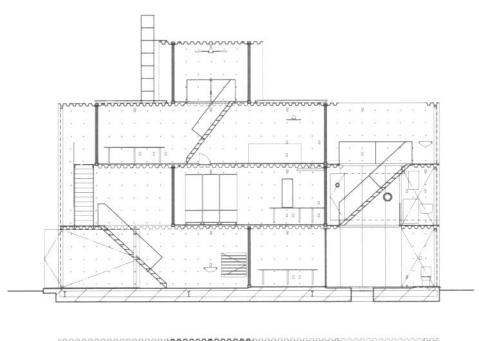

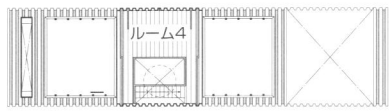

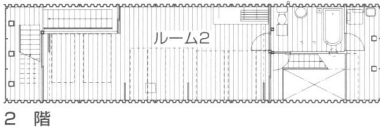

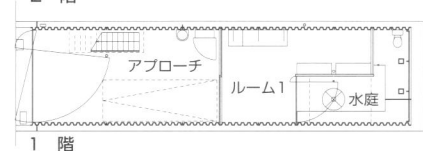

108　現代の独立住宅：素材と構法　Detached House: Material and Construction　1:300

◀阿部野の家／1999年

設計：管正太郎／大阪市阿倍野区／鉄骨造3階建＋屋上／敷地面積：72m²／延床面積：100m²

ブランクシートと呼ばれる厚さ4.5ミリの大型デッキ材（角波鉄板）に着目し，それを壁とスラブに用いて構造的に成立させた設計者の自邸．溶融亜鉛メッキされた鉄板は内外で露出し，正面の木製ルーバーや床面のガラスブロックなどから採光や通風を得ている．

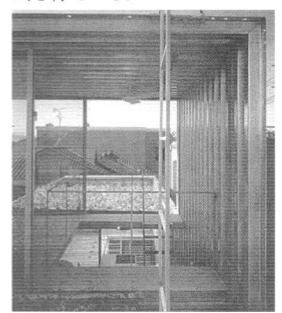

（撮影：平井美行）

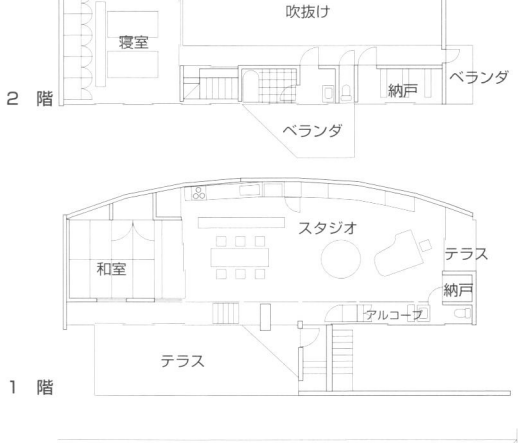

▲ナチュラルユニット／1999年

設計：遠藤政樹・池田昌弘／横浜市／RC＋S造2階建地下1階／敷地面積：210m²／延床面積：174m²

中央にやや膨らみをもった平面にするために，屋根面と北側外壁面の架構フレームの長さを一定に保ちつつ角度を徐々に変化させている．そのことで，屋根と外壁がシェル曲面となって構造強度が得られるとともに，室内の音響効果にも役立っている．

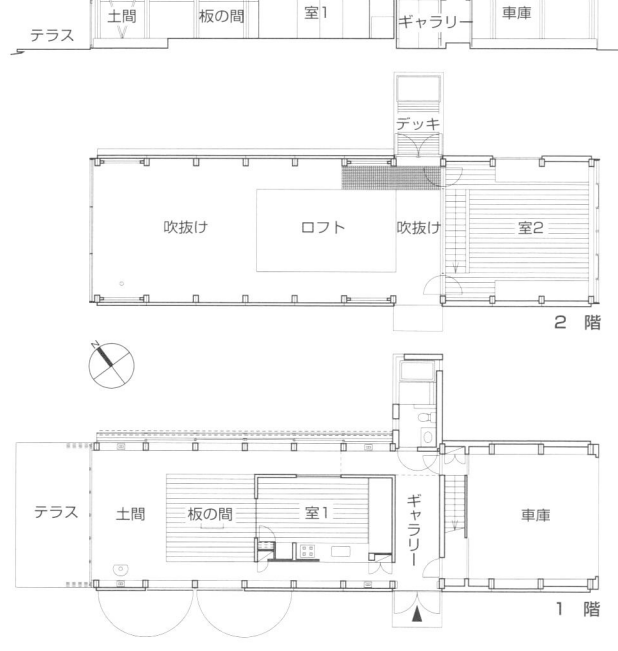

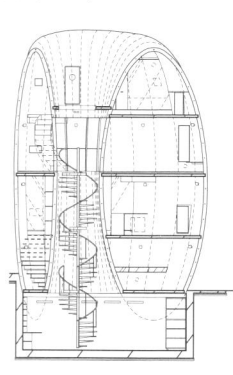

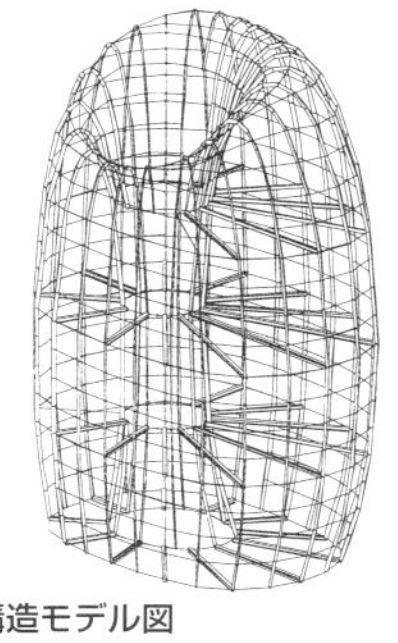

構造モデル図

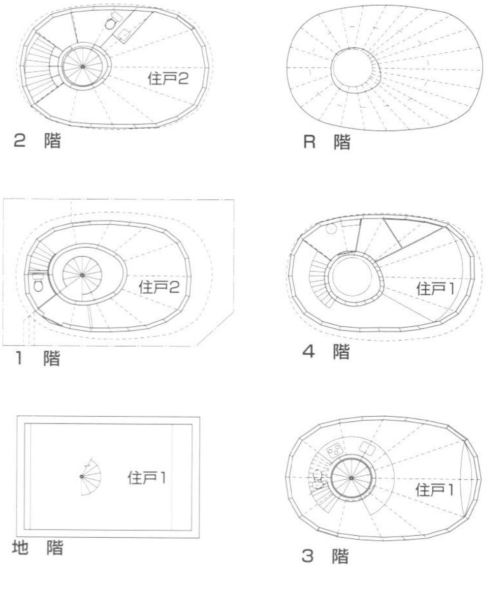

◀ナチュラルエリップス／2002年

設計：遠藤政樹・池田昌弘／東京都渋谷区／S造4階建地下1階／敷地面積：52m²／延床面積：131m²

22ミリ厚のフラットバーでつくられた，長短辺の比率の異なる24個の楕円リングを，ドーナツ状に縦に配してできた住宅．曲面状の外皮はケイカル板の上にFRF塗装したもので，センター部分のコアには，3・4階と地下階を直接結ぶ螺旋階段がある．

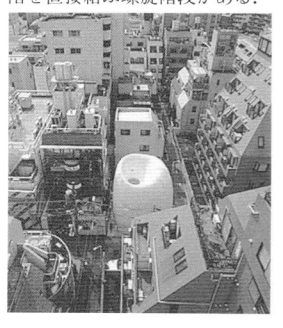

▲森の家／1999年

設計：杉千春＋高橋真奈美／山梨県／木質ラーメン構造平屋／敷地面積：678m²／延床面積：173m²

大断面の集成材による門型ラーメンフレームを約2mピッチで連続させ，2層吹抜けのトンネル状の無柱空間を成立させている．このややスケールオーバーな門型フレームはすべて室内側に露出し，通奏低音のようなリズムを空間に刻んでいる．

（撮影：新建築社写真部）

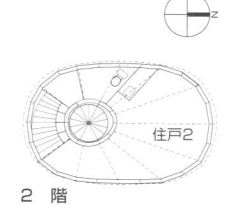

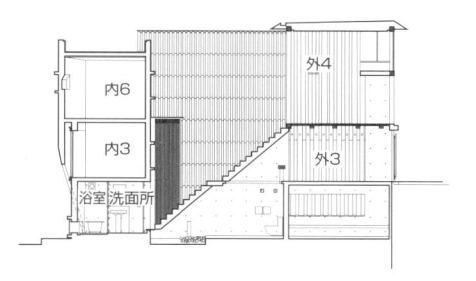

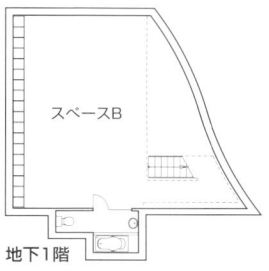

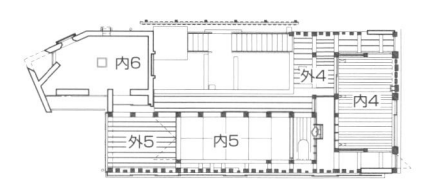

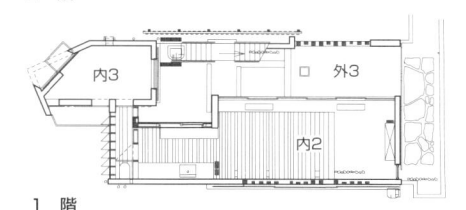

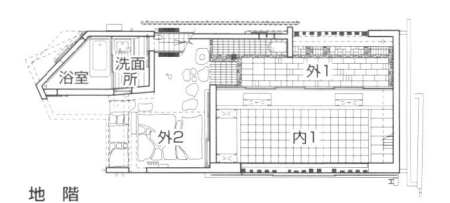

Detached House: Material and Construction **現代の独立住宅：素材と構法**

◀ 101番目の家（自邸）／2002年

設計：竹原義二／大阪府豊中市／RC＋木造3階建／敷地面積：108m²／延床面積：156m²

内外の諸スペースが立体的に入り組んだ形の住宅．十数種の広葉樹の堅木を架構材および化粧材として現（あらわ）しで用い，それらをコンクリート（現し）や石などと組み合わせることで，各素材のもつ強い質感が互いに共鳴しあう効果を図っている．

▲ IRONY SPACE／2003年

設計：アーキテクトファイブ／東京都世田谷区／RC＋S造2階建地下1階／敷地面積：131m²／延床面積：196m²

構造家自身のアトリエ．外壁とスラブのすべてが厚さ約100ミリのサンドイッチ折板プレート（鉄板製段ボール）のパーツを組み立てたもので，接合部は防水溶接されている．プレート内の空隙を雨水竪管として利用．

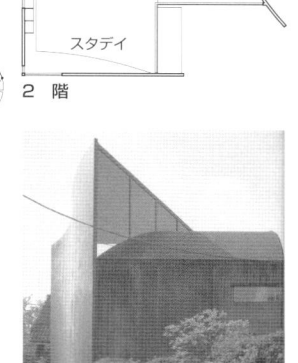

（撮影：アーキテクトファイブ）

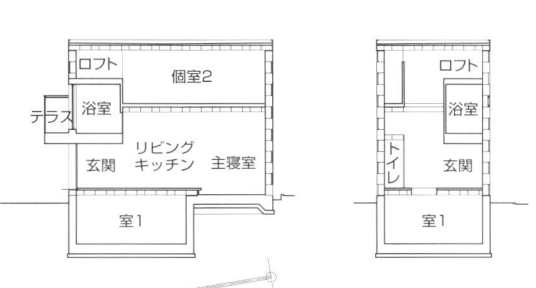

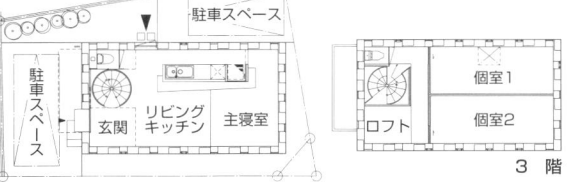

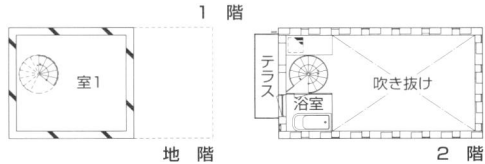

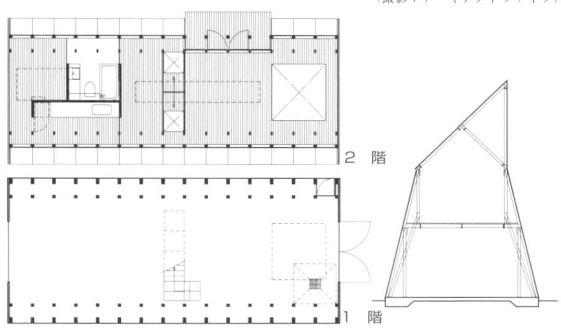

◀ セルブリック／2003年

設計：アトリエ天工人／東京都杉並区／S造2階建地下2階／敷地面積：86m²／延床面積：85m²

900×450×300ミリの鉄板の箱を千鳥に積み上げた組積造住宅．一個80キロの鉄箱はボルト接合され自立した構造壁となり，内部から見ると小窓が規則的に並ぶ収納壁となっている．鉄板の表面には内外共に断熱塗料を吹き付けている．

▲ 二宮のアトリエ／2003年

設計：阪根宏彦／神奈川県中郡二宮町／木造2階建／敷地面積：497m²／延床面積：134m²

山間に建てられた彫刻家のアトリエ兼住居．架構材は，二次加工された角材を使用せずに，すべてパドウク材という西アフリカ産の原木3本から直に製材されたもので，それらが内外に露出することで，建物全体が即物的な存在となっている．

（提供：アトリエ天工人）

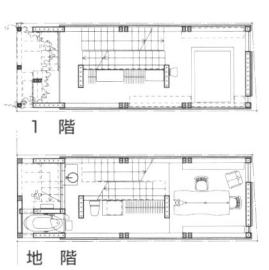

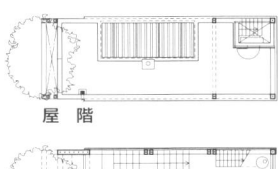

◀ 江東の住宅／2003年

設計：佐藤光彦／東京都江東区／S造2階建／敷地面積：66m²／延床面積：64m²

全部で12ピースのリブ付き鉄板を現場で接合し組み立てた住宅．この構法によって，建物の軽量化や，敷地境界一杯に壁を建てることを可能にした．建物の裏側には余裕のある屋外スペースが生まれ，隣家の外壁と相俟った中庭となっている．

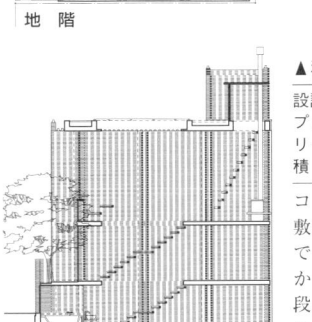

▲ 積層の家／2004年

設計：大谷弘明／神戸市中央区／プレストレスプレキャストコンクリート圧着構造3階建／敷地面積：33m²／延床面積：76m²

コンクリートPC版を10坪の敷地内に約1 800枚積み上げてできた住宅．PC版相互の隙間から採光や通風をし，さらに階段の踏板や棚板などを片持ち状にして差し込むなど，素材の可能性を追求している．

110　現代の独立住宅：セルフビルド　Detached House: Self-built

セルフビルド

　セルフビルドとは，住まいを自力で建設すること，すなわち大型機械や高度な技術者の手に頼らずに，住まい手自身により材料を調達し組み立てることである．セルフビルドのメリットは，建設コストを抑制できること，様々な材料を使って自由に創造できること，建設の手段と方法を学習できること，などが挙げられる．特に，日曜大工の域を超えた家づくりの方法を知ることは，緊急災害時においても必要とされる重要な技術である．またこうした構法をとることによって，材料をどこで調達しどのように運搬するか，建物本体を地面にどう固定するか，材料どうしをどのようにジョイントさせるか，雨風をどう防ぐかなどといった，住居を構築するための基本的なテーマが，あらためて浮かび上がってくる．

◀ **ナンシーの家** ／ 1954 年
（House in Nancy）
設計：Jean Prouve ／ Nancy，フランス／ S 造平屋

建築の工業化に対して多大な影響を与えた設計者自身によって建てられたセルフビルドの自邸．そこで使われた材料は，設計者が経営していた工場の余材であるアルミパネルや鉄骨であった．

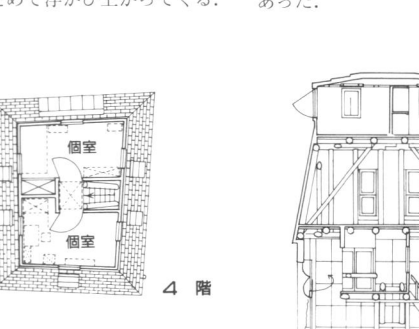

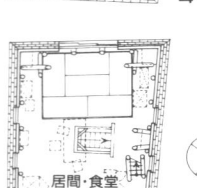

◀ **からす城（自邸）** ／ 1972 年
設計：山根鋭二／千葉県八千代市／ RC ＋木造 4 階建／敷地面積：68m²／延床面積：125m²

設計者が施主であり，施工者である本物のセルフビルド住宅．1，2階のコンクリート躯体の打設はドラム缶を型枠に使用した．建具，窓枠，椅子，照明など内部造作も手作りで試行錯誤が繰り返されている．

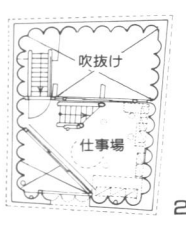

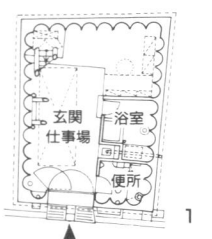

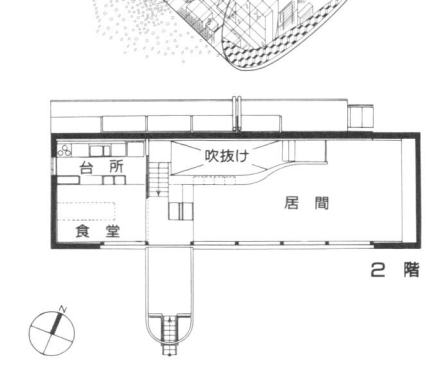

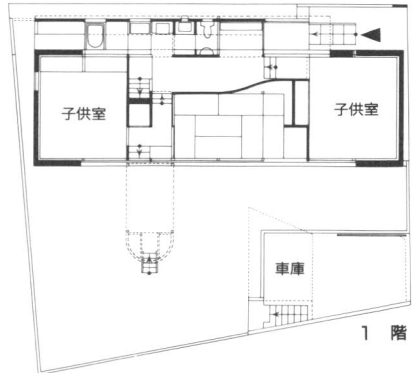

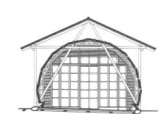

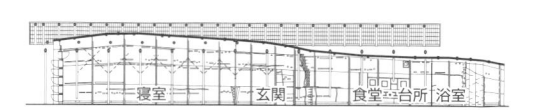

（撮影：宮本隆司）

◀ **ドラムカンの家** ／ 1966 年
設計：川合健二／愛知県豊橋市／長円形シリンダー型コルゲートパイプ造 2 階建／敷地面積：5940m²

箱型の工業住宅が盛んな時代に，あえてコルゲート鉄板を筒状にした住居を提案．設計者は，丹下健三の旧都庁舎の設備を担当した．持続性という言葉では捉えきれない産業革命期の力強さが空間にあふれている．

◀ **wR-76** ／ 1976 年
設計：畑 聰一／東京都町田市／ RC ＋木造 2 階建／敷地面積：210m²／延床面積：131m²

RC を外部の，木造を内部のスケルトンにした住宅で，内部の可変性が考慮された．水回り部分を RC の箱と独立させ，給排水のメンテナンスを容易にしている．

（撮影：田中宏明）

◀ **久住章のゲストハウス 2** ／ 1997 年
設計：久住章＋淡路島ワークショップ／兵庫県津名郡東浦町／木造平屋／延床面積：89m²

左官職人として著名な施主のために建てられた宿泊施設．プリミティブなシェルターは，三角形の大屋根とアーチ状のトンネル天井とのダブルルーフ構造で，外壁の漆喰が保護されつつ快適な室内環境が保たれている．

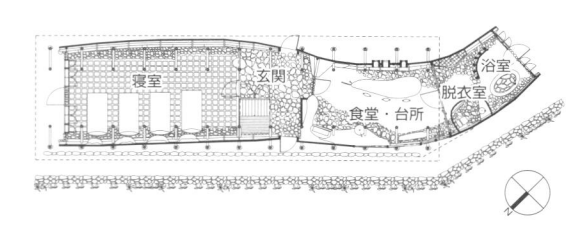

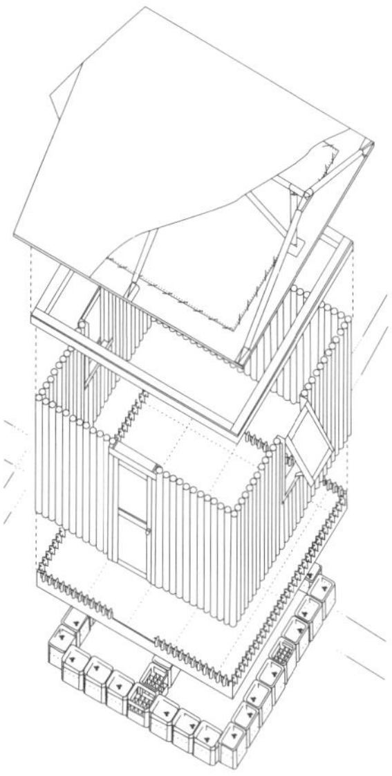

Detached House: Self-built **現代の独立住宅：セルフビルド** 111

◀紙のログハウス／1995 年

設計：坂 茂／神戸市／敷地面積：—／延床面積：16m²

国連難民用住宅の発展形として開発された仮設住宅．基礎には約 40 個のビールケース使用，壁と屋根フレームには直径 110mm で長さ 2m の紙管が約 200 本用いられている．屋根にはキャンバス地を二重に貼り，空気層をつくって断熱効果を高めている．

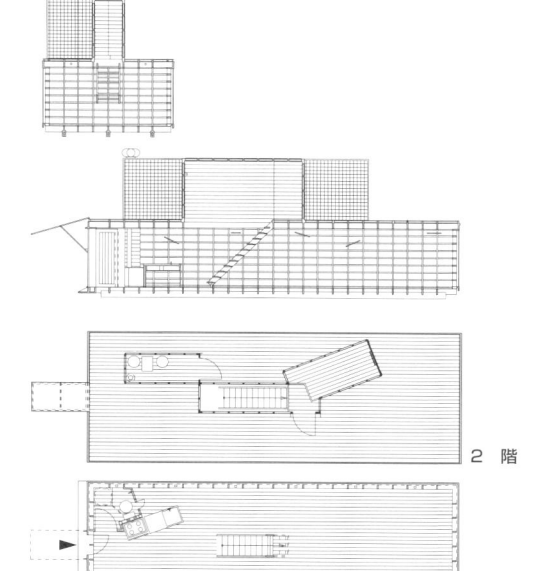

◀ラ・ハビタシオン／1997 年（La Habitacion）

設計：Smiljan Radic Clarke／Isla de Chiloe，チリ／敷地面積：54 万 m²／延床面積：105m²（推定）

ラックストラクチャーと呼ばれる 565 × 282 ミリモジュールのグリッドに収められている．格子状の柱，床材や梁も規格品を用いており，手作業によって組立が可能である．斜めに配置されたキッチンと屋根上の部屋がアクセントとなっている．

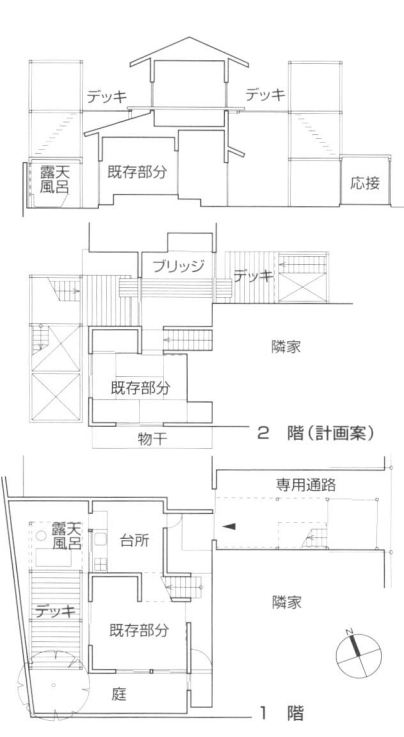

◀借家生活 2／1998 年

設計：駒井貞治／京都市／木造 2 階建／建築面積：増築部分 20m²／延床面積：8m²

既存部分に手を加えずに借家を増改築し，その構成部材の単位を小さくし，引越時は共に移動させることで，借家を積極的に住みこなそうとしている．コンクリートブロックを基礎として，仕口でつなぐ部材の施工は，セルフビルドが可能である．

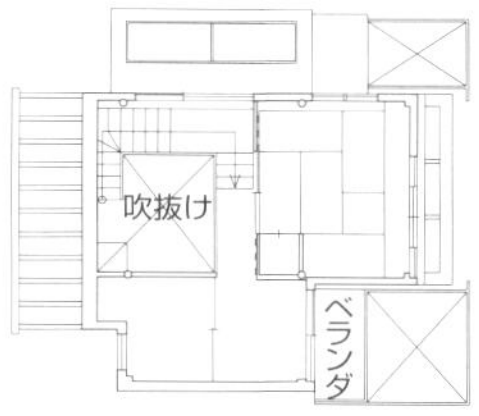

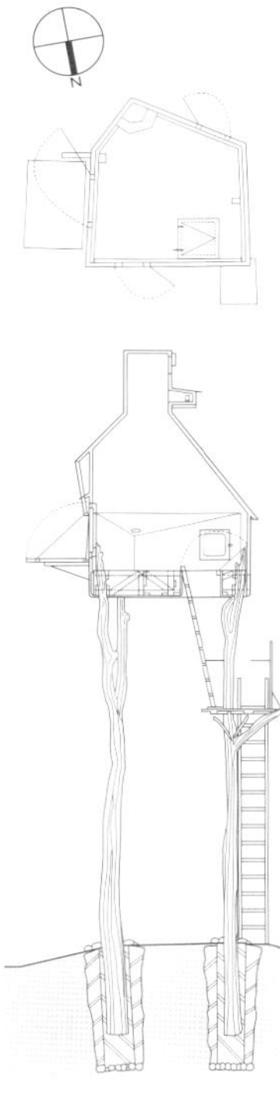

▲URC Ⅲ（僛草庵）／1999 年

設計：海野健三／東京都江戸川区／S＋URC 造 3 階建／敷地面積：78m²／延床面積：117m²

支持工不要の RC 構法を用いた住宅．ネットを型枠としているために仕上がり面は独特の連続曲面となっている．RC 外断熱でありながら，鉄筋工事も含めセルフビルド可能である．外壁緑化や OM ソーラーシステムなども採用されている．

（撮影：和木 通）

▲アルミコテージ／2004 年

設計：伊東豊雄／山梨県南巨摩郡／アルミニウム造 2 階建／敷地面積：8 300m²／延床面積：75m²

素材の軽さと精度を利用して，自力建設も可能な小屋．まず固定された床梁の上に，押出成型によるアルミの長尺リブパネルを，互いにボルトで繋いでシェルター＝外皮をつくり，その内側に構造用合板および断熱材を張って居住性を高めている．

◀高過庵／2004 年

設計：藤森照信／長野県茅野市／木造 1 階建／敷地面積：—／延床面積：6m²

山から伐り出した 2 本のクリの木を地面に掘っ建て，それを柱として地上高 6m の位置に五角形の床を固定し，その上に小さなシェルターを被せてできた高床式住居．茶室として使われるので，炉も切ってある．

（撮影：新建築写真部）

112　現代の独立住宅：環境共生　Detached House: Ecologically House　1:300

環境共生

建物の立地する場所の気候（気温，湿度，風向き，降水量など）や風土（植生，土壌など）といった主に自然環境の特性を考慮し，それらを建物のデザインに有効に利用した住まいを，一般に環境共生型住宅という．人工環境である居住空間をできる限り自然環境に呼応させることは，現代においてはスタンダードなテーマとなっている．こうした住宅では，自然エネルギーを有効利用しつつ室内環境を快適に保つための工夫や，周囲の自然素材やリサイクル材などを使用することで，環境にできるだけ負荷をかけずに，耐久性と持続性のある居住空間を実現することが主たる目的となっている．住宅のデザインが周辺環境や自然環境と積極的に結びつくことで，住まいの領域には建物や敷地の枠を超えた空間的な広がりや時間的な繋がりもたらされる．

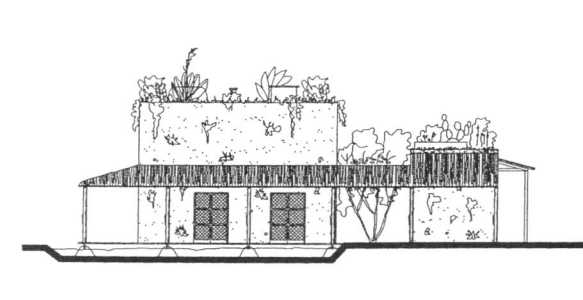

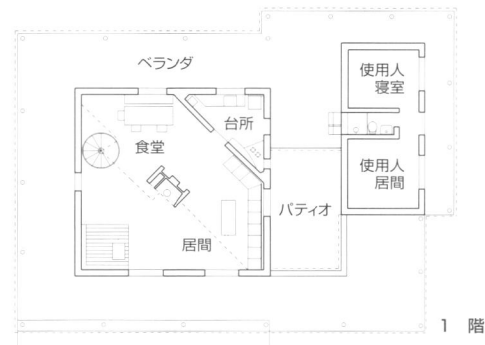

◀ ヴァレリア・P・シレル邸／1958 年（Valeria P. Cirell's Home）
設計：Lina Bo Bardi／San Paulo，ブラジル

イタリアから移住した設計者が，気候風土に対応する南米のバナキュラー（土着性）的要素を用いて建てた住宅．平面構成は幾何学的であるが，貝殻や植物といった自然のイメージに覆われている．

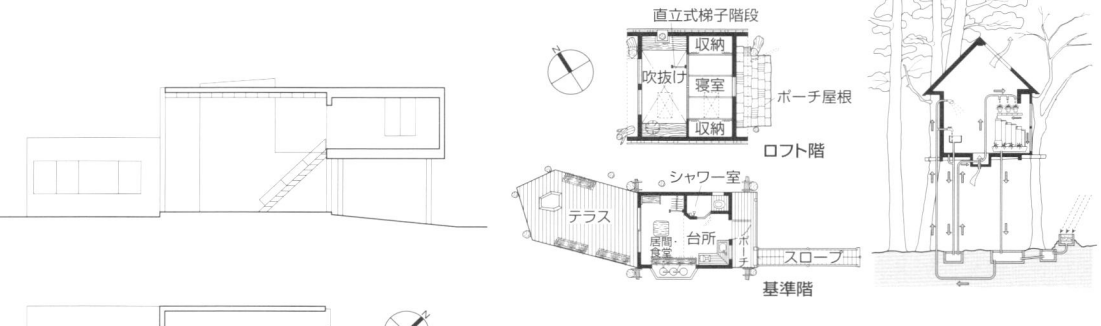

▲ ツリーハウス／1993 年
設計：ダグラス・ファー

信州の山奥に環境デザイナー自身が設計した樹上住居．より軽く，よりローインパクトな生活をモットーに，室内はロフト付きのコンパクトなデザインであるが，エネルギーの採取方法と水の循環システムに対する緻密な工夫がなされている．

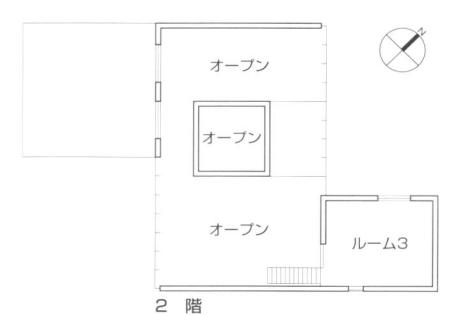

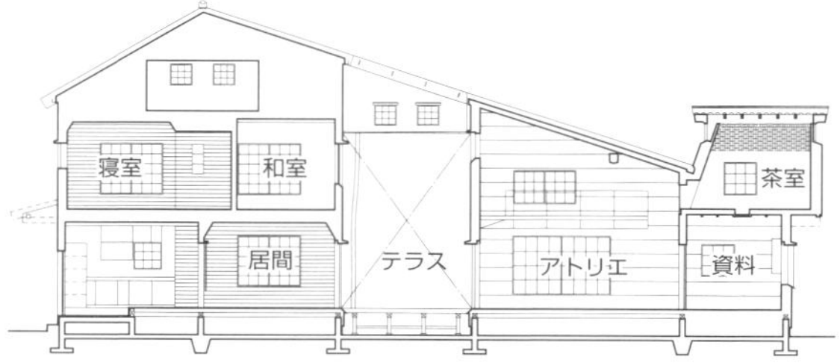

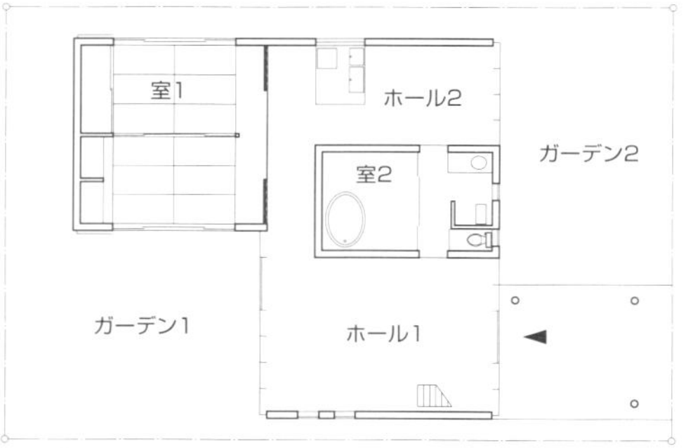

◀ ニラ・ハウス／1997 年
設計：藤森照信＋大島信道／東京都町田市／敷地面積：482m²／延床面積：172m²

屋根一面から生えたニラは，実は規則正しく埋め込まれた小さなポットの中に植えられており，給水管が回っている．アトリエの犬走りから至る茶室には薪のヴォールト天井があるなど，各所に自然素材による手作り感のあるディテールが施されている．

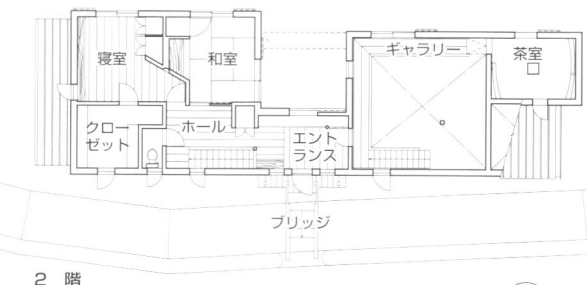

▲ NOS house／1993 年
設計：石田敏明／北海道白老郡／木造一部 S 造／敷地面積：242m²／延床面積：115m²

ガラス張りの大きな広間と，閉鎖的な小さめの室によって構成された住宅．自然光が降り注ぐ広間の環境は限りなく屋外的であるが，逆に断熱性と気密性の施された室は外部から閉じており，補完的な場所が1つの住居の中に並置されている．

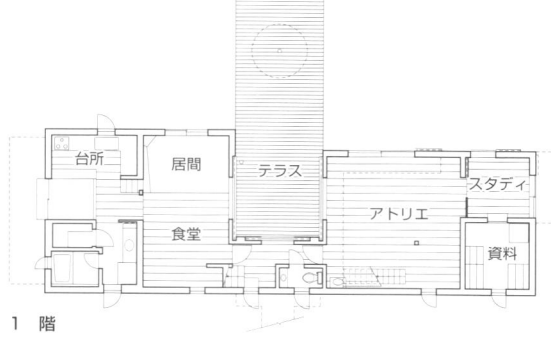

Detached House: Ecologically House 現代の独立住宅：環境共生　113

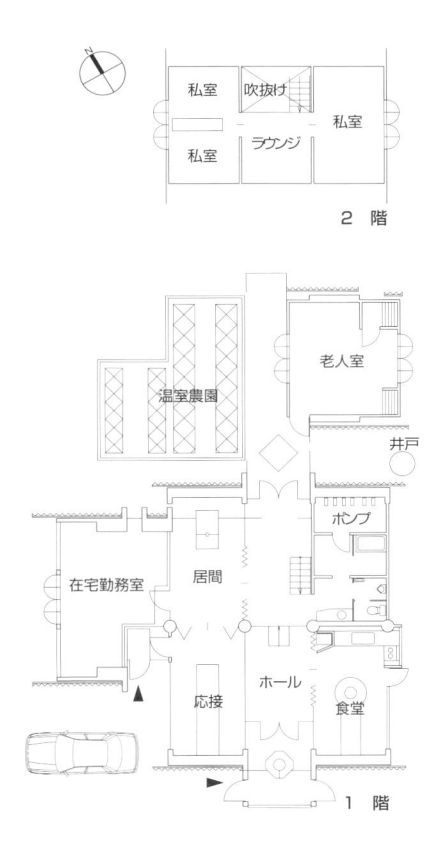

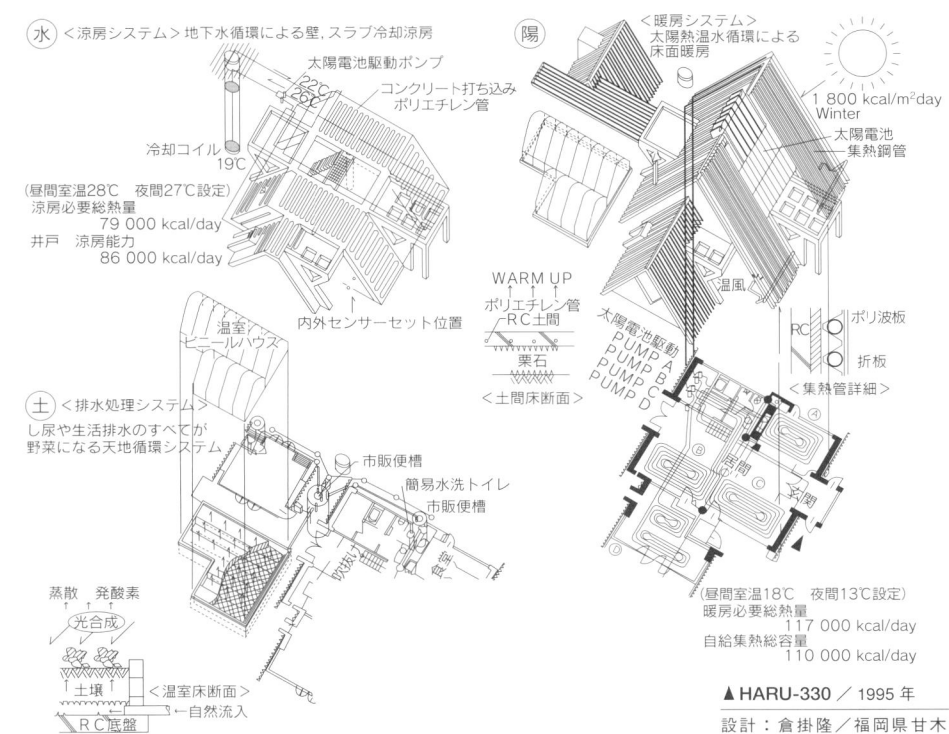

1:300

▲ HARU-330／1995 年

設計：倉掛隆／福岡県甘木市／RC＋S造2階建／敷地面積：376m²／延床面積：186m²

設計者の自邸．太陽光による発電システム，暖房システム，井戸水による涼房システム，生活排水の土壌浄化発散とそれらを肥料とした野菜栽培，さらに通信システムを利用した在宅勤務スタイルの提案などを行っている．

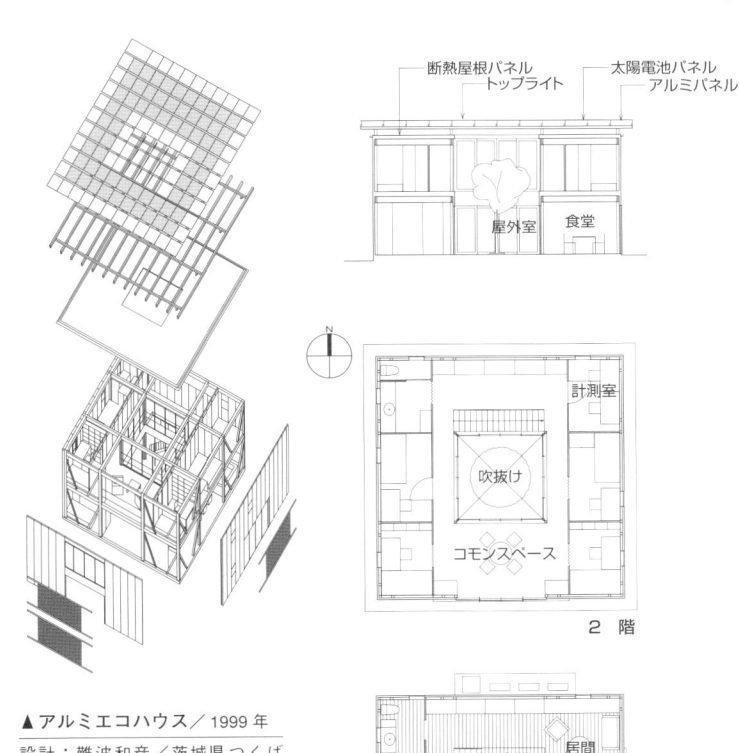

▲ アルミエコハウス／1999 年

設計：難波和彦／茨城県つくば市／アルミ軸組構造2階建／敷地面積：92m²／延床面積：148m²

総アルミでつくられた実験住宅．構成要素は可能な限り工場生産，部品化され，現場での組立作業の最小限化による工期短縮が図られている．プランは，アルミの素材特性から合理的に導き出された4×4mを基本としたモジュールに従っている．

▲ 風の家・土の家／2001 年

設計：アトリエ・チンク／千葉県習志野市／木造2階建／敷地面積：451m²／延床面積：120m²

日本の伝統家屋に倣い，寒い季節のためのスペース（土の家）と，暑い季節のためのスペース（風の家）を別々に計画し，それらを相貫させ組み合わせた住宅．閉鎖／開放，大壁造／真壁造，土間／縁側など，対比的なイメージでデザインされている．

（撮影：畑　亮）

114 現代の独立住宅：環境共生 Detached House: Ecologically House

1:300

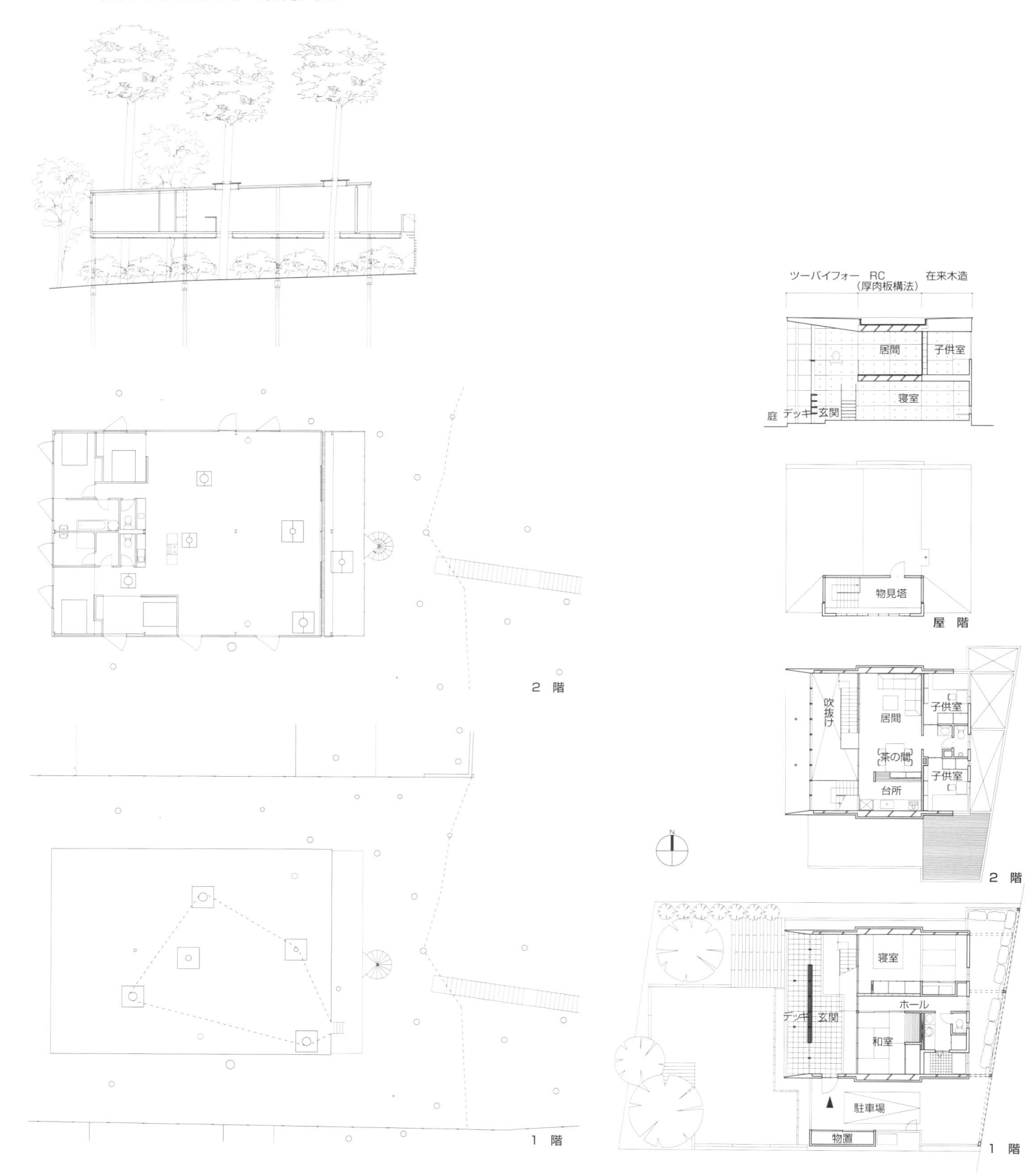

▲レジェ・キャップ・フェレの住宅／1998年(House in Lege Cap-Ferret)
設計：Anne Lacaton & Jean Philippe Vassal／Bordeaux，フランス
既存樹木を避けて建設するのではなく、建物を樹木に貫通させるというアイデアでできた住宅．室内には6本の松の木の幹がそのまま露出しているが、屋根面ではプラスチックの平板とゴムによって木と建物をつなぐことで防水と振動に対処している．

（撮影：Philippe Ruault, Nantes）

▲光を貯める家／1998年
設計：圓山彬夫／札幌市／2×4＋RC＋在来木造2階建／敷地面積：294m²／延床面積：170m²
玄関兼風除室である吹抜けのスペースを緩衝空間として位置づけ、外部に対してはペアガラス、内部に対してはポリカーボネートで区画．正面庭に面した土間側から順に、2×4構法、RC造、在来木造と、それぞれ異なる構法を採用している．

（撮影：安達 治）

1:300　　　Detached House: Ecologically House **現代の独立住宅：環境共生** 115

ブリッジ

子供部屋

居間・食堂

テラス

玄関

ポーチ　ブリッジ

洗濯室
廊下　階段室
洗面所
浴室
ウォークインクローゼット

主寝室

2 階

ピロティ
テラス
倉庫　機械室
ピロティ

1 階

◀**高知・本山町の家**／2002 年

設計：小玉祐一郎＋エステック計画研究所／高知県本山町／RC＋S造2階建

隣接する栗林に向かって，建物の南面を全面ガラス張りにしたパッシブソーラー型住宅．床を玄晶石張りのコンクリートとし，間仕切り壁をブロック造とすることで，広い室内に蓄熱性をもたせている．またダブルルーフやピロティによって遮蔽と通風の性能も高めている．
⇨ **273, 277**

茶の間　土間（温室）　リビングダイニング

子供室
子供室　廊下　物干スペース　ファミリールーム　夫婦寝室
収納　吹抜け　吹抜け
机

2 階

子供室
祖父母寝室　ミニキッチン

ミニキッチン　納戸
祖父母寝室　和室　土間（温室）　リビング・ダイニング　キッチン
板の間　家族用玄関
ポーチ　ウッドデッキテラス

1 階

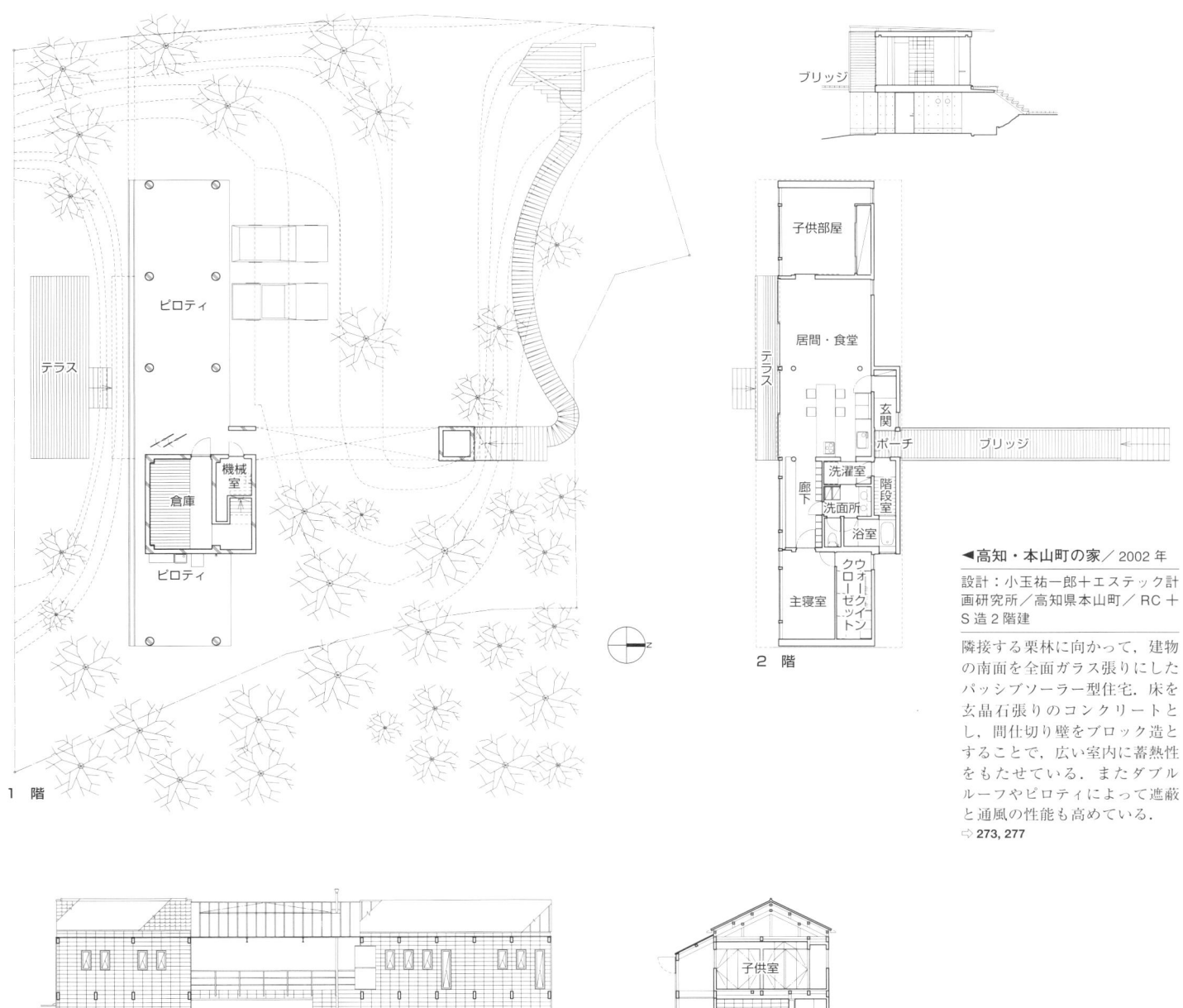

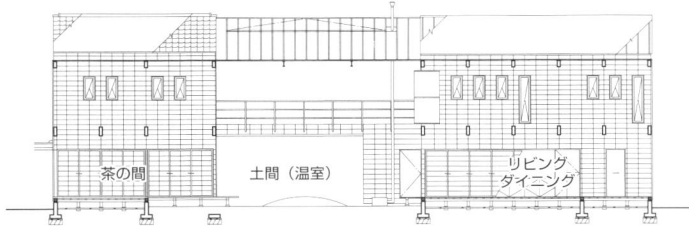

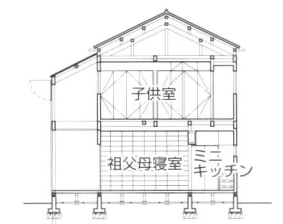

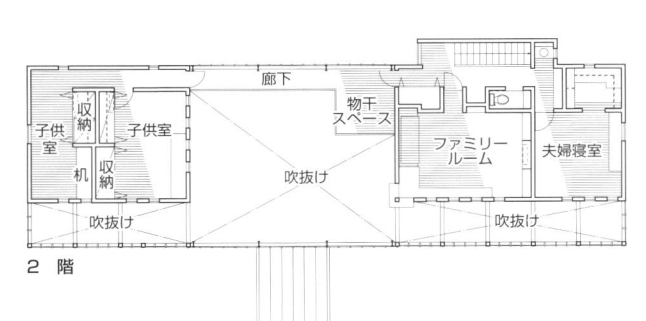

◀**ハウスフォレストリー幸手**／2005 年

設計：井口浩フィフス・ワールド・アーキテクツ／埼玉県幸手町／木造＋スチールテンション工法＋S造2階建／敷地面積：2,494m²／延床面積：287m²

2つの二階建ての母屋の間にガラス張りの温室を挟み込んだ二世帯住宅．建物の南側に高さ10mの落葉樹を並べて植えることで，住居内および温室内の温熱環境の制御に役立てている．半屋外空間である縁側のような温室は，両世帯の間にほどよい距離感を与えている．

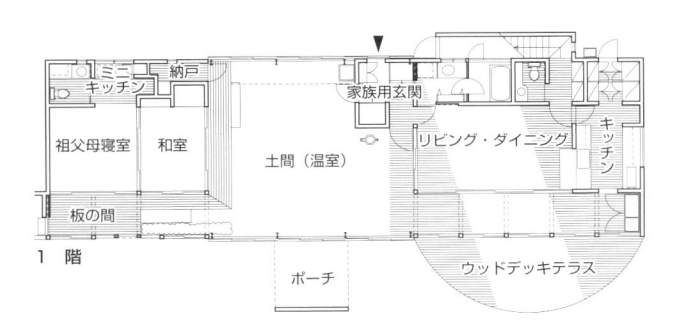

（提供：井口浩フィフス・ワールド・アーキテクツ）

116 現代の独立住宅：増築 Detached House: Extention

1:300

増築の手法

住宅を増改築する理由には，単に建物の老朽化だけでなく，住まい手の構成員の変化，ライフスタイルの変化，周辺環境の変化など，様々な要因がある．特に増築の場合，もともと敷地内に余裕をもたせて建てられたものがほとんどで，メタボリズム思想に基づく建物のように，予め増築を見込んで設計された住宅も少なくない．増築が繰り返された住宅においては，どのような時期にどのような部屋が新たに加わり，その部分が既存の部分と動線的にどのように連結され，同時に既存の部屋をどのように改装したかなど，こうした住まいの成長の軌跡を現在の姿の中から読み解くことができる．

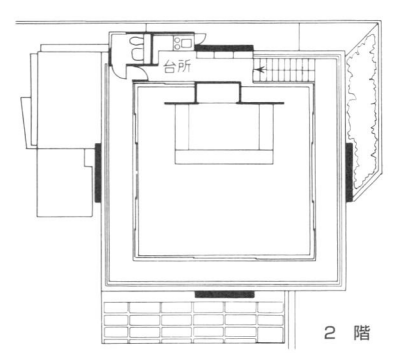

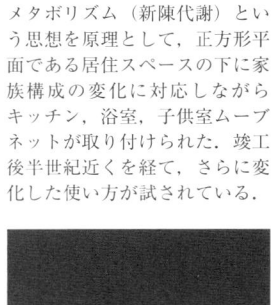

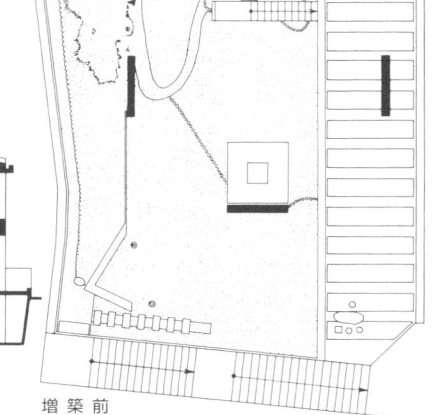

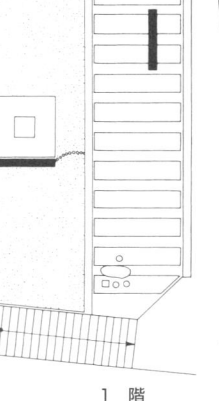

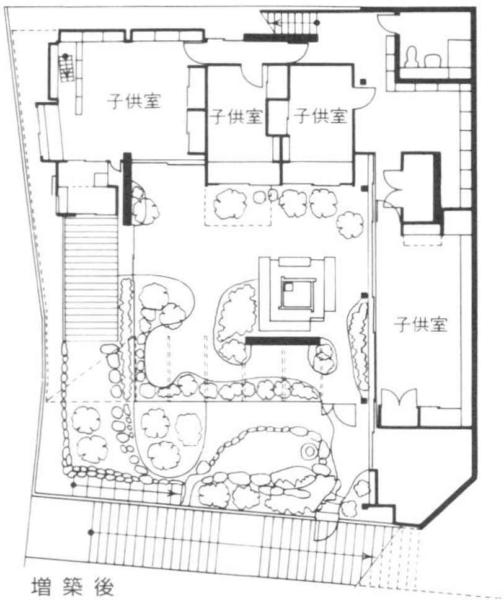

◀ スカイハウス（自邸）／1958年
設計：菊竹清訓／東京都文京区／RC造2階建／敷地面積：247m²／延床面積：98m²

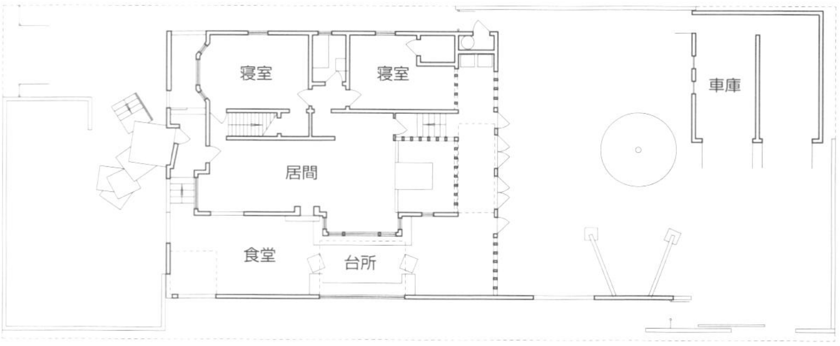

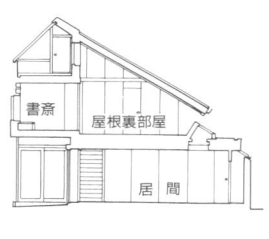

メタボリズム（新陳代謝）という思想を原理として，正方形平面である居住スペースの下に家族構成の変化に対応しながらキッチン，浴室，子供室ムーブネットが取り付けられた．竣工後半世紀近くを経て，さらに変化した使い方が試されている．

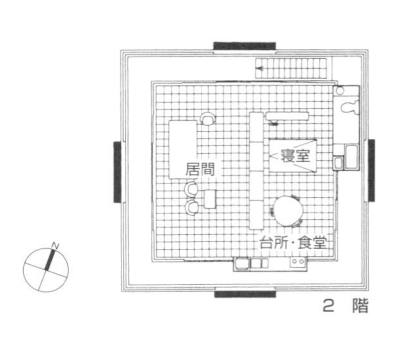

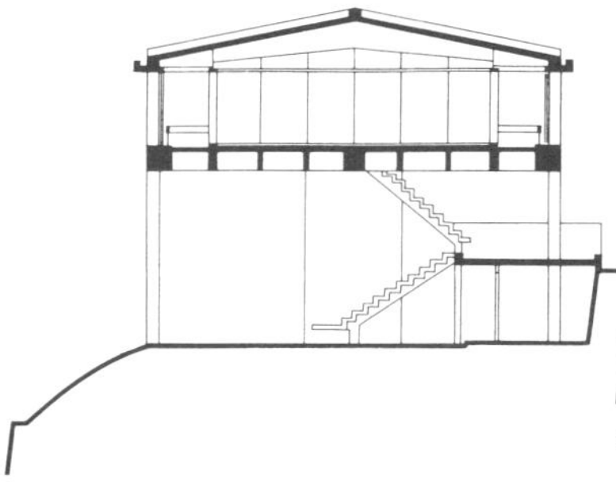

（撮影：二川幸夫）

◀ 私たちの家（自邸）／1978年
設計：林 昌二・林 雅子／東京都文京区／RC造2階建／敷地面積：369m²／延床面積：238m²

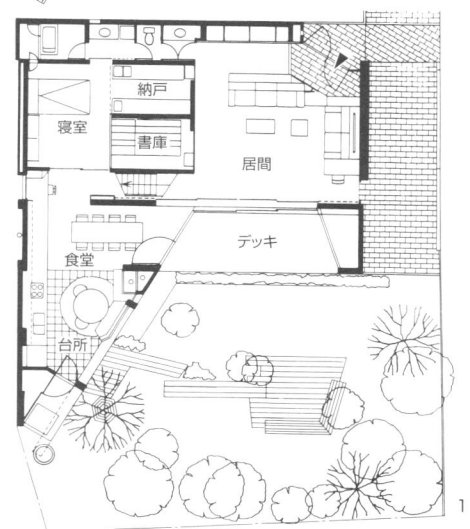

改築前は極小の二世代住宅．夫妻とも建築家であり，時間とともに醸成されたそれぞれの住宅観を反映するかたちで増改築された．特に居間と食堂，外部のデッキと庭の関係は人を招くことで深まっていく．

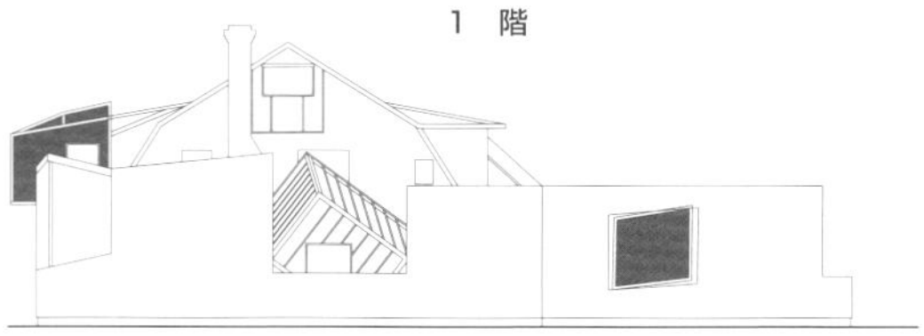

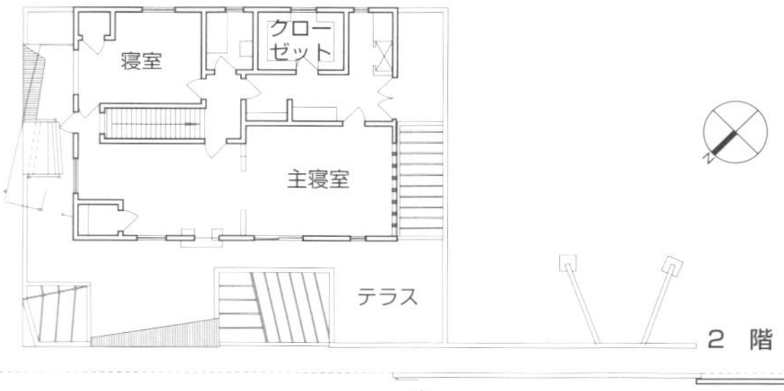

▲ ゲーリー自邸／1978年
設計：Frank O. Gehry

マンサード屋根をもつ既存の小屋に対して，安価な材料である金網やトタン板，ベニヤ板の断片を組み合わせて作った住宅．古い住宅の観念を打破しようとしたゲーリーはポストモダンの旗手となっていった．

（撮影：Richard Weston）

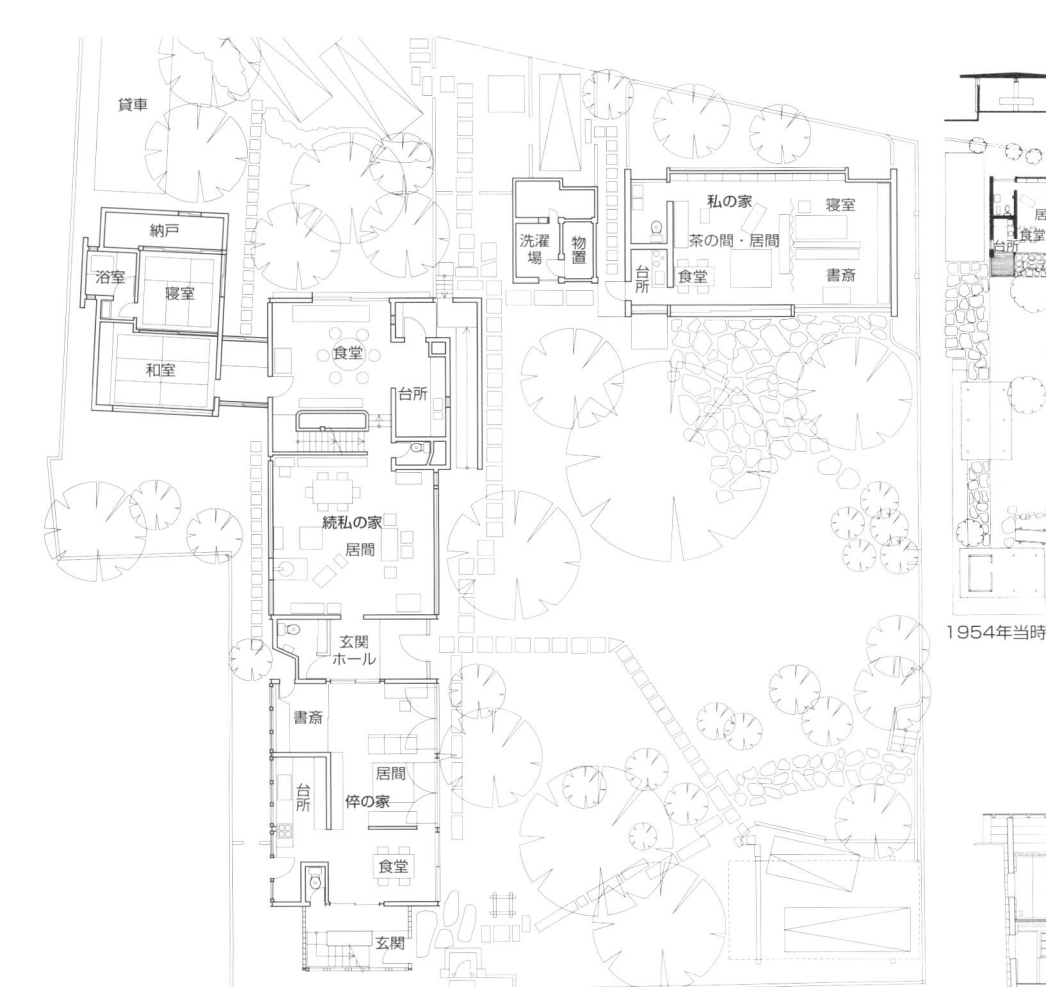

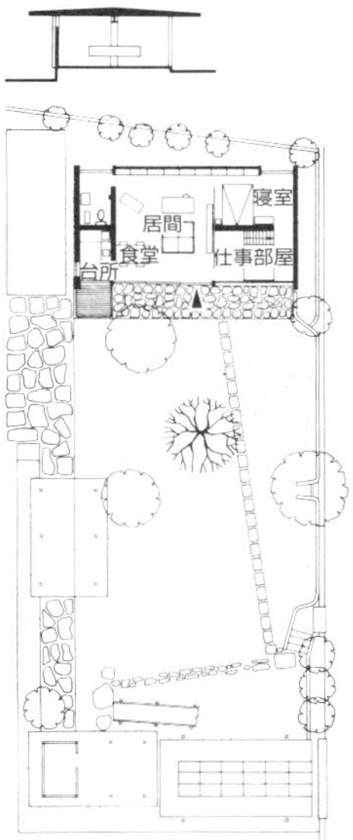

Detached House: Extention **現代の独立住宅：増築** 117

◀ **私の家（自邸）**／1954年
設計：清家　清／東京都大田区／RC造平屋地下2階／敷地面積：400m²／延床面積：70m²

広い敷地の中にある住宅群でその最初に建てられた住宅．開放的なワンルーム形式で，最小限の壁で区切られるが，ドアはなく，間仕切りはカーテンのみという徹底ぶりである．半世紀かけて増築と改修が繰り返され，持続的な居住を実現している．

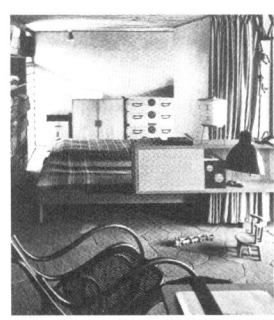

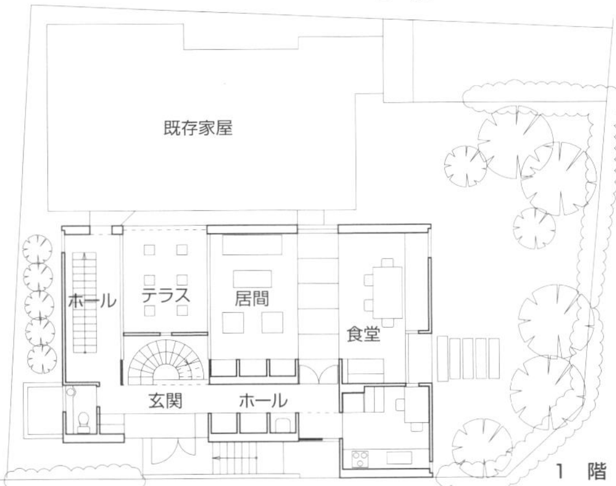

（撮影：佐伯義勝）

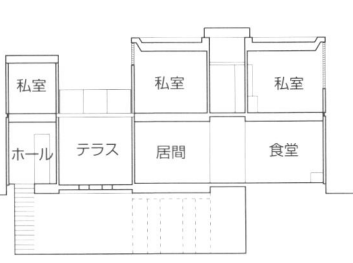

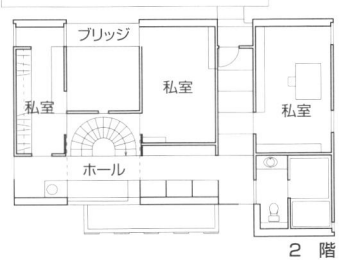

1954年当時　1:500

◀ **常盤台の住まい（鈴木邸）**／1997年
設計：平倉直子／東京都板橋区／RC造2階建地下1階／敷地面積：315m²／延床面積：227m²

敷地内に既存家屋と隣接して新家屋を建てた事例．新家屋を分節する2つの隙間は，光や風といった要素を諸室に取り込む機能を持っているほか，既存家屋との繋がりにおいても同様の役割を担っている．

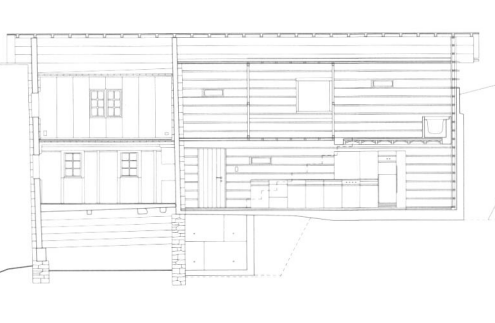

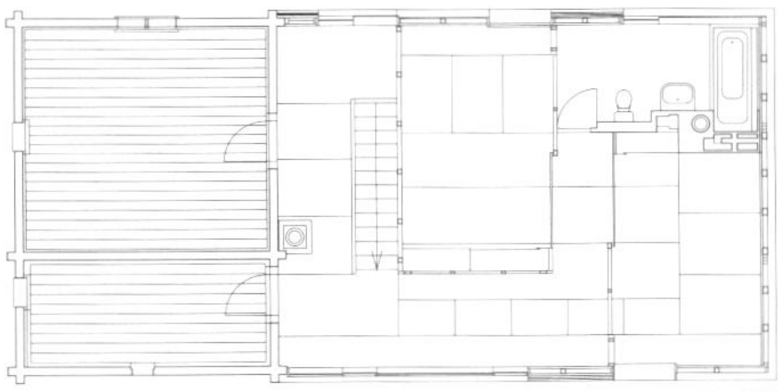

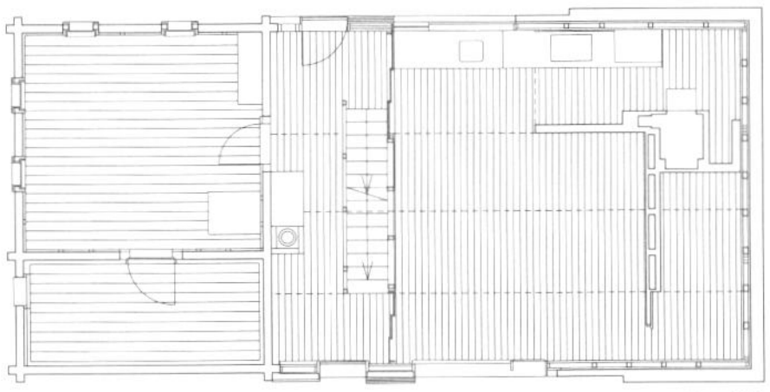

◀ **ミツモン荘**／2000年
設計：塚本由晴・貝島桃代／長野県北佐久郡御代田／木造平屋／敷地面積：776m²／延床面積：60m²（増改築部分）

半透明のポリカーボネート波板で覆われたサンルームが，既存家屋に被さるような形で増築されることで，新たな中間領域を作り出している．増築部分は既存建物のコンクリートテラスを基礎とし，屋根はサンコレクターとしても機能している．

▲ **グガルン邸**／1994年
（Gugalun House）
設計：Peter Zumthor／Versam，スイス

斜面に建つ古くて小さな木造家屋を増築した例．既存家屋と斜面上部との隙間部分を平らに切り土して，総2階の新家屋をスッポリとはめ込んでいる．新旧の外壁は対比的な表情を見せ，旧妻面は室内化して新たなインテリアの素材となっている．

（撮影：新建築社写真部）

118　現代の独立住宅：改修・建替え　Detached House: Renovation

1:300

改修と建替え

　修繕とは建物の劣化した状態を元に戻すことであり，改修とは元の状態以上に向上させることである．現代日本における住宅の改修例としては，伝統的民家を現代のライフスタイルに沿わせた住まいとして活用するために一部改装したものや，住居以外の用途の建物を住居として使用するために改装したものなどがあり，戦災や震災の記憶を住宅に留めさせるように改修した作品もある．一方，住宅の建替えとは，同一の敷地内に新たに住宅を新築することであるが，こうした事例の中には，建替えの手順を通じて住宅の配置や構成を決定するものや，土地の記憶をどのように伝承するかをテーマとするものなどがある．また，将来的に転用（コンバージョン）されることを含ませてデザインされた住宅は，建て替えることを先取りして計画された特殊な事例であるといえる．

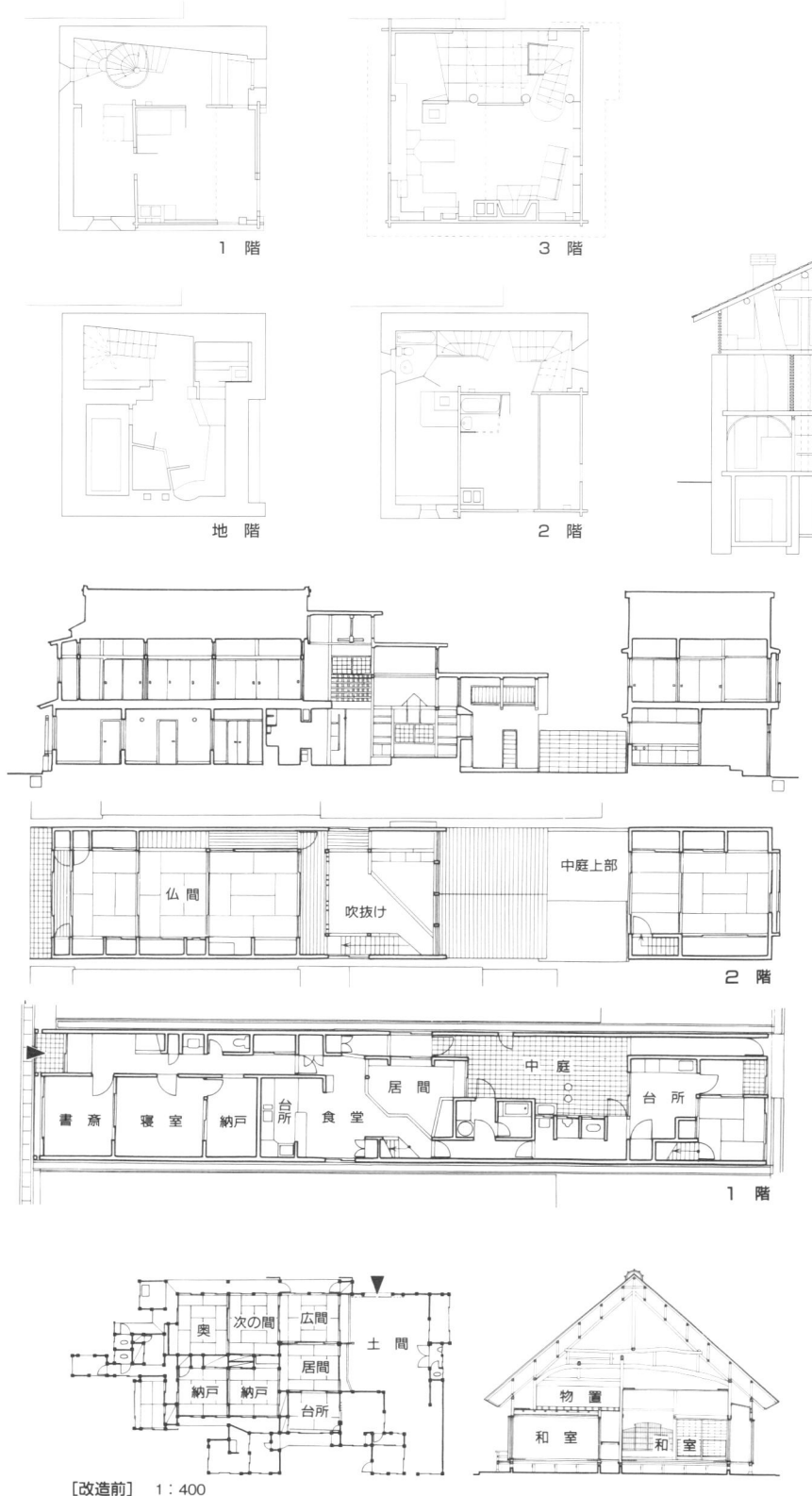

◀ Haus "casti" ／ 1977 年

設計：Rudolf Olgiati ／スイス北東部

スイス北東部に特徴的な石造と校倉造りの混構造の民家を，外観を変えることなく内部を大幅に改造して再生させた住宅．特に3階の屋根裏を露出させ，屋根の一部を切り取り採光を確保すると同時にテラスを設け開放性を高めている．

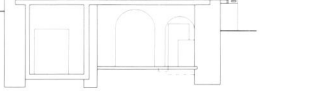

◀ 柳井の町屋／ 1980 年

設計：難波和彦／山口県柳井市／木造2階建／敷地面積：185m² ／延床面積：235m²

地方都市の旧商店街に残る町屋を再生させた事例．町屋特有の間口の狭い短冊状の敷地に，表通り側は伝統的景観を保存し，中央の居間，中庭部分を改築している．

◀ 甘粕邸／ 1985 年

設計：降旗廣信／神奈川県鎌倉市／木造平屋／敷地面積：約3600m² ／延床面積：193m²

18世紀中期の建設といわれる民家を，専門家の調査を基に，その空間的特徴を活かしながら，現代的に改築した事例．露出した小屋組みの力強さは，軽さをよしとする風潮の現代住宅にその存在感を示してる．

（撮影：秋山　実）

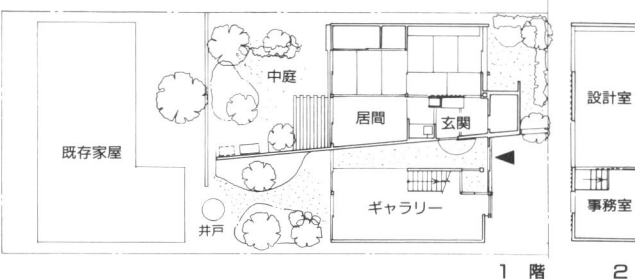

Detached House: Renovation **現代の独立住宅**：改修・建替え　119

[改造前] 1：400

◀土佐山田の家／1990年

設計：聖建築研究所／愛知県香味郡／木造2階建／敷地面積：132m²／延床面積：73m²

民家を再生して併用住宅にした例．コンクリートブロックの壁面を大胆に挿入してできた通り庭により，公私の領域を分けている．壁の角度がつくるパースペクティブとガラスを多用した建具により，道行く人の視線は奥の中庭へと自然に誘われる．

◀今村家改修／1993年

設計：中村好文／埼玉県北埼玉郡／木造2階建／敷地面積：—／延床面積：279m²

現代の生活に必要な機能空間をひとまとめにしたユニットフレームを挿入することにより，古い民家を蘇らせた事例．新しいフレームは，既存平面の持つグリッドをかわすために，2階へ至るためのデッキを含め微妙な角度でずれている．

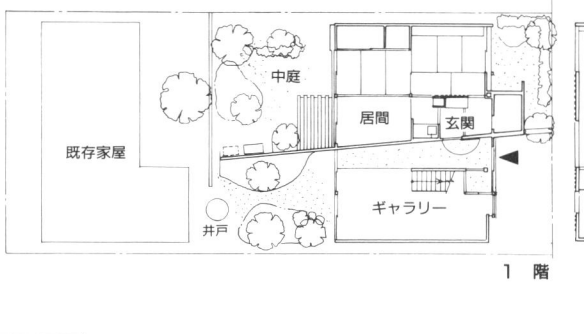

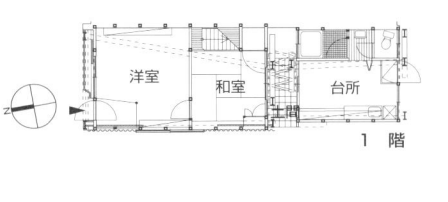

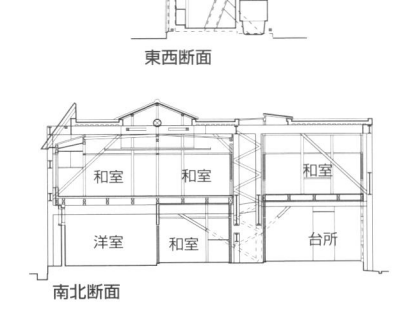

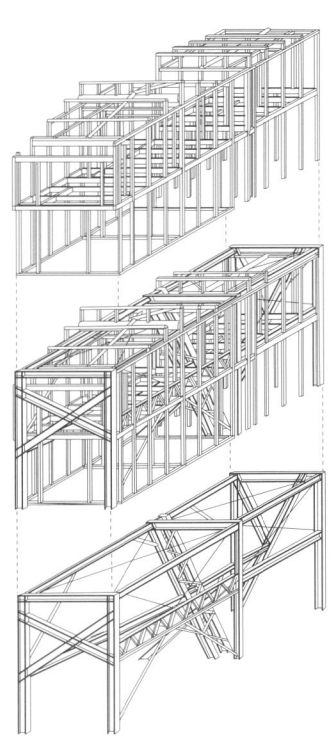

▲「ゼンカイ」ハウス／1997年

設計：宮本佳明／兵庫県宝塚市／鉄骨による木造の補強2階建／敷地面積：56m²／延床面積：89m²

阪神淡路大震災による被災で〈全壊〉の判定を受けたにもかかわらず，鉄骨のフレームで全体を支えることによって再生させた長屋．構造的に自立した新規フレームは，造作材となった既存の木造躯体の隙間を縫うように設置されている．

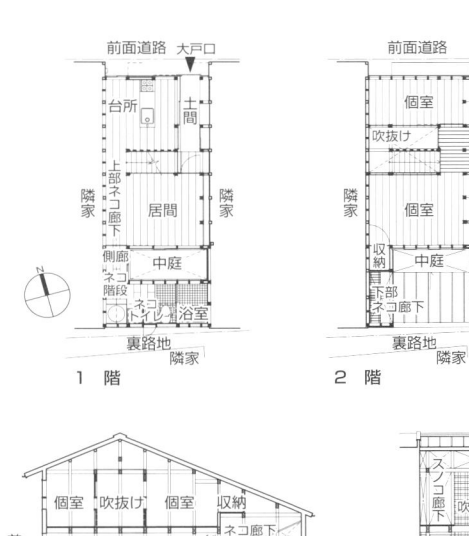

▲63／2001年

設計：中谷礼二／大阪市福島区／木造2階建／敷地面積：49m²／延床面積：62m²

過去に数回改修されている老朽長屋について，竣工当時の骨組や室内の様子を丹念に調査した上で新たに改修した例．6尺3寸という京間モジュールを用い，土間や中庭を再現することで，過去の記憶と現在の生活が混じり合う空間となっている．

（撮影：新建築社写真部）

120 現代の独立住宅：改修・建替え　Detached House: Renovation

◀ウォーター・タワー／1996年（Water Tower）

設計：Jo Crepain／Brasschuaat, ベルギー

4本のコンクリート柱と基礎からなる高さ23mの給水塔を住居に転用した例．2層からなる基壇部に水回りと居間・食堂を配し，塔部のコンクリートのフレームを新たなスキンで完全に覆い，4mのレベルごとに諸室をつくっている．

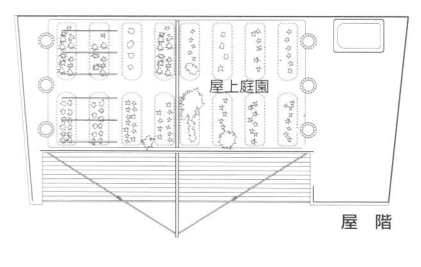

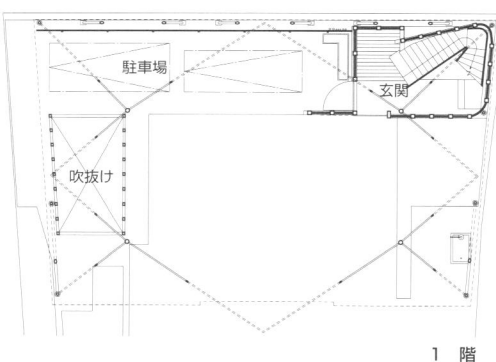

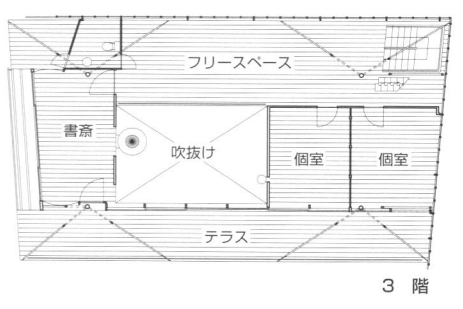

（撮影：Seven Everaert）

◀世田谷村／2001年

設計：石山修武／東京都世田谷区／S造3階建地下1階／敷地面積：412m²／延床面積：449m²

建築家の自邸兼アトリエで，木造の旧家屋を跨ぐようにして，その上部に鉄骨造の新家屋を自力で建設している．その後，旧家屋は解体され作業場となっている．屋上菜園とテラスをもつ2階建ての新家屋は開放的で，対照的に地階には防空壕のようなアトリエがある．

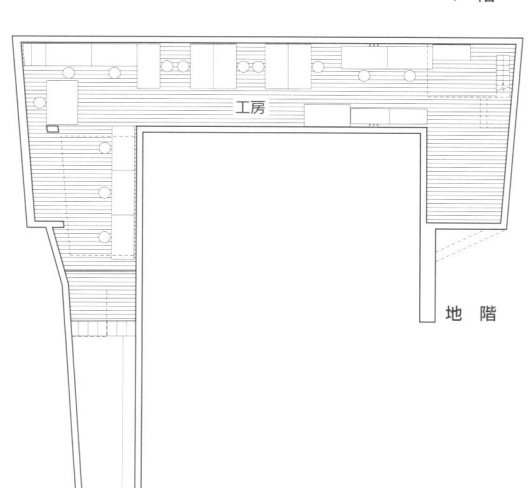

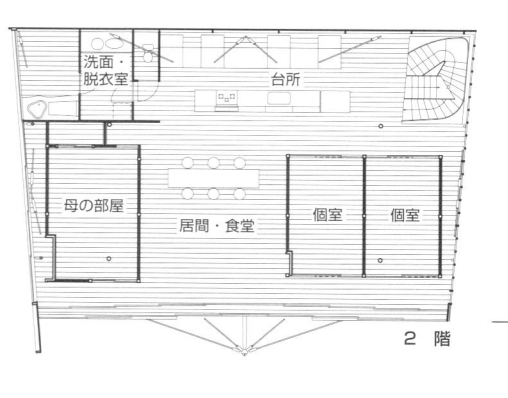

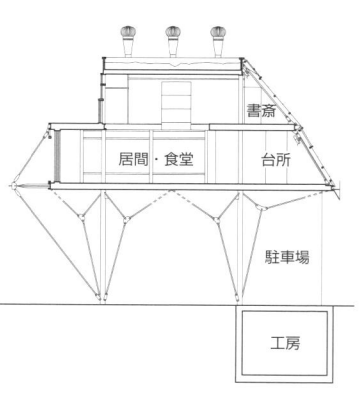

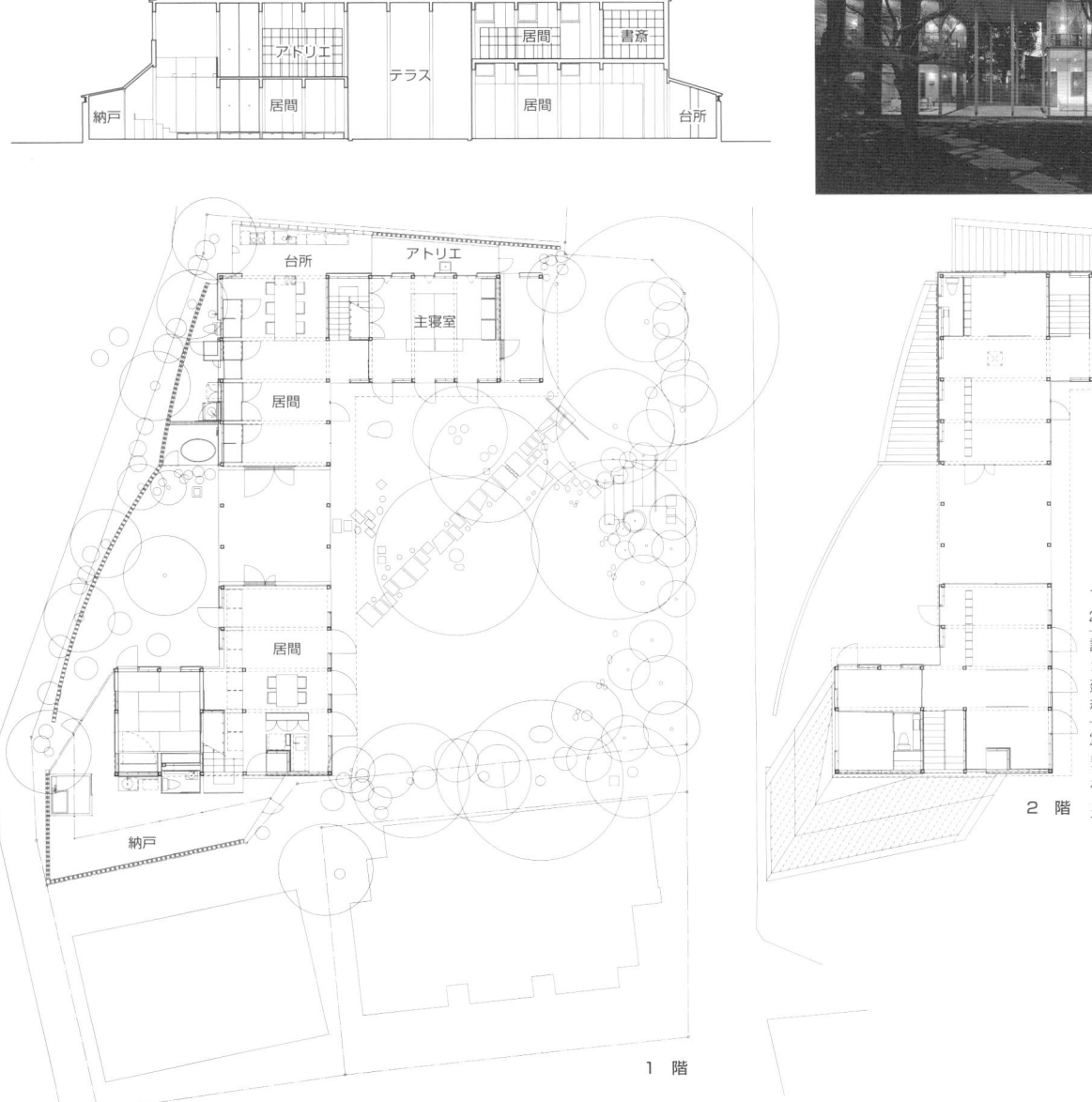

Detached House: Renovation **現代の独立住宅：改修・建替え** 121

(提供：スタジオナスカ)

◀ ZIG HOUSE／ZAG HOUSE／
2001年

設計：古谷誠章／スタジオナスカ／東京都世田谷区／木造2階建／敷地面積：597m²／延床面積：359m²

2つのL型平面の建物を屋根で繋いだ，設計者自身を含む2世帯住宅．まず屋敷内の旧母屋を避けた位置に西半分（老夫婦用）を建て，その後に旧母屋を解体し東半分（東半分）を建てている．母屋の北壁面と敷地境界線との間に下屋を設けて水回りなどに当てている．

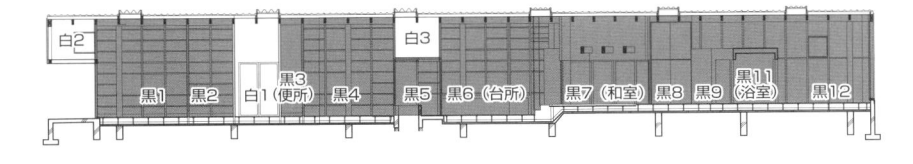

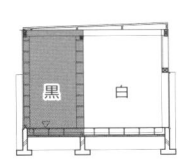

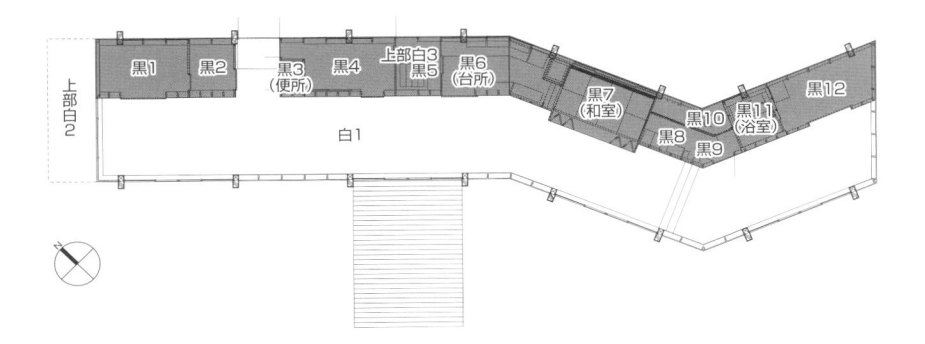

◀ ヒムロハウス／2002年

設計：小嶋一浩／Ｃ＋Ａ／大阪府枚方市／木造2階建／敷地面積：2028m²／延床面積：192m²

黒と呼ばれる小部屋の連続と，白と呼ばれるワンルームの大空間が，30m以上にわたり蛇行しながら並置されている．一般的な専用住宅のプランを逸脱したこの建物は，将来的な転用（コンバージョン）の可能性を含ませたものであるといえる．

(撮影：新建築社写真部)

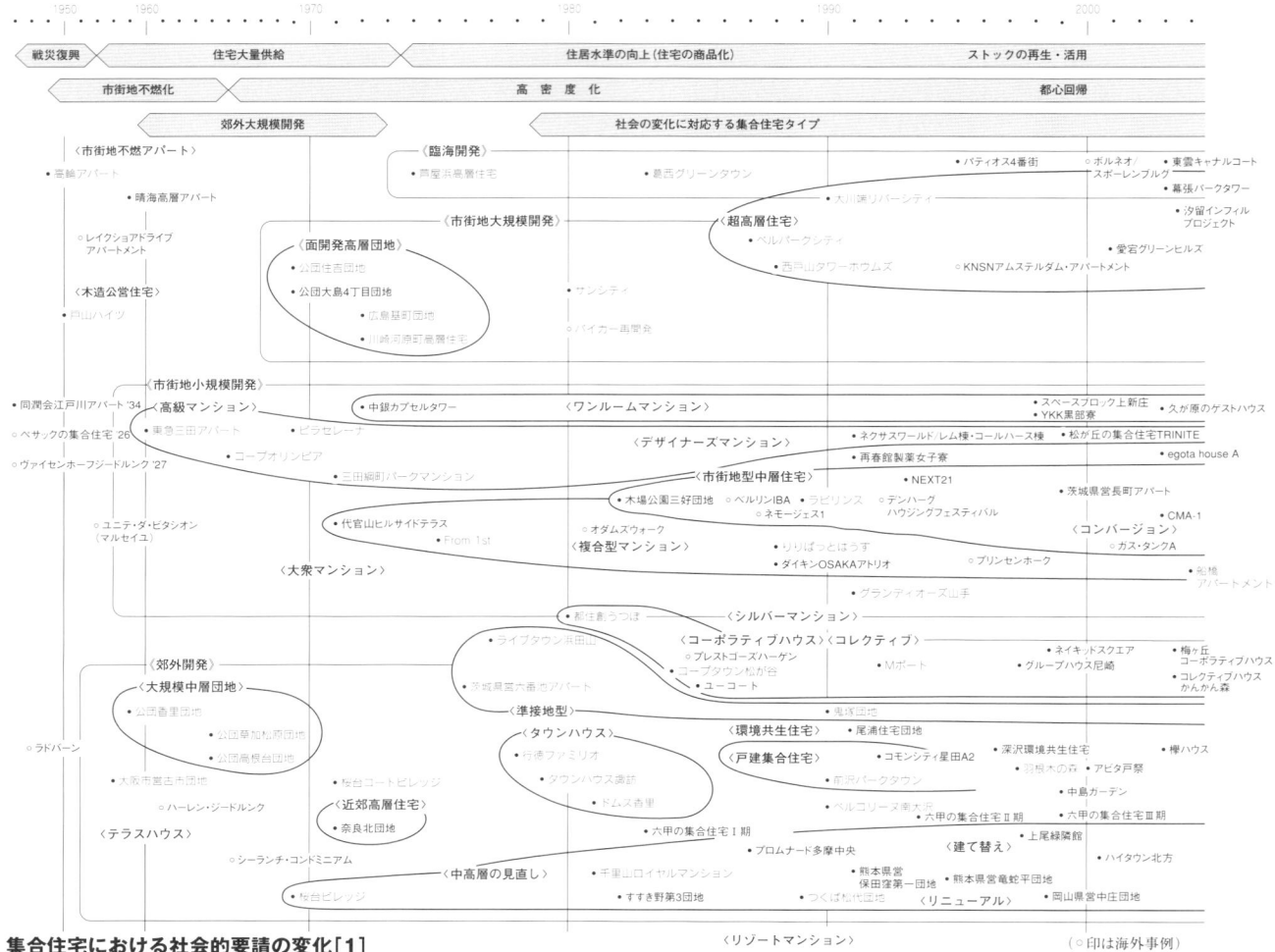

現代の集合住宅：概要 Multiple Dwelling: Abstract

集合住宅における社会的要請の変化 [1]

日本の集合住宅の変遷 [1]

社会状況の変化にあわせ、集合住宅に課せられた課題も変化する．1960年代には住宅の大量供給に応える郊外の大規模団地が現れ，70年代には質の向上を目指した多様な事例が見られる．高密度化の要請は60年代後半から強くなり，近年では超高層集合住宅も次々と建設されている．

ライフスタイルと住要求 [2]

多様化したライフスタイルを前提とした住宅が求められている．少人数世帯，個人の自立性を重視する世帯，血縁者以外との「家族」など家族像も多様化している．私室の確立，一方ではファミリールームの充実，ホームオフィスの導入など住要求も様々である．高齢者・子ども・障害者への対応といったユニバーサルデザインや環境への配慮も忘れることができない．ストック時代の住宅として長く使い続けることのできる計画とする．

住居集合の計画事項 [3]

複数の住戸が集まってできる集合住宅においては住戸のみでなく住戸同士の集合形式，グルーピングの規模，住棟配置や周囲との調和など幅広い検討が必要である．住戸と共用空間・外部空間との境界部分はコミュニケーションの場となるだけでなくプライバシー調整のためにも特に重要な空間である．

	家族像・生活像の変化	住宅に対するニーズの変化	家族像・生活像の変化	住宅に対するニーズの変化
人口・世帯	総人口減少／高齢人口増加・年少人口減少／非婚・晩婚／離婚率増加／出生率減少／世帯構成の多様化／夫婦＋子ども世帯減少／共働き世帯増加／単身・夫婦のみ世帯増加／高齢者のみ世帯増加／小世帯化による世帯数増加	一般家庭向け住宅需要の減少／類型的なnLDK型住宅からの脱皮／小世帯向け住宅／高齢者対応・加齢対応住宅／三世代同居住宅／ライフステージ変化への対応／ライフステージ変化に伴う転居／住宅双六以外の住宅履歴	就業形態	女性の社会進出・就業率増加／終身雇用・年功序列の変容／仕事中心主義の変容／就業形態の多様化／非正社員増加／ホームオフィス・在宅勤務／スモールビジネス増加の兆し	家事空間の利便性向上／家事空間・水廻り空間と居間などの生活空間の一体化／ホームオフィス・ワークコーナーの導入／情報化対応
家族	家族関係の個人化・自立化／家族機能（子育て・介護など）の外部化／個室から私室へ／子ども中心から大人中心へ／夫婦の役割分担の柔軟化／家族以外との共住意識の芽生え／家族内での情緒的結合意識の向上／複数世帯の連係	個室の確立・寝室から私室へ／多用室・特定用途室の導入／居間・ファミリールームの充実／共用室・生活利便施設の充実／生活支援サービス・介護サービスへの対応／隣居・近居などネットワーク居住／コレクティブハウジング	生活意識	家庭生活・個人生活の重視／余暇志向／快適性／健康・自然・環境の重視／歴史性・土地性の重視／安全性確保／ボランティア・NPO・参加	品質・ゆとり志向／個性化／部屋数主義脱却／階高への意識／くつろいだ接客空間／環境共生住宅・健康住宅／ガーデニング／防犯性・防災設備／耐震性／居住地の選択肢増加／コーポラティブハウス

生活像のニーズと住宅に対するニーズの変化[1] [2]

	大スケール（1：10000程度）	中スケール（1：2000〜1：1000程度）	小スケール（1：500〜1：100程度）
土地利用・密度	密度設定／建築可能範囲／緑地保全範囲／開発手法	階数／ゾーン別密度構成／周囲との調和	
インフラ	配管引込み／共同溝設置／供給処理施設現況	設備系統・区分／配管敷・共同溝の位置／供給処理施設の位置・規模	住棟内設備／供給処理施設の平面計画
動線・アプローチ	交通経路／発生交通量予測／道路設置／ブロック構成／駐車場規模	敷地内道路／歩者分離・融合／道路・住棟・駐車場の位置関係／緊急車両アクセス	動線からの景観／住棟と道路の断面構成／サービス動線の整理
住棟	配置の方針	集合形式／集合戸数／平面・断面構成／共用空間の種類・面積／住戸サイズ／日照・通風／住棟間距離／スカイライン／避難／防犯方針	住棟内アクセス経路と住戸の境界／アクセス経路の雰囲気／近隣交流／構造計画／耐震壁／ファサード／避難経路／死角の除去
住戸	住戸数／住戸面積／タイプごとの混合比率	方位／住戸内からの眺望／住棟内の位置特性	室構成／平面形状／断面形状／開口／住戸内外の境界／隣接住戸との関係／交流とプライバシーの両立／屋外空間／設備機器・物干
複合施設	周辺施設把握／各施設の配置方針	商業，行政，福祉，教育，管理など各施設の位置・規模	施設・業種の種類／住居動線との関係
屋外・環境	地域特性・環境特性の把握と利用／オープンスペースの利用方針	オープンスペースの位置・規模／植栽／遊び場の位置・規模	住宅地全体の景観／住棟との境界／樹種選定／舗装・仕上げ

集合住宅のスケール別計画事項[2] [3]

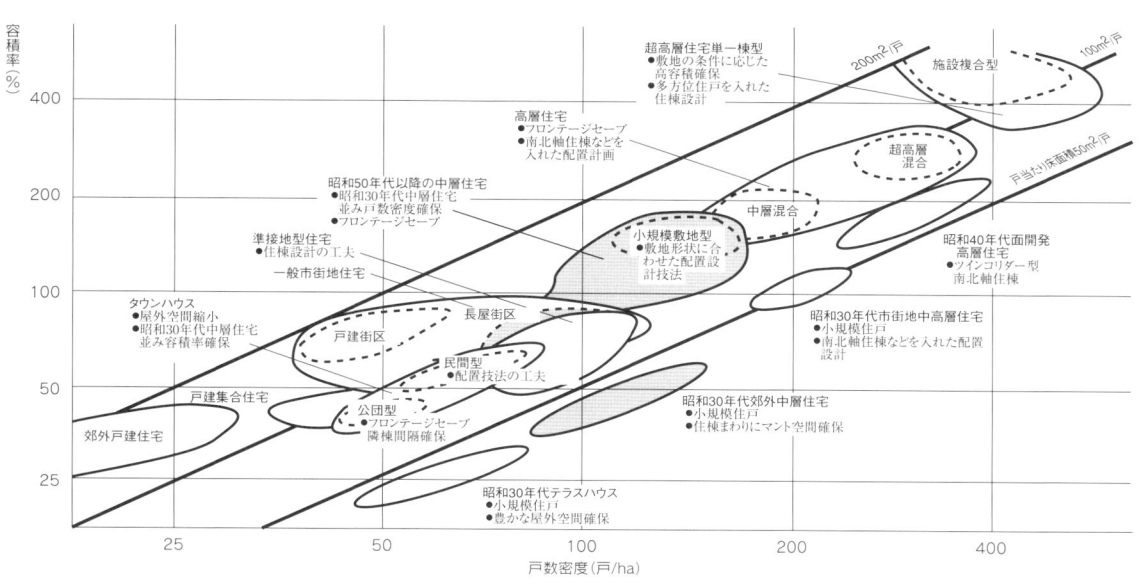

Multiple Dwelling: Abstract **現代の集合住宅：概要** 123

日本の集合住宅の密度特性[4]

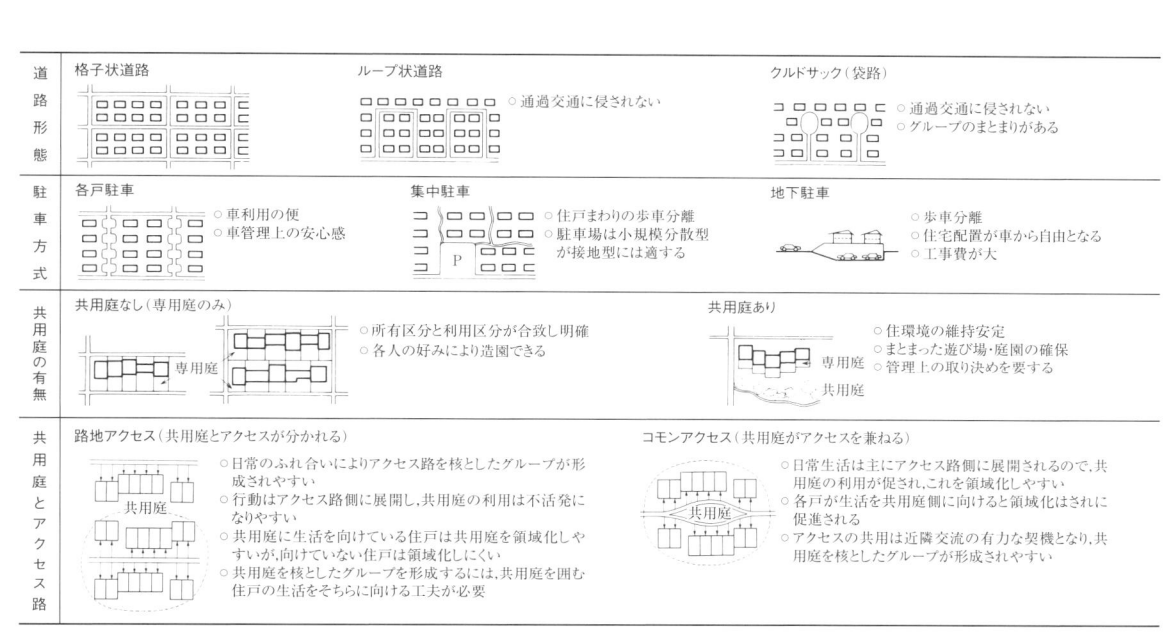

接地型住宅の住戸群の構成[5]

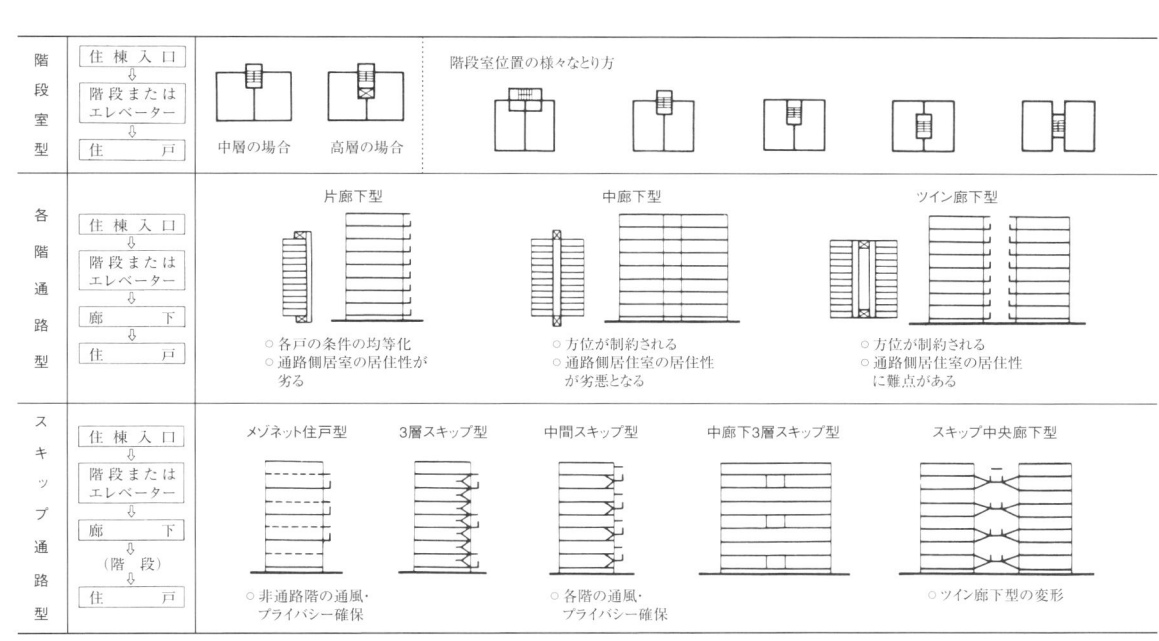

非接地型（中・高層）のアクセス方式[6]

密度と集合形式[4]

計画条件からその事例にふさわしい密度が設定されるが，それぞれの密度を実現するために様々な集合形式が提案されている．

低密度の場合は，低層で接地性の高い集合形式が選択され，接地型あるいは準接地型となる．要求される密度が高くなるにつれて高層化が進むが，屋外空間を多くとるために高層とする場合もある．また，良好な屋外環境や敷地周辺との調和を維持するために高密度な計画のできる地区でもあえて密度を低くする場合もある．

集合形式に関連して，それぞれの密度に対応する住戸の特徴，住戸と共用空間の関係のパターンが存在する．

接地型・準接地型住宅の計画手法[5]

居住者の生活にとって接地性は大きな意味を持つ．特に高齢者や幼児にとっては住戸へのアクセスが楽になるメリットがある．接地性の高い住戸は戸建て感覚が増し，住戸の独立性を高めることもできる．

すべての住戸が直接地面からアクセスすることのできる接地型においては，アクセス路，共用庭，駐車場の位置といった集合の構成にいくつかのパターンがあるが，数戸〜十数戸を1グループとして構成することが望ましいと言われている．専用庭を持つことで屋外生活をより楽しむことのできる住戸を設けることもできる．

直接接地していなくても屋上テラスやアクセス路の工夫，積層のさせ方により3〜5層の住宅でも接地型に近い準接地型の住戸とすることができる．

非接地型住宅の計画手法[6]

高密度を実現するためには中高層の非接地型となり，住戸へのアクセスにあたって垂直動線と住戸へのアクセス経路が各階で必要となる．集合形式とアクセス方式は密接な関係を持っている．接地型，準接地型同様に適当な住戸数でのグルーピングが必要である．より効率的な集合形式が追求される傾向があるが，同時に集合して住むメリットを失わないために共用空間の充実も求められる．集合形式は住戸の型や開口面の取り方にも関係し，住戸の質に影響する．高密に住戸が集積されるので通風，採光，眺望，避難などを妨げないように配慮する．住棟が大規模化することによる圧迫感の増大にも注意が必要である．

01：彰国社編：建築計画チェックリスト「集合住宅 新訂版」彰国社，1997，p.59，表-1をもとに作成．
02：同上，p.64，表-1をもとに作成．

124　現代の集合住宅：住戸平面　Multiple Dwelling: Dwelling Unit　1:300

住戸の住棟内位置による特性のモデル [1]

同潤会代官山アパート [2]
（設計：同潤会，約33 m²，1925年）

都営高輪アパート [3]
（東京都港区，設計：東京都，44 m²，1947年）

公営住宅標準設計 51C-N型 [4] ⇒ 191
（設計：東京大学吉武研究室，35 m²，1951年）

住宅公団標準設計 [5]
（設計：日本住宅公団，67 m²）

住宅公団標準設計 [6]
（設計：日本住宅公団，77 m²）

コンパスシリーズ [7]
（設計：長谷工コーポレーション，70 m²，1973年）

清新南ハイツ1―34号棟 [8]
（東京都江戸川区，設計：住宅・都市整備公団，環総合設計，100 m²，1987年）

奈良北 [9]
（横浜市，設計：日本住宅公団，53 m²，1969年）

フォーリア駒沢公園 [10]
（東京都世田谷区，設計：竹中工務店，73 m²，1996年）

品川八潮ハイツ [11]
（東京都品川区，設計：久米設計事務所，70 m²，1983年）

高崎市営旭町団地 [12]
（高崎市，設計：市浦都市開発建築コンサルタンツ，1988年）

すすき野第3団地 [13]
（横浜市，設計：日本住宅公団，100 m²，1982年）

高槻阿武山一番街 [14]
（大阪府高槻市，設計：住宅・都市整備公団＋遠藤剛生建築設計事務所，1989年）

リバーハープタワー南千住 [15]
（東京都荒川区，設計：住宅・都市整備公団＋入江三宅設計事務所，65 m²，2000年）

住棟内の住戸位置 [1]

住棟内の位置特性にあわせて住戸を計画することが必要である．接地階では専用庭など接地性を生かすことができ（図中②），最上階では屋根形状の変化を利用した室内空間や屋上利用を期待できる（③）．住棟端部では3面開口を持つ住戸を作ることができるが（①），中間住戸は開口や隣戸との干渉で不利になるので一般的には中間住戸数を少なくすることが好ましい．

近代的住戸の成立

[2][3]戦前，戦争直後では室の用途分化を意識しながらも畳の続き間などそれまでの一般的な仕様式を踏襲していた．[4]では限られた面積の中で秩序だった生活が送れるよう「食事のできる台所（ダイニングキッチン）」「南面台所」「主寝室の独立性」などが提案された．これは室の用途分化を図るためであったが，間仕切りを引き戸にしフレキシブルに住まわれることも想定していた．以降，nLDK型住戸が一つの類型として成立し，住宅の量的整備を要請する社会背景とともに寝室数の増加 [5]，面積の増加 [6] といった傾向をたどる．

高密度化とプライバシー確保

高密度化への要請が高まるとともに住戸間口を狭め（フロンテージセービング）効率良く片廊下に配置する手法が取られる．[7] 限定された間口で各室に開口を設けようとすると住戸中央に廊下を通し，両脇に部屋を配置していく定型的な住戸平面となってくる．[8] メゾネット型住戸は外壁面積を多くできると同時に共用廊下を1層ごとに省略できる手法でもある．

一方で住戸が共用廊下に直に接することによるプライバシーの低下を避けるために，共用廊下からレベル差を設け，スキップして上下の住戸にアクセスする [9] や共用廊下と住戸を離して距離を取る [10] の形式も見られる．

住戸の閉鎖性と開放性

プライバシーを重視しすぎると住戸が閉鎖的となり共用空間に生活感が欠ける．居住者の注意も及びにくいため防犯上も好ましくない．

公室を共用廊下側に開放的に向けたリビングアクセス [11] や共用廊下を南側とし，縁側的に処理した [12] といった解決策がある．[13] では玄関前ポーチを設けることで表出空間を増やすと同時に玄関が共用部から直接に覗かれないようにしている．また，ライトウェル（光庭）により中間住戸でも3面開口を可能にしている．

多様な住要求への対応

[14] は上階でも屋外生活を楽しめるよう大きなテラスを設け，[15] はサンルームとしても使える半屋外空間をバルコニーと連続させている．

高齢者対応は現在の大きな課題の1つである．[16] は高齢少人数世帯向け住戸であるが玄関や水廻りに余裕を取るとともに共用廊下からも住戸内の様子が窺えるようにしている．[17] は玄関を共有しながら，ダイニングと水廻りは独立させている2世帯住宅である．

[18] は家族がくつろぐリビングとあらたまった接客の場を別に設け，デュアルリビングあるいはツインリビングと呼ばれる．[19] ではリビングを大きく取り，眺めの良い角部に配置し家族生活の中心としている．浴室からも眺望を楽しめる．

SOHOや趣味，共同育児など様々な使い方のできる部屋を共用廊下に面して置く [20]，街路に面してガラス張りの部屋を開く [21]，同じ住棟内に離れを作り，書斎，ゲストルームとして利用する [22] はより積極的に住まい方の可能性を広げようとする事例といえる．

フレキシビリティ

[23] は引き戸と可動家具により多様な居住者に対応できるだけでなく，家族構成の変化による住まい方の変化も受け止めることができる．[24] は高層住棟の利点である眺望を楽しむために住戸北側にリビングを置くことも，日照を優先して南側に置くこともできる南北反転可能プラン．畳の続き間や民家の通り土間，縁側を連想させる空間を持つ [25] は室の用途を限定しない開放的な平面である．

私室へ直接外部からアクセスする個室群住居的な [26] やルームシェアリングにも対応可の [27] は家族のあり方にもフレキシブルに対応することができる．

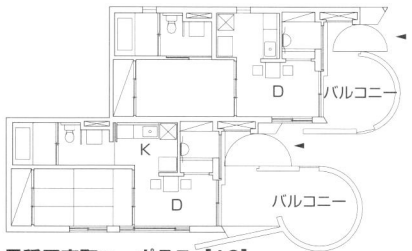

1:300　Multiple Dwelling: Dwelling Unit　**現代の集合住宅：住戸平面**　125

早稲田南町コーポラス［16］
（東京都新宿区，設計：計画工房・村上美奈子，37 m²，1992 年）

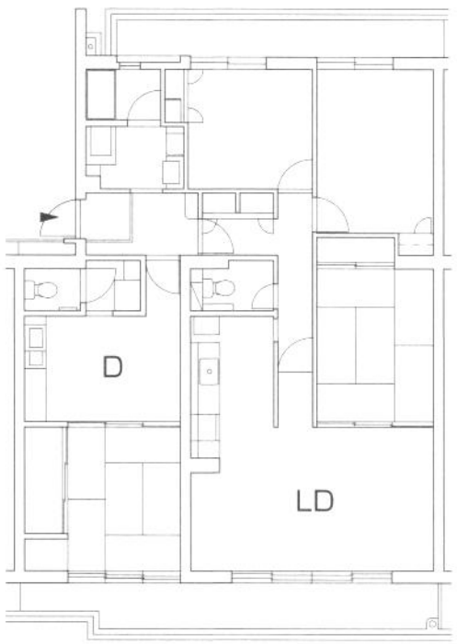

高の原駅前［17］
（奈良市，設計：住宅・都市整備公団，105 m²，1986 年）

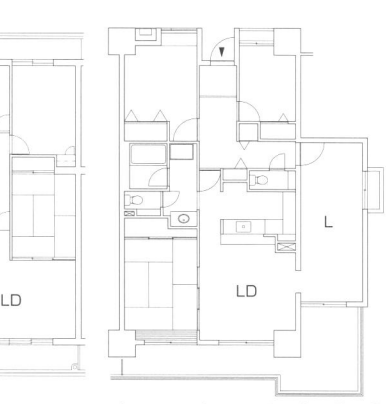

シティハイツ日野旭が丘［18］
（東京都日野市，設計：住宅・都市整備公団，92 m²，1988 年）

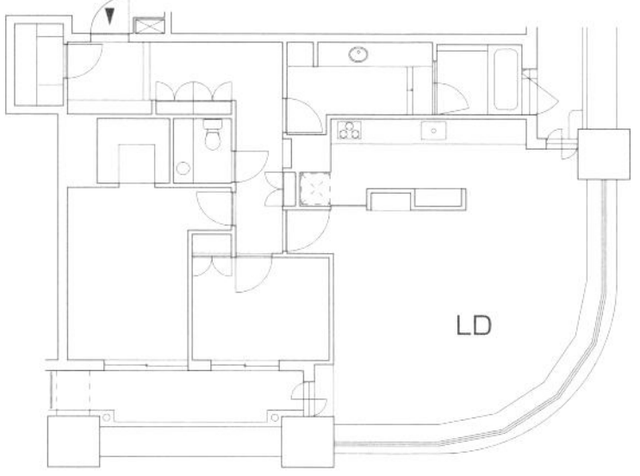

東京ツインパークス［19］
（東京都港区，設計：三菱地所，2002 年）

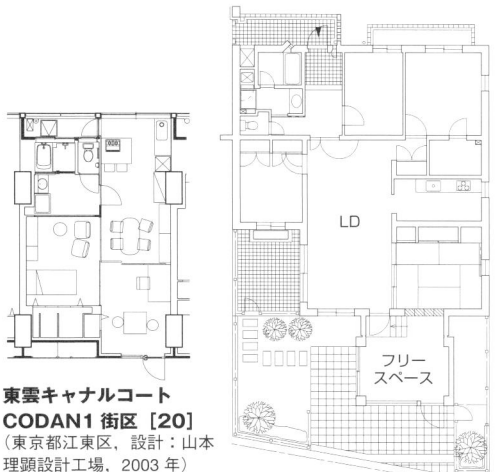

東雲キャナルコート CODAN1 街区［20］
（東京都江東区，設計：山本理顕設計工場，2003 年）
⇒ 150

プロムナード多摩中央［21］
（東京都多摩市，設計：住宅・都市整備公団＋坂倉建築研究所，110 m²，1987 年）

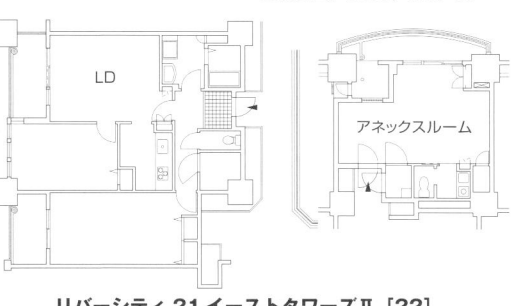

リバーシティ 21 イーストタワーズⅡ［22］
（東京都中央区，設計：都市基盤整備公団，104 m²（内アネックスルーム 30 m²），2000 年）

アクティ三軒茶屋［23］（東京都世田谷区，設計：都市再生機構＋日匠設計，95 m²，2003 年）

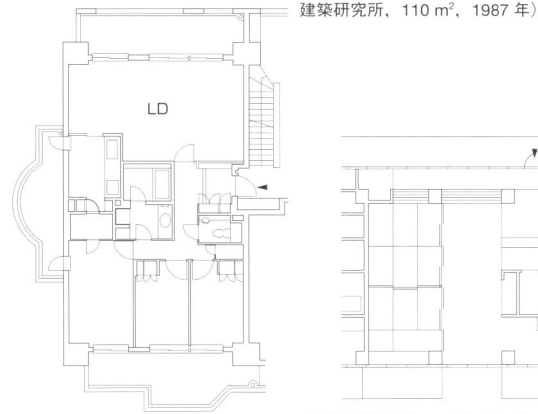

グランパティオス公園東の街［24］
（千葉市，設計：日建ハウジングシステム，1999 年）

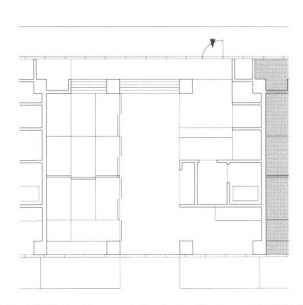

岐阜県営住宅ハイタウン北方・高橋棟［25］
（岐阜県北方町，設計：高橋章子＋高橋寛／ワークステーション，2000 年）

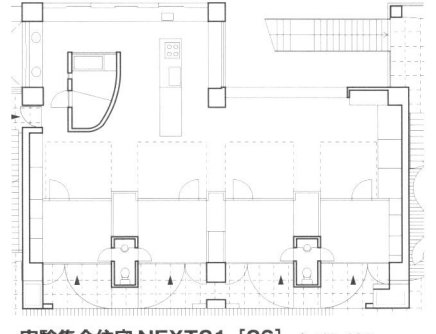

実験集合住宅 NEXT21［26］　⇒ 165, 285
（大阪市，設計：大阪ガス NEXT21 建設委員会，1993 年）

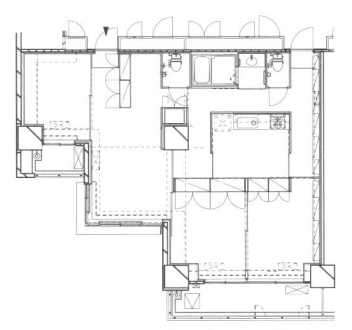

河田町コンフォガーデン・C 棟インフィル［27］
（東京都新宿区，設計：谷内田章夫／ワークショップ，2003 年）

高階高

住宅の質がより重視されるにともない住戸の面積や平面構成だけでなく高さ方向も含めた 3 次元的な空間の豊かさを追及した事例が集合住宅においても多く見られるようになってきた．平面計画（m²）と比較すると立体計画あるいは m³ 型住宅計画と言うことができるだろう．

通常の集合住宅では高さ規制や斜線制限，経済性の面から限られた階高とすることが多かったが，階高をより高く取ることで天井高のある広々とした居室や吹抜けを持つ変化のある空間が可能となる．階高が高くなることで構造部材の寸法が大きくなることや床暖房を採用するなど大容量空間の空調効率への配慮，窓サッシの耐風性能にも注意が必要になってくる．

天王洲ビュータワーは梁を室内に露出させず，天井高いっぱいに伸びるサッシを持った広々としたリビングを実現した．私室は通常の天井高で，下にはリビング側から使う 0.5 層の収納スペースを収め，平面，断面双方で私室と公室を分離することが可能となっている．

河田町コンフォガーデン C 棟・インフィルは高階高を生かしてロフトを設け屋根裏的な場所を作り出している．住戸の核となるリビングは階高を最大限に利用して吹抜けとし，半透明の棚で囲われていて，キッチン台や洗濯機は引き戸で隠し，すっきりとしたインテリアとなっている．

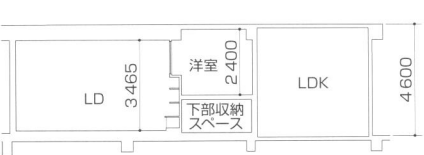

天王洲ビュータワー
（東京都品川区／1995 年／設計：住宅・都市整備公団，竹中工務店）

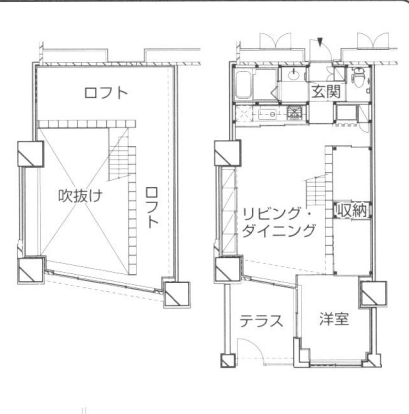

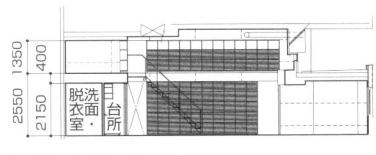

河田町コンフォガーデン
（東京都新宿区／2003 年／設計：谷内田章夫／ワークショップ）

126　現代の集合住宅：戸建集合・2連戸

Multiple Dwelling: Arrangement of Detached Houses/Semi-Detached House

1:500

戸建集合・2連戸

戸建住宅は接地性と独立性の高い住居形式であるが，街路に対して閉鎖的になる場合もある．戸建集合は住戸配置や各戸の境界に工夫を凝らし，複数戸で共用空間（コモンスペース）を持つなどして，戸建のメリットを保ちながら，コミュニティの醸成を促したり，豊かな景観を形成するなどより良い住環境をつくり出そうとする手法である．

2連戸（セミデタッチトハウス）は欧米でよく見られる形式であり，戸建よりもやや密度を上げることができる．歩車分離や袋路（クルドサック），クラスター方式で有名なラドバーン（1928年）⇒ **054** も2連戸住戸を多く取り入れている．

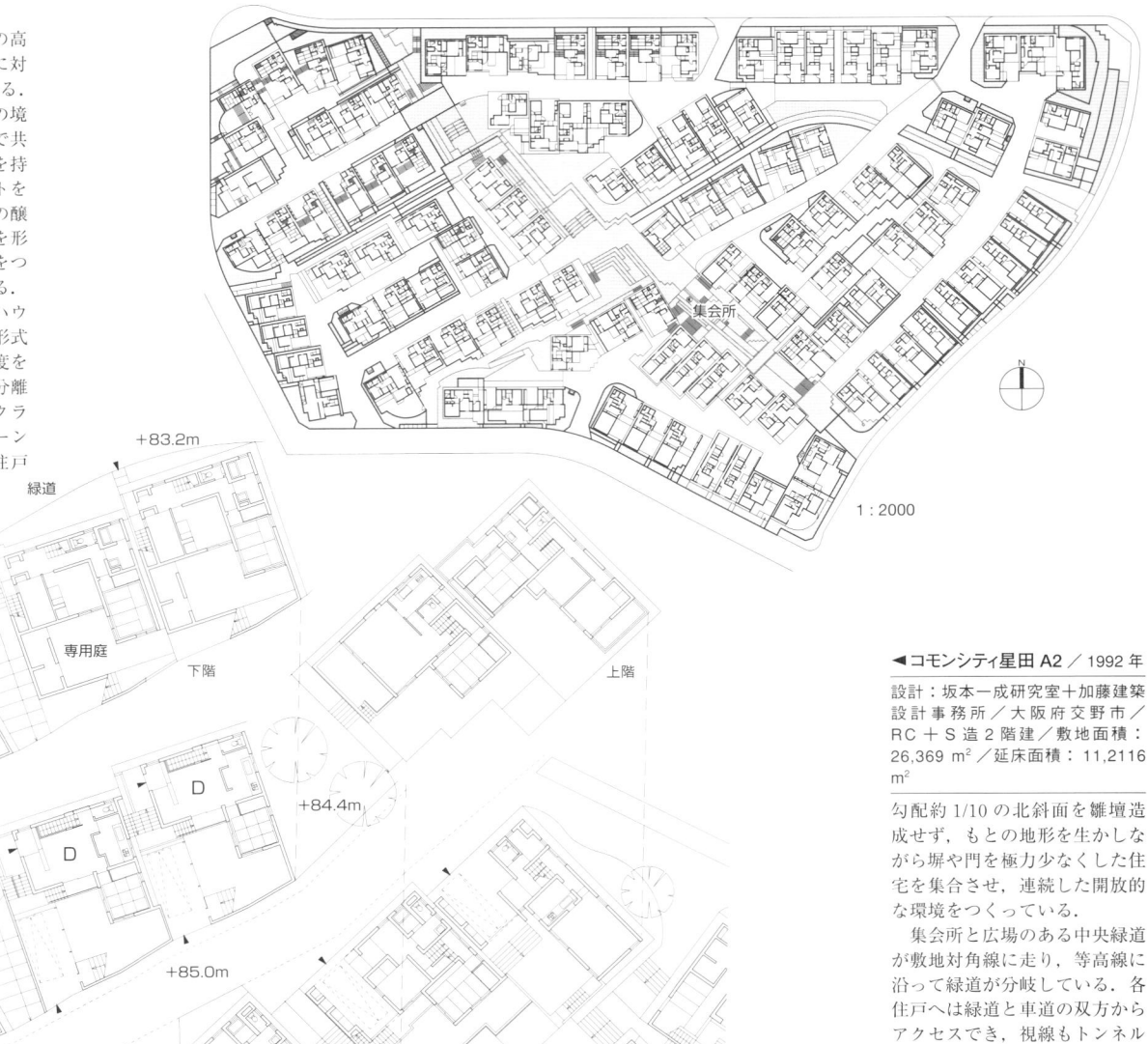

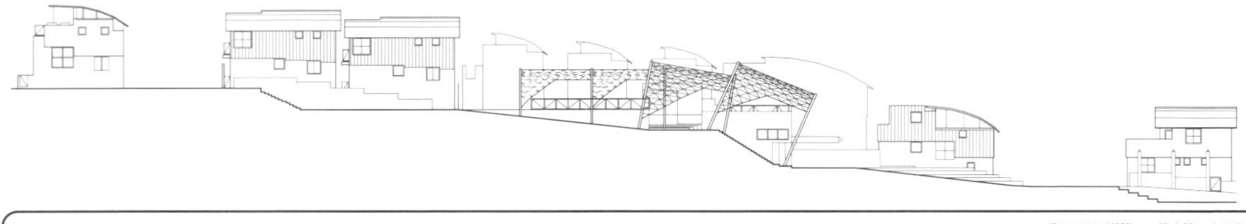

◀コモンシティ星田 A2／1992年

設計：坂本一成研究室＋加藤建築設計事務所／大阪府交野市／RC＋S造2階建／敷地面積：26,369 m²／延床面積：11,2116 m²

勾配約1/10の北斜面を雛壇造成せず，もとの地形を生かしながら塀や門を極力少なくした住宅を集合させ，連続した開放的な環境をつくっている．

集会所と広場のある中央緑道が敷地対角線に走り，等高線に沿って緑道が分岐している．各住戸へは緑道と車道の双方からアクセスでき，視線もトンネル状の車庫を通して緑道と車道の間に通る．専用庭は緑道または車道へと開いているが，道と住戸の境界は植栽や水路で区画され，さらにL字平面の住戸をずらしながら配置することで視線の干渉を避けている．

コモンのある住宅地
（グリーンテラス城山）

戸建住宅地において，適度なグルーピングとともにコモンスペースを設けることはコミュニティ意識を育むとともに住宅地の管理・運営にとっても良い影響を与える．コモンスペースの種類としては緑地，緑道，子どもの遊び場，クルドサック，駐車場，ゴミ集積場などがある．集会室などの屋内施設も考えられる．また，植栽や路面仕上げ，塀，生垣，街灯などを共通したデザインとすることで住宅地の一体感をより強く演出することができる．

グリーンテラス城山（愛知県小牧市／1990年／設計：宮脇檀）では3～6戸の住戸を1グループとし，広場状のコモンスペースを設けている．コモン広場は各住戸へのアプローチとしてだけでなく，子どもの遊び場，2台目の駐車場としても機能している．コモン広場内の駐車場は有料とし，共有地の管理費に充てている．コモン広場入口は2本の高木により幅員を狭め，コモン広場の領域感を強め，各戸前にも高木を植え，シンボルとしている．

住宅地への進入路を限定することで通過交通が入り込まないようにし，主道路を環状の曲線路として車の速度を抑えている．道路両脇にも幅1mのコモンスペースを設け，植栽帯とし緑豊かな住宅地をつくり出している．

管理規約や建築協定を設けることで良好な住環境の継続的な運営を可能としていることも注目に値する．

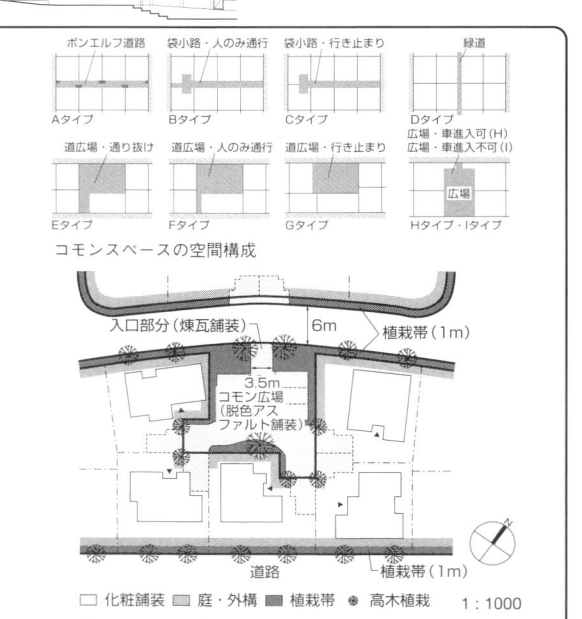

コモンスペースの空間構成

グリーンテラス城山街区図

［出典：齊藤広子，中城康彦：コモンでつくる住まい・まち・人，p. 25，75，84，彰国社，2004］

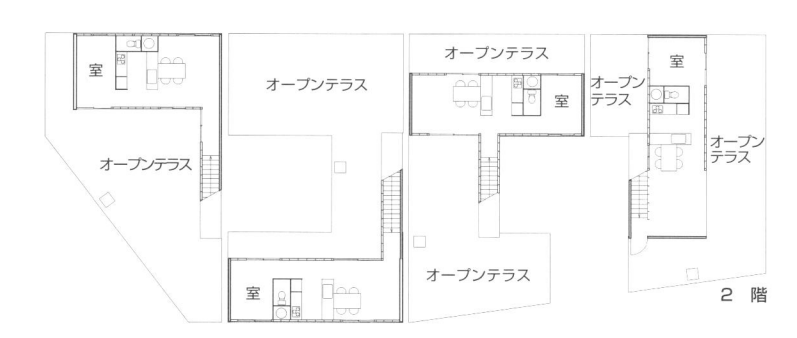

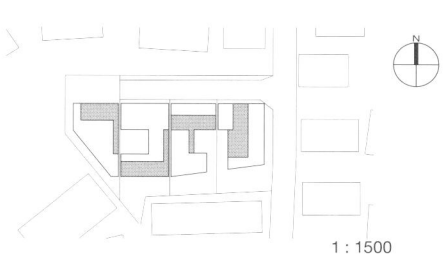

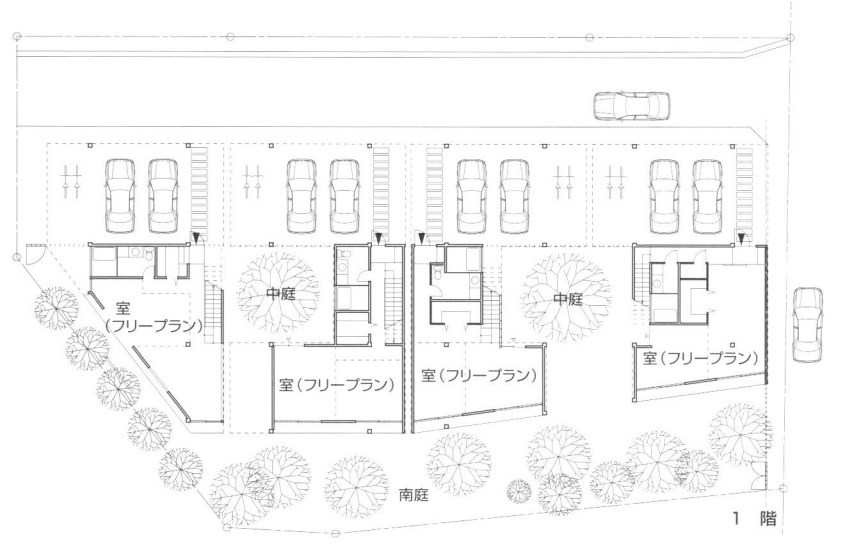

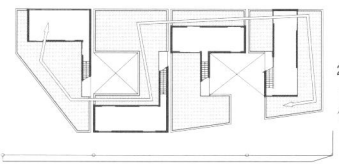

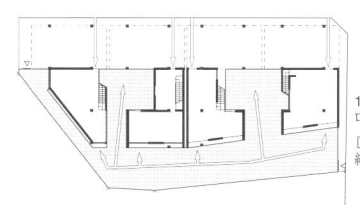

現代の集合住宅：戸建集合・2連戸
Multiple Dwelling: Arrangement of Detached Houses/Semi-Detached House

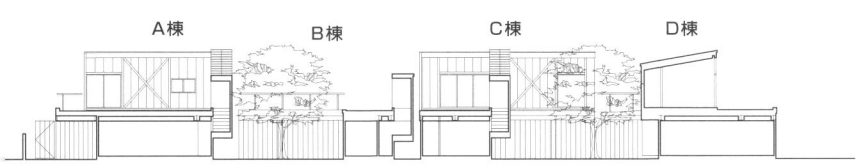

▲アビタ戸祭／2000年

設計：更田邦彦＋岩岡竜夫＋岩下泰三／宇都宮市／S＋木造2階建／敷地面積：845 m²／延床面積：397 m²

4住戸による戸建集合である．1階の南庭と中庭，2階のオープンテラスにより住戸間を連絡している．これらの外部空間は各住戸に属するがコモンスペースとしての利用も可能である．

また，高さ2.7 mのオープンテラスと1階の外部空間の位置をずらすことで立体的に外部空間を楽しむことができる．

1階は私室の利用を想定したフリープランであり，家族構成やライフスタイルに合わせた間仕切りが可能である．公室は広いオープンテラスに面すると同時に隣戸との視線干渉を避けるよう配置されている．

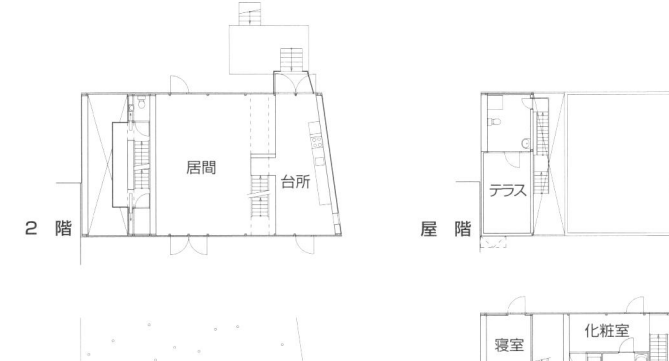

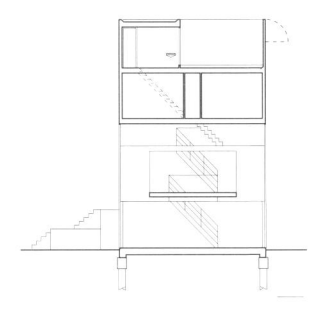

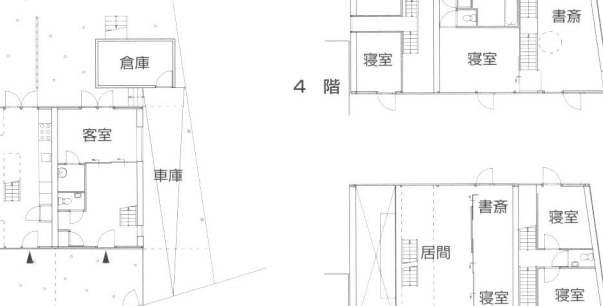

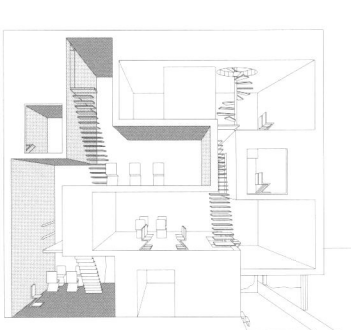

◀ユトレヒトの2連戸住宅／1997年（Double House）

設計：MVRDV／Utrecht，オランダ／RC造5階建／延床面積：300 m²

街路に面し，裏側に公園を望む2世帯住宅．1軒の住宅のような外観をしているが内部は2住戸が櫛の歯状にかみ合わされている．

これは，どちらの住戸も公園への眺望を最大に享受できるようにするとともに両住戸の床レベルをずらすことで住戸間の干渉を少なくすること狙っているためである．その結果，住戸内に吹抜けやスキップフロア的な空間が生まれ，変化のある内部空間となっている．

どちらの住戸にも壁に囲まれて外部からの視線が気にならない屋上テラスが備わっている．

128　現代の集合住宅：連続建て　Multiple Dwelling: Row House

連続建て

接地型集合住宅で密度を上げようとすると住戸間の空地をなくし，連続建ての形式になる．接地性，独立性と密度を両立させようとする集合形式といえる．タウンハウス，テラスハウス，ショップハウス，コートハウスなどもこの形式になる．

全体の密度を上げるには間口を制限し1住戸当りの共用アクセス路の面積を節約すればよい．しかし，各戸の奥行は長くなり，側面は隣戸でふさがれているために中庭を設けて室内へ光と風を取り入れる例が一般的である．住戸群で中庭の位置を揃え，連続させることで個々の中庭の環境性能をより高めることができる．

限られた領域の中に居室，動線，外部空間をどのような関係のもとに配置するかが計画上の課題といえる．隣戸と戸境壁を接しているので生活音が干渉しないよう注意しなくてはならないし，建替えの際に戸境壁をどう取り扱うかも事前に検討しておかなくてはならない．

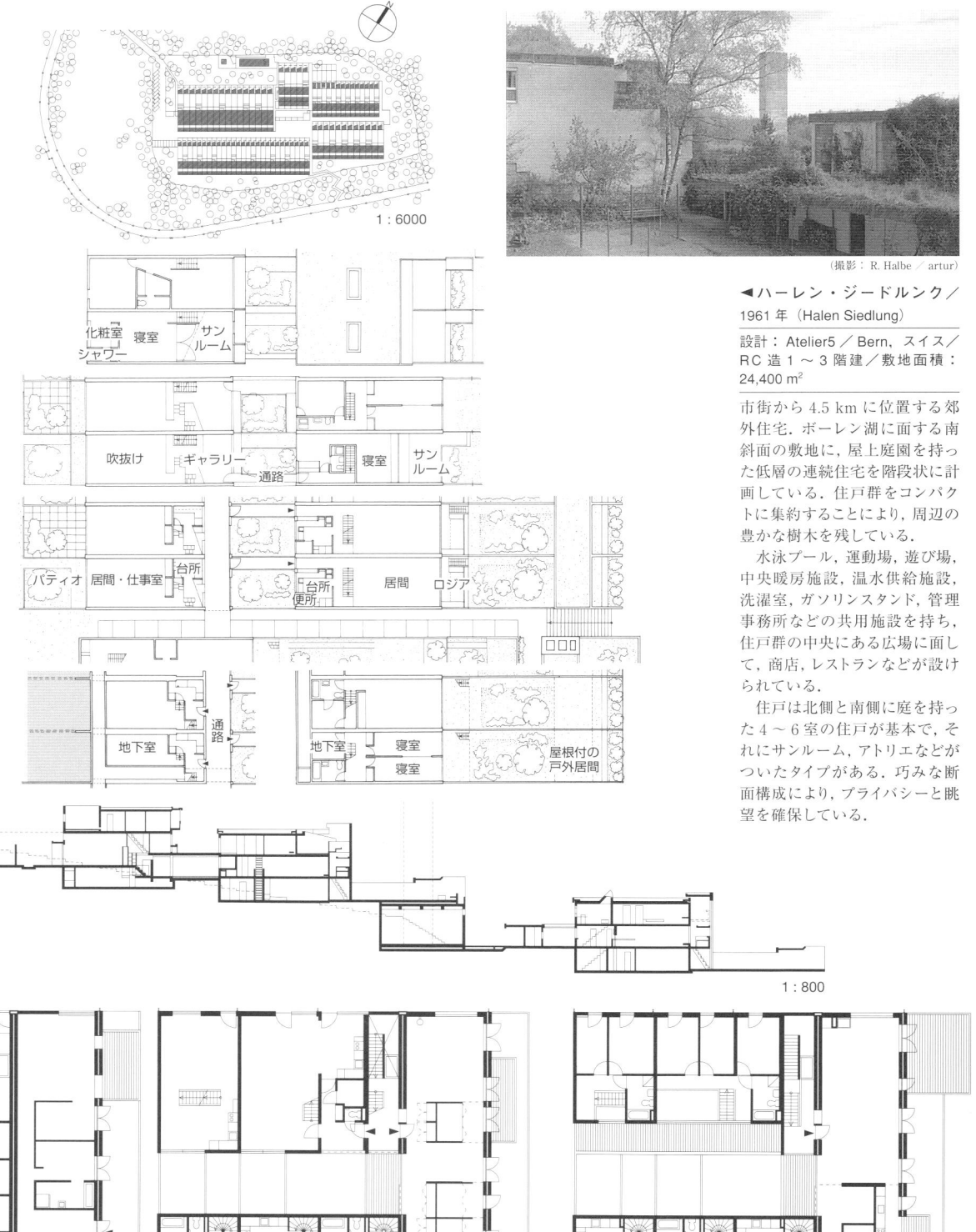

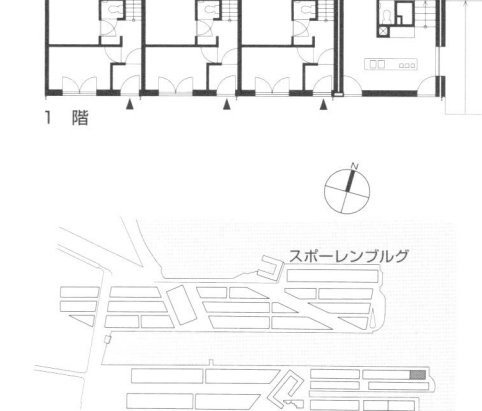

(撮影：R. Halbe／artur)

◀ハーレン・ジードルンク／1961年（Halen Siedlung）

設計：Atelier5／Bern，スイス／RC造1～3階建／敷地面積：24,400 m²

市街から4.5kmに位置する郊外住宅．ボーレン湖に面する南斜面の敷地に，屋上庭園を持った低層の連続住宅を階段状に計画している．住戸群をコンパクトに集約することにより，周辺の豊かな樹木を残している．

水泳プール，運動場，遊び場，中央暖房施設，温水供給施設，洗濯室，ガソリンスタンド，管理事務所などの共用施設を持ち，住戸群の中央にある広場に面して，商店，レストランなどが設けられている．

住戸は北側と南側に庭を持った4～6室の住戸が基本で，それにサンルーム，アトリエなどがついたタイプがある．巧みな断面構成により，プライバシーと眺望を確保している．

▲ボルネオ／スポーレンブルグ・de architectengroep棟（Borneo／Sporenburg）

設計：de architectengroep／Amsterdam，オランダ／RC＋レンガ＋S造3階建

West 8のアーバンデザインに基づき，20人（組）の建築家が参加した港湾部の再開発．この de architectengroep棟はフラット，メゾネット，トリプレックスを組み合わせた計画で計8戸が入居．中庭とバルコニーを組み合わせ通風・採光の確保および住戸間の距離を保っている．フラットには間口全面に渡って設けられたバルコニーと張り出したサンルームがあり，開放的なプランとなっている．トリプレックスには居間が2階にあるタイプと3階にあるタイプが用意され，特に南面する3戸は隣戸と同じ用途の室が隣り合わないようにし，住戸間の独立性を高めている．

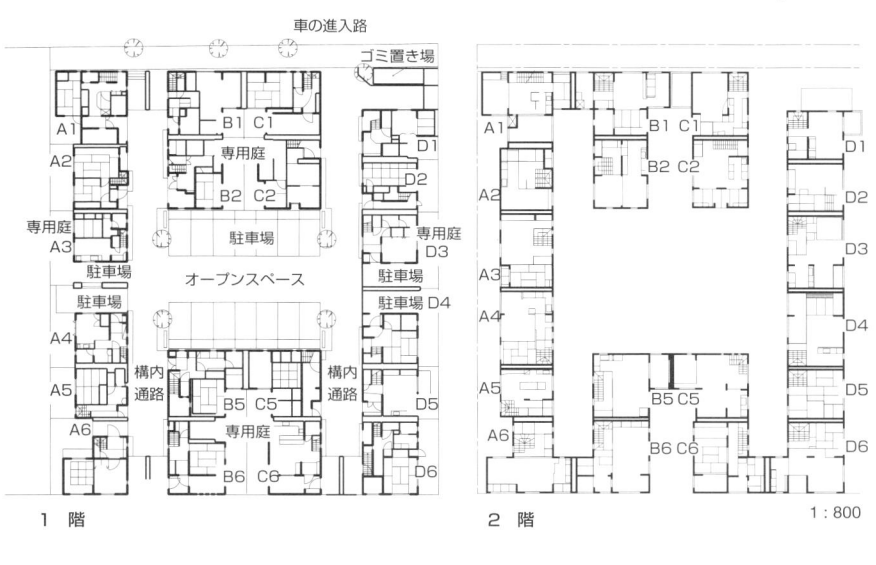

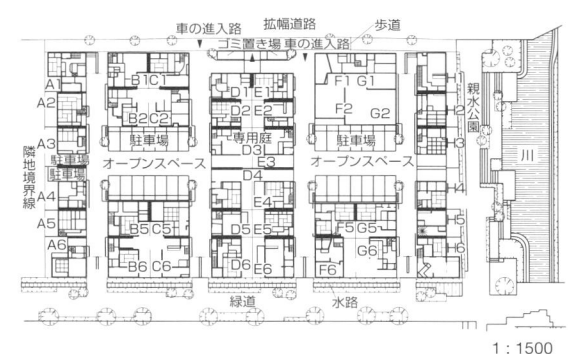

Multiple Dwelling: Row House **現代の集合住宅：連続建て** 129

◀ ネイキッドスクエア／1999 年

設計：ヘキサ／大阪府寝屋川市／型枠コンクリートブロック壁式構造 3 階建／敷地面積：4084 m²／延床面積：4809 m²

全戸接地の連続型集合住宅であり，コーポラティブ方式で建設された．構造的に自立した 84.7〜256.1 m² の 3 階建て住戸 27 戸を連続させており，外周が非常に長い 1 棟の長屋建てにしたことが特徴として挙げられる．

恵まれた大きさの敷地ではないが全戸に専用庭を設けている．さらに，その専用庭の面積を最小限にすることにより，比較的ゆったりとした敷地内通路と駐車場兼用の共用庭を確保している．戸境壁は二重壁としている．

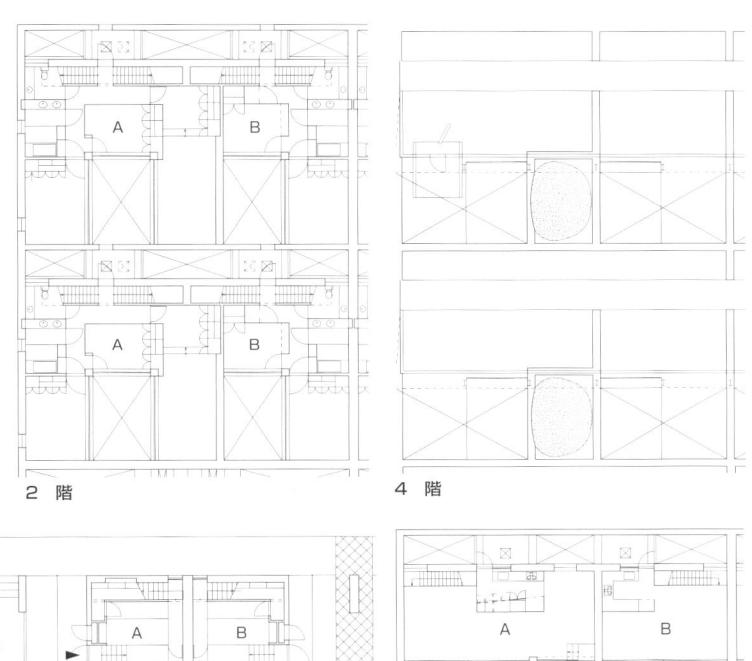

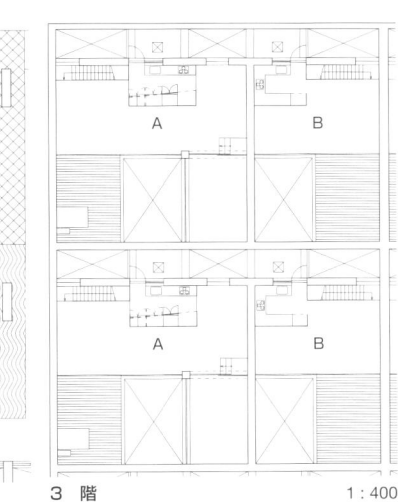

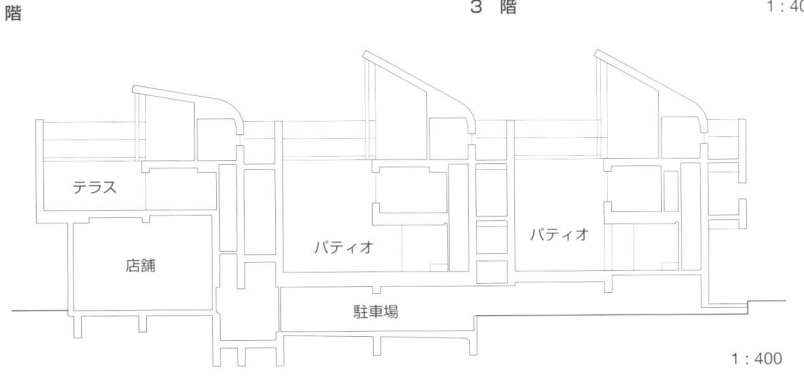

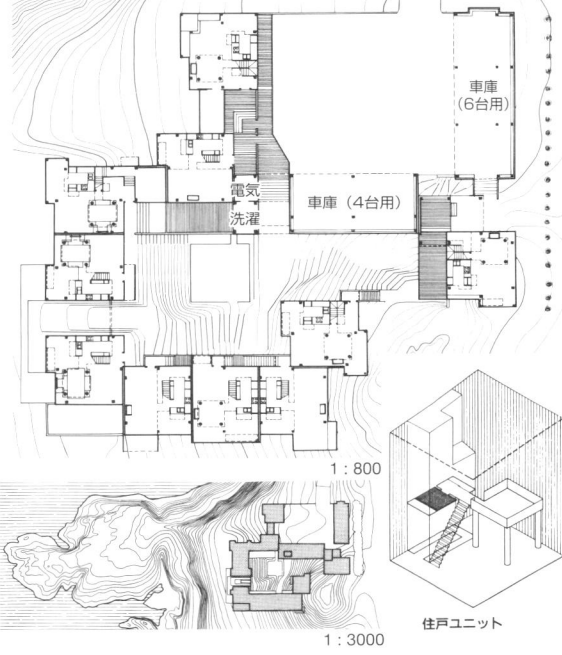

▲ シーランチ・コンドミニアム／1966 年(Sea Ranch Condominium)

設計：M. L. T. W (Moore, Lyndon, Turnbull, Whitaker)／California, アメリカ／木造 2 階建，一部 3 階建／住戸数：10 戸

太平洋を見下ろす崖の上に立地する 10 戸の週末住居群．強い潮風の向きに合わせた 1 枚の大屋根が住戸群全体を覆っている．各住戸は海の眺望を考慮して敷地の勾配に沿って中庭を囲むように配置され，中庭は住戸群によって強風から守られている．各住戸は 7.3 m の立方体を基本単位として，大空間の中に巨大家具のような寝室が置かれている．立方体の外側はテラスやデッキであり，内部は太い木造の柱梁の材が横切り，荒削りの羽目板で仕上げられている．

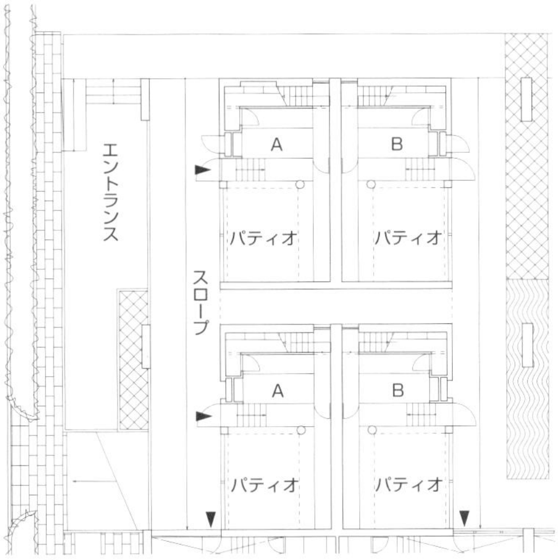

◀ ネクサスワールド／レム・クールハース棟／1991 年

設計：Rem Koolhaas／福岡市／RC 造 3 階建地下 1 階／敷地面積：1,681 m²／延床面積：2,798 m²

磯崎新がプロデュースしたネクサスワールド内に立地する民間分譲の中層集合住宅で，道路を挟んだ 2 棟各 12 戸で構成されている．1 階南側の前面道路側には店舗が入っている．

住棟はグリッド状に分割され，住戸は専用のライトウェルと裏側の吹抜けをもつ接地型のメゾネット，トリプレックスとなっている．このライトウェルと裏側の吹抜けによって各住戸は立体的に積層されつつも採光と通風を確保している．最上階の居間は南に面して大きな開口部を持ち，屋上屋根には植栽が施されている．

現代の集合住宅：路地 Multiple Dwelling: Street

路地

接地型では各戸へのアクセス経路は親密なスケール感を出すために路地的な雰囲気を持つことが多い．住戸に近接することに注意を払いながらアプローチの演出を行う．非居住者の立ち入ることのできる範囲，通り抜けの可否，見通しの有る無しも共用空間の雰囲気づくりとセキュリティの両面から検討する．

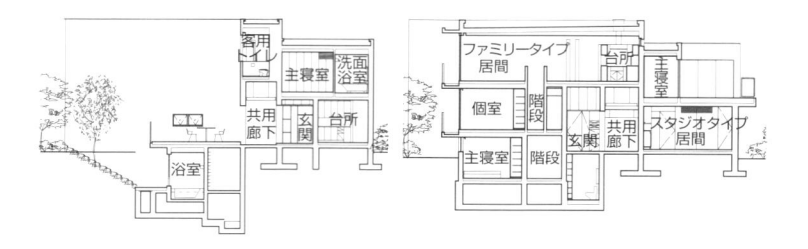

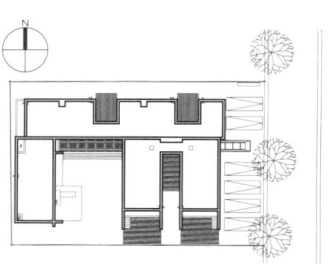

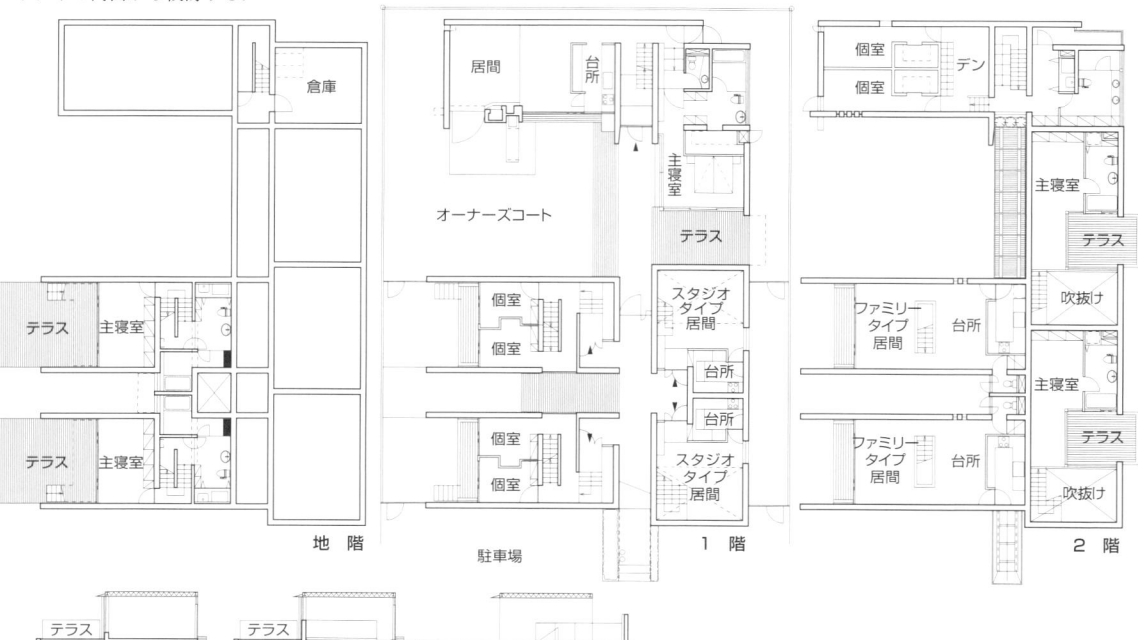

◀ Seijo・6／2000年

設計：横河健／東京都世田谷区／RC造2階建地下1階／敷地面積：723 m²／延床面積：637 m²

中廊下と壁の構成により，各住戸の独立性を高めた低層集合住宅．前面道路と平行に6枚の壁を設け，道路側の4枚によって2つのファミリータイプ住戸，中廊下に平行に2つのスタジオタイプ住戸，一番奥に庭を持つオーナー住戸という構成になっている．

各住戸の視界は吹抜けやテラス，地階を設ける工夫などでそれぞれのプライバシーに配慮した計画となっている．中廊下は3層住戸に挟まれた風の吹き抜けるコモンスペースとしての機能をもつとともに，オーナーズコートを貫く快適なアクセス路となっている．

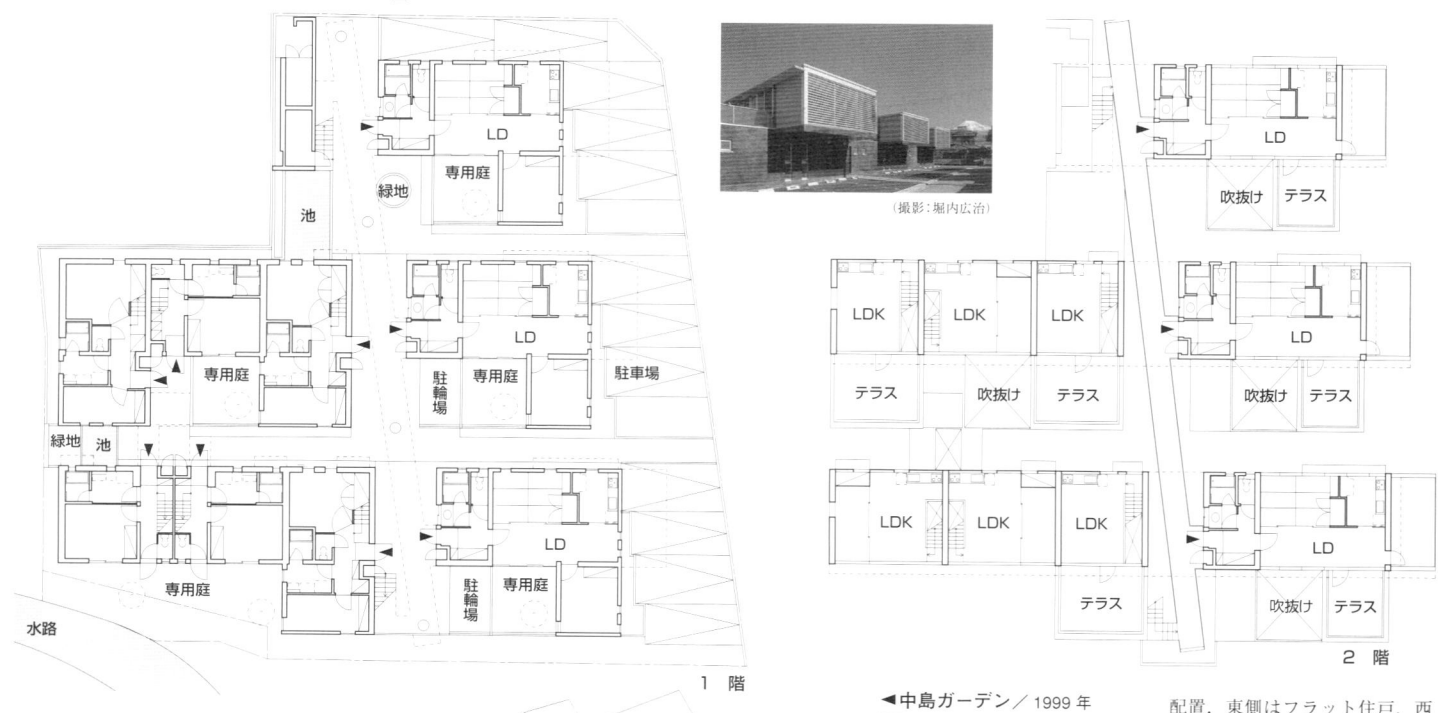

◀ 中島ガーデン／1999年

設計：松永安光＋近代建築研究所／静岡県富士市／RC造2階建／敷地面積：1,019 m²／延床面積：771 m²

1,000 m²の敷地に2LDK（60 m²）の住宅12戸と駐車場100％の計画．従来の中層型集合住宅に対し，低層高密度住宅の可能性を提案している．建物は近隣に配慮して2階建とし，採光・通風のよい南面住棟を3列平行に配置．東側はフラット住戸，西側はメゾネット住戸がそれぞれ6戸あり，いずれも専用庭を持つ．2階の専用庭は屋上を利用したルーフテラスであり，1階の専用庭と千鳥の配置である．住棟間を幅2mのせせらぎをもつアクセス路とし露地的な雰囲気としている．中央のブリッジは2階フラット住戸へアプローチするためのもので共用空間に立体的な変化を与えている．

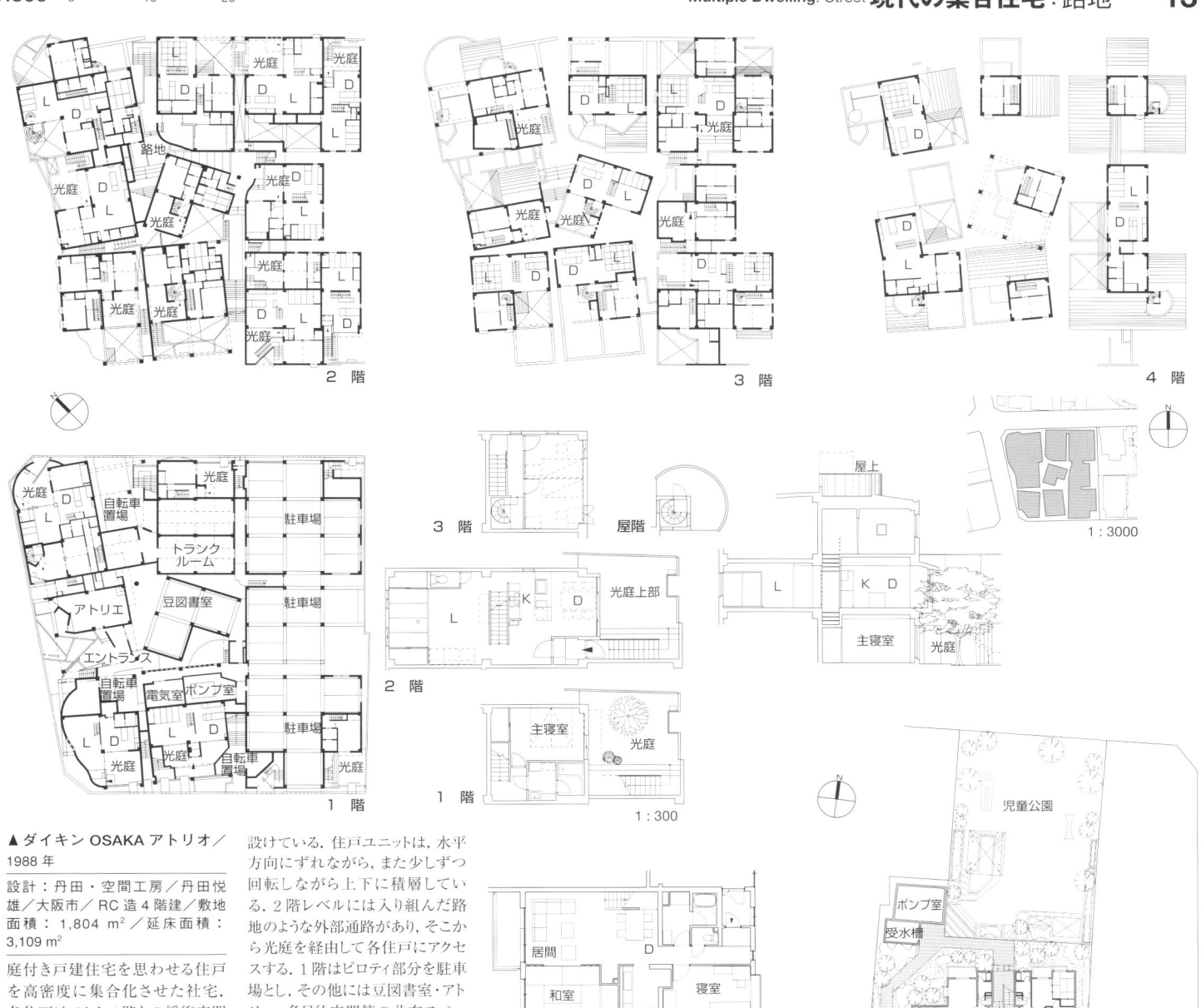

1:800   Multiple Dwelling: Street **現代の集合住宅：路地**   131

▲ダイキンOSAKA アトリオ／1988年

設計：丹田・空間工房／丹田悦雄／大阪市／RC造4階建／敷地面積：1,804 m²／延床面積：3,109 m²

庭付き戸建住宅を思わせる住戸を高密度に集合化させた社宅．各住戸はアクセス路との緩衝空間となる専用の光庭を持ち，居間，台所，食事室を大きなファミリールームとして個室とは異なる階に設けている．住戸ユニットは，水平方向にずれながら，また少しずつ回転しながら上下に積層している．2階レベルには入り組んだ路地のような外部通路があり，そこから光庭を経由して各住戸にアクセスする．1階はピロティ部分を駐車場とし，その他には豆図書室・アトリエ・多目的広間等の共有スペースを設け，一部を地域に開放している．

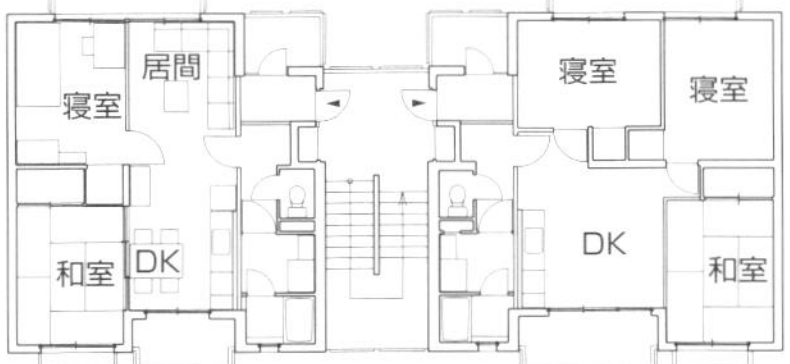

木場三好公園住宅／1982年▶

設計：住宅・都市整備公団，坂倉建築研究所／東京都江東区／RC造4階建／敷地面積：5,072 m²

運河を境にして，15戸分の分譲住宅部分と75戸の賃貸住宅部分の2つの敷地からなる．敷地は南北方向に長く，その形状が不整形であることから，住戸の南面性にこだわることなく住棟を配置しており，中層住棟としては高密の120％の容積率を実現している．敷地内には中庭と下町らしい路地状の共用空間が用意されている．それに繋がる階段室は反対側を見通せる形式のもので，建物の圧迫感を軽減している．また，窓先にバルコニーの手すりと一体になったフレームを設け，居住者がすだれや植物などで外部からの視線を調整できるように考慮されている．また敷地内の路地は，敷地北端の公園と南端の運河を結ぶ地域全体の避難通路としての役割も担っている．

路地的な中庭　（撮影：田中宏明）

ブリッジと通り抜け通路　（撮影：新建築社写真部）

132　現代の集合住宅：セットバック　Multiple Dwelling: Setback

セットバック

住戸をセットバックさせながら積層させる手法は傾斜地で用いられるのみに限らず、準接地型において上階の住戸の接地性を高める際にも使われる。下階の屋上をルーフテラスとして使う、アクセスを直通階段として地上からの見通しを良くするといったことができるからである。外部空間の開放感を高める効果も期待できる。

1：3000

▼茨城県営六番池アパート／1976年

設計：現代計画研究所／水戸市／RC造3階建／敷地面積：7,988 m²／延床面積：5,208 m²

一律的な公営住宅の計画を見直し、地域に根ざし、接地性に富む低層住宅のあり方を実現した事例。7つの住棟により囲まれた敷地内部の2つの中庭は、起伏がとられ空間に変化が与えられている。屋根を持たない階段室は住戸に挟まれた路地的な雰囲気で、6戸の玄関が面し、アルコーブには生活物があふれる。各戸の4畳半大のテラスは、生活空間として様々に利用され、中庭にいる者との視線や声での交流がある。住戸内は半階スキップしており、北側居室の独立性は高い。屋根葺材には地元で焼かれた瓦を使用し、周辺との融和に配慮している。

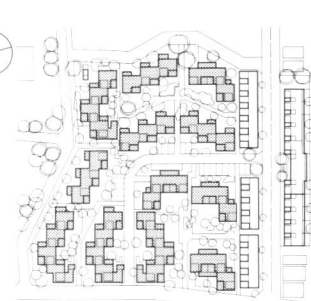

（撮影：鈴木 悠）

A型　1階　B型　2階　C型　3階

◀ライブタウン浜田山／1977年

設計：現代都市建築設計事務所／東京都杉並区／RC造3階建／敷地面積：8,143 m²／延床面積：7,899 m²／住戸数：86戸／住戸規模：87〜95 m²

近郊私鉄駅の近くにあり、表通りに面して店舗併用住宅、その裏側のブロックに専用住宅群を配した低層で高密度な計画。主な住棟は3階建てで、1階はフラット、2〜3階はメゾネットで構成されている。1階の住戸はすべて専用庭を持ち、2階のメゾネット住宅にはフラット住戸の屋根部を利用した広いバルコニーがある。また、2階の住戸へはすべて各戸専用の外部階段でアクセスする。住戸は雁行しながら集まり、路地的な空間と住棟に囲まれた屋外空間をつくり出している。居間・食事室は広い開口を取る一方で、個室の開口部はプライバシーを重視して小さく限定している。

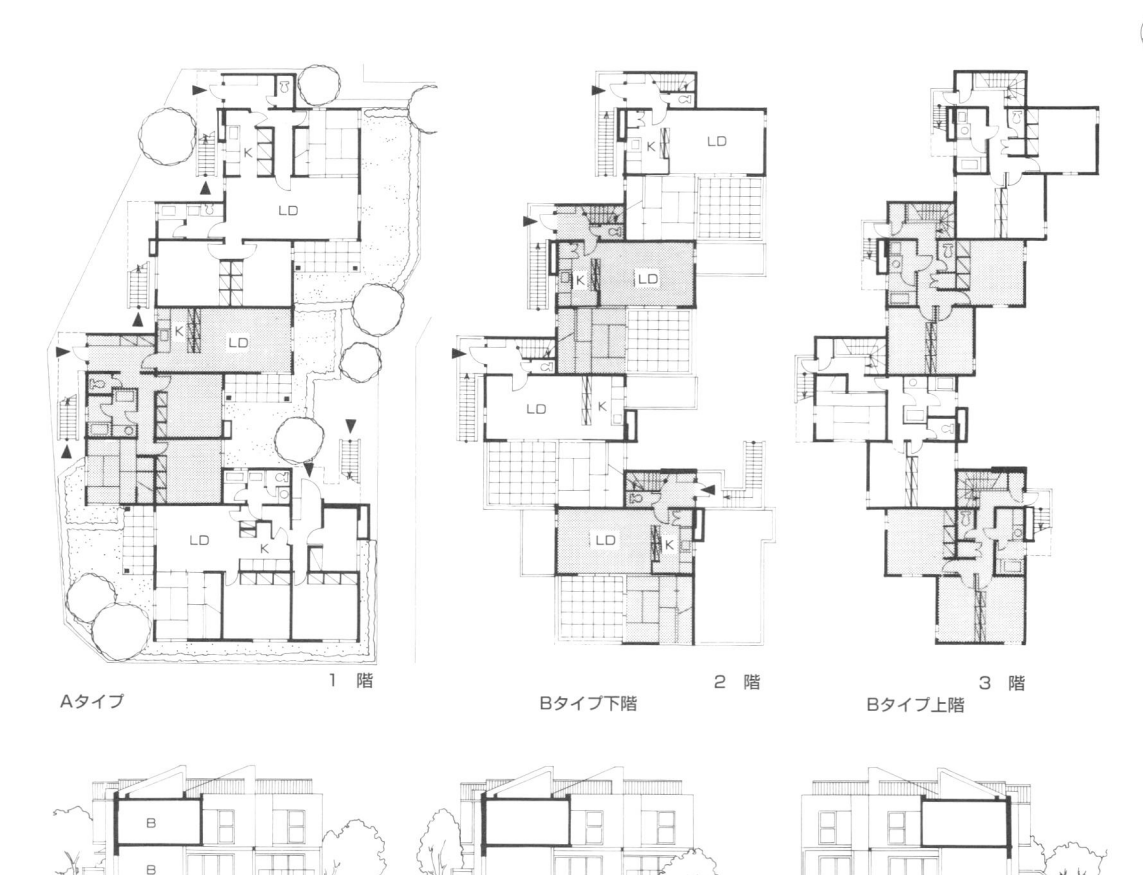

Aタイプ　1階　Bタイプ下階　2階　Bタイプ上階　3階

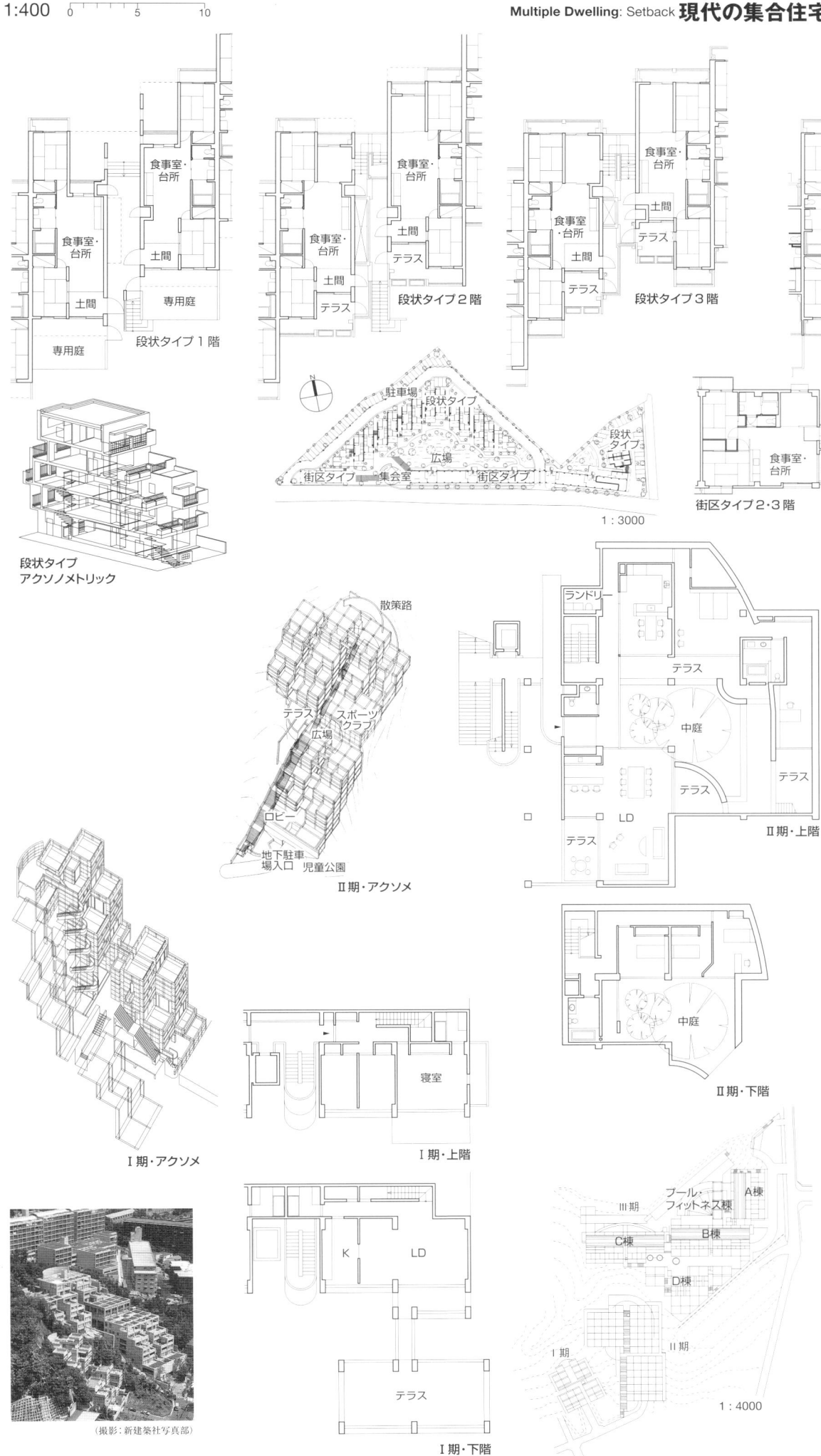

Multiple Dwelling: Setback **現代の集合住宅：セットバック** 133

▲ 熊本県営竜蛇平団地／1994 年

設計：スタジオ建築計画／熊本市／RC 造 5 階建（段状タイプ），RC 造 3 階建（街区タイプ）／敷地面積：8,498 m²／延床面積：6,511 m²／住戸数：段状タイプ 62 戸，街区タイプ 26 戸／住戸規模：54～71 m²

市街地の周縁に位置する木造県営住宅の建替．幅員 8 m の南面道路に面する直線状の住棟（街区タイプ）と北側の敷地形状に沿うように雁行する住棟（段状タイプ）を，中庭を介して配置．すべての住戸は，住戸内部から中庭へいたる間の連続する各要素（土間，庭（テラス），廊下・階段）を介してアプローチするが，これは一般の街における住宅～庭～道の連続する関係を意図したものである．土間は住戸（DK）と庭（テラス）との間の縁側的空間として，またテラスは生活空間として機能するよう十分な広さを確保している．

◀ 六甲の集合住宅／1983-1999 年

設計：安藤忠雄建築研究所／神戸市／RC 造 10 層（Ⅰ・Ⅲ期），RC 造 14 層（Ⅱ期）／敷地面積：19,566 m²（全体）／延床面積：33,443 m²（全体）／住戸数：Ⅰ期 18 戸，Ⅱ期 30 戸，Ⅲ期 174 戸／住戸規模：65～327 m²

住宅街の背後にある急斜面に建設された集合住宅．3 つのブロックはいずれも事業主は異なるが，一体のものとして構想されている．斜面に沿ってセットバックしたⅠ期およびⅡ期では均等なグリッドによる平面構成を地形になじませるように配置し，ずらしていく手法がとられ，急斜面の地形により生じる必然的なズレによって，住戸タイプは多様なものとなっている．また，ズレによる隙間は小広場や路地的な空間となり住宅の接点とされた．Ⅲ期は板状住棟による構成ではあるが，フィットネスセンターが設けられるなど共用部の充実が図られた．

134　現代の集合住宅：積層 Multiple Dwelling: Multistory

1:300

積層

低中層の集合住宅で密度を上げようとする場合，住戸を隙間なく積層してコンパクトに積み上げる集合形式が考えられる．この型式をとると外気に接する面積が少なくなってしまうために，住戸の通風，採光や眺望を確保するために住戸配置や住戸の平面，断面に工夫が必要となる．同時に，住戸から発生する生活音，排水音などが上下左右の住戸での生活の邪魔にならないような室配置の配慮が求められる．

具体的には住戸に2面以上の開口を確保する，メゾネットにし住戸内に吹抜けを設ける，L字型断面のメゾネット住戸を方位を違えて組み合わせて配置するなどの方法がある．また，外壁に凹凸をつけることで外壁面を増やすこともできる．

egota house A　（撮影：坂本一成研究室）

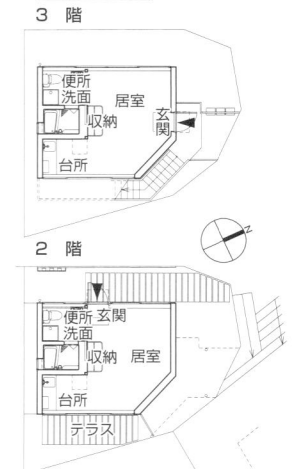

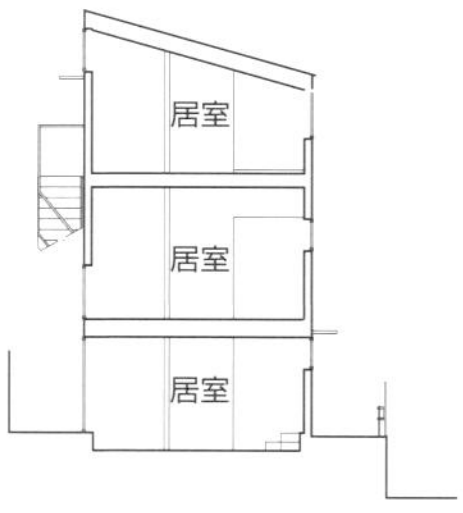

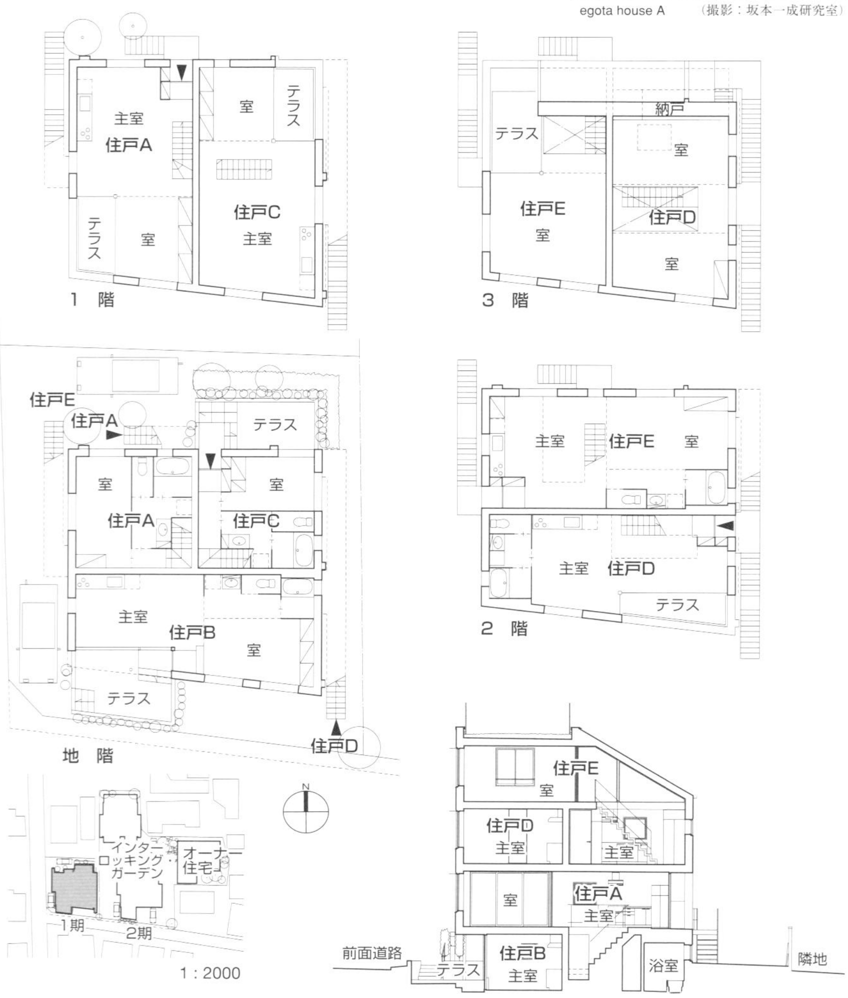

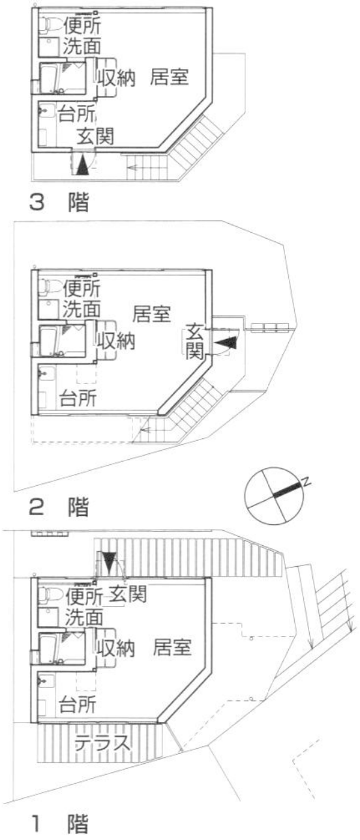

▲ ロータスアパートメント／2002年

設計：bbr／東京都板橋区／S造3階建／敷地面積：58 m²／延床面積：66 m²

狭小な敷地に同一平面のワンルーム住戸を3戸積み上げているが，坂道の接道から斜面敷地にアクセスするために各住戸が独立したアプローチと方位の異なる玄関を持っている．

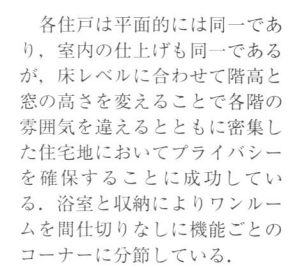

各住戸は平面的には同一であり，室内の仕上げも同一であるが，床レベルに合わせて階高と窓の高さを変えることで各階の雰囲気を違えるとともに密集した住宅地においてプライバシーを確保することに成功している．浴室と収納によりワンルームを間仕切りなしに機能ごとのコーナーに分節している．

◀ egota house A／2004年

設計：坂本一成研究室＋アトリエ・アンド・アイ／東京都中野区／RC造3階建地下1階／敷地面積：225 m²／延床面積：311 m²

不整形な敷地に3棟の集合住宅とオーナー住宅を建てる計画のうちの1棟である．住棟を敷地の形状に合わせて配置することで各棟間の距離を取っている．

住棟の外形は敷地形状や斜線制限により変形されている．

階ごとに90度異なる戸境壁により上下階で方位の異なるメゾネット住戸として，室ごとに異なる眺望を室内に取り込み，住戸の広がりを演出している．様々な方位を向いた住戸ができることにより，住棟の表裏がなくなり，外部空間や隣棟との関係が作られていく．

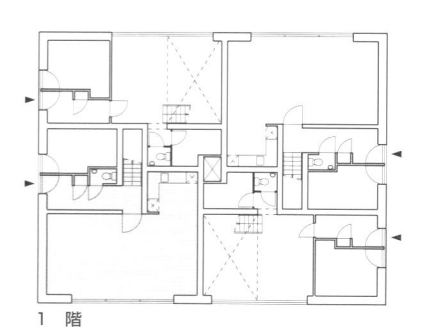

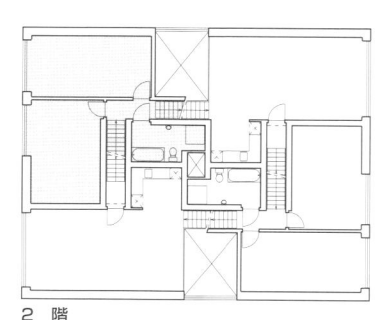

（撮影：Luuk Kramer）

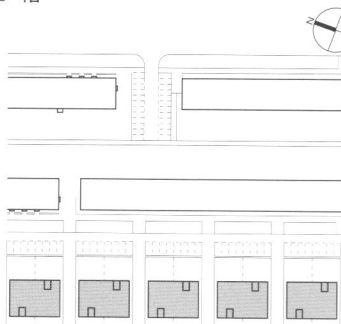

◀ クアドラント・フラッツ／1999年（Kwadrantwoningen）

設計：Meyer en Van Schooten Architecten／Rotterdam，オランダ／3階建／住戸数：4戸（×5棟）

トリプレックス4戸をらせん状に組み合わせ，箱状の1棟を形成している．住棟中央に水廻りがまとめられ，階段がその周りを回っている．

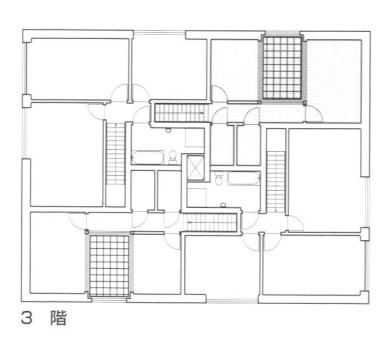

住戸は1，2階の公室を吹抜けでつなぐタイプと3階の私室にテラスを持つ2つのタイプがある．主室は東西の専用庭に大きな開口で面し，眺望と採光を取り，私室は開口を絞り，プライバシーをなるべく確保しようという意図が伺える．専用庭に面しては各戸に大きな納戸が設けられ，屋外作業への配慮が見られる．

1:400

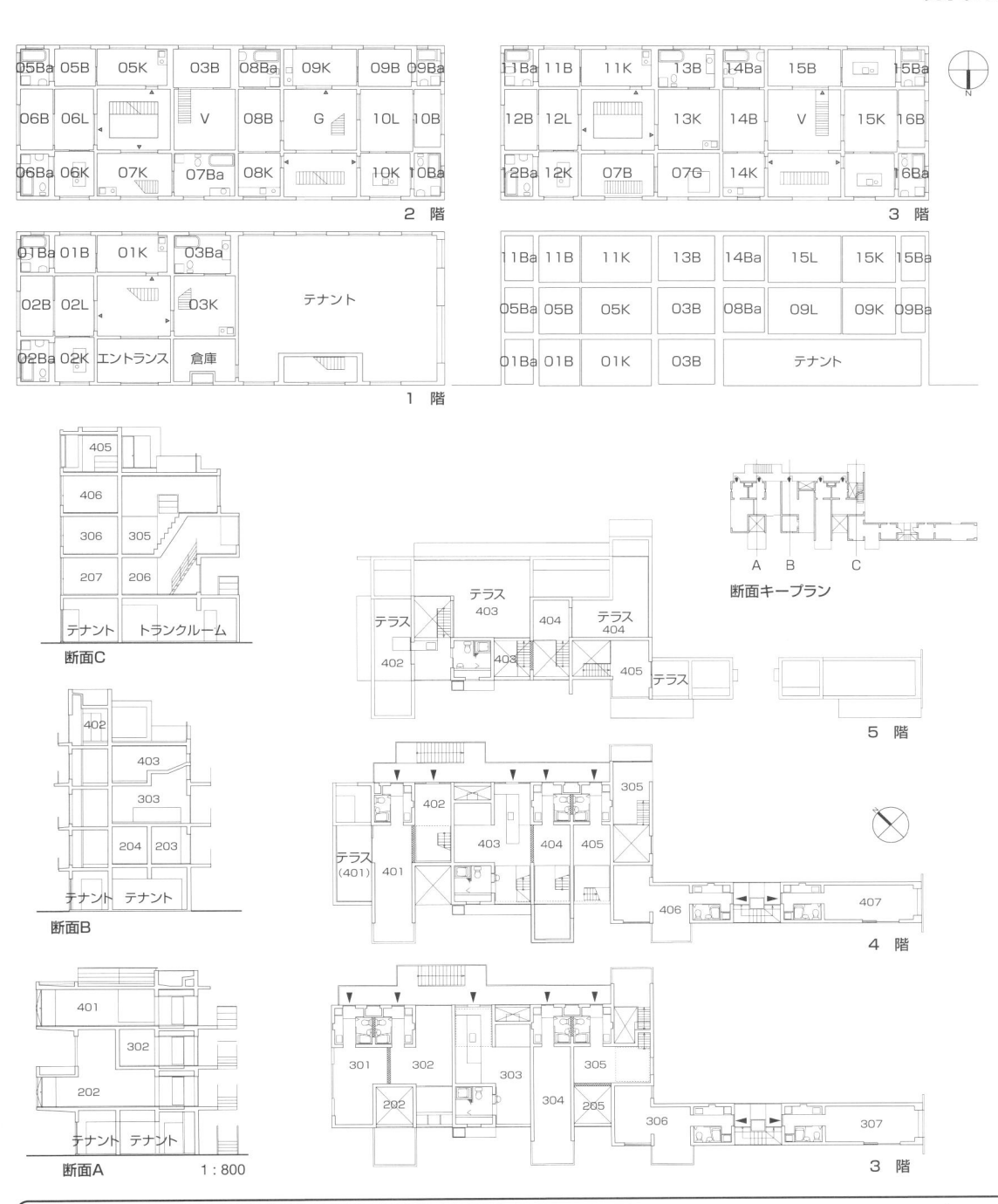

Multiple Dwelling: Multistory 現代の集合住宅：積層 135

◀ 船橋アパートメント／2004年
設計：西沢立衛建築設計事務所／千葉県船橋市／RC造3階建／敷地面積：340 m²／延床面積：649 m²／住戸数：15戸

住戸はキッチンを中心とした部屋，風呂を中心とした部屋，ベッドを中心とした部屋の3室によって構成される．一部，リビングやガーデンを持つ住戸もある．各室はコンクリート壁に分節されながら，大きな開口部により室同士が連続する，生活行為を室に限定しない計画であり，通常のワンルームマンションとは異なる提案である．

壁のスパンを変える事で様々な大きさの室が生み出され，大開口により住戸の奥まで外光が届くようになっている．壁厚は室間の関係性に応じて設定されている．

◀ スペースブロック上新庄／1998年
設計：小嶋一浩／C＋A／大阪市／壁式RC造5階建／敷地面積：365 m²／延床面積：724 m²／住戸数：22戸

密集市街地の細長い変形敷地に建つ．1辺が2.4 m（内法2 180 mm）の立方体を3個以上つなげた積み木（ベーシックスペースブロック）を用いて住戸を計画し，平面，断面ともに多様な住戸を実現している．

住戸面積は決して広くはないが吹抜け，高窓，小コーナー，テラスなどを巧みに設けることで変化に富む内部空間を作り上げている．住戸内は極力間仕切りを設けず空間的な広がりを作り，平面，断面の変化で分節を行っている．居住者はこの分節を手がかりに生活行為に対応した空間を見出していくことになる．

ユニットによる積層

住戸を積層させていく際には同じユニットを積層することが最も単純かつ効率を上げることができる．モジュラーコーディネーション（⇒180）を用いて部材寸法を標準化していくことも方法の一つではあるが，プレファブリケーションを積極的に導入して工場生産されたユニットを積み上げていく事例も見られる．中銀カプセルタワー（東京都中央区／1972年／設計：黒川紀章建築・都市設計事務所）は2.5 m × 2.5 m × 4.5 mの極小カプセル140個を2本のシャフトにボルトで取りつけて建設されている．単身者の住居や書斎として計画され，カプセルにはユニットバス，デスクユニット，オーディオ，電話，空調吹出口など必要最小限の機能が組み込まれ，不足する機能は都心の立地を生かして周囲の都市機能で補う計画である．同一ユニットが反復する単調さをやわらげるためにいくつかのユニットは90度横向きに取りつけられている．カプセルは複数組み合わせて家族用として使用することやカプセル自体の取り換えも考慮されていたが，実際にはこれらの改変は行われていない．アビタ'67（Habitat '67／Montreal，カナダ／1967年／設計：Moshe Safdie）はモントリオール万博に合わせて建設され，11.73 m × 5.3 m × 3.05 mの354個のプレキャストコンクリートのボックスから成っている．このボックスを1～3個組み合わせることでメゾネットを含む16の住戸プランがつくり出される．全戸に日照を確保しかつテラスを設けるために住戸が雁行しつつセットバックしながら積層しておりダイナミックかつ変化のある外観を形成している．5階と9階はエレベーターの停止階であり，ここからペデストリアン・ストリートが各戸へと連絡している．ペデストリアン・ストリートは構造体としても機能するが，スラブ下には配管が収められ設備幹線としての機能も持ち，メインテナンスに備えている．

いずれの事例も単一のユニットを積層させることで効率化を図りつつ，変化のある空間を生み出すことと竣工後の維持・管理に対する対応を課題として設計されたことを共通点として挙げることができるだろう．

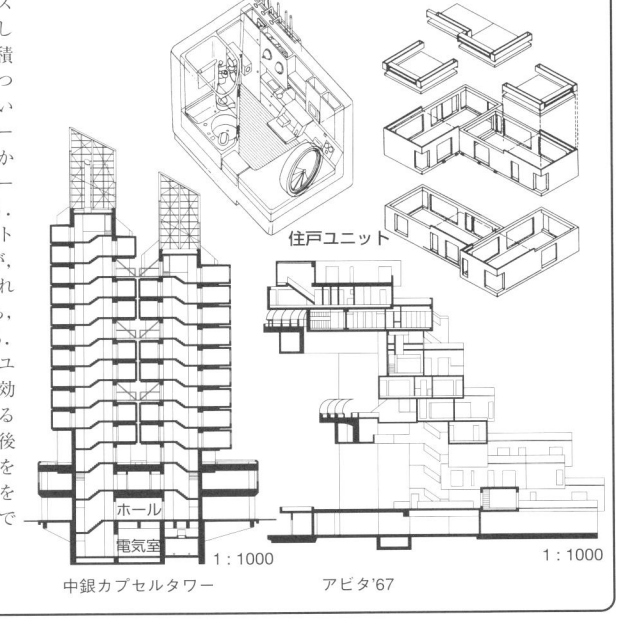

136 現代の集合住宅：階段室 Multiple Dwelling: Staircase

1:400

階段室

階段室を介して直接住戸にアクセスする形式では共用廊下がなくても成立する．各階の住戸数が階段室ごとに2つある2戸1タイプは，住戸両端の開口部分が共用廊下を介さずに直接外部に繋げることができる．2戸1は51C型をはじめとする日本の公営住宅の標準設計で多く見られ，南面平行配置の団地と共に一つの象徴的な風景であった．

高齢化が進みエレベーターの設置が欠かせなくなると，エレベーター当たりの住戸数を増やすために各階の戸数を多くする例や，高層化する例，階段室と片廊下を複合してエレベーター数を最小限にする例などが見られる．

共用廊下がない集合住宅は，住戸の視覚的な単位が垂直方向だけでなく水平方向にも反復するため，住戸がブロック状に連続した外観となる例もある．

（撮影：二川幸夫）

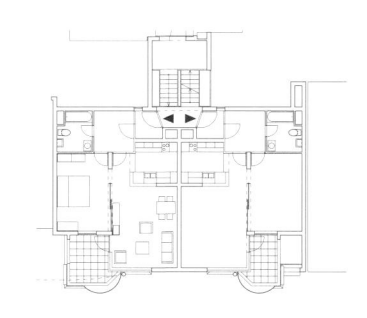

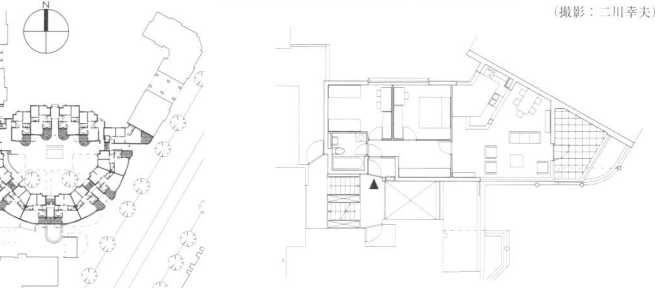

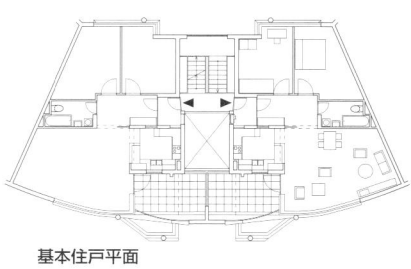

基本住戸平面

1:3000

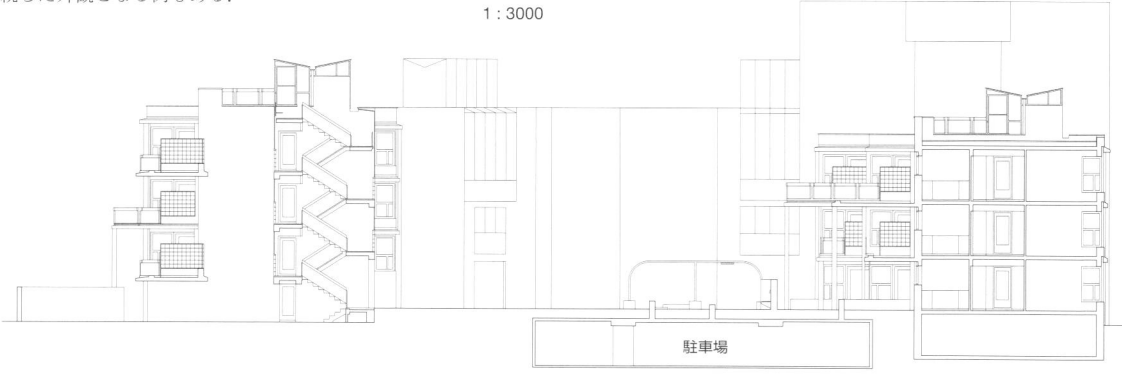

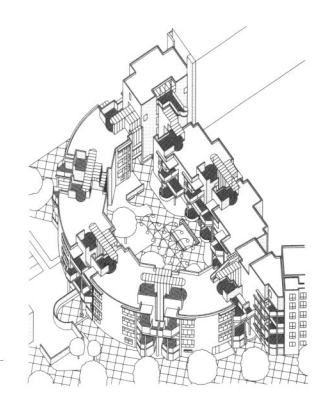

▲ リンデンシュトラッセの集合住宅／1986年（Lindenstrasse Housing Project）

設計：Herman Hertsberger／Berlin，ドイツ／地上6階建地下1階／住戸数：48戸

敷地は三角形の街区の角に位置し，住戸へは道路側からバルコニー，階段室の下を潜り，中庭側から階段でアクセスする．階段室はガラストップライトに覆われ，階段室まわりの吹抜けは，バルコニーと一体的に機能している．バルコニーは階ごとに90°方向を違えており，下階への日照を妨げないようにしている．

地下が駐車場になっている中庭は，春や秋に適度な日照が住宅に確保できるような住棟間の距離から決められ，庭園や子供の遊び場が設けられている．

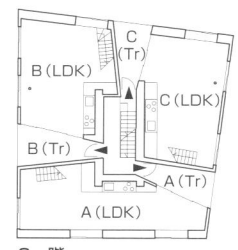

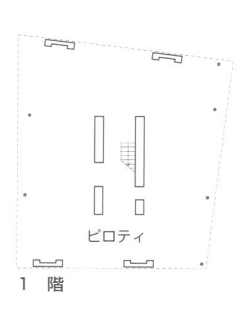

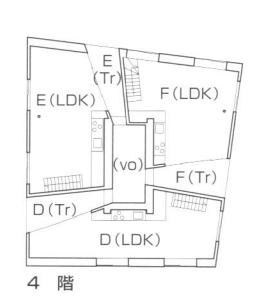

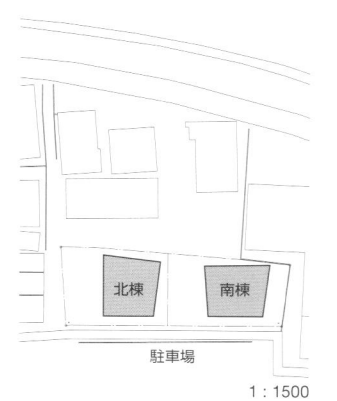

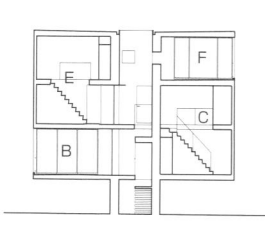

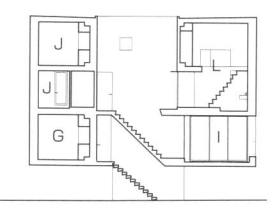

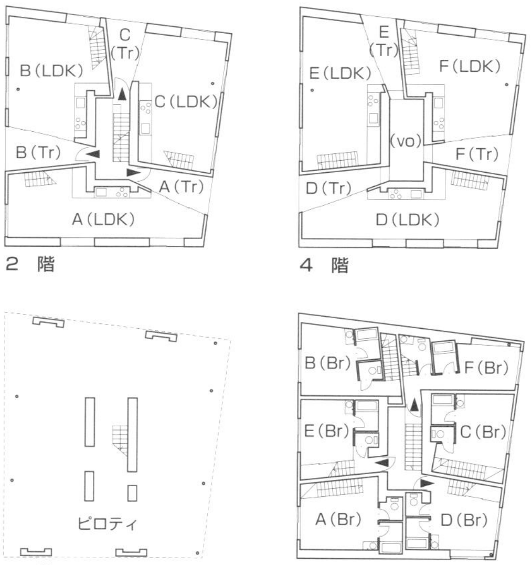

1:1500

（撮影：平賀 茂）

▲ 調布のアパートメント／2004年

設計：石黒由紀建築設計事務所／東京都調布市／S＋RC造4階建／敷地面積：652 m²／延床面積：703 m²／住戸数：12戸

同じ構成の二つの住棟が90度回転して配置されている．周辺の戸建住宅に違和感のないボリュームで建坪率を抑え，住棟間と近隣の建物の距離を大きく確保している．アクセス用の共用の階段室を住棟の中央に配したため，採光や通風，眺望に有効な外周部にある開口はすべて住戸専用の窓かテラス部分となる．一方，設備と配管は共用階段の壁内に収まり，すべての階で住棟の裏表をなくしている．

1階がピロティの駐車場で，2～3階および3～4階のメゾネット住戸が3戸ずつ計6戸が共用の階段室に面し，アクセスは2階および3階となっている．全住戸の小部屋を3階にまとめたのに対し，各住戸のテラスは2および4階にあって共用階段の吹抜けに接続し上空へ抜けている．また住戸内部には放射状の壁があって，各方向への抜けが視線を外部へ誘導し，視線のずれがプライバシーを確保している．

1:400

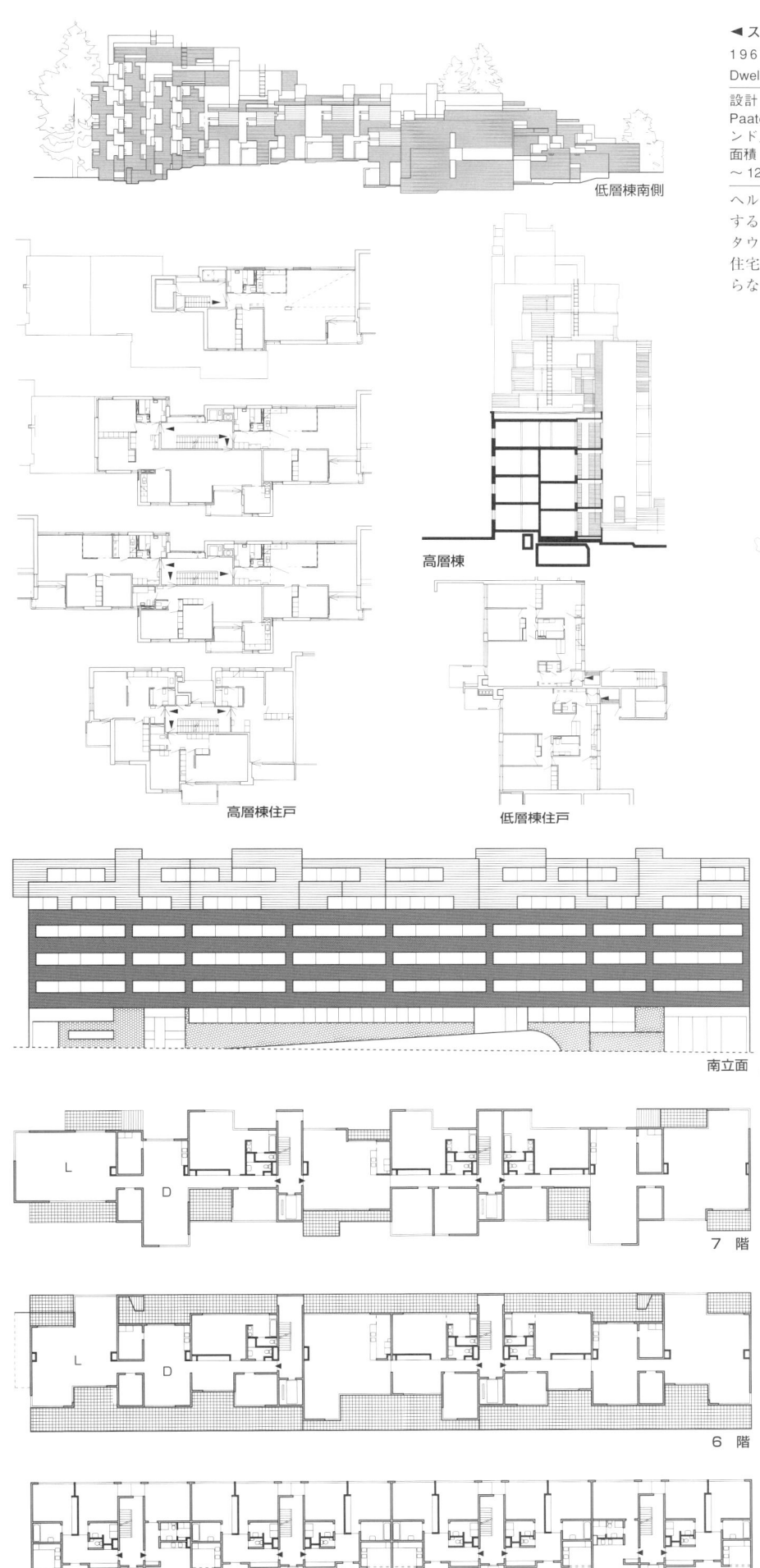

Multiple Dwelling: Staircase **現代の集合住宅：階段室** 137

◁**スヴィクンプの集合住宅／1967-1983年（Suvikumpu Dwellings）**

設計：Reima Pietila and Raili Paatelainen／Tapiola, フィンランド／RC造1〜10階建／敷地面積：26,500 m²／住戸規模：40〜120 m²

ヘルシンキから15 km西に位置する田園都市，タピオラニュータウンの緩勾配の丘に建つ集合住宅．全体は4つのブロックからなる．

敷地北側の標高の低い場所には高層の住棟が建つ．階段室を内包し，東から西へ10階から3階まで徐々にセットバックする構成をとっている．敷地南側の建物は2・3階を主とした低層棟で，雁行配置による壁面や独立した階段室による陰影の深い豊かな表情となっている．低層棟では特に周囲の木立ちとの関係を意識して住棟配置と開口が決められている．

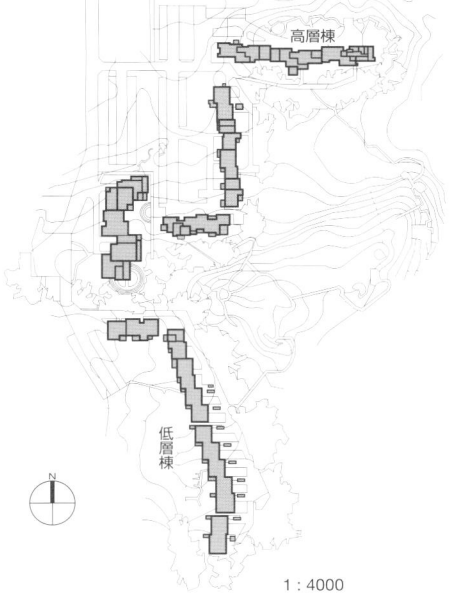

低層棟南側

高層棟

高層棟住戸

低層棟住戸

1：4000

南立面

7階

6階

3〜5階

駐車場

中庭

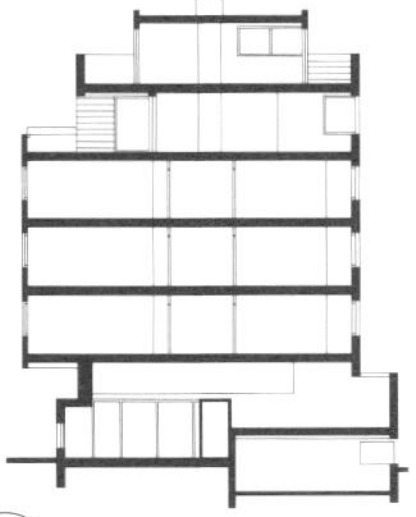

◁**プリンセンホーク／1995年（Prinsenhoek）**

設計：W. J. Neutelings／Sittard, オランダ／RC造7階建／住戸数：32戸

敷地は市の中心部の交差点に接しL字型をしている．19世紀に建てられて邸宅を用途の複合した建物として再生し，中庭を市街地の憩いの場として確保している．1，2階には店舗，診療所，倉庫，事務所が入り，3〜5階には26戸の住宅が入っている．その上の6，7階にも屋根の上に計画されたような6戸の住宅が載っており，形態と素材を変えることによって景観に変化を与えている．

各住戸のアクセスは3〜5階には2戸1エレベーターを使用し，6，7階には中央2基が通じている．エレベーターは住宅専用であり，2階の事務所，店舗棟は階段を利用する．

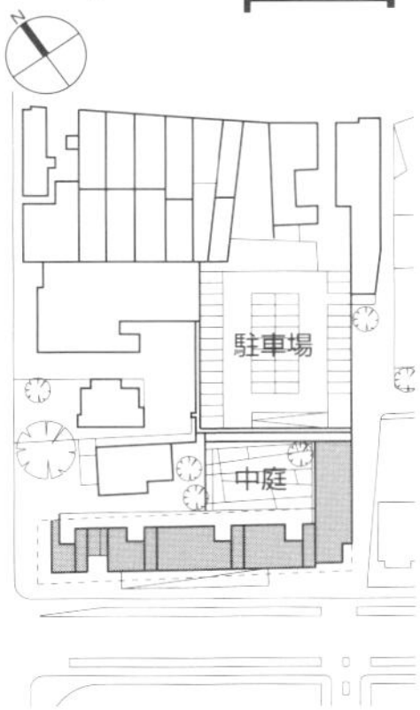

（撮影：Kim Zwartz）

現代の集合住宅：光庭・吹抜け・隙間 Multiple Dwelling: Light Court/Void

光庭・吹抜け・隙間

建物の内側に挿入された外部，あるいは外壁の上下左右のずれや凹凸は光や空気の通り道をつくり，風景や自然光，外気などの自然環境に住戸が触れる場を増やす．高密度に建て込んでいる敷地，建物の奥行きが深く外周部だけでは開口が十分に得られない場合などで有効に働く．

形状は垂直方向の吹抜けや水平方向の隙間や建物を貫通する開口などがあり，状況に応じて「吹抜け」「光庭」「空中テラス」「隙間」などと呼ばれる．これらの複合や住戸内部とのつながり方も含めて様々な設計の工夫が見られる．垂直方向に外部空間を挿入する場合，メゾネットなどの多層住戸であれば住戸ごとの環境の差は小さくできるが，単層の住戸では上階と下階の住戸間で差が出やすい．

採光や視界のためには，上階をセットバックしたり一部を抜いたりすることが有効で，通風や換気のためには，上部だけでなく水平方向にも外部とつなげ空気の通り道をつくることが有効である．外気につながる通路やピロティ，土間，路地などは風の通り道となり，さらに居住者同士が接する場となり得る．このような共用空間に対して多少でも住戸を開けば，生活感が共用空間にもれ出し，居住者同士のつながりや賑わいが感じられる空間となる．

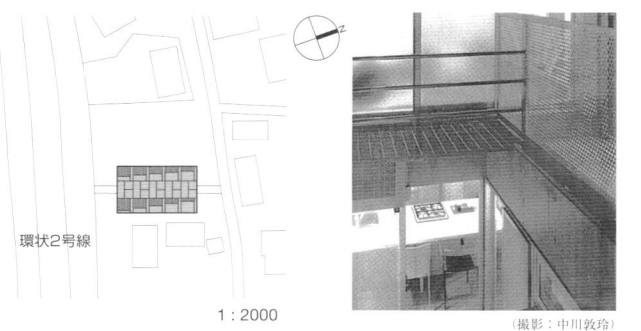

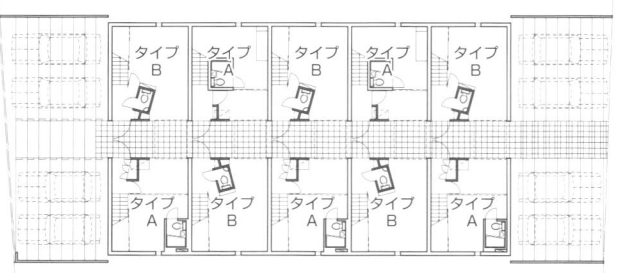

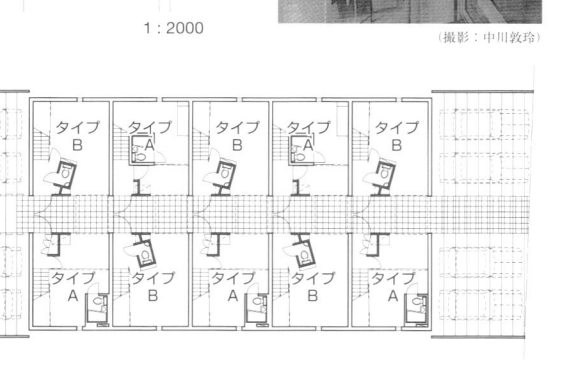

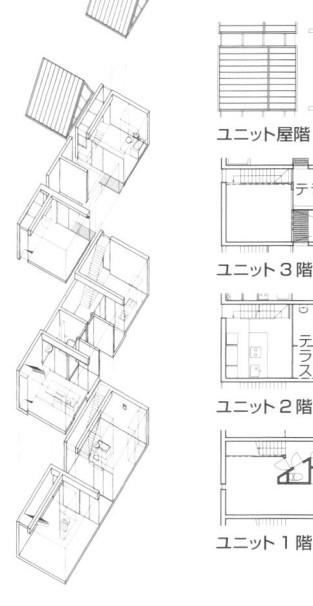

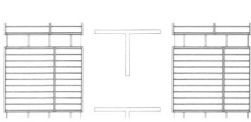

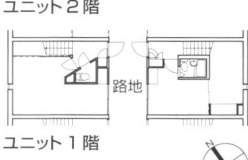

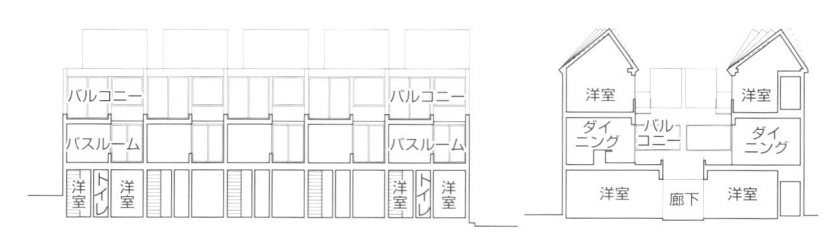

◀ STYLE／かみながやの路地／1995年

設計：増田実建築研究所／RC造3階建／敷地面積：429m²／延床面積：605m²／住戸規模：58m²／総戸数：10戸

南北に細長く両端が接道する敷地において，中央を貫く幅2mの路地の両側に3層で塔状の住戸が5戸ずつ10戸並んでいる賃貸集合住宅．

将来，建込むことが予想される郊外ベッドタウンにあり，各住戸は隣地側に背を向け敷地の内側に開いている．1階の路地まで雨を落とす吹抜けは光や風の通り道ともなり，それに対して各住戸はバルコニーや開口を最大限に向けている．

吹抜けは10m近い高さの塔に挟まれているが，上階に向かってセットバックしているため日光は路地まで落ちる．

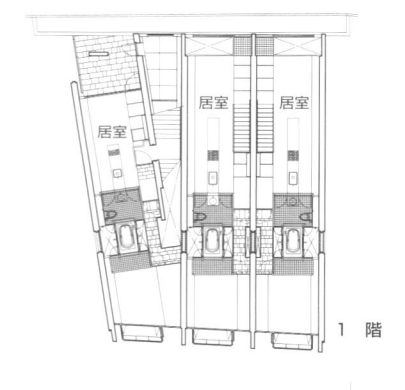

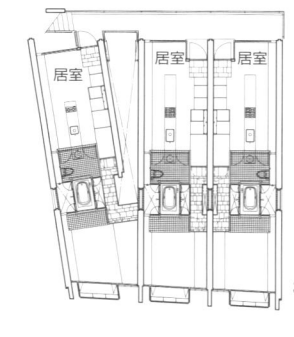

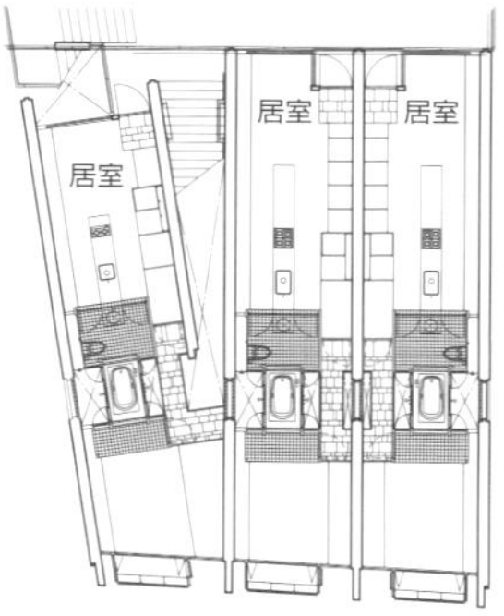

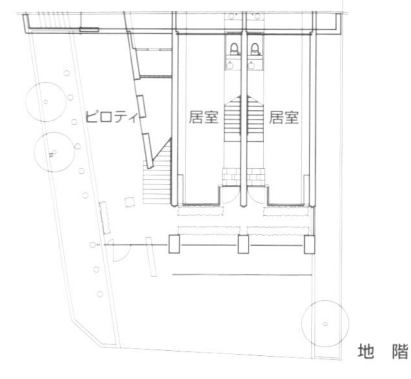

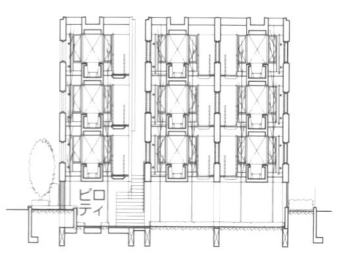

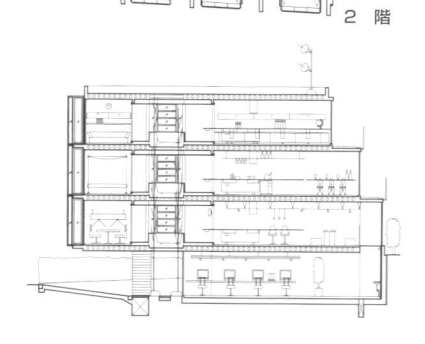

▲ リネア／2001年

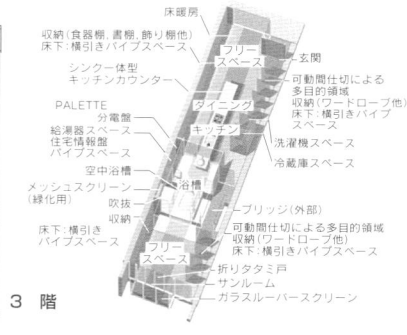

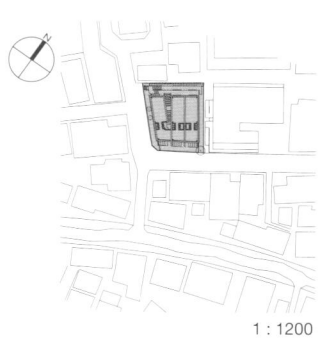

設計：山岡嘉彌デザイン事務所／東京都目黒区／RC造3階建地下1階／敷地面積：303m²／延床面積：563m²／総戸数：9戸

若いカップル，DINKS，自宅で仕事をする単身者など多様なライフスタイルを営む都市生活者のための賃貸集合住宅．各住戸には中央のバスルームを挟んだ奥にベッドルームがあり，手前の居室はスモールオフィスへの対応も想定されている．

背の高い孟宗竹が植わる吹抜けに浴槽が挟まれ，各階に緑や採光，通風をもたらしている．間口が狭く南北に細長い住戸平面ながら，浴槽と一体となった吹抜け部分が，住戸中央部の水まわりの環境を高め，住戸内の転換点となっている．

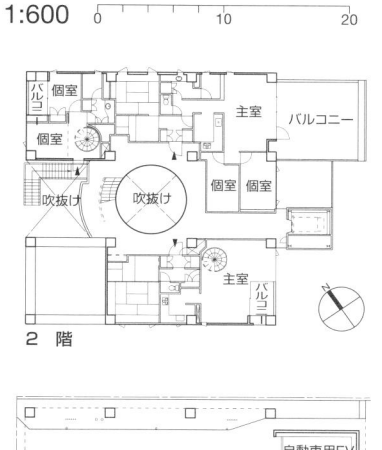

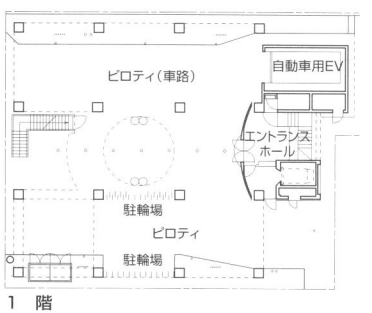

Multiple Dwelling: Light Court/Void 現代の集合住宅：光庭・吹抜け・隙間

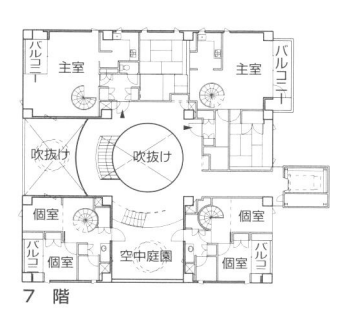

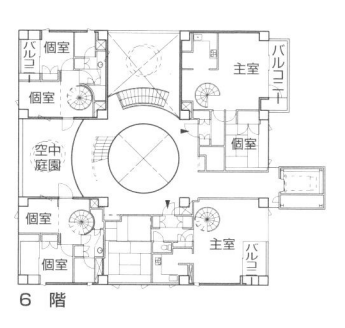

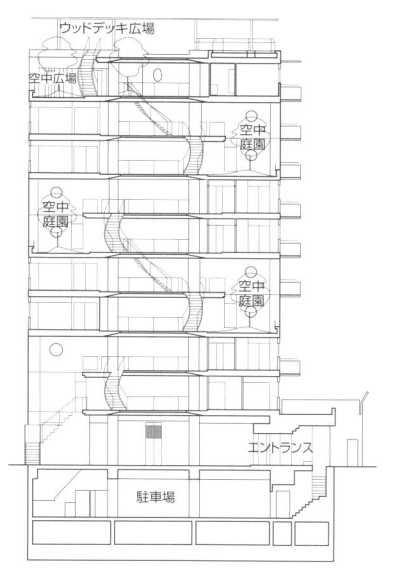

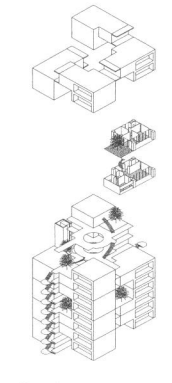

◀ 平成ドミノ・堺／1998年

設計：横河健十横河設計工房／大阪府堺市／RC＋SRC造地上10階建地下1階／敷地面積：543 m²／延床面積：2,963 m²／住戸規模：97〜110 m²

メゾネット住戸を螺旋状に積み重ねて集合，高層化させた都市型の社宅．

面積の異なる2層で構成されたメゾネット住戸と2層吹抜けの空中庭園が，リング状の共用階段が巡る縦シャフト中心に螺旋状に回転し，垂直方向に連続性を持って積み重ねられている．プランは4層で1回転することになり，この計画では2回転半の10層となっている．すべての住戸はコモンスペースとしての空中庭園に面しており，外気に接する部分が多くなることから十分な採光や通風を確保することが可能となっている．

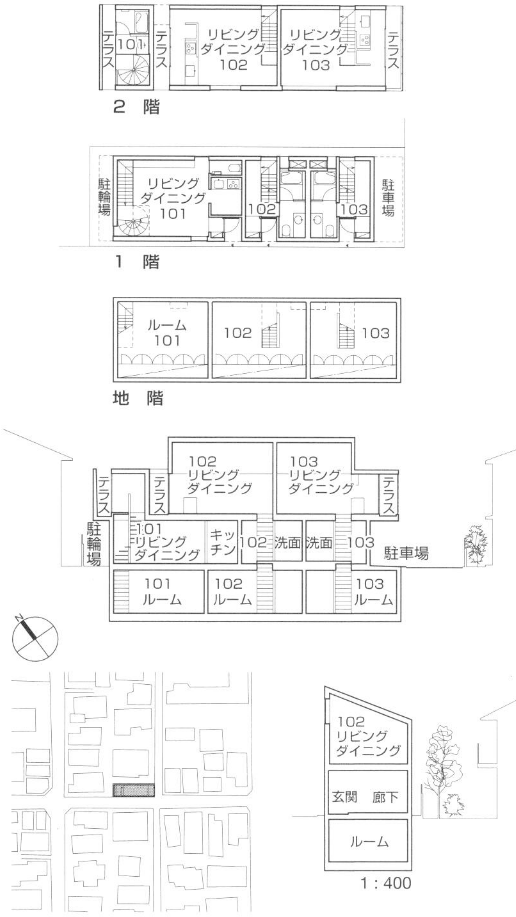

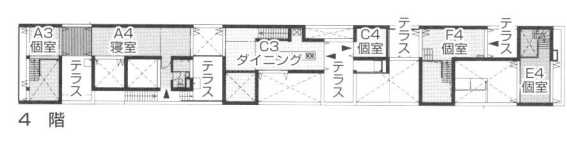

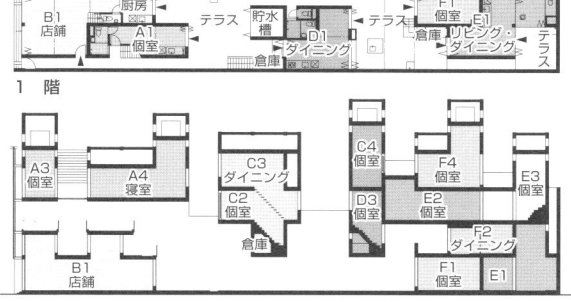

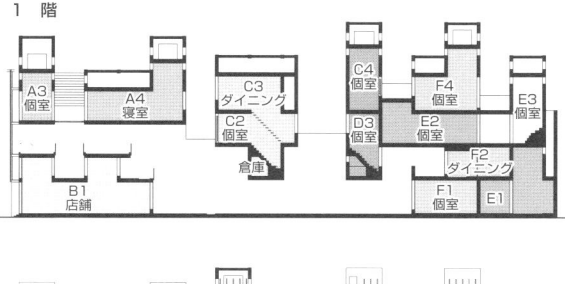

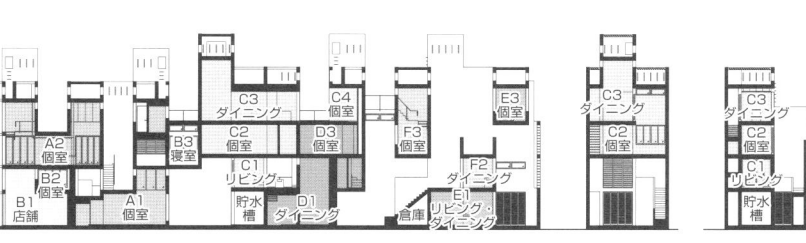

（撮影：新建築社写真部）

▲ TRIO／2003年

設計：千葉学建築計画事務所／東京都世田谷区／RC造2階建地下1階／敷地面積：91 m²／延床面積：191 m²／総戸数：3戸

全住戸の玄関は道路側に接地し，敷地いっぱいに建つ長屋形式の集合住宅．

角地に建つことによる2方向の道路や隣地の空地が適度な隙間となり，周辺の良好な環境を確保している密度と連続しながら，さらに3戸でありながら1戸に見せる住戸単位を明確にしない外壁デザインの配慮で補完されている．

各住戸は地下1階から地上2階までの3層で，形状や位置が様々な外壁の開口，ハイサイドライトなどで外部との視線の干渉を避け，テラスの正面を壁やルーバーにして狭い隙間をつくり外部空間へ巧みにつないでいる．

（撮影：新建築社写真部）

▲ スペースブロック ハノイモデル／2003年

設計：小嶋一浩十東京理科大学小嶋研究室十東京大学生産技術研究所曲渕研究室／Hanoi，ベトナム／RC造4階建塔屋2階／敷地面積：271 m²／延床面積：467 m²／総戸数：6戸

ハノイの旧市街36通り地区に計画された建替えモデルである．同地区は，住居が複合する問屋街で間口が狭く奥行きが長いアジアで典型的な町家が高密度に密集している．

高温多湿の気候でエアコンを使わない高密度の居住空間は，スペースブロックの内部にできた吹抜けや外部の立体的な中庭による多孔状の形態が自然換気と採光を確保し，街路や住戸内の空間同士の開放性ともあいまって一定の住環境が確保されている．半屋外のテラスも居住空間として積極的に位置づけられている．

140　現代の集合住宅：中庭　Multiple Dwelling: Courtyard

1:500

中庭

住棟に囲まれることによってできる集合住宅の中庭は，周辺環境と異なる一定の質を持った空間になる．低密度であったり高層化によりまとまった空地が確保できる場合での配置の選択肢となる．中庭の下部は駐車場などの他用途となる例もある．

中庭空間の質や雰囲気に影響を与える要素として，中庭の広さ，建物の高さと住棟間距離のプロポーション，日照，通風，緑化の状況，地面の仕上げやつらえ，アクセスや生活が中庭に面するか，人が滞留するか，居住者以外に開かれているか，などが挙げられる．また，住戸同士の視線が交差する見合いや中庭に面しづらいコーナー部分に対する配慮や扱いが重要である．

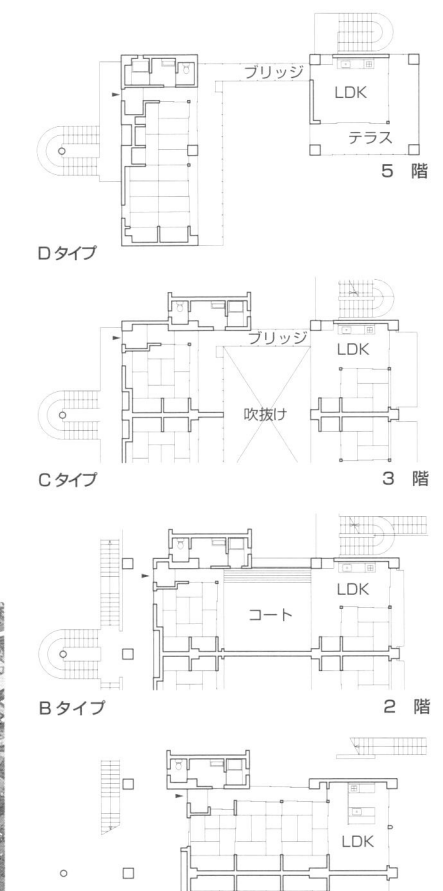

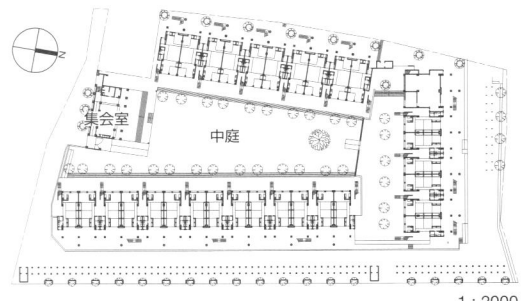

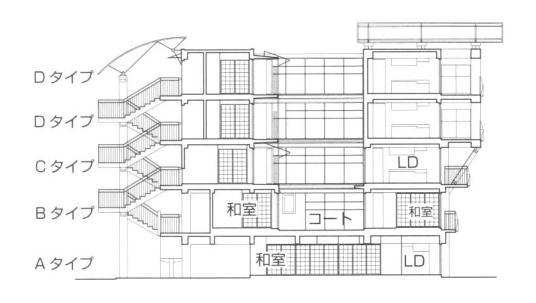

（撮影：新建築社写真部）

Dタイプ　5 階
Cタイプ　3 階
Bタイプ　2 階
Aタイプ　1 階

1:2000

▲熊本県営保田窪第一団地／1991 年

設計：山本理顕設計工場／熊本市／RC 造 5 階建／敷地面積：11,184 m²／延床面積：8,753 m²／住戸数：110 戸／住戸規模：51〜67 m²

「熊本アートポリス」構想の一環として計画された県営住宅の建替え団地．3 住棟と集会室で中庭を囲み，中庭へは住戸を経由してアクセスする．中庭を基本的には居住者の専用空間と位置づけている点に特徴がある．

上層住戸は光庭を挟んで，中庭を向く家族室とアクセス通路側の寝室群とに分けられ，両者は半屋外のブリッジでつながれている．外気に接する面を多く確保した住戸計画で，最上階の住戸の中庭側の広いテラスは将来の増築スペースともなる．

（撮影：新建築社写真部）

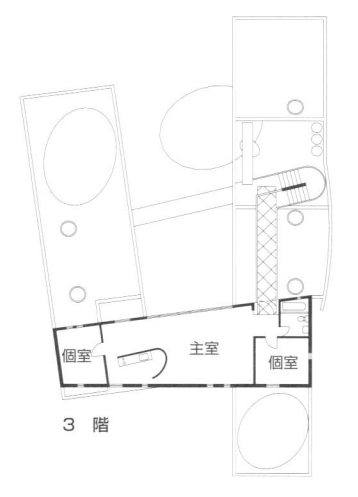

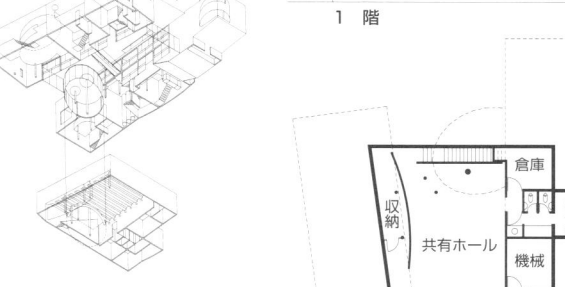

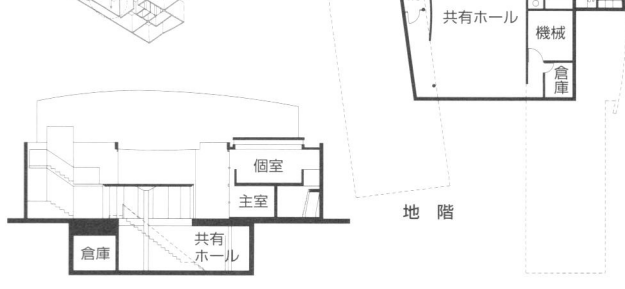

◀用賀 A フラット／1993 年

設計：早川邦彦建築研究室／東京都世田谷区／RC 造地上 3 階建地下 1 階／敷地面積：685m²／延床面積：685m²／総戸数：8 戸

閑静な住宅地にあり，アーティストやデザイナーの入居を想定する賃貸集合住宅．入居者が共用する約 50 名収容の小ホールを併設する．

中庭は道路に対して視覚的に開放されながらガラスのスクリーンで隔てられており一般の進入は遮っているが，小ホールも含めて入居者の枠内で豊かな共有領域となることが意図されている．吹抜けのあるメゾネットの住戸は天井高が最低限に抑えられ，2 層分の住棟は高さが通常より 1m ほど低くなっている．これにより，5〜7.5 m の間隔で中庭を挟む二つの住棟は中庭の圧迫感を和らげている．

住戸内の各室間は連続性を重視し，単身やカップルを対象とした住戸では間仕切りを廃し吹抜けを介して連続している．キッチンユニットやサニタリーユニットは，生活行為にフレキシブルに対応するように装置的に自立した家具として提案されている．

1 : 500

Multiple Dwelling: Courtyard **現代の集合住宅：中庭** 141

(提供：泉幸甫建築研究所)

1 : 1000

1 階

2 階

5 階

3 階

1 : 3000

1 : 800

▲ Apartment 鶉／2002 年

設計：泉幸甫建築研究所／東京都豊島区／木造 2 階建／敷地面積：1,407 m²／延床面積：1,198 m²／住戸数：13 戸

12 戸の賃貸住宅とオーナー住宅およびギャラリーがビオトープの池がある中庭を囲んでいる．6 つの棟に分かれ敷地を分割しているが，全体は一体となり敷地境界線が感じられない構成となっている．棟と棟の間にできた路地状の空間や建物をすり抜ける曲がりくねった敷石の小道に緑があふれ，またベンチや水が循環するしつらえも加わり，密集した住宅地にありながら質の高い安定した環境を生み出している．

木を多用した各住戸は接地したメゾネットで，面積やプランはすべて異なっている．

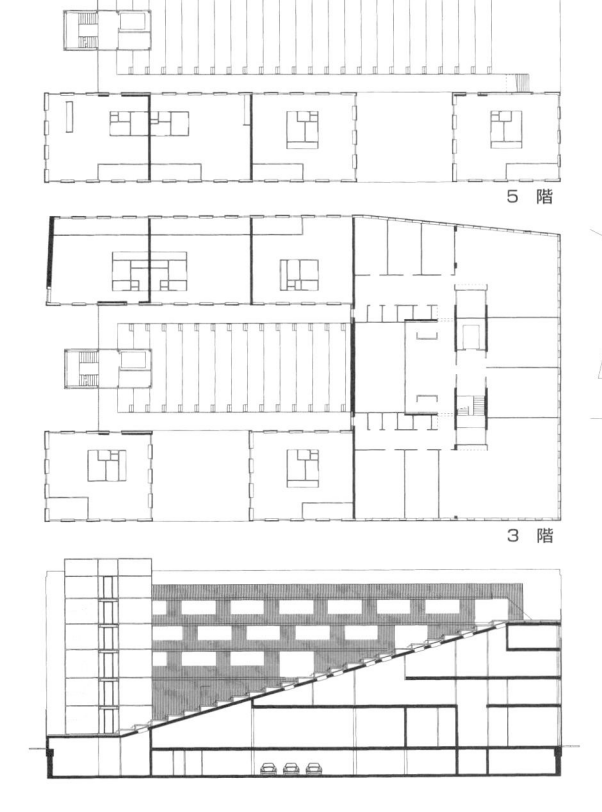

◀ Nolesplein の集合住宅／2003 年

設計：Kees Christiaanse／地上 5 階建地下 1 階／敷地面積：190,000m²／延床面積：9,200m²／総戸数：30 戸

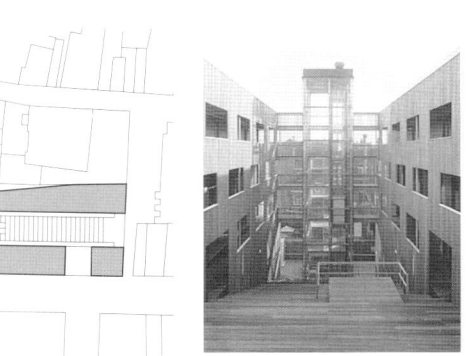

(撮影：Jan Bitter)

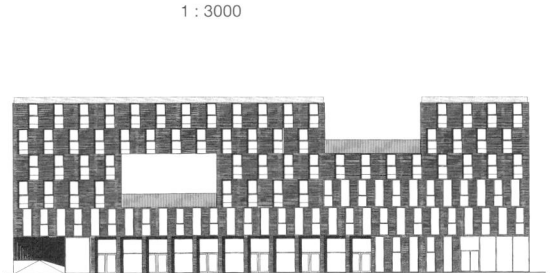

戦後に建てられた集合住宅の建替えで，まちの中心部に暮らすことの魅力を再発見しようという試みでもある．

建物は二つに分けられ，北側部分は広場に面し南側部分は日当たりがよい．北側部分を貫通する大きな開口によって南側部分の住戸は広場につながり，同時に広場からは建物の奥行きが感じられる．

分けられた二つの部分の間は階段あるいは客席となり，低層階に併設されている警察署の屋根ともなっている．木を使用した居心地がよい空間で，居住者の積極的な利用を促している．

142　現代の集合住宅：街区型・アーバンインフィル　Multiple Dwelling: Street Type/Urban In-Fill

街区型・アーバンインフィル

集合住宅は欧米の都市を中心に発達し，街区を構成する要素であった．しかし，20世紀に入り住棟周囲に広い外部空間を取るパビリオン型建築が多く作られる．光と緑にあふれた居住環境を形成するには意味のある配置計画であるが，街並みやアーバニティの形成には不利となる．街区型集合住宅は街路に沿ってボリュームを配置し，街区を形成する都市建築を目指したもので，配置計画的には沿道型と呼ぶこともできる．街路に直接面するので1階住戸には配慮が必要であり，店舗などに置き換えられることも多い．

アーバンインフィルは街区型に限らず都市の構成要素を志向した建築の様態であり，都市の骨格（スケルトン）である街路や敷地割と密接な関係を持つことが特徴である．

▲ 幕張ベイタウンパティオス4番街／1995年

設計：近代建築研究所，坂本一成，計画設計調整者：藤本昌也（現代計画研究所）／千葉市／RC造7階建／敷地面積：5,645 m²／延床面積：13,511 m²／住戸数：110戸

街路に沿って住棟を配置するとともに1階には店舗を設け街並みを形成している．4番街は1階部分に店舗，2階以上に住棟，四周の通路，中庭を設けている．中庭が部分的に街路に開かれており，パブリックな空間が敷地内に入り込んでいる．原則として駐車場は直接街路に面することを避けている．

1階は中央に配された機械式駐車場で4つに分割され，それぞれエントランスコート，コミュニティコートなど異なる性格の空間にデザインされている．この機械式駐車場上部の2階は屋上庭園として緑化され，居住者専用の散策路となっている．

なお，街路を挟んで立地する3番街は，共用廊下を中庭側の2階および5階に設け，スキップアクセス方式にしている．沿道側にその表情を見せないことを基本にしている．

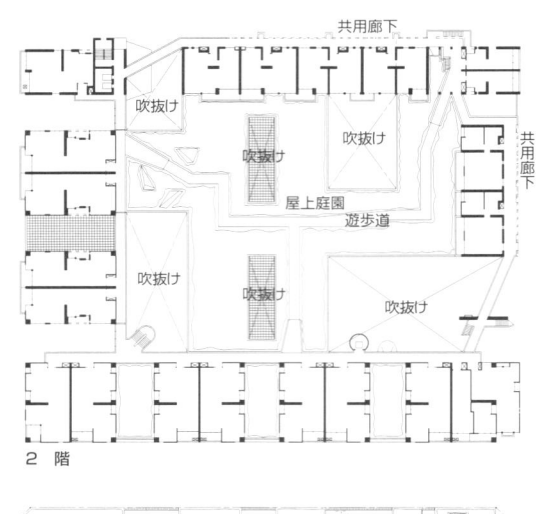

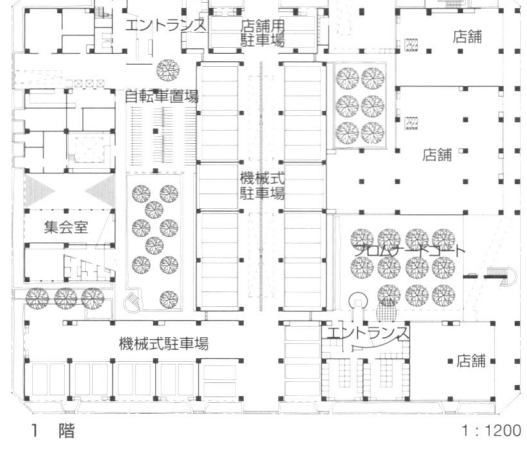

▲ 北野洛邑館／1996年

設計：吉村篤一・建築環境研究所／京都市／RC造5階建／敷地面積：544 m²／延床面積：1,195 m²／住戸数：12戸

古い町家が立ち並ぶ地域に建てられた集合住宅で，周囲の環境を強く意識した住棟配置やファサードデザインとなっている．1階部分には店舗および通り抜けが可能な中庭が設けられ，コの字配置の住棟で囲まれた中庭は，コミュニティ形成の役割も果たしている．接道側の1，2階部分は，隣接する町家の瓦屋根や出格子等に連続させたデザインとし，3～5階はセットバックさせることで，通りに対して圧迫感を感じさせないようにしている．住戸タイプとしてはメゾネットタイプとフラットタイプが用意されており，これらの住戸プランはすべて異なる構成としている．

北国における街区型集合住宅の提案

各地の気候・風土を考慮に入れることは住宅の計画・設計にあたって当然のことである．ここでは北国特有の事情を考えて作られた住宅の提案を見てみる．特に冬季の寒冷・多雪な気候にあわせた提案が多く盛り込まれている．

まず，高齢化が進む中で高齢者夫婦のみの世帯が増加し，冬場の雪処理作業の労力が大きくのしかかっているという社会背景がある．また，交通の利便性を考え，高齢者の間では郊外の戸建て住宅より都心居住への志向が強まっている点も併せて挙げることができる．

雪処理を計画的かつ共同的に解決するために集合住宅とし，交通利便性のために都市部に立地することが第一の提案である．集合住宅化することで1戸当たりの雪処理面積が減るだけでなく，住棟玄関や駐車場出入口を直接街路に向けることで家に出入りするために不可欠になっていた雪かき作業を格段に少なくすることができる．

第二の提案としては住棟と生活支援諸施設を連続化し一体として計画することで冬場の寒冷な気候下でも居住者が気軽に外出し，生活を送れるようにすることである．この提案では新潟地方や青森地方で見られる雁木を移動空間として採用し，積雪に関わらず移動できるようにしている．雁木は公共空間として整備する前提であり，住棟と各種施設間を自由に行き来できるようにしている．さらには雁木が都市規模で連続し，より広い範囲での都市生活をサポートすることも想定されている．雁木は単なる歩行空間ではなく，幅を広くすることで積雪時の子どもの遊び場ともなるし，炎暑時には日差しを遮り，雨天にも気兼ねなく外を歩くことができるなど多くの役割を果たすこととなる．

以上のように，都市建築の1つとしてこの提案は構想されているために，都市街区を形成する街区型集合住宅の形式を採り，1階部分には店舗，事務所だけでなく集会室，デイケアセンターなど公共的性格を持つ施設も入ってくることとなる．

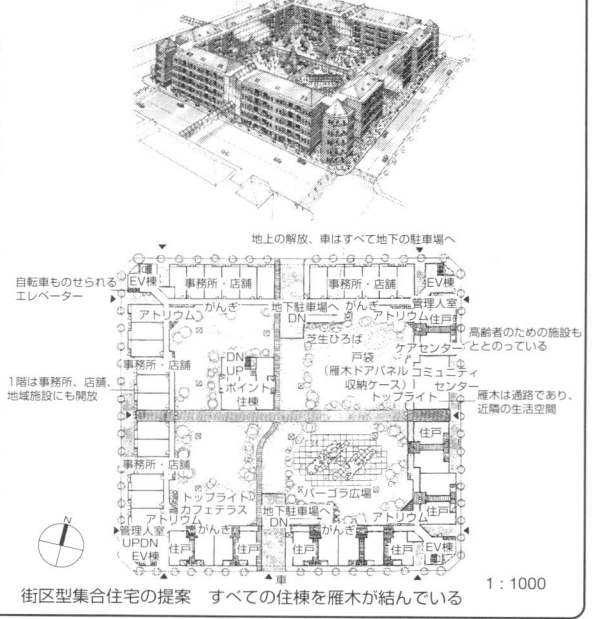

街区型集合住宅の提案　すべての住棟を雁木が結んでいる

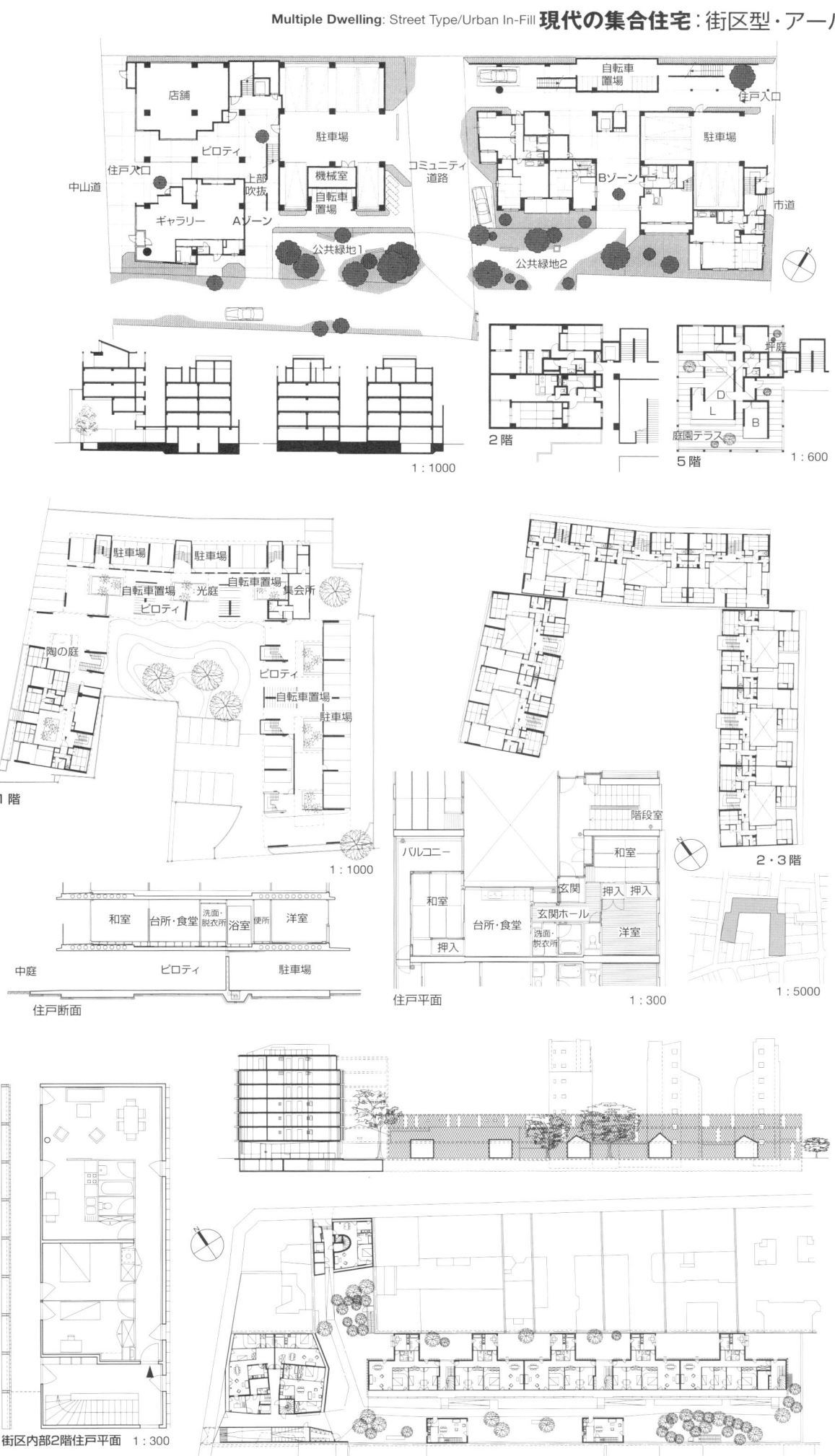

Multiple Dwelling: Street Type/Urban In-Fill **現代の集合住宅：街区型・アーバンインフィル**　143

◀上尾緑隣館（上尾市仲町愛宕地区）／1988-1997年

設計：綜合設計機構，象地域設計／埼玉県上尾市／RC造6階建／敷地面積：1,627m²／建築面積：1,044m²／建蔽率：64%／容積率：211.9%

まちづくり事業のひとつとして行われた共同建替え事例．共同建替えは権利関係が複雑で合意形成が困難な場合が多いなか，地上権設定や区分所有による権利所有，分譲，賃貸，市所有のコミュニティ住宅，従前所有者用住宅を組み合わせて実現した．元は木造密集市街地であったが，コモンスペースや公共緑地を周囲に配し，敷地中央および東側に歩行者優先のコミュニティ道路を通すことにより防災・防犯の拠点とするとともに，植栽を残し，通り抜け路地や2階に立体遊歩道を設けるなど住み慣れた住まい手が継続して居住できる環境づくりが行われている．

◀茨城県営長町アパート／1999年

設計：富永譲＋フォルムシステム設計研究所／水戸市／RC造4階建／敷地面積：3,498m²／延床面積：4,773m²／住戸数：48戸／住戸規模：65～75m²

高密度な市街地に建つ公営住宅の建替え計画．一方向壁，一方向ラーメンおよびボイドスラブの構造システムによって，住戸の平面的な可変性を確保し，また外壁は自動車の車体と同じ焼付け鋼板のサッシ一体型のパネルを使用し，耐久性のあるストックの形成を目指している．連続する住戸の中央には光庭が設けられており，十分な採光・通風が確保され，さらに居住者間の視覚的なつながりを強めている．光庭の1階部分はピロティとなっており，光庭を中心に地域の住民にも開放されるなど公園的な存在となっている．駐車場は1住戸1台を確保している．

◀Suisses通りの集合住宅／2000年

設計：Herzog & de Meuron／Paris，フランス／7階建地下1階／延床面積：5,416m²／住戸数59戸

街路に面した2か所は周囲に揃えて7階建ての住棟を置き，1階のトンネル状空間を通り敷地内にアクセスする．街区内部は細長い敷地形状に沿わせて3層の住棟が置かれ，1階住戸には中庭，2階では全居室を廊下とバルコニーで2重に連結し，3階には大きなルーフテラスが付くといったように，階ごとに住戸の特徴を出している．残った敷地は共用の外部空間であるが2戸の戸建て住宅により適度な広さに分割される．木製のロールブラインドが住戸外側に付き，この開閉により密集した環境でのプライバシーの調節を行う．

144 現代の集合住宅：立体街路・フライングコリドー Multiple Dwelling: Three Dimensional Street/Flying Corridor

立体街路・フライングコリドー

中高層の住宅では上階での接地性が低下していく．それを補うために共用廊下の幅を広くし街路的な雰囲気を持たせた上で上階まで導く立体街路の手法がある．集合住宅を敷地内に収まった一建築物として捉えるのではなく，まちから連続し，まちの骨格の一部を成すものと考えた結果でもある．単調になりがちな共用廊下の雰囲気を豊かにするとともに異なる住棟間をつなげ回遊性をもたらす効果もある．途中に居住者が立ち止まれる溜まり空間を作る例もある．

フライングコリドーは共用廊下を住棟本体から離して住戸の通風・採光を確保し，プライバシーを守るとともに独立した街路としての雰囲気をつくり出すことができる．

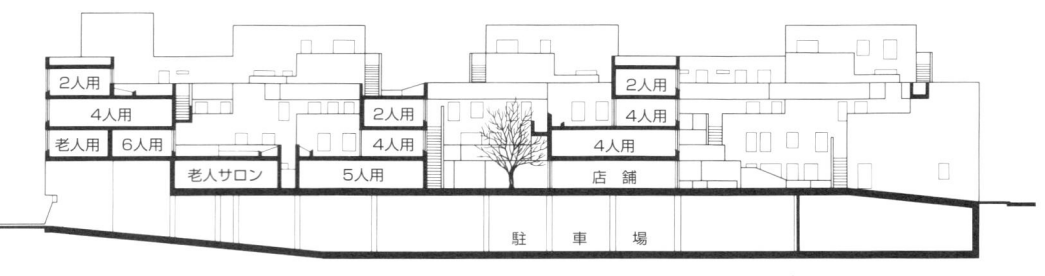

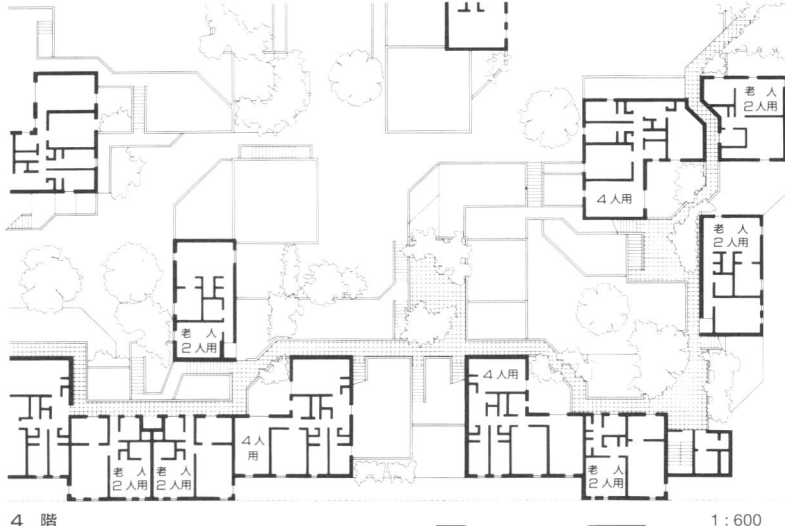

◀オダムズウオーク（Odhams Walk）／1981年

設計：Greater London Council／Covent Garden, London, イギリス／RC造5階建／敷地面積：6,000 m²／住戸数：102戸／住戸規模：53〜103 m²

ロンドンの中心市街地の一街区を再開発した都市型中層高密の集合住宅．駐車場はすべて地階に設け，街区内は歩行者路のみ．外周の街路沿いと中庭に面した1階部分には店舗なども配され，住宅と都市施設が混在している．2階以上は様々な住戸型が積層しているが，中庭やテラスへの採光を保つために，上階にいくに従って住戸数を減らし，かつ小規模住戸が中心になっている．一部は高齢者用住戸となっており，4〜6人家族用の住戸はL字型を基本として専用テラス（パティオ）を持つ．外部階段を含めた道空間の立体的な計画が特徴で，4階レベルでは随所に小広場とベンチを設けたペデストリアンデッキが全体を巡っている．

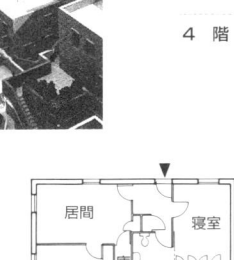

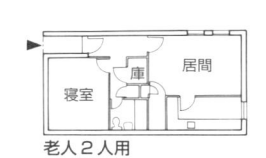

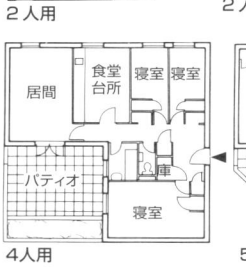

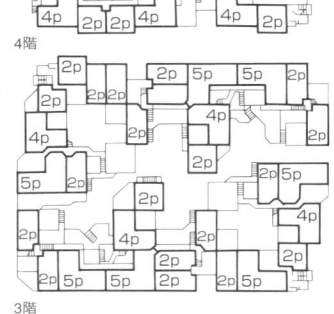

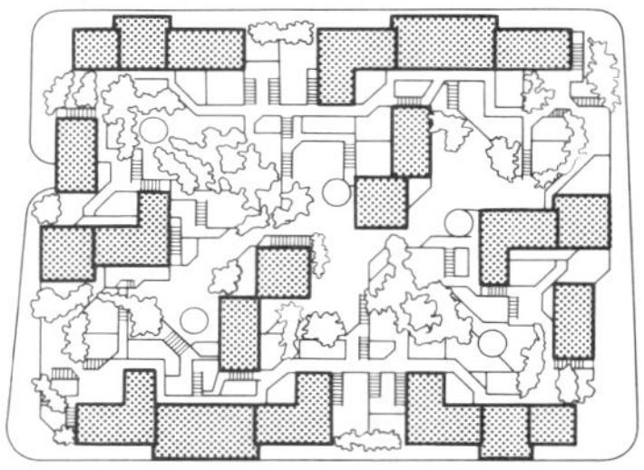

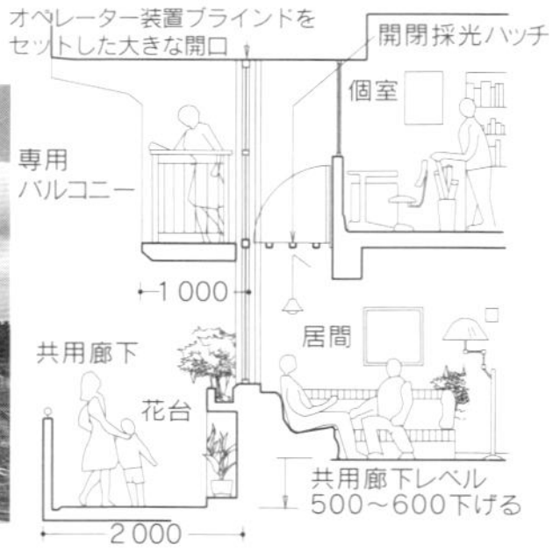

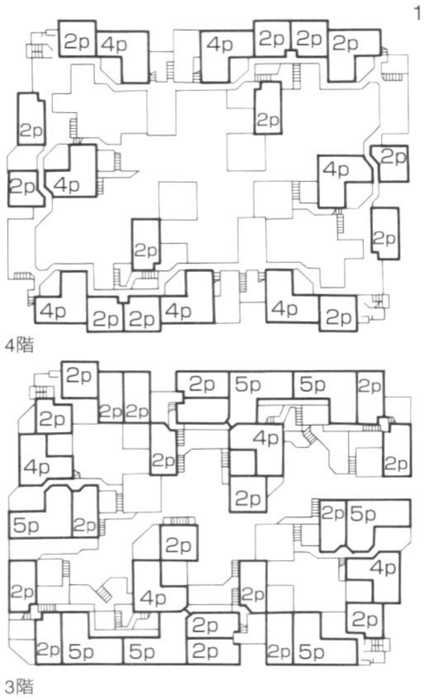

リビングアクセス・住戸の開放性

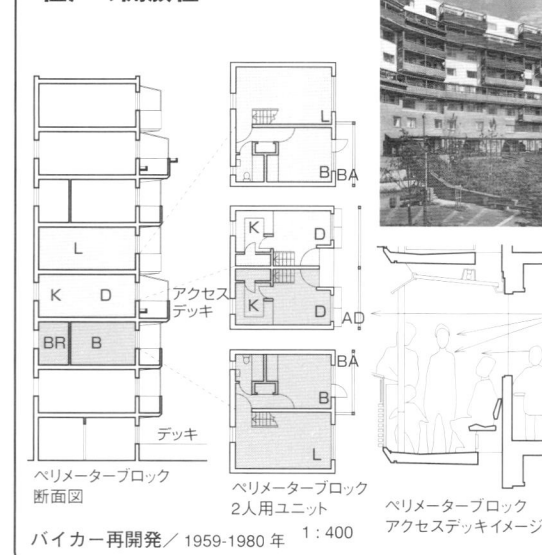

バイカー再開発／1959-1980年

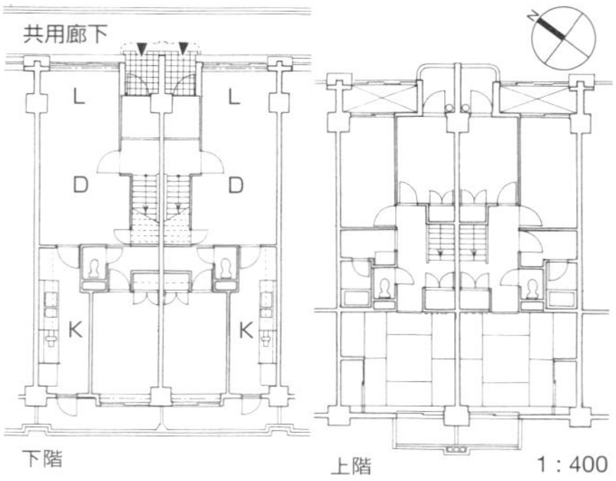

集合住宅の共用廊下は日照面で不利な北側に追いやられ，面する住戸はプライバシー確保のために閉鎖的となり，結果として薄暗く無表情で生活感に欠けたものとなりやすい．日常生活の場として貧しい空間となってしまうだけでなく，人の目が少ないことで防犯面でも心配が増し，バンダリズムの起きる可能性も高まる．

リビングアクセスはこれらの問題に対して考え出された手法であり，共用廊下を広めにして路地的な雰囲気を持たせ，リビングなど住戸内で人の集まる部屋を共用廊下側に配置する．より効果を高めるには住戸の開放性も欠かせない．大きめの開口で共用廊下とのつながりを生み出し，玄関ポーチや花台など表出のた

めの空間を用意しておく．住戸内が直接覗き込まれないようにするために，室内外でレベル差を設ける，植栽で目隠しをするといった配慮をする．さらに，共用廊下に日差しが差し込むように，住棟を南北軸にあわせて配置する，東西軸の住棟では共用廊下を南側に持ってくるといった工夫も必要になる．

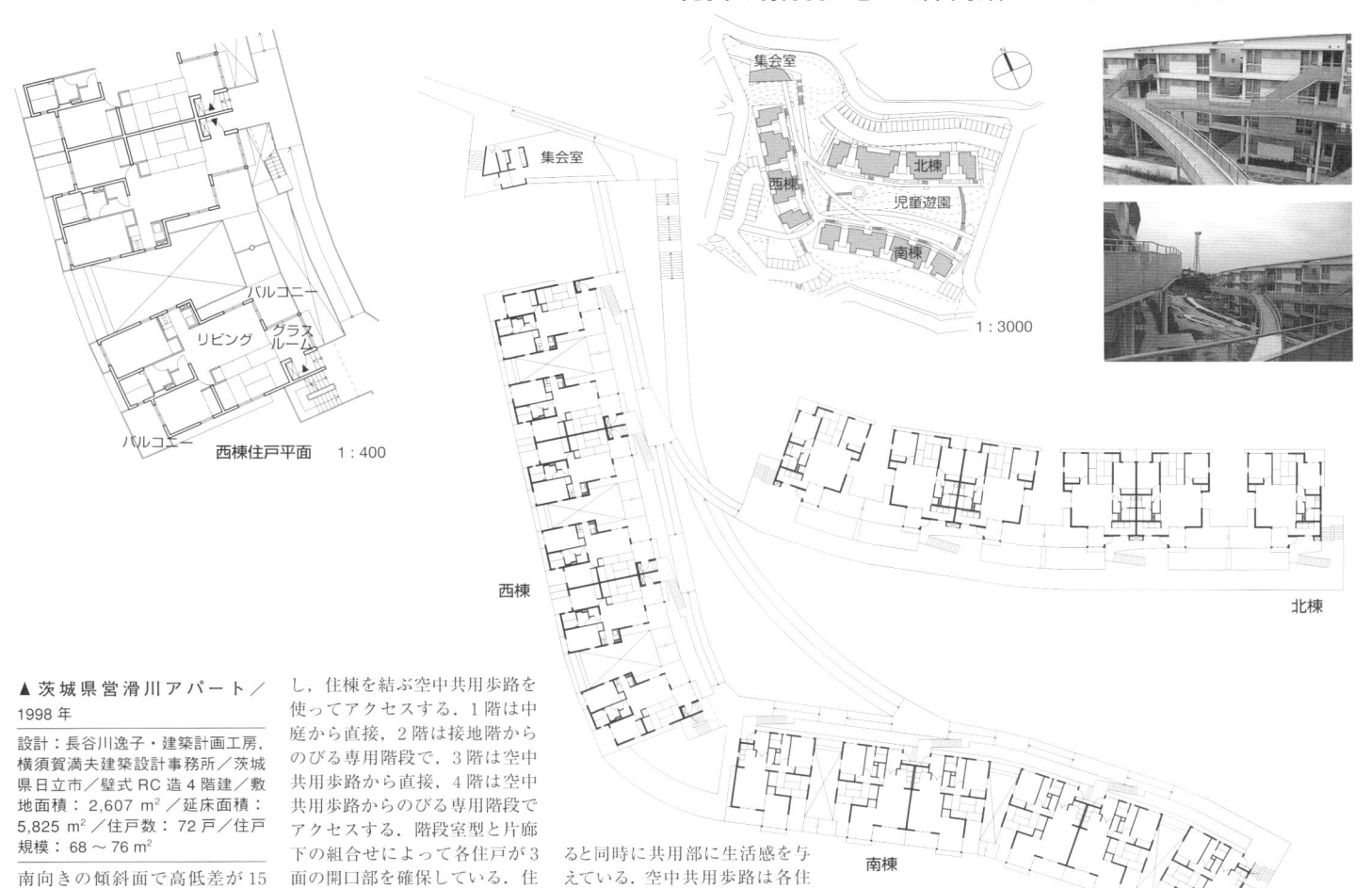

Multiple Dwelling: Three Dimensional Street/Flying Corridor　現代の集合住宅：立体街路・フライングコリドー　145

▲ 茨城県営滑川アパート／1998年

設計：長谷川逸子・建築計画工房，横須賀満夫建築設計事務所／茨城県日立市／壁式RC造4階建／敷地面積：2,607 m²／延床面積：5,825 m²／住戸数：72戸／住戸規模：68～76 m²

南向きの傾斜面で高低差が15mという敷地を活かし建物を配置．各住戸へは階段室と3階部に取り付けられた中庭を横断し，住棟を結ぶ空中共用歩路を使ってアクセスする．1階は中庭から直接，2階は接地階からのびる専用階段で，3階は空中共用歩路から直接，4階は空中共用歩路からのびる専用階段でアクセスする．階段室型と片廊下の組合せによって各住戸が3面の開口部を確保している．住戸はリビングアクセス形式が採用され，玄関のグラスルームやバルコニーはプライバシーを守ると同時に共用部に生活感を与えている．空中共用歩路は各住戸を繋げるとともに，立体的なコミュニケーションの場を提供している．

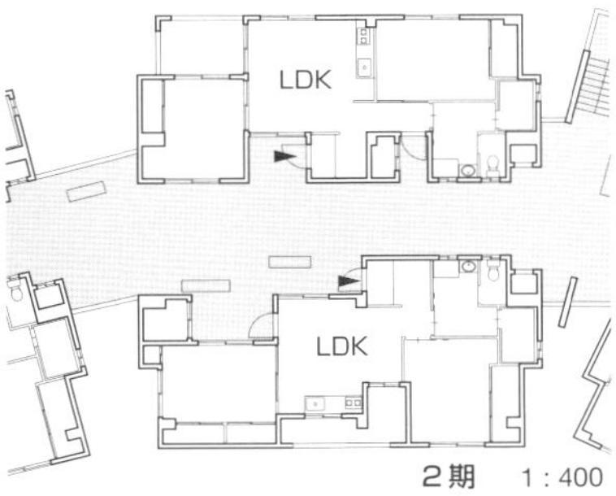

◀ 岡山県営中庄団地／1992-1998年

設計：丹田悦雄・空間工房（1期），阿部勤・アルテック建築研究所（2期），遠藤剛生建築設計事務所（3期）／岡山県倉敷市／1～5階建（1期），3階建（2期），4～11階建（3期）／敷地面積：36,507 m²（全体）／延床面積：25,793 m²（全体）

4期に分け継続されている県営住宅の大規模建替え計画．第1期はポイント棟とリニア棟に分かれ外構の工夫等によりリズミカルな構成である．第2期は周辺とのボリューム感に配慮し，各階2戸の3階建てを一つの単位にして分節．ペデストリアンデッキを中廊下として扱っている．第3期は高層化がはかられ変形の囲み型を採用．ペデストリアンデッキも中庭側と外側を交互にめぐり回遊できる．

現代の集合住宅：片廊下 Multiple Dwelling: Side-Corridor Type

片廊下

共用廊下の片面に住戸を一列に並べる片廊下形式は集合形式の中でも代表的なものである．住棟の構成が簡単になり，住戸の条件を同一にしやすいため中・高層の集合住宅を中心としてよく採用される．一方で中間住戸の数が増える，共用廊下が単調になりやすいといった問題も抱える．また，共用廊下の占める割合が他の集合形式に比べ高くなりやすい．メゾネット住戸やスキップ通路を導入することで共用廊下を省略する階を設けることもできるが，住棟構成が複雑になる嫌いがある．

大規模な集合住宅団地では板状住棟の南面平行配置により単調な景観となってしまうことがあるので，住棟軸を振る，塔状住棟と組み合わせるなどして景観に変化を持たせる必要がある．

階あたりの住戸数と縦動線の位置を調節することで適切なグルーピング規模となるようにする．コミュニティ形成の観点からは 20 戸以下が望ましいが，エレベーターの利用効率からは 50～70 戸が適当であるとも言われる．住戸が共用廊下に接するために，フライングコリドーやリビングアクセス，玄関ポーチといった手法と合わせて用いられることもある．

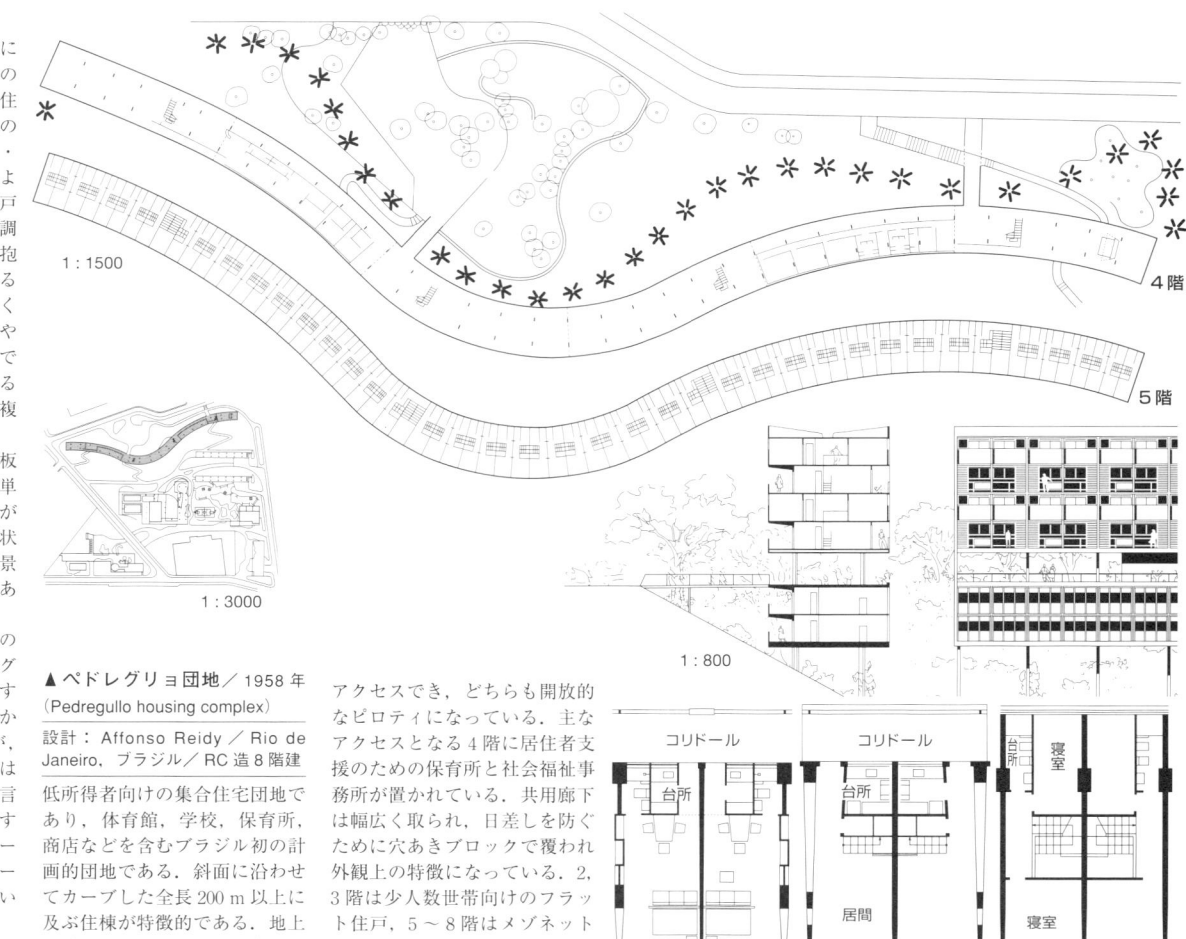

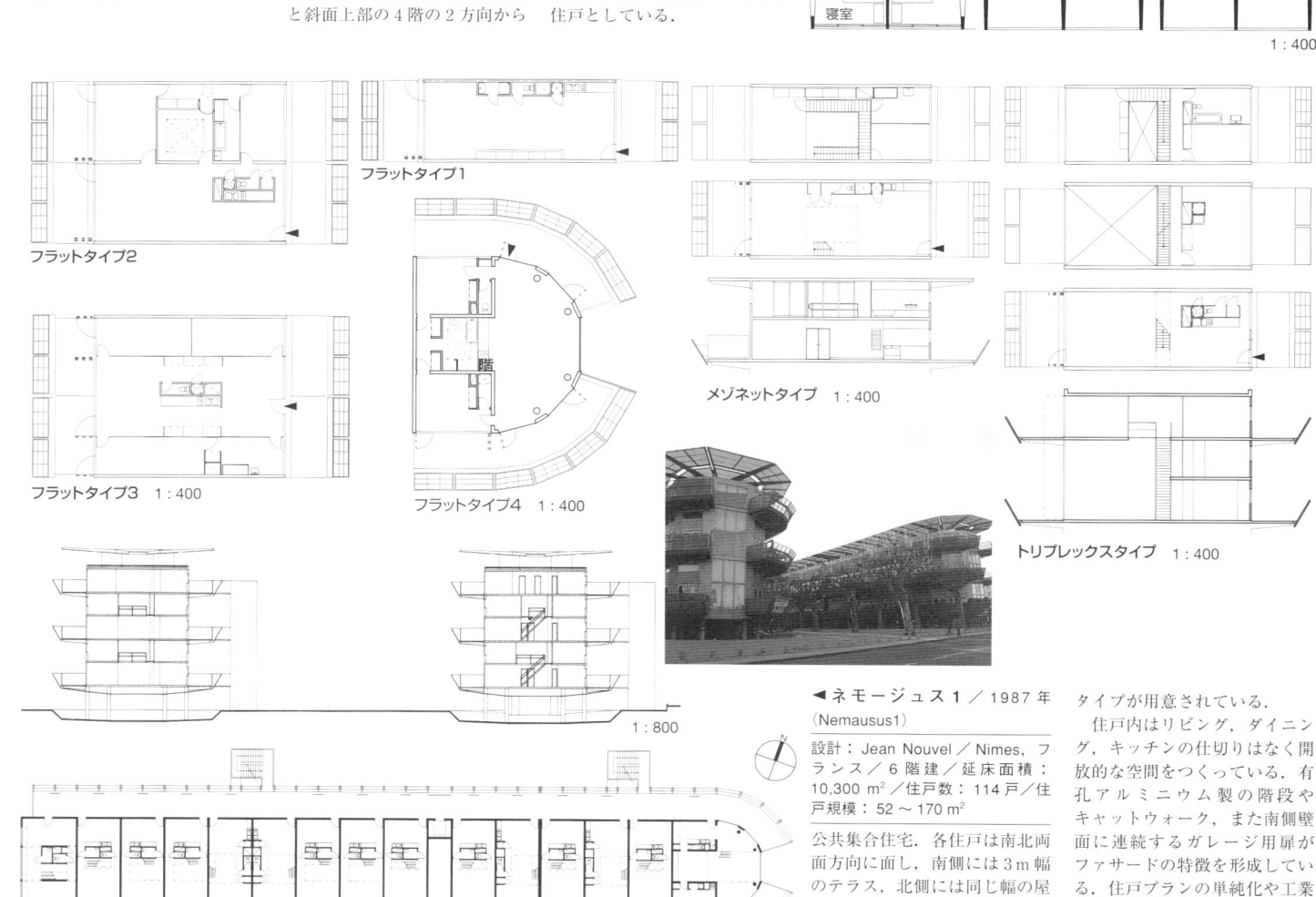

▲ **ペドレグリョ団地／1958 年**
(Pedregullo housing complex)
設計：Affonso Reidy／Rio de Janeiro, ブラジル／RC 造 8 階建

低所得者向けの集合住宅団地であり，体育館，学校，保育所，商店などを含むブラジル初の計画的団地である．斜面に沿わせてカーブした全長 200 m 以上に及ぶ住棟が特徴的である．地上と斜面上部の 4 階の 2 方向からアクセスでき，どちらも開放的なピロティになっている．主なアクセスとなる 4 階に居住者支援のための保育所と社会福祉事務所が置かれている．共用廊下は幅広く取られ，日差しを防ぐために穴あきブロックで覆われ外観上の特徴になっている．2,3 階は少人数世帯向けのフラット住戸，5～8 階はメゾネット住戸としている．

◀ **ネモージュス 1／1987 年**
(Nemausus1)
設計：Jean Nouvel／Nimes, フランス／6 階建／延床面積：10,300 m²／住戸数：114 戸／住戸規模：52～170 m²

公共集合住宅．各住戸は南北両面方向に面し，南側には 3 m 幅のテラス，北側には同じ幅の屋外通路がある．住戸はフラット式，メゾネット式，3 層式で，ユニットの組合せによって 17 タイプが用意されている．

住戸内はリビング，ダイニング，キッチンの仕切りはなく開放的な空間をつくっている．有孔アルミニウム製の階段やキャットウォーク，また南側壁面に連続するガレージ用扉がファサードの特徴を形成している．住戸プランの単純化や工業製品の使用により，ローコストが実現されている．

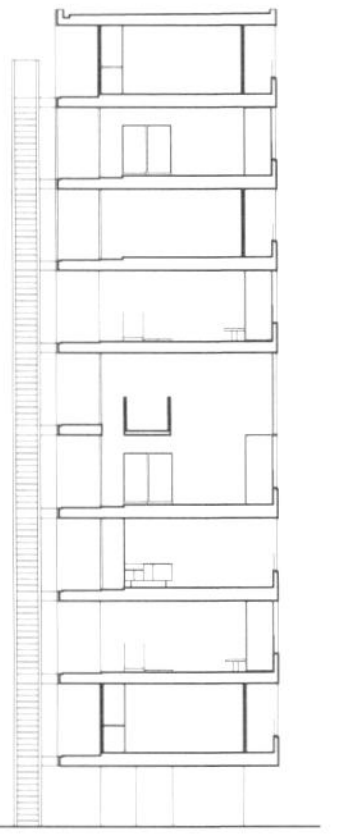

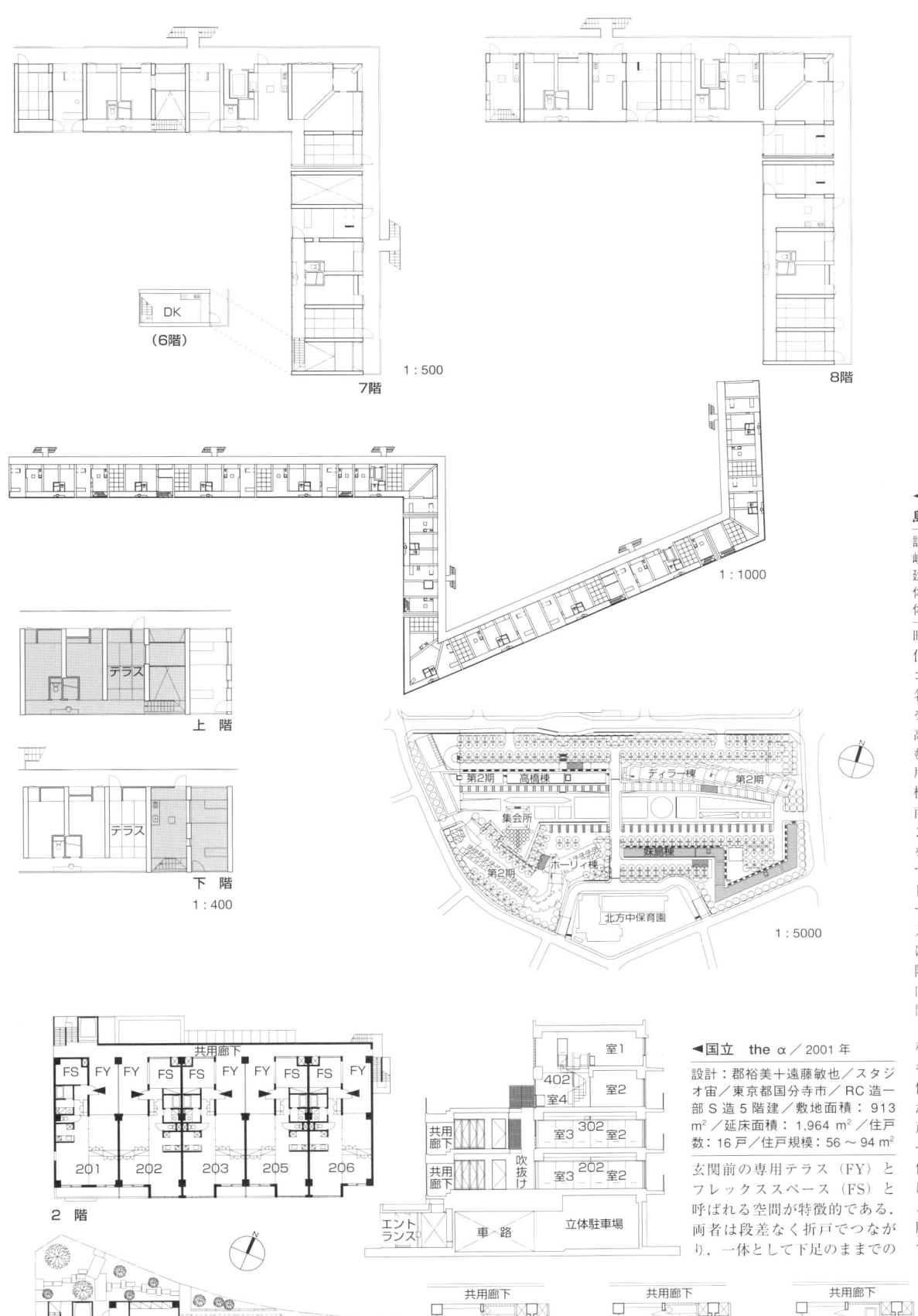

Multiple Dwelling: Side-Corridor Type **現代の集合住宅：片廊下** 147

◀岐阜県営ハイタウン北方・妹島棟／1998-2000年

設計：妹島和世建築設計事務所／岐阜県北方町／RC造8～11階建／敷地面積：34,648 m²（全体）／延床面積：37,895 m²（全体）／住戸数：430戸（全体）

昭和40年代に建設された県営住宅238戸の建替えで，総合コーディネーターの磯崎新が指名した4名の女性建築家が設計を担当．敷地外周に配置された高層板状住棟が中央の広場を囲む．敷地南東部に建つ妹島棟は，片廊下形式の10階建て板状住棟で，奥行きが浅く，テラスが南北に貫通する．ボイドラーメン壁で区画された8畳弱の居室を，水平垂直方向に組み合わせて様々な住戸タイプをつくり出している．各居室は南側の廊下で連結され，各住戸は複数の出入口をもつ．また，敷地北西部に建つ高橋棟は，片廊下形式9階建の板状住棟で，開放的な室内は可動収納家具と襖で自由に間仕切が変えられる．利用が可能である．SOHO，ギャラリー，サロンなど多様な使い方で外部との接点を期待した空間である．また，室3も折戸を開くことでテラスと連続させて使うことができる．同時に，住戸内も可動間仕切と可動家具により様々な住まい方に対応する．テラス間のガラス壁や台所脇の戸境壁を撤去すれば2戸1での利用も可能である．

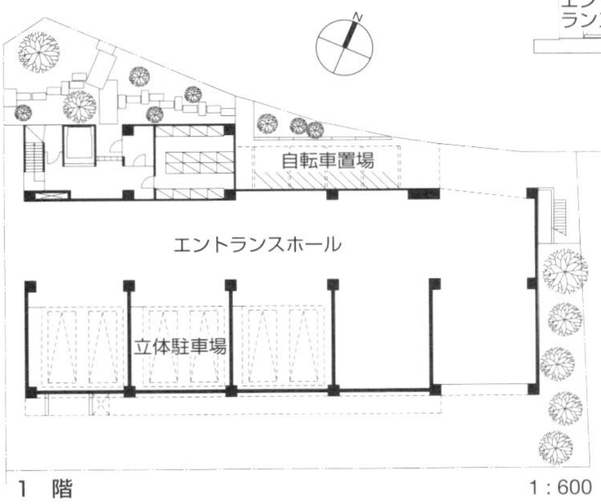

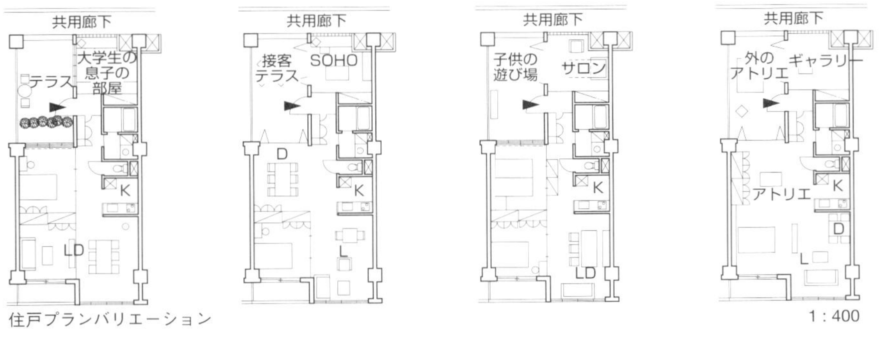

◀国立 the α／2001年

設計：郡裕美＋遠藤敏也／スタジオ宙／東京都国分寺市／RC造一部S造5階建／敷地面積：913 m²／延床面積：1,964 m²／住戸数：16戸／住戸規模：56～94 m²

玄関前の専用テラス（FY）とフレックススペース（FS）と呼ばれる空間が特徴的である．両者は段差なく折戸でつながり，一体として下足のままでの

148 現代の集合住宅：ブリッジ Multiple Dwelling: Bridge

ブリッジ

共用廊下や階段室から住戸に直接アクセスするのでなく，ブリッジを飛ばして住戸に達する形式が見られる．階段室型や片廊下型のバリエーションであり，形態的にはフライングコリドーにも似てくる．住戸の独立性や環境性能を高めるための場合もあるが，縦動線を節約し，1つの共用廊下や階段室からなるべく多くの住戸にアクセスするためでもある．

ブリッジを渡って住戸にアクセスさせることで短いながらもアクセスのシークエンスを演出することができる．住棟が2つ並び中庭的な空間をつくる場合には空中をブリッジが走ることにより，景観上の変化をつけることができる．

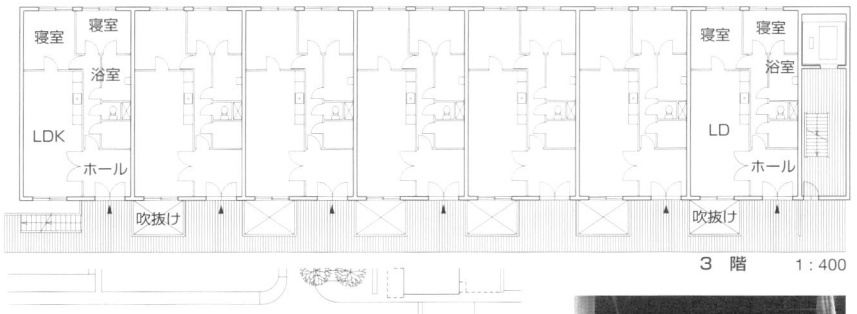

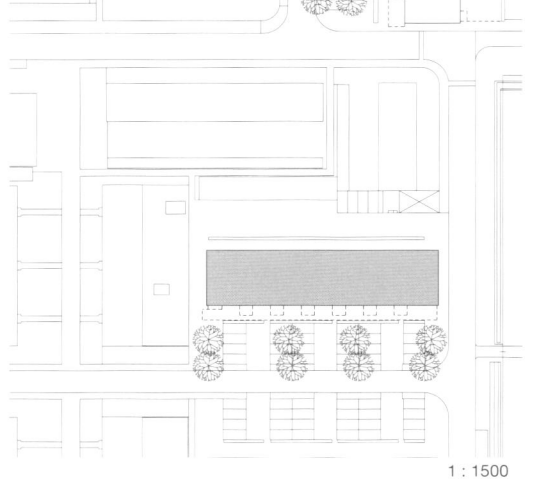

◀ クックー通りの集合住宅／1998年（Housing at Koekoek Street）
設計： Kees Christiaanse／Ameersfort，オランダ／4階建／住戸数：56戸

住戸面から約3m離れた開放廊下に居間・食事室が面する南北軸住棟，住戸入口前の広いテラスは表出，近隣交流の場としても意図されている．このテラスは，床面までガラスを嵌めた2枚の両開き扉を介して，個室並みの広さを持つ入口ホールへと連続している．入口ホールは通路だけでなく，プレイスペース，ホビールーム，温室などとしても使うことができる．

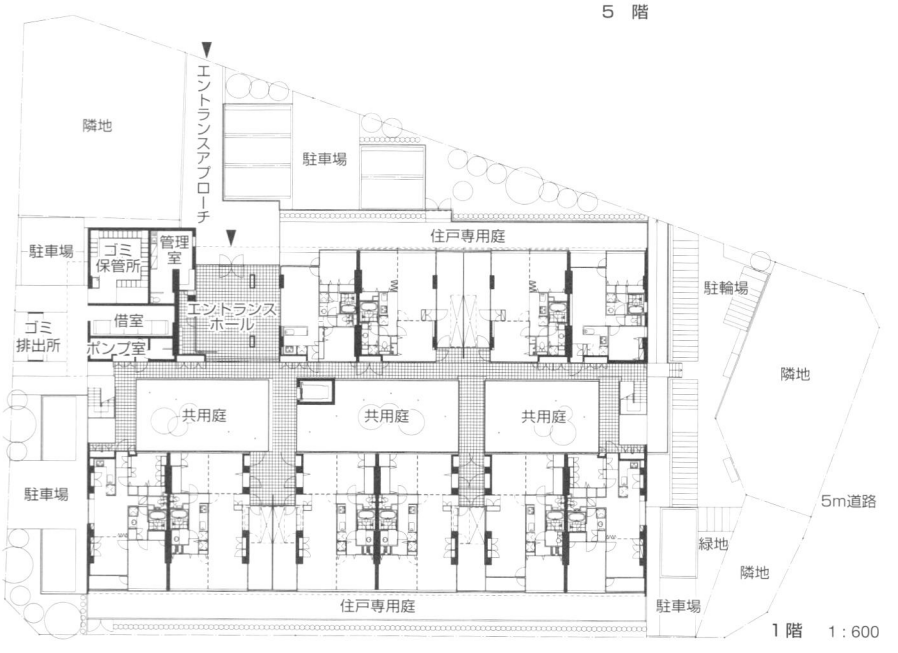

◀ superar kinuta／2003年
設計：篠原聡子＋空間研究所／東京都世田谷区／RC造7階建／敷地面積：2,201 m²／延床面積：4,227 m²

ブリッジ・共用廊下から玄関前のホワイエさらにバルコニーが連続し，中庭と外部の間に視線と風が抜ける．住戸の開口面を増やす外部空間の取り方ともなっている．住戸はアクセス側，外部側とも間口いっぱいのガラス面となっている．アクセス側は半透明ガラス，外部側は断熱機能も持つ外付けロールスクリーンで視線を調節する．可動間仕切で居室数を自由に増減することが可能であり，バルコニーも含め2か所以上の玄関を設けたことと関連させて住戸の開放性を調節できる．

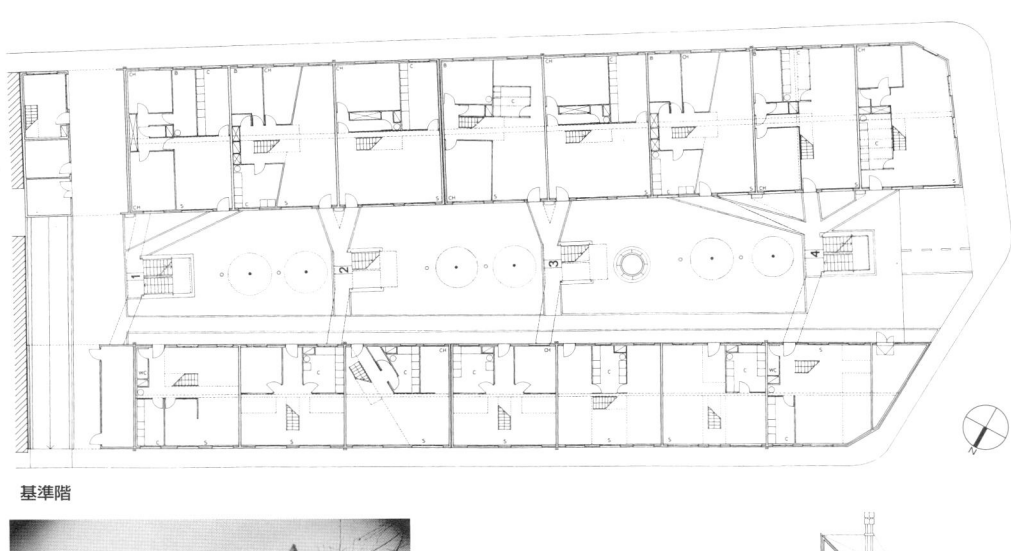

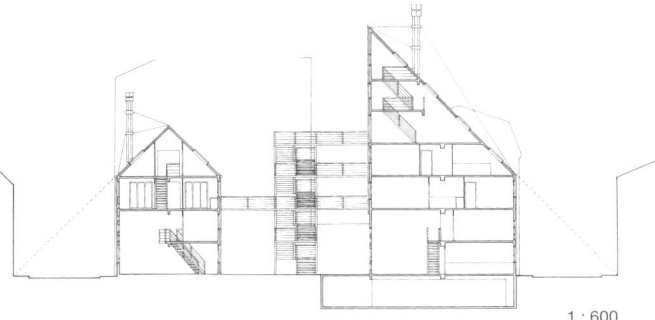

Multiple Dwelling: Bridge 現代の集合住宅：ブリッジ　149

◀サン＝オーウェンの公共住宅／1987年（Saint-Ouen social housing）

設計：Jean Nouvel／Paris、フランス／7階建地下1階

ローコストの社会住宅であるが，許容される建築可能範囲を最大限に使って住棟全体の大きさを演出し，社会住宅につきまとう貧相なイメージを払拭している．多くの住戸を収容し，吹抜けなど変化に富む空間を持つ多様な住戸を実現することにもつながっている．各住戸にブリッジが割り当てられ住戸の独立性を高めている．1，2階にメゾネット住戸を配置し，地面近くにブリッジの来る圧迫感を避け，上階にはトリプレックス住戸を持ってくることでブリッジの数を減らすことに成功している．共用廊下のないことで住棟両面に多くの開口を設けることができている．

基準階

（撮影：Hisao Suzuki）

1：600

◀フーチェン通りの集合住宅／2003年（Fu Cheng Road housing complex）

設計：Otto Steidle、Qiu Zhi／北京、中国／RC造15階建／敷地面積：約46,000 m²／延床面積：170,000 m²／住戸数：991戸

外部空間を広い庭園と住棟に囲まれた中庭に分割している．東西軸の住棟は中庭南側は4，5層，中庭北側は7〜11層となっている．南北軸住棟はさらに高層とし，全体としては東西軸の中層住棟に様々な高さの高層住棟が噛み込んだような変化のある外観をしている．住戸平面型も変化に富んでおり，東西軸住棟は基本的に階段室型で南面性を重視した住戸が中心であるが，南北軸住棟は片廊下とブリッジを複合した形式で，東西の外気方向に向いた住戸となっている．

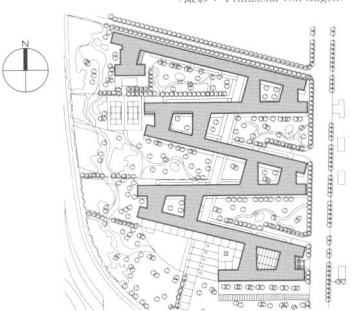

（撮影：Franziska von Gagen）

1：1500　　1：8000

150 現代の集合住宅：中廊下 Multiple Dwelling: Middle-Corridor type

1:400

中廊下

中廊下型は共用廊下の両面に住戸を配置することができるので片廊下型に比べ効率の良い集合形式である．片廊下型と同様にメゾネット住戸と組み合わせることで中間階での共用廊下を省略し，より効率良く住戸を集合させることができる．両側に開放性を持った住戸を並べることで中廊下に通常の街路に似た雰囲気をもたらすことも期待できる．共用廊下が室内に取り込まれることで，屋外の気候変化の影響を受けにくいことも特徴である．

しかし，中廊下が外気に面さないために通風の悪い，陰鬱な空間となりやすい．そのために途中の住戸を抜いて開放感を確保することがあるが，中廊下型の特徴である高密度化と相反しないよう配慮しなくてはならない．

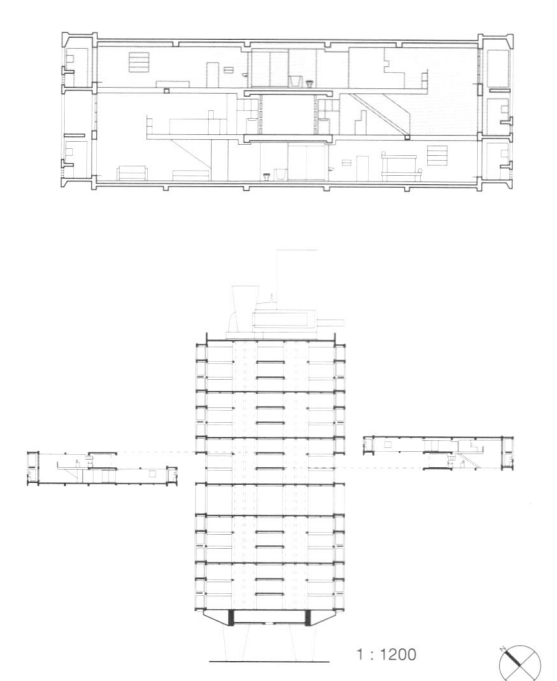

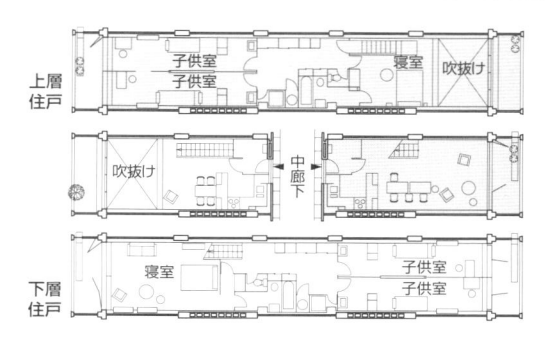

上層住戸：子供室／子供室／寝室／吹抜け
吹抜け／中廊下
下層住戸：寝室／子供室／子供室

1:1200

▲ ユニテ・ダ・ビタシオン（マルセイユ）／ 1952 年（L'Unité d'Habitasion à Marseille）

設計：Le Corbusier ／ Marseille，フランス／ 17 階建／住戸数：337 戸

3.5 ha の公園の中の，ピロティに差し上げられた巨大な彫刻のような集合住宅．最上階は体育館や児童のための庭や保育所などがある屋上庭園，7，8 階には店舗や郵便局，ホテルなどがあり社会生活のかなりの部分が組み込まれている．住棟は南北軸で，住戸単位は幅 3.66 m の寸法で東西に開かれている．端部には南面した住戸がある．住戸の断面は L 型の 2 層の住戸が噛み合って，3 層ごとの長軸方向の屋内通路を挟んで向き合っている．居間は天井まで 4.8 m の 2 層分の高さで，海と山へ向かって視界が開かれている．

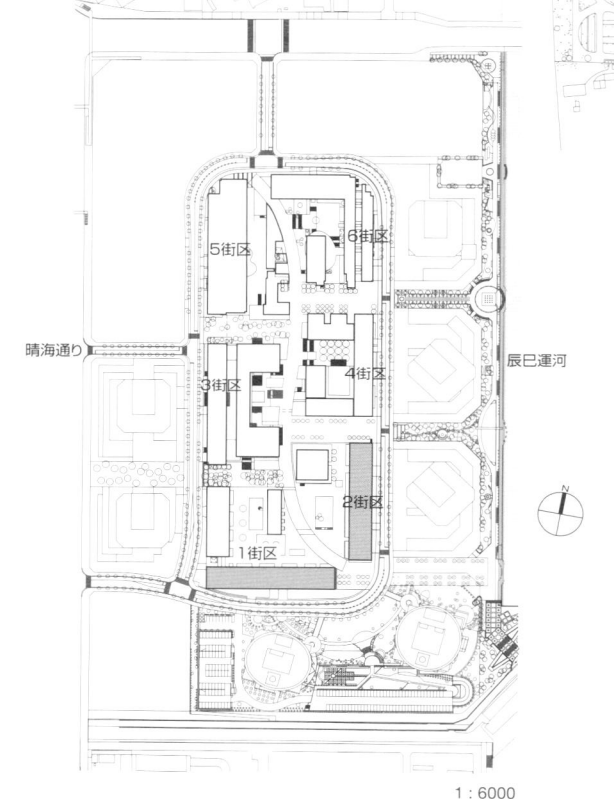

1:6000

▲ 東雲キャナルコート／ 2003 年

設計：山本理顕設計工場（1 街区），伊東豊雄建築設計事務所（2 街区）／東京都江東区／ RC 造一部 S 造 14 階建地下 1 階／敷地面積： 9,221 m²（1 街区），7,076 m²（2 街区）／延床面積： 50,014 m²（1 街区），35,465 m²（2 街区）／住戸数： 410 戸（1 街区），290 戸（2 街区）／住戸規模： 47 〜 133 m²（1 街区）

東京湾岸部の工場跡地に計画された都市基盤整備公団が供給する賃貸集合住宅．高層板状住棟を用いた囲み型配置による高密度集住が意図されている．敷地全体を 6 街区に分割し，それぞれ別の建築家が設計を担当．1・2 両街区とも，中廊下形式を採用して密度を高め，中廊下への通風や採光を確保するために大きなテラスを住棟各所に計画．1 街区の住戸は仕事場（SOHO）・育児や趣味の場として使える「f-ルーム（ホワイエルーム）」を中廊下やコモンテラスと開放的に連続させながら配置し，水回りと台所を外壁側に設けている．一部住戸には，住棟内の別の場所にアネックス（離れ）が用意されている．

1:6000

1 街区

2 街区

1:1500

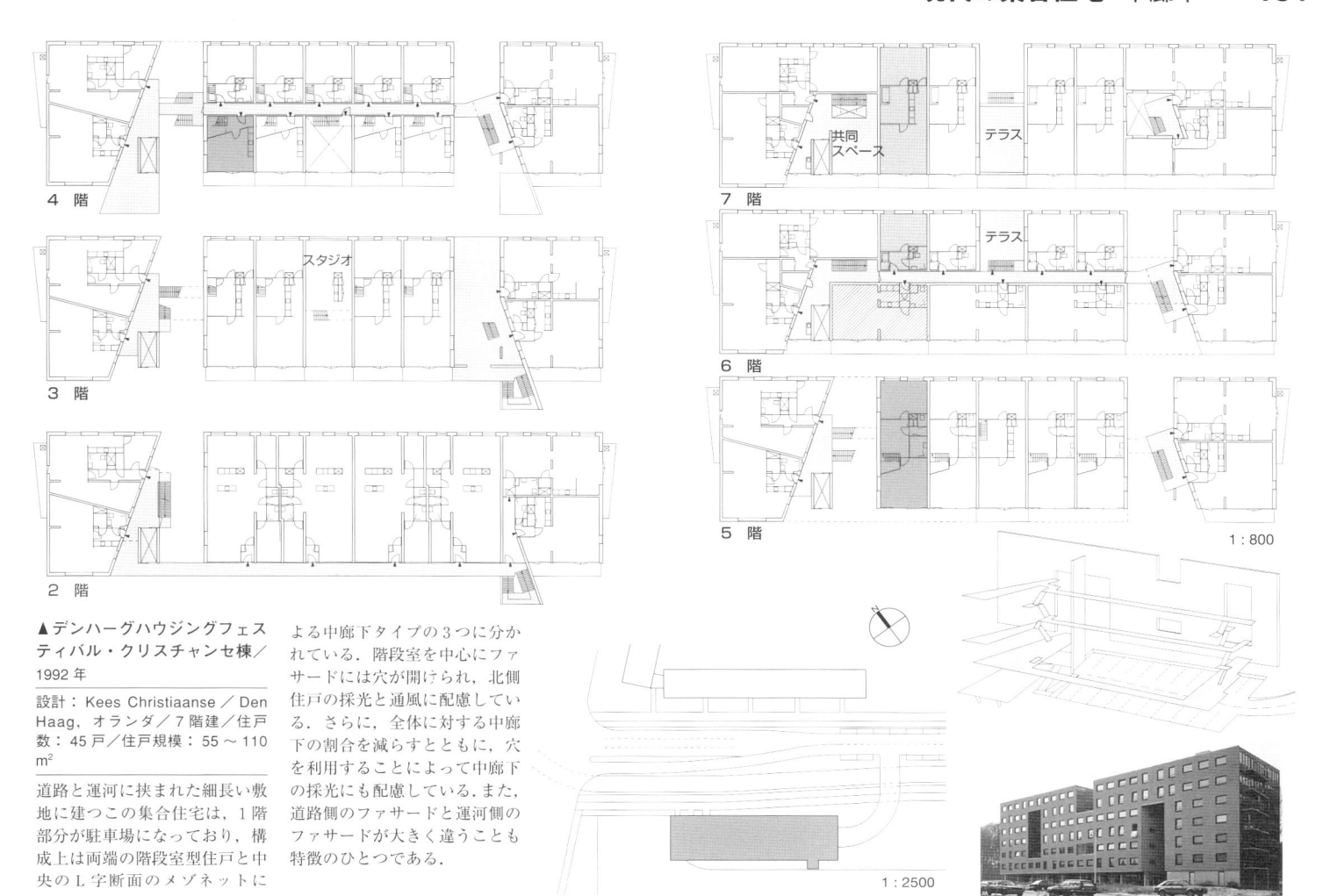

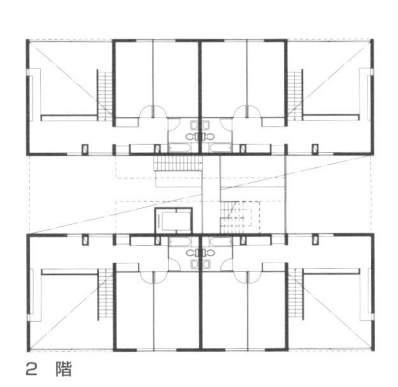

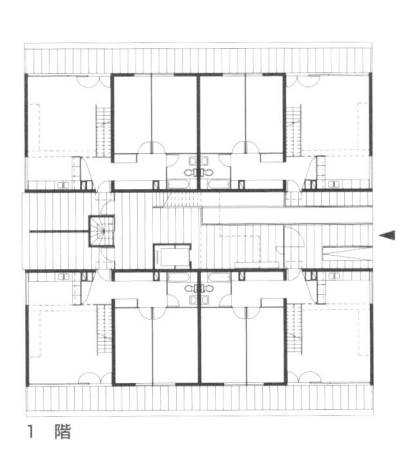

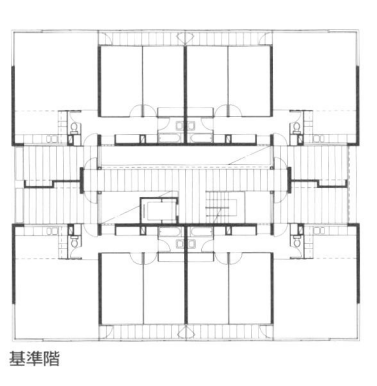

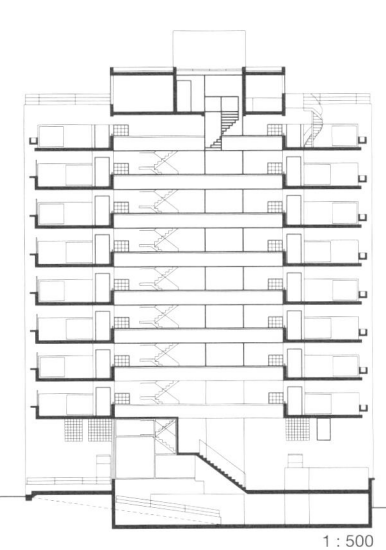

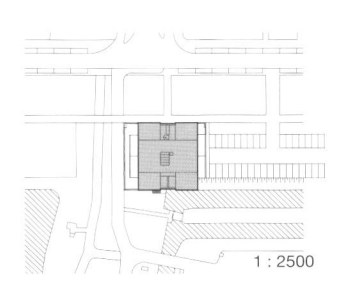

Multiple Dwelling: Middle-Corridor type **現代の集合住宅：中廊下** 151

▲デンハーグハウジングフェスティバル・クリスチャンセ棟／1992年

設計：Kees Christiaanse／Den Haag，オランダ／7階建／住戸数：45戸／住戸規模：55～110 m²

道路と運河に挟まれた細長い敷地に建つこの集合住宅は，1階部分が駐車場になっており，構成上は両端の階段室型住戸と中央のL字断面のメゾネットによる中廊下タイプの3つに分かれている．階段室を中心にファサードには穴が開けられ，北側住戸の採光と通風に配慮している．さらに，全体に対する中廊下の割合を減らすとともに，穴を利用することによって中廊下の採光にも配慮している．また，道路側のファサードと運河側のファサードが大きく違うことも特徴のひとつである．

◀デデムスヴァートウェグの集合住宅／1994年（Dedemsvaartweg）

設計：Henri Ciriani／The Hague，オランダ／10階建地下1階／住戸数：40戸／住戸規模：83～105 m²

中廊下への採光を確保するために住戸との間に大きな隙間を設けている．その結果，中廊下というよりブリッジ的な雰囲気を持ったアクセスとなっている．各住戸へは住棟両端に位置するテラスを通ってアクセスする．このテラスは屋外生活の場であると同時に共用廊下との緩衝地帯となっている．住棟中央の階段・EVから玄関までの距離を取ることでアプローチの意識を高めるようになっている．3階以上のフラット住戸ではダイニングキッチンを採用していることと全居室がバルコニーに接していることが特徴である．

152 現代の集合住宅：超高層—基準階平面　Multiple Dwelling: Skyscraper—Standard Floor Plan　1:1000

超高層

高層・超高層の住棟平面形式は様々な要因から決まってくる．例えば，階あたりの住戸数，コアと共用廊下の位置，方位，外気との接触面積，ランドマークとしての視認性などである．

片廊下型住棟を2つで縦動線を共用し経済性を上げようとするとツインコリドー形式が生まれてくる［1］．廊下になるべく多くの住戸を接するようにするには［2］［3］の中廊下形式がある．中廊下は外気に面せず陰鬱な雰囲気になりがちであるため，廊下の幅を広くしたり，外気と接するようにしたものもある．［4］［5］ではエレベーター停止階からスキップフロア的に各住戸に至るようにし，共用廊下の面積を節約している．

住棟中心に垂直動線を集中させその周りに住戸を配置するセンターコア方式［6］［7］もある．［8］ではコアが外気に面する様に扁心した位置に置いてある．階あたりの住戸数を増やすためには廊下を長く取る必要があり，［9］［10］［11］のような平面も提案されている．より多くの住戸を配置すると住棟中央は通風・採光が確保できないために吹抜けとなる［12］［13］．住棟北側は採光面で不利になるため垂直動線をここに置く例も多い．コアは垂直動線としてだけでなく構造，設備のコアとしても機能する．［14］は水廻りの換気のために住戸間に隙間が設けられているほか，各住戸も出入りを多くし，隣戸と接する壁面も少なくなり住戸の独立性が高くなっている．

［15］［16］［17］［18］は特異な形状に見えるが，以上挙げた様々な要因を考慮して考え出されたものである．

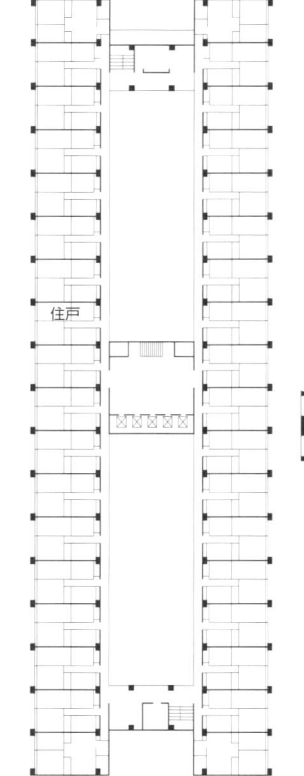

大島四丁目市街地住宅 TC 棟［1］

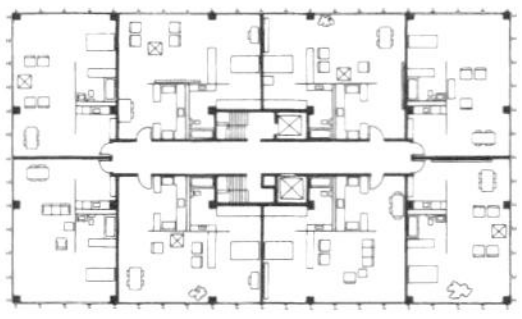

レイクショアドライブ・アパートメント［2］
⇒ 154

ヘットバーケンアパートメント［3］

芦屋浜シーサイドタウン［4］

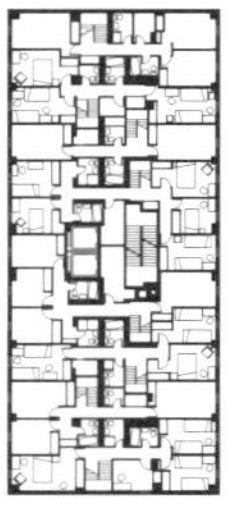

ツインパークタワー［5］

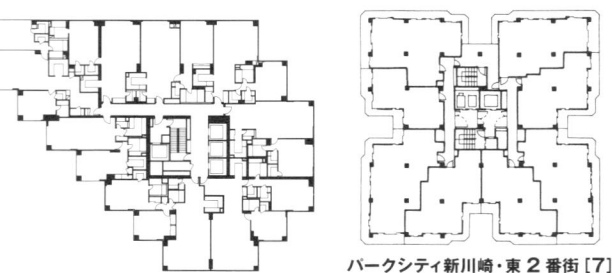

トランプタワー［6］

パークシティ新川崎・東2番街［7］

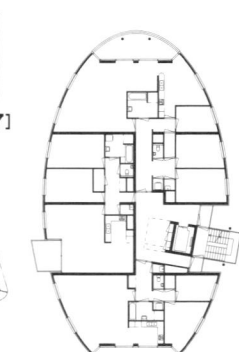

アルデンネンラーンの高層住宅［8］

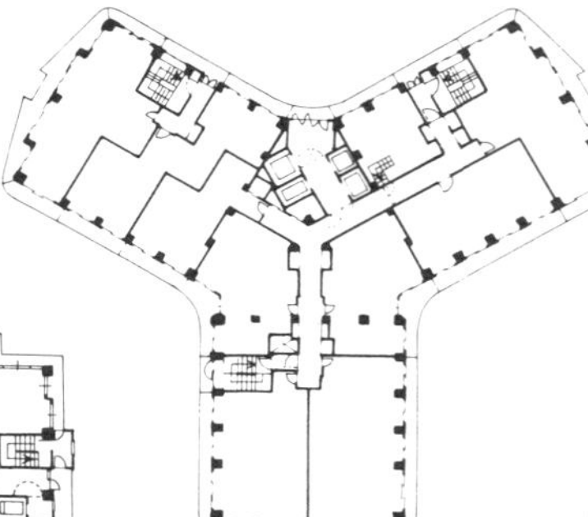

マリナシティ［9］

ベルパークシティ［11］

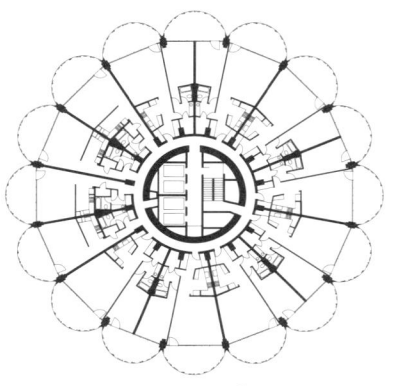

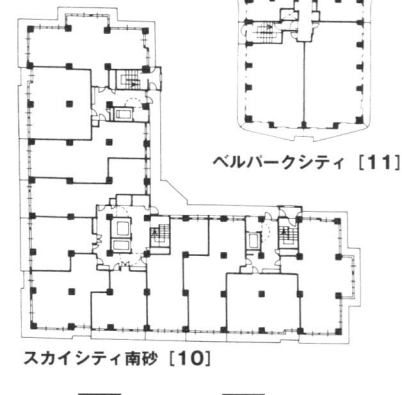

スカイシティ南砂［10］

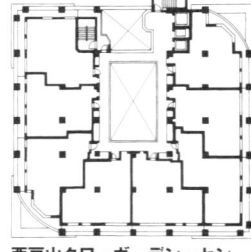

西戸山タワーガーデン・セントラルタワー［12］

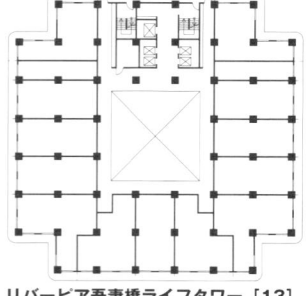

リバーピア吾妻橋ライフタワー［13］

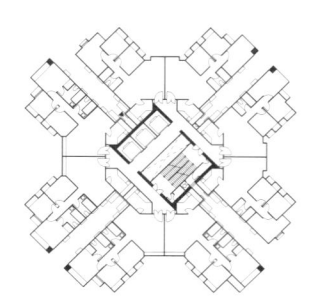

香港の高層住宅［14］

フランツ・クンステラー通り［15］

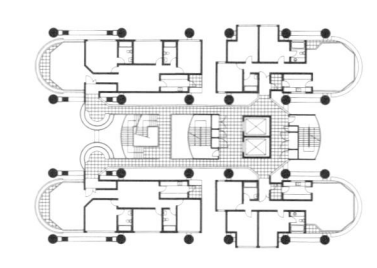

MBF タワー［16］

ロミオとジュリエット（ロミオ棟）［17］

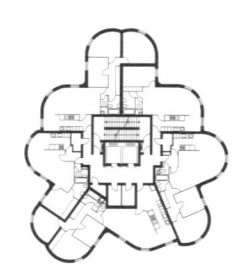

ナンテーレサッド［18］

［1］東京都江東区，設計：住宅・都市整備公団，1969年，8-14階建
［2］Lake Shore Drive Apartment, Chicago, アメリカ, 設計：Mies van del Rohe, 1951年
［3］Woontoren Het Baken Apartment building, DenHaag, オランダ, 設計：Mecanoo architekten, 1997年
［4］兵庫県芦屋市, 設計：ASTM 企業連合, 1979年, 14-29階建
［5］Twinparks Tower, 設計：Prentice & Chan, 1970年, 20階建
［6］TrumpTower, New York, アメリカ, 設計：Swanke Hayden Connell Architects, 1983年
［7］神奈川県川崎市, 設計：鹿島建設, 1987年, 30階建
［8］Ardennenlaan, Amsterdam, オランダ, 設計：Atelier PRO, 1994年
［9］Marina City, Chicago, アメリカ, 設計：Bartland Goldberg, 1964年, 65階建
［10］東京都江東区, 設計：清水建設, 1988年, 28階地下1階建
［11］大阪市, 設計：三井建設一級建築士事務所, 1987年, 36階建
［12］東京都新宿区, 設計：新宿西小山開発事業設計監理共同体　磯崎新アトリエ, 1988年
［13］東京都台東区, 設計：住宅・都市整備公団, 1989年, 30階建
［14］香港の高層住宅（「10＋1」より）
［15］Franz-kunstler-str, 設計：Klaus Muller-Rehm, 1961年, 16階建
［16］MBf Tower, Penang, マレーシア, 設計：Ken Yeang, 1993年
［17］Romeo and Julia ／ Romeo 棟, Stuttgart, ドイツ, 設計：Hans Scharoum, 1959年, 19階建
［18］Nanter Sud, Paris, フランス, 設計：Emile Aillaud, 1975年, 18-37階建

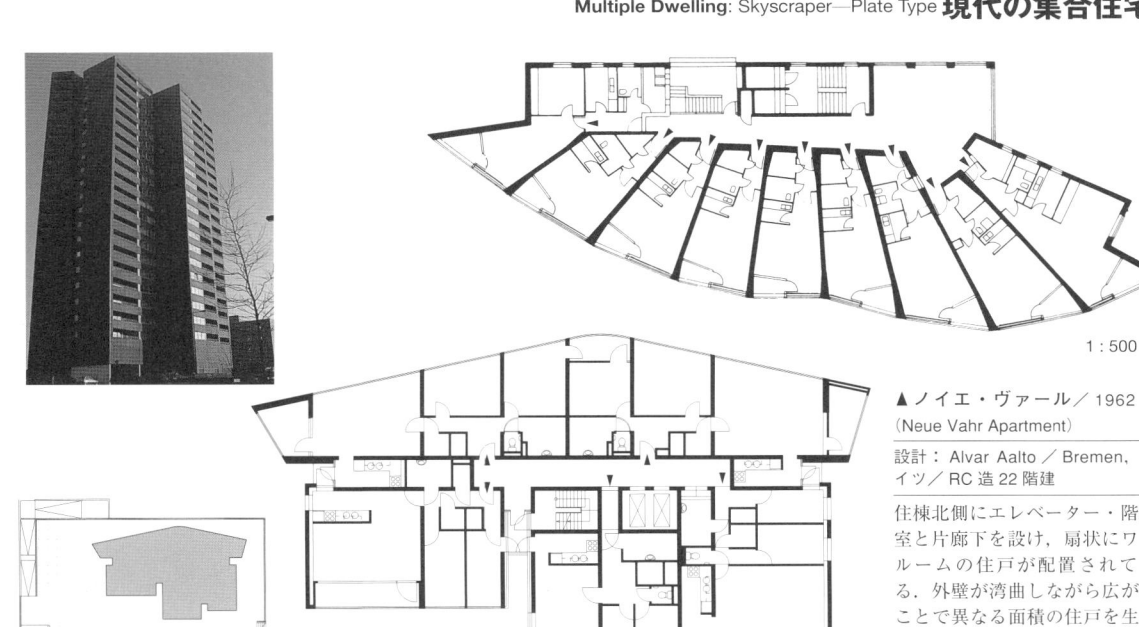

Multiple Dwelling: Skyscraper—Plate Type **現代の集合住宅:超高層―板状** 153

▲ノイエ・ヴァール／1962年
(Neue Vahr Apartment)

設計：Alvar Aalto／Bremen、ドイツ／RC造22階建

住棟北側にエレベーター・階段室と片廊下を設け，扇状にワンルームの住戸が配置されている．外壁が湾曲しながら広がることで異なる面積の住戸を生み出している．住戸は南西に向けて開かれており眺望と採光が得られるようになっている．共用廊下側に水廻りが置かれ，居室を共用廊下から隔てる役割を果たしている．各戸にはテラスが設けられ，屋外の生活の場となるとともに彫りのある外観を形成している．

低層階のショッピングセンターと一体として計画され，高さとカーブした外観が地区のランドマークとなっている．

▲KNSMアムステルダム・アパートメントタワー／1995年
(KNSN-land)

設計：Wiel Arets／Amsterdam、オランダ／RC造21階建／敷地面積：650 m²／住戸数：100戸

湖に面する人工島に建つ．住棟は分節され，複数のタワーが隣接して建っているような外観をつくることで見る方向により変化のある姿を現す．分節された住棟平面に合わせて住戸は異なる平面を持っている．居室はなるべく広い開口を持つように計画され，高層ならではの眺望を楽しめる．公室は住戸の一番奥にあり広めのバルコニーとセットにすることで家族の集まる場所として安定した雰囲気となっている．ほぼすべての住戸の台所にサービスバルコニーが設けられている．

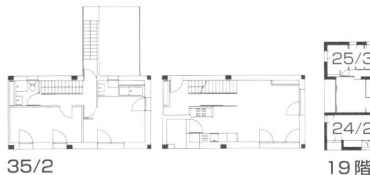

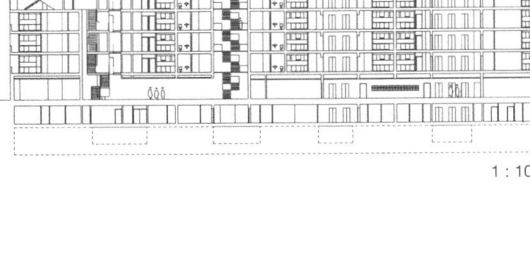

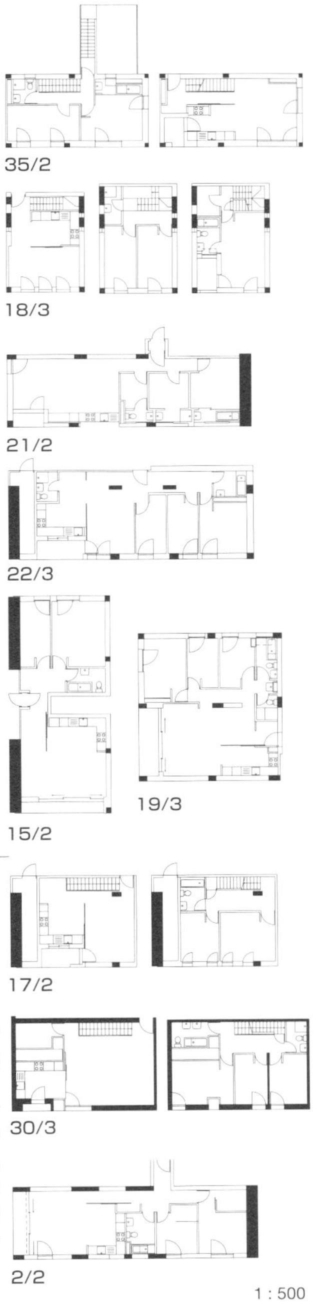

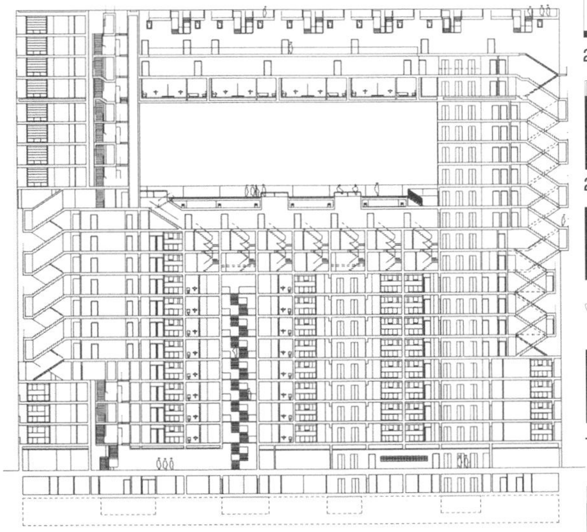

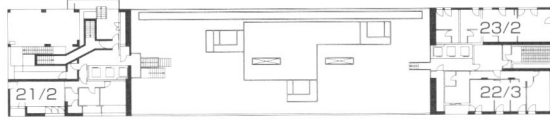

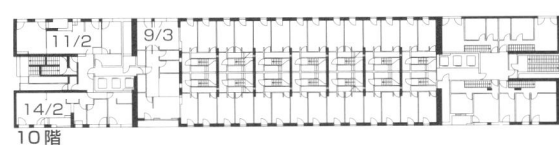

▲ミラドール／2004年(mirador)

設計：MVRDV／Madrid、スペイン／RC造21階建地下2階／敷地面積：約10,000 m²／延床面積：約16,000 m²／住戸数：156戸

開発中の地区の広大なロータリーに面して建ち，明確な外観をとることでこの地区へのゲート的な役割を期待されている．非常に多くの種類の住戸を用意することで多様化した居住者に対応している．家族世帯を想定しているが，フラットからトリプレックスまで，2ベッドルームから4ベッドルームまで面積も様々な住戸が組み込まれている．中間階の巨大な吹抜けは地上と異なった外部空間を楽しむことができる共用のスペースとなっている．

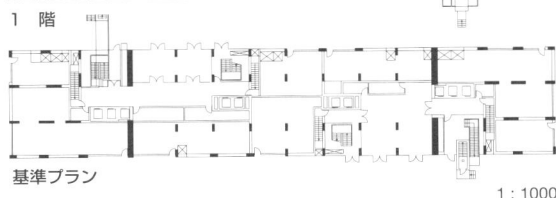

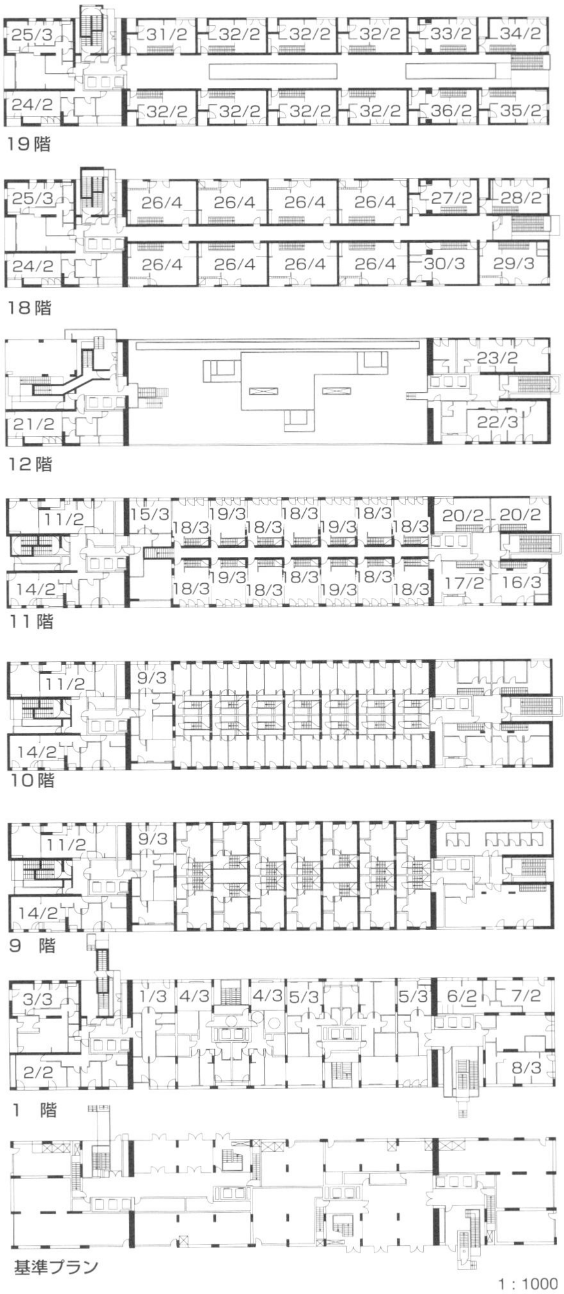

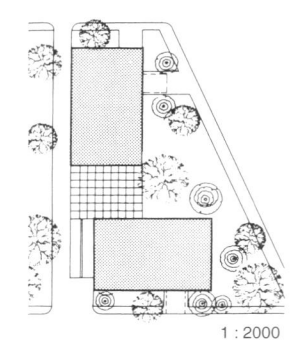

154　現代の集合住宅：超高層—塔状　Multiple Dwelling: Skyscraper—Tower Type　1:500

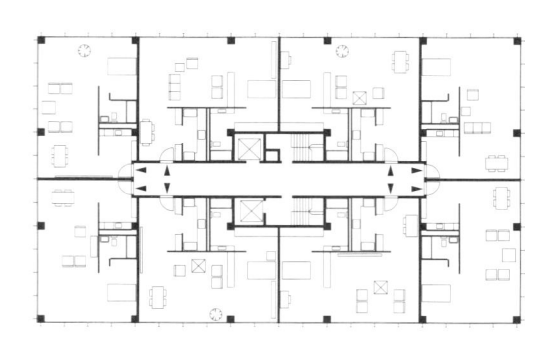

◀レイクショアドライブアパートメント／1951年
(Lake Shore Drive Apertment)

設計：Mies van der Rohe／Chicago，アメリカ／S造26階建

ミシガン湖に面して2棟の同型の高層住棟を直角に配置．基準階は柱間6.4 mの正方形を5行3列に配した規則的かつ均質な平面で1層8戸の住宅が入る．部屋は床から天井までガラスの壁によって取り巻かれ，開放的な眺望を可能としている．

3寝室タイプ　下階 　　3寝室タイプ　上階 　　4寝室タイプ　下階 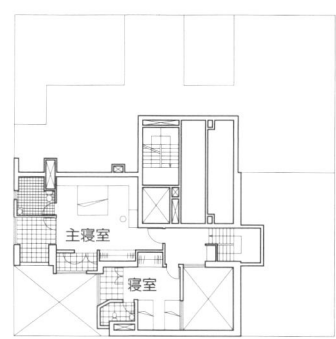　　4寝室タイプ　上階

◀カンチェンジェンガ・アパートメント／1983年
(Kanchanjunga Apartment)

設計：Charles Correa／Bombay，インド／住戸数：32戸

高さ85 m，一辺21 mの正方形平面の塔状集合住宅．住戸は，3〜6寝室を持つメゾネット形式で構成されている．それぞれの住戸はスキップフロアや吹抜けを採り入れたり，フロアレベルに変化をつけるなど，断面構成に工夫が凝らされており，プライバシーの確保と視覚的な連続性が巧みに共存している．
　また各住戸は3方向に開口が確保され，コーナー部には2層分吹き抜けたテラスが組み込まれている．採光や通風，眺望など外部空間への広がりを十分に配慮した計画となっている．

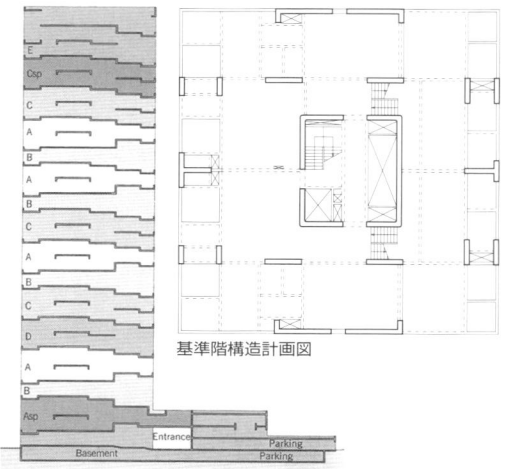

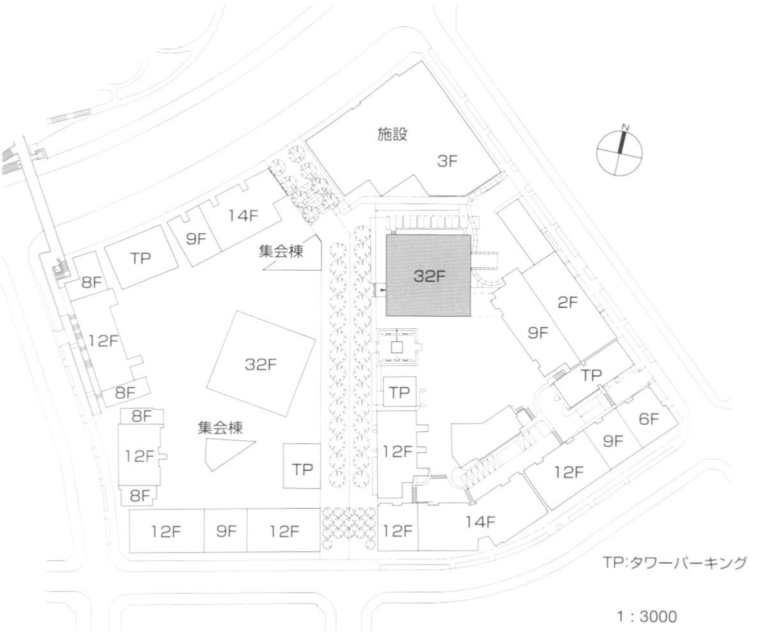

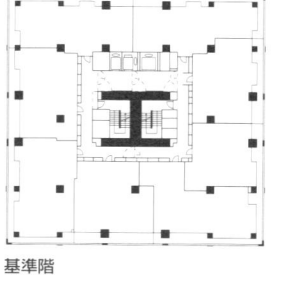

基準階構造計画図　1:1200
(撮影：Charles Correa)

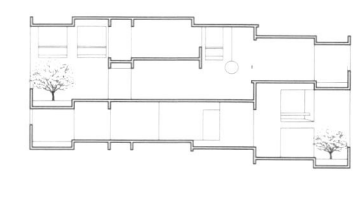

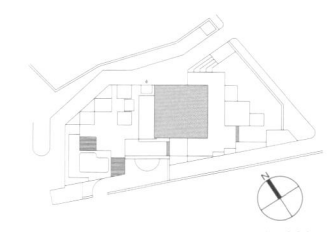

◀幕張パークタワー／2003年

設計：光井純＆アソシエーツ建築設計事務所（デザインアーキテクト），KAJIMA DESIGN（設計監理）／千葉市／RC造一部S造32階建地下1階／敷地面積：14,520 m²／延床面積：31,839 m²／住戸数：226戸／住戸規模：平均99 m²

ニュータウンに立地する超高層集合住宅．住棟平面はセンターコア型が採用されている．ゲストルーム，書院，キッズルームなどの共用部分が設けられているほか，他住棟と共用の施設として料理教室やアトリエとして使える集会棟が用意されている．最上階には2層吹抜けの眺望ラウンジを設けている．住戸はデンやビューバスを備えたものなど70〜170 m²台の多様なプランが用意されており，いずれも眺望を意識したワイドフロンテージの住戸設計で半数以上が角住戸となっている．

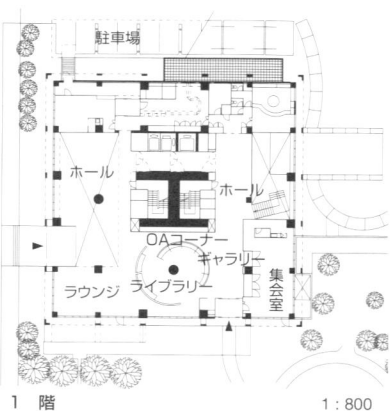

基準階

TP：タワーパーキング　1:3000　　1階　1:800

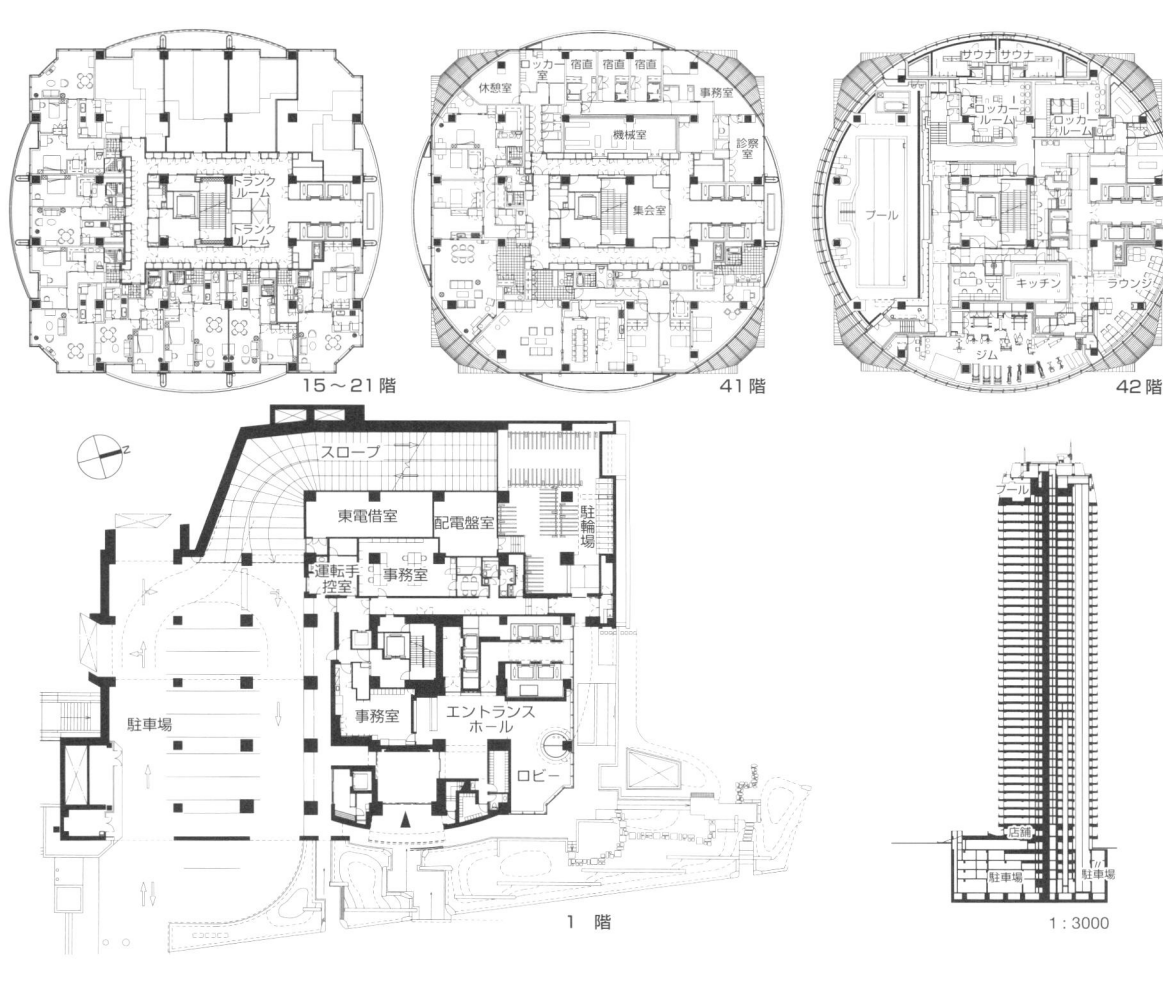

Multiple Dwelling: Skyscraper—Tower Type **現代の集合住宅：超高層—塔状** 155

◀愛宕グリーンヒルズ・フォレストタワー／2001年

設計：シーザー・ペリ・アンド・アソシエーツ（デザインアーキテクト）、森ビル、入江三宅設計事務所／東京都港区／SRC造42階建地下4階／敷地面積：4,686 m²／延床面積：62,475 m²／住戸数：354戸

都心居住を楽しむ層をターゲットとし、5〜13階はサービスアパートメント、14〜41階は賃貸住宅となっている。住戸は1寝室型から3寝室型まで用意されている。

2階にレストラン、頂部にスパ、フィットネス、健康相談室、ラウンジ、展望回廊など共用施設が充実し、24時間対応のフロントによる多彩な生活支援サービスも提供している。近接して建つ事務所棟と外観に共通性を持たせツインタワー的に見せている。

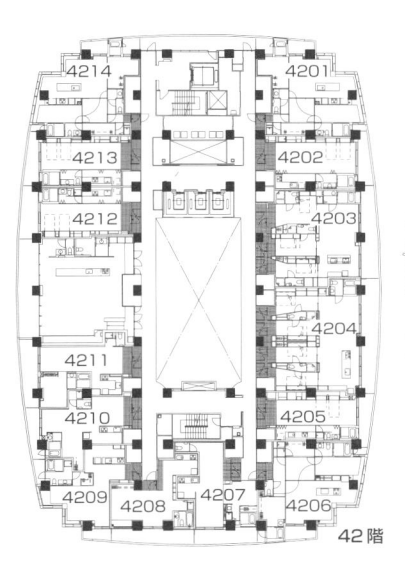

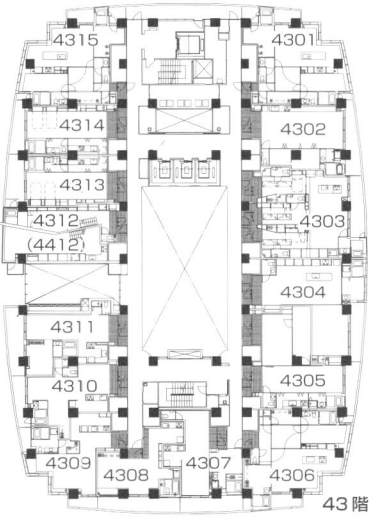

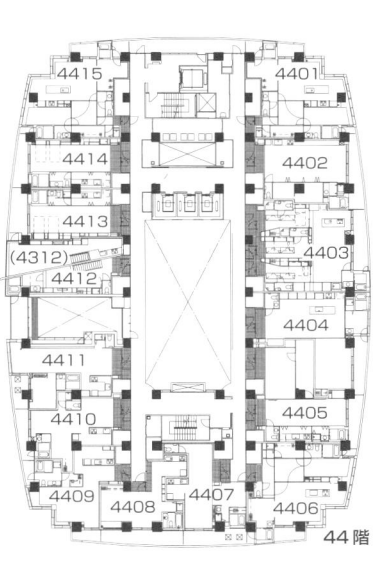

◀汐留インフィルプロジェクト／2004年

設計：小嶋一浩＋赤松佳珠子／C＋A、都市基盤整備公団、都新居住委員会／東京都港区／地上56階地下2階（うち42〜44階）／敷地面積：11,607 m²／延床面積：100,736 m²（全体）、4,417 m²（42〜44階）／住戸数：24戸／住戸規模：48〜113 m²

都心居住として現れてくるであろう様々な同居形態とライフスタイルを想定した6つの基本タイプの住戸が用意されている。各タイプはワンルーム、可変性、眺望、ルームシェアリングなどの特徴を持ち、SI分離であることから水廻り、戸境壁を自由に設定している。パンチングメタルの玄関ポーチで住戸を緩やかに共用部につなげている。

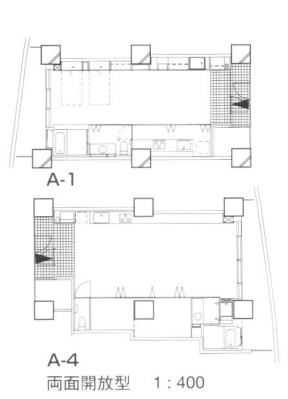

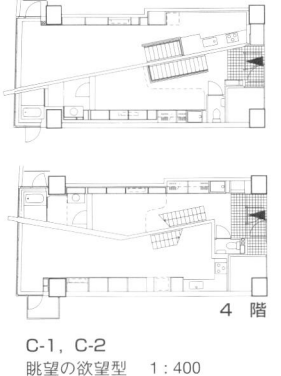

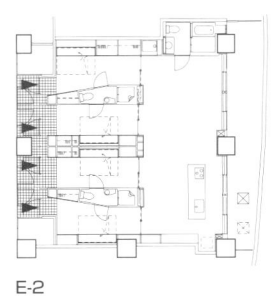

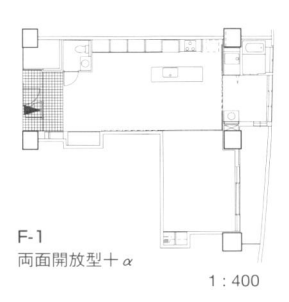

156　現代の集合住宅：複合　Multiple Dwelling: Complex/SOHO

複合

用途の複合する集合住宅は都市的形態といえる．ただし複合建築物は利用主体が，居住か非居住か，所有か賃貸かによって管理や資産意識が異なる．相互監視が希薄になりがちで，さらにSOHOが開設されれば不特定多数が居住部分にまで進入する．多様な利用者を想定したゾーニングやコミュニティデザインが求められる．

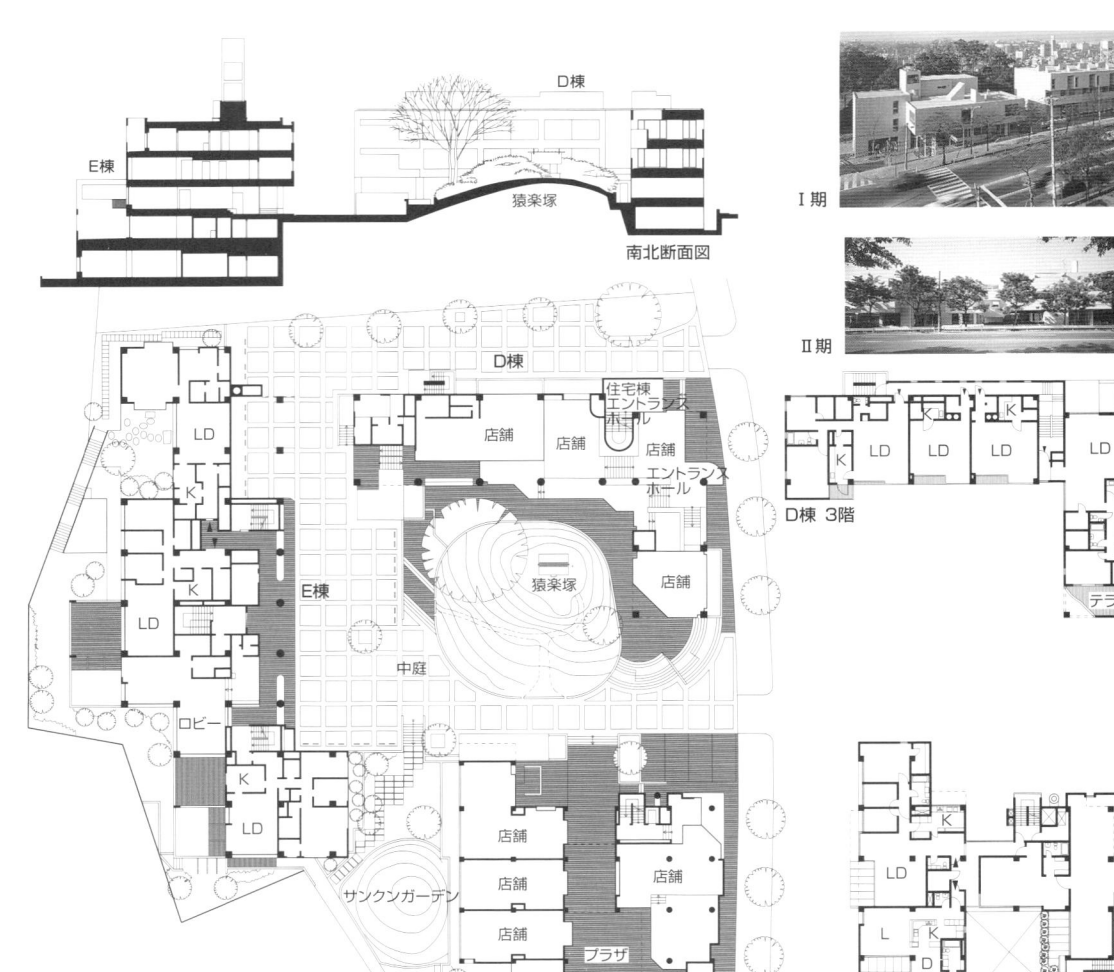

代官山ヒルサイドテラス／
1967-1992年
設計：槙総合計画事務所，スタジオ建築計画／東京都渋谷区／RC造地下3〜4階建地下2階／敷地面積：7,320 m²（全体）／延床面積：20,685 m²（全体）

ヒルサイドテラスは住居・店舗・オフィスからなる複合建築群である．1967年から1992年まで段階的に建設された．時代毎に社会状況を読み取り，マスタープランに修正を加えるプロセスはわが国では希有な例である．全体を低層で抑え，A・C・D棟は1階に，B棟は1・2階に商業施設が入っている．低層部は街路に対してサンクンガーデンや中庭などボイドを配置することで奥行方向に動線を引き込み，ショップやオフィスを面的に配置している．管理においても入居者を選別するなどデザインだけでなくソフトを含んだ街並み形成に対する意志がみえる．

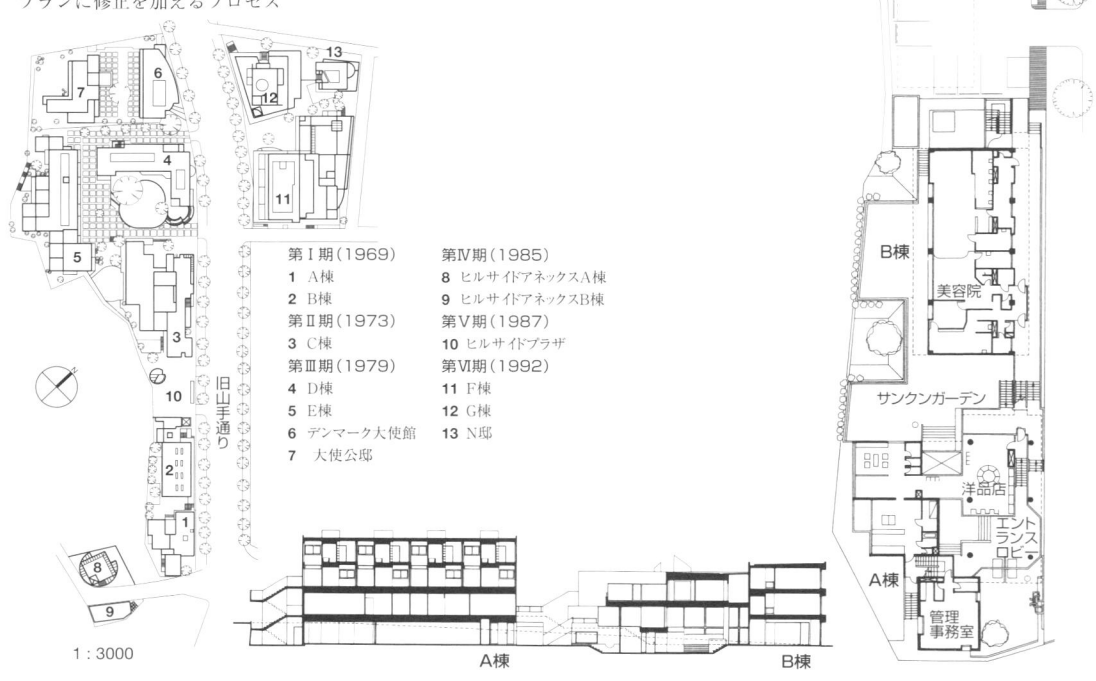

第Ⅰ期（1969）
1　A棟
2　B棟
第Ⅱ期（1973）
3　C棟
第Ⅲ期（1979）
4　D棟
5　E棟
6　デンマーク大使館
7　大使公邸
第Ⅳ期（1985）
8　ヒルサイドアネックスA棟
9　ヒルサイドアネックスB棟
第Ⅴ期（1987）
10　ヒルサイドプラザ
第Ⅵ期（1992）
11　F棟
12　G棟
13　N邸

（撮影：新建築社写真部）

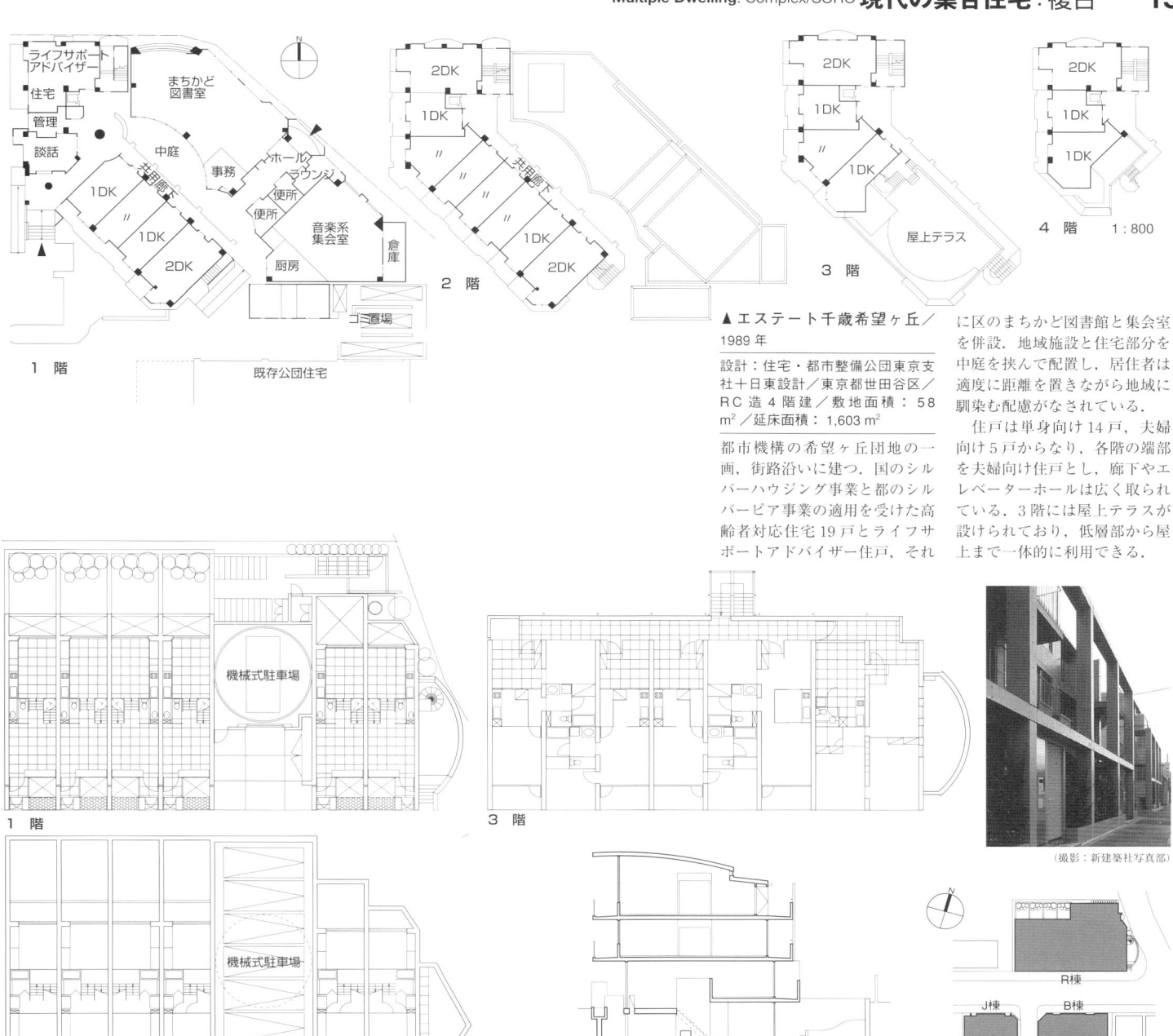

Multiple Dwelling: Complex/SOHO 現代の集合住宅：複合　157

▲ エステート千歳希望ヶ丘／1989年

設計：住宅・都市整備公団東京支社十日東設計／東京都世田谷区／RC造4階建／敷地面積：58 m²／延床面積：1,603 m²

都市機構の希望ヶ丘団地の一画，街路沿いに建つ．国のシルバーハウジング事業と都のシルバーピア事業の適用を受けた高齢者対応住宅19戸とライフサポートアドバイザー住戸，それに区のまちかど図書館と集会室を併設．地域施設と住宅部分を中庭を挟んで配置し，居住者は適度に距離を置きながら地域に馴染む配慮がなされている．

住戸は単身向け14戸，夫婦向け5戸からなり，各階の端部を夫婦向け住戸とし，廊下やエレベーターホールは広く取られている．3階には屋上テラスが設けられており，低層部から屋上まで一体的に利用できる．

▲ 松が丘の集合住宅 TRI-NITÉ・R棟／1997年

設計：谷内田章夫／ワークショップ／東京都中野区／RC造3階建地下1階／敷地面積：538 m²／延床面積：1,310 m²

道路を挟んでR・B・Jの3棟があり，一体的にデザインしている．R棟は，1階は道路からアプローチでき，その他の階も入口側の1室が外部と同じ素材でフラットにつながっている．オフィスとして利用しやすいほか，車椅子利用者にとっても，また介護機器や介護員が入ってくるスペースとしても便利である．ワンルームからメゾネットまで，面積も35〜66 m²と幅広く，多様なニーズに対応できる．地下の住戸は1階とメゾネットになり，スキップフロアでつながる．階段を下りるたびにドライエリアでシーンが演出されており，快適な地下空間となっている．

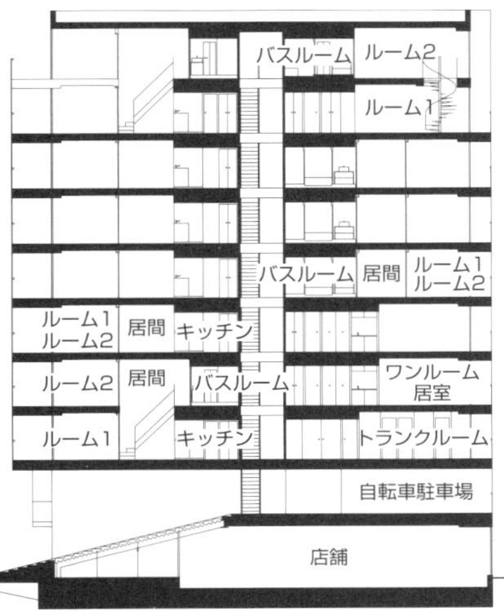

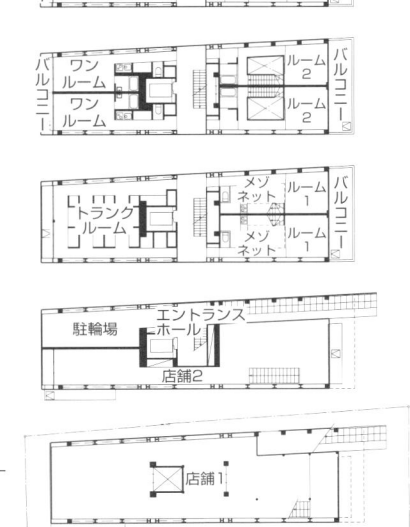

◀ NAGOYA FLAT／2005年

設計：クラインダイサムアーキテクツ／愛知県名古屋市／S造10階建／地下1階／延床面積：1,580 m²

名古屋市の中心部にある間口10 m，奥行30 mの細長い敷地に建てられた店舗と住宅の複合建築物である．動線は住戸へのアプローチを2階とすることで分離している．住戸は17戸，中央のコアを挟んで南北に配置し，ワンルームからメゾネットまであり，大半がシェア可能となっている．

中央部のコアは428×407×40 mmのビルドボックスと厚さ9 mmの鉄板で耐震コアとなっており，軸力を東西のH鋼の柱で受け，室内に柱型が出ないような構造システムにしている．梁は梁兼用の床スラブをプレキャストとして8 m飛ばし，パネル構造のような室内ボリュームを確保している．

158 現代の集合住宅：寮 Multiple Dwelling: Dormitory

1:800

寮

寮は学生寮や社員寮など居住者が特化している．よって寮室や共用部分の考え方は経営者の理念や運営方針に沿ったものとなる．寮室をみた場合，個人スペースと共用スペースの線引きが寮ごとに異なる．期間を限定した上で複数人で生活し，新しい人間関係の構築を意図したタイプや，浴室・トイレは共用として極力個室を小さくしているタイプ，ユニットバスやミニキッチンを組み込み，寮室内で大半の生活が完結するタイプまである．

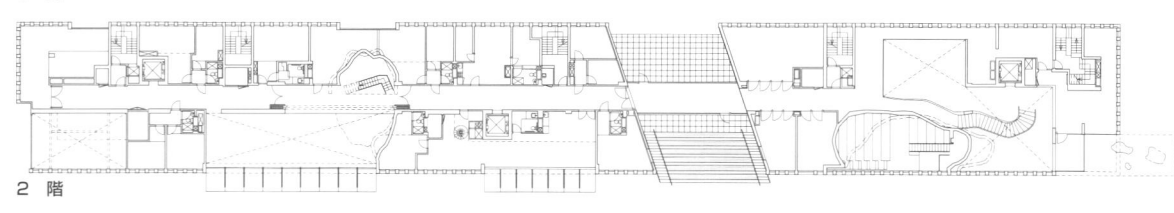

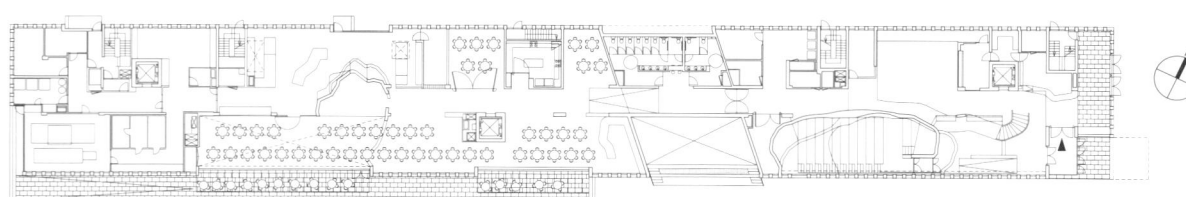

共用部分は浴室や洗面室，洗濯室といった生活上必要な場所ばかりでなく，カフェやAVルーム，図書室，ジムなどを組み込んだ例も増えている．また社員寮の場合は，企業のイメージアップに貢献するために，象徴性や地域との融和性等をデザイン面・プログラム面の両面から設計することが多い．

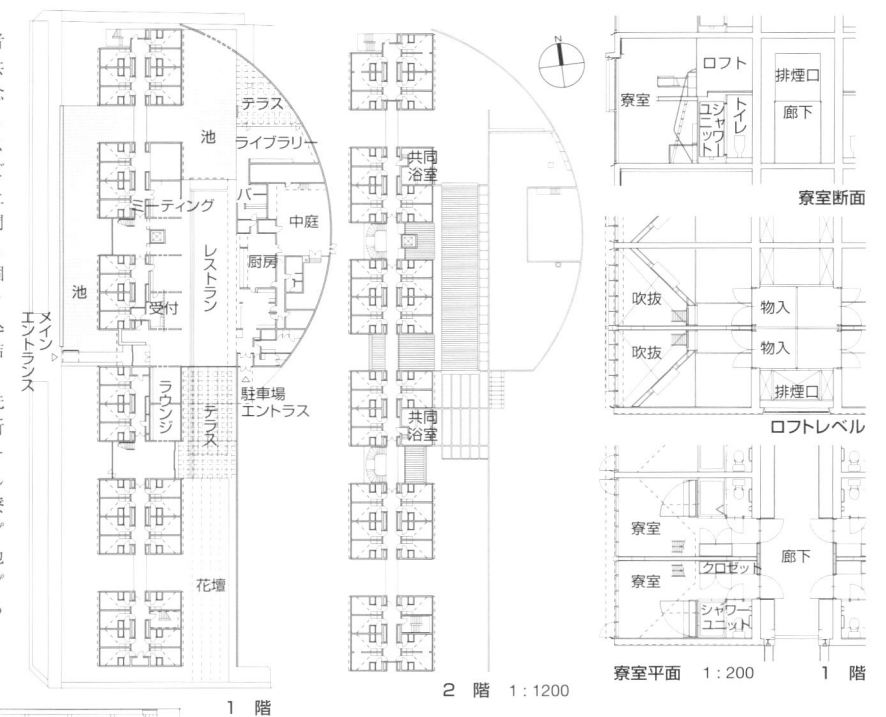

◀ YKK 黒部寮／1998 年

設計：アルテクトゥールステュディオ・ヘルマン・ヘルツベルハー＋小澤丈夫＋鴻池組一級建築士事務所／富山県黒部市／RC造3階建／敷地面積：6,011 m²／延床面積：4,282 m²

1階のエントランス側にレストラン，ライブラリー，バー等を含む共用施設があり，1・2階に寮室が配置されている．寮室は100室からなり，ワンルームのアパートメントとして成り立つようにシャワーとトイレを完備している．居室内はロフト形式で，天井高は4.7 mあり，上下階で二つの分離した生活が可能となっている．寮室群の平面構成は6つのブロックに分節され，ブリッジによって結ばれている．原則1ブロック8ユニットで，所々に寮生用の共用施設が組み込まれている．1階にラウンジやミーティングスペース，2階に共同浴室，洗濯室等が配置されている．

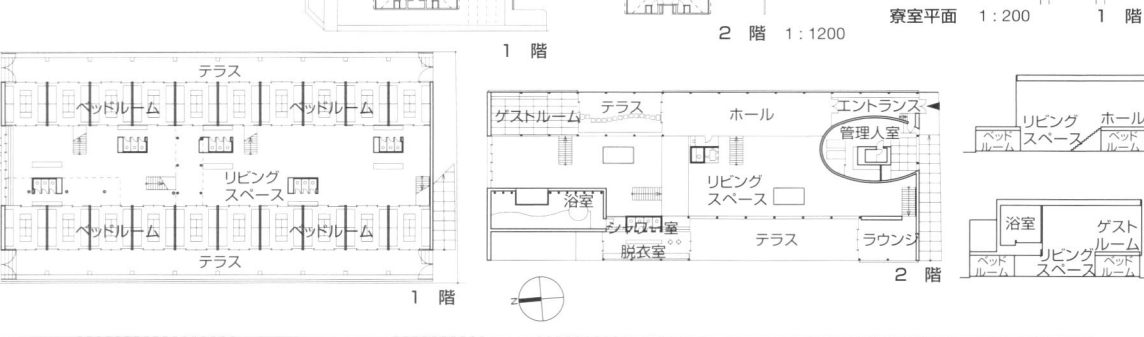

◀ 再春館製薬女子寮／1991 年

設計：妹島和世建築設計事務所／熊本県熊本市，RC＋S造2階建／敷地面積：1,224 m²／延床面積：1,255 m²

敷地は短辺が25 mの1：2の長方形で，2階建てであるが1階が40 cm掘り下げられ，2階からアプローチするようになっている．1階部分は長手方向の両サイドに個室を配し，2列の居室群の間が共用のリビングスペースになっている．個室部分は4人1室で，最小限に留められ，リビングでの生活に主眼が置かれている．2階はエントランスがあり，リビング部分を吹抜けとし，個室の上部にホール，ラウンジ，テラス，吹抜けに張り出すように管理人室や共同浴室が置かれ，それらの浮遊するようなボリュームと，テラスという外部が透過するボリュームが対比的な構成になっている．研修を兼ねながら利用されるため，集団の場づくりが重視されている．

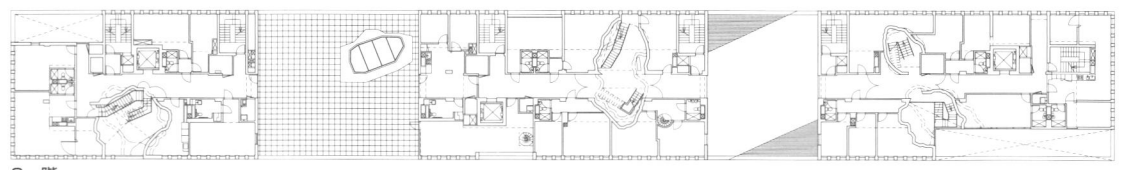

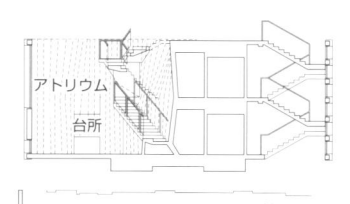

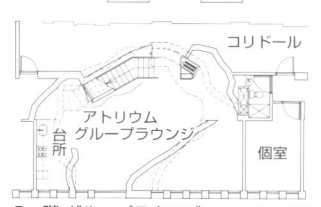

▲ シモンズ・ホール・マサチューセッツ工科大学学部生宿舎／2002 年（Simmons Hall MIT Undergraduate Residence）

設計：Steven Holl／Massachusetts，アメリカ／10階建地下1階／敷地面積：54,348 m²／延床面積：1,255 m²

350室の居室とホールやカフェ，共同のラウンジやワーキングスペースからなる．グリッド状のファサードとアメーバ状の内部ヴォイドをその特徴とし，ヴォイドは縦方向に伸縮しながら貫通し，床のある部分に共同のラウンジやワーキングスペースが計画されている．建物表面はスポンジのように大小の孔が開けられ，それらが開口となっている．格子状の構造体がスクリーンを構成し，開口の位置・大きさが不均質なために構造荷重が過剰となる箇所は補強パネルを貼ることで解決している．寮室は，9面の窓が取り付けられ，ヴォイドが貫入している室もある．

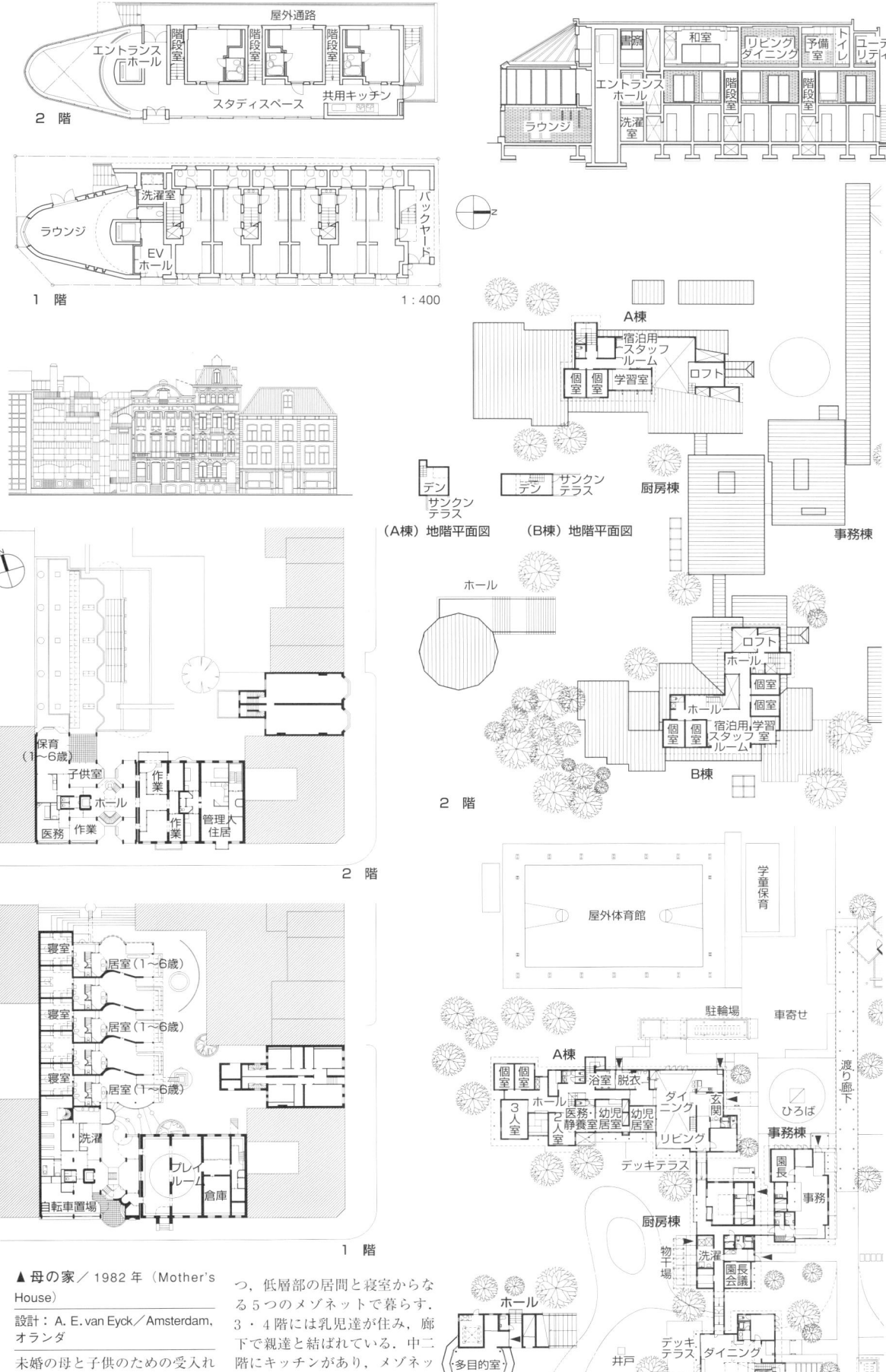

Multiple Dwelling: Dormitory 現代の集合住宅：寮

▲ 久が原のゲストハウス／2003年

設計：デザインヌーブ一級建築士事務所／東京都大田区／補強コンクリートブロック造＋RC造一部S造3階建／敷地面積：267 m²／延床面積：414 m²

商店街と住宅街の結節点の交差点に建つゲストハウスである．オーナーの町に寄与するものを作りたいという意向と立地とを踏まえ提案された．シャワー・トイレは各住戸に付き，キッチンとワークスペース兼居間が共用で，道路側に配置されている．南側の湾曲したラウンジは時限的なもので，将来の道路拡幅に備えブロック＋S造になっている．最上階はオーナー住戸である．

短期滞在者向のゲストハウスは近年増加し，コンバージョン事例も増えつつある．入居の際にデポジット（保証金）を預かる形式で，入退去が簡単で日本人の利用も増えている．

◀ 聖ヨゼフ寮／2005年

設計：藤木隆男建築研究所／大分県中津市／木造2階建

南に八面山を望む10万m²あまりの広い敷地に建つ宗教系児童養護施設．住宅的な居住環境を目指し，低層・木造で，凹凸の多い小スペースの連続帯で構成されている．建物内は屋根裏や階段の下といった子供のための小スペースも意識的に計画されている．一方で静かに祈れる場所や音楽のできる場所が象徴的に組み込まれている．

定員は35名，個室から3人室まであり，室内の家具は杉やシナの積層材による造付けである．入居者は就学前の幼児から高校生まで，小学校卒業までは専属の職員が担当し，心理担当者も常勤している．寄宿舎のような厳しい規律はなく，時間拘束も緩やかであるという．

（提供：藤木隆男建築研究所）

▲ 母の家／1982年（Mother's House）

設計：A. E. van Eyck／Amsterdam, オランダ

未婚の母と子供のための受入れ施設．もともとあった19世紀の建物を改修し，4階を親達が住む場とし，子供達の部屋は新しく建てられた．既存の建物と新築部分は階段室で繋がり，街区の中に埋め込まれている．

1〜6歳の子供達は10人ずつ，低層部の居間と寝室からなる5つのメゾネットで暮らす．3・4階には乳児達が住み，廊下で親達と結ばれている．中二階にキッチンがあり，メゾネット上階のテラスで遊ぶ子供達は柔らかにカーブしたガラス越しに，料理をしている親の姿を見ることができる．内部は円弧や多角形が多用され，ファサードは派手な色遣いでありながら，街区に馴染んでいる．

160 現代の集合住宅：コレクティブハウジング　Multiple Dwelling: Collective Housing　1:500

コレクティブハウジング

生活やその空間の一部を複数の世帯で共同化する住み方で，各世帯はプライベートな居住空間を確保することが前提となる．

欧米の事例では調理および食事を自主的に運営するが，日本の事例では多様な食生活により必ずしもうまくいかず，共同の費用負担で委託するサービスによって補うこともある．

また居住者同士の密接な触れ合いによって助け合って住む安心感も欠かせない．共同化した生活になじむようにNPOやボランティアによるワークショップが行われることも多い．

居住者を高齢者に特化する場合だけでなく，若年や子供を含む多世代の多様な世帯に開く場合もある．グループハウスや寮なども，居住空間が家族の枠を越えている点で共通しており，地域施設への居住の拡大や近隣住民とのつながりも視野に入れると，居住の未来を考える上で興味深い．

▲ **グループハウス尼崎** 1998年

設計：京都大学小林正美研究室＋兵庫県住宅供給公社＋積水ハウス／兵庫県尼崎市／軽量鉄骨造平屋建／敷地面積：1,119 m²／延床面積：625 m²／定員：18名

阪神淡路大震災の復興事業として生まれた．高齢者が少人数で生活する新しい居住形態の建物．認知症高齢者グループホームと同様の規模でケアスタッフも24時間常駐するが，被災高齢者を対象としており認知症高齢者以外も入居できる．全18室を2ユニットに分けた左右対称の平面で，各ユニットに玄関とゆったりした共用LDKがある．居室は収納スペース，トイレ，洗面台が設けられた個室で，直接外部へ出ることができる．ユニットに挟まれた中央部はウッドデッキとし，リビングの延長として用いられるほか，近所の店による移動販売も行われ，地域からのアクセシビリティを高めている．

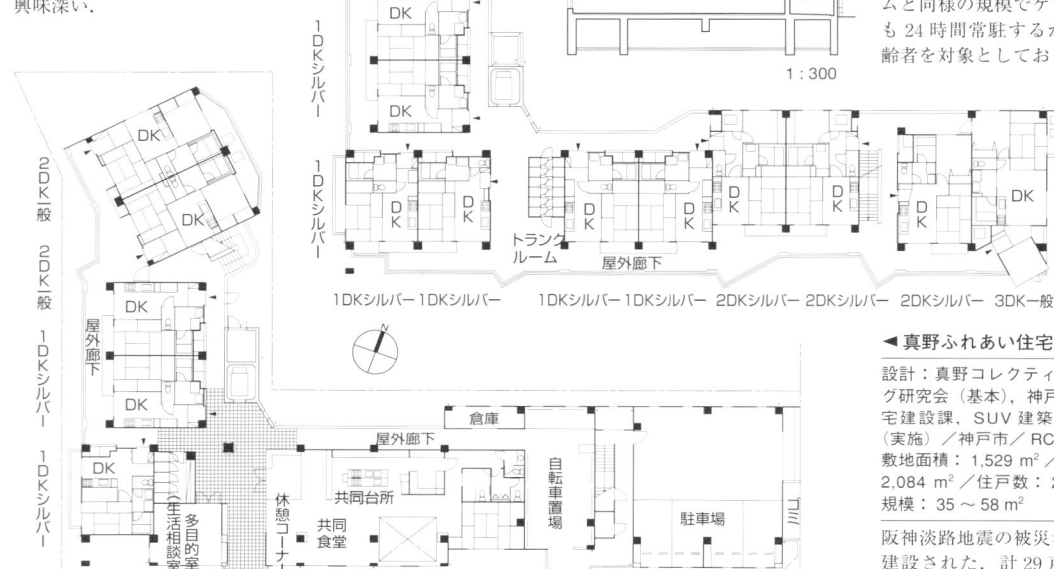

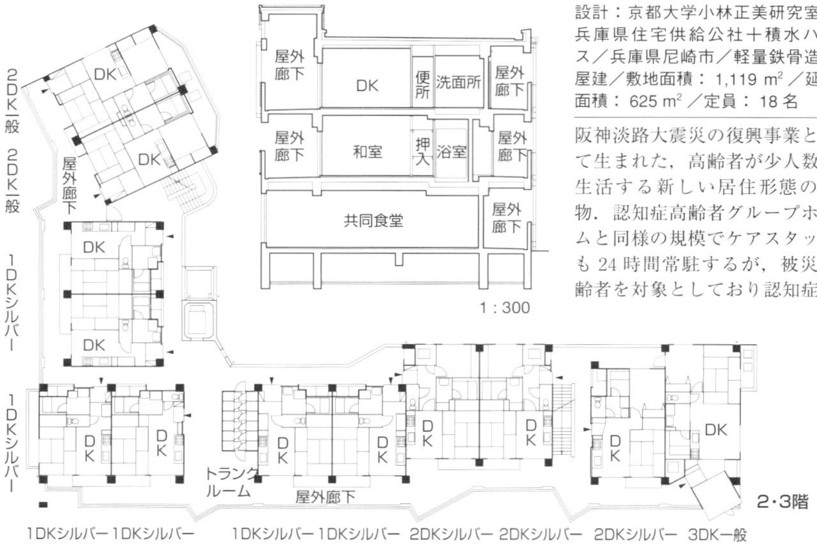

◀ **真野ふれあい住宅**／1997年

設計：真野コレクティブハウジング研究会（基本），神戸市住宅局住宅建設課，SUV建築設計事務所（実施）／神戸市／RC造3階建／敷地面積：1,529 m²／延床面積：2,084 m²／住戸数：29戸／住戸規模：35〜58 m²

阪神淡路地震の被災者を対象に建設された．計29戸のうち高齢者向け21戸，一般世帯向け8戸で，全住戸でバリアフリー対応を行っている．設計段階での入居予定者の参加や入居前の管理運営ワークショップも行われている．食堂，台所を共同化し，談話室，屋上菜園などの共用部分を多く設けている．専用バルコニーを極力少なくし，連続する共用部分として路地的な雰囲気をつくり出し，居住者同士が接する機会を増やす計画としている．

ネットワーク居住

複数の住居を何らかの関係性で結びつけた家族の居住形態であるネットワーク居住は，同居の親族が複数の住居を利用するマルチハビテーションや複数住戸利用などの場合，非同居の親族が各住戸間で相互補完的な関係を結ぶ単身赴任や子供の別居などの場合，さらにそれらが複合する場合など様々なパターンが考えられる．そのネットワークは経済的・家事・危急時・精神的要求を介した依存・互助等の関係によって成り立っているが，自立の程度やネットワーク間の物理的距離により状況は多様である．

これらは一家族一住戸という枠を取り外したとき，ライフサイクルによる家族の変化に対して，住居の建替え・住替え・リフォームなどと同様に有効である．また，家族形態の多様化によって，同居と血縁関係という家族の一般的な前提が変化してきていることとも関連している．

図は，同潤会代官山アパートにおける複数住戸使用の状況を調べた結果である．住戸の位置関係は隣接か同じ住棟内の場合が多いが，住棟間や団地外にまたがる場合も見られる．隣接する場合，増築や界壁の除去による住戸の連結により，単純に住戸面積を拡大しているという場合も多い．

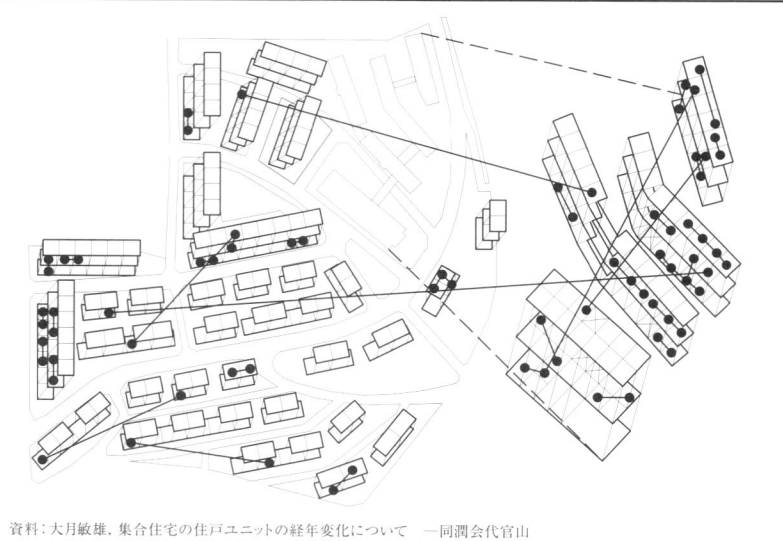

資料：大月敏雄，集合住宅の住戸ユニットの経年変化について ―同潤会代官山アパートの住みこなしに関する研究その1．日本建築学会計画系論文集，1998.8
近江隆ほか，ネットワーク居住の成立形態と住機能の変化．日本建築学会計画系論文集，1995.2

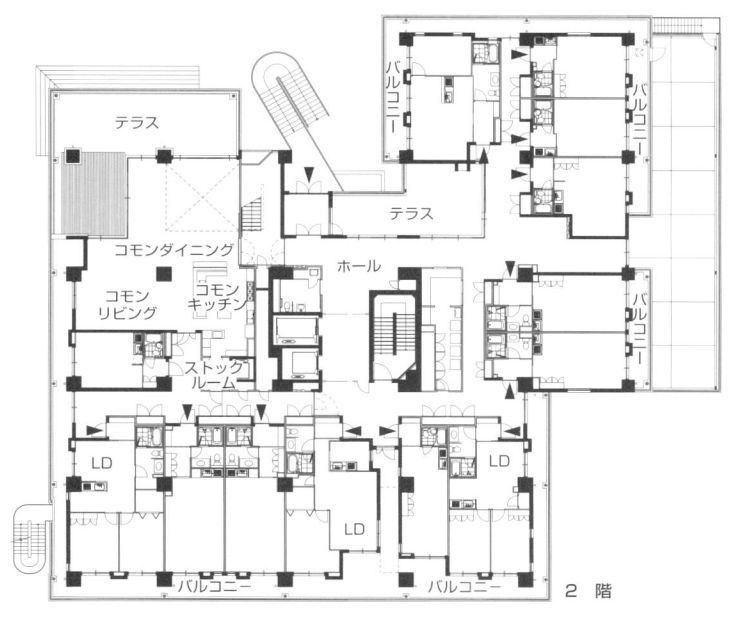

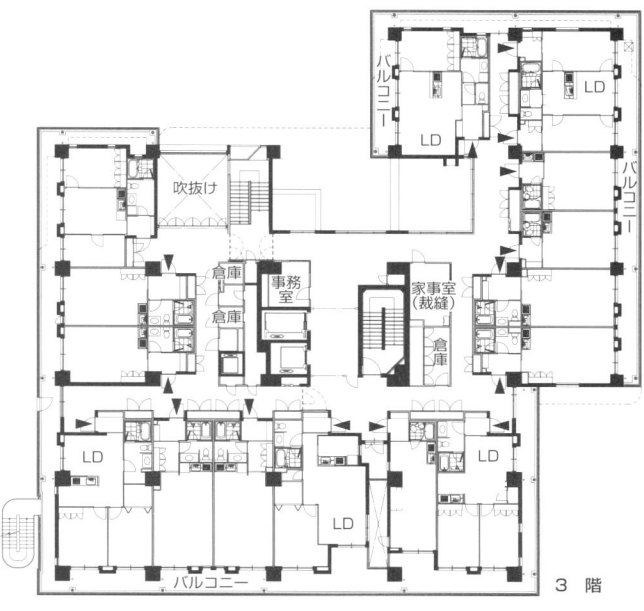

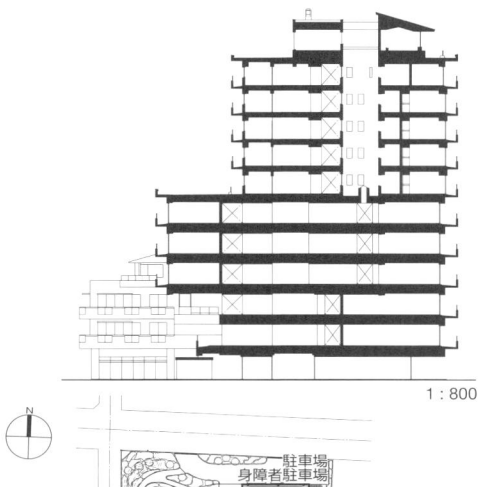

Multiple Dwelling: Collective Housing 現代の集合住宅：コレクティブハウジング

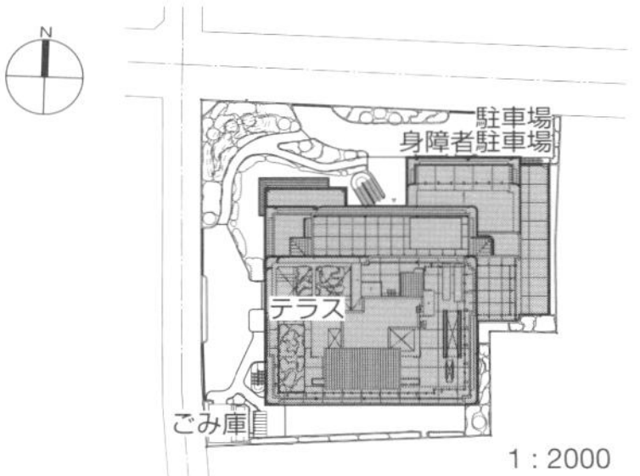

コモンダイニング
コモンリビング 

▲コレクティブハウスかんかん森／2003年

設計：LAU公共施設研究所（スケルトン）、NPOコレクティブハウジング社（インフィル）／延床面積：1,944m²／総戸数：28戸／住戸規模：24〜62m²

払い下げを受けた区立中学校跡地に建設された有料老人ホーム、クリニックや保育園が入った12階建ての「日暮里コミュニティ」内の2・3階にある賃貸のコレクティブ住宅である。

住戸面積の13％にあたる166m²の共用空間は入居者が共同で借りており、業務用機器を備えたキッチン、リビング・ダイニング、洗濯室、家事コーナー、事務室、倉庫、在宅オフィススペース、身障者対応のトイレなどとなっている。さらにコモンテラス、工作テラス、菜園テラスなどの屋外空間がある。

子供から高齢者まで幅広い年齢層の入居者は居住者組合に加入し、月1回の定例会や共同の夕食づくりをはじめ、共用部分の日常的な掃除や植栽の水撒きなど生活の一部を共同化し、自主的に管理・運営している。

企画、入居者募集、入居希望者参加のワークショップ（プランの検討、共用空間のしつらえ、管理費算定、暮らし方ルール、活動内容の検討など）、設計、組合運営の支援など様々なコーディネイトをNPOが行った。

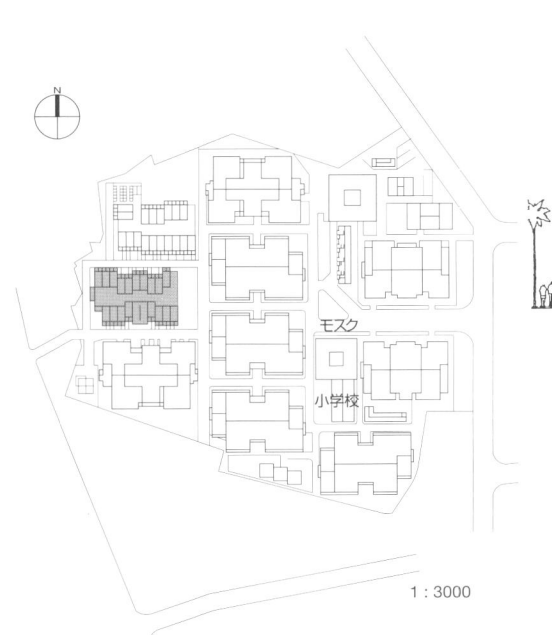

◀ソンボ団地

設計：J. Silas他／Surabaja、インドネシア／RC造4階建／敷地面積：17,400m²／住戸数：30戸／住戸規模：18m²

再開発による集合住宅団地．従前の生活様式を参考にして設計が行われた．モスク、小学校などが団地内に併設されている．広く外気に開放された中廊下を中心とした共用部分が特徴である．厨房は各戸ごとに、トイレ・シャワーは2戸共用で住棟中央にまとめて置かれ、礼拝室も各階に1部屋設けられている．構造体のみが完成した段階で居住者に引き渡され、住戸内の間仕切りや内装だけでなく共用部分の内装も居住者自身が行った．共用中廊下は団らん、食事、子供の遊び、昼寝、商店、行商、家内工業などの住戸内のみで完結しない多様な生活の場として利用されている．

162 現代の集合住宅：コーポラティブハウス Multiple Dwelling: Corporative House

1:500

コーポラティブハウス

協同組合方式による住まいづくりを co-operative housing といい，諸外国では低所得者を対象とした非営利の半公共的な住宅供給である場合が多いが，日本では住宅需要者を中心とする住宅建設運動として 1970 年頃に始まった．建設費が公開され実費である点，住戸の自由設計が可能である点，入居前の組合活動により入居者同士につながりができる点などが長所とされコーディネーターの役割が欠かせない．一方，入居前のプロセスに時間と手間がかかり，法的な位置づけがなく融資や募集面で不利であることもあり一般化してこなかった．

1990 年代後半頃からライトコーポラと呼ばれる，ノウハウを蓄積した企業が企画し，入居者の手間と時間を最小限にしたタイプが登場し，一般のマンションにはない自由設計やデザイン性が受け入れられ事例も増えてきている．

（撮影：アドコム）

C棟 3階

C棟 2階

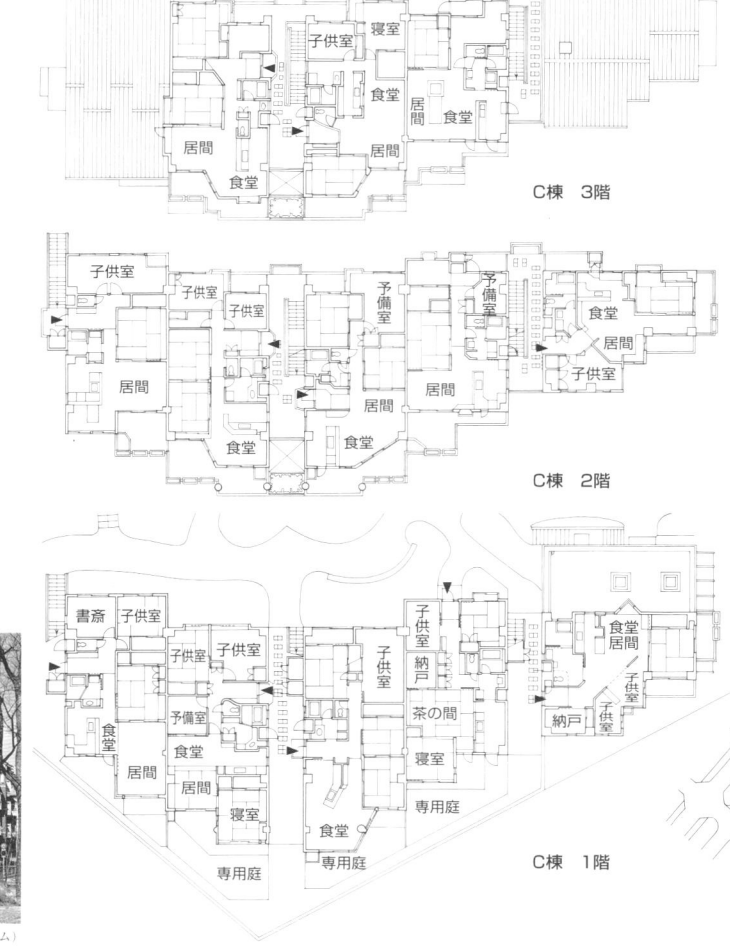

C棟 1階

◀ ユーコート／1985 年

設計：京の家創り会設計集団洛西コーポプロジェクトチーム／京都市西京区／RC 造 3〜5 階建／敷地面積：3316 m²／延床面積：5867 m²／住戸数：48 戸／住戸規模：63〜111 m²

洛西ニュータウンの一画地に建てられたコーポラティブ住宅．3 つの住棟が中庭を囲む配置でまとまった共用緑地や広場があり，集会場，全住戸分の駐車場を確保している．アクセスは中庭に通じる階段室による．

3.00〜3.35 m という高めの階高で，各住戸は自由設計を行っている．2 戸 1 階段につながる通路が開放的であるため，すべての住戸が角住戸となっており，十分な外接壁面により窓のある水まわりが多く実現している．住戸への 2 つの入口，セットバックによる広いバルコニー，出窓やプランターは，戸建住宅に近い個性や生活感を表出させている．

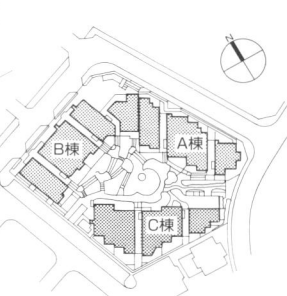

1:2500

3 階

2 階

1 階

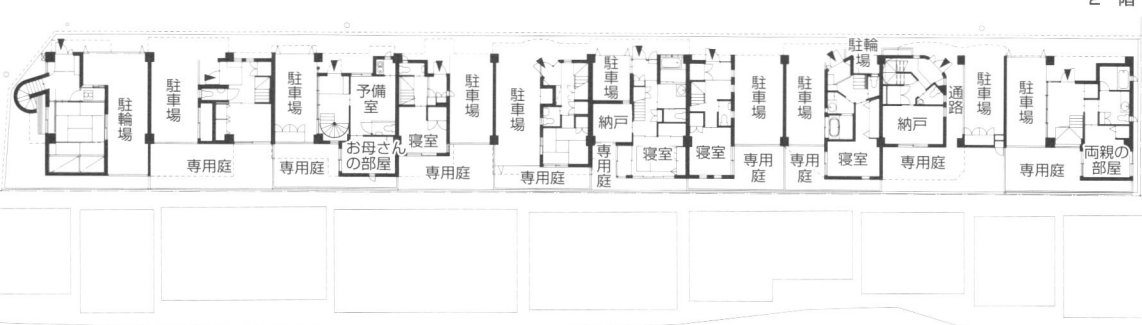

（撮影：斎部 功）

◀ 現代長屋 TEN／2003 年

設計：CASE／まちづくり研究所，稲本建築設計室，@HAUS ARCHITECTS，北村建築研究工房／大阪市／RC 造一部 S 造 3 階建／敷地面積：924 m²／延床面積：1,146 m²／住戸規模：89〜143 m²／住戸数：10 戸

新大阪駅東側の市の公有地において，50 年の定期借地権を設定し建物を区分所有したコーポラティブ住宅．

東西に細長く西と北に接道する敷地で，全住戸が北側の接道部よりアクセスする 10 軒の長屋建てである．住戸面積のバリエーションを得るために 5.4 m と 8.2 m の間口を混在させている．

1 階を土間スラブとし，屋根形状や 2 階以上の外壁の飛び出しなど住戸設計の制約を最小限にし，自由設計の自由度を確保している．住戸設計者の選択は入居者が行い，要望を生かした特徴ある空間が実現している．

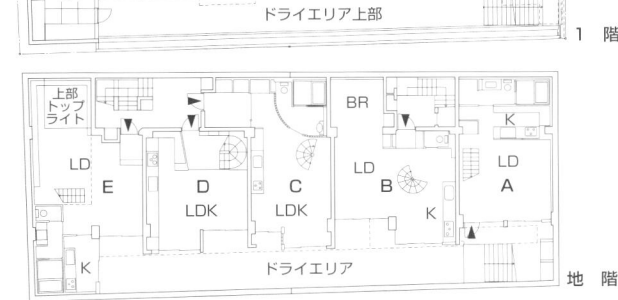

Multiple Dwelling: Corporative House 現代の集合住宅：コーポラティブハウス

コーポラティブハウス ROXI／2003年

設計：佐々木聡／SGM環境建築研究所（全体）、多羅尾直子／タラタオヒイロアーキテクツ、比嘉武彦建築研究所、山本裕介／わいわい建築工舎（住戸）／東京都／RC造4階建地下1階／敷地面積：418 m²／延床面積：911 m²／住戸数：11戸

戸建住宅が建ち並ぶ住宅地に建てられた入居者を公募するコーポラティブハウスで、全11戸が自由設計。逆日影によって決められた屋根形状は多面体となり、最上階の4住戸は屋根に合わせた天井の形状で北側が吹抜けになり、それぞれユニークな空間となっている。

住戸設計は全体設計とは別の3事務所が担当し、住戸内だけでなく外部に面するサッシ形状の変更も行った。南側の立面に全住戸が面し、開口部やバルコニーは住戸ごとに自由につくられ、個性的な住戸が積み重なっている様子を見せている。水まわりの位置は基本的に自由。

地階のドライエリア部分は床仕上げの異なる各メゾネット住戸の庭でありながら、窓先空地を兼ねた柵のない一続きの路地のような空間となり、居住者同士の気配が適度に感じられるコミュニケーション装置として意図されている。

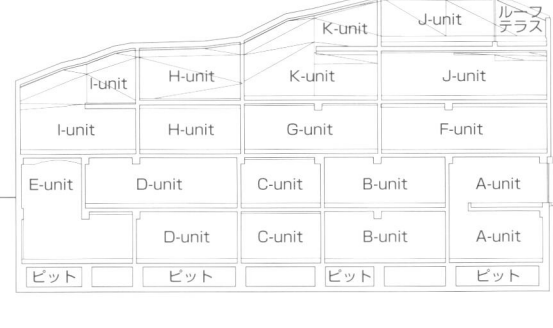

（提供：SGM環境建築研究所）

自由設計

新築の集合住宅で、住戸設計に際して入居者の要望に個別対応することを自由設計という。注文設計、オーダーメード、フリープラン、設計変更などもほぼ同義に使われ、選択肢を組み合わせるメニュー方式とは区別する。

コーポラティブ住宅では一般的な自由設計も、民間の新築分譲マンションでは手間や時間がかかるため効率が悪く積極的に行われてこなかった。一方で、建設中の新築マンション購入後の入居者による設計変更ニーズは少なくない。都心回帰や住戸の大型化、居住人数の減少、さらにSIの浸透やスケルトン竣工を可能にする制度改正などを背景に自由設計が可能な集合住宅が増えている。

自由設計を行う上での自由度を住棟計画において評価するポイントは、壁面や開口部の位置・形状、水まわり位置などの自由度である。水まわり位置を自由にする条件として、高めの階高や住戸における外接する壁面の長さ（外接壁長）が重要である。外接壁長が、住棟外周部の形状によりあまり長くない場合、水まわりの位置が限定されるからである。例えば、定型3LDKに代表される外接壁長が短い住戸は、採光を得るために各居室を限られた外接壁面部分に配するため、採光がなくてもよい浴室やトイレ等は住戸の中央部に配さざるを得ず、間取りの自由度が低くなるのに対して、分棟化や外周の凹凸による角住戸など、外接壁長が長い住戸では水まわりを外周部分に配する選択肢が増えるため、間取りの自由度が高くなる。

物理的条件では可能であっても、その集合住宅の企画によって自由度が制限される場合がある。在来工法の浴室や輸入品、間際での変更などは、防水の信頼性や設定した工期、現場の体制、納期等の事情で対応可能な範囲が制限されることが多いためである。これらの制約を外して自由度を高めれば工期の延長やコスト高につながるため、企画と照合して条件設定を行うことが重要となるが、実際には入居者ごとに自由設計を行う程度に差があることが多く、入居者募集の側面からも企画が練り上げられているかが問われる。

自由設計のプロセスも重要である。施工前の段階では、間取りや仕上げの検討、金額の調整など、施工に際しては、個別の施工図作成や様々な調整などを住戸ごとに行うため、相当な手間を要する。通常は住戸の工事が全体の施工プロセスに含まれるため、自由設計の内容を早めに確定する必要があり、施工プロセスに支障をきたす変更ができない点で制約となる。一般的には費用の目安や省力化のためにあらかじめ用意した標準設計から変更を行う方法で自由設計を行う。一方、スケルトン竣工（インフィルのない状態で竣工する手続）の場合は、自由設計を全体の施工プロセスから分離できるため、時間的制約はなくせる。

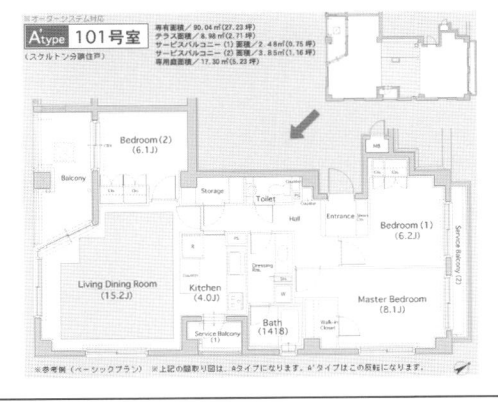

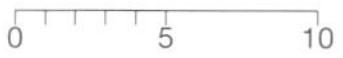

164　現代の集合住宅：可変性・SI　Multiple Dwelling: Flexible Space/Skeleton-Infill

1:500

可変性・SI

住戸の可変性は，居住者の多様な要求や時間的な変化への対応として求められる．手軽なのは，可動の間仕切，家具，建具などの仕掛けによって居住者自身による容易な空間の可変性を組み込む場合で，また事情が許せばDIYで壁仕上げなどの変更を入居者自身が行い得る．

SI住宅の可変性は本格的なものであり，建物の部位や部材の耐用年数，意志決定主体，空間の利用形態を考慮し，長期間耐用する骨格をスケルトン，比較的短期に更新される内装や設備をインフィルとして，分離して供給・管理・更新する仕組み（SI方式）により可能となる．これにより，入居者や社会の変化に応じて内装や設備を容易に改修・更新することができ，建物全体の長期耐用性を確保することを目指す．

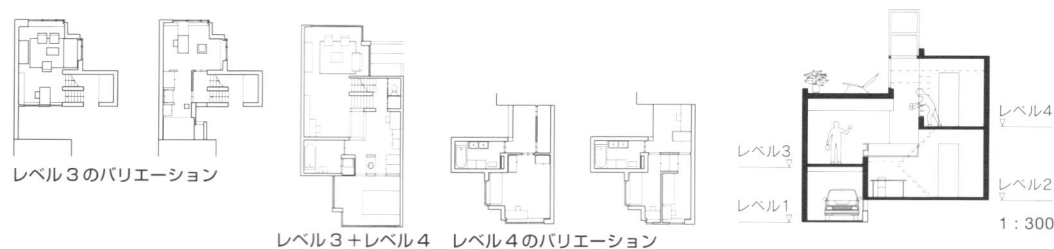

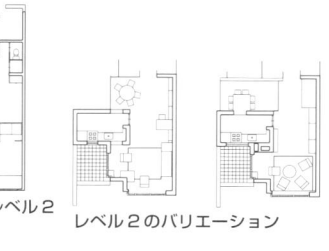

レベル3のバリエーション
レベル3＋レベル4
レベル4のバリエーション
レベル1のバリエーション
レベル1＋レベル2
レベル2のバリエーション

1:300

◀ ディアホーン集合住宅／1970年（Diagoon Houses）

設計：Herman Hertzberger／Delft，オランダ／3階建／住戸数：8戸

入居者のニーズに対応した多様な住戸設計を可能にするための実験住宅で全戸接地．住戸開口方向にスキップした床面と，固定された戸境壁・構造壁のもとで多様な住戸平面構成を示している．また，開口部では一定の立体フレームに居住者が自由にパネルやガラスをはめ込むことで，様々なファサードを出現させている．

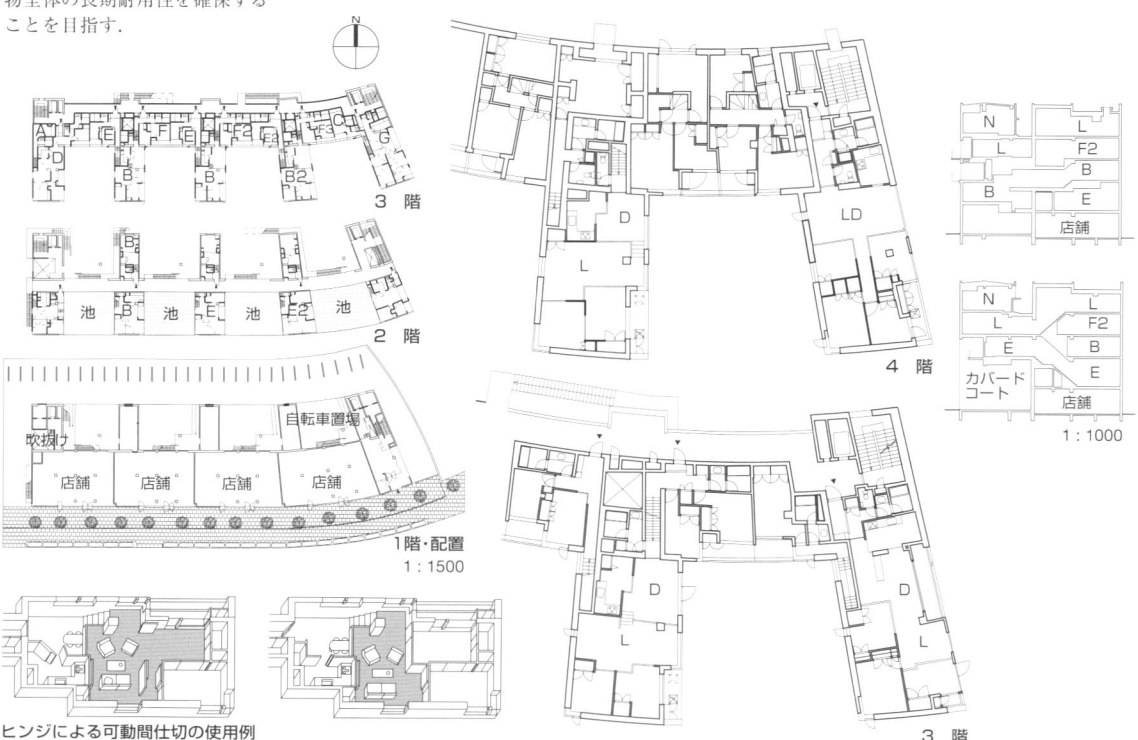

◀ ネクサスワールド／スティーブン・ホール棟／1991年

設計：Steven Holl Architects／福岡市／RC造5階建／敷地面積：2,873 m²／延床面積：4,244 m²／住戸数：28戸／住戸規模：74〜110 m²

磯崎新によってプロデュースされたネクサスワールドに建つ民間分譲集合住宅．1階の南側の道路側には店舗が入っている．住棟は2階の南側にある水を張ったオープンコートを挟む櫛形の形態．アクセス通路は片廊下と中廊下が2・3・5階に設けられている．住戸はすべて異なるタイプで，メゾネット，フラットが混在している．各住戸内には「ヒンジド・スペース」と名づけられた軸回転する可動間仕切が備えられ，季節や家族構成の変化に応じて間取りを変えることができる．

3階
2階
1階・配置　1:1500
4階
3階
1:1000

ヒンジによる可動間仕切の使用例

晴海高層アパートと沢田マンション

晴海高層アパート（東京都中央区／1958年／設計：前川國男建築設計事務所）は日本住宅公団が初めて建設した高層集合住宅であり，多くの提案的工夫が盛り込まれていた．最大の特徴は，構造を3層6住戸を単位とするSRC造のメガストラクチャとし，コストを抑えると同時に社会の変化に応じて住戸の形態や規模を変更することが可能な計画になっていたことである．しかし，竣工後一度も大規模な改造は行われず，1997年に一帯の大規模再開発に伴い取り壊された．

沢田マンション（高知市／1971年〜）はオーナー夫婦によってセルフビルドで作り始められたRC造集合住宅である．建設は3期に分けられ1985年に一応の完成をみるが，その後も入居者に合わせた住戸の新設，撤去，改造が適宜行われるほか居住者による自主的改造も行われ変化を続けている．リビングアクセスとなる住戸が多く，最上階には農地が広がり，自動車を3階まで登れるスロープを持つなど計画的にもユニークな点が多い．

この2つの事例は両者とも居住者の生活への配慮と将来の変化への大胆な対応が可能な建築でありながら，可変性という最大の特徴の発揮において大きな違いを見せている．晴海高層アパートは公団住宅という公的枠組みの中に位置づけられ，大規模再開発という都市的な出来事の中で取り壊しを余儀なくされ，私的財産である沢田マンションは現在の環境を愛する居住者達による住みこなしを受け入れ続けている．可変性や建築物の寿命は単なるハード的な性能だけでなく，制度や事業方式といったソフト面，社会背景など多くの要因により決定されているのである．

晴海高層アパート（竣工当時）
晴海高層アパート　1:500 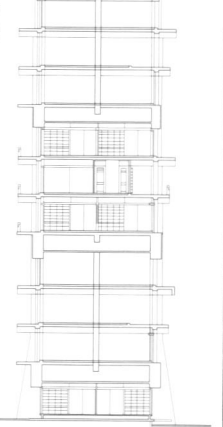
沢田マンション外観 
沢田マンション共用廊下

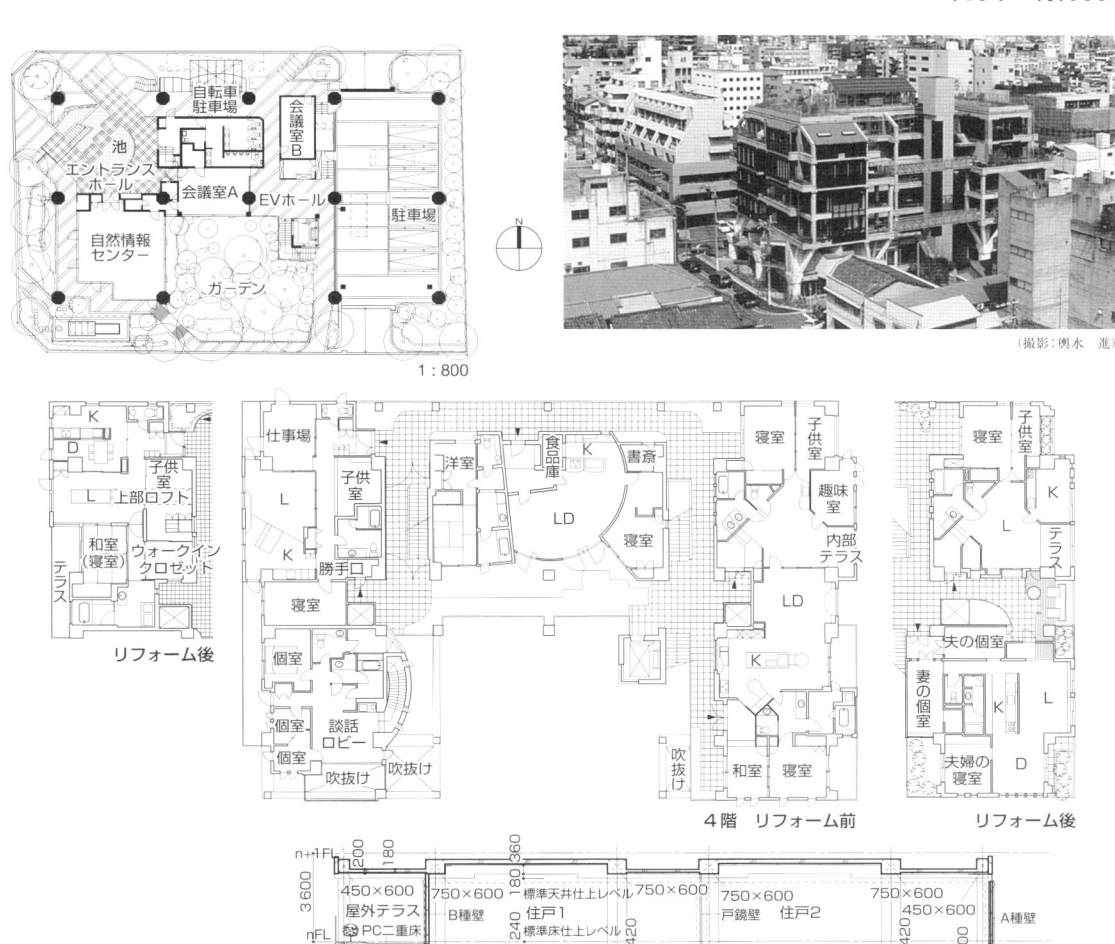

Multiple Dwelling: Flexible Space/Skeleton-Infill　**現代の集合住宅**：可変性・SI

◀実験集合住宅 NEXT21／1993 年

設計：大阪ガス NEXT21 建設委員会（総括：内田祥哉＋集工舎建築都市デザイン研究所）／大阪市／SRC 造、PC ＋ RC 複合構法 6 階建地下 1 階／敷地面積：1,543 m²／延床面積：4,577 m²／住戸数：18 戸／住戸規模：32 〜 190 m²

スケルトン（躯体）とインフィル（内装）とが明確に分離された構法のもとで、18 戸すべてが異なったプランの住戸として計画されている．各住戸は新たな生活提案型プランとなっており，その一部の住戸は一定の居住期間を経たうえでさらに増改築されている．戸境壁，外壁，開口部等の位置変更を可能とした住戸可変システムによる増改築を実施した貴重な事例．

設備機器にも実験的な試みが取り入れられており，燃料電池によるコジェネレーション，太陽電池，生ゴミ分解装置，中水利用など多くの取り組みがなされている．

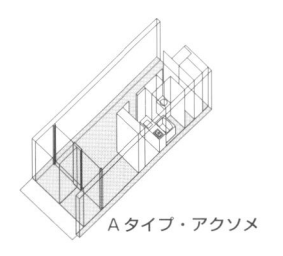

◀FH-南品川／2000 年

設計：スタジオ建築計画／東京都品川区／RC 造 4 階建／敷地面積：701 m²／延床面積：1,164 m²／住戸数：19 戸／住戸規模：52 〜 56 m²

高密度に密集した既成市街地に建てられた都市型の賃貸集合住宅．スケルトン・インフィル（SI）と工業化の手法に基づいて計画されている．

板状ラーメン構造において難しいエアコン配管の処理は，柱・配管・サッシを一体にすることで，袖壁を設けることなく納められている．住戸は全部で 6 タイプあり，住棟は主にメゾネットタイプを 2 つ重ねた部分と，主にフラットタイプを 3 層に重ねた部分で構成されている．

166　現代の集合住宅：コンバージョン・リノベーション　Multiple Dwelling: Conversion/Renovation

コンバージョン・リノベーション

リノベーションとは，既存建築物を生かしつつ時代の変化に合わせ新たな使用に耐えるよう性能を刷新することで，特に住宅への用途変更のことをコンバージョンと呼ぶ．

これらは新築よりも手間がかかりコストが高くなることさえあるが，地球環境保全の発想だけでなく，文化性や時間の経過による素材の深みや記憶を付加価値と捉える視点が一般や市場でも認められつつある．実現事例は概して立地がよいため，先進的なライフスタイルに敏感な入居者が個性的な住まいを都心部で享受している．

一方，近年のオフィスの大量供給により古いオフィスビルの余剰が懸念され，欧米では既に多くの事例があるコンバージョンが脚光を浴びるようになった．しかし既存不適格や住宅の採光規定などの法規制が実現の障害となることも多い．

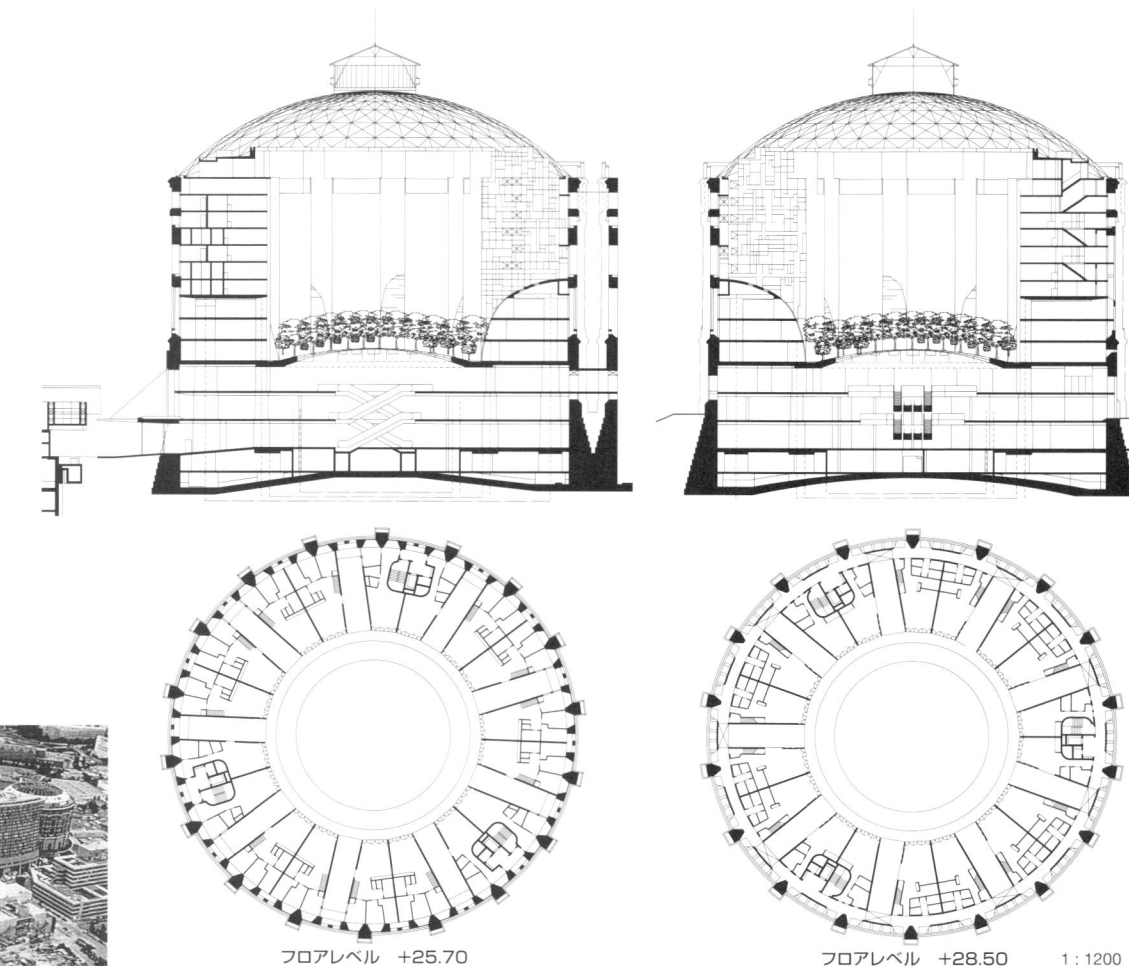

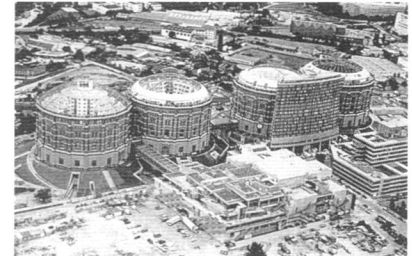

（撮影：Peter Korrak）

フロアレベル ＋25.70　　フロアレベル ＋28.50　　1：1200

▲ ガス・タンク A ／ 2001 年（Gasometer A）

設計：Jean Nouvel ／ Vienna, オーストリア／延床面積：14,000 m²（住居部分）／住戸数：128 戸

19 世紀末に建設された巨大な 4 つのガスタンクが商業施設やオフィス，アパート等に転用された．A～D のうち，A では直径約 63 m，高さ最大約 72 m のタンク内部に鉄骨造の新しい構造体が積み上げられ，周囲にある既存の煉瓦壁と対比的である．14 階建ての 9 本の居住タワーが内側にガラスの正面を向けて放射状に配置され，その隙間から既存の壁とその開口越しの外部が見える．タンク頂部はガラスのドームとなり，タワーの内側や隙間から住戸内へ自然光が入る．

住戸は 12 層に 128 戸あり，既存の壁と新しい部分の間にある 6 つの屋内通路からアクセスされる．メゾネットや，最上階 2 フロアにはアトリウムに面するテラス付き住戸がある．

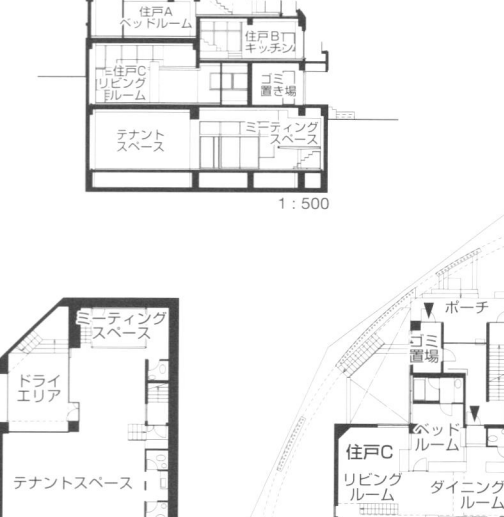

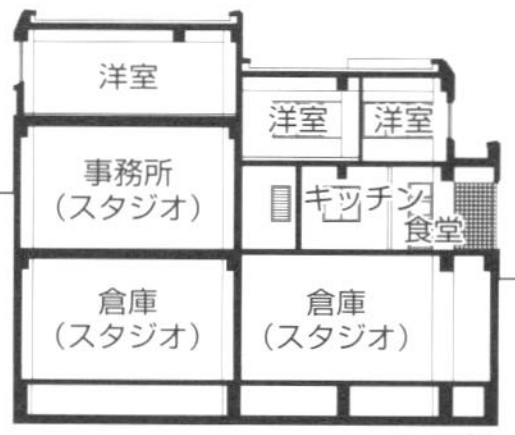

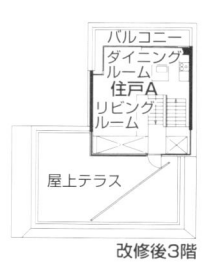

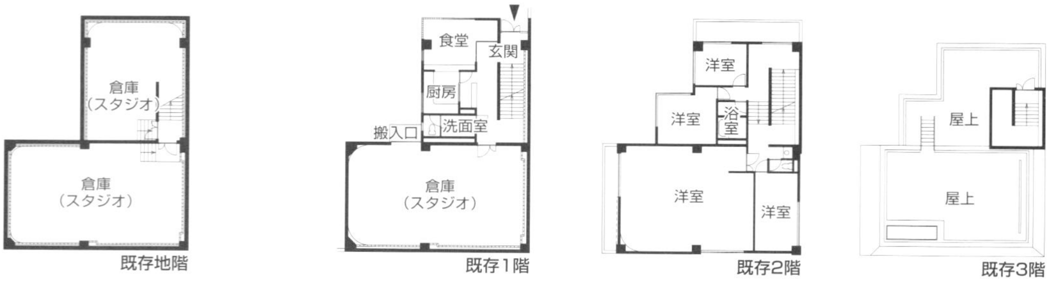

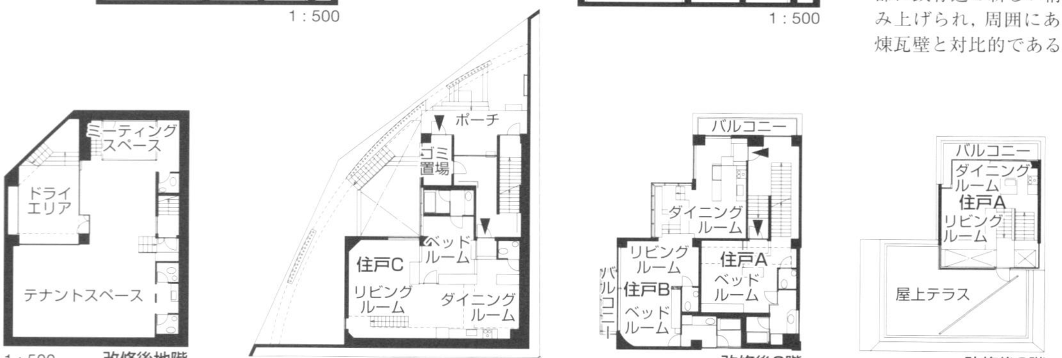

◀ cMA-1（元麻布コンバージョンプロジェクト）／ 2003 年

設計：池田靖史＋國分昭子／IKDS／東京都港区／RC 造一部 S 造 3 階建地下 1 階／敷地面積：281 m²／延床面積：459 m²／住戸数：3 戸

築 18 年の写真スタジオから集合住宅への用途変更である．階高 4.5 m のスタジオ空間と 3 m の空間が半層ずれて積層していたが，その部分の界壁を取り払ってスキップフロアとし，構造の補強を行っている．この内部空間を再構成する特徴を半透明のカーテンウォールで見せたり湾曲するキャノピースクリーンで対比的に示すなどで外観デザインへと結びつけ，用途変換を意味のあるストーリーとして効果的に見せている．

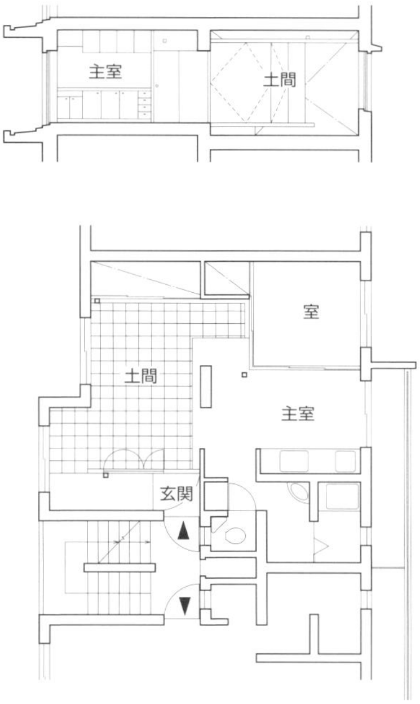

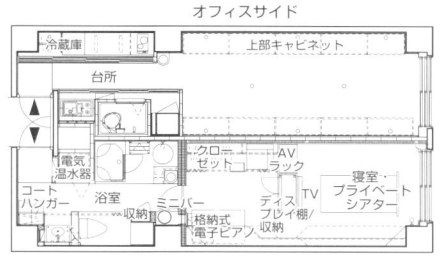

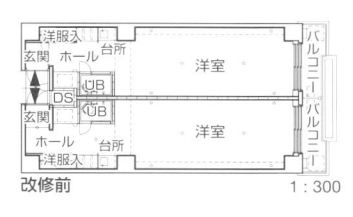

現代の集合住宅：コンバージョン・リノベーション

▲ 大阪府住宅供給公社賃貸リフォーム事業／Bタイプ（千里ニュータウン）／1997年

設計：竹原義二／無有建築工房／住戸規模：45m²

ニュータウンの公営団地にある1970年代に建設された賃貸住宅である。各居室は狭く、水まわりの設備が時代に合っていなかった。躯体や共用配管の制約から水まわりの位置は変更していないが、躯体以外を全面的に改修している。

既存3DKのBタイプは、設備機器の更新や洗濯機置場、浴槽、給湯器の設置に加え、DKを除く3つの居室を1つに減らし、主室と土間の空間を広くとっている。玄関に通じる土間は200mm下げられ、住戸全体は開放可能な引戸を介してつながり、空間の用途を限定せず、住まい手の工夫や家族形態の時間的変化に対応する空間の可変性を得ている。

▲ ワンルームマンション SIDE by SIDE／2000年

設計：横山稔＋荒牧陽子／コンチェルティーノ／東京都中央区／延床面積：32m²（オフィス），33m²（レジデンス）

築20年のワンルームマンション2室をセットにして、設計者自身が使用するオフィス空間と住居空間に再構築している。職と住のメリハリをつけるため内部をつなぐ扉は設けていないが、オフィス側は電気温水器をなくしキッチンを設け、住宅側は余裕のあるバスルームを設けるなど2室で機能を補完しあうことで空間の有効利用をはかっている。また小さなスペースに多くの機能を入れながら地震時の被害を最小限にするため、ヨットのパーツを多数使用している。

職住2室をセットにした結果、通勤のロスや不規則な食生活を改善するSOHO空間となった。

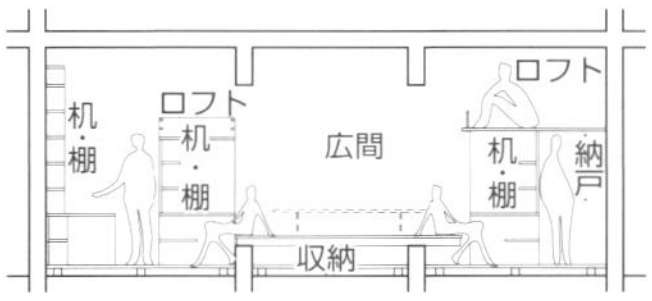

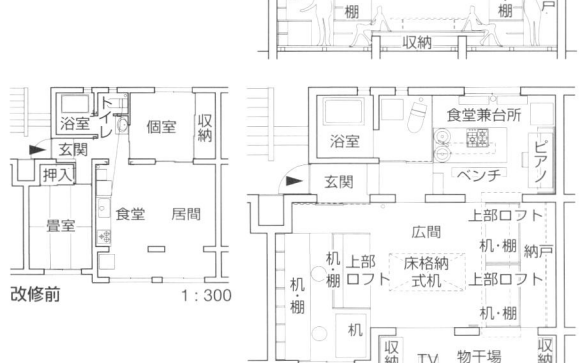

◀ 団地 up down／2001年

設計：中澤光啓／中澤建築工房／横浜市／RC造／住戸面積：53m²

築35年の団地内にある1階の2LDK住戸における内装の改修で、夫婦と小学生3人の5人家族に対して5人分の個室的コーナーが要望された。

建具はトイレの引戸のみで、全体が開放的でありながら複数のレベルによる立体的な構成で空間は緩やかに仕切られている。

レベル差により省略された椅子と机・棚・ロフトのユニットからなる書斎は無塗装の厚板スギでつくられ、カーテンで仕切れば個人の領域が確保できる。またロフトは寝床となり、床下には収納が組み込まれるなど空間が高密度に活用されている。

食堂兼台所では、限られたスペースで設備配管の制約があるなかに食卓兼用のキッチンユニット、冷蔵庫、ピアノを組み込んでいる。

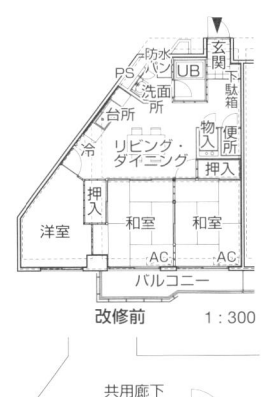

◀ 1227号室／2003年

設計：納谷学＋納谷新／納谷建築設計事務所／東京都中央区／RC造／住戸面積：61m²

築30年余のマンモス分譲マンションにある3DK住戸のリノベーション。シンプルに暮らしていきたいという、持ち物が極端に少ないクライアントからの要望に基づき、シンプルな居間・食堂とその余白という構成になっている。

既存躯体をそのまま現して断熱塗装し、五角形平面の中央部分を扉と同じ40mmの薄く、緩やかにカーブさせた間仕切壁で囲い、床を90mm高くして居間・食堂として独立させている。既存躯体との隙間にはもう一つの独立した部屋として寝室を配置し、他にサンルームや生活感の出やすい水まわり、収納などが配置されている。居間・食堂は間仕切壁と一体となった建具とサンルームを介して採光を得る。

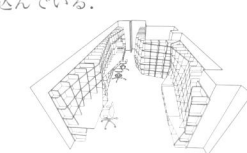

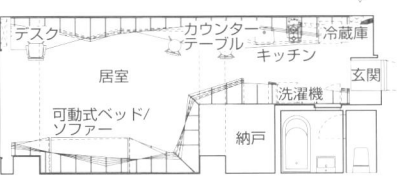

▲ VOXEL HOUSE／2004年

設計：ベラ・ジュン＋藤村龍至／ISSHO建築設計事務所／東京都渋谷区／住戸面積：42m²

都心にある雑居ビルの一室のリノベーション。単身のクライアントの「いつでも逃亡可能な家」という要望に基づき、引っ越し時に分解され日常的な収納の単位でもあるA4サイズの小箱の入る木製収納棚で1ルームの空間を囲い、再構成している。

家具に合わせた床から800mmの高さを設計上の基準線とし、家具の配置に関わる下部はテーブル、ベッド、キッチン、冷蔵庫、洗濯機などの様々な奥行きを吸収し生活スペースをつくり出すように、そして上部はグリッド状の立面が視界やエアコンの吹出しをコントロールするように、棚の形態操作をすることにより複雑な立体となっている。

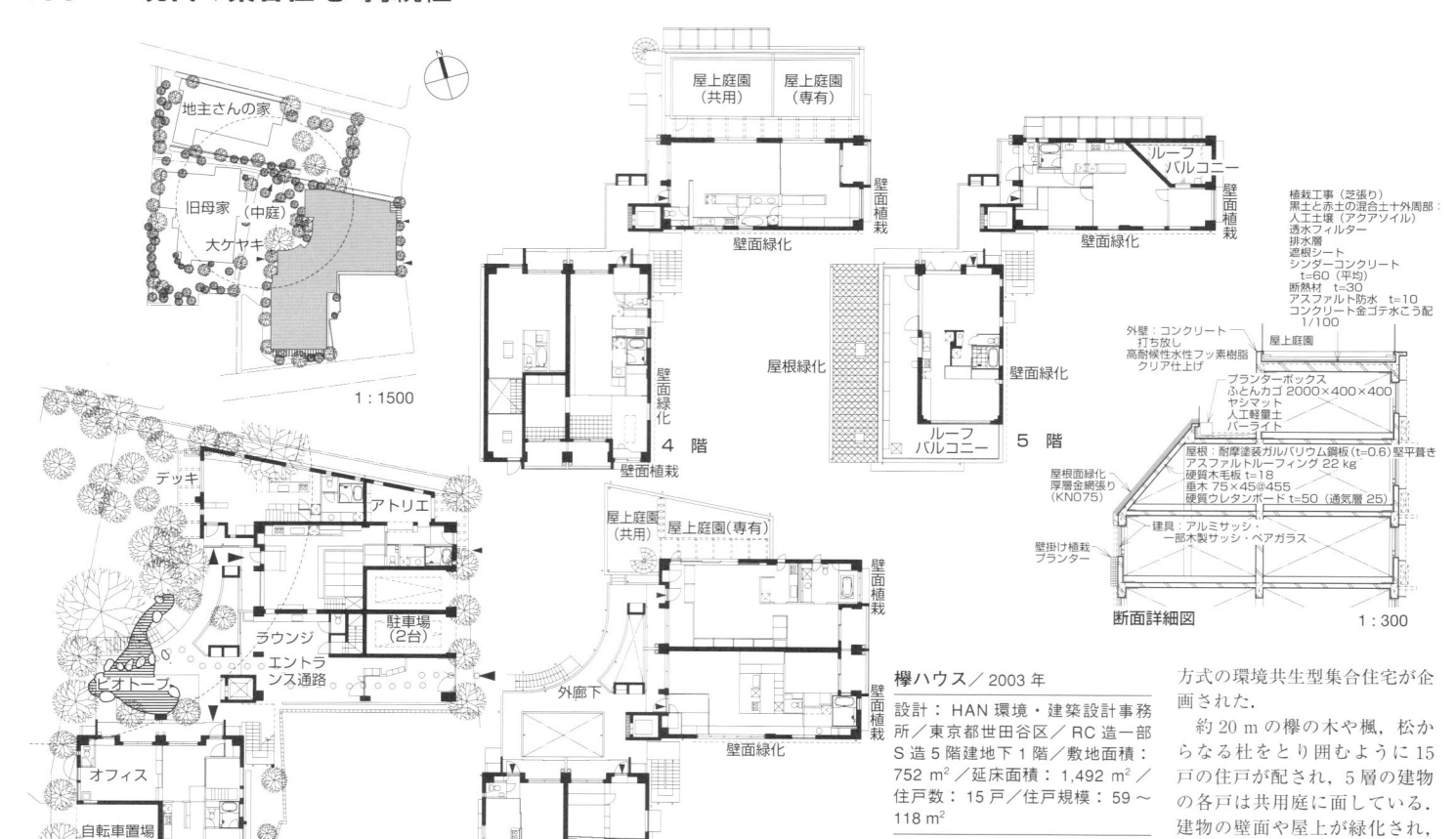

現代の集合住宅：持続性 Multiple Dwelling: Sustainability

欅ハウス／2003年

設計：HAN 環境・建築設計事務所／東京都世田谷区／RC造一部S造5階建地下1階／敷地面積：752 m²／延床面積：1,492 m²／住戸数：15戸／住戸規模：59〜118 m²

母屋と樹齢200年の欅の木を含む屋敷林からなる敷地に相続税が発生し、オーナーの緑を残したいという思いから、緑のなかで暮らすという価値を共有する人を対象にしたコーポラティブ方式の環境共生型集合住宅が企画された．

約20 mの欅の木や楓，松からなる杜をとり囲むように15戸の住戸が配され，5層の建物の各戸は共用庭に面している．建物の壁面や屋上が緑化され，菜園となり，足下にはビオトープがある．既存の母屋は150年余り前に建てられた家で，コレクティブハウスとして再生された．コモンガーデンを中心に一帯で生態系を形づくっている．

持続性

持続性を見る視点は，地球の持続，地域の持続，人の持続，建物の持続など多様であり，何に着目するかによって持続性というキーワードで語る対象が異なる．

地球の持続は，自然エネルギーの利用や建物の緑化，バイオマスの利用さらに生活（消費）のあり方を考えることにまで拡がる．持続性を地域という単位に絞ると，地域には運営すべきモノ・コト（掃除，祭り，防災，景観等々）が多々存在し，地域内に存在する仕組みの持続が重要となる．地域で育まれたローカルルールには住環境を永続的に運営するエッセンスが詰まっている．しかし地域という単位は可視化されるものではなく，個と公の中間で法的規制もない単位であるため，現代では運営が難しくなっている．対応策として地域運営主体である人の持続，活動のキーとなっている空間の持続が基礎的要件となろう．人の持続はマンション建替えや再開発等で従前の人を追い出さずに継続させること，建築的立場から視ると従前の人を残す仕組みを提供することと言える．次の課題としては新しい人を地域入れる仕組みづくりであろう．建物の持続は，建物の解体は技術的問題ではなく，政治的・経済的理由で壊されることが多いことから推察されるように，わが国では古い建物を残すことに対するインセンティブがあまりなく，体制づくりから始める必要がある．ようやく東京都で『重要文化財特別型特定街区制度』がつくられ，歴史的建築物を保存しながら開発するものに対して容積率を緩和している．三井本館・日本橋三井タワーが適用第一号で，本館を残して開発された．しかし住宅系は，同潤会アパートがほとんど残っていない．希少な事例として清洲寮と求道学舎があげられる．清洲寮（RC造4階建，1933年）は賃貸アパートであり，一度建替えが検討されたが断念し，その後は外観や趣を残しながら住戸内の改造や大規模改修を行い，最近では空き家待ちリストがあるほどの人気物件となっている．求道学舎（RC造3階建／1926年）はもとは学生寮であり，寮長家族の部屋と寮室，共用施設で構成されていた（図）．1999年からは居住者不在となり，雨漏り等も深刻化したが，躯体は状態の悪いところを取り除いて補修すれば再生可能であることが分かり，土地を定期借地権で利用しながら建物は区分所有するコーポラティブ住宅として再生されることとなった．

断面詳細図 1:300

求道学舎 1階・配置図 （作図：高橋純一郎） 1:600

三井本館と日本橋三井タワー （撮影：新建築社写真部 大沢誠一）

求道学舎入口

清洲寮外観（上），躯体改修（下）

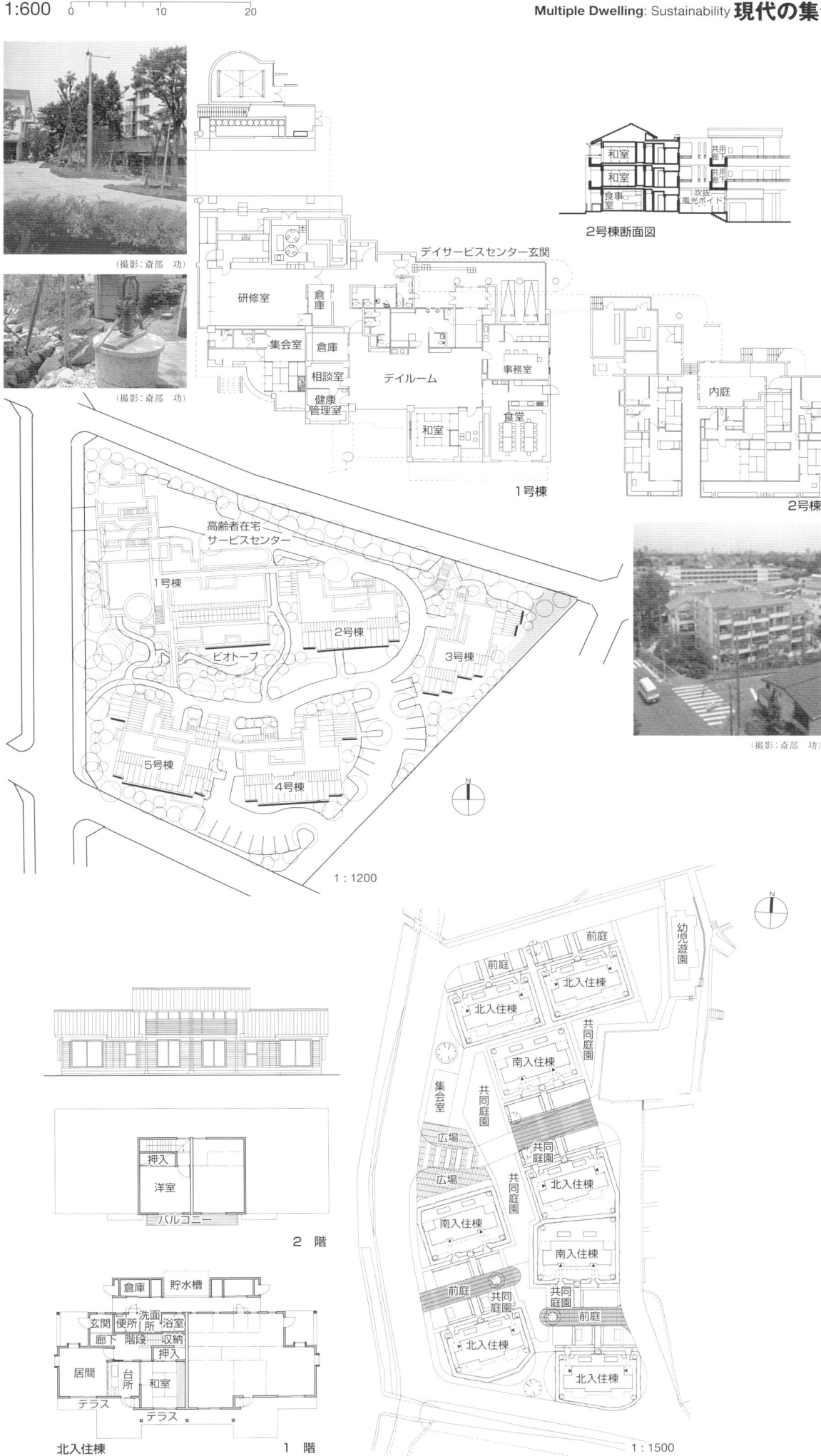

1:600　0　10　20　　　　　　　　　　　Multiple Dwelling: Sustainability **現代の集合住宅：持続性** 169

◀ **深沢環境共生住宅**／1997年

設計：世田谷区＋市浦都市開発コンサルタンツ・岩村アトリエJV／東京都世田谷区／3〜5階建／敷地面積：7,388 m²／延床面積：6,200 m²／住戸数：70戸（5棟）／住戸規模：38〜75 m²

旧都営住宅の建替え事業である．世田谷区の「エコロジカルまちづくり」の動きと国土交通省（旧建設省）の「環境共生住宅建設推進事業」を受け，環境共生をテーマに行われた．建物は5棟70戸からなり，1号棟はシルバーハウジングプロジェクトの対象で，高齢者在宅サービスセンターや談話室，それに生活協力員（LSA）の住戸，高齢者用住戸が17戸（単身者用14戸，世帯用3戸）となっている．これらは特定公共賃貸住宅で，ほかは公営住宅である．

樹木は，移植可能な中低木は仮移植して外構工事の段階で再配置し，動かすことの難しい高木はそれを避けて建物が配置される等，樹木保存に努めている．新しい建物では屋上・壁面緑化が行われ，特に夏の断熱効果が高い．北側の凹形の「風光ボイド」も光の他に通風を確保し，緑化と合わせて夏の省エネルギーに貢献している．中庭には花が育てられ，それらは住民によって管理されている．デイサービスセンターホームの地下には雨水の貯水槽が設置され（1カ所），濾過した水はトイレの雑排水として利用されている．各住戸のバルコニーにも雨水を貯留するタンクが設置され，居住者が植木の水遣り等に利用できるようになっている．建替え前に11基あった井戸のうち4基が残っており，うち1基を水源としたビオトープが中庭に作られている．ビオトープの水を循環させるモーターは，中庭と1号棟屋上にある風車の電力を利用．風車の最大発電量は1.5 kwで，風速3-5 m程度から電力を供給できるという．

◀ **尾浦住宅団地**／1991年

設計：アルセッド建築研究所，平田企画／福岡県山田市／木造平屋〜2階建／延床面積：1,478 m²

旧産炭地の人口流出の著しい地域に，新たな定住層を育むことを意図して建てられた．住戸8棟16戸，周辺住民に開かれた集会所1棟からなる．敷地内には共同庭園があり，居住者によって管理されている．この管理を通して若年世帯と高齢世帯の交流が生まれているという．

事業はHOPE計画の一環の公営住宅と特公賃住宅で，家並みの周辺との調和や地場産材の利用が図られている．HOPE計画とはHousing with Proper Environmentの頭文字をとったもので，地域の気候・風土，伝統，文化，地場産業を大切にした住まいづくりを推進するため，旧建設省が昭和58年に施行した制度で，これまで延べ400自治体で計画が策定されている．

基礎編

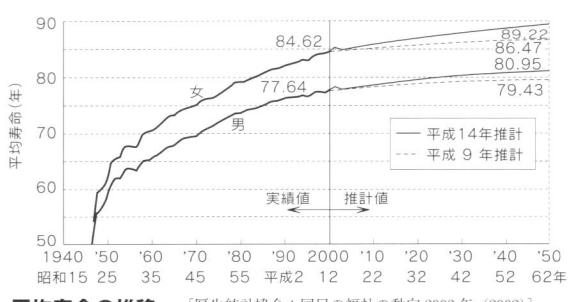

寸法・規模：年齢構成・家族構成／人体寸法　Dimension & Scale: Age and Family Structure/Size of Body Member

平均寿命の推移　[厚生統計協会：国民の福祉の動向 2002年（2002）]

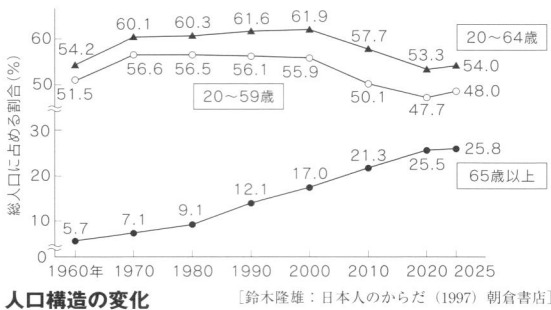

人口構造の変化　[鈴木隆雄：日本人のからだ（1997）朝倉書店]

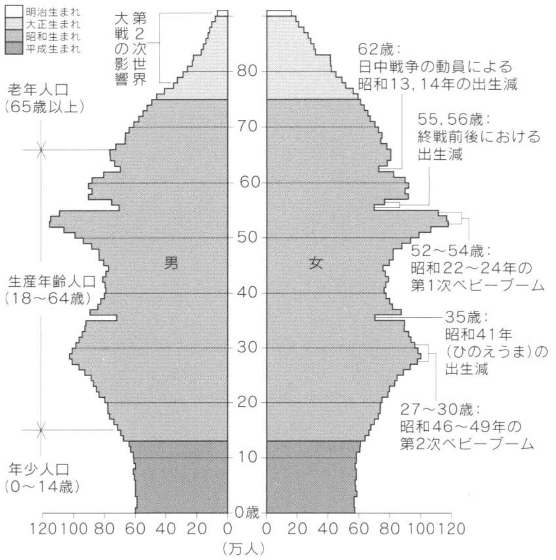

◀人口構成の経年変化

近年，日本における65歳以上の高齢者人口割合は，他の先進国に比べて急激に増えており，2000年時点で17％，2050年には35％程度になると推定されている．それに対して20～59歳の人口割合は今後，総人口の5割を下回るが，労働可能な60歳代前半の人々を労働人口にシフトさせると5割を下回ることはないと推定されている．

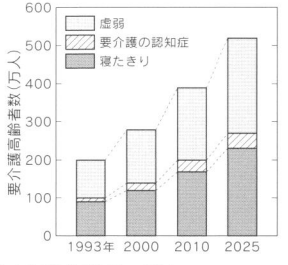

日本の人口ピラミッド　[厚生統計協会：国民の福祉の動向 2002年（2002）]
（2001年10月1日現在）
90歳以上人口（男19万2千人，女58万2千人）については，年齢別人口が算出できないため省略．

世帯の家族類型別一般世帯数および割合の推移
[総務省統計局監修，（財）日本統計協会編：統計でみる日本 2003（2002）]

世帯の家族類型	一般世帯数(1,000世帯)				家族類型別割合(%)			
	1970年	1980	1990	2000	1970年	1980	1990	2000
世帯総数	30,297	35,824	40,670	46,782	100.0	100.0	100.0	100.0
親族世帯	24,059	28,657	31,204	33,679	79.4	80.0	76.7	72.0
核家族世帯	17,186	21,594	24,218	27,332	56.7	60.3	59.5	58.4
夫婦のみ	2,672	4,460	6,294	8,835	9.8	12.4	15.5	18.9
夫婦と子ども	12,471	15,081	15,172	14,919	41.2	42.1	37.3	31.9
ひとり親と子ども	1,743	2,053	2,753	3,578	5.8	5.7	6.8	7.6
男親と子ども	253	297	425	545	0.8	0.8	1.0	1.2
女親と子ども	1,491	1,756	2,328	3,032	4.9	4.9	5.7	6.5
その他の親族世帯	6,874	7,063	6,986	6,347	22.7	19.7	17.2	13.6
夫婦と親	354	608	766	937	1.2	1.7	1.9	2.0
夫婦，子どもと親	3,682	4,370	4,302	3,525	12.2	12.2	10.6	7.5
夫婦，子ども，親と他の親族	1,194	854	640	462	3.9	2.4	1.6	1.0
その他	1,644	1,231	1,278	1,423	5.4	3.4	3.1	3.0
非親族世帯	100	62	77	192	0.3	0.2	0.2	0.4
単独世帯	6,137	7,105	9,390	12,911	20.3	19.8	23.1	27.6
（特掲）子どものいる世帯	19,687	22,698	22,203	22,855	65.0	63.4	57.1	48.9
（特掲）高齢者世帯	5,804	8,124	10,729	15,045	19.2	22.7	26.4	32.2
（特掲）三世代世帯	4,876	5,224	4,941	4,716	16.1	14.6	12.1	10.1

注　2000年の三世代世帯には四世代世帯も含まれる．

要介護高齢者の増加　[矢野恒太郎記念会：日本国勢図絵（2002）]

◀家族類型の経年変化

1980年以降，親族世帯が減少する一方で，単独世帯が増加している．子供のいる世帯や三世代世帯は減少し，65歳以上の親族がいる高齢者世帯が増加している．また，寝たきりや認知症などの介護を必要とする高齢者は，2010年には390万人，2025年には520万人になると推計されている．家庭での介護者の高齢化も進んでいる．

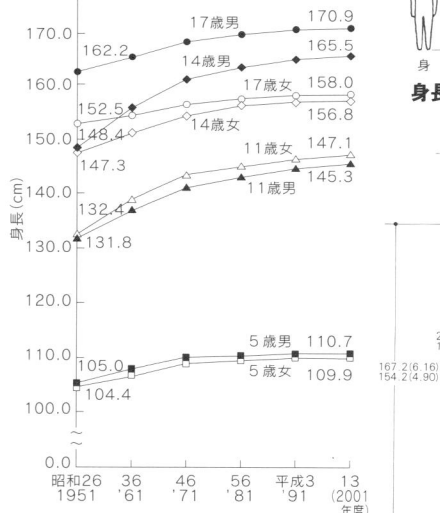

平均身長の推移　[文部科学省：平成13年度学校保健統計調査報告書（2002）]

▲近年の体位向上

人体寸法は地域，文化だけでなく，時代によっても異なる．特に近年の日本人の体位向上は目ざましい．人体寸法のデータは必ずしもこの変化に対応して更新されていないが，毎年行われている国民栄養調査や学校保健統計調査などで，身長など基本的な寸法の変化は追跡できる．図は身長について近年の伸びを示したものである．

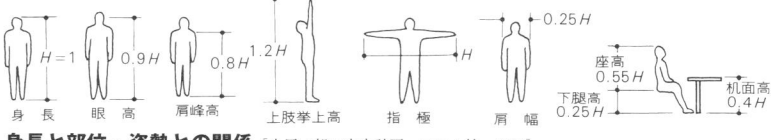

身長と部位・姿勢との関係　[小原二郎：室内計画，コロナ社，1981]

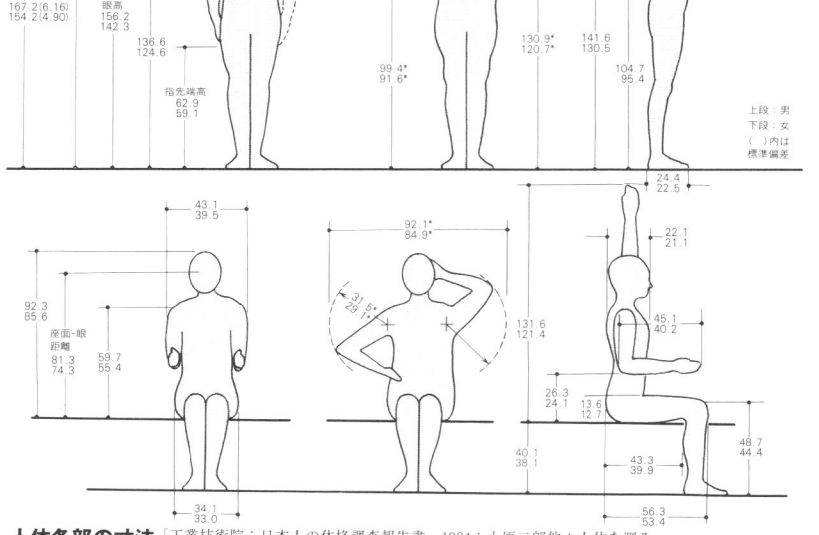

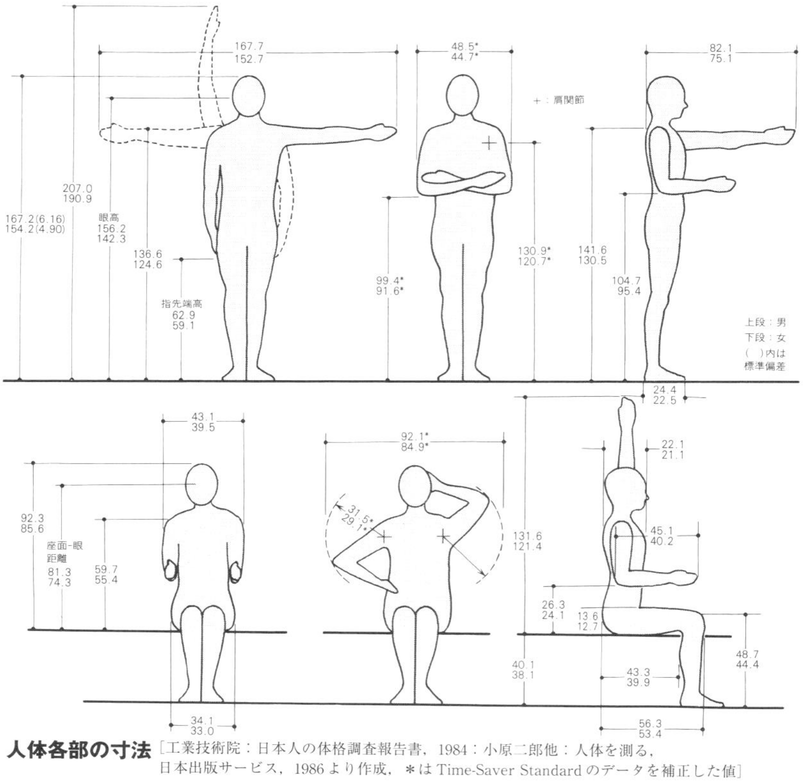

身長 $H=1$，眼高 $0.9H$，肩峰高 $0.8H$，上肢挙上高 $1.2H$，指極 H，肩幅 $0.25H$，座高 $0.55H$，下腿高 $0.25H$，机面高 $0.4H$

人体各部の寸法　[工業技術院：日本人の体格調査報告書，1984；小原二郎：人体を測る，日本出版サービス，1986より作成．＊はTime-Saver Standardのデータを補正した値]

◀人体寸法略算値

建築の設計においては，mm単位で正確な寸法が必要なこともあるが，cmあるいは10 cm程度の精度でもすぐに知りたいときが多い．人により多少の違いはあるが，身体各部の寸法は身長とほぼ比例するとみて実用上差し支えない．ある程度の誤差を覚悟すれば，その人の身長から，さまざまな姿勢や，身体各部の寸法を推定できる．

◀人体各部の寸法

人間を包み込む，あるいは触れる空間・家具などの大きさ・形状は，人体の寸法・形状との対応を考慮する必要がある．そのために人体各部の寸法を測定したデータがある．

人体寸法は男女・年齢・地域・時代により異なるし，個体差があるので，ある集団の平均の値だけでなく，標準偏差などの指標にも注意する必要がある．また，これらのデータをうのみにせず，自分自身の寸法を測ってみて比較することが基本であることを忘れてはならない．

なお，これらのデータを適用する場合には，どのようなかたちで人体と空間とがかかわっているかを十分に理解した上で適用する必要がある．

さらに普段は衣服や履物を着用しているので，裸体の計測値にそれらの寸法を加算して考える必要もある．

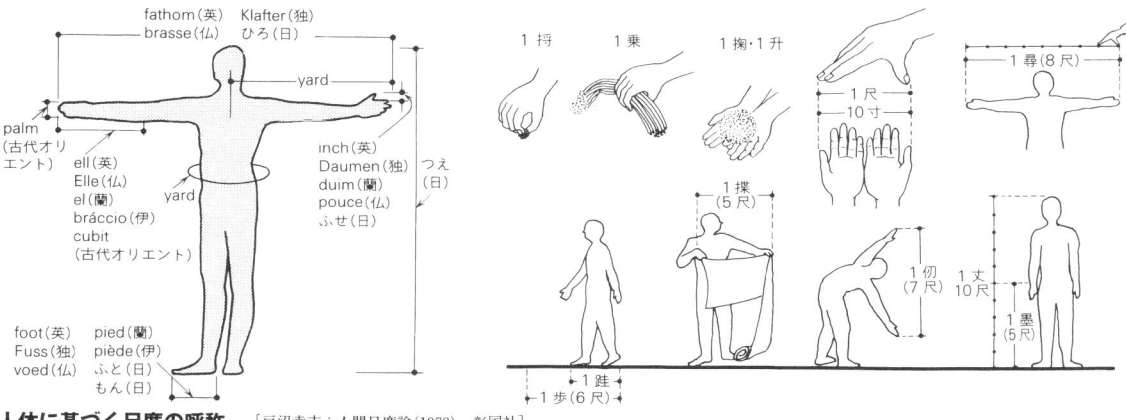

Dimension & Scale: Traditional Measure of Human Body　寸法・規模：人体と尺度

人体に基づく尺度の呼称　［戸沼幸市：人間尺度論(1978)，彰国社］

中国長さ単位の実長の変遷

単位	周・春秋・戦国・前漢 前10〜前1世紀	新・後漢 1〜3世紀	魏 3世紀	隋 6〜7世紀	唐 7〜10世紀	宋・元 10〜14世紀	明 14〜17世紀	清 17〜20世紀	現代中国 20世紀	日本 20世紀
分(cm)		0.2304	0.2412	0.2951	0.311	0.3072	0.311	0.32	0.333	0.303
寸(cm)	2.25	2.304	2.412	2.951	3.11	3.072	3.11	3.2	3.33	3.03
尺(cm)	22.5	23.04	24.12	29.51	31.1	30.72	31.1	32	33.3	30.3
丈(m)	2.25	2.304	2.412	2.951	3.11	3.072	3.11	3.2	3.33	3.03
歩(m)	1.35	1.3824(6尺)	1.4472(6尺)	1.7706(6尺)	1.555(5尺)	1.536(5尺)	1.555(5尺)	1.6(5尺)	1.666(5尺)	
里(m)	405	414.72(300歩)	434.16(300歩)	531.18(300歩)	559.8(360歩)	552.96(360歩)	559.8(360歩)	576(360歩)	500(300歩)	3927

［角川漢和中辞典より作成］

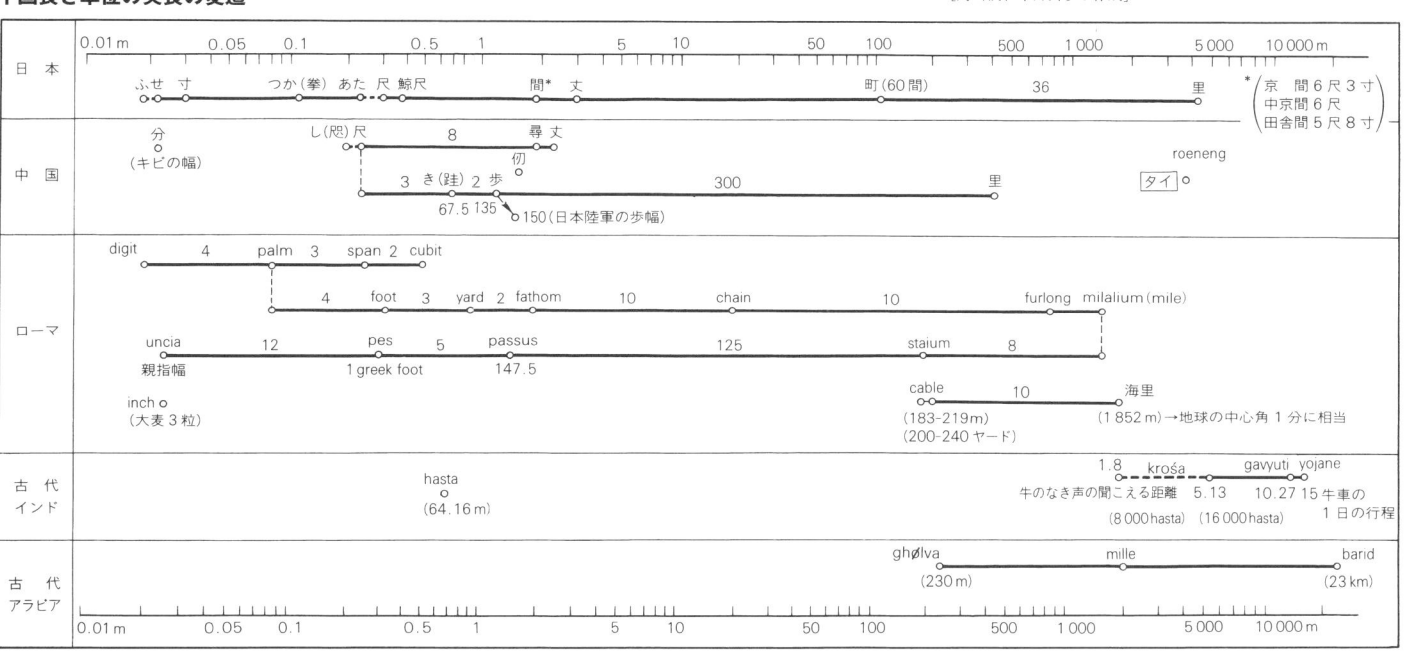

各地域の伝統的尺度　［高橋研究室編：かたちのデータファイル(1983)，彰国社］

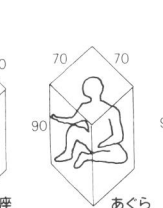

比例理論
ダ・ヴィンチ　ノイフェルト　コルビュジエ

姿勢と占有空間　（単位：cm）
直立　人体楕円柱　歩行　ひざ立ち　正座　あぐら　立てひざ　投足

◀人体の伝統的尺度

　人間の生活する空間のスケールを表すさまざまな単位は，古今東西を問わず，人体各部の寸法が基となっている．そして細かい違いはあるもののほぼ同じ部位に基づく単位がある．小さい単位では，指・手・足が，その上では身長・指極（腕を水平に伸ばした長さ）などが使われている．また，長い距離については歩行距離などが基準となっている．こうした人体の基準をもとに，古来長さの単位の体系が作られてきた．一方，メートル法は，かつては地球子午線の長さの四千万分の一を1mと定めたもので，人体とは関わりなくつくられた単位体系である（現在は光が真空中で1/299792458秒の間に進む距離）．人体に基づく尺度は，物差しとしての測りやすさとともに住環境の主役は人間であることから，それを測る尺度としてふさわしく，それゆえ根付いたのである．

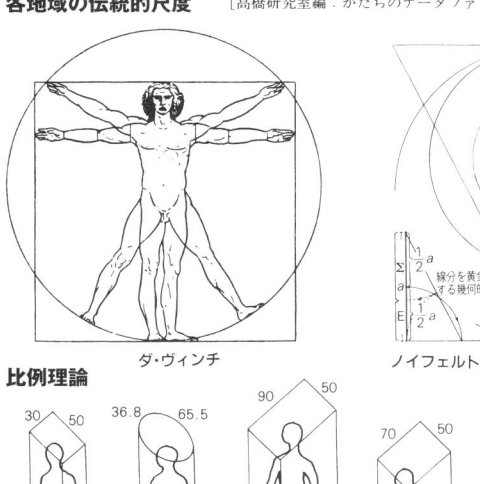

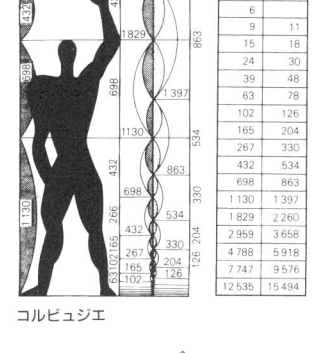

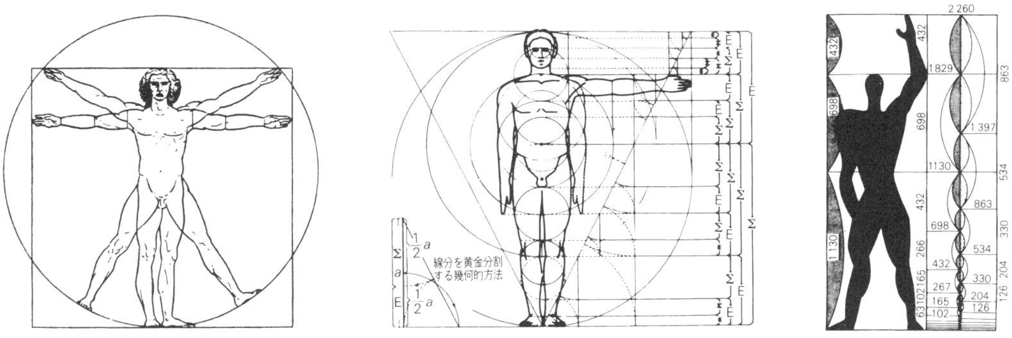

◀人体を規範とした比例理論

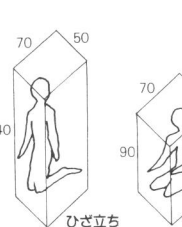

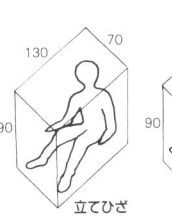

　人体は美しさや完全なものの規範とされ，人体各部の寸法へのあてはめによる根拠付けが行われた．ダ・ヴィンチの手を広げた人体の円と正方形へのあてはめやノイフェルトのへその位置と黄金分割との結び付けなどである．コルビュジエが「人体の寸法と数学の結合から生まれた，ものを測る道具」と呼ぶモデュロールは，①手を挙げた人体を包絡する2倍正方形，②人体各部の黄金比，③身長183cmの人間などを基準として，183cmの正方形と2倍正方形より生じるフィボナッチ数列から導かれた二つの尺度（43，70，113cm：赤の数列，86，140，226cm：青の数列）の体系である．

◀姿勢と占有空間

　人体の種々の姿勢は，ある瞬間に一定の空間を占めるが，その概略の大きさと比例は，立体図形で包絡することができる．

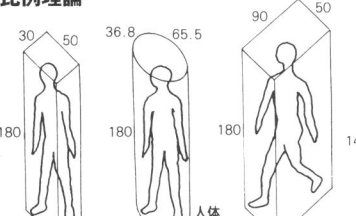

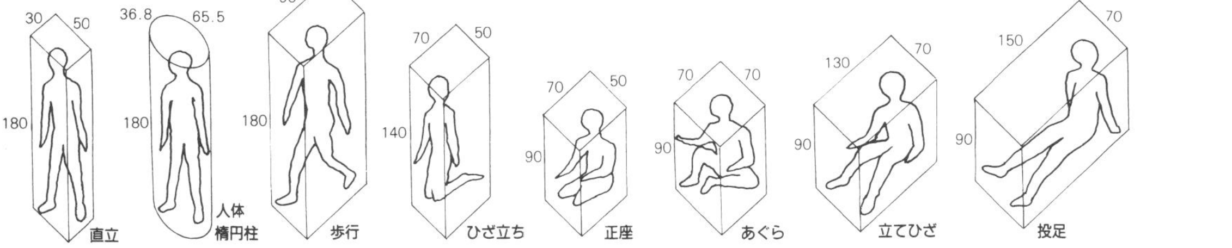

寸法・規模：生活姿勢・動作 Dimension & Scale: Posture and Action

基本姿勢の計測値

計測部位		部位別計測値(mm) 上段：男子平均値 下段：(女子平均値)							
直立		▲基準点：外か点		4 ちゅう頭高	1030 (955)	7 頭頂高	1650 (1535)	10 基準点・殿部後縁距離	90 (90)
		1 最外体幅	490 (450)	5 肩峰高	1340 (1245)	8 上肢挙上指先端高	2060 (1915)	11 基準点・腹部前縁距離	200 (190)
		2 しつ高	450 (420)	6 眼高	1530 (1420)	9 基準点・上肢前方距離	720 (670)	12 腹部前縁・殿部後縁距離	290 (280)
		3 指先端高	620 (575)						
作業姿勢		▲基準点：座骨結節 (高さ 男360, 女340)		4 ちゅう頭高	265 (245)	7 頭頂高	885 (825)	10 基準点・体幹部突出距離	215 (205)
		1 最外体幅	490 (450)	5 肩峰高	575 (535)	8 上肢挙上指先端高	1275 (1185)	11 基準点・足先点距離	635 (595)
		2 指先端高	−145 (−135)	6 眼高	765 (710)	9 基準点・上肢前方距離	560 (515)	12 足先点・体幹部突出距離	850 (800)
		3 しつがい骨上縁高	115 (105)						
正座		▲基準点：外か点		4 ちゅう頭高	385 (360)	7 頭頂高	1005 (940)	10 基準点・ひ側中足点距離	175 (165)
		1 最外体幅	490 (450)	5 肩峰高	695 (650)	8 上肢挙上指先端高	1405 (1310)	11 基準点・しつがい骨前縁距離	425 (395)
		2 指先端高	−25 (−20)	6 眼高	885 (825)	9 基準点・上肢前方距離	720 (670)	12 しつがい骨前縁・ひ側中足点距離	600 (560)
		3 大たい上縁高	220 (210)						
仰臥		▲基準点：転子点		4 前方腕長	780 (725)	7 基準点・眼距離	735 (680)	10 基準点・頭頂点距離	855 (795)
		1 最外体幅	550 (520)	5 基準点・指先端距離	140 (130)	8 上肢挙上指先端距離	1240 (1160)	11 頭頂点・中足骨距離	1745 (1625)
		2 肩峰高	55 (50)	6 眼高	570 (530)	9 基準点・中足骨距離	890 (830)		
		3 最大高	210 (200)						

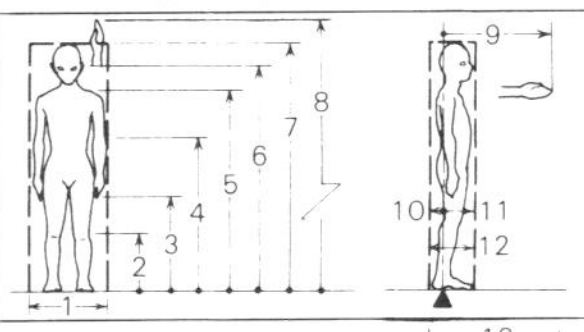

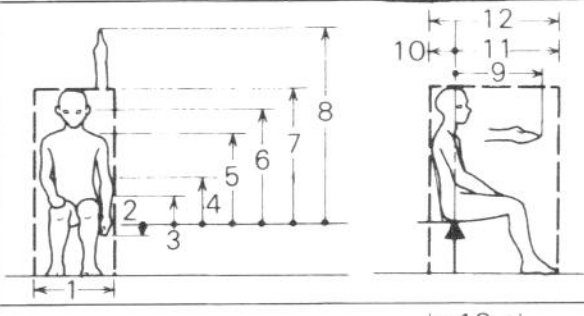

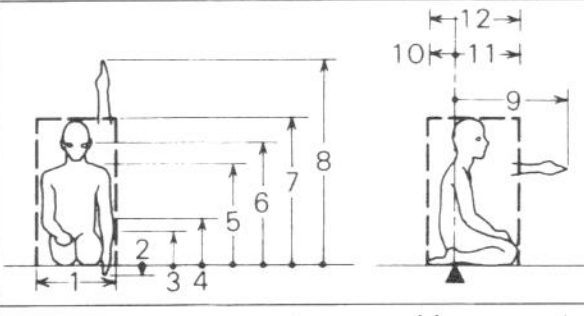

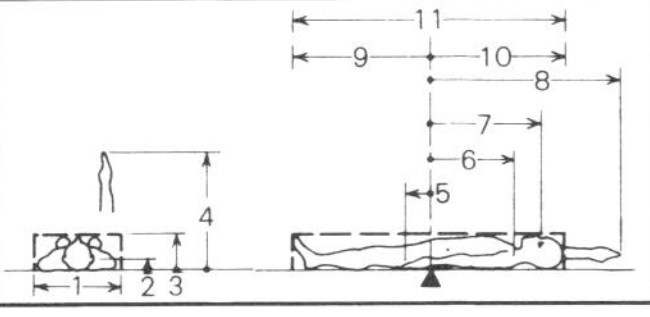

[小原二郎他：建築設計計画のための人体計測の研究, 1976, 77]

椅子座位における上肢の動作寸法
[千葉大学室内計画研究室資料より作成]

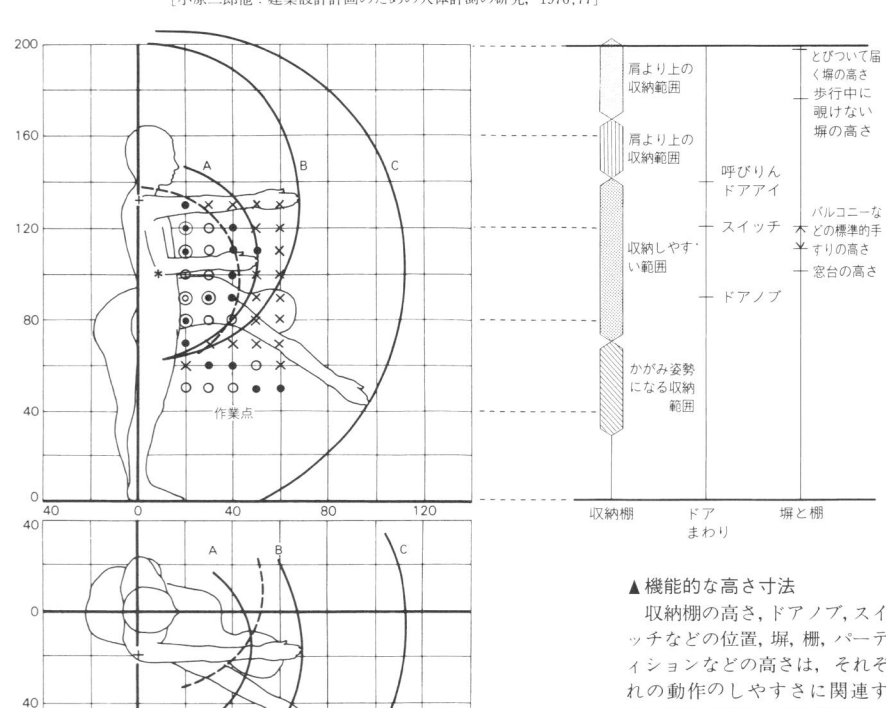

立位における上肢の動作寸法
[千葉大学室内計画研究室資料：小原：建築・室内・人間工学, 鹿島出版会より作成]

◎：最も良い
⊙：良い
○：やや良い
●：悪い
×：最も悪い

◀生活姿勢の寸法

建築やインテリア空間の設計に必要な人体寸法は、人体を測ること自体を目的としたものではなく、実際の生活に即した姿勢での動作を伴った空間的広がりのある寸法であり、このための平均的な寸法のデータが準備されている。しかしこの場合も基本は、まず自分自身がその状況になってみて、その寸法を測り比較してみることであろう。

図は日常生活における代表的な、立位、椅子座位、床座位、臥位の4姿勢について、その中で代表的な姿勢をそれぞれ一例ずつ選び、計測値を示したものである。上段は男子、下段は女子平均値である。図中の▲印は基準点を表したものである。基準点はその姿勢をとったとき体重がそこに集中する点であり、すべての寸法はこの基準点からの距離で示されている。

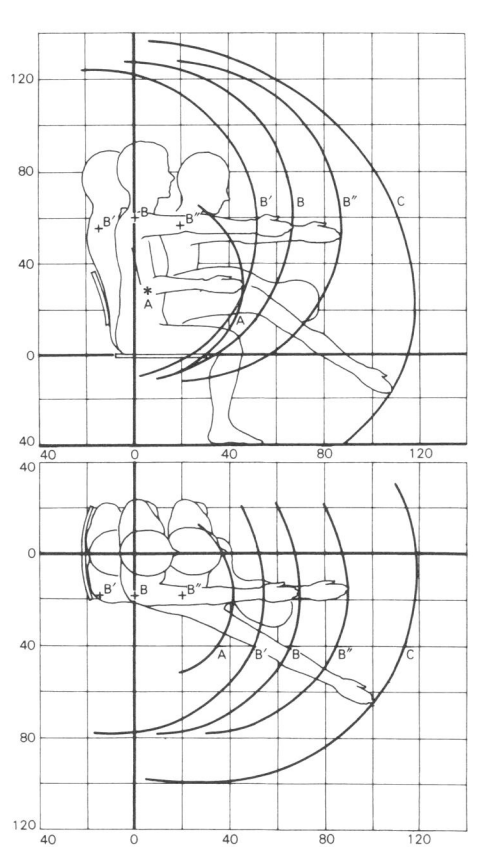

▲機能的な高さ寸法

収納棚の高さ、ドアノブ、スイッチなどの位置、塀、柵、パーティションなどの高さは、それぞれの動作のしやすさに関連する。ドアノブのように平均的に最適な高さで示されるもの、収納のようにその可能な範囲で示されるもの、上限・下限で示されるものがある。またバルコニーなどの手すりは安全のために高めにする必要がある。

▲椅子座位における上肢の動作寸法

椅子に腰掛け、椅子座位の姿勢をとったときの上肢の動作寸法を示す。Aは肘を体側につけて前腕を動かしたときの軌跡を示す。Bは上肢を動かしたときの手の軌跡で、B'は椅子の背もたれに体をつけたとき、B"は背もたれから体を離して上半身を前に曲げたときの手の届く範囲を示す。Cは手を伸ばして上体を動かしたときの軌跡を示す。ここで＊は肘頭点、＋は肩峰点である。

なお、ここで使用している椅子は、座の高さ40cm、座面ほぼ水平、背もたれの開角100°の作業用のもので、事務用机に向かって作業する場合を想定している。また車椅子の場合もこれに準じて考えてよいが、身体障害者には個体差があることも考慮しなければならない。

▲立位における上肢の動作寸法

立位の姿勢をとったときの上肢の動作寸法を示す。平均的身長（165 cm）をもつ日本人成年男子をもとにしている。Aは上腕を体側につけ、肘を中心にして前腕を動かしたときの軌跡を示す。＊は肘頭点である。Bは肩を中心に上肢を動かしたときの軌跡で、＋は肩峰点である。Cは足の位置を固定して手を伸ばして上体を動かしたときの指先の届く軌跡で、破線はその際の肩峰点の動きを示す。これらの実線はいずれも上肢の最先端を意味し、棒などをつかむときはこれより10 cm程度内側となる。

また、筋電図（筋が収縮するとき生じる活動電位を増幅して記録した図で、筋の負担を評価できる）によって調べた作業点の評価を重ねて示す。

図中のそれぞれの記号は次のような評価に対応している。

これも成人男子のデータで成人女子は5 cm程度低く読めばよい。作業に力を要する場合はこれよりもやや低く、精密な作業はやや高くしたほうがよい。また流し台の高さはまな板の厚さを差し引いて考えればよい。

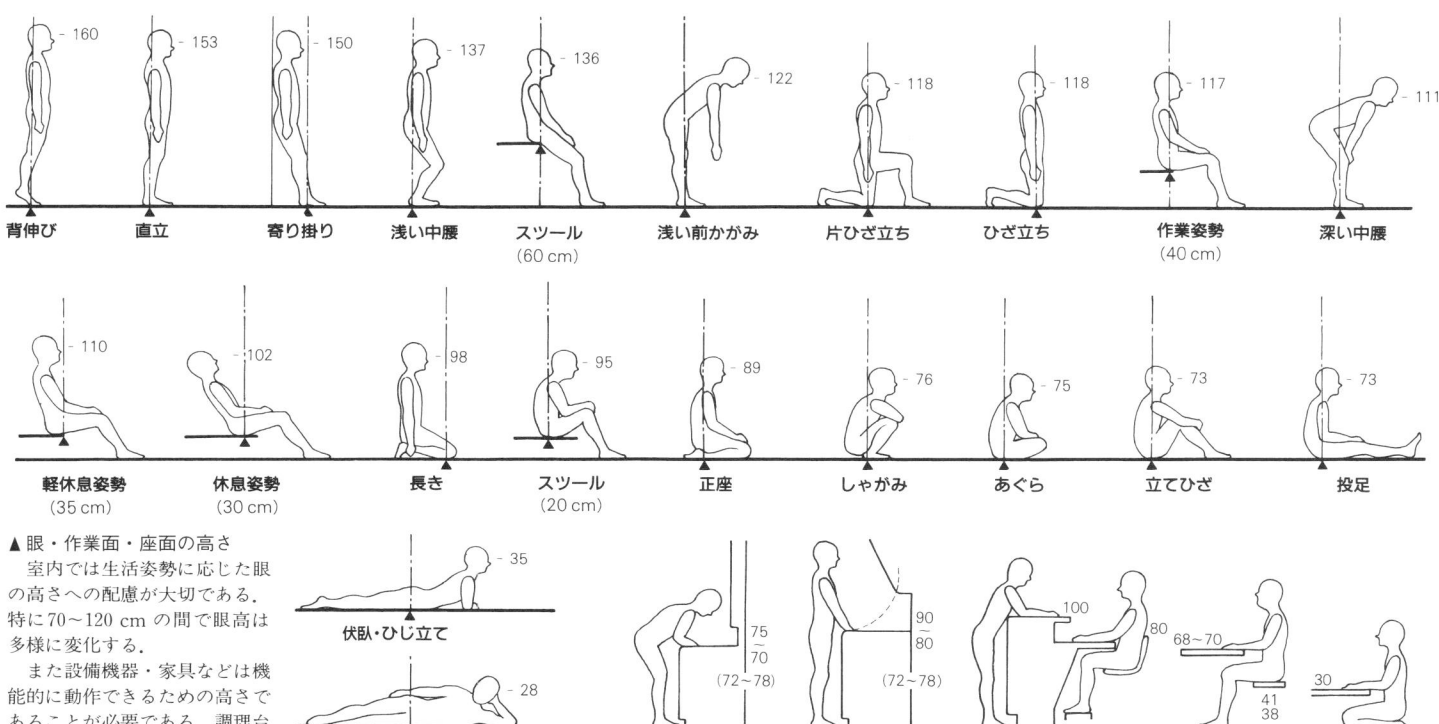

Dimension & Scale: Action and Space　寸法・規模：動作と空間　175

姿勢と眼・作業面の高さ

[千葉大学室内計画研究室資料；小原：インテリアデザイン2，鹿島出版会(1976)より作成]

▲眼・作業面・座面の高さ

室内では生活姿勢に応じた眼の高さへの配慮が大切である．特に70〜120 cm の間で眼高は多様に変化する．

また設備機器・家具などは機能的に動作できるための高さであることが必要である．調理台はJISでは80 cmと85 cmに決められている．図のカウンターは立位の人と椅子座位の人の視線の高さがなるべく食い違わないようにした場合のものである．

机の高さは椅子の高さに関連し，差尺（机面高と座面高の差）が適切かどうかが重要である．実用的な略算法としては，

椅子の高さ ≒ 身長／4
差尺　　　 ≒ 座高／3
机の高さ
　≒ 椅子の高さ＋差尺
　≒ 身長×2／5

で概ね間違いない．

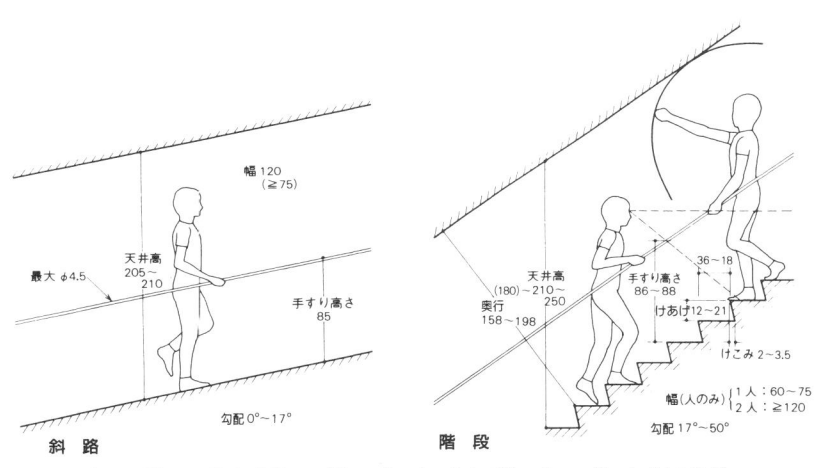

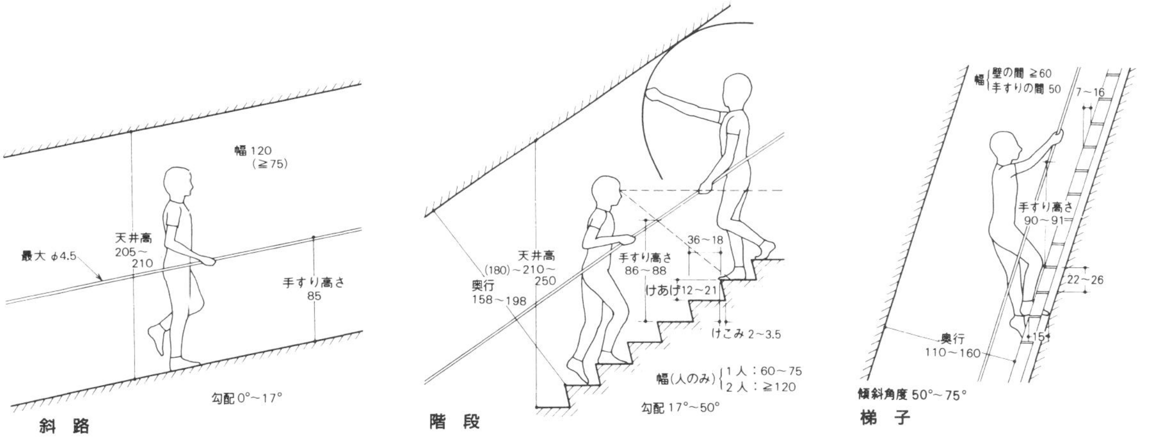

斜路・階段・梯子の基本寸法

[Henry Dreyfuss および Time Saver Standard より作成]

▲斜面・階段・梯子と必要空間

斜路や階段では手すりの高さが重要になる．斜路の手すりは人が半歩ほど前進した場合の手の動きから求められる．階段の手すり高さは，履物のある場合88 cm，裸足の場合86 cm程度がよい．子供用の階段・斜路の手すり高さは65〜70 cm程度である．梯子の登り降りに必要な奥行は，人が垂直に姿勢を保って手を挙げた場合の手の動作寸法によって求められる．

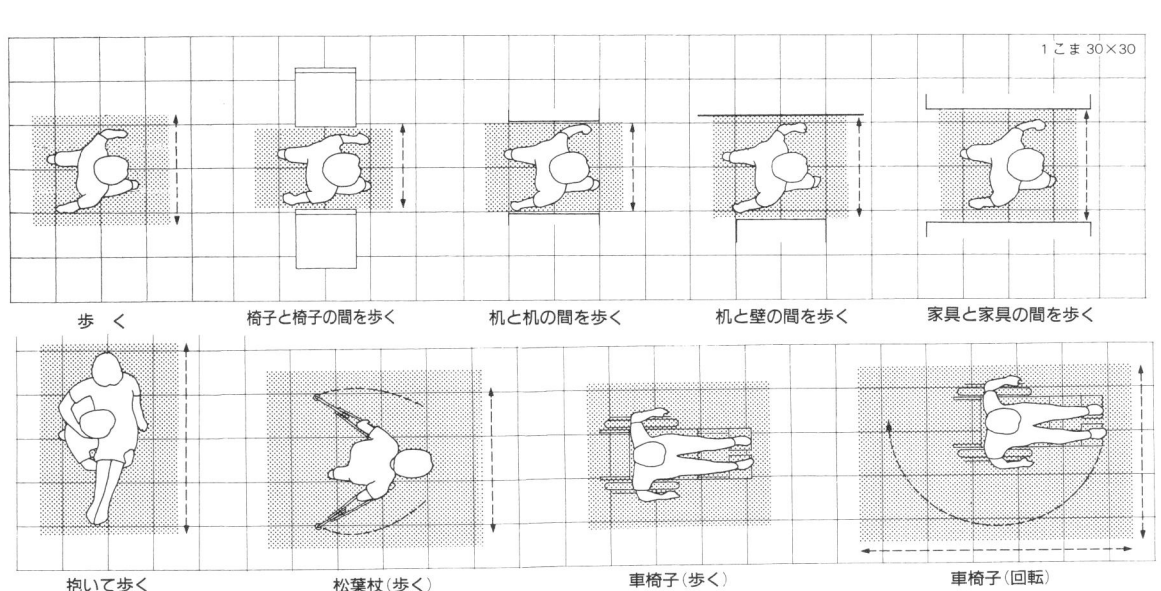

◀歩行・移動と必要空間

歩行動作のためには左右の幅が十分とれることが重要であり，両側にあるものの高さによって異なる．松葉杖を使用した歩行には，杖の振り幅がとれる幅が必要で，車椅子のための必要な幅より広い．車椅子による歩行には，手の振り幅がとれる幅が必要である．いずれの場合でも，さらに速く移動するときはより広い幅が必要となる．

歩行・移動と必要空間

[千葉大学室内計画研究室資料]

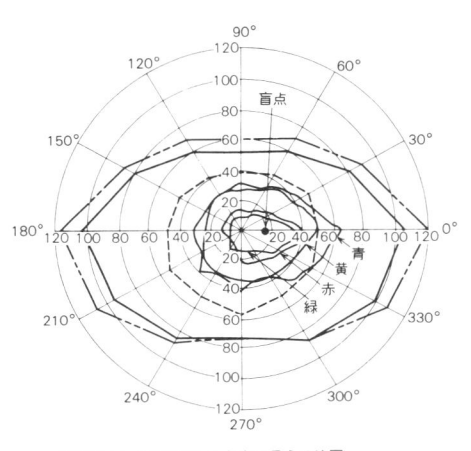

寸法・規模：知覚 Dimension & Scale: Perception

視野 [応用物理学会：生理工学(1975), 朝倉書店より作成]

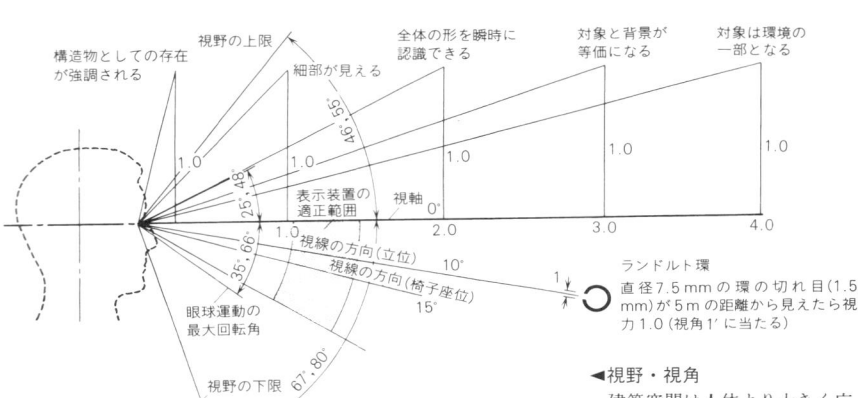

― 静視野：1点を固視したときに見える範囲
--- 動視野：眼球運動が自由な状態で、最も広く見える範囲
‐‐‐ 注視野：眼球を運動させて、視線の向けられる範囲

視野・視角・ものの見え方（メルテンスの理論）
[H. Dreyfuss : The Measure of Man, Human Factors Design, Whitney Library of Design(1959)；編集委員会編：人間－環境系 下巻，人間と技術社，Maertens より作成]

ランドルト環
直径7.5mmの環の切れ目(1.5mm)が5mの距離から見えたら視力1.0（視角1′に当たる）

67°：Wulfeckの測定値
80°：Dreyfussの測定値

◀視野・視角

建築空間は人体より大きく広がりをもった空間であり，人間はいろいろな感覚でそれを知覚する。そのため，空間の寸法や形は知覚の諸特性と無関係には決められない．

空間の知覚においては視覚が最も重要な役割を果たしている．そのうち人間の目において中心窩と呼ばれる色や形の弁別力の高いよく見える部分が視角約1～3°程度であることと，視野が限られていること，目や頭の動かしやすさなどから，対象の大きさと目を原点とした対象までの距離・位置関係が見え方（見えるか見えないか，見やすいか見にくいか）に関係してくる．断面方向をみると視線の方向は水平方向より下向きで，俯角0～30°が見やすい．

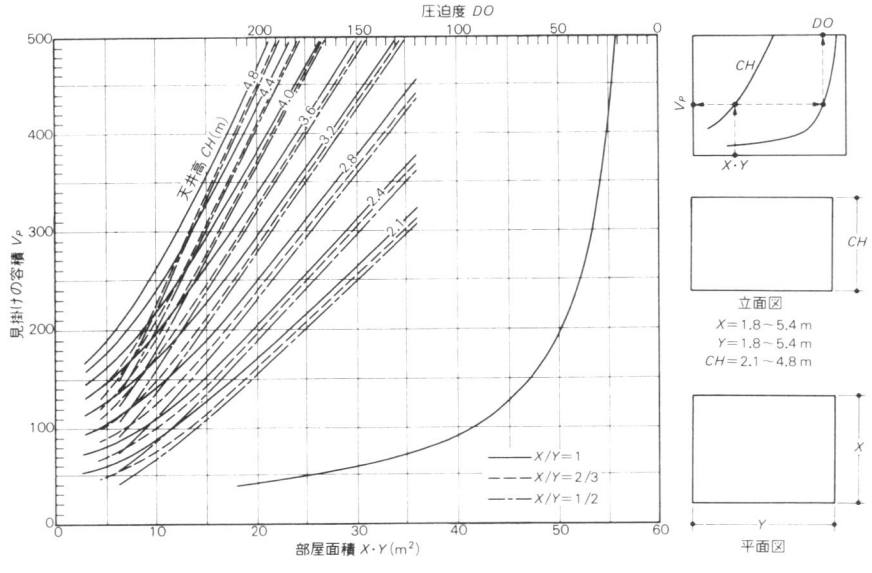

◀部屋の容積感

天井高や部屋の容積をどの位とればよいかを決める心理的側面からの根拠はあまりない．図は，2.7m×2.7mの平面で天井高2.4mの部屋の容積感と圧迫度を100とした場合，天井高や平面型をさまざまに変えた実験室の，空間寸法と心理的容積感や圧迫感などとの関係を求めた実験結果である．

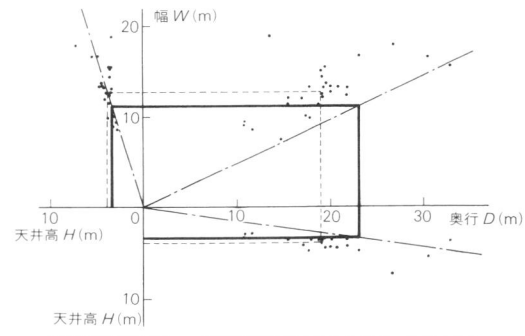

立面図
$X = 1.8～5.4$ m
$Y = 1.8～5.4$ m
$CH = 2.1～4.8$ m

見掛けの容積および視覚的圧迫度 [内田茂：空間の視覚的効果の数量化に関する実験的研究，東京大学学位論文，1977]

室空間の知覚 [高橋研究室編：かたちのデータファイル (1983), 彰国社]

▲室空間の知覚

人間が空間のスケールやプロポーションを知覚・認識するとき，物理的空間寸法そのままではなく，何らかのずれをもって知覚・認識する．図は，実線で示した寸法の室内を被験者に見せ，幅，奥行，高さを答えさせたもので，回答の平均は破線で示す結果となった．床面のプロポーションは，実際より正方形に近づいて知覚されている．

◀囲み感とD/H

一般に外では建物を仰ぎ見るかたちとなり，仰角（高さHと距離Dの関係）が建物の見え方と関連してくる．メルテンスはこの高さと距離の比(D/H)によって建物の見え方の変化を尺度化した．街路，路地，中庭など複数の建物に挟まれたり，囲まれた空間の開放感や閉鎖感などは，その空間の断面方向のプロポーションであるD/Hが目安となる．

D/Hと囲み感，快適なD/H [新建築学大系13(1988), 彰国社より作成]

D/H		
0.5 (63°)	近接し，狭苦しい感じ（芦原）	幽閉され（包まれ）た感覚 向いの立面の半分が目に入る 閉所恐怖症の感覚
1 (45°)	良い広場のD/H（ジッテ） 高さと幅との間に均整がある（芦原）	高さと空間のほど良いつり合い 閉鎖性の強調 向いの全面が目に入る
1.5 (34°)		
2 (27°)	快適なD/H（リンチ） 離れた，広々とした感じ（芦原）	向いの建物が見やすい 2.5以上では広場恐怖症の感覚を生みやすい
3 (18°)		普通の視野全体を占める 景観の一部となり，他と独立して見える 立体的に囲まれているというより，場所の境界となる 立面からディテールが消える
4 (14°)		閉鎖性の減少（リンチ） 周辺景観と一体となる 囲い庭・広場のD/Hの上限
6 (9°)		閉鎖性の下限（スプライレゲン）
8 (8°)		閉鎖性の消失（スプライレゲン）

●中世の都市（ルドフスキー）　●ルネッサンスの都市（ルドフスキー）　●京の町屋（$L≒90$cm）　●バロックの都市（ルドフスキー）　●シャンゼリゼー大通　●ロンドンの現代の長屋住宅　●ロンドンの伝統的長屋住宅　●ロンドンの伝統的連続住宅　●囲い庭（ロンドンの集合住宅）　●サン・マルコ広場　●カンポ広場　●ポージュ広場　●バンドーム広場　●銀座通

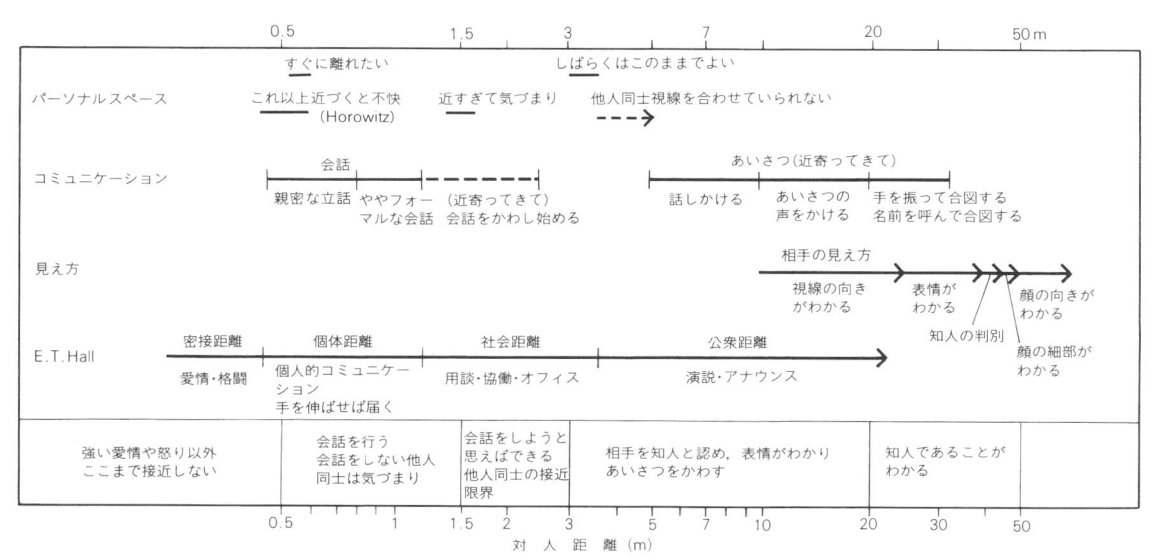

Dimension & Scale: Behaviors 寸法・規模：行動

対人距離

[建築計画教科書(1989)，彰国社より作成]

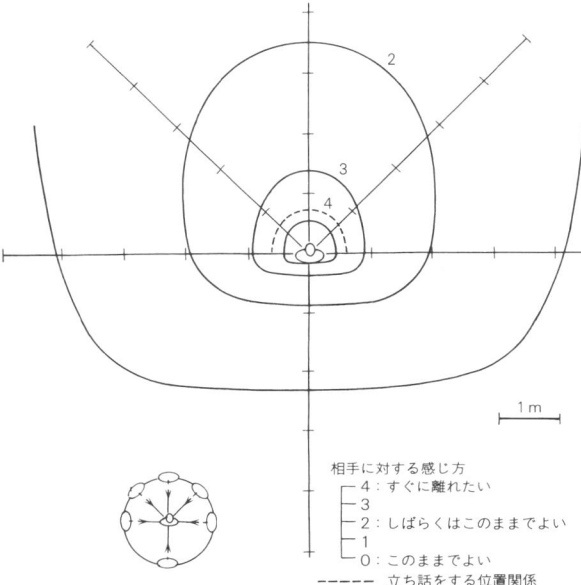

◀対人距離

人間は社会集団の中で，無意識のうちにも，人間同士の空間的な距離を，知人同士か他人同士かなど互いの人間関係や，会話・あいさつなどコミュニケーションの目的により調節している．E. T. ホールは，人間はコミュニケーションの種類に応じて互いの距離を密接距離／個体距離／社会距離／公衆距離の4段階に分け，調節していることを示した(E.T.ホール，日高敏隆他訳：かくれた次元，みすず書房)．その他にも，他人が近すぎて不快と感じるかどうかなどの感覚や，会話・あいさつのコミュニケーションができるかどうか，相手の顔，表情の見え方などが距離と関係している．例えば 0.5～1.5 m は会話が行われる距離で，会話をしない他人同士は普通は近づかない範囲である．なおここでの距離は体の中心間の距離で表している．

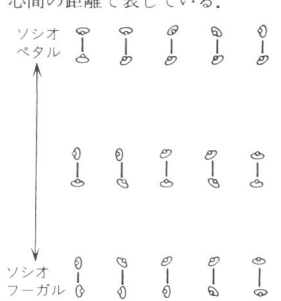

実験により求めたパーソナルスペース

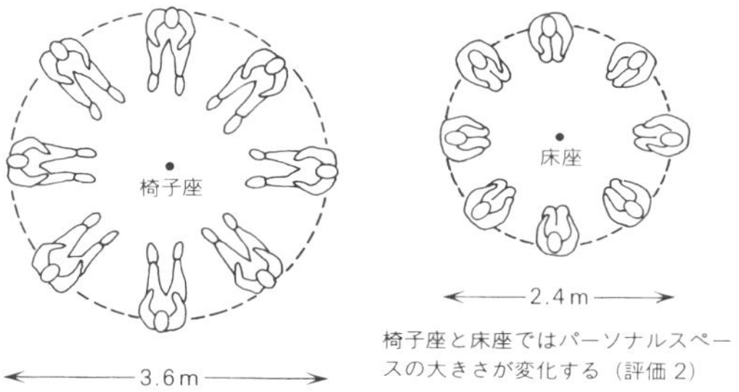

◀パーソナルスペース

人間には身体の周辺に，他人が近づいた場合，心理的に「気詰りな感じ」や「離れたい感じ」がするような領域がある．それはその人の身体をとりまく目に見えない境界をもつ「泡（バブル）」にたとえられ，パーソナルスペースとも呼ばれている．図はその実験例で，まわりから正面向きで近づいてくる他人に対して「離れたい」と感じる度合の分布である．相手がどの方向からどこまで近づくかによって感じ方が変わり，結果，体の前方に長い卵型のパーソナルスペースに包まれる．

パーソナルスペースの寸法は姿勢によって影響を受ける．実験の結果では，床座（正座）の時は，椅子座より小さくなり（近づいても比較的気にならない），「しばらくはこのままでよい」距離には80 cm 程度の差がある．

▲ソシオペタルとソシオフーガル

空間には人間同士の交流を妨げるような配置（ソシオフーガル）と，人間同士の交流を活発にする配置（ソシオペタル）の2種類がある．2人同士の並び方，座席などでは，コミュニケーションしようとする人同士は向かい合うような位置関係（ソシオペタル）を，そうでない他人同士はそっぽを向くような位置関係（ソシオフーガル）をとろうとする．

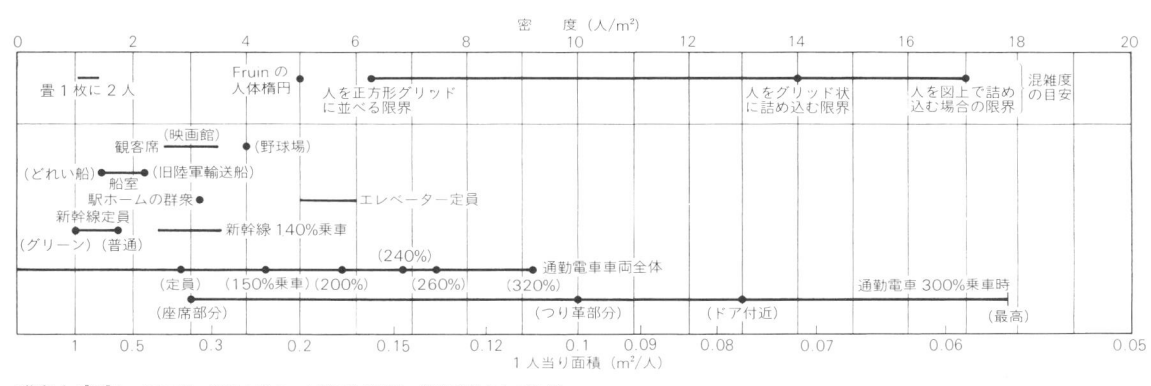

群衆と密度

[岡田他：建築と都市の人間工学(1977)，鹿島出版会より作成]

◀込み合いと密度

混雑した群衆などでは密度が問題となる．図は，実例，定員時の状況，作図により求めたものなど，いろいろな群衆の密度を比較したものである．混雑度が増加するにつれ人体に対する生理的・心理的影響が大きくなり，通勤電車では1時間乗車の場合で7人/m²が限度といわれるが，その状態は快適とは程遠いものである．

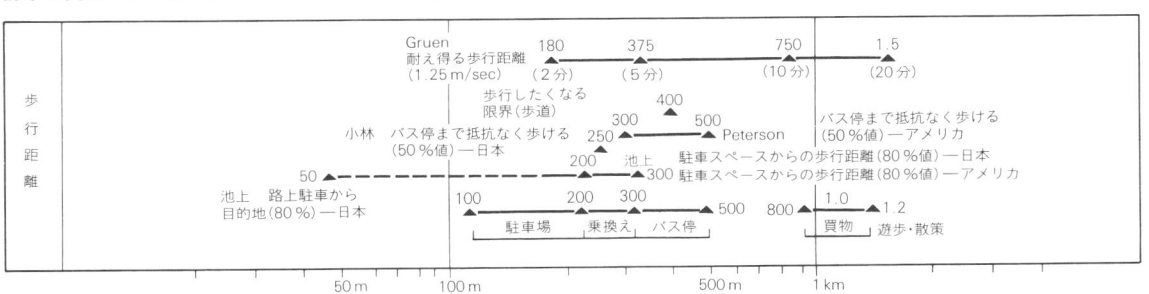

歩行距離

[新建築学大系13(1988)，彰国社]

◀歩行距離

歩行距離の遠近感覚には，人間の歩行時の生理的特性，歩行距離の絶対的長さ，所要時間などによるところが大きいが，心理的な遠さの感覚は物理的距離と単純な比例関係にはないことも明らかで，歩くことの目的や動機（やむを得ず歩くのかどうかなど），習慣，地域，環境などの違いにもより，人間・環境のさまざまな要因が関連する．

寸法・規模：日本の住居水準 Dimension & Scale: Dwelling Level of Japan

日本の住居水準

日本の住宅政策に用いられている住居水準から，住戸面積と住居面積，およびその構成の原則を示している①②．さらに原則に基づく住居面積の配分の考え方を割合で示している③．

日本の住居水準の地域性をとらえるために，その実態を各都道府県別に9指標で示した④．大都市のある地域の住居規模は厳しく，地方にはゆとりがある．

世帯人員	室構成		居住面積 (m²)		住戸専用面積 (壁厚補正後) (m²)		(参考) 住戸専用面積 (内法) (m²)	
	都市居住型	一般型	都市居住型	一般型	都市居住型	一般型	都市居住型	一般型
1人	1 DK	1 DKS	20.0(12.0畳)	27.5(16.5畳)	37	50	33	44.5
1人 (中高齢単身)	1 DK	1 DKS	23.0(14.0畳)	30.5(18.5畳)	43	55	38	49
2人	1 LDK	1 LDKS	33.0(20.0畳)	43.0(26.0畳)	55	72	48.5	65.5
3人	2 DK	2 LDKS	46.0(28.0畳)	58.5(35.5畳)	75	98	66.5	89.5
4人	3 DK	3 LDKS	59.0(36.0畳)	77.0(47.0畳)	91	123	82.5	112
5人	4 LDK	4 LDKS	69.0(42.0畳)	89.5(54.5畳)	104	141	94.5	128.5
5人 (高齢単身含む)	4 LLDK	4 LLDKS	79.0(48.0畳)	99.5(60.5畳)	122	158	110.5	144
6人	4 LDK	4 LDKS	74.5(45.5畳)	92.5(56.5畳)	112	147	102	134
6人 (高齢単身含む)	4 LLDK	4 LLDKS	84.5(51.5畳)	102.5(62.5畳)	129	164	117	149.5

都市居住型および一般型誘導居住水準①

	都市居住型	一般型
寝室	①夫婦の独立した寝室を確保すること．ただし，満3歳以下の子供 (乳幼児) 1人までは同室とする ②満4歳以上11歳以下の子供 (幼稚園から小学生まで) については夫婦と別の寝室を確保すること．ただし，1室2人までとする ③満12歳以上の子供 (小学生以上) については個室を確保すること ④寝室の規模は主寝室 13 m² (8畳)，10 m² (6畳) または 7.5 m² (4.5畳) とすること	① ② 同左 ③ ④寝室の規模は主寝室 13 m² (8畳) または 10 m² (6畳) とすること
食事室 台所	①食事室および台所を確保すること．ただし，単身世帯については食事室兼台所を確保する ②食事室の規模は世帯人員に応じ，5 m² (3畳)，7.5 m² (4.5畳) または 10 m² (6畳) とすること ③台所の規模は世帯人員に応じ，5 m² (3畳) または 7.5 m² (4.5畳) とすること ④食事室兼台所の規模は，10 m² (6畳) とすること	同左
居間	①2人以上の世帯のついては居間を確保すること ②居間の規模は世帯人員に応じ，10 m² (6畳) または 13 m² (8畳) または 16 m² (10畳) とすること	同左
その他	以上の規定にかかわらず，中高齢単身世帯または高齢者同居世帯にあっては以下のとおりとする ①中高齢単身世帯については，食事室兼台所の規模 13 m² (8畳) とすること ②高齢者同居世帯については高齢者専用の居間を確保することとし，その規模は 10 m² (6畳) とすること	①世帯がそれぞれのライフスタイルに応じて任意の用途に供することのできる空間として余裕室を確保することとし，その規模は世帯人員に応じ，7.5 m² (4.5畳) または 13 m² (8畳) とする ②左欄①②については同様

居住室の誘導居住水準②

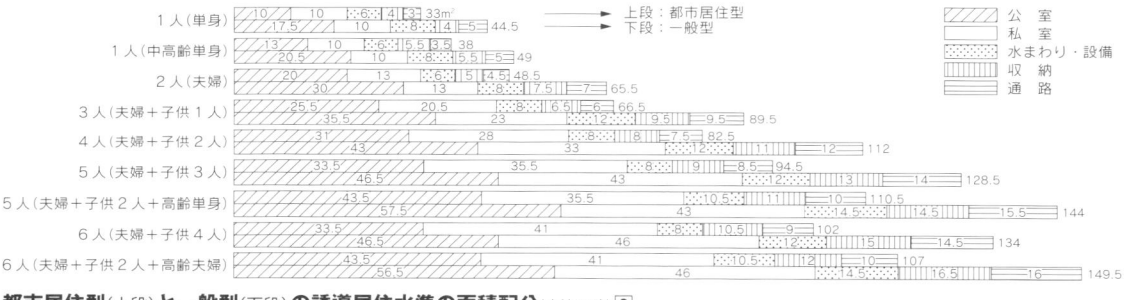

居住水準

国民が安定したゆとりある住生活を営むことができるよう，住宅建設五箇年計画で定めている目標をいい，第八期 (2001年度～2005年度) の計画では，「最低居住水準」と「誘導居住水準」の2種類が設定されている．最低居住水準は，健康で文化的な住生活の基礎として必要不可欠ですべての世帯が確保すべき水準である．誘導居住水準は，2015年度を目途に全国で3分の2の世帯が，また，2010年度を目途にすべての都市圏で半数の世帯が確保できるようにする水準で，「都市居住型」と「一般型」の2区分から成る．都市居住型は，都市の中心およびその周辺における共同住宅居住を想定したもの，一般型は都市の郊外および都市部以外の一般地域における戸建住宅居住を想定したものである．

◀**居住水準の室面積配分**

都市型誘導居住水準および一般型誘導居住水準の住戸専用面積 (内法) の配分をグラフで表示した．内訳の項目は，公室 (居間，食事室，台所など)，私室 (寝室，子供室など)，水まわり・設備 (洗面所，浴室，便所，機械室，洗濯室など)，収納 (納戸，押入，物入など)，道路 (玄関，廊下，階段など) として表示した．

1人 (単身)	10	10	6	3	33m²		上段：都市居住型
1人 (中高齢単身)	17.5	10	8	4	5	44.5	下段：一般型
	13	10	6	3.5	3.5	38	公室 ⁄⁄⁄⁄
2人 (夫婦)	20.5	10	6	5.5	5	49	私室 ▓▓▓
	20	15	6	4.5	3	48.5	水まわり・設備 ▒▒▒
3人 (夫婦+子供1人)	30	20	8	7.5	7	65.5	収納 ≡≡≡
	25.5	20.5	23	6.5	6	66.5	通路
4人 (夫婦+子供2人)	35.5	35.5	23	9.5	9.5	89.5
	31	28	28	7.5	8	82.5
5人 (夫婦+子供3人)	43	33	33	7.5	12	112
	33.5	35.5	43	9	8.5	94.5
5人 (夫婦+子供2人+高齢単身)	46.5	43	43	13	14	128.5
	43.5	35.5	10.5	11	110.5
6人 (夫婦+子供4人)	57.5	43	14.5	15.5	144
	33.5	41	10.5	12	102
6人 (夫婦+子供2人+高齢夫婦)	46.5	43	14.5	14	134
	43.5	41	10.5	12	107
	56.5	46	14.5	16.5	16	149.5

都市居住型 (上段) と一般型 (下段) の誘導居住水準の面積配分 (内法面積) ③

	世帯数	持家率 (%)	非木造住宅率 (%)	共同住宅率 (%)	一住宅当り居住室数 (持ち家)	1住宅当り居住室数 (借家)	持ち家の延べ面積 (m²)	最低居住水準以上世帯割合 (%)	誘導居住水準以上世帯割合 (%)		世帯数	持家率 (%)	非木造住宅率 (%)	共同住宅率 (%)	一住宅当り居住室数 (持ち家)	1住宅当り居住室数 (借家)	持ち家の延べ面積 (m²)	最低居住水準以上世帯割合 (%)	誘導居住水準以上世帯割合 (%)
全 国	26,948,400	60.3	35.3	37.8	6.02	2.84	122.7	92.5	46.5	三重県	599,800	76.4	23.7	16.6	6.72	3.16	132.9	96.1	56.9
北海道	2,173,700	55.7	26.6	37.6	5.64	3.09	117.8	96.5	61.8	滋賀県	407,400	73.9	31.4	23.7	7.40	3.00	144.7	95.5	58.0
青森県	475,900	70.9	9.1	18.3	6.68	3.09	148.7	96.8	61.9	京都府	971,700	59.4	37.8	37.1	5.99	2.70	111.7	90.4	40.6
岩手県	451,800	70.7	11.4	19.3	6.86	3.00	151.4	97.1	59.6	大阪府	3,315,000	49.6	51.1	52.5	5.44	2.77	101.2	88.3	35.9
宮城県	785,400	60.4	24.9	34.2	6.35	2.70	135.6	94.8	48.9	兵庫県	1,907,500	60.9	45.1	43.6	6.07	3.02	118.6	92.7	47.1
秋田県	376,700	77.5	9.9	15.0	7.00	2.96	163.1	97.2	66.2	奈良県	460,600	71.0	30.5	26.2	6.66	3.33	129.2	94.5	51.9
山形県	366,600	76.4	12.0	16.6	6.96	2.87	163.7	97.5	57.4	和歌山県	367,200	72.5	26.3	17.1	6.18	3.25	121.4	93.0	44.9
福島県	656,200	68.7	17.9	21.2	6.62	2.94	144.3	95.9	55.3	鳥取県	191,800	72.4	19.0	17.2	7.21	3.31	155.9	95.4	54.7
茨城県	933,400	70.4	20.4	21.5	6.07	2.91	127.6	95.1	46.7	島根県	249,400	71.8	16.9	17.9	6.98	3.13	151.9	96.2	51.3
栃木県	634,300	69.1	22.2	21.1	6.14	2.86	130.5	94.4	47.1	岡山県	659,800	67.2	26.3	22.6	6.75	3.05	136.6	96.3	51.8
群馬県	661,800	70.3	18.3	19.8	6.05	2.96	129.5	95.4	49.2	広島県	1,043,400	60.0	35.6	34.7	6.26	3.03	125.9	94.2	49.4
										山口県	563,000	65.2	32.2	24.6	6.33	3.25	127.5	95.1	51.2
埼玉県	2,334,500	63.1	34.4	39.9	5.42	2.81	105.4	91.5	39.9	徳島県	277,500	70.1	21.9	16.8	6.48	3.00	132.4	95.7	50.6
千葉県	2,021,800	62.4	40.9	41.5	5.51	2.84	110.0	91.9	43.5	香川県	350,400	69.0	29.1	23.4	6.33	3.18	138.5	95.7	56.3
東京都	5,004,800	41.5	52.8	66.6	4.93	2.37	95.6	84.7	33.2	愛媛県	548,100	65.4	28.0	22.5	6.23	3.16	123.3	95.6	49.8
神奈川県	3,061,000	51.6	47.3	53.6	5.20	2.66	100.0	89.6	38.5	高知県	272,800	64.8	26.1	22.1	6.02	3.30	114.0	95.0	47.9
新潟県	768,600	75.2	14.2	19.6	7.06	2.85	163.0	97.3	62.1	福岡県	1,804,200	53.9	43.9	43.5	5.76	2.96	117.8	92.3	44.8
富山県	339,400	80.6	17.5	15.9	7.75	2.93	180.3	98.3	68.0	佐賀県	275,900	69.7	20.7	19.5	6.55	3.14	143.3	96.0	47.9
石川県	392,600	68.0	23.9	27.1	7.19	2.75	166.1	95.9	60.7	長崎県	522,900	63.5	24.8	24.8	5.89	3.02	119.2	93.2	43.6
福井県	246,400	75.1	17.4	20.8	7.23	3.15	169.3	96.6	58.4	熊本県	621,100	65.0	24.4	22.5	5.97	3.08	123.4	95.5	48.2
山梨県	300,100	67.3	23.8	23.1	6.29	2.83	138.2	95.8	52.2	大分県	438,700	64.2	31.3	28.4	6.26	3.12	125.9	95.0	51.2
長野県	723,500	71.5	19.0	18.2	6.84	2.95	154.9	96.6	59.5	宮崎県	426,600	68.3	24.9	21.6	5.54	3.10	113.5	95.4	44.3
岐阜県	654,400	73.5	25.3	19.7	7.34	3.07	146.5	96.2	60.8	鹿児島県	690,600	67.7	24.5	21.9	5.30	3.09	103.3	94.8	43.4
静岡県	1,220,600	67.4	25.8	23.6	6.17	2.98	128.9	94.2	47.3	沖縄県	416,900	55.3	88.9	45.6	5.27	3.21	100.3	88.2	37.3
愛知県	2,364,800	57.9	45.0	41.8	6.39	2.98	127.5	93.2	51.0

都道府県別居住水準④

寸法・規模：各国の住居水準

各国の住居水準の概念

　国連の有効床面積は日本の延床面積の概念に近いものであるが，日本には国連の住居床面積に相当する指標はない．他国には，一定の面積以下の部屋を居住室として認めない国があるように，住居水準の計測方法は各国の住居に対する概念の違いを反映して差違があるので，居住水準の国際比較においては注意しなければならない．

日本の住宅統計と国連統計の定義の比較 [1]

	日本の住宅統計	国連統計
住宅	一つの世帯が独立して家庭生活を営むことができるように建てられ，また改造された建物，または完全に区画された建物の一部．一つ以上の居住室，専用の炊事用排水設備（流し），専用の便所，専用の出入口があること．	世帯の住居のための建築または改造された恒久的建物（完全に区画された建物の一部を含む）で街路や建物の場所への出入口を有する個室，または数個一組の部屋．
居住室	居住室は居間，茶の間，寝室，客間，書斎，応接間，仏間，食事室などの居住用の室をいう．玄関，台所（炊事場），便所，浴室，廊下，農家の土間などは含めない．ダイニングキッチン（台所兼食事室）は，流しや調理台などを除いた広さが3畳以上の場合には居住室数に含める．（総務庁統計局 1998年住宅・土地統計調査）	居住室とは，床から天井もしくは屋根に達する壁に囲まれ成人のベッドを置ける十分な大きさがあり（4m²）そして天井の大部分が2mの高さがあること．通常の寝室，食事室，居間，住居可能な屋根裏，使用人数，台所目的のための他の区分されていない空間がこのカテゴリーに含まれる．簡易台所，廊下，ベランダ，玄関などは風呂，便所と同様に居住室に数えない．この原則的定義で計測される「居住室」は日本のそれと大差がない内容であるが，各国はこの原則的定義に加え，[4]に示すような厳しい条件の独立の定義をもつ．
延床面積	住宅の各階の床面積の合計をいう．この延床面積には，居住室の面積のほかに，その住宅に含まれる玄関，台所，便所，浴室，廊下，農家の土間などを含む．ただし，別棟の物置，車庫の面積や商品倉庫，作業場など営業用の付属建物の面積は含めない．アパートやマンションなどの共同住宅の場合は，共同で使用している廊下，台所，便所などを除いたそれぞれの住宅の専用部分の床面積をいう．	〔有効床面積（Useful floor space）〕地下室や居住できない屋根裏および集合住宅の共用部分を除いた，外壁の内法で計測される住宅の床面積である．日本で一般的に使用されている延床面積に近い概念．〔居住床面積（Living floor space）〕国連の"居住室"の定義にあてはまる部屋の面積の総計をいう．有効床面積から簡易台所，廊下，ベランダ，玄関，浴室，便所，内壁などの面積を差し引いたもの．

各国の住宅の規模水準 [2]

国（地域）	統計年次	総数(1,000戸)	新築*8(1,000戸)	1戸当たり平均室数	1戸当たり平均床面積(m²)	居住室面積
日本	'02	46,836.5	1,096.6	4.78 *1	96.24 *1	20.1 *1
イスラエル	'02	—	37.2	4.4	—	—
トルコ	'02	—	161.5	—	132.8 *3	—
アメリカ合衆国	'01	116,038.0	1,570.8	—	194.9 *3	—
アイルランド	'02	1,387.0	57.7	5.2	88.4	70.2
イギリス	'02	25,617.0	183.1	—	—	—
オーストリア	'01	3,284.4 *3	38.1	3.5 *4	101.1 *4	—
オランダ	'02	6,764.0	66.7	3.8	—	—
スイス	'02	3,638.2	28.6	—	—	—
スウェーデン	'02	4,329.2	19.9	3.8	99.7	—
スペイン	'01	20,823.0	394.7	5.3	96.1	120.1
チェコ	'01	4,366.3	23.0	4.0	106.6	69.7
デンマーク	'02	2,540.9	18.1	—	—	110.7 *3
ドイツ	'02	38,924.8	259.9	5.1	—	112.8
ノルウェー	'02	1,985.3	21.7	4.4	117.0	—
ハンガリー	'02	4,104.0	28.3	4.0	94.1	58.3
フィンランド	'02	2,574.0	27.0	3.8	—	89.3
フランス	'02	29,495.0	334.0	3.9	112.6	—
ブルガリア	'02	3,692.0	6.1 *6	2.6	91.3	67.6
ポーランド	'02	11,763.5	93.2	4.2	99.3	—
ポルトガル	'02	5,225.0 *3	118.0	4.8	90.3	—
ルーマニア	'02	8,128.9	27.7	4.3 *3	104.9 *3	75.1 *3
ルクセンブルク	'01	176.0 *3	2.3	5.2	120.2	93.8
ロシア	'01	2,818.0 *4	—	2.5 *7	83.1 *7	—

*1 2003年〔日本の統計2005，世界の統計2005より作成〕 *2：着工新設住宅．国土交通省〔建築統計年報 平成14，15年度版〕による．*3：新築のみ．*4：台所を除く．*5：住宅用の新築建築物．*6：別荘を除く．*7：バルコニーを含む．*8：新築：工事完了住宅数のうち，新築の住宅数．
〔世界の統計2005より作成〕

住居密度関連指標 [3]

国（地域）	統計年次	世帯人員数(1,000人)	平均世帯人員(人)	面積(km²) 2001年	人口密度 2001年	1人当り国民所得（米ドル） 1995年	1人当り国民所得（米ドル） 2002年
アジア				31,870,000	117		
日本a	'00	124,725	2.7	377,887	341	31,658	22835
韓国 e g	'90	42,102	3.7	99,538	476	9,645	8885
トルコ	'90	55,622	5.0	774,815	89	2,602	2392
北アメリカ				24,490,000	20		
アメリカ合衆国e	'93	253,924	2.6	9,629,091	30	24,341	31865
カナダ	'91	26,732	2.7	9,970,610	3	16,515	19391
メキシコc	'90	80,434	5.0	1,958,201	52	2,664	5556
ヨーロッパ				22,050,000	33		
イギリスeh	'81	47,806	2.7	242,900	246	17,048	23981
イタリアe	'81	56,076	3.0	301,318	192	16,331	17508
オーストリアe	'81	7,466	2.7	83,858	97	24,995	21531
ギリシャj	'91	9,531	3.0	131,957	76	10,401	11094
スイスe	'90	6,874c	2.4d	41,284	175	38,272	30117m
スウェーデンe	'90	8,181	2.1	449,964	20	24,217	23232
スペインe	'90	37,415	3.5	505,992	80	12,924	13689
デンマークel	'91	5,146c	2.3d	43,094	124	28,523	26743
ドイツ（旧西独地域）e	'87	61,077c	2.3d	357,022	231	25,493	20436
フィンランドe	'90	4,998c	2.5d	338,145	15	19,859	21130
フランスek	'90	55,384c	2.6d	551,500	107	22,407	20185
ベルギーe	'81	9,738	2.7	30,528	337	23,912	20500
ポルトガル	'91	9,863c	3.1d	91,982	112	8,868	9420
オセアニア				8,564,000	4		
オーストラリア	'81	13,918	3.0	7,741,220	2	16,488	15369m
ニュージーランドe	'91	3,239	2.8	270,534	14	13,148	10659m

a：常住人口．総務省統計局「平成12年 国勢調査報告」による．b：ジャム・カシミールを含み，アッサムを除く．c：総人口．d：「総人口」を「世帯総数」で除したもの．e：常住人口．f：外国の軍隊，外交官（家族を含む）を除く．g：外国人を除く．h：イングランドおよびウェールズのみ．i：「世帯数」は家族数．j：国外にいる自国の軍隊を含み，国内にいる外国の軍隊を除く．k：国外にいる自国の軍隊を含み，外国公館などに居住していない外国の外交官を含む．l：フェロー諸島およびグリーンランドを除く．m：2001年
〔世界の統計2005より作成〕

国別の「居住室」「部屋数」の定義 [4]

国	項目	定義
ベルギー	＜部屋数＞	集合住宅 collective housing における1室を除く
ブルガリア	＜部屋数＞	台所は除く
	＜平均延床面積＞	台所の床面積は5m²(3.0畳)以上であれば平均床面積に入れる
フィンランド	＜有効床面積＞	台所またはキチネットなしのワンルームは除く．台所またはキチネットなしのワンルームは，既存住宅の有効床面積に入れる
	＜設備＞	シャワーのみの住宅は除く
	＜その他の設備＞	サウナが設備された住宅
フランス	＜居住室＞	施設居住世帯の台所またはキチネットなしの1室を除く
	＜部屋数＞	9m²(5.5畳)未満の部屋と台所は部屋として数えない
ギリシャ	＜部屋数＞	7m²(4.2畳)未満の台所は部屋として数えない
ハンガリー	＜部屋数＞	12m²(7.3畳)未満の"ハーフルーム"は2つで1室と数える
アイルランド	＜部屋数＞	10m²(6.1畳)未満の床面積の台所は部屋として数えず，ただし，その面積は平均居住室面積に含む
オランダ	＜住戸数＞	台所またはキチネットなしのワンルームを含める
	＜有効床面積＞	台所を除く
ノルウェー	＜住戸数＞	台所またはキチネットなしのワンルームは除く
	＜部屋数＞	6m²(3.6畳)未満の部屋の台所は部屋として数えない
ルーマニア	＜部屋数＞	台所は部屋として入れず，また平均床面積から除く
	＜有効床面積＞	内壁によって占められている面積を除く，平均床面積の13〜16%に当たる
スウェーデン	＜住戸数＞	単身および高齢者のための特別住宅を含む
	＜部屋数＞	7m²(4.2畳)未満で窓から日照が得られない部屋は部屋数には入れないが，有効床面積に含む
スイス	＜部屋数＞	台所と"ハーフルーム"は部屋として数えず
ユーゴスラビア	＜部屋数＞	6m²(3.6畳)未満の部屋は部屋として数えず，平均床面積から除く

〔Annual Bulletin of Housing Statistics for Europe より作成〕

ケルン基準 （単位：m²）

	室規模	3	4	4	5	6	8
家族数		2	3	3	4	5	
居室兼食事室		18	18	18	20	22	26
(居間／食事)		13/5	13/5	13/5	14/6	16/6	18/8
主寝室		14	14	14	14	14	14
第1副寝室		8	8	8	12	12	12
第2 〃				8	8	8	8
第3 〃						8	8
第4 〃							8
便所付浴室		4	4	4	4	4	4
便所				1.2	1.2	1.2	1.2
洗面所						1	2(2面)
収納室		1.5	1.5	1.5	2	2.5	
予備室							(8)
計		51.5	56.5	60.5	69.2	80.5	97.7 (105.7)

〔住宅・都市計画国際会議（I.F.H.P.）1957年〕

外国の公共住宅の居住水準

　ケルン基準は国際住宅・都市計画会議が公共住宅の最低水準に関する「ケルン勧告」として1957年に各国政府に提言した水準である．日本の最低居住水準が該当し，標準4人世帯の住戸専用面積は50m²である．
　スウェーデンの居住水準は家族人数当りの面積を決めるだけでなく，各室の最低規模および室構成を細かく規定している．

スウェーデンの住居規模水準 [5]

住宅規模(m²)	住宅型	家族数(人)	室構成（数字は面積を表す：m²）
≦45.0	1 RK	1	V5+K+H
≦55.0	1½ RK	1	S7+V18+K+H
≦67.5	2 RK	2	S12+V20+K+H
≦75.0	2½ RK	3	S12+S7+V20+K+H
≦82.5	3 RK	4	S12+S10+V20+K+H
≦95.0	3½ RK	5	S12+S10+S7+V20+K+H
≦100.0	4 RK	6	S12+S10+S10+V20+K+H

S：寝室，V：居間と食事，K：台所と食事，H：浴室，R：ルーム

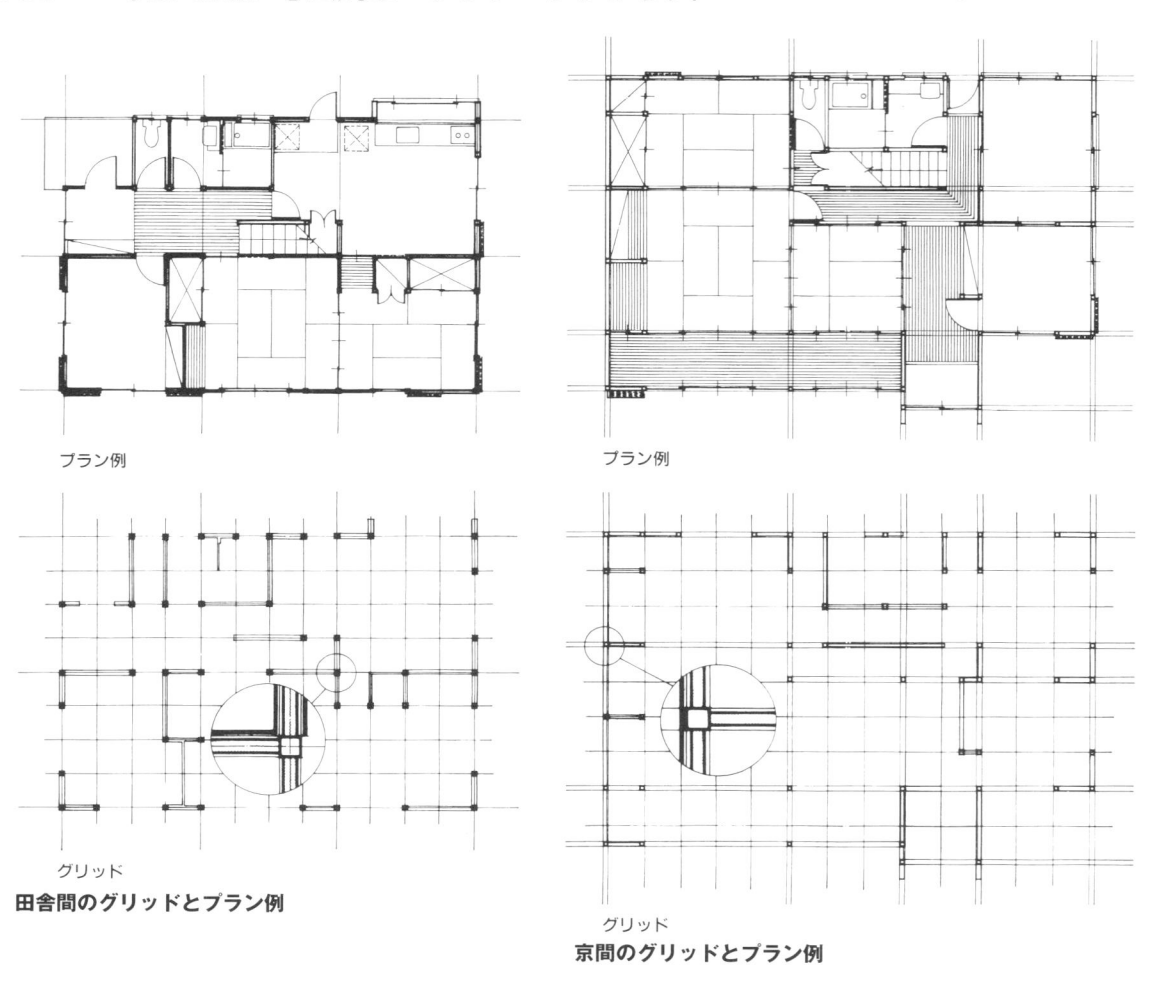

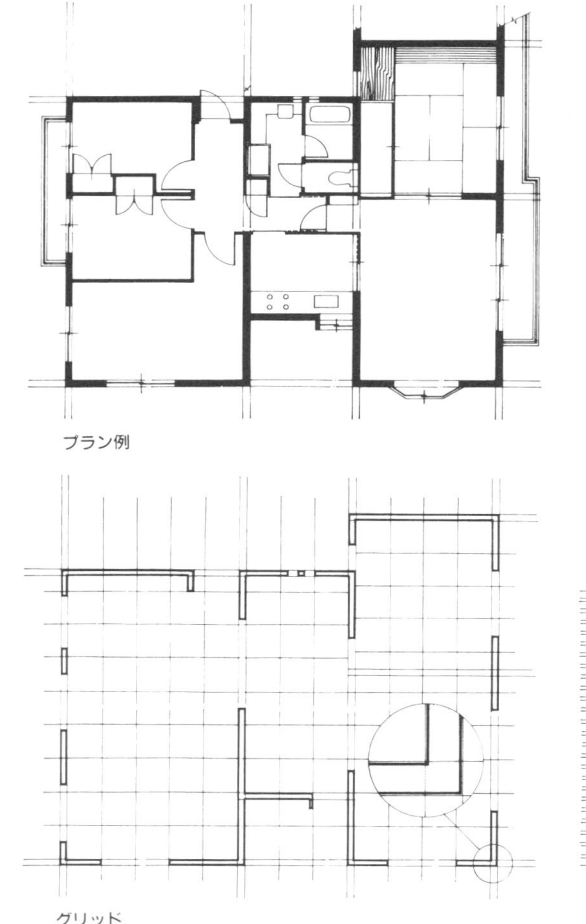

180　寸法・規模：寸法調整—プランニンググリッド　Dimension & Scale: Planning Grid

プラン例

プラン例

グリッド
田舎間のグリッドとプラン例

グリッド
京間のグリッドとプラン例

プラン例

プラン例

グリッド
RC造壁式集合住宅（清水建設）

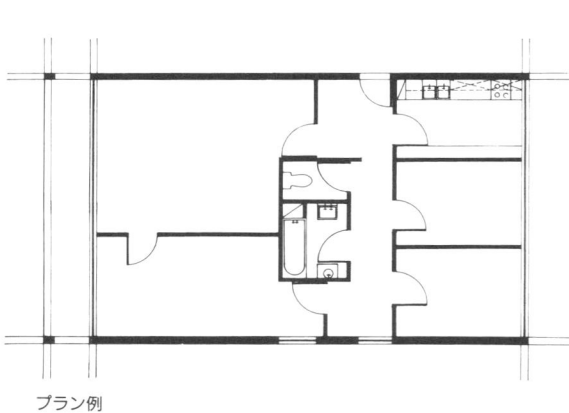

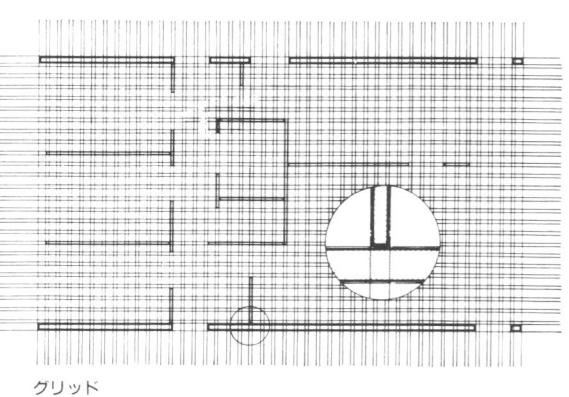

グリッド
ヨーロッパの集合住宅（SAR方式）

◀京間と田舎間
　住宅に用いられるプランニンググリッドには様々な種類のものがある．その中の代表的なものが在来木造軸組構法に用いられてきた田舎間と京間である．
　田舎間は江戸を中心として用いられてきたシステムで，関東間とも呼ばれる．3尺（910 mm）の間隔のシングルグリッドの交点に柱が立てられる．木造軸組の組立のためには明快なシステムであるが，畳の寸法は部屋の大きさによって異なり，六畳間では二種類になる．壁心での面積の計算は容易である．
　京間は関西では本間とも呼ばれ，3尺1寸5分×6尺3寸の畳がきっちり入るように，柱の内法を約955 mmの倍数としたものである．柱のゾーンは4寸に統一されており，ダブルグリッドとも呼ばれる．住宅の南北で部屋数が異なるときは，ダブルグリッドが合わなくなるが，廊下・押入れなどで吸収することが多い．
　京間と田舎間とでは，同じ八畳でも広さが2割近く異なる．田舎間の寸法は，廊下・階段などでゆとりがないといわれることが多いが，現在の住宅用の材料は，田舎間を主たる対象として寸法が決められている．工業化構法にも田舎間の寸法のシステムをとるものが多く見られる．
　この他にも，地方によって様々な寸法の押さえ方が用いられてきた．

◀鉄筋コンクリート系住宅の寸法
　鉄筋コンクリートなどの壁の多い住宅では，木造とは異なった寸法調整が行われる．日本の集合住宅では，躯体の壁だけで部屋が間仕切られることは少なく，木製などの軽量の間仕切が併用される．この場合，鉄筋コンクリートの壁の寸法調整と軽量間仕切の寸法調整を同じグリッドで行うことは適切ではない．
　躯体の壁をダブルグリッドの中に納めると，室内空間の側から見て躯体が面押さえになり，グリッドの倍数の空間が室空間に保証される．この空間の中で軽量の間仕切を芯押さえで配列すると，内部を構成する部材の寸法調整を行いやすい．
　このようなグリッドに従って躯体が設計されている場合にも，浴室ユニットやキッチンセットなどの立体的な構成材の寸法調整にはいくつかの考え方があり，市場に出ている製品（オープン部品）をグリッドに合わせて配置できるとは限らない．
　右図は，SAR方式と呼ばれるオランダの寸法調整の考え方で，10cmと20cmの幅が交互に引かれたグリッドである．吹き寄せグリッド・タータングリッドとも呼ばれる．この考え方では，躯体は20cm幅のバンドの中に納められ，間仕切壁の配列は10cmのバンドの中で行われる．結果的には，間仕切の配列は30cmグリッド芯押さえと同じである．

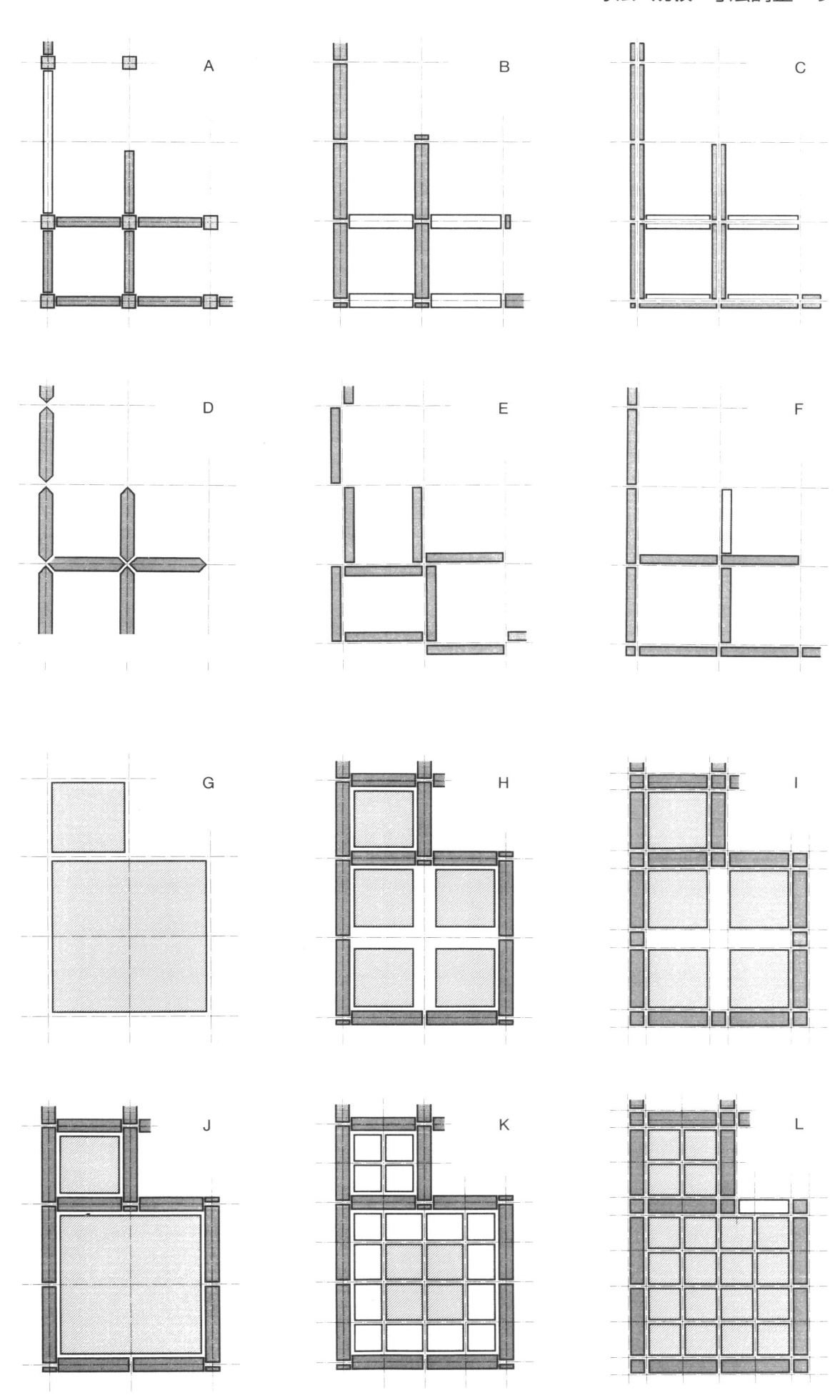

Dimension & Scale: Grid and Component　**寸法・規模**：寸法調整—グリッドと構成材

◀グリッドと壁の寸法

プランニンググリッドに対する壁の配列方法には様々な種類がある．シングルグリッドの交点に柱・スタッドなどを立て，柱と柱の間に壁をはめ込む方法では，壁の長さは一定になるが，交点には必ず柱が必要であり，壁が直線状に連続する場合には必ずしも適切ではない．⇒A

壁の芯をグリッドに合わせる配列（芯押さえ）をパネルだけで行おうとすると，間仕切パネルの幅をグリッドの間隔に合わせればよいが，壁が交わるところには短いパネルを用意しなくてはならない．⇒B

鋼製間仕切パネルのように壁パネルを表裏2枚に分けて作ると，標準幅のパネルの割合を増すことが可能になる．⇒C

間仕切パネルの端部を45°に加工すると，一種類のパネルでどのようなパターンでも構成することができる．しかし，パネルの接合部が特殊になり，実例は少ない．⇒D

壁パネルの片面をグリッドに合わせて配列する面押さえでは，パネルをグリッドの交点で凸状になるよう配列すると，一種類のパネルですむが，連続する壁の配列が一般的でない．⇒E

グリッドに対する位置を適宜選択して，壁が平らに連続するように配置すると，短いパネルも必要となるが，その数はそれほど多くはない．⇒F

◀水平面材と壁の寸法

床・天井などの水平面材は，プランニンググリッドに対し，グリッドの間隔かその約数の寸法のパネルを並べれば，広い面積を同じ大きさで覆うことができる．⇒G

壁が芯押さえで配列されているとき，その中に水平面材を並べようとすると，壁厚分小さなパネルを用意しなくてはならない．壁の間隔が複数グリッド分であると，同じ大きさのパネルでは隙間があくことになる．⇒H

壁をダブルグリッドの中に納めると，グリッドの寸法とパネルの大きさを揃えることができるが，配列の考え方は全く変わらず，隙間があく．⇒I

隙間をあけないよう水平面材を敷き詰めるには，様々な寸法のパネルを用意しなくてはならない．⇒J

水平面材のためのグリッドと間仕切壁の間隔との倍数関係が大きな比率になっていれば，グリッドの間隔と同じ大きさのパネルを使える割合が増える．壁で囲まれた部分が正方形の場合，その比率が7のときにグリッドの大きさの標準パネルがほぼ半数になる．比率が12の場合（八畳間に約30cm角のパネルを並べる場合）でも，標準パネルは約7割である．⇒K

壁の部分だけをダブルグリッドとすれば，すべてが標準パネルになる（京間）．⇒L

182　寸法・規模：建築基準法における単体規定 1　Size and Scale: Building Code in The Building Standard Law 1

建築物の規模，形態，各部の寸法は，建築基準法，消防法，ハートビル法，その他の建築関連法規や各自治体の条例などによって規制されている．建築法規は国民の生命・健康および財産の保護や都市景観の保全を図る最低の基準である．このことをよく理解し，建築の計画に生かしていかなくてはならない．

ここでは，建築基準法の中の寸法や規模を規制する法規のみ抜粋し，その基本または原則となる規定を，専用住宅や共同住宅を計画するときの参考となるように整理して紹介する．そのために，他の用途の建築物を規定する部分など，関わりが薄いものは省いた．法令にはその適用範囲や特例が細かく定められている．実際の設計に際しては，さらに学習の必要がある．

建築基準法において寸法や規模を規定しているものは，単体規定と集団規定に分かれる．

単体規定

建築物の安全や防火，衛生上の性能を確保するために定められたものが単体規定である．

建築基準法のほとんどは，仕様規定と呼ばれる具体的な例を示す方法で定められてきたが，技術の進歩に伴い性能規定への移行が進んだ．求められる性能と技術的基準を規定する性能規定は，仕様規定よりも建築計画の自由度や可能性を高め，技術開発の進展にも寄与するが，その性能の検証には専門的な知識と法的な手続きが必要となる．

単体規定には，原則すべての建築物の安全性や衛生性能を維持するための規定と，建築物の用途や規模に応じ，火災時などに安全に避難でき，支障なく消火活動ができるように，建築物の形態や各部の寸法を規定するものがある．前者はハートビル法などにより，後者は消防法などによりさらに規制を受ける．

階段の種類		階段の幅踊場の幅 L (cm)	けあげ R (cm)	踏づら T (cm)	踊場位置	直階段の踊場踏幅 D (cm)
1	直上階の居室床面積の合計＞200 m² の地上階用の階段	≧120	≦20	≧24	高さ ≦4 m ごと	≧120
2	居室床面積の合計＞100 m² の地階または地下工作物内の階段					
3	1，2 以外および住宅以外の階段	≧75	≦22	≧21		
4	住宅（共同住宅の共用階段を除く）	≧75	≦23	≧15		
5	エレベーター機械室用の階段	規定なし	≦23	≧15	規定なし	規定なし
6	屋外階段　避難用の直通階段	≧90	けあげ，踏づらの寸法などは，それぞれ 1〜4 に定める数値に準ずる			
	その他の階段	≧60				

1) 上表は住宅および共同住宅に関わるものに限ってまとめた．
2) 階段および踊場の幅は，手摺り等の幅を 10 cm を限度として，ないものとみなして算定する．
3) まわり階段の踏づら寸法は，踏づらの狭い方から 30 cm の位置で測る．
4) 直階段（まっすぐに昇降する階段）の踊場の踏幅（D）は 120 cm 以上とする．
5) 階段には手摺りを設けなければならない．階段および踊場の手摺りが設けられていない側には側壁等を設けること．
6) 階段幅 3 m を超える場合，中間に手摺りを設ける．ただし，けあげ 15 cm 以下，かつ踏づら 30 cm 以上の場合は不要．
7) 高さ 1 m 以下の階段には，5），6）は適用しない．
8) 階段の代りに傾斜路にする場合は，勾配 1/8 以下，かつ表面は粗面仕上とする．
9) 特殊建築物については各地方公共団体の条例などで，さらに規制されている場合がある．

[建築申請 memo'91，新日本法規出版より作成]

階段の寸法規定

規　模	構　造
高さ＞13 m および軒高＞9 m	※1 主要構造部（ただし，床，屋根，階段を除く）のうち，自重又は積載荷重を支える部分に可燃材料を用いたものは，耐火性能を有する建築物としなければならない．
延べ面積＞3000 m²	
延べ面積（同一敷地内に 2 以上の建築物がある場合は，その延べ面積の合計）＞1000 m²	※2 外壁及び軒裏で延焼のおそれのある部分を防火構造とし，屋根を不燃材で造るか葺く 防火壁により防火上有効に区画し各区画の床面積の合計をそれぞれ 1000 m² 以内とする．ただし，耐火建築物，準耐火建築物には必要ない．
3 階以上の階を共同住宅としたもの	※3 耐火建築物としなければならない．
2 階部分が共同住宅で，その部分の床面積の合計≧300 m²	準耐火建築物または耐火建築物にしなければならない．

1) 専用住宅，共同住宅の計画に関連するものを抜粋した．
2) ※1 の耐火性能とは，火災が終了するまでその火熱に耐えることができる性能で，建令 108 条の 3 で，技術的基準が定められている．
3) ※2 の延焼の恐れのある部分とは，隣地境界線，道路中心線，または，同一敷地内に複数の建築物がある場合はその相互の外壁間の中心線から，1 階は 3 m 以下，2 階以上は 5 m 以下の距離にある建築物の部分をいう．
4) ※3 は，防火地域以外の 3 階建（地階を除く）に限り，建令 115 条の 2 の 2 に定める技術的基準に適合する場合，木造準耐火建築物にできる．

建築物の構造と規模の関係

適用対象	内　容
採光	・〔採光に有効な開口部の面積／居室の床面積〕≧1/7 ・ふすま，障子などで仕切られた 2 室は 1 室とみなす ・地階に設ける居室，および，用途上やむを得ない居室（住宅の音楽練習室等）にはこの規定は適用されない
換気	・〔換気に有効な開口部の面積／居室の床面積〕≧1/20 ・上記を満たせない場合，政令で定める技術的基準に適合する換気設備を設ける ・ふすま，障子などで仕切られた 2 室は 1 室とみなす
天井高	・天井の高さ≧2.1 m 以上 ・1 室で天井高さが異なる場合は，平均の高さ〔居室の容積／居室の床面積〕による
床高	・最下階の床が木造の場合（床下をコンクリートや防湿フィルム等で防湿処理したものを除く），直下の地面から床の高さ≧45 cm ・床下に換気に有効な開口部を設ける．
シックハウス対策	・クロルピリホスを含有する建築材料の使用の禁止 ・ホルムアルデヒドを含有する建築材料の，内装仕上げに使用する面積の制限 ・ホルムアルデヒドを含有する建築材料の，内装仕上げに使用する面積と室内空間の容量より算出する必要換気量以上の換気を常時維持（24 時間換気と呼ぶ）
地階における居室の防湿	・地階に設ける居室は，政令で定める技術的基準に従って，壁および床の防湿措置を講じなければならない
共同住宅の界壁の遮音	・各住戸の界壁は，政令で定める技術的基準に適合する遮音性能を有する仕様（構造）のものとする． 準耐火構造とし，小屋裏又は天井裏に達すること．

住宅の居室の規定

◀住宅の居室

住宅の居室には，衛生的な居住環境を維持するための最低限の基準が規定されている．適用されるのは以下の基準である．
・自然採光を得るための基準
・換気を確保するための基準
・天井の高さ
・床下の防湿措置に関する基準
・シックハウス対策
・地階の居室の防湿措置
・共同住宅の界壁の遮音性能

▼採光と換気

住宅の居室には，自然採光を得られる窓を設けなければならない．窓はその位置により採光にどの程度有効かを算定し，その値を〔採光に有効な開口部の面積〕とする．なお，地階の居室には採光の規定は適用しない．また，居室は，窓による自然換気を原則とする．有効に開放できる部分の面積が基準に満たない場合，換気設備を設ける．

地域・地区	下表中　　V：採光補正係数　　H：建築物上端から開口部の中心までの垂直距離　　D：隣地境界線などへの水平距離
住居系地域	$V = D/H \times 6 - 1.4$ ただし，開口部が イ）道路に面し，$V<1.0$ の場合は，$V=1.0$ ロ）道路に面せず，$D≧7$ m かつ $V<1.0$ の場合は，$V=1.0$ ハ）道路に面せず，$D<7$ m かつ $V<0$ の場合は，$V=0$
工業系地域	$V = D/H \times 8 - 1$ ただし，開口部が イ）道路に面し，$V<1.0$ の場合は，$V=1.0$ ロ）道路に面せず，$D≧5$ m かつ $V<1.0$ の場合は，$V=1.0$ ハ）道路に面せず，$D<5$ m かつ $V<0$ の場合は，$V=0$
商業系地域 用途地域無指定	$V = D/H \times 10 - 1$ ただし，開口部が イ）道路に面し，$V<1.0$ の場合は，$V=1.0$ ロ）道路に面せず，$D≧4$ m かつ $V<1.0$ の場合は，$V=1.0$ ハ）道路に面せず，$D<4$ m かつ $V<0$ の場合は，$V=0$

採光上有効な開口部分の面積＝開口部の面積×採光補正係数（ただし，採光補正係数＞3 のときは採光補正係数＝3）

1) 開口部が道路に面する場合，道路の反対側の境界線を隣地境界線とする．
2) 開口部が公園・広場，川などに面する場合，隣地境界線はそれらの幅の 1/2 だけ外側にあるものとする．
3) 窓・開口部の外側に幅 90 cm 以上の縁側（濡縁を除く）などがある場合は〔採光上有効な部分の面積〕×0.7 とする．
4) ふすま・障子などで仕切られた 2 室は 1 室とみなす．
5) 天窓の採光上有効な部分の面積は，天窓の面積の 3 倍とする．

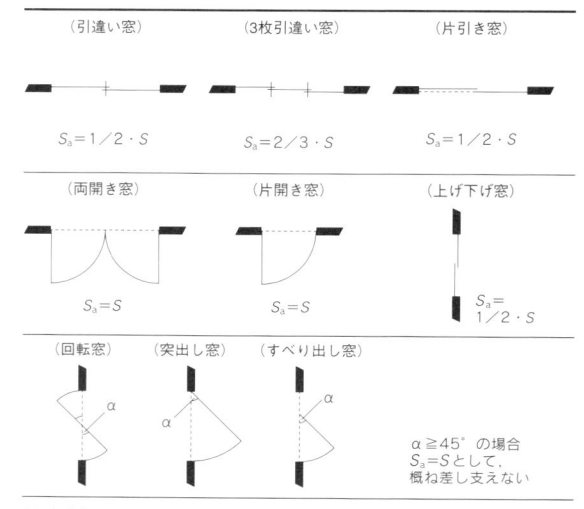

採光に有効な開口部分の面積

（引違い窓）　（3 枚引違い窓）　（片引き窓）
$S_a=1/2・S$　$S_a=2/3・S$　$S_a=1/2・S$

（両開き窓）　（片開き窓）　（上げ下げ窓）
$S_a=S$　$S_a=S$　$S_a=1/2・S$

（回転窓）　（突出し窓）　（すべり出し窓）
$α≦45°$ の場合 $S_a=S$ として，概ね差し支えない

1) 上表中の　S：窓の面積，S_a：換気上有効な開口部の面積
2) 〔換気上有効な開口部の面積／居室の床面積〕≧1/20 を満たせない場合，および台所など火を使用する室には換気設備を設ける．ただし，密閉式燃焼器具などのみを設けた室は，上記の規準を満たす換気上有効な開口部を設けなくてよい．

換気に有効な開口部分の面積

Size and Scale: Building Code in The Building Standard Law 2　寸法・規模：建築基準法における単体規定2

ドライエリアに設ける開口部

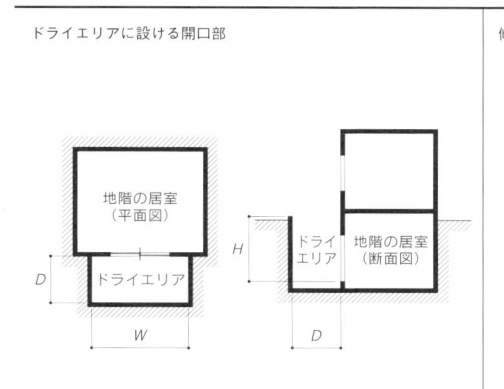

- ドライエリアには、雨水の排水設備を設ける
- $D \geq 1$ m かつ $D \geq 4/10\,H$
- $W \geq 2$ m かつ $W \geq H$

傾斜地等に設ける開口部

- 開口部の前面の敷地内に、その開口部の下端よりも高い位置に地面がない

1) 上図は、地階の住宅等の居室に設けなければならない開口部の位置を示す。
2) 開口部を、〔換気に有効な部分の面積／居室の床面積〕≧1／20 とする。
3) 図示の開口部が設けられない場合は、換気設備もしくは除湿設備を設ける。

地階に設ける住宅の居室

	換気回数	(1)	(2)
住宅等の居室	0.7回／h 以上	1.2	0.2
	その他（0.5回／h 以上 0.7回／h 未満）	2.8	0.5

$SN + TM \leq A$

- S：第2種ホルムアルデヒド発散建築材料（製品表示、F☆☆）の使用面積
- T：第3種ホルムアルデヒド発散建築材料（製品表示、F☆☆☆）の使用面積
- N：上記（1）の数値（第2種ホルムアルデヒド発散建築材料の係数）
- M：上記（2）の数値（第3種ホルムアルデヒド発散建築材料の係数）
- A：居室の床面積

ホルムアルデヒド発散建築材料の使用面積の制限

▲ シックハウス対策

シックハウス症候群を引き起こす化学物質による室内汚染対策として、居室の内装仕上げについて、原因物質を含む建築材料の使用制限と換気設備の技術基準が規定されている。この規定は主に、室内空間の規模と使用される建築材料に沿った換気計画を規定しており、詳細で複雑である。法令集と合わせて専門書の参照が望ましい。ただし、有害物質を発散する恐れがある建築材料の使用は極力避けるべきである。有害物質の発散が極めて少ないとされる、規制対象外の建築材料のみを使用した場合でも、家具などから発散する恐れがあるため、0.5回／hの換気量を求められる。

ドアにアンダーカットやガラリを設けることで、複数の室を1つの空間とみなして換気計画を進めることが出来る。

避難施設等

建築物は各居室から道路まで、安全に避難できるように計画しなければならない。

共同住宅、階数が3以上の建築物、採光上または排煙上の無窓の居室（建築基準法施行令第116条の2）がある建築物、延べ面積が1000 m²を超える建築物の、廊下、階段、出入口および排煙設備等の避難に関わる施設や設備は、その位置や寸法などの計画が規定されている。ただし、性能規定である［避難安全検証法］によりその安全性が確認された場合は、それらの規定の一部は適用が除外される。

避難階以外の階から、避難階または地上に通じる階段を［直通階段］という。地上5階以上または地下2階以下の階に通じる直通階段は、階数に応じ［避難階段］や［特別避難階段］とする。その構造や各部の寸法、および適用の除外については詳細に規定されている。

敷地内の通路など

通路の種類	通路に対する適用条件	通路幅員などの規定
敷地内の通路	屋外避難階段または避難階の出口から道路・公園・広場その他の空地まで直通する通路	通路の幅員≧1.5 m
※1 大規模木造建築物の敷地内避難通路	延べ面積＞1000 m²の場合の通路（ただし、他の部分と防火上有効に区画された耐火構造の部分があるとき、その部分の床面積を除く）	道路側を除き、建築の周囲に幅員≧3 m（ただし、延べ面積≦3000 m²の場合は隣地境界線に面する部分の通路幅員≧1.5 mとすることができる）
	2棟以上で延べ面積の合計＞1000 m²の場合の通路（ただし、耐火建築物・準耐火建築物、および、延べ面積＞1000 m²の建築物を除く）	※2 1000 m²以内ごとの建築物に区画して、その周囲に幅員≧3 m〔ただし、道路・隣地境界線に面した部分を除く〕
	耐火建築物・準耐火建築物が、延べ面積≦1000 m²ごとに区画された木造建築物を、防火上有効に遮っている場合の通路	※2 の規定は適用しない ただし、木造建築物の延べ面積の合計が3000 m²を超える場合、3000 m²以内ごとに、その周囲に幅員≧3 m
	渡り廊下を横切る通路（ただし、渡り廊下の幅が3 mかつ、通行または運搬以外の用途に供しないこと）	通路が横切る部分の渡り廊下の開口の幅（通路の幅）≧2.5 m、開口の高さ（通路の高さ）≧3 m

1) この規定は共同住宅の場合、住宅でも階数≧3の建築物、無窓の居室（建築基準法施行令第116条の2）のある建築物、延べ面積＞1000 m²の建築物のどれか一つにでも適合するものに適用する。
2) ※1 は、主要構造部を耐火構造または不燃材料としたものには適用しない。
3) ※1 は、隣地境界線に面する通路、または、建築物相互間の通路の幅を規定するものである。建築基準法では一つの敷地には一つの建築物があることを原則とする。同一敷地内に2棟以上の建築物を建築する場合とは、建築物相互の用途が密接不可分の関係にある場合に許される。
4) 避難通路は敷地の接する道路まで達していること。
5) 敷地内の空地（通路）について避難上の重要性から、地方公共団体の条例などでさらに厳しく規定されていることがある。共同住宅を計画する場合には、事前に調査をする必要がある。

廊下の幅の規定

廊下の用途	廊下の幅	
	両側に居室がある場合	その他の場合
共同住宅（住宅または住室の床面積の合計）＞100 m²の共用のもの	1.6 m 以上	1.2 m 以上
居室床面積合計＞200 m²の階のもの（地階では＞100 m²）（3室以下の専用のものは除く）		

1) この規定は共同住宅の場合、住宅でも階数≧3の場合、採光上無窓の居室（建築基準法施行令第116条の2に規定）のある場合、延べ面積＞1000 m²の場合のどれか一つに適合するものに適用される。
2) 廊下の幅は通行可能な部分（有効幅）とする

直通階段に至る歩行距離

居室の種類	構造	
	主要構造部が耐火もしくは準耐火構造または不燃材料	その他
共同住宅の主たる用途にする居室	50 m 以下	30 m 以下
14階以下	居室および避難路の内装を不燃材料または準不燃材料としたもの	60 m 以下
15階以上	居室および避難路の内装を不燃材料または準不燃材料としたもの	50 m 以下
	上記に該当しないもの（居室または避難路を不燃化しない）	40 m 以下
※1 主要構造部が耐火構造または準耐火構造の1住戸が2～3階のメゾネット式共同住宅	住戸の出入り口のない階の居室の各部分（居室の一番奥）から直通階段の一つに至る歩行距離は 40 m 以下とする	

1) この規定は共同住宅、階数≧3の建築物、採光上無窓の居室（建築基準法施行令第116条の2）のある建築物、延べ面積＞1000 m²の建築物のどれか一つにでも適合するものに適用される。
2) 左表の数値は居室の各部分（居室の一番奥）から直通階段の1つに至る歩行距離の限度、および避難階における屋内からの屋外への出口までの歩行距離である。
3) 直通階段とは、避難階以外の階から避難階または地上まで誤りなく容易に到達できる階段をいう。
4) 避難階においては、居室の各部分から屋外への出口までの歩行距離は、左表の数値の2倍以下とする。
5) ※1 の例を右図に示す。図中、A→B→Cの歩行距離≦40 mの場合、Aの階に直通階段が通じていなくてもよい。

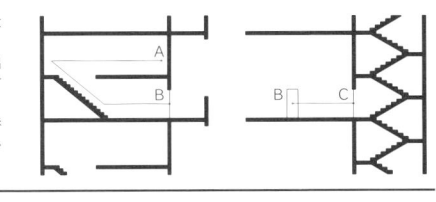

2以上の直通階段の設置規定

建築物の用途および対象となる階	その階の居室の床面積の合計	
	主要構造部が耐火もしくは準耐火構造または不燃材料	その他
共同住宅の居室のある階	＞200 m²	＞100 m²
その他	6階以上の階で居室のある階	原則として全部に適用	
	5階以下の居室のある階で下記以外	＞200 m²	＞100 m²
	避難階の直上階	＞400 m²	＞200 m²

1) この規定は共同住宅、または階数≧3、または採光無窓居室がある、または延べ面積＞1000 m²の建築物に適用される。
2) 左表の床面積の合計を超える階がある場合、その階から避難階または地上に通じる2以上の直通階段を設けなければならない。
3) 6階以上の階に居室がある場合、原則として2以上の直通階段が必要であるが、下記条件を満たす場合緩和される。
 ・その階の居室の床面積の合計≦100 m²（主要構造部が耐火・準耐火または不燃構造なら 200 m²）
 ・その階に避難上有効なバルコニー、屋外通路、その他これらに類するものがあること
 ・その階より避難階または地上に通じる屋外避難階段、または、特別避難階段が設けられていること
4) 2以上の直通階段を設ける場合、居室の各部分からそれぞれの直通階段に至る歩行経路上で重複する部分の距離は、「直通階段に至る歩行距離」で定められた距離の1/2を超えてはならない。
右図中 ～～～～ の部分が重複部分

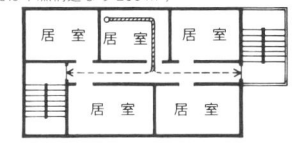

［建築申請memo'91、新日本法規出版より作成］

寸法・規模：建築基準法における単体規定 3

排煙上有効な開口部と排煙設備としての開口部

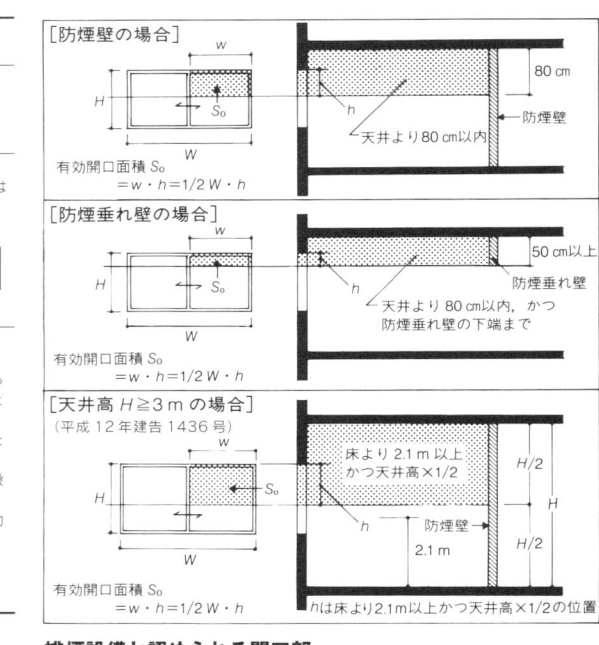

開口部の種類	必要面積	開口部の位置	手動開放装置の操作部の位置	操作方法の表示	開口部の開閉
※1 排煙上有効な開口の部分 （建築基準法施行令116条の2）	床面積の1/50以上	天井または天井から80cm以内の壁の上部	規定なし	規定なし	規定なし
※2 自然排煙設備の排煙口 （建築基準法施行令126条の2 126条の3）	床面積の1/50以上	※3 天井または天井から80cm以内、かつ防火壁の下端より上の壁の部分 （緩和規定 平成12建告第1436号）	壁に設ける場合は床面から80cm～1.5m、天井より吊り下げる場合は、おおむね床面から1.8m	手動開放装置の操作方法を見やすく表示する	開放操作時以外は常時閉鎖状態 （緩和規定 平成12建告第1436号）

1) イ) 共同住宅または階数≧3の建築物で、延べ面積＞500 m²のもの
   ロ) 延べ面積＞1000 m²の建築物における床面積＞200 m²の居室
   上記イ)、ロ)には、排煙設備を設けなければならない。それを自然排煙設備とする場合は※2の規定に従う。これら以外の場合でも居室には排煙上有効な開口の部分（※1）を〔排煙上有効な部分の面積／居室の床面積〕≧1／50となるように設けなければならない。それが設けられない場合にも排煙設備を設けなければならない。
2) ※3における防煙壁とは、間仕切壁または天井面から50cm以上下方に突出した垂れ壁などで、不燃材で造り、またはおおわれたもの。
3) 共同住宅の住戸で、200 m²以内に準耐火構造の床、壁および建築基準法2条9号のロに規定する防火戸等の防火設備で区画された部分には、排煙上有効な開口部および排煙設備を設ける必要はない。
4) 階段室、エレベーターシャフト、局部的な倉庫、物入れ、書庫、洗面所、便所、ダクトシャフトなどには排煙上有効な開口および排煙設備を設ける必要はない。
5) 3)、4)の他にも緩和規定がある（建築基準法施行令126条の2-1、平成12年建設省告示1436号）
6) ふすま・障子などで仕切られた2室は原則として1室とみなす（ただし、下り壁が防煙壁とみなされない場合のみ）
7) 排煙上有効な開口部の面積の算定等に関しては、日本建築行政会議編集「建築物の防火避難規定の解説」を参照。

排煙設備と認められる開口部

[防煙壁の場合]
有効開口面積 S_o
$= w \cdot h = 1/2 W \cdot h$
天井より80cm以内
防煙壁

[防煙垂れ壁の場合]
有効開口面積 S_o
$= w \cdot h = 1/2 W \cdot h$
天井より80cm以内、かつ防煙垂れ壁の下端まで

[天井高 $H \geq 3$ mの場合]（平成12年告示1436号）
有効開口面積 S_o
$= w \cdot h = 1/2 W \cdot h$
床より2.1m以上かつ天井高×1/2
hは床より2.1m以上かつ天井高×1/2の位置

非常用進入口の設置規定-1

設置すべき場合（原則）		設置しなくてよい場合（緩和）
（立面）（平面） 31m 3階 2階 1階 道路 L≧4m	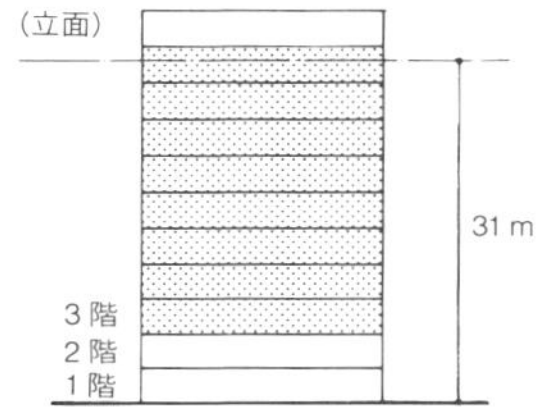 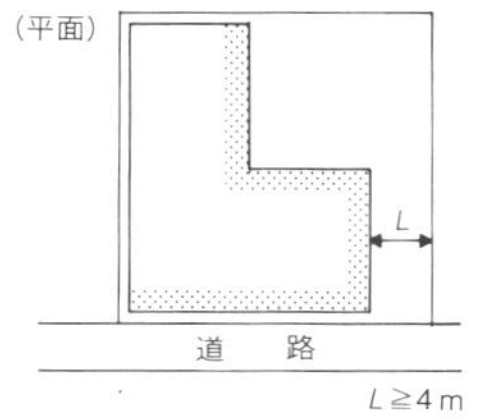 ▨は設置しなければならない外壁面を示す 高さ31m以下の部分にある3階以上の各階で、道路、または道路に通じる幅員4m以上の通路、および空地に面する外壁面	以下の1)または2)に該当する階で、それぞれの階の直上階または直下階から進入できる場合、および、3)または4)に該当する場合。 1) 不燃性物品など、火災の発生のおそれが少ない用途の階。 2) 平成12年建設省告示1438号に定められた、特別な理由により屋外からの進入を防止する必要がある階。 3) 非常用エレベーターを設置している場合。 4) 道路、または道路に通じる幅員4m以上の通路、および空地に面する外壁面に下記条件を満たす〔進入口に代わる窓等〕が設けられている場合。 イ) 壁面の長さ10m以内ごとに1か所 ロ) 直径1m以上の円が内接できるもの、または幅≧75cm、高さ≧1.2m ハ) 屋外からの進入を妨げる格子などを取り付けないこと

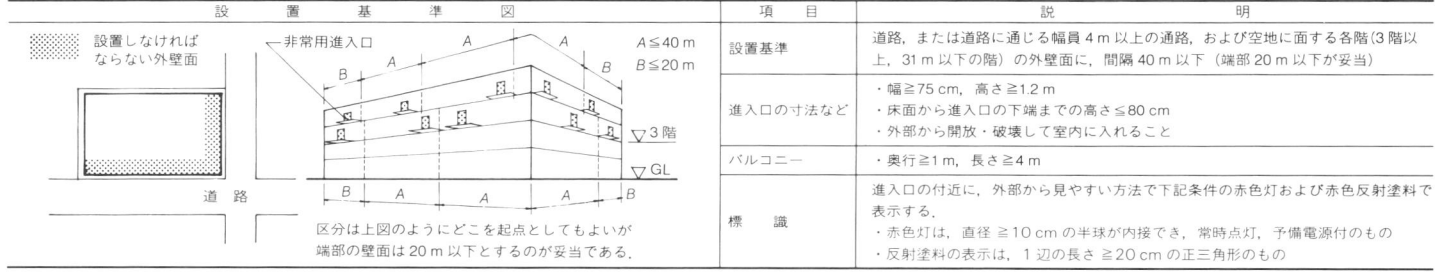

非常用進入口の設置規定-2

設置基準図	項目	説明
設置しなければならない外壁面 非常用進入口 A≦40m B≦20m 3階 GL 道路 区分は上図のようにどこを起点としてもよいが 端部の壁面は20m以下とするのが妥当である。	設置基準	道路、または道路に通じる幅員4m以上の通路、および空地に面する各階（3階以上、31m以下の階）の外壁面に、間隔40m以下（端部20m以下が妥当）
	進入口の寸法など	・幅≧75cm、高さ≧1.2m ・床面から進入口の下端までの高さ≦80cm ・外部から開放・破壊して室内に入れること
	バルコニー	・奥行≧1m、長さ≧4m
	標識	進入口の付近に、外部から見やすい方法で下記条件の赤色灯および赤色反射塗料で表示する。 ・赤色灯は、直径≧10cmの半球が内接でき、常時点灯、予備電源付のもの ・反射塗料の表示は、1辺の長さ≧20cmの正三角形のもの

共同住宅の非常用進入口の特例

① 各住戸に進入可能なバルコニーを設ける
  階段｜廊下／住戸／バルコニー｜階段
  各住戸のバルコニーへ進入可能

② 階段室型共同住宅にあっては、各階段室に進入可能な開口部を設ける
  各階段室の踊り場へ進入可能
  階段｜階段｜階段
  住戸／バルコニー

③ 廊下型共同住宅にあっては、廊下または階段室の踊り場へ進入可能な開口部を、いずれかの開口部からすべての住戸へ、歩行距離20m以内で到達できるように設ける
  階段｜廊下／住戸／バルコニー／住戸／廊下｜階段

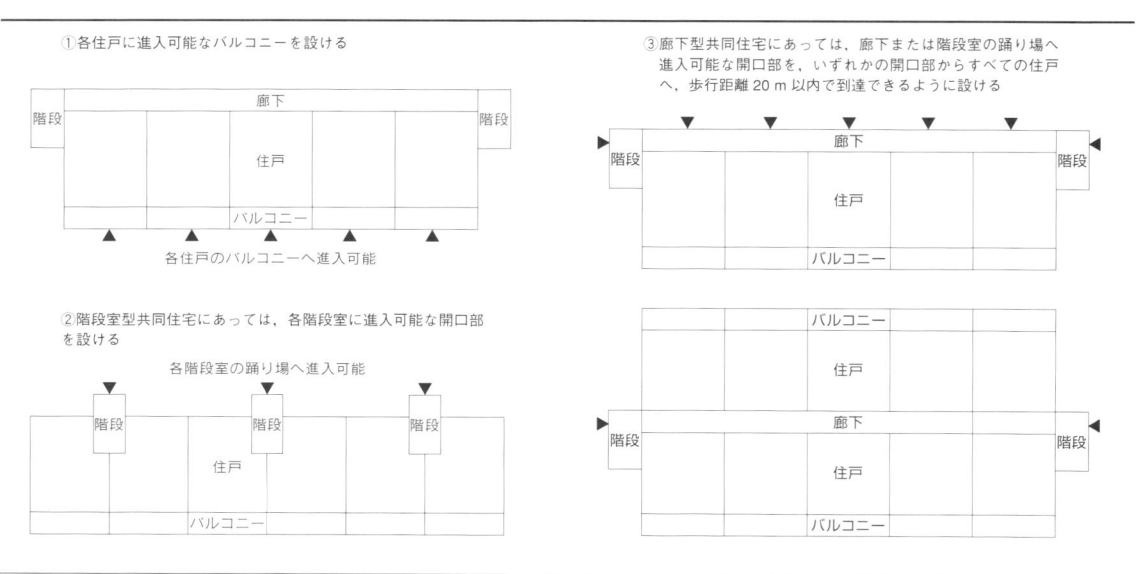

1) 共同住宅では、上記の①、②、③のいずれかに該当する場合、非常用進入口に代わる窓等を設置したものと同等とみなされる。
2) 図中の進入可能とは、非常用進入口の設置規定-1のロ)、ハ)に該当するもの。

非常用の進入口

火災時に消防隊が建築物に進入し、屋内で消火活動が行えるように設置する開口部を〔非常用進入口〕という。〔非常用進入口〕は3階以上の階の外壁に、技術基準に沿って設けなければならない。ただし、火災時に消防隊が専用する非常用エレベーターを設置した場合、または〔進入口に代わる窓等〕を設けた場合は設置しなくてよい。高さが31mを超える建築物には非常用エレベーターの設置が義務づけられているので、この場合、〔非常用進入口〕を設ける必要はない。

共同住宅の場合、一定の要件を満たす進入経路を設けることで、〔進入口に代わる窓等〕を設置したものとみなされる。これにより、設置が義務づけられている外壁面のすべてに進入可能な開口部を設置する必要はなくなる。

寸法・規模：建築基準法における集団規定 1

集団規定

　都市計画法により定められた都市計画区域内の建築物は、地域的な防災、都市計画に沿った環境整備の促進、地域の特性に合わせた衛生環境の保全などを目的とし、その用途、形態、規模などが規制されている。これを集団規定という．

　都市計画区域内に、住居系地域として第1種・第2種低層住居専用地域、第1種・第2種中高層住居専用地域、第1種・第2種住居地域、準住居地域の各地域を、商業系地域として近隣商業、商業地域を、工業系地域として準工業、工業、工業専用地域を定め、その地域に建つ建築物の用途、形態および規模を制限している．これを用途地域という．さらに、防火地域、準防火地域、高度地区、高度利用地区、高層住居誘導地区、特定街区など、建築物の形態や規模を制限する地域・地区がある．

　専用住宅や共同住宅は、工業専用地域を除くすべての用途地域で建築ができる．住宅建築には、その供給を目的として、限られた敷地を最大限利用し居住空間を確保するため、いろいろな緩和規定が定められている．

　建築基準法は、一つの敷地に一つの建築物があることを原則としている．しかし、一定の区域内で特定行政庁が特に認めた場合、その区域内の複数の建築物は同一敷地内にあるものとみなされる．このとき、これらの建築物に対する集団規定の多くが、同一の敷地内にあるものとして扱われる．この制度は住宅の計画においても利用できるが、内容および手続きが複雑なのでここではとりあげない．

　集団規定は、地域・地区ごとに定められる規制と、敷地とそれが接道する道路（前面道路という）との関係により、建築物の形態や規模を制限している．

建築基準法における道路の定義	道路の境界線および幅員
道路法による道路（国道、都道府県道、市町村道などの一般の公道）	現在の道路境界線および幅員を採用
都市計画法、土地区画整理法などの各法律に基づいて築造された道路（一般的には公道であるが、私道の場合もある）	
建築基準法施行時、または、後に都市計画区域に指定されたとき既に区域内にあった、幅員4m以上（または6m以上）の道、既存道路という（公道、私道）	
道路法、都市計画法により指定、または特に都市計画道路で、2年以内に事業が執行される予定のものとして、特定行政庁が指定したもの（公道）	計画道路の道路境界線および幅員を採用
宅地造成などの際に新設される道路で、特定行政庁から位置の指定を受けたもの．位置指定道路という（私道）	政令および各特定行政庁の基準に基づいて指定された位置および幅員
上記の既存道路と同様に既に区域内にあった、幅員4m未満の道で、特定行政庁が指定したもの（公道、私道）	道路中心線よりそれぞれ水平距離2mの線．がけ地などに沿う場合は、その境界線より道の側に水平距離4mの線．幅員は4mとみなす
上記の幅員4m未満の既存道路で、土地の状況により、将来的に拡張がきわめて困難なものとして、特定行政庁が認めたもの（公道、私道）	特定行政庁が指定
道路幅員を6m以上に指定した区域内で、特定行政庁が特に指定した、幅員6m未満、4m以上の道（公道、私道）	現在の道路境界線および幅員を採用
道路幅員を6m以上に指定した区域内で、特定行政庁が特に指定した、幅員4m未満の既存道路（公道、私道）	道路中心線よりそれぞれ水平距離2mの線．幅員は4mとみなす

1) 建築基準法では原則として、幅員が4m以上（特定行政庁が特に必要と認めて指定する区域内では6m以上）の道を［道路］と定義している．敷地と前面道路の関係により、建築物の形態と規模は厳格に規制されている．
2) 都市計画区域内では、敷地は道路に2m以上接道しなければならない．地方公共団体の条例により、建築物の用途や規模に応じ、さらに厳しい接道条件が示されていることがある．共同住宅を計画する際は特に注意を要する．
3) 前面道路の境界線と幅員を確定しなければ、建築の計画を進めることはできない．道路境界線と幅員を確定するには、実測に先立ち、前面道路の所管庁で道路台帳に記載された内容を調査する必要がある．
4) 幅員が4m未満の道でも、特定行政庁が指定したものは道路とみなされる．実際の計画に際しては、この道路に接道する敷地で設計をする機会は多い．このとき、道路に沿って、敷地の一部が道路とみなされ、敷地より除外される．

建築基準法上の道路

用途地域	(イ) 都市計画の原則制限 (%)	(ロ) 前面道路幅が12m未満の場合の制限	備考
第1種・第2種低層住居専用地域	50, 60, 80, 100, 150, 200	左記以下かつ前面道路の幅員 (m)×0.4	1) 容積率は、左表の (イ) または (ロ) の数値のうち、いずれか小さい方の数値を限度とし、それ以下とする． 2) (イ) は当該地域に関する都市計画において、これらの数値の中より定められる．ただし、無指定区域の (イ) は、特定行政庁が都市計画審議会の議を経て定める． 3) 前面道路が2以上ある場合は、(ロ) については幅員の最大のものを採用する． 4) (ロ) 欄の ( ) 内の数値は、特定行政庁が都市計画審議会の議を経て指定した区域に適用． 5) 自動車車庫、その他自動車または自転車の停留・駐車の用途にのみ供する部分の床面積は、建築物の各階床面積の合計の1/5（同一敷地内に複数の建築物がある場合はそれらの各階床面積の合計の和）を限度として延べ面積の計算より除く．
第1種・第2種中高層住居専用地域 第1種・第2種住居地域 準住居地域	100, 150, 200, 300, 400, 500	左記以下かつ 前面道路の幅員 (m)×0.4(0.6)	
近隣商業地域 準工業地域	100, 150, 200, 300, 400, 500		
商業地域	200, 300, 400, 500, 600, 700, 800 900, 1000, 1100, 1200, 1300	左記以下かつ 前面道路の幅員 (m)×0.6(0.4 または 0.8)	
工業地域	100, 150, 200, 300, 400		
無指定区域	50, 80, 100, 200, 300, 400 （上記の数値より、特定行政庁が定める）		

容積率の制限

用途地域	(A) 都市計画の原則制限 (%)	(B) 防火地域内に建築する耐火建築物	(C) 特定行政庁が指定する角地の敷地	(B) と (C) に同時に該当する場合	備考
第1種・第2種低層住居専用地域 第1種・第2種中高層住居専用地域	30, 40, 50, 60	(A) の数値+10	(A) の数値+10	(A) の数値+20	1) 建ぺい率は左表の値を限度とし、それ以下とする． 2) (A) は、無指定区域を除き、当該地域に関する都市計画において、これらの数値の中より定められる． 3) 無指定区域の (A) は、特定行政庁が都市計画審議会の議を経て定める． 4) 敷地が防火地域の内外にわたる場合は、敷地内建築物すべてが耐火建築であれば、敷地はすべて防火地域内にあるとみなされ緩和が受けられる． 5) 左表の［制限なし］とはこの規定が適用されないことを意味し、建ぺい率は100%まで許容される．
第1種・第2種住居地域 準住居地域・準工業地域	50, 60, 80	(A) の数値+10 ただし (A) = 80 のとき制限無し	(A) の数値+10	(A) の数値+20 ただし (A) = 80 のとき制限無し	
近隣商業地域	60, 80				
商業地域	80	制限なし	90	制限なし	
工業地域	50, 60	(A) の数値+10	(A) の数値+10	(A) の数値+20	
無指定区域	30, 40, 50, 60, 70				

建ぺい率の制限

▲ 容積率と建ぺい率

　容積率とは建築物の延べ面積（各階の床面積の合計）の敷地面積に対する割合、
容積率＝延べ面積／敷地面積
のことをいう．容積率制限とは容積率の上限を定めるもので、敷地ごとに、建築物の規模を延べ面積によって制限している．
　建ぺい率とは建築物の建築面積（建築物の水平投影面積）の敷地面積に対する割合、
建ぺい率＝建築面積／敷地面積
のことをいう．敷地のうち、建築に利用される部分の面積の割合を示すもので、これによりどの程度の空地を確保しているかも示される．建ぺい率制限とは建ぺい率の上限を定めるもので、敷地ごとに適度な空地を確保することを規定している．
　容積率と建ぺい率の制限は、地域内の建築物の規模を総合的に規制し、市街地に適度な空地を確保することを目的とする．

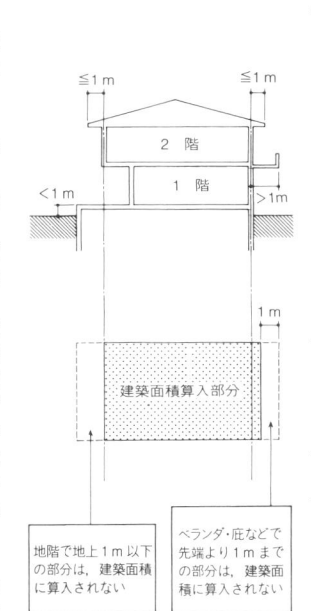

建築面積の算定

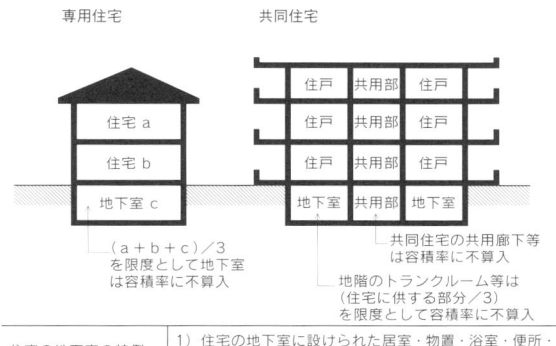

地階で地上1m以下の部分は、建築面積に算入されない

ベランダ・庇などで先端より1mまでの部分は、建築面積に算入されない

住宅建築の緩和規定

専用住宅　　共同住宅

住宅 a
住宅 b
地下室 c

$(a+b+c)/3$ を限度として地下室は容積率に不算入

共同住宅の共用廊下等は容積率に不算入

地階のトランクルーム等は（住宅に供する部分/3）を限度として容積率に不算入

住宅の地下室の特例	1) 住宅の地下室に設けられた居室・物置・浴室・便所・廊下・階段等の住宅の用途に供する部分は、住宅に供する部分の床面積の合計の1/3を限度に容積率に算入しない 2) この緩和規定は共同住宅にも適用される
共同住宅の共用廊下等	共同住宅の共用廊下・共用階段・エントランスホール・エレベーターホールは容積率に算入しない
高層住居誘導地区内の住宅部分の床面積≧全体の床面積×2/3の建築物	1) 第1種住居・第2種住居・準住居・近隣商業・準工業地域内における容積率の原則制限を (イ) の数値×1.5 の範囲内で下記式で求められる数値とする． $3V/(3-R)$　 V：(イ) の数値　R：住宅の床面積／延べ面積 2) 斜線制限・日影規制について商業地域と同等となる

◀ 建築面積の算定と容積率の緩和

　建築面積の算定方法の概略と、住宅建築における容積率制限の緩和規定の概要を示す．

　容積率・建ぺい率の加重平均
敷地が異なる用途地域にまたがっている場合の容積率や建ぺい率はおのおのの加重平均によって求めることができる．

　異なる用途地域にある敷地の部分の面積を s_1, s_2 とすると、敷地全体の容積率 V と建ぺい率 C は以下のように算出される．

容積率
$$V = \frac{s_1 \times v_1 + s_2 \times v_2}{s_1 + s_2}$$

建ぺい率
$$C = \frac{s_1 \times c_1 + s_2 \times c_2}{s_1 + s_2}$$

ここに、
v_1, v_2：s_1, s_2 のある用途地域における容積率
c_1, c_2：s_1, s_2 のある用途地域における建ぺい率

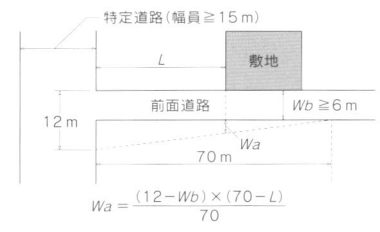

寸法・規模：建築基準法における集団規定 2　Size and Scale: Restrictions for Grouping in The Building Standard Law 2

$$Wa = \frac{(12-Wb) \times (70-L)}{70}$$

道路幅員による容積率の制限は下記となる
$(Wa+Wb) \times 4/10$（または $6/10$）

▲道路幅員の割り増し（緩和）

前面道路は火災時に避難や消火活動を行う空地としての役割を持つ．また災害時には避難経路となる．その許容限度と道路幅員が概ね比例することから，前面道路の幅員により建築物の規模を制限している．その観点から，幅員6m以上の前面道路については，避難や消火活動に十分な広さを有する道路（特定道路という）からの敷地の距離により，前面道路の幅員による容積率制限を緩和している．

建築物の高さの制限

高さ制限の概要を右に示す．絶対高さの制限は建築物の高さそのものを制限し，斜線制限は規定された範囲内に建築物を納めることで，建築物の部分ごとに高さを制限する．日影規制は規定された範囲内に建築物が落とす日影の時間を制限することで，形態的に高さを制限する．

斜線制限は，規制の異なる地域に建築物がまたがる場合，各地域に含まれる建築物の部分ごとにその地域の規制を受ける．

高さ制限の種類	用途地域別					建築物の高さの基準点	塔屋などの高さの除外限度
	第1種低層住居専用 第2種低層住居専用	第1種中高層住居専用 第2種中高層住居専用	第1種住居 第2種住居 準住居	近隣商業 商業 準工業 工業	無指定区域		
絶対高さの制限	10 m以下 12 m以下					地盤面	5 mまで
道路斜線	道路斜線制限の項を参照					前面道路の路面の中心	12 mまで
隣地斜線		20 m+1.25 L (31 m+2.5 L)		31 m+2.5 L	20 m+1.25 L 31 m+2.5 L	地盤面	12 mまで
北側斜線	5 m+1.25 L	10 m+1.25 L				地盤面	除外なし
高度地区	都市計画で定められた内容による（地方の特殊性により全国一律ではない）					地盤面	除外なし
日影規制	中高層建築物の日影規制の項を参照					地盤面	5 mまで

1) 表中の空欄は適用のない項目
2) 建築物は上表の数値，および，数式によって求められる範囲を超えて建築することはできない．
3) 絶対高さの制限（限度）は都市計画によって，どちらかの数値を定める．
4) 表中の（　）は，特定行政庁が都市計画審議会の議を経て指定する区域内の建築物に適用される．
5) 表中，隣地斜線欄のLは，20 mまたは30 mより上にある建築物の部分から，隣地境界線までの水平最短距離．
6) 表中，北側斜線欄のLは，建築物の各部分から隣地境界線または前面道路の反対側の境界線までの真北方向の水平距離．
7) 無指定区域の隣地斜線制限は，特定行政庁が都市計画審議会の議を経て，どちらかの数式より定める．
8) 第1種・第2種中高層住居専用地域では，日影規制の適用がある場合，北側斜線制限の適用は除外される．
9) 塔屋などの高さは，その水平投影面積が建築面積の1/8以内であれば，上表の除外限度まで，高さに算入しない．
10) 第1種・第2種低層住居専用地域では，都市計画により外壁の後退距離が定められていることがある．この場合，原則として建築物の外壁または柱を，隣地境界線および道路境界線から1 mまたは1.5 m以上後退させなければならない．

高さ制限の概要

建築物がある地域，地区または区域	法52条1項，2項，7項，9項の規定による容積率の限度	距離L(m)	数値t
住居系地域	20／10以下の場合	20	1.25 (1.5)
	20／10を超え30／10以下の場合	25(20)	
	30／10を超え40／10以下の場合	30(25)	
	40／10を超える場合	35(30)	
商業系地域	40／10以下の場合	20	1.5
	40／10を超え60／10以下の場合	25	
	60／10を超え80／10以下の場合	30	
	80／10を超え100／10以下の場合	35	
	100／10を超え110／10以下の場合	40	
	110／10を超え120／10以下の場合	45	
	120／10を超える場合	50	
工業系地域	20／10以下の場合	20	1.5
	20／10を超え30／10以下の場合	25	
	30／10を超え40／10以下の場合	30	
	40／10を超える場合	35	
無指定区域	20／10以下の場合	20	1.25 ・ 1.5
	20／10を超え30／10以下の場合	25	
	30／10を超える場合	30	
高層住居誘導地区内の建築物で，下記に該当するもの〔住宅部分の床面積の合計〕≧〔延べ面積×2／3〕		35	1.5

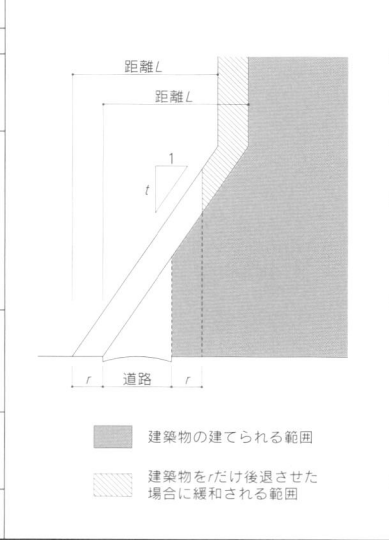

1) 建築物が前面道路の境界線から後退している場合，前面道路の幅員は，後退距離の分だけ広いものとみなす．（左図を参照）
2) 表中の（　）内の数値は，特定行政庁が都市計画審議会の議を経て指定した区域内の建築物に適用する．
3) 無指定区域の〔数値t〕は，上記と同様に，特定行政庁がどちらかの数値を定める．
4) 建築物が，制限の異なる地域，地区，区域にわたる場合は，それぞれの地域，地区，区域に位置する建築物の部分ごとに斜線の制限を受ける．
5) 第1種・第2種低層住居専用地域を除く住居系地域の〔数値t〕は，前面道路の幅員が12 m以上ある場合，前面道路の反対側の境界線からの水平距離が〔前面道路の幅員×1.25〕以上の区域内においては〔1.5〕とする．
6) 上記5)の規定も，建築物が前面道路の境界線から後退している場合，1)と同様の取り扱いができる．この場合，前面道路の反対側の境界線は後退した距離（左図のr）だけ外側にあるものとみなし，前面道路の幅員は，後退距離の2倍を加えたもの（左図，前面道路の幅員＋$2r$）を幅員とみなしてもよい．ただし，この規定により建築可能な範囲が緩和されるとは限らないので，この規定を選択するかは設計者の判断による．
7) 敷地が2以上の前面道路に接している場合や，前面道路が川などに面している場合，敷地と高低差がある場合などの緩和措置が，政令で規定されている．

道路斜線制限

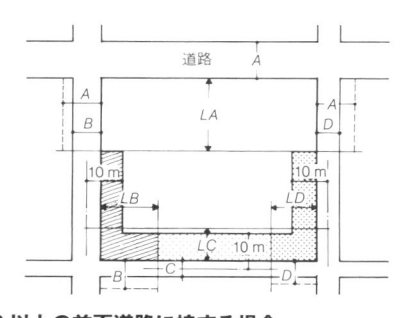

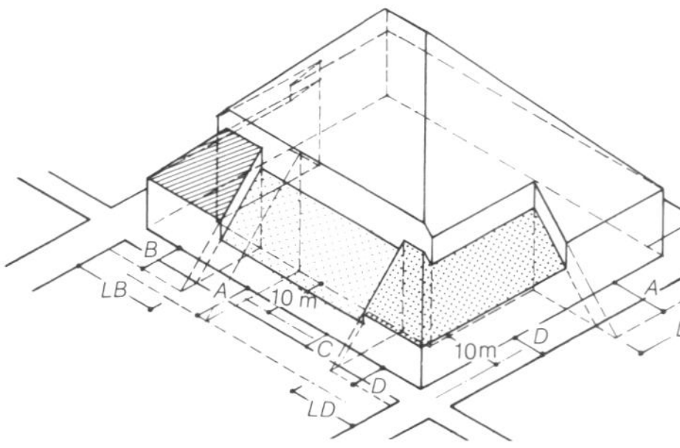

A, B, C, D：各前面道路の幅員（A>B>D>C）
LA ：2Aかつ35 m以内
LB ：2Bかつ35 m以内
LC ：2Cかつ35 m以内
LD ：2Dかつ35 m以内

2以上の前面道路に接する場合

▲2以上の前面道路のある場合
敷地に接する2以上の前面道路の中で，最大の幅員Aをもつ前面道路の境界線から水平距離で$2A$以内かつ35m以内の区域（上図のLA），およびその他の前面道路の中心線からの水平距離が10mを超える区域については，すべての前面道路の幅員をAとみなす．

それ以外の区域では，2以上の前面道路からの水平距離がそれぞれの前面道路の幅員の2倍（幅員が4mに満たない場合は10mからその幅員の1/2を減じた数値）以内かつ10m以内の区域（上図のLB，LD）については，幅員の小さい前面道路は，幅員の大きい前面道路と同様の幅員をもつとみなすことができる．

上記のいずれにも該当しない場合には，その接する前面道路のみを前面道路とする．

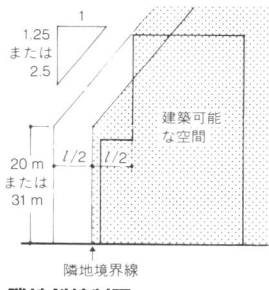

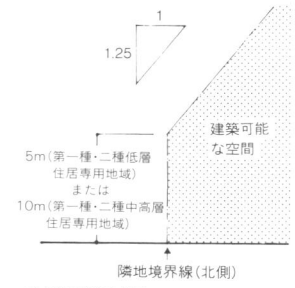

[建築申請 memo'91，新日本法規出版より作成]

隣地斜線制限　　北側斜線制限

◀隣地斜線制限と北側斜線制限

隣地斜線制限は隣棟間の採光や通風のため，高さが20 mまたは31 mを超える部分の建築可能な範囲を，隣地境界線までの水平最短距離で制限する．

北側斜線制限は，建築物が隣接地の日照に及ぼす影響を制限するため，北側の隣地境界線，または前面道路の反対側の境界線までの真北方向の距離により，建築可能な範囲を制限する．

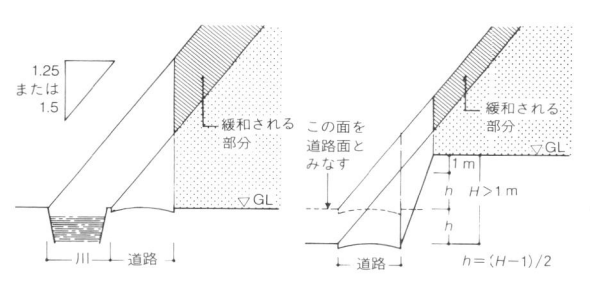

寸法・規模：建築基準法における集団規定 3

道路斜線の緩和規定

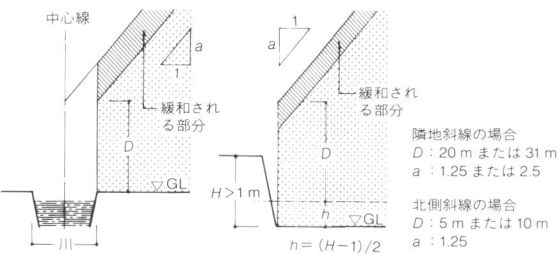

隣地・北側斜線の緩和規定

隣地斜線の場合
D：20 m または 31 m
a：1.25 または 2.5

北側斜線の場合
D：5 m または 10 m
a：1.25

$h = (H-1)/2$

◀ 斜線制限の緩和
建築物の敷地や前面道路が、将来にわたり空地であると考えられる公園、広場、川、線路敷などに接している場合には、斜線制限は緩和される。
道路斜線制限の場合は敷地と前面道路との間に、また、隣地斜線制限と北側斜線制限の場合は敷地と隣接地との間に大きな高低差がある場合にも、斜線制限は緩和される。

斜線制限	道路斜線制限	隣地斜線制限		北側斜線制限	
算定位置		20 m+1.25 L の区域	30 m+2.5 L の区域	第1種・第2種低層住居専用地域	第1種・第2種中高層住居専用地域
算定位置を置く基準線	前面道路の反対側の境界線上	隣地境界線から16 m 外側の線上	隣地境界線から12.4 m 外側の線上	隣地境界線から4 m 真北方向の線上	隣地境界線から8 m 真北方向の線上
算定位置の水平間隔	道路幅を W とし $W/2$ 以内	8 m 以内	6.2 m 以内	1 m 以内	2 m 以内

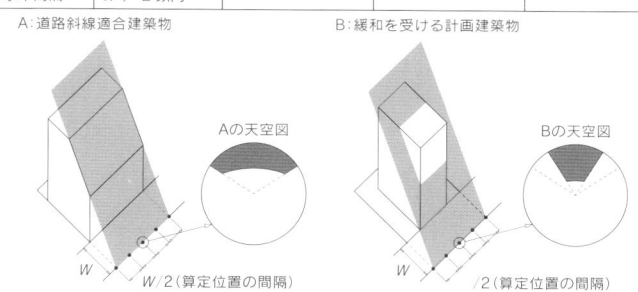

A：道路斜線適合建築物　　B：緩和を受ける計画建築物

この検討において、全ての算定位置で
Bの天空率＞Aの天空率
のとき、計画建築物には道路斜線制限は適用されない。

1) 建築物の敷地の地盤面が、前面道路や隣地の地盤面と高低差がある場合や、異なる斜線制限の区域にまたがる場合は、斜線制限の緩和規定に準ずる。
2) 建築物の高さに算入されない塔屋室や棟飾等は、適合建築物の天空率の算定においは除外できるが、計画建築物の天空率の算定においては除外できない。
3) 道路斜線、隣地斜線、北側斜線いずれかの制限に天空率による緩和を適用し、他には斜線制限を適用することができる。
4) 各斜線制限において、2以上の方向から同じ斜線制限を受ける場合は、各方向について比較検討しなければならない。

天空率規定の概要

▲ 天空率による斜線制限の緩和
集団規定における性能規定であり、仕様規定である各斜線制限に対する緩和規定である。
各斜線制限は地域性に沿って、衛生環境上望まれる天空率の確保を目的とする。そこで、各斜線制限に従って計画される建築物（適合建築物）よりも天空率が上回っていれば、その建築物は斜線制限で求められる性能を満たしていることになる。

天空率の比較による斜線制限の緩和は、以下の手順による。
それぞれの斜線制限において、天空率を算定するために複数の位置を定める。その算定位置のすべてにおいて、計画建築物の天空率が適合建築物の天空率より大きいことを確認できれば、その斜線制限は適用しない。
比較する適合建築物とは、その斜線制限に適合する最大の建築物でよい。
天空率は次式により求める。

$R_s = (A_s - A_b) / A_s$

R_s：天空率
A_s：算定位置を中心としてその水平面上の想定半球の水平投影面積
A_b：建築物を A_s と同一の想定半球に投影した投影面の水平投影面積
敷地が前面道路や隣地と高低差がある場合、建築物の敷地の地盤面も含めて、天空率の算定および比較検討を行う。

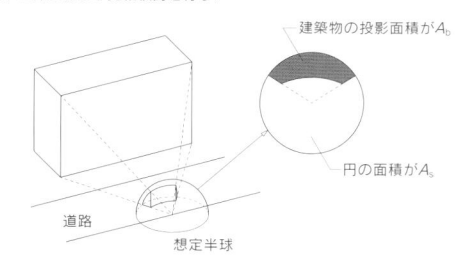

建築物の形態が不自然に制限を受けることを避けられる、天空率による斜線制限の緩和の適用は、建築計画上とても有効である。しかし、敷地の形状や接道状況、土地の高低差を非常に複雑とすることが多い、算定方法について、所管する建築指導課と打ち合わせが必要となることもある。

天空率の算定位置と斜線制限緩和の例

日影規制

規制対象区域を条例で定め、その区域内の建築物が、8時〜16時（北海道の区域においては、9時〜15時）の間に敷地周辺に落とす日影時間を制限する。規制対象となる規模の建築物から、地盤面から一定の高さの測定面に落とす日影の時間を、敷地から 5 m と 10 m の範囲においてそれぞれ制限する。測定面は第1種・2種低層住居専用地域の区域では 1.5 m（概ね1階の窓を想定）、その他の区域では 4 m（同様に2階）または 6.5 m（同様に3階）で、日影時間の限度とともに条例で定める。

日影が規制の異なる区域に生ずる場合は、影の落ちた区域の規制に従うことになる。
斜線制限と同様な緩和規定がある。ただし、道路や河川などの幅員が 10 m を超える場合は、道路等の反対側の境界線から 5 m 内側を敷地境界線とする。

地域または区域	第1種低層住居専用地域 第2種低層住居専用地域		第1種中高層住居専用地域 第2種中高層住居専用地域		第1種・2種住居地域、準住居地域 近隣商業地域、準工業地域		無指定区域
対象建築物	軒高＞7 m または地上階数≧3		建築物の高さ＞10 m		建築物の高さ＞10 m		第1種・第2種低層住居専用地域または第1種・第2種中高層住居専用地域と同じ制限のうち、いずれかを地方公共団体が条例で指定する。ただし、測定面高さの 6.5 m は適用されない
測定面の高さ	1.5 m		4 m または 6.5 m		4 m または 6.5 m		
敷地境界線からの水平距離	5＜L≦10	L＞10	5＜L≦10	L＞10	5＜L≦10	L＞10	
日影規制時間 (1)	3 時間 (2 時間)	2 時間 (1.5 時間)	3 時間 (2 時間)	2 時間 (1.5 時間)	4 時間 (3 時間)	2.5 時間 (2 時間)	
(2)	4 時間 (3 時間)	2.5 時間 (2 時間)	4 時間 (3 時間)	2.5 時間 (2 時間)	5 時間 (4 時間)	3 時間 (2.5 時間)	
(3)	5 時間 (4 時間)	3 時間 (2.5 時間)	5 時間 (4 時間)	3 時間 (2.5 時間)			

1) 日影規制の対象区域は上表の地域・区域の範囲内で条例で指定する。また、上表の測定面の高さのうち、4 m または 6.5 m は、いずれかを条例で指定する。
2) 日影規制時間は上表の(1)(2)(3)の中から条例で指定する。また、( ) 内の時間は北海道地区に適用する。

中高層建築物の日影規制

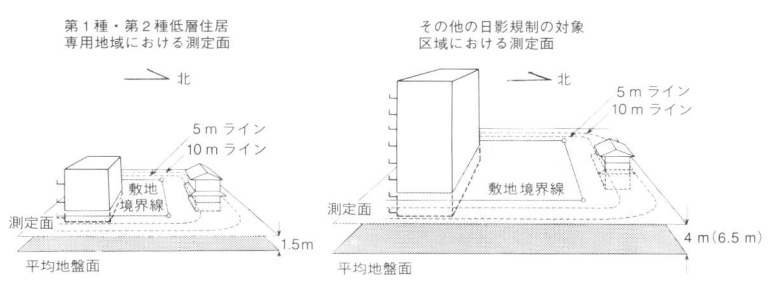

日影規制の考え方

地域 制限	防火地域	準防火地域
耐火建築物	原則としてすべての建築物	地上の階数≧4 または延べ面積＞1500 m²
耐火建築物または準耐火建築物	階数＝1 または 2 かつ延べ面積≦100 m²	地上の階数≦3 かつ 1500 m²≧延べ面積＞500 m²
耐火建築物または準耐火建築物または防火上必要な技術基準に適合する建築物	―	地上の階数＝3 かつ延べ面積≦500 m²
制限なし ※1		地上の階数≦2 かつ延べ面積≦500 m²

1) 防火上必要な技術基準に適合する建築物とは、建築基準法施行令 136 条の 2 で定める基準に適合する建築物である。
2) ※ 1。ただし、木造建築物等は、外壁および軒裏の延焼のおそれのある部分を防火構造とする。
3) 防火地域・準防火地域内の建築物の屋根の構造や仕上げ等の方法については、平成 12 年建設省告示 1365 号で規定されている。また、外壁の開口部で延焼のおそれのある部分には、準遮炎性の防火設備（防火戸等）を設置する。

防火地域・準防火地域の建築制限

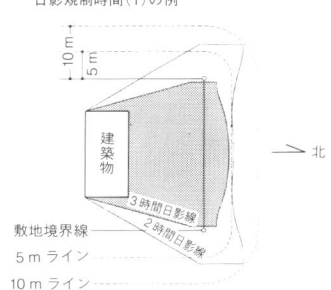

◀ 防火地域・準防火地域
建築物を規模によりその構造を制限し、市街地の防火機能を高め、火災の延焼拡大を防ぐことを目的とする。防火地域内では、地階と地上階をあわせた階数が 3 以上、または、延べ面積が 100 m² を超える建築物は耐火建築物にしなければならない。
この規定は、同一敷地内に複数の建築物がある場合、各棟ごとの規模と構造を規制する。

188 行為・場面・室：空間寸法の考え方 Action, Scene, Room: Introduction

住宅内の生活行為においては個人や複数の人々が一定時間ある場所を占有する．人は物品に対して，利用したり，避けたり，他人と調整したりしながら空間をシェアしている．その際，人体や動作，それに必要な物品とその可動部分の動きなどが占める広がりを占有領域という．ある行為に伴った占有領域の最大の広がりを三次元空間によって包絡すると，占有領域は垂直方向・水平方向の座標軸上に所要空間として確定される．これを一般に動作空間とよぶ．この空間の大きさは占有領域に余裕が加味されている．数値は健常な成人男性が基準になっているため，身体の状態・性別・年齢に合わせて加減するとよい．設計では，使用する物品に加え，動作に必要な占有空間，そしてゆとりを考慮した動作空間を，壁・床・天井による部屋あるいはその一部として建物の中におさめる．

占有領域・動作空間・室空間の関係　1:50
占有領域の広がり　所要空間の確定　建築寸法(モデュール)の割当（芯々制／内法制）

各動作空間の領域　1:50
ベッド　机・いす　洋服だんす　書棚　ドア

動作空間の複合　1:100
最小規模　標準規模　適正規模

◀動作空間の複合
　一般に室では単一の行為ばかりでなく，複数の行為が行われる．成人個室を例にとれば，図が示すように家具や構成材を中心とする5つの行為のための空間を必要とする．動作空間は単純に加算するのではなく，行為を行う時間が異なるため，時間軸を考慮して領域相互が空間的に重なってもよい．図では最大限に行為を重複させたものを最小規模，重複のないものを標準規模，領域間にあきがあるものを適正規模としている．

人間の集合によって作られる空間
成人椅子座　子供床座

8畳間の空間　1:100

茶室の空間　1:100

▲緩やかな空間単位＝和室
　洋室では固定家具が多いため，行為のための空間を加算的に設計することが多い．和室の場合には，4畳半や8畳といった生活行為を特定しない部屋が与えられており，そこに様々な占有領域を発生させることができる．これは洋室とは逆の決定過程である．部屋が広い場合には，行為と行為は距離によって分節し，一つの部屋で多様な行為を行うことができる．

和洋折衷の空間　1:100

規模の大きな空間（落水荘, Frank Lloyd Wright ⇨ 047）　1:200

Action, Scene, Room: Sleeping 行為・場面・室：就寝

住宅で行われる行為のなかで，眠る行為は最も長い時間，安定して占有される領域である．ベッドやふとんの平面の大きさは，就寝中の動作を考慮して決められているので，設計ではそれらの大きさとベッドメーキング，ふとんを敷く・片づけるといった動作空間を考慮する．断面的には，ベッドの場合はふとんよりも就寝面が高くなるので天井とのあき寸法に注意する．就寝に関わる部屋は寝室と呼ばれることが多いが，さらに就寝に伴う更衣・整容・休息（病気・養生）・衣類収納などの占有領域を考慮する必要がある．さらに昼間や就寝前の個人的な行為，読書・書き物・勉強・仕事・音楽や映像鑑賞・育児・家事・電話・体操・趣味などが複合される可能性がある．加齢を考えると，ふとんの出し入れや起きあがる動作の負担を考え，ベッド化を視野に入れておく．

寝る（ふとん）　ベッドメーキングをする　ふとんを押入にしまう

ふとんと周囲のあき　1:100
ベッド脇のあき　1:50
二段ベッドの高さ関係　1:100

ベッドと周囲のあき　1:100
シングル　ヨーロピアン・フレンチスタイル　英米スタイル　シングル　ツイン

夫婦和室（関東間の例）　1:100
夫婦洋室（ツインベッドの例）　1:100　[Time Saver Standards より作成]
成人用個室
寝室の設計例　1:100（T平面の家，岩岡竜夫）
諸室を緩やかにつなぎ一体的に設計した例

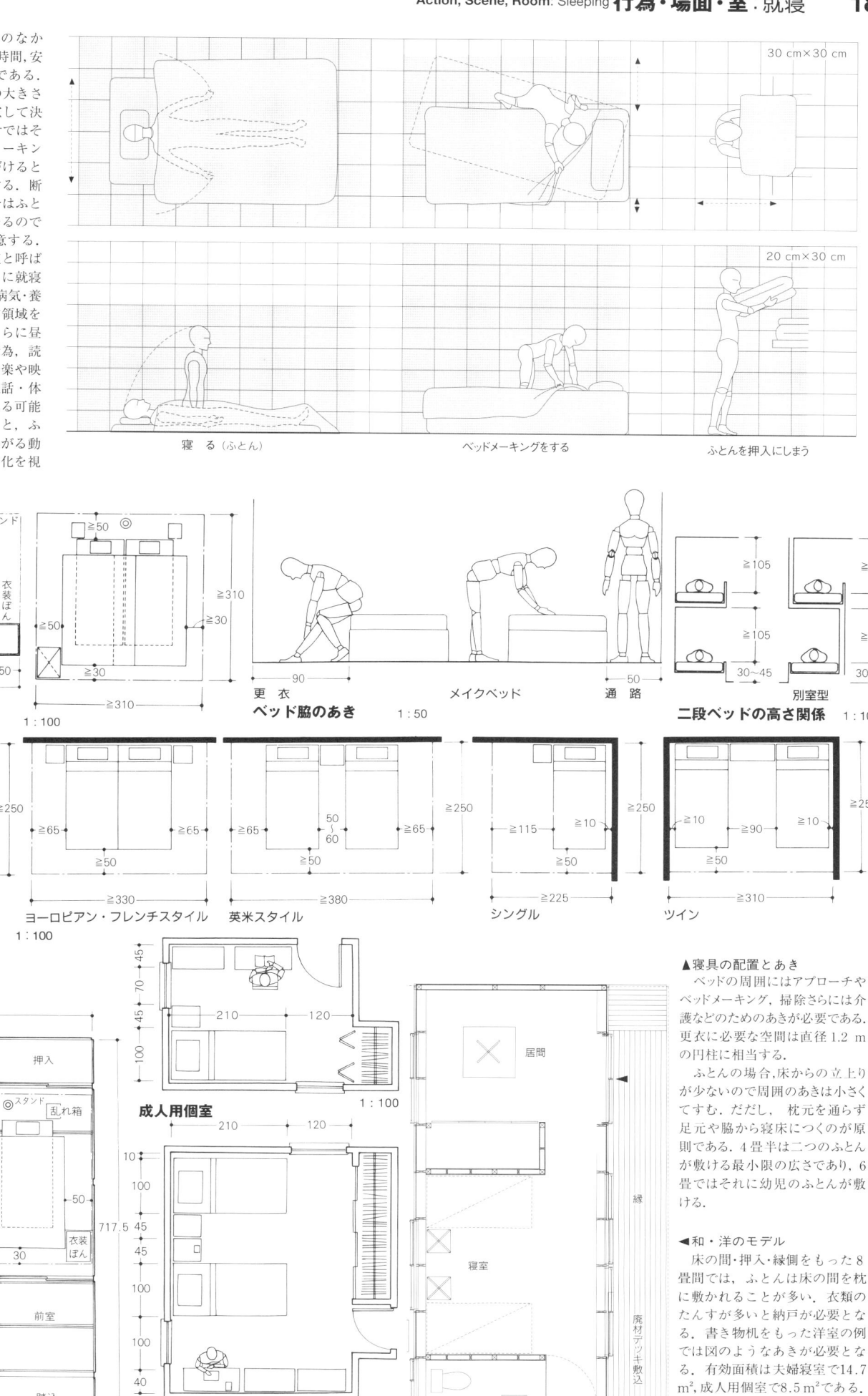

▲寝具の配置とあき
ベッドの周囲にはアプローチやベッドメーキング，掃除さらには介護などのためのあきが必要である．更衣に必要な空間は直径1.2 mの円柱に相当する．
ふとんの場合，床からの立上りが少ないので周囲のあきは小さくてすむ．ただし，枕元を通らず足元や脇から寝床につくのが原則である．4畳半は二つのふとんが敷ける最小限の広さであり，6畳ではそれに幼児のふとんが敷ける．

◀和・洋のモデル
床の間・押入・縁側をもった8畳間では，ふとんは床の間を枕に敷かれることが多い．衣類のたんすが多いと納戸が必要となる．書き物机をもった洋室の例では図のようなあきが必要となる．有効面積は夫婦寝室で14.7 m²，成人用個室で8.5 m²である．前者では衣類が増えるとウォークインクローゼットなどの空間が追加されてくる．

190　行為・場面・室：食事 1　Action, Scene, Room: Refreshment

食事の場は食卓といすという単純な家具を中心につくられる．使いやすさは着席や給仕のためのあきの寸法がどの位とれるかによる．よって食卓の大きさは家族や接客の人数のほか，適度なあき寸法と部屋の広さから決定される．食事の場面では家族の座る場所は決まっていることが多い．客を迎える場合は上座・下座の区別がある．日本での上座は床の間があればそこに近い席になり，ない場合は入口から遠い席となる．西欧では暖炉や飾り棚があればそこに近い席が上座となる．また長方形の食卓の場合には，主人夫婦が短辺の両端に座る習慣がある．丸テーブルの場合は長方形と比較して序列が曖昧なため，席順に神経質になる程度が減る．また角テーブルに比べて全員が会話に参加しやすくなる．

食卓を中心とした場は，団らん・接客・個人の諸行為のための場を兼ねることが多い．

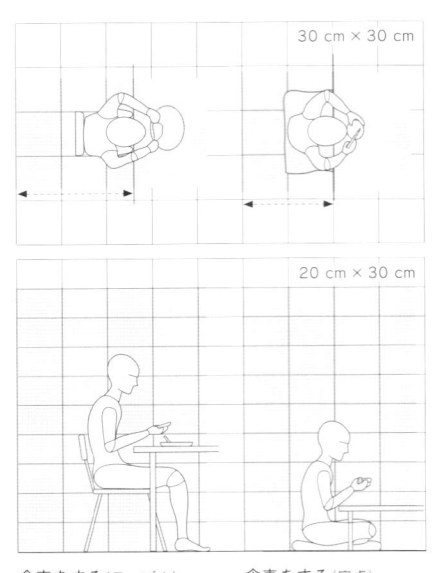

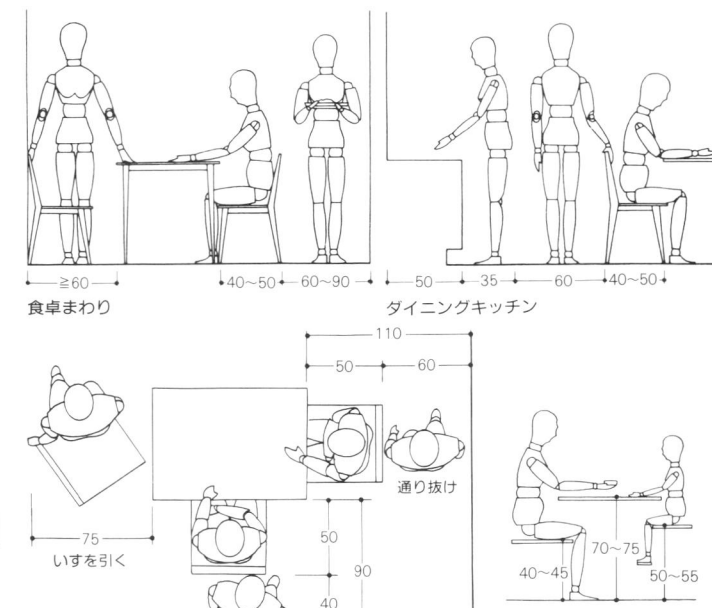

食事をする（テーブル）　**食事をする**（座卓）

食卓まわり　**ダイニングキッチン**

いすを引く　すり抜け　通り抜け　**食卓といす**

食事の動作空間　1:50　[Time Saver Standards より作成]

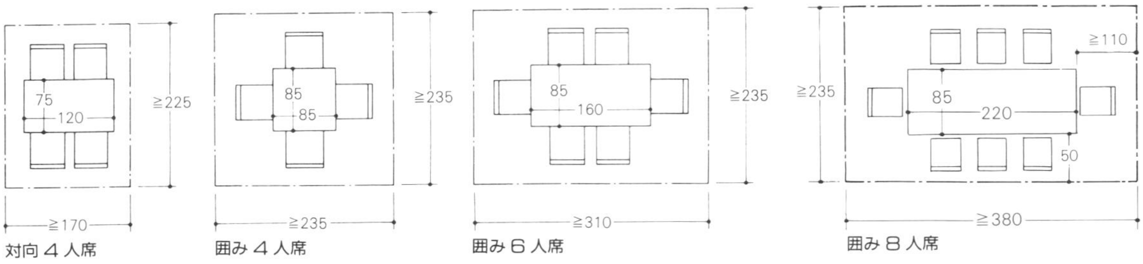

方形テーブルの席数と必要スペース
対向 4 人席　囲み 4 人席　囲み 6 人席　囲み 8 人席　1:100

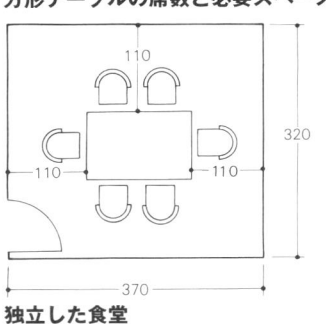

独立した食堂　**12 人用の食卓**[同左]　**円形テーブル**　1:100
[Neufert Architects' Data より作成]

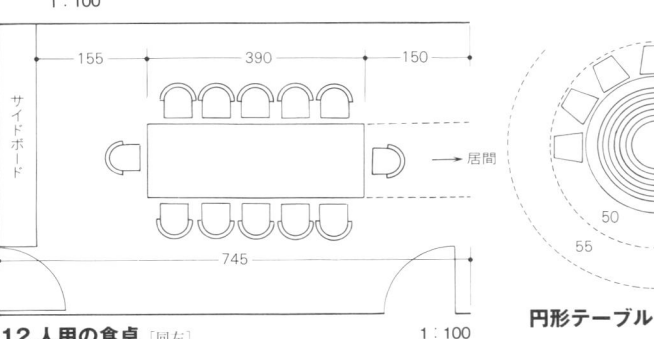

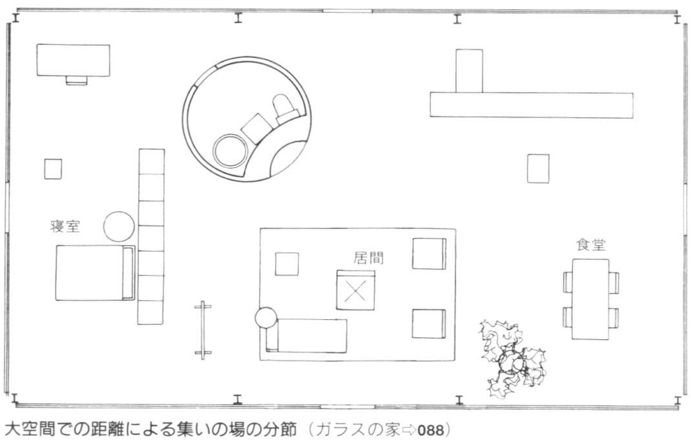

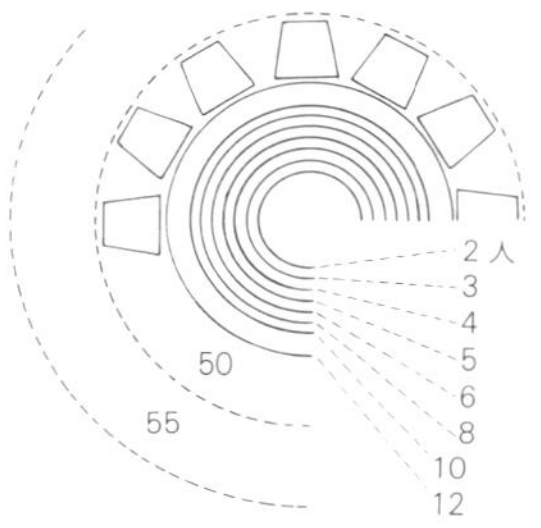

大空間での距離による集いの場の分節（ガラスの家⇒088）

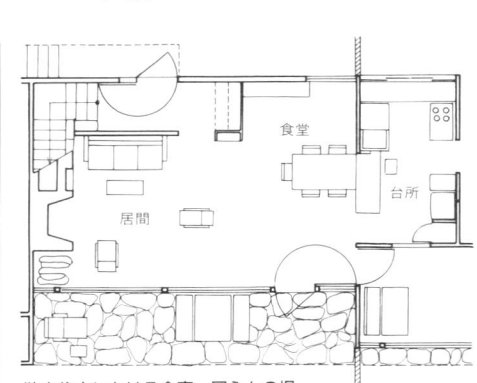

独立住宅における食事・団らんの場（ブロイヤー邸，Marcel Breuer）

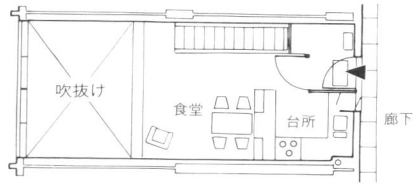

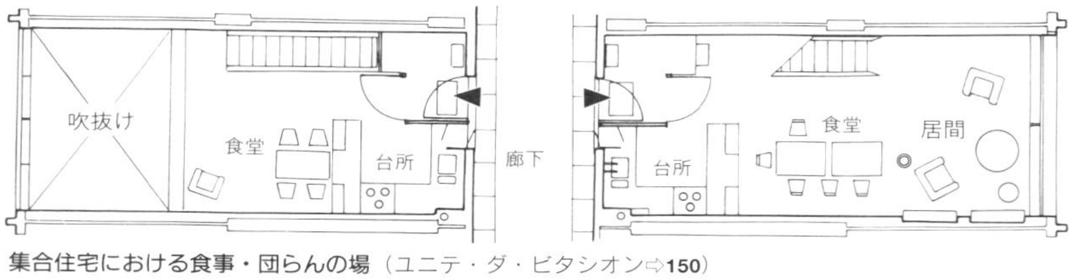

集合住宅における食事・団らんの場（ユニテ・ダ・ビタシオン⇒150） 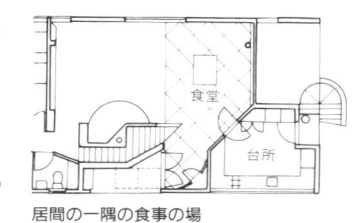　**居間の一隅の食事の場**（ヴェンチューリ邸⇒084）
海外の食事空間のしつらい　1:200

食卓まわりの配置
一人の所要幅は 60 cm が最小で，あきが大きすぎても皿を回したり，酌などがやりにくくなる．食卓まわりは席を立ったり，後からサービスするなどのあき寸法が居心地の良さに影響する．肘掛けいすの場合は肘掛けの分の余裕が必要となる．食卓の高さは食事だけでなく，団らん・接客などを考慮して標準より低くすることがある．

食事空間の照明
食卓で食事だけをするのか，食事以外の行為をするのかにより異なる．食事のみの場合，居間よりも暗くし，適度な陰影のでる演色性の高い電球を使用すると味覚や食欲によい影響を与えるといわれる．一般的にはペンダント照明を食卓面から 60〜80 cm の高さに吊すことが多い．

海外の食事空間
家族のための食卓などのしつらいは一定の型に落ち着いてきた．わが国の食卓は一か所の場合が多いが，欧米では朝食と夕食，家族との食事と客との食事を分離することも多い．軽い食事はキッチンアイランドやキッチンヌック，ブレックファーストテーブルで行う．設計では食事の場をどういう空間として位置付けるか，住宅のなかで他の空間とどのような関係にするかが重要になる．

住宅の規模が大きいと，他の生活の場と距離をとることで食事の領域を独立させることができる．住宅が狭い場合には他の行為と重複させることを考える．

長方形のテーブルは机の向きによって各席の居心地の良さに差が出る．主要な開口部に対しては直角に置かれることが多い．格式のある食事を除いては，台所との関係が大切であり，主婦が食卓に集まっている家族と視線を交えながら調理したいという欲求が強いことを考慮する．

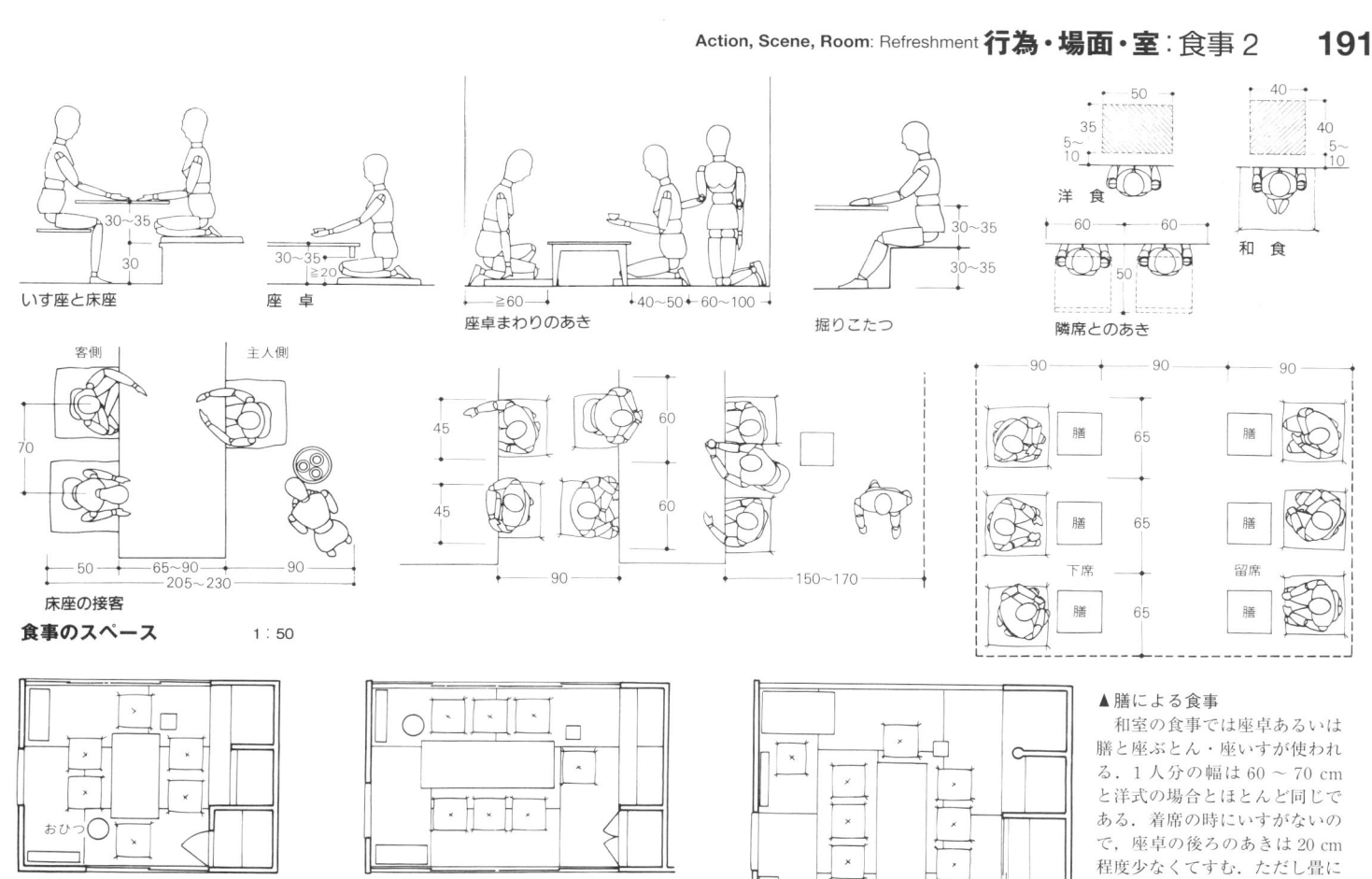

Action, Scene, Room: Refreshment 行為・場面・室：食事2

いす座と床座　座卓　座卓まわりのあき　掘りこたつ　隣席とのあき
洋食　和食

客側　主人側
床座の接客
食事のスペース　1:50

4.5畳6人席　6畳7人席　8畳8人席
4.5畳4人席　6畳5人席　8畳5人席
畳数と座の配置　1:100

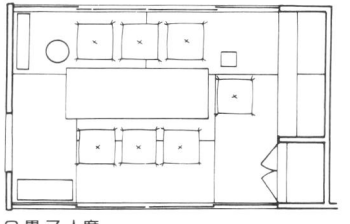

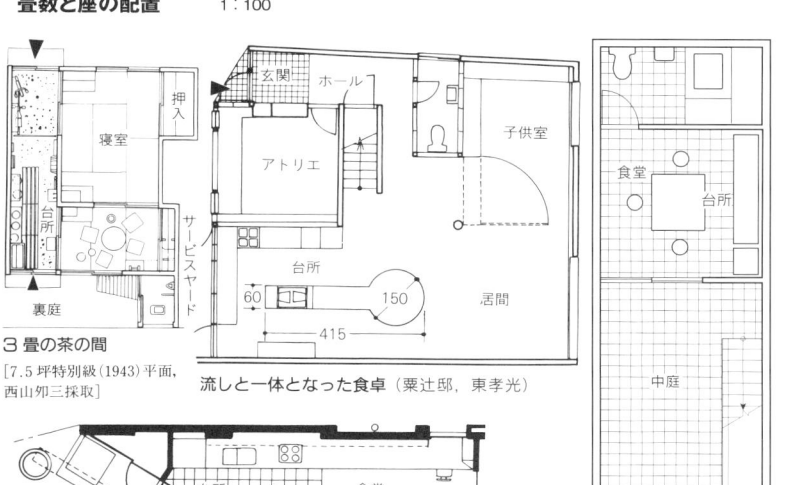

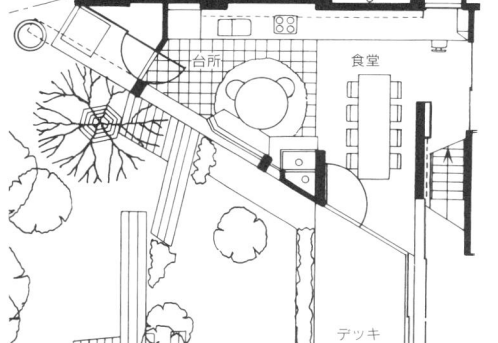

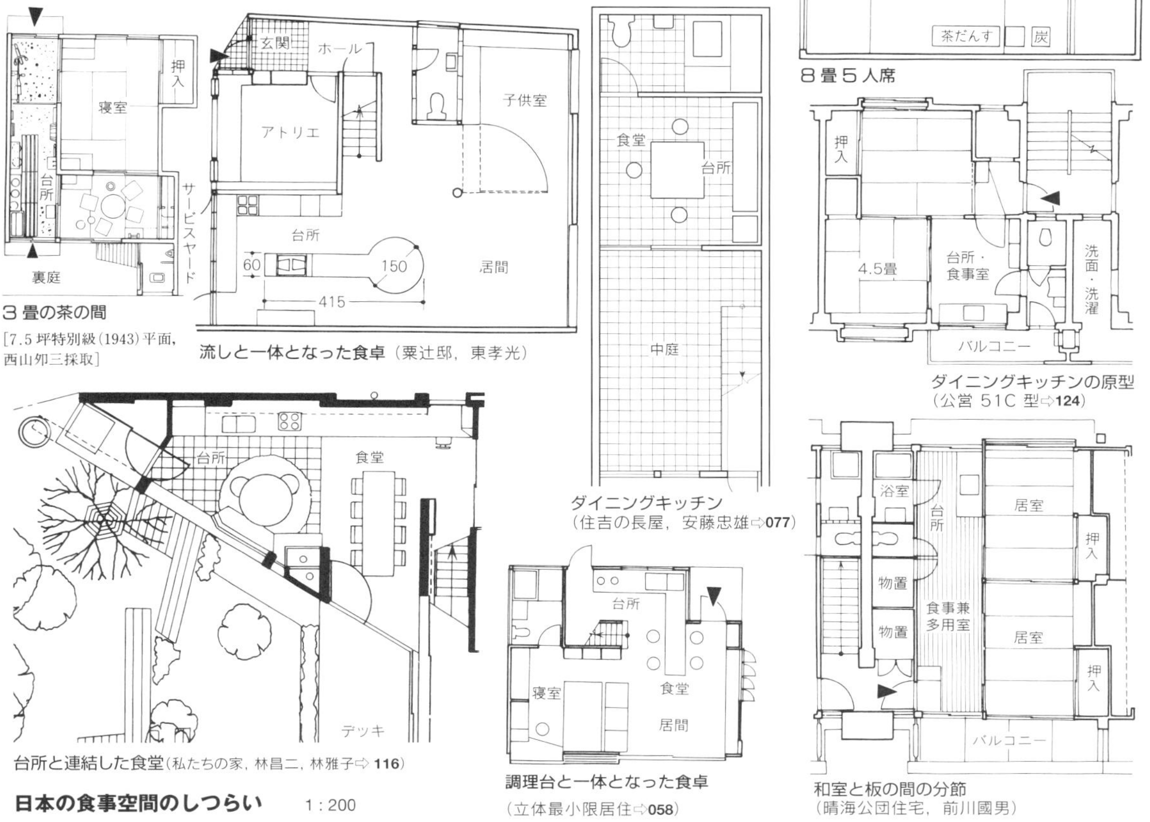

3畳の茶の間
[7.5坪特別級(1943)平面，西山夘三採取]

流しと一体となった食卓（粟辻邸，東孝光）

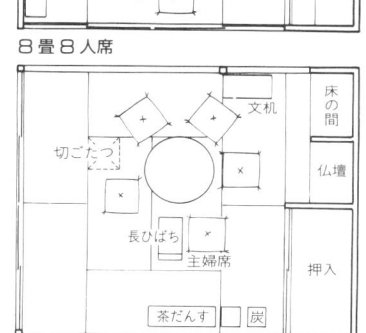

ダイニングキッチン（住吉の長屋，安藤忠雄⇒077）

ダイニングキッチンの原型（公営51C型⇒124）

台所と連結した食堂（私たちの家，林昌二，林雅子⇒116）

調理台と一体となった食卓（立体最小限住居⇒058）

和室と板の間の分節（晴海公団住宅，前川國男）

日本の食事空間のしつらい　1:200

▲膳による食事
　和室の食事では座卓あるいは膳と座ぶとん・座いすが使われる．1人分の幅は60〜70cmと洋式の場合とほとんど同じである．着席の時にいすがないので，座卓の後ろのあきは20cm程度少なくてすむ．ただし畳に座ってサービスするので，その分のあきは洋式の立位より多くのスペースを必要とする．宴会形式の向き合った膳では90cmで通路とサービス空間を兼ねることができる．

◀和室の座卓配置
　和式の座卓でも長方形や円形のものが使われる．昔の家具は茶箪笥，長火鉢，文机，切ごたつ等があり，床の間・仏壇との位置関係から置き場所が決められていた．おひつは主婦席の脇に置かれた．一般には4畳半で5人，8畳では8人が座れる．8畳では小さな座卓を分散して配置すると15人以上詰め合うことができる．

◀日本の食事空間
　わが国では昔は囲炉裏，近代では卓袱台が日常生活の中心として使われてきており，現代でも食卓は家族の集いの核としての役割を担っている．建築家の住宅作品に調理台と食卓を一体として設計したものがあるが，昔の囲炉裏がイメージされ，反映されたものと思われる．

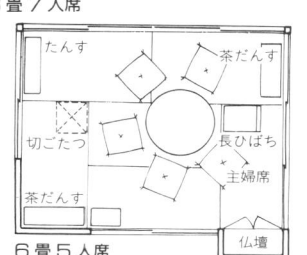

◀ダイニングキッチン
　ダイニングキッチンは和製英語で，戦後に日本で誕生した．戦前に提唱された食寝分離論を元に，戦後の住宅難の際に公営住宅建設において，35㎡の小規模住宅を大量に供給する必要に迫られ，考案された．寝室での食事をやめ，台所を拡げて食事専用室が確保された．公営51C型住戸がその原型となっている．

192　行為・場面・室：調理　Action, Scene, Room: Cooking

わが国の調理の変遷で建築的に最も変化したのは作業面の高さである．昔は土間の面が作業面であった．台所の床の高さが地面から他の生活面まで持ち上げられてからも床面で調理が行われていた．立位による調理は戦後に一般化した．調理台の高さは最も使用する人の体格に合わせる．また椅座位で行うことも選択肢に入れておく．調理スペースの位置や大きさは，何人程度で行うか，他人に見せるかどうかによって決まる．並行型の台とする場合は台同士のあき寸法が120 cm程度ないと，2人が背中合わせの作業ができず，1人で使うには離れすぎることになる．調理時間が長いことが予想されれば眺めも重要になる．同時に洗濯等を行う場合は，洗濯機置き場等との動線も視野に入れて計画する．食品の買い置き，食器が多い場合には，食品庫や倉庫を別途設計する．

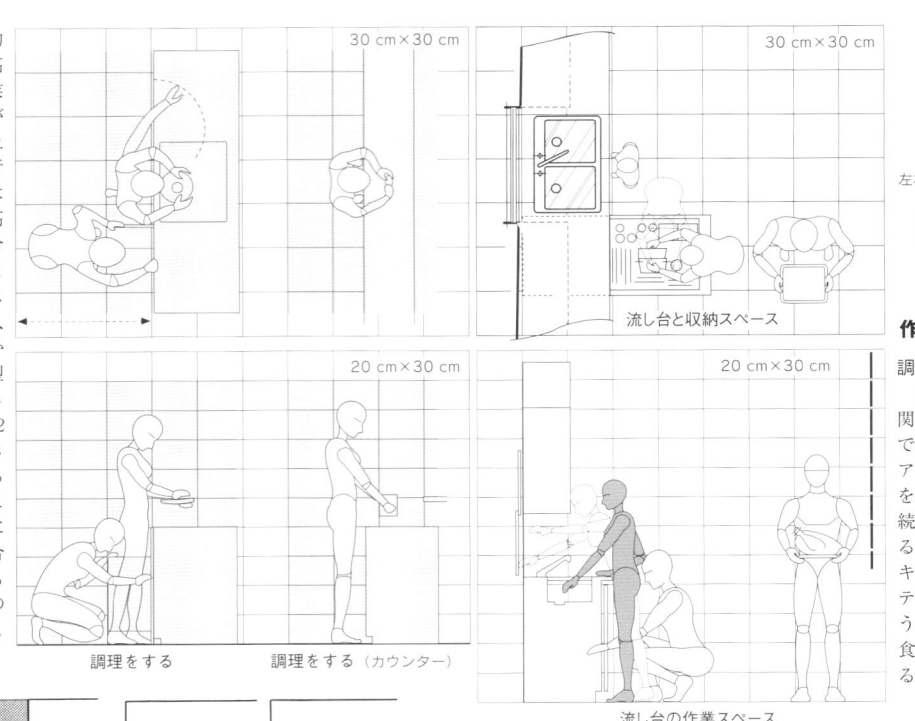

作業台と手の動き

調理空間の多目的化

調理の場所は他の生活行為と関連している．一つは家事作業で，洗濯機や乾燥機，掃除道具，アイロンやミシン，家事机などを調理空間に一体化，または連続すれば家事作業が軽減できる．欧米ではユーティリティとキッチンを一体化させたユーティリティキッチンもある．もう一つは食事で，台所に簡単な食事スペースを設ける例もある．

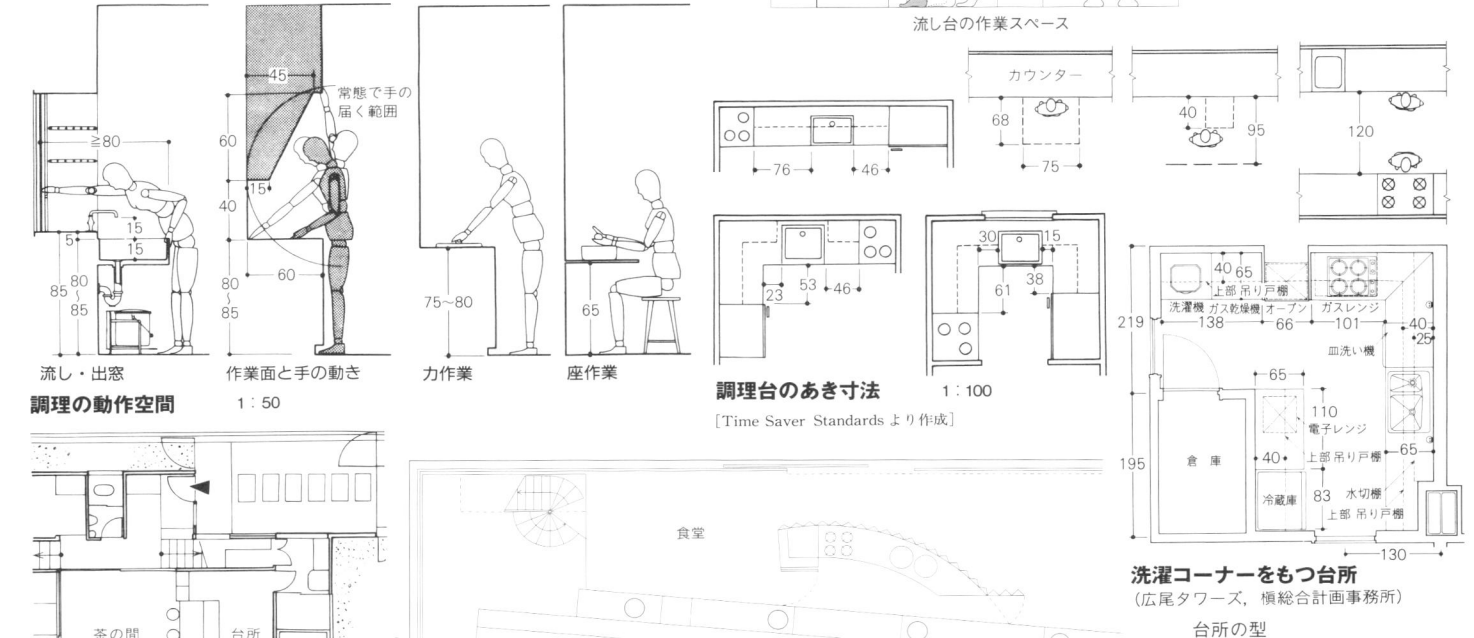

調理の動作空間　1:50

調理台のあき寸法　1:100
[Time Saver Standards より作成]

洗濯コーナーをもつ台所
（広尾タワーズ，槇総合計画事務所）

台所の型

部屋として独立したタイプと，食卓や居間に対してオープンなものにまずは分けられる．オープンタイプの台所では調理する人と食事する人が同じ空間にいるため，共通の時間を過ごしやすい．難点として調理の臭いや音を許容しなくてはならない．

調理設備のレイアウトは，I型（一列型），II型（並列型），L型，U型に分類できる．II型やU型が最も動線が短い．I型は動線が長くなりがちで2.7 m程度には納めたい．調理スペースは，調理設備を壁面に沿って配置するのを基本とすると，壁面から室内へ半島（ペニンシュラ）のように突き出すものや，調理スペースの両端とも壁面に接せずに室内に島状（アイランド）に配置するものがある．壁面に沿わせる基本型も，食卓の方向の壁が開放されている対面型のものもあり，調理設備のレイアウトと配置の仕方，壁の開放性の度合いによって多様な型が生まれる．

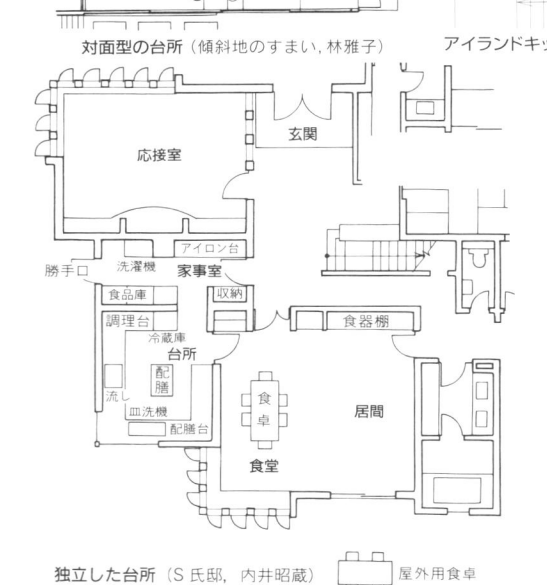

対面型の台所（傾斜地のすまい，林雅子）

アイランドキッチン（ダラヴァ邸, Rem Koolhaas⇒101）

独立した台所（S氏邸，内井昭蔵）
台所の型と住宅内での位置　1:200

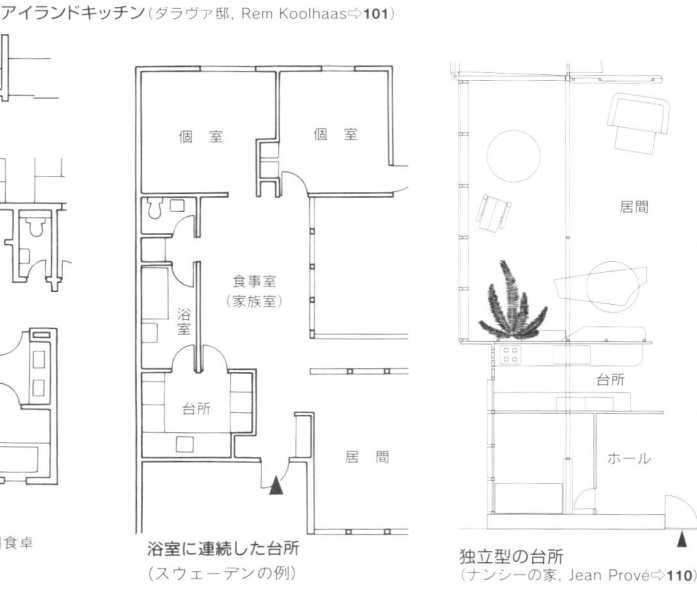

浴室に連続した台所（スウェーデンの例）

独立型の台所（ナンシーの家, Jean Prouvé⇒110）

Action, Scene, Room: Learning 行為・場面・室：育児・学習

住宅を子供の視点で捉えると，乳児から成人まで，体格・身体機能，住宅に対する要求が著しく変わる時期であり，折々に柔軟に対応できる空間がのぞまれる．幼少期ははいはいや遊びなど自由に振る舞える床空間があるとよく，学齢期になると勉強をするためのしつらいや空間が欲しい．就寝と学習，更衣をセットにした個室をつくる家が多いが，子供に個室を与える習慣は元来ない．わが国の一般家庭における子供部屋の登場は大正時代の文化住宅と言われ，それまで日本の住宅は接客や主人の部屋が中心であり，子供に着目されることはなかった．高度経済成長期後半になり子供に個室を与えることが定着してきた．勉強をはじめ個人的行為は居間やダイニングでも可能で，専用化する場合も居間に接続したアルコーブなどのスペースを与えるだけでもよい．多様な選択肢を考えてからふさわしい空間を配置するとよい．

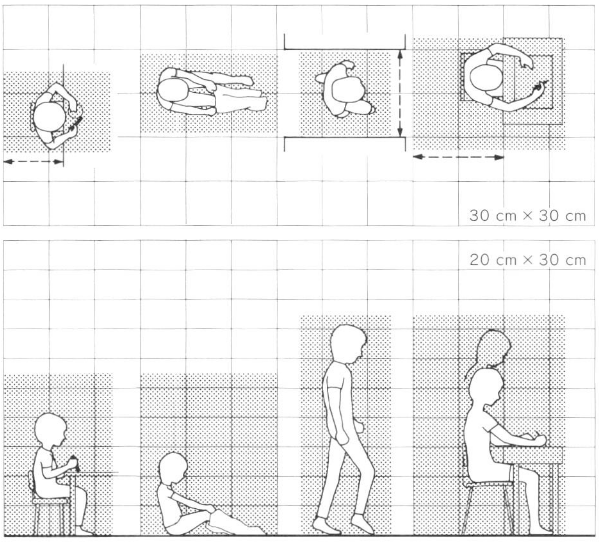

◀子供の生活姿勢とスペース
　幼児・子供の日常生活に現れる動作に必要な占有空間を示したもので，縦軸は立位から臥位に至る基本姿勢の寸法，横軸は主要な応用動作の姿勢の寸法である．空間把握に必要な3次元の寸法は，縦軸，横軸の数値の組合せから読み取ることができる．このデータは身長114 cm，体重22 kgの5歳児男子のものでほぼ平均値とみて差し支えない．

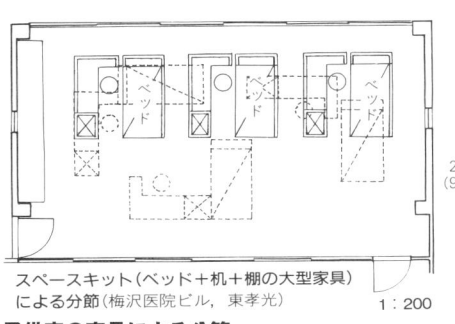

食事をする 幼児（テーブル）　ズボンを履く 幼児　家具と家具の間を歩く 子供　学習をする 子供

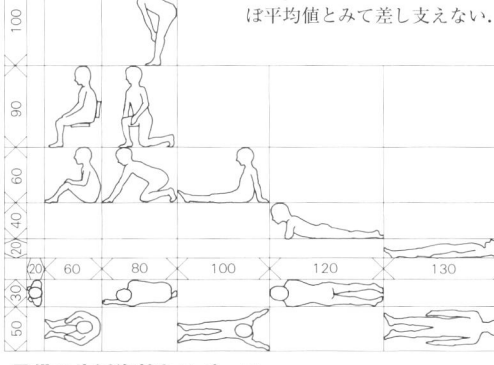

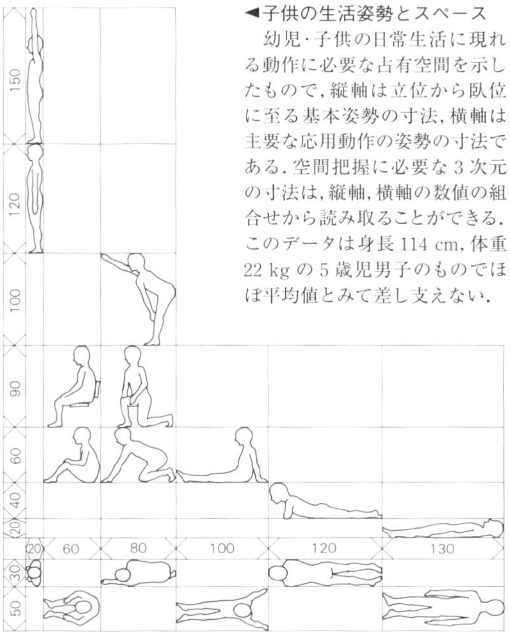

子供の生活姿勢とスペース　1：80

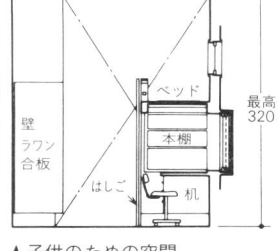

▲子供のための空間
　巨大家具で動作空間を分節する試みや就寝と勉強のための最小限の動作空間を子供の人数分だけ一部屋に配列した子供室もある．各人の動作空間相互にはある程度のプライバシーが必要である．また自分の専用家具だけがきまっているよりオープンなしつらいもある．子供の人数が減ってくると，この種の型はなくなり個室が主となる．

◀子供と家族との関係
　一家族あたりの子供の人数が減った結果，子供専用の個室をつくることが定着した．ベッドや机だけでなく，テレビ等のAV機器やオーディオ機器，さらには冷蔵庫をしつらえた極端な例もある．家庭内における社会的関係のうち，子供と両親の関係をどのように建築的・物理的環境として具体化するかをめぐって様々な試みがある．例えば，子供同士や親とのコミュニケーションを図るため共通のプレイルームを設ける，父親が子供たちの領域の一画に自分のコーナーをつくる，自然に恵まれた別荘ではバンガロー風の独立空間を子供室に当てるなどである．さらに子供のコーナーを最小限に抑えて，共用のプレイルームを居間に連続させてとるという公と私にめりはりを持たせた計画，子供と大人の空間との間を壁を介して分節するのではなく，一続きの空間に距離をおいて隔てるといった作例もある．

スペースキット（ベッド＋机＋棚の大型家具）による分節（梅沢医院ビル，東孝光）　1：200
子供室の家具による分節

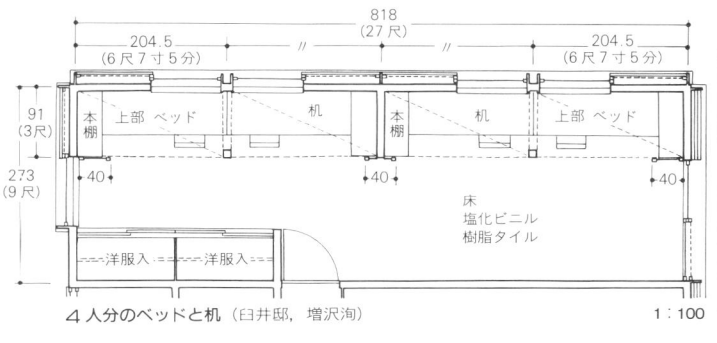

4人分のベッドと机（臼井邸，増沢洵）　1：100

家族全体のプレイルーム（草津の家，出江寛）

3階
セミオープンの子供室と完全に孤立した仕事場（神宮前の家，光藤俊夫）　地階

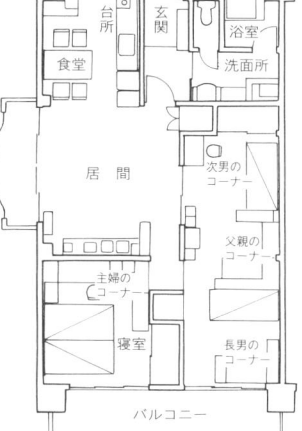

子供コーナーに挟まれた父親コーナー（谷山隆）
住宅内における子供室の位置

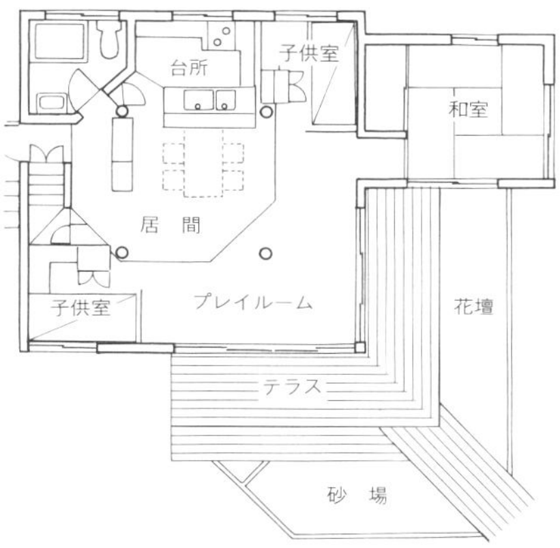

連続した居間・プレイルームの一隅の子供コーナー（吉田清昭）　1：200
[新建築学大系28，彰国社より作成]

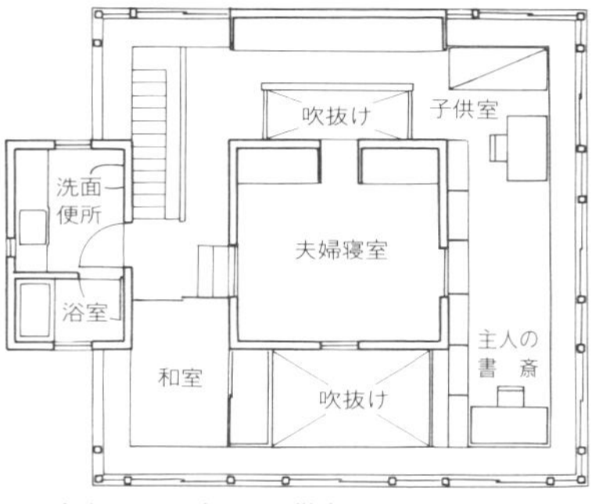

書斎とつながった子供室（自邸，阿部勤 ◁096）

194 行為・場面・室：身体の補助・看護 1　Action, Scene, Room: Health Care and Support

社会的弱者の住宅問題は重要な住宅政策の一つである．加齢に伴う身体機能の低下や，障害に対応することは，一般の人々にとっても適切な物的環境になることがある．段差の解消や車いすのためのスペースの確保などバリアフリーのデザインは都市・建物で実践されている．一方，ユニバーサルデザインといい，障壁を排除するバリアフリーの概念に代わり，できるだけ多くの人が利用可能であるようにあらかじめ物品・建物・空間をデザインする潮流もある．ユニバーサルデザインの7原則は①公平性，②柔軟性，③単純性と直感性，④認知性，⑤失敗への許容性，⑥利用時の効率性，⑦アプローチの広さと利用しやすさのための寸法である．

わが国ではハートビル法という誰もが使いやすい建物づくりの指針を示した法律が1994年に施行された（2003年改正）．その利用基準には，出入口・階段の蹴上げや踏面・エレベータ・便所・浴室・車庫の寸法や勾配，仕上げ，手すりの設置等が定められ，住宅設計においても参考になる．2000年には自宅で生活が継続できるように介護保険制度が導入され，手すりの設置や段差の解消などの住宅改修に助成が行われるようになった．自宅介護を支援するものとして，訪問看護や，短期入所介護，日帰り介護，在宅介護支援センターなど地域福祉の拡充が図られている．

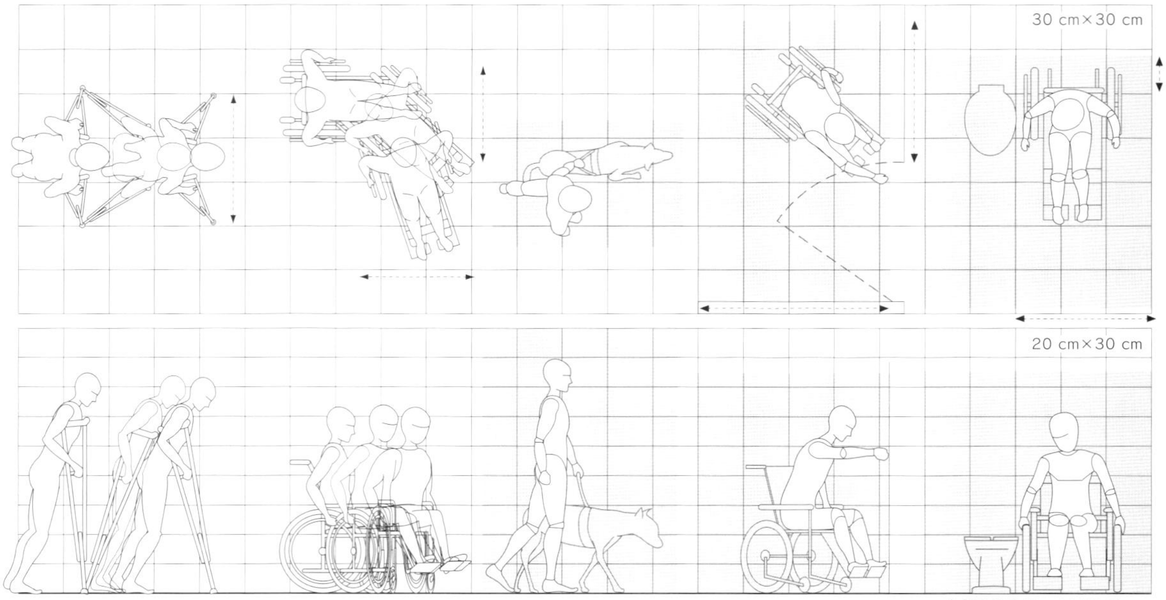

歩く（松葉杖）　曲がる（車いす）　盲導犬と歩く　ドアを開ける（車いす）　大便をする（車いす）（洋式）

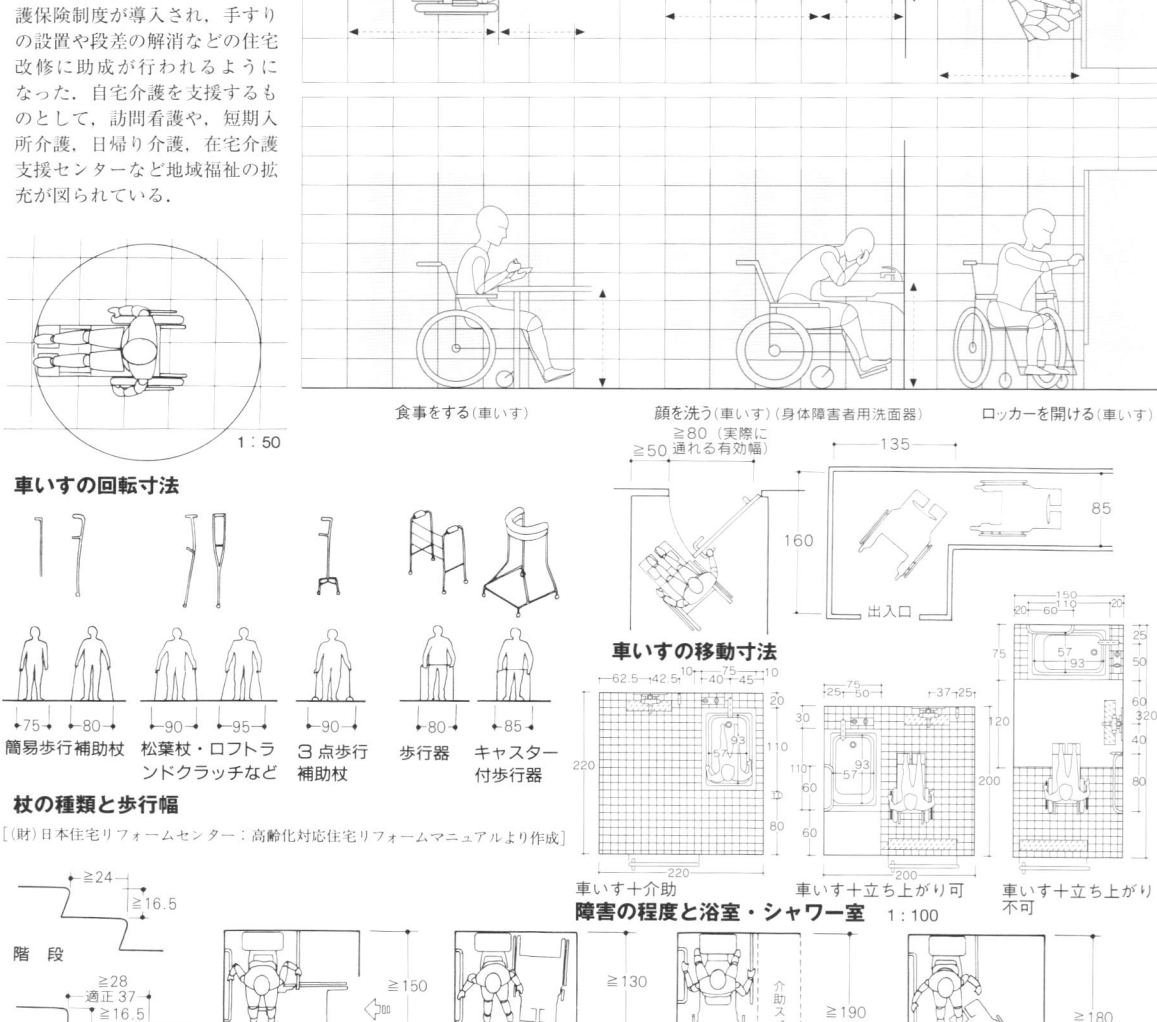

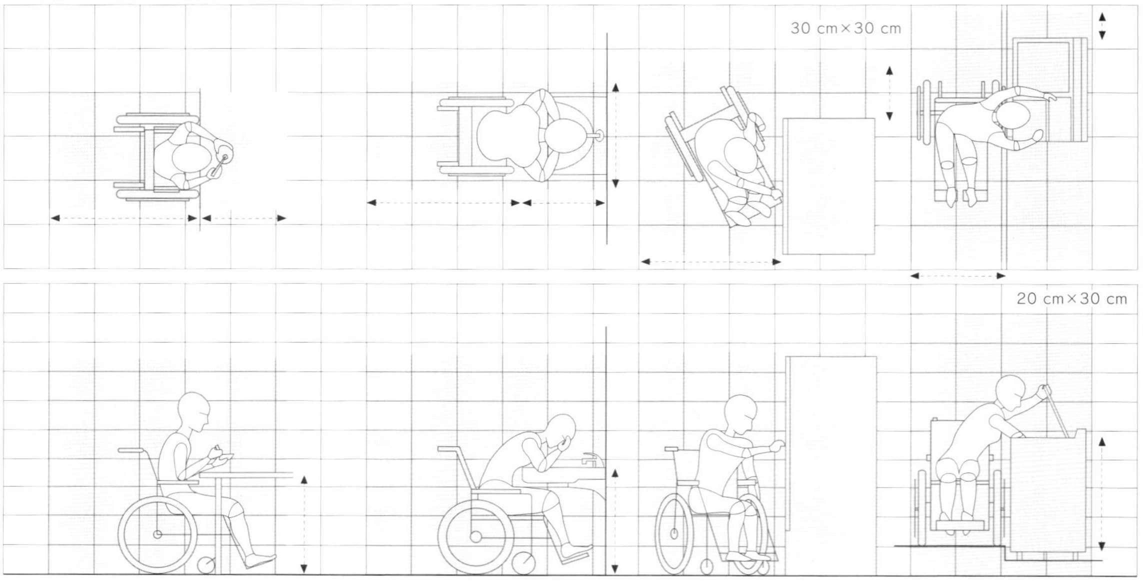

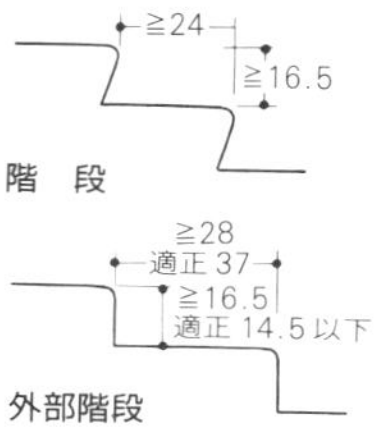

食事をする（車いす）　顔を洗う（車いす）（身体障害者用洗面器）　ロッカーを開ける（車いす）　洗濯をする（車いす）

車いすの回転寸法　1:50

杖の種類と歩行幅
簡易歩行補助杖 75・80／松葉杖・ロフトランドクラッチなど 90・95／3点歩行補助杖 90／歩行器 80／キャスター付歩行器 85
［（財）日本住宅リフォームセンター：高齢化対応住宅リフォームマニュアルより作成］

老人用階段寸法
階段：≧24，≧16.5
外部階段：≧28 適正37，≧16.5 適正14.5以下
［Neufert Architects' Dataより作成］

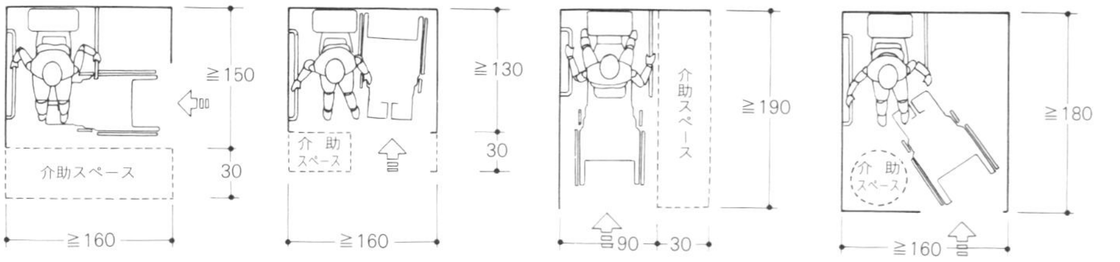

車いす用便所の介助スペース　1:100　［（財）日本住宅リフォームセンター：高齢化対応住宅リフォームマニュアルより作成］

車いすの移動寸法

障害の程度と浴室・シャワー室　1:100
車いす＋介助／車いす＋立ち上がり可／車いす＋立ち上がり不可

車いすを考慮した住まい

障害は多様であり，同じ障害でも程度に差がある．また怪我などで一時的に障害をもつこともあるため，一律に対応することには問題がある．住宅設計での基礎的なポイントとして車いすの利用があげられる．基本的条件の一つは車いすの平面あるいは垂直移動の自由度を確保することである．特に車いすの回転直径1.5 mの円は平面計画の基本モデュールとなる．第二は車いす使用時の高さ方向の寸法への配慮である．これは車いすの寸法，使う人の体格，身体状況などから総合的に，できれば計画の際に実際の動作をしてもらい計測するのが望ましい．また開口を引き戸にしたり，行き止まりを作らずに室を循環するように配置するなどの工夫も考える．公的な集合住宅では個別に対応できないため，研究された標準的な設計寸法に基づいて計画することになる．

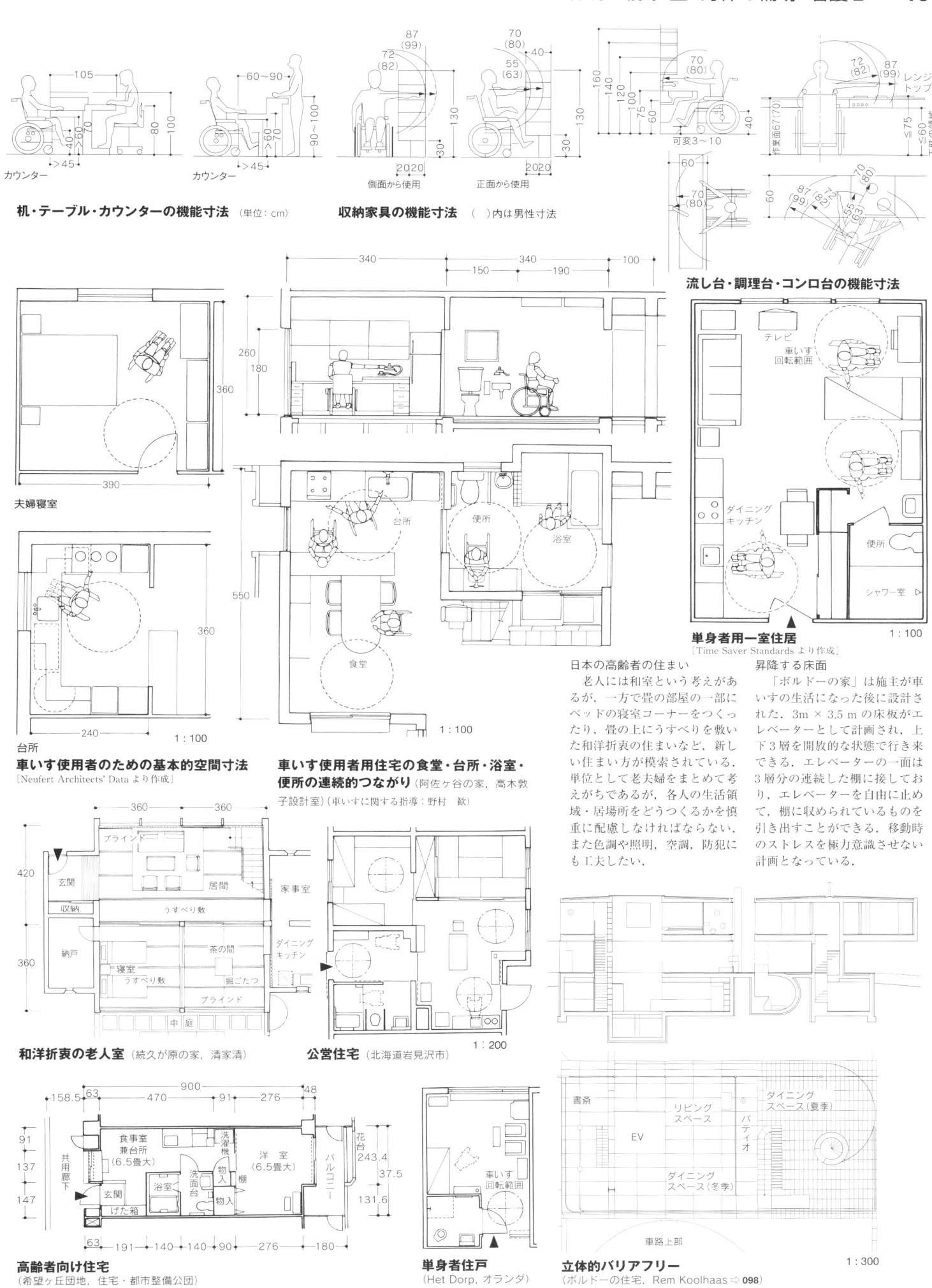

Action, Scene, Room: Health Care and Support 行為・場面・室：身体の補助・看護 2

机・テーブル・カウンターの機能寸法 (単位：cm)

収納家具の機能寸法 ( ) 内は男性寸法

流し台・調理台・コンロ台の機能寸法

夫婦寝室

台所

車いす使用者のための基本的空間寸法
[Neufert Architects' Data より作成]

車いす使用者用住宅の食堂・台所・浴室・便所の連続的つながり（阿佐ヶ谷の家，高木敦子設計室）（車いすに関する指導：野村歓）

単身者用一室住居
[Time Saver Standards より作成]

日本の高齢者の住まい

老人には和室という考えがあるが，一方で畳の部屋の一部にベッドの寝室コーナーをつくったり，畳の上にうすべりを敷いた和洋折衷の住まいなど，新しい住まい方が模索されている．単位として老夫婦をまとめて考えがちであるが，各人の生活領域・居場所をどうつくるかを慎重に配慮しなければならない．また色調や照明，空調，防犯にも工夫したい．

昇降する床面

「ボルドーの家」は施主が車いすの生活になった後に設計された．3m × 3.5mの床板がエレベーターとして計画され，上下3層を開放的な状態で行き来できる．エレベーターの一面は3層分の連続した棚に接しており，エレベーターを自由に止めて，棚に収められているものを引き出すことができる．移動時のストレスを極力意識させない計画となっている．

和洋折衷の老人室（続久が原の家，清家清）

公営住宅（北海道岩見沢市）

高齢者向け住宅
(希望ヶ丘団地，住宅・都市整備公団)

単身者住戸
(Het Dorp，オランダ)

立体的バリアフリー
(ボルドーの住宅，Rem Koolhaas ⇒ 098)

196 行為・場面・室：排泄・整容 Action, Scene, Room: Excreting/Dressing

個人住宅では洋式便器が一般的となり、さらにウォシュレットも広く普及している。また便所は用便だけではなく、一人になれる空間として本棚等の収納スペースや空調スペースを設計に組み込む場合もある。便所の設計は幅よりも前方のあきが和洋ともに不足しがちであることを留意したい。幅の設定は、両側が壁の場合は手すりの代用になるので不潔感がなければ小さい方がよい場合もある。

加齢を考えると、ドアを外開きとして中での転倒事故に備えることも必要である。車いす利用も余裕があれば考慮したい。この他、災害時には上下水道が麻痺し、通常の用便が困難となることから臨時の排泄の場の用意があるとよい。

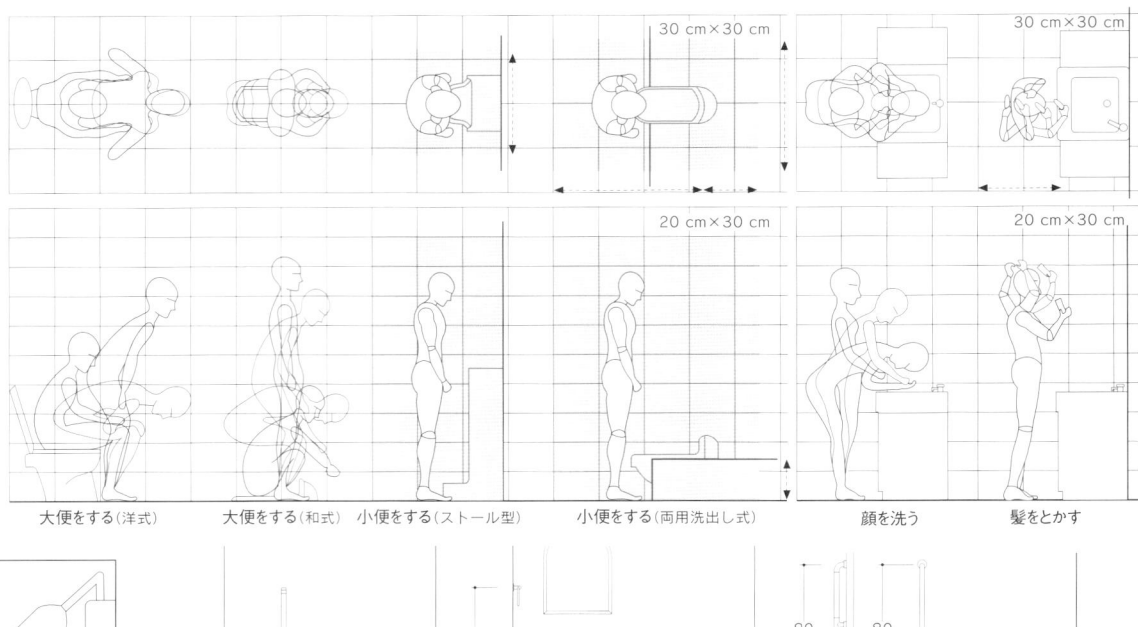

大便をする（洋式）　大便をする（和式）　小便をする（ストール型）　小便をする（両用洗出し式）　顔を洗う　髪をとかす

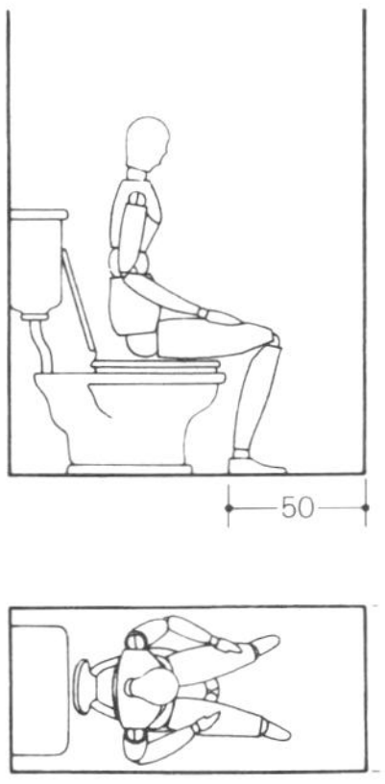

洋式便器（ロータンク）
排泄の動作空間

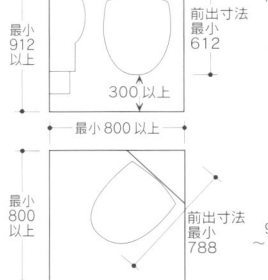

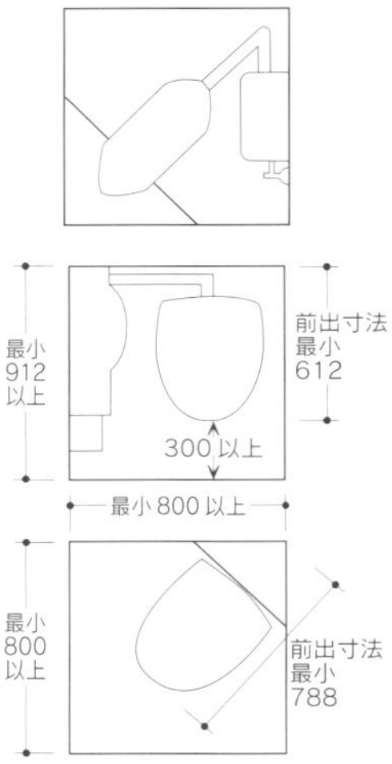

和式便所の洋式改修のための最小寸法（単位：mm）

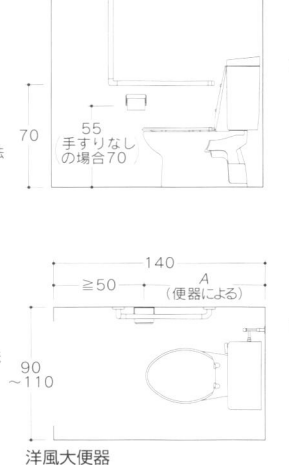

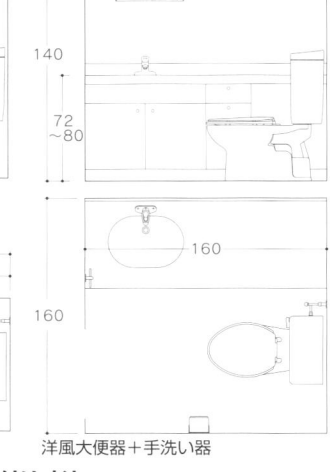

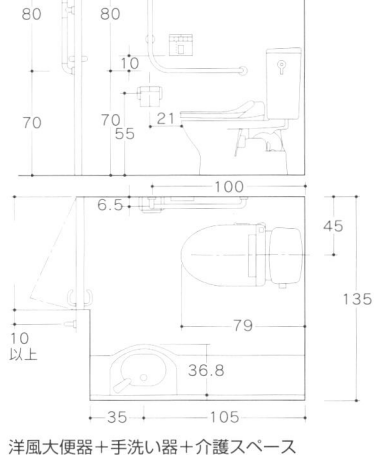

洋風大便器　洋風大便器＋手洗い器　洋風大便器＋手洗い器＋介護スペース
個人用の衛生機器標準取付け寸法

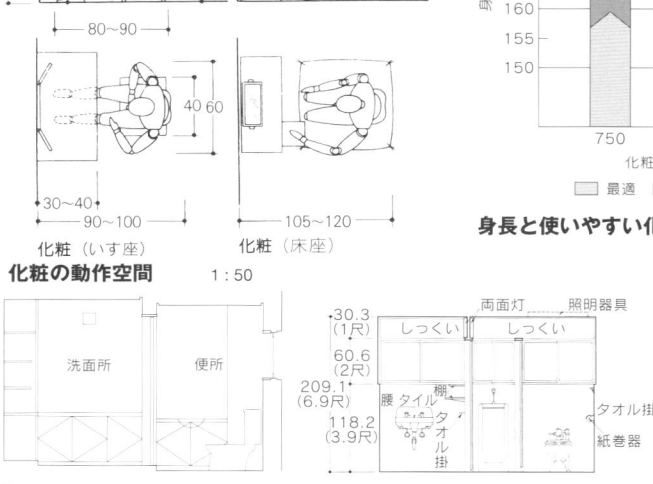

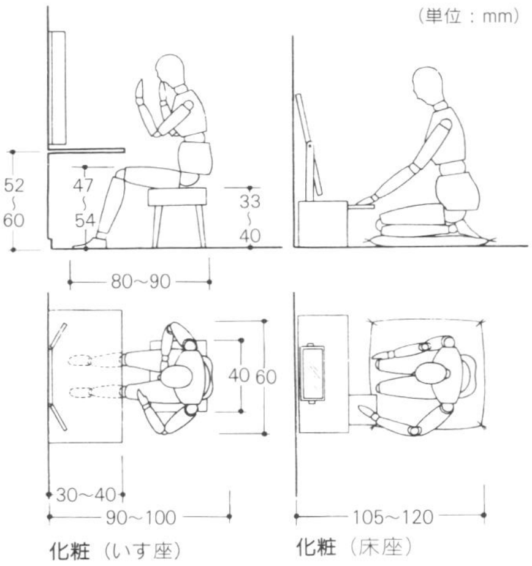

化粧（いす座）　化粧（床座）
化粧の動作空間　1:50

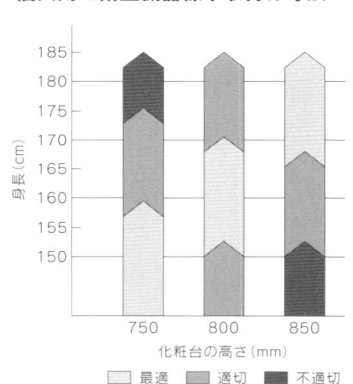

身長と使いやすい化粧台高さの関係

洗面所の多目的化

戦前は寝室に鏡台があり、そこで身だしなみを整えていた。鏡台は主要な婚礼家具であった。戦後は家具と合体したドレッサーとなり、現在では洗顔・整髪・化粧の一連の行為を洗面所で行う人が増えている。日本の洗面所は平均1坪ほどのなかに、洗濯機や洗面化粧台がおかれ、洗顔・洗髪・歯磨き・化粧・脱衣・洗濯など様々な行為が行われる。収納品も洗剤をはじめストック品や化粧品、ドライヤー類、タオル類などかさばるものが多い。

洗面台の高さは、かつては肘への水垂れを嫌って70cm台であったが、洗髪に配慮するとキッチン同様80〜90cmであってもよい。体格や使途の範囲に合わせて高さを選ぶ。車いす利用を考えると洗面器の下に足を入れる余裕が必要となる。

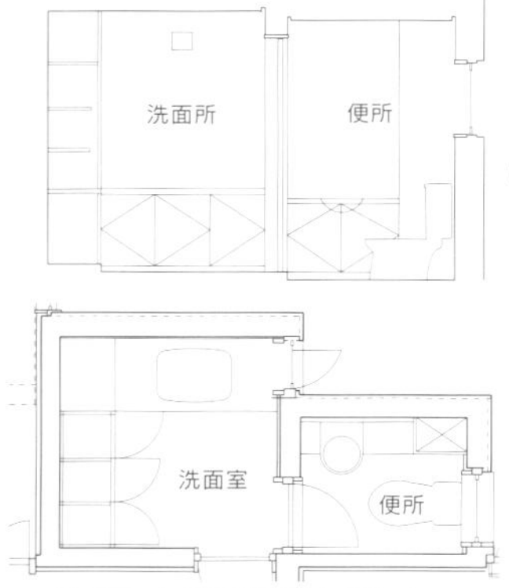

住宅における便所と洗面（中目黒の家、保坂陽一郎）

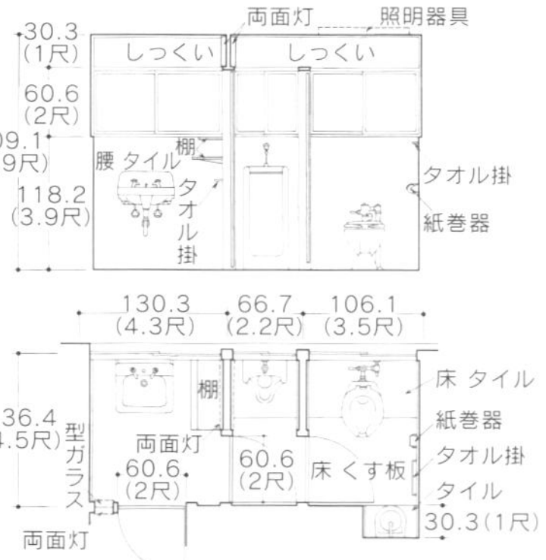

住宅における便所と洗面（磯居、堀口捨己）（小便器を独立させた便所）

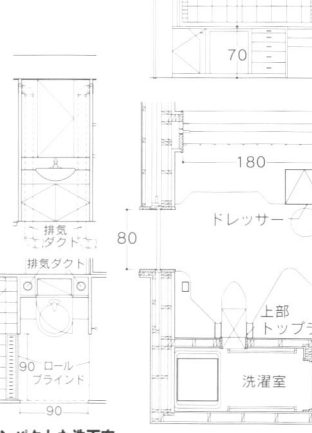

コンパクトな洗面室（老夫婦の家、白川直行）

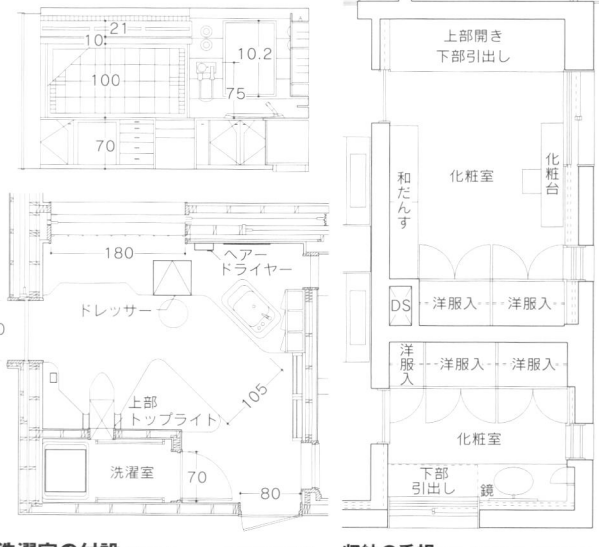

洗濯室の付設（Villa CypressII, 木村誠之助）

収納の重視（伊豆多賀の家、吉村順三）

Action, Scene, Room: Bathing 行為・場面・室：入浴

個人住宅・集合住宅ともに独立した浴室を持つのが一般的となった．住居内のくつろぎの場として快適性を重視して大型浴槽やサウナを設置したり，眺望を考えて窓や坪庭を配置したり多様な浴室が考えられる．

浴室は身体をどこで洗うかが計画・設計上のポイントとなる．不潔感は便所の方が高いがバスタブの汚れも想像以上に大きく，浴室の掃除は重労働であるので掃除のしやすさや明るさにも配慮が必要である．

家事との関係では水の再利用の観点から洗濯機位置を考慮したり，近くに勝手口を設けたりする．加齢の点からは入口部分の段差の解消や，手すりの設置，腰掛けてから浴槽に入れるように浴槽の縁を広く設計すること等が考えられる．余裕があれば介助者が介助するための空間も考慮したい．

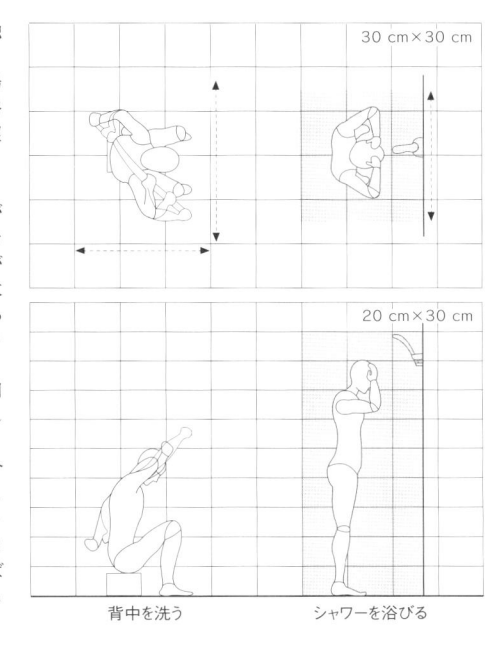

背中を洗う　　**シャワーを浴びる**

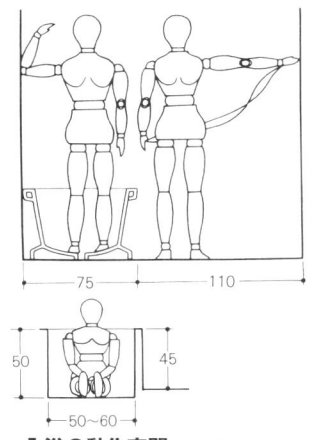

入浴の動作空間　1:50

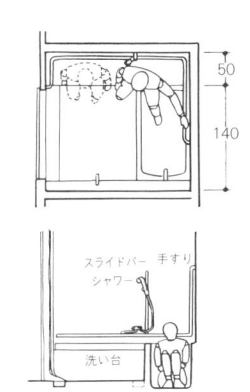

シャワーチェア付浴室
[Neufert Architects' Data より作成]

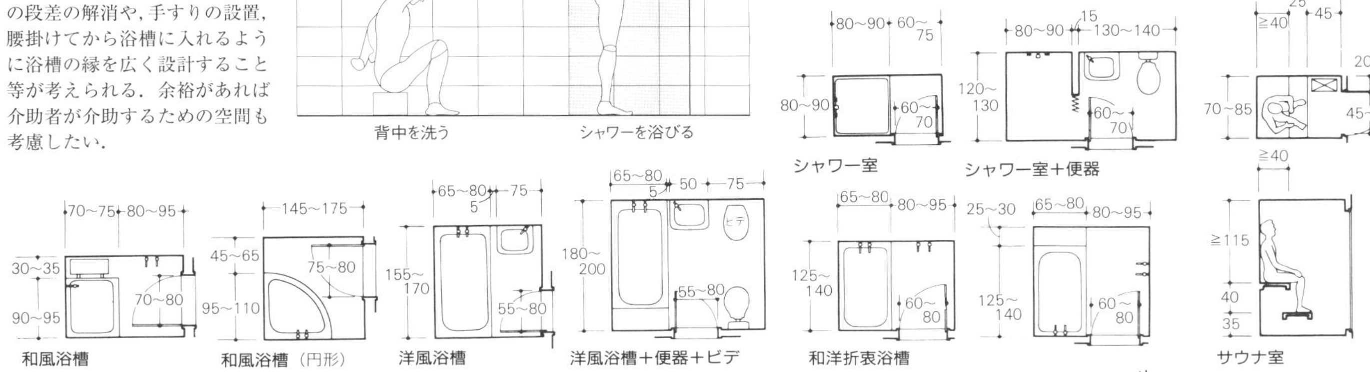

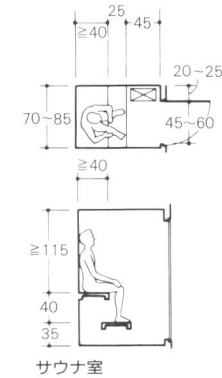

和風浴槽　**和風浴槽（円形）**　**洋風浴槽**　**洋風浴槽＋便器＋ビデ**　**和洋折衷浴槽**　**サウナ室**

浴室の基本寸法　1:100

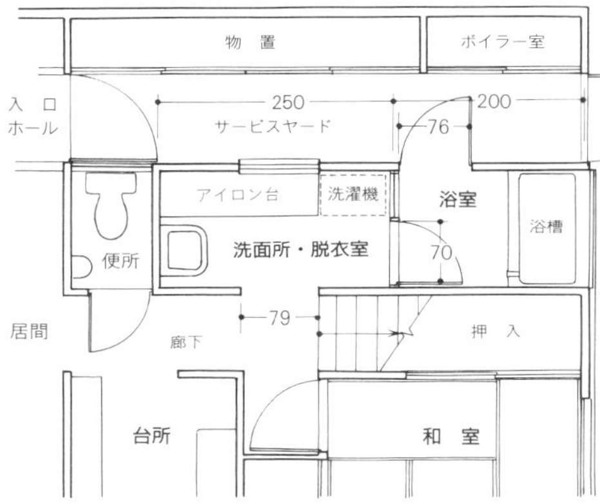

シャワー室　**シャワー室＋便器**

サービスヤードをもった浴室（写真家の家，林雅子）

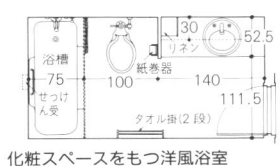

浴室のしつらい　1:100

化粧スペースをもつ洋風浴室
（広尾タワーズ，槇総合計画事務所）

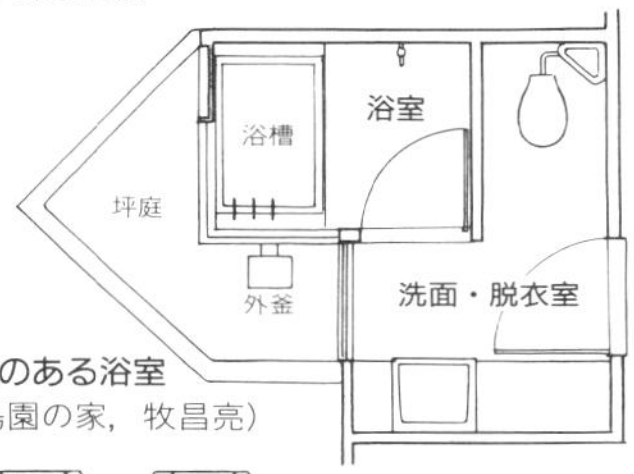

坪庭のある浴室
（豊島園の家，牧昌亮）

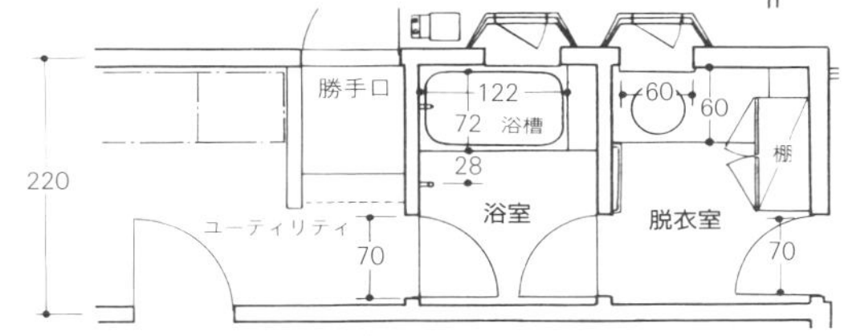

ユーティリティと連続した浴室（青山台の家，坂倉建築研究所）

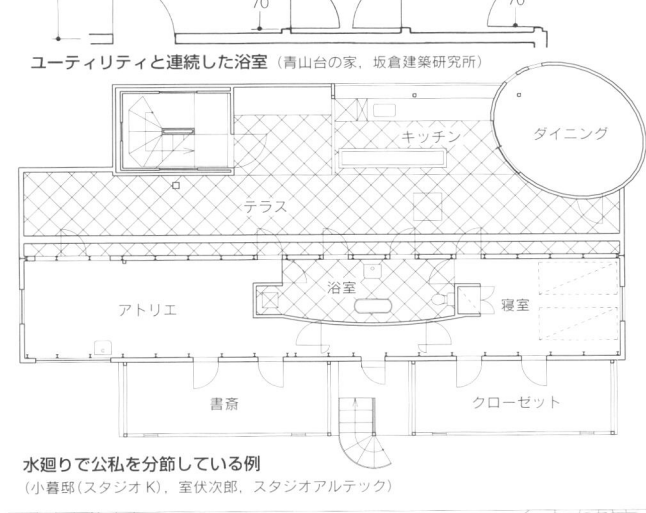

水廻りで公私を分節している例
（小暮邸（スタジオK），室伏次郎，スタジオアルテック）

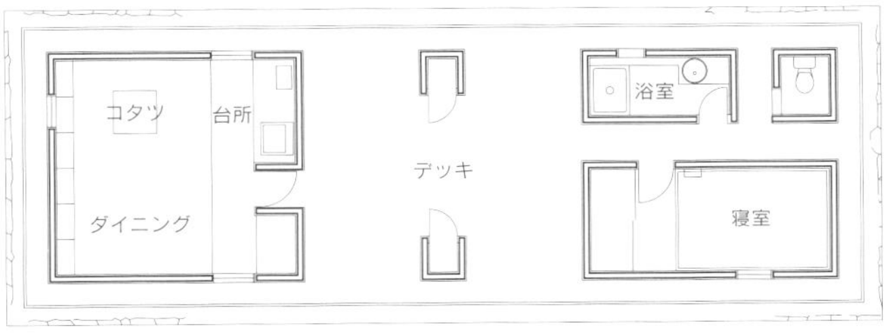

水廻りをコアとした例（山川山荘⇒059）

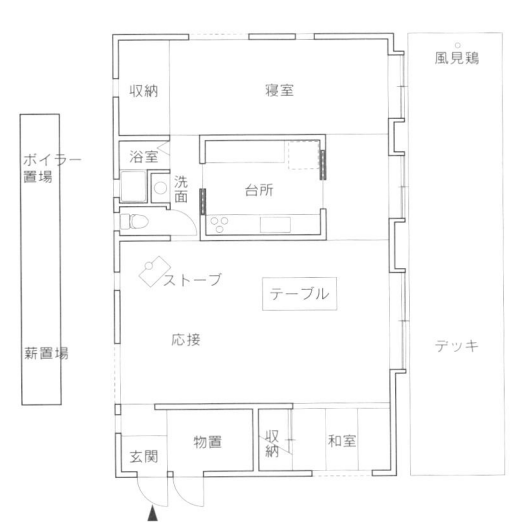

水廻りをコンパクトにまとめた例
（諏訪のハウス⇒083）

住宅内の浴室設計例　1:200

浴槽まわりの寸法

浴槽の内のり幅は個人用で60 cm 以上，多人数の場合は 45～60 cm／人である．背もたれの角度は洋風浴槽でも 30～35°で，それ以上だと足が浮きやすい．浴槽の長さは 110～115 cm 以上になると対面壁に足を伸ばして踏ん張れない．浴槽の縁の洗い場からの高さは 30～40 cm が望ましい．20 cm 以下になると，洗い場から湯を汲みにくくなる．

洗面・便所・浴室の配置

洗面・便所・浴室の所要空間は人体動作寸法から割り出すことができ，種々の使い方に合わせて標準値が決められている．これらは他の生活行為，例えば更衣や化粧と関連しており，そのための物品類の置き場を考える必要がある．扉のない便所や浴室，さらに居室の中に便所が囲いもないままに設計された例がある．他の生活空間との関連をより自由に考えたい．

ユニットバス

工場であらかじめ天井・浴槽・床・壁などを一体成型し，現場で組み立てるものをいう．システムバスとも呼ばれ，ともに和製英語である．タイル貼りによる在来工法の浴室と比べ，短時間での施工が可能なうえ，水漏れの危険が少ない．浴槽と洗面が一緒のものを2点ユニット，浴槽・洗面・便所が一緒のものを3点ユニットという．

198　行為・場面・室：洗濯・掃除　Action, Scene, Room: Washing/Cleaning

家事作業は大幅に機械化されている．洗濯・乾燥の作業はその典型である．その結果，家事専用の空間の必要度は低くなり，逆に家事のための物品置き場が必要となった．洗濯機置き場は，各家庭の家事の仕方に合わせて計画すべきである．台所に置く，脱衣所に置く，台所・洗面所・サービスヤードの交点に置くなど自由に考えられる．

アイロンがけは一定の動作空間を必要とし，作業頻度も高い．場所の設定には考慮すべき点が多い．和室が適切な場所にある場合は，アイロンがけだけでなく衣類の整理に便利である．かつてはミシンに代表される縫い物も大切な仕事であったが，アイロンも含めて食卓の上でも，居間でも場所を特定せずに行われるようになった．

二世帯住宅やコレクティブハウスではユーティリティを共用化する例もある．

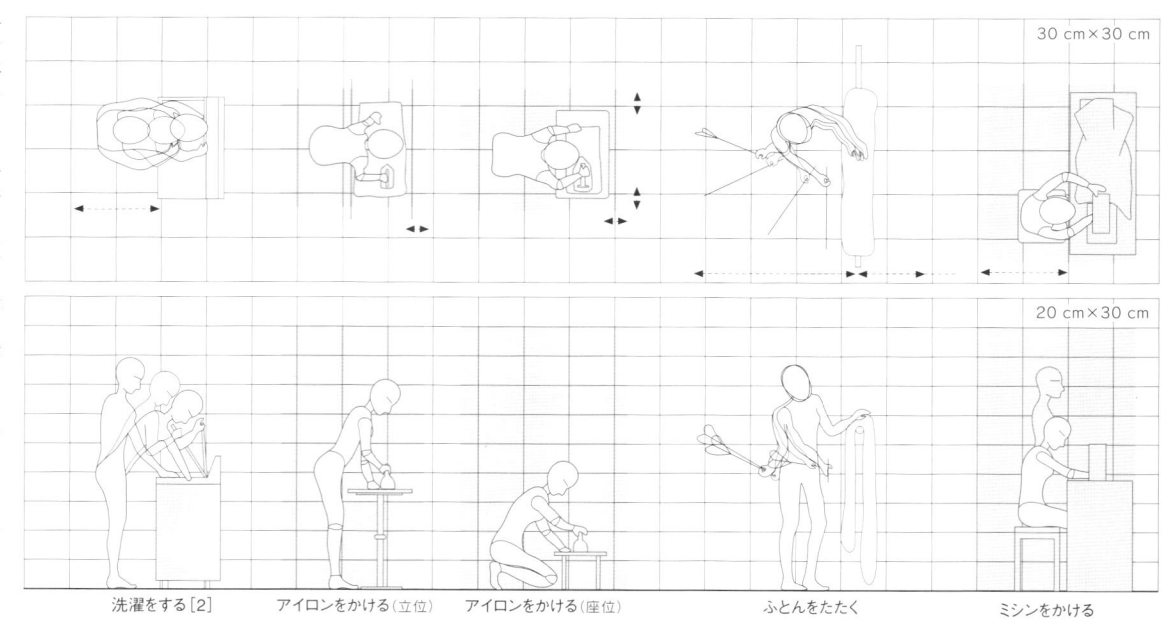

30 cm×30 cm
20 cm×30 cm

洗濯をする[2]　アイロンをかける(立位)　アイロンをかける(座位)　ふとんをたたく　ミシンをかける

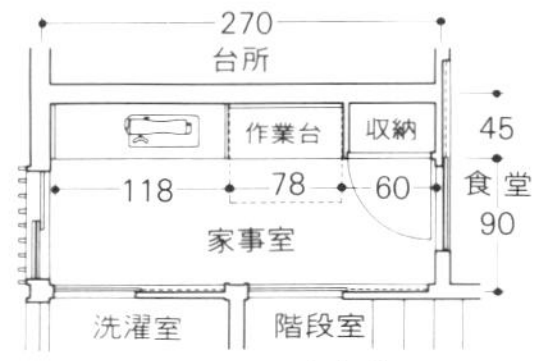

仕上・裁縫を行う家事室
(新宅邸，増沢洵)

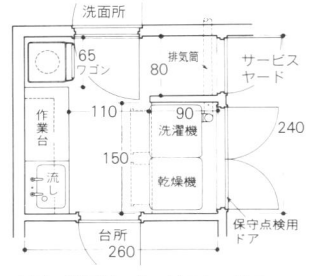

台所・洗面所・サービスヤードの交点にある洗濯室

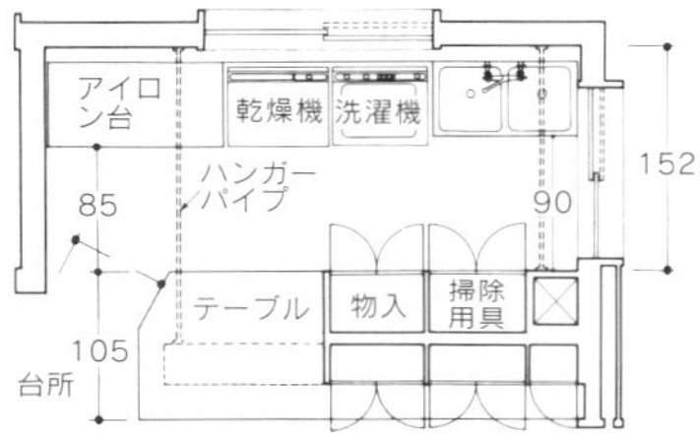

台所に接続する洗濯コーナー
(湘南茅ヶ崎の家，吉村順三)

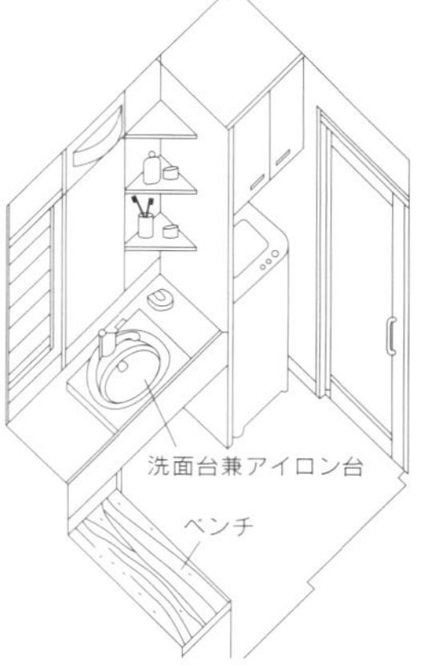

家事コーナーを兼ねた洗面室
(Nさんの家，花設計工房)

立式の仕上コーナー
(新谷邸，門馬建築設計事務所)

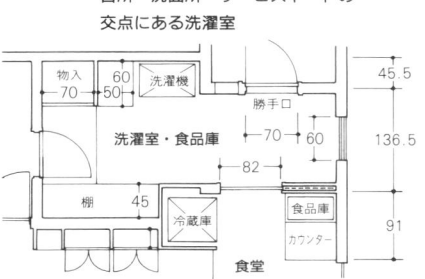

食品庫を兼ねた洗濯室(荒野邸，ピトリ・ピコリ)

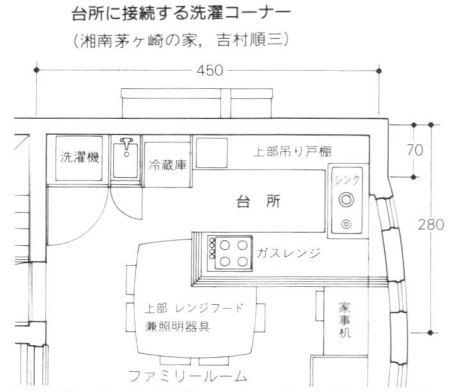

ファミリールームの洗濯コーナー (CHOI BOX，宮脇檀)

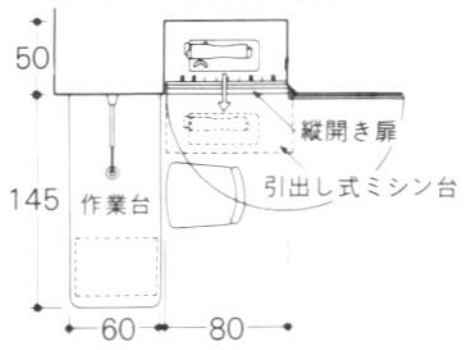

縫い物コーナー

家事空間と様々な機能の組合せ 1:100

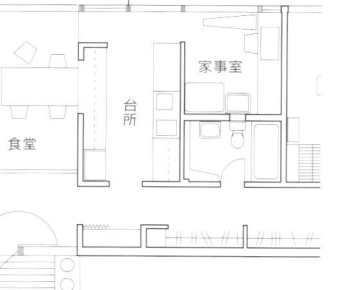

台所と連結した家事室(ブロイヤー邸，Marcel Breuer)

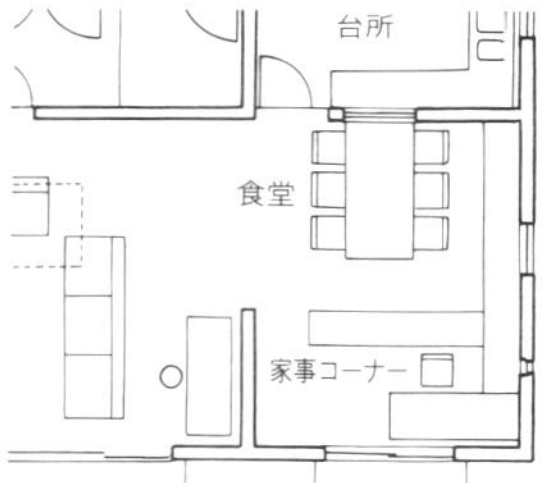

食堂の家事コーナー
(富士栄邸，大江宏)

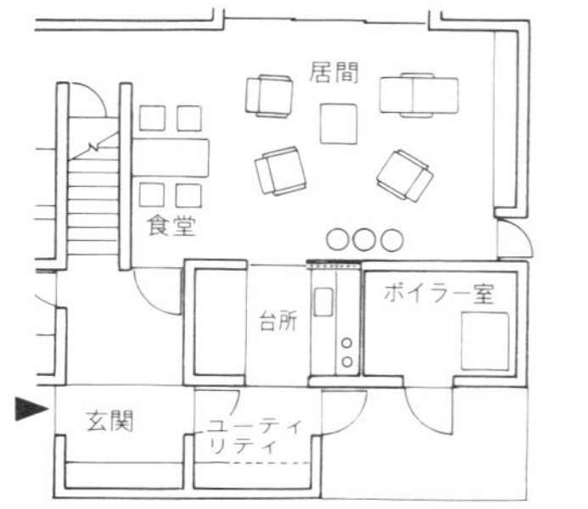

玄関に出られる家事室(夫婦屋根の家，山下和正)

物干し場をもったサービスコート(正面のない家-N，坂倉建築研究所→076)

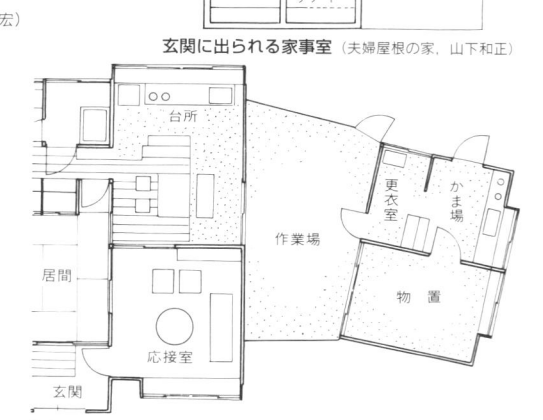

農家の土間と作業場(茨城県勝田市)

家事室と諸室とのつながり 1:200

◀家事空間の工夫

集合住宅では家事空間を多様化するほどゆとりがないことが多い．物干し場や浴室・台所の位置を鑑みながら設計する．設計例には台所と近接させている例，2階の台所を中心として物干し・階段・勝手口など外部を含んだ設計例もある．食事の大テーブルを家事の作業場面が取り囲んだ集約型もある．オープンなアイランドキッチンから家事コーナーへと空間の連続性を重視したものや，食堂の一画に家事コーナーをとるなど集いの場の中にスペースを設ける工夫も多い．わが国の伝統的な住まいのなかにあった土間を現代住宅で再現しようという試みも繰り返し行われている．下足の場である土間を台所に連続させ，土間に家事作業の場を設けたものや，台所・浴室などに囲まれた中庭を物干し場に利用したものもある．農家では農作業のための半戸外空間と連続した土間がつくられている．

Action, Scene, Room: Goingout/Working 行為・場面・室：外出・移動

わが国の玄関は，独立住宅・集合住宅いずれにおいても，外部と内部との接続，特に履き替えの場所として欠くことはできない．戦後の最小限住宅では玄関の廃止が課題の一つであったが，靴を脱ぐという習慣が存続する限り，玄関の空間は残る．玄関の設計では段差や家具（外套ハンガー，靴箱，傘立て等）の納まりが問題となる．段差が生じる場合は障害や加齢を考慮して設計する必要がある．

室内の廊下・階段・手すりは人間工学的研究の結果，その幅や勾配，高さについて様々な推奨値が提案されている．推奨値を参照しつつ，住宅全体の規模や平面計画に応じて設計すべきである．昇降手段としてホームエレベータの設置も普及している．集合住宅においては玄関・廊下・階段の質を高める必要がある．

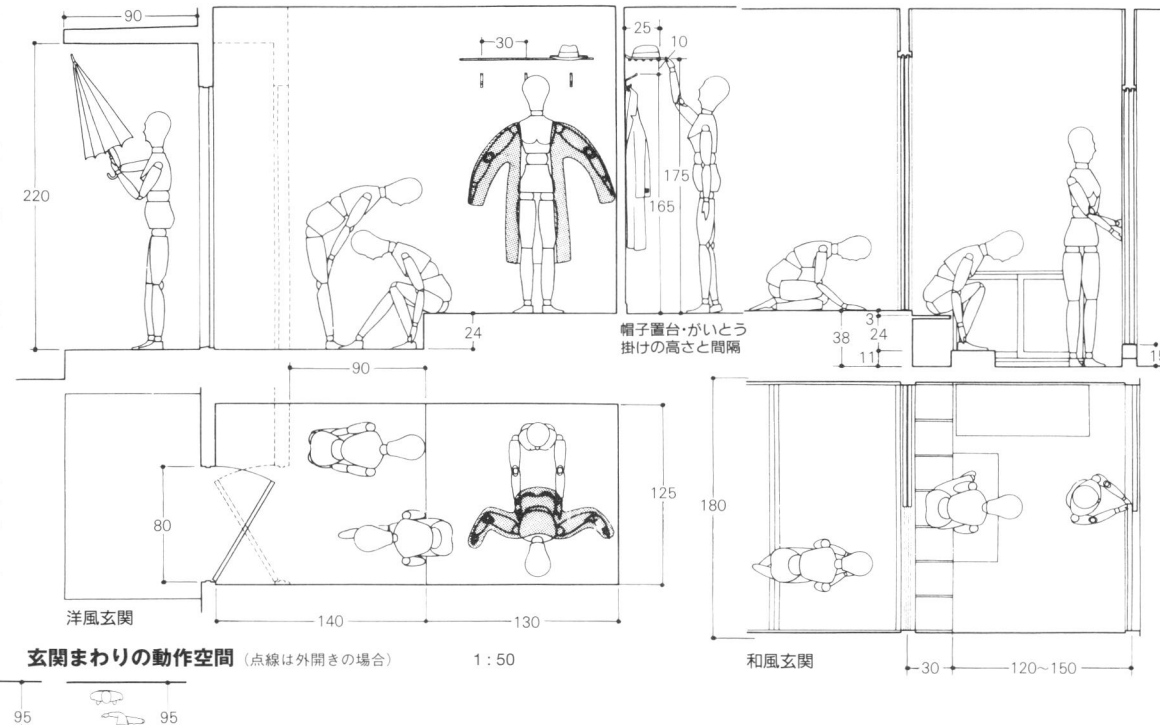

玄関まわりの動作空間（点線は外開きの場合） 1:50

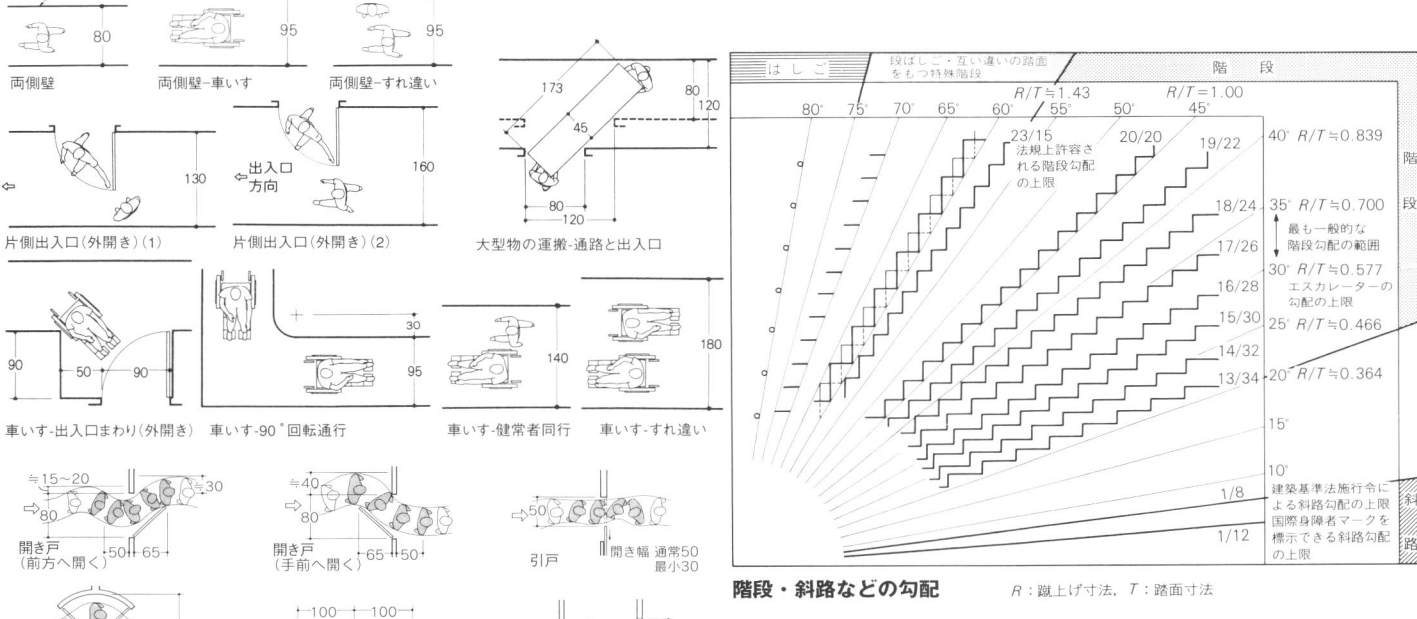

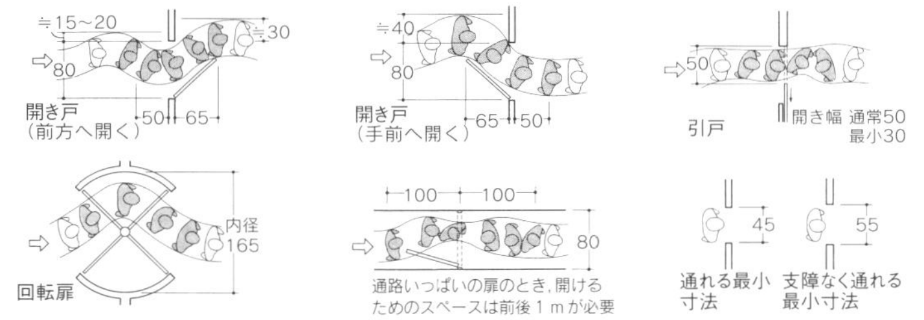

洋風玄関　　帽子置台・がいとう掛けの高さと間隔　　和風玄関

扉開閉に伴う標準的寸法

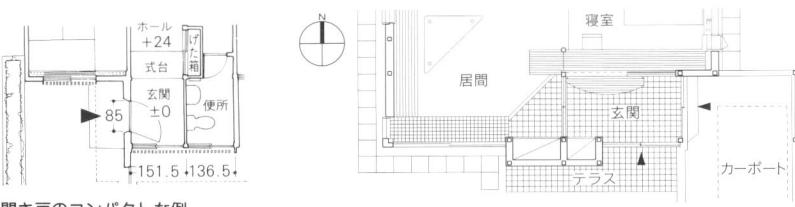

開き戸のコンパクトな例（上野毛Ｓ邸，杉山 隆）

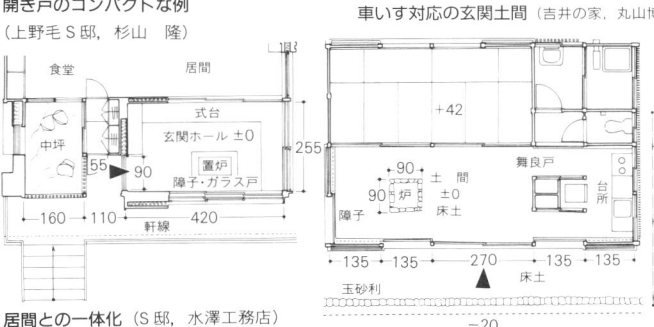

居間との一体化（Ｓ邸，水澤工務店）

独立住宅の和風玄関 1:200

車いす対応の玄関土間（吉井の家，丸山博男）

土間（ちむうワシ，高須賀晋）

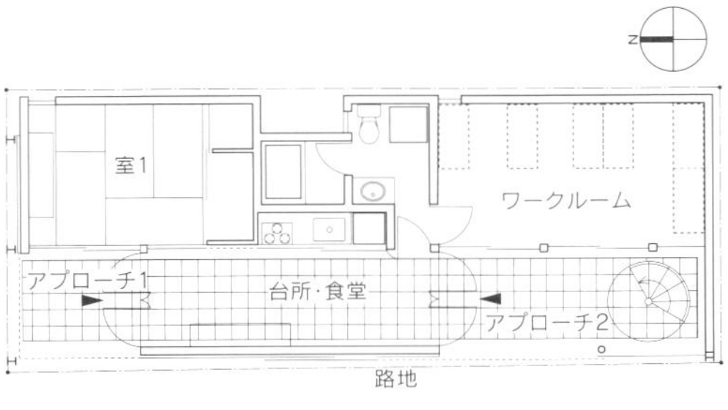

通り庭的な土間（野田の家，吉井歳晴）

階段・斜路などの勾配　R：蹴上げ寸法，T：踏面寸法

▲ **階段・斜路の勾配**
　階段や斜路の勾配は安全性や快適性に関わる．踏面・蹴上げ・階段幅・踊り場などの最低基準の寸法は法規で決められている．昇降しやすい階段の踏面（T）と蹴上げ（R）には $T+2R=$ 約 63 cm をはじめ各種の関係式が提案されている．蹴込みは，あると上がりやすいとされるが，つまづく危険性があるため 2 cm 以下が推奨されている．
　斜路は障害のない環境づくりの一環として住宅への取り付け部分に階段と併用して設置されることが多くなった．上下階の移動に斜路を使ったものとして，サヴォア邸（⇒043）が有名である．その勾配は 1／7 程度である．靴を履いたときの階段の蹴上げ・踏面の適性寸法と，脱いだ状態の適性寸法は異なることに注意したい．また斜路の長さによっても勾配は調整した方がよい．車椅子利用で，長い斜路の場合は 1／16 程度がよい．

◀ **和風住宅の玄関まわり**
　わが国の独立住宅では，道路から玄関まで，玄関から座敷までのアプローチがいくつかの部分に分節されているのが特徴であった．また農家住宅の土間あるいは町家の通り庭などの考え方を現代に生かそうという試みもある．玄関土間に簡単な接客の空間と土間とを連続させた直接的な応用例もある．

200　行為・場面・室：団らん・接客 1　Action, Scene, Room: Relaxing/Welcoming

　もてなしたりくつろいだりする場では人々は対話や視野の交錯がしやすいように互いの距離や身体の向きをとる．そのような集まりの型を社会融合的（ソシオペタル：sociopetal）という．
　研究結果によれば1.5～3.0 m程度の距離で室内の日常会話が成立している．アメリカで出版されている「Time Saver Standards」でも直径3 mの円周を会話環と呼んでいる．3.6 mを超えると互いが会話をしなくても気にならなくなる．この種の距離は姿勢によって変化し，上記の値は立位・椅座位の場合である．床座位では距離は75％程度に縮小する．さらに集まりに必要な家具を含めると集いの場には2つの型がある．会話環を中心に机等を置きそれを囲んで座を作るものと会話環の中心を空けて座るものである．西欧の伝統的しつらいではその広さは5×6ヤードである．

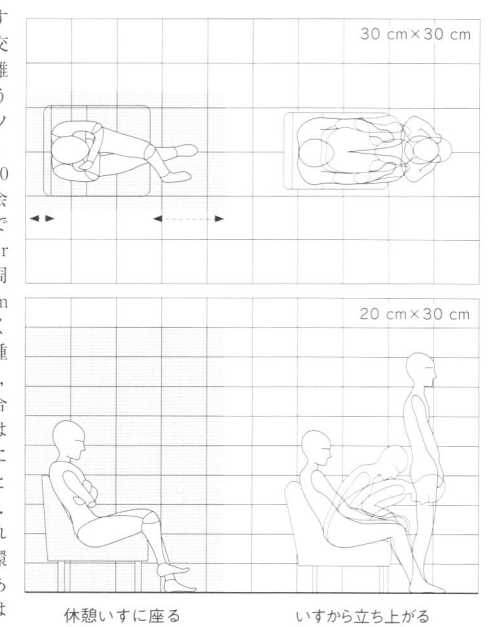

休憩いすに座る　　いすから立ち上がる

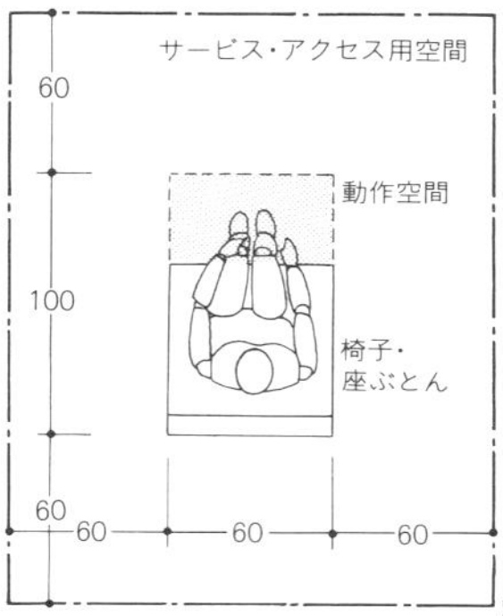

一人分の動作空間 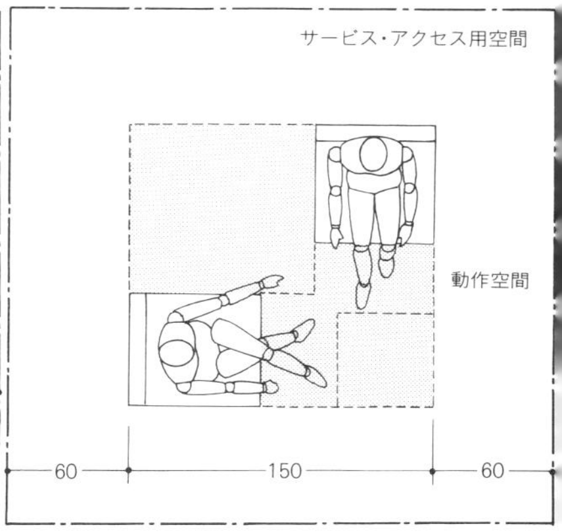　　L字型の動作空間 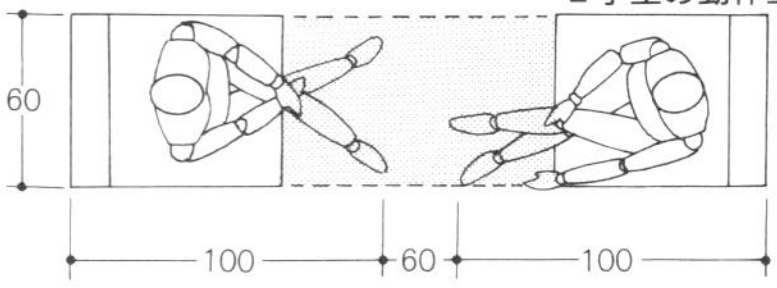　　対面型の動作空間

集いの動作空間　1:50

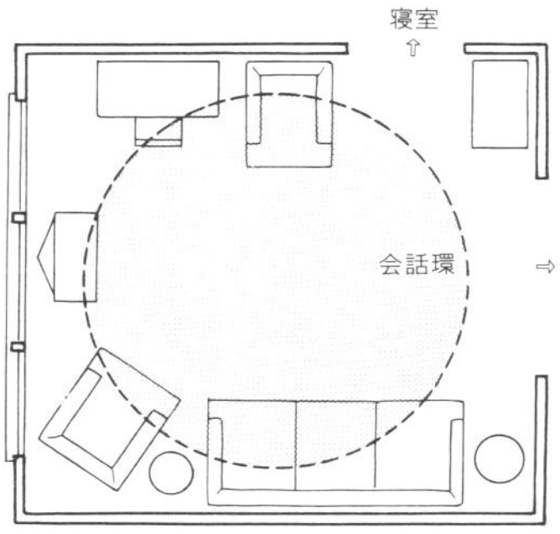

独立した団らん

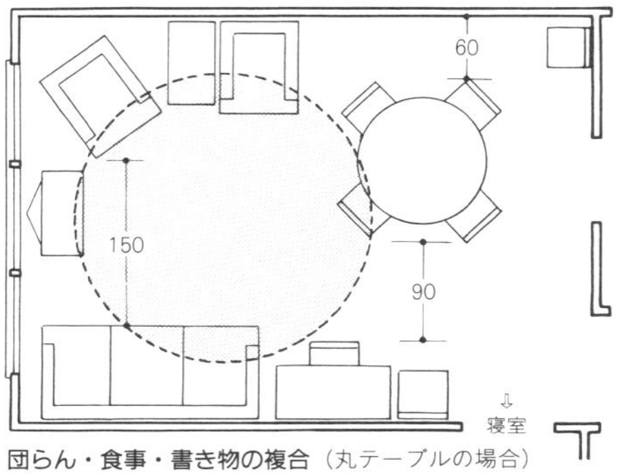

団らん・食事・書き物の複合（丸テーブルの場合）

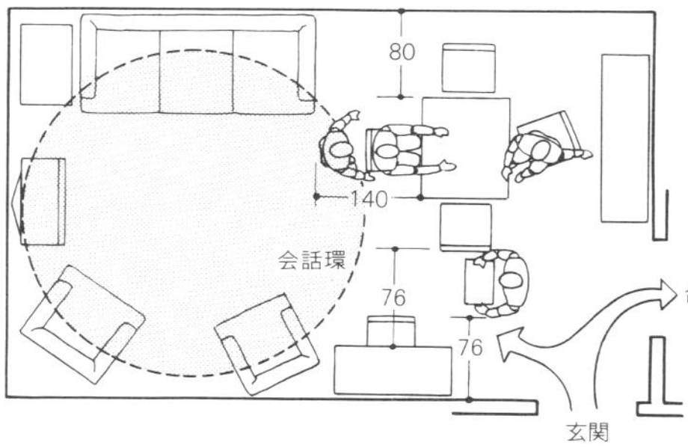

団らん・食事・書き物の複合（矩形テーブルの場合）

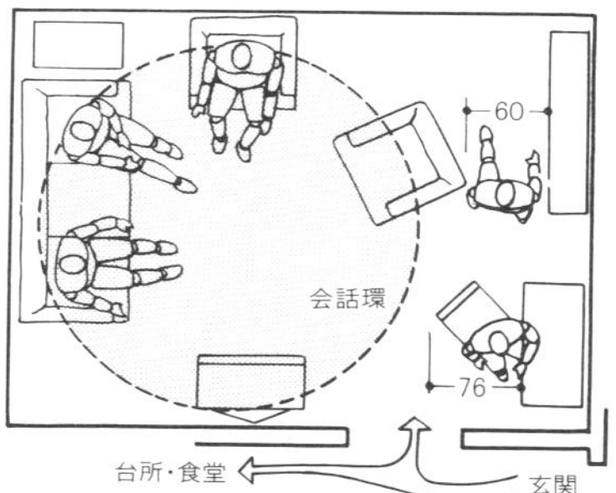

通り抜けのための必要寸法

会話環と集いの単位空間　1:100　[Time Saver Standards より作成]

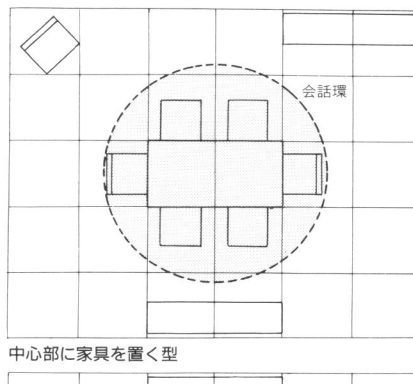

中心部に家具を置く型

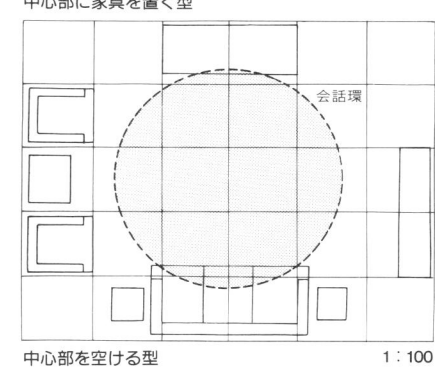

中心部を空ける型

集いにおける二つの原型　(5×6 yd)　1:100

▲集いにおける余白空間の見込み
　西欧の伝統的に導かれた集いのための空間の大きさ5×6 yd（4.6×5.5 m）は通り抜けの余裕も含まれた大きさであり，3.6×4 m（70～80％）あれば長いす1脚，ソファ2個，テレビ，書き物机を会話環に沿って置くことができる．楽なソファの場合，一人分の所要空間は，前後の行為のための座る・立ち上がるために必要な空間・足組みのあきも含めて1.0×0.6 mとなる．家具を最小限に縮めればこの値はさらに小さくなる．ソファの距離が近すぎると気楽な対話が難しくなり，ソファのあきは1.5 mは必要である．居間に食事の場が追加されると所要空間が増加するが，主な通り抜けのあき0.9 mをとっても西欧の伝統的に導かれた空間の大きさ（5×6 yd）内に収めることができる．この広さは日本間で2.5×3間，15畳に相当する．

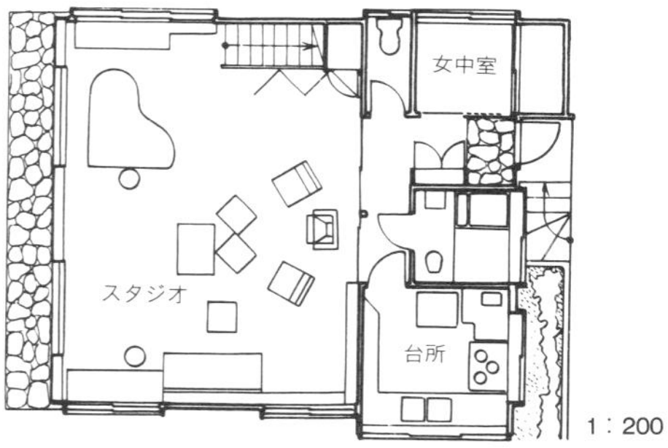

団らん・食事・調理の集合（塔の家⇒059）　1:100
［「塔の家」白書，住まいの図書館出版局より作成］

◀最小限の集いの空間
　「塔の家」では1階の6坪・12畳の広さにポーチ・玄関・台所・食堂・居間・階段が収められている．人体動作の限界まで切りつめた例であり，設計の技術次第で種々の標準値の意味が変わることを示すものである．ここでは接客や食事を部分的に都市空間に依存しており，住宅に何を内在化させるのかを投げかけている事例でもある．

多目的の集いの一室（カニンガム邸⇒058）　1:200

▲多目的な集いの場
　「カニンガム邸」では5.4×7.2 m（24畳相当）の大空間に日常の食事・団らんからピアノ演奏，仕事場を収めている．入口側との引き戸を開け閉めすることにより空間の質がコントロールでき，閉めれば吹抜けのあるハレの空間になる．この広さに家具などの物品が図示の程度に収まっていると，開放感のある空間が可能となる．

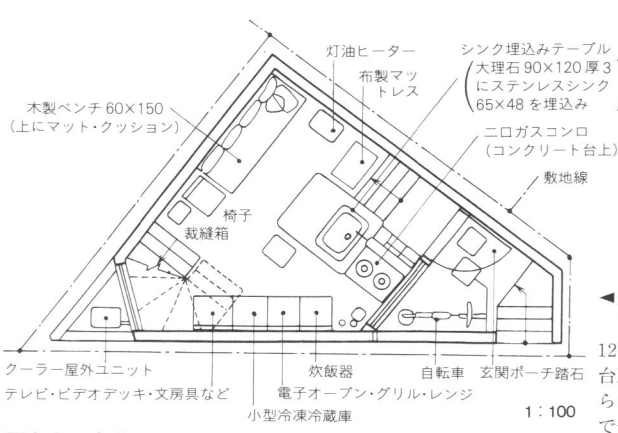

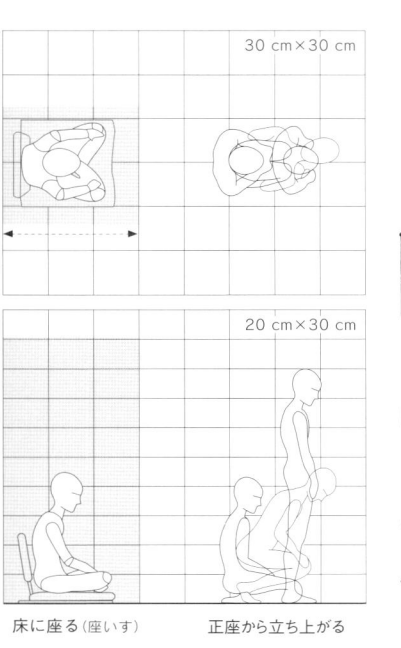

Action, Scene, Room: Relaxing/Welcoming 行為・場面・室：団らん・接客2

図版キャプション

- 30 cm×30 cm
- 20 cm×30 cm
- 床に座る（座いす）
- 正座から立ち上がる
- 2人座（囲碁など） 140〜160　65/80 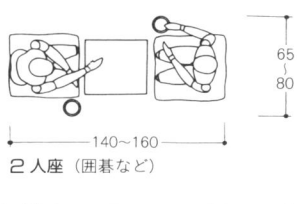
- 4人座（自由な姿勢） 65〜90　40/90/65
- 和室の会話環　1:100（4.5畳／8畳／15畳／18畳（九の間））240
- 座敷にあるこたつ（石間邸，石間工務店）1:100
- 1.5 mと3 m二重の輪　1:150
- **住宅内での人の集まりの輪**
- 多目的の造付け大テーブル（MYNYKKK，独楽蔵） 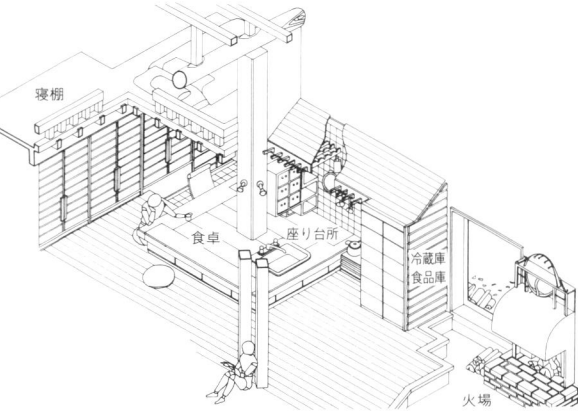
- 土間のある集いの場（茨城県猿島郡境町）
- 伝統的な茶の間（北川邸：指膊，村野藤吾） 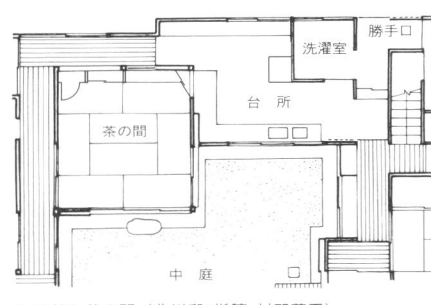
- 広い横長のバルコニーをもった集いの場（船橋ボックス，宮脇檀） 
- 中央ホールにおける集い（プロジェクトNo.16，Rob Krier）  
- 6角形グリッドでしつらえられた集いの場（ハンナ邸，Frank Lloyd Wright）
- 専用の趣味の持つ空間をもつ場（立川のハウス⇒070）
- **多様な集いの単位空間**　1:200

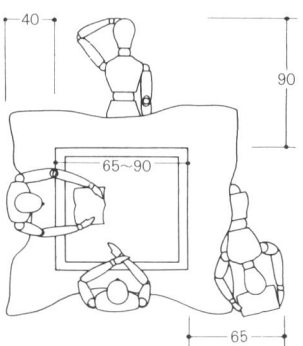

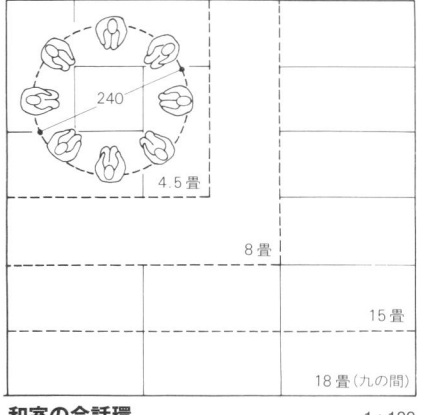

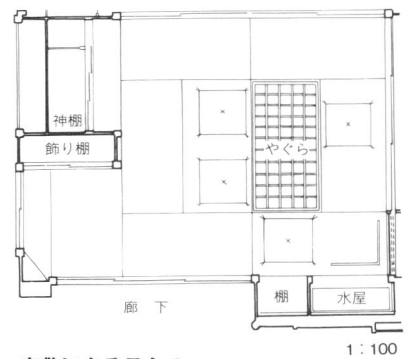

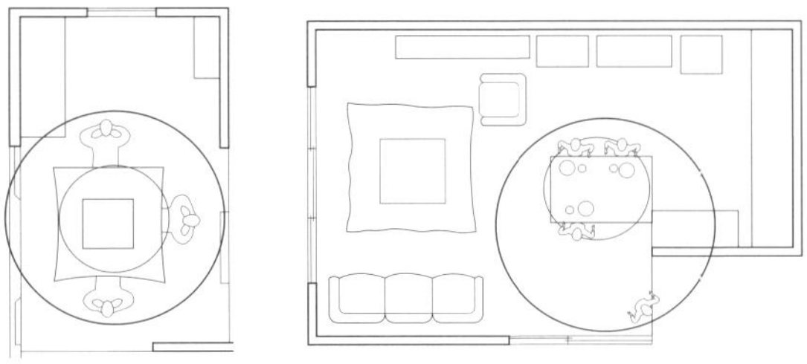

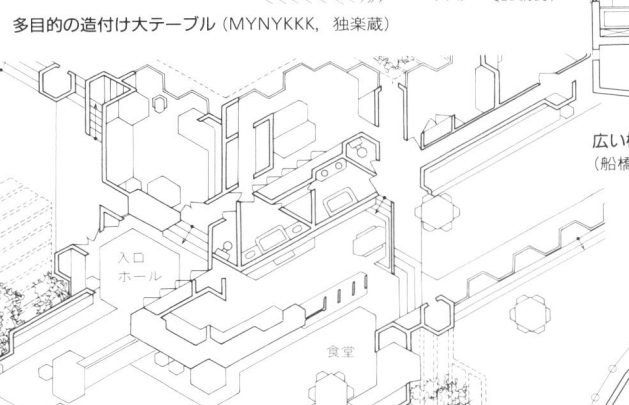

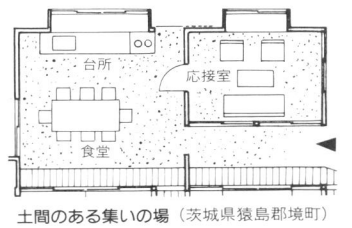

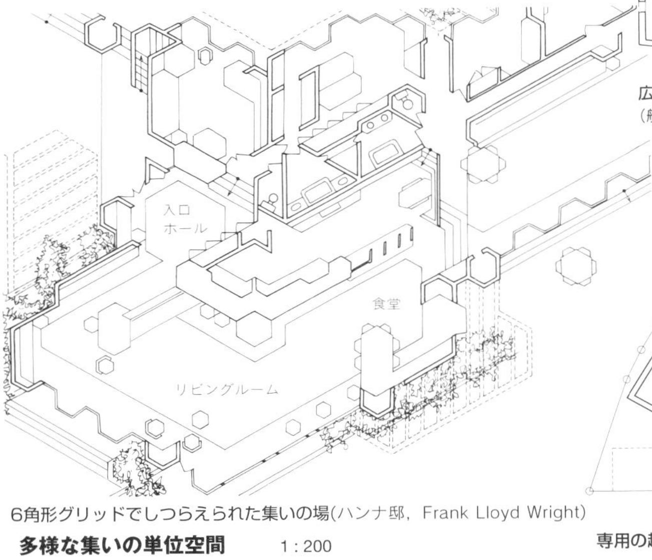

本文

◀ **空間単位としての和室**

畳が敷き詰められた和室は種々の行為に対応できる．住宅の場合は4畳半，6畳，8畳がよく見られる．昔は人生の通過儀礼である誕生・成人・結婚・葬儀や，集落の祭事等を行うことも住宅の役目であり，それらを許容する間取りが重視された．部屋と部屋を建具で繋ぎ，続き間の2室を1室に，さらには広縁を取り込み，また外部空間をも取り込む等，様々な規模に調整して，様々な行事に対応したのである．

◀ **多目的家具としてのこたつ**

こたつは暖のとれる机・座具として息長く使われている家具である．サイズは70 cm角から90 cm角，さらに長辺150 cmの長方形のものもある．これは，囲んだ人々の距離は近接しているが，身体はふとんで隠され，上半身は種々の姿勢ができるので，団らん等の会話以外に個人的な行為を行いやすい場となる．90 cm角のこたつで寝転がった姿勢でほぼ4畳半に収めることができる．

◀ **多様な集いの場**

和式の場合は，住宅内の部屋の位置や土間や中庭などの半戸外空間との関係，また囲炉裏的な家具の役割によって個性が与えられる．洋式の場合は家具の配置によって個性がつくられる．最近は茶の間や接客の間を分節するのではなくワンルーム的な大空間をつくり，平常時を重視して家具を置き，要求に応じて使い分ける例が増えている．集いの場は平面的なデザインに加え，天井高にも気を配りたい．合わせて照明や採暖（床暖房・暖炉），オーディオ・映像機器の配線にも配慮する．

202 行為・場面・室：執筆・読書・事務 Action, Scene, Room: Writing/Reading/Working

住宅内で行われる個人的生活行動の内容や場所は極めて多様である．読み書きの場は必ずしも特定の場所を必要としない．住宅のあらゆる場所で行うことが可能である．和風のしつらいによく見られるようにこたつに入って各人がそれぞれ別のことをしているのはその一例である．このような場合，相互の干渉を避けるために自ずと行為は制限される．一般的には個人空間としての性格の強い寝室と複合することが多い．書斎・アトリエとして専用に設けられることもある．特定の個人のための空間を住宅のどこに置くかで，空間の質は変わる．また近年ではオーディオ機器や情報機器，それに伴う周辺機器が多数住宅内に置かれるようになった．そのための空間は家族内でのシェアの仕方により，汎用性の強い空間と複合しているもの，個室化して専用化しているものがある．

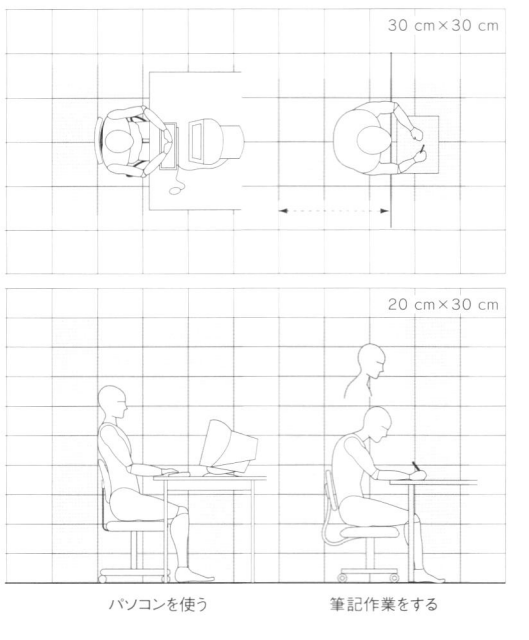

パソコンを使う　　筆記作業をする

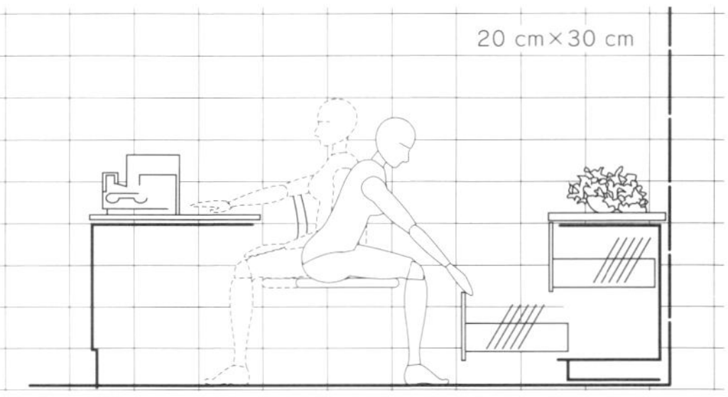

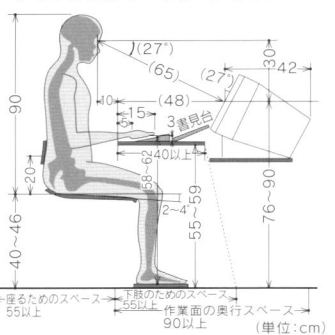

VDT作業中の姿勢
[出典：若井，大内：日本大学工学部環境造形研究室資料]

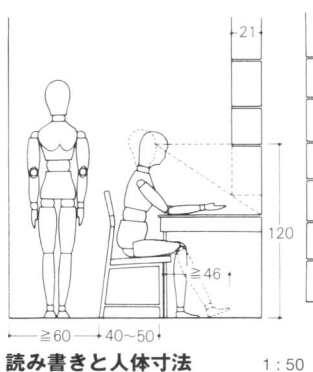

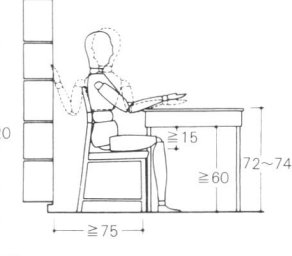

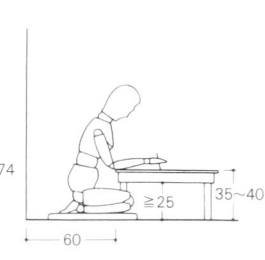

読み書きと人体寸法　1:50

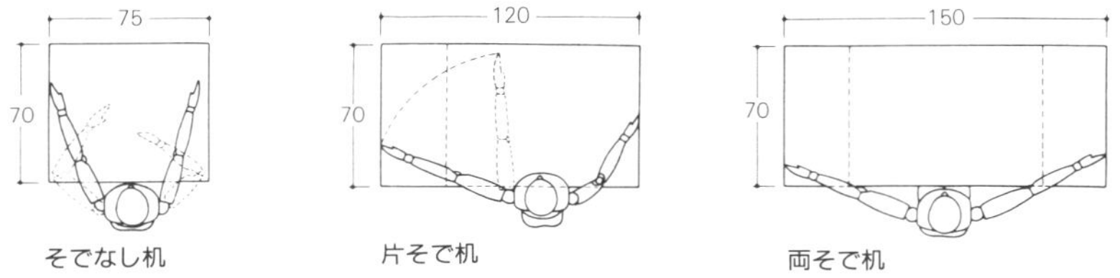

人体寸法から割り出される机上の広さ　1:50
そでなし机　　片そで机　　両そで机

後方にファイルキャビネットを持つ執務スペース

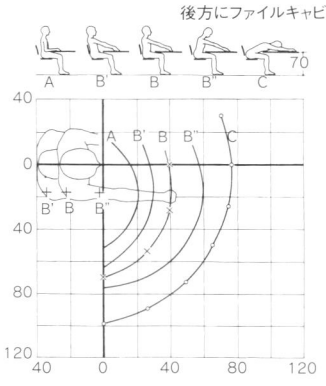

椅座位姿勢でものに手の届く範囲

個人的生活行動の諸場面

和風住宅につけられた洋室の接客空間は時として書斎を兼ねることがあった．逆に書斎に仕事机以外の机，いすを持ち込み客や友人を招く場にすることも多い．招かれた客も食堂や居間などの家族の日常の場面とは別の領域に入ったという印象を受ける．ヨーロッパの住宅では音楽室と居間とが複合し，そこに主人の仕事机，婦人の家事机も同時に置かれているような部屋がある．規模は大きくノイフェルトの示した平面では約35 m²の広さがある．

成人個室や一室型住居では，種々の生活行動に対応した動作空間の分節・配置がその環境の質に大きく影響する．この場合，規模にゆとりがあれば各動作空間の分離がうまくできる．一方，仕事部屋への他人の侵入を一切拒否する穴蔵的環境を好む人もいて，個人の場は多様である．

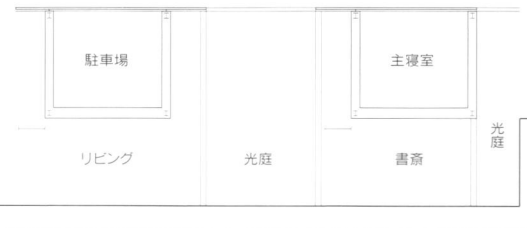

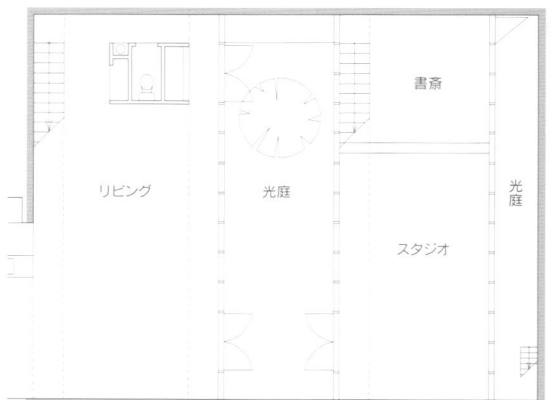

寝室と書斎を立体的に配した部屋　1:200
(M-HOUSE，妹島和世，西島立衛)

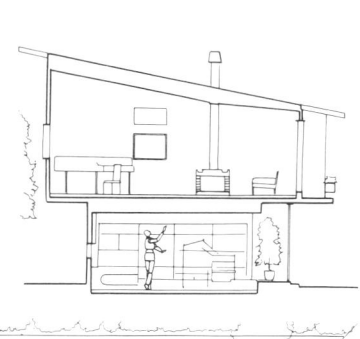

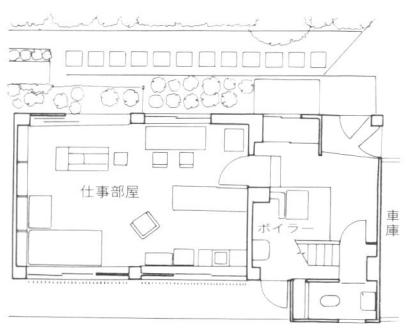

◀個室と住宅全体との関係
家族の住居を一室型に分解した個室群住居という考え方もある．特定の個人的生活行動のための空間を住宅のどの位置に置くかで，その空間の質は変わる．屋根裏・地下室・離れなどにとられた時には隔離の度合が高まる．1階に開放的に置かれた場合，住宅の顔・商店の店先のような役割が与えられる．この手法は集合住宅でも使われる．

仕事部屋と多機能が結ばれた部屋　1:200
(久我山の家，吉村順三)

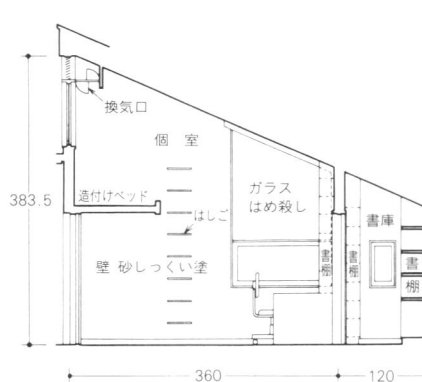

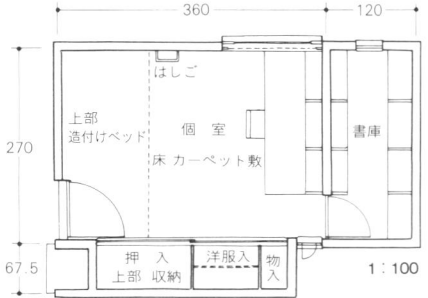

個室に書斎用コーナーを配置した部屋　1:100
(武田先生の個室群住居，黒沢隆)

ホームオフィス

国内の小規模の事業者は500万を超え，SOHO（Small Office Home Office）は住宅の一般的要素になりつつある．SOHOでは外部との連続性，住宅との独立性，執務・会議・接客スペースのバランスや位置は，職種や従業員数，仕事の規模による．SOHOとはいかないまでもPCを1台以上持ち，家庭内のワークスペースを充実する例は多くなっている．

Action, Scene, Room: Creation/Playing　行為・場面・室：創作・余暇活動　203

住宅内で行われる趣味の内容は極めて多様である．絵画や彫刻を制作するアトリエは垂直方向にもあきが必要であり，一般に住宅の居室よりも大容積を必要とする．和室には固定家具が少なく，あきを必要とする個人的行動の場所として大変都合がよい．床座という制約を減らすために床の仕上げに木を使った和風のアトリエもある．茶道や写真の趣味で茶室や現像の暗室など専用の室をつくる場合は機能や流派を考慮し，他の行為との重複の度合いを設定し，計画しなくてはならない．サイクリングやカヌーなどの外部で行う趣味の場合は道具類の収納や洗浄，メンテナンスの場所を考える．音楽は防音や床荷重に配慮が必要である．体操やダンスを行う場合は，床仕上げの衝撃吸収や吸音・防音を検討する．篆刻や編み物など必ずしも特定の場所を必要としないものもある．

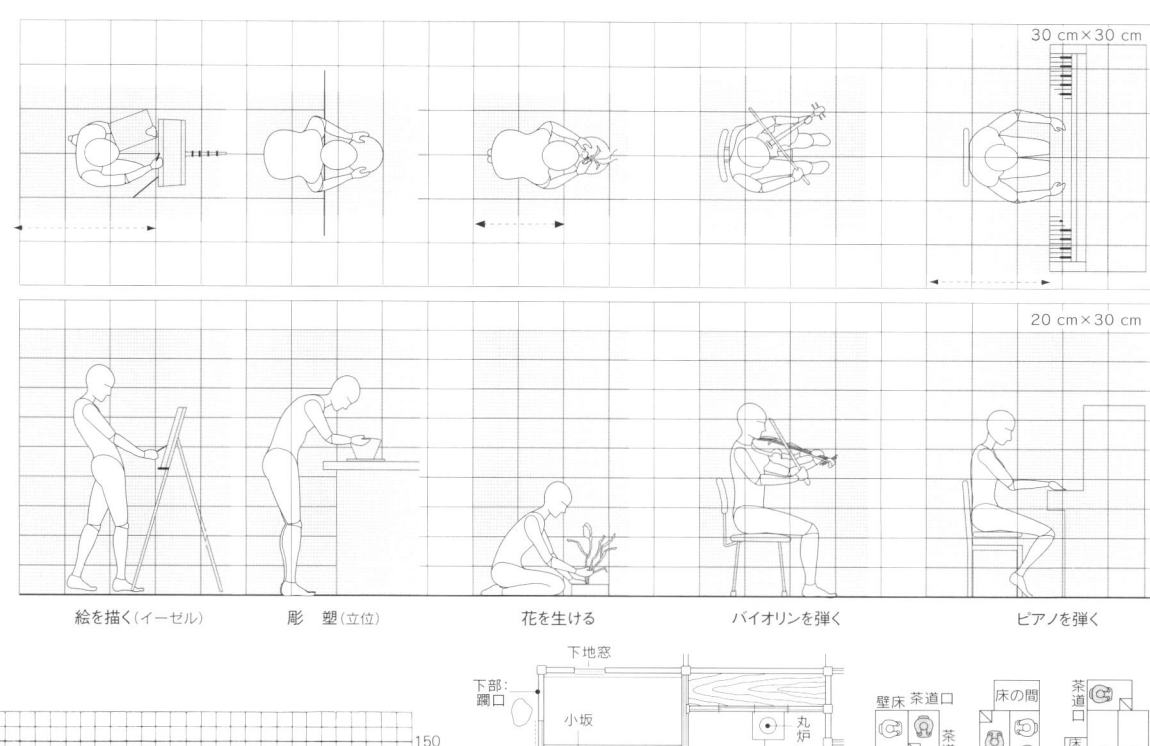

30 cm×30 cm

20 cm×30 cm

絵を描く（イーゼル）　彫塑（立位）　花を生ける　バイオリンを弾く　ピアノを弾く

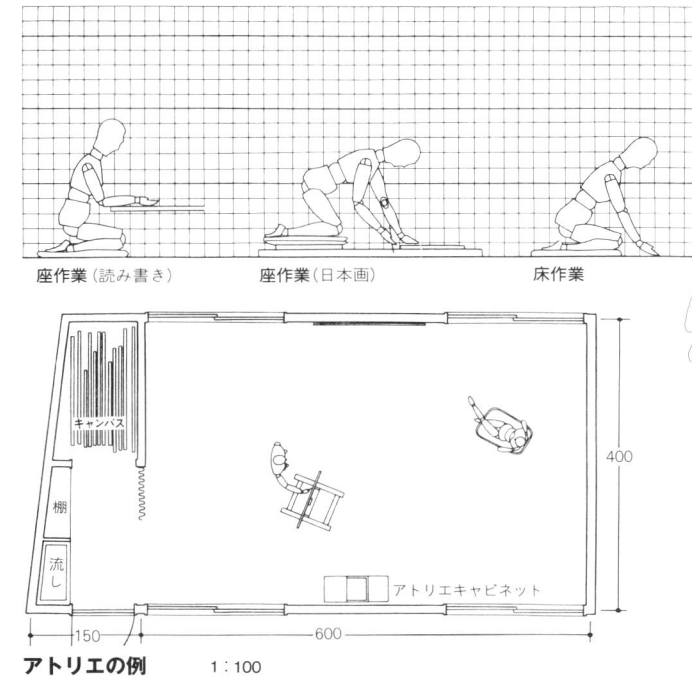

座作業（読み書き）　座作業（日本画）　床作業

アトリエの例　1：100

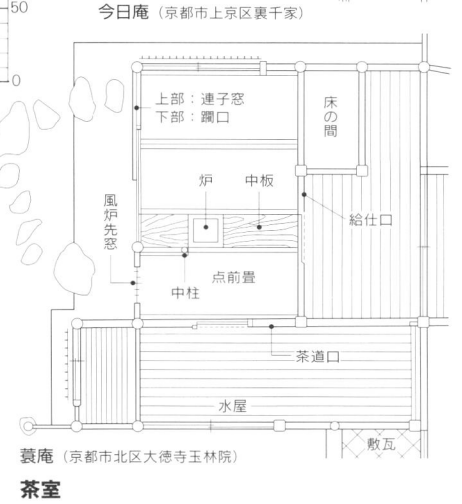

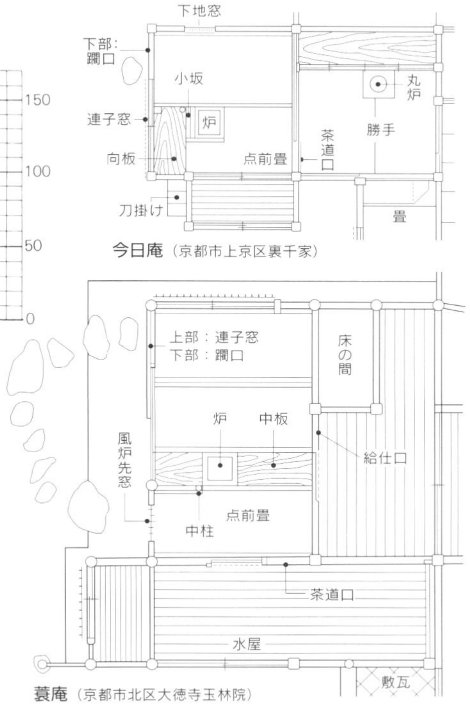

今日庵（京都市上京区裏千家）

蓑庵（京都市北区大徳寺玉林院）

茶室

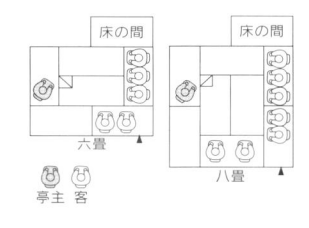

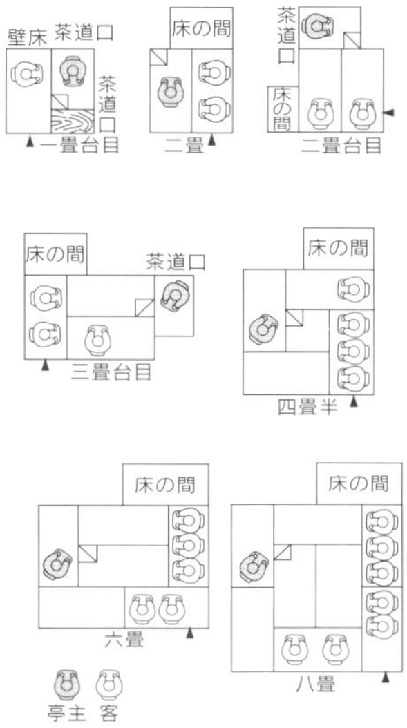

壁床　茶道口　床の間　茶道口　床の間
　　一畳台目　　二畳　　二畳台目

床の間　茶道口　床の間
　三畳台目　　　四畳半

床の間　床の間
　六畳　　八畳
亭主　客

◀茶室の形式と座の関係
　茶室の広さに応じた座の一例である．点前座は炉との関係で決まる．今日庵は一畳大目，蓑庵は三畳中板付きの席である．

スポーツの動作空間

運動のためのスペースを考える場合，運動固有の動きに留意する．例えば，剣道では竹刀を振りかざしジャンプする場合もあり，高さ方向への配慮が重要となる．また運動をスムーズに行うには心理的な圧迫感を避けるための余裕も必要である．

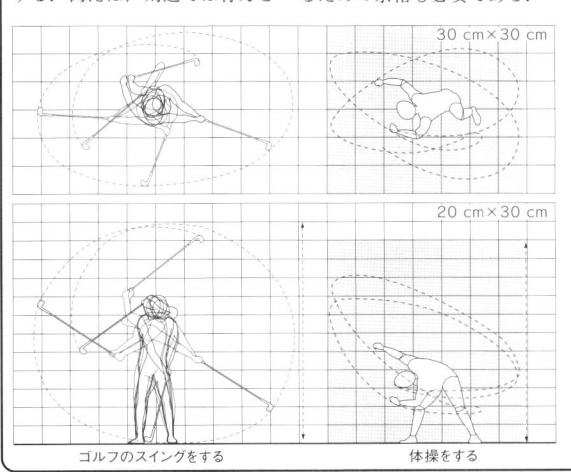

30 cm×30 cm

20 cm×30 cm

ゴルフのスイングをする　体操をする 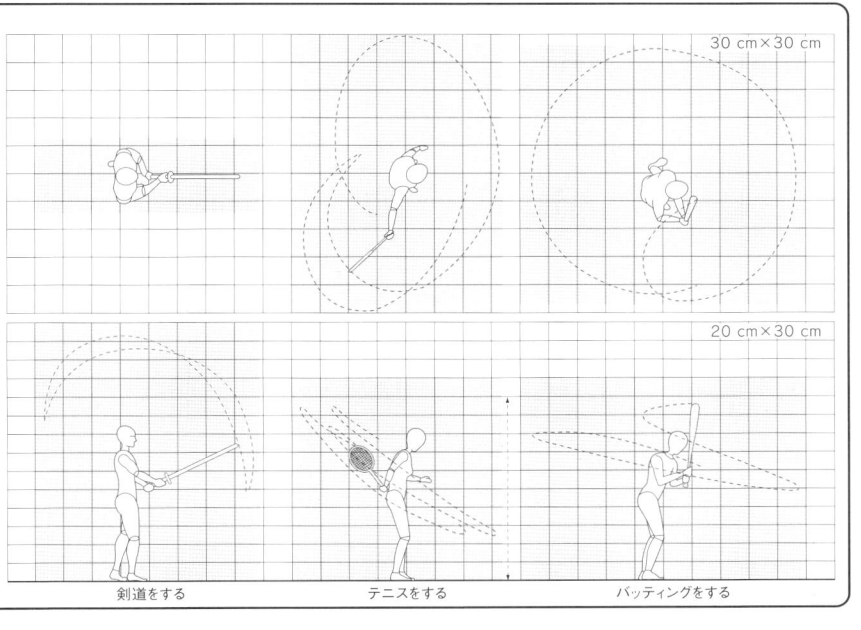　剣道をする　テニスをする　バッティングをする

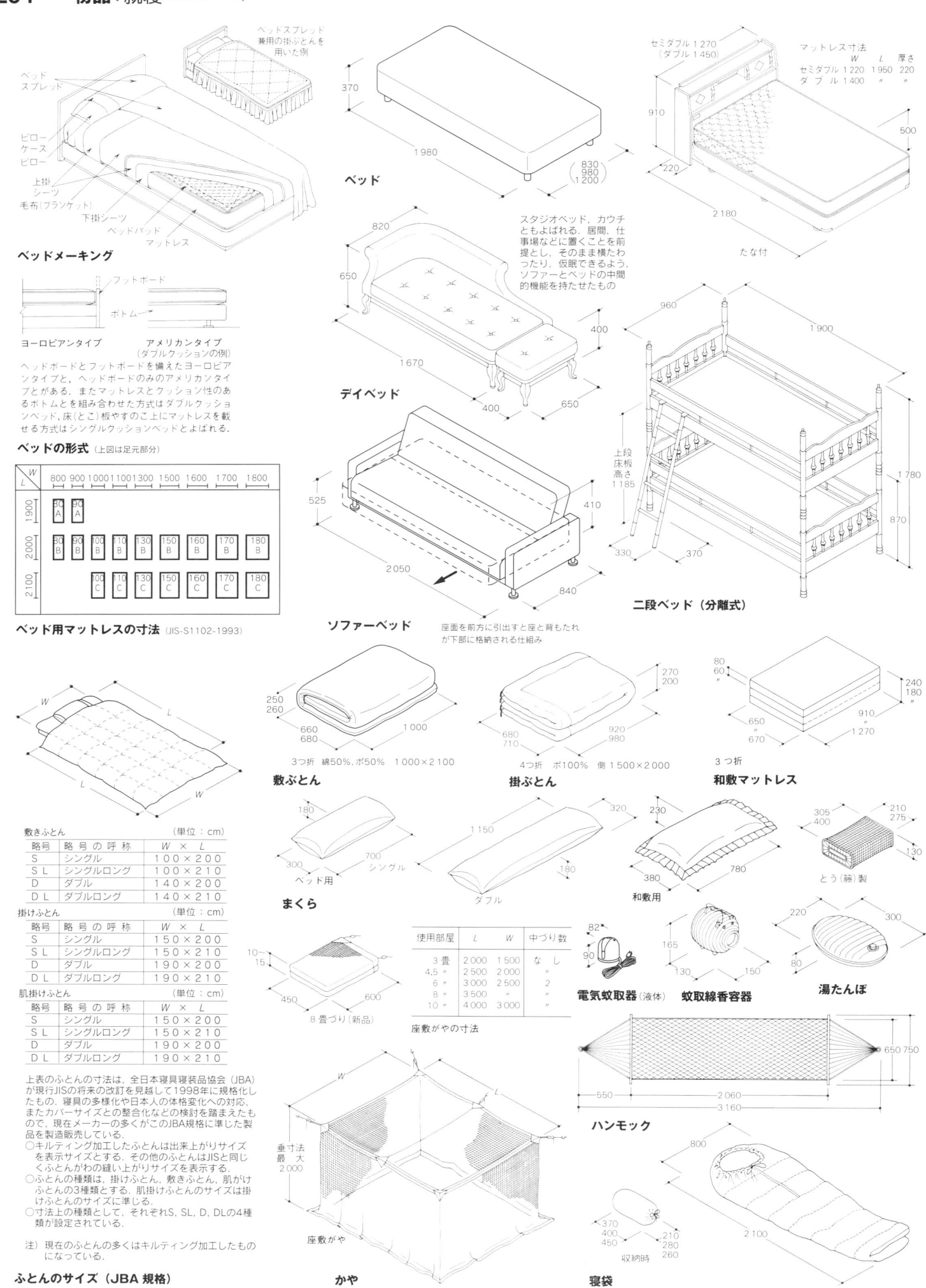

物品：就寝 Atrickes: Sleep

ベッドメーキング

ベッドの形式（上図は足元部分）

ヨーロピアンタイプ／アメリカンタイプ（ダブルクッションの例）

ヘッドボードとフットボードを備えたヨーロピアンタイプと，ヘッドボードのみのアメリカンタイプとがある．またマットレスとクッション性のあるボトムとを組み合わせた方式はダブルクッションベッド，床（とこ）板やすのこ上にマットレスを載せる方式はシングルクッションベッドとよばれる．

ベッド用マットレスの寸法 (JIS-S1102-1993)

W L	800	900	1000	1100	1300	1500	1600	1700	1800
1900	80 A	90 A							
2000	80 B	90 B	100 B	110 B	130 B	150 B	160 B	170 B	180 B
2100			100 C	110 C	130 C	150 C	160 C	170 C	180 C

ベッド

スタジオベッド，カウチともよばれる．居間，仕事場などに置くことを前提とし，そのまま横たわったり，仮眠できるよう，ソファーとベッドの中間的機能を持たせたもの

デイベッド

ソファーベッド

座面を前方に引出すと座と背もたれが下部に格納される仕組み

敷ぶとん
3つ折 綿50%，ポ50% 1000×2100

掛ぶとん
4つ折 ポ100% 側 1500×2000

まくら
ベッド用／シングル／ダブル／和敷用

二段ベッド（分離式）

和敷マットレス
3つ折

とう(籐)製

ふとんのサイズ（JBA規格）

敷きふとん （単位：cm）
略号	略号の呼称	W × L
S	シングル	100×200
SL	シングルロング	100×210
D	ダブル	140×200
DL	ダブルロング	140×210

掛けふとん （単位：cm）
略号	略号の呼称	W × L
S	シングル	150×200
SL	シングルロング	150×210
D	ダブル	190×200
DL	ダブルロング	190×210

肌掛けふとん （単位：cm）
略号	略号の呼称	W × L
S	シングル	150×200
SL	シングルロング	150×210
D	ダブル	190×200
DL	ダブルロング	190×210

上表のふとんの寸法は，全日本寝具寝装品協会（JBA）が現行JISの将来の改訂を見越して1998年に規格化したもの．寝具の多様化や日本人の体格変化への対応，またカバーサイズとの整合化などの検討を踏まえたもので，現在メーカーの多くがこのJBA規格に準じた製品を製造販売している．
○キルティング加工したふとんは出来上がりサイズを表示サイズとする．その他のふとんはJISと同じくふとんがわの縫い上がりサイズを表示する．
○ふとんの種類は，掛けふとん，敷きふとん，肌掛けふとんの3種類とする．肌掛けふとんのサイズは掛けふとんのサイズに準じる．
○寸法上の種類として，それぞれS, SL, D, DLの4種類が設定されている．
注）現在のふとんの多くはキルティング加工したものになっている．

座敷がやの寸法

使用部屋	L	W	中づり数
3畳	2000	1500	なし
4.5 "	2500	2000	〃
6 "	3000	2500	2
8 "	〃	〃	〃
10 "	4000	3000	〃

かや
座敷がや

電気蚊取器（液体）
蚊取線香容器
湯たんぽ

ハンモック

寝袋
収納時

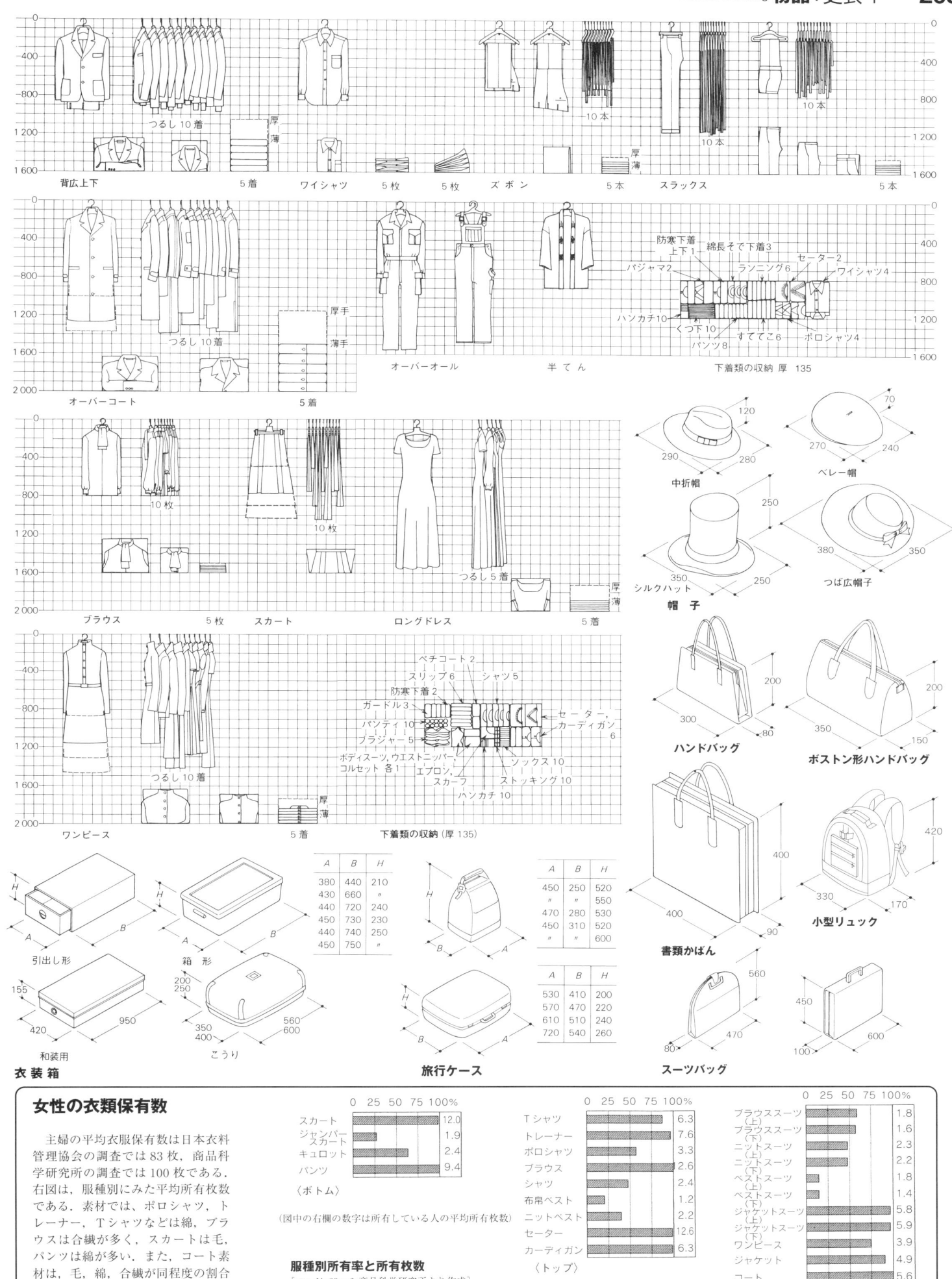

Artrickes: Clothing 物品：更衣 1　205

つるし10着　背広上下　5着　ワイシャツ　5枚　5枚　ズボン　5本　スラックス　10本　5本

つるし10着　オーバーコート　厚手　薄手　5着　オーバーオール　半てん　下着類の収納 厚 135

防寒下着上下1　綿長そで下着3　セーター2　パジャマ2　ランニング6　ワイシャツ4　ハンカチ10　くつ下10　すててこ6　ポロシャツ4　パンツ8

10枚　ブラウス　5枚　スカート　10枚　ロングドレス　5着　厚 薄

中折帽 120 290 280
ベレー帽 70 270 240
シルクハット 350 250
つば広帽子 380 250 350
帽　子

つるし10着　ワンピース　5着　厚 薄　下着類の収納（厚 135）

ペチコート2　スリップ6　シャツ5　防寒下着2　ガードル3　パンティ10　ブラジャー5　ボディスーツ、ウエストニッパー、コルセット 各1　エプロン　スカーフ　セーター、カーディガン6　ソックス10　ストッキング10　ハンカチ10

ハンドバッグ 200 300 80
ボストン形ハンドバッグ 200 350 150

引出し形　箱　形

A	B	H
380	440	210
430	660	〃
440	720	240
440	730	230
440	740	250
450	750	〃

A	B	H
450	250	520
〃	〃	550
470	280	530
450	310	520
〃	〃	600

A	B	H
530	410	200
570	470	220
610	510	240
720	540	260

和装用　衣　装　箱　155 420 950　200 250 350 400 560 600　こうり　旅行ケース　書類かばん 400 90　小型リュック 330 170 420　スーツバッグ 560 80 470 100 450 600

女性の衣類保有数

主婦の平均衣服保有数は日本衣料管理協会の調査では83枚、商品科学研究所の調査では100枚である．右図は、服種別にみた平均所有枚数である．素材では、ポロシャツ、トレーナー、Tシャツなどは綿、ブラウスは合繊が多く、スカートは毛、パンツは綿が多い．また、コート素材は、毛、綿、合繊が同程度の割合でみられる．

服種別所有率と所有枚数
[core, No.83, p.6, 商品科学研究所より作成]

〈ボトム〉
- スカート 12.0
- ジャンパースカート 1.9
- キュロット 2.4
- パンツ 9.4

（図中の右欄の数字は所有している人の平均所有枚数）

〈トップ〉
- Tシャツ 6.3
- トレーナー 7.6
- ポロシャツ 3.3
- ブラウス 2.6
- シャツ 2.4
- 布帛ベスト 1.2
- ニットベスト 2.2
- セーター 12.6
- カーディガン 6.3

〈スーツ〉
- ブラウススーツ（上）1.8
- ブラウススーツ（下）1.6
- ニットスーツ（上）2.3
- ニットスーツ（下）1.8
- ベストスーツ（上）1.8
- ベストスーツ（下）1.4
- ジャケットスーツ（上）5.8
- ジャケットスーツ（下）5.9
- ワンピース 3.9
- ジャケット 4.9
- コート 5.6

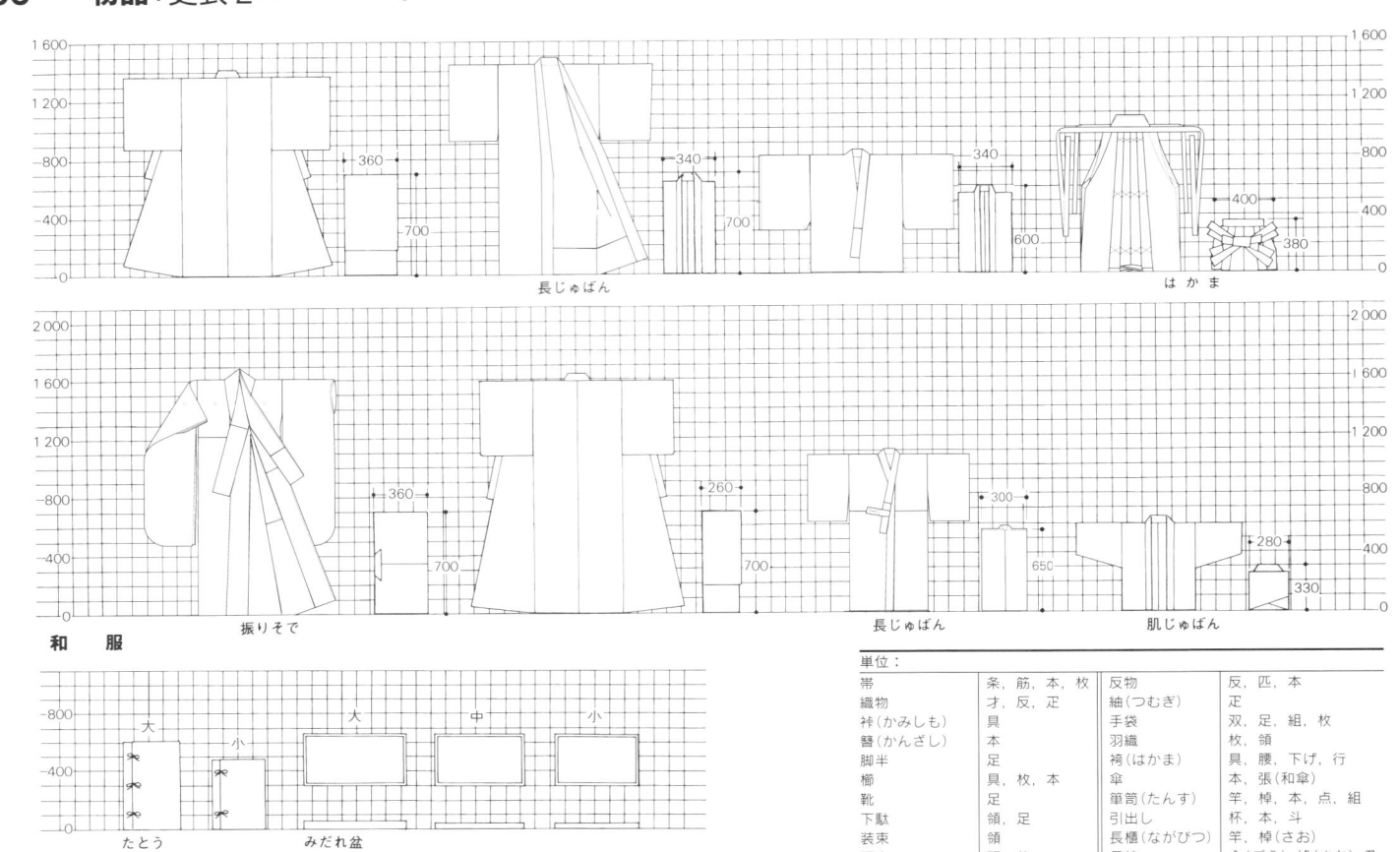

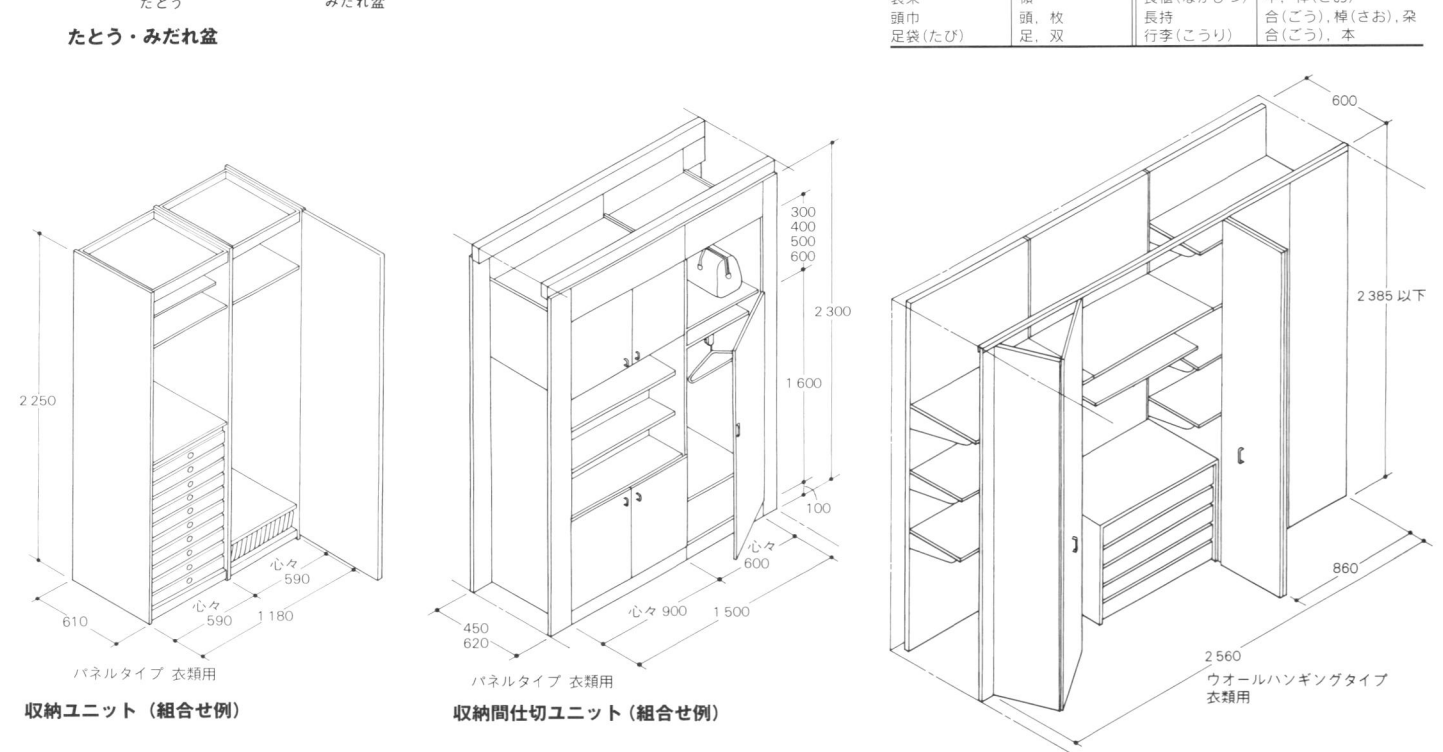

206　物品：更衣 2　Atrickes: Clothing

和服／振りそで／長じゅばん／はかま／長じゅばん／肌じゅばん

単位：					
帯	条，筋，本，枚	反物		反，匹，本	
織物	才，反，足	紬（つむぎ）		足	
裃（かみしも）	具	手袋		双，足，組，枚	
簪（かんざし）	本	羽織		枚，領	
脚半	足	袴（はかま）		具，腰，下げ，行	
櫛	具，枚，本	傘		本，張（和傘）	
靴	足	箪笥（たんす）		竿，棹，本，点，組	
下駄	領，足	引出し		杯，本，斗	
装束	領	長櫃（ながびつ）		竿，棹（さお）	
頭巾	頭，枚	長持		合（ごう），棹（さお），架	
足袋（たび）	足，双	行李（こうり）		合（ごう），本	

たとう・みだれ盆

収納ユニット（組合せ例）　パネルタイプ 衣類用

収納間仕切ユニット（組合せ例）　パネルタイプ 衣類用

ウオールハンギングタイプ 衣類用

住宅用収納間仕切ユニット

住宅用収納間仕切りについては，JIS A 4414「住宅用収納間仕切り構成材」に規定されている．1994年の改正時に旧JIS A 14414とA 4415の2規格が統合され，A 4415は廃止された．この規定は，住宅の室空間に用いられる収納間仕切り構成材およびそれに組み込まれる収納部について適用される．

収納部の種類は，[1]に示すとおりである．また，寸法については，基準面およびモデュール呼び寸法について規定されている．

①基準面　位置公差，収納間仕切りの寸法公差，収納間仕切りの組合せに必要な部分の寸法を考慮して，間口方向，奥行方向，高さ方向の最大外形面に対して設定する．ただし，各方面における取付け工事に支障のない接合部材，および奥行方向における引き手，丁番などの突出部は最大外形面に含まないものとする．

②モデュール呼び寸法　収納間仕切りのモデュール呼び寸法は[2]の通りとし，対向する基準面の距離に適用する．

収納部の種類	記号	用途内容
衣類用	W	洋服だんす・整理だんすのような収納機能をもつもの
食器用	K	食器戸棚・茶だんすのような機能をもつもの
書籍用	B	本箱・書棚のような機能をもつもの
複合用	C	衣類用・食器用・書籍用のいずれかそれぞれ組み合わせたもの
その他	D	家庭用電気機器などのような収納機能をもつもの

収納部の種類 [1]

方向	モデュール呼び寸法（mm）
間口方向	600　800　900　1200　1800　2400　2700　3000　3200　3600　4500
奥行方向	300　400　450　600　800　900
高さ方向	1800　2100　2200　2400

収納間仕切りのモデュール呼び寸法 [2]

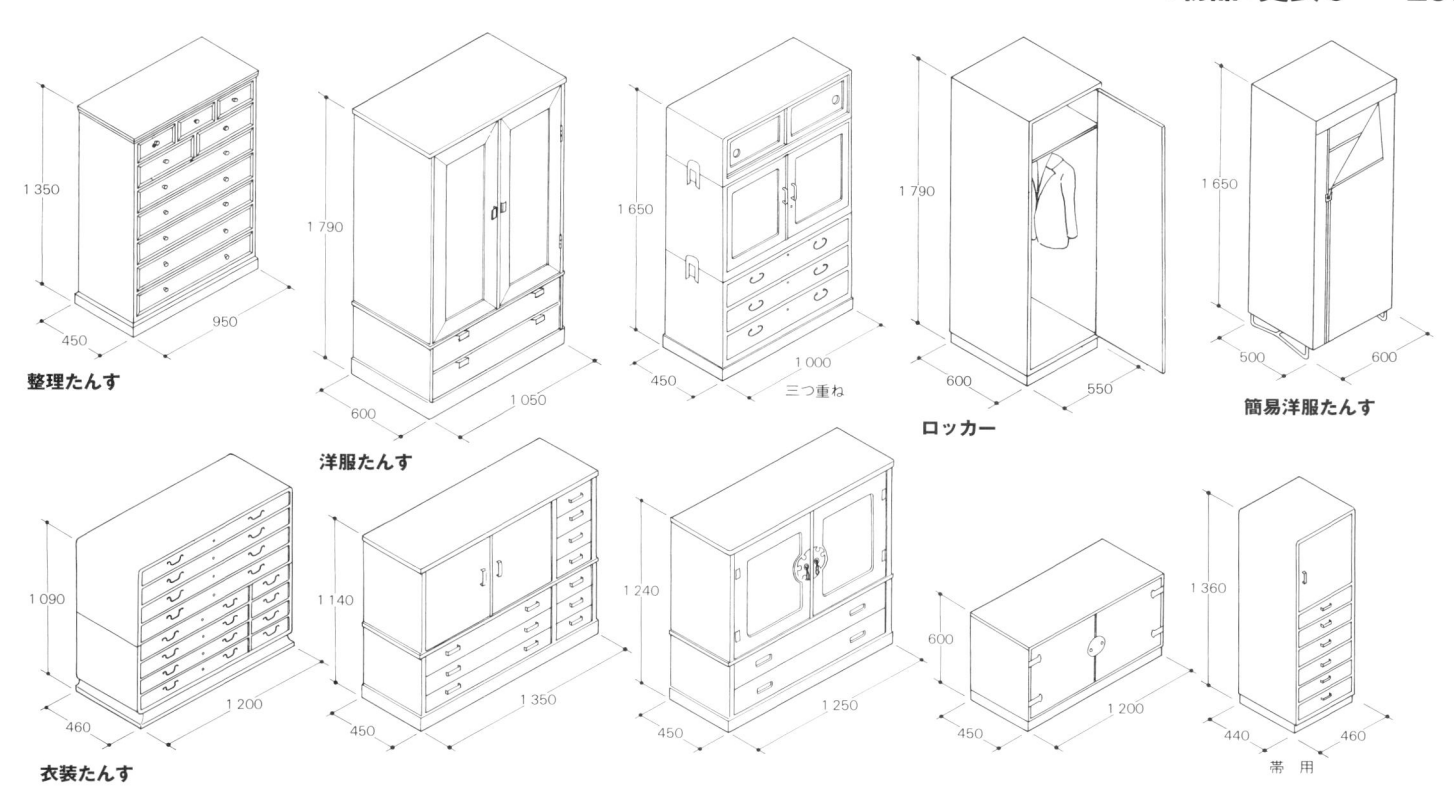

Atrickes: Clothing 物品：更衣3　207

整理たんす　1350 / 950 / 450

洋服たんす　1790 / 1050 / 600

三つ重ね　1650 / 1000 / 450

ロッカー　1790 / 600 / 550

簡易洋服たんす　1650 / 600 / 500

衣装たんす　1090 / 1200 / 460

1140 / 1350 / 450

1240 / 1250 / 450

600 / 1200 / 450

帯用　1360 / 460 / 440

和家具

和家具という言葉は，大正末から昭和初めにかけて使われ出した比較的新しい言葉である．いすやテーブルなどの洋家具に対する和風の家具という意味で使われ，時代箪笥と呼ばれるような民芸風の家具は，当時の和家具の範疇には入っていなかった．

和家具の特徴は，収納家具が中心であること，屏障用家具が発達していること，季節があることである．収納家具には，厨子・飾棚・茶棚などの棚類，櫃・唐櫃・長持・葛籠・行李などの箱形のもの，箪笥などの抽斗形式のものの3種類がある．

実用的なものは，古代・中世では唐櫃，近世になると長持，箪笥であり，室内装飾用としては，古代から近世までを通じて棚が重視される．機能面での特徴は，システム化が発達していることで，移動したり，組み合わせたりしやすいように，基準寸法や分解方式，ユニット方式などが発達している．

意匠面での特徴としては，直線的であること，単純であること，左右非対称であること，仕上げに重点を置くこと，脚や台がないこと，正面性が強いことなどが挙げられる．

櫃も長持も長方形で大型の箱であるが，櫃には運搬に便利なよう脚の付いた唐櫃がある．また，長持も火災などの際に持ち出せるよう車長持が作られた．

箪笥は，江戸時代になって出現したもので，抽斗形式であることが特徴である．中国語の担子からきていて，担ぐことのできる容器の意味であった．船箪笥のなかでも手提げ金庫に当たる懸硯などは，担子の形式を継いだものである．

箪笥には地方色があり，①材料に桐・桑・檜などを用い素木仕上げまたは黒漆塗，機能重視でシンプルなデザイン，金具は鉄の他に銅・真鍮などを使った繊細な感じのもの，②材料に欅や栗を使い，漆で透明塗りにして，頑丈な鉄金具をつけたもの，③材料に杉・樅などを用い，塗装も雑な漆塗りや渋塗りで金具もごく簡単なものがある．

（参考文献　小泉和子：和家具，小学館）

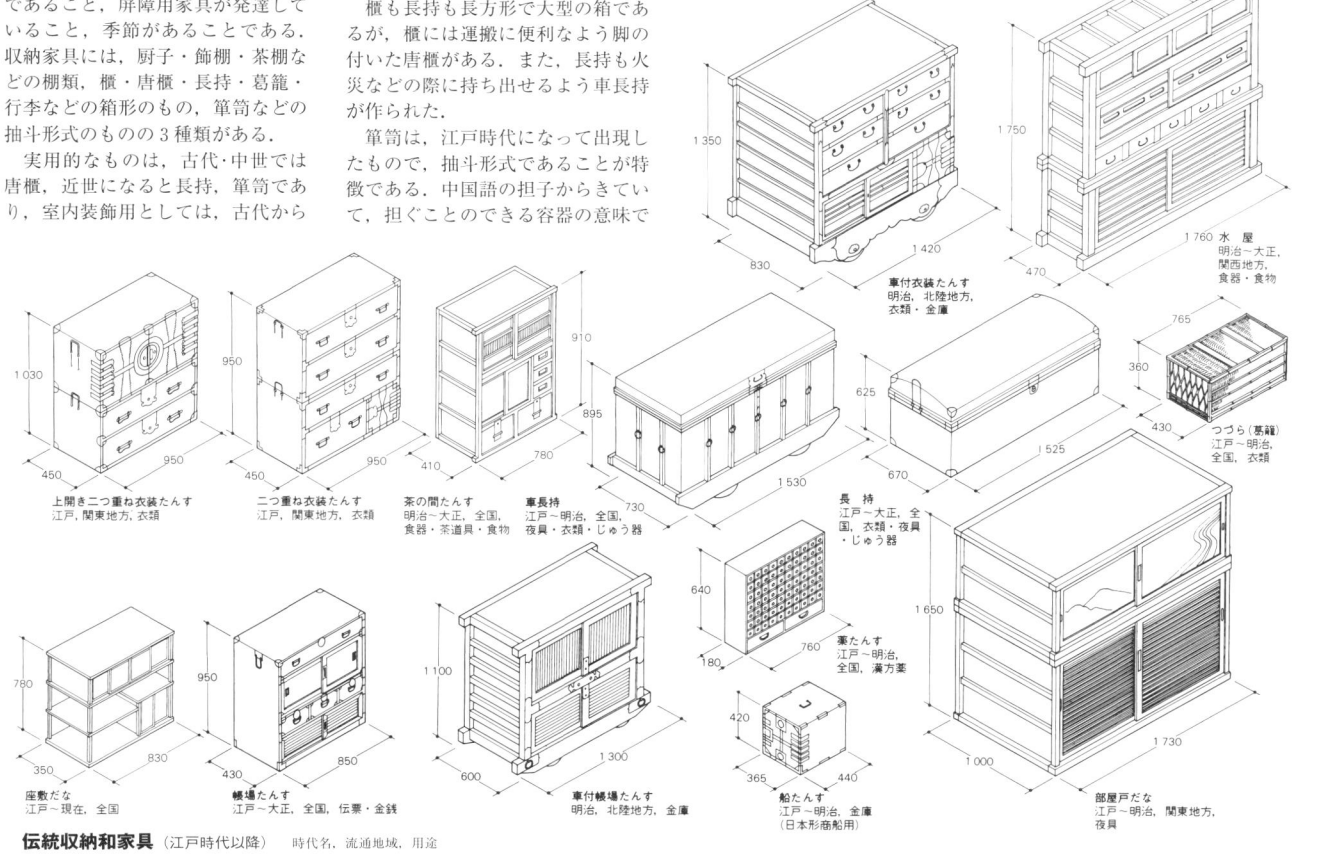

伝統収納和家具（江戸時代以降）　時代名，流通地域，用途

上開き二つ重ね衣装たんす　1030 / 950 / 450　江戸，関東地方，衣類

二つ重ね衣装たんす　950 / 950 / 450　江戸，関東地方，衣類

茶の間たんす　910 / 780 / 410　明治～大正，全国，食器・茶道具・食物

車長持　895 / 1530 / 730　明治～明治，全国，夜具・衣類・じゅう器

長持　625 / 1525 / 670　江戸～大正，全国，衣類・夜具・じゅう器

つづら（葛籠）　360 / 765 / 430　江戸～明治，全国，衣類

車付衣装たんす　1350 / 1420 / 830　明治，北陸地方，衣類・金庫

水屋　1760 / 1750 / 470　明治～大正，関西地方，食器・食物

座敷だな　780 / 830 / 350　江戸～現在，全国

帳場たんす　950 / 850 / 430　江戸～大正，全国，伝票・金銭

車付帳場たんす　1100 / 1300 / 600　明治，北陸地方，金庫

薬たんす　640 / 760 / 180　江戸～明治，全国，漢方薬

船たんす　420 / 440 / 365　江戸～明治，金庫（日本形商船用）

部屋戸だな　1650 / 1730 / 1000　江戸～明治，関東地方，夜具

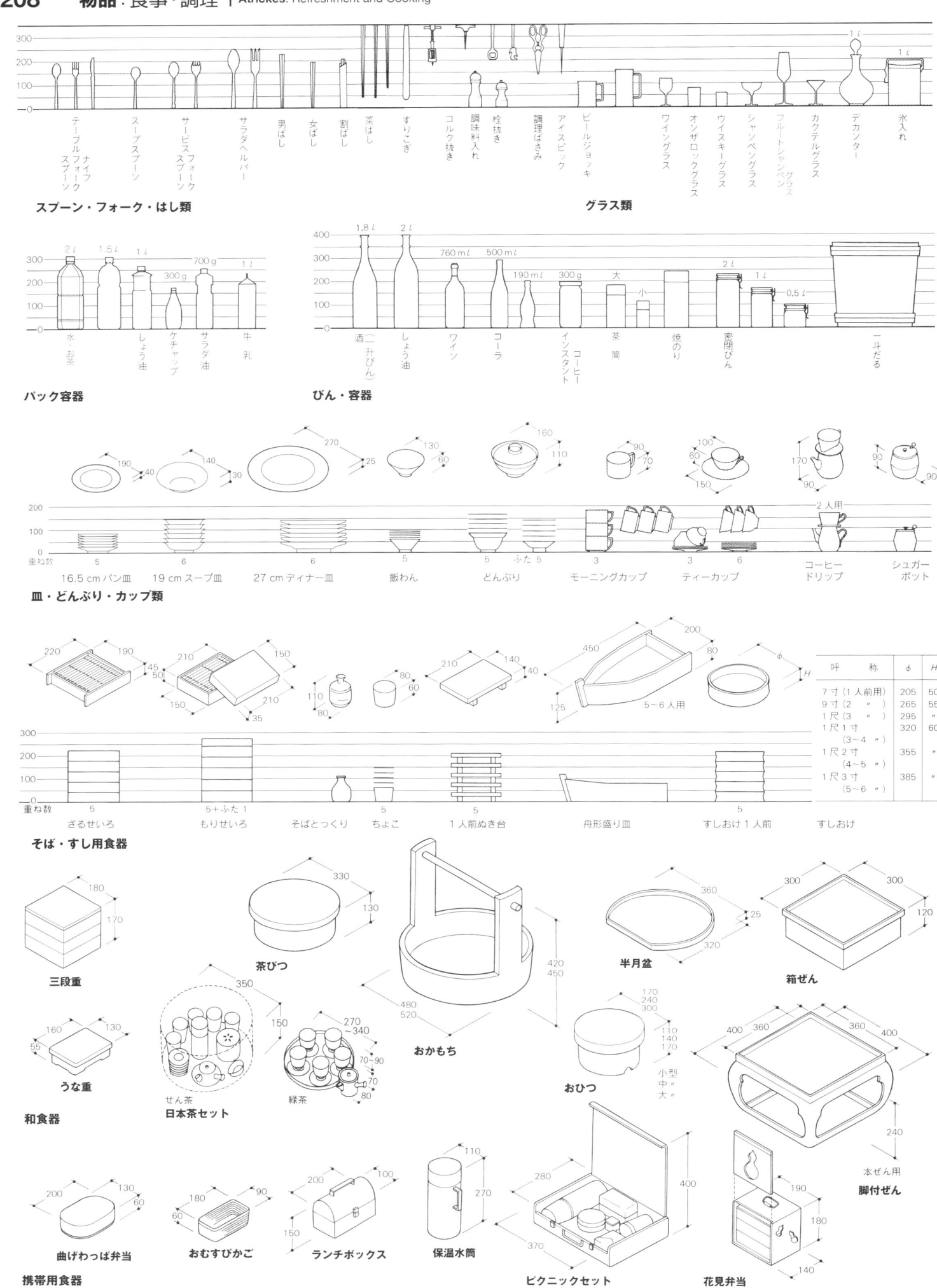

208 物品：食事・調理 1　Atrickes: Refreshment and Cooking

スプーン・フォーク・はし類

テーブルナイフ／テーブルフォーク／テーブルスプーン／スープスプーン／サービスフォーク／サービススプーン／サラダヘルパー／男ばし／女ばし／割ばし／菜ばし／すりこぎ／コルク抜き／栓抜き／調味料入れ／調理ばさみ

グラス類

アイスピック／ビールジョッキ／ワイングラス／オンザロックグラス／ウイスキーグラス／シャンペングラス／フルートシャンパングラス／カクテルグラス／デカンター／氷入れ

パック容器

水・お茶（2ℓ, 1.5ℓ, 1ℓ）／しょう油（300g）／ケチャップ（700g）／サラダ油／牛乳（1ℓ）

びん・容器

酒（一升びん 1.8ℓ）／しょう油（2ℓ）／ワイン（760mℓ）／コーラ（500mℓ）／インスタントコーヒー（190mℓ, 300g）／茶筒（大・小）／焼のり／密閉びん（2ℓ, 1ℓ, 0.5ℓ）／一斗だる

皿・どんぶり・カップ類

	重ね数
16.5cmパン皿	5
19cmスープ皿	6
27cmディナー皿	6
飯わん	5
どんぶり	ふた5/5
モーニングカップ	3
ティーカップ	3
コーヒードリップ	6（2人用）
シュガーポット	

呼称	φ	H
7寸（1人前用）	205	50
9寸（2 〃）	265	55
1尺（3 〃）	295	
1尺1寸（3〜4 〃）	320	60
1尺2寸（4〜5 〃）	355	
1尺3寸（5〜6 〃）	385	

そば・すし用食器

ざるせいろ（5）／もりせいろ（5+ふた1）／そばとっくり／ちょこ（5）／1人前ぬき台（5）／舟形盛り皿（5〜6人用）／すしおけ1人前（5）／すしおけ

和食器

三段重／うな重／茶びつ／日本茶セット（せん茶・緑茶）／おかもち／半月盆／おひつ（小型・中・大）／箱ぜん／脚付ぜん（本ぜん用）

携帯用食器

曲げわっぱ弁当／おむすびかご／ランチボックス／保温水筒／ピクニックセット／花見弁当

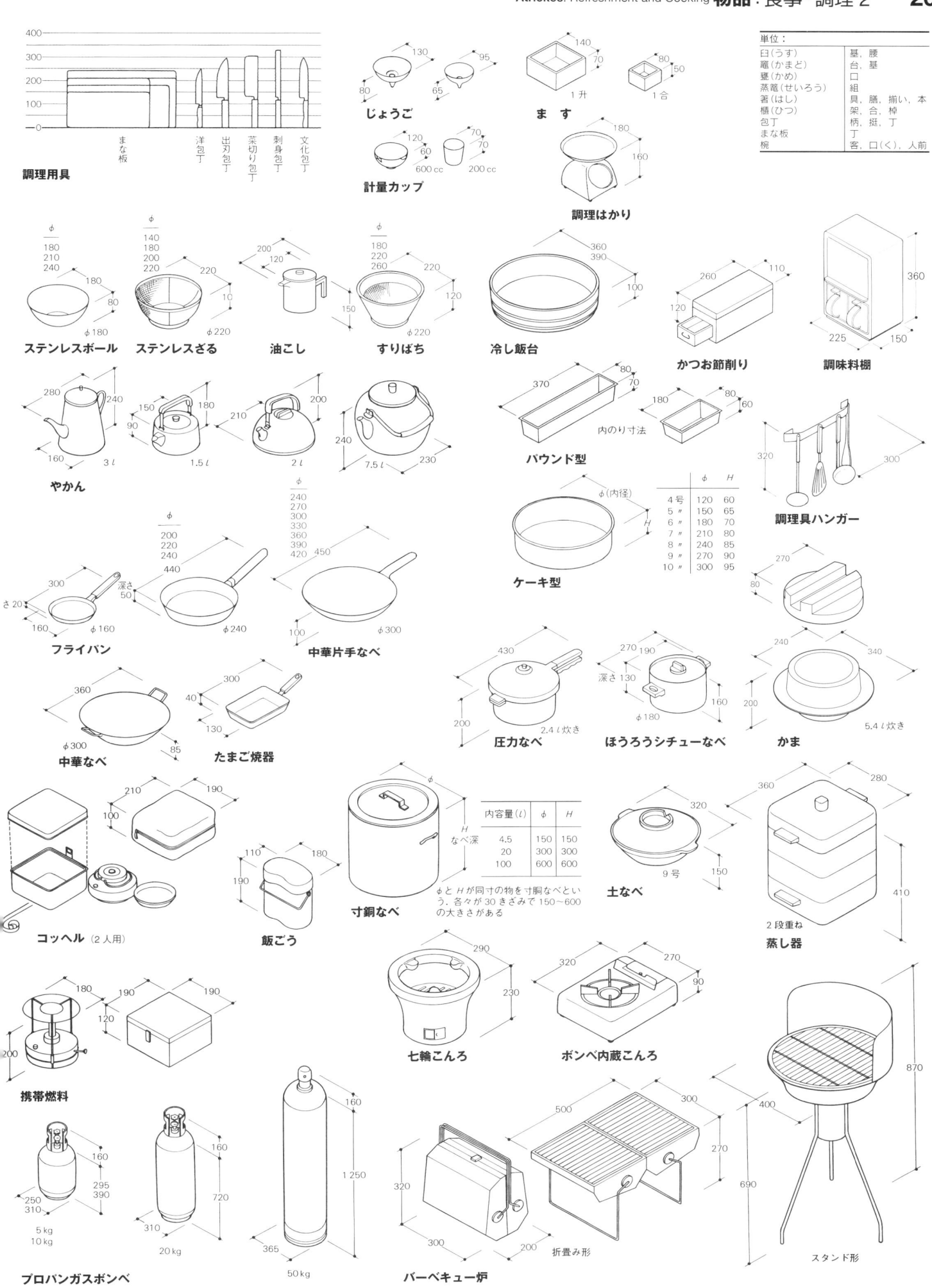

Atrickes: Refreshment and Cooking　物品：食事・調理2　209

単位：
臼（うす）	基，腰
竈（かまど）	台，基
甕（かめ）	口
蒸籠（せいろう）	組
箸（はし）	具，膳，揃い，本
櫃（ひつ）	架，合，棹
包丁	柄，挺，丁
まな板	丁
椀	客，口（く），人前

調理用具
まな板　洋包丁　出刃包丁　菜切り包丁　刺身包丁　文化包丁

じょうご
ます
計量カップ
調理はかり

ステンレスボール
ステンレスざる
油こし
すりばち
冷し飯台
かつお節削り
調味料棚

やかん
3ℓ　1.5ℓ　2ℓ　7.5ℓ

パウンド型
ケーキ型

	φ（内径）	H
4号	120	60
5〃	150	65
6〃	180	70
7〃	210	80
8〃	240	85
9〃	270	90
10〃	300	95

調理具ハンガー

フライパン
中華片手なべ

中華なべ
たまご焼器
圧力なべ　2.4ℓ炊き
ほうろうシチューなべ
かま　5.4ℓ炊き

コッヘル（2人用）
飯ごう

寸銅なべ

内容量(ℓ)	φ	H
4.5	150	150
20	300	300
100	600	600

φとHが同寸の物を寸胴なべという。各々が30きざみで150〜600の大きさがある

土なべ　9号
蒸し器　2段重ね

携帯燃料

七輪こんろ
ボンベ内蔵こんろ

プロパンガスボンベ
5kg　10kg　20kg　50kg

バーベキュー炉
折畳み形　スタンド形

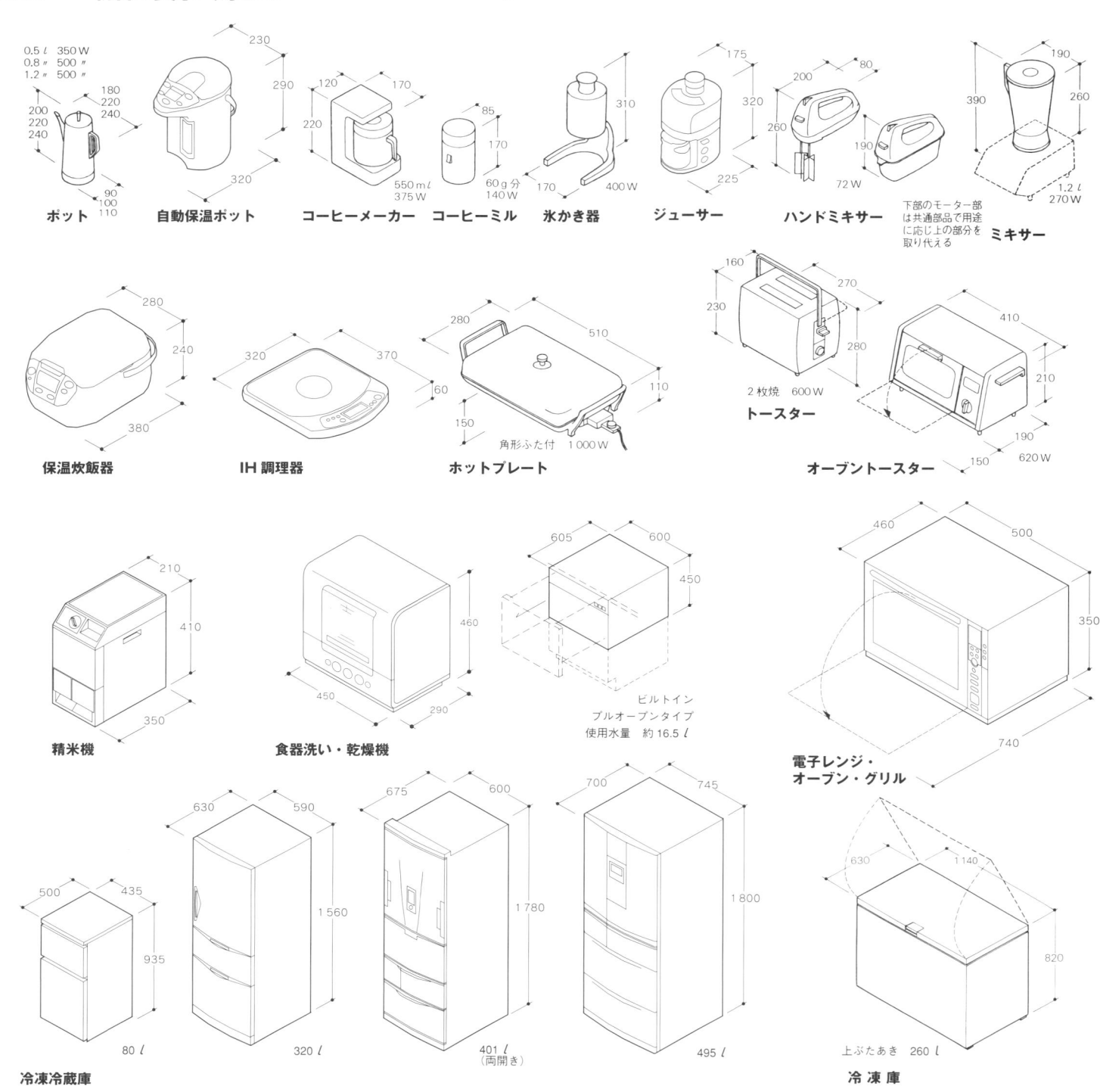

物品：食事・調理 3　Atrickes: Refreshment and Cooking

ポット　**自動保温ポット**　**コーヒーメーカー**　**コーヒーミル**　**氷かき器**　**ジューサー**　**ハンドミキサー**　**ミキサー**

下部のモーター部は共通部品で用途に応じ上の部分を取り代える

保温炊飯器　**IH調理器**　**ホットプレート**　角形ふた付 1 000 W　**トースター**　2枚焼 600 W　**オーブントースター**　620 W

精米機　**食器洗い・乾燥機**　ビルトインプルオープンタイプ 使用水量 約 16.5 l　**電子レンジ・オーブン・グリル**

冷凍冷蔵庫　80 l　320 l　401 l（両開き）　495 l　**冷凍庫**　上ぶたあき 260 l

いろり（囲炉裏）

囲炉裏には地方によって様々な呼び方があり，現在使用されているイロリを伝統的に使ってきた地域は少ない．戦前までは煮炊きや採暖の手段として利用された．囲炉裏のある室が家族の中心となり，食事や手仕事，接客を行った．座席には厳密なルールが決められおり，一般的には家長の座をヨコザ，主婦の座をカカザ，客の座をキャクザ，嫁の座または誰も座らない座をシモザといい，ヨコザは座敷側に位置し，家族の動きが一目で見渡せる．

炉の大きさは3尺前後の正方形のものから一畳大の矩形のものまである．上部には小屋裏への飛び火を防ぐために通常火棚と呼ばれる格子状の棚を梁から吊す．火棚には食物，衣類，履物，薪等を載せ乾かしたり，調理のための鍋を吊す器具が設置される．世界的に北緯40度以北では鍋吊具が使われ，建物には吊り具を受ける横架材が見られる．火加減や鍋の大きさに合わせて上下伸縮が可能な鉤を自在鉤という．横木に魚をあしらったものは出鉤入魚といい，火の神への捧げ物の意味がある．わが国の鍋吊り具の分布の南限は北緯37〜38度で，南方では採暖や照明の機能を要しないため，鍋を火に接して使う鉄の輪状の台（金輪，ゴトク等）が使われる．（参考　日本民俗建築学会：図説民俗大事典，2001.11）

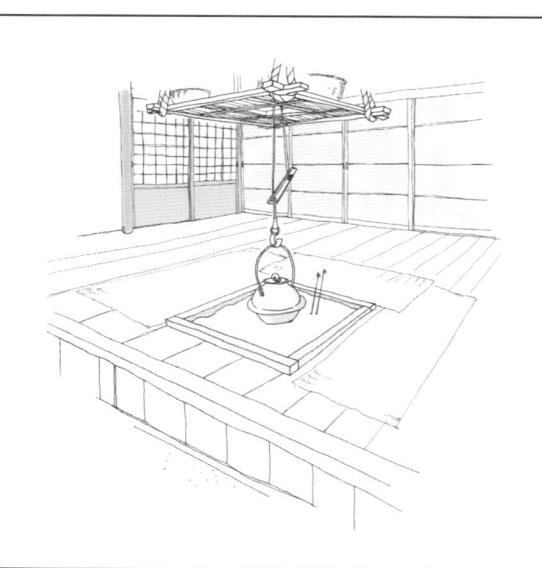

土間からも囲炉裏の暖を取ることができる．火棚があり，竹製の筒型自在鉤が横架材から吊られている．炉のなかにはワタシアミ，ヒバシが見える．
（岩手県水沢市・武家住宅）

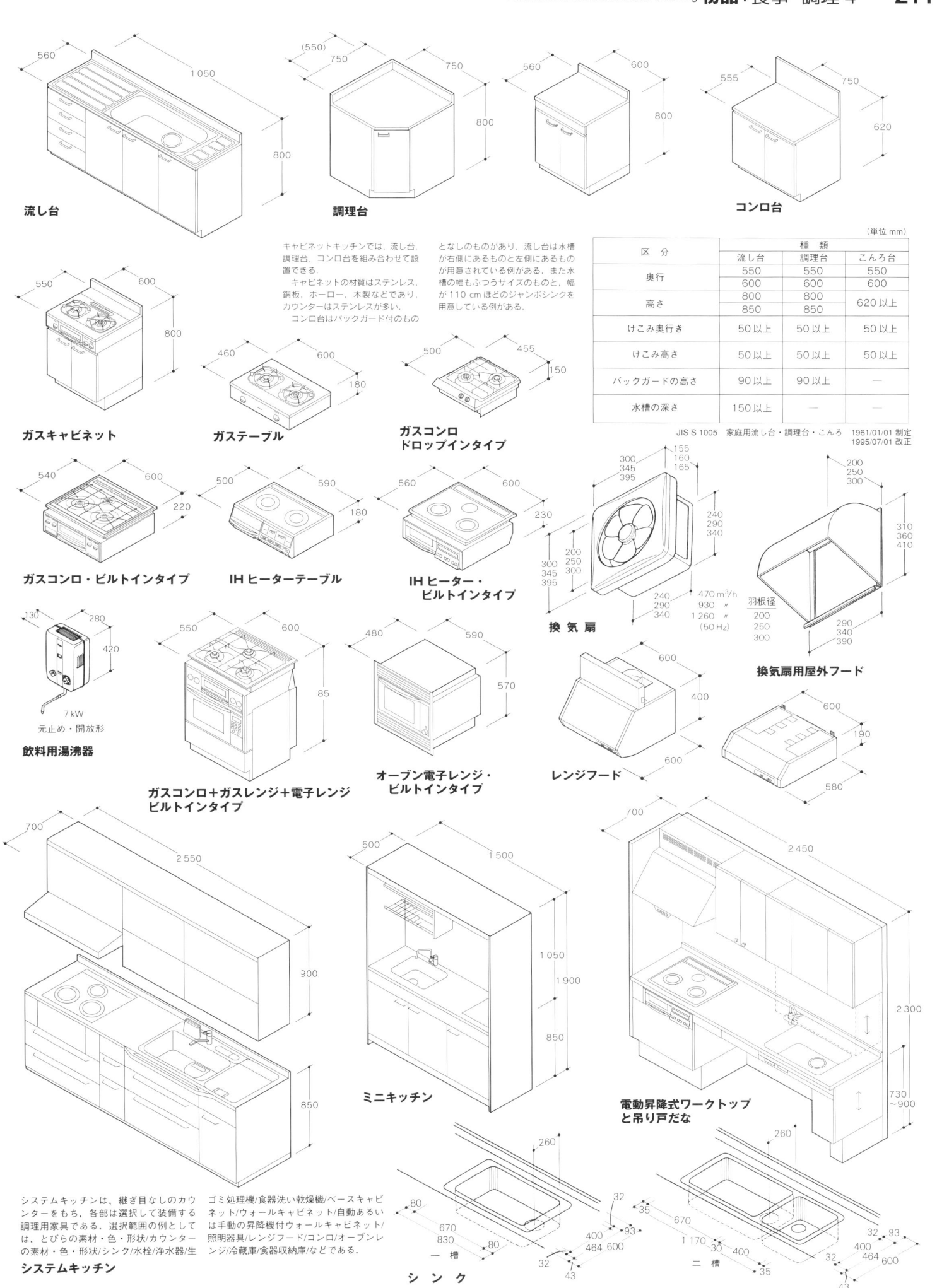

Atrickes: Refreshment and Cooking　物品：食事・調理 4

流し台
調理台
コンロ台

キャビネットキッチンでは，流し台，調理台，コンロ台を組み合わせて設置できる．
キャビネットの材質はステンレス，鋼板，ホーロー，木製などであり，カウンターはステンレスが多い．
コンロ台はバックガード付のものとなしのものがあり，流し台は水槽が右側にあるものと左側にあるものが用意されている例がある．また水槽の幅もふつうサイズのものと，幅が110cmほどのジャンボシンクを用意している例がある．

（単位 mm）

区　分	種　類		
	流し台	調理台	こんろ台
奥行	550 600	550 600	550 600
高さ	800 850	800 850	620以上
けこみ奥行き	50以上	50以上	50以上
けこみ高さ	50以上	50以上	50以上
バックガードの高さ	90以上	90以上	―
水槽の深さ	150以上	―	―

JIS S 1005　家庭用流し台・調理台・こんろ　1961/01/01 制定　1995/07/01 改正

ガスキャビネット
ガステーブル
ガスコンロ ドロップインタイプ
ガスコンロ・ビルトインタイプ
IHヒーターテーブル
IHヒーター・ビルトインタイプ
換気扇
換気扇用屋外フード
飲料用湯沸器
7 kW　元止め・開放形
ガスコンロ＋ガスレンジ＋電子レンジ ビルトインタイプ
オーブン電子レンジ・ビルトインタイプ
レンジフード
システムキッチン
ミニキッチン
電動昇降式ワークトップと吊り戸だな
シンク
一槽／二槽

システムキッチンは，継ぎ目なしのカウンターをもち，各部は選択して装備する調理用家具である．選択範囲の例としては，とびらの素材・色・形状/カウンターの素材・色・形状/シンク/水栓/浄水器/生ゴミ処理機/食器洗い乾燥機/ベースキャビネット/ウォールキャビネット/自動あるいは手動の昇降機付ウォールキャビネット/照明器具/レンジフード/コンロ/オーブンレンジ/冷蔵庫/食器収納庫/などである．

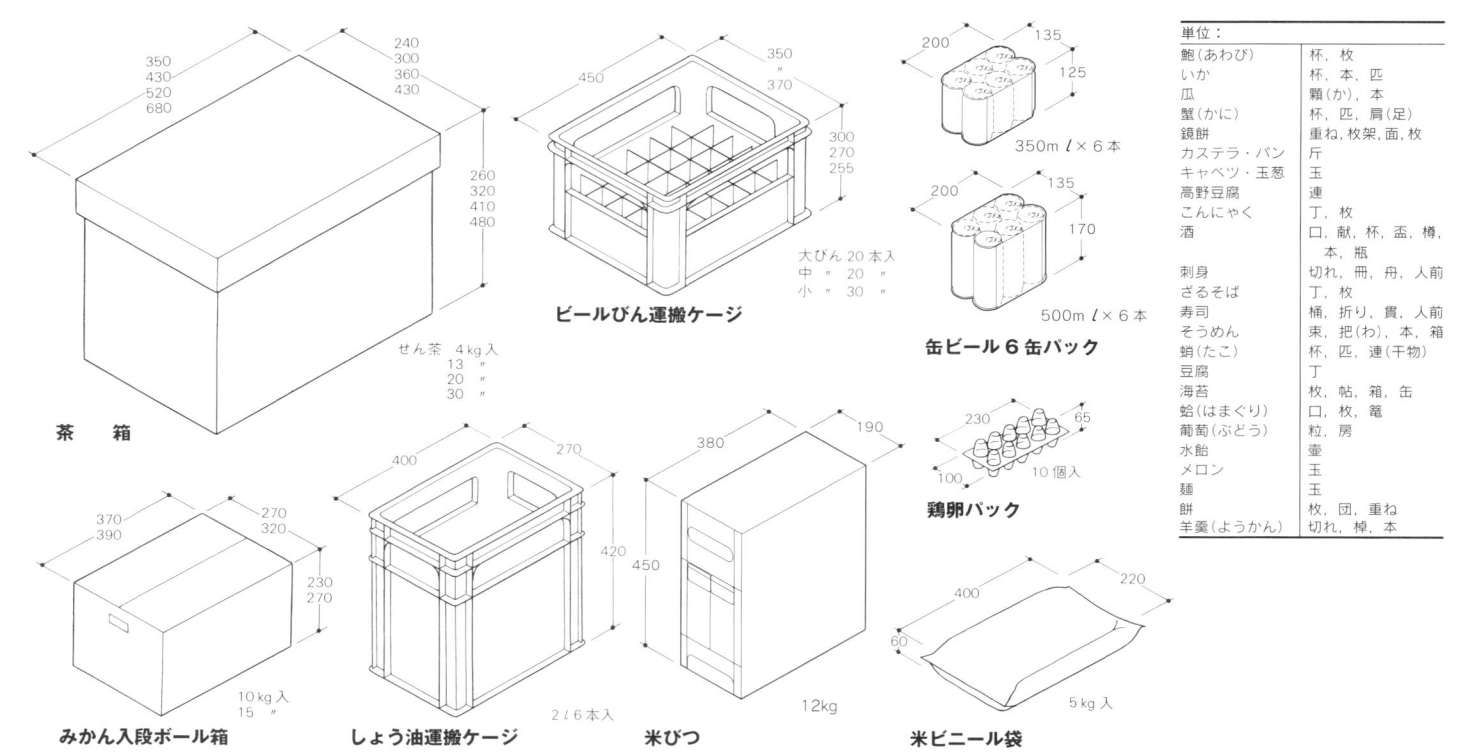

物品：食事・調理 5　Atrickes: Refreshment and Cooking

単位：	
鮑（あわび）	杯, 枚
いか	杯, 本, 匹
瓜	顆（か）, 本
蟹（かに）	杯, 匹, 肩（足）
鏡餅	重ね, 枚架, 面, 枚
カステラ・パン	斤
キャベツ・玉葱	玉
高野豆腐	連
こんにゃく	丁, 枚
酒	口, 献, 杯, 盃, 樽, 本, 瓶
刺身	切れ, 冊, 舟, 人前
ざるそば	丁
寿司	桶, 折り, 貫, 人前
そうめん	束, 把（わ）, 本, 箱
蛸（たこ）	杯, 匹, 連（干物）
豆腐	丁
海苔	枚, 帖, 箱, 缶
蛤（はまぐり）	口, 枚, 篭
葡萄（ぶどう）	粒, 房
水飴	壷
メロン	玉
麺	玉
餅	枚, 団, 重ね
羊羹（ようかん）	切れ, 棹, 本

茶箱　ビールびん運搬ケージ　缶ビール6缶パック
みかん入段ボール箱　しょう油運搬ケージ　米びつ　鶏卵パック　米ビニール袋

テーブルセッティングと席次

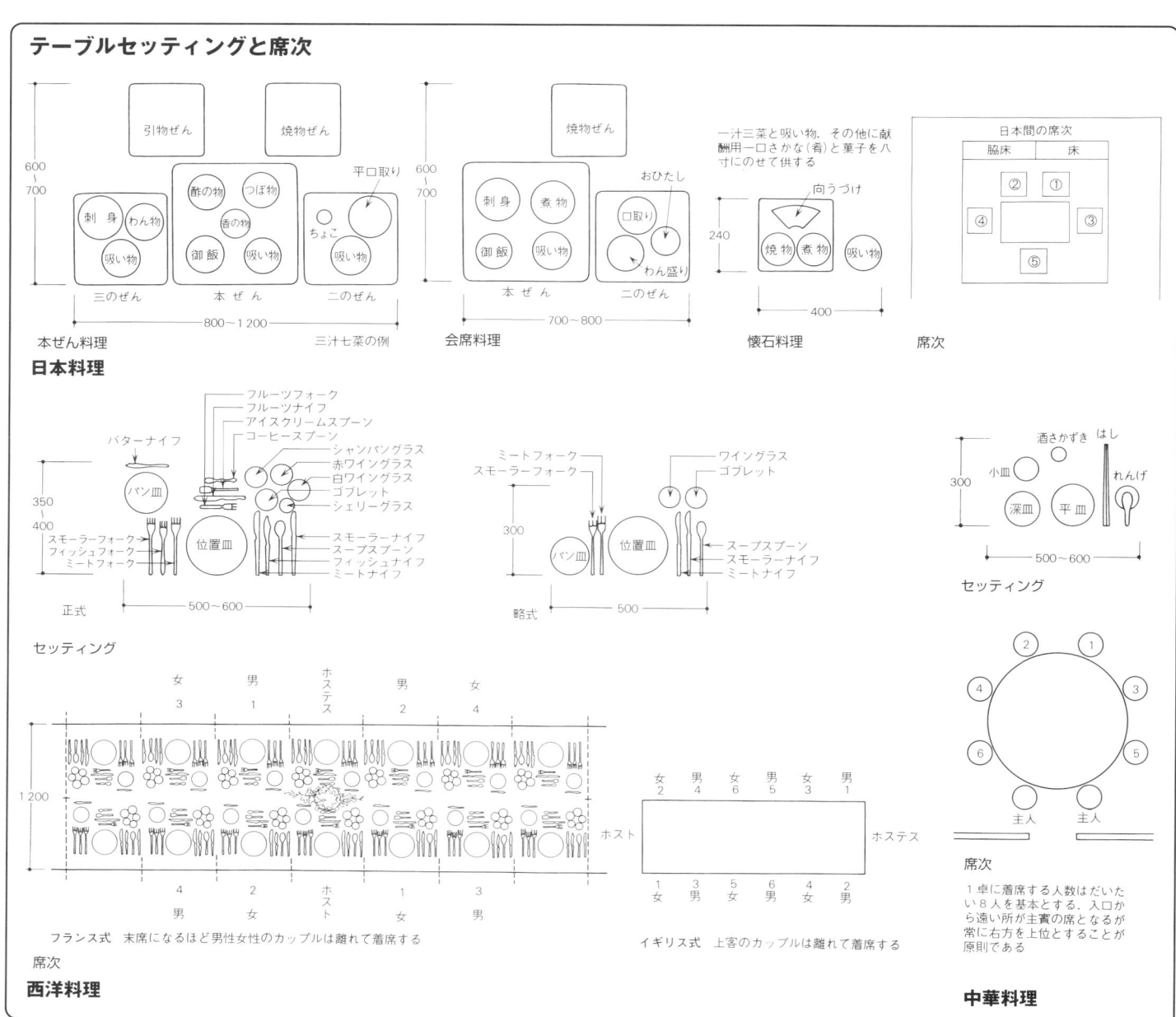

本ぜん料理　会席料理　懐石料理　席次
日本料理

正式　略式　セッティング
セッティング
フランス式　末席になるほど男性女性のカップルは離れて着席する
イギリス式　上客のカップルは離れて着席する
席次
西洋料理

席次
1卓に着席する人数はだいたい8人を基本とする。入口から遠い所が主賓の席となるが常に右方を上位とすることが原則である
中華料理

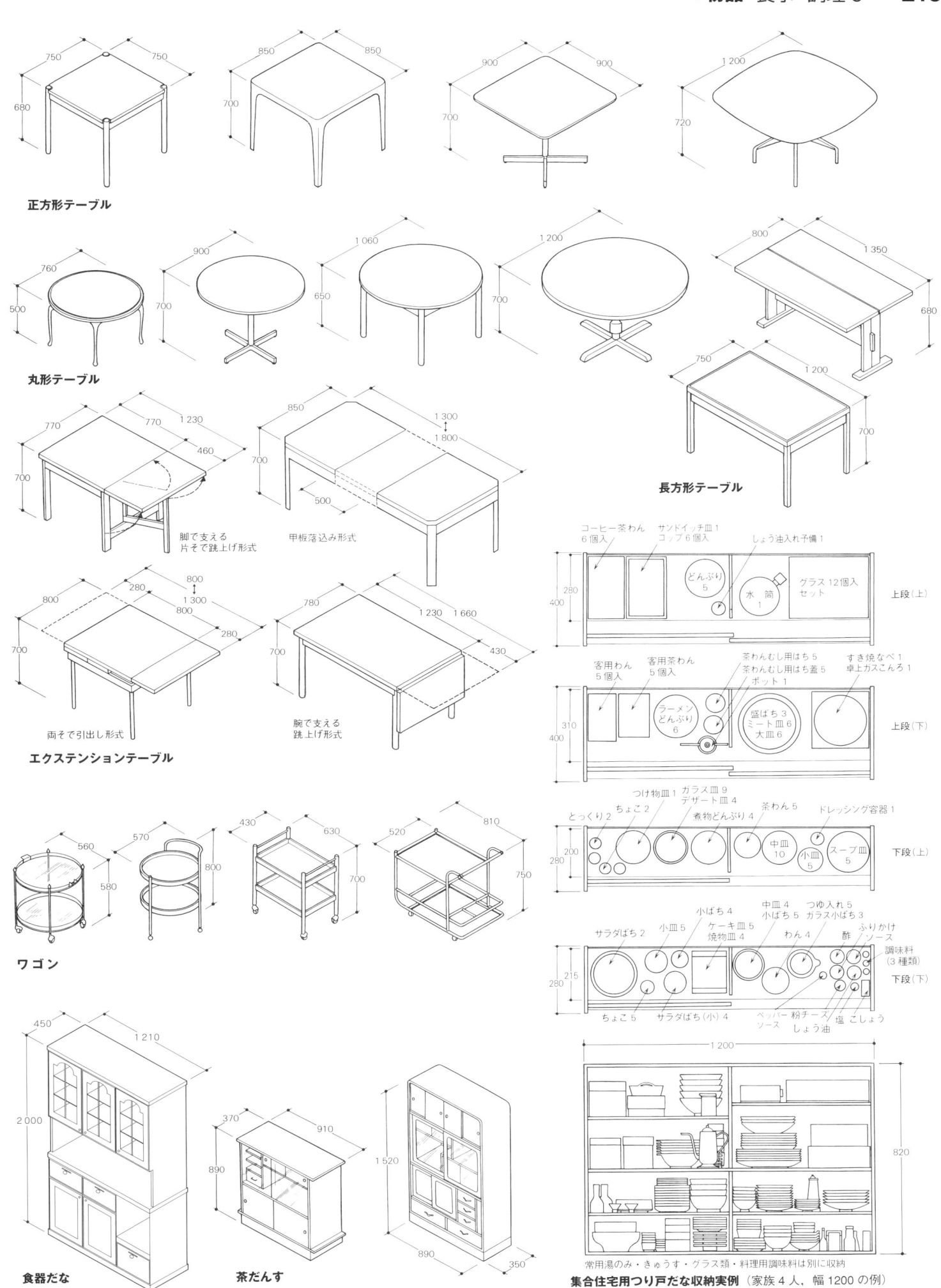

Atrickes: Refreshment and Cooking **物品：食事・調理 6** 213

正方形テーブル

丸形テーブル

エクステンションテーブル

脚で支える 片そで跳上げ形式
甲板落込み形式
両そで引出し形式
腕で支える 跳上げ形式

長方形テーブル

ワゴン

食器だな

茶だんす

集合住宅用つり戸だな収納実例（家族4人，幅1200の例）

上段（上）: コーヒー茶わん6個入、サンドイッチ皿1 コップ6個入、しょう油入れ予備1、どんぶり5、水筒1、グラス12個入セット

上段（下）: 客用わん5個入、客用茶わん5個入、茶わんむし用はち5、茶わんむし用はち蓋5、ポット1、すき焼なべ1、卓上ガスこんろ1、ラーメンどんぶり6、盛ばち3 ミート皿6 大皿6

下段（上）: つけ物皿1、とっくり2、ちょこ2、ガラス皿9 デザート皿4、煮物どんぶり4、茶わん5、ドレッシング容器1、中皿10、小皿5、スープ皿5

下段（下）: サラダばち2、小皿5、ケーキ皿5 焼物皿4、中皿4 小ばち5、つゆ入れ5、わん4、ガラス小ばち3、酢、ふりかけソース、調味料（3種類）、ちょこ5、サラダばち（小）4、ペッパー 粉チーズ ソース、塩、こしょう、しょう油

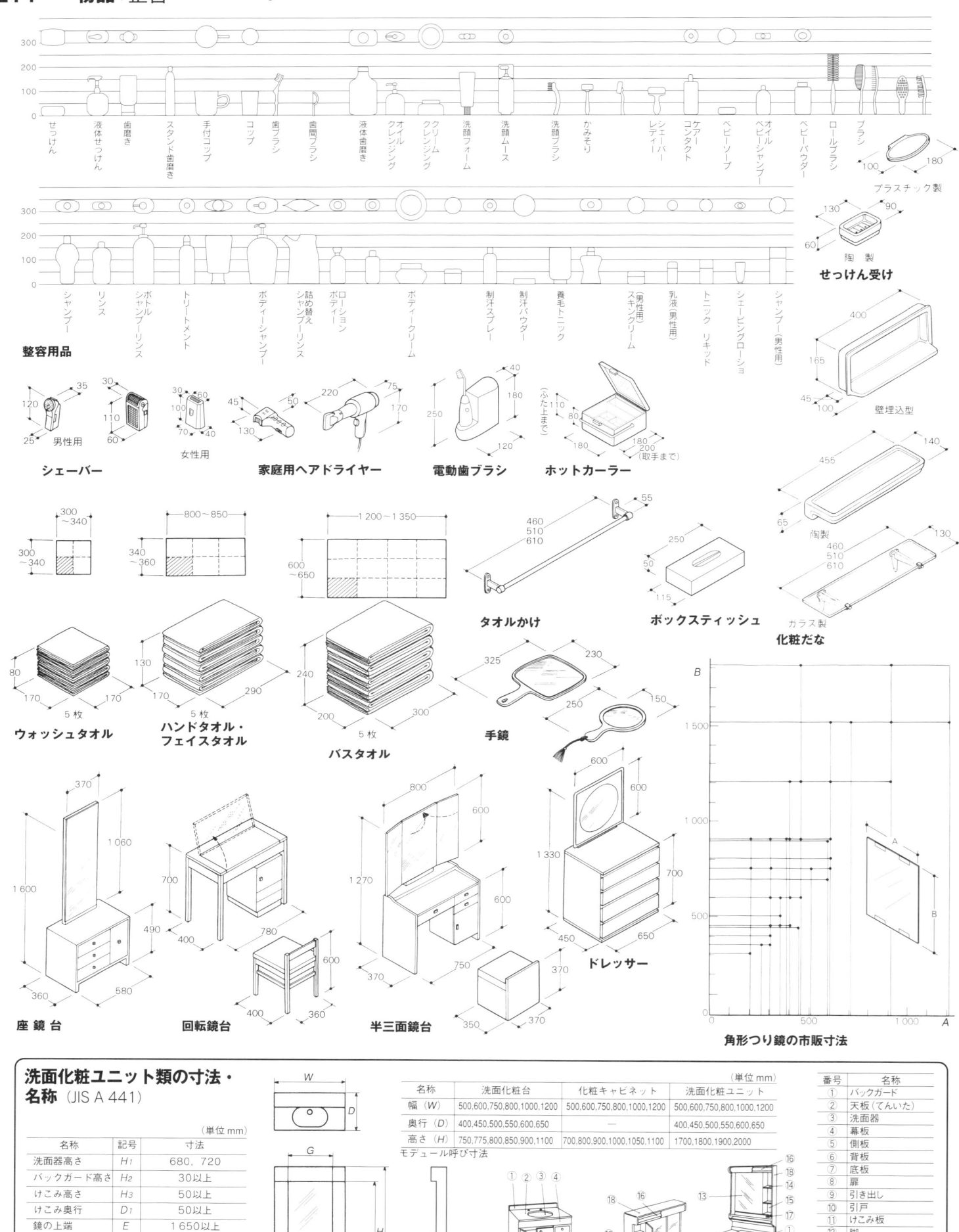

214 物品：整容　Atrickes: Dressing

整容用品
せっけん、液体せっけん、歯磨き、スタンド歯磨き、手付コップ、コップ、歯ブラシ、歯間ブラシ、液体歯磨き、オイルクレンジング、クリームクレンジング、洗顔フォーム、洗顔ムース、洗顔ブラシ、かみそり、シェーバーレディ、ケアコンタクト、ベビーソープ、ベビーシャンプー、ベビーパウダー、オイル、ロールブラシ、ブラシ

シャンプー、リンス、ボトルシャンプーリンス、トリートメント、ボディシャンプー、詰め替えシャンプーリンス、ボディローション、ボディクリーム、制汗スプレー、制汗パウダー、養毛トニック、乳液（男性用）スキンクリーム、（男性用）トニックリキッド、シェービングローション、シャンプー（男性用）

器具
- シェーバー（男性用 120×35×25、女性用 110×60×30）
- 家庭用ヘアドライヤー 220×170
- 電動歯ブラシ 250×180×120
- ホットカーラー 180×200×110（ふた上まで）

設備
- せっけん受け（プラスチック製 180×100、陶製 130×90×60）
- 壁埋込型 400×165×100、45
- 化粧だな（陶製 455×140×65、ガラス製 460/510/610×130）
- タオルかけ 460/510/610×55
- ボックスティッシュ 250×115×50
- 手鏡 325×230、250×150

タオル
- ウォッシュタオル 300～340×300～340、5枚 80、170×170
- ハンドタオル・フェイスタオル 800～850×340～360、5枚 130、170×290
- バスタオル 1200～1350×600～650、5枚 240、200×300

鏡台類
- 座鏡台 370×1060、1600×580×360
- 回転鏡台 700×400×780×490、600×400×360
- 半三面鏡台 800×1270×600、750×370
- ドレッサー 600×1330×700、650×450×370

角形つり鏡の市販寸法
A: 500, 1000 / B: 500, 1000, 1500

洗面化粧ユニット類の寸法・名称（JIS A 441）

名称	記号	寸法
洗面器高さ	H_1	680、720
バックガード高さ	H_2	30以上
けこみ高さ	H_3	50以上
けこみ奥行	D_1	50以上
鏡の上端	E	1650以上
鏡の下端	F	1200以下
鏡の幅	G	300以下

名称	洗面化粧台	化粧キャビネット	洗面化粧ユニット
幅（W）	500,600,750,800,1000,1200	500,600,750,800,1000,1200	500,600,750,800,1000,1200
奥行（D）	400,450,500,550,600,650	—	400,450,500,550,600,650
高さ（H）	750,775,800,850,900,1100	700,800,900,1000,1050,1100	1700,1800,1900,2000

モデュール呼び寸法

番号	名称
①	バックガード
②	天板（てんいた）
③	洗面器
④	幕板
⑤	側板
⑥	背板
⑦	底板
⑧	扉
⑨	引き出し
⑩	引戸
⑪	けこみ板
⑫	脚
⑬	鏡
⑭	収納棚
⑮	収納ボックス
⑯	照明器具
⑰	スイッチ、コンセント
⑱	化粧キャビネット本体

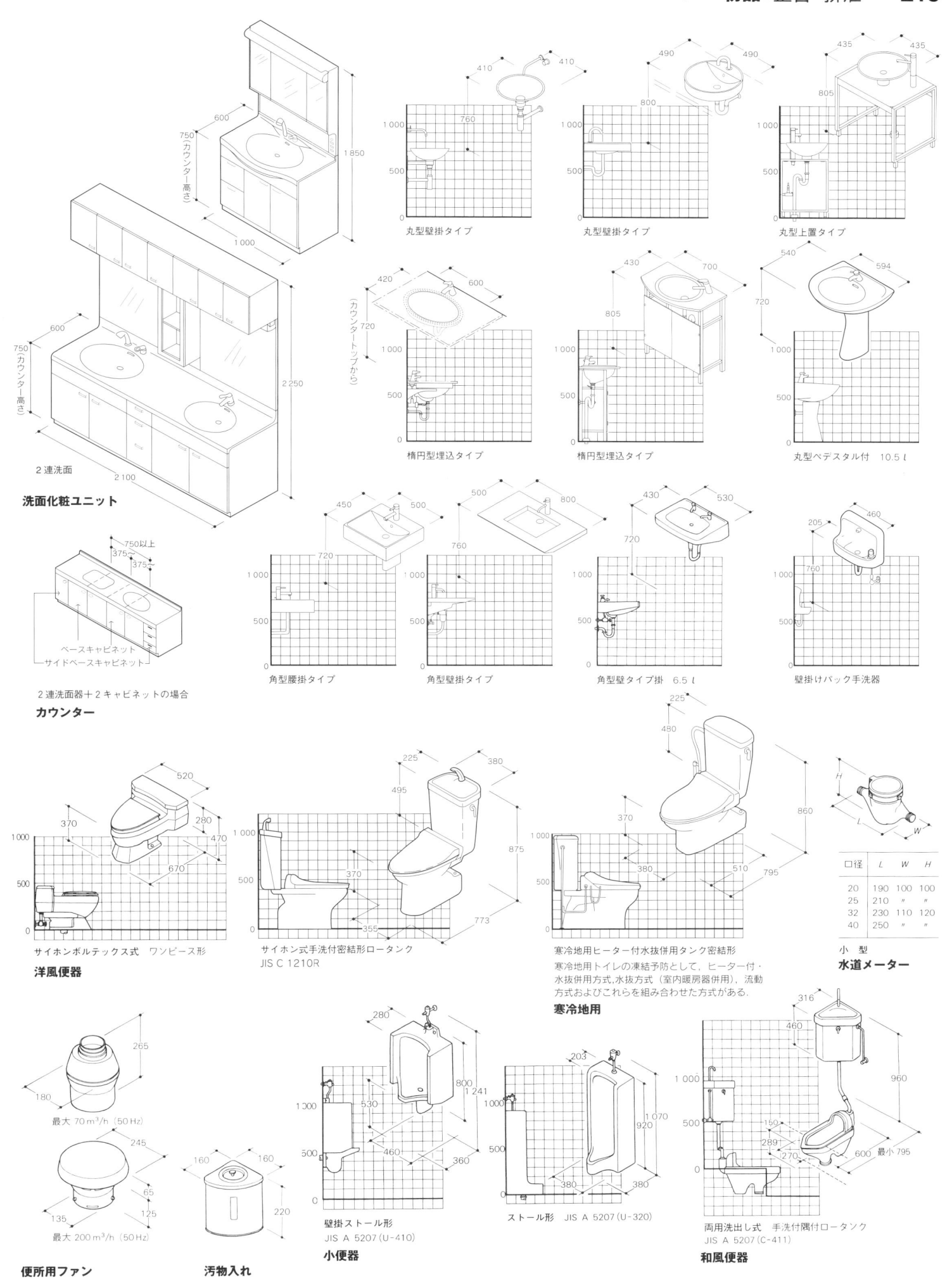

Atrickes: Dressing/Toilet **物品：整容・排泄** 215

洗面化粧ユニット

2連洗面

カウンター

2連洗面器＋2キャビネットの場合

- 丸型壁掛タイプ
- 丸型壁掛タイプ
- 丸型上置タイプ
- 楕円型埋込タイプ
- 楕円型埋込タイプ
- 丸型ペデスタル付 10.5ℓ
- 角型腰掛タイプ
- 角型壁掛タイプ
- 角型壁タイプ掛 6.5ℓ
- 壁掛けパック手洗器

洋風便器

- サイホンボルテックス式 ワンピース形
- サイホン式手洗付密結形ロータンク JIS C 1210R
- 寒冷地用ヒーター付水抜併用タンク密結形
  寒冷地用トイレの凍結予防として、ヒーター付・水抜併用方式、水抜方式（室内暖房器併用）、流動方式およびこれらを組み合わせた方式がある。
  寒冷地用

水道メーター

小 型

口径	L	W	H
20	190	100	100
25	210	〃	〃
32	230	110	120
40	250	〃	〃

便所用ファン

最大 70 m³/h（50 Hz）
最大 200 m³/h（50 Hz）

汚物入れ

小便器

- 壁掛ストール形 JIS A 5207 (U-410)
- ストール形 JIS A 5207 (U-320)

和風便器

両用洗出し式 手洗付隅付ロータンク JIS A 5207 (C-411)

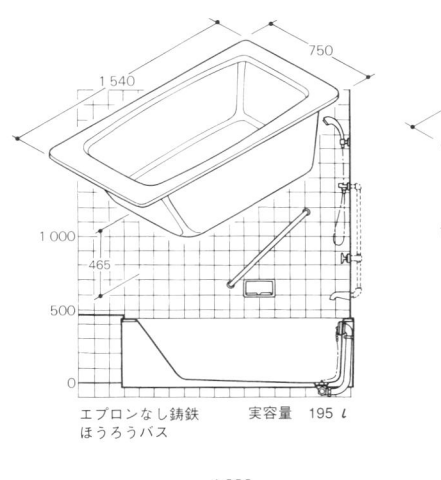

216 物品：入浴 1　Atrickes: Bath

エプロンなし鋳鉄　実容量 195ℓ
ほうろうバス

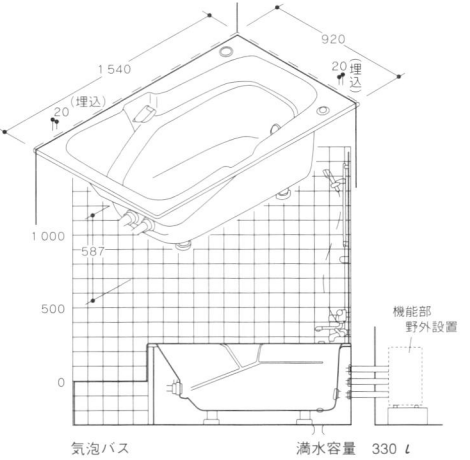

気泡バス　満水容量 330ℓ

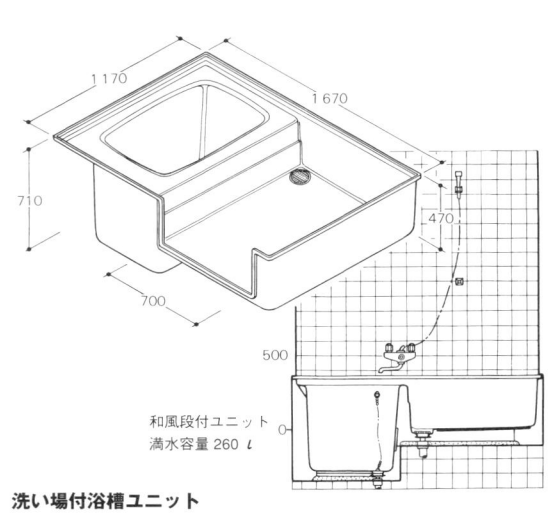

和風段付ユニット
満水容量 260ℓ

洗い場付浴槽ユニット

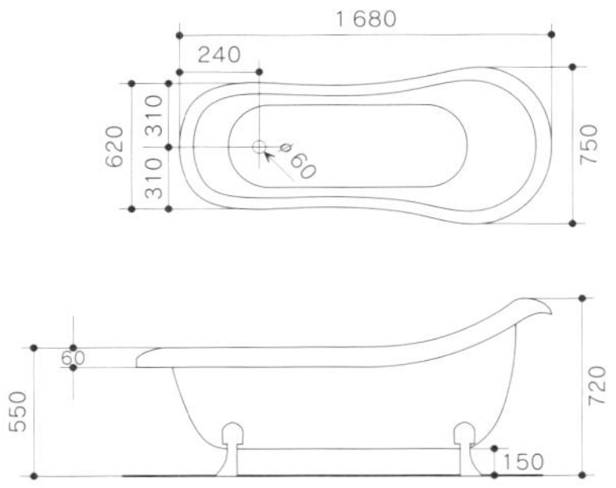

猫足タイプ浴槽　満水容量 280ℓ

洋風浴槽

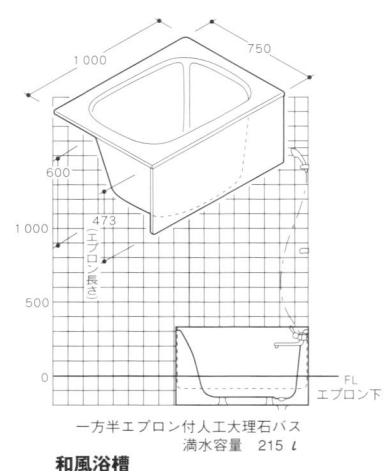

一方半エプロン付人工大理石バス
満水容量 215ℓ

和風浴槽

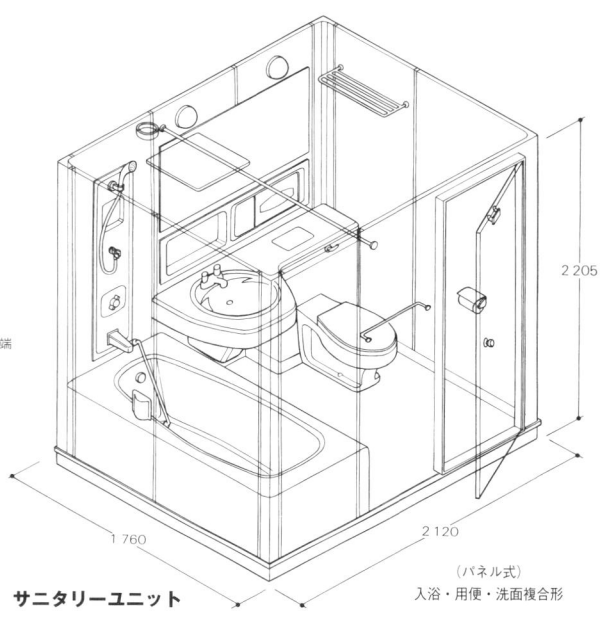

サニタリーユニット
(パネル式)
入浴・用便・洗面複合形

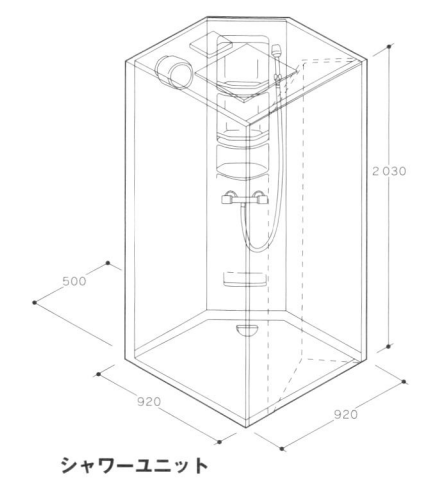

シャワーユニット

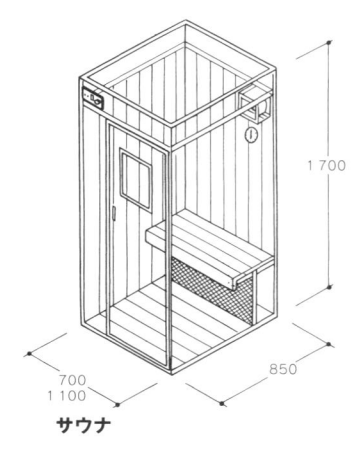

サウナ

住宅用サニタリーユニットの種類・寸法 (JIS A 0012)

種類	記号	摘要
浴室ユニット	B	入浴用の室形ユニット
便所ユニット	T	用便使用の室形ユニット
洗面ユニット	L	洗面又は洗面・洗濯用の室形ユニット
複合サニタリーユニット	BTLC	入浴,用便,洗面の機能を1室に複合したユニット

長さ\短さ	1200	1250	1350	1500	1700	1800	2100	2400	2700
800			⑤						
900	①	②	④	④	⑤				
(1100)		②			⑤	⑤	⑤		
1200	③			⑧		⑤	⑤		
(1250)					⑥	⑦	⑤		
1350					⑥	⑦	⑦		
1500					⑤	⑤	⑦		
(1700)					⑤	⑤	⑦		
1800							⑧		

○印の数字は下記のユニットの推奨例
①:T, L　②:T　③:L　④:B, L, T　⑤:B　⑥:B, L, BLTC
⑦:B, BLTC　⑧:BLTC

浴槽 (JIS A 5532)

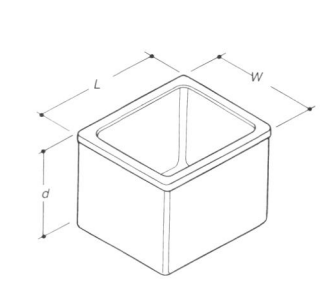

呼び	長さ(L)	幅(W)	内のり深さ(d)	参考容量(ℓ)
8型	790～850	640～750	550～650	180以上
9型	890～950	690～800	550～650	200以上
10型	990～1050	690～800	500～650	220以上
11型	1090～1150	690～800	450～650	220以上
12型	1090～1250	690～800	450～650	230以上
13型	1290～1350	690～900	450～650	150以上
14型	1390～1450	690～900	400～600	160以上
15型	1490～1550	690～950	400～550	160以上
16型	1590～1650	690～950	400～550	160以上

備考 1. 内のり深さ(d)の寸法は、排水口付近の内のり深さをいう。
　　 2. 容量は満水容量とする。ただし、オーバーフロー口のあるものは、あふれ面までの容量とする。

浴槽の寸法

材質	記号	長短所
鋳鉄ほうろう	CE	軽量で堅牢で、仕上面が平滑で衛生的であるが、ほうろうが剥離する恐れがある。
鋼板ほうろう	SE	
ステンレス鋼板	SU	軽量で弾力があり加工性・耐久性に優れるが、価格が高い。
熱硬化性プラスチック*	TS	軽量で耐久性に富み、感触が良く、保温性に富むが、強アルカリ性や熱に弱く、傷が付きやすく、光沢を失いやすい。

*浴槽本体がガラス繊維強化ポリエステル製のものも含む.

材質による区分

設置方法	記号	備考
据置き形	S	浴室内の壁面又は床面に埋め込まれることなく自由に設置できるもの
埋込み形	B	浴室内の壁面又は床面に埋め込まれるもので、浴室内で位置が指定されるもの

設置方法による区分

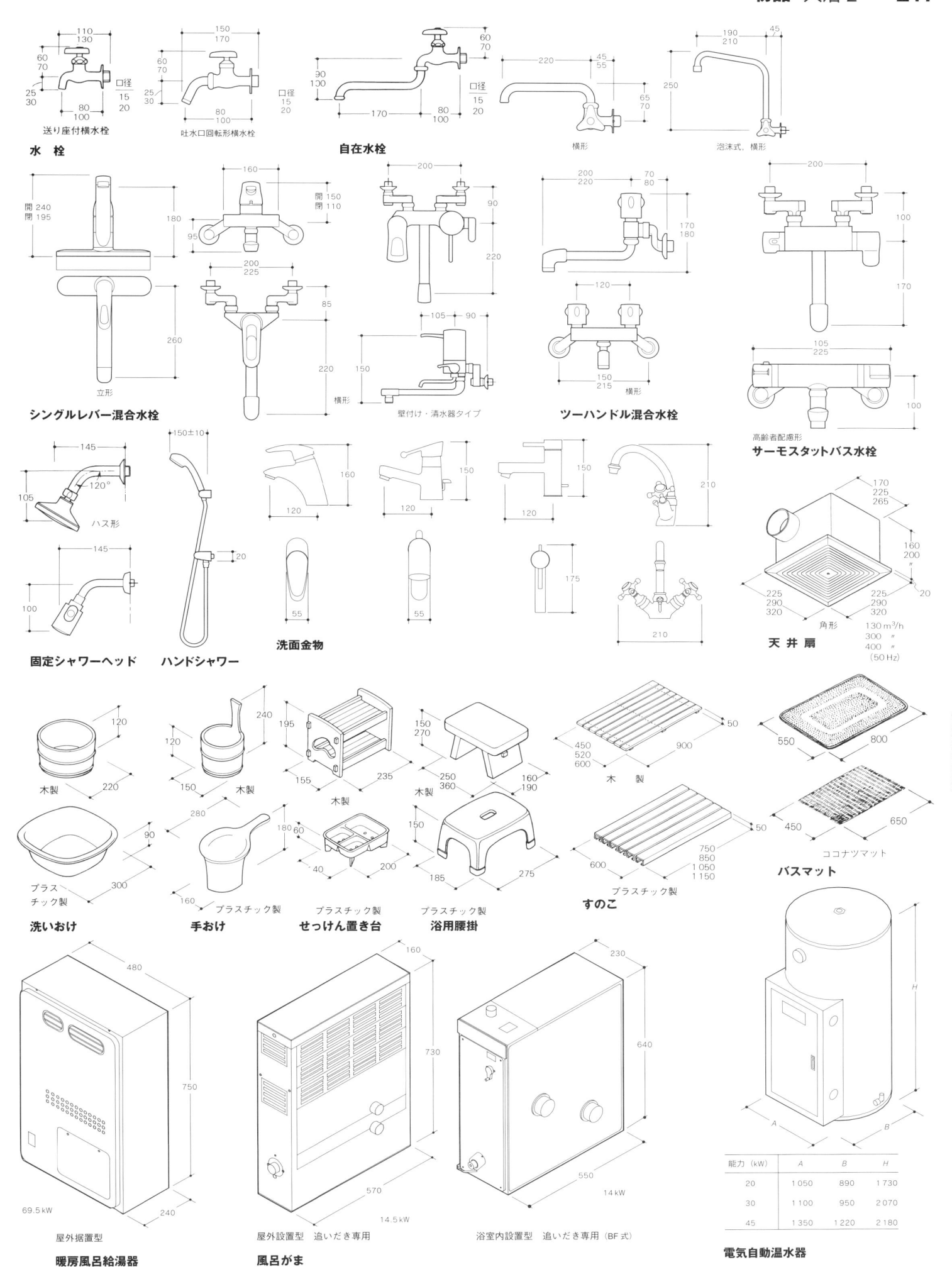

Atrickes: Bath 物品：入浴2　217

水栓
送り座付横水栓／吐水口回転形横水栓／自在水栓／横形／泡沫式, 横形

シングルレバー混合水栓
立形／横形／壁付け・清水器タイプ

ツーハンドル混合水栓
高齢者配慮形

サーモスタットバス水栓

固定シャワーヘッド（ハス形）／ハンドシャワー／洗面金物／天井扇（角形　130 m³/h　300 〃　400 〃（50 Hz））

洗いおけ（木製／プラスチック製）／手おけ（木製／プラスチック製）／せっけん置き台（木製／プラスチック製）／浴用腰掛（木製／プラスチック製）／すのこ（木製／プラスチック製）／バスマット／ココナツマット

暖房風呂給湯器
69.5 kW　屋外据置型

風呂がま
14.5 kW　屋外設置型　追いだき専用／14 kW　浴室内設置型　追いだき専用（BF式）

電気自動温水器

能力 (kW)	A	B	H
20	1050	890	1730
30	1100	950	2070
45	1350	1220	2180

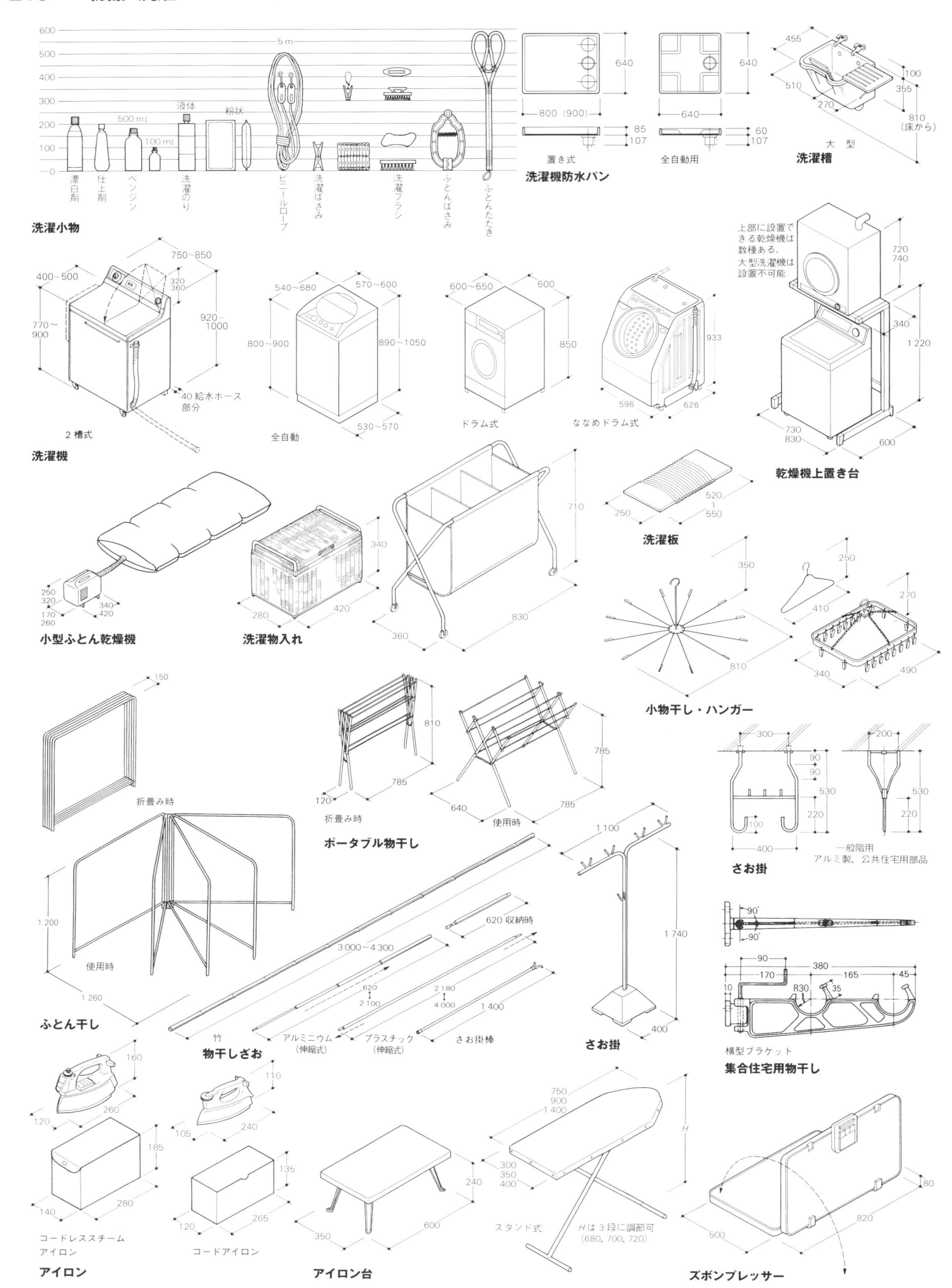

物品：洗濯　Atrickes: Washing

洗濯小物

漂白剤／仕上剤／ベンジン／洗濯のり／ビニールロープ／洗濯ばさみ／洗濯ブラシ／ふとんばさみ／ふとんたたき

洗濯機防水パン　置き式／全自動用

洗濯槽　大型

洗濯機　2槽式／全自動／ドラム式／ななめドラム式

上部に設置できる乾燥機は数種ある．大型洗濯機は設置不可能

乾燥機上置き台

小型ふとん乾燥機

洗濯物入れ

洗濯板

小物干し・ハンガー

ふとん干し　折畳み時／使用時

ポータブル物干し　折畳み時／使用時

物干しざお　竹／アルミニウム（伸縮式）／プラスチック（伸縮式）／さお掛棒

さお掛

さお掛　一般階用　アルミ製，公共住宅用部品

集合住宅用物干し　横型ブラケット

アイロン　コードレススチームアイロン／コードアイロン

アイロン台　スタンド式　Hは3段に調節可（680，700，720）

ズボンプレッサー

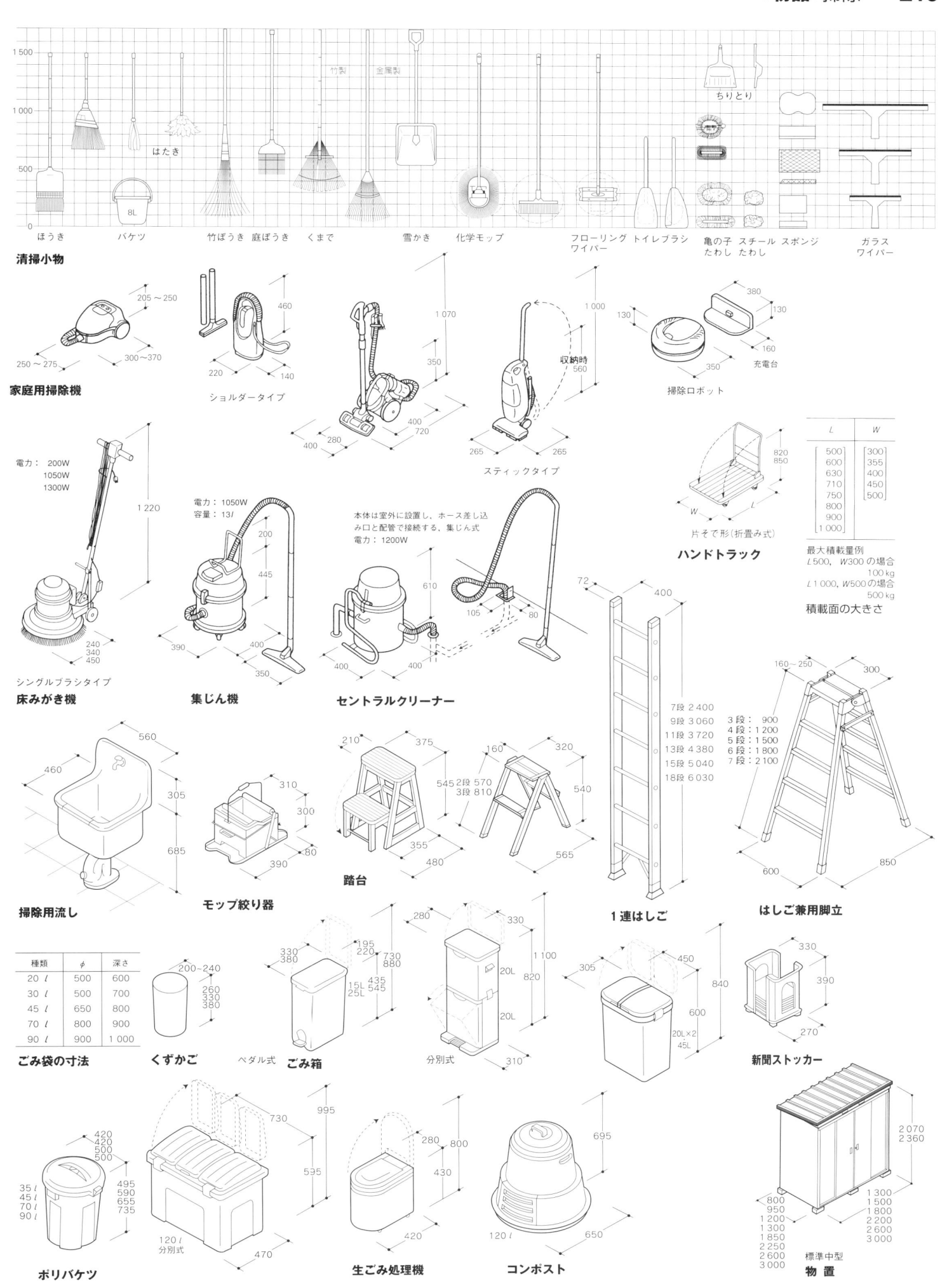

Atrickes: Cleaning 物品：掃除 219

清掃小物

竹製／金属製
ちりとり

ほうき・はたき・バケツ(8L)・竹ぼうき・庭ぼうき・くまで・雪かき・化学モップ・フローリングワイパー・トイレブラシ・亀の子たわし・スチールたわし・スポンジ・ガラスワイパー

家庭用掃除機

ショルダータイプ・スティックタイプ・掃除ロボット（充電台）

床みがき機（シングルブラシタイプ）
電力：200W / 1050W / 1300W

集じん機
電力：1050W　容量：13 l

セントラルクリーナー
本体は室外に設置し、ホース差し込み口と配管で接続する。集じん式
電力：1200W

ハンドトラック
片そで形（折畳み式）

最大積載量例

L	W
500	300
600	355
630	400
710	450
750	500
800	
900	
1000	

L500, W300の場合　100 kg
L1000, W500の場合　500 kg
積載面の大きさ

1連はしご
7段 2400
9段 3060
11段 3720
13段 4380
15段 5040
18段 6030

はしご兼用脚立
3段：900
4段：1200
5段：1500
6段：1800
7段：2100

掃除用流し

モップ絞り器

踏台
2段 545 / 810
3段 570

ごみ袋の寸法

種類	φ	深さ
20 l	500	600
30 l	600	700
45 l	650	800
70 l	800	900
90 l	900	1000

くずかご

ごみ箱（ペダル式）
15L / 25L / 20L

分別式
20L / 20L / 20L×2 / 45L

新聞ストッカー

ポリバケツ
35 l / 45 l / 70 l / 90 l
120 l 分別式

生ごみ処理機

コンポスト
120 l

物置（標準中型）

800	1300	2070
950	1500	2360
1200	1800	
1850	2200	
2250	2600	
2600	3000	
3000		

220　物品：外出・移動 1　Atrickes: Entrance

表札

L	H	B
87	210	[30]
〃	195	[24]
66	180	
〃	165	
〃	150	

木製・陶製・縦形・横形いずれもこの寸法表による

インターフォン
- 玄関子機
- 玄関子機（カメラ付き）
- 親機
- 親機（モニター付き）
- 集合玄関機（モニター付き）

はがき・封筒寸法

名称	寸法		適用
長形2号	119	277	定型外
長形3号	120	235	定型最大
長形4号	90	205	定型
長形5号	〃	185	〃
角形2号	240	332	定型外
角形3号	216	277	〃
角形4号	197	267	〃
角形5号	190	240	〃
角形6号	162	229	〃
角形7号	142	205	〃
角形8号	119	197	定型
洋形1号	120	176	定型
洋形2号	114	162	〃
洋形3号	98	148	〃
洋形4号	105	235	〃
洋形5号	95	217	〃
洋形6号	98	190	〃
洋形7号	92	165	〃

定型郵便物：長さ140～235、幅90～120、厚さ10、重さ50gまでのもの

ポスト
- 外掛用
- 内掛用
- 内掛用ポスト外口
- ブロック埋込用
- 集合郵便受け（引上扉型）
- 集合郵便受け（縦型）
- 新聞受け箱（壁貫通）

集合住宅用宅配ボックス

高層住宅用郵便受箱（郵政省標準規格）
- A型（横型）
- AM型
- A型（縦型）
- A型（横型）
- A型（縦型：私書箱型）

区別	本体			差入口		
	W	D	H	W	H₁	H₂
縦型	300	140	220	300	30	190
横型	220	300	140	220	30	110

本体の規格は有効内のりとする

ついたて

マットの大きさ

L	61	67	76	91
W	37	40	46	61

ハンガースタンド

コート・帽子掛

くつブラシ

くつべら

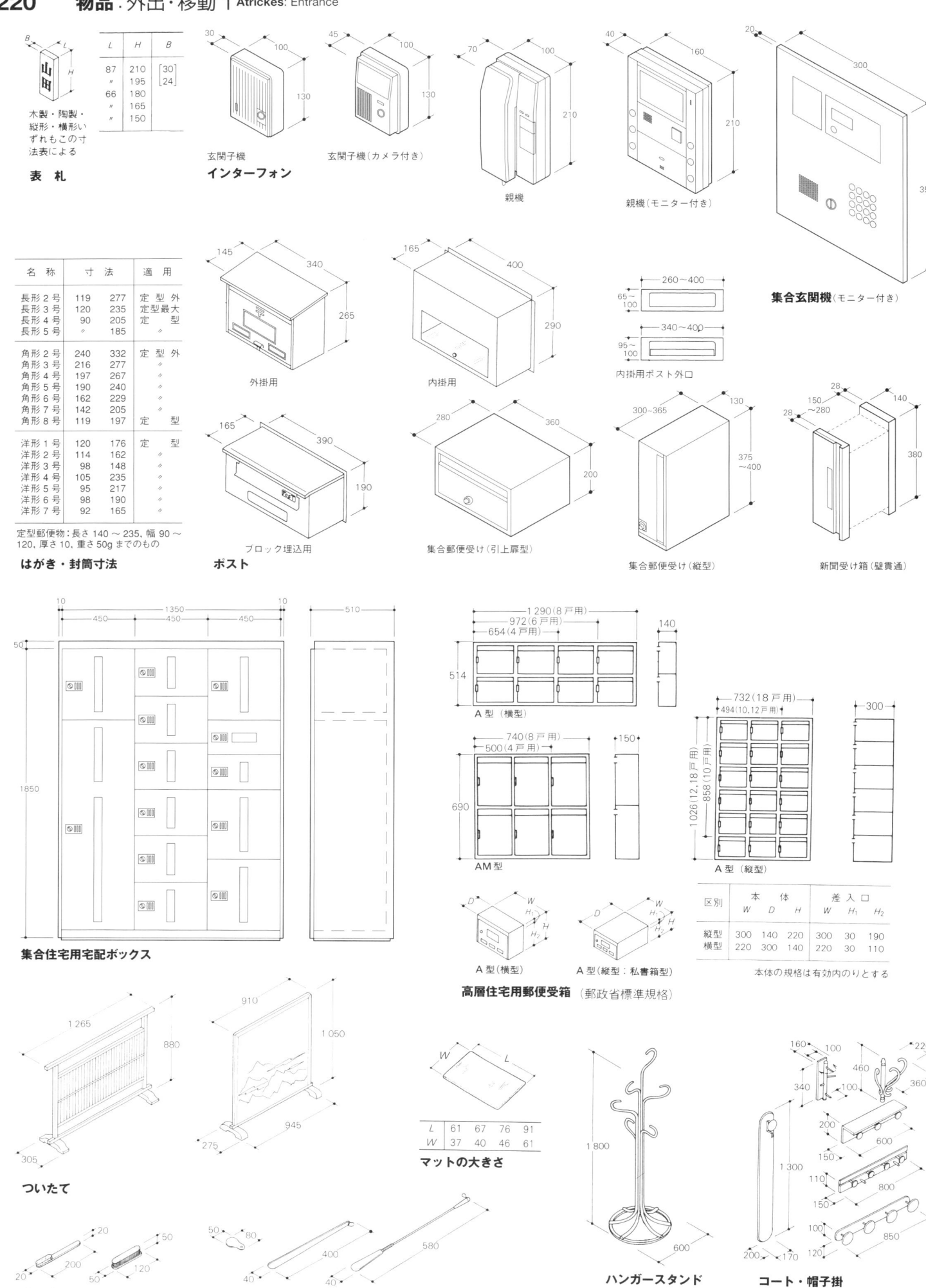

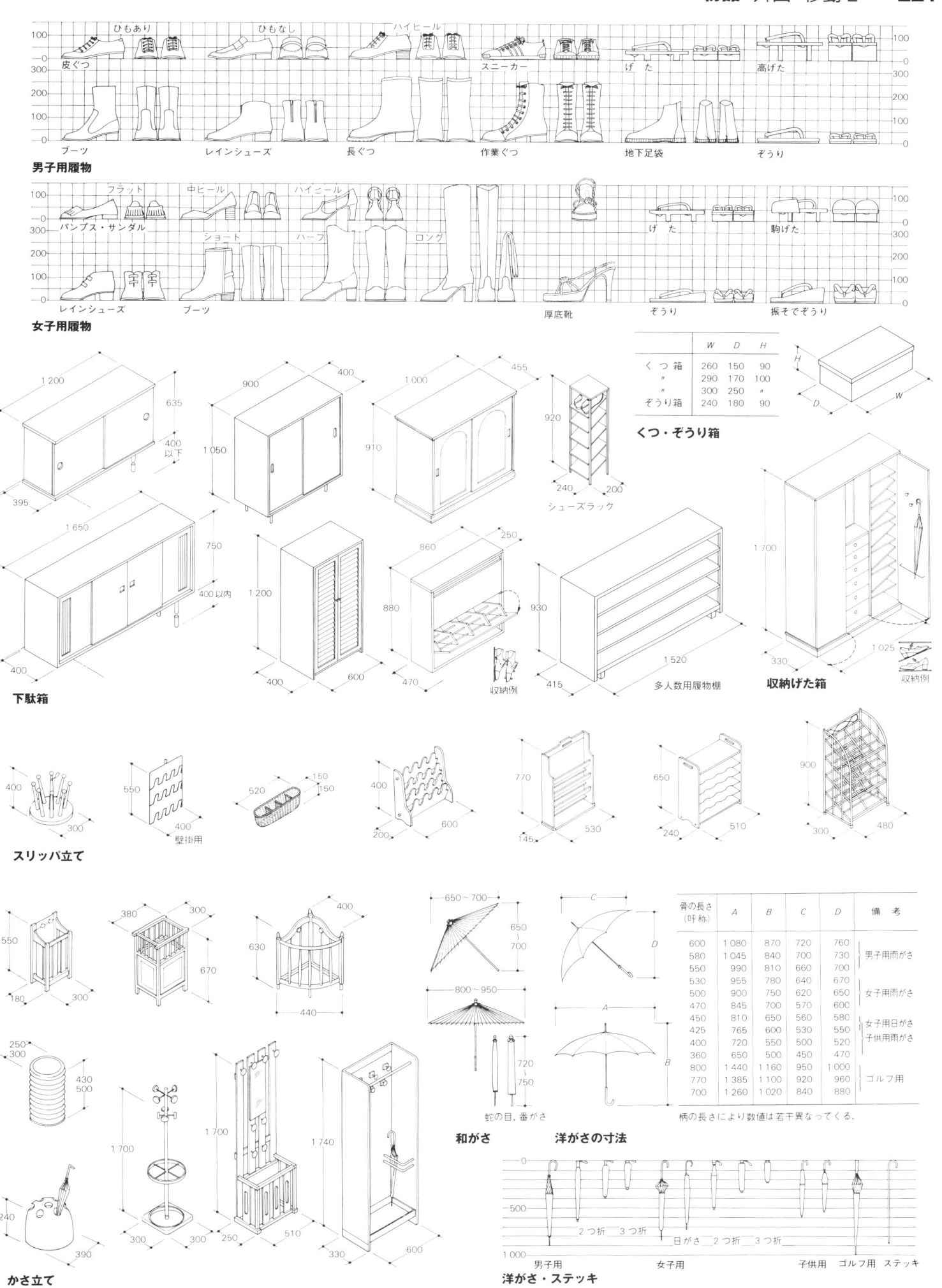

Atrickes: Entrance 物品：外出・移動 2

男子用履物

皮ぐつ / ひもあり / ひもなし / ハイヒール / スニーカー / ブーツ / レインシューズ / 長ぐつ / 作業ぐつ / 地下足袋 / ぞうり / げた / 高げた

女子用履物

フラット / 中ヒール / ハイヒール / パンプス・サンダル / ショート / ハーフ / ロング / レインシューズ / ブーツ / 厚底靴 / ぞうり / げた / 振そでぞうり / 駒げた

くつ・ぞうり箱

	W	D	H
くつ箱	260	150	90
〃	290	170	100
〃	300	250	〃
ぞうり箱	240	180	90

シューズラック / 下駄箱 / 多人数用履物棚 / 収納げた箱

スリッパ立て

壁掛用

かさ立て

蛇の目、番がさ / 和がさ

洋がさの寸法

骨の長さ（呼称）	A	B	C	D	備考
600	1 080	870	720	760	
580	1 045	840	700	730	男子用雨がさ
550	990	810	660	700	
530	955	780	640	670	
500	900	750	620	650	女子用雨がさ
470	845	700	570	600	
450	810	650	560	580	女子用日がさ
425	765	600	530	550	
400	720	550	500	520	子供用雨がさ
360	650	500	450	470	
800	1 440	1 160	950	1 000	ゴルフ用
770	1 385	1 100	920	960	
700	1 260	1 020	840	880	

柄の長さにより数値は若干異なってくる．

洋がさ・ステッキ

男子用 / 2つ折 / 3つ折 / 女子用 / 日がさ 2つ折 3つ折 / 子供用 / ゴルフ用 / ステッキ

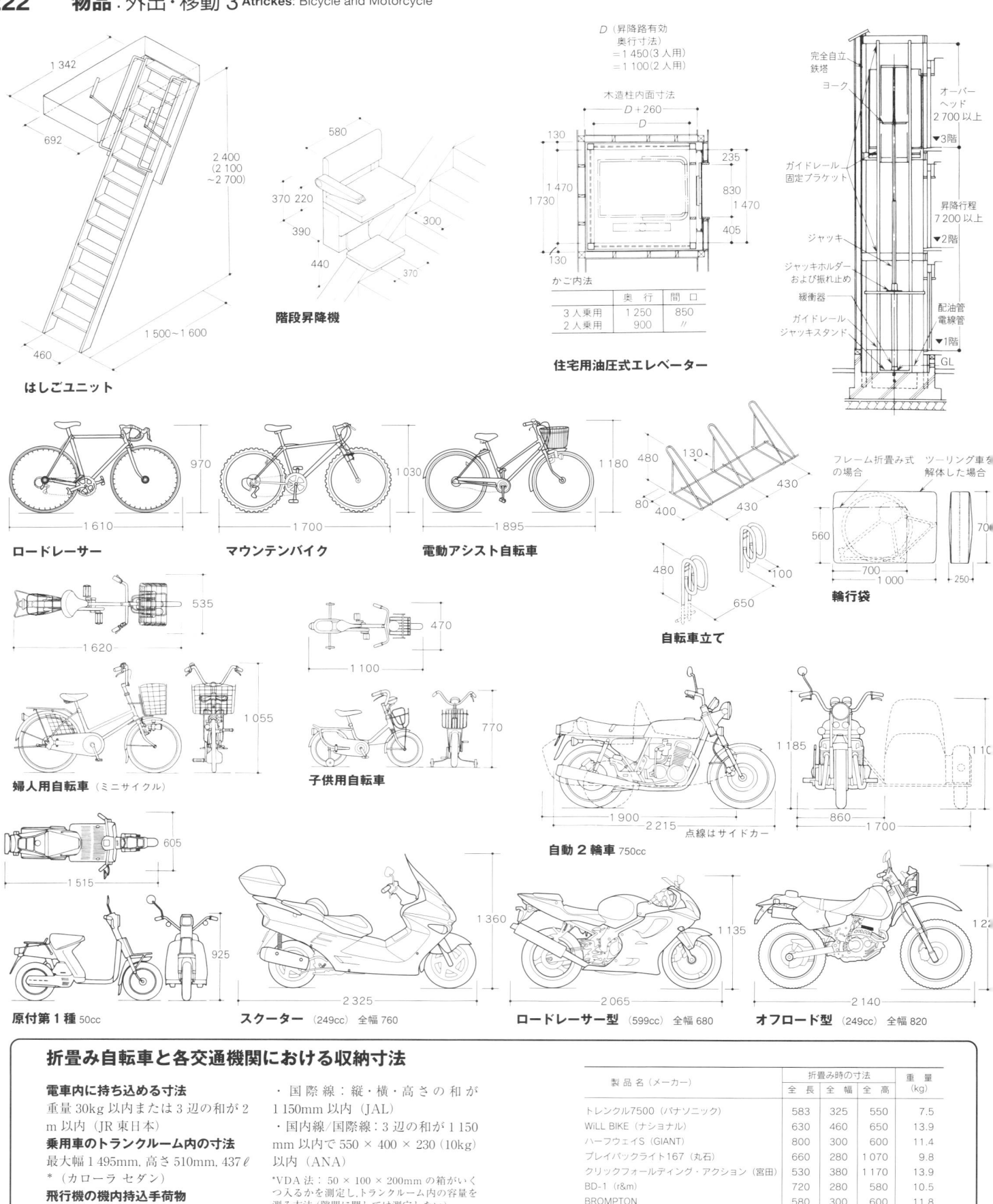

222　物品：外出・移動 3　Atrickes: Bicycle and Motorcycle

はしごユニット

階段昇降機

住宅用油圧式エレベーター

ロードレーサー

マウンテンバイク

電動アシスト自転車

自転車立て

輪行袋（フレーム折畳み式の場合／ツーリング車を解体した場合）

婦人用自転車（ミニサイクル）

子供用自転車

自動2輪車 750cc　点線はサイドカー

原付第1種 50cc

スクーター（249cc）全幅 760

ロードレーサー型（599cc）全幅 680

オフロード型（249cc）全幅 820

折畳み自転車と各交通機関における収納寸法

電車内に持ち込める寸法
重量30kg以内または3辺の和が2m以内（JR東日本）

乗用車のトランクルーム内の寸法
最大幅1495mm、高さ510mm、437ℓ
*（カローラ セダン）

飛行機の機内持込手荷物
・国内線：450 × 200 × 350（5kg）以内

・国際線：縦・横・高さ の 和 が 1150mm 以内（JAL）
・国内線/国際線：3辺の和が1150mm以内で550 × 400 × 230（10kg）以内（ANA）
*VDA法：50 × 100 × 200mmの箱がいくつ入るかを測定し、トランクルーム内の容量を測る方法（隙間に関しては測定しない）

製品名（メーカー）	折畳み時の寸法			重量 (kg)
	全長	全幅	全高	
トレンクル7500（パナソニック）	583	325	550	7.5
WiLL BIKE（ナショナル）	630	460	650	13.9
ハーフウェイS（GIANT）	800	300	600	11.4
プレイバックライト167（丸石）	660	280	1070	9.8
クリックフォールディング・アクション（宮田）	530	380	1170	13.9
BD-1 (r&m)	720	280	580	10.5
BROMPTON	580	300	600	11.8

折畳み時の寸法と重量

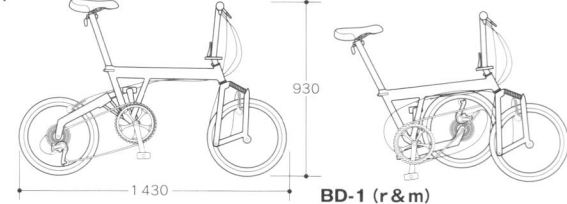

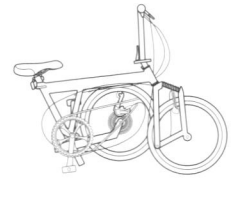

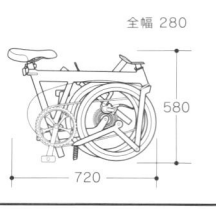

BD-1 (r&m)

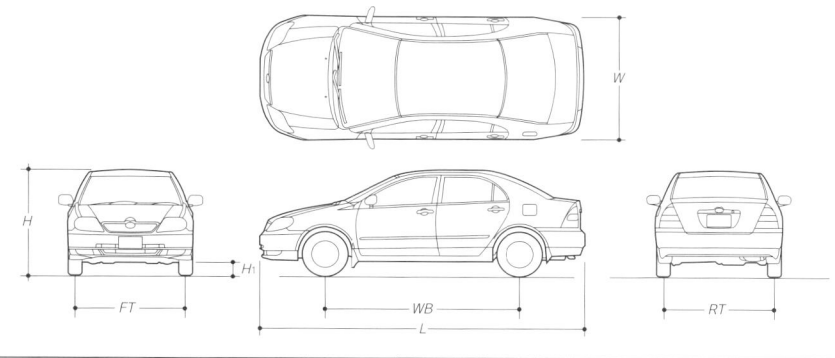

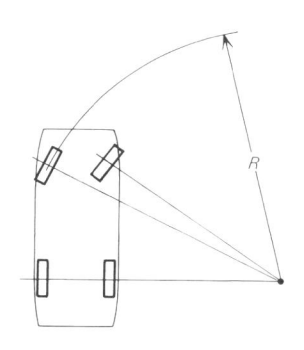

Atrickes: Car 物品：外出・移動 4   223

メーカー	車 名	排気量 (cc)	定員 (人)	全長 L	全幅 W	全高 H	ホイールベース WB	トレッド FT	トレッド RT	車両重量 (kg)	最小回転半径	最低地上高 H_1
スズキ	ワゴンR	658	4	3 395	1 475	1 645	2 360	1 295	1 290	780	4 200	150
トヨタ	ヴィッツ	997	5	3 610	1 660	1 500	2 370	1 450	1 430	890	4 300	150
BMW	ミニ	1 590	4	3 625	1 690	1 415	2 465	1 460	1 465	1 140	5 100	-
トヨタ	プリウス	1 496	5	4 310	1 695	1 490	2 550	1 475	1 480	1 220	4 700	140
メルセデス	ベンツC180	1 998	5	4 535	1 730	1 425	2 715	1 505	1 475	1 470	5 000	130
トヨタ	エスティマ	2 994	7	4 750	1 790	1 770	2 900	1 545	1 530	1 720	5 600	155
トヨタ	カローラ バン	-	-	4 265	1 685	1 435	2 465	1 470	1 450	1 000	4 800	150
ホンダ	ホンダ アクティ・トラック TOWN	-	-	3 395	1 475	1 745	2 420	1 295	1 310	810	4 300	190
ジープ	ジープ ラングラースポーツ	3 959	4	3 915	1 740	1 800	2 375	1 475	1 475	1 550	4 900	205

乗用車の諸元

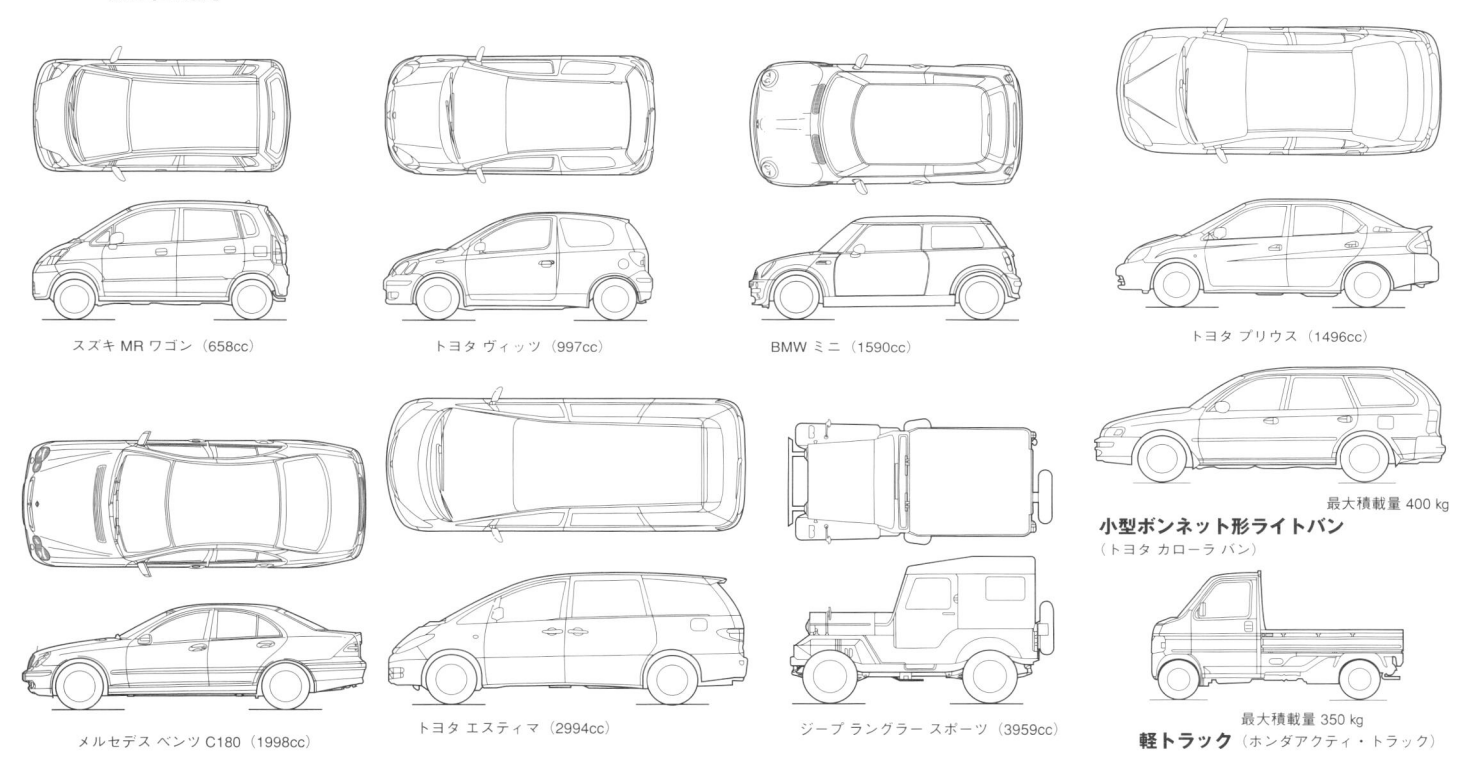

スズキ MR ワゴン（658cc）　　トヨタ ヴィッツ（997cc）　　BMW ミニ（1590cc）　　トヨタ プリウス（1496cc）

小型ボンネット形ライトバン
（トヨタ カローラ バン）
最大積載量 400 kg

メルセデス ベンツ C180（1998cc）　　トヨタ エスティマ（2994cc）　　ジープ ラングラー スポーツ（3959cc）

軽トラック（ホンダアクティ・トラック）
最大積載量 350 kg

乗用車

自動車の回転半径・駐車間隔

自動車の回転半径とそれに基づく前面道路幅と門の幅との関係

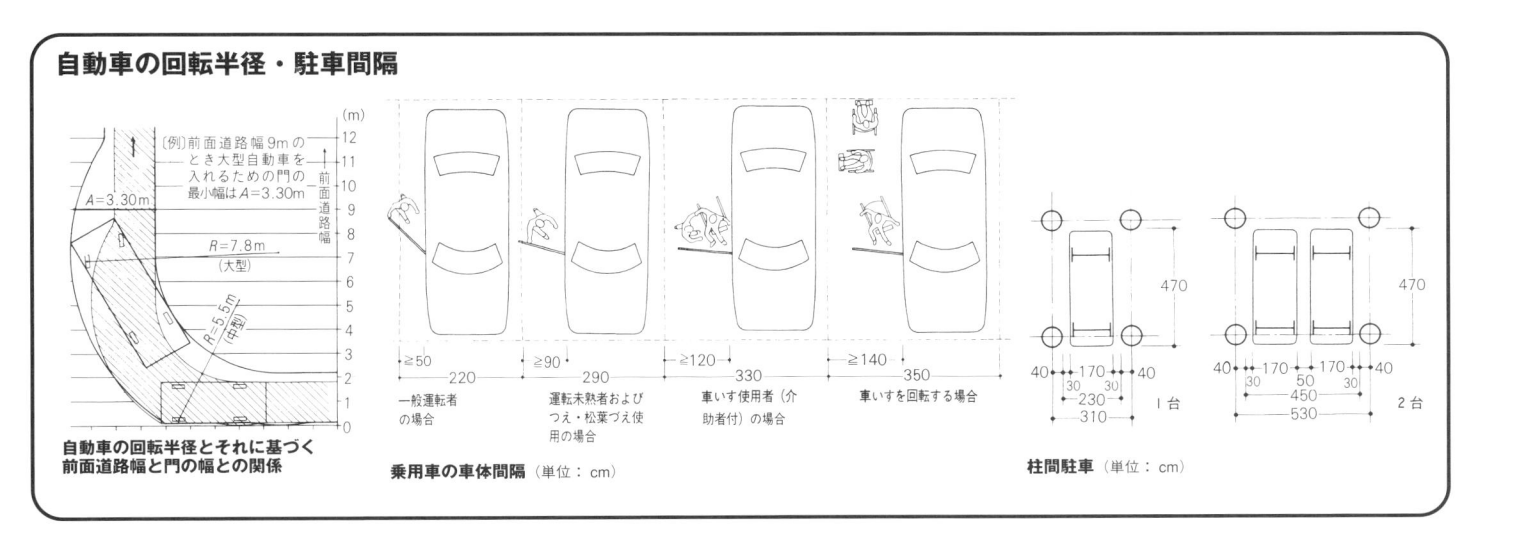

乗用車の車体間隔（単位：cm）
- ≧50　220　一般運転者の場合
- ≧90　290　運転未熟者およびつえ・松葉づえ使用の場合
- ≧120　330　車いす使用者（介助者付）の場合
- ≧140　350　車いすを回転する場合

柱間駐車（単位：cm）
1台　2台

224　物品：冠婚葬祭 1　Atrickes: Religion and Function

ひな人形七段飾りと収納箱

ひな段／人形一式／ぼんぼり／道具セット／びょうぶ／花飾り

五月人形三段飾りと収納箱（収納箱は台の幅1050の例）

段／びょうぶ／よろい・かぶと／軍扇・陣笠／こいのぼり／吹流し／太刀・弓／太鼓／三方／かがり火

収納箱式ひな人形・五月人形

千歳飴／ちょうちん（祭礼用（大）／長形弓張り／丸形弓張り／飾り用）／お札／やくよけ（厄除）／うす・きね／羽子板／たこ（凧）（江戸奴だこ／津軽だこ）／こいのぼり／クリスマスツリー（卓上型）

寸法表（こいのぼり）

	こいのぼり・吹流しの長さ	ポール	収納箱（例）
ポール付（ベランダ用）	1 000～2 000	セットの2倍の長さ	620×360×70
ポール付（庭用）	3 000～5 000		900×400×70
ポールなし	3 000～12 000	—	500×500×135

結納品

末広／かつおぶし／七品目（家内喜多留／友白髪／子生婦（こんぶ）／寿留女（するめ）／金宝包／目録／長熨斗）／指輪

一般的なしきたりでは，左側に末広とかつおぶしを別々の台にのせて置き，右側に七品目をのせた台を置く．略式では，九品目・七品目・五品目として1つの台にのせたものがある．

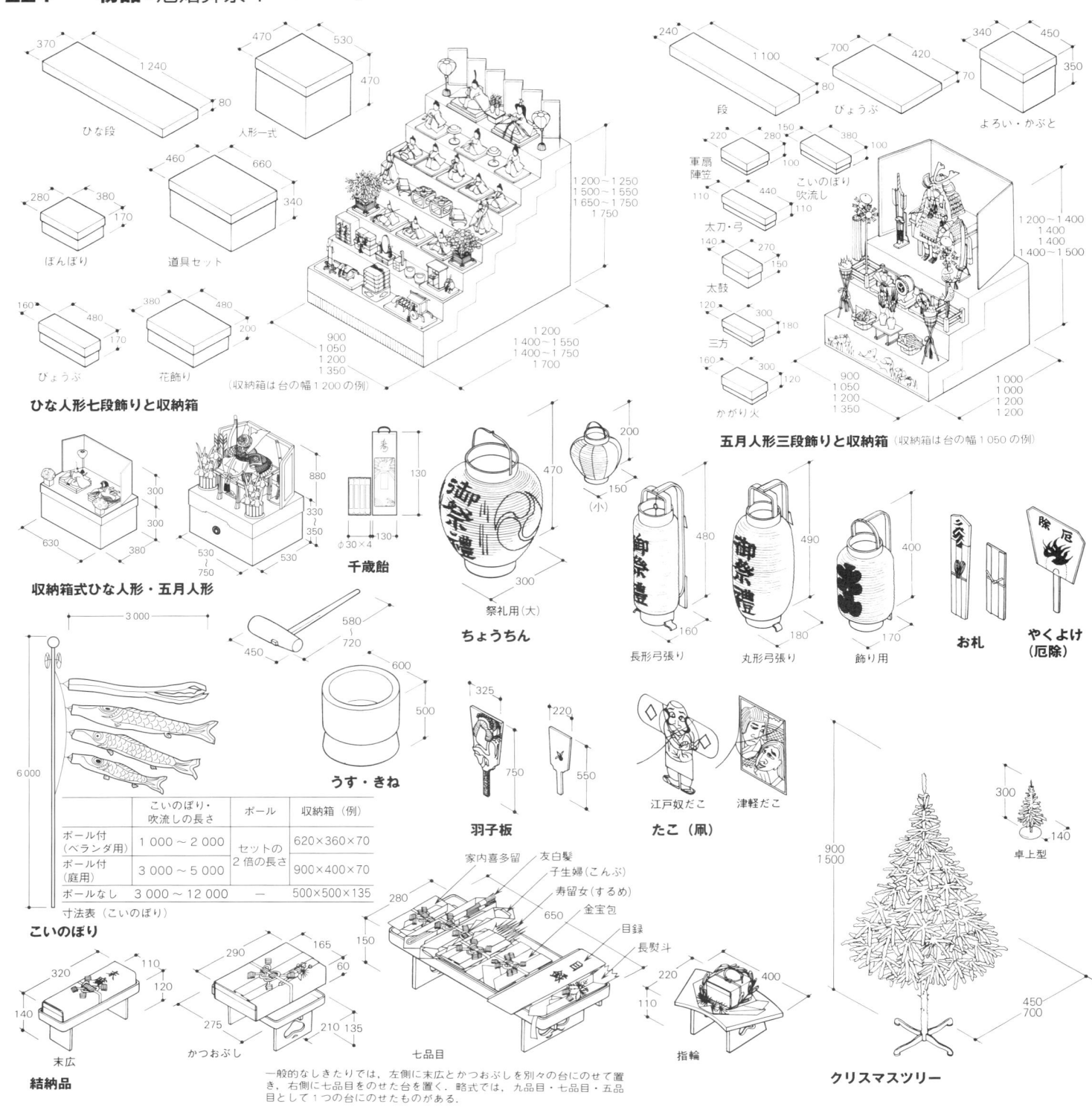

行事

節句

行事そのものが廃れていく中で，生活の中に残っている行事に使用される物品も大きく変化してきた．ひな人形と五月人形もその一つである．畳が京間から団地サイズに，和室から洋室，ユカ座からイス座へという住環境の変化は，それらの節句で使われる物品・設備を小型化・簡略化の方向に向かわせた．

かつてのひな壇飾りは，5段・7段飾りが6畳・8畳の室空間いっぱいを使って飾られるというものであった．しかし，近年では，全体のサイズを小振りにした物だけでなく，ガラスケースに収まるように大幅にサイズや種類を縮小し，箪笥やチェスト等の上置きとするタイプや本棚の一部に設置するようなコンパクト化されたタイプも現れている．また，おひな様とお内裏様二体だけの「親王飾り」といった，象徴的な主たるものだけを飾る傾向も強くなっている．さらに，壁掛けタイプや数センチの「ミニチュアひな」も現れ，本来のひな祭り・節句の意味にとらわれず，四季を楽しむインテリアの一つとして捉えられる傾向も見られる．なお，小型化・簡略化には，飾る場所が確保しにくいといった事情のほか，収納の場所をとらないことも大きな要因となっている．

一方，こいのぼりについては，一戸建てから集合住宅への流れの中で，飾る場所（庭からバルコニーへ）の変化に伴い，ミニチュア化ではなく，むしろこいのぼりを飾るという行為自体が消滅の傾向にある．五月人形についても，ひな人形と同様，兜だけを飾ることも多くなっている．

七五三

子どもの健康と成長を祈る「七五三」の行事は，平安時代の公家社会における「髪置き」・「深曽木」・「着袴」・「帯解き」といった行事に起源を持つ．そして江戸時代後期，これらが合わさって「七五三」の行事となり，祝いの日取りが11月15日と定められた．

婚礼

婚礼については，挙式，披露宴，これに先立つ結納式は，ともに簡略化・合理化が進み，挙式や披露宴を行わない場合も，結納式も両家顔合わせの会食等，簡略化した形で行う例が増加している．また，これらを執り行う空間は，かつては個人の住まいにおける続き間の座敷であったが，LDK型平面の住宅では対応しにくいことも手伝って，都市部を中心に，ホテル，専門式場，公共式場に加えて料亭，レストラン等の外部施設へと移行している．

結納品は，婚約の証としての贈り物であり，本来は，婿方より帯を中心とした贈り物，嫁方では袴を中心とした贈り物を目録によって取り交わすもので，それぞれ謂れを持つ品物と合わせて，正式九品目として交換される．

Atrickes: Religion and Function 物品：冠婚葬祭 2　225

棺おけ（桶）
標準（天然木）／標準（キリスト教）

骨つぼ／木箱／覆い

種類	骨つぼ φ	H	木箱 A	H	覆い W,D	H	形
分骨用	75	85	—	—	87	140	
2.5寸[1]	73	70	—	—	90	160	六角
3寸	93	90	—	—	100	200	
5寸	122	114	150	166	156	298	
6寸	182	172	212	235	220	394	四角
7寸	210	201	243	270	253	537	

1) 0〜0.5歳

位牌／回出位牌／経机

神具の配置

仏式祭壇（中）／神式祭壇

箱宮／神棚／一社神棚／三社神棚

仏壇

寸法表（仏壇上置き）

W	D	H
300〜400	250〜300	400〜500
400〜500	300〜400	500〜600
500〜600	400〜500	600〜700
600〜700	500〜600	700〜850

寸法表（仏壇）

W	D	H
350〜500	350〜500	1200〜1350
500〜600	450〜500	1400〜1500
600〜750	500〜700	1500〜1750

下台付

仏具の配置／花輪／盆ちょうちん／仏膳椀

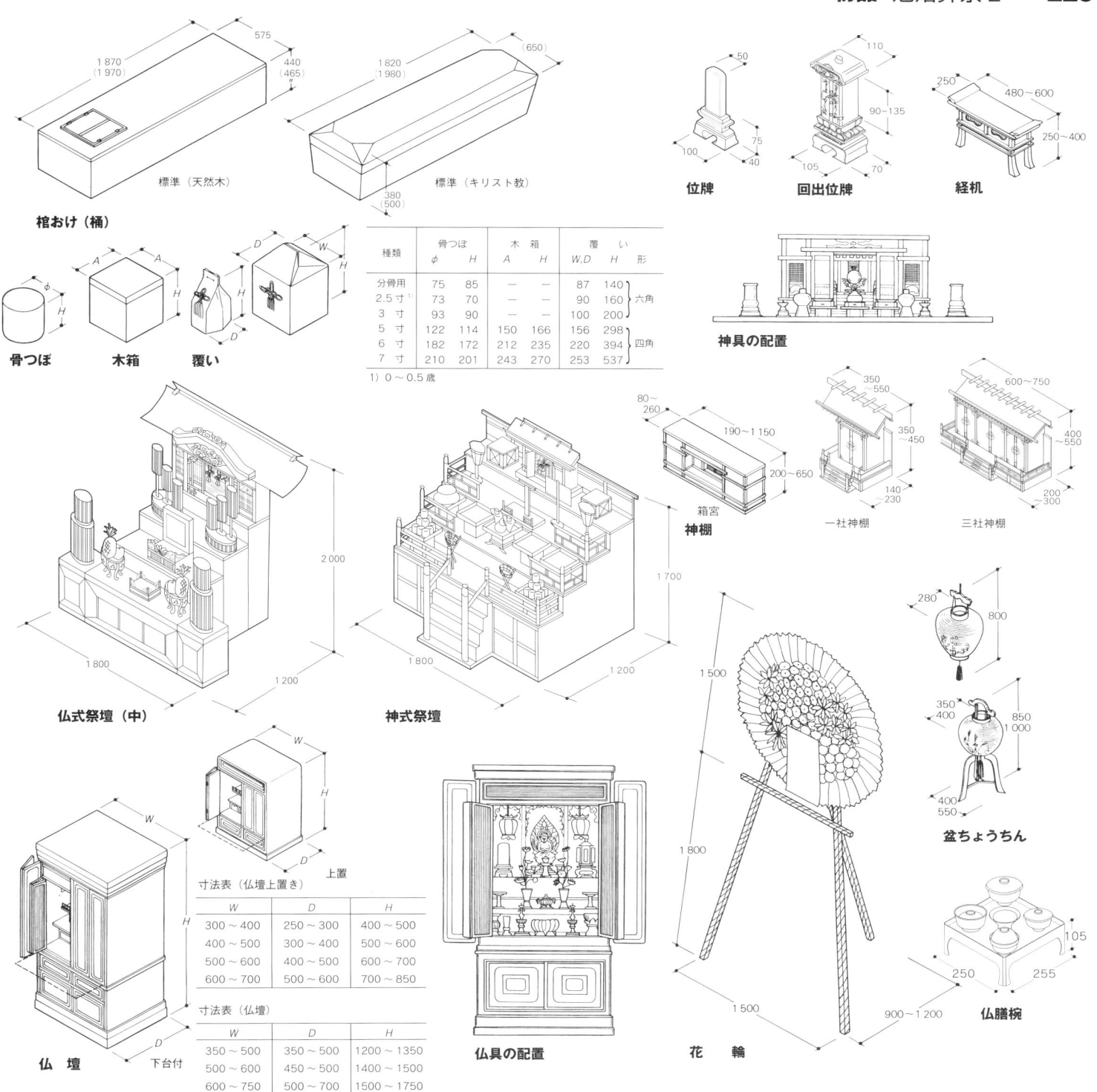

祭礼

盆棚

「お盆」とは，仏教の盂蘭盆会（うらぼんえ）の略で，サンスクリット語の"ウラバンナ"（逆さ吊り）の音訳である．地獄や餓鬼道に落ちて苦しむ弟子の母をお釈迦様が供養して救うことができたという故事が，盂蘭盆会の始まりとされている．日本では，推古天皇の14年（606）に初めてお盆（盂蘭盆会）の行事が行われたと伝えられている．日本各地で行われるお盆は，各地の風習や宗派による違いなどにより異なるが，一般的には先祖の霊が帰ってくると考えられている（浄土真宗では霊魂が帰るとは考えない）．

元来お盆は，葬儀とともに，その時だけの仮設の舞台を設定しそこで執り行われてきた．かつての葬儀は，「葬場殿」と呼ばれる仮設式場（葬儀後には壊されて元の日常空間に戻される）で行われていた．盆棚もその流れの中で，お盆の時期にのみ，竹で四本柱を組み真菰（まこも）の縄で渡して境界とみなした仮設の精霊棚をつくり行われてきた．精霊棚を置く場所は，庭先，縁側，戸口，縁先などの外部または半戸外空間である場合と，奥座敷，仏間，床の間などの内部空間である場合など様々であるが，各地方の習慣に合わせて決まった場所に作られる．

やがて，時代の流れとともに次第に簡略化され，仮設の精霊棚を作るのではなく，仏壇の前に経机や小机等を置いて利用する形へと変化してきた．経机や小机等の上には，真菰（まこも）が敷かれ竹が左右に立てられて真菰の縄を渡し異空間が作られる．縄には稲穂，蒲の穂，ほおずき等が吊り下げられ，向かい火とともに野菜や果物の供物を始め盆花，蓮の葉，かわらけなどが備えられる．また，盆提灯や霊供膳等盆用品を始めとする仏具が飾られて，先祖の霊を迎える．しかしその鎮座する空間は，送り火で先祖霊を送るとすべて片づけられて，元の日常の空間に戻されるのである．

一方，近年では，古い因習への抵抗感や寺院・神社との関係に煩わしさを感じること等から，無宗教の葬儀を選択する人々が増加しつつある．これに伴い，仏壇や神棚を持たない家庭も珍しくなく，こうした家庭ではお盆の行事そのものを行わない場合が多い．また，仏壇を置く場合でも，洋間であるリビングルームに設置することを前提としてデザインされた「インテリア仏壇」を選択したり，お盆の行事は"盆棚コーナー"を部屋の一部に作って「気分を楽しむ」といった傾向も見られる．

盆棚の飾り方（そうめん，こんぶ，ほおずき，竹，きゅうりの馬，夏の野菜・果物，真菰，なすの牛，そうめん，水の子，水（みそはぎの花））

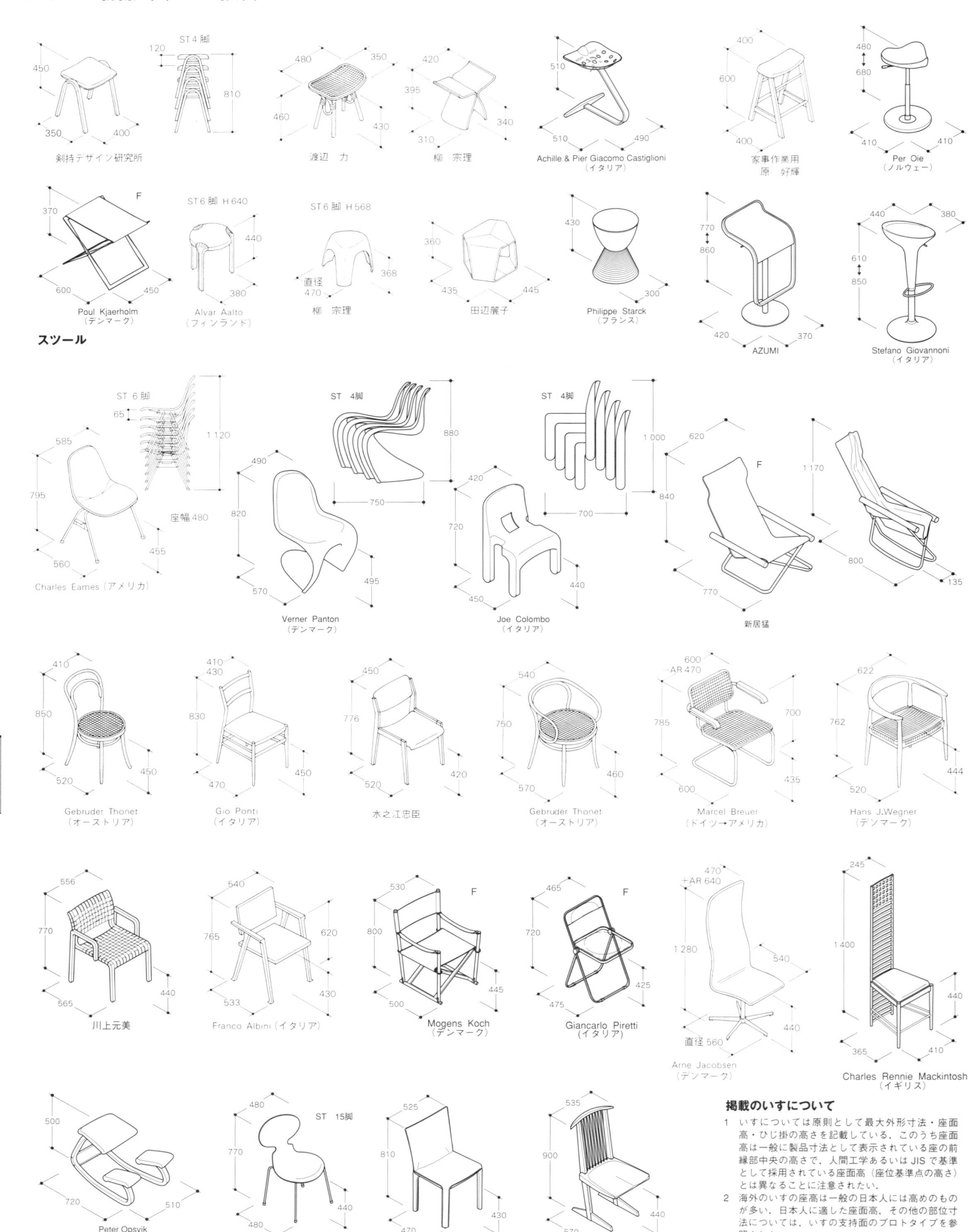

226 物品：団らん・接客 1　Atrickes: Chair

スツール

- 剣持デザイン研究所
- 渡辺 力
- 柳 宗理
- Achille & Pier Giacomo Castiglioni（イタリア）
- 家事作業用　原 好輝
- Per Oie（ノルウェー）
- Poul Kjaerholm（デンマーク）
- Alvar Aalto（フィンランド）
- 柳 宗理
- 田辺麗子
- Philippe Starck（フランス）
- AZUMI
- Stefano Giovannoni（イタリア）

いす

- Charles Eames（アメリカ）
- Verner Panton（デンマーク）
- Joe Colombo（イタリア）
- 新居猛
- Gebruder Thonet（オーストリア）
- Gio Ponti（イタリア）
- 水之江忠臣
- Gebruder Thonet（オーストリア）
- Marcel Breuer（ドイツ→アメリカ）
- Hans J. Wegner（デンマーク）
- 川上元美
- Franco Albini（イタリア）
- Mogens Koch（デンマーク）
- Giancarlo Piretti（イタリア）
- Arne Jacobsen（デンマーク）
- Charles Rennie Mackintosh（イギリス）
- Peter Opsvik（ノルウェー）
- Arne Jacobsen（デンマーク）
- Mario Bellini（イタリア）
- George Nakashima（アメリカ）

掲載のいすについて

1. いすについては原則として最大外形寸法・座面高・ひじ掛の高さを記載している。このうち座面高は一般に製品寸法として表示されている座の前縁部中央の高さで、人間工学あるいはJISで基準として採用されている座面高（座位基準点の高さ）とは異なることに注意されたい。
2. 海外のいすの座高は一般の日本人には高めのものが多い。日本人に適した座面高、その他の部位寸法については、いすの支持面のプロトタイプを参照されたい。
3. 図中の記号の意味
   - ST　スタッキング（積重ね）可能
   - F　フォールディング（折畳み）可能
   - ±AR　ひじ掛のある、またはないものの寸法
   - ＋O　オットマン（足台）があるもの

Atrickes: Chair **物品**：団らん・接客 2   **227**

Charles Eames（アメリカ）
Harry Bertoia（アメリカ）
長 大作
豊口克平
Poul Kjaerholm（デンマーク）

Borge Mogensen（デンマーク）
Finn Juhl（デンマーク）
山川 謙
Hans J. Wegner（デンマーク）

Le Corbusier（フランス）
Eileen Gray（アイルランド）
Philippe Stark（フランス）
Tobia Scarpa（イタリア）

Alvar Aalto（フィンランド）
Le Corbusier（フランス）
Marcel Breuer（ドイツ→アメリカ）
Mies van der Rohe（ドイツ→アメリカ）

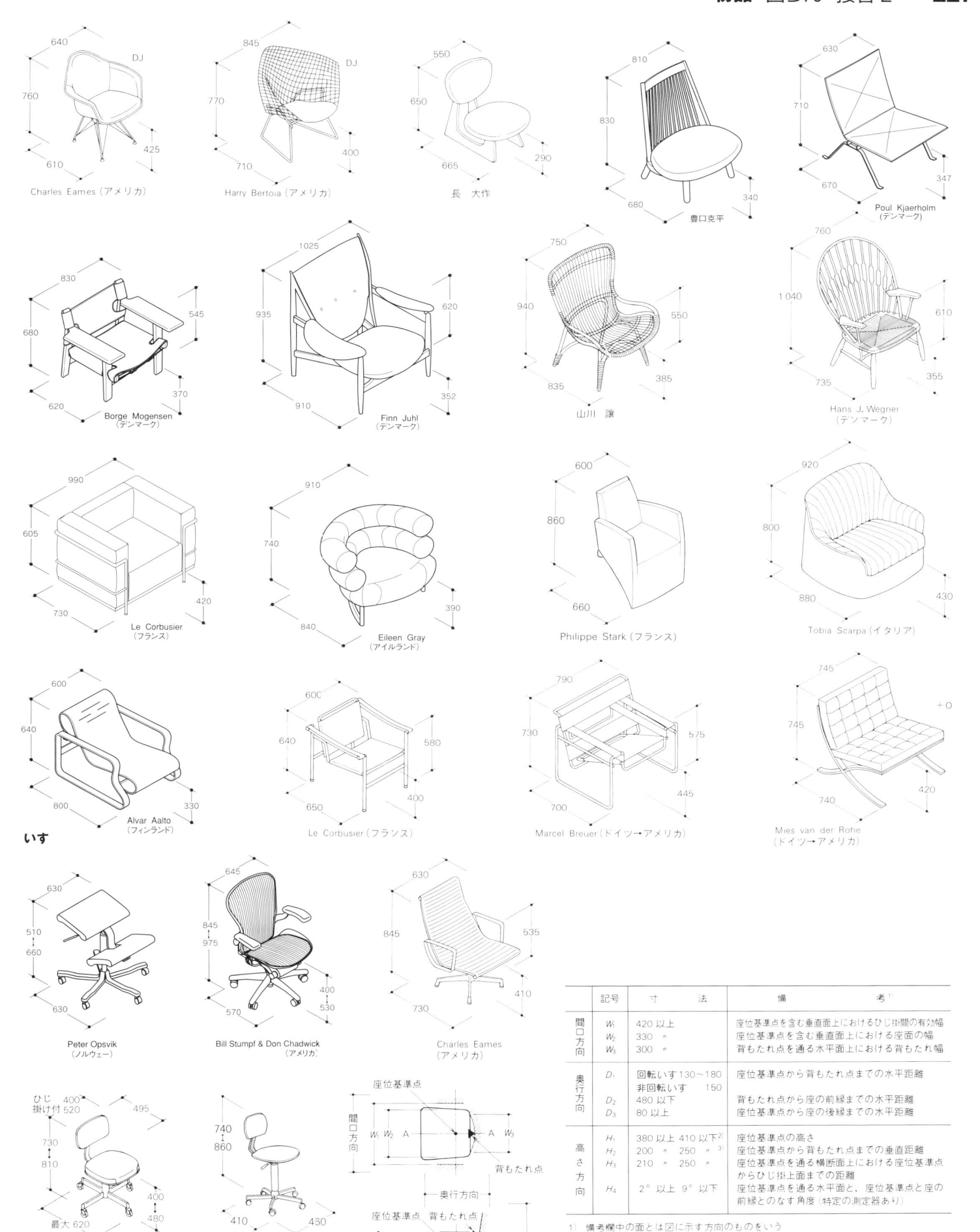

いす

Peter Opsvik（ノルウェー）
Bill Stumpf & Don Chadwick（アメリカ）
Charles Eames（アメリカ）

事務用いす

	記号	寸　　法	備　　　考[1]
間口方向	W_1	420 以上	座位基準点を含む垂直面上におけるひじ掛間の有効幅
	W_2	330 〃	座位基準点を含む垂直面上における座面の幅
	W_3	300 〃	背もたれ点を通る水平面上における背もたれ幅
奥行方向	D_1	回転いす130〜180 非回転いす 150	座位基準点から背もたれ点までの水平距離
	D_2	480 以下	背もたれ点から座の前縁までの水平距離
	D_3	80 以上	座位基準点から座の後縁までの水平距離
高さ方向	H_1	380 以上 410 以下[2]	座位基準点の高さ
	H_2	200 〃 250 〃 [3]	座位基準点から背もたれ点までの垂直距離
	H_3	210 〃 250 〃	背もたれ点を通る水平面における座位基準点からひじ掛上面までの距離
	H_4	2°以上 9°以下	座位基準点を通る水平面と、座位基準点と座の前縁とのなす角度（特定の測定器あり）

1) 備考欄中の面とは図に示す方向のものをいう
2) 上下調節のものはこの範囲を含んで調整できなければならない
3) 背もたれが厚張りの場合はこの限りでない（背もたれの張りについては別に規定）
座位基準点，背もたれ点は腰掛けた時の最終安定姿勢に対応するもので，クッション性のあるいすの場合は製品寸法（座らない状態）と異なることに注意．座位基準点・背もたれ点はそれぞれの決め方，測定器が定められている．

事務用いすの寸法（JIS S 1011-1978）

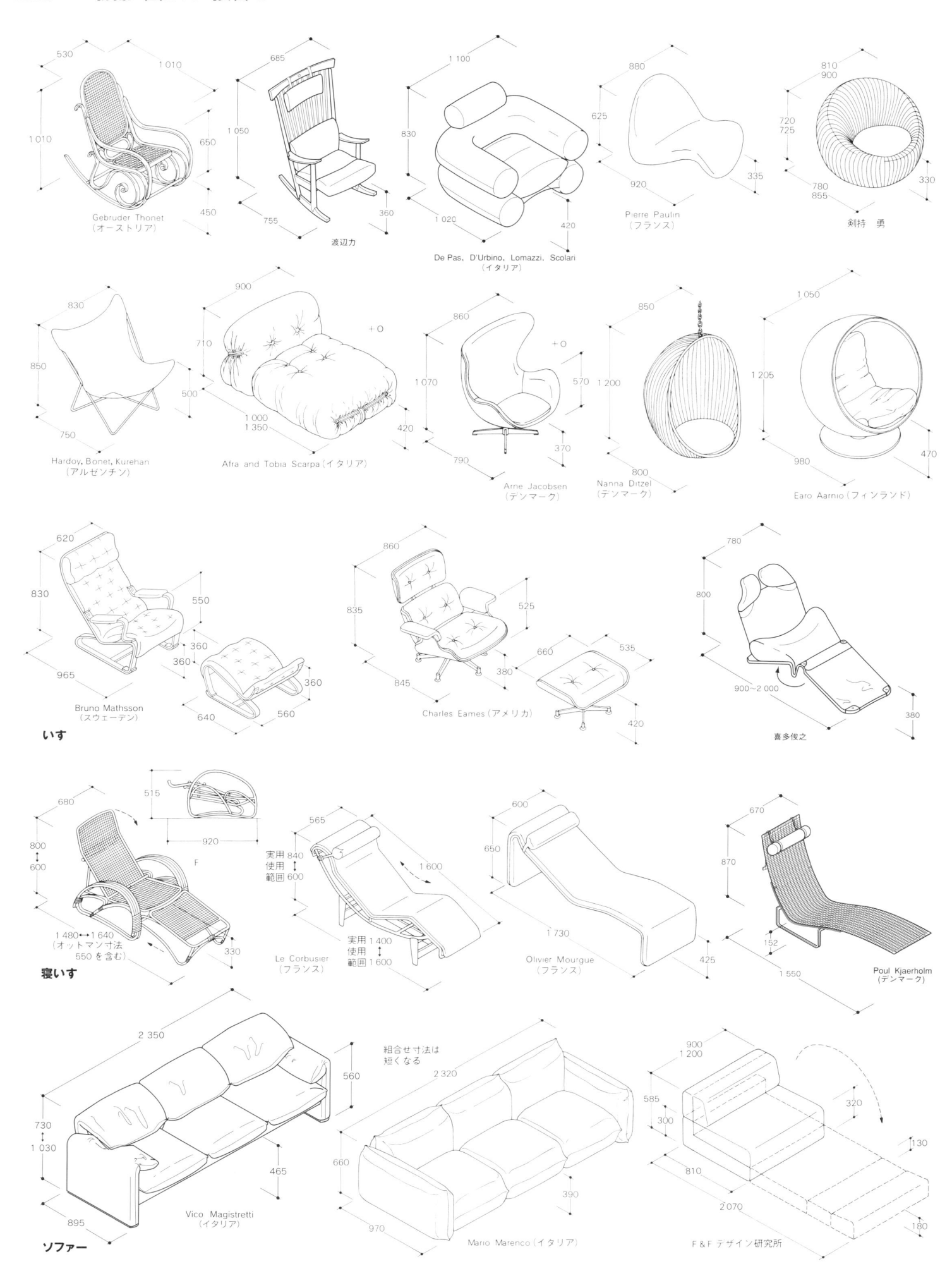

228 物品：団らん・接客 3 Atrickes: Chair

いす

- Gebruder Thonet（オーストリア）
- 渡辺力
- De Pas, D'Urbino, Lomazzi, Scolari（イタリア）
- Pierre Paulin（フランス）
- 剣持 勇
- Hardoy, Bonet, Kurehan（アルゼンチン）
- Afra and Tobia Scarpa（イタリア）
- Arne Jacobsen（デンマーク）
- Nanna Ditzel（デンマーク）
- Eero Aarnio（フィンランド）
- Bruno Mathsson（スウェーデン）
- Charles Eames（アメリカ）
- 喜多俊之

寝いす

- Le Corbusier（フランス）
- Olivier Mourgue（フランス）
- Poul Kjaerholm（デンマーク）

ソファー

- Vico Magistretti（イタリア）
- Mario Marenco（イタリア）
- F＆Fデザイン研究所

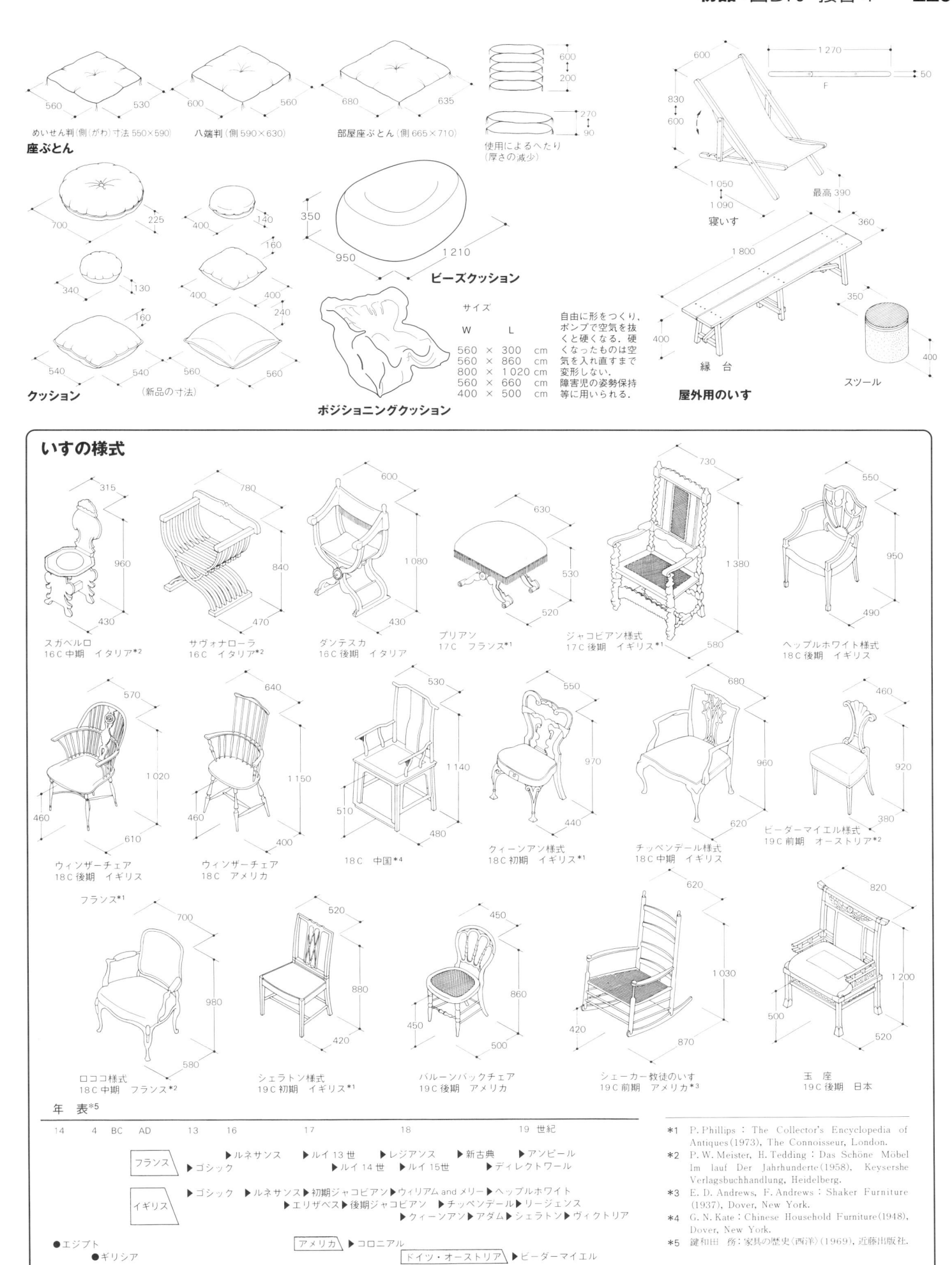

Atrickes: Chair 物品：団らん・接客 4　　229

座ぶとん

めいせん判(側(がわ)寸法 550×590)　八端判(側 590×630)　部屋座ぶとん(側 665×710)

使用によるへたり(厚さの減少)

クッション

(新品の寸法)

ポジショニングクッション

サイズ	
W	L
560 × 300 cm
560 × 860 cm
800 × 1020 cm
560 × 660 cm
400 × 500 cm

ビーズクッション

自由に形をつくり，ポンプで空気を抜くと硬くなる．硬くなったものは空気を入れ直すまで変形しない．障害児の姿勢保持等に用いられる．

寝いす

縁台　スツール

屋外用のいす

いすの様式

スガベルロ　16C中期 イタリア*2
サヴォナローラ　16C イタリア*2
ダンテスカ　16C後期 イタリア
プリアス　17C フランス*1
ジャコビアン様式　17C後期 イギリス*1
ヘップルホワイト様式　18C後期 イギリス

ウィンザーチェア　18C後期 イギリス
ウィンザーチェア　18C アメリカ
18C 中国*4
クィーンアン様式　18C初期 イギリス*1
チッペンデール様式　18C中期 イギリス
ビーダーマイエル様式　19C前期 オーストリア*2

ロココ様式　18C中期 フランス*2
シェラトン様式　19C初期 イギリス*1
バルーンバックチェア　19C後期 アメリカ
シェーカー教徒のいす　19C前期 アメリカ*3
玉座　19C後期 日本

年表*5

	14	4	BC	AD	13	16	17	18	19 世紀
フランス					▶ゴシック	▶ルネサンス	▶ルイ13世　▶ルイ14世	▶レジアンス　▶ルイ15世	▶新古典　▶アンピール　▶ディレクトワール
イギリス					▶ゴシック	▶ルネサンス　▶エリザベス	▶初期ジャコビアン　▶後期ジャコビアン　▶クィーンアン	▶ウィリアム and メリー　▶チッペンデール　▶アダム　▶シェラトン	▶ヘップルホワイト　▶リージェンス　▶ヴィクトリア
●エジプト									
●ギリシア									
アメリカ			▶コロニアル						
ドイツ・オーストリア			▶ビーダーマイエル						

*1 P. Phillips : The Collector's Encyclopedia of Antiques(1973), The Connoisseur, London.
*2 P. W. Meister, H. Tedding : Das Schöne Möbel Im lauf Der Jahrhunderte(1958), Keysershe Verlagsbuchhandlung, Heidelberg.
*3 E. D. Andrews, F. Andrews : Shaker Furniture (1937), Dover, New York.
*4 G. N. Kate : Chinese Household Furniture(1948), Dover, New York.
*5 鍵和田 務：家具の歴史（西洋）(1969), 近藤出版社.

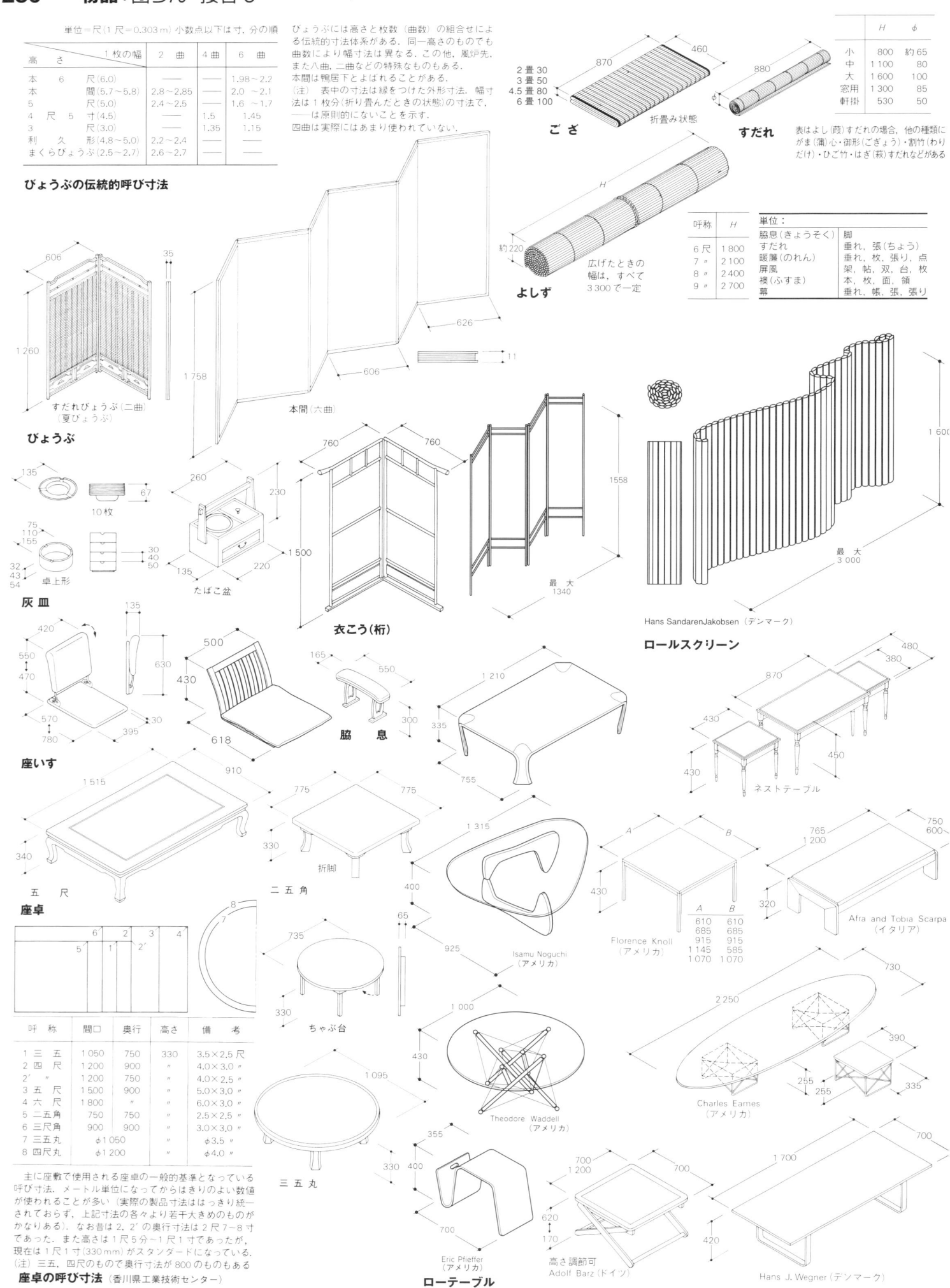

物品：団らん・接客 5 Atrickes: Screen, Low-table

単位＝尺（1尺＝0.303m）小数点以下は寸，分の順

びょうぶの伝統的呼び寸法

高さ	1枚の幅	2曲	4曲	6曲
本 6 尺(6.0)				1.98～2.2
本 間(5.7～5.8)	2.8～2.85		2.0 ～2.1	
5 尺(5.0)	2.4～2.5		1.6 ～1.7	
4 尺 5 寸(4.5)		1.5	1.45	
3 尺(3.0)		1.35	1.15	
利 久 形(4.8～5.0)	2.2～2.4			
まくらびょうぶ(2.5～2.7)	2.6～2.7			

びょうぶには高さと枚数（曲数）の組合せによる伝統的寸法体系がある．同一高さのものでも曲数により幅寸法は異なる．この他，風炉先，また八曲，二曲などの特殊なものもある．本間は鴨居下とよばれることがある．
（注）表中の寸法は縁をつけた外形寸法．幅寸法は1枚分（折り畳んだときの状態）の寸法で，――は原則的にないことを示す．
四曲は実際にはあまり使われていない．

ござ 2畳 30 / 3畳 50 / 4.5畳 80 / 6畳 100 折畳み状態

すだれ 表はよし（葭）すだれの場合，他の種類にがま（蒲）・御形（ごぎょう）・割竹（わりだけ）・ひご竹・はぎ（萩）すだれなどがある．

	H	φ
小	800	約65
中	1100	80
大	1600	100
窓用	1300	85
軒掛	530	50

よしず 広げたときの幅は，すべて3300で一定

呼称	H
6尺	1800
7 〃	2100
8 〃	2400
9 〃	2700

単位:		
脇息（きょうそく）	脚	
すだれ	垂れ，張（ちょう）	
暖簾（のれん）	垂れ，枚，張り，点	
屏風	架，帖，双，台，枚	
襖（ふすま）	本，枚，面，領	
幕	垂れ，帳，張，張り	

びょうぶ
すだれびょうぶ（二曲）（夏びょうぶ）1260 / 606 / 35
本間（六曲）1758 / 626 / 606 / 11

灰皿 135 / 67 / 10枚 / 75 / 110 / 155 / 32 / 43 / 54 卓上形

たばこ盆 260 / 230 / 135 / 220 / 30 / 40 / 50

衣こう（桁） 760 / 760 / 1500 / 1558 / 最大1340

Hans Sandaren Jakobsen（デンマーク）
ロールスクリーン 1600 / 最大3000

座いす 420 / 550 / 470 / 630 / 570 / 780 / 30 / 395 / 500 / 430 / 135 / 618

脇息 165 / 550 / 300

ネストテーブル 480 / 380 / 870 / 430 / 450 / 430

座卓 五 尺 1515 / 910 / 340 / 1210 / 335 / 755

Isamu Noguchi（アメリカ）1315 / 400 / 65 / 925

Florence Knoll（アメリカ）430

	A	B
	610	610
	685	685
	915	915
	1145	585
	1070	1070

Afra and Tobia Scarpa（イタリア）750 / 600 / 765 / 1200 / 320

二五角 775 / 775 / 330 / 折脚

ちゃぶ台 735 / 330

三五丸 1095 / 355

Theodore Waddell（アメリカ）1000 / 430

Eric Pfieffer（アメリカ）330 / 400 / 700 / 620 / 170 高さ調節可

Adolf Barz（ドイツ）**ローテーブル** 700 / 1200 / 700

Charles Eames（アメリカ）2250 / 390 / 255 / 255 / 335

Hans J. Wegner（デンマーク）730 / 1700 / 700 / 420

座卓の呼び寸法（香川県工業技術センター）

呼称	間口	奥行	高さ	備考
1 三 五	1050	750	330	3.5×2.5 尺
2 四 尺	1200	900	〃	4.0×3.0 〃
2' 〃	1200	750	〃	4.0×2.5 〃
3 五 尺	1500	900	〃	5.0×3.0 〃
4 六 尺	1800	〃	〃	6.0×3.0 〃
5 二五角	750	750	〃	2.5×2.5 〃
6 三尺角	900	900	〃	3.0×3.0 〃
7 三五丸	φ1050		〃	φ3.5 〃
8 四尺丸	φ1200		〃	φ4.0 〃

主に座敷で使用される座卓の一般的基準となっている呼び寸法．メートル単位になってからはきりのよい数値が使われることが多い（実際の製品寸法ははっきり統一されておらず，上記寸法の各々より若干大きめのものがかなりある．なお昔は2, 2'の奥行寸法は2尺7～8寸であった．また高さは1尺5分～1尺1寸であったが，現在は1尺1寸（330mm）がスタンダードになっている．
（注）三五，四尺のもので奥行寸法が800のものもある．

Atrickes: Writing/Reading/Working　物品：執筆・読書・事務1

平机

ワゴン

両そで机

L型机

折畳みテーブル

脚折畳み

長円形テーブル

パソコンデスク

引違い書庫

引違い書庫規格寸法 (JIS S 1034)

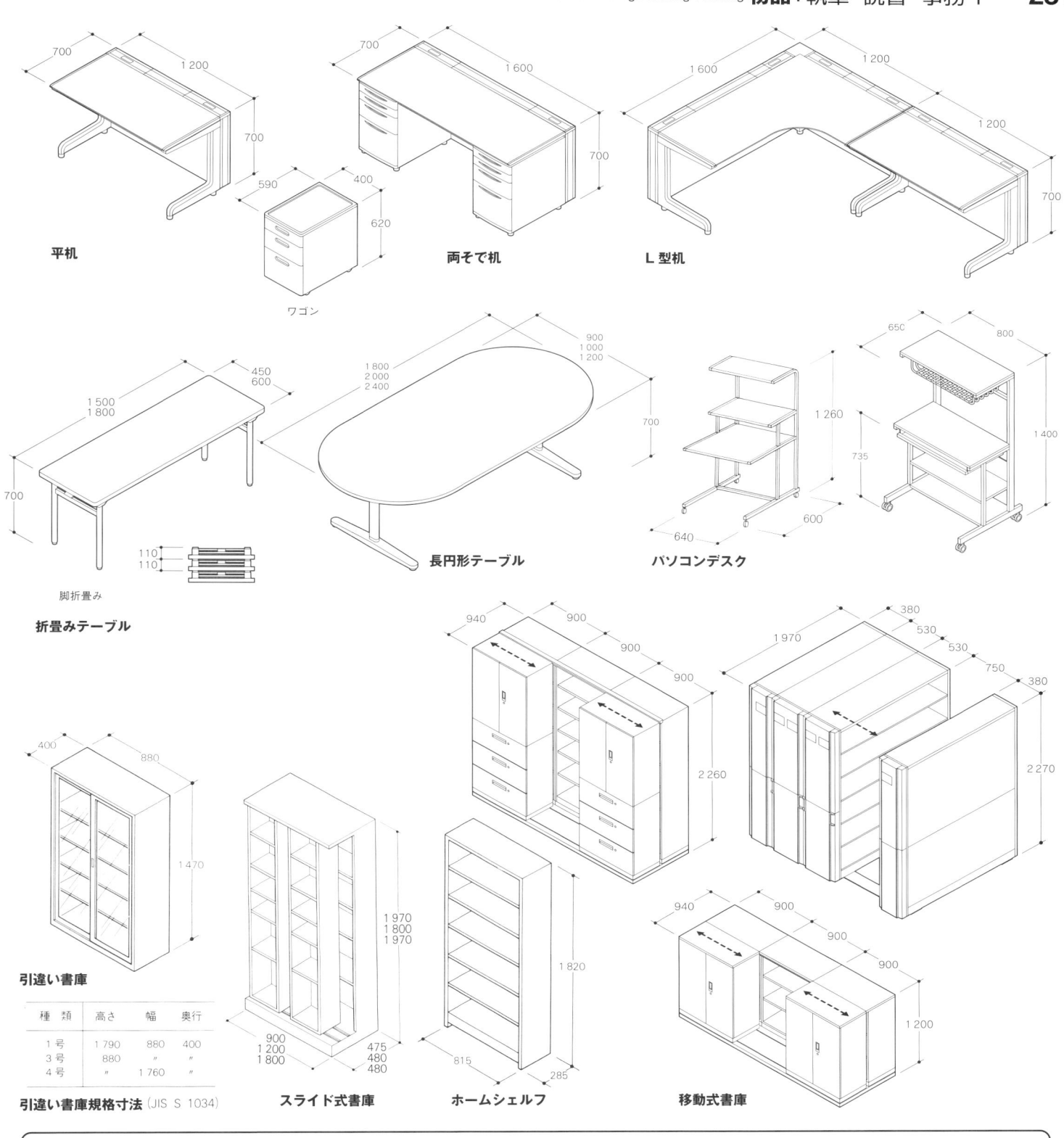

種類	高さ	幅	奥行
1号	1 790	880	400
3号	880	〃	〃
4号	〃	1 760	〃

スライド式書庫

ホームシェルフ

移動式書庫

事務用机および会議用テーブルの甲板の規格

D＼W	400	600	800	1 000	1 200	1 400	1 600
600	□	□	□	□			
700	□	□	□	□		□	
800	□			□	□	□	

机の高さのモジュール呼び寸法は 700mm および 670mm とする。

事務用机の規格 (JIS S 1010 1978)

D＼W	800	900	1 000	1 200	1 500	1 600	1 800	2 000	2 400
450				□	□	□	□	□	□
600				□	□	□	□	□	□
800	□		○		□	□	□	□	□
900		○		□					
1 000									
2 000		○							

会議用テーブル甲板の規格 (JIS S 1031 1999)

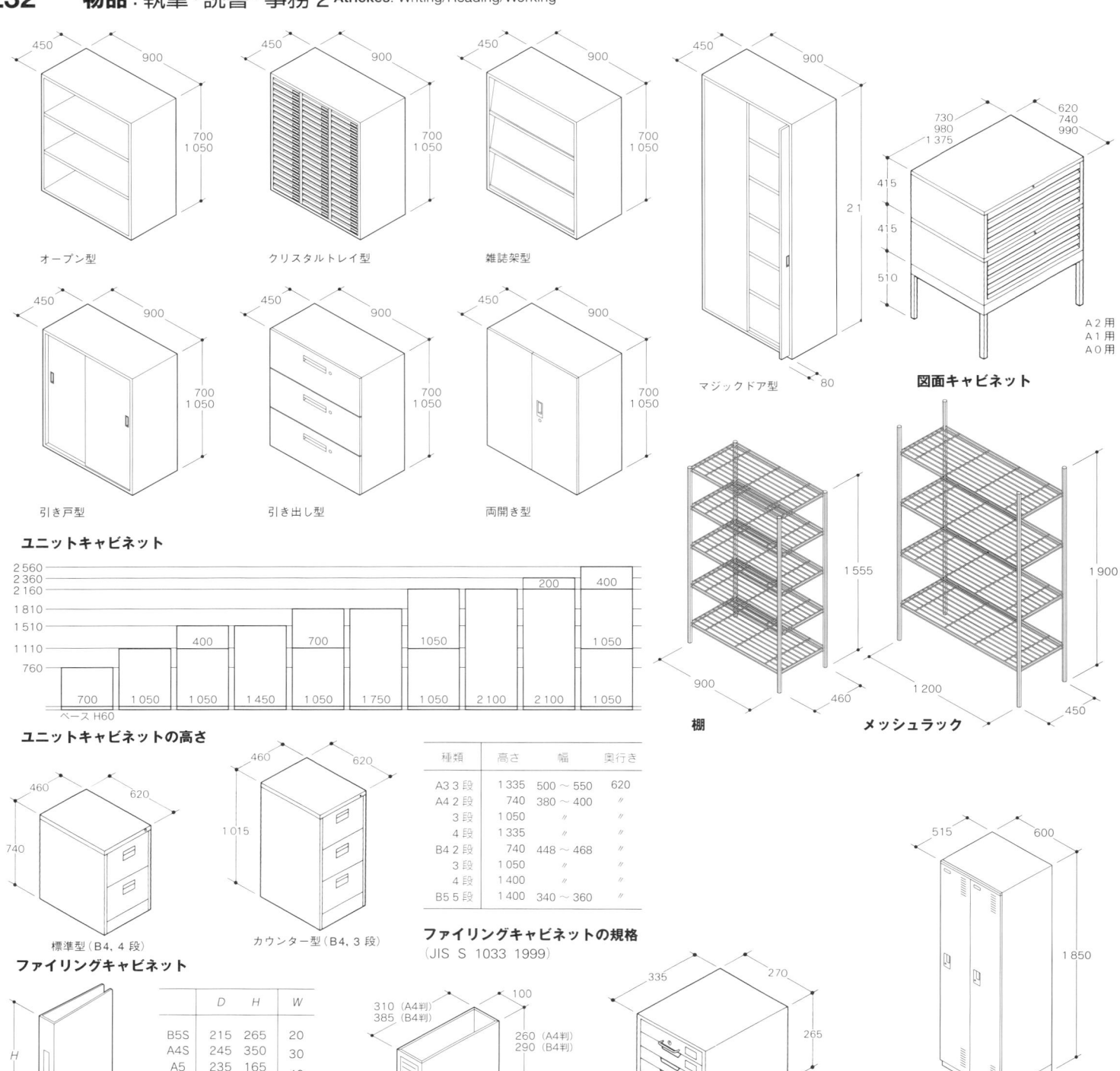

物品：執筆・読書・事務 2 Atrickes: Writing/Reading/Working

オープン型 / クリスタルトレイ型 / 雑誌架型 / マジックドア型 / 図面キャビネット (A2用, A1用, A0用)

引き戸型 / 引き出し型 / 両開き型

ユニットキャビネット

ユニットキャビネットの高さ

棚 / メッシュラック

標準型（B4, 4段） / カウンター型（B4, 3段）

ファイリングキャビネットの規格（JIS S 1033 1999）

種類	高さ	幅	奥行き
A3 3段	1335	500〜550	620
A4 2段	740	380〜400	〃
3段	1050	〃	〃
4段	1335	〃	〃
B4 2段	740	448〜468	〃
3段	1050	〃	〃
4段	1400	〃	〃
B5 5段	1400	340〜360	〃

ファイリングキャビネット

ファイルケース

	D	H	W
B5S	215	265	20
A4S	245	350	30
A5	235	165	40
B5	280	200	40
B4	385	275	50
A3	440	315	60

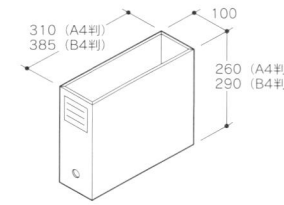

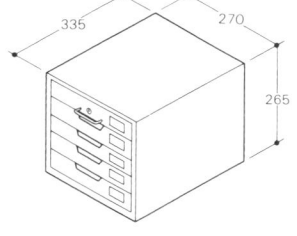

ファイルボックス / レターケース / ロッカーキャビネット

本の寸法

日本標準規格図書寸法

JIS記号	W	H	原紙取方	例
A 4	210	297	8	建築設計資料集成
A 5	148	210	16	建築学便覧
A 6	105	148	32	文庫本
A 7	74	105	64	
A列20取	148	168	20	
A列40取	84	148	40	
A列48取	74	140	48	
B 4	257	364	8	
B 5	182	257	16	週刊誌
B 6	128	182	32	建築術語集
B 7	91	128	64	
B列20取	182	206	20	
B列24取	180	205	24	
B列36取	121	171	36	
B列40取	103	182	40	新書判
B列48取	91	171	48	

洋とじ本の寸法

名称	W	H	原紙取方
菊 倍 判	227	303	8
菊 判 1	167	227	16
菊 判 2	145	218	18
菊半截判 1	106	152	32
菊判截判 2	94	147	36
三五判（しゅうちん（袖珍）)	91	151	40
菊 四 截 判	73	109	64
ベ ス ト 判	60	106	80
四六 倍 判	182	242	16
四 六 判	121	182	32
三 六 判 1	91	182	40
三 六 判 2	103	160	44
三 六 判 3	94	173	48
四六半截判	91	121	64
ハンディ判	75	130	80
しゅうちん（袖珍）判	62	127	96

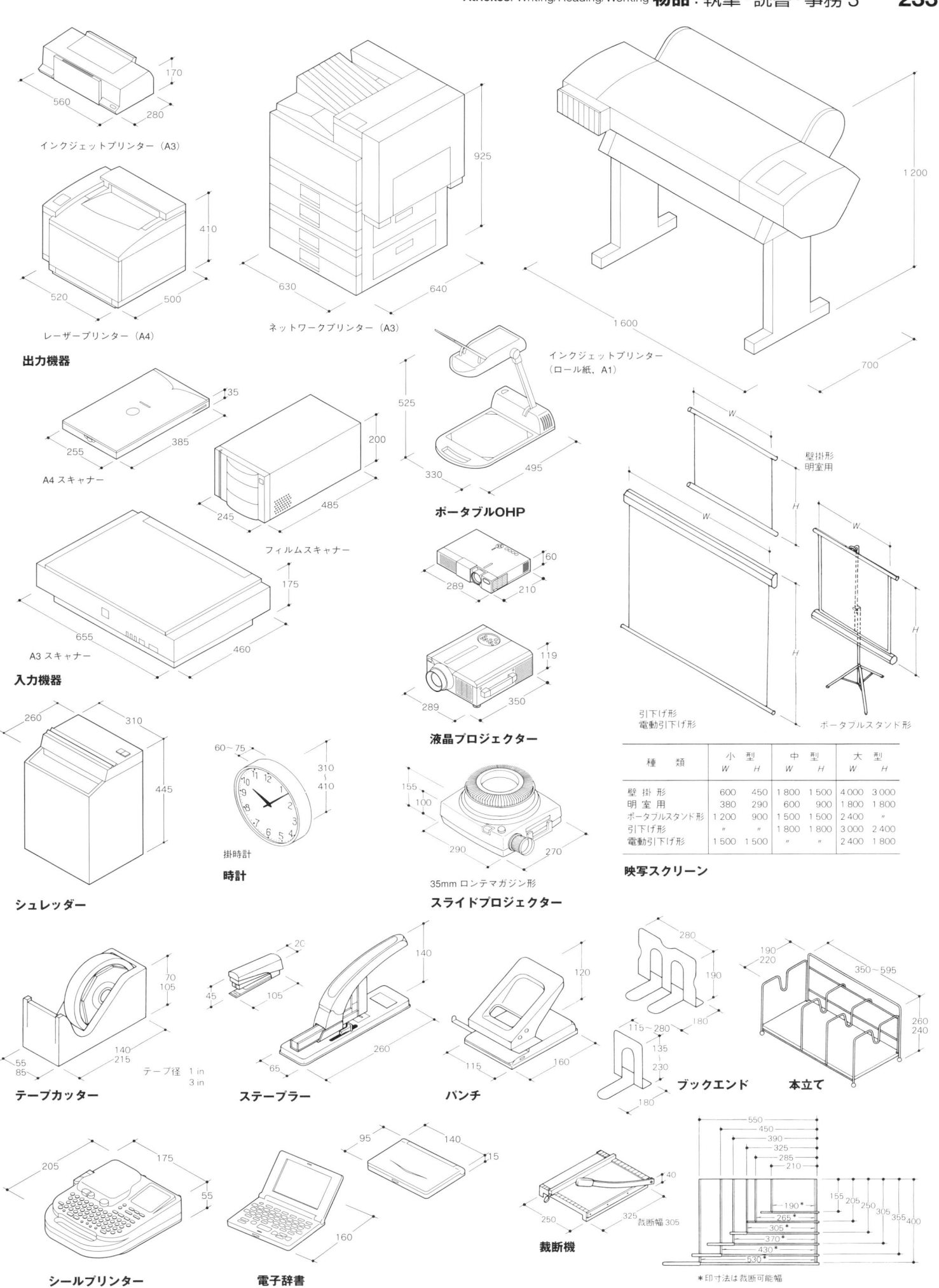

Atrickes: Writing/Reading/Working　**物品：執筆・読書・事務 3**　**233**

インクジェットプリンター（A3）

レーザープリンター（A4）

ネットワークプリンター（A3）

インクジェットプリンター（ロール紙、A1）

出力機器

A4 スキャナー

フィルムスキャナー

ポータブルOHP

A3 スキャナー

液晶プロジェクター

壁掛形 明室用

引下げ形 電動引下げ形

ポータブルスタンド形

入力機器

シュレッダー

掛時計

時計

35mm ロンテマガジン形

スライドプロジェクター

種類	小型		中型		大型	
	W	H	W	H	W	H
壁掛形	600	450	1 800	1 500	4 000	3 000
明室用	380	290	600	900	1 800	1 800
ポータブルスタンド形	1 200	900	1 500	1 500	2 400	〃
引下げ形	〃	〃	1 800	1 800	3 000	2 400
電動引下げ形	1 500	1 500	〃	〃	2 400	1 800

映写スクリーン

テープカッター

ステープラー

パンチ

ブックエンド

本立て

シールプリンター

電子辞書

裁断機

＊印寸法は裁断可能幅

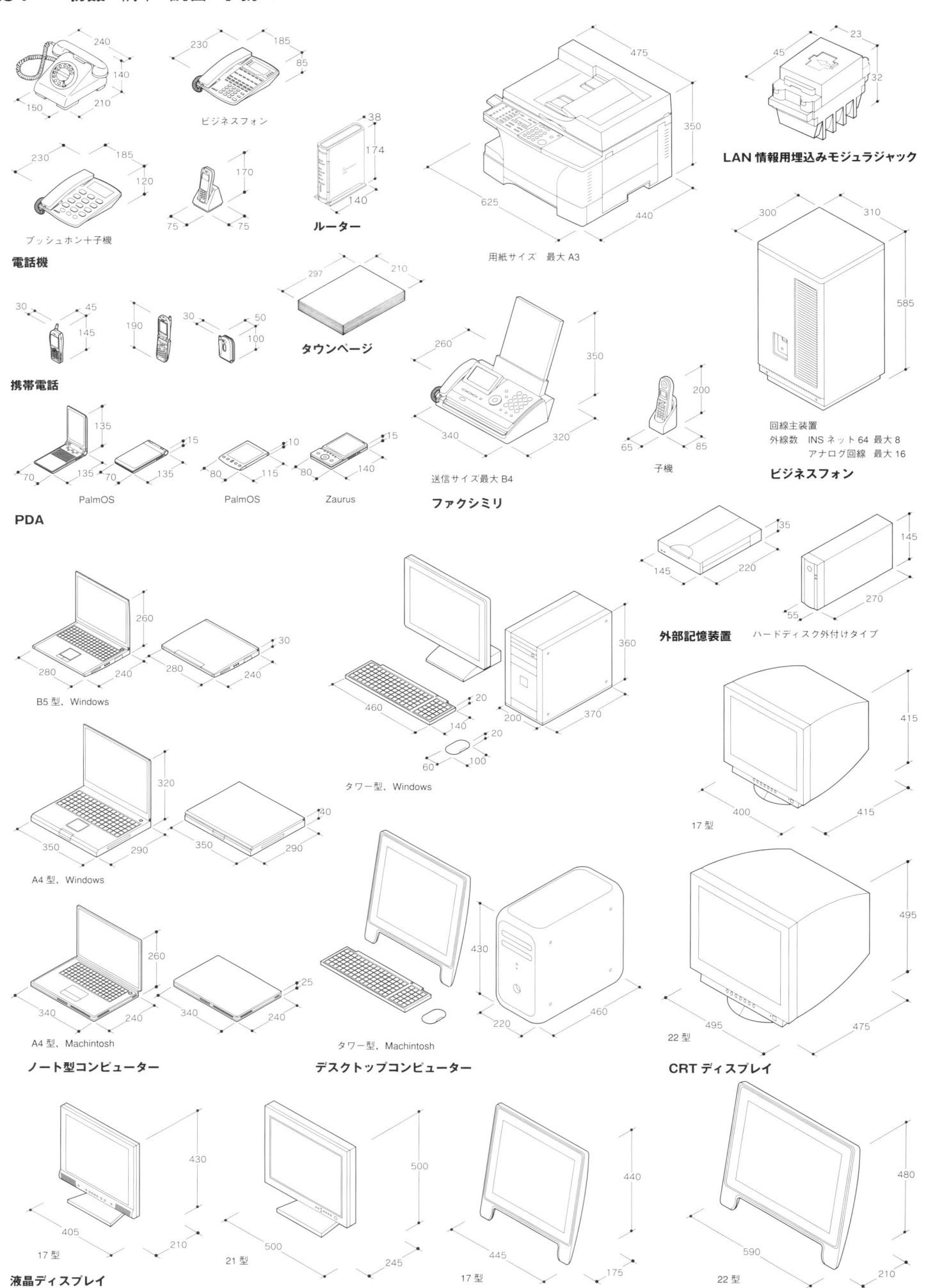

234　物品：執筆・読書・事務 4　Atrickes: Writing/Reading/Working

電話機
- ビジネスフォン
- プッシュホン＋子機

携帯電話

ルーター

タウンページ

用紙サイズ　最大 A3

LAN 情報用埋込みモジュラジャック

ファクシミリ 送信サイズ最大 B4

子機

ビジネスフォン
回線主装置
外線数　INS ネット 64　最大 8
　　　　アナログ回線　最大 16

PDA
- PalmOS
- PalmOS
- Zaurus

外部記憶装置　ハードディスク外付けタイプ

ノート型コンピューター
- B5 型、Windows
- A4 型、Windows
- A4 型、Machintosh

デスクトップコンピューター
- タワー型、Windows
- タワー型、Machintosh

CRT ディスプレイ
- 17 型
- 22 型

液晶ディスプレイ
- 17 型
- 21 型
- 17 型
- 22 型

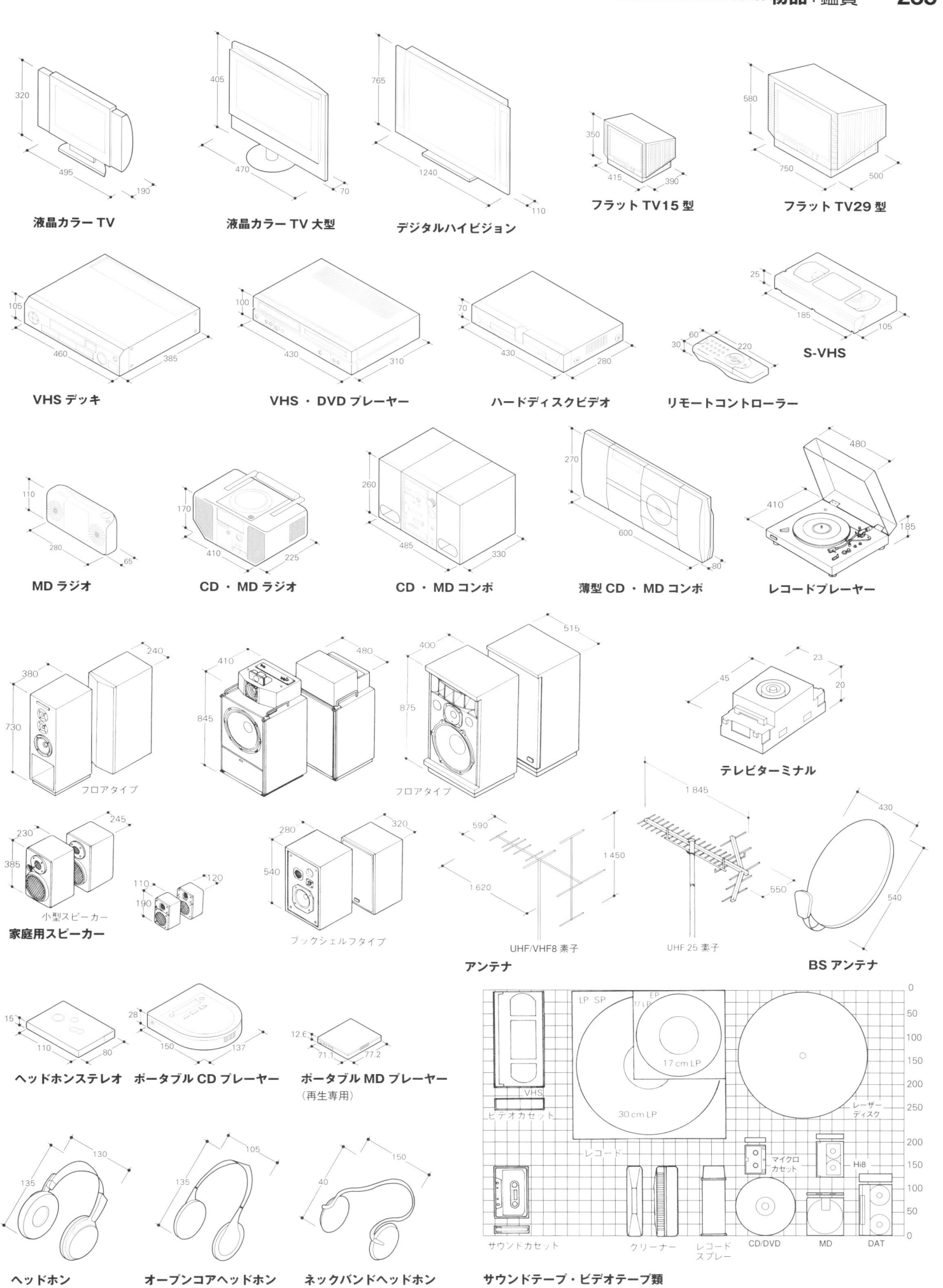

Atrickes: Information Device 物品：鑑賞 **235**

液晶カラー TV

液晶カラー TV 大型

デジタルハイビジョン

フラット TV15 型

フラット TV29 型

VHS デッキ

VHS・DVD プレーヤー

ハードディスクビデオ

リモートコントローラー

S-VHS

MD ラジオ

CD・MD ラジオ

CD・MD コンポ

薄型 CD・MD コンポ

レコードプレーヤー

フロアタイプ

フロアタイプ

テレビターミナル

小型スピーカー
家庭用スピーカー

ブックシェルフタイプ

UHF/VHF8 素子

UHF 25 素子

アンテナ

BS アンテナ

ヘッドホンステレオ

ポータブル CD プレーヤー

ポータブル MD プレーヤー
（再生専用）

サウンドテープ・ビデオテープ類

ヘッドホン

オープンコアヘッドホン

ネックバンドヘッドホン

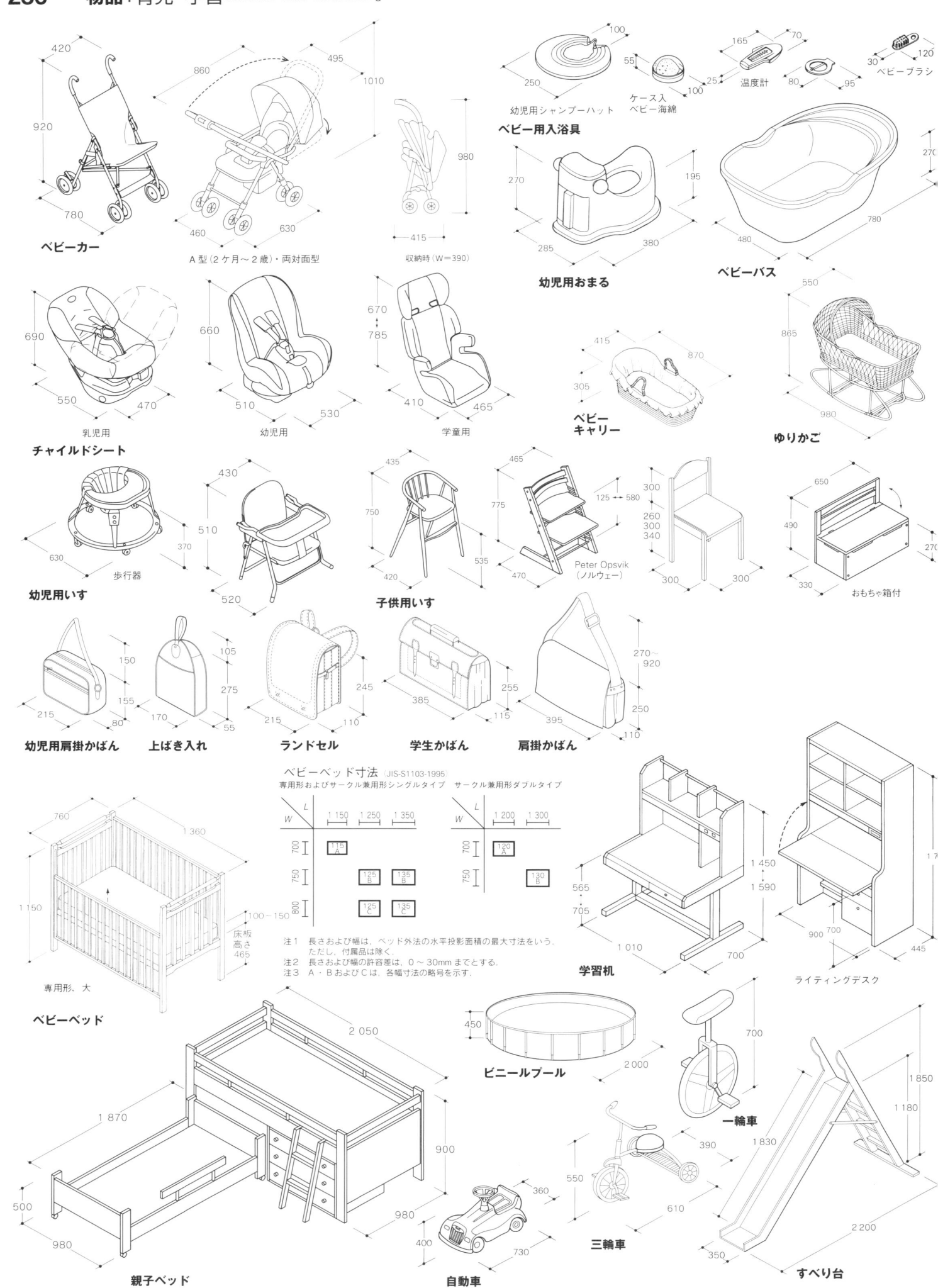

236 物品：育児・学習　Atrickes: Child-Care/Leaning

ベビーカー — 420, 920, 780, 860, 495, 1010, 460, 630, 415, 980
A型（2ケ月〜2歳）・両対面型　収納時（W=390）

ベビー用入浴具 — 幼児用シャンプーハット 250, 100, 55, ケース入ベビー海綿 100, 25, 温度計 165, 70, 80, 95, ベビーブラシ 30, 120

幼児用おまる — 270, 285, 380

ベビーバス — 195, 480, 780, 270

チャイルドシート
- 乳児用 — 690, 550, 470
- 幼児用 — 660, 510, 530
- 学童用 — 670, 785, 410, 465

ベビーキャリー — 415, 305, 870

ゆりかご — 550, 865, 980

歩行器（幼児用いす） — 630, 370

子供用いす — 430, 510, 750, 520, 435, 775, 420, 535, 465, 125, 580, Peter Opsvik〈ノルウェー〉, 300, 260, 300, 340, 300, 300, 470

おもちゃ箱付 — 650, 490, 270, 330

幼児用肩掛かばん — 215, 150, 155

上ばき入れ — 170, 105, 275, 80, 55

ランドセル — 215, 245, 110

学生かばん — 385, 255, 115

肩掛かばん — 270〜920, 250, 395, 110

ベビーベッド寸法（JIS-S1103-1995）

専用形およびサークル兼用形シングルタイプ

W \ L	1 150	1 250	1 350
700	115 A		
750		125 B	135 B
800		125 C	135 C

サークル兼用形ダブルタイプ

W \ L	1 200	1 300
700	120 A	
750		130 B

注1　長さおよび幅は，ベッド外法の水平投影面積の最大寸法をいう．ただし，付属品は除く．
注2　長さおよび幅の許容差は，0〜30mmまでとする．
注3　A・BおよびCは，各幅寸法の略号を示す．

ベビーベッド — 760, 1 360, 1 150, 100〜150, 床板高さ 465
専用形，大

学習机 — 565, 705, 1 010, 1 450, 1 590

ライティングデスク — 900, 700, 445

親子ベッド — 2 050, 1 870, 500, 980, 900

自動車 — 360, 400, 730, 980

ビニールプール — 450, 2 000

三輪車 — 550, 390, 610

一輪車 — 700

すべり台 — 1 850, 1 180, 1 830, 2 200, 350

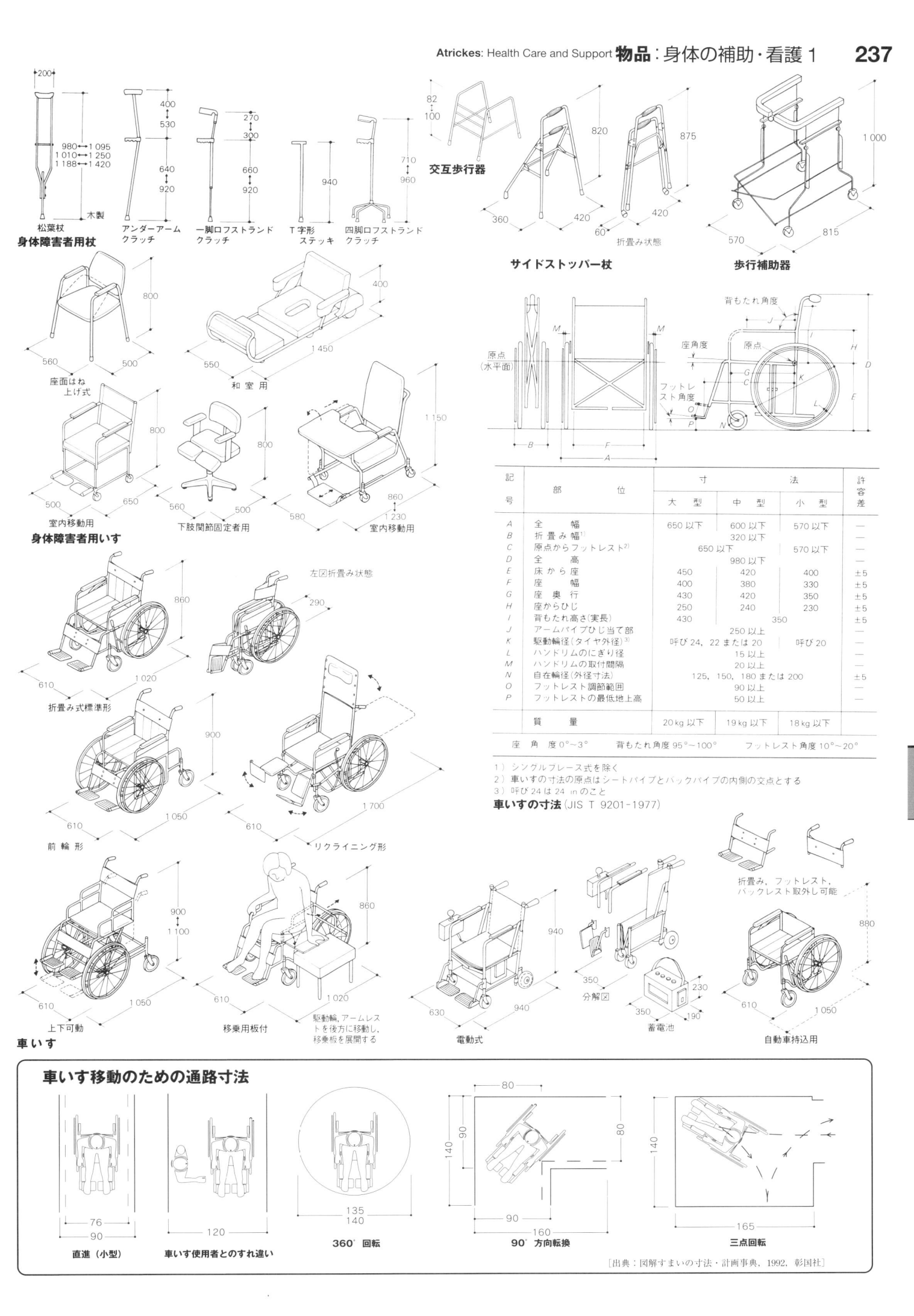

Atrickes: Health Care and Support 物品：身体の補助・看護1　237

身体障害者用杖

松葉杖 / アンダーアームクラッチ / 一脚ロフストランドクラッチ / T字形ステッキ / 四脚ロフストランドクラッチ / 交互歩行器 / サイドストッパー杖 / 歩行補助器

身体障害者用いす

座面はね上げ式 / 和室用 / 室内移動用 / 下肢関節固定者用 / 室内移動用

車いす

折畳み式標準形 / 前輪形 / リクライニング形 / 上下可動 / 移乗用板付 / 電動式 / 蓄電池 / 自動車持込用

記号	部　位	寸　　　　　法			許容差
		大型	中型	小型	
A	全　幅	650 以下	600 以下	570 以下	—
B	折畳み幅[1]		320 以下		—
C	原点からフットレスト[2]	650 以下		570 以下	—
D	全　高		980 以下		—
E	床から座	450	420	400	±5
F	座　幅	400	380	330	±5
G	座奥行	430	420	350	±5
H	座からひじ	250	240	230	±5
I	背もたれ高さ(実長)	430		350	±5
J	アームパイプひじ当て部		250 以上		—
K	駆動輪径(タイヤ外径)[3]	呼び 24，22 または 20		呼び 20	—
L	ハンドリムのにぎり径		15 以上		—
M	ハンドリムの取付間隔		20 以上		—
N	自在輪径(外径寸法)		125，150，180 または 200		±5
O	フットレスト調節範囲		90 以上		—
P	フットレストの最低地上高		50 以上		—
	質　量	20 kg 以下	19 kg 以下	18 kg 以下	—

座角度 0°～3°　背もたれ角度 95°～100°　フットレスト角度 10°～20°

1) シングルフレーム式を除く
2) 車いすの寸法の原点はシートパイプとバックパイプの内側の交点とする
3) 呼び 24 は 24 in のこと

車いすの寸法（JIS T 9201-1977）

車いす移動のための通路寸法

直進（小型） / 車いす使用者とのすれ違い / 360°回転 / 90°方向転換 / 三点回転

［出典：図解すまいの寸法・計画事典，1992，彰国社］

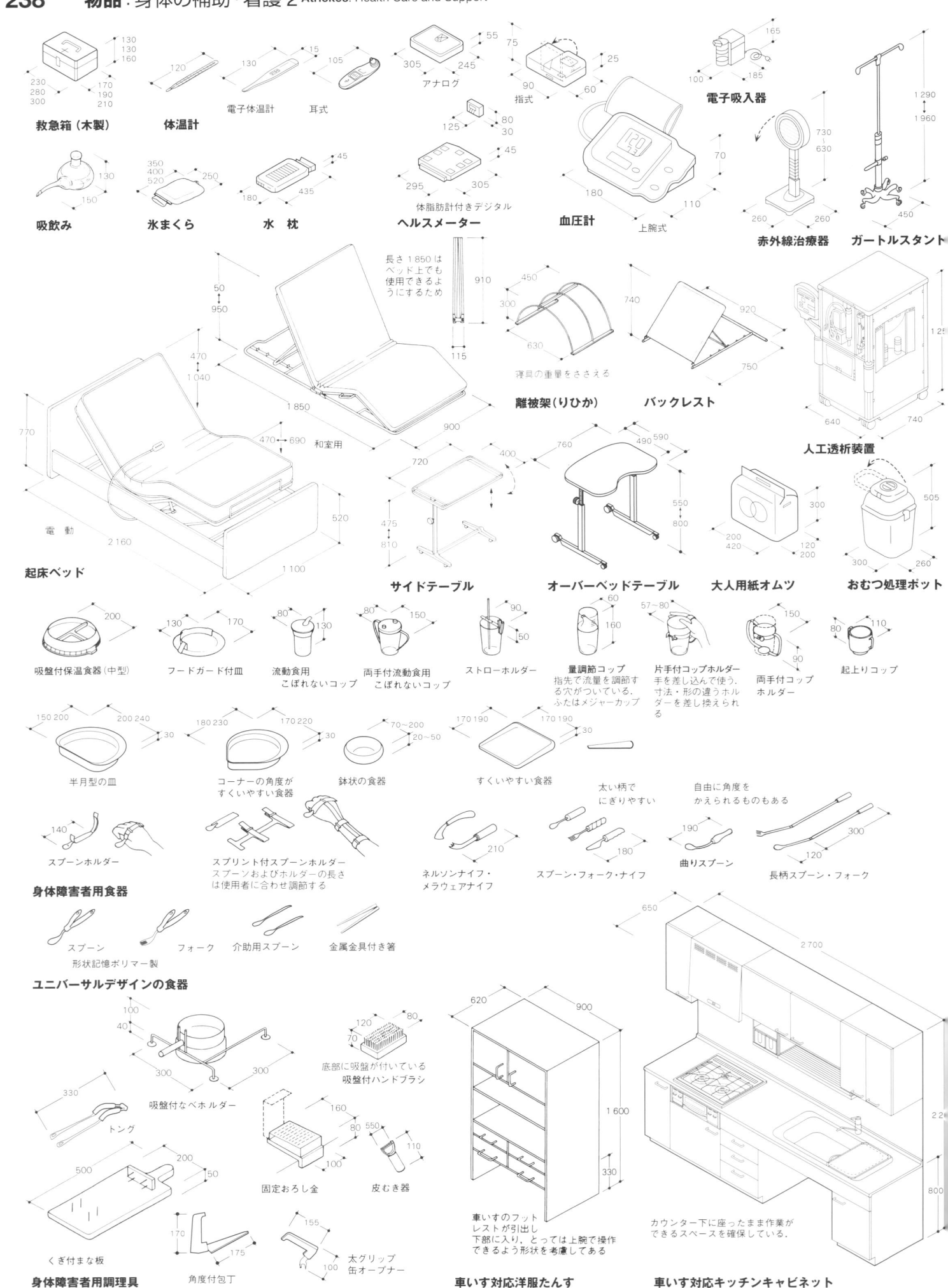

物品：身体の補助・看護 2 Articles: Health Care and Support

救急箱（木製） 130/130/160, 230/280/300, 170/190/210

体温計 120, 電子体温計 130, 耳式 105/15

アナログ 305/245/55/75, **指示** 90/60/25, 体脂肪計付きデジタル 295/305/45/80/125/30

血圧計 上腕式 180/110/190

電子吸入器 100/165/185

赤外線治療器 260/260/730/630

ガートルスタンド 450/1290/1960

吸飲み 130/150

氷まくら 350/400/520/250

水枕 180/435/45

ヘルスメーター

起床ベッド 電動 50/950/470/1040/770/470/690 和室用/1850/900/520/2160/1100 長さ1850はベッド上でも使用できるようにするため 910/115

離被架（りひか） 450/300/630/740

バックレスト 920/740/750

人工透析装置 640/740/1250

サイドテーブル 720/400/475/810

オーバーベッドテーブル 760/490/590/550/800

大人用紙オムツ 200/420/300/120/200

おむつ処理ポット 505/300/260

吸盤付保温食器（中型） 200/130

フードガード付皿 130/170

流動食用こぼれないコップ 80/130/150

両手付流動食用こぼれないコップ 80/150

ストローホルダー 90/50

量調節コップ 60/160 指先で流量を調節する穴がついている．ふたはメジャーカップ

片手付コップホルダー 57～80/90 手を差し込んで使う．寸法・形状の違うホルダーを差し換えられる

両手付コップホルダー 150

起上りコップ 80/110

半月型の皿 150/200/200/240/30

コーナーの角度がすくいやすい食器 180/230/30

鉢状の食器 170/220/70～200/20～50

すくいやすい食器 170/190/170/190/30

身体障害者用食器

スプーンホルダー 140

スプリント付スプーンホルダー スプーンおよびホルダーの長さは使用者に合わせ調節する

ネルソンナイフ・メラウェアナイフ 210

スプーン・フォーク・ナイフ 太い柄でにぎりやすい 180

曲りスプーン 190 自由に角度をかえられるものもある

長柄スプーン・フォーク 120/300

ユニバーサルデザインの食器
スプーン 形状記憶ポリマー製
フォーク
介助用スプーン
金属金具付き箸

身体障害者用調理具
吸盤付なべホルダー 100/40/300/300
固定おろし金 120/80/70/160/80/550
皮むき器 100/110
くぎ付きまな板 330/500/200/50
角度付包丁 170/175
太グリップ缶オープナー 155/100

車いす対応洋服たんす 620/900/1600/330 車いすのフットレストが引出し下部に入り，とっては上腕で操作できるよう形状を考慮してある

車いす対応キッチンキャビネット 650/2700/1600/800 カウンター下に座ったまま作業ができるスペースを確保している．

Artickes: Health Care and Support　物品：身体の補助・介護3　239

身体障害者用洗面器手すり
松葉づえや歩行器使用者のためには身体を支える手すりが有効である．車いす使用者用には車いすが当たらない手すり位置を考える．これは歩行困難者用の例

ステップ台

バスシート

移乗台

シャワー用いす

シャワーチェア

浴槽シート

身体障害者用入浴補助具

浴槽移乗シート
車いすなどから，バスタブ・洗い場への移乗および移動のための補助具・機器の例．障害に合わせて選択する

バスリフト（電動），移乗台

バスチェアリフト

洗髪器

車いす使用対応洗面洗髪化粧台

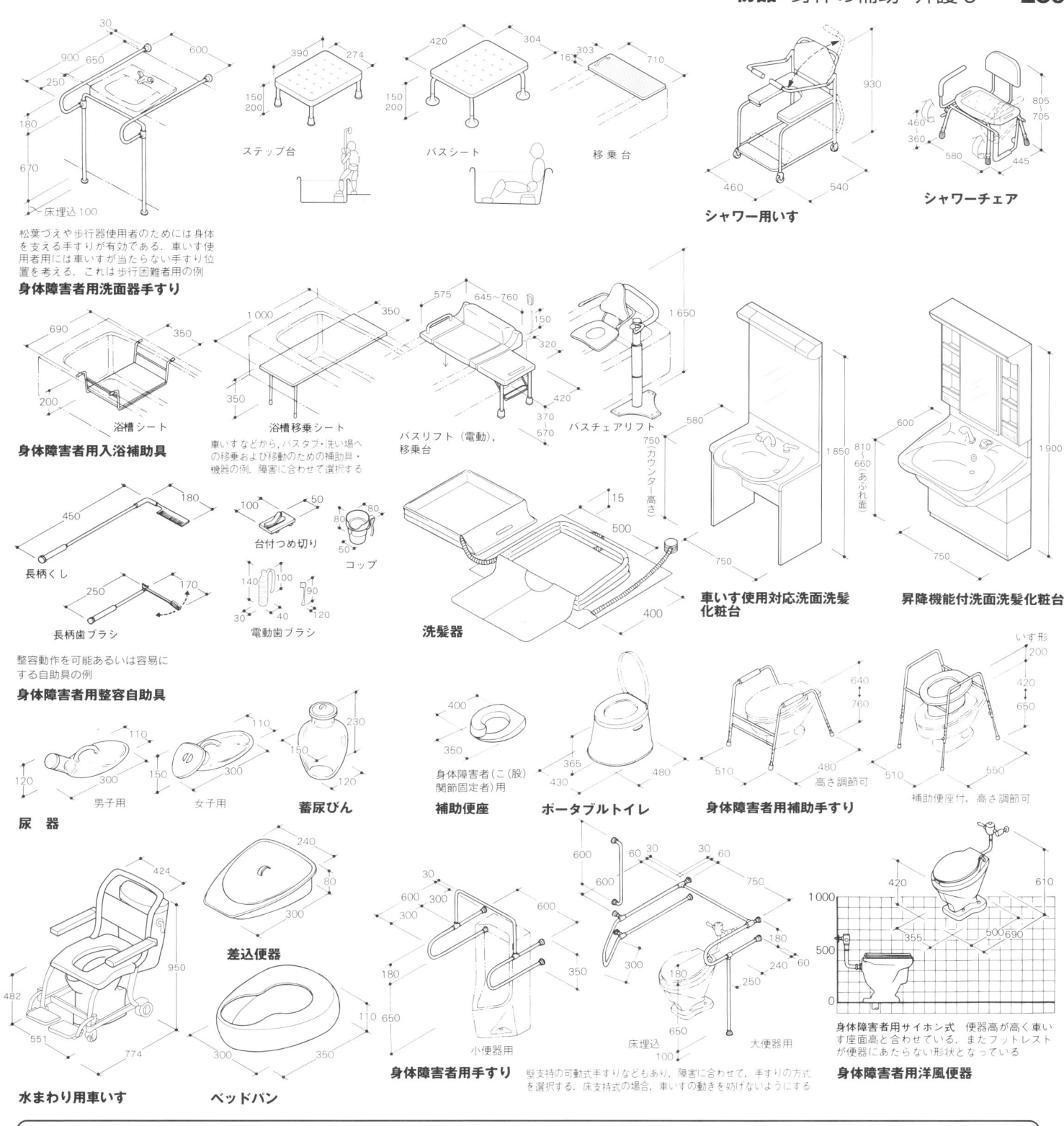

昇降機能付洗面洗髪化粧台

長柄くし

長柄歯ブラシ

台付つめ切り

コップ

電動歯ブラシ

身体障害者用整容自助具
整容動作を可能あるいは容易にする自助具の例

尿器　男子用　女子用

蓄尿びん

補助便座
身体障害者（こ（股）関節固定者）用

ポータブルトイレ

身体障害者用補助手すり

補助便座付，高さ調節可

水まわり用車いす

差込便器

ベッドパン

身体障害者用手すり
堅支持の可動式手すりなどもあり，障害に合わせて，手すりの方式を選択する．床支持式の場合，車いすの動きを妨げないようにする

身体障害者用サイホン式　便器高が高く車いす座面高と合わせている．またフットレストが便器にあたらない形状となっている

身体障害者用洋風便器

サニタリー空間の高齢者配慮

　高齢者の基本的生活の自立のためには，安全で使いやすいサニタリー空間が大変重要である．
　介助や車いす使用に必要な広さを確保し，急激な温度変化によるヒートショックを避ける配置計画が必要となる．
　出入口は車いすで使える幅とし，操作の楽な扉を選択して出入り移動の負担を軽減する．
　つまづきの原因をなくし車いすで安全に使用するため床段差は極力ないように計画する．

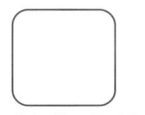

センサーライト
（人が近くと感知し，足元を明るく）

段差解消スロープ

　一方，安全で快適な環境づくりには照明・色彩計画の配慮も不可欠である．

01：バリアフリーブック，住まいの水まわり編，TOTO，2001.10
02：高齢者配慮商品カタログ，楽楽計画，TOTO，2001.11

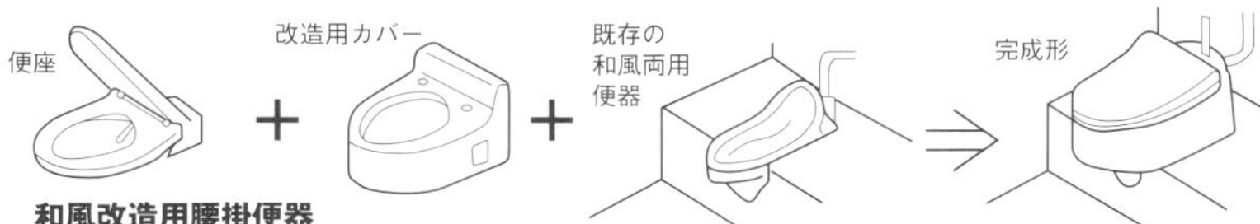

便座　＋　改造用カバー　＋　既存の和風両用便器　→　完成形

和風改造用腰掛便器

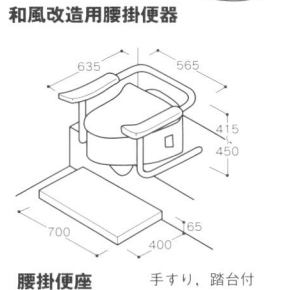

腰掛便座　手すり，踏台付

開閉動作の楽なドア

力が弱くなった方や，車いす利用者にも開け閉めしやすいドア

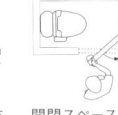

開閉スペースが開き戸の約半分で済み，狭い廊下にも対応できるドア

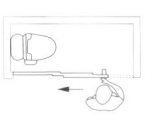

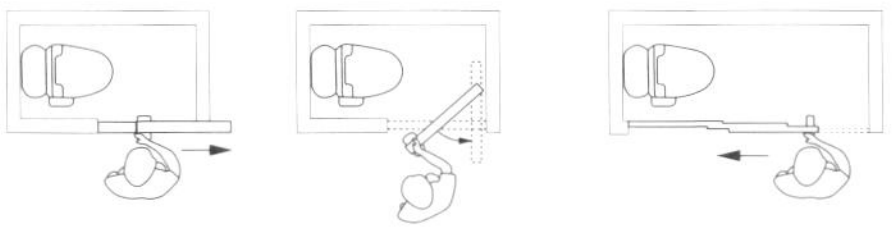

有効開口を広くとることができ，入口の位置を選ばないドア

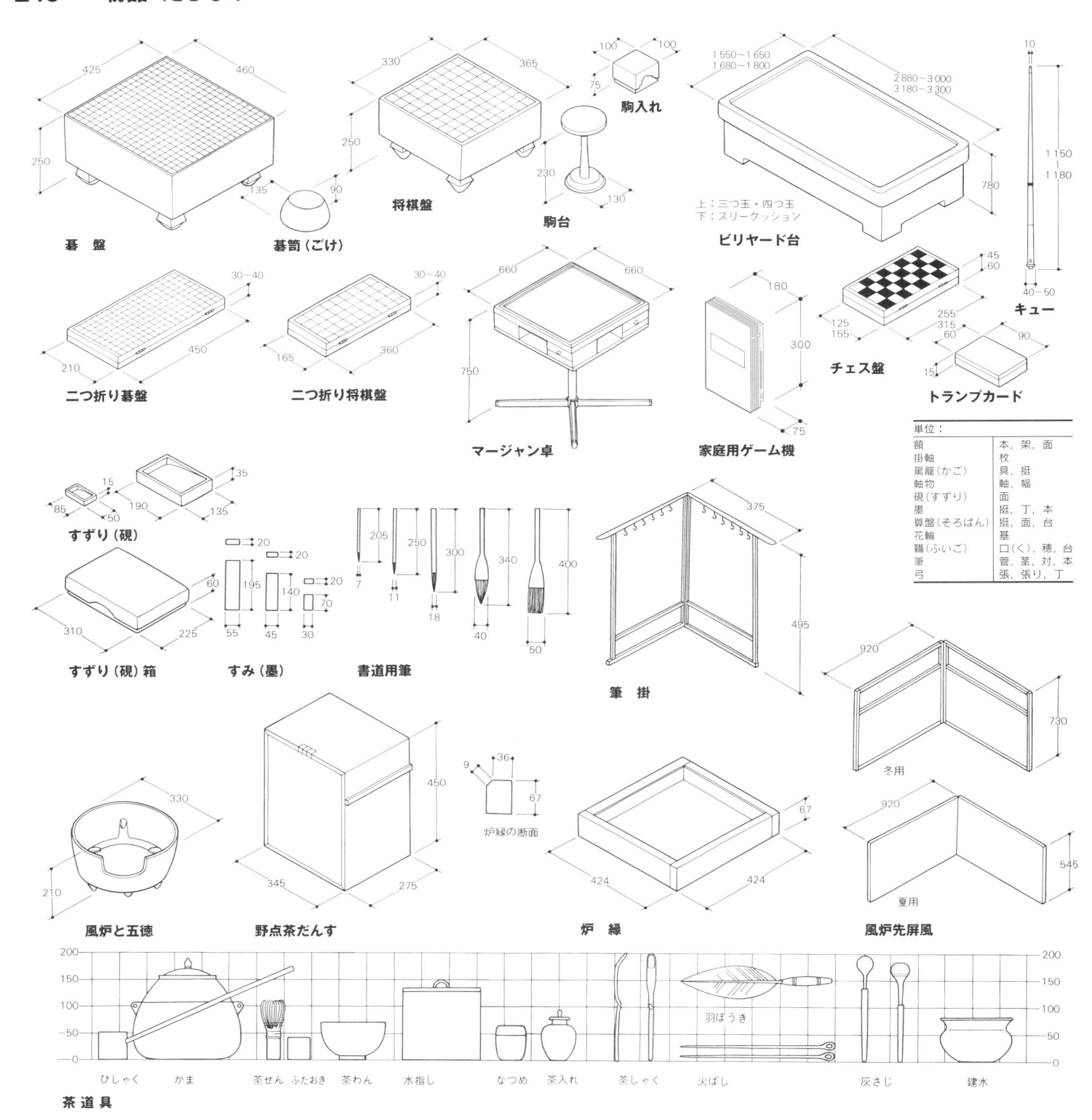

240 物品：たしなみ　Atrickes: Hobby/Accomplishment

碁盤　**碁笥（ごけ）**　**将棋盤**　**駒入れ**　**駒台**　**ビリヤード台**（上：三つ玉・四つ玉／下：スリークッション）　**キュー**

二つ折り碁盤　**二つ折り将棋盤**　**マージャン卓**　**家庭用ゲーム機**　**チェス盤**　**トランプカード**

単位：	
額	本，架，面
掛軸	枚
駕籠（かご）	具，挺
軸物	軸，幅
硯（すずり）	面
墨	挺，丁，本
算盤（そろばん）	挺，面，台
花輪	基
鞴（ふいご）	口（く），穂，台
筆	管，茎，対，本
弓	張，張り，丁

すずり（硯）　**すずり（硯）箱**　**すみ（墨）**　**書道用筆**　**筆掛**

風炉と五徳　**野点茶だんす**　**炉縁**　**風炉先屏風**（冬用／夏用）

茶道具：ひしゃく　かま　茶せん　ふたおき　茶わん　水指し　なつめ　茶入れ　茶しゃく　羽ぼうき　火ばし　灰さじ　建水

茶室の設計要素

茶室は，茶事の主催者が客を招き，茶を出してもてなすために造られる．草庵茶室の客入口としてにじり口がある．小さな入口で入席後は壁のような存在になる．にじり口に対して貴人口は二枚障子で高さも一般的な出入口の高さに近い．主宰者側の出入口としては点前のために出入りする茶道口がある．幅2尺，高さ5尺2寸ほどで，一般的には方立口であるが，上部が円弧状の火灯口も見られる．給仕口は直接客座へ出やすい位置に火灯口で造られることが多い．茶道口，給仕口に立てる襖は，格式張っていない縁のない太鼓張りの襖で，引手は切引手とする．

茶室の窓は質素な造作である下地窓，連子窓，突上窓が多い．利休らは窓をあまりあけなかったが，利休以後の有楽斉，織部，遠州らは窓を多くあけ，座敷の景を意識した．床の袖壁にあけた下地窓は墨跡窓といい，この窓に花入を掛けたものを花明窓という．床には茶会に応じて軸を掛ける．床まわりには花を飾り，床には香合が置く．

茶道具

時節や場面によって道具や設えが異なるが，最も簡略な点前である裏千家流の盆略点前では瓶掛に鉄瓶を据え，棗，茶筅，茶杓，茶碗，茶巾を盆に載せて茶を点てる．このほか建水および袱紗を使う．点前の準備や片づけは水屋（水遣／水舎）で行う．棚・物入・簀子流し・炉などを備える．当初は縁側の一部などに設けられたが，江戸時代には茶道具を並べて客に見せる水屋飾りが行われるようになった．水屋の道具配置は図のようである．

水屋道具配置図

①花台　②台十能　③半田（底取，長火箸）　④箱炭斗　⑤貴人台　⑥四方盆　⑦香盆　⑧灰器　⑨香合，紙釜敷　⑩炭斗　⑪棗　⑫茶入　⑬茶杓　⑭茶通箱　⑮茶はき箱　⑯水差の蓋　⑰茶碗　⑱蓋置　釜の蓋　⑲柄杓　⑳かいげん　㉑水こし　㉒釜ずえ　㉓建水　㉔茶巾だらい　㉕水つぎ　㉖水指　㉗水がめ

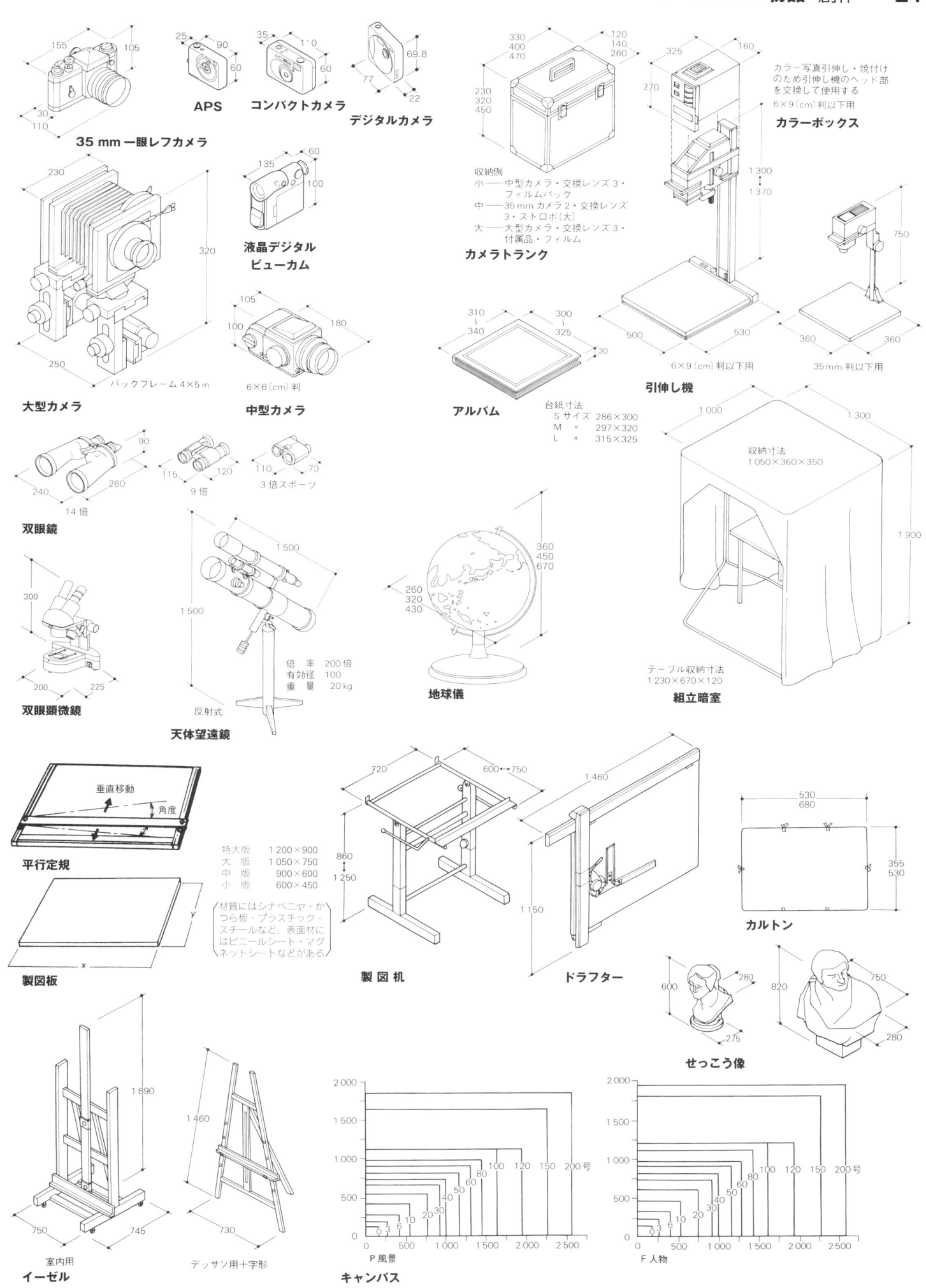

Atrickes: Hobby/Creation 物品：創作　241

35 mm 一眼レフカメラ

APS

コンパクトカメラ

デジタルカメラ

液晶デジタルビューカム

カメラトランク

収納例
小――中型カメラ・交換レンズ 3・フィルムパック
中――35 mm カメラ 2・交換レンズ 3・ストロボ(大)
大――大型カメラ・交換レンズ 3・付属品・フィルム

カラー写真引伸し・焼付けのため引伸し機のヘッド部を交換して使用する
6×9(cm)判以下用

カラーボックス

大型カメラ

バックフレーム 4×5 in

中型カメラ

6×6(cm)判

アルバム

台紙寸法
S サイズ　286×300
M 〃　297×320
L 〃　315×325

引伸し機

6×9(cm)判以下用　　35 mm 判以下用

双眼鏡

14 倍　　9 倍　　3 倍スポーツ

双眼顕微鏡

天体望遠鏡

倍率　200 倍
有効径　100
重量　20 kg
反射式

地球儀

組立暗室

収納寸法
1 050×360×350

テーブル収納寸法
1 230×670×120

平行定規

垂直移動　角度

製図板

特大版　1 200×900
大 版　1 050×750
中 版　900×600
小 版　600×450

材質にはシナベニヤ・かつら板・プラスチック・スチールなど，表面材にはビニールシート・マグネットシートなどがある

製図机

ドラフター

カルトン

せっこう像

イーゼル

室内用　　デッサン用十字形

キャンバス

P 風景　　10 20 30 40 50 60 80 100 120 150 200 号

F 人物　　3 6 10 20 30 40 50 60 80 100 120 150 200 号

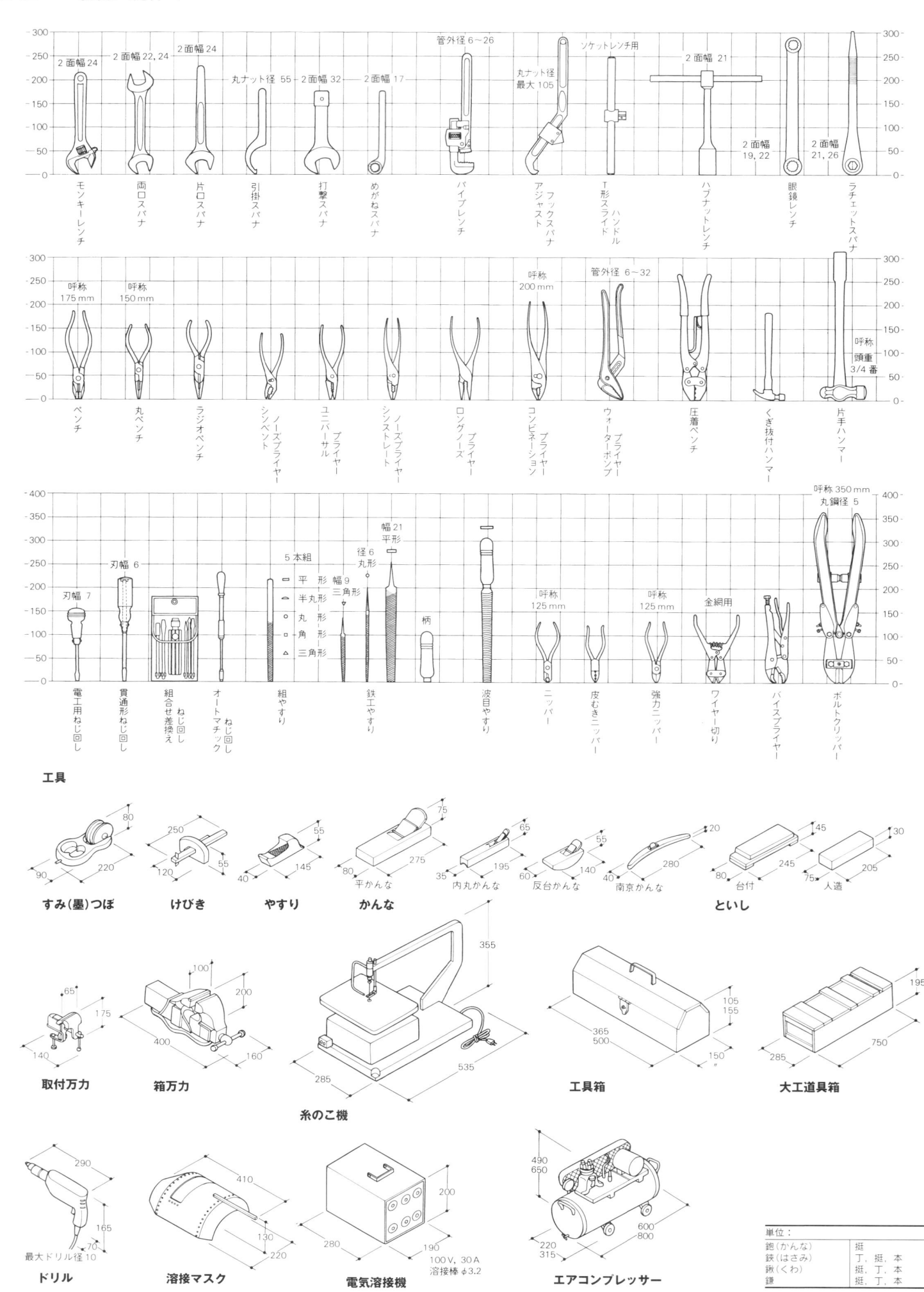

物品：制作 1 Atrickes: Hobby/Product

工具

名称	仕様
モンキーレンチ	2面幅 24
両口スパナ	2面幅 22, 24
片口スパナ	2面幅 24
引掛スパナ	丸ナット径 55
打撃スパナ	2面幅 32
めがねスパナ	2面幅 17
パイプレンチ	管外径 6〜26
フックスパナアジャスト	丸ナット径 最大 105
T形スライドハンドル	ソケットレンチ用
ハブナットレンチ	2面幅 21 / 2面幅 19, 22
眼鏡レンチ	2面幅 21, 26
ラチェットスパナ	

プライヤー類
- ペンチ（呼称 175 mm）
- 丸ペンチ（呼称 150 mm）
- ラジオペンチ
- ノーズプライヤーシンベント
- ユニバーサルプライヤー
- ノーズプライヤーシンストレート
- ロングノーズプライヤー
- プライヤーコンビネーション
- ウォーターポンププライヤー（呼称 200 mm、管外径 6〜32）
- 圧着ペンチ
- くぎ抜付ハンマー
- 片手ハンマー（呼称 頭重 3/4 番）

ねじ回し・やすり類
- 電工用ねじ回し（刃幅 7）
- 貫通形ねじ回し（刃幅 6）
- 組合せ差換え（5本組）
- オートマチック
- 組やすり（平形／半丸形／丸形／角形／三角形）
- 鉄工やすり（幅 9 三角形、径 6 丸形）
- 波目やすり（幅 21 平形、柄）
- ニッパー（呼称 125 mm）
- 皮むきニッパー（呼称 125 mm）
- 強力ニッパー
- ワイヤー切り（金網用）
- バイスプライヤー
- ボルトクリッパー（呼称 350 mm、丸鋼径 5）

工具

- すみ（墨）つぼ 80 / 220 / 90
- けびき 250 / 120 / 55
- やすり 145 / 40
- かんな 275 / 80 / 75
- 内丸かんな 195 / 35 / 65
- 反台かんな 140 / 60 / 55
- 南京かんな 280 / 40 / 20
- といし（台付 245 / 80、人造 205 / 75 / 45 / 30）

- 取付万力 65 / 175 / 140
- 箱万力 100 / 200 / 400 / 160
- 糸のこ機 355 / 535 / 285
- 工具箱 365 / 500 / 105 / 155 / 150
- 大工道具箱 195 / 750 / 285

- ドリル 290 / 165 / 70　最大ドリル径 10
- 溶接マスク 410 / 130 / 220
- 電気溶接機 280 / 190 / 200　100 V, 30 A　溶接棒 φ3.2
- エアコンプレッサー 490 / 650 / 600 / 800 / 220 / 315

単位：
鉋（かんな）	挺
鋏（はさみ）	丁, 挺, 本
鍬（くわ）	挺, 丁, 本
鎌	挺, 丁, 本

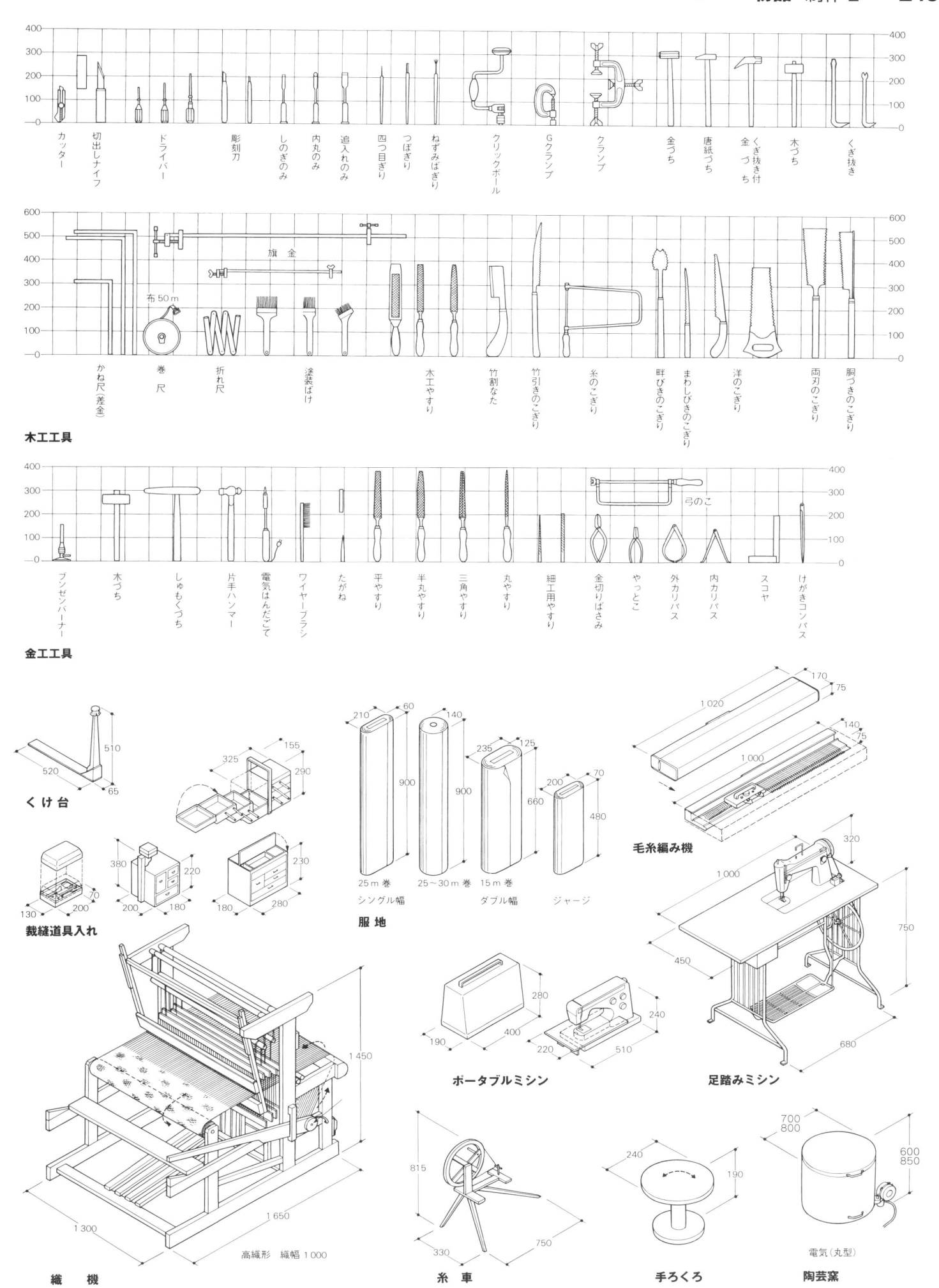

Atrickes: Hobby/Product 物品：制作2　243

カッター　切出しナイフ　ドライバー　彫刻刀　しのぎのみ　内丸のみ　追入れのみ　四つ目ぎり　つぼぎり　ねずみばぎり　クリックボール　Gクランプ　クランプ　金づち　唐紙づち　くぎ抜き付金づち　木づち　くぎ抜き

かね尺（差金）　巻尺　折れ尺　塗装ばけ　木工やすり　竹割なた　竹引きのこぎり　糸のこぎり　畦びきのこぎり　まわしびきのこぎり　洋のこぎり　両刃のこぎり　胴づきのこぎり

木工工具

ブンゼンバーナー　木づち　しゅもくづち　片手ハンマー　電気はんだごて　ワイヤーブラシ　たがね　平やすり　半丸やすり　三角やすり　丸やすり　細工用やすり　金切りばさみ　やっとこ　外カリパス　内カリパス　スコヤ　弓のこ　けがきコンパス

金工工具

くけ台　裁縫道具入れ　服地　毛糸編み機　ポータブルミシン　足踏みミシン　織機　糸車　手ろくろ　陶芸窯（電気（丸型））

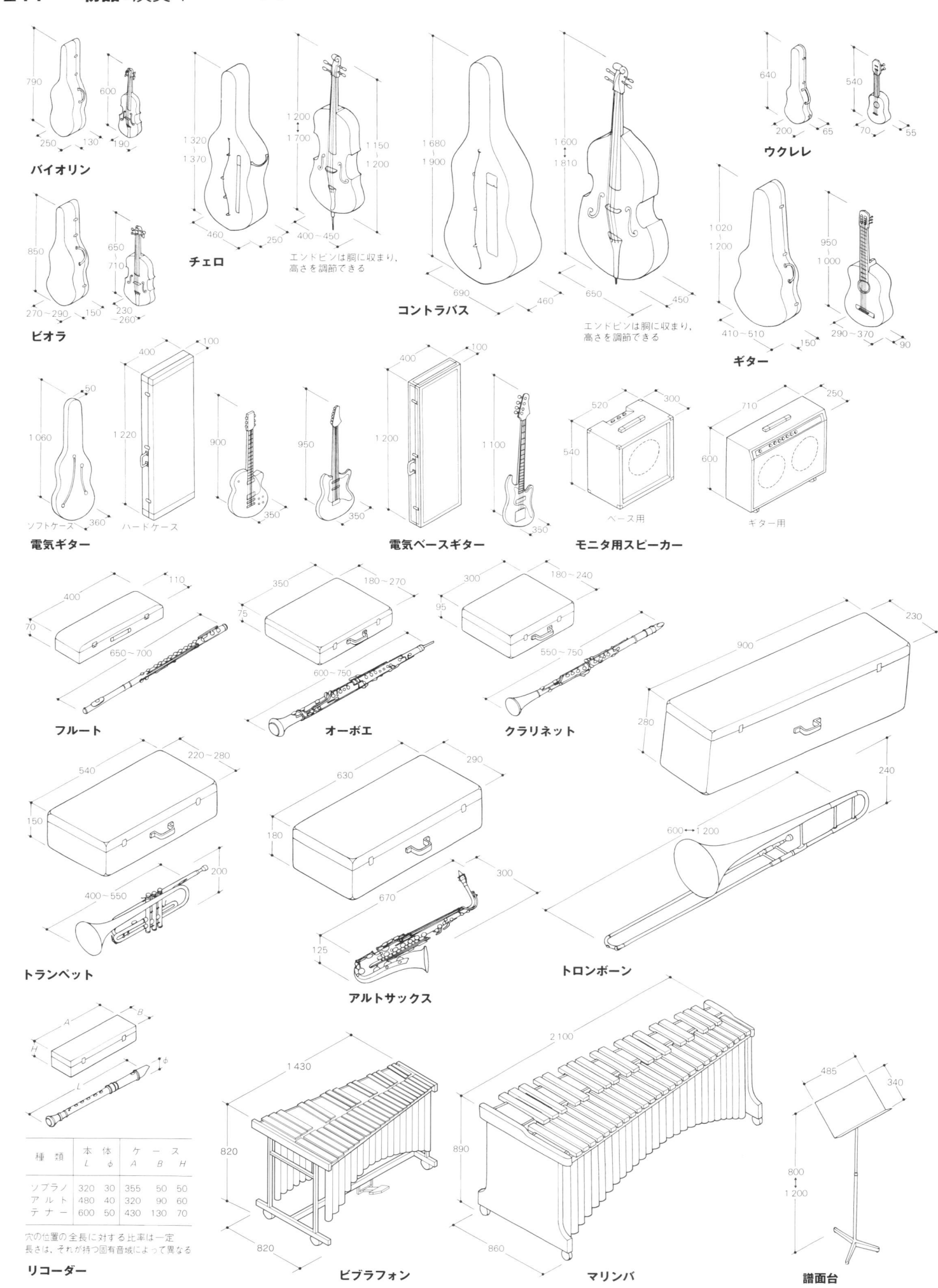

244 物品：演奏 1　Atrickes: Playing

バイオリン

ビオラ

チェロ
エンドピンは胴に収まり、高さを調節できる

コントラバス
エンドピンは胴に収まり、高さを調節できる

ウクレレ

ギター

電気ギター　ソフトケース　ハードケース

電気ベースギター

モニタ用スピーカー　ベース用　ギター用

フルート

オーボエ

クラリネット

トランペット

アルトサックス

トロンボーン

リコーダー

種類	本体		ケース		
	L	ϕ	A	B	H
ソプラノ	320	30	355	50	50
アルト	480	40	320	90	60
テナー	600	50	430	130	70

穴の位置の全長に対する比率は一定
長さは、それが持つ固有音域によって異なる

ビブラフォン

マリンバ

譜面台

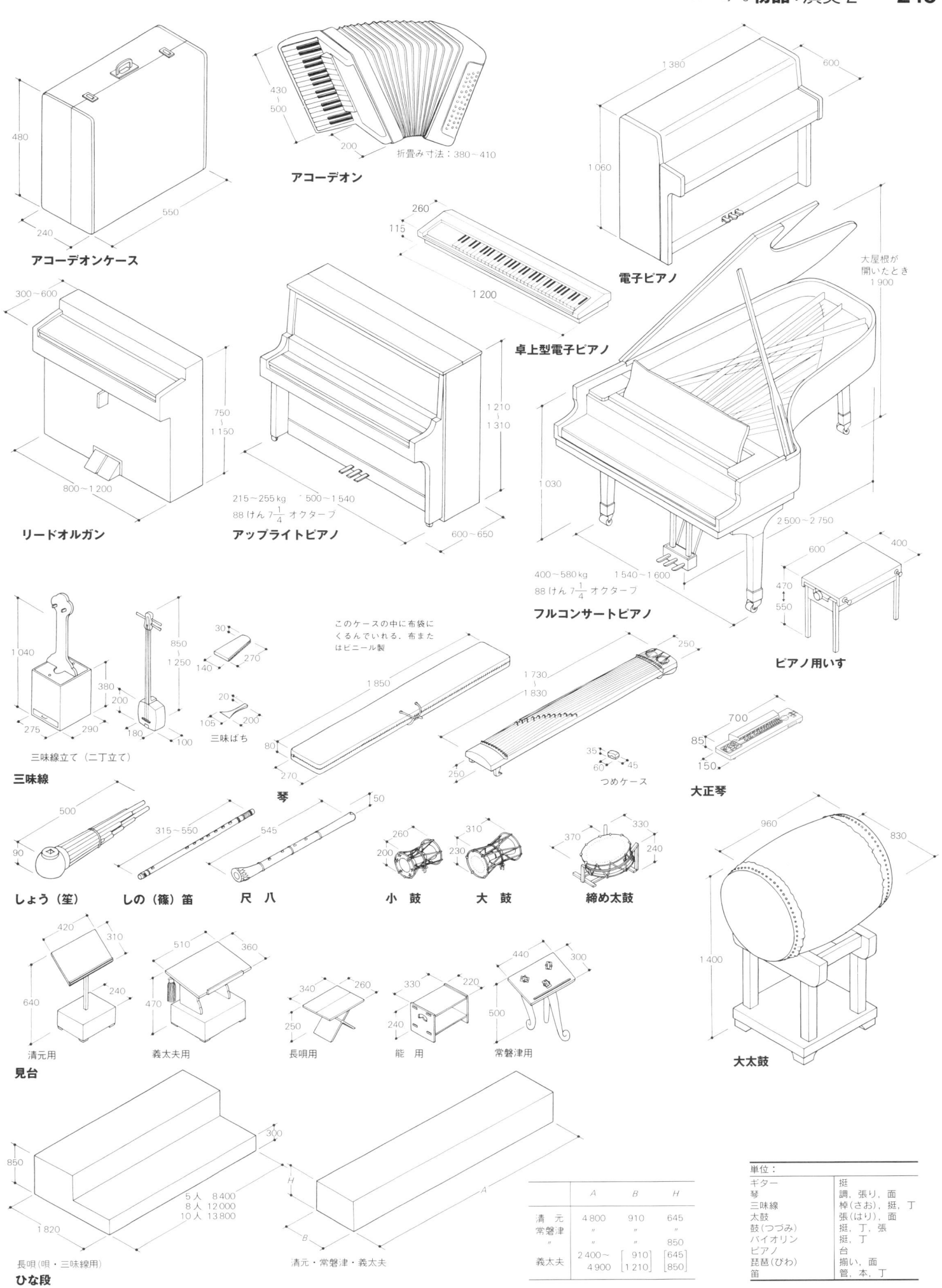

Atrickes: Playing　物品：演奏２　**245**

アコーデオンケース

アコーデオン

電子ピアノ

卓上型電子ピアノ

大屋根が開いたとき 1 900

リードオルガン

アップライトピアノ
215〜255 kg
88 けん 7 1/4 オクターブ

このケースの中に布袋にくるんでいれる．布またはビニール製

フルコンサートピアノ
400〜580 kg
88 けん 7 1/4 オクターブ

ピアノ用いす

三味線立て（二丁立て）
三味線
三味ばち

琴

つめケース

大正琴

しょう（笙）　しの（篠）笛　尺八　小鼓　大鼓　締め太鼓　大太鼓

見台
清元用　義太夫用　長唄用　能用　常磐津用

ひな段
長唄（唄・三味線用）
5人　8 400
8人　12 000
10人　13 800

清元・常磐津・義太夫

	A	B	H
清元	4 800	910	645
常磐津	〃	〃	〃
			850
義太夫	2 400〜4 900	910〜1 210	645〜850

単位：
ギター	挺
琴	調，張り，面
三味線	棹（さお），挺，丁
太鼓	張（はり），面
鼓（つづみ）	挺，丁，張
バイオリン	挺，丁
ピアノ	台
琵琶（びわ）	揃い，面
笛	管，本，丁

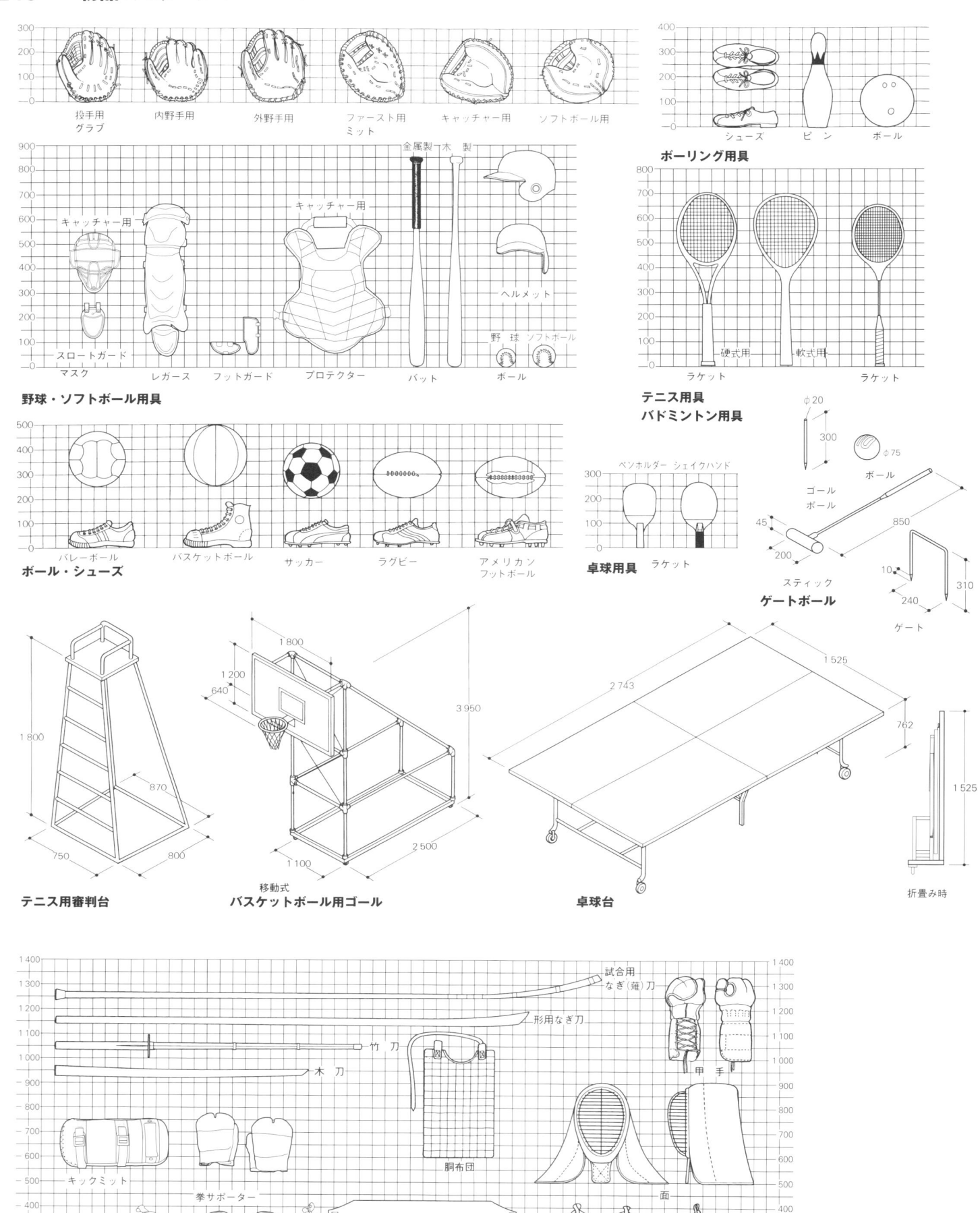

246 物品：スポーツ 1　Atrickes: Sport

投手用グラブ　内野手用　外野手用　ファースト用ミット　キャッチャー用　ソフトボール用

シューズ　ピン　ボール
ボーリング用具

キャッチャー用マスク　レガース　フットガード　キャッチャー用プロテクター　金属製／木製 バット　ヘルメット　野球 ソフトボール ボール
野球・ソフトボール用具

硬式用ラケット　軟式用ラケット
テニス用具 バドミントン用具

バレーボール　バスケットボール　サッカー　ラグビー　アメリカンフットボール
ボール・シューズ

ペンホルダー　シェイクハンド
卓球用具 ラケット

ゴールボール　ボール　スティック　ゲート
ゲートボール

テニス用審判台　移動式 **バスケットボール用ゴール**　**卓球台**　折畳み時

試合用なぎ(薙)刀　形用なぎ刀　竹刀　木刀　甲手　面
キックミット　拳サポーター　胴布団　垂れ　胴胸
面包　胴プロテクター
剣道・空手道具

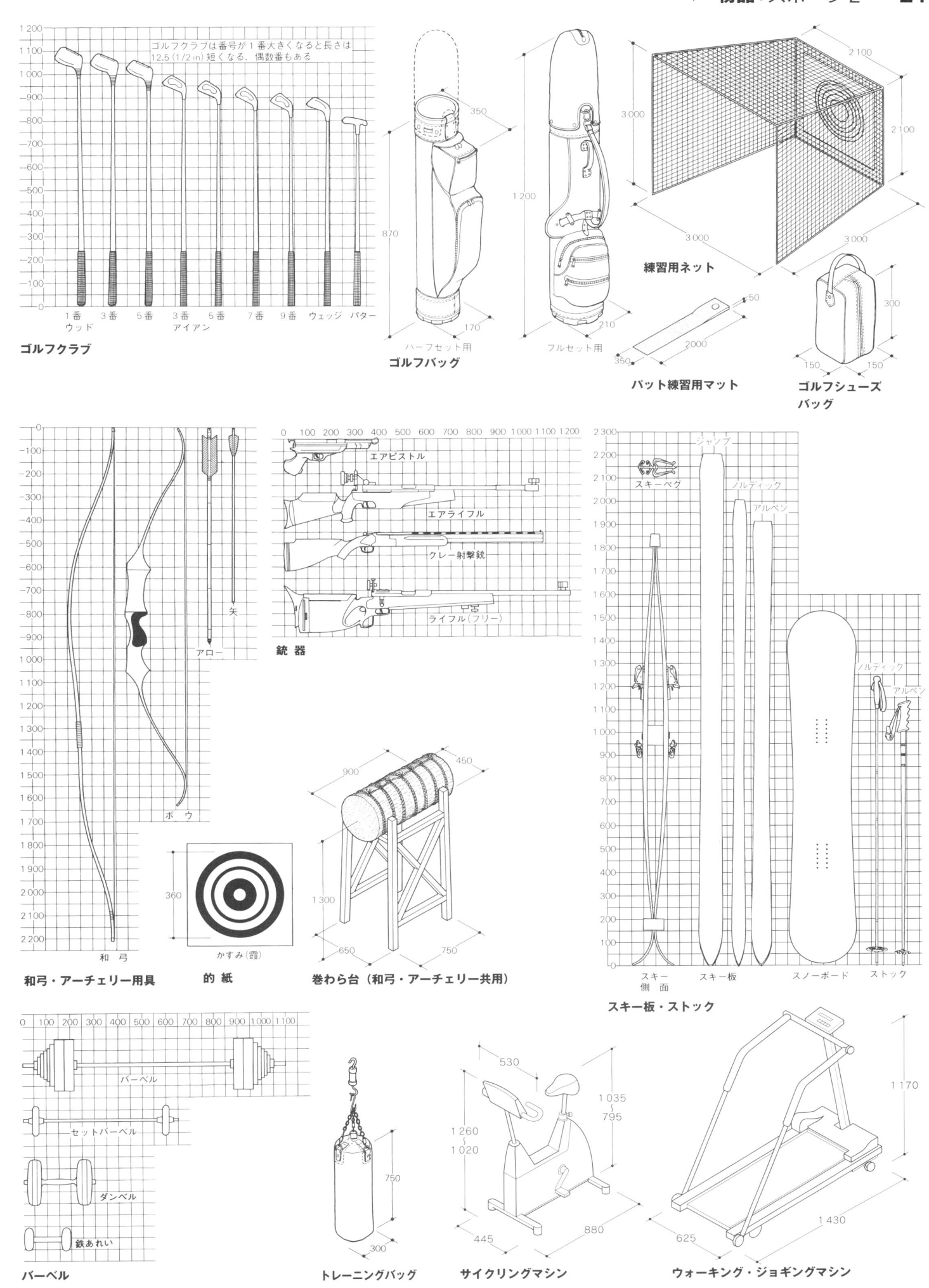

Atrickes: Sport 物品：スポーツ2　247

ゴルフクラブ

1番ウッド、3番、5番、3番アイアン、5番、7番、9番、ウェッジ、パター

ゴルフクラブは番号が1番大きくなると長さは12.5(1/2 in)短くなる．偶数番もある

ゴルフバッグ

ハーフセット用　フルセット用

練習用ネット

パット練習用マット

ゴルフシューズバッグ

和弓・アーチェリー用具

ボウ、矢、アロー、和弓

的紙

かすみ（霞）

巻わら台（和弓・アーチェリー共用）

銃器

エアピストル、エアライフル、クレー射撃銃、ライフル（フリー）

スキー板・ストック

スキーペグ、ジャンプ、ノルディック、アルペン、スキー側面、スキー板、スノーボード、ストック

バーベル

バーベル、セットバーベル、ダンベル、鉄あれい

トレーニングバッグ

サイクリングマシン

ウォーキング・ジョギングマシン

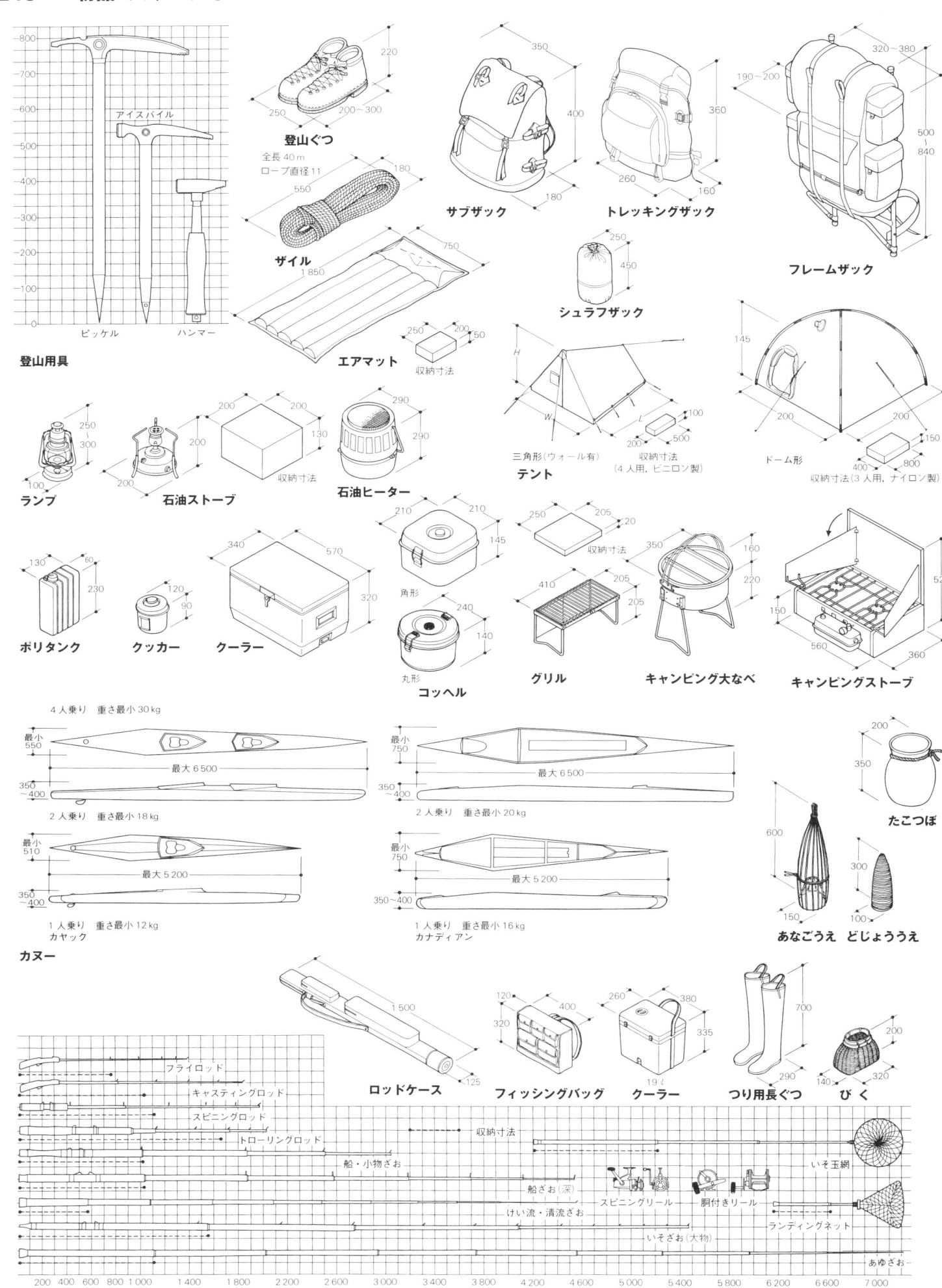

248 物品：スポーツ 3　Atrickes: Sport

登山用具
- アイスパイル
- ピッケル
- ハンマー
- 登山ぐつ
- ザイル　全長 40 m　ロープ直径 11
- エアマット
- サブザック
- トレッキングザック
- シュラフザック
- フレームザック
- テント　三角形（ウォール有）（4人用, ビニロン製）
- ドーム形（3人用, ナイロン製）
- ランプ
- 石油ストーブ
- 石油ヒーター
- ポリタンク
- クッカー
- クーラー
- コッヘル（角形／丸形）
- グリル
- キャンピング大なべ
- キャンピングストーブ

カヌー
- 4人乗り　重さ最小 30 kg　最大 6 500
- 2人乗り　重さ最小 18 kg　最大 5 200
- カヤック　1人乗り　重さ最小 12 kg
- 2人乗り　重さ最小 20 kg　最大 6 500
- カナディアン　1人乗り　重さ最小 16 kg　最大 5 200

- たこつぼ
- あなごうえ
- どじょううえ

つりざお
- フライロッド
- キャスティングロッド
- スピニングロッド
- トローリングロッド
- 船・小物ざお
- 船ざお（深）
- けい流・清流ざお
- いそざお（大物）
- あゆざお
- ロッドケース
- フィッシングバッグ
- クーラー　19 ℓ
- つり用長ぐつ
- びく
- スピニングリール
- 胴付きリール
- いそ玉網
- ランディングネット

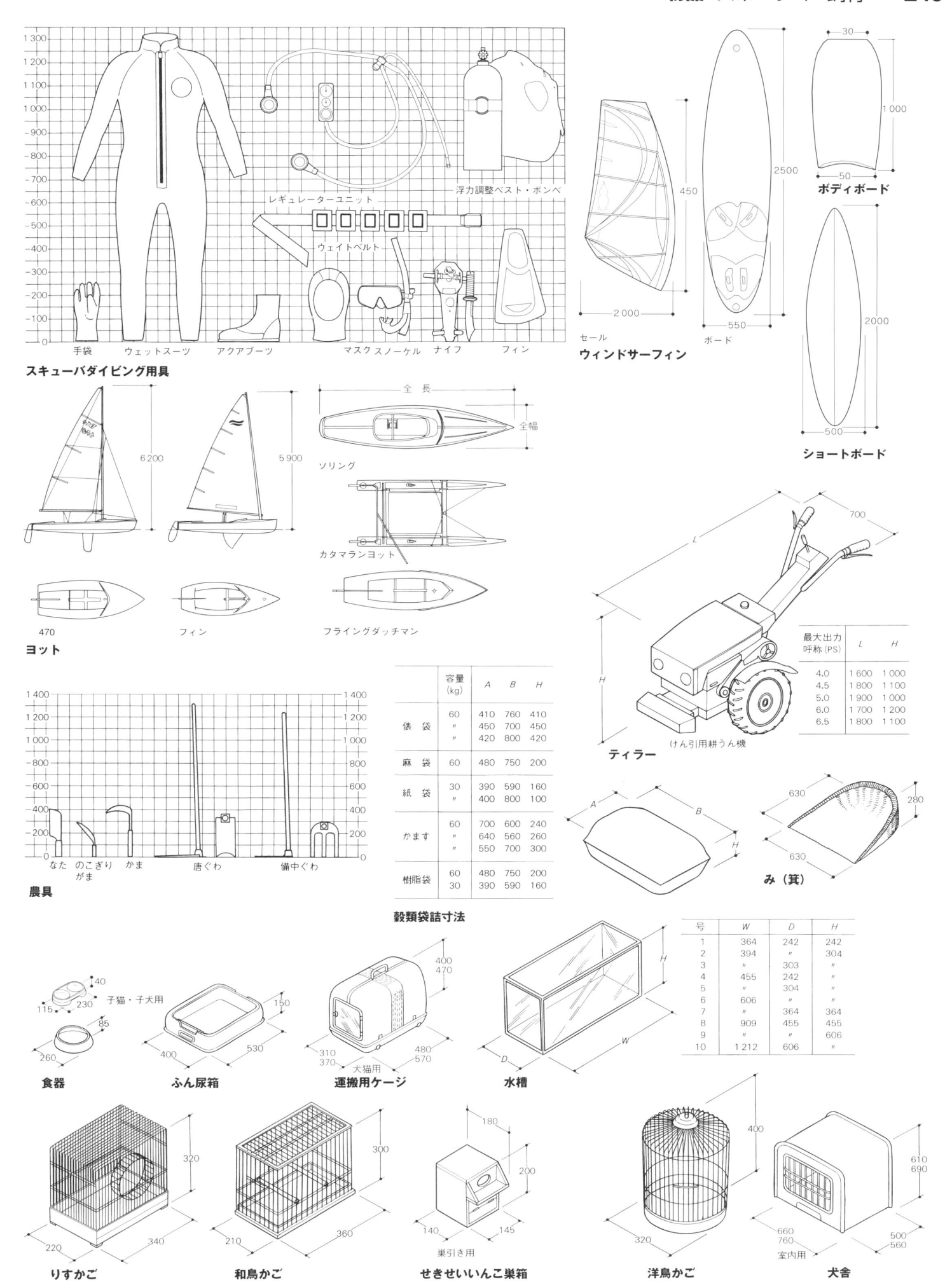

Atrickes: Sport 物品：スポーツ4・飼育　249

スキューバダイビング用具
手袋／ウェットスーツ／アクアブーツ／マスク／スノーケル／ナイフ／フィン／レギュレーターユニット／ウェイトベルト／浮力調整ベスト・ボンベ

ウィンドサーフィン
セール／ボード

ボディボード

ショートボード

ヨット
470／フィン／ソリング／カタマランヨット／フライングダッチマン

農具
なた／のこぎりがま／かま／唐ぐわ／備中ぐわ

穀類袋詰寸法

	容量(kg)	A	B	H
俵袋	60	410	760	410
	〃	450	700	450
	〃	420	800	420
麻袋	60	480	750	200
紙袋	30	390	590	160
	〃	400	800	100
かます	60	700	600	240
	〃	640	560	260
	〃	550	700	300
樹脂袋	60	480	750	200
	30	390	590	160

ティラー
けん引用耕うん機

最大出力呼称(PS)	L	H
4.0	1600	1000
4.5	1800	1100
5.0	1900	1000
6.0	1700	1200
6.5	1800	1100

み（箕）

食器（子猫・子犬用）／ふん尿箱／運搬用ケージ（犬猫用）／水槽

号	W	D	H
1	364	242	242
2	394	〃	304
3	〃	303	〃
4	455	242	〃
5	〃	304	〃
6	606	〃	〃
7	〃	364	364
8	909	455	455
9	〃	〃	606
10	1212	606	〃

りすかご／和鳥かご／せきせいいんこ巣箱／洋鳥かご（室内用）／犬舎

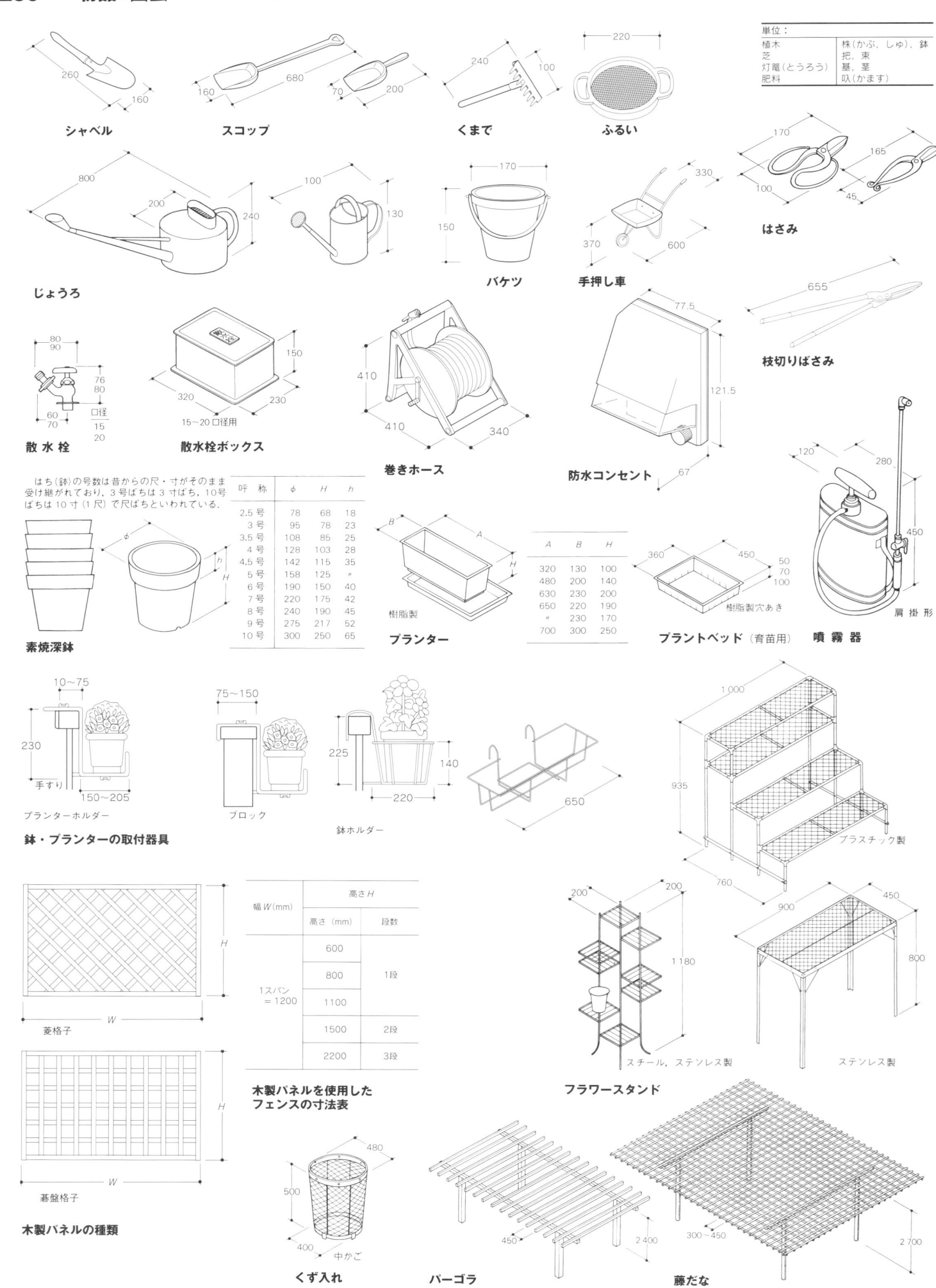

物品：園芸　Atrickes: Gardening

単位：	
植木	株（かぶ，しゅ），鉢
芝	把，束
灯籠（とうろう）	基，茎
肥料	叺（かます）

シャベル
スコップ
くまで
ふるい
はさみ
じょうろ
バケツ
手押し車
枝切りばさみ
散水栓
散水栓ボックス
巻きホース
防水コンセント
噴霧器

はち（鉢）の号数は昔からの尺・寸がそのまま受け継がれており、3号ばちは3寸ばち、10号ばちは10寸（1尺）で尺ばちといわれている．

呼称	φ	H	h
2.5号	78	68	18
3号	95	78	23
3.5号	108	85	25
4号	128	103	28
4.5号	142	115	35
5号	158	125	〃
6号	190	150	40
7号	220	175	42
8号	240	190	45
9号	275	217	52
10号	300	250	65

素焼深鉢

A	B	H
320	130	100
480	200	140
630	230	200
650	220	190
〃	230	170
700	300	250

プランター（樹脂製）
プラントベッド（育苗用）（樹脂製穴あき）

プランターホルダー
ブロック
鉢ホルダー
鉢・プランターの取付器具

プラスチック製

菱格子
碁盤格子
木製パネルの種類

木製パネルを使用したフェンスの寸法表

幅W(mm)	高さH	
	高さ(mm)	段数
1スパン =1200	600	1段
	800	
	1100	
	1500	2段
	2200	3段

フラワースタンド（スチール，ステンレス製／ステンレス製）

くず入れ
中かご
パーゴラ
藤だな

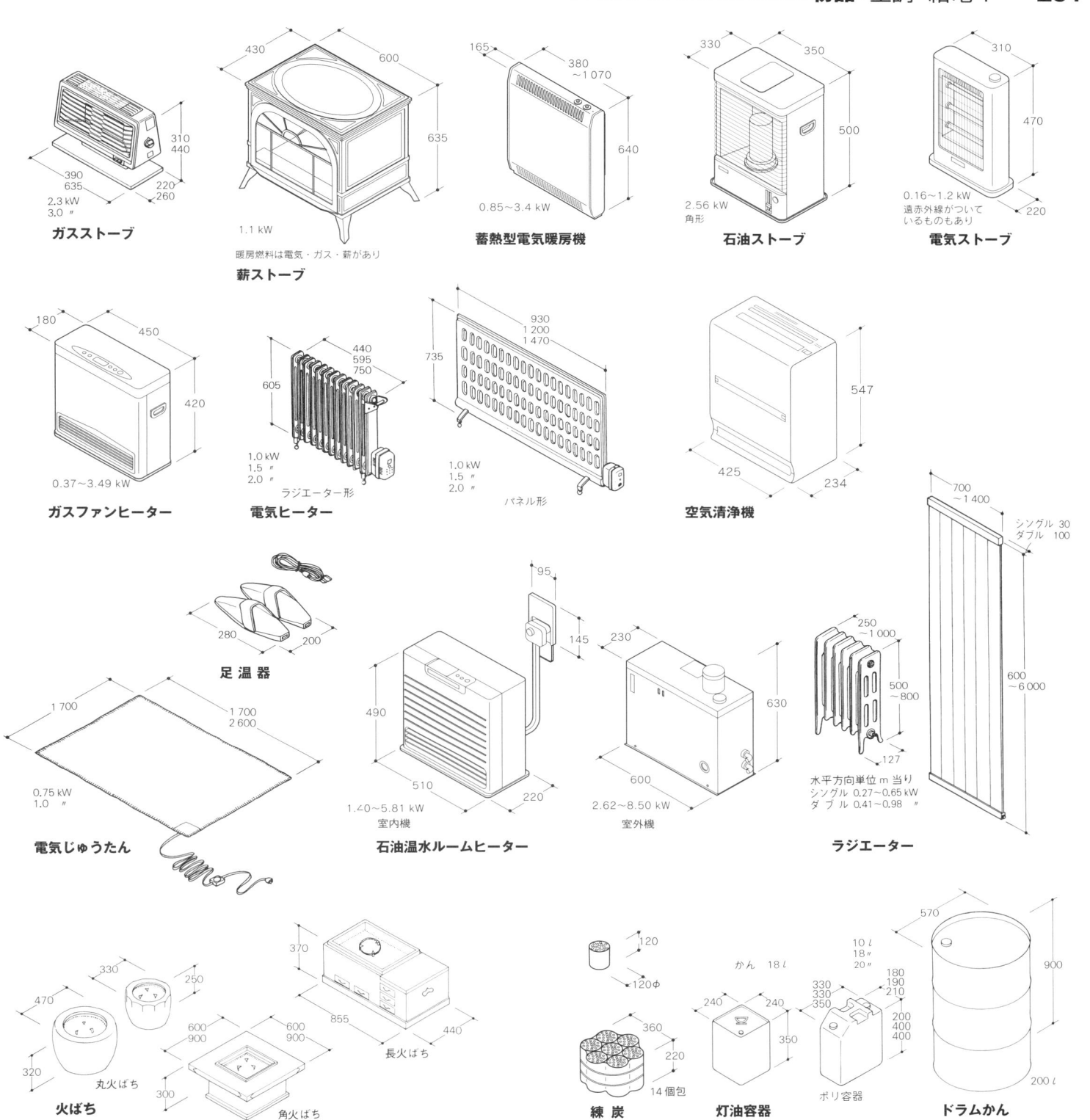

Articles: Air-Conditioner and Generator　物品：空調・給電 1

器具寸法

- ガスストーブ　2.3 kW　3.0 〃
- 薪ストーブ　1.1 kW　暖房燃料は電気・ガス・薪があり
- 蓄熱型電気暖房機　0.85〜3.4 kW
- 石油ストーブ　2.56 kW　角形
- 電気ストーブ　0.16〜1.2 kW　遠赤外線がついているものもあり
- ガスファンヒーター　0.37〜3.49 kW
- 電気ヒーター　1.0 kW　1.5 〃　2.0 〃　ラジエーター形／パネル形
- 空気清浄機
- 足温器
- 電気じゅうたん　0.75 kW　1.0 〃
- 石油温水ルームヒーター　室内機 1.40〜5.81 kW　室外機 2.62〜8.50 kW
- ラジエーター　水平方向単位 m 当り　シングル 0.27〜0.65 kW　ダブル 0.41〜0.98 〃
- 火ばち（丸火ばち／角火ばち／長火ばち）
- 練炭　14個包
- 灯油容器　かん 18 ℓ　ポリ容器 10 ℓ・18 〃・20 〃
- ドラムかん　200 ℓ

温度のバリアフリー

体温調節は体内で産生される熱量と，体表から外界に放散される熱量のバランスで行われる．高齢者は真冬や真夏に体調が悪くなったり，場合によっては，低体温や熱中症になったりする．体温調節機能が低下していると考えられる．

高齢者の温度環境に対する順応性を明らかにすることを目的とした，高齢者 7 名（61〜65 歳）と若年者 7 名（20〜28 歳）を対象に体温調節反応をみた研究によると室温 36℃の環境で 90 分間安静にした後，28℃に移動し安静にした場合，36℃の曝露初期と曝露終了後（28℃）において，高齢者は若年者よりも高い舌下温を示した[1]．次に 20℃で 90 分間経過すると，高齢者の舌下温は若年者より低下し，その後 28℃の環境に戻っても舌下温の回復が遅かった[2]．高齢者は体温調節反応が遅れたことから深部体温が変化したと考えられる．つまり加齢に伴い体温調節能力が低下し，環境温度の影響を受けやすくなる．

冬場に暖かい部屋から寒い部屋に移動すると血管が収縮し，血圧が急激に上がるといわれ，心筋梗塞や脳卒中の危険性が増す．高齢者の浴室・脱衣室での事故は大半が冬場に発生していることからも，浴室・脱衣室，そして洗面所やトイレの空調機器の設置があまり進んでいない場所での温度コントロールを局所的にでも工夫したい．

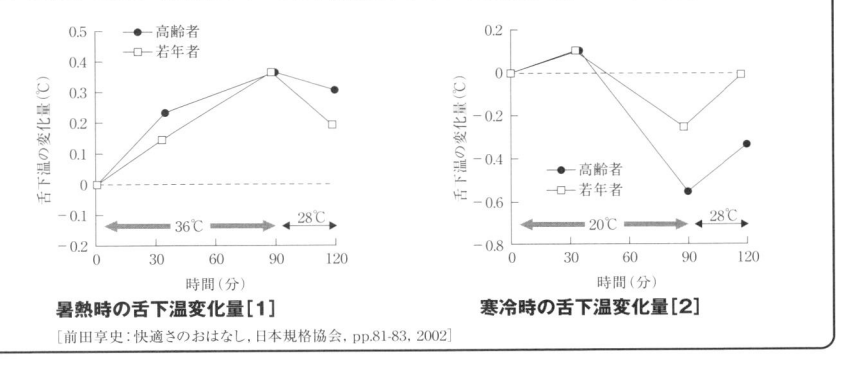

暑熱時の舌下温変化量[1]（高齢者／若年者，36℃→28℃）

寒冷時の舌下温変化量[2]（高齢者／若年者，20℃→28℃）

[前田享史：快適さのおはなし，日本規格協会，pp.81-83，2002]

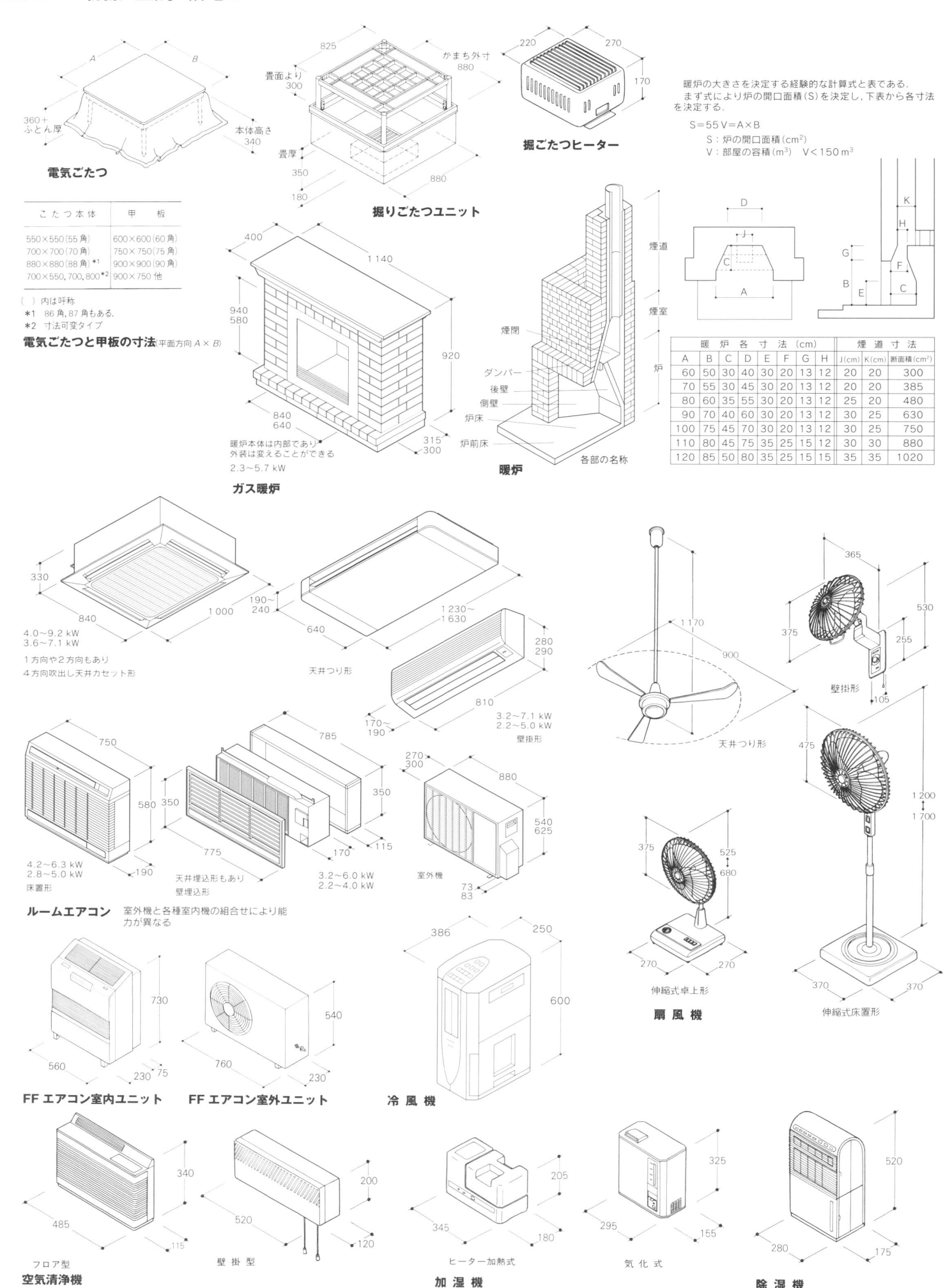

物品：空調・給電 2 Articles: Air-Conditioner and Generator

電気ごたつ

こたつ本体	甲板
550×550 (55角)	600×600 (60角)
700×700 (70角)	750×750 (75角)
880×880 (88角) *1	900×900 (90角)
700×550, 700, 800 *2	900×750 他

( ) 内は呼称
*1 86角, 87角もある.
*2 寸法可変タイプ

電気ごたつと甲板の寸法 (平面方向 A×B)

掘りごたつユニット

掘ごたつヒーター

ガス暖炉
2.3～5.7 kW
暖炉本体は内部であり外装は変えることができる

暖炉

暖炉の大きさを決定する経験的な計算式と表である．
まず式により炉の開口面積 (S) を決定し，下表から各寸法を決定する．

$S = 55\sqrt{V} = A \times B$

S：炉の開口面積 (cm^2)
V：部屋の容積 (m^3) V < 150 m^3

暖炉各寸法 (cm)								煙道寸法		
A	B	C	D	E	F	G	H	J(cm)	K(cm)	断面積(cm^2)
60	50	30	40	30	20	13	12	20	20	300
70	55	30	45	30	20	13	12	20	20	385
80	60	35	55	30	20	13	12	25	20	480
90	70	40	60	30	20	13	12	30	25	630
100	75	45	70	30	20	13	12	30	25	750
110	80	45	75	35	25	15	12	30	30	880
120	85	50	80	35	25	15	15	35	35	1020

ルームエアコン
室外機と各種室内機の組合せにより能力が異なる

4.0～9.2 kW / 3.6～7.1 kW
1方向や2方向もあり
4方向吹出し天井カセット形

天井つり形

壁掛形
3.2～7.1 kW
2.2～5.0 kW

天井埋込形もあり
壁埋込形
3.2～6.0 kW
2.2～4.0 kW

室外機

4.2～6.3 kW
2.8～5.0 kW
床置形

扇風機
天井つり形
壁掛形
伸縮式卓上形
伸縮式床置形

FFエアコン室内ユニット

FFエアコン室外ユニット

冷風機

空気清浄機
フロア型

加湿機
壁掛型
ヒーター加熱式
気化式

除湿機

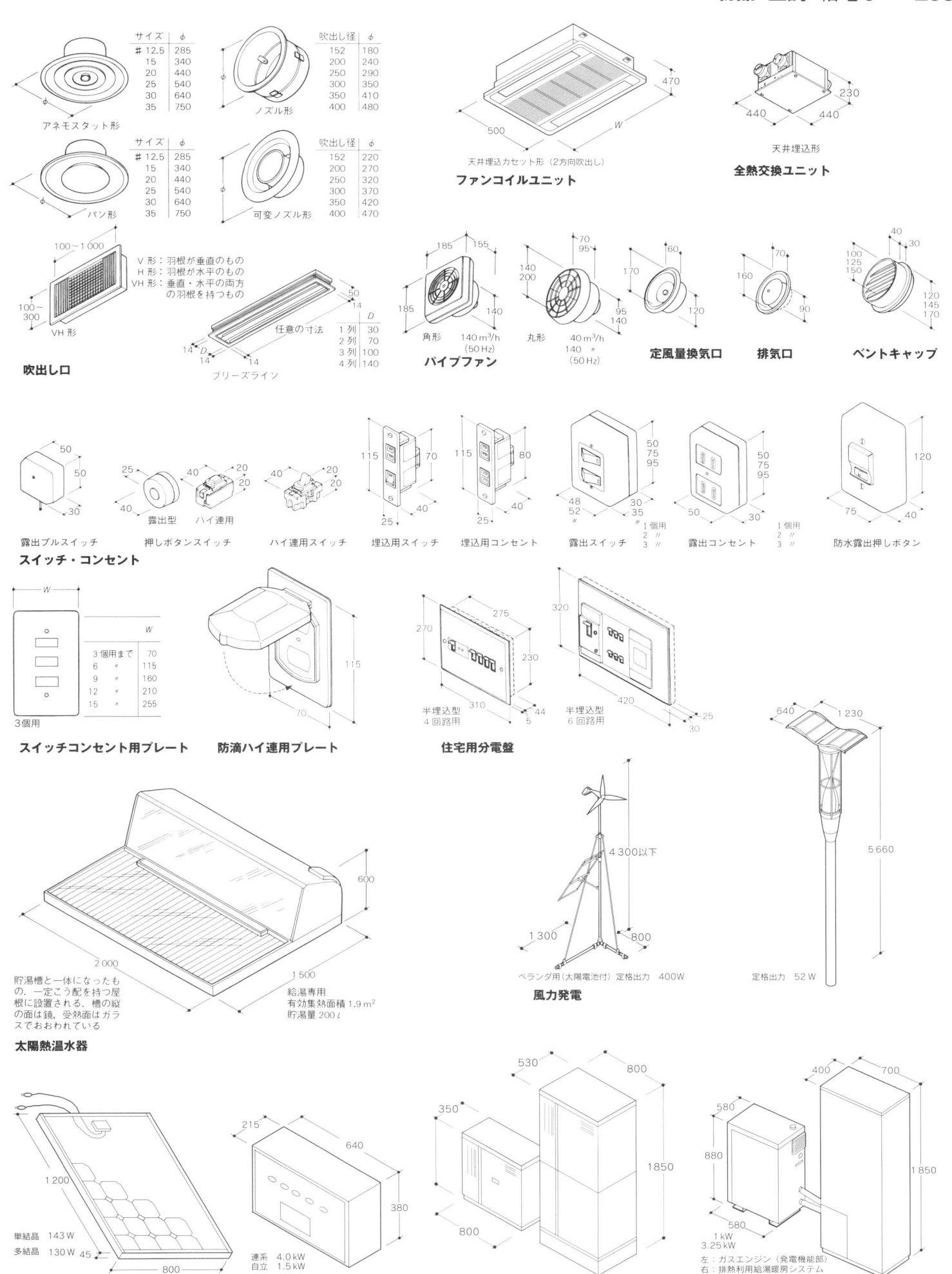

Atrickes: Air-Conditioner and Generator　物品：空調・給電3　253

吹出し口

アネモスタット形

サイズ	φ
#12.5	285
15	340
20	440
25	540
30	640
35	750

パン形

サイズ	φ
#12.5	285
15	340
20	440
25	540
30	640
35	750

ノズル形

吹出し径	φ
152	180
200	240
250	290
300	350
350	410
400	480

可変ノズル形

吹出し径	φ
152	220
200	270
250	320
300	370
350	420
400	470

VH形
V形：羽根が垂直のもの
H形：羽根が水平のもの
VH形：垂直・水平の両方の羽根を持つもの

ブリーズライン

任意の寸法	D
1列	30
2列	70
3列	100
4列	140

ファンコイルユニット　天井埋込カセット形（2方向吹出し）

全熱交換ユニット　天井埋込形

パイプファン　角形 140 m³/h (50 Hz)　丸形 40 m³/h 140 ″ (50 Hz)

定風量換気口

排気口

ベントキャップ

スイッチ・コンセント

露出プルスイッチ

押しボタンスイッチ

ハイ連用型
露出型

ハイ連用スイッチ

埋込用スイッチ

埋込用コンセント

露出スイッチ　1個用 / 2″ / 3″

露出コンセント　1個用 / 2″

防水露出押しボタン

スイッチコンセント用プレート

3個用まで	W
3個用まで	70
6 ″	115
9 ″	160
12 ″	210
15 ″	255

3個用

防滴ハイ連用プレート

住宅用分電盤　半埋込型 4回路用　半埋込型 6回路用

太陽熱温水器

貯湯槽と一体になったもの．一定こう配を持つ屋根に設置される．槽の縦の面は鏡，受熱面はガラスでおおわれている

給湯専用
有効集熱面積 1.9 m²
貯湯量 200ℓ

風力発電　ベランダ用（太陽電池付）定格出力 400W

定格出力 52 W

太陽電池（屋根置き形）
単結晶 143 W
多結晶 130 W

太陽電池パワーコンディショナー
連系 4.0 kW
自立 1.5 kW

家庭用燃料電池コージェネレーションシステム

家庭用ガスコージェネレーションシステム
左：ガスエンジン（発電機能部）1 kW
右：排熱利用給湯暖房システム 3.25 kW

物品：照明 1　Atrickes: Lighting

単位：
- 行灯（あんどん）　灯
- 提灯　張（ちょう、はり）、挺、本
- 蝋燭　挺、丁、本

電球・管球

名称	容量(W)	L	φ	口金ねじ部
一般照明用電球 JIS C 7501（クリア，つや消し，スパッタ）	10, 20, 30	94～104	55	E 26
	40	103～117	〃	〃
	60, 100	〃	60	〃
	150, 200	116以下	75	〃
ボール球（クリア，つや消し，スパッタ） 	25, 40	71	50	E 17
	60	99	70	E 26
	100	127	95	〃
	150	158	125	〃
	200	190	150	〃
反射形投光電球 JIS C 7525 	40, 60	114以下	71以下	E 26
	75	140 〃	91 〃	〃
	100	155 〃	112 〃	〃
	150	170 〃	132 〃	〃
	200	178 〃	〃	〃
	300	238 〃	152 〃	E 39
	500	260 〃	182 〃	〃
高圧水銀ランプ（クリア，つや消し） 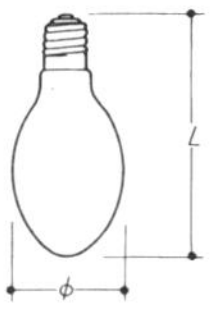	40	135以下	62以下	E 26
	100	180 〃	72 〃	〃
	250	258 〃	102 〃	E 39
	300, 400	300 〃	122 〃	〃
	700	380 〃	152 〃	〃
	1 000	410 〃	182 〃	〃
装飾用小形電球 JIS C 7507 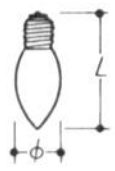	15	96以下	32以下	E 12～E 26
	25	〃	〃	〃
	40	〃	〃	〃
ビーム電球	60	96.5	112	E 26
	75, 100, 150	132	121	〃
ハロゲン電球 JIS C 7527 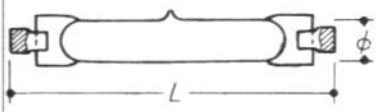	500	118以下	12以下	口金は電球によって異なる
	1 000	208 〃	〃	
	1 500	248 〃	〃	
ミニハロゲン電球 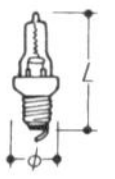	100	70	11	口金は電球によって異なる
	150	〃	14	
	250	78	〃	
	500	98	15	

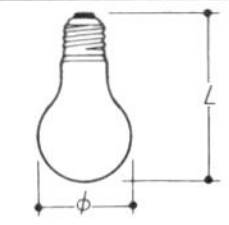

蛍光灯管（JIS C 7601）

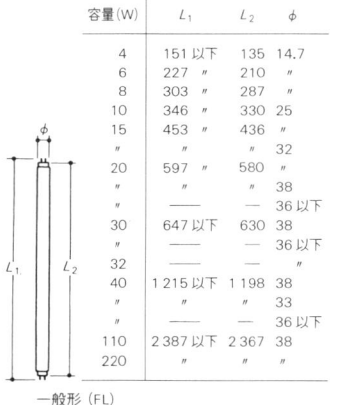

一般形（FL）

容量(W)	L₁	L₂	φ
4	151以下	135	14.7
6	227 〃	210	〃
8	303 〃	287	〃
10	346 〃	330	25
15	453 〃	436	〃
〃	〃	〃	32
20	597 〃	580	〃
〃	〃	〃	38
〃	—	—	36以下
30	647以下	630	38
〃	〃	〃	36以下
32			〃
40	1 215以下	1 198	38
〃			33
〃	—	—	36以下
110	2 387以下	2 367	38
220			〃

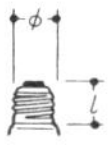

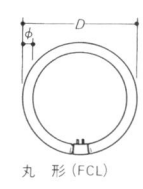

丸形（FCL）

容量(W)	D	φ
15	170	25
20	210	32
30	230	〃
32	305	〃
40	380	〃

口金ねじ部

記号	l	φ
E 12	11.5以上	11.8以下
E 17	13.5 〃	16.4 〃
E 26*	19.5 〃	26.3 〃
E 39*	33.2 〃	39.5 〃

口金ねじ部　*印は JIS C 8302

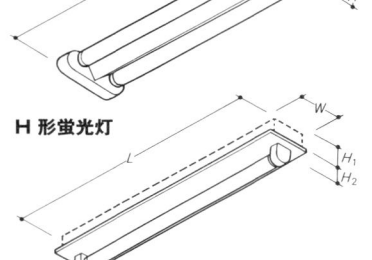

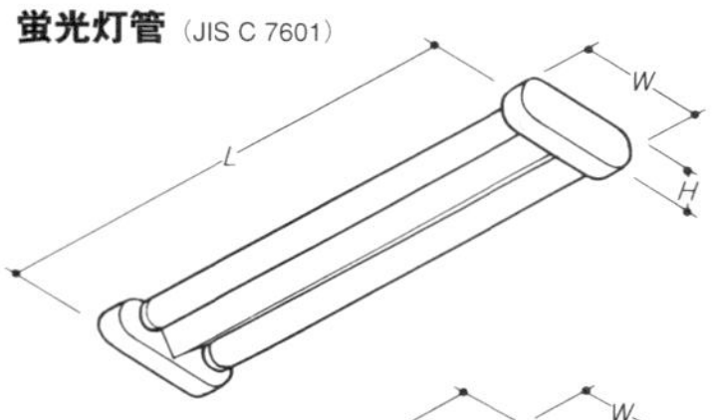

H 形蛍光灯

容量(W)	L	W	H
20×2	635	195	70
30×2	685	〃	〃
40×2	1 255	〃	〃
40×3	1 250	240	120

半埋込形蛍光灯

容量(W)	L	W	H₁	H₂
20	655	120	45	65
40	1 275	〃	〃	〃
110	2 465	180	55	60
220	〃	〃	〃	65
20×2	655	220	55	65
40×2	1 275	〃	〃	〃
110×2	2 465	180	〃	60
220×2	〃	〃	〃	65

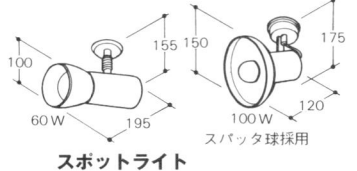

照明器具

スポットライト（60W、100W スパッタ球採用）

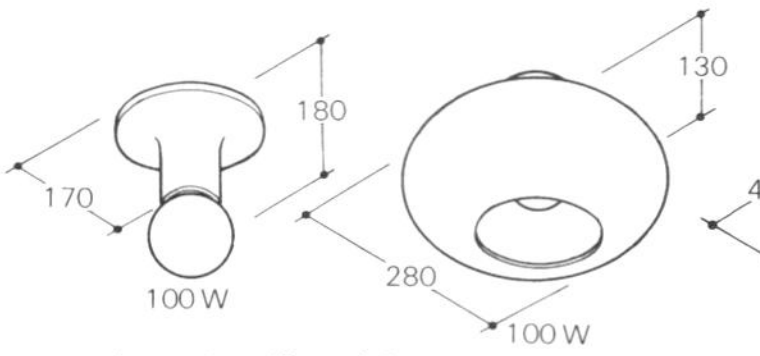

シーリングライト（100W）

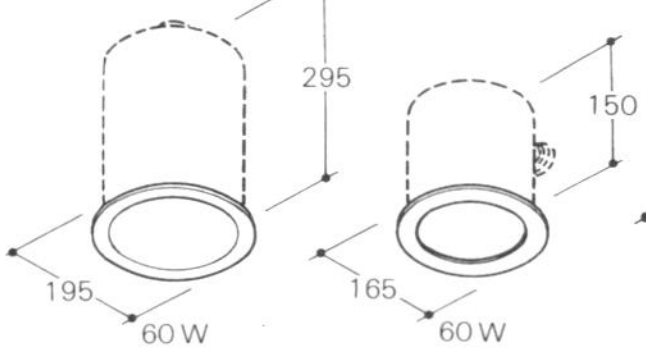

ダウンライト（60W）

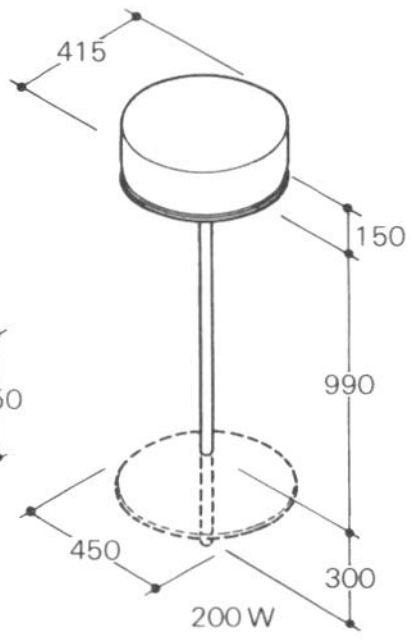

庭園灯（200W）

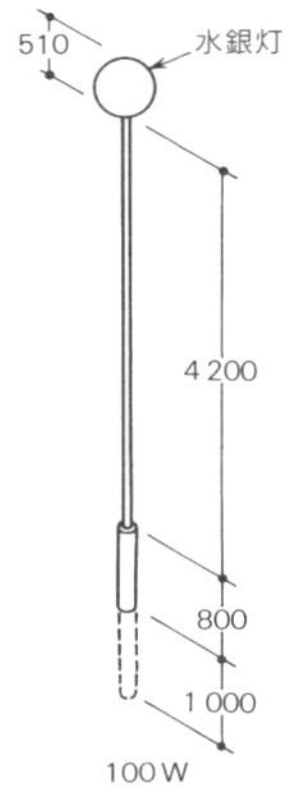

屋外灯（水銀灯 100W）

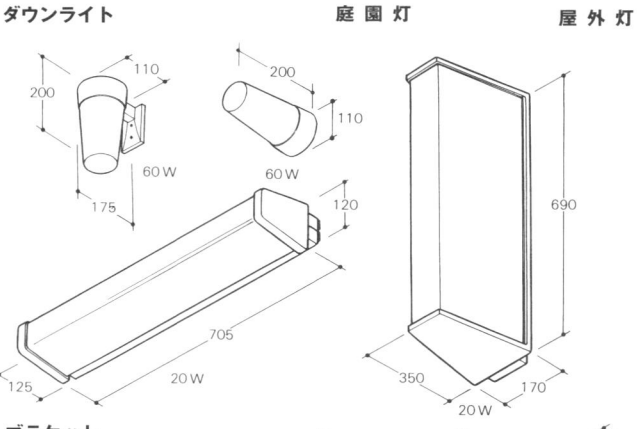

ブラケット（60W、20W）

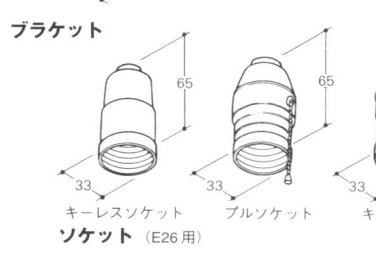

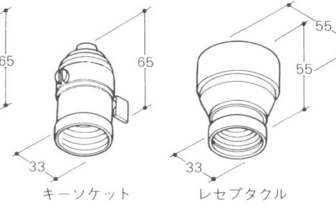

ソケット（E26用）：キーレスソケット、プルソケット、キーソケット、レセプタクル

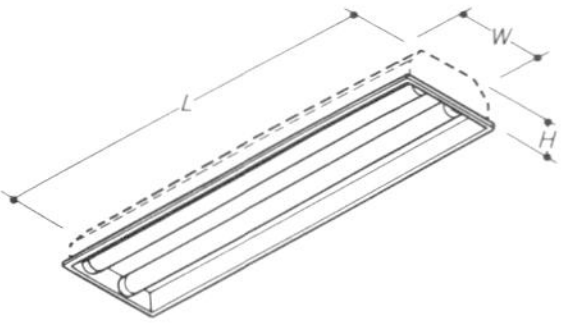

埋込型下面開放型蛍光灯

容量(W)	L	W	H
20	665	210	105
40	1 285	215	〃
110	2 465	270	115
20×2	655	330	〃
40×2	1 285	〃	120
110×2	2 465	270	115
40×3	1 285	330	〃
40×4	〃	630	〃
40×6	〃	1 285	〃

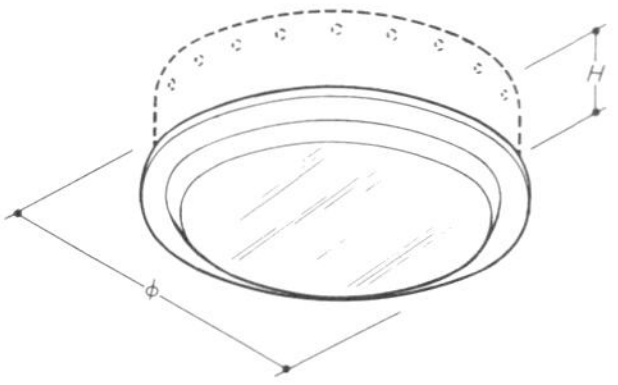

パネル付埋込型蛍光灯（丸型）

容量(W)	φ	H
FCL 40	470	130
FCL 40＋30		
FL 20×4	825	190
FL 20×10	1 125	220

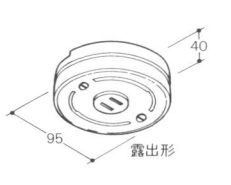

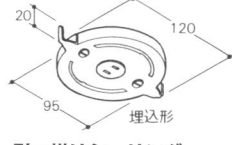

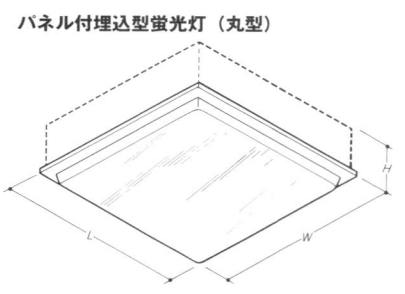

パネル付埋込型蛍光灯（角型）

容量(W)	L	W	H
FL 20×1	660	185	150
20×2	〃	330	〃
20×4	〃	560	〃
20×5	〃	〃	160
20×6	〃	660	150
40×1	1 280	185	〃
40×2	〃	330	〃
40×3	〃	470	〃
40×4	〃	625	180
40×6	〃	〃	220
40×8			
FCL 30	325	325	130
30＋30	320	320	165
40	470	470	140
40＋30			

引っ掛けシーリング（露出形、埋込形）

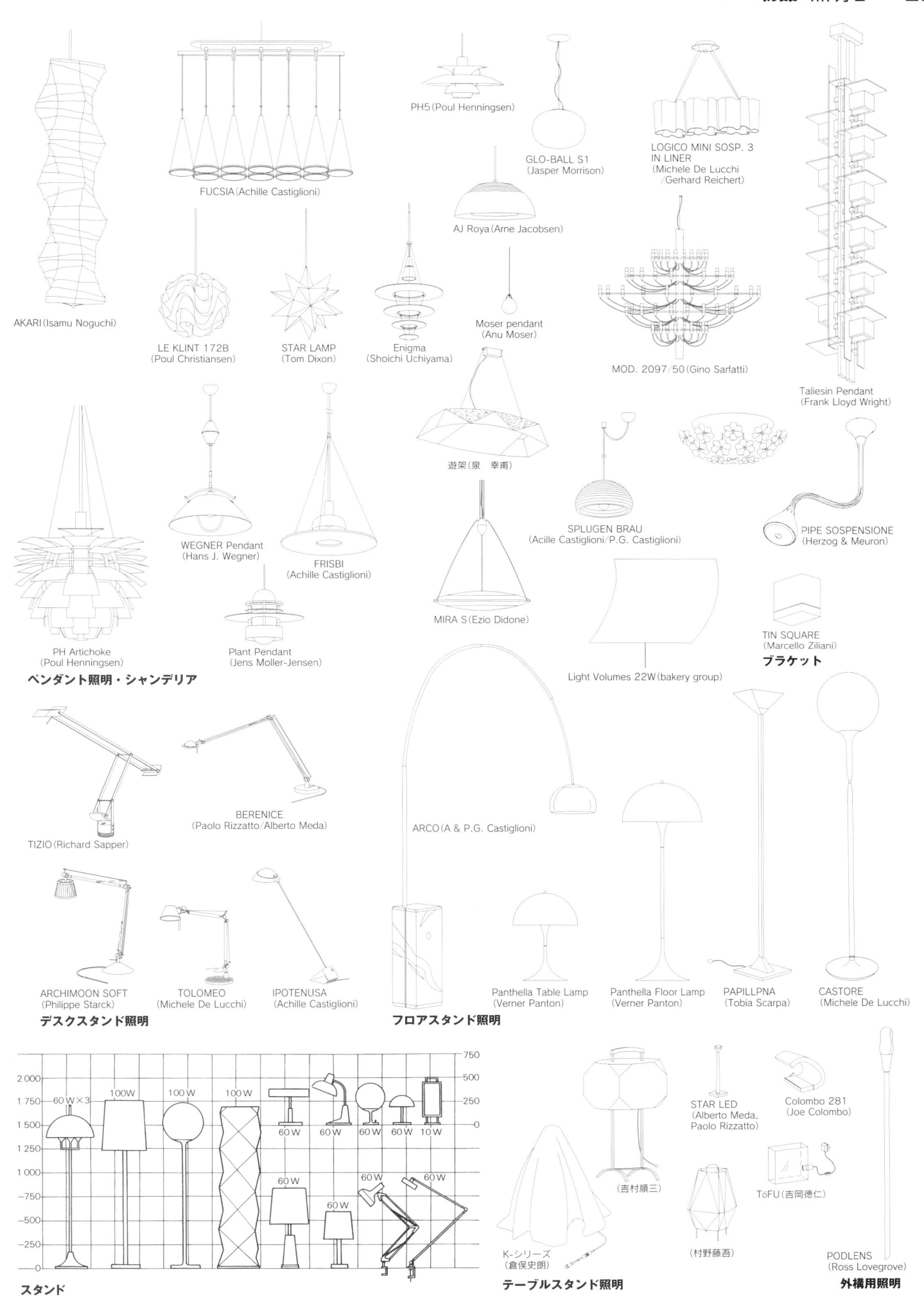

Atrickes: Lighting 物品：照明 2　**255**

AKARI (Isamu Noguchi)

FUCSIA (Achille Castiglioni)

PH5 (Poul Henningsen)

GLO-BALL S1 (Jasper Morrison)

AJ Roya (Arne Jacobsen)

LOGICO MINI SOSP. 3 IN LINER (Michele De Lucchi / Gerhard Reichert)

LE KLINT 172B (Poul Christiansen)

STAR LAMP (Tom Dixon)

Enigma (Shoichi Uchiyama)

Moser pendant (Anu Moser)

MOD. 2097/50 (Gino Sarfatti)

Taliesin Pendant (Frank Lloyd Wright)

WEGNER Pendant (Hans J. Wegner)

FRISBI (Achille Castiglioni)

遊架（泉　幸甫）

SPLUGEN BRAU (Acille Castiglioni / P.G. Castiglioni)

PIPE SOSPENSIONE (Herzog & Meuron)

PH Artichoke (Poul Henningsen)

Plant Pendant (Jens Moller-Jensen)

MIRA S (Ezio Didone)

Light Volumes 22W (bakery group)

TIN SQUARE (Marcello Ziliani)

ブラケット

ペンダント照明・シャンデリア

TIZIO (Richard Sapper)

BERENICE (Paolo Rizzatto / Alberto Meda)

ARCO (A & P.G. Castiglioni)

Panthella Table Lamp (Verner Panton)

Panthella Floor Lamp (Verner Panton)

PAPILLPNA (Tobia Scarpa)

CASTORE (Michele De Lucchi)

ARCHIMOON SOFT (Philippe Starck)

TOLOMEO (Michele De Lucchi)

IPOTENUSA (Achille Castiglioni)

デスクスタンド照明

フロアスタンド照明

STAR LED (Alberto Meda, Paolo Rizzatto)

Colombo 281 (Joe Colombo)

ToFU (吉岡徳仁)

K-シリーズ（倉俣史朗）

（吉村順三）

（村野藤吾）

PODLENS (Ross Lovegrove)

スタンド

テーブルスタンド照明

外構用照明

物品：防災・防犯 1　Atrickes: Crime Prevention and Disaster Prevention

煙感知器
- 2, 3種イオン化式（露出形）
- 2, 3種イオン化式（埋込形）
- 2種光電式スポット形（露出形）
- 2種光電式スポット形（埋込形）

炎感知器

火災報知発信器
- 押ボタンスイッチ
- P形1級（露出形）
- P形2級（露出形）
- P形2級（埋込形）

ガス漏れ警報器

非常押しボタン

非常用警報装置総合盤

熱感知器
- 1種定温式スポット形
- 1, 2種差動式スポット形（露出形）
- 1, 2種差動式スポット形（埋込形）
- 2種差動式分布形 熱電対式

スポット形　感知器の中に感知素子が入っており、感知器の設置点の熱を感知する
分布形　感知素子を対象室に広く分布させ、感知器はその感知端の信号を受け感知する

定温式　感知温度が一定温度に設定されている．1, 2種の区別は感度の差．ボイラー室・ちゅう房など熱を使う部屋に適用
差動式　周囲温度が一定温度上昇率以上で作動するように設定されている．1, 2種は感度の差．一般居室に適用

放水口
超高層用　ノズル1個、ホース 20m 2本を収納

屋内消火栓
屋内消火栓箱　ノズル1個、ホース 15m 2本を収納
- 180（一般形）
- 200（放水口付）

非常用警報装置総合盤 組込み消火栓箱
- 200（一般形）
- 230（放水口付）

採水口

送水口
埋込形

水噴霧ヘッド
ドレンチャーヘッド
スプリンクラーヘッド
- 小区画形
- マルチ形

消火バケツ
- 布製
- ポリエチレン製
- 定量式

消火器

	A	H
2号	123	325
4号	134	410
10号	194	489
20号	250	611

泡ヘッド

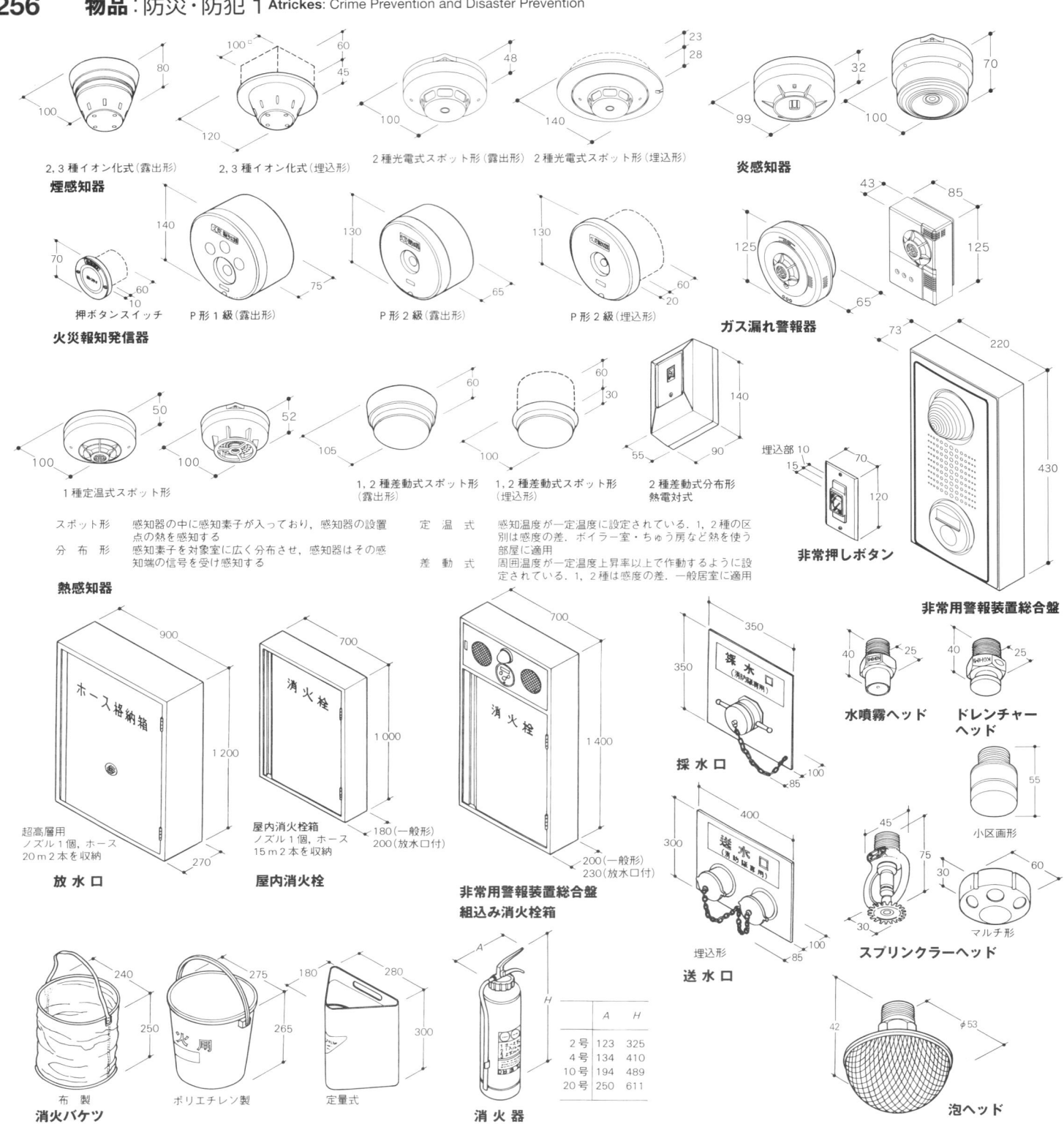

侵入防止・防犯対策

　犯罪発生の激増により1974年に爆破された住宅団地がある．米セントルイス市内に計画されたプルーイット・アイゴー（Pruit-Igoe）である．第二次大戦後南部諸州からの貧困移民層を受容すべく22 ha もの巨大街区に片廊下型住棟が平行配置された．閉鎖的な高層建築物であり，顔見知りでない多数の者が利用するため，居住者相互の自然監視が行われ難く，防犯性と犯罪抑止力が低下し，犯罪発生へと繋がった．

　その他，侵入防止策として塀がある．塀には侵入防止の他，境界の明示，視線の遮断，防風・防塵などの機能がある．近年では震災を考慮して生垣が見直されている．1978年の宮城県沖地震や1995年の阪神・淡路大震災でもその効果が実証された．防災措置として，生垣に補助を行う自治体も増えている．生垣は地震に強いばかりでなく，適度な遮蔽感が防犯上も有効で，美観や町並みにも良い．防犯上は高さを抑えフェンス等と組み合わせた方がよい．棘のあるカラタチやクコ等を生垣にする方法は江戸時代中期から行われていた．

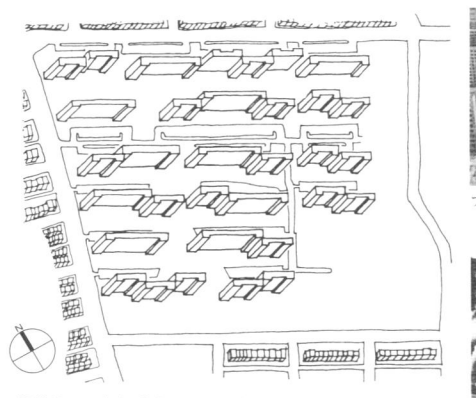

閉鎖的かつ自衛手段のない配棟計画

プルーイット・アイゴー鳥瞰写真

団地全面爆破撤去の光景

Atrickes: Crime Prevention and Disaster Prevention 物品：防災・防犯2　257

誘導灯

種類	クラス	W	D	H
避難口誘導灯 室内通路誘導灯	A級	440	67	440
	B級	218	48	241
	C級	148	46	174
廊下通路誘導灯 直付け型	C級	184	49	144

防犯検知器 — 熱線式／赤外線式露出形 投光・受光一体／赤外線式埋込形 投光・受光別／赤外線式屋外露出形 投光・受光別
人の出入りや動きを赤外線・マイクロ波の遮断、音場の変化、ドア・窓の開閉を通して検知する

防犯警報ベル — 住宅用／埋込取付タイプ 一枚戸用／露出取付タイプ 二枚戸用
マグネットの磁力によって本体内部のリードスイッチを作動させ、開口部からの侵入者を検知する

避難口 階高 4 800 以内　はしごはこの厚みの中に収納される

避難はしご つり下げ金具　はしご伸長さ 3 800〜8 400　収納寸法 400〜800　窓の手すりなどにつり下げ金具を引っ掛けて使う

緩降器 荷重は250kgまで．20〜30m程度の降下が可能　収納ケース

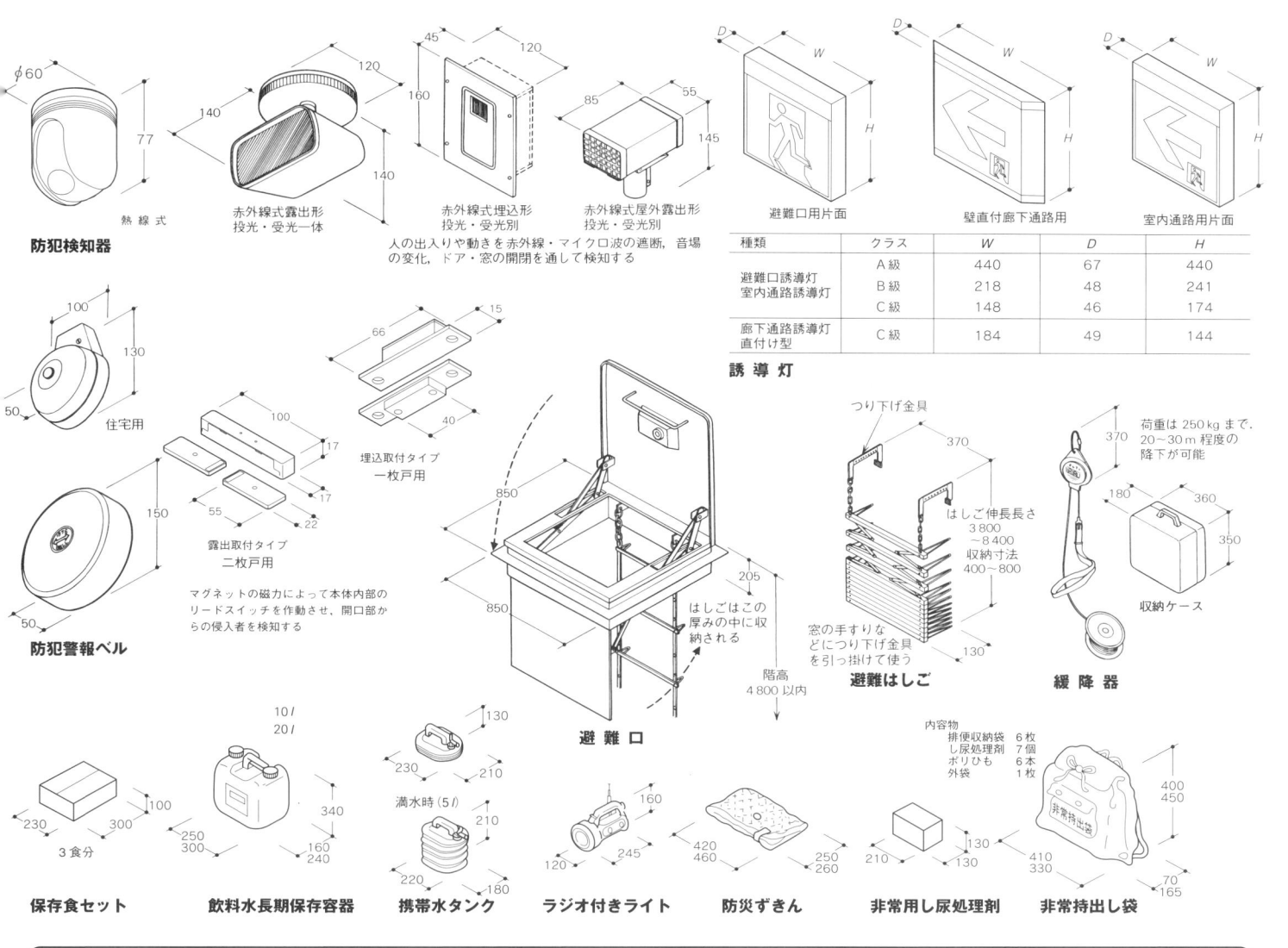

保存食セット 3食分

飲料水長期保存容器 10ℓ／20ℓ

携帯水タンク 満水時（5ℓ）

ラジオ付きライト

防災ずきん

非常用し尿処理剤

非常持出し袋　内容物：排便収納袋 6枚／し尿処理剤 7個／ポリひも 6本／外袋 1枚

非常時持ち出し品／非常用トイレ

貴重品：現金（小銭も）、認印、預金通帳の写し、健康保険証の写し、連絡カードや身分を証明するもの
参考資料〈「災害！わが家の危機管理マニュアル」横浜市〉

救急・安全：救急医薬品、常備薬の予備（ガーゼ・包帯・綿棒・救急絆創膏・三角布・消毒薬・鎮痛剤・下痢止め・鎮静剤・ビタミン剤・ピンセット・目薬 など）、底の厚い靴、予備のメガネ、軍手、防災ずきんや帽子

食料関係：水の缶詰、乾パンやクラッカー、レトルト食品、缶詰、ナイフ缶切、ほ乳ビン、粉ミルク、鍋や水筒

衣類等：下着（家族分）、雨具、タオル、寝袋

日用品：懐中電灯、予備電池、携帯ラジオ、ロープ、ライター・マッチ、使い捨てカイロ、防塵マスク、ウェットティッシュ ティッシュペーパー、紙オムツ、生理用品、筆記用具、包装用ラップ、厚手のゴミ袋

非常用トイレ

災害時におけるトイレの問題は人間の尊厳に関わる重要課題である．断水、配管の損傷により水洗トイレはたちまち使用不能となる．地面に掘った穴では雨で汚物が流れ出し衛生環境の悪化をきたす．

阪神・淡路大震災などの反省を経て様々な形式の非常トイレが開発されている．

トイレに被せて使用する便袋[1]
便座に被せて使うポリエチレン製便袋は吸水凝固シート付で使用後は可燃ゴミとして処理する．

折畳み式トイレ[2]
ポリエチレン製の袋を段ボールにセットして使う折畳み式トイレ．

組立て式トイレ[3]
便座はABS樹脂製，スカートはポリプロピレン製．

トイレ用パーソナルテント[4]
便器を囲むためのテントやパネルもある．

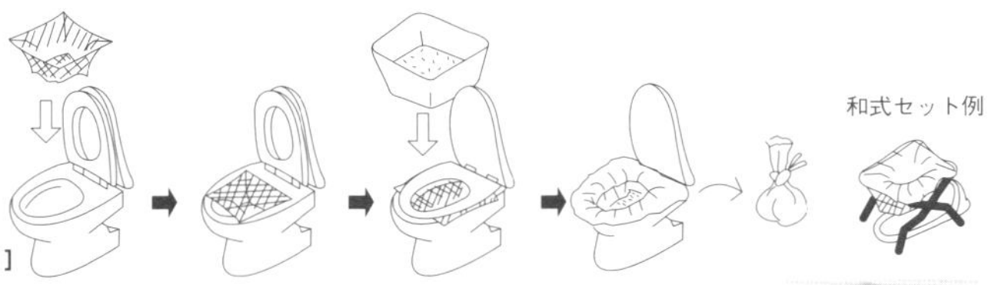

和式セット例

[2]（写真提供：(株)テシカ社）
[3]（写真提供：東京都葛飾福祉工場） 
[4]（写真提供：(株)イーストアイ）

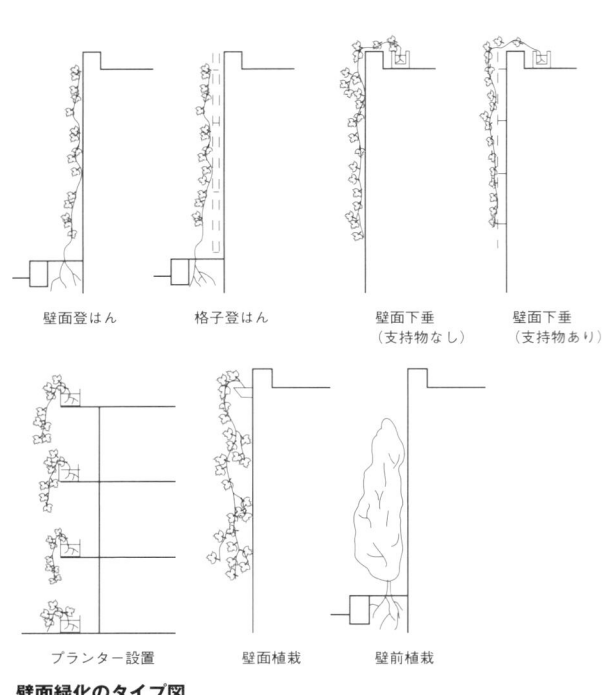

物品：作庭・緑化 1　Atrickes: Landscape-gardening and Greening

壁面緑化のタイプ図

壁面登はん　格子登はん　壁面下垂（支持物なし）　壁面下垂（支持物あり）
プランター設置　壁面植栽　壁前植栽

壁面緑化のタイプと特徴

区分	緑化形式	緑化方法	適用植物	備考
壁面被覆	壁面登はん	植物を壁面に直接付着させて登はんさせる	付着性つる植物	一般に滑面の壁には付着が困難
	格子登はん	壁面に設置した格子に植物をからませ、あるいは誘引して登はんさせる	巻き付き性つる植物 引掛かり性つる植物 付着性つる植物	付着性つる植物は誘引をする
	壁面下垂	屋上に植栽したつる植物を壁面に下垂させる	つる植物 つる性植物	下垂により生育不良となる植物もある
	プランター設置	バルコニーや窓際に置いたプランターに植物を植える	つる植物 つる性植物 草花・低木	低木等は壁面・壁前植栽に近くなる
	壁面植栽	壁面に設置した培地に直接植物を植える	マツバギク等の草本類	設置した培地の耐久性が問題となる
壁前植栽	壁前植栽 エスパリア	建物に接して高木等を植栽する	高木	今後普及を図りたい緑化法である

［沖中健：壁面緑化の考え方と工夫，公害と対策，Vol.26，No.5.20-30（1990）］

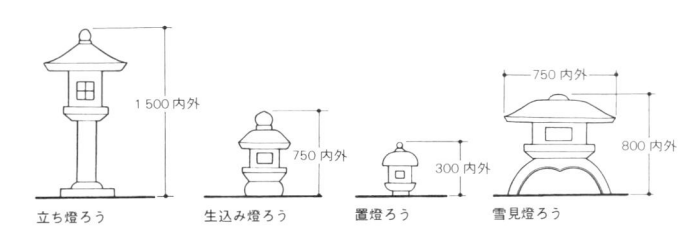

燈ろうの種類

立ち燈ろう（1 500内外）　生込み燈ろう（750内外）　置燈ろう（300内外）　雪見燈ろう（750内外／800内外）

分類	形態	形	備考
立ち燈ろう	八角形	当麻寺・大宮御社・小町寺	書院系庭園の中心となるポイントに用いる 格式のある庭園用（書院系）
	六角形	河桁御河辺神社・石清水八幡神社・橘寺・奥の院・般若寺	
	四角形	西屋形・御門形	
生込み燈ろう	八角形	露路形・その他	建築物に近い場所、つくばいや露路用のもの、足もとを照らす目的で置かれる
	六角形	光悦・露路・鎌倉梵字・その他	
	四角形	蛍形・織部形・その他	
	円形,その他	宗偏形・朝鮮・その他	
置燈ろう	八角形	寸松庵	足もと照明
	六角形		
	円	岬形・玉子(手まり)	池畔・露路の足もと照明
雪見燈ろう	八角形	泉湧寺形	池畔に用いる
	六角形	江戸雪見	
	丸形	丸雪見・蘭渓雪見	

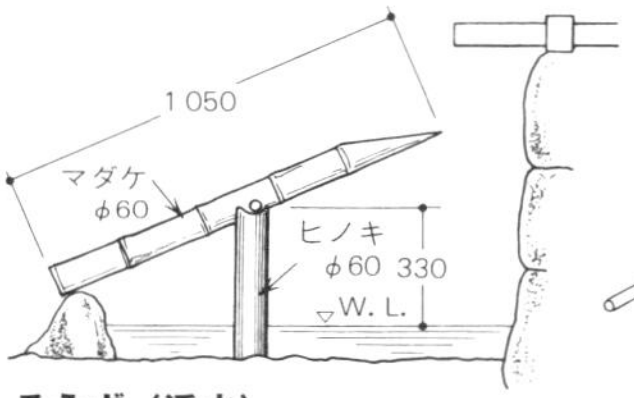

そうず（添水）

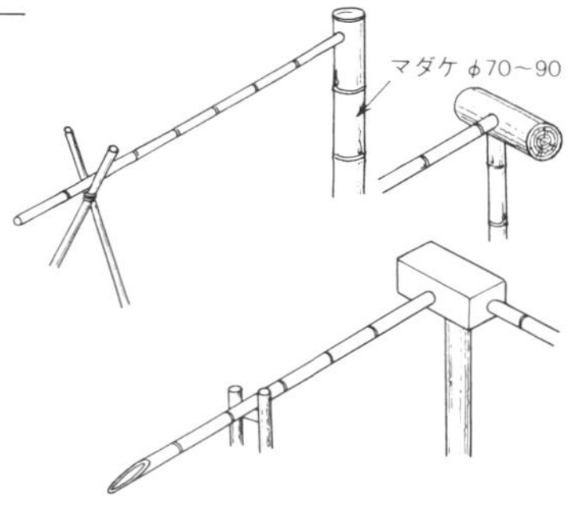

マダケφ60　1 050　ヒノキφ60 330　W.L.

かけい（筧）

マダケφ70～90

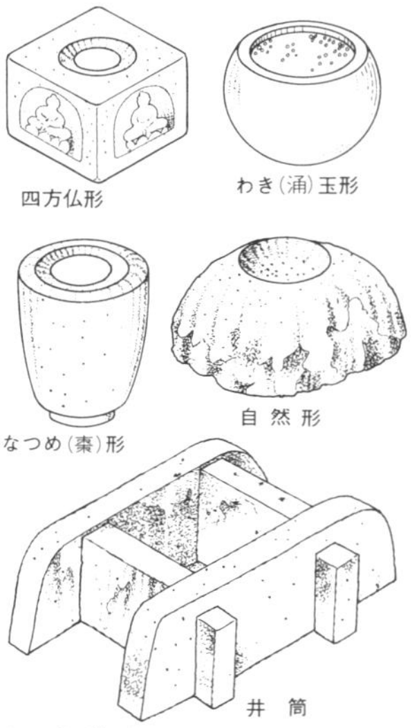

ちょうずばち（手水鉢）の種類

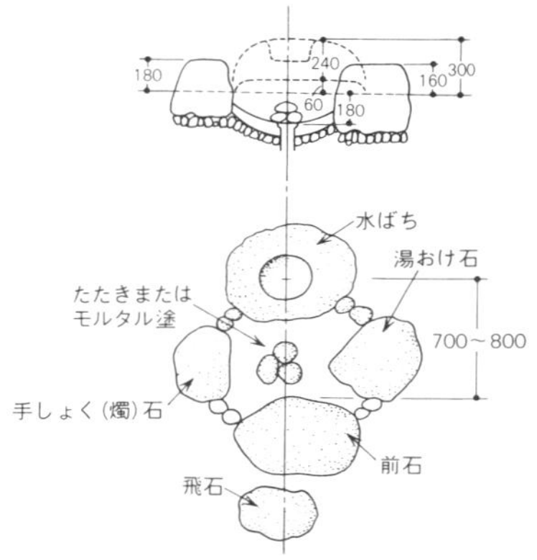

四方仏形　わき（涌）玉形　なつめ（棗）形　自然形　井筒

つくばい（蹲踞）の役石の配置

水ばち　湯おけ石　たたきまたはモルタル塗　手しょく（燭）石　前石　飛石　700～800

［農政調査委員会編：農業百科事典，Ⅲ造園（1967），農政調査委員会］

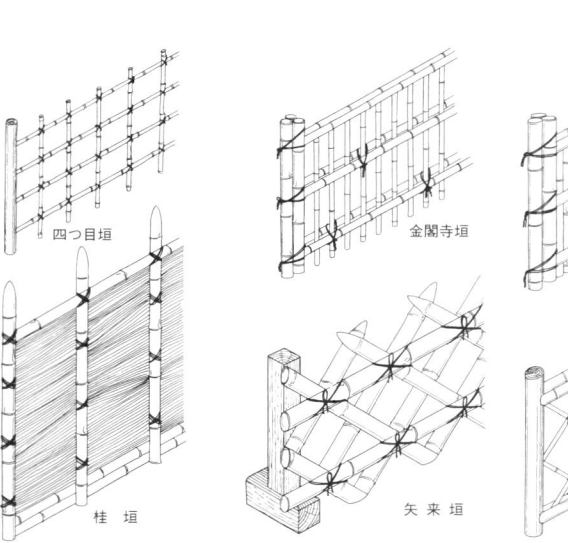

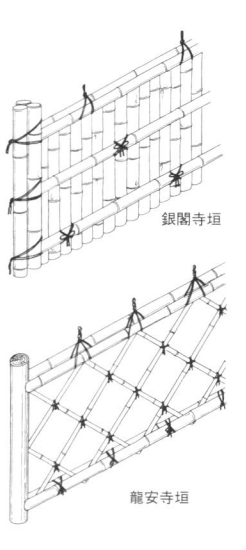

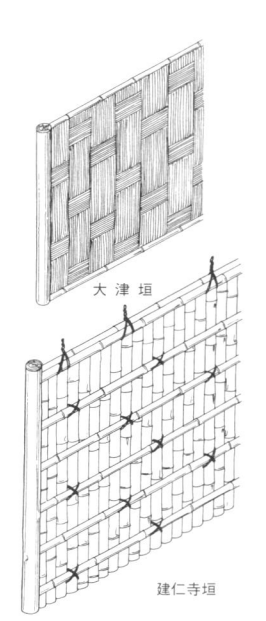

垣根の種類

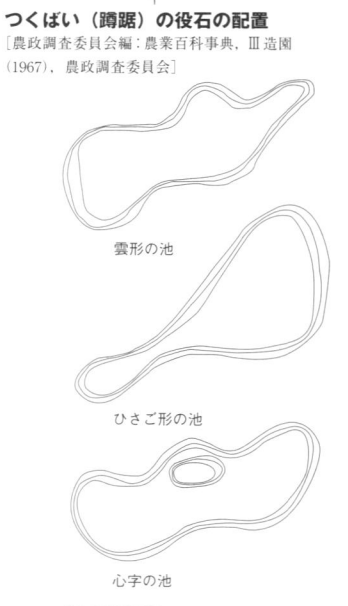

四つ目垣　金閣寺垣　銀閣寺垣　大津垣　桂垣　矢来垣　龍安寺垣　建仁寺垣

池の形各種

雲形の池　ひさご形の池　心字の池

［やさしい造園図面の描き方（1996），建築資料研究社］

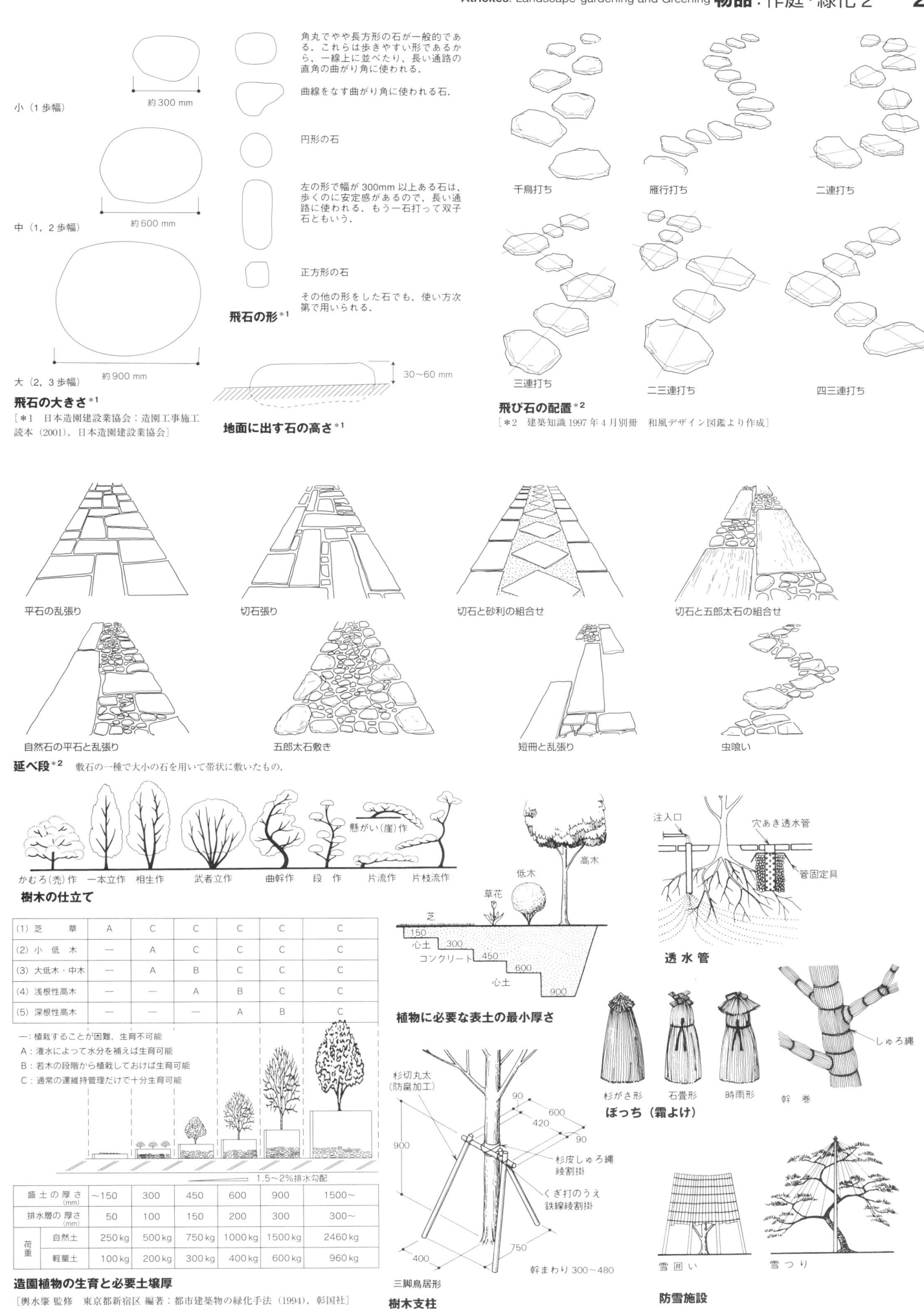

Atrickes: Landscape-gardening and Greening　物品：作庭・緑化 2　　**259**

飛石の大きさ*1

小（1歩幅）約300 mm
中（1, 2歩幅）約600 mm
大（2, 3歩幅）約900 mm

角丸でやや長方形の石が一般的である．これらは歩きやすい形であるから，一線上に並べたり，長い通路の直角の曲がり角に使われる．

飛石の形*1

円形の石
曲線をなす曲がり角に使われる石．

左の形で幅が300mm以上ある石は，歩くのに安定感があるので，長い通路に使われる．もう一石打って双子石ともいう．

正方形の石
その他の形をした石でも，使い方次第で用いられる．

地面に出す石の高さ*1　30〜60 mm

[*1　日本造園建設業協会：造園工事施工読本（2001），日本造園建設業協会]

飛び石の配置*2

千鳥打ち　雁行打ち　二連打ち
三連打ち　二三連打ち　四三連打ち

[*2　建築知識1997年4月別冊　和風デザイン図鑑より作成]

平石の乱張り　切石張り　切石と砂利の組合せ　切石と五郎太石の組合せ
自然石の平石と乱張り　五郎太石敷き　短冊と乱張り　虫喰い

延べ段*2　敷石の一種で大小の石を用いて帯状に敷いたもの．

かむろ(禿)作　一本立作　相生作　武者立作　曲幹作　段作　片流作　片枝流作

樹木の仕立て

(1) 芝　草	A	C	C	C	C	C
(2) 小低木	―	A	C	C	C	C
(3) 大低木・中木	―	A	B	C	C	C
(4) 浅根性高木	―	―	A	B	C	C
(5) 深根性高木	―	―	―	A	B	C

― : 植栽することが困難，生育不可能
A : 潅水によって水分を補えば生育可能
B : 若木の段階で植栽しておけば生育可能
C : 通常の維持管理だけで十分生育可能

盛土の厚さ (mm)	〜150	300	450	600	900	1500〜
排水層の厚さ (mm)	50	100	150	200	300	300〜
荷重　自然土	250 kg	500 kg	750 kg	1000 kg	1500 kg	2460 kg
軽量土	100 kg	200 kg	300 kg	400 kg	600 kg	960 kg

1.5〜2％排水勾配

造園植物の生育と必要土壌厚
[奥水肇 監修　東京都新宿区 編著：都市建築物の緑化手法（1994），彰国社]

低木　高木
芝　草花
150　心土
300　コンクリート
450
600
900　心土

植物に必要な表土の最小厚さ

注入口　穴あき透水管
管固定具

透水管

杉切丸太（防腐加工）
900
750
400
杉皮しゅろ縄綾割掛
くぎ打のうえ鉄線綾割掛
幹まわり 300〜480

樹木支柱　三脚鳥居形

杉がさ形　石畳形　時雨形　幹巻
しゅろ縄

ぼっち（霜よけ）

雪囲い　雪つり

防雪施設

植物は美観の上でも季節を感じる要素としても重要である．ここではその際必要な大きさ，樹形，花の季節や花の色，香り，結実の有無，紅葉の有無，それに生育上必要な環境条件（土壌，温度，光）について列記している．立地によっては潮や公害（排気ガス）に対する強さを考える必要がある．計画によっては生育の早さも重要となろう．植物辞典と併用して欲しい．

ベランダを緑化する場合は，風が強く乾燥することを考え，背があまり高くならず，乾燥に強いものがよい．樹木ではコニファー類，コトネアスター類が向いている．草花は日当たりや霜に注意すれば色々と可能である．手入れの楽なものとしてゼラニウム，ペチュニア，キンギョソウ，ハイビスカス等がある．

クライメートゾーンマップ

欧米では植物の耐寒性を11段階に区分した植物耐寒性区分地図（Plant Hardiness Zone Map）が作成され，植物を選択する際の指標として利用されている．[1]はこれと同一の規準で日本全土をエリア区分したものでクライメートゾーンマップ（最低気温による地域区分図）と呼ばれている．一年草を春から秋にかけて栽培する場合は耐寒性はあまり関係がないため，このクライメートゾーンと実際の栽培可能地域が異なる場合がある．

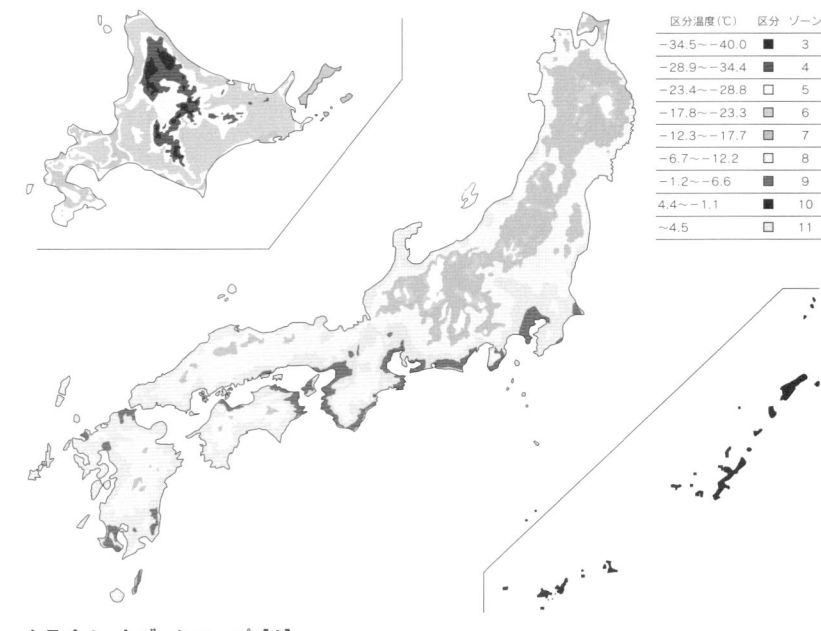

区分温度（℃）	区分	ゾーン
−34.5〜−40.0	■	3
−28.9〜−34.4	■	4
−23.4〜−28.8	□	5
−17.8〜−23.3	■	6
−12.3〜−17.7	■	7
−6.7〜−12.2	■	8
−1.2〜−6.6	■	9
4.4〜−1.1	■	10
〜4.5	□	11

クライメートゾーンマップ [1]

凡例（下表の生育環境の項目）

	成長	日照	耐潮	耐煙	移植
◎	速い	強陽樹	強い	強い	容易
○	やや速い	陽樹	やや強い	やや強い	やや容易
△	普通	中庸樹	普通	普通	普通
▲	やや遅い	陰樹	やや弱い	やや弱い	やや難
●	遅い	強陰樹	弱い	弱い	難

樹種	常緑	落葉	高さ（自然放置により大きくなる高さ）（単位：m）	生垣向	花期:上段／結実期:中段／移植期:下段 1-12	香り	実	紅葉	適温帯	成長の早さ	水やり	土深さ	日照	耐潮	耐煙	移植しやすさ
アオキ	●		0.5−0.9 (2−3)	生垣	3-6月(紫・緑)		赤	紅	7	○	弱乾		●	○	○	○
アオギリ		○	(10−15)		6-7月				7	○			○		○	◎
アキニレ		○	3−6 (10−15)		8-9月				8	△			○	○	○	○
アジサイ		○	0.3−0.6 (1.5−2)		6-7月(紫・桃・青他)				5	○	弱乾		▲	△	△	○
アセビ	●		0.5−1.2 (2−3)	生垣	3-4月(白・桃)			紅	7	▲			○	△	△	○
アベリア	●		0.5−0.9 (1−2)	生垣	7-10月(白)				7	◎			○	△	△	◎
アメリカデイゴ		○	− (4−10)		7-9月(赤)				8				○	○	○	○
アラカシ	●								8				△	◎	◎	△
イヌツゲ	●		0.5−3 (5−6)	生垣	6月				6	●			▲	○	○	○
イロハモミジ		○	2.5−5 (5−10)	生垣				紅	5	○	弱乾		△	▲	▲	◎
ウツギ類		○	0.5−1.2 (1.5−3)	生垣	5-6月(白・桃・赤)		花		5	○		必要	○	△	△	○
ウメ		○	1.5−4 (5−6)		2-4月(白・桃・赤)		花		5	▲			○	△	△	◎
エゴノキ		○	(3−5)		5-6月(白)				6	○			▲	△	△	△
エニシダ	●	○	0.5−1.2 (2−3)		5-6月(黄)				8	◎			○	△	△	▲
エンジュ		○	3−6 (15−20)		7-8月(白)				5	○		必要	○	△	△	△
オオデマリ		○	0.5−1.2 (1−3)		5-6月(白)				6	○			△	△	△	◎
カツラ		○	(10−20)						5				○	△	▲	△
カリン		○	(8−12)		4-5月(桃)		実	黄	6	▲		必要	○	△	△	△
カルミア	●								−							
カンツバキ	●		(1−2)					紅	7	▲			▲	△	△	○
キョウチクトウ	●		0.5−1.2 (2−6)	生垣	6-9月(白・赤)				8	○	耐乾		○	○	○	▲
キンシバイ	●		0.3−0.6 (0.5−1)		6-7月(黄)				7				○	△	△	○
キンモクセイ	●		1.2−3 (4−8)	生垣	9-10月(橙)	花			7	○	弱乾		○	△	△	▲
クチナシ	●		0.5−0.9 (1−2)	生垣	6-7月(白)	花	橙		7	○	弱乾		▲	△	△	○
グミ類（ナツグミ）	●	○	0.3−0.9		4-5月(白)			紅	7				○	△	△	○
クレマチス		○	−		5-9月(白・紫)				−				○	△	△	▲
クロマツ	●		2−6 (30−35)						6			必要	○	◎	△	▲
ケヤキ		●	3−10 (20−25)						5	○		必要	○	▲	▲	○

植栽樹木選定での留意点

1. 自然環境条件を考慮する

計画地に植える樹木は，計画地の気象および気候条件により限定される．
さらに潮風の影響度合いや日当り，地下水の状況，土壌条件などの環境条件を考慮して植栽樹木を選ぶ．

2. 植栽環境条件を考慮する

緑地幅や土壌厚などの植栽基盤を考慮して植栽樹木の大きさを決める．

3. 樹木の成長を考慮する

日当りに影響を与えるような場所や狭い庭では，高木で成長の早い樹木は日照や維持管理の問題などを生じるので適さない．小住宅などでは，落葉樹を主体に樹木を選ぶのが望ましい．

4. 樹形を考慮する

樹木には，ヒマラヤスギが三角形，ケヤキは扇形，ミズキは放射状のように本来それぞれに樹形が備わっている．本来の樹形を考慮してイメージに合った樹木を選ぶ．歩行場所では下枝のない樹木を選ぶ．

5. 樹木のコストを考慮する

樹木の値段は高さや太さ，樹形で異なる．また，地域によっても異なる．一般的に，落葉樹より常緑樹のほうが高い．

6. 維持管理を考慮する

散水や剪定の必要な頻度，病害虫防除や施肥の程度を考慮する．一般的に計画地の環境に適しているものは丈夫で病虫害に強く管理が容易なものとされる．

剪定を外注する場合は一般に立木は高さで，生垣は面積で価格が設定される．マツを維持するには労力を要する．

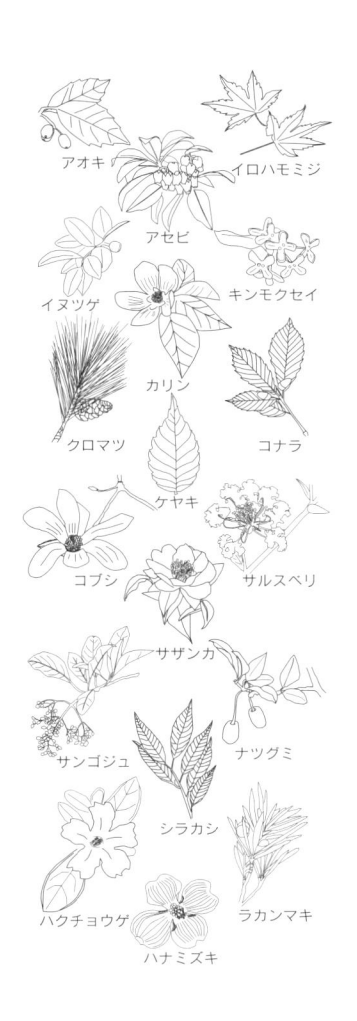

寒冷地に適する主な樹木

北海道や軽井沢などの寒冷地では，落葉広葉樹が主体となるが，冬の間の緑の景観として針葉樹は重要である．また，灌木や地被植物を選ぶときには耐雪性なども考慮する．

生垣に使用される主な樹木

生垣に使用する樹木は，萌芽力が強く，刈込みに耐える樹木が適する．また，生垣は下枝が上がってくるので，生垣の下には灌木類を植栽することが望ましい．高生垣に使用される主な樹木としては，シラカシ，アラカシ，モチノキ，サワラ，ヒマラヤスギ等．海岸地に使用される主な生垣としては，イヌマキ，カイズカイブキ，ウバメガシ，サンゴジュ，マサキ，イヌツゲ等．日陰地に使用される主な生垣としては，シラカシ，アラカシ，サンゴジュ，サザンカ，ヤブツバキ，ネズミモチ，ヒイラギモクセイ，イヌツゲ等．花木の生垣としては，キンモクセイ，サザンカ，ヤブツバキ，ドウダンツツジ（落葉）等．

生垣の場合の密度

生垣も葉張りで密度を決める．一般的に高さ1.2〜1.5 mの生垣で3本/m，高さ2.0 m前後で2〜2.5本/m．樹高3〜4 mのシラカシやサワラなどによる高い生垣で1本/m．生垣の場合，一回り大きな形状のものを植え，刈り込んで仕上げ高さに仕上げると出来上がりがきれいな生垣になる．

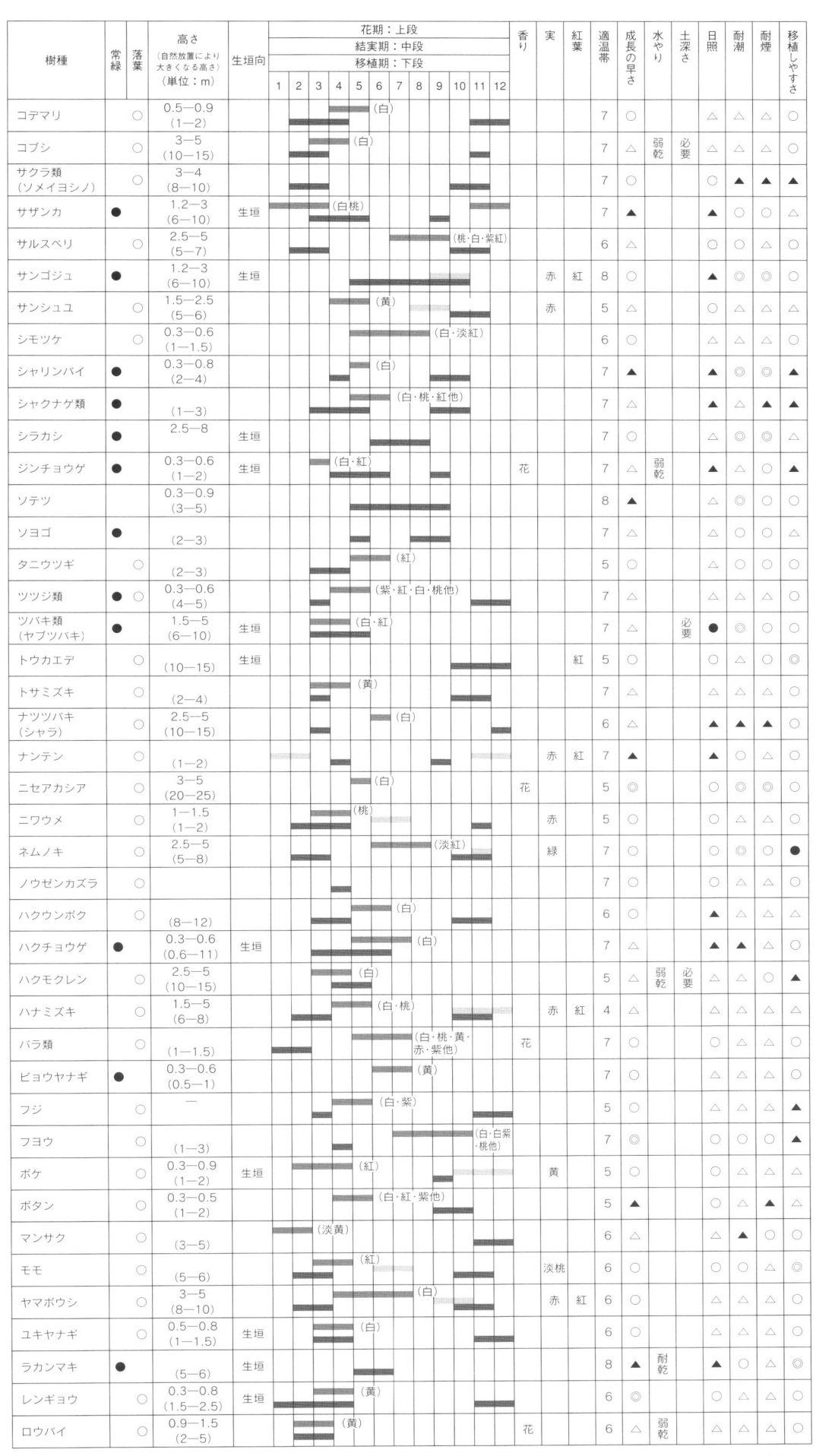

樹種	常緑	落葉	高さ（自然放置により大きくなる高さ）（単位：m）	生垣向	花期：上段／結実期：中段／移植期：下段 1	2	3	4	5	6	7	8	9	10	11	12	香り	実	紅葉	適温帯	成長の早さ	水やり	土深さ	日照	耐潮	耐煙	移植しやすさ
コデマリ		○	0.5—0.9 (1—2)						(白)												7	○			△	△	△	○
コブシ		○	3—5 (10—15)				(白)													7	△	弱乾	必要	○	△	△	○
サクラ類（ソメイヨシノ）		○	3—4 (8—10)																	7	○			○	▲	▲	▲
サザンカ	●		1.2—3 (6—10)	生垣					(白桃)											7	▲			▲	○	○	△
サルスベリ		○	2.5—5 (5—7)								(桃・白・紫紅)									6	△			○	△	△	○
サンゴジュ	●		1.2—3 (6—10)	生垣													赤	紅	8	○			▲	◎	○	○
サンシュユ		○	1.5—2.5 (5—6)				(黄)											赤		5	△			○	△	△	○
シモツケ		○	0.3—0.6 (1—1.5)						(白・淡紅)											6	○			○	△	△	○
シャリンバイ	●		0.3—0.8 (2—4)					(白)												7	▲			○	○	○	○
シャクナゲ類	●		(1—3)						(白・桃・紅他)											7	△			△	▲	▲	▲
シラカシ	●		2.5—8	生垣															7	○			○	△	○	△
ジンチョウゲ	●		0.3—0.6 (1—2)	生垣			(白・紅)										花			7	△	弱乾		△	△	○	▲
ソテツ	●		0.3—0.9 (3—5)																	8	▲			○	◎	○	○
ソヨゴ	●		(2—3)																	7	△			○	△	○	△
タニウツギ		○	(2—3)						(紅)											5	○			○	△	△	○
ツツジ類	●	○	0.3—0.6 (4—5)						(紫・紅・白・桃他)											7	△			○	△	△	○
ツバキ類（ヤブツバキ）	●		1.5—5 (6—10)	生垣				(白・紅)												7	△		必要	●	○	○	○
トウカエデ		○	(10—15)	生垣														紅	5	○			○	○	○	○
トサミズキ		○	(2—4)				(黄)													6	○			○	△	△	○
ナツツバキ（シャラ）		○	2.5—5 (10—15)							(白)										6	▲			○	▲	▲	○
ナンテン	●		(1—2)															赤	紅	7	▲			○	△	△	○
ニセアカシア		○	3—5 (20—25)						(白)								花			5	◎			○	○	○	○
ニワウメ		○	1—1.5 (1—2)					(桃)										赤		6	○			○	△	△	○
ネムノキ		○	2.5—5 (5—8)								(淡紅)							緑		7	◎			○	○	○	●
ノウゼンカズラ		○																		7	○			○	△	△	○
ハクウンボク		○	(8—12)						(白)											6	○			▲	△	△	○
ハクチョウゲ	●		0.3—0.6 (0.6—11)	生垣					(白)											7	○			▲	▲	○	○
ハクモクレン		○	2.5—5 (10—15)				(白)													5	△	弱乾	必要	△	△	○	▲
ハナミズキ		○	1.5—5 (6—8)						(白・桃)									赤	紅	4	△			○	△	△	○
バラ類		○	(1—1.5)						(白・桃・黄・赤・紫他)								花			7	○			○	△	△	○
ビョウヤナギ	●		0.3—0.6 (0.5—1)							(黄)										7	○			○	△	△	○
フジ		○	—						(白・紫)											5	○			○	△	△	▲
フヨウ		○	(1—3)								(白・白紫・桃他)									7	◎			○	○	△	○
ボケ		○	0.3—0.9 (1—2)	生垣			(紅)											黄		5	○			○	△	△	○
ボタン		○	0.3—0.5 (1—2)						(白・紅・紫他)											5	▲			○	▲	△	○
マンサク		○	(3—5)			(淡黄)														6	△			○	△	▲	○
モモ		○	(5—6)				(紅)											淡桃		7	◎			○	△	△	◎
ヤマボウシ		○	3—5 (8—10)							(白)								赤	紅	6	○			○	△	△	○
ユキヤナギ		○	0.5—0.8 (1—1.5)				(白)													7	○			○	△	△	○
ラカンマキ	●		(5—6)	生垣																8	▲	耐乾		▲	○	○	○
レンギョウ		○	0.3—0.8 (1.5—2.5)	生垣			(黄)													6	◎			○	△	△	○
ロウバイ		○	0.9—1.5 (2—5)		(黄)												花			6	△	弱乾		○	△	△	○

[出典：豊田幸夫：建築家のための造園設計資料集，誠文堂新光社（1990/06），北沢周平，鈴木康夫：植える（樹木編）住宅現場携帯ブック，井上書院（2005/08），東京都新宿区・都市建築物の緑化手法—みどりある環境環境への技術指針，彰国社（1994/08）]

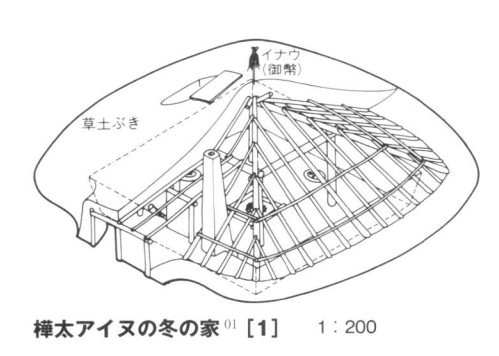

262　環境：寒さと住宅　Environment: Adaptation to Cold

樺太アイヌの冬の家[01] [1] 1:200

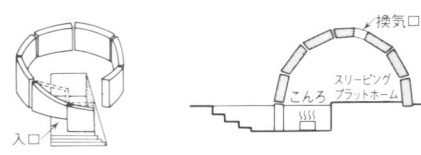

カナダイヌイットのイグルー[02] [2]

バイエルン山地の校倉造[04] [3] 1:300

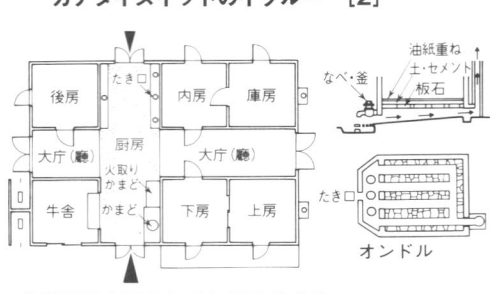

北部朝鮮の民家とオンドル[03] [4] 1:400

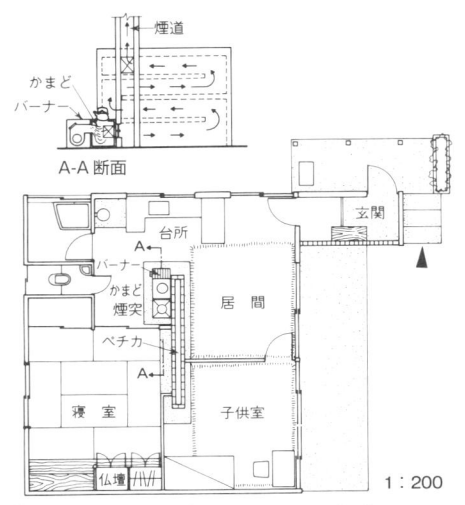

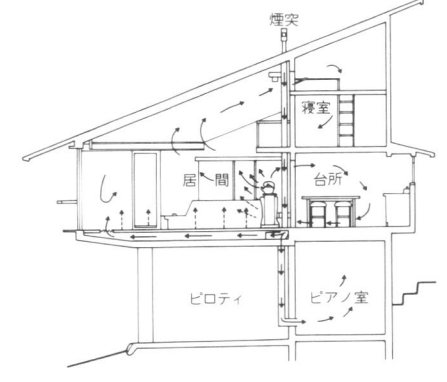

星野の山荘（長野県中軽井沢）[06] [6] 1:200

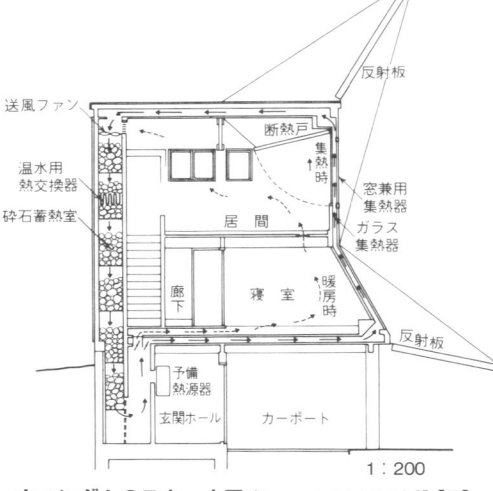

余熱利用としてのペチカ（札幌市）[05] [5] 1:200

ウィンダムのスキー小屋（Vermont, アメリカ）[07] [7] 1:200

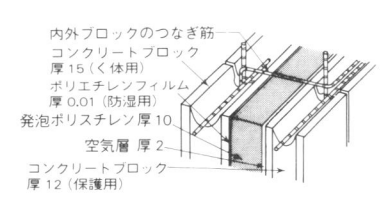

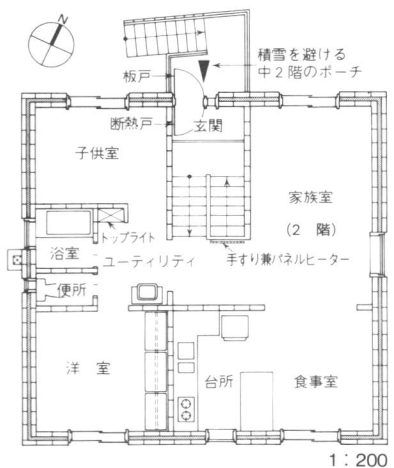

二重壁ブロックの住宅（札幌市）[08] [8] 1:200

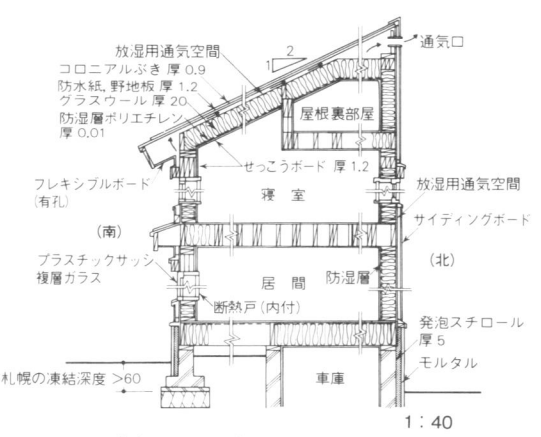

ツーバイフォーの寒地実験住宅（札幌市）[09] [9] 1:40

寒冷地建築の形態
　降水(雪)量の少ない寒冷地では，断熱性・防露性・気密性・採暖の工夫が主になって建築の特徴が形づくられ，降水(雪)量の大きい地域では屋根を含め特徴のある建築形態が生まれる．

積雪・寒冷地の民俗住居と採暖
　竪穴住居[1]　アジア北部・アラスカに分布している．樺太や北海道アイヌ族の民俗住居や日本の先住民族住居もこれに当たり，保温性を考慮している．
　イグルー(雪の家)[2]　イヌイットは東北シベリア・アラスカ・カナダ・グリーンランドに分布し，主として竪穴住居を用いた．イグルーは一種の竪穴住居であるが，現在これをつくるのはカナダ東部のイグルイック族のみとされ，現在はほとんど実用に供されず狩猟の際のキャンプ用だといわれる．イグルーは断熱性がよいため，アザラシの油のランプの採暖で快適な室温が得られる．
　校倉造[3]　冷温帯・寒帯の針葉樹林に恵まれた地方では，丸太や粗い面取り材による校倉造が行われた．北欧・東ロシア・アルプス・シベリア・北米・極東まで広く分布する．
　伝統住居の採暖[4]　寒冷地の設備化された伝統的暖房としては暖炉があるが，煙道からの放射熱を有効に利用する炊事兼用の採暖方法として，垂直の煙道をもつロシア・シベリアのペチカ，水平の煙道をもつ中国北部・朝鮮のオンドルがある．[4]はオンドルのある民俗住居の例で，3組のオンドルのたき口が厨房に面し，かまどを兼ねている．

近代の建物における採暖の工夫
　余熱利用としてのペチカ[5]　ペチカは北海道でも好んで利用されており，もともと石炭やまきだきであったが，近年は灯油だきとし余熱回収を図るようになった．[5]では一基のペチカで4室を暖房し，かまども兼ねている．
　ストーブ煙突の余熱利用暖房[6]　天井に集まった暖気を強制的に煙道を取り巻く熱交換ダクトに取り入れ，居間の床からの放射暖房と温風暖房にあて，ストーブの排熱回収を図っている．
　ウィンダムのスキー小屋[7]　二重ガラスの集熱窓で得られた暖気を，北側の二重壁に蓄え，床ダクトから吹き出す温風暖房の熱源としている．

寒冷地における断熱手法の原則
　寒冷地では断熱材の室内側に壁体内結露防止用の防湿層(水蒸気遮断層)を設け，さらに屋外側は通気を図る．コンクリート系建物で室温安定性を重視する場合は外断熱とする．
　外断熱によるブロック造住宅[8]　躯体用ブロックの外側に断熱材を張り，その外側に保護用ブロックを設け，室温安定性・防水性・防火性を向上させている．
　寒地のツーバイフォー住宅[9]　日本建築学会北海道支部の寒地住宅研究委員会によるツーバイフォーの実験住宅で，断熱材内の結露を防ぐため，室内側に防湿フィルム，屋外側の下見板や野地板に通気層を設ける．

01：茶谷正洋：原始住居の類型を探る，ディテール，No.61(1979)，彰国社．
02：本多勝一：朝日文庫(1982)，朝日新聞社．
03：泉　靖一編：住まいの原型 I, SD 選書61(1971)，鹿島出版会．
04：Das Bauernhaus im Deutchen Reich und unseihen Grenzgebieten.
05：山尾邸(1965)
06：設計：奥村昭雄(1973)
07：設計：People/Space Co.
08：後藤邸　設計：鈴木憲三(1979)
09：設計：寒地住宅研究委員会(鎌田紀彦)(1979)

屋根と落雪対策 [1]

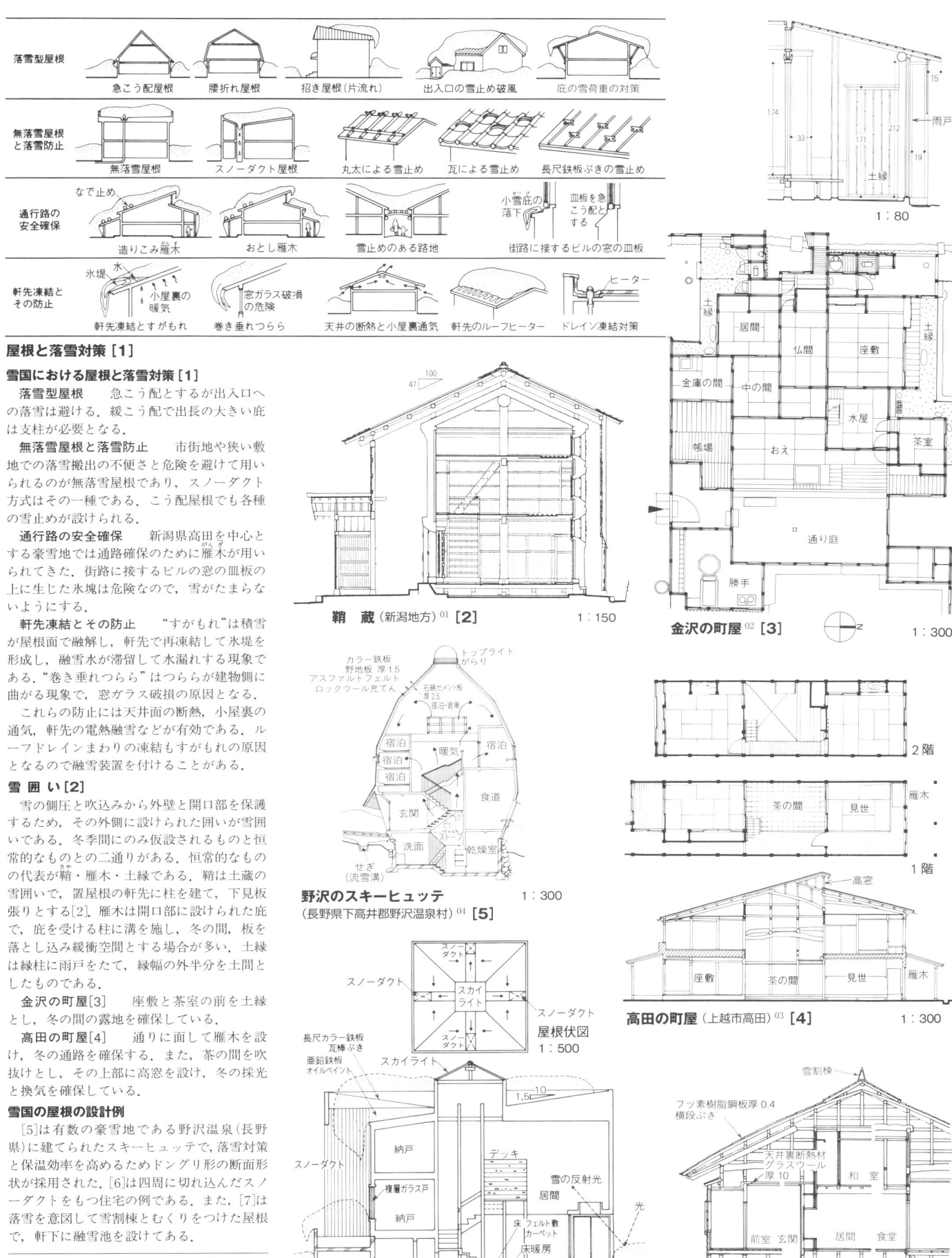

雪国における屋根と落雪対策 [1]

落雪型屋根　急こう配とするが出入口への落雪は避ける．緩こう配で出長の大きい庇は支柱が必要となる．

無落雪屋根と落雪防止　市街地や狭い敷地での落雪搬出の不便さと危険を避けて用いられるのが無落雪屋根であり，スノーダクト方式はその一種である．こう配屋根でも各種の雪止めが設けられる．

通行路の安全確保　新潟県高田を中心とする豪雪地では通路確保のために雁木が用いられてきた．街路に接するビルの窓の皿板の上に生じた氷塊は危険なので，雪がたまらないようにする．

軒先凍結とその防止　"すがもれ"は積雪が屋根面で融解し，軒先で再凍結して氷堤を形成し，融雪水が滞留して水漏れする現象である．"巻き垂れつらら"はつららが建物側に曲がる現象で，窓ガラス破損の原因となる．

これらの防止には天井面の断熱，小屋裏の通気，軒先の電熱融雪などが有効である．ルーフドレインまわりの凍結もすがもれの原因となるので融雪装置を付けることがある．

雪囲い [2]

雪の側圧と吹込みから外壁と開口部を保護するため，その外側に設けられた囲いが雪囲いである．冬季間にのみ仮設されるものと恒常的なものとの二通りがある．恒常的なものの代表が鞘・雁木・土縁である．鞘は土蔵の雪囲いで，置屋根の軒先に柱を建て，下見板張りとする[2]．雁木は開口部に設けられた庇で，庇を受ける柱に溝を施し，冬の間，板を落とし込み緩衝空間とする場合が多い．土縁は縁柱に雨戸をたて，縁幅の外半分を土間としたものである．

金沢の町屋 [3]　座敷と茶室の前を土縁とし，冬の間の露地を確保している．

高田の町屋 [4]　通りに面して雁木を設け，冬の通路を確保する．また，茶の間を吹抜けとし，その上部に高窓を設け，冬の採光と換気を確保している．

雪国の屋根の設計例

[5]は有数の豪雪地である野沢温泉（長野県）に建てられたスキーヒュッテで，落雪対策と保温効率を高めるためドングリ形の断面形状が採用された．[6]は四周に切れ込んだスノーダクトをもつ住宅の例である．また，[7]は落雪を意図して雪割棟とむくりをつけた屋根で，軒下に融雪池を設けてある．

01：目黒家住宅中蔵新蔵修理工事報告書(1983)，文化財建造物保存技術協会．
02：日本の民家5 (1980)，学習研究社．
03：越後高田の雁木(1982)，上越市教育委員会．
04：設計：早稲田大学U研究室(1969)
05：岩本邸　設計：竹山　実(1976)
06：設計：三井所清典＋創計画研究所(1990)

環境：雨と住宅 Environment: Adaptation to Rain

伝統的な窓まわりの雨仕舞 [1]

諏訪の大軒づくり [2]

奈良井のはね出し2階[01] [3]

雨囲い[02] [4]

雨除け板（十津川の民家）[03] **[5]**

水切庇となまこ壁[04] [6]

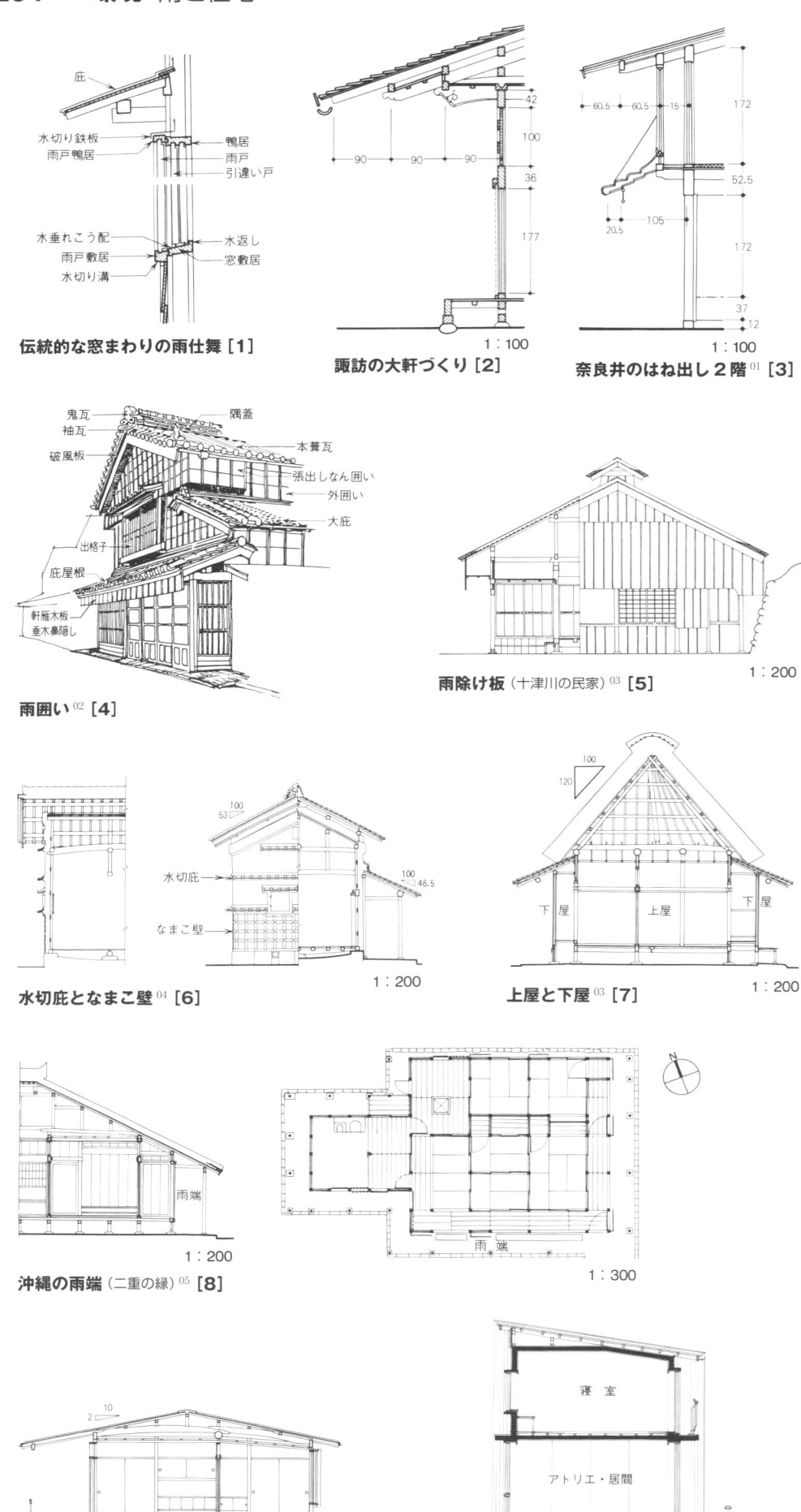

上屋と下屋[03] **[7]**

沖縄の雨端（二重の縁）[05] **[8]**

広　縁（内田邸）[06] **[9]**

RC造の置屋根[07] **[10]**

雨仕舞の基本
1 雨水をできるだけ建物にあてない．また，あたった雨水を速やかに流し去る．
2 雨水の浸入経路をつくらない．
3 雨水の浸入する力，すなわち重力・表面張力・毛管現象・運動エネルギー・気圧差・気流を断つ．

伝統的な窓まわりの雨仕舞 [1]
　庇　庇を設けて窓まわりにできるだけ雨水をあてない．また壁面を伝わる雨水を排除する．
　水返し　水のたまる敷居上面に水垂れこう配を設け，さらに強風時の運動エネルギーの加わった雨水の浸入を防ぐため室内側を立ち上げる．
　水切り　敷居の下面には水が壁に伝わらないように水切りを設け，また鴨居上部にも水切板を設け壁表面を伝った雨水が上わくから室内に浸入するのを防ぐ．

出し桁
　出し桁ははね木を用いて軒を迫り出す構造で，[2]の例は諏訪地方の民家で降霜対策として著しく発達したものである．また[3]の例は，中2階をもつ木曽の町家で，まず2階床を持ち出し，さらに出し桁を用いて軒を迫り出す．2階床の先端には小庇を吊り，開口部を保護している．

雨囲い [4][5]
　日本の多雨地域の紀伊半島にみられる外壁および開口部の雨仕舞で，建物全体を下見板で覆い，さらに庇の雨仕舞効果を高めるために軒先に軒雁木板（雨除け板）を取り付け，妻部の保護のために張出しなん囲いも設ける．

水切庇となまこ壁 [6]
　日本の南西部の海岸地域にみられる土蔵の雨仕舞で，しっくい壁面に何段にもわたって水切庇を設け，外壁にできるだけ雨をあてないとともに，外壁にあたった雨水を速やかに排除する．また軒で保護しにくい腰まわりは瓦をしっくいで固めたなまこ壁とする．

上屋と下屋 [7][8]
　下屋(庇)の重要な機能の一つは，外壁と開口部に雨をあてないことであり，日本の各地で独特の発達をみせている．
　沖縄の民家は居室のまわりに内縁を配し，さらに縁柱を立てて外縁を巡らせるという二重の縁をもつ．この外縁は雨端とよばれ，沖縄の厳しい風雨から開口部を保護する役割を果たすとともに半戸外の生活空間を形づくる[8]．

現代の縁 [9][10]
　[9]は木造平家の南面に幅1間の広縁を設け南面開口部の雨仕舞を図るとともに緩衝空間をつくりだしている例．[10]はRC壁構造に置屋根とし，RC屋根スラブと外壁の雨仕舞を図っている例．

01：日本の民家5 (1980)，学習研究社．
02：日本の町並6 (1982)，東海編，第一法規出版．
03：日本民家集落博物館
04：関川家住宅修理工事報告書(1978)，文化財建造物保存技術協会．
05：銘苅家住宅修理工事報告書(1979)，文化財建造物保存技術協会．
06：設計：内田祥哉
07：設計：吉村順三

Environment: Adaptation to Heat **環境：暑さと住宅** 265

高温多湿対策 [1]
高温多湿対策は、まず日射の遮へいと通風の促進が第一で、また地面からの照返しや湿気を防ぐ工夫が必要となる．

分棟 建物を小単位に分け分棟にすることは、通風を確保する上で利点があり、特に火を使う台所を別棟にするのは有効である．

高床 地面からの照返しと湿気を防ぐとともに、床下からの通風を得ることができ、床下部分には日陰のスペースをつくることができる．また低湿地帯では、雨季に床上浸水を防ぐために高床は不可欠である．

急こう配屋根 雨仕舞上はもちろんのこと、屋根裏の気積が大なので断熱性に優れ、また煙突効果による換気も期待できる利点がある．

深い庇と広い開口部 深い庇に保護された広い開口部は、日射・風雨を遮りながら通風を確保でき、軒下に室内の延長としての生活スペースをつくることができる．

二重屋根・二重壁 日射を遮るため屋根・壁を二重にして、その間に空気層を設ける．この空気層が十分換気されれば断熱効果は極めて大きい．

奄美地方の高倉 [2]
床高約2mの穀倉．茅葺屋根を長く葺きおろし、外壁をほぼ水平にころばせて収納空間を拡大している．高温多湿対策であると同時に動物から穀物を守る．

サモアの住居 [3]
主屋・炊事屋・ゲストハウスから構成される．[3]はゲストハウスで、円形平面をもち、屋根と柱だけで構成され壁は全くない．風雨の強い時は柱間に取り付けてあるココやしの葉の折畳み式スクリーンが降ろされる．

ニアスの住居 [4]
急こう配の巨大な屋根は煙突効果大．軒近くに設けた突上げ窓で通風・採光が行われる．

アユタヤの住居 [5]
高床で吹放ちの広間を中心に各室が配置される．食事や接客は軒下の広間で行われる．

熱帯のプレハブ住宅 [6]
居室を屋根と日除けで二重に覆い日射を防ぎ、居室と外皮の間に通風を図ることで、断熱効果をいっそう高めている．

木造の二重屋根 [7]
居室の天井と屋根の間に約30cmの空気層を設け、軒下に吸気口、高窓に換気扇を取り付けて空気層を循環させて断熱を図る．

RC造の二重屋根・二重壁 [8]
RC造のスラブや外壁は断熱性が不十分であるばかりでなく、日射を受けて蓄熱し、室内気温を上昇させる．[8]の例は日射を受けるスラブと外壁を外皮で覆い、この間に空気層を設け断熱を図ったもので、これは雨仕舞の上でも、またRC造の耐久性の点でも極めて有効なものといえる．

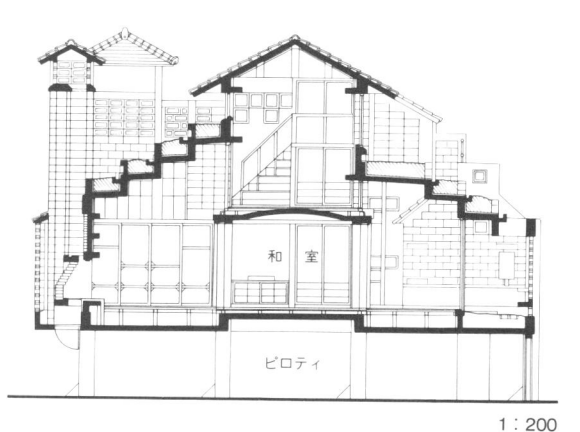

花ブロックのスクリーンと土による断熱 [9]
沖縄の強烈な日射と台風に対するシェルターとして、外壁を花ブロックで囲い、屋根スラブに土を載せ断熱を図っている．

01：川島宙次：滅びゆく民家、屋敷まわり・形式(1976)．
02：茶谷正洋：原始住居の類型を探る，ディテール，No.67，No.69(1981)，彰国社．
03：井上勝徳：インドネシア・南ニアスの住居，東京大学修士論文 (1983)．
04：Choomsri Sriwasriyanonth, Thai Traditional Architecture for Engineers, Technological Promotion Association (Thai-Japan) (1979)．
05：設計：Jean Prouvé (1971)
06：設計：曽原国蔵
07：自治医科大学職員住宅　設計：日建設計
08：設計：象設計集団 (1985)

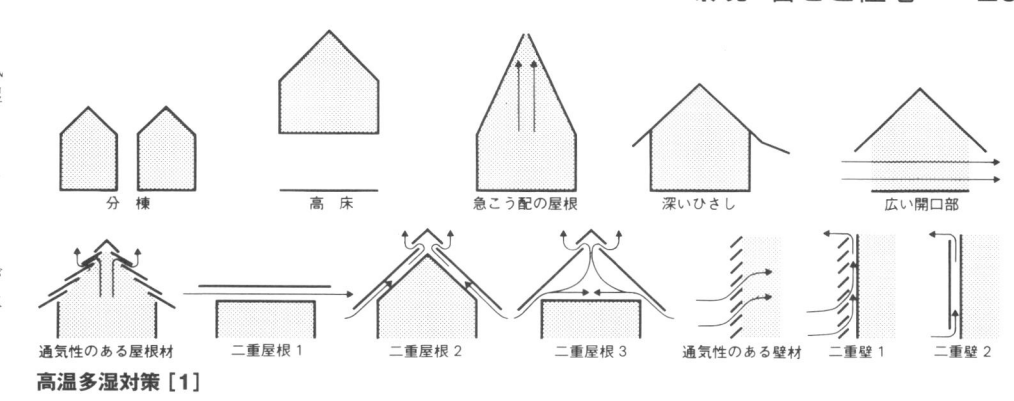

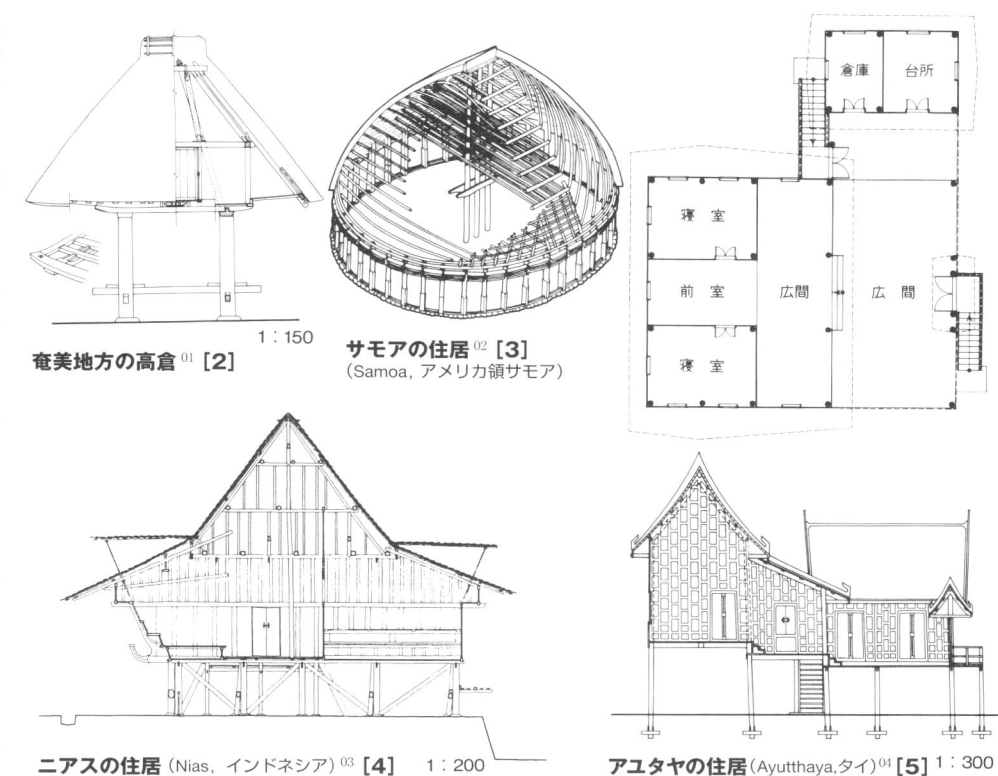

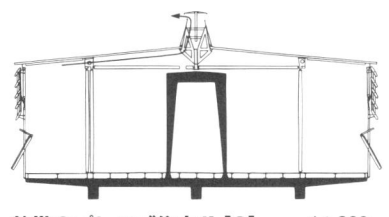

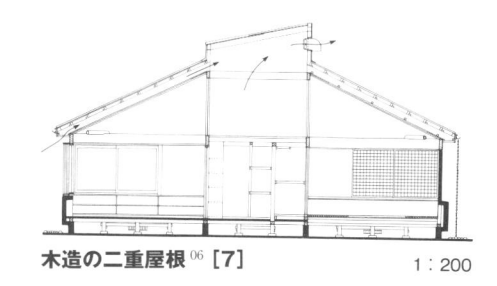

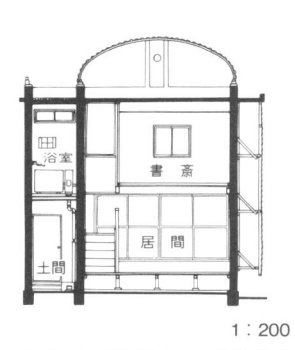

高温多湿対策 [1]
分棟／高床／急こう配の屋根／深いひさし／広い開口部
通気性のある屋根材／二重屋根1／二重屋根2／二重屋根3／通気性のある壁材／二重壁1／二重壁2

奄美地方の高倉 01 [2] 1:150

サモアの住居 02 [3] (Samoa, アメリカ領サモア)

ニアスの住居 (Nias, インドネシア) 03 [4] 1:200

アユタヤの住居 (Ayutthaya, タイ) 04 [5] 1:300

熱帯のプレハブ住宅 05 [6] 1:200

木造の二重屋根 06 [7] 1:200

RC造の二重屋根・二重壁 07 [8] 1:200

花ブロックのスクリーンと土による断熱 08 [9] 1:200

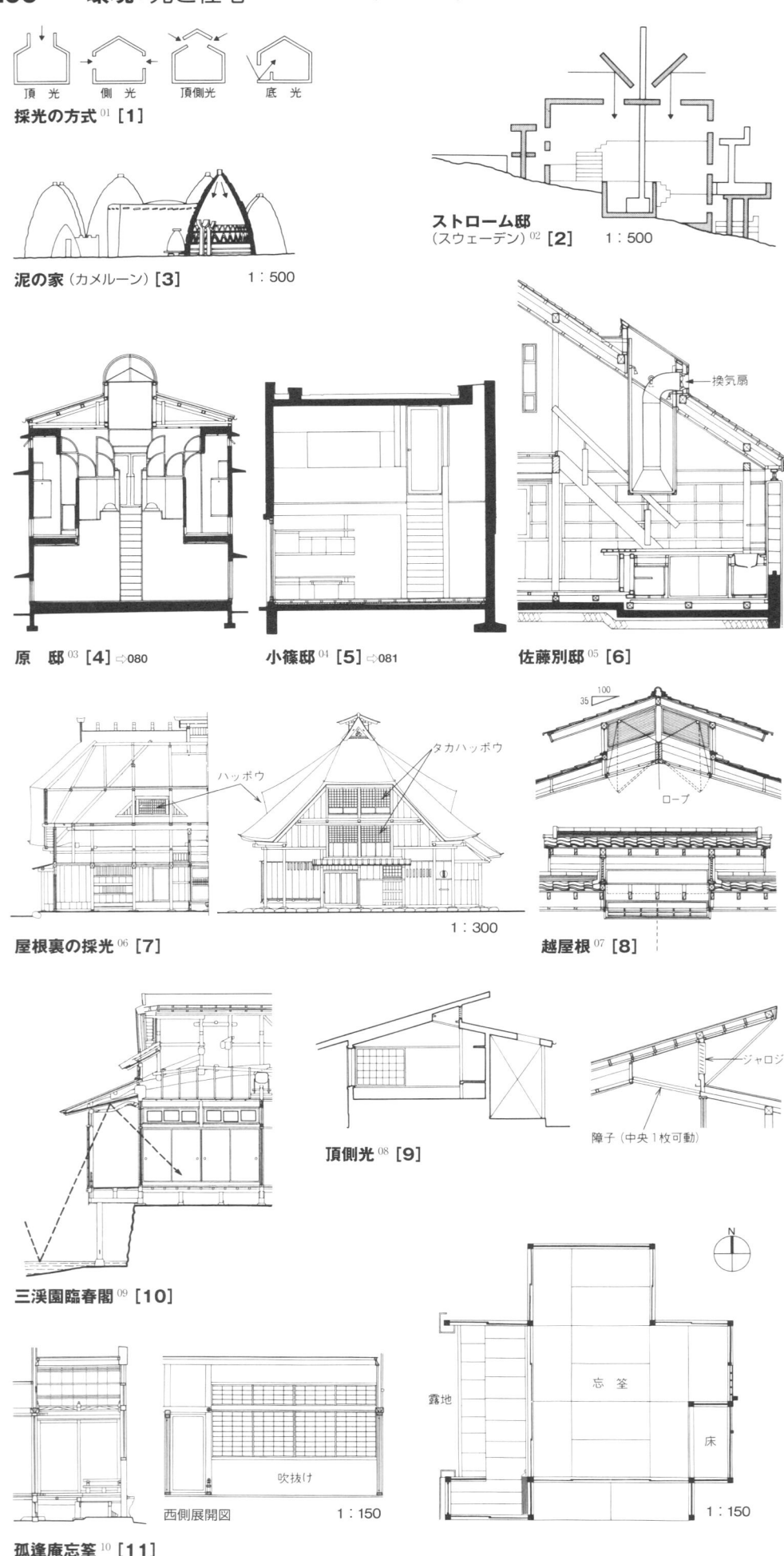

266 環境：光と住宅 Environment: Adaptation to Light

採光の方式[1]
頂光　側光　頂側光　底光

泥の家（カメルーン）[3]　1:500

ストローム邸（スウェーデン）[2]　1:500

原　邸[4] ⇒080

小篠邸[5] ⇒081

佐藤別邸[6]

屋根裏の採光[7]　1:300

越屋根[8]

三溪園臨春閣[10]

頂側光[9]

孤逢庵忘筌[11]　西側展開図　1:150　　1:150

採光の方式

採光の方式は，頂光・側光・頂側光・底光の四つに分類できる[1]．

頂　光　太陽高度の低く，光の弱い高緯度地方では有効な採光方式である[2]．太陽高度の高い地域でも，採光面積を絞ることで効果的な採光も可能である[3]．また，敷地条件により側光を期待しにくい場合も有効であるが，雨仕舞や清掃のうえで難点がある．[4]は切妻の頂部からの頂光を，吹抜けを利用して1，2階の居室に分散させている例．[5]は壁際に細く絞って頂光を設け，壁面に光をあてて室内を間接的に照らしている例．[6]はレンジフードを乳白色のアクリルで覆い，そこに頂光を落としてそれ自体を採光装置とした例．

頂側光　光量を確保しつつ，雨仕舞や清掃上の難点も少ない．[7]は茅葺きの屋根裏を蚕室として利用するために，屋根を切り上げて設けられた破風窓で，このような茅葺き屋根の形は甲造りとよばれる．また，妻側の破風窓はタカハッポウ，平側の破風窓はハッポウとよばれる．頂側光は屋根に越屋根を設けたり，屋根をくい違いにして設けられる場合が多く，窓を開閉可能にして換気効果を併せもつことも可能である[8][9]．

底　光　下方から反射した光を室内に採り入れる方式で，その光を天井に反射させて，室内奥深く光を採り入れることも可能である．日本の書院建築や茶室建築においては庭の池，または敷きつめた白砂に反射した底光を庇や居室の天井に反射させ，室内を明るくする手法がみられる．[10]は池からの底光を庇の天井で反射させ，居室に導いている．

[11]は西向きの縁の全面を開放せず中敷居を入れ，上には障子を建て下方だけ吹抜けにしている．これは西日を遮蔽すると同時に，縁先の手水鉢や灯籠などが形づくる内路地の風景を切り取って座敷に導入し，またその反射光で座敷の奥を明るくすることを意図している．さらに座敷の天井を砂摺り胡粉塗りとして白く仕上げ底光を反射する効果を高めている．

01：人間とディテール／光，ディテール，No.41(1974年夏季号)，彰国社．
02：設計：Ralph Erskine(1961)
03：設計：原　広司(1974)
04：設計：安藤忠雄(1981)
05：設計：宮脇　檀(1976)
06：田麦俣の甲造り，致道博物館(1967)．
07：設計：MATO建築設計事務所(1974)
08：設計：林　雅子(1978)
09：三溪園臨春閣修理工事報告書．
10：日本建築史基礎資料集成20，茶室(1974)，中央公論美術出版．

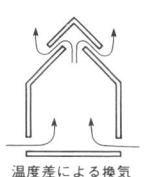

Environment: Adaptation to Wind　環境：風と住宅　267

換気の方式

換気と通風

防衛・防犯，プライバシーの確保のためなどにより住居を開放的につくれない場合にも，風圧や温度差を利用して換気と通風を図ることが可能である．

アメリカインディアンの地下住居[1]　住居の周囲に掘った竪穴から空気を採り入れ，土中を通る間に空気を冷却するアイディア．

ハイデラバードの風窓[2]　パキスタンのハイデラバードでは，4〜6月の日中の気温は50℃に達するが，夜は35℃くらいの低湿度の心地よい風が吹く．各戸は，屋根の上に各部屋用の風すくいの風窓をつけている．風向が同じなので，風すくいは向きを固定している．この起源は明らかではないが，少なくとも500年前にはすでに存在していたといわれる．

床下からの換気[3]　床を竹すのこ張り，または目透し板張りとして，床下からの換気を図る．

ダイマキシオン居住装置[4]　尾翼がついて常に風の方向に向かうよう回転する換気装置が頂部についている．この吸引力により，二重の床・天井および室内に気流を生じ，アルミの外装がかなり高温になっても室内は快適なようになっている．

クールチューブ[5]　床下に塩化ビニルチューブを埋設し，それを通して外気を室内に導入し，煙突から排気する．外気は土中を通る間に冷却される．

防風

防風と通風を兼ねたコンクリートブロックのスクリーン[6]　鉄筋コンクリート造の外壁の外側にコンクリートブロックでスクリーンを設け，外壁と開口部を台風と日射から守りつつ通風を確保している．

台湾高砂族の住居[7]　頻繁に台風に襲われる台湾東南に位置する島である紅頭嶼に住む高砂族ヤミ族の住居は，主屋・作業室・涼台よりなっている．主屋は地盤面より約1.5〜2m掘り下げられ，屋根の棟がやっと地上に露出する程度である．

沖縄の伝統的構法[8]　屋敷周囲に高さ1.5〜3m，厚さ70cm以上の石垣やフクギの生垣などを巡らし，門を入ると正面には目隠し塀のヒンプンを設ける．屋根は寄棟とし，瓦葺の場合は本瓦葺で屋根を重くし，瓦の継目は白しっくいで塗り固める．壁は柱に貫穴をあけ，通し貫を45cmごとに通し，くさび締めで固める．開口部には雨戸をたて，さんに釘を打ち台風時はこれに太い棒を結びつけ雨戸を押さえる．

01: S. Campbell: The Underground House Book (1980).
02: Bernard Rudofsky: The Prodigious Builders (1977), Harcourt Brace Jovanovich Inc.
03: 設計：林 雅子
04: R.W. Marks: The Dymaxion World of Buckminster Fuller (1960), Southern Ill. Univ. Press. 設計：Buckminster Fuller
05: 設計：奥村昭雄 (1983)
06: 設計：福島駿介 (1986)
07: 千々岩助太郎：台湾高砂族住家の研究，台湾建築会(1941)および千々岩助太郎：台湾高砂族の住家 (1960)，丸善．
08: 又吉真三：沖縄の建造物文化財，建築雑誌，Vol. 90, No.1 093(1975).

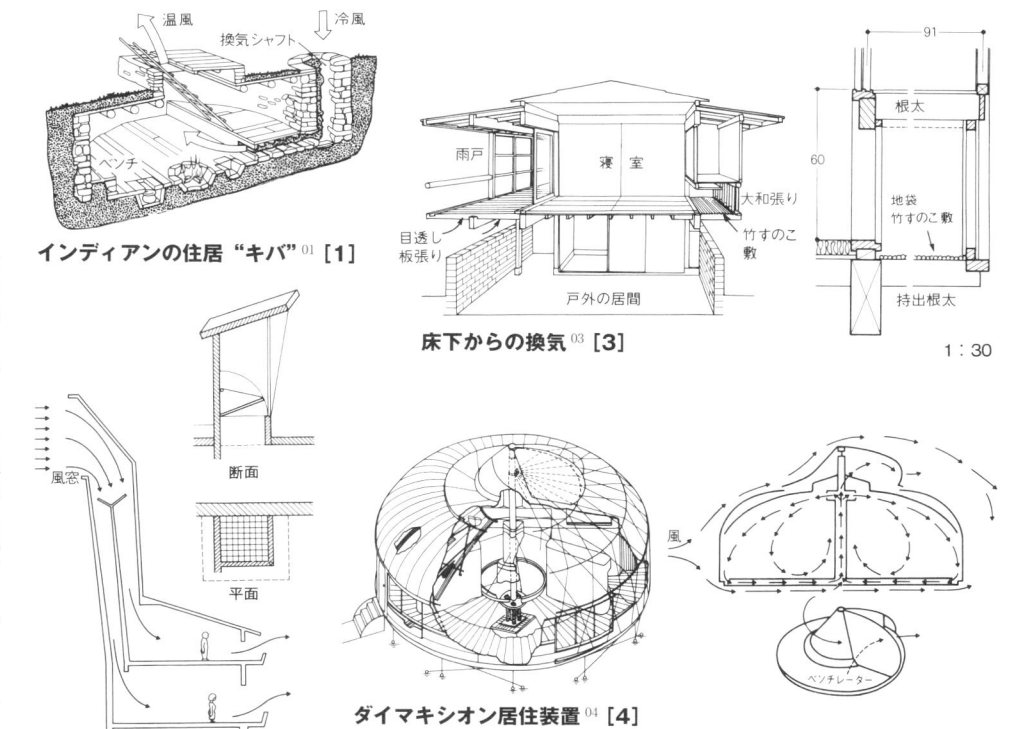

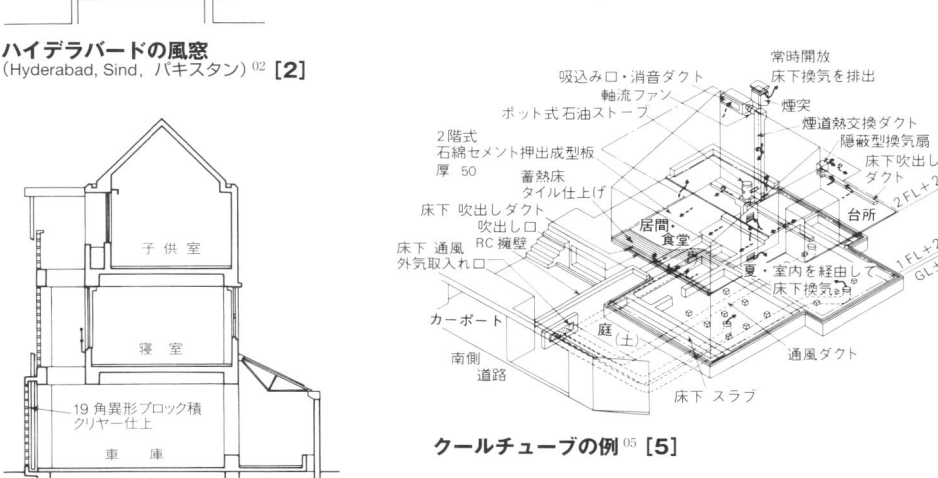

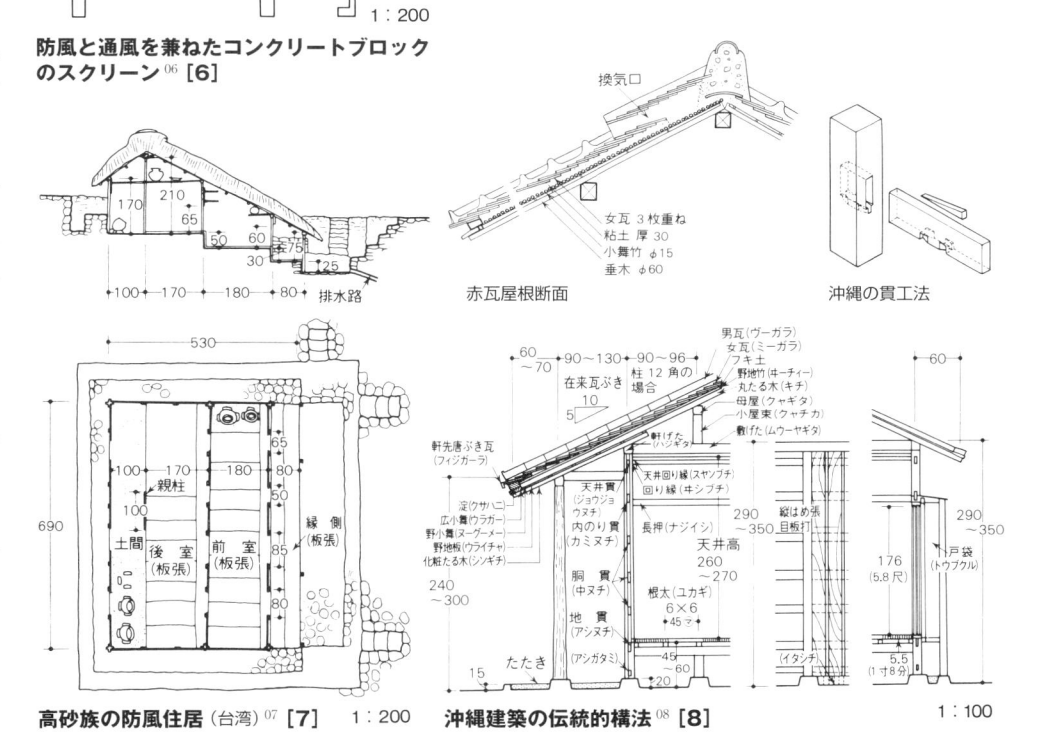

268　環境：色彩　Environment: Color

集合住宅では、階や棟などを明確にする記号として色彩を利用
(東雲キャナルコート1街区：山本理顕設計工場)（⇒150）(撮影：新建築社写真部　浅田美浩)

情報機能とカラーデザイン[1]

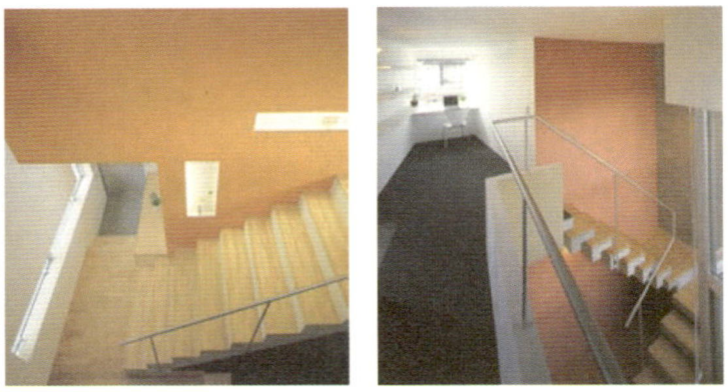

住戸ごとのインテリアの差別化やイメージ表現の手段としての色彩活用例
(うつのみやアパートメント：田口知子建築設計事務所)(撮影：新建築社写真部　浅田美浩)

空間イメージの差別化[2]

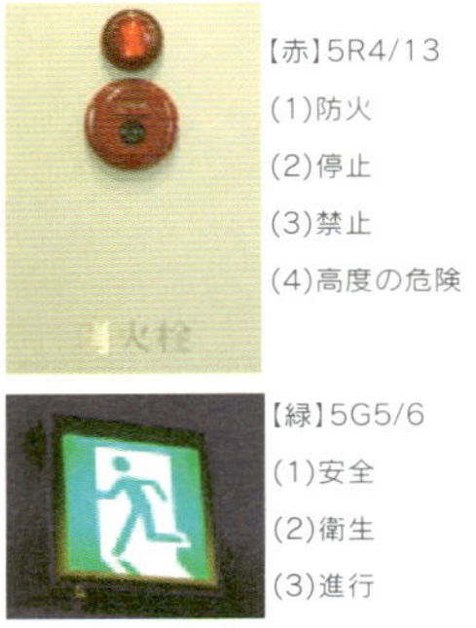

【赤】5R4/13
(1)防火
(2)停止
(3)禁止
(4)高度の危険

【緑】5G5/6
(1)安全
(2)衛生
(3)進行

安全色彩[3]

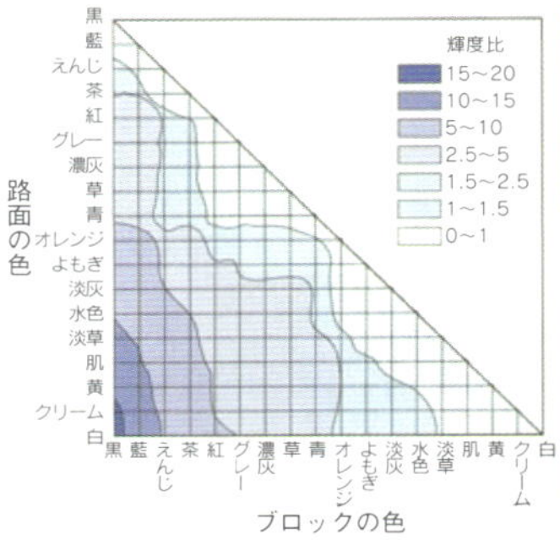

素材の組合せと輝度比 01 [4]

降りる際に段差が見にくい例

見やすい仕上げの例

階段の仕上げと段の識別性 02 [5]

視認性[6]

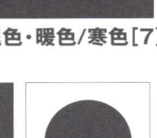

色の組合せと見やすさの例

進出色/後退色・暖色/寒色[7]

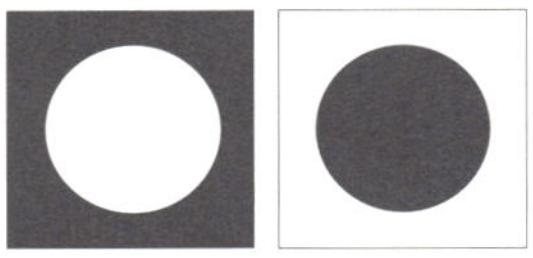

膨張・収縮[8]

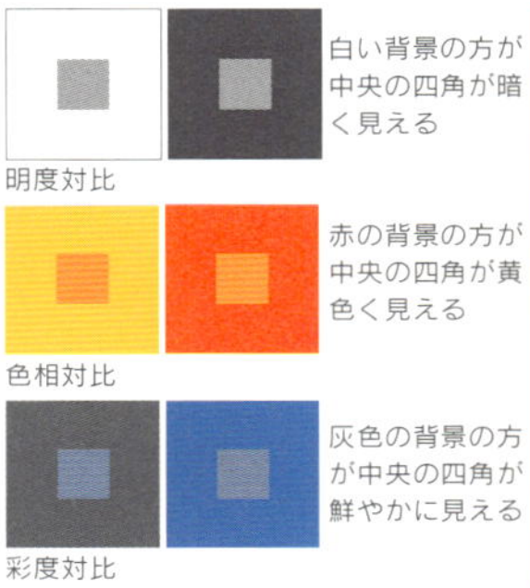

明度対比／色相対比／彩度対比

対比効果[9]

面積効果[10]

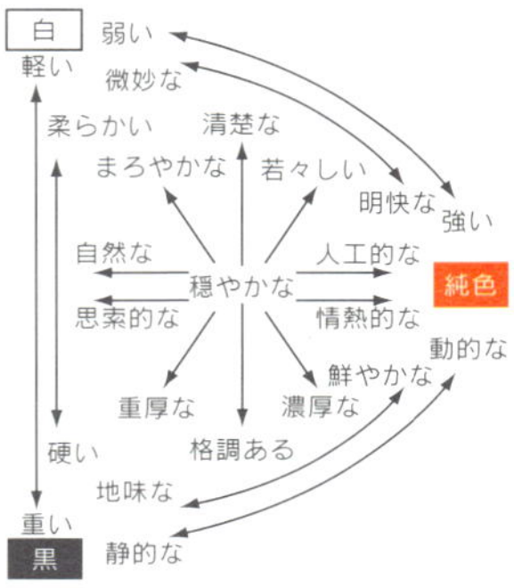

トーンとイメージ 03 [11]

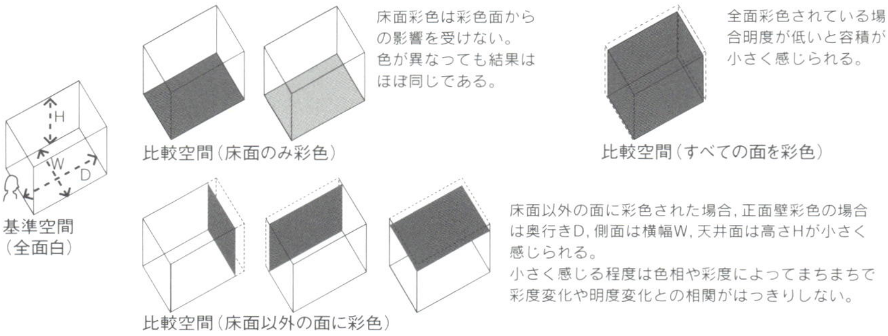

比較空間(床面のみ彩色)／比較空間(すべての面を彩色)／基準空間(全面白)／比較空間(床面以外の面に彩色)

床面彩色は色彩面からの影響を受けない。色が異なっても結果はほぼ同じである。

全面彩色されている場合明度が低いと容積が小さく感じられる。

床面以外の面に彩色された場合、正面壁彩色の場合は奥行きD、側面は横幅W、天井面は高さHが小さく感じられる。小さく感じる程度は色相や彩度によってまちまちで彩度変化や明度変化との相関ははっきりしない。

色彩効果と広さ感・容積感 04〜06 [12]

01：東京商工会議所：カラーコーディネーター検定試験1級テキスト 環境色彩, p.40
02：文献01：p.41
03：東京商工会議所編：カラーコーディネーション, p.162 (2000) より加筆修正
04：須田, 初見：日本建築学会計画系論文集 第463号, pp.99-106 (1994.9)
05：石田, 四宮：日本色彩学会誌 Volume24 Supplement, pp.34-35 (2000)
06：室塚, 忍山：日本建築学会大会学術講演梗概集, pp.857-858 (2005.9)

色彩の機能[1][2]
色彩は、主に2つの機能を持っている。一つは空間の雰囲気を演出する機能であり、もう一つは情報伝達機能である。案内掲示などの情報機能はもちろんのこと、階や場所などを区別する手段として、デザインと一体化して検討される場合も多い。

安全色彩[3]
安全・危険などの情報機能を有する色彩。JISによって定義されている。

見やすさ・安全性[4]〜[6]
視覚障害者や加齢で黄色が見にくくなると言われる高齢者には、組み合わせる色同士の明るさの違い(輝度比)や、色の組合せによる見やすさを配慮する必要がある。

色の視覚効果[7]〜[10]
進出/後退・暖色/寒色[7]　見る側に近づいて感じられる色が進出色、後ろにさがって感じられる色が後退色である。また、暖かいイメージの色が暖色、寒いイメージの色が寒色である。

膨張/収縮[8]　明るい色や暖色は実際より大きく、暗い色や寒色は小さく見える。

対比効果[9]　色の組合せによって、実際の色と異なって見える場合がある。

面積効果[10]　同じ色でも大きな面積の方が、明るく、鮮やかに感じられる。小さい色見本の利用には注意が必要である。

色とイメージ[11]
明度と彩度の組合せをトーンという。色のイメージだけでなく、トーンにもイメージがあり、中間色の利用において検討すべき要素である。また、色の組合せによるイメージへの影響も考える必要がある。

色彩効果と広さ感・容積感[12]
内装の一部に色彩を利用した場合、縦横高さの寸法が実際と違って感じられることが示唆されている。壁面や天井面彩色の場合、彩色面の法線方向が概ね小さく感じられる。ただし、明度や彩度変化による結果は一定ではなく、進出後退効果や低明度色の持つ圧迫感等が立体的かつ複合的に働いていると考えられる。

色を伝える・考える（表色系）

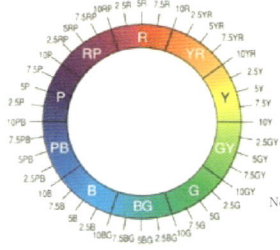

色を伝え、考える手段、いわば言語に相当するものが表色系である。

マンセル表色系はアメリカの画家 A. H. Munsell により考案された。色相H、明暗軸の明度V、鮮やかさの軸の彩度Cで構成される。明度と彩度の値は知覚的に均等になるよう決められている。色の学習や心理実験等で利用しやすい点も多いが、色相ごとに最高彩度となる値が違い、最高彩度になる時の明度も違う点は不便である。

CIE-XYZ表色系は三原色RGBの混合量を三刺激値XYZ値に変換し、その値で色を示す

マンセル表色系（JIS Z 8721 で採用）

表記方法
有彩色　H V/C　Hue(色相) Value(明度) /Chroma(彩度)　表記例 5R 7/6
無彩色　N V　Neutral Value(明度)　表記例 N5

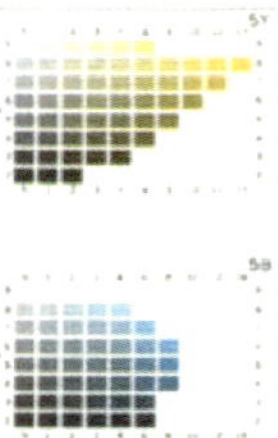

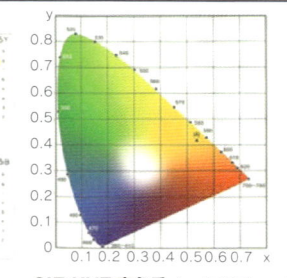

(xy色度図と明るさY値で示すことが多い)、色彩管理などの厳密な利用に適している。主な表色系の各色はXYZ値で定義されている。一方、心理的側面への配慮はないためイメージ調査等には適さない。

L*a*b*表色系は、CIE-XYZ表色系を数値変換し、色同士の感覚的な差異(比較する2色のL*, a*, b*値の距離ΔE)がなるべく均質になるよう考案された。コンピュータの色彩基準として採用され、一部のソフト

CIE-XYZ表色系（xy色度図）
[出典：大井義雄, 川崎秀昭：カラーコーディネーター入門]

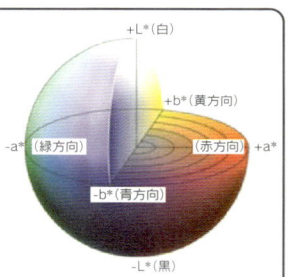

では L*, a*, b*値での色指定や加工が可能である。明るさL*(白-黒)とa*軸(赤-緑)とb*軸(黄-青)ごとに操作ができ、色調整の際の操作性も良い。他にも、オストワルト、PCCS、NCSなどの表色系がある。ま

L*a*b 表色系
+L*(白)／+b*(黄方向)／-a*(緑方向)／+a*(赤方向)／-b*(青方向)／-L*(黒)

[色彩, 日本色研事業 (1999) より作成]

た、印刷分野ではインクの4原色CMYKが基準となっている。各表色系の特徴と対応関係を理解して、使い分けるのが良いだろう。

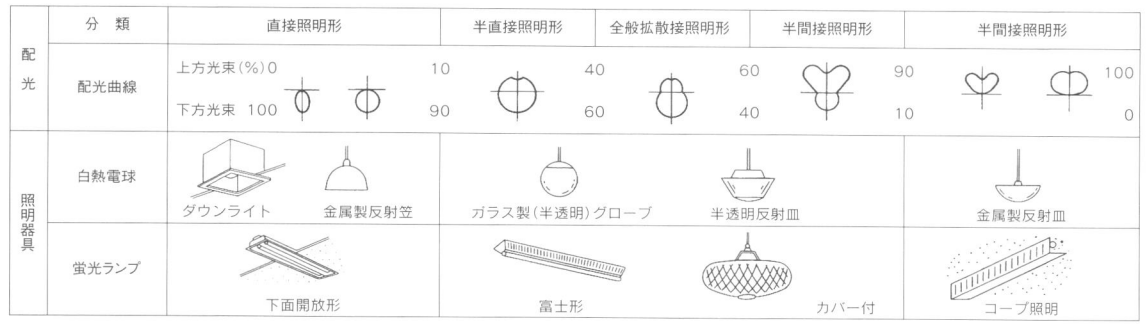

Environment: Lighting 環境：照明

配光	分類	直接照明形	半直接照明形	全般拡散照明形	半間接照明形	半間接照明形
	配光曲線	上方光束(%)0／下方光束100	10／90	40／60	60／40	90／10 ／ 100／0
照明器具	白熱電球	ダウンライト	金属製反射笠	ガラス製(半透明)グローブ	半透明反射皿	金属製反射皿
	蛍光ランプ	下面開放形	富士形	カバー付		コーブ照明

屋内照明器具の配光による分類 [1] ⇒254

間接照明の例 [2]（コーブ照明／バランス照明／コーニス照明）

仕上材の反射率 [3]

仕上げ・材料	反射率（％）
白しっくい	60～80
白 壁	60
うすクリーム色壁	50～60
濃色の壁	10～30
木材（白木）	40～60
木材（黄ニス塗り）	30～50
障子紙	40～50
赤レンガ	15
灰色テックス	40
コンクリート（生地）	25
白タイル	60
畳	30～40
リノリウム	15
白ペイント	60～80
薄色ペイント	35～55
濃色ペイント	10～30
黒ペイント	5

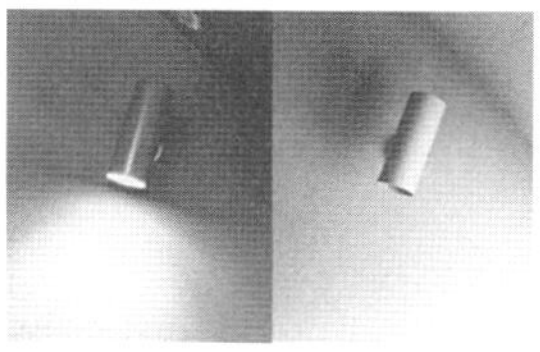

宮脇スポット（デザイン：宮脇檀）
日中は目立たないようにデザインされた照明器具の例 [4]

照度基準（JIS）[5]
（居間・洋間・寝室は調光が望ましい）

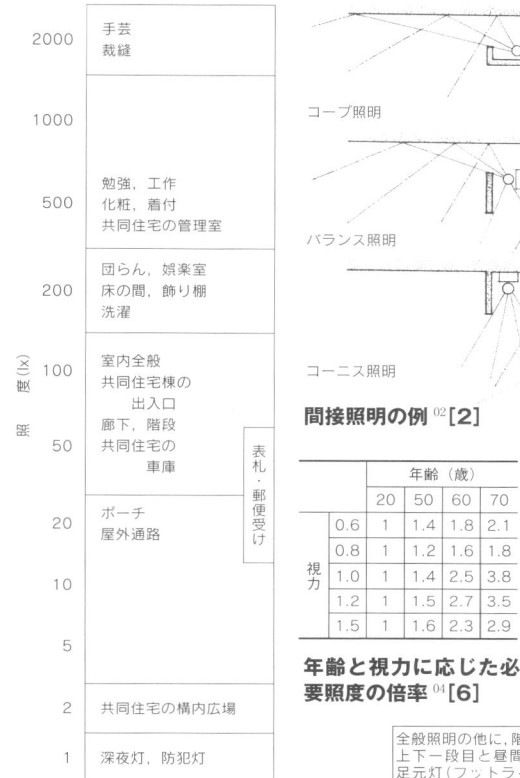

照度(lx)	場所
2000	手芸、裁縫
1000	
500	勉強、工作、化粧、着付、共同住宅の管理室
200	団らん、娯楽室、床の間、飾り棚、洗濯
100	室内全般、共同住宅棟の出入口、廊下、階段、共同住宅の車庫
50	表札・郵便受け
20	ポーチ、屋外通路
10	
5	
2	共同住宅の構内広場
1	深夜灯、防犯灯

年齢と視力に応じた必要照度の倍率 [6]

視力	年齢（歳）			
	20	50	60	70
0.6	1	1.4	1.8	2.1
0.8	1	1.2	1.6	1.8
1.0	1	1.4	2.5	3.8
1.2	1	1.5	2.7	3.5
1.5	1	1.6	2.3	2.9

全般照明の他に、階段の上下一段目と昼間部に足元灯（フットライト）を併用すると、足元が明るくなり、自分の影を踏むことなく昇降できる。

高齢者に配慮した階段の照明 [7]
階段を昇降する人の影ができないように照明器具を複数設置する。
ブラケットライト又はシーリングライト／壁付けフットライト／蹴込み埋込みフットライト
照明のスイッチは、上下階で操作・点滅ができるパイロットランプ付きの大型3路スイッチにする。

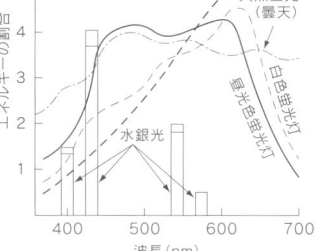

人工光源の分光分布 [8]
（白熱灯／天然昼光（曇天）／昼光色蛍光灯／白色蛍光灯／水銀光）
横軸：波長(nm) 400-700、縦軸：エネルギーの割合

照明の色温度 [9]

光源	色温度
昼光	青空光 10,000 K 以上
	曇天光 6,500 K
	直射日光 5,500 K
人工光源	昼光色蛍光ランプ 6,500 K
	三波長域発光形蛍光ランプ 5,000 K
	メタルハライドランプ（蛍光形） 5,000 K
	白色蛍光ランプ 4,500 K
	蛍光水銀ランプ 4,100 K
	温白色蛍光ランプ 3,500 K
	白熱電球 2,850 K
	高圧ナトリウムランプ 2,100 K
	ろうそくの炎 2,000 K

K：絶対温度

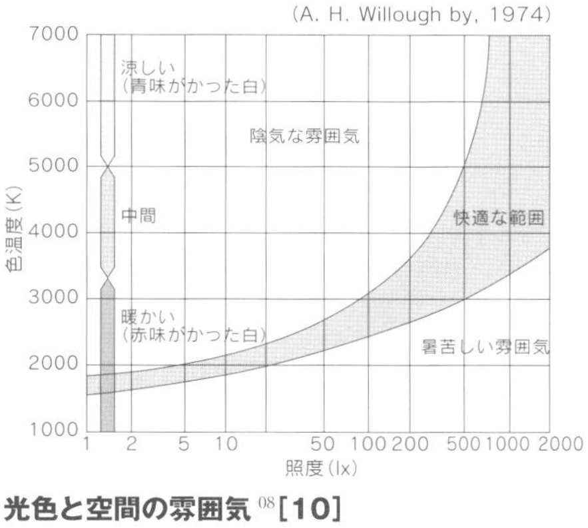

光色と空間の雰囲気 [10] (A. H. Willough by, 1974)
（涼しい（青味がかった白）／陰気な雰囲気／中間／快適な範囲／暖かい（赤味がかった白）／暑苦しい雰囲気）

照明器具を選ぶ

照明器具の光の様相は配光特性による[1]．間接照明は、直接照明に比べて効率は良くないが、柔らかい均質の光を提供できる[2]．部屋の明るさや雰囲気は、壁面の仕上げ材の反射率によっても変わる[3]．

建築化照明（内装と照明の一体化）を行えば、人工照明を必要としない日中には照明器具が見えなくなり、良質の視環境が得られる．しかし、意匠や費用等に制約があるため、建築化照明が難しい場合は、消灯時に目立たないデザインの照明器具を用いる方法もある[4]．

必要照度を確保する

空間の目的に合った明るさ（必要照度）を得るには、JISの照度基準[5]を参考に、居住者の年齢によっては、老化による視力低下にも配慮する[6][7]．必要照度の確認には、簡便な計算法と、コンピューターグラフィックを作成する方法とがある．前者には、特定作業面の照度を求める逐点法や、室の平均照度を求める光束法等がある．光束法は、必要照度から照明器具の台数を求める場合にも使用される．後者には、モンテカルロ法やフォトンマッピング法がある．

光の色味を適切にする

照明用光源の色温度は、発する光の波長分布で決まる[8][9]．光の色味は、照明用光源の色温度によって変わり、色温度が高いほど青白くなり涼しい感じに、色温度が低いほど赤っぽくなり暖かい感じになる．高い照度を得る場合は高い色温度の、低い照度を得る場合は低い色温度の光源を使う[10]．光の下で見る物の見え方（演色性）にも配慮する．

01：建築設備学教科書研究会：建築設備学教科書，p.79，彰国社（2002）
02：フランシス D. K.チン：建築ビジュアル辞典，p.195，彰国社（1998）
03：宮脇檀建築研究室：宮脇檀の住宅設計テキスト，p.166，丸善（2004）
04：照明学会：オフィス照明基準（1992）
05：楢崎雄之：高齢者・障害者を考えた建築設計，p.69，井上書院（2004）
06：藤井正一：住居環境学入門 第三版，p.41，彰国社（2002）
07：小原二郎他：インテリアの計画と設計 第2版，p.77，彰国社（2002）
08：照明学会：オフィス照明設計技術指針（2002）

LED 照明

照明デザインの自由度を格段に高める技術として期待されているのが LED（Light Emitting Diode：発光ダイオード）である．LED は 1960 年代に開発され、家電・情報機器の緑や赤のランプでおなじみの光である．白色光を出すためには、RGB 三原色の光源が必要であるが、B（青色）光源 LED が開発されたのは 1990 年をすぎてからで、照明向けの技術開発や、様々な利用可能性の模索は、2000 年以降ようやく活発になってきたと言える．

LED は、省電力、長寿命、高輝度、熱線や紫外線をほとんど含まない、小スペースに組み込める、衝撃などにも比較的強い、RGB をコントロールすることで色が随時変化する照明も可能、といった白熱灯や蛍光灯にない優れた特徴を持っている．

従来は直接光らせることが無理だった薄い曲面のような発光素材や、建築素材との一体化（例：光るタイル）、調色照明などが可能となっている．照明器具としてはまだ高価であるが、十分なコストダウンが可能と言われており、今後の普及とともに、建築空間での様々な応用が期待されている．

底が光る皿 (mizu akari：松野勉・相澤久美)
LEDを使ったインテリア例 (HaaT AOYAMA：吉岡徳仁デザイン事務所) 
タイル素材型LED照明 (iColot TileFX：カラーキネティクスジャパン…面の色を変えることが可能になっている) 

01：アクリ屋 HP より、02：カラーキネティクスジャパン HP より

環境：音 Environment: Sound

音の伝わり方 [1]

住宅内外で発生した音は，主に空気を介して壁体に伝わると，一部は吸収され，残りは反射・透過・固体伝搬により，内外に拡がりながら減衰する．

住宅の音環境

住宅の音環境計画では，音を発生する領域を静かな領域と離して配置することを検討し，次に適切な緩衝領域の設置や，壁体の絶縁・分離等による遮音の工夫を行う [2]．

音の強さは音圧レベルで表され住宅での室内騒音の許容値は40dB前後である．この値を超えて騒がしくなるほど，会話や電話等が難しくなる [3]．

騒音源

住宅の騒音源としては，便所や浴室等の給排水音や，足音（飛び跳ねたりする音を含む）がある [4]．これらは空気音よりもむしろ，固体音・床衝撃音として伝わる．

音を遮る

屋外からの騒音に対しては，外壁や開口に十分な遮音性能を確保する [5]．襖や廊下による音圧レベルの低減は10～20dBだが，遮音効果の加算値として効果がある [6]．扉からの音漏れを防止するには隙間の処理に留意する [7]．2室間の遮音性能は，隙間からの音漏れや，天井取合い部等による迂回路伝搬により低下するので注意する [8]．

屋内の騒音の低減は，騒音源が他室の場合は遮音を施し，同室内の場合は吸音を併用する [9]．

騒音源が寝室等の静かであるべき部屋を妨害しないよう，平面や断面の配置計画を行う [10]．オーディオや楽器等の音は破格の大きさであり，防音対策を施す [11] [12]．

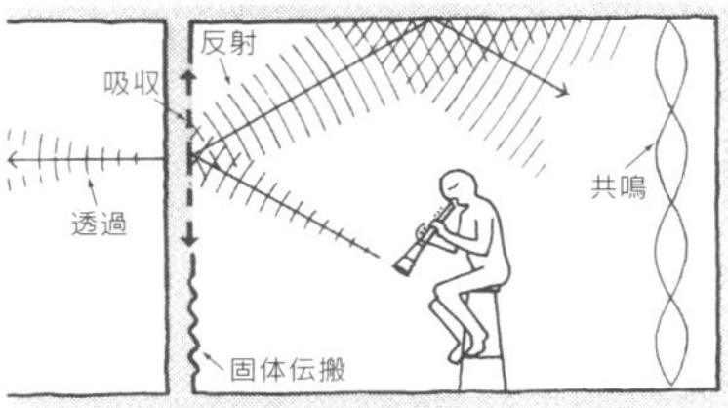

01：Understanding Buildings, p.162, The MIT Press より作成
02：バンクーバー市都市計画局：居心地のよい集合住宅，p.111，鹿島出版会 (1993)
03：古宇田潔他：建物の遮音と防振，p.79，鹿島出版会 (1993)
04：日本建築学会：建築物の遮音性能基準と設計指針 第2版，p.62, 技報堂出版 (1997)
05：光・熱・音・水・空気のデザイン，p.77，彰国社 (1990)
06：文献 04：p.79
07：前川純一他：建築・環境音響学 第2版，p.116，共立出版 (2000)
08：文献 03：p.10　09：文献 03：p.97
10：文献 05：p.84　11：文献 04：p.138
12：文献 05：p.85

室内における音の伝わり方 [1]

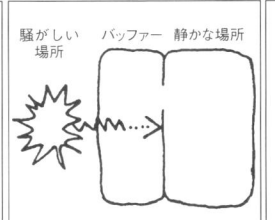

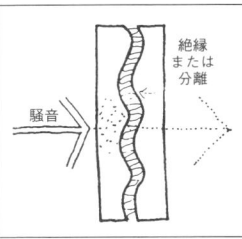

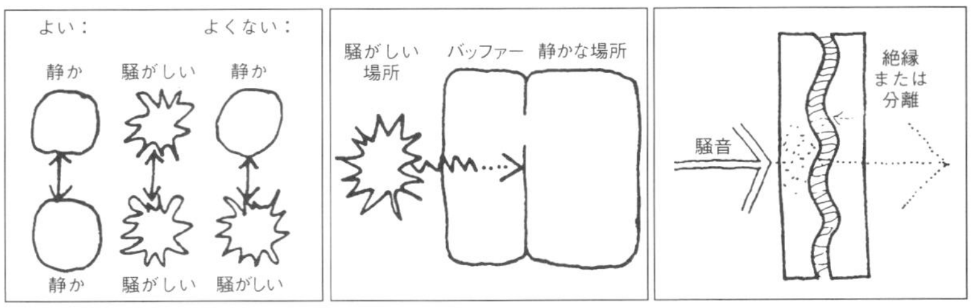

住宅の騒音防止と音のプライバシーの保護 [2]

音源の音圧レベル [3]

dB	
120	ロックバンド
110	
100	鉄橋の下の騒音
90	大型トラック
80	大声で怒鳴る
70	
60	小さな話し声
50	
40	静かな部屋
30	
20	葉ずれの音
10	
0	

自宅内の気になる騒音 [4]

自宅内で発生する音（711票）

	自宅内で気になる			他の家に対し気になる		
		(票)	(%)		(票)	(%)
1	便所の給排水	100	14.1	とびはねる音	178	25.0
2	換気扇	65	9.1	走り回る音	155	21.8
3	とびはねる音	44	6.2	便所の給排水	125	17.5
4	玄関扉の開閉	43	6.0	室内の足音	82	11.6
5	浴室の給排水	41	5.7	家具・いすの音	75	10.6
6	走り回る音	32	4.5	玄関扉の開閉	68	9.6
7	掃除機	28	3.9	ピアノ	64	9.0
8	子供の声	27	3.8	ふとんをたたく音	60	8.5
9	台所の給排水	27	3.8	テレビ・ラジオ	59	8.3
10	便所の行為音	26	3.7	ステレオ	57	8.0

外部騒音に対する遮音構法の目安 [5]

外部騒音	住宅（室内騒音目標値 40 ホン）
100 ホン以上	一般的には不可能
90	特に遮音に注意してつくった RC 造　窓にはガラスブロック等
80	窓面積を極力減らし，エアタイト二重サッシ
70	ALC コンクリートブロック造等，エアタイト一重サッシ．遮音に特に注意してつくった木造，エアタイト二重サッシ
60	普通木造住宅，エアタイト一重サッシ，消音換気孔
50	普通木造住宅，普通アルミサッシ，普通換気孔
40	窓開放可
30 ホン以下	空調騒音などによる暗騒音（back ground noise）に注意

廊下と襖による音圧レベル差 [6]
13dB　18dB　24dB

遮音扉の例 [7]
扉の遮音性に影響の大きい隙間の処理例．左は戸当たりパッキンをし，隙間の吸音をしている．右は閉じた位置パッキンが自動的に降りる工夫がなされている．
ベニヤ板／乾燥砂／ベニヤ板／グラスウール穿孔板／ガスケット／ベニヤ板／鉄板／グラスウール／石膏ボード／ドロップバーガスケット

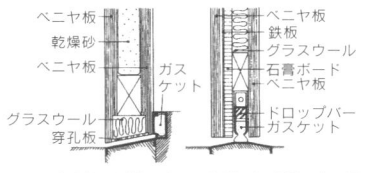

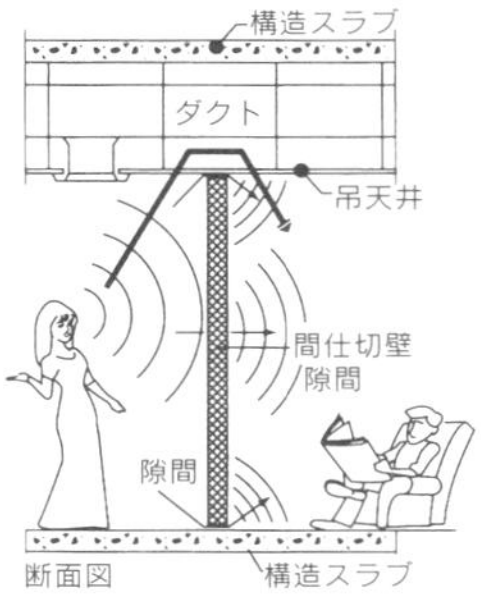

隙間や天井取合い部等からの音漏れ [8]
構造スラブ／ダクト／吊天井／間仕切壁／隙間／構造スラブ（断面図）

設備騒音を考慮した断面計画の例 [10]
遮音と視聴覚的プライバシー保護のため，直接外に向いた開口部を設けていない．
和室／押入／台所兼食事室／便所／浴室／雑排水管汚水管／通気ガス給水（パイプスペース用）／廊下

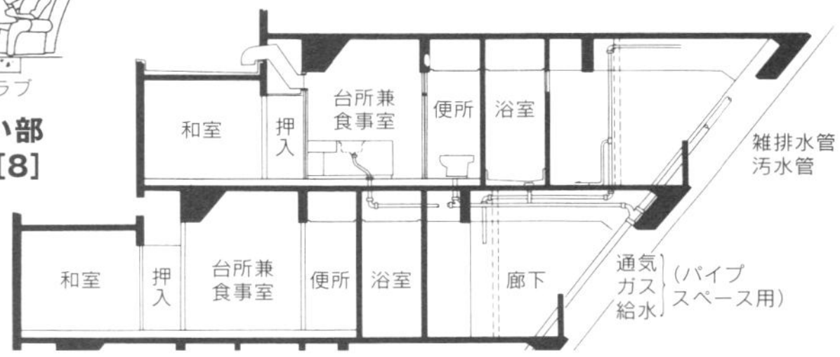

浴室と便所の下は下階では廊下になっており，排水管も廊下に出し下の居室に配慮している．

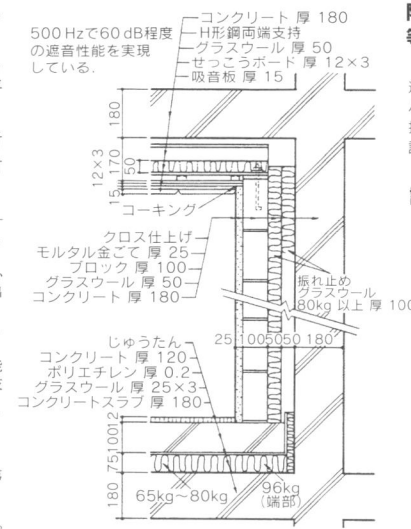

集合住宅におけるピアノ音対策の例 [11]
500Hzで60dB程度の遮音性能を実現している．
コンクリート厚180／H形鋼両端支持／グラスウール厚50／せっこうボード厚12×3／吸音板厚15／コーキング／モルタル金ごて仕上げ／ブロック厚100／グラスウール厚50／コンクリート厚180／振れ止め／グラスウール80kg以上厚100／じゅうたん／コンクリート厚120／ポリエチレン厚0.2／グラスウール厚25×3／コンクリートスラブ厚180／65kg～80kg／96kg（端部）

遮音材と吸音材 [9]
①何もない場合，②遮音材で覆った場合，外側の音は減少するが内側の音は反射の影響で大きくなる．③遮音材と吸音材の両方を用いると，内側での音の上昇が抑えられ，外側は遮音材だけの場合より更に低下する．

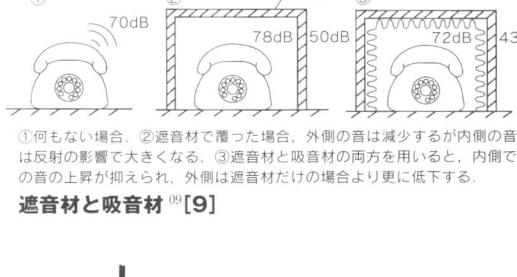

住宅のオーディオルームの例 [12]
有孔合板（音声反射壁）／居間／スピーカーボックス

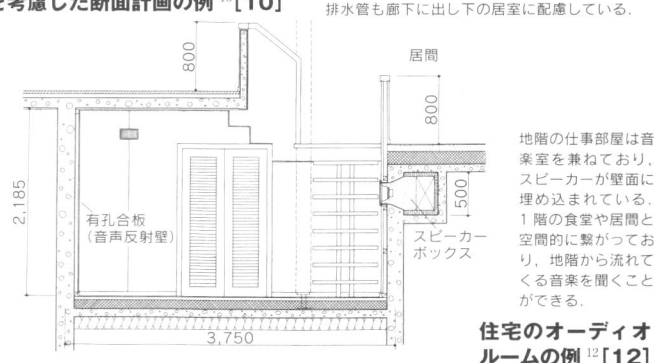

地階の仕事部屋は音楽室を兼ねており，スピーカーが壁面に埋め込まれている．1階の食堂や居間と空間的に繋がっており，地階から流れてくる音楽を聞くことができる．

音の属性と聴力

音の大きさ・高さ・音色を，音の三要素という．音の大きさはパワー(W)・強さ(W/m^2)・音圧(Pa)・エネルギー密度(J/m^3)で表され，測定には対数尺度を用いる．その理由は，人間の可聴範囲が広い上，音の刺激の対数が聴覚に比例するというWeber-Fechnerの法則に基づく．この対数尺度をレベル（パワーレベル・強さのレベル・音圧レベル・エネルギー密度レベル）と呼び，デジベル(dB)単位で表す．人の可聴範囲は，音圧レベルで最大120～140dB，周波数範囲はおよそ20～20 000Hzである．右の左側の図は，青年の聴覚閾値と，会話の声の範囲を示している．最小可聴値を見ると，1kHzの場合に比べ，低周波数の音に対する聴覚は鈍くなる一方，3～5kHz帯では，逆に感度が上がっていることが分かる．しかし，高音域は加齢による聴力損失が著しく（右の右図），60歳代では，会話音域における聴力損失が30dB前後となり，日常生活における聞き間違えが増える．電子音は2kHzを超えるため，高齢者の利用には注意が必要である．

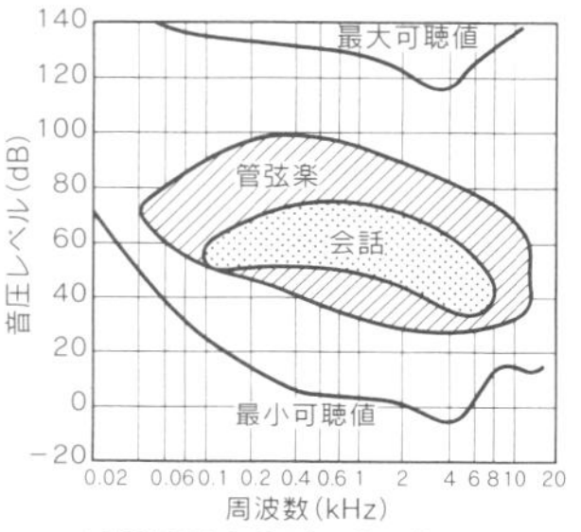

聴覚閾値と会話の声の範囲
[出典：S. Hesselgren: Man's Perception of Man-Made Environment, p.64 (1975), Dowden, Hutchinson & Ross. Inc.]

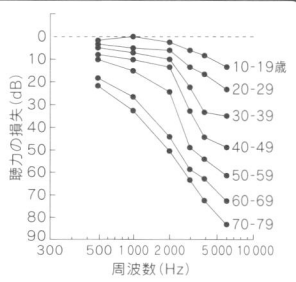

日本人の聴力の加齢変化
[出典：高度成熟社会の人間工学，日科技連，pp.247-250, 1997]

Environment: Vibration 環境：振動　271

環境振動源と対策 [1][2]

振動の発生要因は、道路交通や鉄道、工場、建設工事など外部環境によるもの、建築設備機器や人間の動作などの建物内部環境によるもの、風（台風）や地震などの自然現象によるものまで様々である。このように我々を取り巻く日常的な振動は"環境振動"と呼ばれ、その影響は、居住者の居心地などの心理的・身体的影響、さらには建物の安全性にも影響を及ぼす大きな問題である。環境振動対策には「振動源への対策」、「振動の地盤伝搬経路の対策」、「受振部（住宅や居室）の対策」がある。

人体の振動感覚 [3]

振動に対する人体の感覚は、振動の周波数、方向、また人体の姿勢などにより異なる。一般には、腰掛位が最も敏感で、次いで立位、横臥位となっている。また直角（左右）方向よりも平行（前後方向）の方が敏感である。

振動源の対策 [4]

振動源の対策としては、振動源とその基礎の間に皿ばねや空気ばね、防振ゴムなどの振動の伝わり難いものを設置する方法がある。

防振計画に当たっては、対象とする振動数の帯域や、振幅、振動方向、さらにどの位の重さのものかといった振動源の特性や用途・条件に応じて、材料も含め適切に設計する。

地盤伝搬経路の対策 [5][6]

地盤伝搬経路に対しては、地表面の方が地中を伝搬する振動よりも大きいことから、地表面を伝搬する振動を遮断することが効果的である。振動源が特定できる場合には、その伝搬経路線上に防振溝や発泡プラスチック系材料を用いた防振壁などを設ける。これらは溝の深さと対象となる振動の波数によりその効果の度合いが異なる。

受振部の対策 [7][8][9]

受振部の対策として、居室単位については、防振ゴムによって支持する浮き床や防振天井などがあり、構造躯体のまわりを振動の伝わりにくい材料で覆い仕上げる方法がある。また住宅全体としては振動の伝わりにくい材料を用いた地盤改良や、地盤から建物へ伝わる振動を絶縁する免震住宅がある。

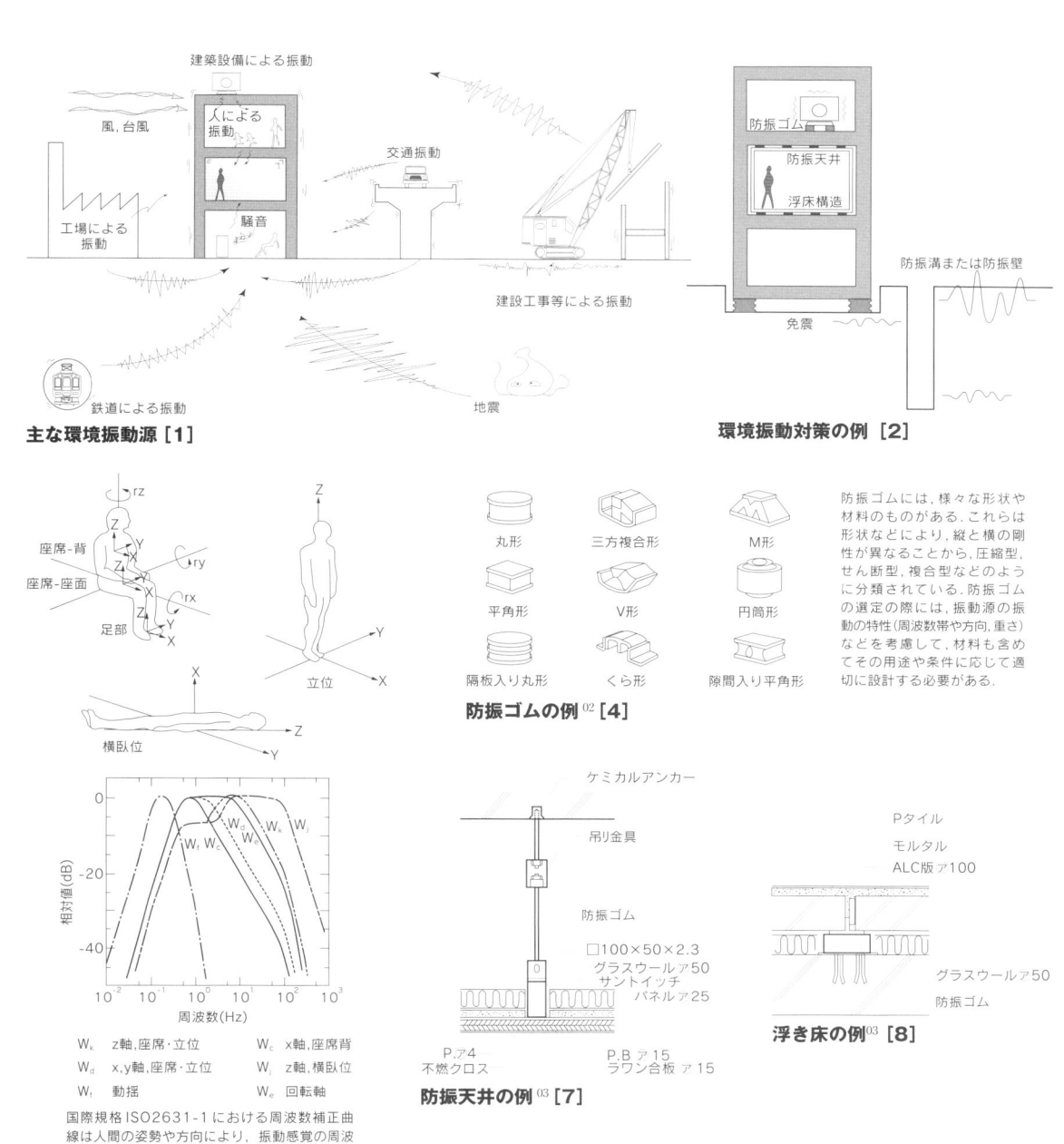

01：基礎工, Vol.30, No.1 より
02：産業環境管理協会「公害防止技術と法規」より
03：フジ・テクノシステム「防振制御ハンドブック」より
04：建築技術, No.657 より

主な環境振動源 [1]

環境振動対策の例 [2]

防振ゴムの例 02 **[4]**

防振ゴムには、様々な形状や材料のものがある。これらは形状などにより、縦と横の剛性が異なることから、圧縮型、せん断型、複合型などのように分類されている。防振ゴムの選定の際には、振動源の振動の特性（周波数帯や方向、重さ）などを考慮して、材料も含めてその用途や条件に応じて適切に設計する必要がある。

人体の座標軸と振動感覚 01 **[3]**

W_k：z軸、座席・立位　　W_c：x軸、座席背
W_d：x,y軸、座席・立位　　W_j：z軸、横臥位
W_f：動揺　　W_e：回転軸

国際規格 ISO2631-1 における周波数補正曲線は人間の姿勢や方向により、振動感覚の周波数特性が異なることを考慮して定めている。

防振天井の例 03 **[7]**

浮き床の例 03 **[8]**

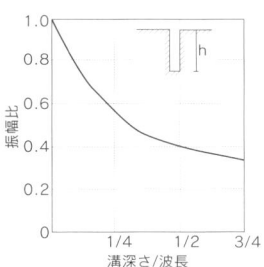

防振溝の効果の一例 01 **[5]**

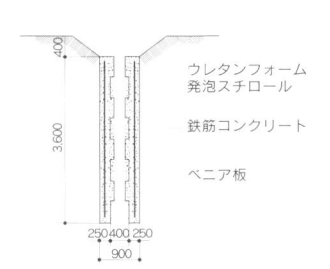

防振壁の例 01 **[6]**

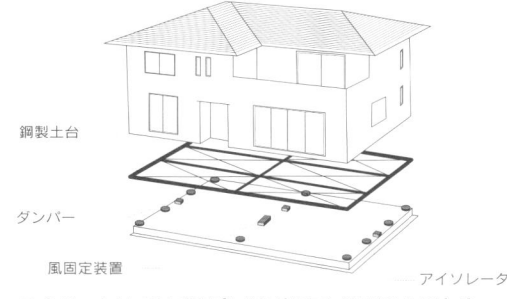

免震住宅の構成 04 **[9]**

アイソレータとしては、積層ゴムや転がり支承、滑り支承などが、ダンパーとしては、鉛ダンパーやオイルダンパーなどが用いられる。

免震レトロフィット

免震構造とは、建築物にアイソレータ、ダンパーと呼ばれる免震部材を組み込んだ構造物である。アイソレータは建物自重を支え、かつ水平剛性が上部構造物の剛性より非常に小さい部位が使用され、建物に作用する水平力による変形を免震層に集中させることで、地面からの震（振）動を建物に伝えさせない（隔絶する）ようにする。免震構造にすることによって、建物だけでなく、その中の家具や設備機器などの被害も少なくすることができる。

また免震構造は新築の建物だけではなく、既存の建物を活かし、免震装置を付加することによって、地面からの地震動を大幅に低減し、耐震性能のある安全な建物にする「免震レトロフィット」としても利用され、歴史的な重要施設などの外観や内部の意匠を変更することなく耐震リニューアルすることができる。

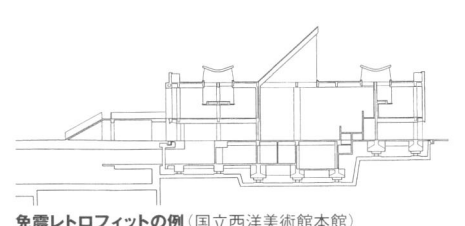

免震レトロフィットの例（国立西洋美術館本館）

環境：湿気 Environment: Moisture

住宅における湿気環境
住宅の湿度環境の形成には種々の湿気の移動が関わり、人体や調理など生活に伴う水蒸気発生や、外気や地盤からの流出入がある。また、床下や小屋裏内でも湿気の流出入が生じている[1][3]。

良好な湿度環境を維持するには、過度の高湿度・低湿度状態を回避するための工夫が必要となる。特に、高湿度状態により生じる結露は甚大な建物被害に結びつく可能性が高いため、防湿の工夫が求められる。

結露の発生
湿り空気（水蒸気を含んだ空気）の温度を下げると、やがて飽和状態に達する。さらに温度を下げると余分な水蒸気は凝縮し、結露が生じる[2]。

結露には表面結露と内部結露があり、表面結露は、壁、床、天井等の表面に発生し、内部結露は壁体内部の材料表面に生じる[4][5]。

結露防止の基本は、余分な水蒸気を流入させないこと、部位や材料の表面を露点温度以上に保つことである。断熱住宅の気密化は、室内の水蒸気を壁体内に流入させないために必要となる。また、非暖房室に水蒸気が移動した場合、各部位表面が露点温度以下であれば結露する[7]。

防湿の工夫
断熱壁体の防湿層と通気工法
内部結露の防止には、外部からの湿気の侵入を防ぐための防湿・気密、壁体内部の乾燥促進を意図した通気措置、構造躯体の乾燥が重要である[6][8]。

調湿 表面結露の防止や過度な高湿度状態を緩和するために、吸放湿性能に優れた建材の使用も有効である[9][10]。

床下の通気 床下は地盤面からの水蒸気により高湿度になりやすい。住宅工法によっては、空気の滞留がないよう換気口を配置することが望ましい[11]。

01：（財）住宅・建築省エネルギー機構：結露防止ガイドブック, p.4, 47 (1992)
02：日本建築学会：建築環境工学用教材 環境編, p.54 (2000)
03：（財）建築環境・省エネルギー機構：住宅の省エネルギー基準の解説, p.185 (2002)
04：芝置屋根のアトリエ（秋田県能代市）1993年、設計：西方設計
05：建築技術 No.620, p.134 (2001)
06：権藤 尚、寒河江昭夫ほか：日本建築学会学術講演会梗概集, p.313 (1997)

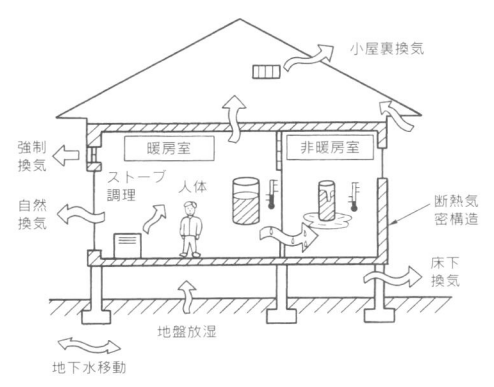

住宅における湿気の典型的な流れ 01[1]

湿り空気の変化（空気線図） 01[2]
ある湿り空気（B点）から温度を下げると、相対湿度が上昇し、飽和状態に到達する（C点）。C点の温度を露点温度という。さらに温度を下げると、余分な水蒸気は液体の水となり、これが壁体やガラス面に付着し結露が生じる。

住宅内における水蒸気発生量の例 02[3]

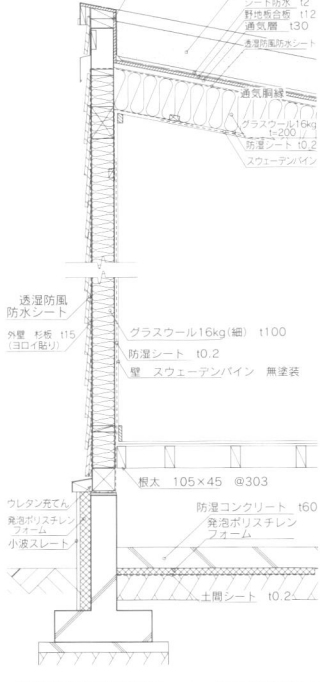

名 称		水蒸気発生量(g/h)	備 考
人体	就寝時	20	いずれも気温20℃の時の値
	安静時	31	
	軽作業時/倚座	44	
	中作業時	82	
	起立時	75	
	歩行時	194	
器具	なべ	500〜700	ふたあり
	やかん	50〜100	ふたあり
	都市ガス燃焼器具	160	
	プロパン 〃	140	
	灯油 〃	110	
	木炭・れん炭	40	
その他	浴槽	500〜1000	入浴中, 0.5 m²
	洗い場	500〜1000	1 m²につき

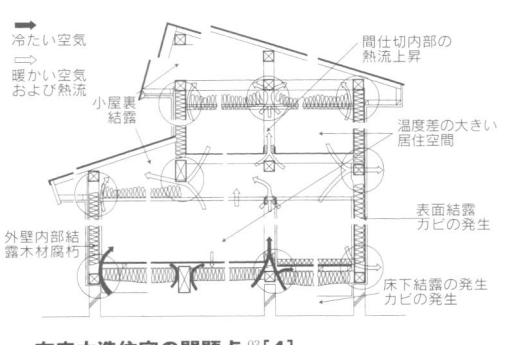

在来木造住宅の問題点 03[4]

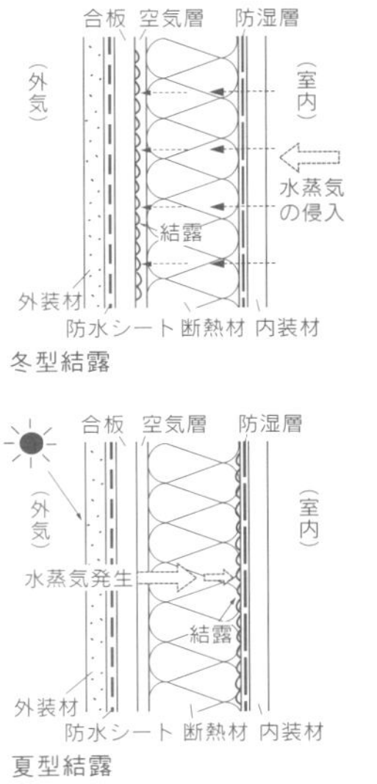

壁体内部結露 [5]
壁体内部結露には冬型と夏型がある。冬型は冬に断熱材外側で生じる。夏型は、日射で蒸し返された水蒸気が移動し、過冷房時に断熱材室内側で生じる現象であり、特に西側壁体で起こりやすい。

在来木造充填断熱 04[6]
断熱材室内側に防湿シート、断熱材外側に透湿防水シート、外装材に杉板を用い通気を確保している。

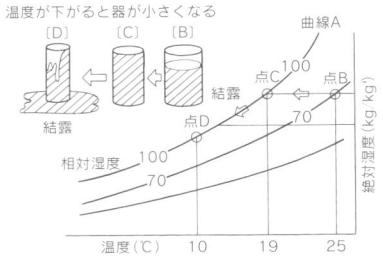

非暖房室への熱の伝わり方と結露 05[7]
空気の移動がなくとも水蒸気は拡散するため、暖房室と非暖房室の水蒸気量は同じとなる。

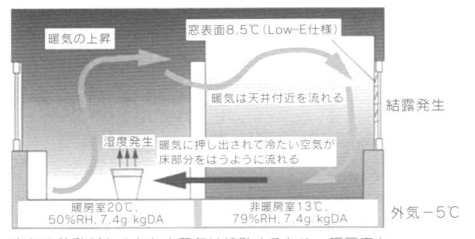

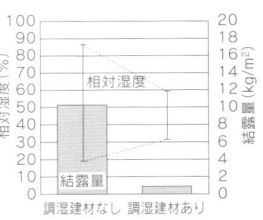

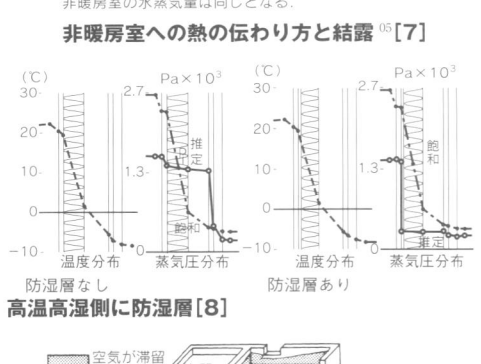

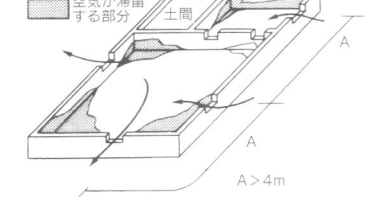

高温高湿側に防湿層 [8]

吸放湿材使用による効果の計算例 06[9]
吸放湿材の使用により、相対湿度の変動が抑えられている。

吸放湿材を適用した内装 [10]

床下換気を確保するための留意点 01[11] 床下換気が不十分な例／床下換気を確保

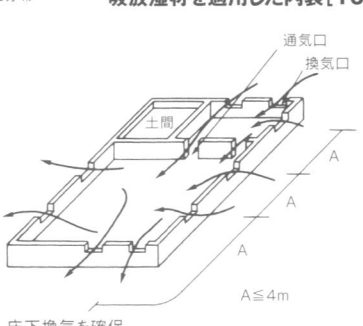

涼しくすまう

日本の夏は高温多湿なため、夏をいかに快適に過ごすかが重視されてきた。その結果、伝統的な建物には涼しくすまうための工夫が見られる。

京都の町家の打ち水は、庭に水をまき、見た目の涼感を得るためだけではない。濡れた葉の表面から蒸発した水分は、空気中に吸収され加湿冷却作用を引き起こし、冷気となって室内に流れ込み、涼感を得るのである。また、風がないときでも内庭を利用して居住空間の空気の流れを促進させて涼を得ている。これは、外の風が直接吹き抜けるのではなく、庭間に生まれる微妙な圧力差を利用した空気の揺らぎにより、内庭の冷気が居室内に取り込まれることで涼が得られる。

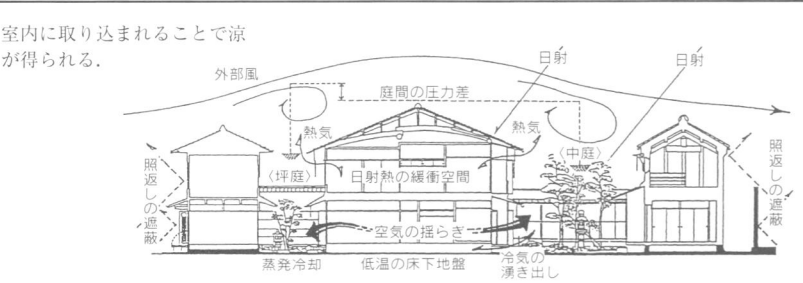

町家の涼しさのしくみ [出典：北海道外断熱建築協議会編：住まいの断熱読本, p.75 (2001)]

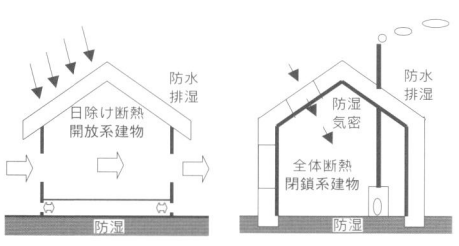

Environment: Insulation, Airtight and Moisture Prevention **環境**：断熱・気密・防湿

断熱・気密・防湿の意義

室内環境の質の向上、省エネルギーの実現や建物の長寿命化を図る上で、エンベロープでの熱・空気・湿気の流出入に対し、内と外を明確に分けることが必要である[1][2]。

気候区分と省エネルギー基準

南北に長い国土を有する日本は100にも及ぶ気候ゾーンを持つ。よって、各地域の気候特性に合わせた断熱・気密・防湿計画が必要である。

我が国には住宅の省エネルギー基準が策定されており、断熱性能は熱損失係数で定量化され、寒さの度合いにより性能が規定される。現行の基準は先進諸国と同レベルである[3][4][5]。

防湿性能の確保

構造躯体内部で生じる結露は断熱材の劣化、構造材の腐朽や内装材の劣化・汚損に繋がる。内部結露を防止するには、外部からの湿気の侵入を防ぐための防湿・気密、壁体内部の乾燥促進を意図した通気措置、構造躯体の乾燥が重要である[6][7]。

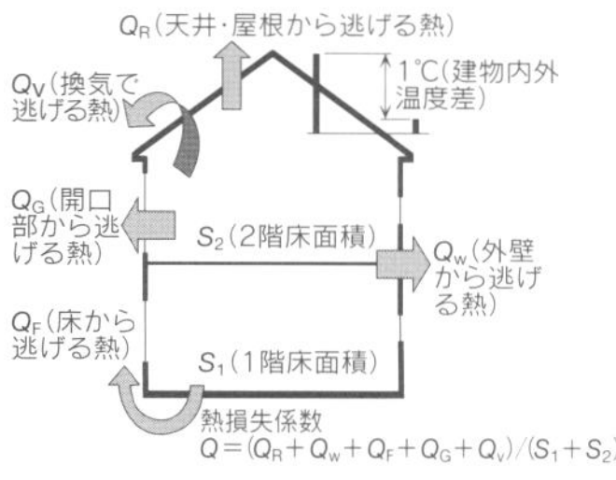

部分断熱と全体断熱の差異 [1]

開放系建物：夏の湿気に対する対策として、開放の必要性から生まれた工夫。伝統的な民家には茅葺屋根による遮熱効果が認められる[01]。また、放湿・通気性に優れた材料と通気が容易な構法が採用される。

閉鎖系建物：冬の寒さに対する対策として、閉鎖の必要性から生まれた工夫。温度・湿度（水蒸気圧）の内と外を断熱気密壁で区画する[01]。断熱・防湿性に優れた材料と気密性に富んだ構法が採用される。高温高湿空気を壁体内へ流入させない工夫が必要。

茅葺き屋根の遮熱 [2]

熱損失係数の概念と定義[02] [3]

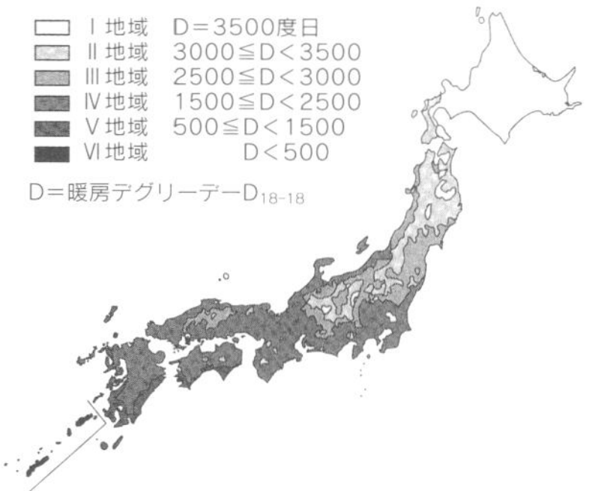

建物での熱の流出入は各部位で生じる。住宅の断熱性能は熱損失係数として定量化される。

$Q = (Q_R + Q_W + Q_F + Q_G + Q_V)/(S_1+S_2)$

省エネルギー基準の地域区分[03] [4]

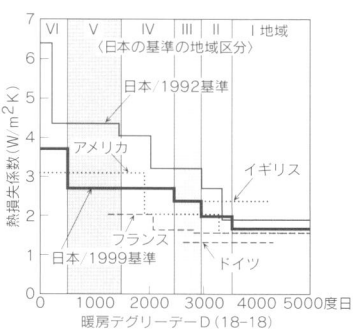

D = 暖房デグリーデー D_{18-18}

I 地域	D ≧ 3500
II 地域	3000 ≦ D < 3500
III 地域	2500 ≦ D < 3000
IV 地域	1500 ≦ D < 2500
V 地域	500 ≦ D < 1500
VI 地域	D < 500

省エネルギー基準の国別比較[02] [5]

01: 荒谷登：開放系住居と閉鎖系住居の発想の特質、日本建築学会北海道支部研究報告集 No.52, P207 (1980)
02: (財)建築環境・省エネルギー機構：住宅の省エネルギー基準の解説、pp.12, 23, 50, 161 (2002)
03: 日本建築学会編：地球環境建築のすすめ 入門編、p.93 (2002)
04: 箱の家39（東京都杉並区）2000年、設計：難波和彦＋界工作舎
05: 建築技術 No.648、p134 (2004)

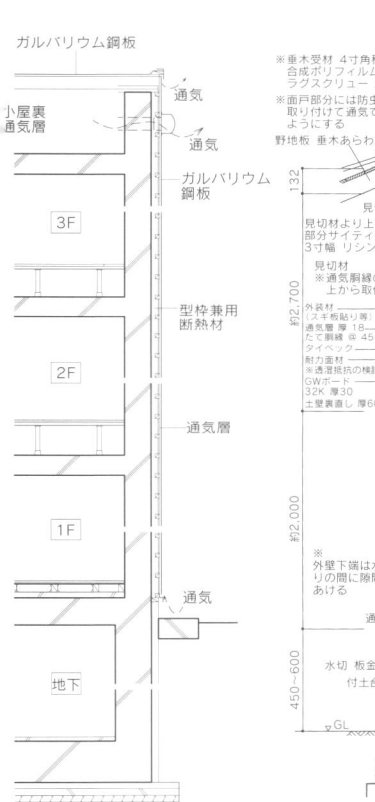

断熱の内と外への配慮[02] [6]

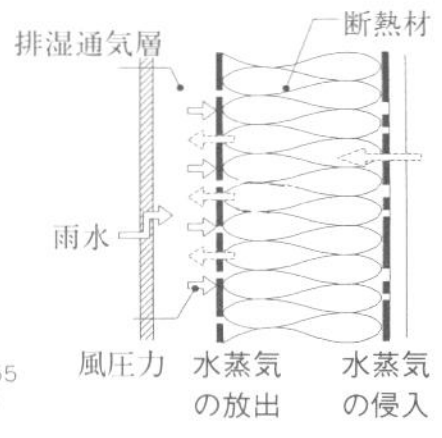

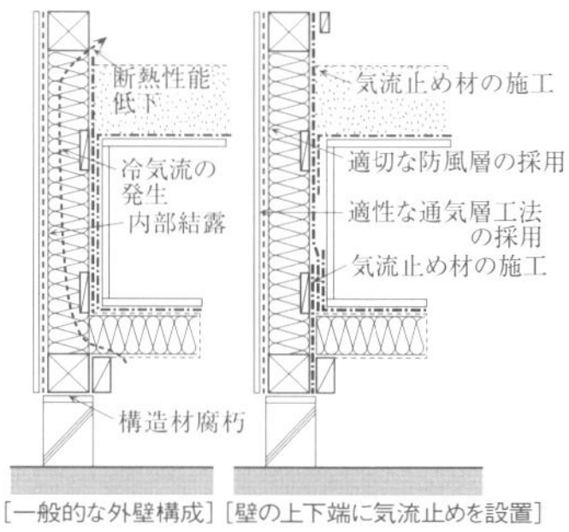

壁体内部への湿気の侵入を防ぎ、円滑な排湿が可能な通気層を採用することにより、内部結露の実害を最小限にすることができる。

壁内通気の防止[02] [7]

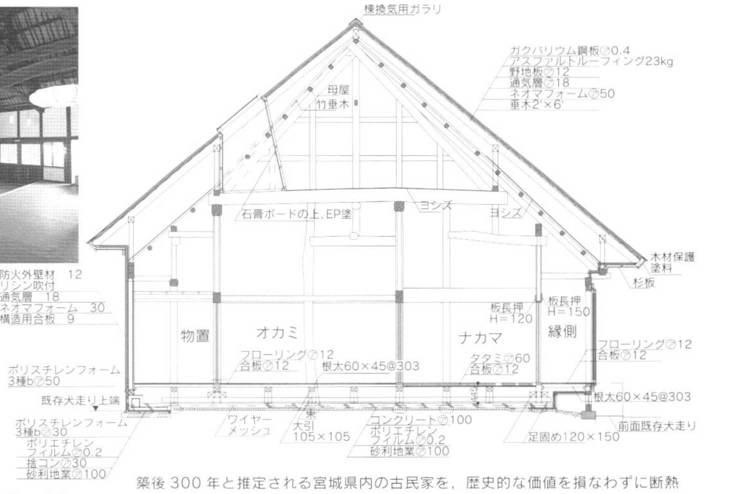

通気止めは断熱性能の低下を防ぐ。

RC造外断熱[04]

コンクリート打設時の型枠に発泡系断熱材を用い、基礎を含めた外断熱。小屋裏は緩衝空間となる。

土壁造住宅の断熱[05]

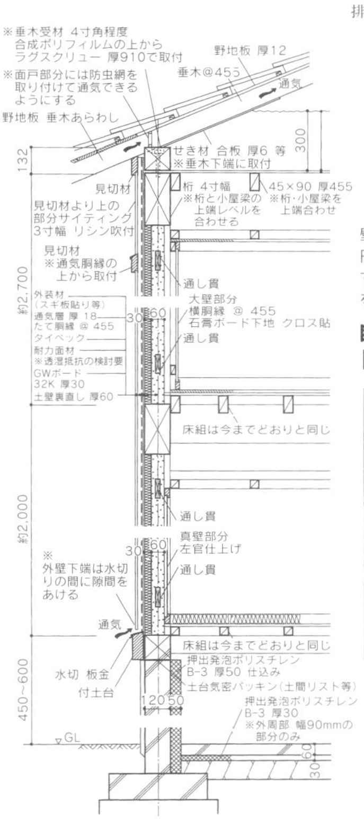

土壁の湿気容量と熱容量の活用を意図し、断熱材を外側に施工する。排湿の工夫も見られる。

民家の断熱改修の例

築後300年と推定される宮城県内の古民家を、歴史的な価値を損なわずに断熱改修した例。断熱性能は次世代省エネルギー基準を満たす。断熱気密化手法の可能性を示している。（設計：安井設計工房）

環境への開放と閉鎖、季節による切替え

断熱・気密・防湿計画は、熱と湿気に関して内と外を明確に区画することを意図する。しかし、これは必ずしも室内環境を完全に外部から閉鎖・遮断することを意味する訳ではない。閉鎖系建物には開放の機能を容易に付加することができるため、季節ごとの切替えにより、外部環境への開放が可能となる。

[1]台風対策にRC造を採用する一方、中庭・抜けを設けて採光と通風を確保し、開放的な住まいを実現している。
[2]夏は前面開口部を開放して林からの冷たい風を取り込み、冬は日射を室内奥まで取り込む。熱容量の大きい床に、冬の日中は日射熱を蓄え、夏の夜間は冷気を蓄えて利用できる。
[3]外断熱で基礎を含む建物全体を包み、暖冷房負荷を下げ室内の間仕切りを不要にすることで、開放時にはテラスからの採光や通風が全体に行き渡るようになっている。

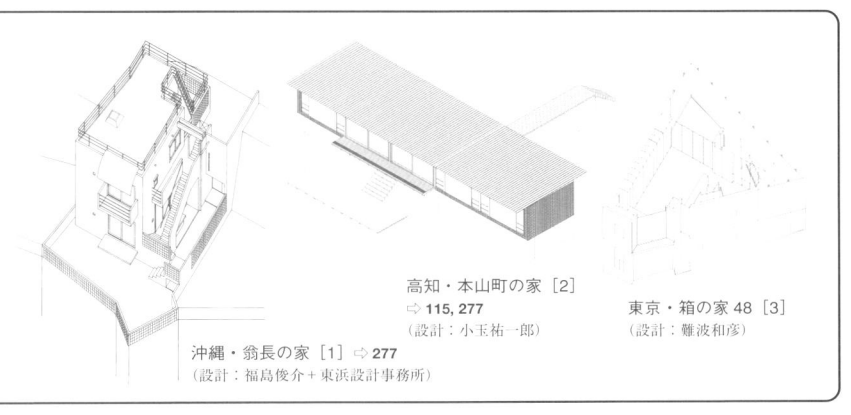

沖縄・翁長の家 [1] ⇒277
（設計：福島俊介＋東浜設計事務所）

高知・本山町の家 [2]
⇒115, 277
（設計：小玉祐一郎）

東京・箱の家48 [3]
（設計：難波和彦）

環境：空気質と換気 1 Environment: Air Quality and Ventilation

室内の空気質 [1]〜[3]

空気質とは人間が吸い込む空気の物理的・化学的な性質と定義される[01]。室内空気を構成する物質には、非常に多くの汚染物質が関連している。一般に、これらの汚染物質の濃度は屋外よりも室内の方が高いため、窓の開放や排煙、通風を始めとして、空気を入れ換えるための工夫がなされてきた。

空気質に影響を与える物質

室内空気を清浄に保つためには、汚染物質を人体等に影響を及ぼさない程度の濃度に保つ必要がある。以下に、主な室内汚染物質を挙げる[4]。

一酸化炭素：主に燃焼器具の不完全燃焼により発生する。赤血球のヘモグロビンへの親和力が高く、吸引すれば血液の酸素保持能力を著しく低下させ、酸欠状態となる[5][6]。

窒素酸化物：開放型燃焼器具やタバコが発生源となる。呼吸器系の疾患と関連する[7]。

ホルムアルデヒド：合板等の接着剤が原因となり、建材、家具などから放散する。主に、目、鼻、喉に対する刺激作用を及ぼし、シックハウス症候群の原因物質とされている。建材等からの放散量を抑制すれば、適切な換気により室内の濃度低減が十分可能となる[8]〜[10]。

揮発性有機化合物（VOC）：炭素を含む揮発性の化学物質の総称であり、室内で確認される物質は100を超える。トルエン、キシレンなど健康被害が懸念される物質に対しては室内濃度指針値が示されている。有害な物質を放散しない、安全な材料の選定が重要である[14]。

臭気：主に不快な臭いを示す。住宅内ではタバコ、生ゴミ、排泄物等の臭いが該当する。

アレルゲン：アレルギーを起こす物質をアレルゲンという。アレルゲンには、ダニの虫体・排泄物、カビ、動物の毛、花粉等が挙げられる。ダニ数は高温多湿な夏季に多いが、アレルゲンとしては秋季に多くなるといわれている[11][12]。

適切な換気量の確保

室内を清浄な空気環境に維持するには適切な換気が必要である。どの程度の換気を行えば良いかを決定するには、各汚染物質が許容濃度以下になるよう、換気量を確保するHASS102による方法がある。諸外国の室全体の換気回数は、0.5回／h前後に規定されている[4][13]。

01：木村建一：住居環境用語辞典、p.47（2003）
02：加藤信介ほか：建築環境工学、p.79、84（2002）
03：日本建築学会編：建築環境工学用教材、p.68（2000）
04：空気調和・衛生工学会：HASS102換気規準・同解説、p.7（1997）
05：池田耕一：室内空気汚染の原因と対策、p.19、137（1998）
06：日本建築学会編：室内空気質環境設計法、p.59、99、128（2005）
07：日本建築学会編：シックハウス事典、p.38、144（2002）

建築における空気汚染源[02] **[1]**

発生源	汚染物質の例
人体	体臭、CO_2、アンモニア、水蒸気、ふけ、細菌
タバコ煙	粉じん（タール、ニコチン、その他）、CO、CO_2、アンモニア、NO、NO_2、炭化水素類、各種の発がん物質
人の活動	砂じん、繊維、かび、細菌
燃焼機器	CO_2、CO、NO、NO_2、SO_2、炭化水素、煙粒子、燃焼核
事務機器	アンモニア、オゾン、溶剤類
殺虫剤類	噴射剤（フッ化炭化水素）、殺虫剤、殺菌剤、殺鼠剤、防ばい剤
建物	ホルムアルデヒド、アスベスト繊維、ガラス繊維、ラドンおよび変異物質、接着剤、溶剤、かび、浮遊細菌、ダニ
メンテナンス	溶剤、洗剤、砂じん、臭菌

室内で発生する主要な汚染物質[03] **[2]**

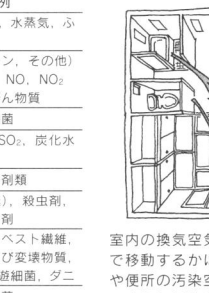

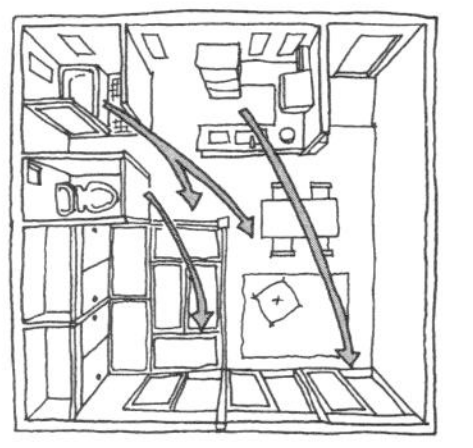

換気経路の確保[02] **[3]**

室内の換気空気がどのような順序で移動するかは重要である。風呂や便所の汚染空気が居室内に流れるような経路は望ましくない。

HASS102における設計基準濃度[04] **[4]**

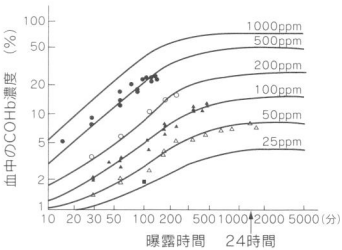

(a) 総合的指標としての汚染質と設計基準濃度

汚染質	設計基準濃度	備考
二酸化炭素*1	1 000 ppm	ビル管理法*2の基準を参考とした。

(b) 単独指標としての汚染質と設計基準濃度

汚染質	設計基準濃度*3	備考
二酸化炭素	3 500 ppm	カナダの基準を参考とした。
一酸化炭素	10 ppm	ビル管理法の基準を参考とした。
浮遊粉じん	0.15 mg/m³	（同上）
二酸化窒素	210 ppb	WHO*2の1時間基準値を参考とした。
二酸化硫黄	130 ppb	WHOの1時間基準値を参考とした。
ホルムアルデヒド	80 ppb	WHOの30分基準値を参考とした。
ラドン	150 Bq/m³	EPA*2の基準値を参考とした。
アスベスト	10 本/l	環境庁大気汚染防止法の基準を参考とした。
総揮発性有機化合物（TVOC）	300 µg/m³	

注 *1 室内空気汚染の総合的指標としての値を示し、二酸化炭素そのものの健康影響に基づくものではない。すなわち、室内にある各種汚染質の個別の発生量が定量できない場合に二酸化炭素濃度がこの程度にそれに比例して他の汚染質のレベルも上昇することを推定する手段として用いる。室内にある全ての汚染質発生量が既知であり、その汚染質の設計基準値が設定されている場合には、総合的指標である二酸化炭素濃度1 000 ppmを用いる必要はない。その場合、二酸化炭素自体の健康影響に基づく値、3 500 ppmを用いることができる。
*2 建築物環境衛生管理基準をビル管理法、世界保健機構をWHO、米国環境保護庁をEPAとした。
*3 設計基準のうち、[ppm]、[ppb]で記したものは、質量濃度を25℃、1気圧において体積濃度に換算したものである。

CO曝露量とCOHb濃度の変動[05] **[5]**

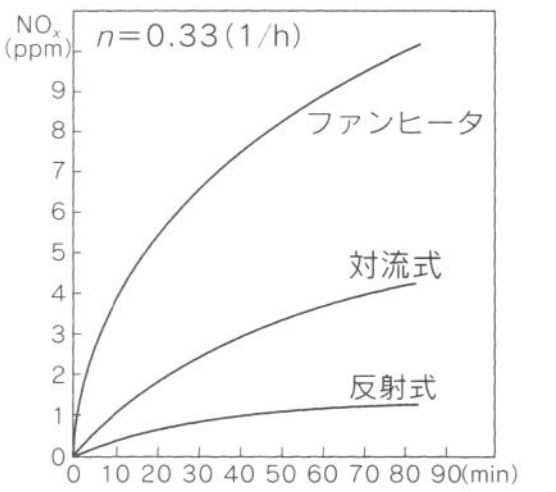

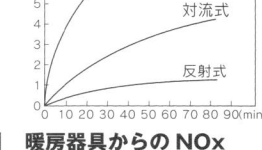

暖房器具からのNOx発生[06] **[7]**

COHb濃度と健康影響[05] **[6]**

COHb(%)	影響
0.4	非喫煙者に対する生理学的正常値
2.5〜3	狭心症や間欠跛行を伴う患者の運動能力の低下
4〜5	交通警報の頭痛や疲労感などの症状の増加
5〜10	新陳代謝の変化および障害：視覚、手先の器用さ、学習能力などの統計的に有意な減退
10以上	頭痛と手の動作における障害：脳波計により視覚に基づく反応に変化が起こる

ホルムアルデヒドの健康影響[06] **[8]**

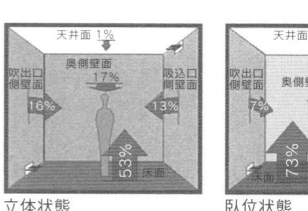

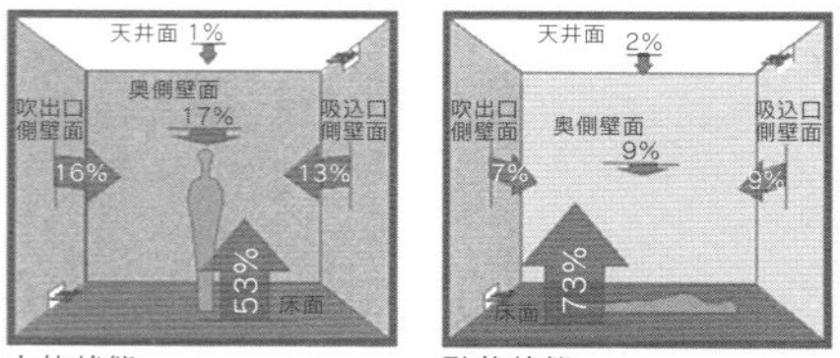

影響	ホルムアルデヒド濃度(ppm)	
	推定中央値	報告値
におい検知閾値	0.08	0.05〜1
目への刺激閾値	0.4	0.008〜2
喉の炎症閾値	0.5	0.05〜3
鼻・目への刺激	3	2〜3
30分間なら耐えられる（流涙）	5	4〜5
強度の流涙（1時間しか耐えられない）	15	10〜21
生命の危険、浮腫、炎症、肺炎	31	31〜50
死亡	104	50〜104

呼吸吸引の可能性の例（ホルムアルデヒド）[07] **[9]**

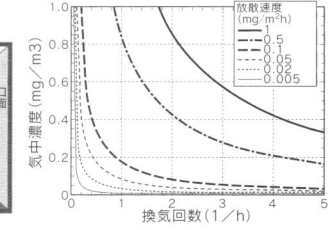

立体状態 / 臥位状態

換気回数とホルムアルデヒド気中濃度の関係[07] **[10]**

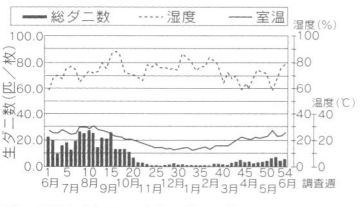

ダニ測定結果の例[05] **[11]**

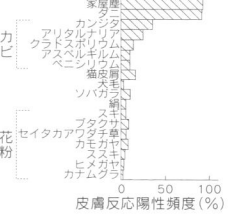

各種アレルゲンの陽性反応を示す割合[06] **[12]**

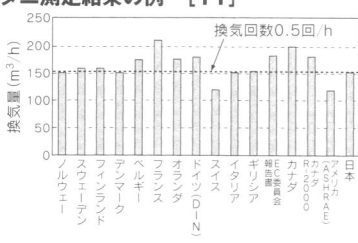

喘息発作に対して陽性反応を示したアレルゲンの割合は、ダニが最も高く、次いでカビとなっている。

各国の必要換気量の計算例[06] **[13]**

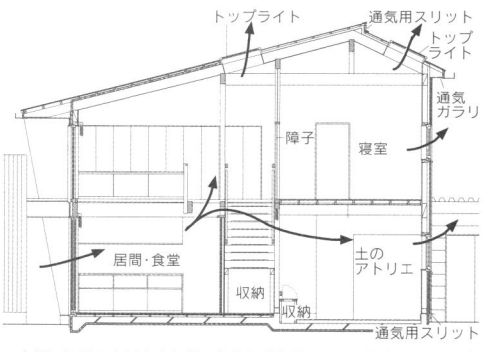

欧米先進国の換気基準を基に、同一の戸建住宅モデルを用いて必要換気量を算出した例。

室内空気環境に配慮した事例（設計：鈴木信恵／うてな計画室、監修：早稲田大学田辺研究室）**[14]**

内装に無垢の木材や土などの材料を積極的に用い、換気への配慮がなされた例。自然素材からも化学物質は放散されるが、人体に被害が及ぶには至らない。

化学物質過敏症とシックハウス症候群

人の体には化学物質に対する許容量（トータル・ボディロード）があるといわれ、個人の許容量を超えてしまうと、自立神経、中枢神経等の器官にいろいろな不調が現れる。一度に大量の有害化学質に曝露されたり、微量ではあるが長期間に継続的に曝露されてきたことが原因で、化学物質に対する体の許容量が限界となった場合、次に微量ではあるが化学物質に曝露された時に多彩な症状を呈する。このような疾患を化学物質過敏症という。

シックハウス症候群は、新築の住宅、リフォーム後の住宅などに入居した後、気分が悪くなったり、体のだるさ、喉の痛みなどの体調不良を訴えるようになることをいう。原因となる住宅を離れると症状がなくなることが化学物質過敏症とは異なる。また、シックハウス症候群は化学物質過敏症の原因の一つといわれている。

トータル・ボディロード

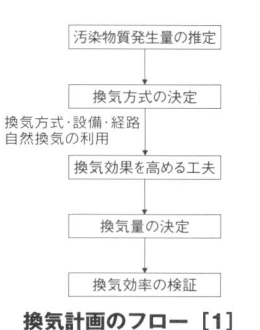

Environment: Air Quality and Ventilation　環境：空気質と換気2　275

換気の目的

清浄な空気環境を維持するために，室内で発生する種々の汚染物質を排出し，新鮮な外気を導入する．住宅では，①人や燃焼器具への酸素供給，②化学物質等の汚染物を許容濃度以下に抑制，③水蒸気や臭気等を排出，④窓を開放して涼感を得るような通風が換気の主な目的[01]となる．

換気計画 [1][2]

必要な換気量を必要な場所に供給するためには，換気システムを建物全体で考え，計画的にデザインする必要がある．

必要換気量 [3]

室内の空気環境を清浄に維持し，汚染物濃度を人体に影響のないレベルに保つために必要な換気量．汚染物の許容濃度と発生量がわかれば算出できる．
（必要換気量＝汚染物の発生量／（汚染物濃度の許容値－外気の汚染物濃度））

換気の方式

自然換気と機械換気：空気は圧力の高いところから低いところへ流れる．この圧力差で，自然の力（温度差，風力）が生じて空気が流れ，換気される場合を自然換気，機械力を利用する場合を機械換気という．機械換気は，送風機と排風機の位置により三種類に分類される．北海道や東北には，排気筒を設けたパッシブ換気システムの実例がある．送風機を用いず，室内外温度差と外部風の誘引効果を利用して換気を行う．補助用に送風機を設置したハイブリッド換気システムもある [4][7][8]．

全体換気と局所換気：室内全体を換気する全体換気に対して，レンジの換気扇のように特定の汚染物を拡散させない換気を局所換気という [5]．

換気経路：換気のために取り入れた新鮮な外気は，一般居室→廊下→台所・浴室・便所等の順で流れるよう計画する．換気による熱損失を抑えるために，熱交換器の利用が有効 [6][9]．

換気の効率 [11]

新鮮な外気を居室に供給し，汚染物を拡散させずに排出することが望ましく，室の居住域と非居住域間（天井付近）の空気を混合させない方式もある．

気密性能と換気設備 [2][10]

換気方式は住宅の気密性能に応じて選択する．設計時に意図した通りの換気を行うためには，1〜2cm²/m²の気密性能を確保することが必要である．

01：日本建築学会編：シックハウス事典，p.82, 83（2002）
02：加藤信介ほか：建築環境工学，p.80, 81, 83（2002）
03：「建築の設備」入門編集委員会編：「建築の設備」入門，p.93（2005）
04：日本建築学会編：室内空気質環境設計法，p.33（2005）
05：建築環境・省エネルギー機構：IBEC, No.136, p.27（2003）
06：Grieve, P. W.: Measuring Ventilation using Tracer-gases, p.14（1992）

換気計画のフロー [1]
- 汚染物質発生量の推定
- 換気方式の決定（換気方式・設備・経路 自然換気の利用）
- 換気効果を高める工夫
- 換気量の決定
- 換気効率の検証

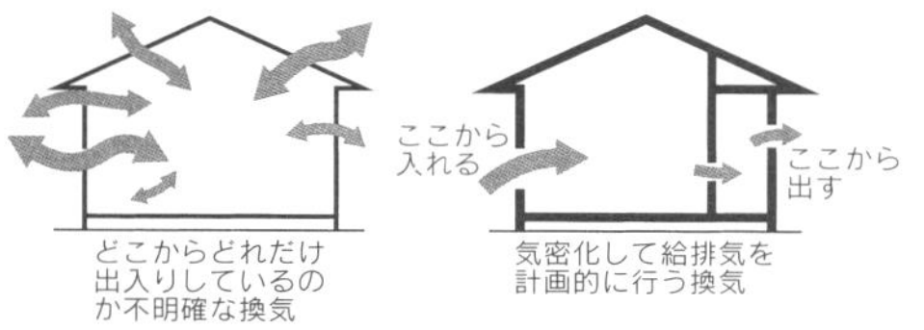

計画換気には気密化が必要[01] [2]
汚染質発生量の少ない建材を使用することが前提となる．換気設備には，建物の気密性能に応じたシステムを導入する．新鮮な外気は，冬は冷気であり，これを導入すれば，省エネルギーとは相反してしまう．よって，室内温熱環境を乱さない効率の良い換気システムの利用が望ましい．

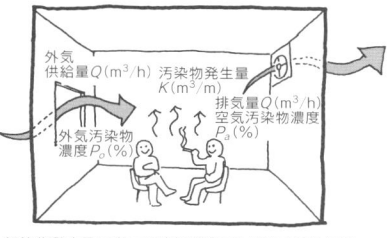

室内の汚染物と換気量の関係[02] [3]
外気供給量 $Q(m^3/h)$，汚染物発生量 $K(m^3/h)$，排気量 $Q(m^3/h)$，外気汚染物濃度 $P_0(\%)$，空気汚染物濃度 $P_a(\%)$
汚染物発生量に応じて外気供給量を増やさなければ，室内の空気汚染濃度は上昇してしまう．

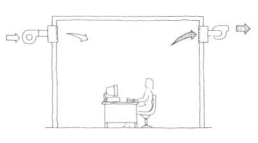

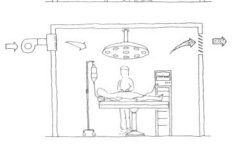

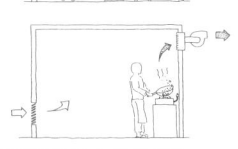

機械換気の方式[03] [4]
- 第一種機械換気：室内圧を正圧・負圧いずれにも設定でき，漏気量に影響する内外圧力差を小さくできる．熱交換機の採用可能．
- 第二種機械換気：室内は正圧になる．給気側に送風機，排気は自然に任せる．給気以外からは空気が侵入することはない．
- 第三種機械換気：室内は負圧になる．排気側に排風機，給気は自然に任せる．排気以外からは空気は流出せず，汚染空気を局所的に排出できる．

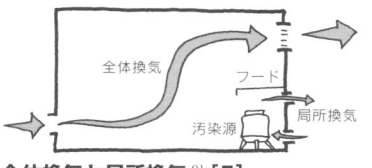

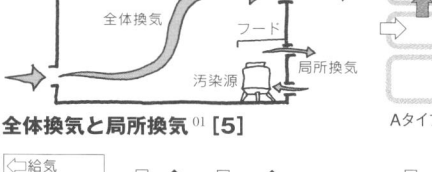

全体換気と局所換気[01] [5]
台所の換気は換気量が大きいため，運転時間が短いため，換気経路は独立させる．

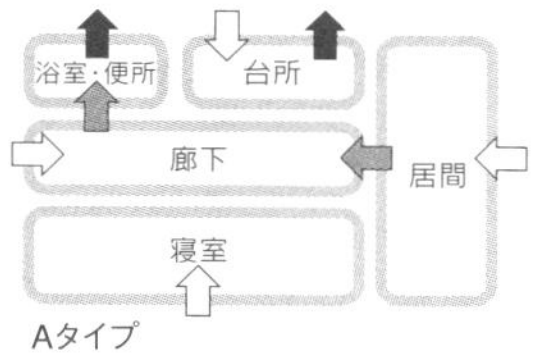

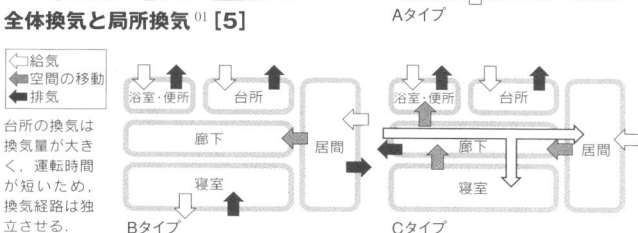

典型的な換気経路のタイプ[01] [6]
Aタイプ／Bタイプ／Cタイプ

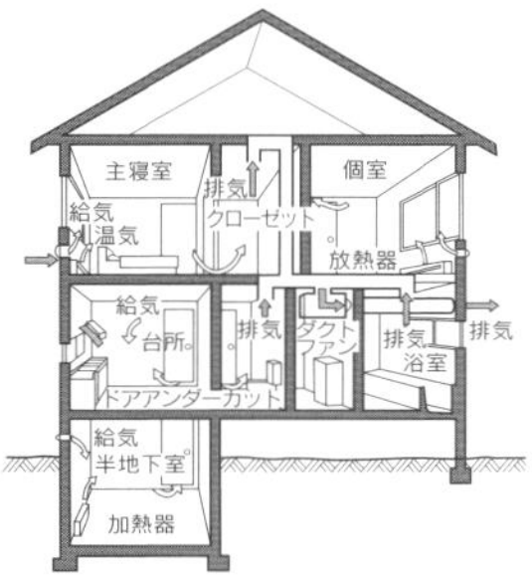

第三種機械換気の概念図[04] [7]

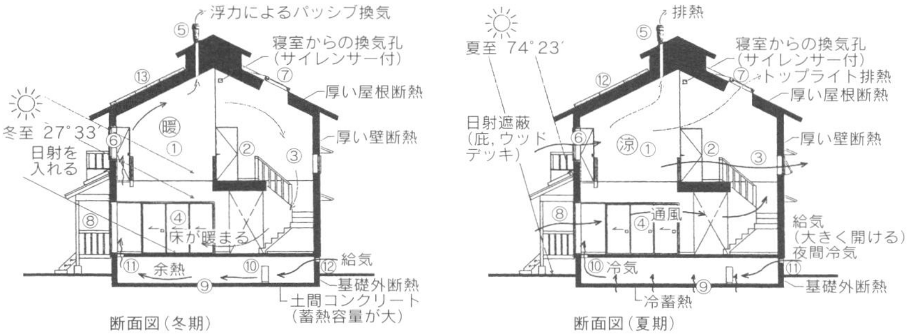

パッシブ換気システムの適用例[05]（盛岡市，設計：植田優建築工房）[8]
断面図（冬期）／断面図（夏期）
冬至 27°33′／夏至 74°23′

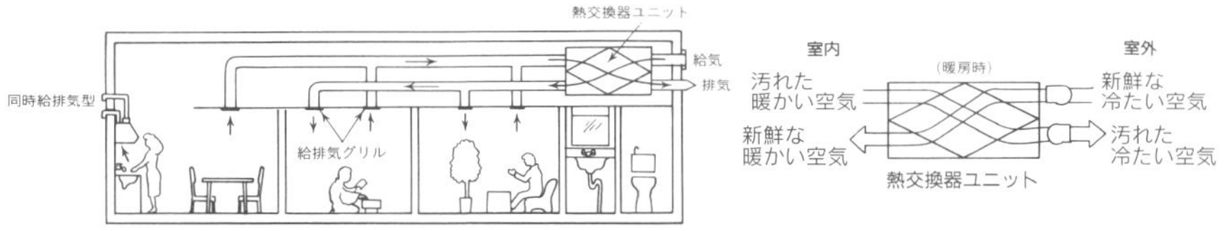

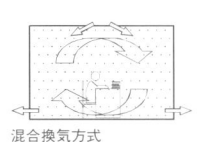

全熱交換器による換気システム [9]

気密性能に対応した住宅設備の例 [10]

気密性能グレード	1	2	3	4	5	6
床面積当りの相当開口面積	0.41　0.53　0.71　0.95	1.25　1.7　2.24　3.0	4.1　5.3　7.1　9.5	12.5　17.0	30.0 cm²/m²	
換気回数（回/h）（温度差20℃, 無風, 床面積120m², 床高2.5m）	0.11　0.15　0.19　0.26	0.35　0.46　0.61　0.82	1.1　1.5　1.9			

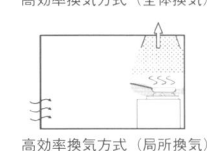

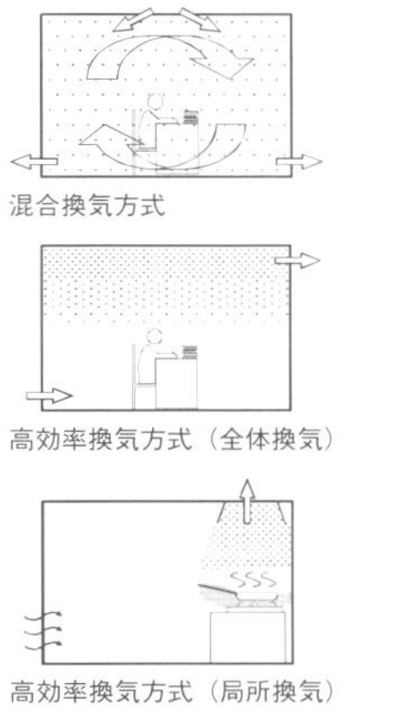

混合換気と高効率換気 [11]
混合換気方式／高効率換気方式（全体換気）／高効率換気方式（局所換気）

換気効率の表現

室内の空気には給気された直後の新鮮な空気と，室に長い時間滞在し，汚染が進んだ空気とが存在し，同じ室内でも汚染物濃度には分布がある．換気の効率を考える場合には，このような分布を考慮して，居住域の空気を清浄に維持する必要がある．

空気齢は，空気を人の一生に例え，室での滞留時間を空気の寿命と考える．空気齢の短い場所は新鮮空気の到達時間が早く，換気効率が高い．

新しい空気と古い空気[06]
空気齢の考え方

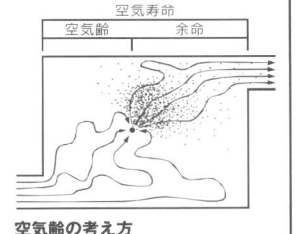

276　環境：パッシブデザイン 1　Environment: Passive Heating and Cooling

パッシブデザインの定義と意義

地域の気候・風土に合わせてデザインすることによって、熱や光、空気などの流れを制御し、地球環境負荷を極力少なくすると同時に快適な環境を得る設計手法のこと．建築デザインの必須事項である．

パッシブデザインにより、安全性・健康性の向上、および地域、風土に配慮した意匠デザインも達成される．

パッシブデザインの考え [1]

外部条件の大きな変動に対して、さまざまな建物自体の工夫（建築的手法）を適切に組み合わせ、できるだけ快適な室内環境とし、不足分のみを機械装置（機械的手法）によりまかなう．

パッシブデザインの手順 [2]～[6]

まず対象地域の気候や風土を十分に把握した上で、防御すべき気候要素と利用可能な自然エネルギー源を抽出する．次に、自然エネルギー利用の原則に従い、冬と夏の手法を、互いの調和を図りながら計画する．さらに、意図した性能が発揮されるかを設計段階でチェックし、最後に住まい方マニュアル等により建物の使われ方を示す．

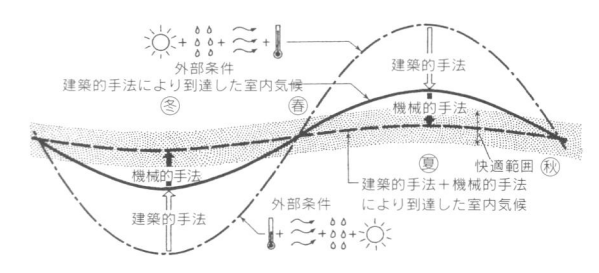

室内気候調整における建築的手法と機械的手法 [01][1]

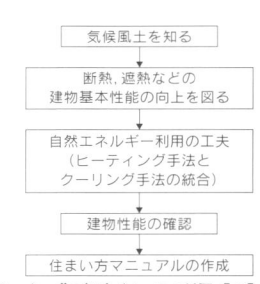

パッシブデザインの手順 [2]

気候・風土，自然エネルギー源	パッシブヒーティングの原則	パッシブクーリングの原則	パッシブデザインの評価
パッシブデザインは、対象地域の気候特性や風土を知ることから始まる．暖房度日などの地域ごとの基本的な数値はもとより、日中と夜間の風向の違いなど、その敷地特有の微気候を把握する．また、日射や地中温度、放射冷却など、利用可能な自然エネルギー源も把握する．	第一に、建築外皮の断熱・気密性能を高め、建物からの熱損失を極力少なくする．次に、この断熱・気密性能と太陽熱などの集熱性能、集めた熱を蓄えておく蓄熱性能の3者のバランスを取る． ・断熱・気密性能を高める ・集熱性能を高める ・蓄熱性能を高める ・市街地での対応	「日射を切って風を通し、それを冷やす」が原則．まず、日除けや断熱強化などにより、日射熱の侵入を極力排除する．次に、室内の熱気を外へ排出するとともに涼房効果を得る通風を図り、最後に自然エネルギー源により冷やす工夫をする． ・日射遮蔽性能を高める ・通風性能を高める ・積極的採冷手法	建物性能を設計段階でチェックする．自然エネルギー利用での太陽熱依存率や地球環境負荷に対する$LCCO_2$などとともに、室内居住環境評価も行う．これらの評価では、建物の使われ方を考慮する． ・太陽熱依存率 ・ライフサイクル評価 ・居住環境評価 ・住まい方マニュアル

自然エネルギー利用による室内機構調整の原則 [3]

自然エネルギー利用手法の例

ヒーティング（パッシブシステム／ハイブリッドシステム／アクティブシステム）			
太陽熱の利用　冬季の南面で最大 600W/m^2 程度になる．窓、壁、屋根などが受ける日射熱を室内に取り込み、暖房に利用する．			
パッシブシステム			ハイブリッド／アクティブシステム
ダイレクトゲイン 窓から入射する日射熱を熱容量の大きな床や壁などの蓄熱体に蓄熱させ、夜間や曇天時に放熱させて暖房効果を得る方式．	**トロンブウォール** ガラス面の内側に設けた厚いRC壁やレンガ壁に日射熱を吸収させ、夜間に室内側に放熱させる方式．	**グリーンハウス（付設温室）** 居室の南側に温室を設け、ここで集めた熱を室内に循環する方式．居室との境をガラス戸や蓄熱壁にするなど多様なバリエーションがある．	**温風蓄熱方式床暖房** 屋根を集熱装置とし、軒先から取り入れられ暖められた外気を床下へ送り、床および蓄熱体をを暖めた後、室内に放出する方式．
荒谷邸（設計：荒谷 登）[03]	ゲルボー邸（設計：G. ゲルボー）[03]	バルコム邸（設計：S. ニコラス）[03]	ウォーター・フロア（水蓄放熱床）システム [04]
要点：①断熱は十分な厚さとし、蓄熱体の屋外側に配置（外断熱）する．②窓は十分な日射が得られる大きさとする．ただし、夜間は大きな熱損失面となるので夜間断熱（雨）戸等を設ける．	要点：①午前中の室温上昇を早めるためには空気自然循環用の開口（逆循環防止ダンパー付）を設ける．②冬季には夜間の熱損失を抑えるために断熱（雨）戸を設置する．③夏季の日射遮蔽、排熱も必ず考慮する．	要点：室温がオーバーヒートしないようにする工夫が必要．ここでは暖気を床下に送り床暖房している．夏季には日射遮蔽と排熱が必要．	要点：日中は常に新鮮外気が供給されるこの方式は、換気量の多い建物に向いている．木造の場合は蓄熱量が不足がちなので注意する．
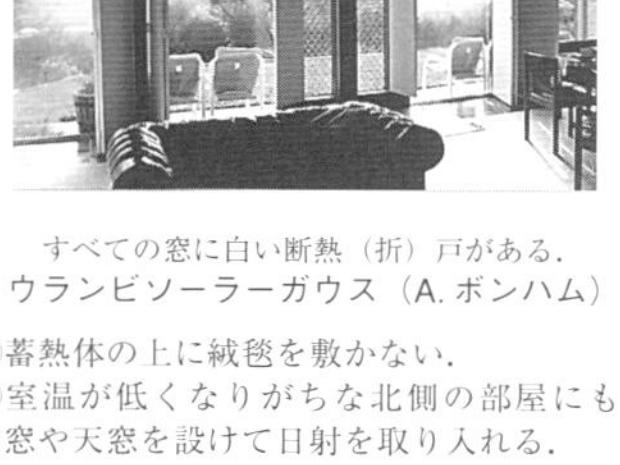 すべての窓に白い断熱（折）戸がある． **ウランビソーラーガウス（A. ボンハム）** ③蓄熱体の上に絨毯を敷かない． ④室温が低くなりがちな北側の部屋にも、高窓や天窓を設けて日射を取り入れる．	断熱戸は、下側に稼働させることにより反射板として機能し、集熱量の向上を図る．また、夜間の熱損失の減少、夏季の日射遮蔽に効果的． **岡本邸**（設計：岡本康男）	**エアサイクル（二重外皮）** 家全体の外壁を二重にし、南側の温室などの集熱部で日射熱を取り入れ、これを駆動力にして二重壁の間に空気を循環させる方式． スミス邸（設計：T. スミス）[03] 要点：夏季における遮熱・排熱および夜間の放熱サイクルを考慮する．	**太陽光発電・太陽熱集熱併用** 空調用新鮮外気を太陽光発電パネルの下に通して予熱する手法．結晶型太陽電池では、パネル温度が下がり、発電効率もアップする． 山梨県環境科学研究所（設計：日建設計） 要点：風量と集熱温度とのバランス、ダクトの納まり・保温に注意する．

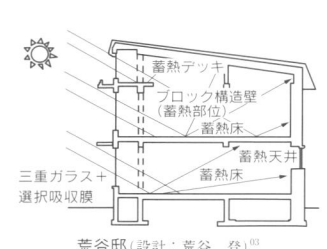

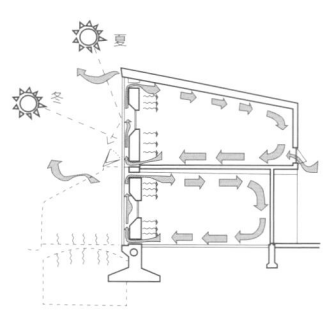

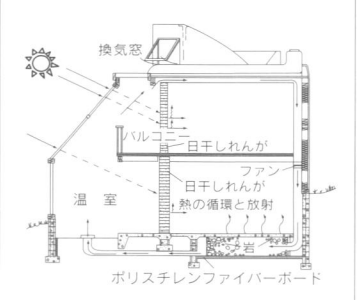

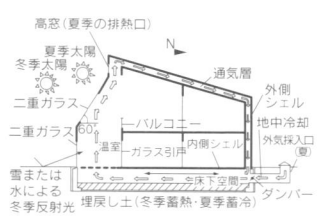

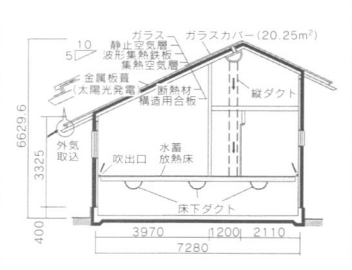

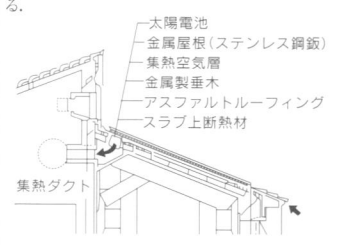

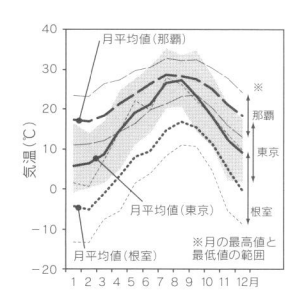

Environment: Passive Heating and Cooling　**環境：パッシブデザイン2**　277

夏の東京と那覇の平均値は同程度であり，最高値は東京が高い．

各都市の月毎の気温[02][4]

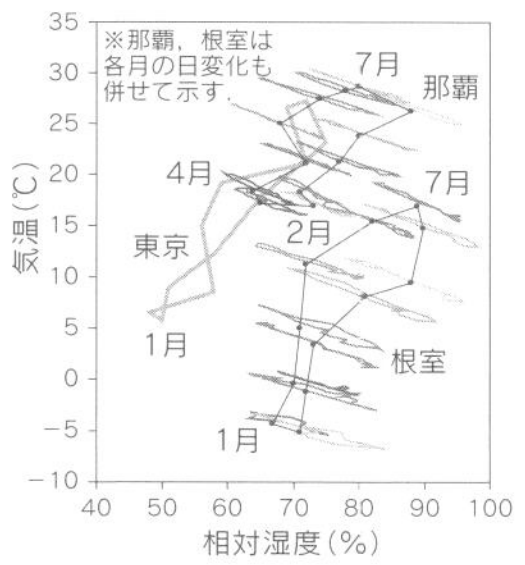

日変動を考慮すると，気温と湿度の変動範囲はかなり広がる．

各都市のクリモグラフ[02][5]

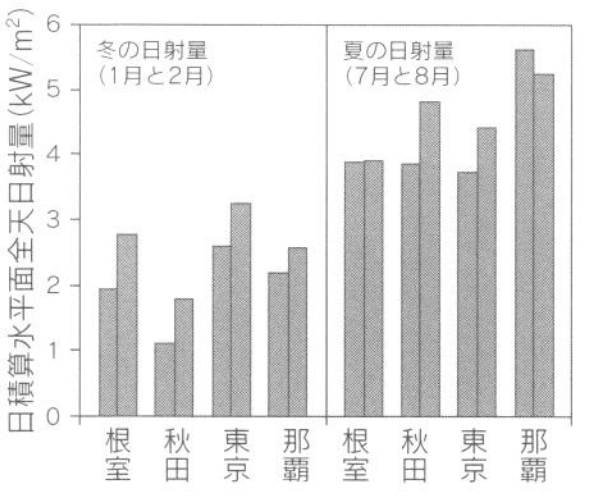

日射量にも地域による差が見られ，冬には秋田が極端に少なく，根室と那覇は同程度である．

各都市の冬・夏の日射量[02][6]

設計の留意事項 [7]～[9]

集熱窓の方位：日本では，冬は南面の受ける日射量が最も多く，夏は水平面の他，東西面も多い．したがって，パッシブデザインでは窓は南面で大きく，東西面はなるべく小さくする．

蓄熱体の計画：蓄熱体を効果的に利用するには，外断熱とする，直接日射を当てる，室内に接する面積を広くする，表面の日射吸収率を高くし，絨毯などの仕上げをしない等に留意する．蓄熱体の効率は，蓄熱体の厚さ・断熱位置により大きく変わる．有効に作用させる場合は外断熱とする．

特別な機械装置を用いて自然エネルギーを高効率に利用する方法をアクティブシステム，建築自体の工夫とともに，一部に機械装置を用いるものをハイブリットシステムという．

※2 冷房用自然エネルギー源は，暖房用の太陽熱ほど強力ではないが，蒸発冷却の冷却能力が最も大きく，地中温度，夜間外気は利用しやすい．また，雨水は蒸発冷却の熱源になるだけでなく，顕熱利用も可能．

01：日本建築学会編：建築設計資料集成6巻，丸善 p.87 (1973)
02：日本建築学会編：拡張アメダス気象データ，丸善 (2000)
03：彰国社編：自然エネルギー利用のためのパッシブ建築設計手法事典，pp.30, 37, 38, 89 (2000)
04：咸哲俊，須永修通：日本建築学会大会学術講演梗概集 D-II, p.579 (2005)
05：高橋達，黒岩哲彦：日本建築学会環境系論文集 第573号, pp.55-61 (2003)
06：石田信男：新建築住宅特集，6月号，新建築社，p.91 (1994)
07：西沢広紀，須永修通，伊藤直明：太陽／風力講演論文集，p.237 (1994)
08：藤野哲爾，齋藤武雄：太陽／風力講演論文集，p.185 (1997)

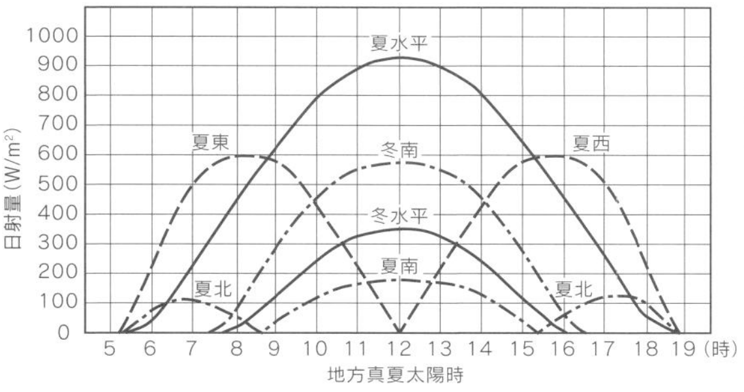

方位による取得日射量の違い [7]

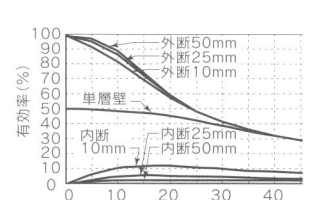

一日の変動に対するコンクリート外壁の蓄熱体としての有効率．外断熱では大きく，内断熱では非常に小い．

RC蓄熱体の有効率 [8]

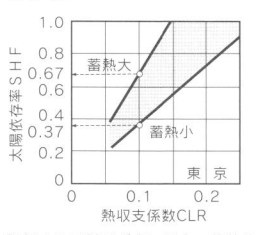

取得する日射量が多い場合は，蓄熱体の蓄熱量が多いと暖房に太陽熱依存率が大きくなる．

太陽熱依存率 [9]

ヒーティング／クーリング		クーリング	
地中温度の利用 地下10m以下の地中温度は，地域の年平均気温（東京で15℃程度）にほぼ等しいことを利用．	**夜間外気の利用** 日中30℃を超える外気も夜間は低下する．この夜間外気を室内に導入する．	**蒸発冷却の利用** 日本各地の平均で160 W/m²，晴天日には550 W/m²を超える水分蒸発による冷却能力を利用する．	**放射冷却の利用** 日本各地の夏季の平均で50～70 W/m²の放射冷却能力を夜間に利用して，蓄冷を図る．
アースチューブ 地中に埋設した管内に空気を送り込み，地中温度が夏季には外気温より低いことを利用して冷気を得る方式．冬季は取入外気の予熱に利用． 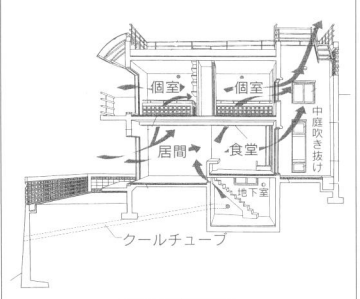	**ナイトパージ** 外気温が低下する夜間に自然通風を図り，涼感を得ると同時に，室内の蓄熱体の温度を下げ（蓄冷する），翌日の室温上昇を抑える方式．	**二重屋根・天井裏面散水** 裏面散水で低温になった天井表面による放射冷却を日射遮蔽・通風・置き屋根による遮熱と複合して，涼房効果を生み出す．	**放射冷却屋根** 比較的緩い傾斜で面積の広い屋根の下に空気層を造り，温度の低下する夜間に外気を通して，放射冷却で冷やして室内に取り入れる方式．
翁長の家⇒273 （設計：福島俊介＋東浜建築事務所） 要点：長期間使用する場合には地中温度が変化することに注意する．また，チューブ内での結露対策を行う．	 高知・本山町の家⇒115, 273 （設計：小玉祐一郎＋エステック計画研究所） 要点：地域の卓越風向に合わせて流入・流出口を計画する．また，開口部の防犯，防虫対策を行う．	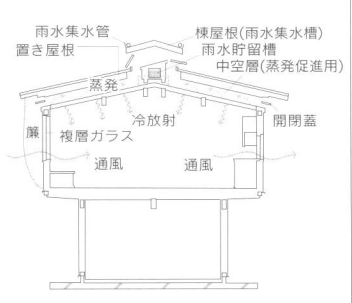 涼の家（設計：黒岩哲彦・高橋達）[05] 要点：天井の放射冷却効果を最大限引き出すために，日射遮蔽・夜間換気・通風が不可欠．中空層の開閉蓋は冬季の断熱のために，密閉性に十分留意する．	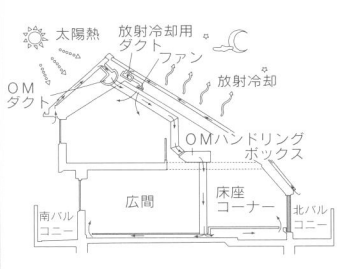 小茂根の家（設計：石田信男）[06] 要点：風量と空気温度とのバランスを図る．空気層内は結露することがあるため，防水仕上げとする．
地下室 地下室もしくは半地下室を造り，1年中一定の地中温度を利用する．気候の厳しい地域では，建物を地中に埋設し，適度の熱損失を防ぐ． 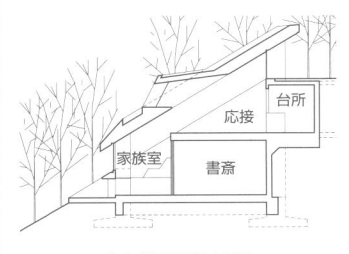	**地下冷気** 温度差換気で排熱を行う場合，外気を床下を通して取り入れ，温度の低い床下の空気を室内に取り入れる方式． 	**屋根流水** 夜間に断熱された屋根面に水を流下させて蒸発冷却により冷却し，その水を室内の放射パネルに循環して，冷気を得る方式． 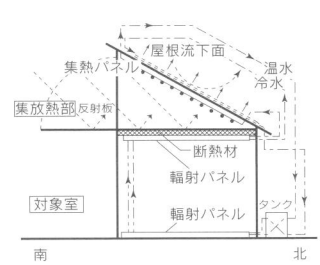	**スカイラジエーター** 専用の放射冷却パネルを取り付け冷房する方式．
北向斜面住宅⇒067 （設計：三分一博志建築設計事務所） 要点：利用目的に応じて断熱位置を決定する．防水・防湿対策を十分に行う．	大城邸（設計：佐久川一） 要点：各室の通気口は必要に応じ閉められるようにし，防音対策に留意する．	屋根流水放射冷却冷房システム[07] 要点：蒸発量を増やすためには，流下する水の表面積および流下速度を高める．	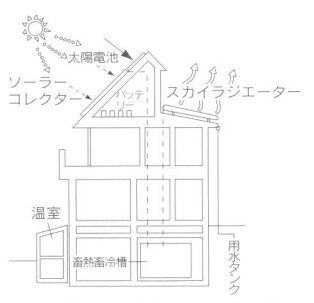 ハービマンハウス（設計：齋藤武雄）[08] 要点：放射冷却面を多くするため，放射パネルの設置角は水平近くにする．

278 環境：暖冷房 1　Environment: Space Heating and Cooling

暖冷房デザインの考え方

暖冷房デザインは，居住条件，地域条件，建物条件を把握することから始まる．次に，暖冷房環境レベルの目標を設定した後，暖冷房方式の選定し，最終的に建物の暖冷房負荷に見合う機器を選定する[1]．

暖冷房設備の能力は，その地域で想定される寒い日，暑い日において，快適な室温が維持されることを目標として算定されるが，まず建物の設計段階で断熱気密性能を十分に確保し，暖冷房負荷を低減させることが必要である．断熱気密性能が十分に高ければ，暖房時の室内の温度分布が均一となり，快適性の向上が期待でき，建物全体から寒さを取り除くような高いレベルの暖房環境が実現できる方法を選択できる[2][3]．

放熱方式と温度分布

暖冷房の放熱方式には，放射式，自然対流式，強制対流式がある．それぞれの方式によって形成される温度環境に特徴があり，特に上下温度分布に違いが見られる．対流式の暖房では加熱される空気温度が高いので，浮力効果が働き温度分布が大きくなる傾向があるが，低温水を熱源とする放射式の暖房は上下温度分布が小さい．この空気の浮力効果に従えば，暖房時と冷房時に吹出し口の向きを変更することや，上部空間の暖気を回収して循環させること等も有効な手段となる．また，断熱気密性能を高めれば，上下温度分布を小さくできる[4][5][6][9][10]．

冷たいガラス面では，冷やされて下降する気流（ダウンドラフト）が生じ，足下に不快な寒さをつくる．開口部の低い位置に放熱器を設置することは，この下降気流を暖めることができるため，ダウンドラフト防止に有効である[7][8]．

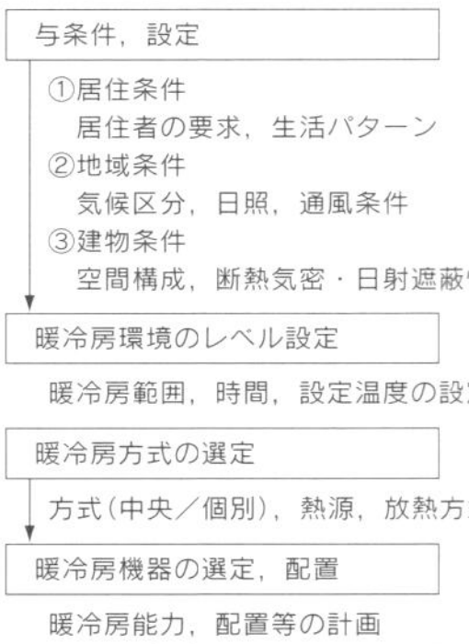

01：建築環境・省エネルギー機構：デザイナーのための暖冷房ガイドライン，p.14, 15, 97 (2003)
02：日本建築学会編：雪と寒さと生活 I 発想編，p.59 (1995)
03：建築設備学教科書研究会編：建築設備学教科書，p.128 (1991)
04：宮脇檀建築研究室：住宅設計テキスト，p.165 (1994), 丸善
05：日本建築学会北海道支部編：寒地建築資材 概論編，P.64 (1982)
06：空気調和・衛生工学会編：快適な温熱環境のメカニズム，p.147, 148, 154 (1991)
07：ディテール 112, p.86, (1992)
08：ディテール 158, p.44, (2003)

与条件，設定
①居住条件　居住者の要求，生活パターン
②地域条件　気候区分，日照，通風条件
③建物条件　空間構成，断熱気密・日射遮蔽性能

暖冷房環境のレベル設定
暖冷房範囲，時間，設定温度の設定

暖冷房方式の選定
方式（中央/個別），熱源，放熱方式

暖冷房機器の選定，配置
暖冷房能力，配置等の計画

暖冷房デザインの流れ[01] [1]

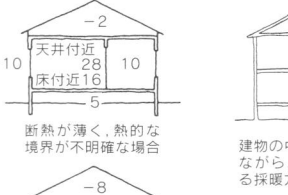

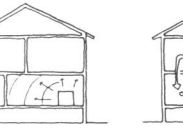

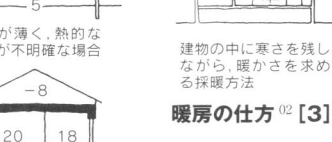

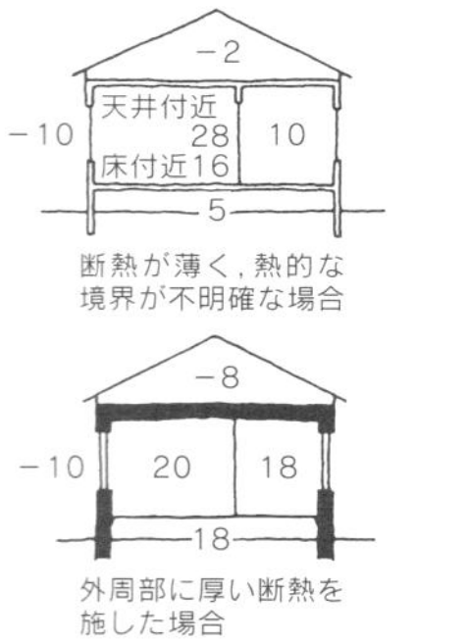

暖房時の温度分布[02] [2]
断熱が薄く，熱的な境界が不明確な場合／外周部に厚い断熱を施した場合

暖房の仕方[02] [3]
建物の中に寒さを残しながら，暖かさを求める採暖方法／暖房器に向かう冷たい空気の流れをつくる対流形の暖房方法／発生する寒さをその場所ごとに処理する除寒器型の暖房方法

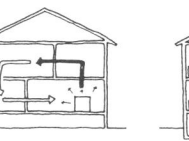

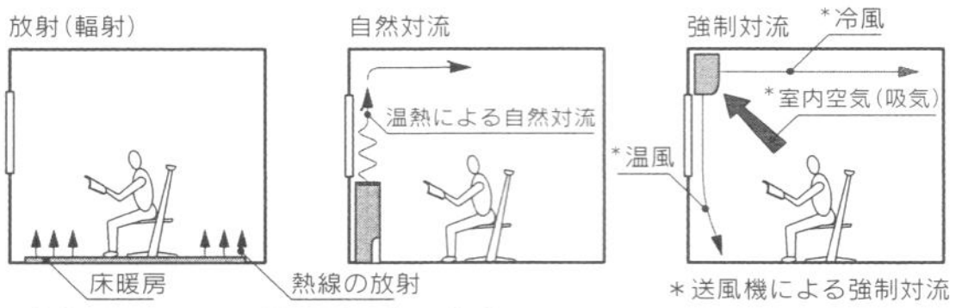

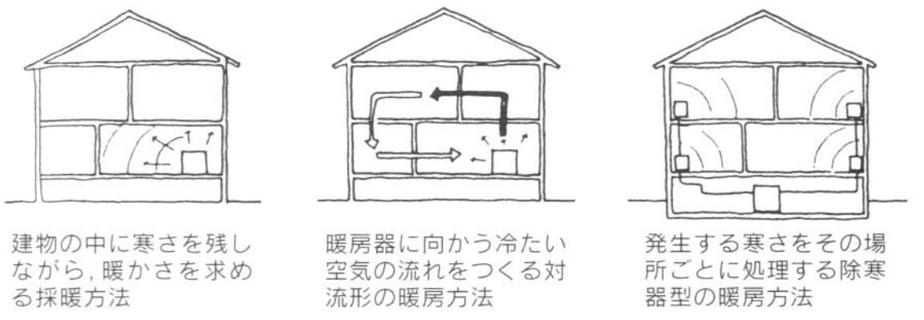

暖冷房のための放熱方式[01] [4]
放射（輻射）／自然対流／強制対流

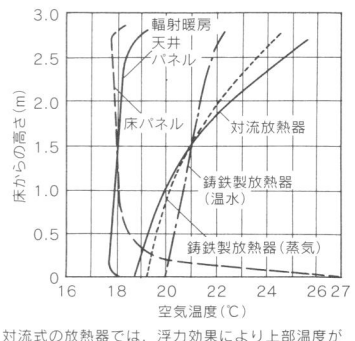

各暖房方式の室内上下温度分布[03] [5]
対流式の放熱器では，浮力効果により上部温度が高くなっている．輻射暖房では室空気の温度分布は均一になっている．

吹出方向の変更[04] [6]

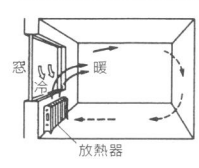

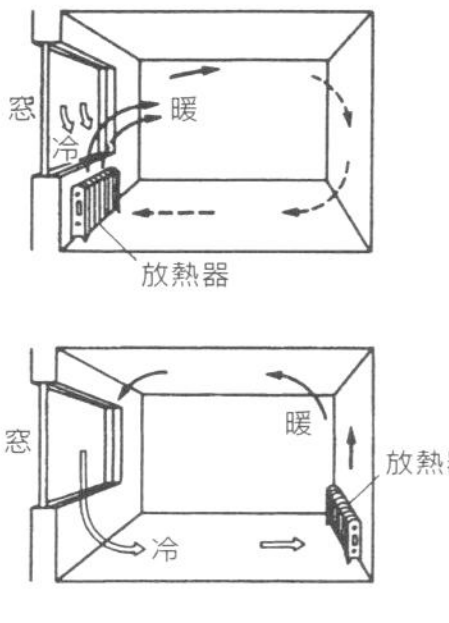

放熱器の位置と空気循環[03] [7]

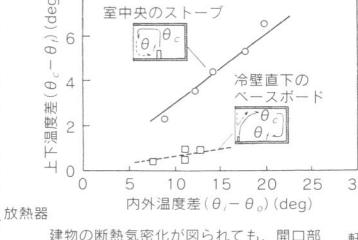

放熱器設置位置と上下温度分布[05] [8]
建物の断熱気密化が図られても，開口部は弱い部位である．開口部直下に暖房機を設置すれば，冷気の下降を防ぎ上下温度差を極端に小さくできる．

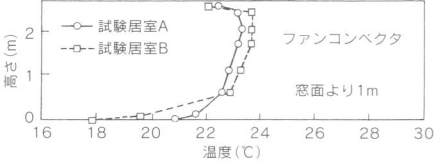

断熱性能が異なる2室の上下温度差分布[06] [9]
断熱気密性能が高い試験居室Aでは，上下温度分布が小さく，均一な温度環境が実現されている．

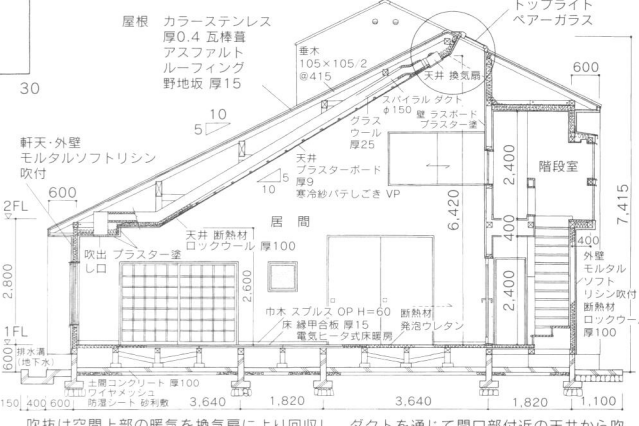

高岡の家[07]（設計：近藤光三建築研究所）[10]
吹抜け空間上部の暖気を換気扇により回収し，ダクトを通じて開口部付近の天井から吹き出す．床暖房との併用により暖房効率を高める．

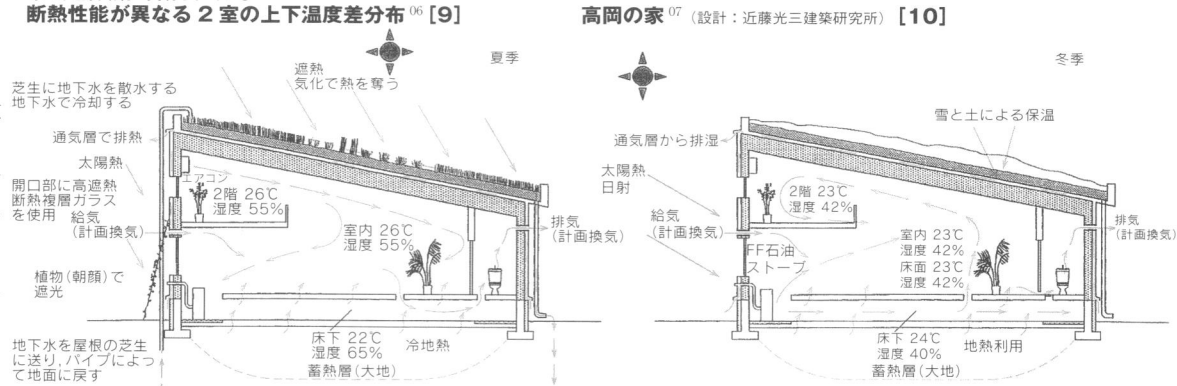

芝屋根のアトリエ[08]（設計：西方設計）[11]
夏季は屋根付近に設置したエアコンによる冷気の下降により冷房する．冬季は床下に設置した放熱器からの自然対流により暖房する．高い断熱気密性能レベルを確保しているため，暖房は放熱器1台でまかなうことが可能となっている．

局部不快感

熱的快適性とは，暑くも寒くもなく不快でもない状態をいい，全身が熱的中立状態にあれば快適と考える．そのような状態でも不均一放射，ドラフト，上下温度分布，床温度が原因となり局部温冷感が不快となり，快適にならない．

不均一放射とは，背中合わせの微小面での放射温度の差として表現される．人体が暖かい壁，冷たい天井と面する場合には不快感は少ないが，暖かい天井，冷たい壁と面すれば不快感が多くなり，特に開口部の断熱性能を高めることが重要であることがわかる．

夏の場合には気流は涼感を得る環境要素となるが，ドラフトとは望まれない局部気流である．上下温度差はくるぶし（床上0.1m）と頭（床上1.1m）との温度差と考え，ISO7730では，3℃以内が推奨されている．

局部温冷感による不快[07]

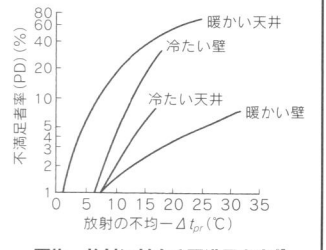

不均一放射に対する不満足者率[07]

Environment: Space Heating and Cooling **環境：暖冷房2** 279

暖冷房設備の種類 [1][2]

暖冷房設備の種類は豊富にあり，大別して個別方式と中央方式がある．前者は熱源部と放熱部が一体となり各室に設置され，後者では熱源部で蒸気や温冷水，温冷風をつくり熱媒とし，それを複数の放熱部に送ることにより暖冷房を行う．

以下に主な設備を示す．

個別方式の暖冷房方式 [3]

強制給排気暖房機 器具と外気をつなぐ給排気筒を通して新鮮空気を取り入れ，燃焼ガスは室外へ排気する．室内の空気が汚染されることはない．

空冷ルームエアコン 冷暖房兼用のヒートポンプ型と冷房専用型がある．

中央方式の暖冷房方式 [4]

床暖房 床仕上げ材の下に電気ヒータや温水管，熱媒管を埋設する．

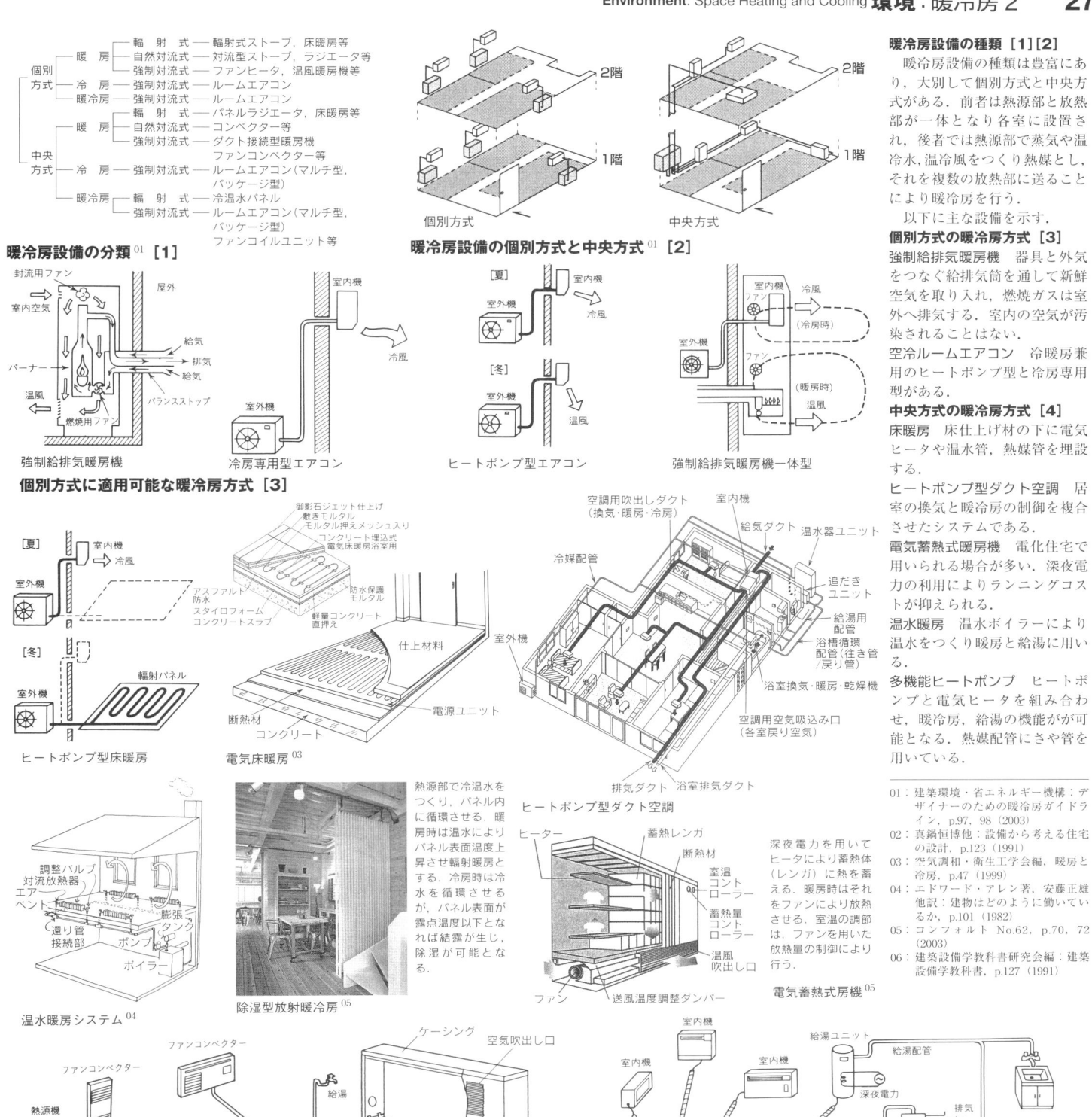

ヒートポンプ型ダクト空調 居室の換気と暖冷房の制御を複合させたシステムである．

電気蓄熱式暖房機 電化住宅で用いられる場合が多い．深夜電力の利用によりランニングコストが抑えられる．

温水暖房 温水ボイラーにより温水をつくり暖房と給湯に用いる．

多機能ヒートポンプ ヒートポンプと電気ヒータを組み合わせ，暖冷房，給湯の機能が可能となる．熱媒配管にさや管を用いている．

01：建築環境・省エネルギー機構：デザイナーのための暖冷房ガイドライン，p.97, 98 (2003)
02：真鍋恒博他：設備から考える住宅の設計，p.123 (1991)
03：空気調和・衛生工学会編，暖房と冷房，p.47 (1999)
04：エドワード・アレン著，安藤正雄他訳：建物はどのように働いているか，p.101 (1982)
05：コンフォルト No.62, p.70, 72 (2003)
06：建築設備学教科書研究会編：建築設備学教科書，p.127 (1991)

コジェネレーション

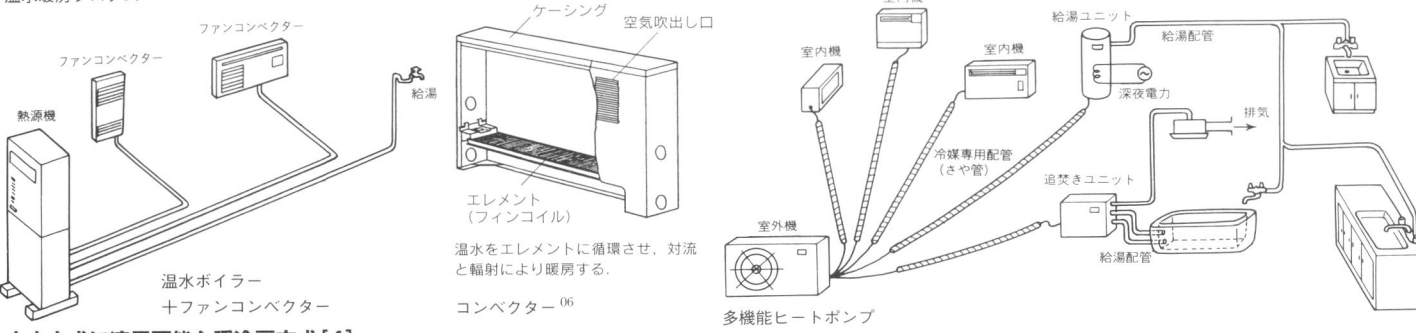

ガスや石油などの燃料を利用して発電すると同時に，その際に発生する排熱を回収して給湯や暖房用の熱源に利用するシステムをいう．

一般に発電効率が30％程度，排熱効率は50％前後といわれ，総合効率は80％に達する．発電所からの電気のみを購入する場合に比べて20％程度効率が良いことになり，省エネルギーの観点から注目される．発電方式には発動機（エンジン）と燃料電池を用いる場合があり，それぞれ家庭用として1kW程度の小さな発電能力を持つシステムが開発されている．

発動機からの排熱はデシカント空調（乾燥剤を用いた除湿空調）に利用する場合もあり，水分を吸収した乾燥剤を除湿する．

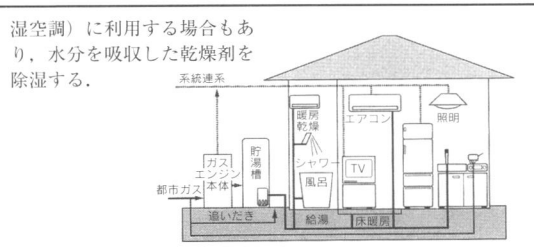

家庭用ガスコジェネレーションの利用形態
排熱のデシカント空調への利用 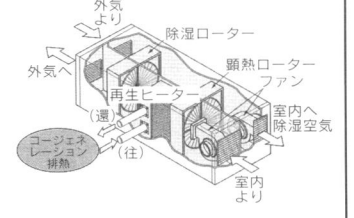

[出典：日本建築学会・日本環境管理学会：建築の次世代エネルギー源，p.52, p.50 (2002)]

環境：アクティブソーラーシステム　Environment: Active Solar System

太陽エネルギー利用の意義

化石燃料を代表とするエネルギー資源は有限であるため、人類の存続のためには、限られた資源の効率的利用や、資源が枯渇する前に、他のエネルギー資源の利用へ移行する必要がある。太陽エネルギーはクリーンで無尽蔵なエネルギー資源であるといわれており、利用する意義は大きい。利用形態には実用可能なものが多いが、自然エネルギーゆえ季節変化や地域性がありエネルギー源としては希薄になるため、効率的な利用を図る必要がある。

太陽熱利用システムの基本形

太陽エネルギーを直接利用する方法には、パッシブシステムとアクティブシステムがある。後者は、太陽熱集熱器や太陽電池を用いて太陽エネルギーを積極的に利用し、熱エネルギーと光エネルギーを利用する場合に分けられる[2][3]。

太陽熱利用には、集熱器、蓄熱槽、補助熱源、放熱装置、循環系、制御系からなるシステムを構築する必要がある[1]。

太陽熱利用システムの分類

太陽熱の利用は、集熱器により集められた熱エネルギーを、給湯や暖冷房のための熱源として利用することにより実現する。主な利用システムを示す。

給湯システム　給湯は年間にわたり利用され、集熱効率が高いため、太陽熱給湯は省エネルギー効果が高いといわれる。太陽熱温水器による自然循環型と、集熱器と貯湯槽を持ちポンプで湯や不凍液を強制的に循環させるものがある。住宅用の集熱器は、自然循環型では2～4m²、強制循環型は4～6m²程度である[4]～[7]。

暖房システム　集熱器に水や不凍液を循環させる方式と空気集熱方式がある。蓄熱のために、蓄熱槽を設ける場合や土間コンクリート等の部位を利用する場合がある。集熱器は30～50m²、傾斜角度は30～50度に設定される[8]～[12]。

01：田中俊六監修、宇田川光弘他著：最新建築設備工学、p.48, 51 (2002)
02：エドワード・アレン著、安藤正雄他訳：建物はどのように働いているか、p.99 (1982)
03：日本建築学会編：ソーラー建築設計データブック、p.6, 7, 9 (2004)
04：チリウヒーターHP より
05：中島康孝、傘木和俊：環境建築のための太陽エネルギー利用、p.80 (1998)
06：ディテール No.158, p.60 (2003)
07：真鍋恒博他：設備から考える住宅の設計、p.191 (1991)

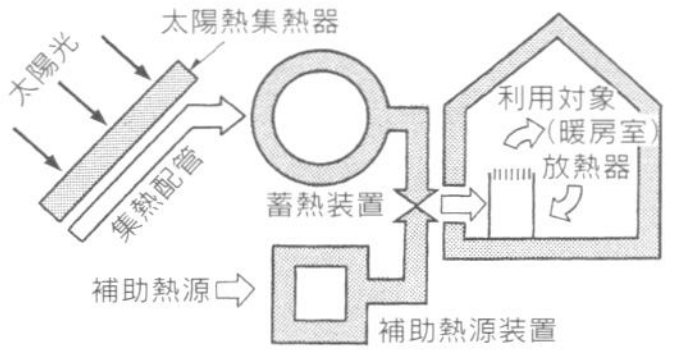

太陽熱利用システムの概念図 [1]
太陽エネルギーには時間変動があるため、集めた熱エネルギーを蓄えるための貯熱槽が必要となる。また、その特徴ゆえバックアップのための補助熱源も必要である。

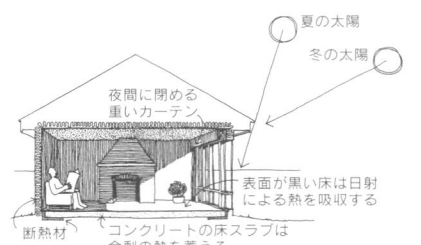

パッシブ方式の例 [2]

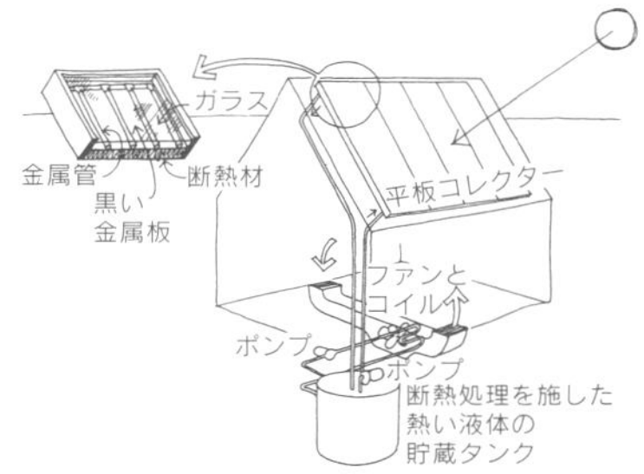

アクティブ方式の例 [3]

太陽熱利用給湯システムの主な例 [4]
- 太陽熱温水器方式：貯湯槽付きの集熱器を屋根面に設置し、自然循環により集熱を行う。浴槽への供給は落水とする。
- 補助ヒーター＋太陽熱温水器方式：自然循環により集熱する。補助熱源と組み合わせることにより、集熱の不足分を補う。
- 集熱器＋間接給湯方式：集熱器と熱交換コイル付き貯湯タンクを用い、ポンプにより強制循環させる。集熱の不足は補助熱源で補う。

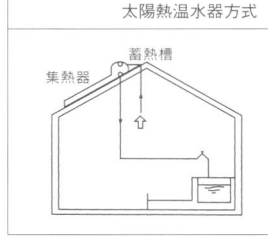

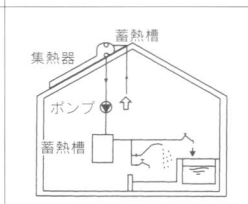

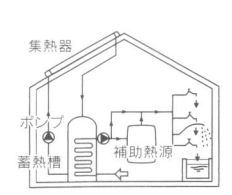

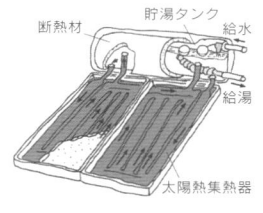

貯湯タンク付き温水器 [5]

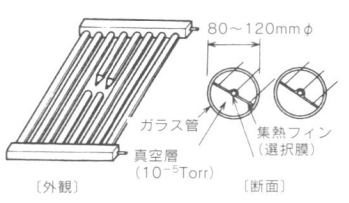

真空ガラス管型集熱器 [6]

真空ガラス管型集熱器の設置事例（東京サレジオ学園高校生徒舎、設計：坂倉建築研究所）[7]
集熱器に真空ガラス管型を用いた事例。水平に設置し、ガラス管内部の集熱フィンの角度を変更させている。集熱器＋間接給湯方式を採用している。

太陽熱利用暖房システムの主な例 [8]
- 水蓄熱・放熱器方式：水や不凍液をポンプにより循環させ、蓄熱槽へ集熱し、その熱源を輻射式の暖房に用いる。
- 水集熱・空気分配方式：水や不凍液を循環させ、蓄熱槽の熱源を用いて空気を暖め、温風暖房とする。
- 空気熱源ヒートポンプ方式：ヒートポンプの室外機を蓄熱室に設置することにより、効率を向上させる。
- 空気集熱方式：集熱器にファンにより空気を循環させ、砕石やコンクリートなどに蓄熱させる。

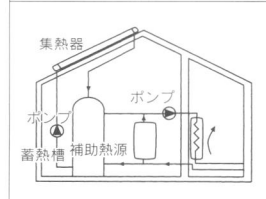

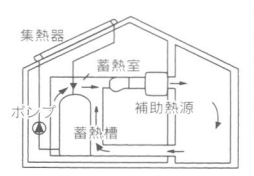

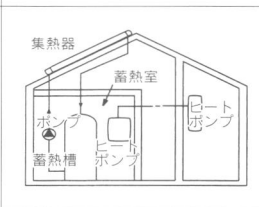

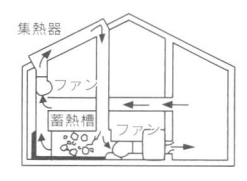

空気集熱方式の例 [9]　最も実績が多いシステムの一つ。

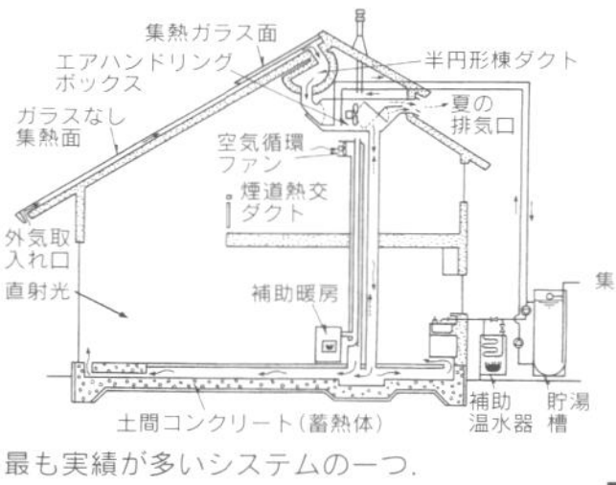

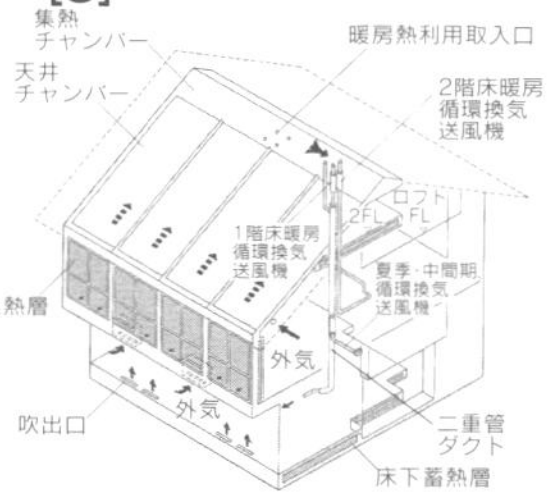

空気集熱方式の例（設計：田中謙次設計事務所）[10]

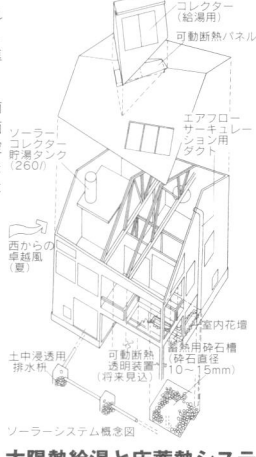

太陽熱給湯と床蓄熱システムの事例（設計：ソルテテクト＋加藤義夫）[11]
（右図）集熱器が設置されている塔は南向きであり、煙突効果による通風の促進やトップライトを兼ねる。
（下図）集熱面を屋根と南面の窓に設けている。窓面下部から取り入れられた空気が屋根頂部に移動するまでに蓄熱され、ダクトにより床下蓄熱槽に運ばれる。

空気熱源ヒートポンプ方式のシステム図 [12]
集熱器により集熱された熱エネルギーは上部の蓄熱槽に運ばれる。そこで熱媒に熱交換した後、床下に運ばれ地中蓄熱槽に蓄熱される。地中蓄熱槽は、ヒートポンプと温水暖房の熱源を兼ねている。

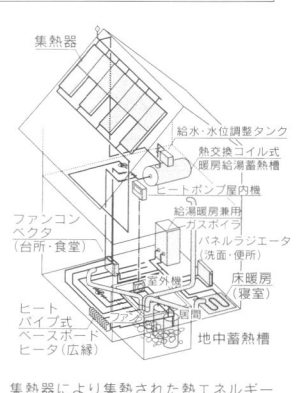

雪冷房

雪は再生可能エネルギーの一つであり、雪国では無尽蔵に降る。北海道では、雪を農産物の低温保存に利用し多くの実績がある。雪を夏まで保存させることは技術的に容易なため、冷房に利用できる。

雪冷房を採用した集合住宅が北海道美唄市に建設されている。この事例では、貯雪庫に集めた雪を夏まで保存し、散水により得られる冷水を熱交換し各住戸に送り、ファンコイルユニットにより冷房を行う。このシステムでは、冬は温水を循環させることにより暖房も可能となる。雪冷房に要するランニングコストには貯雪庫への雪の投入費用が含まれるため、エアコン利用の場合と同程度であるが、電気代のみを比較すれば1/3程度に抑えられている。

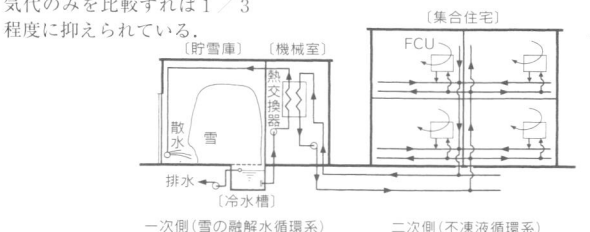

冷水循環方式雪冷房システム

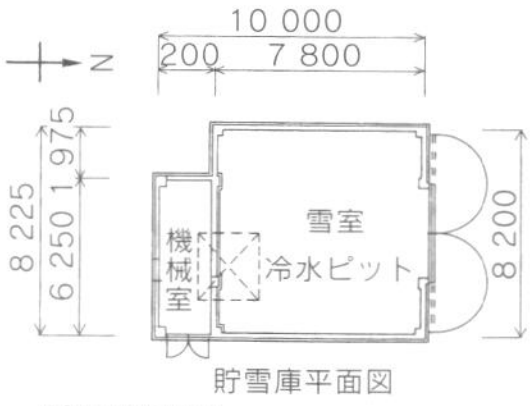

貯雪庫平面

[出典：空気調和・衛生工学 第75巻第11号、p.65 (2001)]

Environment: Electric Equipment 環境：電気　281

住宅の配線

受電のための外部からの引込み線は，電力量計を経由して屋内の分電盤に繋がる[1]．分電盤は分岐回路を構成しており，ブレーカーと漏電遮断器が付いている．照明用とコンセント用とは分離し，エアコン等の大型機器用は専用回路とする．供給電気方式を[2]に示す．集合住宅では共用電気設備が必要になる．集合住宅における幹線例を[3]に，電力系設備区分を[4]に示す．

コンセント

電気機器の種類や数量，家具の配置，扉の開閉等に注意し，使いやすい位置に取り付ける．推奨されるコンセント数を[5]に示す．特定機器（洗濯機，冷蔵庫，エアコン等）用や200V用には，設置極付きコンセントを施設する．取付け高さは床上10〜30cmが標準である．

スイッチ

日常的な人の動作や使い方・安全性に配慮して位置と種類を求める．取り付け高さは，床面から120cm程度が標準である[7]．原則として部屋の内側に取り付けるが，常に人がいるわけではない便所や納戸・浴室等は，部屋の外側に取り付ける．階段や廊下等，2箇所以上で点滅したい時は，三路・四路スイッチを使用する[6]．

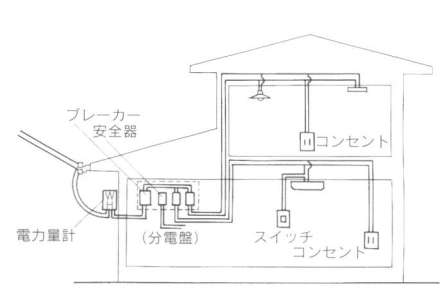

住宅の屋内配線[01][1]

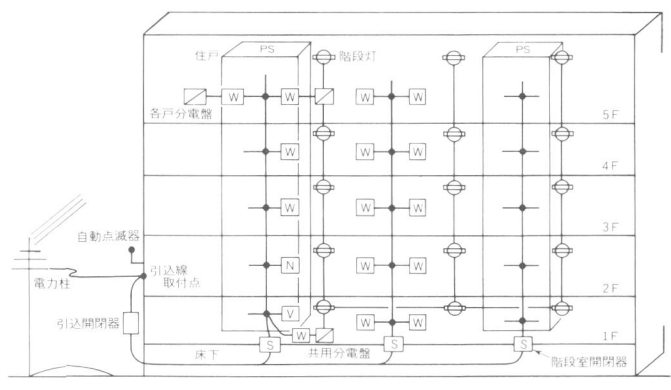

中層住宅幹線例（階段室型集合住宅2階段）[3]

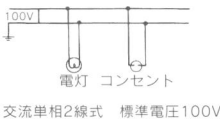

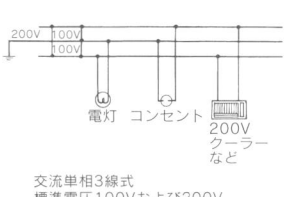

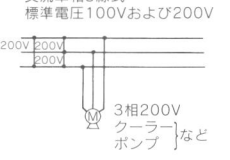

供給電気方式[01][2]

集合住宅の電力系設備（受変電・発電設備を除く）[4]

区分	名称	概要
共用電気設備	電力引込設備	住戸で使用する電力を一括して引込むための設備．低圧引込の場合は引込線と引込開閉器で，高圧引込の場合は電力会社変圧器室までの引込用管路・変圧器2次側配線および引込開閉器で構成される．
	電灯幹線設備	各住戸へ電力を配送するための配線で主に分岐付幹線ケーブル（工場生産によるプレハブケーブル）が使われる．
	共用灯設備	住棟内の共用部分（玄関・ホール・廊下・階段など）の照明器具およびそのための配線などと一連の設備でスイッチや共用コンセントを含む．
	動力配線設備	給水ポンプやエレベーターなどの動力機器に電源を供給するための一連の設備．電力会社変圧器から各動力機器の制御盤までの配線・盤などで構成される．
住戸内電気設備	住戸用分電盤	住戸内の各分岐配線に安全に電力を供給するための装置．電流制御（電力会社によっては不要な地域もある），主幹開閉器（漏電遮断器を使用する場合が多い）および分岐開閉器などで構成される．
	分岐配線	照明器具やコンセント・スイッチなどへ至る配線で電圧は100V．ただし大型機器（大型エアコンなど）用専用コンセントのための配線は200Vの場合もある（分電盤で100→200Vの切替えが可能となっている場合が多い）
	照明設備	各室の照明器具およびスイッチ
	コンセント	各室のコンセントで一般用（多目的）と専用がある．専用コンセントとしてはエアコン用・換気扇用・天井内ファン用・電子レンジ用などがあるが，特定の機器のために場所を限定して設置するコンセントとして冷蔵庫用・洗濯機用・暖房放熱器用・通信機器用などがある．
電気冷暖房給湯設備		冷暖房・給湯などを電気で行う設備，代表的な例としては多機能ヒートポンプシステムがあり，電化住宅に設置される．
電気厨房設備		電気調理器を使用した厨房設備で電化住宅に設置される．

屋内配線の図示記号[03]

図示記号	名称・内容	図示記号	名称・内容	図示記号	名称・内容	図示記号	名称・内容
○	天井灯	S	開閉器	T	内線電話機		低温式スポット形感知器
	蛍光灯で取付方向を示す場合	B	配線用遮断器（ブレーカー）	T	加入電話機		差動式スポット形感知器
	壁灯	WH	電力量計（メーター）	⊙	電話用アウトレット		補償式スポット形感知器
	非常用照明（建築基準法関係）	WH	同上（箱入）		端子盤	S	煙感知器
	誘導灯（消防法関係）		配電盤または分電盤		主端子盤	F	非常用押ボタン
	コンセント		同上電灯用		手動交換機（中盤台も含む）	B	火災警報等の警報ベル
	点滅器		同上動力用		電話機形インターホン		火災警報等の受信機

住宅のコンセント推奨施設数（エアコン等の分を除く）[02][5]

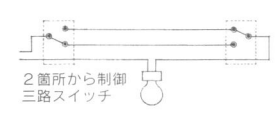

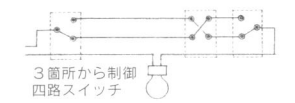

場所		コンセント施設数（箇所）		想定される機器例
		100 V	200 V	
居室	5 m²（3〜4.5畳）	2	—	電気スタンド，ステレオ，ビデオ，ラジカセ，扇風機，電気毛布，加湿器，ふとん乾燥機，パソコンと関連機器，テレビ，電気こたつ，電気ストーブ，掃除機，アイロン，空気洗浄機，FAX付電話等
	7.5〜10 m²（4.5〜6畳）	3		
	10〜13 m²（6〜8畳）	4	1	
	13〜17 m²（8〜10畳）	5		
	17〜20 m²（10〜13畳）	6		
台所		6	1	冷蔵庫，コーヒーメーカー，電気ポット，トースター，電子レンジ，食器洗い乾燥機，電生ゴミ処理機，電熱コンロ，ホットプレート，電子炊飯器，卓上型電磁調理器等
食事室		4	1	
トイレ		2	—	温水洗浄暖房便座，換気扇等
玄関		1		熱帯魚水槽，掃除機等
洗面・脱衣室		2	1	洗濯機，衣類乾燥機，電気髭剃り，電動歯ブラシ，ドライヤー等
廊下		1		掃除機等

三路／四路スイッチ[04][6]

高さ20mを超える建物には避雷設備を設ける．低層の場合も，雷が多い地方，山頂や山腹に建てる場合は，避雷設備を設けることが望ましい．避雷設備は，受雷部（突針部等）・避雷導線・接地極等で構成される．

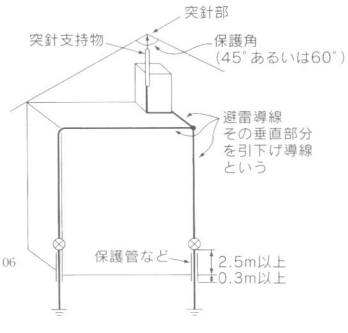

避雷設備の各部名称[06]

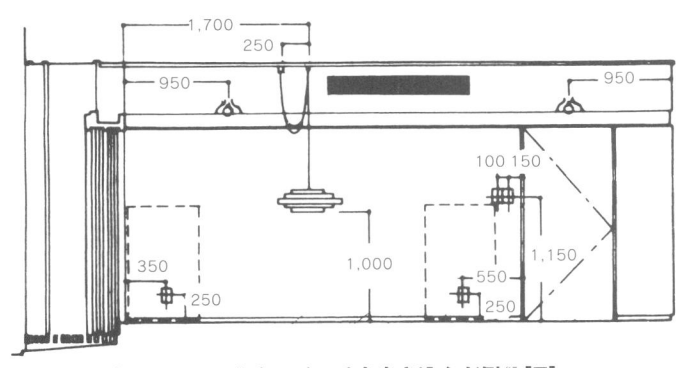

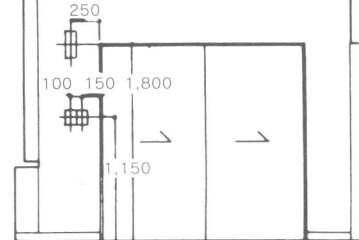

建築図の中にコンセントやスイッチを書き込んだ例[05][7] 木村ボックス（設計：宮脇檀）

01：小原二郎他：インテリアの計画と設計 第2版，p86，彰国社（2002）
02：（社）日本電気協会：内線規程（2005）
03：（社）日本電気協会：内線規程（1997）
04：フランシス D. K. チン：建築ヴィジュアル辞典，p127，彰国社（1998）
05：宮脇檀建築研究室：宮脇檀の住宅設計テキスト，p173，丸善（2004）
06：建築電気設備設計積算施工研究会：新・電気工事設計・施工・見積の実際，春日書房（1994）

282　環境：給水　Environment: Water Supply

水を供給する [1]

給水システムには、水道本管の水圧を利用する方法と、建物内で重力やポンプ等で圧力を加える方法がある．前者は低層建物で、後者は高層建物で主に利用される．

上水の汚染を防止する

・クロスコネクションの防止　給水管が、排水／中水／雨水等の配管と連結されることで、厳重に禁止されている．

・バックフローの防止　給水管に汚水等が逆流入することをバックフロー（逆サイホン作用）と呼ぶ [2]．防止には吐水口と、その下にたまる水面に間隔を取ることが必要である．これを吐水口空間という [3]．洗浄式便器等、吐水口空間を設けられない場合はバキュームブレーカーを設ける [5]．

・受水槽等の汚染防止　受水槽や高架水槽等は、人目に付かない所に設置されているため、汚染防止に留意する．貯水槽内や給水管内等で、水が長期間静止し、質が著しく悪化した水を死水という．死水を避けるためには、貯水量を制限する必要があり、受水槽では1日当たりの給水量の半分または4時間分、高置水槽は10分の1または1時間分が適当とされている．

受水槽は、周囲から汚染物質が流入する恐れがあるため、周囲を点検（6面点検）する必要があり、壁面からの距離が規定されている [6]．

凍結や漏水を防止する

冬の寒い時期、特に夜間や長期不在時等、長時間水道を使わない場合、給水管内の水が凍結して水が出なくなったり、膨張して給水管が破れたりする．寒冷地では、水抜き栓から水抜きをして防止する．少しずつ水を出しておく方法も有効である．

蛇口（給水栓）の水が止まりにくい場合の多くは、給水栓の中のコマ（開閉弁）のパッキンが摩滅したことに起因する．摩耗したパッキンの交換は、スパナ等の工具があれば行える [4]．作業前に、止水栓を閉止する．

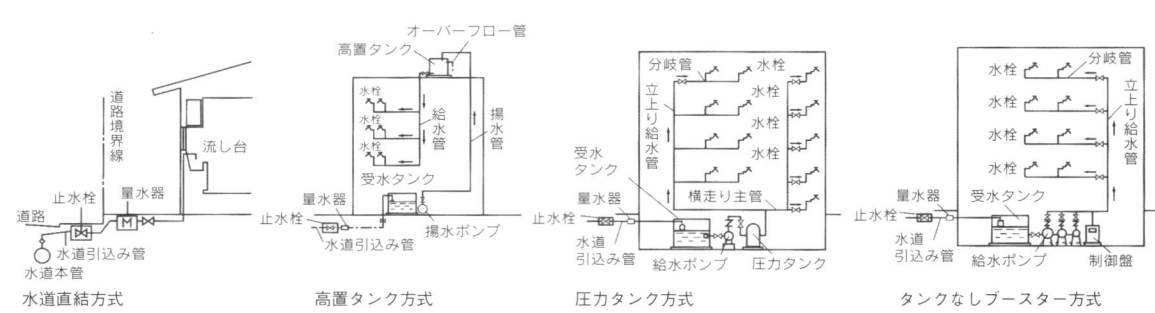

01：田中毅弘：ポイントで学ぶ建築環境・設備学読本，技術書院．
02：建築の設備入門編集委員会編：建築の設備入門-空調・給排水・防災・省エネルギー，p.128，彰国社（2002）
03：文献02：p.129
04：藤井正一：住居環境学入門 第三版，p.197，彰国社（2002）
05：文献02：p.129

給水システムの方式と特徴 01 [1]

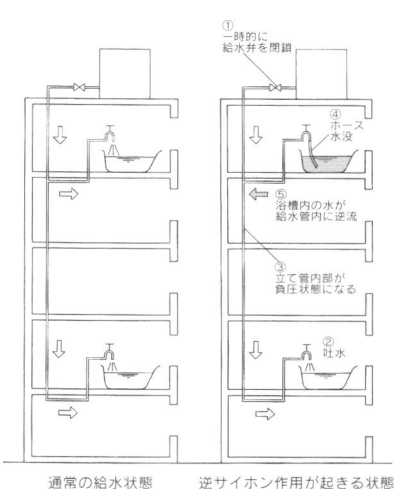

給水方式 項目	水道直結方式	高置タンク方式	圧力タンク方式	タンクなしブースタ方式
水質汚染の可能性	1	3	2	2
給水圧力の変化	水道本管の圧力に応じて変化する	ほとんど一定	圧力タンクの出口側に圧力調整弁を設けない限り水圧の変化は大きい	ほとんど一定
断水時の給水	不能	受水タンクと高置タンクに残っている水量が利用できる	受水タンクに残っている水が利用できる	同左
停電時の給水	関係なし	高置タンクに残っている水量が利用できる．エンジンまたは発電機を設ければ可能	エンジンまたは発電機を設けれ可能	同左
最下階機械室スペース	不要	1	3	2
屋上タンク用スペース	不要	必要	不要	同左
設備費	1	3	2	3
維持管理	1	3	2	4

数字で1、2、3、4と示してあるのは数の少ない方が有利なことを示す．

逆サイホン作用例 02 [2]

吐水口周りの寸法 03 [3] ⇒ 215

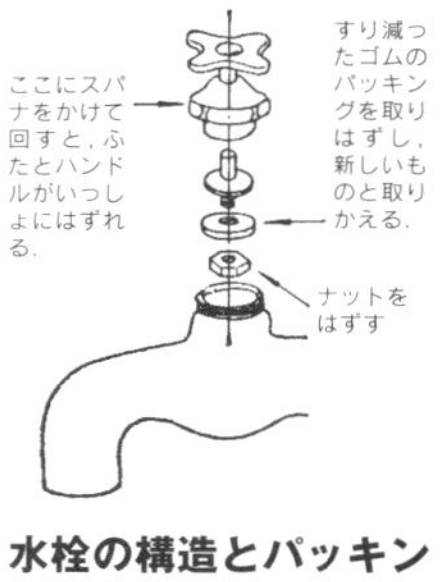

	近接壁の影響がない場合	近接壁の影響がある場合		
		近接壁1面の場合		
		壁からの離れ（Cの寸法）	3d以下	3dを超え5d以下	5dを超えるもの
$A = 1.7d' + 5$		$A = 3.0d'$	$A = 2.0d' + 5$	$A = 1.7d' + 5$
		近接壁2面の場合		
		壁からの離れ（Cの寸法）	4d以下	4dを超え5d以下	6dを超え7d以下	7dを超えるもの
		$A = 3.5d'$	$A = 3.0d'$	$A = 2.0d' + 5$	$A = 1.7d' + 5$

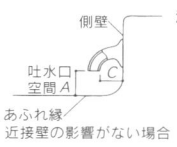

注・d：吐水口の内径(mm)、d'：有効開口の内径(mm)．水栓の場合、吐水口の内径、こま押え部分の内径・給水栓の接続管内径のうち最小のものをとる
・吐水口断面が長方形の場合は、長辺をdとする
・あふれ縁より少しでも高い壁がある場合は近接壁とみなし、近接壁1面・近接壁2面の場合の数値による
・吐水口端面があふれ面に対し平行でない場合は、吐水口端の最下端と衛生器具・水受容器とのあふれ縁との空間を吐水口空間とする

水栓の構造とパッキンの交換 04 [4]

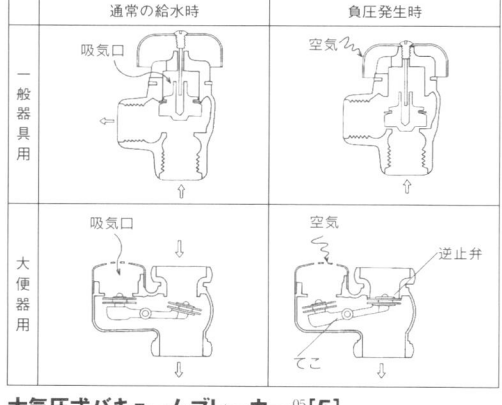

大気圧式バキュームブレーカー 05 [5]

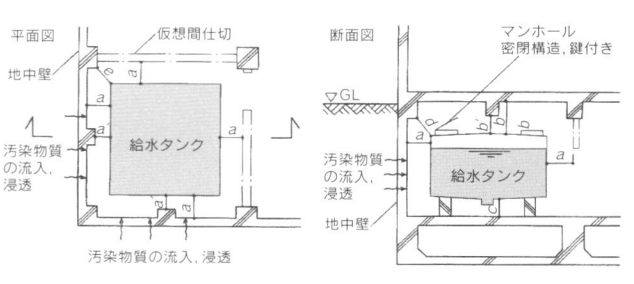

上水（飲料水）用タンクの設置方法 05 [6]

・a, b, cのいずれも保守点検を容易に行いうる距離とする
・標準的にはa, c ≧ 60cm, b ≧ 100cm
・柱、梁等がマンホールの出入りに支障をきたさない
・a', b', d, eは保守点検に支障のない距離とする

給湯方式

給湯設備は、加熱方式と供給方式により大別される．加熱方式では、直接加熱（瞬間式）と間接加熱（貯湯式）、供給方式では、局所式と中央式がある．原則として、戸建住宅や小規模の集合住宅では、局所式直接加熱給湯方式が、大規模の集合住宅では中央式間接加熱給湯方式（住棟セントラル給湯方式）が採用される．深夜電力電気温水器や、太陽熱温水器を設ける場合、戸建住宅においても、貯湯槽が併用され、小規模の中央式（住戸セントラル給湯方式）とする場合もある．

中央式間接加熱給湯方式は、ボイラー、貯湯槽、循環ポンプ等の機械類と、給湯配管によって構成される．蛇口を開くとすぐ湯が出るよう、返り湯管を設けて湯を循環させる．湯の供給方向により、上向き式と下向き式とがあり、循環方法により、重力循環方式と強制循環方式とがある．

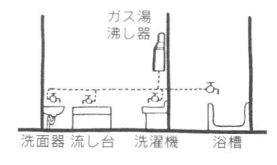

局所式直接加熱給湯方式

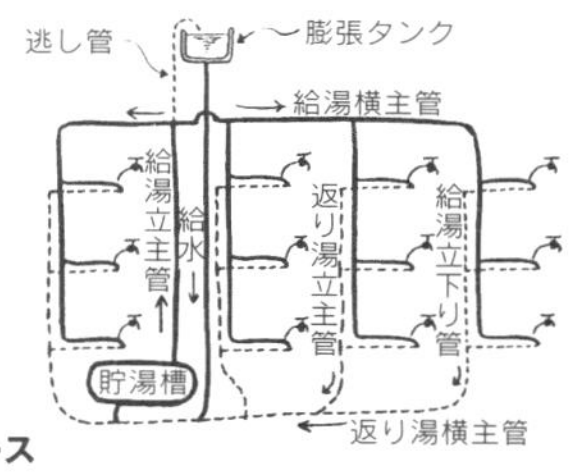

中央式間接加熱下向き式供給リバースリターン配管給湯方式

[出典：中井多喜雄：給排水衛生設備の技術，p.69，学芸出版社（2005）]

Environment: Drainage　環境：排水　283

使った水を排除する

排水の種類を[1]に示す。器具排水管を排水管に直接接続して排水する方式を直接排水といい、排水管内の汚水等が器具に逆流する恐れがある場合に器具排水管と排水管との間に空間を設け方式を間接排水という。住宅では、洗濯機や食器洗浄機、給水タンクの水抜き管等に設けられる。

下水ガスを遮る

下水中の有機物が分解してできたガスを下水ガスといい、腐敗臭を伴い、爆発事故を起こす危険性もある。下水ガスの室内への流入を遮る装置をトラップと呼ぶ[2]。水封式トラップは、排水の一部が器具内に留まり、空気を遮断する。

排水管内の流れ[3]

排水は、排水立て管内をピストン作用を起こして流下することによって管内の空気圧が変動し、排水階直下付近で負圧になり、下層階付近で正圧になることによって行われる。水封式トラップは、負圧による吸引や、正圧による跳ね出しにより、封水がなくなる（破封）危険がある。

排水管に通気する[5][6]

空気圧による破封を防止するため、通気立て管を設け、管内圧力を緩和する。基本的に、各個通気方式、ループ通気方式、伸頂通気方式に大別される。

排水を敷地外に出す[7]

下水道が完備されていない場合は、汚水と雑排水を合併処理浄化槽[8]で処理して放流する。下水道が完備されている場合は会所桝でまとめて放流する。

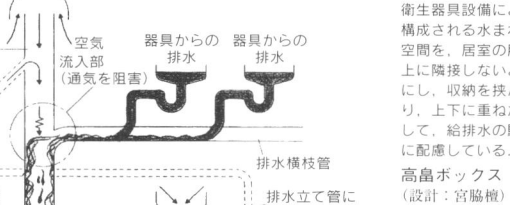

排水の種類[1]

		給排水衛生設備での扱い	下水道法での扱い
種類	名称	排水の特性	名称
	汚水	排泄物を含む排水	汚水
	雑排水	汚水以外の一般排水	
	特殊排水	特殊な排水処理を要する排水	
	雨水	降水・湧水・散水等の排水	雨水
方式	合流式	汚水と雑排水を合流	汚水と雨水を合流
	分流式	汚水と雑排水を分流	汚水と雨水を分流

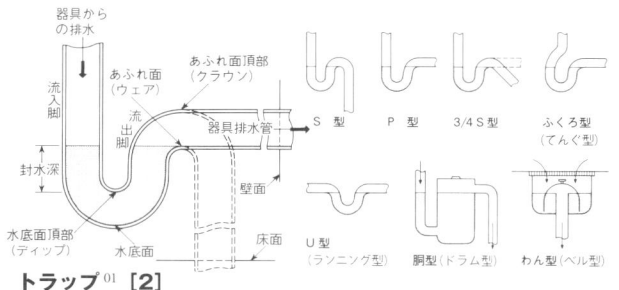

トラップ 01 [2]

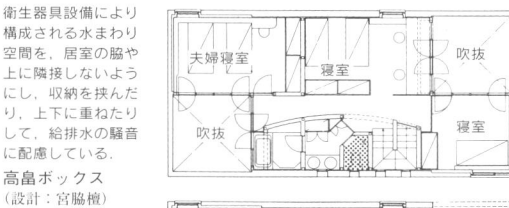

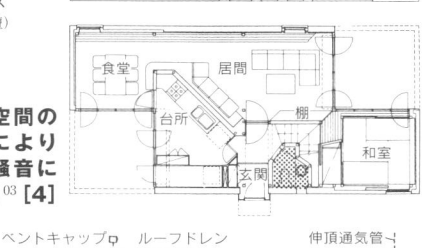

水まわり空間の配置計画により給排水の騒音に配慮した例 03 [4]
高畠ボックス（設計：宮脇檀）

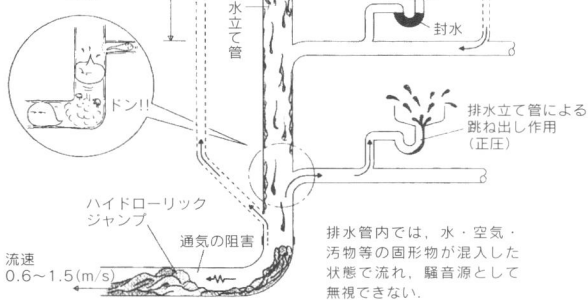

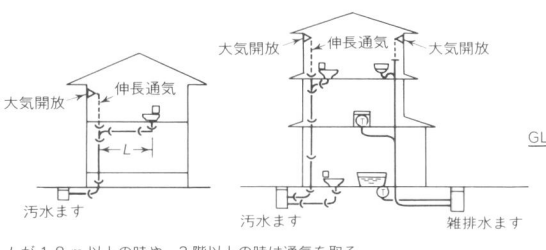

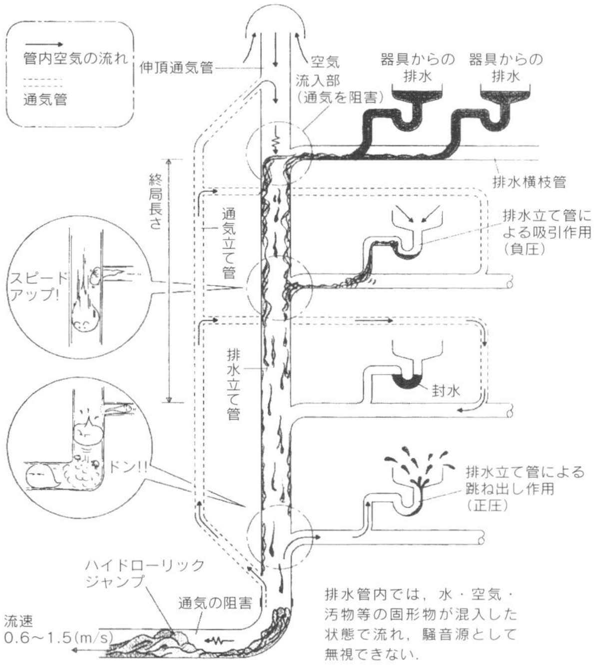

排水管内の流れ性状 02 [3]

独立住宅の排水 [5]
Lが1.8m以上の時や、3階以上の時は通気を取る

排水・通気システムの構成例 04 [6]
排水は重力落下するため、立て管と横枝管の継手の曲率や横枝管の勾配を適正に取る。横枝管の勾配は管径に応じて1/50～1/100程度である。

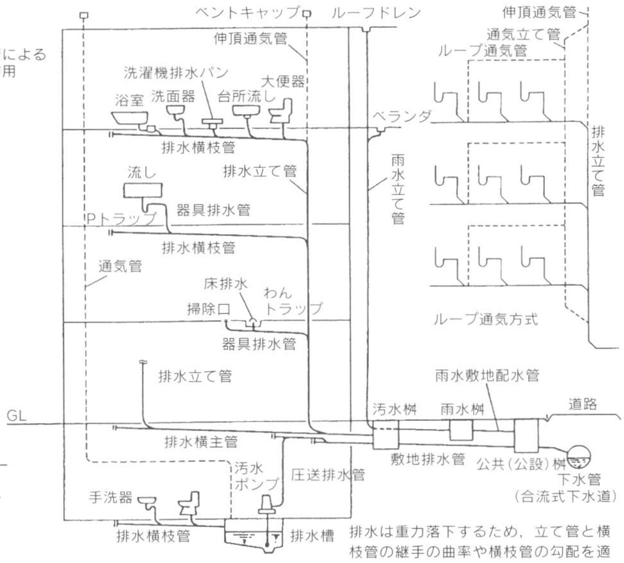

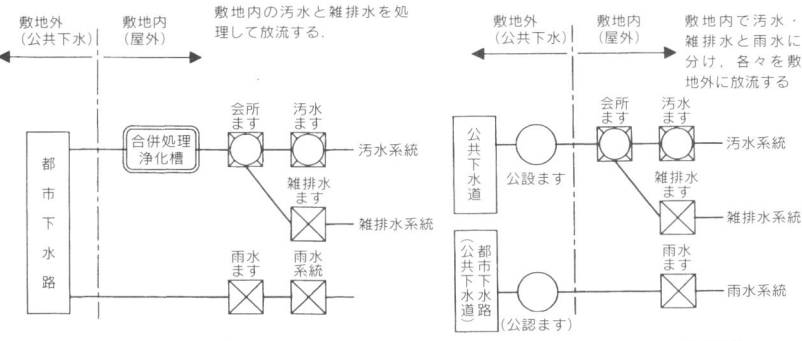

敷地外への排水方式の例（左：公共下水道がない場合、右：公共下水道がある場合）05 [7]

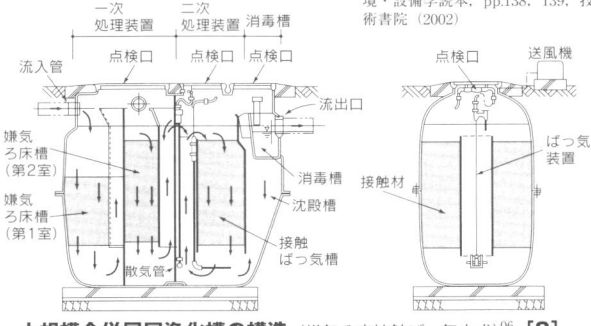

小規模合併屎尿浄化槽の構造（嫌気ろ床接触ばっ気方式）06 [8]

01：空気調和・衛生工学会編：給排水・衛生設備の実務の知識, pp.128, 157, オーム社 (1982)
02：「建築の設備」入門, p.137, 彰国社 (2002)
03：宮脇檀建築研究室：宮脇檀の住宅設計テキスト, p.183, 丸善 (2004)
04：紀谷文樹監修・鎌田元康編：給排水衛生設備学 初級編, p.148, TOTO出版 (1999)
05：文献02：pp.138, 139
06：田中毅弘：ポイントで学ぶ建築環境・設備学読本, pp.138, 139, 技術書院 (2002)

水の汚れの指標

水の汚れ（有機物の量）の代表的な指標にBODとCODがある。BODは、Biochemical Oxygen Demand（生化学的酸素要求量）の略で、水中の微生物が増殖や呼吸によって消費した酸素量を指す。CODは、Chemical Oxygen Demand（化学的酸素要求量）の略で、水中の有機物を酸化剤で分解した時の消費量を指す。

BODが有機物の量を示す理由は、水中に有機物が多い環境では、有機物を養分とする微生物の活動が盛んになり、酸素消費量が増えるためである。右図は、水中の汚れと自然浄化作用との関係である。水中の微生物が有機物を養分として取り込み、酸素呼吸を伴いながら、より安全な成分に分解する。浄化槽は、

この微生物による処理を、効率良く機能させるよう工夫した装置である。単独処理浄化槽は屎尿汚水のみ処理し、合併処理浄化槽は屎尿汚水と雑排水を処理できる。平成13年に改正された浄化槽法が施行され、単独処理浄化槽の新設は禁止となり、合併処理浄化槽のみを浄化槽と定義することになった。

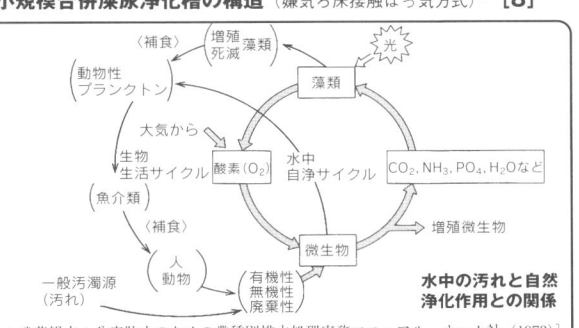

水中の汚れと自然浄化作用との関係
[出典：武藤暢夫：公害防止のための業種別排水処理実務マニュアル, オーム社 (1973)]

284　環境：緑化　Environment: Greening

緑化計画
緑化計画の際には，緑化目的や目指す効果などを明らかにし，緑化効果が最大限に発揮できるように対象空間の立地，周辺環境，管理条件などを整理した上，緑化位置・内容，緑化手法，導入技術などを計画する．

緑化手法[1][2][3]
建物緑化手法としては，屋上緑化，壁面緑化，ベランダ緑化，室内植栽などがある．屋上緑化の際には，荷重増の見込み，排水・防水計画，風対策の工夫などが必要となる．壁面緑化では，植物の生育を支持する工作物や十分な土壌基盤を確保することが重要である．一方，建物以外の敷地緑化の場合，植物が育つための植栽位置，必要な土厚などの検討が求められる．

緑化効果[4]
建物レベルの環境改善効果として下記のことが期待できる．
① クールスポットの形成
② 緑陰による日照日射の調節
③ 緑被による焼け込みの緩和
④ 建物への風の流れの調節
⑤ 建物保水性の向上
⑥ 有害な環境要素の影響緩和
⑦ 心理的・生理的効果

建築レベルの点的な緑化が都市全体で面として繋がることで，下記のような都市レベルのマクロな環境改善効果も期待できる．
① ヒートアイランド現象の緩和
② 雨水の流出抑制
③ 大気汚染の緩和
④ 生き物の生息環境の向上
⑤ 都市景観の向上

01：野島義照：知っておきたい屋上緑化Q&A, p.21, 鹿島出版会 (2003.12)
02：梅干野 晁, 白井一義, 大塚修弘, 岩村和夫：日本建築学会計画系論文集, No.527, p.15 (2000.1)
03：新田伸三：植栽の理論と技術, 鹿島出版会 (1975)

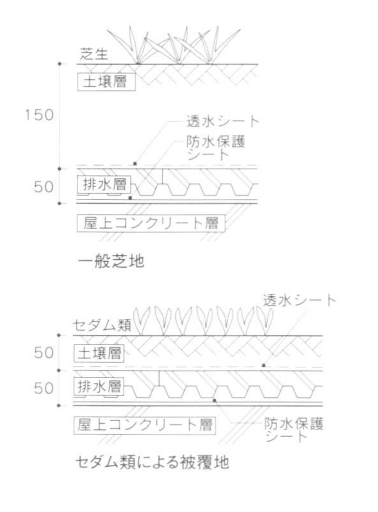

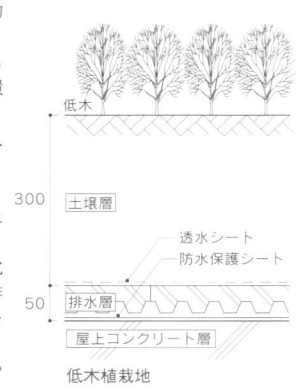

RC造の屋上緑化の例 01 [1]

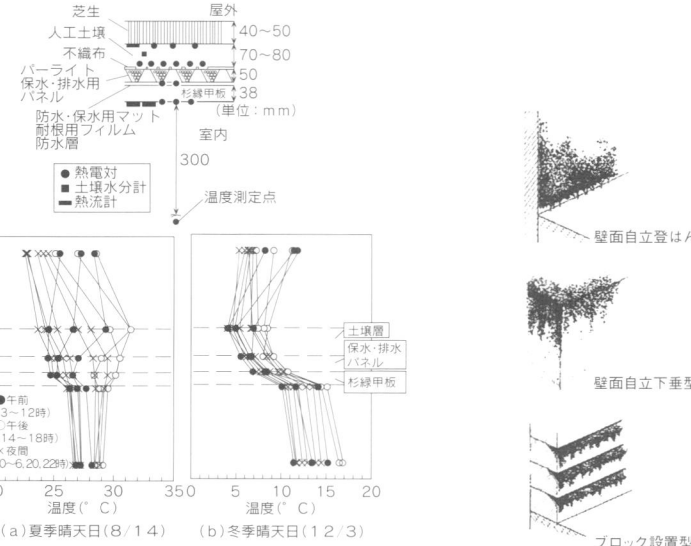

木造の屋上緑化の例と断面温度分布の日変化 02 [2]
(a) 夏季晴天日 (8/14)　(b) 冬季晴天日 (12/3)

壁面緑化の例 03 [3]
壁面自立登はん型／壁面取り付け支持材使用登はん型／壁面自立支持材使用登はん型
壁面自立下垂型／壁面取り付け支持材使用下垂型／壁面自立支持材使用下垂型
ブロック設置型／パネル設置型／パネル壁面取り付け型

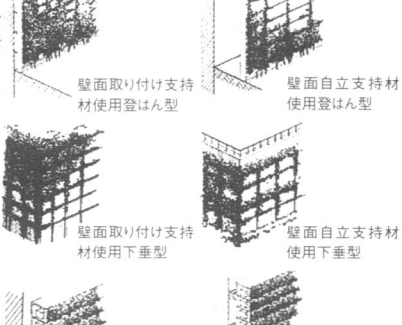

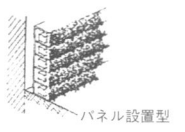

ツル植物による壁面緑化例　（撮影：松村芳治）
（かりゆしビーチリゾート恩納植栽計画：かりゆしビート造園部）

常緑灌木による壁面緑化例　（撮影：松村芳治）
（環境ミュージアム，設計：北九州市施設建築課，昭和設計）

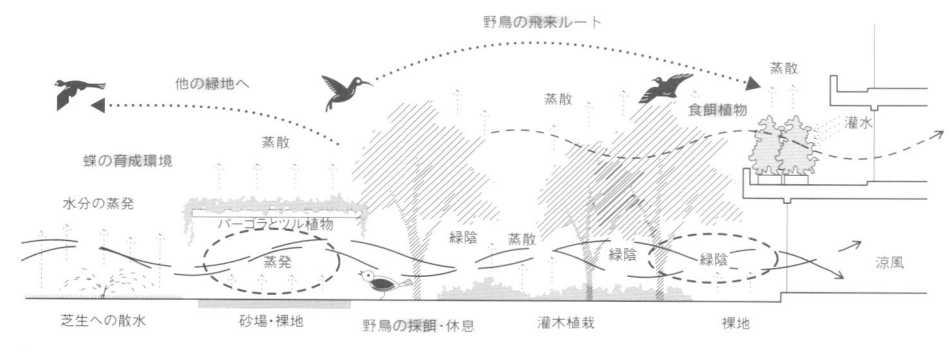

緑化によるクールスポットの形成と生き物の生息環境の向上 [4]

直達日射の抑制

東京都八王子市南大沢駅前，1997年9月10日12：18
気温29.0℃，湿度50%，風速1.8m/s
全日射量97W/m²，平均放射温度36.6℃
人工の天蓋に覆われた通路

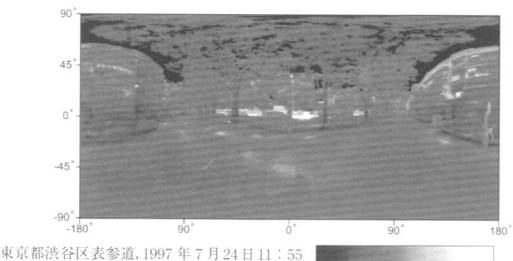

東京都渋谷区表参道，1997年7月24日11：55
気温30.3℃，湿度51%，風速0.6m/s
全日射量31W/m²，平均放射温度30.2℃
大きな樹冠の街路樹に覆われた街路

左の全球熱画像は，歩行者を雨や日射から保護するため，人工天蓋が設けられた例である．この場合，直達日射は遮蔽されるが，天蓋の周辺の地表面からの照り返しが無視できない．天蓋の天井面が40℃前後まで焼け込み，その下での平均放射温度は37℃にもなっている．これに対し，右の全球熱画像に見られる，樹冠の大きな街路樹は，直達日射を遮蔽する上，人工天蓋のような焼け込みもない．周囲の放射温度が，全体的に気温相当に抑えられており，風が少しあれば暑くない空間となっている．

天空を人工天蓋で覆った場合と樹冠で覆った場合の熱放射環境の比較　[出典：梅干野晁，浅野耕一：日本赤外線学会誌 9, No.2, p.40 (1999)]

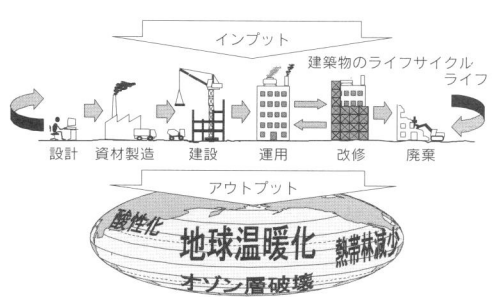

Environment: Life Cycle Assessment 環境：ライフサイクルアセスメント

ライフサイクルアセスメント (LCA) とは

製品の原材料の採取から製造，使用および処分にいたるまで生涯を通しての環境への影響・潜在的影響を評価するものである．LCAによりいずれの製品が環境的に優位であるか等の情報が得られるため，製品やサービスに関する環境マネジメントを支援する．

建築物のLCA手法

建築物のライフサイクルを通した環境負荷は，種々の環境配慮設計の巧拙により大きく異なる．よって設計段階での環境配慮の不備を最小限に抑えるため，一般的な基準案に対して，採用しようとしている案の優位性が確認できるLCA手法の適用が望ましい．建築物のLCA手法には国内の環境性能評価ツールとして日本建築学会，空気調和・衛生工学会などで作成されたものがある[1][2]．

建築関連のCO₂排出量

地球環境問題を背景として，各分野ともCO₂排出を抑える努力が必要となる．建築分野の環境負荷に占める割合は小さいとはいえない[3]．

CO_2排出量の削減には，建設段階での環境負荷の少ない工事の実践や建築資材の選択，運用段階での省エネルギー化，建築物の長寿命化などが有効と考えられるが，各種対策の効果を定量的に把握し，どの程度の対策を講ずる必要があるか検討するためにLCA手法の活用が有効である[4][5][9][10]．

住宅のライフサイクルCO_2

住宅のライフサイクルにおけるCO_2排出量の内訳は，構法による違いよりも生活行為による割合が高いため，環境に配慮した住まい方は重要である．省エネルギーを意識すればエネルギー消費量が減少する傾向があり，エネルギー依存を軽減し，生活の質を高めるライフスタイルの実践が求められる[7][8]．

建築のライフサイクルにおける環境への負荷 [1]

建築物のLCA手法 [2]

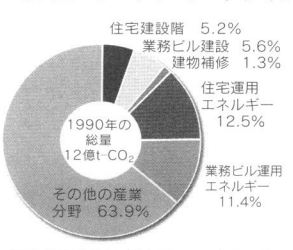

国内CO_2排出量の内訳[01] [3]
建築分野はCO_2排出量の1/3に関係している．特に運用段階の占める割合が高くなっている．

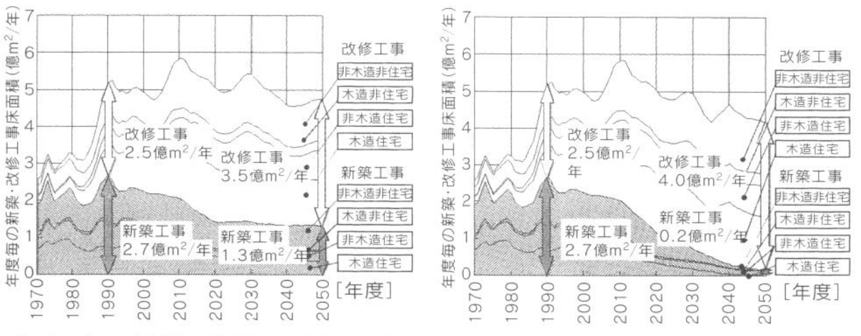

毎年度の新築・改修面積床面積（左：現状予測，右：耐用年数3倍）[01] **[4]**
今後新築される建築物が現状のペースで取り壊されると仮定した場合（左図）に対して，耐用寿命を3倍とした場合（右図）．新築工事の割合は着実に減少し，2050年には改修工事が大半を占める．今後，既存建築資産のマネジメントに重点を置いた産業，教育が必須となる．

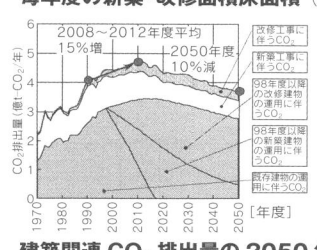

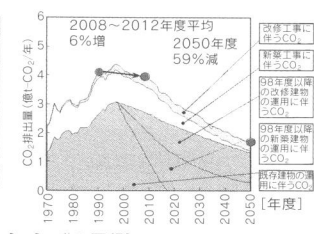

建築関連CO_2排出量の2050年までの予測（左：無対策ケース，右：対策ケース）[01] **[5]**
建築分野で何も対策されない場合，CO_2排出量は確実に増大する（左図）．一方，新築と改修建物のエネルギー消費量をそれぞれ30%，15%削減し，耐用年数を3倍，エコマテリアルの使用を徹底すれば，2050年の排出量は1990年比で60%削減できる．（右図）

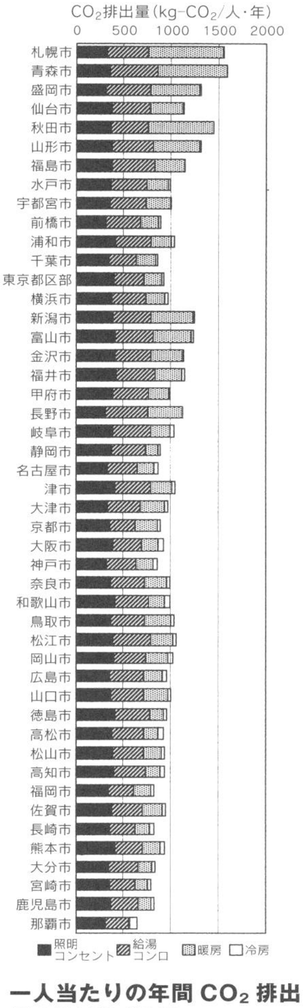

一人当たりの年間CO_2排出量の地域性[02] [6]

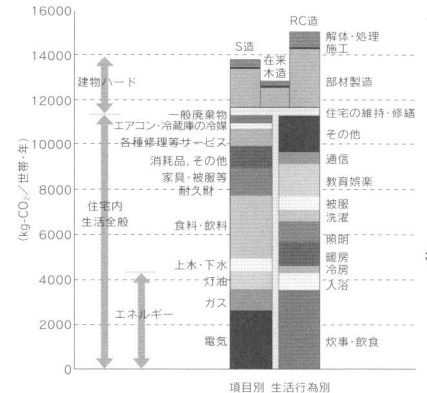

住宅のLCCO_2の全体構造[03] [7]
建物ハードに関わるCO_2排出量の割合は小さく，生活全般の行為に起因する排出量の割合が大きい．

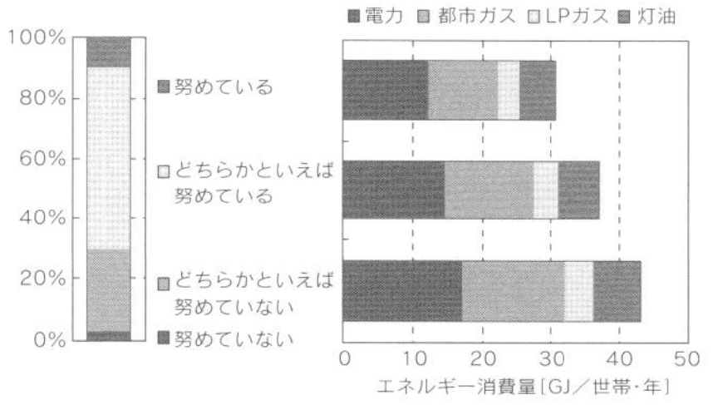

省エネへの取り組みとエネルギー消費量[04] [8]

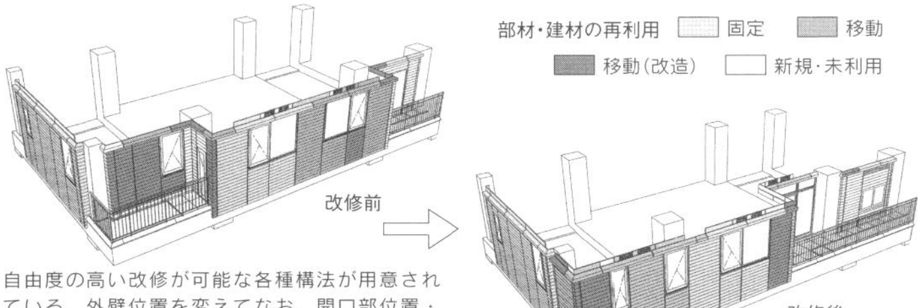

NEXT21の増改築（設計：大阪ガス NEXT21建設委員会）**[9]** ⇒ 165
自由度の高い改修が可能な各種構法が用意されている．外壁位置を変えてなお，開口部位置・大きさが変更できる構法は他に例がなく注目すべき特徴である．

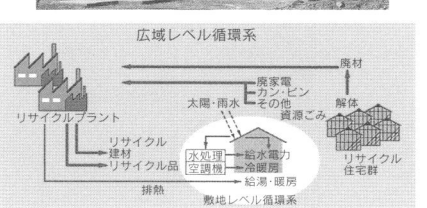

完全リサイクル住宅 S-PRH[05, 06] [10]
構法，環境・解体計画まで「リサイクル」することを徹底して意識し，80%以上の資源循環を達成した．

LACの規格

環境マネジメントに関する国際規格は，1996年10月以降国際標準化機構においてISO14000シリーズとして発行されている．LCAに関しては，1997年6月にISO14040（環境マネジメント―ライフサイクルアセスメント―原則及び枠組み）が国際規格化され，和訳されて同年11月に日本工業規格JIS Q14040となった．LCAには，①目的及び調査範囲の設定，②インベントリ分析，③影響評価，④結果の解釈が含まれることとされている．②のインベントリ分析とは，ライフサイクル各段階でインプットとアウトプットされる原材料とエネルギーおよび廃棄物量を一覧表にし，定量化する作業である．④の結果の解釈では，影響評価より得られた結果を解釈し改善策に結びつける．

LCA実施のプロセスやデータ，方法は規格に適合する必要があり，その妥当性が保証されて実際の適用に至る．

[出典：日本建築学会編：シリーズ地球環境建築 入門編 地球環境建築のすすめ，p.41（2002）]

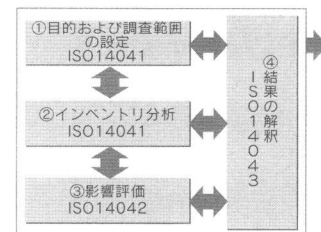

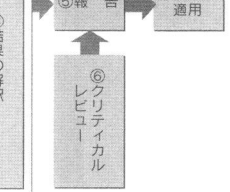

ISO14040規格によるLCAの手順

01：日本建築学会編：シリーズ地球環境建築・専門編3 建築環境マネジメント, p.33, 35, 38 (2004)
02：三浦秀一：日本建築学会計画系論文集 第528号, p.80 (1998)
03：日本建築学会：温暖化防止ライフスタイル推進のための行動計画パンフレット, p.4 (2005)
04：建築環境・省エネルギー機構：IBEC No. 151, p.11 (2005)
05：日本建築学会編：シリーズ地球環境建築・専門編2 資源・エネルギーと建築, p.113 (2004)
06：住宅特集 第182号, p.60 (2001)

環境：風力・太陽光発電 Environment: Wind-Power and Photovoltaic Generation

風力の利用

地球に届く太陽エネルギーの約2％が風に変換されている．風力発電は，自然エネルギー利用技術の中では最も実用化の早いものと言え，デンマークでは，国内電力需要の16％を賄っている（平成16年）．風力発電施設の風車は，年々大型化が進んでいるが，一方で，各住宅の独立電源としての小型風車も普及してきている．

風車の設置 [1][2]

都市部では，土地の制約から，建物の上や近くに風車を設置する場合も多い．建物の周りの気流を踏まえて風車を設置することが望ましい．乱流領域を避けるため，建物の上に設置する場合には，建物の高さの2倍が必要である．タワーの高さと建物の隅角部からの距離を適切にすることで，風の収束作用（ベルヌイ効果）を利用し，出力を増大させることも可能である．住居等の建築物に風車を設置する場合には，風車の発する騒音と振動，および破壊された時の建築物への2次損傷にも注意する．

風車の種類

垂直軸風車は水平軸風車と異なり風向に依存しないが，自己起動や回転数制御が難しい[3]．パワー特性（変換効率）が最大となる風速は，風車の種類により異なる[4]．

風向が一定の場合 [5][6]

風向がほぼ一定の所に風車を設置する場合，風車を固定できるため，システムの構造が簡単になり，強度も小さくできる．

エネルギー自給型住宅 [7][8]

小型風車や太陽電池を利用する事で，エネルギー自給型の住宅が現実的になってきている．電源の分散化や，災害時の電力確保に有効である．

01：牛山泉・三野正洋：小型風車ハンドブック 第5版，p.40，パワー社（2004）
02：環境共生住宅推進協議会：環境共生住宅A-Z，ビオシティ（1998）
03：前田建設 HP
04：牛山泉著：さわやかエネルギー風車入門，p.68，三省堂（2004）
05：文献04：p.61
06：文献04：p.50
07：文献01：p.275
08：Kenneth Powell：Richard Rogers Complete Works Volume Two，p.240，Phaidon Press（2001）
09：文献03：p.73
10：電化住宅のための計画・設計マニュアル 2002，p.113，日本工業出版（2002）
11：文献08：p.239

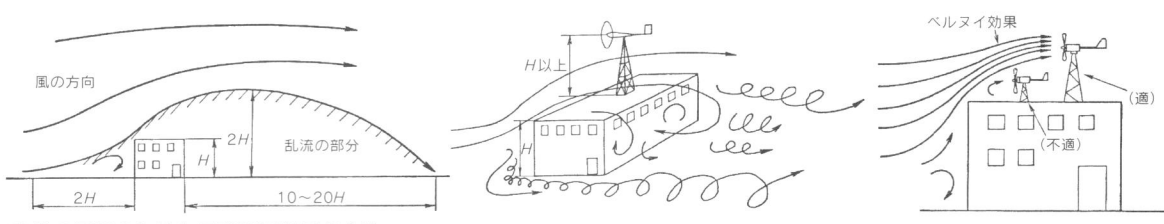

建物の周りの気流と風車設置位置[01] [1]

深沢環境共生住宅[02]（設計：岩村和夫）⇒169　レックスハイツ文京春日[03]　伊勢崎市児童文化会館[04]

建物の上への風車設置事例 [2]

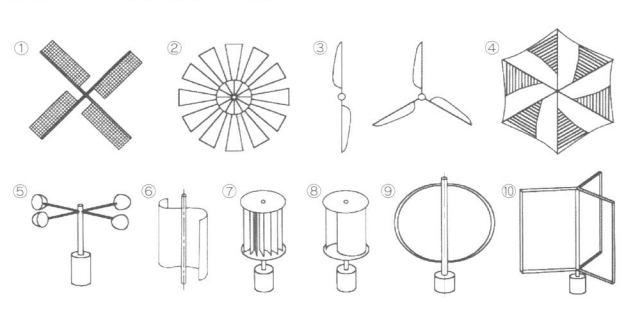

水平軸風車…①オランダ型，②多翼型，③プロペラ型，④セルウィング型
垂直軸風車…⑤パドル型，⑥S型ロータ，⑦クロスフロー型，⑧サボニウス型，⑨ダリウス型，⑩ジャイロミル型

風車の種類[05] [3]

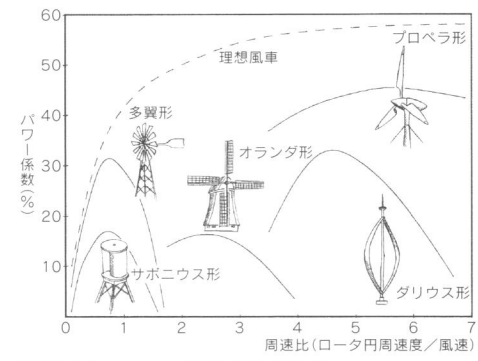

各種風車のパワー特性曲線[06] [4]

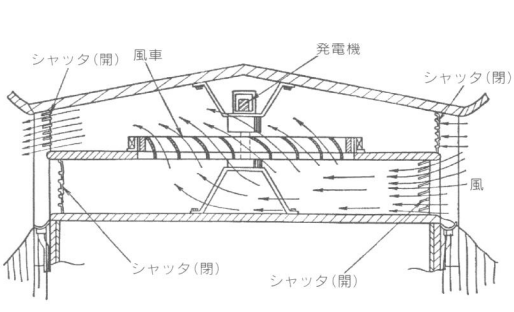

両側にシャッターを付けて，風向によってそれらを開閉する．住宅地域において利用できるエネルギーは非常に小さいが，稜線に立つ山小屋や海辺の家屋については有効である．独立して建設される風力発電システムよりも安価に作ることができる．

一般家屋の屋根裏を利用した風力タービンの例[07] [6]

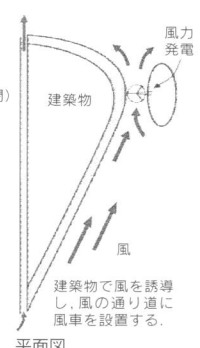

平面図
Turbine Tower（設計：Richard Rogers）
建物の間に作る風の通り道に風車を置く例[08] [6]

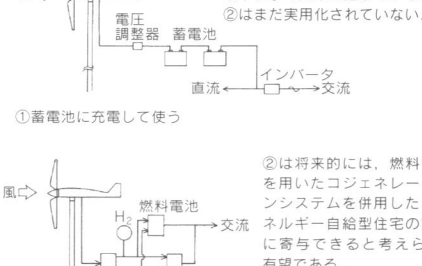

①は多く使われており，数kW以下の小型風車に適している．②はまだ実用化されていない．

①蓄電池に充電して使う

②は将来的には，燃料電池を用いたコジェネレーションシステムを併用し，エネルギー自給型住宅の実現に寄与できると考えられ，有望である．

②水を電気分解して，酸素・水素として使う

風力発電利用システム[09]

太陽光発電によるゼロ・エネルギー住宅の例[10] [7]

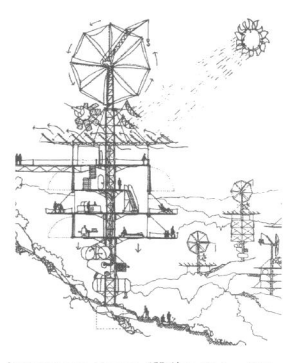

Autonomous House（設計：Richard Rogers）
エネルギー自給型住宅の構想[11] [8]

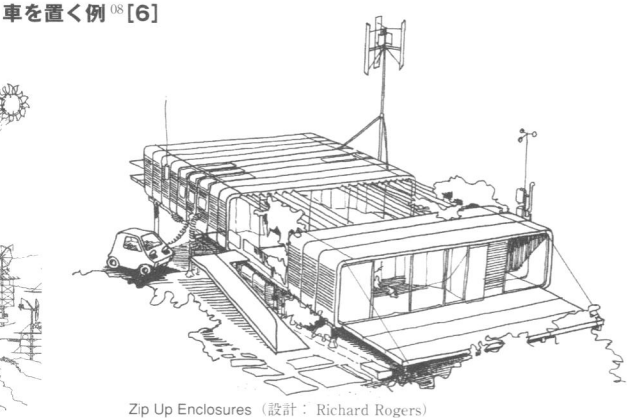

Zip Up Enclosures（設計：Richard Rogers）
低コスト・可搬・エネルギー自給型プレハブ住宅の構想[11] [9]

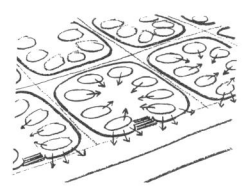

Environment: Security　環境：防犯　287

自然監視可能な空間の構成概念[01] [1]

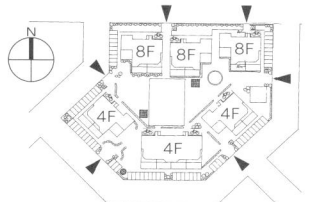

囲み型配置による自然監視[02] [2]

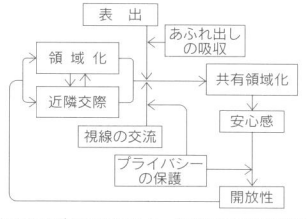

共用空間が形成されると、領域内の顔見知り度が高まり、部外者に対する識別性を強め、防犯性を高めて居住の安心感が生まれる。この結果、さらに開放性を帯び、行動の広がりを促して近隣交際を活発化し、共有領域を強化するという好循環を生む。

共用空間の安定化プロセス [3]

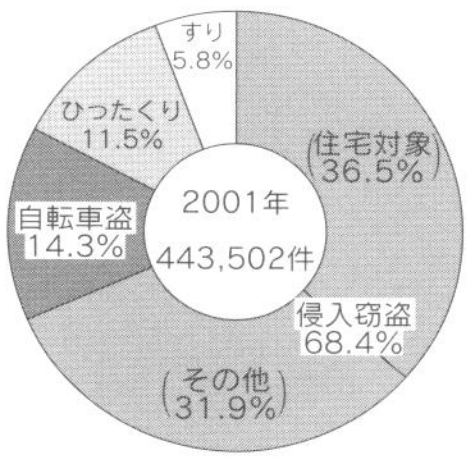

重要窃盗犯罪の状況 [4]
（警察庁平成13年度発表）

2001年　443,502件
住宅対象 36.5%
侵入窃盗 68.4%
その他 31.9%
自転車盗 14.3%
ひったくり 11.5%
すり 5.8%

住宅用の錠前

合ロック・指紋照合ロックなど	リモコンロック	カードロック	テンキーロック	シリンダー錠
いずれは、既にセキュリティシステムで実用化されている指紋照合式、ノンタッチカード式などの判別装置が単体の錠にも装備されるだろう。	電波方式・赤外線方式などがある。理論上変化数は無限。	カード方式の種類（確定的な防犯性能の比較は難しい）パンチカード式 磁気浮上式 ハイブリッドカード式 バーコードカード式 磁気カード式	防犯のため付加機能が有るものがよい 操作のたびに数字キーの配列が変化する。暗証番号の変更が素早く簡単にできる。桁数の多い暗証番号を登録できる。複数の暗証番号を登録できる。	シリンダーの種類 ディスクシリンダー（×） ウエハーシリンダー（×） ピンシリンダー（カギ山の数が少ないもの、溝が浅いもの）（×） ピンシリンダー（カギ山の数が多いもの、溝が深いもの）（○） ロータリーシリンダー（○） ディンプルキー（○） マグネチックシリンダー（○）

シリンダーの防犯性能レベル
×印：ピッキングに手慣れたごく一部の者には不正解錠できる。
○印：ピッキングをはじめ不正解錠は極めて困難。耐ピッキング性能が高いとしてCP-C認定を受けたシリンダーが勧められる。

補助錠のタイプ（防犯性能は品質レベルによる）		主錠（把手のあるメインの錠）のタイプ		錠の本体の防犯性能レベル（一般的評価）
彫込み型本締り錠（箱錠タイプ）	←高性能なシリンダーと組み合わせたCP認定錠が勧められる。	彫込み型箱錠 （○）	←高性能なシリンダーと組み合わせたCP認定錠が勧められる。	×印：暴力破壊に弱く防犯性能を期待できない。
彫込み型本締り錠（チューブラータイプ）		面付け型箱錠（集合住宅玄関用）（○）		△印：暴力破壊にやや弱く、今日では性能不足。
面付け型本締り錠⇒取り付け施工が最も簡単で、後付けによる防犯強化に適している		円筒錠 （×）		○印：品質にもよるが暴力破壊に強い。
※この他、引き戸、引き違い戸用の補助錠や防犯用の締り金具などもある。		本締り付きモノロック （△）		（注）主錠がいずれのタイプであっても補助錠を設置してワンドア・ツーロックとすることにより、防犯レベルをさらに高めることができる。
		チューブラー錠（本締り錠＋空錠）（△～○）		
		引き戸用鎌錠 （×～○）		
		引き違い戸用錠 （×～○）		

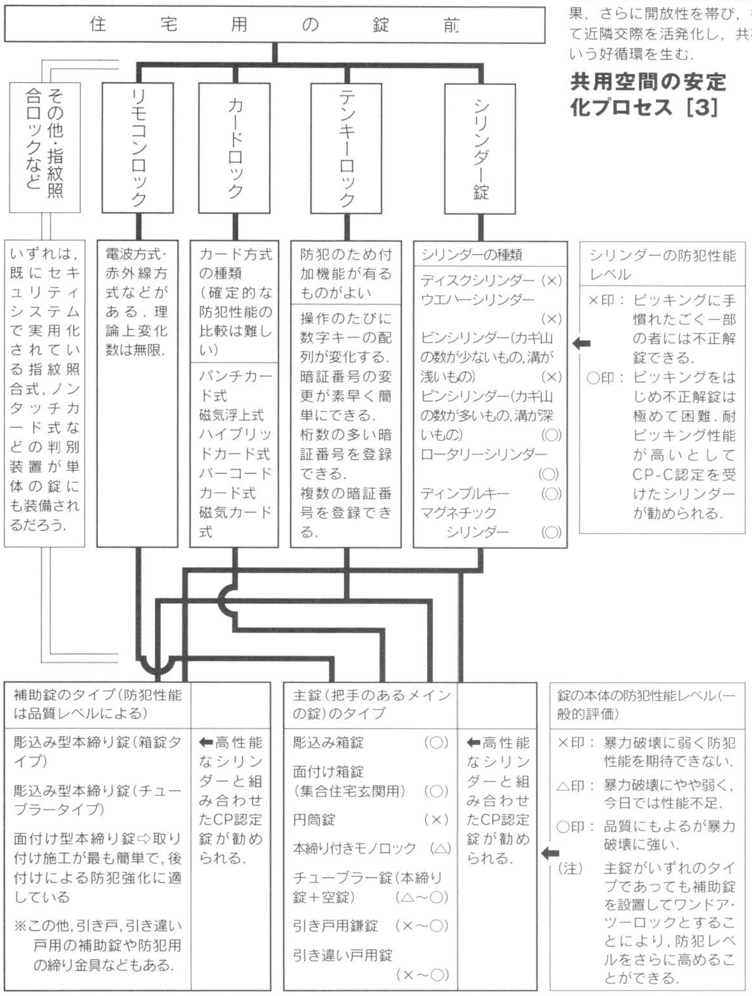

錠前の種類[03] [5] ⇒ 257

ホームセキュリティ[6] ⇒ 257
（セコム株式会社資料）

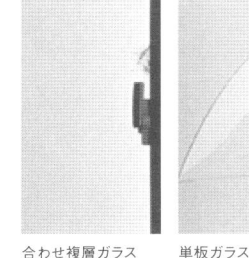

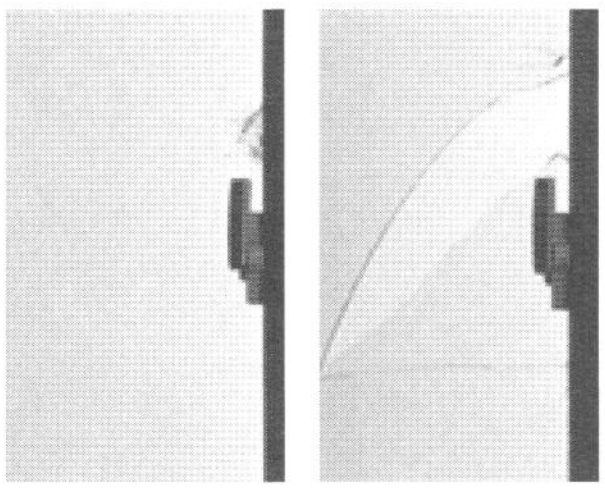

防犯ガラス [7]
（日本板硝子株式会社資料）
合わせ複層ガラス　単板ガラス

テンキーロック 　シリンダー錠 
リモコンロック　ハイブリッドカードロック
脱着式サムターン

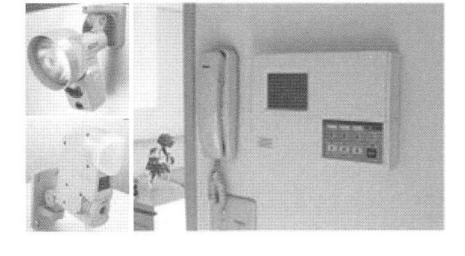

夜間に危険だと感じられるエリア
お気に入りの場所

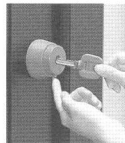

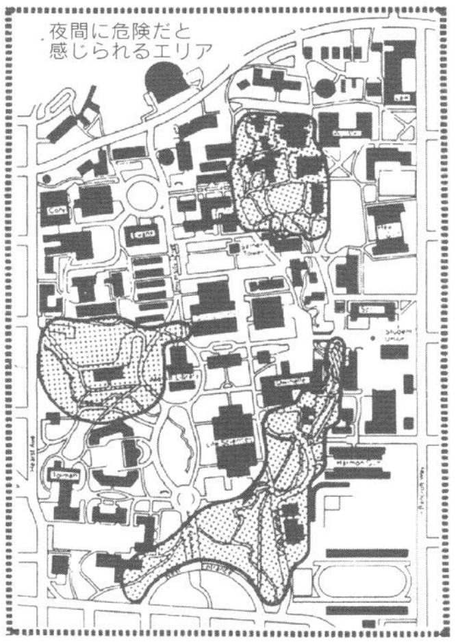

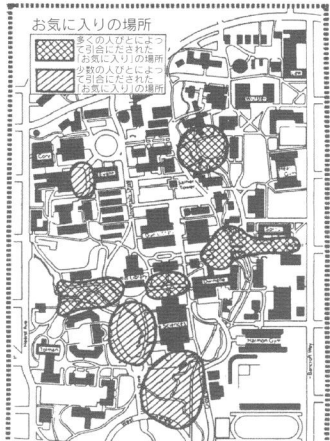

カリフォルニア大学バークレー校のキャンパスで、学生が夜間に危険だと感じているエリアは日中に樹木や自然景観を楽しむ「お気に入りの場所」と一致している。

日中にお気に入りの場所と夜間に危険な場所の比較[04] [9]

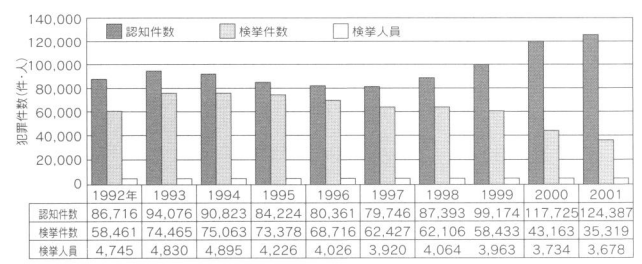

犯罪件数の推移 [8]（警察庁平成13年度発表）

	1992年	1993	1994	1995	1996	1997	1998	1999	2000	2001
認知件数	86,716	94,076	90,824	84,224	80,361	79,746	87,393	99,174	117,725	124,387
検挙件数	58,461	74,465	75,063	73,378	68,716	62,427	62,106	58,433	43,163	35,319
検挙人員	4,745	4,830	4,895	4,226	4,026	3,920	4,064	3,963	3,734	3,678

ディフェンシブルスペース

具体的あるいは象徴的なバリア、強い影響力によって境界づけられた区域、監視機会の増加など、居住者が環境をコントロールできるように相互連関するような空間のことを、ニューマンはディフェンシブルスペース（まもりやすい空間）と定義している。[1]はニューマンによる自然監視の可能なディフェンシブルスペースの構成概念である。これは配棟計画に反映されると同時に、開口部や窓等、監視機会のメカニズムにも適用できる。日中と夜間では周囲の状況が変わることにも注意が必要である。[2]は自然監視の可能なディフェンシブルスペースの構成概念を、集合住宅の配棟計画に反映した事例である。

住居の防犯 [4] [8]

警察庁が発表した2001年の重要窃盗犯の犯罪の占める割合の中で、住宅に関わる犯罪は36.5%となっており、それら犯罪の中で最も多くを占める。その中で、空き巣ねらいなど住宅に関わる経年変化を見ると、認知件数が増加する一方、検挙件数は低下しており、今後より住居者の防犯に対する意識向上が求められる。

錠前 [5]

ピッキング被害が増加したのに伴い、シリンダー錠にもピンシリンダーなど防犯性能の向上した製品が出てきた。また万一ガラスを割られて外から手を入れられても、サムターンがないためカギを開けることができない脱着式サムターンを用いたものや、カードロックやリモコンロックなどの製品もある。

ホームセキュリティ [6]

外部への通報を前提としたホームセキュリティシステムは、自動通報装置がシステムの中心となり、在宅時および外出時の警戒のON／OFFや、各種センサーとの連動、警報音の鳴動などを行うとともに、オーナーの外出時には連絡を行う。

防犯ガラス [7]

空き巣ねらいの侵入方法は、ガラス破りが約40%を占めており、ピッキングの約30%と比較しても多いといわれる。したがって防犯性能にガラスの種類は大きな影響を与える。単板ガラス、複層ガラス、合わせ複層ガラスの侵入時間を比較すると、単板ガラスが1分40秒で侵入されてしまうのに対し、複層ガラスは3分44秒、さらに合わせ複層ガラスでは9分50秒かかるというデータがある。

01：Jon Lang著、高橋鷹志監訳：建築理論の創造 環境デザインにおける行動科学の役割、pp.201-202、鹿島出版会（1992）
02：湯川利和：まもりやすい集合住宅、pp.18-23、学芸出版社（2001）
03：(社)日本防犯設備協会：防犯住宅をつくる、p.99, 105, 106、創樹社（2002）
04：クレア・クーパーマーカス他：人間のための屋外環境デザイン、鹿島出版会（1993）

288　環境：住宅地の減災 1　Environment: Disaster Decrease in Residential District

住宅地の風害

都市が高密度化することで地表付近の風は弱くなり，高層建築が増えることで，突然強風が吹く突風率が増加した．住宅地においてのこのような環境の変化は，屋内での通風の確保を難しくするとともに，街路では集合住宅等の高層建物の周辺でビル風による歩行障害を起こす[1]．

低層建物群による住宅地に高層建物が建設されると，上空の速い流れが高層建物によりせき止められて地上に流れ込む．ビル風は狭い場所を通ったり隅角部で弾かれることで，さらに強い風となる[2]．

建物周辺の強風は，高層化を免れ得ない場合，配置や形状の工夫で対策を施す．上空の風の地上への流れ込みを，低層建物やデッキ等で防いだり隅角部を切除して剥離流を減少させたりすることで，歩行者空間が強風領域にならないようにする[3]．

住宅地の水害

都市開発による土地被覆の改変で不透水面が増加し，台風や豪雨による降水量の増加が，ほとんどタイムラグのないまま河川の氾濫に繋がり深刻な都市型水害を起こすようになった．

粗悪な造成地に造られた新興住宅地では，洪水と斜面災害の複合災害である「土砂水害」の可能性がある[4]．1982年の長崎大水害は，その典型の一つである．雨水の急激な河川への流出を抑制するためには，地下水の涵養を兼ねた浸透施設を造ることが有効である[5][6]．本来，河川の流量が調整できるように開けておくべき領域を，集合住宅として高度利用するため，高床にして，下部を洪水調整池とした例もある[7]．

防災まちづくり

震災や乾燥等により発生する大火から住民の生命を守るには，個々の住居の防火対策だけでなく，住宅地の防災まちづくりと各住戸の建設／改築行為が連係することも重要である．下町の住宅密集地区に古くからある「向こう三軒両隣」の付き合いや，路地裏の狭い通路や植栽による居心地良さを維持しつつ，防災力を高めようとする試みの例を[8]に示す．

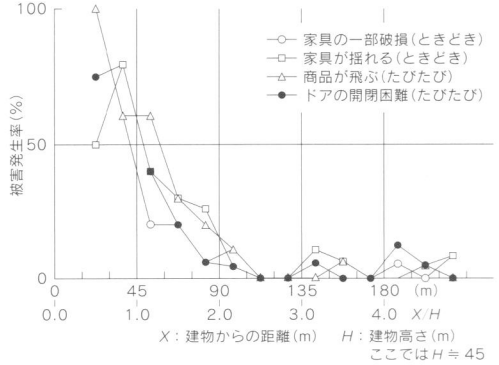

風害に対する住民意識調査結果の一例 01 [1]

(a) 被害の発生と当該建物からの距離
i) 建物高さの2倍の距離より内側の居住者の指摘 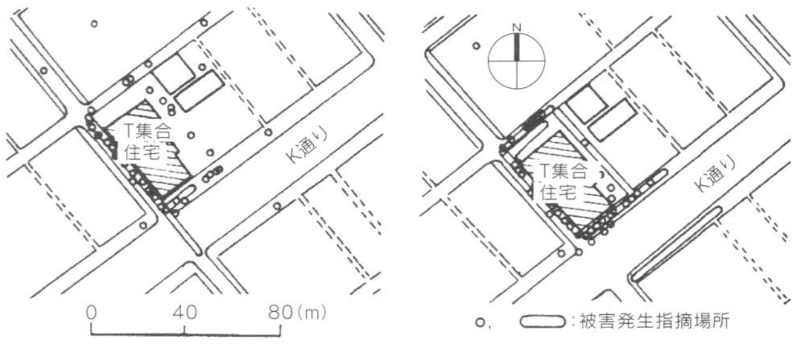
ii) 建物高さの2倍の距離より外側の居住者の指摘
(b) 歩行障害の体験を指摘された場所

建物周辺の強風発生パターン 02 [2]

建物周辺の強風を防ぐ工夫 03 [3]

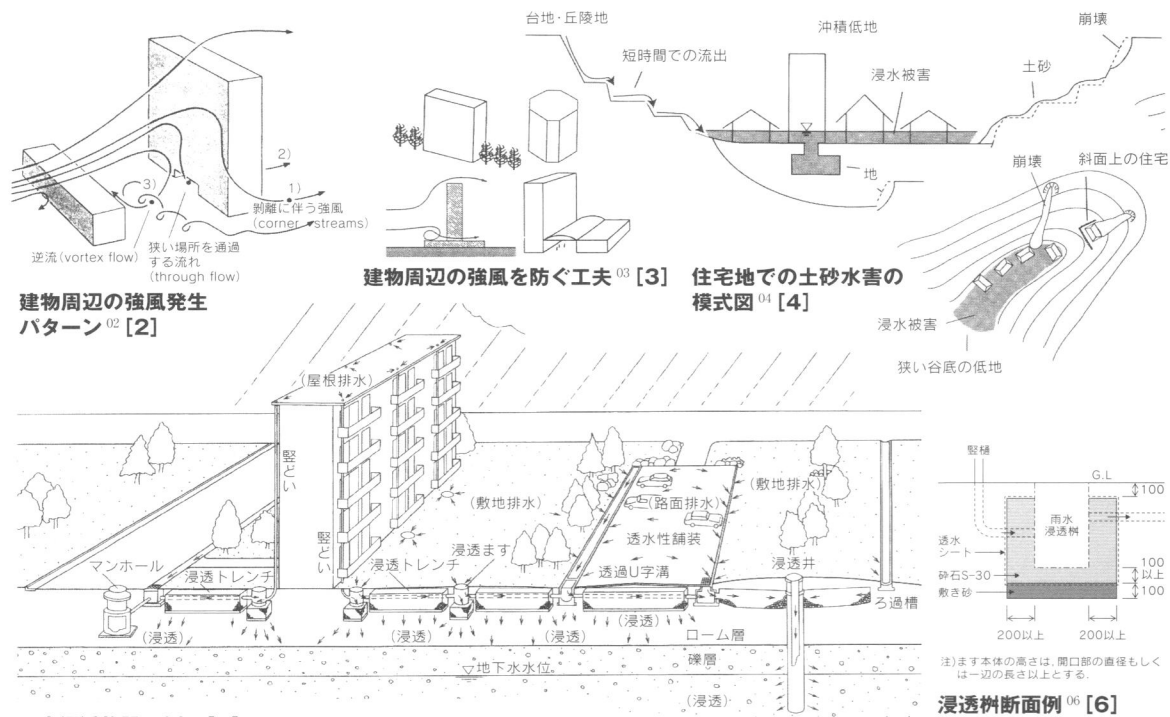

住宅地での土砂水害の模式図 04 [4]

雨水浸透施設の例 05 [5]

浸透桝断面例 06 [6]

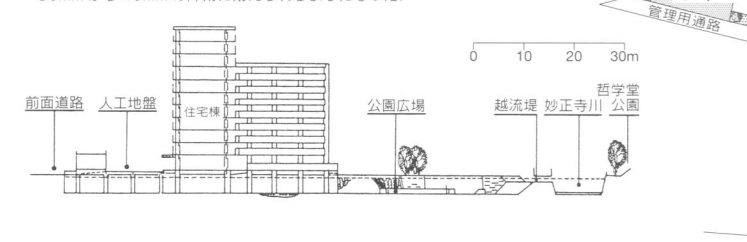

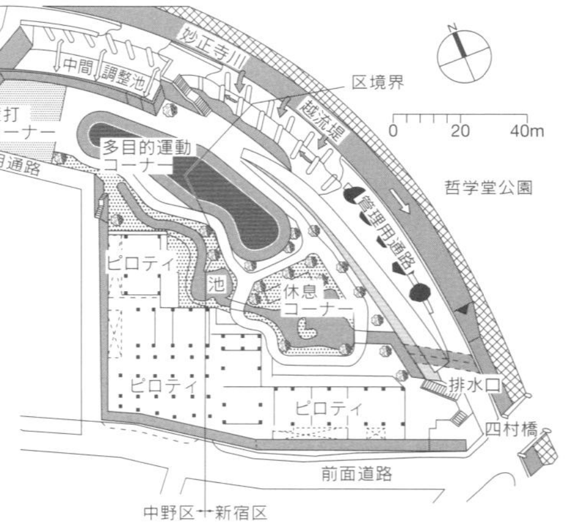

高度な土地利用による洪水調節を図った例 07 [7]

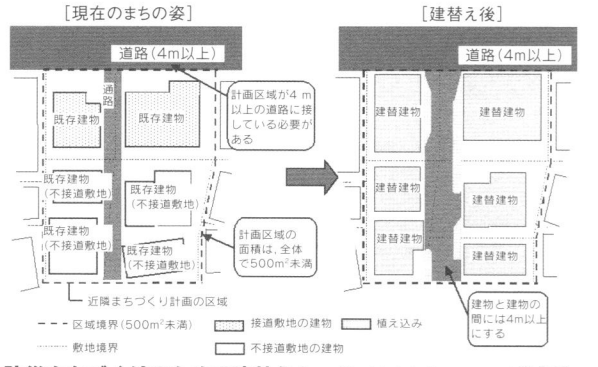

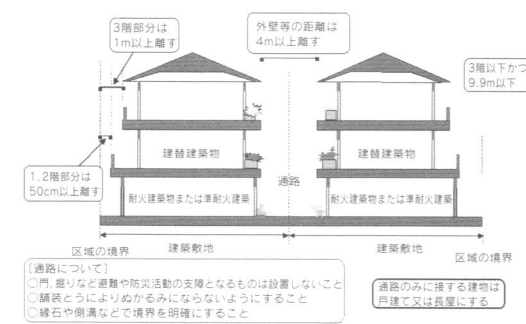

氾濫都市河川である東京の妙正寺川沿いにある民間工場跡地を公園兼洪水調整池（最大貯水容量約3万m³）として整備し，さらに高床式の賃貸住宅（163戸）を建設した例．これにより，下流域は，従来までの1時間30mmから40mmの降雨に耐えられるようになった．

防災まちづくりのための建替えルール（東京都荒川区の例）08 [8]

01：池田耕一・村上周三：高層建築物における周辺気流の影響とその対策に関する研究その2 被害発生状況の住民アンケート調査，日本建築学会大会学術講演梗概集（1978）
02：T.V. Lawson and A.D. Penwarden : The effects of wind on people in the vicinity of buildings. Proc. of Wind Effects on Buildings and Structures（1975）
03：木村建一他，新建築学大系8 自然環境，彰国社（1984）
04：釜井俊孝・守随治雄：斜面防災都市，p.30，理工図書（2002）
05：日本建築学会：建築環境工学用教材 環境編，p.95，丸善（2000）
06：長野市建設部建築指導課資料
07：東京都建設局桃川部：「多目的遊水池事業妙正寺川第一調整池」パンフレット
08：日本建築学会：安心・安全のまちづくり，p.103，丸善（2005）

Environment: Disaster Decrease in Residential District　環境：住宅地の減災 2

名　称	役　割
広域避難所	震災時の市街地火災に対する，広域避難の最終の目的地．大規模なオープンスペースがある公園緑地，学校等公共施設など．
避難場所 広域避難場所	都道府県・市町村の地域防災計画で指定する避難地に使用することが多い．
一時避難地	地震や火災の時に，地域住民が一時的に避難できる地区公園，小中学校などオープンスペース．
避難所	災害救助法に基づく被災者の収容保護の施設で，地域防災計画等で定める．学校，福祉センター，公民館などが多い．
一時集合場所	組織的な避難を行う場合の，最初の集合地．学校，社寺，小公園などの他，路上などを指定する場合がある．

避難施設の名称と役割 01 [1]

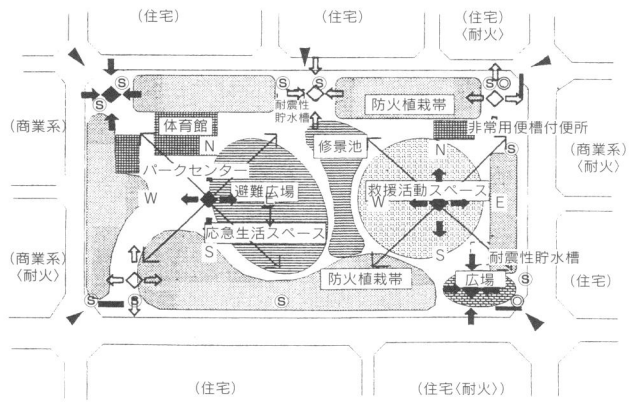

一次避難地の機能を有する都市公園モデル 02 [2]

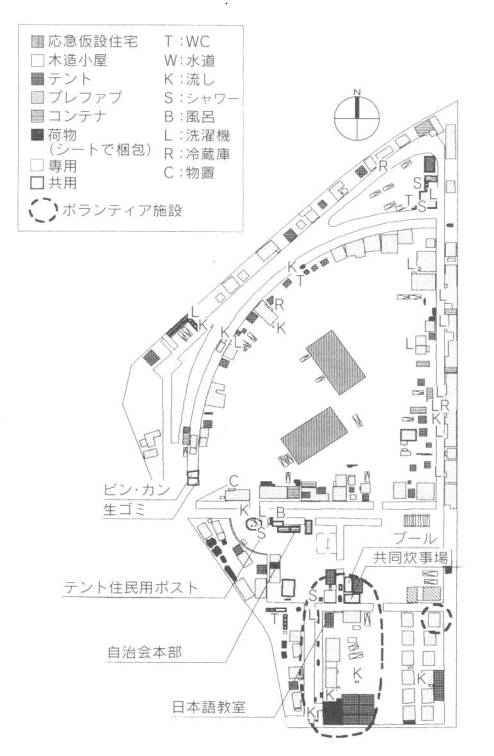

兵庫県南部地震での避難者のテント村例 03 [3]
南駒栄公園（1995年11月21日）

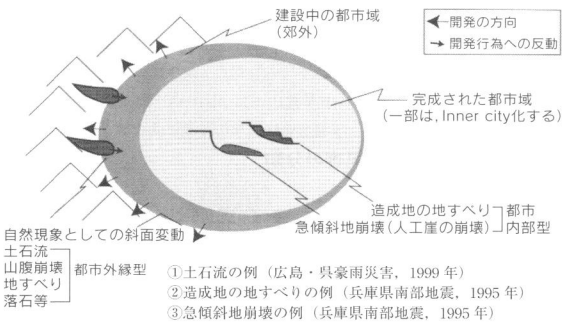

都市化と斜面災害の関係 04 [4]
① 土石流の例（広島・呉雨災害，1999年）
② 造成地の地すべりの例（兵庫県南部地震，1995年）
③ 急傾斜地崩壊の例（兵庫県南部地震，1995年）

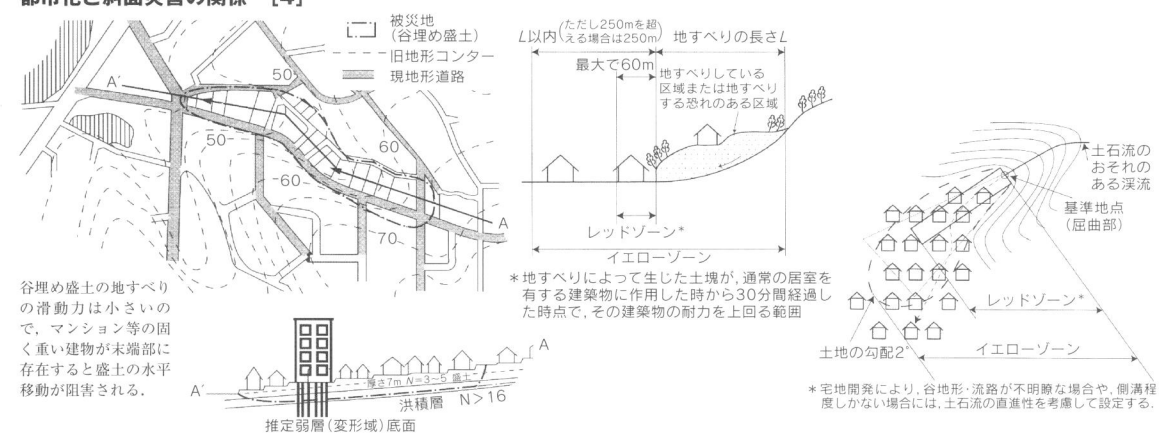

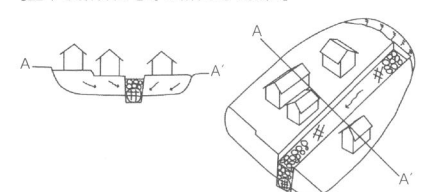

谷埋め盛土すべりへの対策例 05 [5]

土砂災害防止法 06 [6]
平成13年4月1日より施行された法律で，正式には「土砂災害警戒区域等における土砂災害防止対策の推進に関する法律」と呼ばれる．内容は以下の4点で構成される．
① 土砂災害の恐れのある区域を明らかにする
② 危険の周知，警戒避難体制の整備を行う
③ 宅地開発，住宅等の新規立地の抑制と建築物の構造規制を行う
④ 既存住宅の移転促進等を行う
土砂災害の恐れがある区域は，土砂災害警戒区域（イエローゾーン）や土砂災害特別警戒区域（レッドゾーン）と呼ばれ，情報伝達・警戒避難体制が整備される．レッドゾーンでは，住宅宅地分譲等の特定開発行為に都道府県知事の許可が必要になる．

避難施設

大規模な火災が発生した時は，延焼を防止し，各種避難施設 [1] を炎や熱風・高温放射から守る上で，防災植栽が有効である．災害時のみを考慮するのではなく，平常時の生活環境に支障がないことが重要といえる．

住宅地の中に，一次避難地の機能を有する公園を配置し，災害時に町から出て行かなくても良いまちづくりを目指すことで，各地域の互助関係を活かした一時避難生活を提供できる [2]．

災害時は，場合によっては避難施設での長期生活を求められる．避難所の中やテント村は臨時の住宅地となり，住居だけでなく，各種公共施設機能も配置される．外国人の避難者が多い場所では，日本語教室が置かれたケースもある [3]．

斜面災害

斜面災害は，自然現象である斜面変動が住宅地に接して起きたり，造成地が崩壊したりすることにより，住民の安全を脅かす災害である．急速な都市域の拡張との同時進行により，被害が拡大していることが特徴といえ，地震や降雨・雪解け水の浸透等によって誘発される [4]．

造成地の地すべりや急傾斜地崩壊等，都市内部型の斜面災害は都市外縁型の場合に比べ，規模は小さいが数は大変多いため，公共工事による対策はほとんど不可能といわれている．よって地方自治体や個人による対策が求められる [5]．

近年，土砂災害危険箇所の増加速度は，対策工事の速度を上回っておりハード的な対策だけでは根本的な問題の解決は難しい．そこでソフト的な措置が必要となり急傾斜地法の改正や土砂災害防止法の施行が進められた [6]．

ソフト的な対策とは，危険な家屋を移転させたり，新たな開発行為を制限したり，平常時から災害防止の有効情報を住民に提供したりする取り組みを指す．造成地における住居の設計は，都市の斜面災害に対する危険を十分に認識した上で進めなくてはならない．

01：日本建築学会：安心・安全のまちづくり，p.30，丸善（2005）
02：（財）都市緑化技術開発機構 公園緑地防災技術共同研究会編：防災公園技術ハンドブック，p.230，公害対策技術同友会（2000）
03：柏原士郎他：阪神・淡路大震災における避難所の研究，p.150，大阪大学出版会（1998）
04：釜井俊孝・守隨治雄：斜面防災都市，pp.39, 78, 79, 114，理工図書（2002）
05：文献04：pp.171, 172
06：文献04：pp.175-180

構法・構造：木造構法 Building Construction: Wooden Construction

住宅の構法

日本における住宅の構法は，低層の住宅と中高層の住宅とで大きく異なっている．3階建以上の共同住宅には，耐火構造の構法が用いられるが，長屋建・2階建共同住宅などの賃貸アパートは，一戸建住宅とほぼ同じ構法で建てられることが多い．在来木造軸組構法によって，いわゆる木賃アパートが建設されていたように，一戸建と同じ工業化構法によって，数多くの低層アパートが建設されている．

低層住宅の構法は在来構法と工業化構法とに分けることができ，さらにそれぞれが木造（木質系）・鉄骨造・(鉄鋼系)・RC造（コンクリート系）に分類される．中高層共同住宅の構法も在来構法と工業化構法に分けられるが，近年，在来構法と工業化構法を組み合わせた，各種の複合化構法が用いられることが多くなった．

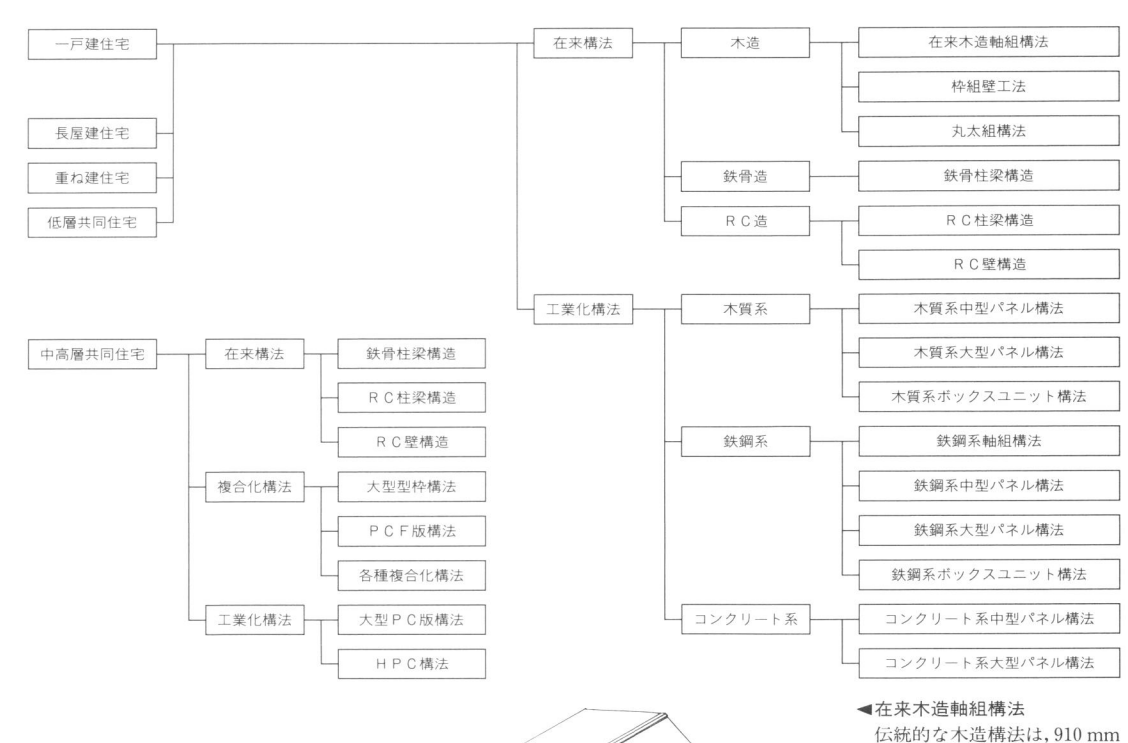

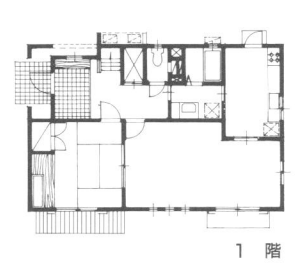

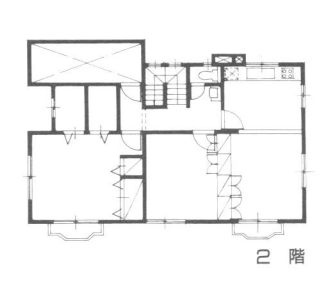

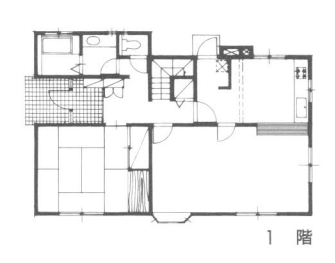

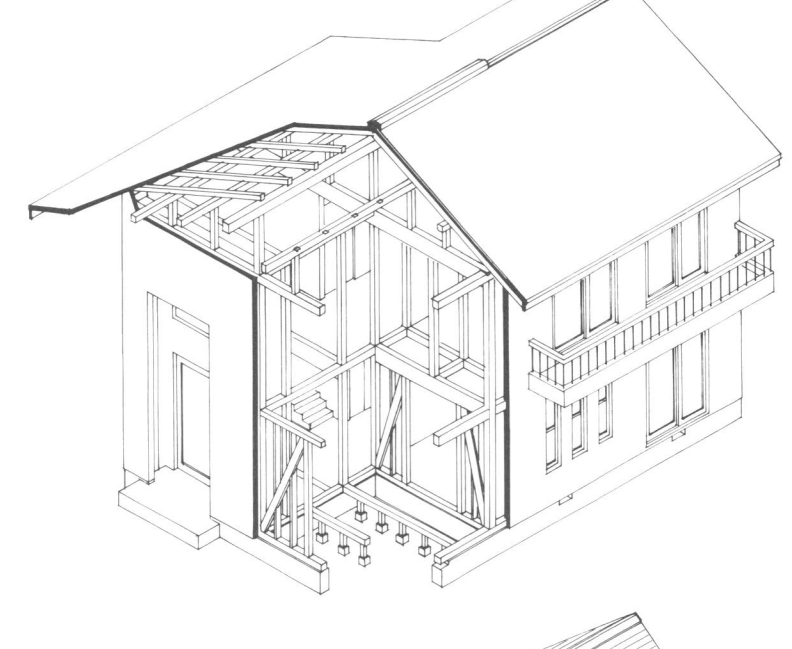

```
一戸建住宅 ──┬─ 在来構法 ──┬─ 木造 ──┬─ 在来木造軸組構法
長屋建住宅   │              │          ├─ 枠組壁工法
重ね建住宅   │              │          └─ 丸太組構法
低層共同住宅 │              ├─ 鉄骨造 ── 鉄骨柱梁構造
             │              └─ RC造 ──┬─ RC柱梁構造
             │                         └─ RC壁構造
             └─ 工業化構法 ─┬─ 木質系 ─┬─ 木質系中型パネル構法
                            │           ├─ 木質系大型パネル構法
                            │           └─ 木質系ボックスユニット構法
                            ├─ 鉄鋼系 ─┬─ 鉄鋼系軸組構法
                            │           ├─ 鉄鋼系中型パネル構法
                            │           ├─ 鉄鋼系大型パネル構法
                            │           └─ 鉄鋼系ボックスユニット構法
                            └─ コンクリート系 ─┬─ コンクリート系中型パネル構法
                                                └─ コンクリート系大型パネル構法

中高層共同住宅 ─┬─ 在来構法 ──┬─ 鉄骨柱梁構造
                │              ├─ RC柱梁構造
                │              └─ RC壁構造
                ├─ 複合化構法 ─┬─ 大型型枠構法
                │              ├─ PCF版構法
                │              └─ 各種複合化構法
                └─ 工業化構法 ─┬─ 大型PC版構法
                               └─ HPC構法
```

2階

1階

2階

1階

◀在来木造軸組構法

伝統的な木造構法は，910 mmなどの間隔のグリッドの交点に柱が立てられる．柱の間に開口部や壁が設けられるが，壁の通りは構造上の明快さよりも，間取りに従って自由に決められることが多い．柱の位置はグリッド上であれば比較的自由であり，平面計画にもよるが，偏在しているのが普通である．筋違いなどを入れた壁をバランス良く配置して，水平力に対する耐力を確保する．

グリッドに従った間取りに対し，ほぼ自由に対応できることが大きな特徴であり，建築主の希望を反映した計画を可能とする優れた建設システムを作り上げてきた．増築なども容易である．敷地に合わせて外形を自由に出入りさせることも多い．

軸組材はあらかじめ継手・仕口が加工され，建て方はほぼ1日で完了する．

◀枠組壁工法

北米で発達した構法で，1974年頃より本格的に導入された．標準化された断面の木材を組み合わせて縦格子状の芯を作り，その両側に合板・石膏ボードなどを釘で貼り付けて耐力壁を構成する構法である．まず床面を作り，その上で壁面を製作して立て起こす．作業面が安定しているので，それほど熟練していない者でも組立が可能である．

壁構造であるので，間取りは整形なことが望ましいが，実際には，在来木造軸組構法と同じような平面が建てられている．比較的大きな空間を作りやすいが，大きな開口はとりにくい．

北米では約40 cm間隔に枠材を立て，四八板と呼ばれる1 219 mm幅の面材を張っているが，我国では910 mmのグリッドに従って設計されており，455 mm間隔に枠材を立て，910 mm幅の面材を張ることが多い．

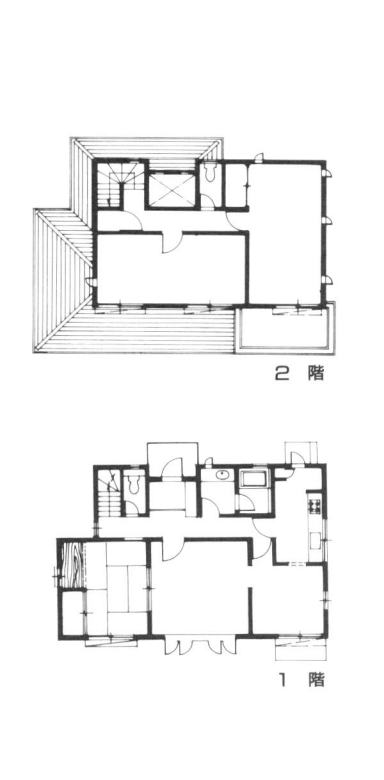

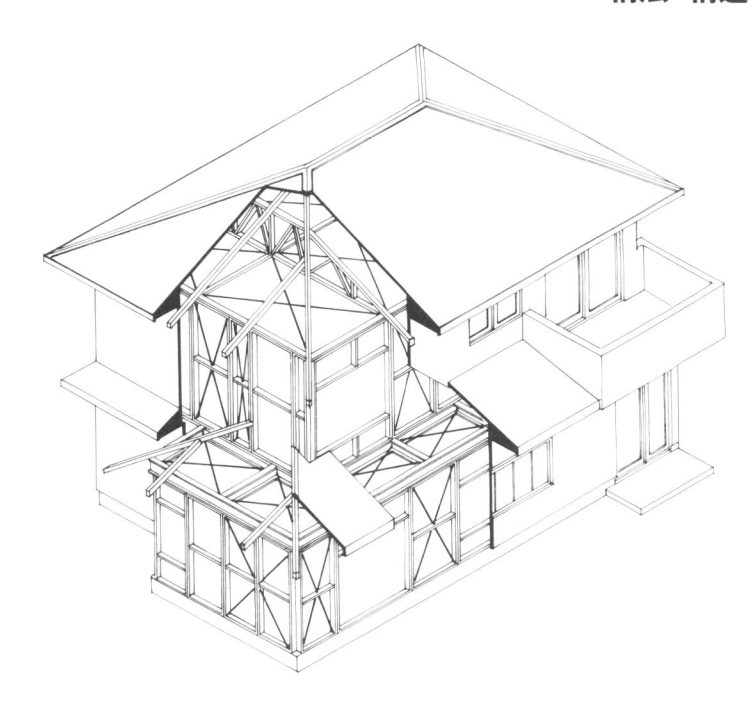

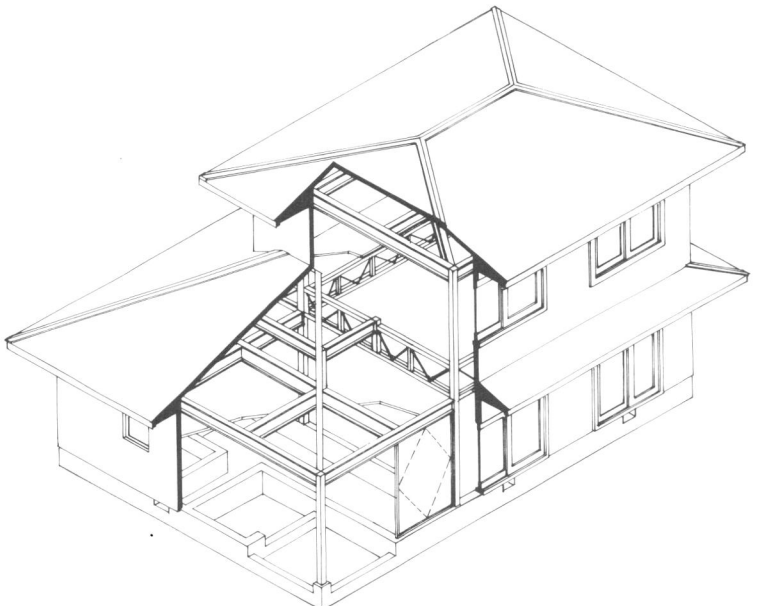

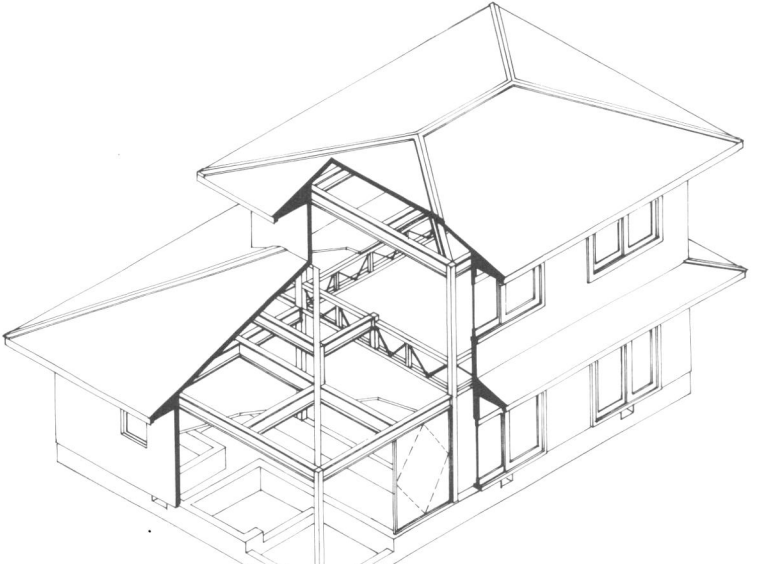

Building Construction : Industrialized Steel Construction　**構法・構造：鉄鋼系工業構法**

◀鉄鋼系中型パネル構法
　プレハブ住宅が本格的に生産されるようになった1960年頃から，工業化住宅の中で常に大きな割合を占めている構法である．軽量鉄骨を加工して，ブレースを組み込んだフレーム状のパネルを工場製作し，現場で梁を組み合わせて骨組を建設する．外装の面材は，工場でフレームに取り付けられている場合と，現場で張る場合とがある．
　グリッドに従ったプランニングが行われ，かなり自由に間取りに対応することができる．施主の希望や敷地形状に応じて建設されるところは，在来木造軸組構法の流れの上にある住宅であると考えてよいであろう．1000 mm，960 mm，910 mmなどのシングルグリッドが用いられている．

◀鉄鋼系軸組構法
　中型パネル構法と同様に，軽量鉄骨を用い骨組の部材を工場生産する．柱と梁が主要な構造部材であるが，ブレースを用いる場合と純ラーメン構造とする場合とがある．ラチス梁を用いている構法もある．
　グリッドプランニングが行われるが，910 mmのシングルグリッドのシステム，柱・梁のゾーンをダブルグリッドとして内法を900 mmの倍数としたシステムなどがある．
　鉄骨の梁を掛けるため構造の構面が単純な平面になっていることが望ましい．鉄鋼系大型パネル構法も同様である．軸組構法に大型パネルを組み合わせた鉄鋼系の工業化住宅構法もあるが，平面の自由度は低くなる．

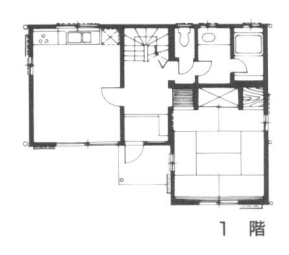

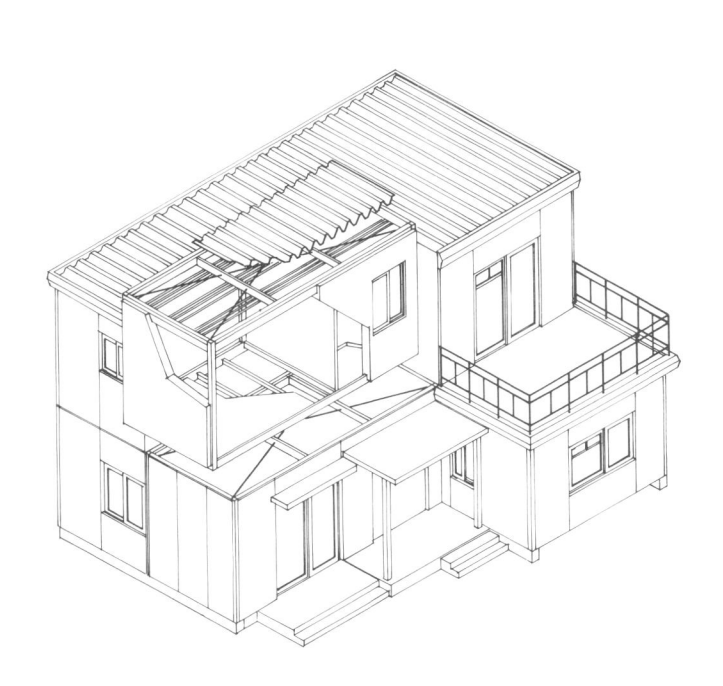

◀鉄鋼系ボックスユニット構法
　工場で生産した空間ユニットを現場で数個から十数個つなぎ合わせて住宅を構成する構法．工場生産化率が高く，効率のよい建設が可能である．2200～2400 mm幅のボックスユニットが用いられる．大きな居室は複数のユニットで作られ，仕上げは現場で行われる．これに対し，水まわり・台所などの複雑な部分は工場でユニットに組み込まれる．
　鉄骨を工場で自動溶接し，ラーメン構造のボックスフレームを組み立てて用いる．住宅の中央では4本の柱が集まり，柱型が大きくなる欠点がある．また平面の自由度は，当然制限される．ユニットの長さは，3.6 mから5.4 m程度のものが多い．

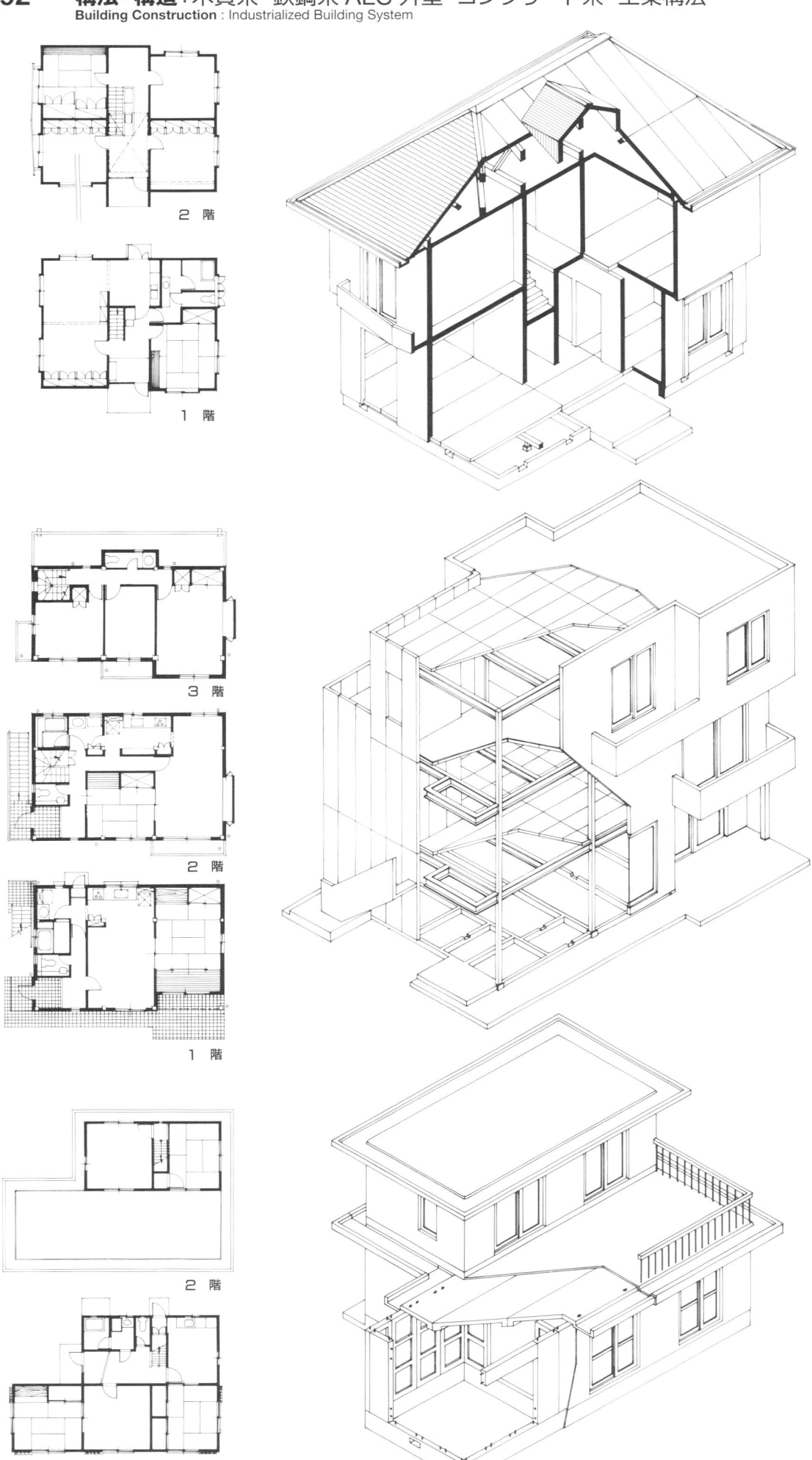

構法・構造：木質系・鉄鋼系 ALC 外壁・コンクリート系・工業構法
Building Construction : Industrialized Building System

◀木質系大型パネル構法

大型パネル構法は，作るプランを限定することができれば，生産性の高い建設手法である．実際に企画型という木質系の商品化住宅は，過去に多くの販売実績をあげた．しかし，住要求の多様化に伴い，大型パネル構法の採用は減少している．

これに対し，木質系中型パネル構法は910 mmなどのグリッドを採用しており，設計される間取りは鉄鋼系中型パネル構法と同じように自由度が高く，木質系の主流となっている．

しかし，枠組壁工法などでも，現場における省力化を図るために壁をパネル化する努力が進められている．様々な大きさ・形のパネルを邸別に生産するラインの工場が作られれば，木質系の大型パネル構法は自由度の高いプレハブ構法となりうる．

◀鉄鋼系軸組構法－ALC版外壁

角形鋼管などの柱にH形鋼の梁を組み合わせて純ラーメン構造の軸組を作り，ALC版によって床と外壁を構成する構法．ラーメン構造の特徴を生かし，比較的大きな空間を自由に間仕切る平面計画が可能である．キャンティレバーを採用することも容易である．反面，軸組の柱の通りは整形であることが望まれる．

柱と梁の仕口が標準化されており，システマティックな建て方が行われている．ALC版の取付け工法も合理化されているが，基本的には，鉄骨躯体にオープン部品としてのALC版を組み合わせる一般的な在来工法との差異は少ない．

総2階もしくは3階建の住宅に適しており，都市部で建設される例が多い．

◀コンクリート系中型パネル構法

薄肉リブ付コンクリート版を工場生産し，現場でボルトで結合することによって躯体を構成する構法．1960年頃に建設省の主導で公営住宅のための不燃化住宅構法として開発されたので，量産公営型とも呼ばれる．臥梁を用いたものと用いない構法とがある．

建具などを作っていた業者の集まりである「住宅パネル工業協同組合」が内装の生産を担当できるように，システムを明快に区分して作られている．寸法調整のためのルールもはっきりとしており，量産公営住宅では900 mmのグリッドの内法制が採用されている．930 mm，960 mmなど，独自のグリッドを用いている構法もある．

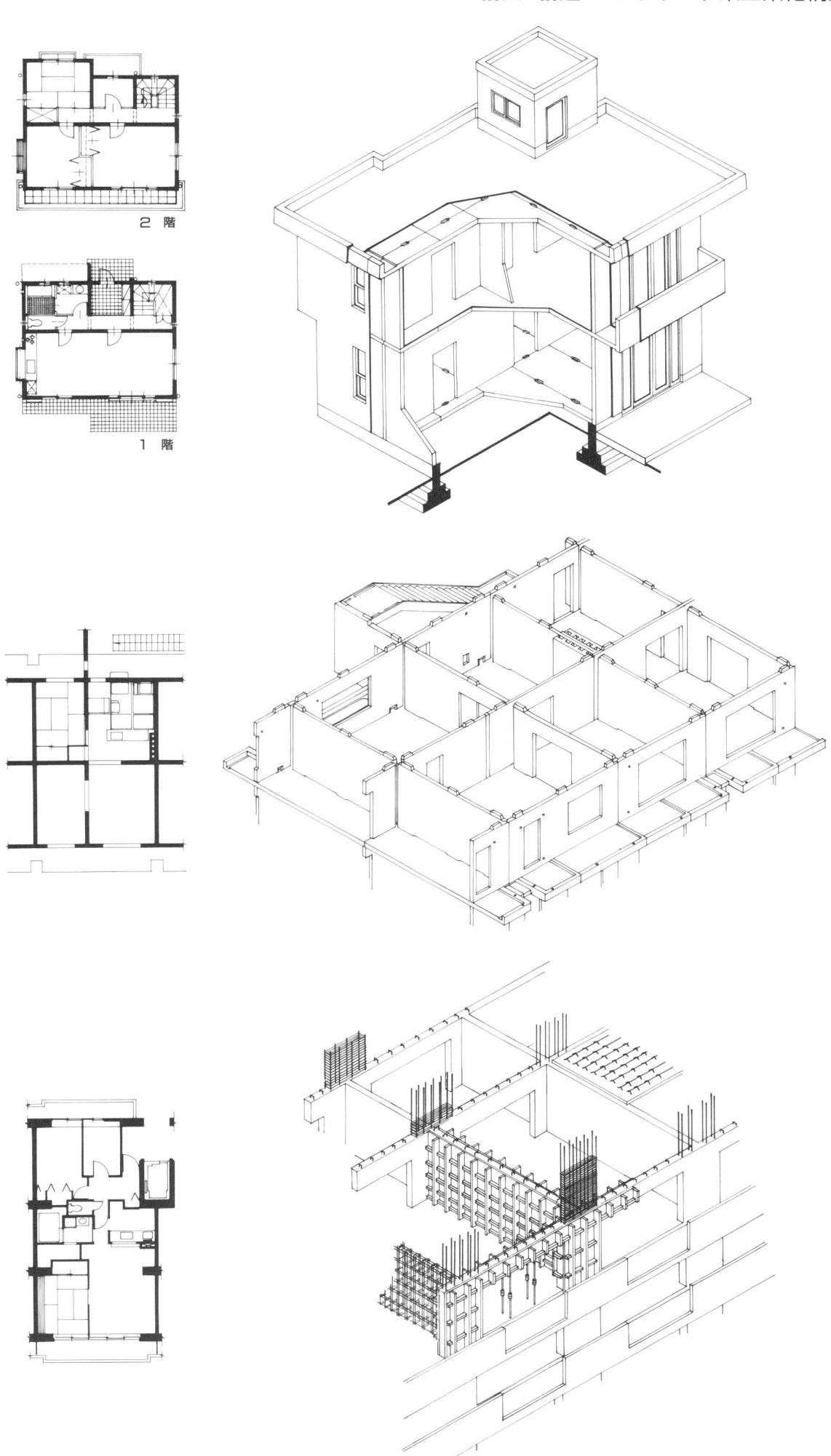

Building Construction : Industrialized Building System　構法・構造：コンクリート系工業化構法・複合化構法

◀コンクリート系大型パネル構法
　プレキャストコンクリートの大型パネルを工場で組み立てる躯体構法．中層集合住宅のために開発された技術を応用して作られた構法である．
　910 mmや960 mmのシングルグリッドのシステムがある．構造体の構面がはっきりしており，中型パネルに比べて躯体の設計の自由度は低い．建て方には揚重機が必要である．陸屋根・屋上テラスは構成しやすい．内装に用いられる軽量間仕切や造作材と躯体との区分は明確である．
　軽量コンクリートを用いるなど，中層集合住宅の構法を戸建用に改良しているが，開発の経緯から総合建設業者（ゼネコン）が供給している割合が大きく，他のプレハブ住宅と異なる性格をもっている．

◀大型パネル構法集合住宅
　ルームサイズのプレキャストコンクリート版を工場または現場で製作し，揚重機を用いて組み立てる構法．5階建程度が主流であるが，より高層の集合住宅のための構法も開発されている．
　日本では1955年頃よりテラスハウス用の構法の開発が始められ，1960年頃から中層集合住宅の建設が行われている．1970年頃には数多くの建設会社がＰＣ版工場を建設し，構法の開発競争を行った．
　壁構造のため平面計画と躯体壁の配置が直接対応しており，ラーメン構造の高層集合住宅とはプランが異なっている．階段室型の住棟が多く，箱型の建物となりがちであり，複雑な形状の建築を作るには課題が多い．

◀複合化構法集合住宅
　1970年頃までは，集合住宅のための工業化構法は，中層住宅用の大型PC版構法と高層住宅用のHPC構法が主流であったが，その後，大型型枠・先組鉄筋・トラス筋付薄肉PC版（オムニア版・PCF版）などの技術を組み合わせて建設する複合化構法の開発が，各建設業者によって進められた．すべての部材をPC化するのではなく，壁・床・柱・梁などの部位ごとに，それぞれ適切な合理化生産手法を採用している．
　また，高層集合住宅のプランの特性を活かし，張り間方向は壁構造，桁行き方向はラーメン構造とした構法などが開発されている．戸境壁の上に梁型がないため，すっきりとした内部空間が得られるとともに，大型型枠の採用も容易になっている．

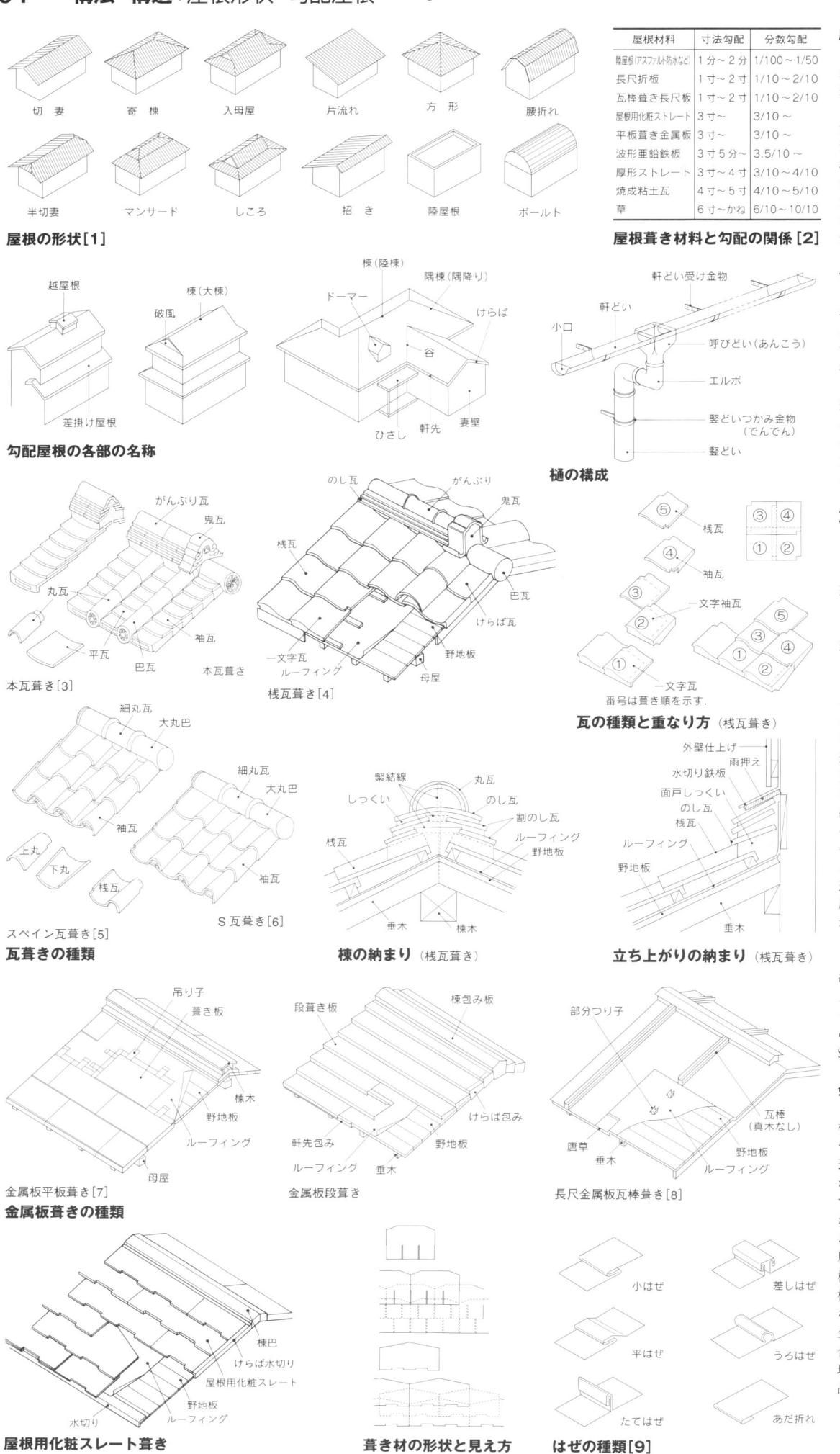

構法・構造：屋根形状・勾配屋根　Building Construction : Roof

屋根の形状[1]

切妻／寄棟／入母屋／片流れ／方形／腰折れ／半切妻／マンサード／しころ／招き／陸屋根／ボールト

屋根葺き材料と勾配の関係[2]

屋根材料	寸法勾配	分数勾配
陸屋根（アスファルト防水など）	1分～2分	1/100～1/50
長尺折板	1寸～2寸	1/10～2/10
瓦棒葺き長尺板	1寸～2寸	1/10～2/10
屋根用化粧スレート	3寸～	3/10～
平板葺き金属板	3寸～	3/10～
波形亜鉛鉄板	3寸5分～	3.5/10～
厚形スレート	3寸～4寸	3/10～4/10
焼成粘土瓦	4寸～5寸	4/10～5/10
草	6寸～かね	6/10～10/10

勾配屋根の各部の名称

越屋根／棟（大棟）／破風／差掛け屋根／棟（陸棟）／ドーマー／隅棟（隅降り）／けらば／谷／妻壁／軒先／ひさし

樋の構成

軒どい受け金物／軒どい／小口／呼びどい（あんこう）／エルボ／竪どいつかみ金物（でんでん）／竪どい

瓦葺きの種類

- 本瓦葺き[3]：がんぶり瓦／鬼瓦／丸瓦／平瓦／袖瓦／巴瓦
- 桟瓦葺き[4]：のし瓦／がんぶり／桟瓦／巴瓦／袖瓦／けらば瓦／一文字瓦／ルーフィング／野地板／母屋
- スペイン瓦葺き[5]：細丸瓦／大丸巴／細丸瓦／袖瓦／上丸／下丸／桟瓦／袖瓦
- S瓦葺き[6]

瓦の種類と重なり方（桟瓦葺き）

桟瓦／袖瓦／一文字袖瓦／一文字瓦　番号は葺き順を示す.

棟の納まり（桟瓦葺き）

緊結線／丸瓦／しっくい／割のし瓦／のし瓦／桟瓦／ルーフィング／野地板／垂木／棟木

立ち上がりの納まり（桟瓦葺き）

外壁仕上げ／雨押え／水切り鉄板／面戸しっくい／のし瓦／桟瓦／ルーフィング／野地板／垂木

金属板葺きの種類

- 金属板平板葺き[7]：吊り子／葺き板／棟木／野地板／ルーフィング／母屋／軒先包み／垂木／けらば包み
- 金属板段葺き：段葺き板／棟包み板／けらば包み／軒先包み／垂木／ルーフィング／野地板
- 長尺金属板瓦棒葺き[8]：部分つり子／瓦棒（真木なし）／唐草／垂木／野地板／ルーフィング

屋根用化粧スレート葺き

棟巴／けらば水切り／屋根用化粧スレート／野地板／ルーフィング／水切り

葺き材の形状と見え方

はぜの種類[9]

小はぜ／差しはぜ／平はぜ／うろこはぜ／たてはぜ／あだ折れ

屋根の役割と形状

屋根には一般に，防水性，防火性，断熱性，耐久性，耐風性，遮音性等の性能が求められる．これらの性能を満たすための要素として，屋根の材料・勾配・形状が大きく影響する．屋根形状には木造住宅に一般に用いられる切妻・寄棟・入母屋のほか，コンクリート住宅で多く用いられる陸屋根・ボールト屋根がある[1]．

勾配屋根

一定の大きさに整形された板状の部材を組み合わせ，勾配のある屋根面に並べて雨仕舞いをすることを"葺く"という．屋根の勾配には，屋根葺き材料ごとに適切な範囲がある[2]．瓦葺きの場合，野地の傾斜角度である屋根勾配とは別に，瓦勾配に留意する．瓦には厚みがあるため瓦勾配は屋根勾配より緩くなる．

瓦葺き屋根

瓦葺きには用いる瓦の種類により，本瓦葺き[3]，桟瓦葺き[4]，スペイン瓦葺き[5]，S瓦葺き[6]等がある．

本瓦葺きは，平瓦と丸瓦を主としてさまざまな役瓦を用いて葺く伝統的な構法で，複雑な照りや反りから生じる重厚感があり社寺や土蔵等に多く見られる．桟瓦葺きは，江戸時代初期に考案された平瓦と丸瓦を一体にした桟瓦を用いる葺き方で，葺き土を盛らず釘により瓦桟に固定する．通常は3～5枚おきに釘打ちされるが強風地域では総釘打ちされる．瓦葺きにはこの他，桟瓦の裏面に突起をつけ，それを瓦桟に引っ掛けて固定する引掛け桟瓦葺きがある．桟瓦葺き，引掛け桟瓦葺きとも数奇屋建築や一般木造住宅に用いられる．

スペイン瓦葺きは上丸，下丸と呼ばれる丸瓦を上下に交互に組み合わせて葺く．S瓦葺きはスペイン瓦をわが国の気候に合うよう大正時代に考案されたもので，上丸と下丸を一体としたS字状の瓦を用いる．

金属板葺き

表面処理鋼板，ステンレス鋼板，アルミ板，銅板，亜鉛合金，チタンなどの金属板を用いる．葺き方には一文字葺きに代表される縦目地をレンガ積のようにずらす平葺き[7]，心木と呼ばれる角材にはぜ掛けし叩き締める瓦棒葺き[8]などがある．金属板は曲げ加工が容易なため様々な葺き方が可能であるが，板の温度伸縮を吸収できるような納まりにしなければならない．金属板同士ははぜ加工[9]で接合するが，現在は予め加工され現場で嵌め込むだけの工業化製品も多い．

Building Construction : Flat Roof, Ceiling　**構法・構造：陸屋根／天井**

陸屋根

陸屋根[1]は屋根勾配がほとんどないため特に防水に注意する．防水には，アスファルト防水，シート防水，塗布防水など様々な方法がある[2]．防水層の上に伸縮目地をもつ厚い保護層を設ける場合と，簡単な仕上げをして露出防水とする場合がある．

パラペットやルーフドレインなどとの取り合い部は入念に施工しなければならない[3][4]．

RC造陸屋根[1]

RC造陸屋根の防水[2]　非歩行用／歩行用

手摺りの種類　笠木（バルコニー）／手摺付き笠木（バルコニー）／手摺（屋上）

ルーフドレインの納まり[3]

エキスパンションジョイント[4]

格天井[5]

竿縁天井[6]

打上げ天井[7]

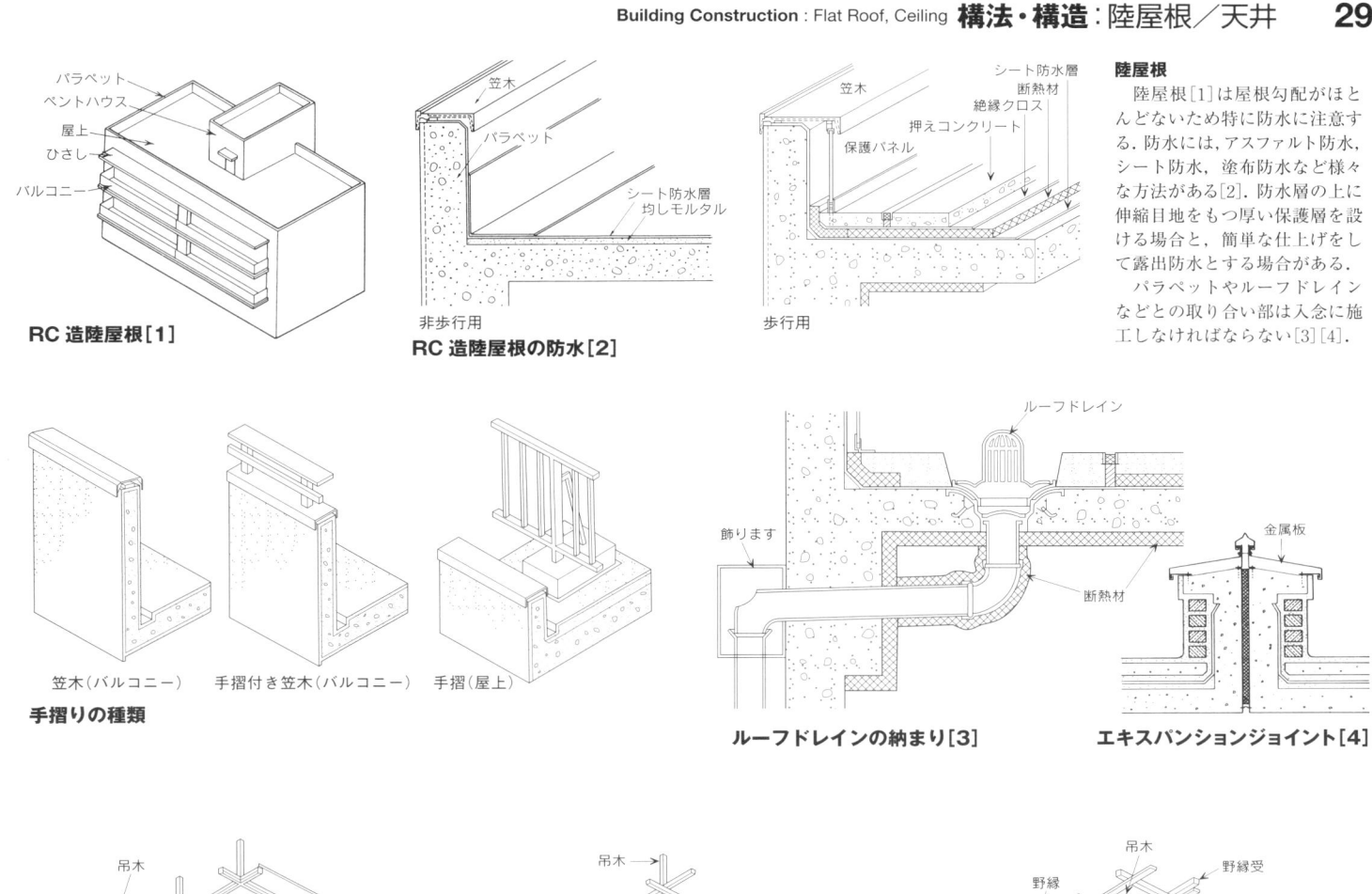

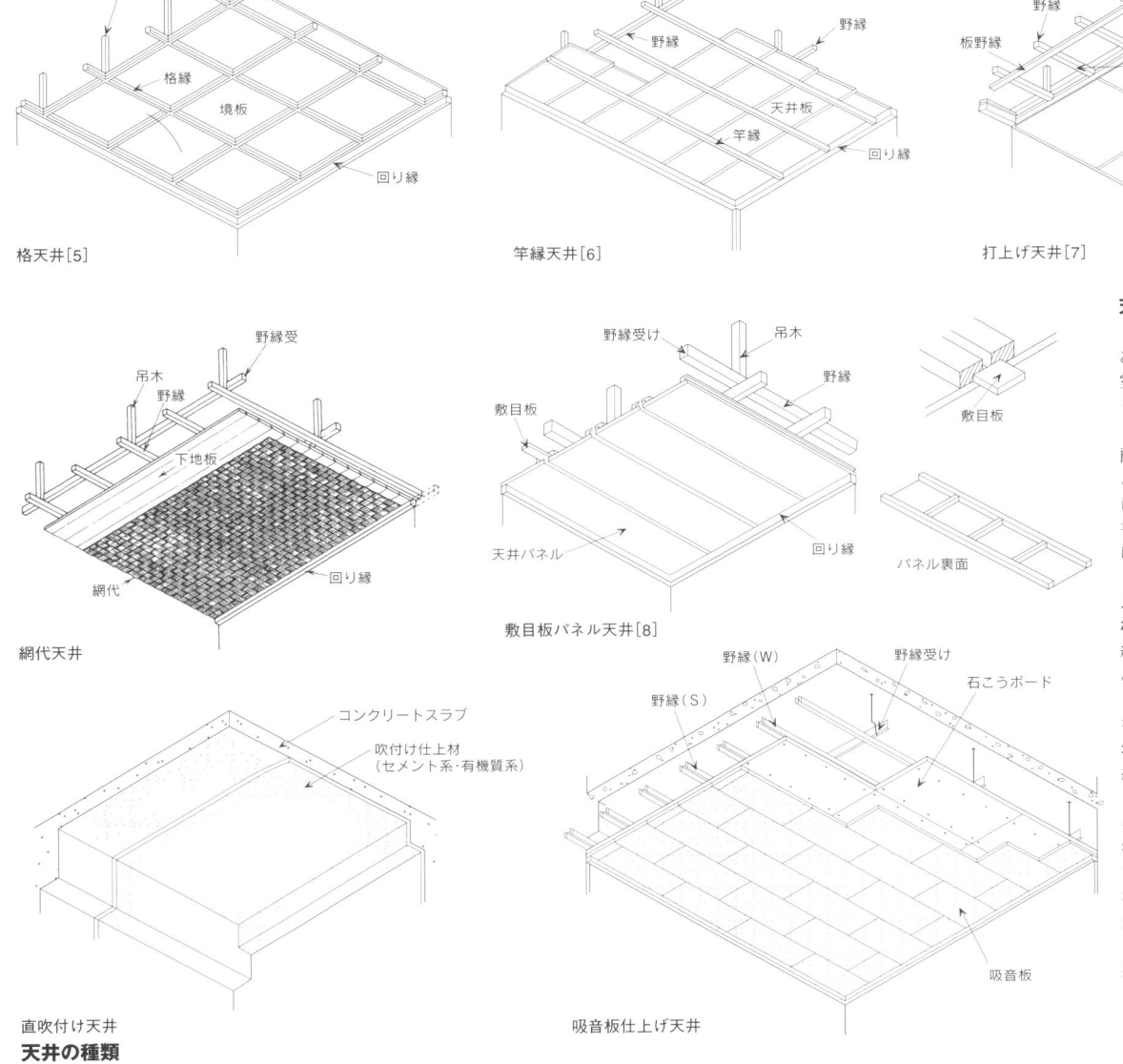

天井の役割と種類

天井は室内と屋根の緩衝膜であり，屋根からの塵や埃を防ぎ，室内気候を安定させる機能をもっている．

天井の形状には，平天井，勾配天井や茶室の小間に用いられる掛け込み天井，数奇屋や茶室に用いられる船底天井，社寺や書院の大広間に用いられる折上げ天井などがある．

また，代表的な構法としては以下のものがある．

格天井[5]：6〜7.5cm角の格縁と呼ばれる部材で格子を組み，その間に正方形の板を張るもので格式が高い．主に社寺や書院に用いられる．

竿縁天井[6]：竿縁と呼ばれる細い材の上に杉材などの天井板を載せたもので，一般の和室に多く見られる．

打上げ天井[7]：主に洋室に用いられる構法で，野縁の下に合板や石膏ボードなどの天井板を釘で留める．均質な仕上がりとなる．

敷目板パネル天井[8]：天井パネル同士を敷目板を介して張りつないだもので，現代の和室の天井として広く普及している．

網代天井

敷目板パネル天井[8]

直吹付け天井

吸音板仕上げ天井

天井の種類

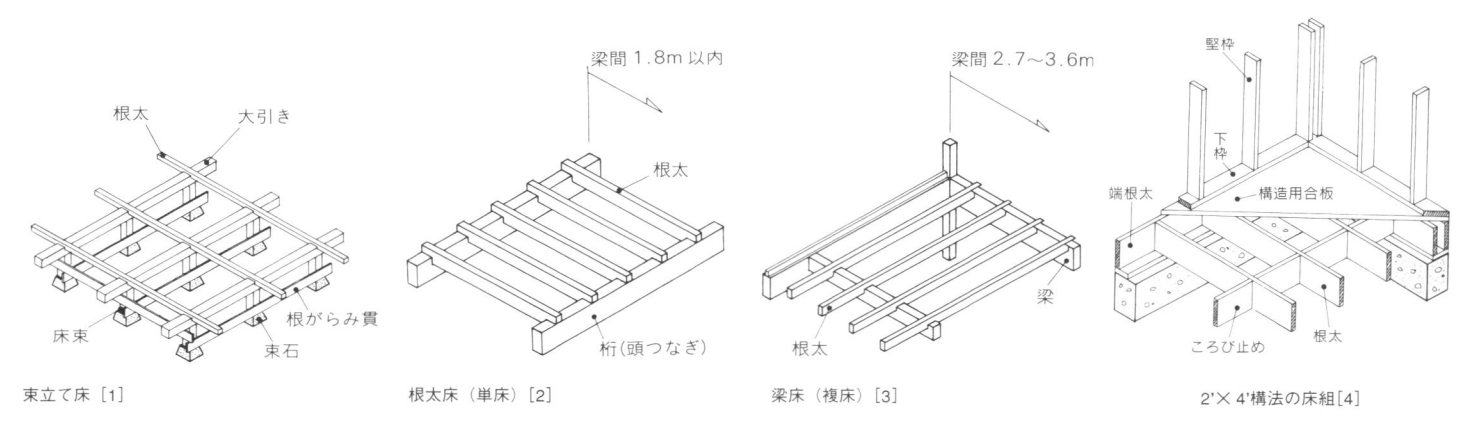

構法・構造：床　Building Construction : Floor

束立て床 [1]　　根太床（単床）[2]　　梁床（複床）[3]　　2'×4'構法の床組 [4]

木造床組

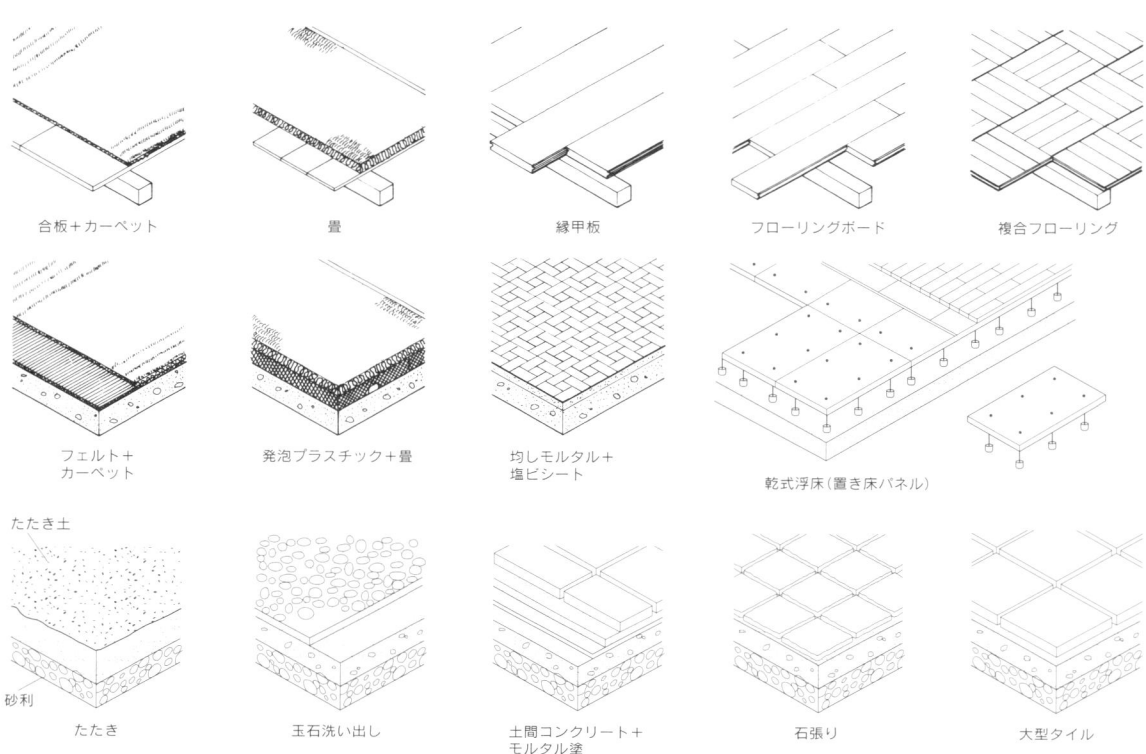

合板＋カーペット　　畳　　縁甲板　　フローリングボード　　複合フローリング

フェルト＋カーペット　　発泡プラスチック＋畳　　均しモルタル＋塩ビシート　　乾式浮床（置き床パネル）

たたき　　玉石洗い出し　　土間コンクリート＋モルタル塗　　石張り　　大型タイル

各種の床仕上げ [5]

JIS呼称	通称名	寸法呼称	長さ	幅	備考・使用地域
メートル間	—	—	192	96	新しい建築モジュールに使用
京間	本間	六三間	191	95.5	関西，中国，九州，秋田県，青森県
—	三寸間	六一間	185	92.5	瀬戸内海地域，岩手県
中間	中京間	三六間	182	91	中京地域，東北，北陸の一部，沖縄
田舎間	関東間	五八間	176	88	静岡県以北の関東から北海道

畳の規格寸法(JIS) [6]

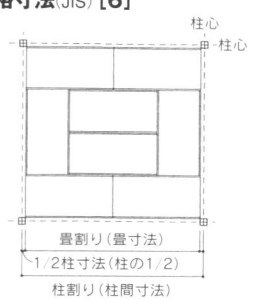

畳割り（八畳の場合）**[7]**

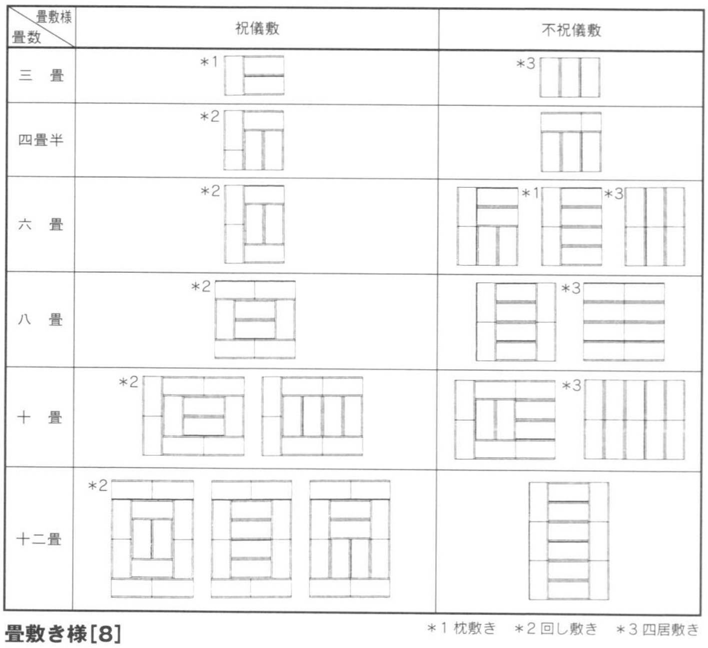

畳敷き様 [8]　＊1 枕敷き　＊2 回し敷き　＊3 四居敷き

木造床組

木造軸組構法の床組は，1階の束で荷重を支える床組と2階以上の梁などの架構体を兼ねた床組がある．1階床組は，土台がコンクリートの布基礎にアンカーボルトで固定されるため，鉛直荷重のみを受ける束立て床組[1]が一般化している．1階の床組では湿気対策が大事で，通気を良くし，防湿シートを敷いたり，押さえの防湿コンクリートを打つなどの配慮が必要である．

床の造作・材料

木造の床は，根太の上に合板や床用建材を張って造られる[2][3][4]．鉄筋コンクリート造の床は，モルタルで均したスラブの上に仕上げ材を張る方法のほか，大引や根太を敷いて木造床と同様にする方法もとられる．
木質仕上げ材としては縁甲板，フローリングボード，フローリング合板などがあるが，板敷きとする場合は遮音性に注意する．水まわり付近などの配管の多い場所には置き床パネルが用いられる．
土間や玄関，屋外の床は，伝統的な方法としては三和土があるが，現代では砂利を敷きこんだ上にコンクリートを流して作られる．仕上げ材には石やタイルなどが用いられる[5]．

畳の特徴

イグサ・藁を主材料とする畳は，弾力性・断熱性・保温性に優れ高温多湿の日本の風土に適した床材として広く用いられている．湿度の調整機能もあるが，高気密な集合住宅等ではダニの生育条件に適した環境となる場合もあるため通気に十分注意する．

畳割り・畳の寸法

畳の交換や祝儀・不祝儀での敷替え[8]を自在に行えるよう，畳の寸法を基準にして柱の内法寸法を割り出し，その外側に柱を配置して柱間寸法を決定する方法を畳割りという[7]．一方，1間の柱の心心寸法を基準に部屋の大きさを決める方法を柱割りという．なお，畳は京間・田舎間をはじめ各地方で寸法が異なるので注意する[6]．

構法・構造：壁

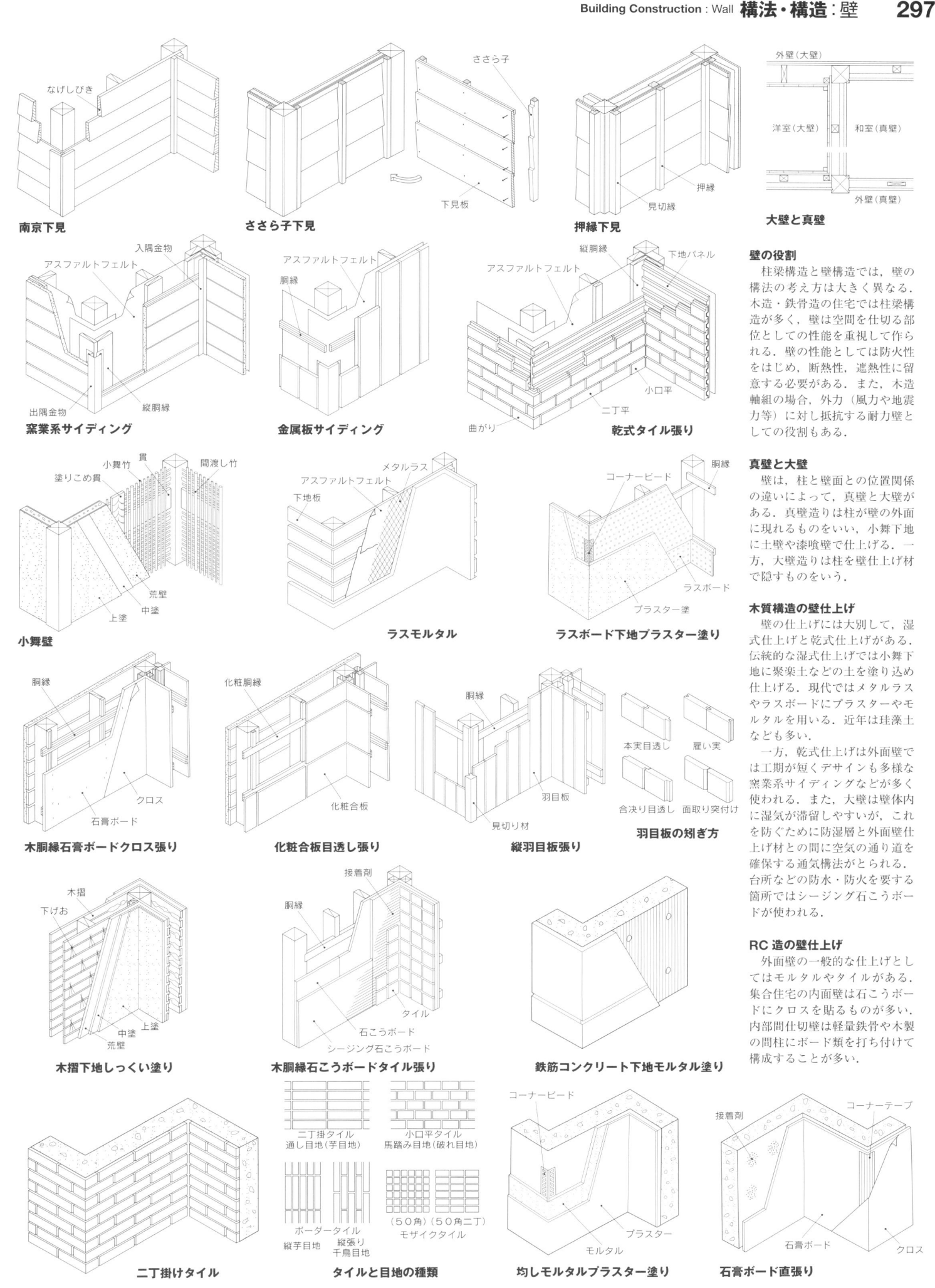

南京下見 / **ささら子下見** / **押縁下見** / **大壁と真壁**

窯業系サイディング / **金属板サイディング** / **乾式タイル張り**

小舞壁 / **ラスモルタル** / **ラスボード下地プラスター塗り**

木胴縁石膏ボードクロス張り / **化粧合板目透し張り** / **縦羽目板張り** / **羽目板の矧ぎ方**

木摺下地しっくい塗り / **木胴縁石こうボードタイル張り** / **鉄筋コンクリート下地モルタル塗り**

二丁掛けタイル / **タイルと目地の種類** / **均しモルタルプラスター塗り** / **石膏ボード直張り**

壁の役割

柱梁構造と壁構造では，壁の構法の考え方は大きく異なる．木造・鉄骨造の住宅では柱梁構造が多く，壁は空間を仕切る部位としての性能を重視して作られる．壁の性能としては防火性をはじめ，断熱性，遮熱性に留意する必要がある．また，木造軸組の場合，外力（風力や地震力等）に対し抵抗する耐力壁としての役割もある．

真壁と大壁

壁は，柱と壁面との位置関係の違いによって，真壁と大壁がある．真壁造りは柱が壁の外面に現れるものをいい，小舞下地に土壁や漆喰壁で仕上げる．一方，大壁造りは柱を壁仕上げ材で隠すものをいう．

木質構造の壁仕上げ

壁の仕上げには大別して，湿式仕上げと乾式仕上げがある．伝統的な湿式仕上げでは小舞下地に聚楽土などの土を塗り込め仕上げる．現代ではメタルラスやラスボードにプラスターやモルタルを用いる．近年は珪藻土なども多い．

一方，乾式仕上げは外面壁では工期が短くデザインも多様な窯業系サイディングなどが多く使われる．また，大壁は壁体内に湿気が滞留しやすいが，これを防ぐために防湿層と外面壁仕上げ材との間に空気の通り道を確保する通気構法がとられる．台所などの防水・防火を要する箇所ではシージング石こうボードが使われる．

RC造の壁仕上げ

外面壁の一般的な仕上げとしてはモルタルやタイルがある．集合住宅の内面壁は石こうボードにクロスを貼るものが多い．内部間仕切壁は軽量鉄骨や木製の間柱にボード類を打ち付けて構成することが多い．

構法・構造：開口部 Building Construction : Window, Sash, Door

窓の位置と機能[1]
掃出し窓(テラス戸)　肘掛け窓　腰窓　高窓　欄間　天窓　頂側窓

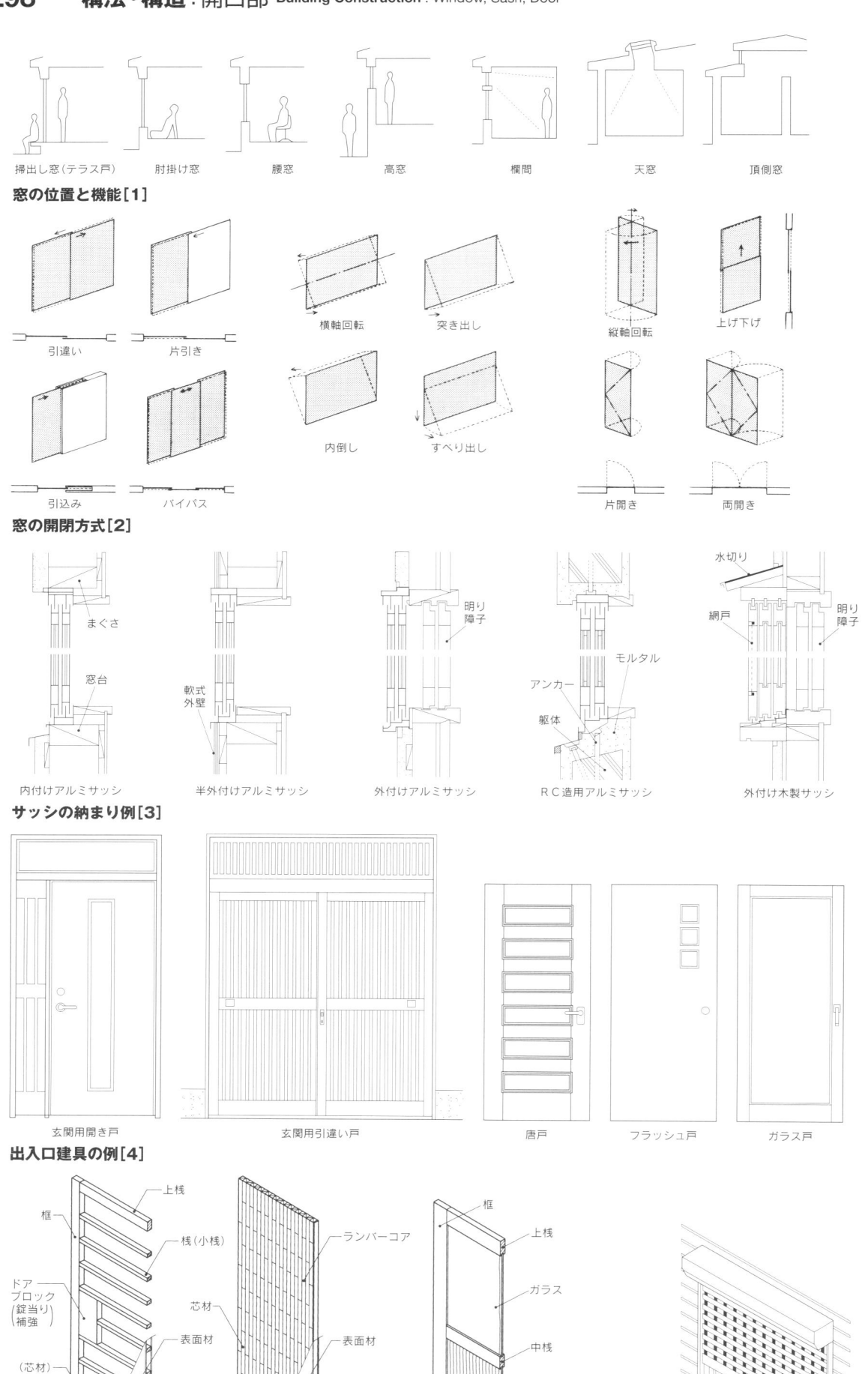

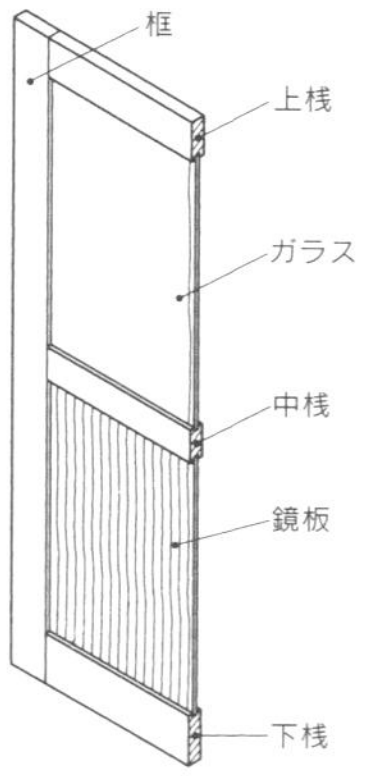

窓の開閉方式[2]
引違い　片引き　横軸回転　突き出し　縦軸回転　上げ下げ
引込み　バイパス　内倒し　すべり出し　片開き　両開き

サッシの納まり例[3]
内付けアルミサッシ（まぐさ、窓台）
半外付けアルミサッシ（乾式外壁）
外付けアルミサッシ（明り障子、モルタル）
RC造用アルミサッシ（アンカー、躯体）
外付け木製サッシ（水切り、網戸、明り障子）

出入口建具の例[4]
玄関用開き戸　玄関用引違い戸　唐戸　フラッシュ戸　ガラス戸

フラッシュ戸の構成[5]
枠芯構造（横桟）：上桟、框、桟(小桟)、ドアブロック(錠当り)補強、(芯材)、表面材、下桟
練芯構造：ランバーコア、芯材、表面材

框戸の構成[6]
框、上桟、ガラス、中桟、鏡板、下桟

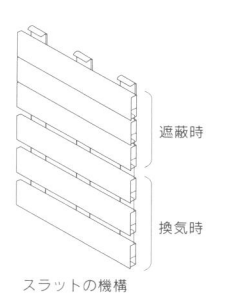

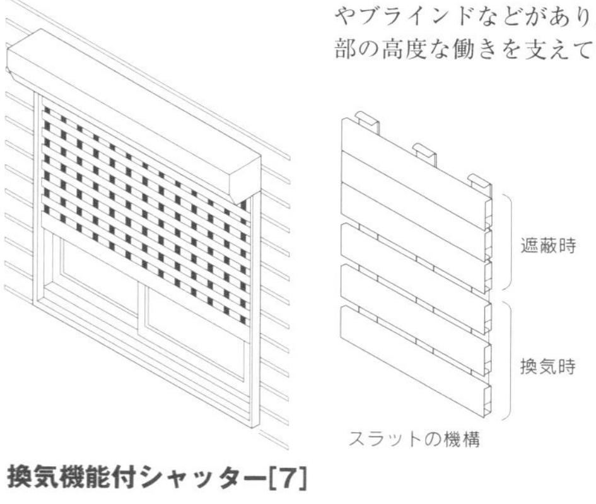

換気機能付シャッター[7]
遮蔽時、換気時、スラットの機構

開口部・建具[1]
開口部は必要なものは採り入れ不要なものは遮断・排出させるという相反する機能が常に要求される部位である．このため多様な開閉方式や機能別の建具を使い分けている．日本の住宅には伝統的に引き違いが採用されてきたが，近年多様な開閉方式のアルミサッシが生産され，気密性や防犯性，防音・断熱などの高機能化もすすんでいる．

開閉方式の種類と特徴[2]
建具を開閉方式で分類すると大きく開き戸系と引き戸系に分けることができる．開き戸系は引き戸系に対し気密性・水密性に優れている．これに対し，引き戸系は開閉のためのスペースを必要としない点で開き戸系より優れている．
開き戸には開き方により片開き，両開き(観音開き)等があり，また部屋内に開く内開き，部屋外に開く外開きがある．
引き戸には引き違い，片引き，引き込み，引き分け等がある．

サッシの納まりと材質[3]
サッシの取り付け方には壁との位置関係によって，内付け，半外付け，外付けがある．半外付けはサイディングなどの乾式外壁との納まりがよく，外付けは内側に明かり障子を入れることができる．枠は，木造ではネジで固定し，RC造ではアンカーを埋め込み固定する．
近年は木製サッシや，木と金属を併用した複合サッシなど材質の選択肢も増えている．

戸の種類と構成[4]
開口部には窓と出入口があるが，窓が主にサッシであったのに対し，出入口の戸は様々な部材でつくられている．
フラッシュ戸[5]は表面を平らに仕上げた建具の総称で，軽量化のため枠組と桟の下地に合板などの表面材を圧着した中空構造であるが，集成材を芯材とした練芯構造のものもある．框戸[6]は四周の框と桟による枠組に板やガラスを嵌めこんだものをいい，鏡板戸，唐戸，鎧戸などがある．
他に，戸の機能を補助する部品として，室外側では雨戸やシャッター[7]，面格子，ガラリ戸など，室内側ではカーテンやブラインドなどがあり，開口部の高度な働きを支えている．

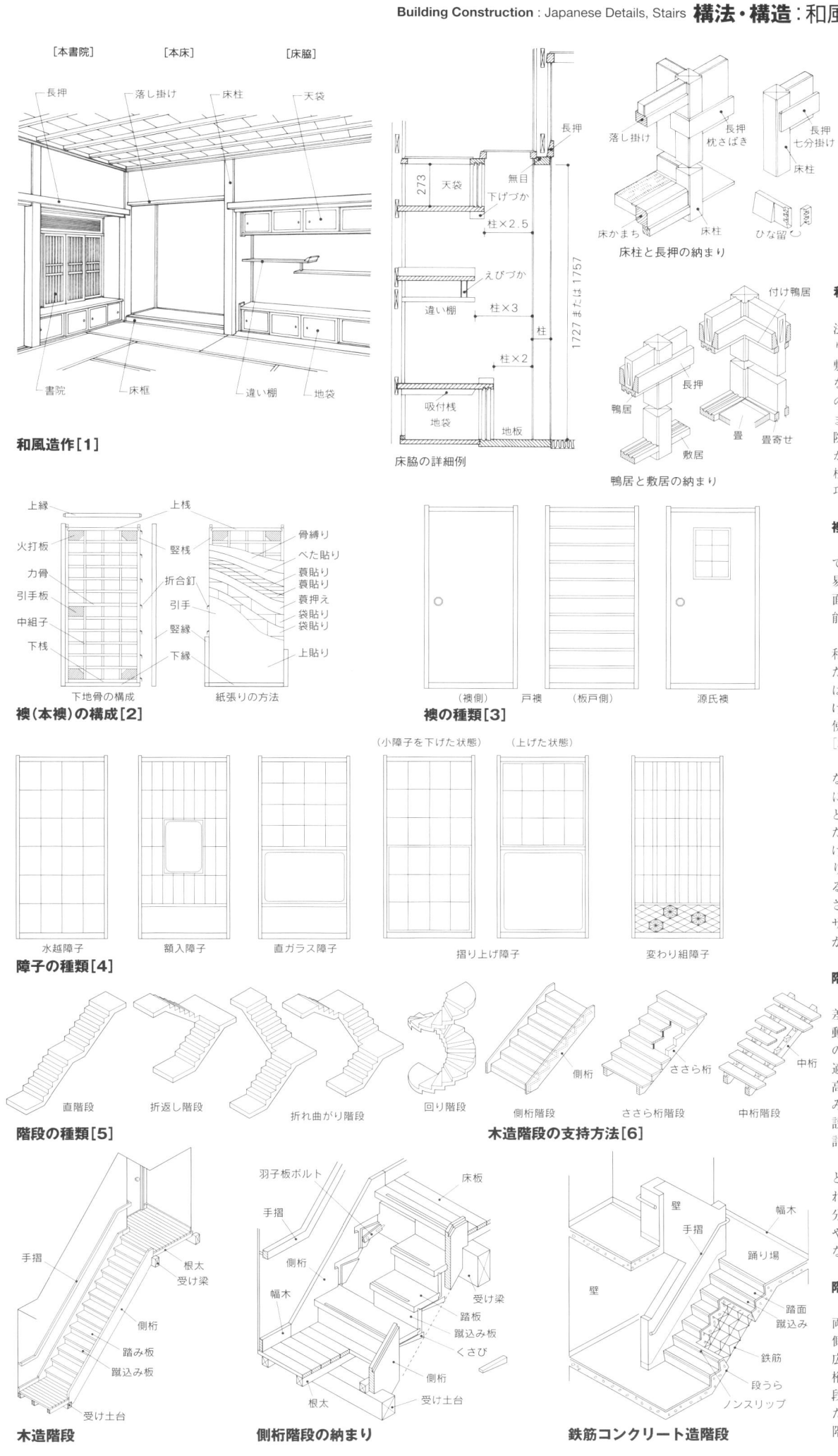

Building Construction : Japanese Details, Stairs　**構法・構造**：和風造作／階段

和風造作[1]

日本の伝統的な住宅には，内法まわりなどに定式化した納まりがあり，和風造作と呼ばれる．敷居・鴨居・長押などが中心となる部材であり，断面・部材間の距離などに標準的な寸法が定まっている．床の間・床脇・書院などには熟練した大工の技能が生かされる．特に，長押と床柱の取合い部や違い棚の細工は巧妙である．

襖・障子

襖や障子は空間を区切る部材であるが，軽量で取り外しが容易であるため空間の大きさを場面に応じて可変できる優れた機能をもっている．

襖には，下地骨の上に数枚の和紙を貼り重ね襖紙を上貼りした本襖，光を通すため小障子をはめ込んだ源氏襖，表裏で仕上げを変え和室と洋室の境として使われる戸襖などがある[2][3]．

障子（明かり障子）にも様々な種類があり，全面を和紙貼りにした水越障子のほか，座ったときの目の高さにガラスを入れた額入り障子，小障子の上げ下げにより景色を眺めたり遮ったりできる摺り上げ障子などがある．ただしガラスの大きさや厚さが増すほど重くなるので，デザインによっては戸車・レールが必要になる場合がある[4]．

階段の役割と種類[5]

階段は，上下階をはじめ高低差のある床の間をスムーズに移動するための部位である．階段の設計にあたっては安全性と快適性に留意する．特に年少者や高齢者に配慮し，幅・勾配・踏み面や蹴上げの寸法・手摺りの設置・すべり防止等について検討する．

階段を平面形状で分類すると，直階段・折り返し階段・折れ曲がり階段・回り階段などに分けられる．それぞれ設置面積や上下階床の位置関係などが異なる．

階段の構法[6]

階段幅の狭い住宅では段板を両側の桁に差し込んで支持する側桁階段が一般的である．幅が広い場合はささら桁階段か，側桁とささら桁を組み合わせた階段が適する．蹴込み板を省略した透かし階段とする場合は中桁階段が適する．

構法・構造：耐震診断と耐震補強 Building Construction : Seismic Safty

耐震診断[01]

耐震診断とは，建築基準法に定められている「きわめてまれに起こる強い地震動」に対して，すでに建っている建物が必要な耐震性能を保有しているかを判定するためのものである．

その方法は，建築物の設計図書や現地調査などから対象建物の耐力計算を行って，必要とされる耐力を満たすかを判定する．

耐震診断は構造種別によって診断方法が異なる．木造住宅を対象とした耐震診断法には，一般ユーザ向けの「誰でもできるわが家の耐震診断」，建築に関わる知識や経験を有する建築関係者が診断を行う「一般診断法」，建築士が診断を行う「精密診断」の3種類がある．

耐震補強[01]

耐震補強とは，現行基準と比べて建物の耐震性能が不足していると診断された場合に，現行基準と最低限同等の耐震性能を有するように補強を行うことをいう．耐震補強方法は，まず診断の結果，欠点が見出された各部の具体的な補強方法を検討するのに先立って，診断の結果からどこを補強するのが効果的なのか，劣化度，損傷箇所，壁の追加・基礎の改修等施工方法の難易，工事費などの観点から総合的に判断した後に，各部の具体的な補強方法の検討に入る．

木造住宅の耐震補強としては，基礎の補強，筋違いや構造用合板による壁の増設，接合部の補強，老朽部の補強などがあげられる．耐震要素の配置にあたっては，全体的にバランスよく配置しないと，建物がねじれ振動を起こし，耐震要素の量が十分であっても，所定の安全性が得られないことがある．また建物の形状が平面的に整形でない場合には，耐震要素を増やし，床面の剛性・耐力を確保することが必要である．

---

01 日本建築防災協会「木造住宅の耐震精密診断と補強方法（改訂版）」より，一部抜粋・引用．図はすべて同書籍より作成

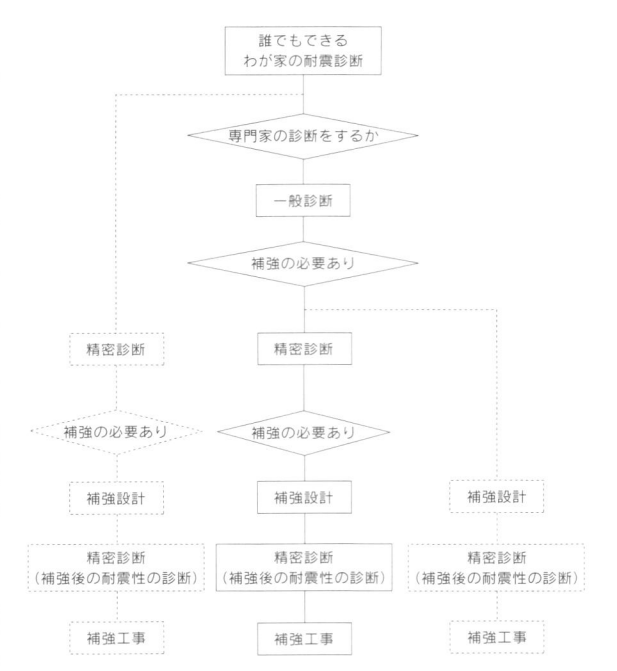

想定される木造住宅の耐震診断・補強の流れ［1］

誰でもできるわが家の耐震診断［2］

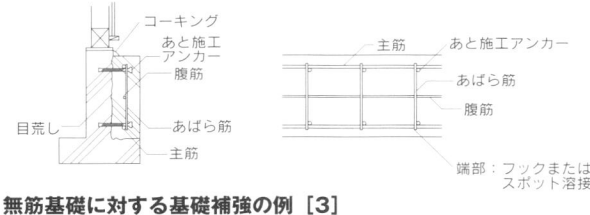

この診断法は，一般ユーザ向けに作成されたもので，自らが診断することにより，耐震に関する意識を向上させ，より専門的な一般診断，精密診断に繋げられるようになっている．

無筋基礎に対する基礎補強の例［3］

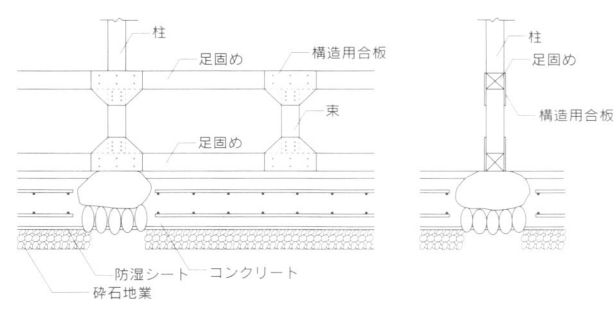

構造用合板による足固めと玉石基礎の補強例［4］

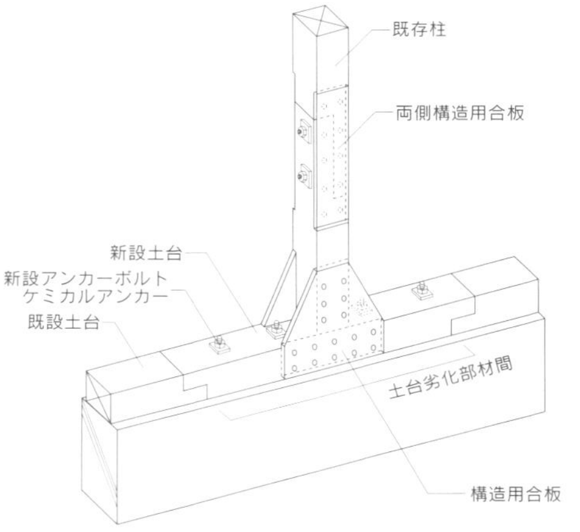

劣化した柱と土台の補強例［5］

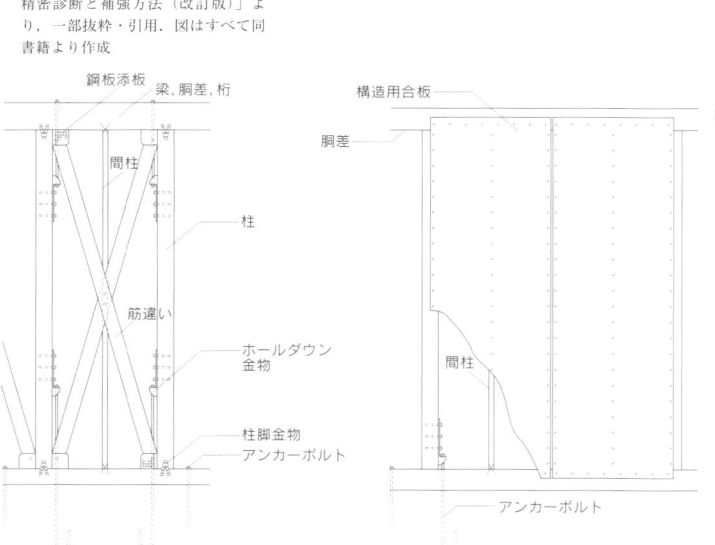

筋違いおよび構造用合板による補強例［6］

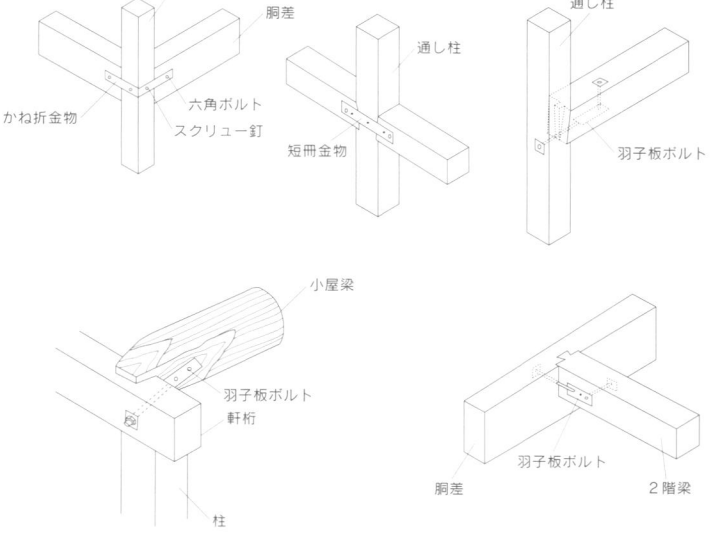

接合部の補強例［7］

Building Construction : Seismic Safty **構法・構造：耐震診断と耐震補強**

木造建築物の応急危険度判定調査表 [1]

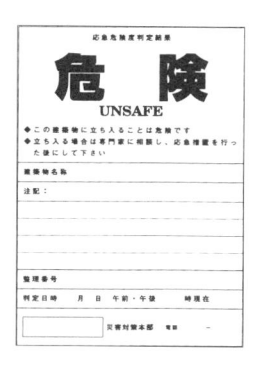

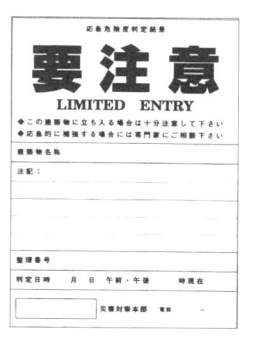

基礎の被害の例（Cランク）[4]

建物1階の傾斜の例（Bランク）[5]

建築物の1階の傾斜の例（Cランク）[6]

外壁の被害例（Bランク）[7]

外壁の被害例（Cランク）[8]

落下危険物の例（Cランク）[9]

一見して危険と判断される例 [3]

応急危険度判定結果ステッカー [2]

応急危険度判定[01]

応急危険度判定は，地震により被災した建築物について，その後の余震等による倒壊の危険性ならびに建築物の部分等の落下あるいは転倒の危険性をできる限り速やかに判定し，恒久的復旧までの間における被災建築物の使用にあたっての危険性を情報提供することにより，被災後の人命に係わる二次的災害を防止することを目的とする．よって応急危険度判定は，建築物の恒久的な使用の可否を判定するものではない．

応急危険度判定は構造種別ごとに調査判定方法が設定されており，応急危険度判定に関する有資格者が行う．調査判定は，建築物の外観から目視により建築物及び建築物の部分等の沈下，傾斜，破壊等を調査する．

危険度の判定[1][2]

危険度は，「隣接建築物・周辺地盤等及び構造躯体に関する危険度」と「落下危険物・転倒危険物に関する危険度」のそれぞれについて「危険」（赤），「要注意」（黄），「調査済」（緑）の3段階で判定される．木造の建築物の危険度については，隣接建築物・周辺地盤の破壊による危険，構造躯体の不同沈下，基礎の被害，建築物の1階の傾斜，壁の被害，腐食・蟻害の有無について，A，B，Cランクの3段階の危険度で判定し，1つ以上のCランクがある場合は「危険」と判定される．

一見して判断される場合[3]
応急危険度判定は外観調査を基本とする．一見して危険であると判定できる場合は，調査項目に従い「一見して危険」と判定し，総合判定を危険とする．「不同沈下」とは，地盤の沈下や構造骨組の部分的あるいは全体的な損傷により，屋根，小屋，土台などが鉛直方向に一様でない変形をしている状況をいう．

基礎の判定[4] 基礎の被害状況は基礎の被害，土台との接合状況等を総合的に観察して判定を行う．たとえば，基礎がそれほど損傷していなくとも，完全に土台とずれてしまっている場合には，基礎としての機能はすでに果たせないためCランクと判定される．

建物1階の傾斜の判定[5][6]
建築物の1階の傾斜は，下げ振り等を利用して測定し，傾斜角が160を超え120以下の場合にはBランクと判定される．

外壁の判定[7][8] 壁の被害では，外壁面全体にわたって大きな亀裂・はく落・破壊が見られ，躯体の損傷が明瞭である場合はCランクと判定される．

---

01 日本建築防災協会「被災建築物応急危険度判定マニュアル」より，一部抜粋・引用．図はすべて同書籍より引用

索引：事項索引　Index : Subject Index

あ 行

アイヌの冬の家 262
アイランドキッチン 192
アイロンがけ 198
アイロンの寸法 218
アカ族の高床住居 6
アクセス形式 123
アクティブシステム 276
アクティブソーラーシステム 280
アコーディオンの寸法 245
網代天井 295
アースチューブ 277
校倉造 262
校倉造の民家 16
アーチェリー用具の寸法 247
暑さと住宅 265
アトリエ 60, 203
アーバンインフィル 142
アフガニスタンの民家 10
アフリカの住居 12
アマゾンの住居 21
雨端 264
雨囲い 264
雨と住宅 264
アールヌーボー様式 40
アルプス地方の農家 19
アルベロベロの民家 14
アレルゲン 274
暗室の寸法 241
安全色彩 268
アンダルシアの民家 14
アンデス山地の住居 21

イエメンの民家 10
育児空間 193
イグルー 262
池の形 258
衣装たんすの寸法 207
衣装箱の寸法 205
いす座位での動作寸法 174
いすの寸法 226, 228
いすの様式 229
イーゼルの寸法 241
一般型誘導居住水準 178
移動の必要空間 175
田舎間 180, 298
イヌイットの住居 20
イラクの水上住居 11
イランの住居 11
入母屋造 22
衣類の寸法 205
衣類保有数 205
入れ子構造 96, 228, 228
色の視覚効果 268
院子 5
インターナショナルスタイル 32, 52
インターフォンの寸法 220
インディアンのティピー 20
インディオの住居 21
インド砂漠地帯の住居 8
インド森林地帯の住居 8
インフィル 163, 164
飲料用水の汚染防止 282

ウェールズの民家 18
ヴォールト屋根 85
浮き床 271
雨水浸透施設 288
打上げ天井 295
運搬ゲージの寸法 212

エアコンの寸法 252
映写スクリーンの寸法 233
衛生機器取付け寸法 196
LCA 手法 287
エクステンションテーブルの寸法 213
SI 方式 163, 164
S 瓦葺き 294
エネルギー自給型住宅 286
円形テーブル寸法 190
園芸用具の寸法 250
縁台の寸法 229

オアシスの住居 15
応急危険度判定 301
大壁 297
大屋根架構 37
沖縄の伝統構法 267
沖縄の民家 3
屋外灯の寸法 254
屋上庭園 42, 62
屋内配線記号 281
押縁下見 297
オーストリアの民家 18
オーダーメード（集合住宅） 163
オーディオルーム 270
音環境 270
オートバイの寸法 222
オーバーヘッドテーブルの寸法 238
親子ベッドの寸法 236
織機の寸法 243
折畳み自転車の収納寸法 222
オルガンの寸法 245
温水暖房システム 279
温度環境 251
オンドル 262
オンドル部屋 4
温風蓄熱式床暖房 276

か 行

海外の近代集合住宅 48
海外の近代独立住宅 40
外観デザイン 84
街区型集合住宅 142
開口部規定 184
改修 118
介助スペース 194
懐石料理のセッティング 212
階段室型集合住宅 123, 136
階段昇降機の寸法 222
階段の基本寸法 175
階段の勾配 199
階段の構法別種類 299
階段の寸法規定 182
改築 116
外部空間の構築 76
外壁構法 297
界壁の遮音 182
会話環 200
鏡の寸法 214
垣根の種類 258
各階通路型 123
学習机の寸法 236
学生寮 158
神楽を行う農家 2
囲み感 176
火災報知器の寸法 257
笠木の種類 295
かさ立ての寸法 221
かさの寸法 221
家事空間 198
加湿器の寸法 252
ガスコンロの寸法 211
ガスストーブの寸法 251
カスバ型住居 15
風と住宅 267
家族型の経年変化 172
家族のライフサイクル 57

片廊下型集合住宅 146
楽器の寸法 244
各国の居住水準 179
カッパドキアの洞窟住居 11
合併し尿浄化槽 283
家電製品の普及率 281
金沢の町家 263
ガーナの住居 12
カヌーの寸法 248
かばんの寸法 236
壁構法 297
可変性 164
框戸 298
かまの寸法 209
神棚の寸法 225
カメラの寸法 241
カメルーンの住居 13
鴨居 299
かやの寸法 204
茅葺寄せ棟造 22
ガラス屋根 89
カラーデザイン 268
空手用具の寸法 246
側桁階段 299
瓦葺き 296
棺おけの寸法 225
雁木 2, 263
換気規定 182
換気計画 274
換気効率 275
換気扇の寸法 211
換気の方式 267
環境共生型住宅 112, 169
環境振動対策 271
看護機器の寸法 238
韓国の民家 4
看護のための空間 195
乾燥地域の民家 10
かんなの寸法 242
寒冷地建築 262
緩和規定 185, 187

機械換気方式 275
危険度の判定 301
起床ベッドの寸法 238
北アメリカ大陸の住居 20
北側斜線制限 186
北国での街区型集合住宅 142
ギターの寸法 244
キッチンキャビネット 238
輝度比 268
機能寸法 174
キャノピースクリーン 166
キャビネットの寸法 232
キャンティレバー 47
キャンバスの寸法 241
吸音材 270
急勾配屋根 265
給水システム 282
給湯器の寸法 217
給湯システム 282
狭小敷地 58
脇息の寸法 230
鏡台の寸法 214
共同住宅の非常用進入口 184
京の町家 23
強風対策 288
京間 180, 298
共用空間 138
共用庭 123
曲線による構成 62
局部温冷感 279
居住水準 178
漁村住宅 3, 56
切妻屋根 25, 37, 40, 294
金工工具の寸法 243
金属板葺き 294

近代住宅の 5 原則 42
近隣商業地域 185
グァテマラの住居 21
空間寸法 188
空間の分節 90
空間の流動性 100
空気質 274
空気熱源ヒートポンプ方式 281
空中庭園 43, 139
空中テラス 138
空中歩廊 50
空調機器の寸法 252
くずかごの寸法 219
クッションの寸法 229
くつの寸法 221
クラスター 54
クラスター配置 91
グラス類の寸法 208
グラバーハウス 38
クラリネットの寸法 244
クリスマスツリーの寸法 224
グリッドと構成材 181
クーリング 277
グリーンハウス 276
クールチューブ 267
クルドサック 54, 123
グループハウス 160
車いす使用者用住宅 195
車いすと各種機能寸法 195
車いすと通路寸法 199, 237
車いすの回転寸法 194
車いすの寸法 237
車いすの必要空間 175
車いす用便所の寸法 194
車の寸法 223
軍艦島 38
群衆と密度 177

蛍光灯の寸法 254
傾斜地 66
携帯電話の寸法 234
化粧台高さ 196
ゲストハウス 159
げた箱の寸法 221
結露対策 272
ケニア・牧羊民族の住居 13
煙感知器の寸法 257
ゲル 11
ケルン基準 179
玄関 199
現代の集合住宅 122
現代の独立住宅 56
建築基準法 182
建築面積の算定 185
剣道の動作空間 203
剣道用具の寸法 246
建ぺい率の制限 185

コアシステム 88, 90
こいのぼりの寸法 224
行為と空間 188
合院住宅 5
高温多湿対策 265
高階高住戸 125
工業化工法 180
工業地域 185
工具の寸法 242
格子戸 298
公衆距離 177
工場生産住宅 104
洪水調節 288
構造と規模の関係 182
光庭（集合住宅） 138
格天井 295
行動 177
高度地区 186

勾配屋根の名称 …………………294	仕上げ材の反射率 ……………269	樹木の生育環境 ………………260	スーダン・ヌーバ族の住居 ………13
高齢者対応集合住宅 ……………157	飼育用具の寸法 ………………249	シュレッダーの寸法 ……………233	スタンド照明機器の寸法 ………255
高齢者の体温調節 ………………251	視　角 ……………………………176	準工業地域 ………………………185	ステレオの寸法 …………………235
高齢者向け住宅 …………………195	視覚的圧迫度 ……………………176	準住居地域 ………………………185	ステレオの寸法 …………………235
高齢者用サニタリー空間 ………239	敷石の張り方 ……………………259	準防火地域の建築制限 …………187	ストーブの寸法 …………………251
コーカサスの民家 …………………17	色彩計画 …………………………268	書院造 ………………………………27	スノーダクト方式 ………………263
五月人形の寸法 …………………224	敷地の高低差 ………………………45	省エネルギー基準 ………………273	スピーカーの寸法 ………………235
国連統計 …………………………179	軸組構法 …………………………291	消火器の寸法 ……………………257	スプリンクラーヘッドの寸法 …257
コージェネレーション …………279	システムキッチンの寸法 ………211	消火栓の寸法 ……………………256	スプーンの寸法 …………………208
個室群住居 ………………103, 202	姿勢と作業面高さ ………………175	将棋盤の寸法 ……………………240	スペイン瓦葺き …………………294
個人的生活行動 …………………202	姿勢と占有空間 …………………173	商業地域 …………………………185	スペースキット …………………193
個体距離 …………………………177	自然環境との呼応 …………………62	障子の種類 ………………………299	スペースブロック ………………139
こたつと姿勢 ……………………201	持続性（集合住宅）………………168	上肢の動作寸法 …………………174	スポーツ用具の寸法 ……………246
こたつの寸法 ……………………252	室空間 ……………………………188	照度基準 …………………………269	スラムクリアランス………………49
戸建集合 …………………………126	室空間の知覚 ……………………176	蒸発冷却の利用 …………………277	スロバキアの農家 …………………16
コート掛けの寸法 ………………220	シックハウス対策 ……182, 183, 274	照　壁 ………………………………4	寸法調整 …………………………180
琴の寸法 …………………………245	湿気対策 …………………………272	小便器の寸法 ……………………215	
コートハウス …………31, 68, 76	実験集合住宅 ……………………164	錠前の種類 ………………………287	生活空間……………………………57
子供部屋 …………………………193	実験住宅 ……………………………72	照明器具の寸法 …………………254	生活行為と空間寸法 ……………188
碁盤の寸法 ………………………240	室内汚染対策 ……………………183	照明の色分布 ……………………269	生活姿勢の寸法 …………………174
コーポラティブハウス …………162	室内空気汚染濃度 ………………274	乗用車の寸法 ……………………223	生活の構成要素 ……………………57
小舞壁 ……………………………297	室内騒音の許容値 ………………270	昭和初期のコンクリート住宅……30	製図版の寸法 ……………………241
コモンアクセス …………………123	室の集合体 ………………………102	昭和初期の中流住宅 ………………26	西南アジアの民家 …………………10
コモンタイプ ……………………126	自転車の寸法 ……………………222	初期集合住宅………………………38	性能規定 …………………………182
コルドバのパティオ ………………14	自動車の回転半径 ………………223	食事のための空間 ………………190	整容空間 …………………………196
ゴルフの動作空間 ………………203	自動車の寸法 ……………………223	食堂の寸法 ………………………190	整容用品の寸法 …………………214
ゴルフ用具の寸法 ………………247	児童養護施設 ……………………159	植物の生育環境 …………………260	西洋料理のセッティング ………212
コレクティブハウス ……………160	視認性 ……………………………268	書　斎 ……………………………202	整理たんすの寸法 ………………207
コロニアルスタイル ………………24	事務用いすの寸法 ………………227	書棚の寸法 ………………………231	席　次 ……………………………212
コンクリート系パネル構法 ……292	事務用机の規格 …………………231	食器洗い機の寸法 ………………210	席数と必要スペース ……………190
混構造…………………………91, 118	視　野 ……………………………176	食器だなの寸法 …………………213	積　層 ……………………………134
混雑度 ……………………………177	社員寮 ……………………………158	食器の寸法 ………………………208	石油ストーブの寸法 ……………251
コンセントの寸法 ………………253	遮音構法 …………………………270	書道具の寸法 ……………………240	世帯規模 ……………………………56
コントラバスの寸法 ……………244	遮音材 ……………………………270	シリアの住居 ………………………11	世帯の家族類型 …………………172
コンパウンド ………………………12	社会距離 …………………………177	シーリングライトの寸法 ………254	接客空間 …………………………200
コンパクトな住まい ………………58	尺度の呼称 ………………………173	シルバーハウジングプロジェクト	接地型集合住宅 …………………123
コンバージョン ……………118, 166	斜線制限 …………………………186	……………………………………169	セットバック ……………………132
コンロ台の寸法 …………………211	三味線の寸法 ……………………245	芯押さえ …………………………180	設備騒音 …………………………270
	斜面災害 …………………………289	真　壁 ……………………………297	セルフビルド ……………………110
さ　行	斜路の基本寸法 …………………175	シンクの寸法 ……………………211	全体断熱 …………………………273
	斜路の勾配 ………………………199	シングルグリッド ………………180	洗濯機の寸法 ……………………218
採光規定 …………………………182	シャワー室 ………………………197	シングルベッドまわり空間 ……189	洗濯小物の寸法 …………………218
採光による演出…………………… 80	シャワーユニットの寸法 ………216	人口構成の経年変化 ……………172	洗濯室 ……………………………198
採光方式 …………………………266	住居水準 …………………………178	新興数寄屋 ……………………35, 37	膳による食事空間 ………………191
済州島の民家 ………………………4	住居の分類 …………………………56	人口ピラミッド …………………172	膳の寸法 …………………………208
最小規模空間 ……………………188	住居の防犯 ………………………287	寝室の設計 ………………………189	扇風機の寸法 ……………………252
最小限住宅 …………………………58	住居密度指標 ……………………179	新設住宅着工数……………………56	洗面器具の寸法 …………………215
座いすの寸法 ……………………230	従空間 ………………………………90	身体障害者のための空間寸法 …194	洗面化粧ユニットの寸法 ………214
祭壇の寸法 ………………………225	集合住宅の建替え例 ……………141	身体障害者用食器寸法 …………238	洗面所 ……………………………196
サイディング ……………………297	集合住宅の変遷 …………………122	身体障害者用入浴補助具寸法 …239	前面道路幅の規定 ………185, 186
在来木造軸組構法 ………………292	集合住宅の密度特性 ……………123	身体障害者用便器寸法 …………239	占有空間 …………………………173
サウナ室 …………………………197	住戸可変システム ………………164	人体寸法 …………………………172	占有領域 …………………………188
サウナ室の寸法 …………………216	住戸の開放性 ……………………144	人体寸法と机上広さ ……………202	専用住宅 ……………………………56
竿縁天井 …………………………295	住戸平面 …………………………124	人体に基づく尺度の呼称 ………173	
作業台と手の動き ………………192	自由設計 …………………………163	人体の振動感覚 …………………271	造園植物の必要土壌厚 …………259
作業面高さ ………………………175	住宅居室の規定 …………………182	身長と部位・姿勢との関係………172	騒音対策 …………………………270
ささら子下見 ……………………297	住宅統計 …………………………179	振動と住宅 ………………………271	双眼鏡の寸法 ……………………241
座卓での食事 ……………………191	住宅の3つの型 ……………………57		創作活動 …………………………203
座卓の寸法 ………………………230	住宅の外観 …………………………84	スイスの民家………………………18	掃除機の寸法 ……………………219
ザックの寸法 ……………………248	住宅の工業化 ……………………104	水栓の寸法 ………………………217	増　築 ……………………………116
サッシの取り付け方 ……………298	住宅の構法 ………………………290	水槽の寸法 ………………………249	素材と構法 ………………………106
サニタリー空間の高齢者配慮 …239	住宅床面積 …………………………56	炊飯器の寸法 ……………………210	ソシオフーガル …………………177
サニタリーユニットの寸法 ……216	住宅用エレベーターの寸法 ……222	睡眠のための空間 ………………189	ソシオペタル ……………………177
座の配置 …………………………191	集団規定 …………………………185	スウェーデンの住居水準 ………179	外断熱の住宅 ……………………262
サバンナの集合住居 ………………12	自由なファサード …………………42	スカイラジエター ………………277	ソファーの寸法 …………………228
サーフィン用具の寸法 …………249	自由な平面構成 ………………42, 43	すがもれ …………………………263	ソファーベッドの寸法 …………204
座ぶとんの寸法 …………………228	収納家具と車いす ………………195	スキップ通路型 …………………123	SOHO ………………………156, 202
寒さと建築 ………………………262	収納間仕切りユニット …………206	スキップフロア …………………166	
サモアの住居 ……………………265	収納ユニットの寸法 ……………206	スキーヒュッテ …………………263	**た　行**
鞘　蔵 ……………………………263	週末住宅 ………………………33, 88	数寄屋 ………………………………35	
皿の寸法 …………………………208	重要文化財特別型特定街区制度 …168	スキューバダイビング用具の寸法	太鼓の寸法 ………………………245
桟瓦葺き …………………………294	主空間 ………………………………90	……………………………………249	大正期の中流住宅 …………………26
三合院 ………………………………5	樹上住居 ……………………7, 112	スキー用具の寸法 ………………247	対人距離 …………………………177
三世帯住宅 …………………………78	シューズの寸法 …………………246	スクーターの寸法 ………………222	耐震診断 …………………………300
山　荘 …………………………35, 59	出力機器の寸法 …………………233	スケルトン …………………163, 164	耐震補強 …………………………300
サントリーニの洞窟住居 …………14	樹木の仕立て ……………………259	スコットランドの伝統様式………41	体操の動作空間 …………………203
		スタディオハウス …………………32	

索引：事項索引 Index : Subject Index

台所の型	192
ダイニングキッチン	191
ダイニングキッチンの寸法	190
太平洋地域の民家	7
太陽光発電	276
太陽電池	280
太陽電池システム	286
太陽熱温水器の寸法	253
太陽熱利用	280
耐用年数	56
タイル張り壁	297
ダイレクトゲイン	276
台湾の民家	5
タオルの寸法	214
高倉	265
高さ制限	186
高田の町家	263
高床式住居	4, 6, 7, 265
出し桁	264
畳の規格	296
畳割り	296
卓球台の寸法	246
建替え	118
建具の機能	298
たとうの寸法	206
ダブルグリッド	180
ダブルベッドまわり空間	189
炭鉱住宅	38
たんすの寸法	207
単体規定	182
断熱手法の原則	262
断熱性能	273, 279
断面構成	94
団らんのための空間	200
暖冷房計画	279
暖炉の寸法	252
地階の防湿	182
知覚	176
地中温度の利用	277
地中海沿岸の民家	14
チベットの住居	9
茶室と座	203
茶室の空間	188
茶室の設計要素	240
茶だんすの寸法	213
茶道具の寸法	240
茶の間	201
茶箱の寸法	212
中華料理のセッティング	212
中高層住居専用地域	185
中国長さ単位の変遷	173
中国の民家	5
駐車間隔	223
注文設計	163
チュニジアの洞窟住居	15
チュニスの中庭型住居	15
頂光	266
超高層集合住宅	152
手水鉢の種類	258
頂側光	266
ちょうちんの寸法	224
調理機器の寸法	210
調理空間	192
調理台と車いす	195
調理台のあき寸法	192
調理台の寸法	211
調理用具の寸法	209
直通階段の規定	183
ついたての寸法	220, 230
ツインベッドまわり空間	189
通風	267
通風確保	273
通路に関する規定	183
通路の寸法	199
杖と歩行幅	194
束立て床	296
机の寸法	231
つくばいの配置	258
土による断熱	265
集いの動作空間	200
ツーバイフォー構法の床組	296
坪庭	23
釣具の寸法	248
底光	266
ディスプレイの寸法	234
低層住居専用地域	185
デイベッドの寸法	204
出入口の建具	298
適正規模空間	188
デ・スティール派	31
鉄筋コンクリート系住宅の寸法	180
鉄筋コンクリート造階段	299
鉄骨系プレファブ住宅	105
テニスの動作空間	203
テニス用具の寸法	246
テーブルセッティング	212
テーブルと車いす	195
テーブルの寸法	213
テラスハウス	76
テレビの寸法	235
電気機器の容量	281
電球の寸法	254
電気床暖房	279
天空率規定	187
天井高規定	182
天井高と圧迫度	176
天井の構法	295
電子レンジの寸法	210
天体望遠鏡の寸法	241
天井（テンチン）	5
伝統的尺度	173
伝統的農家	2
テントの寸法	248
電話機の寸法	234
といしの寸法	242
ドイツの農家	19
樋の構成	294
東欧の民家	16
洞窟住居	11, 14, 15
動作空間	188
動作寸法	174
同潤会アパートメント	39
同潤会中廊下住宅	26
東南アジアの民家	6
灯ろうの寸法	258
道路斜線制限	186
道路に関する規定	185
通り庭	2
特定公共賃貸住宅	169
特別避難階段	183
床柱	299
登山用具の寸法	248
都市型賃貸住宅	138
都市環境への対処	68
都市居住	59
都市居住型誘導居住水準	178
都市計画法	185
都市住宅	56
都市住宅の原型	36
土砂災害防止	289
トースターの寸法	210
土地の高低差	66
トップライト	80
都道府県別居住水準	178
飛石の大きさ	259
扉開閉の基本寸法	199
トラジャ族の住居	6
トラップ	283
トランペットの寸法	244
鳥かごの寸法	249
トレーニング用具の寸法	247
土楼	5
トロンブウォール	276
トンガの分棟住居	7

な 行

内外の連続性	72
ナイトパージ	277
流し台と車いす	195
流し台の作業スペース	192
流し台の寸法	211
中庭型住居	15
中庭型集合住宅	140
長屋型集合住宅	139
中廊下型集合住宅	150
中露地	74
なべの寸法	209
ナホバ族のホーガン	20
なまこ壁	264
ナヤールの邸宅	9
南欧の民家	14
南京下見	297
南部の曲がり家	22
ニアスの住居	6, 265
ニジェールの住居	12
二重外皮	276
二重壁	265
西ヨーロッパの民家	18
二段ベッドの寸法	204
二段ベッドの高さ関係	189
日影規制	186, 187
二丁掛けタイル	297
日本の食事空間	191
日本の人口ピラミッド	172
日本の民家	2
日本料理のセッティング	212
入浴の動作空間	197
入力機器の寸法	233
ニューギニアの住居	7
2連戸	126
人間の集合と空間	188
寝いすの寸法	228
根太床	296
熱感知器の寸法	257
熱損失係数	273
熱帯雨林地域の住居	21
熱帯地域の住居	7
ネットワーク居住	160
ネパールの住居	9
年齢構成	172
農山村住宅	56
農村住宅	2
ノルウェーの町家	17

は 行

排煙設備規定	184
バイオリンの寸法	244
排水システム	283
排泄の動作空間	196
ハイブリッドシステム	276
履物の寸法	221
バグダッドの都市住居	11
パーゴラの寸法	250
はしごの寸法	175, 219
はしごユニットの寸法	222
パソコンデスクの寸法	231
パソコンの寸法	234
パーソナルスペース	177
8畳間の空間	188
バッグの寸法	205
パック容器の寸法	208
パッシブ型換気方式	275
パッシブデザイン	276
バッティングの動作空間	203
ハートビル法	194
バナキュラー住宅	2, 112
花輪の寸法	225
パネル構法	291
パネル構法集合住宅	292
パネル天井	295
パプアニューギニアの円形住居	7
バーベキュー炉の寸法	209
パラペットの種類	295
バリアフリーデザイン	194
バリ島の住居	6
梁床	296
ハンガリーの民家	17
犯罪件数の推移	287
ハンドバッグの寸法	205
ハンモックの寸法	204
ピアノ音対策	270
ピアノの寸法	245
ビオトープ	141, 169
光と住宅	266
ピグミーのキャンプ	13
火室のある民家	16
非常用進入口の規定	184
非常用トイレ	257
非接地型集合住宅	123
必要換気量	275
ヒーティング	277
ヒートポンプ型床暖房	279
雛人形の寸法	224
避難階段	183
避難施設の規定	183
避難施設の役割	289
避難通路規定	183
避難ばしごの寸法	256
火鉢の寸法	251
ビブラフォンの寸法	244
ヒマラヤ山岳地帯の住居	9
表札の寸法	220
標準規模空間	188
びょうぶの寸法	230
ビリヤード台の寸法	240
比例理論	173
ピロティ	42
ヒンジド・スペース	165
ヒンドゥーの中庭住居	8
びんの寸法	208
ファクシミリの寸法	234
ファンコイルユニットの寸法	253
ファンヒーターの寸法	251
フィボナッチ数列	173
フィリピン山岳地帯の住居	6
フィンランドの民家	17
風害	288
風車の種類	286
風力発電	286
風力発電機の寸法	253
フェズの中庭型住居	15
フォークの寸法	208
吹出し口の寸法	253
吹抜け（集合住宅）	138
複合化構法	292
複合型集合住宅	156
襖の構成	299
仏壇の寸法	225
ふとんと周囲のあき	189
ふとんの寸法	204
舟屋	3
部分断熱	273
フライパンの寸法	209
フライングコリドー	144
フラッシュ戸	298

索引：事項索引

フラワースタンドの寸法 …………250	ホルムアルデヒド建築材料の制限 ………………………183	**や　行**	ライフサイクルアセスメント ……285
フランスの農家……………………18	ホルムアルデヒドの健康影響 ……274		落雪対策 ……………………………263
プランターの寸法 …………………250	本瓦葺き ……………………………294	ヤオトン（窰洞）住居 ……………4	ラジエーターの寸法 ………………251
プランニンググリッド ……………180	本膳料理のセッティング …………212	夜間外気の利用 ……………………277	ラジオの寸法 ………………………235
ブリッジ（集合住宅）……………148	本立ての寸法 ………………………233	やかんの寸法 ………………………209	ラドバーン方式……………………54
フリープラン ………………………163	盆　棚 ………………………………225	野球用具の寸法 ……………………246	ランドルト環 ………………………176
プリンターの寸法 …………………233	本棚の寸法 …………………………231	屋根散水 ……………………………277	立位での動作寸法 …………………174
ブルガリアの商家…………………16	本の寸法 ……………………………232	屋根の形状 …………………………294	立体街路 ……………………………144
フルートの寸法 ……………………244		ヤミ族の住まい ……………………5	立体的構成 …………………………96
プレイルーム ………………………193	**ま　行**	油圧式エレベーターの寸法 ………222	立体フレーム………………………96
プレファブ構法 ……………………105		結納品の寸法 ………………………224	リノベーション ……………………166
風呂がまの寸法 ……………………217	曲がり家 ……………………………22	誘導居住水準 ………………………178	リビングアクセス …………………144
プロジェクターの寸法 ……………233	枕の寸法 ……………………………204	誘導灯の寸法 ………………………256	流動的空間 …………………………100
ブロック積層 ………………………136	マグレブの民家……………………14	郵便受箱の寸法 ……………………220	寮 ……………………………………158
分　棟 ………………………………265	マサイのハット……………………13	床組構法 ……………………………296	量産化実験住宅……………………45
分離派建築会………………………27	マージャン台の寸法 ………………240	床座の接客スペース ………………191	緑化手法 ……………………………259
平均寿命の推移 ……………………172	町　家 ……………………………2, 22	床仕上げ ……………………………296	旅行ケースの寸法 …………………205
平均身長の推移 ……………………172	町家の再生 …………………………118	床下換気 ………………………267, 272	臨席とのあき ………………………191
平面構成……………………………90	マットレスの寸法 …………………204	床衝撃音対策 ………………………270	隣地斜線制限 ………………………186
併用住宅……………………………56	松葉杖の寸法 ………………………237	床高規定 ……………………………182	ルーフドレインの納まり …………295
別　荘 ………………………59, 76, 85	松葉杖歩行の必要空間 ……………175	床防水 ………………………………296	ルーマニアの民家…………………17
ベッドと周囲のあき ………………189	窓の開閉方式 ………………………298	雪囲い ………………………………263	冷蔵庫の寸法 ………………………210
ベッドの寸法 ………………………204	マヤの住居 …………………………20	雪と住宅 ……………………………263	連続建て ……………………………128
ベトウィンのテント………………10	マリ・ドゴン族の住居……………12	雪冷房システム ……………………280	
ベネチアの商館……………………14	マンセル表色系 ……………………268	ユニットキャビネットの寸法 ……232	廊下幅の規定 ………………………183
ベビーカーの寸法 …………………236	ミキサーの寸法 ……………………210	ユニット工法 ………………………105	老人室 ………………………………195
ベビーベッドの寸法 ………………236	ミクロネシアの住居………………7	ユニットによる積層 ………………135	老人用階段寸法 ……………………194
ペルー農園主の邸宅………………21	ミシンの寸法 ………………………243	ユニットバス ………………………197	労働者モデル住宅…………………48
ベルベル人の要塞住居……………15	水切り庇 ……………………………264	ユニバーサルデザイン ……………194	陸屋根 ………………………………295
ベルリン建築博覧会………………46	水集熱・空気分配方式 ……………280	ゆりかごの寸法 ……………………236	ろくろの寸法 ………………………243
便器の寸法 …………………………215	水蓄熱・放熱器方式………………280	湯沸し器の寸法 ……………………211	路地アクセス ………………………123
便所の寸法 …………………………196	水の使用量 …………………………282	要介護高齢者の増加 ………………172	ロシアの農家………………………17
防火地域の建築制限 ………………187	密接距離 ……………………………177	洋館 …………………………………25	路地型集合住宅 ……………………130
方形テーブルの必要スペース ……190	南アジアの民家……………………8	幼児用いす寸法 ……………………236	露地庭 ………………………………68
防煙壁規定 …………………………184	南アメリカ大陸の住居……………21	容積感 ………………………………176	ロッカーの寸法 ……………………207
防災まちづくり ……………………289	民　家 ……………………………2, 22	容積率の制限 ………………………185	ローテーブルの寸法 ………………230
防災用具の寸法 ……………………257	無指定区域 …………………………185	用途地域 ……………………………185	ロフト形式 …………………………158
防湿層 ………………………………272	棟の納まり …………………………294	用途変更 …………………………118, 166	
帽子の寸法 …………………………205	明治期の洋風邸宅…………………24	洋風玄関 ……………………………199	**わ　行**
放射冷却の利用 ……………………277	メゾネット住戸 …………………139, 140	洋風住宅……………………………28	
防振壁 ………………………………271	メタボリズム ………………………116	洋風邸宅……………………………24	和家具の寸法 ………………………207
防振天井 ……………………………271	面押さえ ……………………………180	洋風便器の寸法 ……………………215	和弓用具の寸法 ……………………247
放熱方式 ……………………………279	免震レトロフィット ………………271	洋風便所 ……………………………196	枠組壁工法 …………………………290
防　犯 ………………………………287	面積効果 ……………………………268	洋服たんすの寸法 …………………207	ワゴンの寸法 ………………………213
防犯用具の寸法 ……………………256	免震住宅 ……………………………271	洋服の寸法 …………………………205	和式便所の改修 ……………………196
防風住居 ……………………………267	木質系パネル構法 …………………292	余暇活動 ……………………………203	和室空間 ……………………………188
歩行距離 ……………………………177	木造階段 ……………………………299	浴　室 ………………………………197	和室と座の配置 ……………………191
歩行の必要空間 ……………………175	木造構法 ……………………………290	浴槽の寸法 …………………………216	和室の会話環 ………………………201
歩行補助器の寸法 …………………237	木造建築物の危険度判定 …………301	浴槽まわり寸法 ……………………197	和風玄関 ……………………………199
ポストの寸法 ………………………220	木造軸組工法 ………………………180	横長窓 ………………………………42	和風造作 ……………………………299
細長敷地 ……………………………69	木工工具の寸法 ……………………243	ヨットの寸法 ………………………249	和風便器の寸法 ……………………215
ボックスユニット構法 ……………291	モデュロール ………………………173	読み書きの空間 ……………………202	和服の寸法 …………………………206
HOPE計画 ………………………169	物干しざおの寸法 …………………218		和洋折衷住宅………………………24
ホームオートメーション …………281	モロッコの町家……………………15	**ら　行**	ワンルーム…………………………88
ホームオフィス ……………………202	モンゴルのゲル……………………11		ワンルーム形式 ……………………117
ホームセキュリティ ………………287		ライトコーポラ ……………………162	ワンルームマンション ……………167
掘りごたつの寸法 …………………252		ライフサイクル……………………57	
ポリバケツの寸法 …………………219			
ボーリング用具の寸法 ……………246			
ボールの寸法 ………………………246			

索引：事例索引　Index: Building and Project Index

あ 行

- I-house …93
- IRONY SPACE …109
- アヴェリーノ・ドゥアルテ邸 …95
- 青山台の家 …197
- 赤坂拾庵 …59
- アクティ三軒茶屋 …125
- 上尾緑隣館 …143
- 阿佐ヶ谷の家 …195
- 朝倉邸 …29
- あざみ野の一戸建 …87
- 阿品の家 …78
- 芦屋浜シーサイドタウン …152
- 愛宕グリーンヒルズ・フォレストタワー …155
- apartment 鶉 …141
- アビタ '67 …135
- アビタ戸祭 …127
- 阿部邸 …96, 193
- 阿倍野の家 …108
- 甘粕邸 …118
- アムステルダム・アパートメント …153
- あめりか屋の住宅 …26
- 荒野邸 …198
- アルデンネンラーンの高層住宅 …152
- アルミエコハウス …113
- アルミコテージ …111
- アルミの家 …91
- 淡路町の家 …103
- 粟辻邸 …191
- 「暗箱と鳥籠」 …79

- 飯箸邸 …36
- 石津邸 …76
- 石間邸 …201
- 伊豆高原の家 …60
- 伊豆多賀の家 …196
- 伊豆の風呂小屋 …59
- 伊藤家住宅 …22
- 伊藤邸 …80
- 茨城県営長町アパート …143
- 茨城県営滑川アパート …145
- 茨城県営六番池アパート …132
- 今里の家 …82
- 今西家住宅 …22
- 今村家改修 …119
- イームズ自邸 …104
- 入江のゲストハウス …65
- INSCRIPTON …92
- インムーブル・クラルテ …54

- ヴァレリア・P・シレル邸 …112
- ヴァンナ・ヴェンチューリ邸 …84
- ウィークエンドハウス …89
- ウィチタ・ハウス …104
- ヴィラ・アンバー …79
- Vila M …63
- Villa Cypressll …196
- ヴィラ・サン・カスト …64
- VILLA FUJII …65
- ウィリアム・G・ロウ邸 …40
- 上野毛S邸 …199
- 上原通りの住宅 …85
- 上原曲り道の住宅 …94
- ヴェンチューリ邸 …190
- VOXEL HOUSE …167
- ウォーター・タワー …120
- 臼井邸 …193
- 内田邸 …31
- 内田邸（内田祥哉自邸） …73, 264
- ウノキ …61
- 海と空の間のもう一つのガラスの家 …64
- 海辺の家 …43
- 梅沢医院ビル …193
- 梅林の家 …103
- 浦邸 …90

- egota house A …134
- エシェリック邸 …90
- S …69
- SAK …61
- SH-1 …88
- SH-60 …104
- S氏邸 …192
- S邸 …199
- エステート千歳希望ヶ丘 …157
- s house …93
- HP …71
- NOS House …112
- Nさんの家 …198
- NT …98
- FH-南品川 …165
- F-HOUSE Ⅱ …97
- M-HOUSE …95, 202
- MBF タワー …152

- OH …71
- 大井町の家 …69
- 大阪府住宅供給公社賃貸リフォーム事業/Bタイプ（千里ニュータウン） …167
- 大島四丁目市街地住宅 TC棟 …152
- 大田のハウス …95
- 太田ハウスミュージアム …99
- 大塚女子アパートメント …39
- 尾形光琳屋敷 …23
- 岡田邸 …28
- 岡山県営中庄団地 …145
- 岡山の住宅 …103
- 小川に架かる橋 …62
- オダムズウォーク …144
- お茶の水文化アパートメント …38
- AURA …82
- オルタ自邸 …40

か 行

- カウフマン・デザート・ハウス …90
- ガエハウス …71
- 学園前の家 …91
- 家具の家 …107
- 笠間邸 …37
- カサ・ミラ …49
- カサ・ルスティッツィ …55
- ガス・タンクA …166
- ガスパール邸 …79
- 風の家・土の家 …113
- 片瀬山の家 …77
- カップ・マルタンの休暇小屋 …58
- カーテンウォールの家 …86
- 加藤邸 …37
- カニンガム邸 …58, 200
- 金子邸 …80
- カノアス邸 …62
- 壁の家 …68
- 鎌倉の住宅 …61
- 鎌倉山の家 …75
- 紙のログハウス …111
- からす城 …110
- ガラスの家 …88, 190
- 軽井沢の山荘 …94
- 軽井沢の新スタジオ …91
- 軽井沢の別荘/ギャラリー …65
- カール・マルクス・ホフ …53
- 河町コンフォガーデンC棟・インフィル …125
- 川辺邸 …88
- 河村邸 …35
- かんかん森 …161
- 閑居 …196
- カンチェンジェンガ・アパートメント …154
- 北川邸 …201
- 北野洛邑館 …142
- 北向傾斜住宅 …67, 277
- 杵屋別邸 …35
- 起爆空間 …84
- 木箱210 …105
- 木場三好公園住宅 …131
- 岐阜県営ハイタウン北方・妹島棟 …147
- 岐阜県営ハイタウン北方・高橋棟 …125
- 希望ヶ丘団地 …195
- キャン・リス …62
- 旧朝倉邸 …29
- 旧伊藤家住宅 …22
- 旧工藤家住宅 …22
- 旧グラバー邸 …24
- 旧近藤邸 …29
- 旧古河邸 …25
- 旧山邑邸 …30
- キュビストの家 …97
- 今日庵（茶室） …203
- ギラルディ邸 …81
- 銀座の小住宅 …36

- クアドラント・フラッツ …134
- 久が原のゲストハウス …159
- 久我山の家 …201
- グガルン邸 …117
- 矩形の森 …89
- 草津の家 …193
- 久住章のゲストハウス 2 …110
- 管の家 …106
- クック邸 …42
- クックー通りの集合住宅 …148
- 工藤家住宅 …22
- 国立 the α …147
- 熊取の家 …79
- 熊本県営保田窪第一団地 …140
- 熊本県営竜蛇平団地 …133
- 雲野流山の家 …94
- グラバー邸 …24
- グラバーハウス（30号棟） …38
- クラレダル通りの高層住宅 …152
- グランパティオス公園東の街 …125
- グリーンテラス城山 …126
- グリーンハウス岡本 …89
- クルチェット邸 …73
- グループハウス尼崎 …160

- 傾斜地のすまい …192
- K. Cottage …64
- K氏の住宅 …32
- ケース・スタディ・ハウス #22 …72
- CaseStudyHouse10 はだかの家 …89
- K邸 …23, 78
- 欅ハウス …168
- ゲーリー自邸 …116
- 幻庵 …84
- 現代長屋 TEN …162
- 建築学会国民住宅懸賞競技設計入選例 …26

- コアのあるH氏邸 …90
- 高知・本山町の家 …115, 273, 277
- 江東の住宅 …109
- 小暮邸（スタジオK） …197
- 小篠邸 …81, 266
- 51C型公共住宅 …124, 191
- 個人用居住単位（ホシカワ・キュービクルズ） …103
- 東風平の家 …75
- コックピット・ガゼボ …59
- 古仁所邸 …32
- 虚白庵 …80
- コーポラティブハウス ROXI …163
- コモンシティ星田 A2 …126
- コレクティブハウスかんかん森 …161
- 混構造のある家 …91
- 近藤邸 …29
- コンパスシリーズ …124

さ 行

- 再春館製薬女子寮 …158
- 最小限住居・増沢邸 …58
- 斉藤助教授の家 …72
- SIDE by SIDE …167
- サヴォア邸 …43
- 逆瀬台の家 …86
- 相模原の家 …101
- 札幌の家-自邸 …104
- 佐藤邸 …30
- The box …58
- サマーハウス …74
- サン＝オーウェンの公共住宅 …149
- 三角地の家（8坪復興住宅） …60
- サントップ・ホームズ …55
- 300万ハウス …59

- C …70
- GEH …77
- 紫烟荘 …34
- cMA-1（元麻布コンバージョンプロジェクト） …166
- 汐留インフィル・プロジェクト …155
- ZIG HOUSE/ZAG HOUSE …121
- 繁柱の家 …107
- 実験集合住宅 NEXT21 …125, 165
- シティハイツ日野旭ヶ丘 …125
- 品川八潮ハイツ …124
- 東雲キャナルコート CODAN1街区 …125, 150
- シモンズ・ホール・マサチューセッツ工科大学学部生宿舎 …158
- 石神井公園の住宅 …87
- 借家生活 2 …111
- 写真家の家 …197
- 写真家のシャッター・ハウス …75
- 住宅公団標準設計 …124
- 住宅〈GEH〉 …77
- 住宅 No.1 共生住居 …106
- 住宅〈YAH〉 …96
- 十里木の別荘 …74
- シュミンケ邸 …46
- シュレーダー邸 …42
- 蓑居 …82
- 湘南茅ヶ崎の家 …198
- 正面のない家-N …76
- 正面のない家-H …198
- 昭和初期の中流住宅 …26
- シーランチ・コンドミニアム …129
- シルバーハット …73
- 白の家 …102
- 神宮前の家 …193
- 新谷邸 …198
- 神殿住居 地球庵 …97

- スイス学生会館 …54
- Suisses 通りの集合住宅 …143
- スヴィクンブの集合住宅 …137
- スカイシティ南砂 …152
- スカイハウス …116
- スキーハウス …85
- すすき野第3団地 …124
- STYLE-かみながやの路地 …138
- すっぴんの家 …75
- ストーン・ハウス …65
- スネルマン邸 …41
- スパンゲン集合住宅 …50
- スペースブロック上新庄 …135

Index : Building and Project Index　索引：事例索引

スペースブロックハノイモデル …139
superar kinuta …148
隅のトンガリ …61
住吉の長屋 …77, 191
slash（富士北麓の家） …93
諏訪のハウス …83, 197

Seijyo・6 …130
成城の住宅 1996 …92
清新北ハイツ 4-9 号棟 …144
清新南ハイツ 1-34 号棟 …124
聖ヨゼフ寮 …159
セキスイハイム M-1 …105
積層の家 …109
惜櫟荘 …35
世田谷村 …120
セルト邸 …77
セルブリック …109
「ゼンカイ」ハウス …119
仙川の住宅 …98
千駄木の町家 …68
1227 号室 …167

創宇社第 5 回展覧会「住宅」 …27
続久が原の家 …195
ソンボ団地 …161

た　行

代官山ヒルサイドテラス …156
ダイキン OSAKA アトリオ …131
大正初期の中流住宅 …26
代田の町家 …85
第 7 回分離派展「コートハウス・
　プロジェクト」 …27
大丸舎監の家 …27
第 4 回住宅 …28
高崎市営旭町団地 …124
高過庵 …111
高槻阿武山一番街 …124
高の原駅前 …125
ダグラス邸 …66
武田先生の個室群住居 …202
多孔質/解放 …83
太宰府の住宅 …67
立川のハウス …70, 201
谷川さんの住宅 …66
谷口邸 …32
田の字のハコ …93
wR-76 …110
W house …97
ダッラバ邸 …101, 192
ダルザス邸 …46
団地 up down …167

チキンハウス …92
ちむうワシ …199
CHOI BOX …198
聴禽寮 …34
聴竹居 …28
調布のアパートメント …136

ツインパークタワー …152
土浦邸 …32
積木の家 III …85
ツリーハウス …112

ディアホーン集合住宅 …164
TH-1 …68
T 邸 …27
T 平面の家 …188
デデムスヴァートウェグの集合住宅
　…151
テューゲンハット邸 …45
電気館 …45
天王洲ビュータワー …125

デンハーグハウジングフェスティバル・
　クリスチャンセ棟 …151
ドゥアルテ邸 …95
TOKYO …71
東京ツインパークス …125
藤源治の家 …101
東郷邸 …32
同潤会代官山アパート …124
同潤会中廊下住宅 …16
塔の家 …59, 200
トウフ …93
都営高輪アパート …124
常盤台の住まい（鈴木邸） …117
土佐山田の家 …119
ドーシ邸 …78
豊島園の家 …197
等々力邸 …97
ドーモ・セラカント …100
トラス・ウォール・ハウス …107
ドラムカンの家 …110
トランプタワー …152
TRIO …139
トレッドソン邸 …28

な　行

中銀カプセルタワー …135
中島ガーデン …130
中野本町の家 …81
中目黒の家 …196
中山邸 …91
中露地の家 …74
NAGOYA　FLAT …157
那須の山荘 …67
ナチュラルエリップス …108
ナチュラルユニット …108
夏の家（アスプルンドの夏の別荘）
　…47
奈良北団地 …124
ナルコムフィン・アパートメント …53
ナンシーの家 …110, 192
ナンテーレサッド …152

新島襄邸 …24
新宅邸 …198
西戸山タワーガーデン・セントラルタ
　ワー …152
20 坪の住宅：伊藤邸 …26
日炭山田鉱山住宅 …38
日本橋の家 …69
二宮のアトリエ …109
ニラ・ハウス …112

ネイキッドスクエア …129
ネクサスワールド/スティーブン・
　ホール棟 …164
ネクサスワールド/レムクールハース
　棟 …129
NEXT21 …125, 165, 285
ネモージュス 1 …146

ノイエ・パール …153
野田の家 …199
ノートン・カンタベリ …41
Nolesplein の集合住宅 …141

は　行

ばあちゃんち …80
バイカー再開発 …144
ハイポイント 1 …55
HOUSE II …96
HOUSE IN WALES
　（プロジェクト 222） …60

House SA 1999 …101
HOUSE HUF …64
House F 1988 …107
Haus "casti" …118
HOUSE FOR THE F. F …83
ハウスフォレストリー幸手 …115
バウハウス教授住宅 …42
白翳の家 …82
パークシティ新川崎・東 2 番街 …152
箱の家-I …60
八丁堀のローハウス …87
花小金井の家 …94
馬場邸 …36
母の家 …42
母の家 …159
母の家（ヴェンチューリ） …84
原邸 …80, 266
HARU-330 …113
晴海高層アパート …164, 191
BARREL …99
ハーレン・ジードルンク …128
バワ邸 …102
反住器 …96
ハンナ邸 …201

B …99
光格子の家 …81
光を貯める家 …114
PC Pile House …107
B 邸 …23
ヒモロハウス …121
101 番目の家 …109
ヒヤシンスハウス …61
日向別邸 …34
ヒル・ハウス …41
広尾タワーズ …192, 197

ファミリステール …48
PHARAOH …86
ファンズワース邸 …88
フィッシャー邸 …91
夫婦屋根の家 …198
フォーリア駒沢公園 …124
深沢環境共生住宅 …169
フーク・ファン・ホラント集合住宅 …51
富士栄邸 …198
富士裾野の山荘 …74
フーチェン通りの集合住宅 …149
フトゥロ・ハウス …105
船橋アパートメント …135
船橋ボックス …201
プライウッド・キット・ハウス …105
フライ邸 II …58
ブラスカートの家 …63
PLATFORM II …60
フランクリン街のアパート …49
フランツ・クンステラー通りの
　高層住宅 …152
ブリッツ・グランド・ジードルンク …51
プリンセンホーク …137
古河邸 …25
ぶるーぼっくす …66
ブロイヤー邸 …190, 197
プロジェクト No.16 …201
プロムナード多摩中央 …125

平成ドミノ・堺 …139
ヘットバーケンアパートメント …152
Hep Dorp …195
ペドレグリョ団地 …146
ベルパークシティ …152
ベルリン建築博覧会 …46

穂積邸 …102
保土ヶ谷の住宅 2 …70
ボルドーの家 …98, 195

ボルネオ/スポーレンブルグ・
　de architectengroep 棟 …128
香港の高層住宅 …152

ま　行

前川邸 …37
マーキーズ …105
幕張パークタワー …154
幕張ベイタウンパティオス 4 番街 …142
増沢邸 …58
松が丘の集合住宅 TRINITÉ・R 棟
　…157
真野ふれあい住宅 …160
マラパルテ邸 …47
マリナシティ …152
マンボウ 1997 …87

ミツモン荘 …117
水無瀬の町家 …103
南台町の家 …72
南日東町住宅 …39
ミニ・ハウス …70
蓑庵（茶室） …203
ミューズ・ハウス …60
ミューラー邸 …44
ミラドール …153
ミルバンク・エステイト …49
Mint House …106

ムーア邸 …96
MUJI + INFILL　世田谷 …105
ムーラッツァロの実験住宅 …76

メガタ …71
目神山の家 8 …69
MAISON LATAPIE …74
MEFU の家 …68
メルニコフ自邸 …44

もうびぃでぃっく（石津邸） …94
森の家 …108
森野ハウス …67
森の別荘 …92
森博士の家 …72

や　行

柳井の町屋 …118
屋根の家 …79
矢野邸 …84
山川山荘 …59, 197
山口邸 …33
山田市営尾浦住宅団地 …49
山田邸 …33
山田守邸 …76
山邑邸 …30

URC III（僥草庵） …111
夕顔の家 …35
ユーコート …162
ユトレヒトの 2 連戸住宅 …127
ユニテ・ダ・ビタシオン（マルセイユ）
　…150, 190

用賀 A フラット …140
用賀の家 …95
吉井の家 …199
吉田五十八自邸 …72
吉村家住宅 …22

ら　行

ライブタウン浜田山 …132

索引：事例索引 | Index: Building and Project Index

落水荘……47, 188
ラ・ハビタシオン……111
ラミネートガラスの住宅……83
立体最小限住居……58, 191
リネア……138
リバーシティ21 イーストタワーズⅡ……125
リバーハープタワー南千住……124
リバーピア吾妻橋ライフタワー……152
龍の砦……100
緑隣館……143
里弄住宅・建業里……50

リンデンシュトラッセの集合住宅……136
ルーディン邸……86
レイクショアドライブ・アパートメント……152, 154
レジェ・キャップ・フェレの住宅……114
レーモンド邸……31
ロウハウス……52
老夫婦の家……196
ROXI……163
63……119

ロータスアパートメント……134
ロックフェラーのタウンハウス……68
六甲の集合住宅……133
ロミオとジュリエット（ロミオ棟）……152
ロンドン万国博覧会のための労働者モデル住宅……48

わ 行

YAH……96
YKK 黒部寮……158

ワイゼンホーフ・ジードルンク……52
Y house……87
若狭邸……33
早稲田南町コーポラス……125
私たちの家（林邸）……116, 191
私の家（清家清自邸）……117
和洋折衷住宅例……24
ワンルームマンション SIDE by SIDE……167

Bibliography **文献リスト**

建物名	設計者名	竣工年	掲載頁	文献
I-house	岩下泰三	2001	093	住宅建築 0209
IRONY SPACE	アーキテクトファイブ	2003	109	新建築 0305
アヴェリーノ・ドゥアルテ邸	Alvaro Siza	1985	095	a＋u 臨時増刊「アルヴァロ・シザ作品集」(1989)
赤坂拾庵	石井和紘	1983	059	建築文化 8408/SD8904
アクティ三軒茶屋	都市基盤整備公団東京支社, 遠藤剛生建築設計事務所	2003	125	新建築 0304/ 建築設計資料 101「SI住宅　集合住宅のスケルトン・インフィル」(建築資料研究社)
阿品の家	村上徹	1990	078	建築文化 9105/住宅特集 9008/Process Architecture No. 125/ 日経アーキテクチュア 020615
芦屋浜シーサイドタウン	ASTM 企業連合	1979	152	建築 7310;7311/ 建築画報 7905/Process Architecture 45/ 建築計画・設計シリーズ 4「高層・超高層集合住宅」(市ヶ谷出版社)
愛宕グリーンヒルズ・フォレストタワー	シーザー・ペリ・アンド・アソシエーツ(デザインアーキテクト), 森ビル, 入江三宅設計事務所	2001	155	新建築 0111
apartment 鵠	泉幸甫建築研究所	2002	141	新建築 0212/ 住宅建築 0212
アビタ '67	Moshe Safdie	1967	135	「Floor Plan Atlas housing」(Grundriß atlas)The Architect's Journal670503
アビタ戸祭	更田邦彦＋岩岡竜夫＋岩下泰三	2000	127	SDS9/ 建築文化 0106/ 住宅建築 0009/ 住宅特集 0004/ 新建築 0004
阿部邸(自邸)	阿部勤	1974	096, 193	都市住宅 8201/ 住宅建築別冊 No. 39
阿倍野の家	菅正太郎	1999	108	住宅建築 0206
廿粕邸	降幡廣信	1985	118	住宅建築 8508/「民家の再生」(建築資料研究社・1989)
アムステルダム・アパートメント	Wiel Arets	1995	153	a＋u9402/「Housing in the Netherlands 1990-2000」
アルデンネンラーンの高層住宅	Atelier PRO	1994	152	「Housing in the Netherlands 1999-2000」
アルミエコハウス	難波和彦	1999	113	建築文化 0004/GA JAPAN No. 41/「図説　日本の間取り」(建築資料研究社・2001)
アルミコテージ	伊東豊雄	2004	111	The Japan Architect 54
アルミの家	伊東豊雄	1971	091	「TOTO 通信 2005 年新春号」/ 新建築 7110/ 都市住宅 7111/ 都市住宅 7603/ 建築文化 8507/SD8609
淡路町の家	小野弘人・森昌樹・西尾玲子	2002	103	新建築 0206
「暗箱と鳥籠」	中尾寛・井上昌彦・芹澤浩子	1991	079	建築文化 9305/GA JAPAN 5/ 住宅特集 9203
石津邸	池辺陽	1957	076	「昭和住宅史」
伊豆高原の家	堀部安嗣	1998	060	住宅特集 9905
伊豆の風呂小屋	隈研吾	1988	059	住宅特集 8901
伊藤邸	原広司	1967	080	建築 6805/ 建築文化 6804/SD6801
茨城県営長町アパート	富永譲＋フォルムシステム設計研究所	1999	143	建築技術 9909/ 作品選集 2001/ 新建築 9608;9909/ 建築設計資料 65「公共住宅建て替え」/ 現代集合住宅設計モデル集(新日本法規出版)/ ディテール 130
茨城県営滑川アパート	長谷川逸子・建築計画工房, 横須賀満夫建築設計事務所	1998	145	SD9511/ 新建築 9806/ 日経アーキテクチュア 980518
茨城県営六番池アパート	現代計画研究所	1976	132	建築文化 7607;8803/ 新建築 7607/ 都市住宅 7801/ ディテール 8004/「日本の住宅　戦後 50 年」(彰国社・1995)
今里の家	岸上克康	1999	082	建築文化 9904
今村家改修	中村好文	1993	119	住宅建築別冊 44「民家再生―事例集・1」/ 住宅特集 9404
イームズ自邸	Charles & Ray Eames	1949	104	新建築 9101 臨時増刊「建築 20 世紀 PART1」/「Houses of the Century」(Editorial Gustavo Gili, SA・1998)
入江のゲストハウス	塩塚隆生アトリエ	2001	065	新建築 0201
INSCRIPTON	松永安光	1987	092	建築文化 8711;8805
ヴァレリア・P・シレル邸	Lina Bo Bardi	1958	112	a＋u9902
ヴァンナ・ヴェンチューリ邸(母の家)	Venturi and Rauch	1961	084	都市住宅 6810/a＋u 臨時増刊号「ロバート・ベンチューリ作品集」(1981)
ウィークエンドハウス	西沢立衛建築設計事務所	1998	089	SD9712/ 住宅特集 9811/ 新建築 9811/GA JAPAN No. 35
ウィチタ・ハウス	Buckminster Fuller	1946	104	「YOUR PRIVATE SKY」
ヴィラ・アンバー	Peter Barber	1993	079	「Modern House 2」(Phaidon Press Ltd.・2000)
Vila M	Stephane Beel	1992	063	「HORTA AND AFTER」
ヴィラ・サン・カスト	Dominique Perrault	1998	064	a＋u9906
VILLA FUJII	宇野求＋フェイズアソシエイツ	2000	065	新建築 0010
上原通りの住宅	篠原一男	1977	085	SD7901/ 建築知識 7902/ 建築文化 8810;8002;7701/ 新建築 7701
上原曲り道の住宅	篠原一男	1978	094	「篠原一男」/ 新建築 7810/ 建築文化 7810/SD7901/ 建築文化 8810
VOXEL HOUSE	ベラ・ジュン＋藤村龍至/ISSHO 建築設計事務所	2004	167	新建築 0409
ウォーター・タワー	Jo Crepain	1996	120	a＋u9906
内田邸(自邸)	内田祥哉	1961	073	建築 6203;7201/ 建築文化 6203/ 住宅建築 7705/ 都市住宅 8201
ウノキ	蜂屋景二＋川村則子＋金田勝徳	2000	061	住宅特集 0008
海と空の間のもう一つのガラスの家	葉祥栄	1991	064	住宅特集 9202
梅林の家	妹島和世	2003	103	The Japan Architect 56
浦邸	吉阪隆正	1955	090	「DISCONT」(丸善・1998)/ 新建築 6901/ 住宅特集 8704
egota house A	坂本一成研究室＋アトリエ・アンド・アイ	2004	134	新建築 0406/The Japan Architect 03 秋
エシェリック邸	Louis I. Kahn	1961	090	「Louis I. Kahn Houses 1940-1974」
S	青木淳・都留理子	1996	069	建築文化 9608/ 住宅特集 9608
SAK	石田敏明	2001	061	新建築 0111
SH-1	広瀬鎌二	1953	088	建築文化 6402/ 新建築 5309;5311
SH-60	広瀬鎌二	1962	104	都市住宅 8510
エステート千歳希望ヶ丘	住宅・都市整備公団東京支社＋日東設計	1989	157	近代建築 9305/ 建築設計資料 34「老人ホーム」(建築資料研究社)
s house	ライフアンドシェルター社, 池田昌弘	2001	093	住宅特集 0202
HP	米田明	2004	071	The Japan Architect 56
NOS House	石田敏明	1993	112	住宅特集 9408/ 日経アーキテクチュア 941205/ 住宅特集 9608/SD9703/ 建築文化 9804;0005
NT	渡辺真理・木下庸子	1999	098	建築文化 9910/ 作品選集 2001/GA HOUSES 61/ 室内 9910/ 住宅特集 9910/「図説 日本の間取り」(建築資料研究社・2001)
FH-南品川	スタジオ建築計画	2000	165	住宅特集 0009/ 日経アーキテクチュア 010305
F-HOUSE II	古見演良/ 千包建築研究所	1997	097	住宅特集 9705
M-HOUSE	妹島和世＋西沢立衛	1997	095, 202	住宅特集 9709/a＋u9711/GA JAPAN No. 25;No. 28

1) 本書に掲載した事例の文献リストを示す. 2) 文献は雑誌を主としている. 3) 配列は建物名称の五十音とした. 4) 建物名称は固有名として特定できない場合を除き, 設置者名は省略している. 5) 独立住宅の場合, 設計者名は設計事務所の代表者を原則とした.

文献リスト Bibliography

建物名	設計者名	竣工年	掲載頁	文献
MBF タワー	Ken Yeang	1993	152	SD9403/GA HOUSES 23
大井町の家	室伏次郎	1993	069	作品選集 1996/住宅特集 9401
大島四丁目市街地住宅 TC 棟	住宅・都市整備公団	1969	152	近代建築 6807;6909/建築計画・設計シリーズ 4「高層・超高層集合住宅」(市ヶ谷出版社)
大田のハウス	西沢大良	1998	095	住宅特集 9804;9812
太田ハウスミュージアム	小嶋一浩/C+A	2004	099	The Japan Architect 56
岡山県営中庄団地	[Ⅰ期]丹田悦男・空間工房　[Ⅱ期]阿部勤・アルテック建築研究所　[Ⅲ期]遠藤剛生建築設計事務所	1992-98	145	SD9601/GA JAPAN 10/新建築 9405;9607;9901/ディテール 130/日経アーキテクチュア 9408
岡山の住宅	山本理顕	1992	103	SD9501/建築文化 9301/GA HOUSES 31/GA JAPAN 19/住宅特集 9301/日経アーキテクチュア 930719
小川に架かる橋	Amancio Williams	1945	062	a+u0010/「20世紀のモダンハウス:理想の実現」
オダムズウォーク	Greater London Council	1981	144	The Architect's Journal 82 Feb. 3
AURA	梅林克+松本正	1996	082	建築文化 9605
カウフマン・デザート・ハウス	Richard Neutra	1946	090	NEUTRA Complete Works
ガエハウス	アトリエ・ワン	2003	071	住宅特集 0310
学園前の家	坂倉建築研究所	1962	091	新建築 6306
家具の家	坂茂	1995	107	建築文化 9506/住宅特集 9506
ガス・タンク A	Jean Nouvel	2001	166	a+u0205
ガスパール邸	アルベルト・カンポ・バエザ	1991	079	a+u9209
風の家・土の家	アトリエ・チンク	2001	113	住宅建築 0304
片瀬山の家(自邸)	仙田満	1980	077	インテリア 8012/都市住宅 8103;8201
カップ・マルタンの休暇小屋	Le Corbusie	1956	058	「建築巡礼 12　ル・コルビュジエ」(丸善)
カーテンウォールの家	坂茂	2000	086	住宅特集 9510/「The Un-Private House」(The Museum of Modern Art・1999)
カニンガム邸	Raymond, Antonin	1953	058	建築 6204/建築文化 5411;6402
金子邸	高須賀晋	1968	080	都市住宅 6902;7603
カノアス邸	Oscar Niemeyer	1954	062	「OSCAR NIEMEYER and the Architecture of Brazil」
壁の家	RIA 建築綜合研究所	1965	068	建築 6609/SD6611 臨時増刊号
鎌倉の住宅	西沢立衛	2001	061	The Japan Architect 43
鎌倉山の家	手塚貴晴・手塚由比	1999	075	住宅特集 9911
紙のログハウス	坂茂建築設計	1995	111	新建築 9511/建築文化 9512/住宅建築 9512/GA JAPAN No. 17
からす城(自邸)	山根鋭二	1972	110	都市住宅 8201/別冊都市住宅第 10 集/GA HOUSES4
ガラスの家	Philip Johnson	1949	088, 190	a+u 臨時増刊「フィリップ・ジョンソン作品集」(1979)/「フィリップ・ジョンソン著作集」(A. D. A. Edita・1975)
軽井沢の山荘	吉村順三	1963	094	建築 6312/建築文化 9005/新建築 6801/「日本の住宅　戦後 50 年」(彰国社・1995)
軽井沢の新スタジオ	A.レーモンド	1962	091	新建築 9902/建築 7201/住宅建築 8812
軽井沢の別荘/ギャラリー	山口誠	2003	065	新建築 0307
河田町コンフォガーデン C 棟・インフィル	谷内田章夫/ワークショップ	2003	125	新建築 0304
川辺邸	東孝光	1970	088	建築 7206/都市住宅 7603/別冊都市住宅第Ⅰ集
カンチェンジェンガ・アパートメント	Charles Correa	1983	154	「CHARLES CORREA　housing and urbanisation」
北野洛邑館	吉村篤一・建築環境研究所	1996	142	日経アーキテクチュア 961007/「町屋型集合住宅」(学芸出版社)
北向傾斜住宅	三分一博志	2003	067	住宅特集 0311
起爆空間	林泰義,富田玲子	1966	084	建築文化 6702/都市住宅 8504;8510
木箱 210	葛西潔	1996	105	作品選集 2000/住宅建築 9801/住宅特集 9704
岐阜県営ハイタウン北方・妹島棟	妹島和世建築設計事務所	2000	147	GA JAPAN 44/新建築 0005
岐阜県営ハイタウン北方・高橋棟	高橋晶子+高橋寛/ワークステーション	1998	125	GA JAPAN 44/新建築 9805
キャン・リス(自邸)	Jorn Utzon	1973	062	「UTZON」
キュビストの家	小川晋一	1991	097	新建築 9103
ギラルディ邸	Luis Barragan	1976	081	「BARRAGAN」
クアドラント・フラッツ	Meyer en Van Schooten Architecten	1999	134	Architecture in the Netherlands 99/00
久が原のゲストハウス	デザインヌーブ	2003	159	新建築 0404
ググルン邸	ピーター・ズントー	1994	117	a+u9802 臨時増刊
矩形の森	五十嵐淳	2001	089	住宅特集 0212
久住章のゲストハウス 2	久住章+淡路島ワークショップ	1995	110	住宅特集 9805
管の家	高橋公子	1981	106	建築文化 8307/都市住宅 8501
ククー通りの集合住宅	Kees Christiaanse	1998	148	a+u9809
国立 the α	郡裕美+遠藤敏也/スタジオ宙	2001	147	ディテール 0304
熊取の家	吉井晶晴	1999	079	住宅建築 9911
熊本県営保田窪第一団地	山本理顕設計工場	1991	140	SD9101;9501/建築文化 9206;9305/新建築 9206/日経アーキテクチュア 920525/The Japan Architect 9104;9302/GA Japan No. 1/GA Doc. No. 25/「日本の住宅 戦後 50 年」(彰国社・1995)
熊本県営竜蛇平団地	スタジオ建築計画	1994	133	SD9601/建築雑誌 9508/The Japan Architect 10/住宅特集 9412/新建築 9302/「日本の住宅 戦後 50 年」(彰国社・1995)
雲野流山の家	坂本一成	1973	094	「Kazunari Sakamoto Hauser/Houses」/新建築 7402/都市住宅 7603
クラデラ通りの高層住宅	Denys Lasdun & Partners	1958	152	「Floor Plan Atlas housing」(Grundriß atlas)
グリーンテラス城山	宮脇檀建築研究室	1990	126	「コモンでつくる住まい・まち・人」(齋藤広子,中城康彦著,彰国社・2004)
グリーンハウス岡本(自邸)	岡本信也	1974	089	別冊都市住宅第 9 集
クルチェット邸	Le Corbusier	1949	073	「Le Corbusier 1946-52」(Girsberger Zurich・1953)
グループハウス尼崎	兵庫県住宅供給公社,京都大学小林正美研究室,積水ハウス	1998	160	日経アーキテクチュア 991004
K. Cottage	泉幸甫	1994	064	住宅特集 9506
ケース・スタディ・ハウス #22	Pierre Koenig	1960	072	巨匠たちのディテール Vol. 2(丸善・1999)
CaseStudyHouse10 はだかの家	坂茂建築設計	2000	089	住宅特集 0101/建築文化 0106
K 邸	安藤忠雄	1986	078	建築文化 8710;8805/住宅特集 8710/SD 8909
欅ハウス	HAN 環境・建築設計事務所	2003	168	日経アーキテクチュア 040308
ゲーリー自邸	Frank O. Gehry	1978	116	El Croquis 74/75
幻庵	石山修武	1975	084	建築文化 8610

建物名	設計者名	竣工年	掲載頁	文献
現代長屋 TEN	CASE／まちづくり研究所,稲本建築設計室,@HAUS ARCHITECTS,北村建築研究工房	2003	162	住宅特集 0308
コアのある H 氏邸	増沢洵	1953	090	建築文化 6402／新建築 5409
高知・本山町の家	小玉祐一郎+エステック計画研究所	2002	115	住宅特集 0311
江東の住宅	佐藤光彦	2003	109	住宅特集 0306
小篠邸	安藤忠雄	1981	081	新建築 8106
個人用居住単位（ホシカワ・キュービクルズ）	黒沢隆	1975	103	都市住宅 7708／住宅建築 7802
東風平の家	横山芳春	1994	075	住宅特集 9602
コックピット・ガゼボ	Norman Foster	1964	059	「CASAS REFUGIO PRIVATE RETREATS」(Editorial Gustavo Gill, S.A.・1995)
虚白庵（自邸）	白井晟一	1970	080	The Japan Architect 29
コーポラティブハウス ROXI	佐々木聡／SGM 環境建築研究所（全体）,多羅尾直子／タラオヒイロアーキテクツ,比嘉武彦建築研究所,山本裕介／わいわい建築工舎（住戸）	2003	163	新建築 0403
コモンシティ星田 A2	坂本一成研究室	1992	126	建築文化 9107；9206；9207／GA JAPAN 9208／住宅特集 9207／新建築 9107／日経アーキテクチュア 920622；930614／「日本の住宅 戦後 50 年」(彰国社・1995)
コレクティブハウスかんかん森	LAU 公共施設研究所（スケルトン）,NPO コレクティブハウジング社（インフィル）	2003	161	「コレクティブハウジングで暮らそう」(丸善・2004)
混構造のある家	林雅子	1961	091	建築 6507／新建築 6201／SD8006
再春館製薬女子寮	妹島和世設計事務所	1991	158	建築文化 9111／日経アーキテクチュア 910931／「Elcroquis 77(1)(2)SEJIMA/KISHI」El Croquis Editorial・1996
最小限住居・増沢邸	増沢洵	1952	058	建築 7201／建築文化 6402／新建築 5207／都市住宅 8201
斉藤助教授の家	清家清	1952	072	新建築 5302；6505／都市住宅 8510
逆瀬台の家	出江寛	1982	086	「日本現代建築家シリーズ 13　出江寛」／新建築 8205／住宅建築 8305／Process Architecture No. 38／建築文化 8712
相模原の家	みかんぐみ	1997	101	住宅特集 9803
札幌の家-自邸-	上遠野徹	1968	104	新建築 8208
The box（旧自邸）	ラルフ・アースキン	1942	058	a + u0503
サマーハウス	Sevki Pekin/Budrum	1985	074	a + u0007
サン＝オーウェンの公共住宅	Jean Nouvel	1987	149	El Croquis65/66
三角地の家（8 坪復興住宅）	三宅隆史・渡部高広	1997	060	近代建築 0001／作品選集 1999／住宅建築 9803／住宅建築別冊 48(9812)／日経アーキテクチュア 980126
300 万ハウス	吉柳満	1983	059	建築文化 8712／住宅特集 8403
C	青木淳建築計画事務所	2000	070	建築文化 9911／GA HOUSE No. 63／住宅特集 0009／室内 0011/10 + 1No. 23／The Japan Architect No. 43
cMA-1（元麻布コンバージョンプロジェクト）	池田靖史+國分昭子／IKDS	2003	166	新建築 0312
汐留インフィル・プロジェクト	小嶋一浩+赤松佳珠子／C + A／都市基盤整備公団,都心居住委員会	2004	155	新建築 0311
ZIG HOUSE/ZAG HOUSE	古谷誠章・スタジオナスカ	2001	121	新建築 0103
繁柱の家	深尾精一	1999	107	作品選集 1999
実験集合住宅 NEXT21	大阪ガス NEXT21 建築委員会（総括：内田祥哉+集工舎建築都市デザイン研究所）	1993	125, 165	新建築 9401／建築文化 9401／住宅特集 9401／GA JAPAN No. 6／ディテール No. 119／SD 別冊 25／現代集合住宅モデル集（新日本法規）／「日本の住宅　戦後 50 年」(彰国社・1995)
品川八潮ハイツ	久米設計事務所	1983	124	建築文化 8803
東雲キャナルコート	山本理顕設計工場（1 街区）,伊東豊雄（2 街区）	2003	125, 150	GA JAPAN No. 47／住宅特集 0012／新建築 0012；0309／日経アーキテクチュア 001225
シモンズ・ホール・マサチューセッツ工科大学学部生宿舎	Steven Holl	2002	158	a + u0308
石神井公園の住宅	奥山信一+若松均／DESK5 設計	1994	087	住宅特集 9406
借家生活 2	駒井貞治	1998	111	SD9812／住宅建築 0103
写真家のシャッター・ハウス	坂茂	2003	075	The Japan Architect 56
住宅〈GEH〉	鈴木恂	1976	077	都市住宅 7710
住宅 No. 1　共生住居	内藤廣	1984	106	新建築 8408／建築文化 8712；9305；9604／住宅特集 8812
住宅〈YAH〉	鈴木恂	1969	096	新建築 7309／都市住宅 7103
十里木の別荘	八木敦司建築設計事務所	1999	074	住宅特集 9906
蕎居	齋藤裕	1997	082	住宅特集 9807
正面のない家-N	坂倉建築研究所	1959	076	建築 6303／建築知識 6012／建築文化 6305；6402／新建築 6101
シーランチ・コンドミニアム	Moore + Lyndon + Turnbull + Whitaker	1966	129	a + u8909 臨時増刊／都市住宅 6810；8407／SD8611／「世界建築設計図集 47 ムーア,リンドン,ターンブル他」(同朋舎・1984)／「チャールズ・ムーア」(グラフィック社・1980)
シルバーハット（自邸）	伊東豊雄	1984	073	建築文化 8501／住宅建築 8507／新建築 8501／都市住宅 8502；8601／SD 8609
白の家	篠原一男	1966	102	建築文化 6707／新建築 6707／「16 の住宅と建築論」
神殿住居 地球庵	渡辺豊和	1987	097	建築文化 8706；8805／住宅特集 8706
Suisses 通りの集合住宅	Herzog & de Meuron	2000	143	「Floor Plan Atlas housing」(Grundriß atlas)；The Architect's Journal 670503
スヴィクンプの集合住宅	Reima Pietil and Raili Paatelainen	1967-83	137	a + u7409／住宅建築 9808
スカイシティ南砂	清水建設	1988	152	建築計画・設計シリーズ 4「高層・超高層集合住宅」(市ヶ谷出版社)
スカイハウス	菊竹清訓	1958	116	近代建築 5901／建築 6104／建築文化 5901；6402／新建築 5901／都市住宅 8510／SD6611；6710 臨時増刊号；8010
スキーハウス	Robert Venturi	1977	085	GA HOUSES 3
すすき野第 3 団地	都市整備公団+白石建築設計事務所	1982	124	建築文化 8803
STYLE-かみながやの路地	増田実建築研究所	1995	138	住宅特集 9506／建築文化 9508
すっぴんの家	連健夫	2001	075	「Style-House」
ストーン・ハウス	三分一博志建築設計事務所	2005	065	新建築 0510
スペースブロック上新庄	小嶋一浩／C + A	1998	135	SD9807／建築文化 9804／The Japan Architect 37／GA JAPAN 33／住宅特集 9804／de Architect 0004／MONUMENT 31
スペースブロックハノイモデル	小嶋一浩+東京理科大学小嶋研究室+東京大学生産技術研究所曲渕研究室	2003	139	新建築 0309
superar kinuta	篠原聡子／空間研究所	2003	148	新建築 0304

文献リスト Bibliography

建物名	設計者名	竣工年	掲載頁	文献
隅のトンガリ	石黒由紀	2002	061	新建築 0209
住吉の長屋	安藤忠雄	1976	077	建築文化 7702／新建築 7702／都市住宅 7702；8407；8502／SD 8106
slash（富士北麓の家）	岡田哲史	2000	093	新建築 0006
諏訪のハウス	西沢大良建築設計事務所	1999	083, 197	住宅特集 9909；0211
Seijyo・6	横河健	2000	130	住宅特集 0009／新建築 0009
成城の住宅 1996	渡辺明設計事務所	1996	092	住宅特集 9609
清新北ハイツ 4-9 号棟	住宅・都市整備公団	—	144	建築設計資料 1986 冬「15 中高層集合住宅」
清新南ハイツ 1-34 号棟	住宅・都市整備公団, 環総合設計	1987	124	建築設計資料 1986 冬「15 中高層集合住宅」
聖ヨゼフ寮	藤木隆男建築研究所	2005	159	新建築 0503
セキスイハイム M-1	大野勝彦	1971	105	「日本の住宅 戦後 50 年」（彰国社・1995）
積層の家	大谷弘明	2003	109	The Japan Architect 56
世田谷村	石山修武	2001	120	住宅特集 0210
セルト邸	Josep Lluis Sert	1958	077	a + u0010／「20 世紀のモダンハウス：理想の実現」
セルブリック	アトリエ天工人	2004	109	The Japan Architect 56
「ゼンカイ」ハウス	宮本佳明	1997	119	建築知識 9901／The Japan Architect 9904／GA JAPAN 25；31／室内 9810／住宅特集 9802
仙川の住宅	佐藤光彦建築設計事務所	1995	098	住宅特集 9512
千駄木の町屋（自邸）	香山壽夫	1986	068	住宅特集 8705
1227 号室	納谷学＋納谷新	2003	167	新建築 0502
ソンボ団地	J. Silas	—	161	群居 38
代官山ヒルサイドテラス	槇総合計画事務所, スタジオ建築計画	1992	156	建築文化 6912；7210；7310；9206／新建築 6912；7310；9206／都市住宅 7804；8410／ディテール 8004
ダイキン OSAKA アトリオ	丹田・空間工房／丹田悦雄	1988	131	住宅特集 8904／新建築 8809／現代集合住宅設計モデル集
代田の町家	坂本一成	1976	085	新建築 7611／都市住宅 7701；8511
高過庵	藤森照信	2004	111	The Japan Architect 56
高槻阿武山一番街	住宅・都市整備公団＋遠藤剛生建築設計事務所	1989	124	住宅特集 8907
ダグラス邸	Richard Meier	1974	066	「Richard Meier Architect」（Rizzoli・1984）／a + u7604／SD7801
多孔質／解放	八重樫直人	2001	083	The Japan Architect 48
太宰府の住宅	有馬裕之	1995	067	住宅特集 9608
立川のハウス	西沢大良建築設計事務所	1996	070, 201	SD9612／室内 9612／住宅特集 9704／The Japan Architect No. 39／Arch + 0006／Mini hauser Japan
谷川さんの住宅	篠原一男	1974	066	「篠原一男」
田の字のハコ	architecture WORKSHOP	2004	093	住宅特集 0504
wR-76	畑聰一	1976	110	都市住宅 7802
W house	入江経一	1996	097	住宅特集 9610
ダッラバ邸	Rem Koolhaas	1984	101, 192	a + u8810／「GA International '89」（A. D. A. Edita・1989）
団地 up down	中澤光啓／中澤建築工房	2001	167	住宅特集 0209
チキンハウス	吉田研介	1975	092	都市住宅 7603／別冊都市住宅第 11 集
調布のアパートメント	石黒由紀建築設計事務所	2004	136	新建築 0502
ツインパークタワー	Prentice & Chan	1970	152	「Floor Plan Atlas housing」（Grundriß atlas）
積木の家 III	相田武文	1981	085	新建築 8108／都市住宅 8504
ツリーハウス	ダグラス・ファー	1993	112	住宅建築 0203
ディアホーン集合住宅	Herman Hertzberger	1970	164	a + u7703
TH-1	朝倉則幸	1993	068	住宅特集 9311／日経アーキテクチュア 931011
デデムスヴァートウェグの集合住宅	Henri Ciriani	1994	151	「Floor Plan Atlas housing」（Grundriß atlas）
天王洲ビュータワー	住宅・都市整備公団, 竹中工務店	1995	125	新建築 0304
デンハーグハウジングフェスティバル・クリスチャンセ棟	Kees Christiaanse	1992	151	「Kees Christiaanse」（Uitgeverij 010 Publishers）
TOKYO	吉松秀樹	2002	071	住宅特集 0204
東京ツインパークス	三菱地所	2002	125	近代建築 0203
藤源治の家	菊池公市	2003	101	住宅特集 0402
同潤会代官山アパート	V. M. ヴォーリス	1925	124	住宅建築 9612／日本建築学会計画系論文集・1998.8／日本建築学会計画系論文集・1995. 2
塔の家（自邸）	東孝光	1967	059, 200	建築 6706；7201／住宅建築 8001／住宅特集 9802／新建築 6701／都市住宅 6807；7603；8201；8407；8511／「日本の住宅 戦後 50 年」（彰国社・1995）
トウフ	玉置順	1997	093	建築知識 9808／The Japan Architect 31（1998）／住宅特集 9709
常盤台の住まい（鈴木邸）	平倉直子	1999	117	作品選集 2000／室内 9712／The Japan Architect 2000 年春号／住宅建築 9712／住宅特集 9712
土佐山田の家	聖建築研究所	1990	119	住宅特集 9001
ドーシ邸	Balkrishna Doshi	1987	078	a + u9707
等々力邸	藤井博巳	1975	097	建築文化 7509
ドーモ・セラカント	象設計集団	1974	100	都市住宅 8407；8409／SD 8511
トラス・ウォール・ハウス	牛田英作・Kathryn Findlay	1992	107	建築文化 9308
ドラムカンの家	川合健二	1966	110	建築 7005
トランプタワー	Swanke Hayden Connell Architects	1983	152	a + u8407／SDS11「高層」／Process Architecture 64
TRIO	千葉学建築計画事務所	2003	139	新建築 0312
中銀カプセルタワー	黒川紀章建築・都市設計事務所	1972	135	近代建築 7207／建築文化 7206／新建築 7206／別冊新建築 10「黒川紀章」（1986）／日経アーキテクチュア 870420／「日本の住宅戦後 50 年」（彰国社・1995）
中島ガーデン	松永安光＋近代建築研究所	1999	130	作品選集 2000／GA JAPAN 9905／新建築 9906
中野本町の家	伊東豊雄	1976	081	建築文化 7611／新建築 7611／都市住宅 7701；8407／SD 8609
中山邸	磯崎新	1964	091	新建築 8402／新建築 8402
中露地の家	船木澄生	1989	074	住宅特集 9003
NAGOYA FLAT	クライン・ダイサムアーキテクツ	2005	157	新建築 0502
那須の山荘	宮晶子	1998	067	建築知識 0107／作品選集 2001／住宅特集 9907／ディテール 147 冬号
ナチュラルエリップス	遠藤政樹・池田昌弘	2002	108	新建築 0210
ナチュラルユニット	遠藤政樹・池田昌弘	1999	108	新建築 9906
奈良北団地	日本住宅公団	1969	124	都市住宅 7312
ナンシーの家	Jean Prouve	1954	110, 192	a + u0010 臨時増刊「20 世紀モダンハウス：理想の実現 II」
ナンテーレサッド	Emile Aillaud	1975	152	「Floor Plan Atlas housing」（Grundriß atlas）

建物名	設計者名	竣工年	掲載頁	文献
西戸山タワーガーデン・セントラルタワー	新宿西戸山開発事業計画監理共同体	1988	152	建築計画・設計シリーズ4「高層・超高層集合住宅」(市ヶ谷出版社)
日本橋の家	岸和郎+ K. Associates/Architects	1992	069	作品選集1995/SD9703/住宅特集9206/建築文化9305;9707/住宅建築9308/The Japan Architect No. 61/GA JAPAN No. 2
二宮のアトリエ	阪根宏彦	2003	109	The Japan Architect 52
ニラ・ハウス	藤森照信+大嶋信道(大嶋アトリエ)	1997	112	The Japan Architect 28
ネイキッドスクエア	ヘキサ	1999	129	新建築9908/日経アーキテクチュア990712
ネクサスワールド / スティーブン・ホール棟	Steven Holl Architects	1991	164	住宅特集9105/新建築9105/日経アーキテクチュア910527/「Floor Plan Atlas housing」(Grundriß atlas)/現代集合住宅設計モデル集(新日本法規出版)
ネクサスワールド / レムクールハース棟	Rem Koolhaas/OMA	1991	129	住宅特集9105/新建築9105/日経アーキテクチュア910527/「Floor Plan Atlas housing」(Grundriß atlas)/現代集合住宅設計モデル集(新日本法規出版)/ S, M, L, XL
ネモージュス1	Jean Nouvel	1987	146	a + u8807/「Floor Plan Atlas housing」(Grundriß atlas)/「El Croquis65/66 Jean Nouvel 1987-1998」(El Croquis Editrial)/GA HOUSING 23
ノイエ・バール	Alvar Aalto	1962	153	SD77021/都市住宅6905/建築計画・設計シリーズ4「高層・超高層集合住宅」(市ヶ谷出版社)
Nolesplein の集合住宅	KCAP	2003	141	「Density」(a + t・2004)
ばあちゃんち	倉本たつひこ	1972	080	都市住宅8401/別冊都市住宅第5集
バイカー再開発	Ralph Erskine	1959-81	144	The Architect's Journal 760303;790509;05161/都市住宅7908
HOUSE II	Peter Eisenman	1970	096	a + u7209;7404/都市住宅8511
HOUSE IN WALES(プロジェクト222)	Future Systems	1998	060	「Modern House 2」(Phaidon Press Ltd.・2000)
House SA 1999	坂本一成研究室	1999	101	住宅特集9908/建築文化9908/The Japan Architect0001
HOUSE HUF	Ernst Beneder	1993	064	「SINGLE-FAMILY HOUSING」
House F 1988	坂本一成研究室	1988	107	建築文化8809/住宅特集8809
Haus"casti"	Rudolf Olgiati	1977	118	Rudolf Olgiati:Die Architektur von Rudolf Olgiati(Honggerberg der ETH Zurich・1977)
HOUSE FOR THE F. F	丸山洋志 / 池田昌弘	2004	083	住宅特集0411
ハウスフォレストリー幸手	井口浩フィフス・ワールド・アーキテクツ	2005	115	日経アーキテクチュア050110/住宅建築0507
白翳の家	坂本昭・設計工房CASA	1996	082	住宅特集9612
パークシティ新川崎・東2番街	鹿島建設	1987	152	近代建築8901/建築文化8711/建築計画・設計シリーズ4「高層・超高層集合住宅」(市ヶ谷出版社)
箱の家-I	難波和彦	1995	060	作品選集1997/住宅特集9508/建築文化9508/住宅建築9606
八丁堀のローハウス	岩岡竜夫	2001	087	建築文化0209
Hut T	坂本一成研究室	2001	061	The Japan Architect 44
花小金井の家	伊東豊雄	1983	094	新建築8312/建築文化8501/住宅建築8507/SD8609
原邸	原広司+アトリエ・ファイ	1974	080	建築文化7509;7912/住宅建築7509/都市住宅8201;8409;8510/別冊都市住宅第11集/GA HOUSES4
HARU-330	倉掛隆	1995	113	作品選集1999
晴海高層アパート	前川國男建築設計事務所	1958	164	SD9204/近代建築5902/建築文化5902/国際建築5902/住宅特集9608/新建築5902/「日本の住宅 戦後50年」(彰国社・1995)
BARREL	ステューディオ2	2004	099	住宅特集0409
ハーレン・ジードルンク	Atelier5	1961	128	建築6405
反住器	毛綱モン太	1972	096	建築7211/建築文化7211/都市住宅8502
B	青木淳建築計画事務所	1999	099	住宅特集9910/GA JAPAN No. 61
光格子の家	葉祥栄	1980	081	建築文化8709/新建築8104/都市住宅8402;8501;8601
光を貯める家	圓山彬雄	1998	114	作品選集2001/住宅建築0012/住宅特集9910
PC Pile House	坂茂	1992	107	The Japan Architect 30
ヒモロハウス	小嶋一浩 /C + A	2002	121	住宅特集0302
101番目の家(自邸)	竹原義二 / 無有建築工房	2002	109	住宅特集0212
ヒヤシンスハウス	立原道造、ヒアシンスハウスをつくる会	2004	061	住宅建築0503
PHARAOH	高松伸	1984	086	新建築8407/AA8506/SD8801
ファンズワース邸	Mies van der Rohe	1945-1950	088	「Mies van der Rohe at Work」(Pall Mall Press・1974)/a + u8101/都市住宅8510
フィッシャー邸	Louis I. Kahn	1969	091	「Louis I. Kahn — complete work 1935-1974」(Birkhauser・1987)/「ルイスカーン」(A + U・1976)
深沢環境共生住宅	世田谷区+市浦都市開発コンサルタンツ・岩村アトリエ JV	1997	169	SD9901/日経アーキテクチュア970630
富士裾野の山荘	石田敏明建築設計事務所	1991	074	住宅特集9208/GA HOUSES No. 38/建築文化0005
フーチェン通りの集合住宅	Otto Steidle	2003	149	「Density」(a + t・2004)
船橋アパートメント	西沢立衛建築設計事務所	2004	135	新建築0406/GA JAPAN No. 68
プライウッド・キット・ハウス	八木敦司	2001	105	住宅特集0111
フライ邸II	Arbert Frey	1964	058	「ARBERT FREY/HOUSES 1 + 2」
ブラスカートの家	ザヴェール・デ・ヘイテル	1993	063	「HORTA AND AFTER」
PLATFORM II	妹島和世	1990	060	住宅特集9007
フランツ・クンステレー通りの高層住宅	Klaus Muler-Rehm	1961	152	「Floor Plan Atlas housing」(Grundriß atlas)
プリンセンホーク	W. J. Neutelings	1995	137	a + u9609/「New concepts Housing」(2001)
ぶるーぼっくす	宮脇檀建築研究室	1971	066	建築6204/建築文化5411; 6402
プロムナード多摩中央	住宅・都市整備公団、坂倉建築研究所	1987	125	Process Architecture 特別号5「豊かさ時代の集合住宅」(1987)
平成ドミノ・堺	横河健 / 横河設計工房	1998	139	新建築9804
ヘットパーケアアパートメント	Mecanoo architekten	1997	152	High-rise in the Netherlands 1999-2000
ベルパークシティ	三井建設一級建築士事務所	1987	152	建築計画・設計シリーズ4「高層・超高層集合住宅」(市ヶ谷出版社)
穂積邸(自邸)	穂積信夫	1968	102	建築7201/建築文化6808/都市住宅6808; 7603; 8201
保土ヶ谷の住宅2	佐藤光彦	2001	070	住宅特集0111
ボルドーの家	Rem Koolhaas	1998	098, 195	a + u9611/Experimental Houses(Calmann & King Ltd.・2000)/The Un-private Houses(The Museum of Modern Art・1999)
ボルネオ / スポーレンブルグ・de architectengroep 棟	de architectengroep	2000	128	Domus Febbraio 200101/L'ARCHITECTURE D'AUJOURD'HUI・331
香港の高層住宅	—	—	152	「10 + 1」NO. 18/「高層高密都市に棲む—ホンコン・スタイル」(木下光)
マーキーズ	Eduard Bohtlingk	1986	105	「Quaderns」(Col-leri d'Arquitectes de Catalunya・2000)

建 物 名	設計者名	竣工年	掲載頁	文　献
幕張パークタワー	三井純＆アソシエーツ建築設計事務所（デザインアーキテクツ），KAJIMA DESIGN（設計監理）	2003	154	近代建築 0203
幕張ベイタウンパティオス 4 番街	設計：近代建築研究所，坂本一成，計画設計調整者：藤本昌也（現代計画研究所）	1995	142	建築文化 9508/GA JAPAN 15/新建築 9503；9504/日経アーキテクチュア 950410
松が丘の集合住宅 TRINITER 棟	谷内田彰夫／ワークショップ	1997	157	建築文化 199804/新建築 199804/日経アーキテクチュア 980323
真野ふれあい住宅	真野コレクティブハウジング研究会	1997	160	「高齢社会 住宅設計モデル集」（高齢者社会住宅設計研究会，新日本法規）
マリナシティ	Bartrand Goldberg	1964	152	建築計画・設計シリーズ 4「高層・超高層集合住宅」（市ヶ谷出版社）／「Floor Plan Atlas housing」（Grundriß atlas）
マンボウ 1997	岡田哲史＆富山理佐	1997	087	住宅特集 9706
ミツモン荘	塚本由晴・貝島桃代	2000	117	住宅建築 200103／住宅特集 0010
水無瀬の町家	坂本一成	1970	103	建築 7105/新建築 7104/都市住宅 7603；8201；8407；8409/別冊都市住宅第 1 集
南台町の家（自邸）	吉村順三	1957	072	建築 7201/建築文化 6402/新建築 5910；6801/都市住宅 8201/別冊新建築「吉村順三」
ミニ・ハウス	塚本由晴＋貝島桃代	1998	070	住宅特集 9802；9901/日経アーキテクチュア 990125/住宅建築 9909
ミューズ・ハウス	Seth Stein Architects	1997	060	「Small House 人と建築の原点」
ミラドール	MVRDV	2004	153	「Density」（a＋t・2004）
Mint House	今川憲英	1991	106	住宅特集 9207/住宅建築 0011
ムーア邸	Charles Moore	1962	096	都市住宅 6810；8511
ムーラッツァロの実験住宅	Alvar Aalto	1954	076	建築文化 9809/住宅建築 9602
メガタ	小泉雅生／C＋A	2003	071	住宅特集 0310
目神山の家 8	石井修	1983	069	新建築 8402/都市住宅 8409/日経アーキテクチュア 8701
MAISON LATAPIE	Anne Jean Philippe	1993	074	「SINGLE-FAMILY HOUSING」
MEFU の家	横河健・クレヨン＆アソシエイツ	1981	068	建築文化 8202/新建築 8204/建築 8409
もうびぃでぃっく（石津邸）	宮脇檀	1966	094	都市住宅 8407
森の家	杉千春＋高橋真奈美	1999	108	住宅特集 9906
森野ハウス	渡辺康	1994	067	作品選集 1997/住宅建築 9802/住宅特集 9508
森の別荘	妹島和世	1994	092	SD 9308/建築文化 9601/住宅特集 9405/GA JAPAN 5；8/GA HOUSES 42
森博士の家	清家清	1949	072	新建築 5109；6505/建築 6202/近代建築 7402/建築知識 8901
柳井の町屋	難波和彦	1980	118	建築 8010/都市住宅 8501
屋根の家	手塚建築研究所	2001	079	住宅特集 0108
矢野邸	磯崎新アトリエ＋環境計画	1975	084	建築 7412；7604/新建築 7604/SD7604
山川山荘	山本理顕設計工場	1977	059	新建築 7808/建築文化 8808
山田守邸	山田守建築事務所	1959	076	国際建築 5912
URC III（僥草庵）	海野健三	1999	111	建築文化 9910/住宅建築 0005
ユーコート	京の家創り会設計集団洛西コーポプロジェクトチーム	1985	162	建築設計資料 15「中高層集合住宅」（建築資料研究社）／建築文化 6803/新建築 8603/日経アーキテクチュア 8603
ユトレヒトの 2 連戸住宅	MVRDV	1997	127	a＋u9809/Architecture in the Netherlands 97/98
ユニテ・ダ・ビタシオン（マルセイユ）	Le Corbusier	1952	150，190	a＋u8712/a＋u 臨時増刊号「現代集合住宅—作品 21 題—」（1975）／都市住宅 8510/「Le Corbusier 1952-57」（Les Editions d'Architecture Zurich・1957）
用賀 A フラット	早川邦彦建築研究室	1993	140	建築文化 9307/新建築 9307/日経アーキテクチュア 930705/GA JAPAN No. 4/プロセス No. 125
用賀の家	鹿嶌信哉＋佐藤文，K＋S アーキテクツ	2002	095	住宅特集 0304
吉田五十八自邸	吉田五十八	1944	072	建築文化 5207
ライブタウン浜田山	現代都市建築設計事務所	1977	132	近代建築 7709/都市住宅 7707；8410
ラ・ハビタシオン	Smiljan Radic Clarke	1997	111	「26 Latin American Architecture」（Editorial Gustavo Gili・1998）
ラミネートガラスの住宅	クルネンベルク・ファン・エルヴェ・アーキテクテン	2001	083	a＋u0212
立体最小限住居	池辺陽	1950	058	建築文化 6402/新建築 5007
リネア	山岡嘉彌デザイン事務所	2001	138	新建築 0204
リバーピア吾妻橋ライフタワー	住宅・都市整備公団，清水建設	1989	152	建築計画・設計シリーズ 4「高層・超高層集合住宅」（市ヶ谷出版）
龍の砦	渡邊洋治	1968	100	近代建築 8201
リンデンシュトラッセの集合住宅	Herman Hertzberger	1986	136	GA HOUSES 23/HOUSING
ルーディン邸	Herzog ＆ de Meuron	1997	086	a＋u9811
レイクショアドライブ・アパートメント	Mies van der Rohe	1951	152，154	a＋u8101/都市住宅 8511/近代建築図集（彰国社・1976）／「Mies van der Rohe-less is more」（Waser Verlag Zurich・1986）／Process Architecture No. 102
レジェ・キャップ・フェレの住宅	Anne Lacaton ＆ Jean Philippe Vassal	1998	114	a＋u0011
63	中谷礼仁＋大阪市立大学建築デザイン研究室	2001	119	住宅特集 0106
ロータスアパートメント	bbr	2002	134	新建築 0312
ロックフェラーのタウンハウス	Philip Johnson	1950	068	都市住宅 8510
六甲の集合住宅	安藤忠雄建築研究所	1983-99	133	新建築 8310；9310；9909/日経アーキテクチュア 930927
ロミオとジュリエット（ロミオ棟）	Hans Scharoun	1959	152	「Floor Plan Atlas housing」（Grundriß atlas）／「Hans Scharoun」（PeterBlundell Jones・Golden Fraser 1978）
YKK 黒部寮	アルシテクトゥールステュディオ・ヘルマン・ヘルツベルハー＋小澤丈夫＋鴻池組一級建築士事務所	1998	158	新建築 9811
Y house	入江経一	2003	087	The Japan Architect 52
早稲田南町コーポラス	計画工房・村上美奈子	1992	125	新建築 9505
私たちの家（林邸）	林昌二・林雅子	1976	116，191	新建築 8102/都市住宅 8201/SD8006
私の家（清家清自邸）	清家清	1956	117	建築 6211；7201/建築文化 6402/新建築 5703；6505/都市住宅 8201
ワンルームマンション SIDE by SIDE	横山稔＋荒牧陽子／コンチェルティーノ	2000	167	新建築 0202

第2版　コンパクト建築設計資料集成〈住居〉

平成 18 年 1 月 30 日　　発　　　行
令和 3 年 11 月 30 日　　第 12 刷発行

編　者　　一般社団法人 日本建築学会

発行者　　池 田 和 博

発行所　　丸善出版株式会社
　　　　　〒101-0051　東京都千代田区神田神保町二丁目17番
　　　　　編集：電話 (03) 3512-3266／FAX (03) 3512-3272
　　　　　営業：電話 (03) 3512-3256／FAX (03) 3512-3270
　　　　　https://www.maruzen-publishing.co.jp

© 一般社団法人日本建築学会，2006

組版印刷・三美印刷株式会社／製本・株式会社 松岳社

ISBN 978-4-621-07688-0　C 3052　　　　　　Printed in Japan

本書の無断複写は著作権法上での例外を除き禁じられています。

インデックス Index

民家

近代住宅の歴史（日本）

近代住宅の歴史（海外）

現代の独立住宅

現代の集合住宅

寸法・規模

行為・場面・空間／物品

環境

構法・構造